Egle · Hoffmann · Joraschky

Sexueller Mißbrauch, Mißhandlung, Vernachlässigung

2. Auflage

Sexueller Mißbrauch, Mißhandlung, Vernachlässigung

Erkennung und Therapie psychischer und psychosomatischer Folgen früher Traumatisierungen

Herausgegeben von
Ulrich Tiber Egle, Sven Olaf Hoffmann, Peter Joraschky

Unter Mitarbeit von

Angela von Arnim
Stefan Arnold
Monika Becker-Fischer
Doris Bender
Martin Bohus
Anja Brink
Dieter Bürgin
Manfred Cierpka
Herbert Csef
Martin Dornes
Annegret Eckhardt-Henn
Anette Engfer
Gottfried Fischer
Harald J. Freyberger

Ursula Gast
Johann Glatzel
Annelise Heigl-Evers
Mathias Hirsch
Michael Krausz
Sebastian Krutzenbichler
Astrid Lampe
Arnold Lohaus
Friedrich Lösel
Michael Lucht
Mirjam Mette-Zillessen
Eberhard Motzkau
Ralf Nickel

Jürgen Ott
Katharina Ratzke
Luise Reddemann
Barbara Rost
Ulrich Sachsse
Carl E. Scheidt
Martin H. Schmidt
Wolfgang Söllner
Bernhard Strauß
Hanns M. Trautner
Amy W. Wagner
Hans Willenberg
Leon Wurmser

Zweite, vollständig aktualisierte und erweiterte Auflage

Mit 26 Abbildungen und 33 Tabellen

 Schattauer Stuttgart New York

Die Deutsche Bibliothek – CIP-Einheitsaufnahme

Ein Titeldatensatz für diese Publikation ist bei Der Deutschen Bibliothek erhältlich

In diesem Buch sind die Stichwörter, die zugleich eingetragene Warenzeichen sind, als solche nicht besonders kenntlich gemacht. Es kann also aus der Bezeichnung der Ware mit dem für diese eingetragenen Warenzeichen nicht geschlossen werden, daß die Bezeichnung ein freier Warenname ist.
Das Werk ist urheberrechtlich geschützt. Alle Rechte, insbesondere das Recht des Nachdruckes, der Wiedergabe in jeder Form und der Übersetzung in andere Sprachen, behalten sich Urheber und Verlag vor. Kein Teil des Werkes darf in irgendeiner Form ohne schriftliche Genehmigung des Verlages reproduziert werden. Das gilt insbesondere für Vervielfältigungen, Übersetzungen, Mikroverfilmungen und die Einspeicherung, Nutzung und Verwertung in elektronischen Systemen und im Internet.

© 1997, 2000 by F. K. Schattauer Verlagsgesellschaft mbH, Lenzhalde 3, D-70192 Stuttgart, Germany
Internet http://www.schattauer.de
Printed in Germany

Lektorat: Cornelia Diegel, Dr. rer. nat. André Dorochevsky
Umschlagabbildung: Henri Matisse: Le Clown
© Succession H. Matisse/VG Bild-Kunst, Bonn 1999
Umschlaggestaltung: Bernd Burkart
Satz: Schreibbüro Ilchmann, Albstr. 30, 72649 Wolfschlugen
Druck und Einband: Druckhaus Köthen GmbH, Friedrichstraße 11/12, 06366 Köthen
Gedruckt auf chlor- und säurefrei gebleichtem Papier.

ISBN 3-7945-1889-6

Vorwort zur 2. Auflage

Als wir vor zwei Jahren diesen Band herausgaben, war uns unklar, inwieweit unser eigenes Bedürfnis, das Gebiet der psychischen und psychosomatischen Folgen von Mißbrauch, Mißhandlung und Vernachlässigung wissenschaftlich überschaubar zu machen, von den Lesern geteilt werden würde. Die erfreuliche Rezeption klärte diese Frage rasch und macht jetzt eine überarbeitete und erweiterte Auflage erforderlich.

Die Aufnahme in den engeren Fachgebieten der Psychiatrie und der Psychosomatischen Medizin war noch am leichtesten vorauszusagen, weil es gerade das oft vernommene Desiderat für eine solche Übersicht – bzw. das Bedauern ihres Fehlens – war, das uns letztlich motivierte. Überraschender ist die Rezeption in anderen Bereichen. So scheint in der praktischen Sozialarbeit und an den entsprechenden Fachhochschulen die Resonanz ebenfalls ausgesprochen freundlich, aber noch unerwarteter scheint fast die Einführung unserer Übersicht in der Justiz und der Gerichtsbarkeit. Offensichtlich wird hier der Band als das empfunden, als was wir ihn beabsichtigten, als eine Einführung in die komplexe Problematik und eine Orientierungshilfe in der Urteils-, Gutachten- und Therapiepraxis.

Alle Kapitel wurden, soweit erforderlich, von den Autoren überarbeitet. Vier Kapitel kommen neu hinzu. Für den schon für die 1. Auflage vorgesehenen Beitrag über den Stand der dialektisch-behavioralen Therapie bei Traumatisierten konnten M. Bohus und A. M. Wagner gewonnen werden. Auch die traumazentrierte imaginative Therapie erfährt jetzt durch L. Reddemann und U. Sachsse eine anschauliche Darstellung. Durch diese beiden Beiträge wird der Bereich der Therapie entscheidend komplettiert. Mancher Leser mag einen Beitrag mit Darstellung der EMDR vermissen. Wir nehmen dieses neue Therapieverfahren ausgesprochen ernst, möchten aber noch weitere empirische Forschung zur Wirksamkeit bei Traumatisierten abwarten.

Neu ist auch eine Darstellung familiendynamischer und gesellschaftlicher Bedingungen, die zu hochagressivem Verhalten bei Jugendlichen führen, durch K. Ratzke und M. Cierpka. In einem weiteren neuen Kapitel geht es um die Darstellung der sexuellen Störungen und Verhaltensauffälligkeiten Traumatisierter, die von B. Strauß und M. Mette-Zillessen vorgenommen wird. Diese letzten Beiträge vervollständigen den familiendynamischen Aspekt und die Reihe der Kapitel über die spezifischen Folgen von infantilen Traumen im Erwachsenenalter. Wir danken an dieser Stelle sehr herzlich den neuen Autoren, daß sie die aufwendigen Beiträge übernahmen und sich nicht von der undankbaren Rolle als Verfasser in einem „Vielmänner- respektive Vielfrauenbuch" abschrecken ließen.

Trotz der gebotenen Skepsis hoffen die Herausgeber auch, daß die Arbeit aller Autoren nicht nur der offensichtlichen Verbesserung wissenschaftlicher Evaluierung der Folgen von Mißbrauch, Mißhandlung und Vernachlässigung im Erwachsenenalter dient, sondern vielleicht in bescheidenem Rahmen auch ein wenig zur Verhütung des Elends einer traumatisierenden Kindheit beitragen könnte. Es ist eine sehr verhaltene Hoffnung, die hier geäußert wird, aber wenn die Aufklärung auch nur ein wenig griffe, wäre dies ein viel wichtigerer Erfolg als jede Form der Verbesserung therapeutischer Maßnahmen.

Ernst Bloch sagt: „Menschsein heißt, Utopie haben."

Mainz und Dresden, im Herbst 1999

Ulrich Tiber Egle
Sven Olaf Hoffmann
Peter Joraschky

Vorwort zur 1. Auflage

Sexueller Mißbrauch, Mißhandlung und Vernachlässigung von Kindern einschließlich ihrer Folgen im Erwachsenenalter sind ein Thema zwischen Überschätzung und Vernachlässigung. In der Geschichte der Menschheit ist der Abschnitt, in dem die Unversehrtheit der kindlichen Entwicklung als schützenswertes Gut gilt, extrem kurz. Noch im Mittelalter galt ein Kinderleben wenig, führten die Berichte über den perversen Gilles de Rais (berichtet von G. Bataille) mehr zur Sensation als zur Empörung. Die Alternative, ein Kind großzuziehen oder es sterben zu lassen, ist moralisch erst wenige Jahrhunderte zugunsten der ersten Konsequenz entschieden. Erst im 17. und 18. Jahrhundert setzte sich die Idee der Familie als Ideal durch, wobei man immer noch unerwünschte Kinder ins Findelhaus tragen konnte, wie J.J. Rousseau es tat. War im 18. Jahrhundert noch die erste Forderung an die Kinder der Respekt vor ihren Eltern, so kam erst im 19. Jahrhundert der Gedanke zum Tragen, daß Kinder ein basales Anrecht auf die Liebe ihrer Eltern hätten. Dieser Gedanke wurde rasch dahingehend verabsolutiert, daß Kinder von ihren Eltern nur Gutes zu erwarten hätten, ja, daß es, so das sich dann entwickelnde Tabu, völlig unmöglich, ja undenkbar sei, Kinder würden durch die eigenen Eltern willentlich geschädigt. So hielt sich, kurzgefaßt, der Stand der Erkenntnis bis weit in die Mitte unseres Jahrhunderts: Die Mütter herzten ihre Kinder, und die Väter scherzten mit ihnen und ließen ihnen die notwendige Strenge angedeihen, alles zusammen aber war gut. Die bekanntgewordenen Ausnahmen, die Kindsmörderinnen und Blutschänder, gehörten entweder überhaupt nicht der menschlichen Art an („Unmenschen") oder sie waren Produkte der niederen sozialen Schichten, bei denen die Höhe des Menschentums ohnehin nicht so recht erreicht war.

Angesichts dieser Sachlage verwundert eigentlich nicht, daß das Thema der Folgen von Mißbrauch, Mißhandlung und Vernachlässigung in der Wissenschaft so wenig Beachtung fand. Ein früher Versuch der mutigen Konfrontation in der jungen Psychoanalyse wurde von Freud selbst wieder aufgegeben, oder exakter, in seiner Bedeutung hintangestellt. Erst in der zweiten Hälfte dieses Jahrhunderts machten sich beharrliche Forscher an die Aufarbeitung von Entwicklungsschäden. Mit einiger Berechtigung ist hier stelltvertretend für alle John Bowlby aus England zu nennen. Seine Beharrlichkeit war wohl einer der Faktoren, der dem Thema dann Interesse und Reputation sicherte, als es in den 70er Jahren breiter in der Fachliteratur auftauchte. In den USA wurden schon in den 80er Jahren erste unseriöse Überbewertungen des Themas publik – wir spielen hier auf die Diskussion um die sogenannten „repressed memories" an –, und auch für gezielte Anschuldigungen von Familienangehörigen innerhalb von Prozessen schien es einiges herzugeben. So fiel ein Schatten auf das Thema, bevor es sich recht in der Forschung etabliert hatte.

Unser Band versucht, zwischen Vernachlässigung und Überschätzung, zwischen Bagatellisierung und Politisierung, zwischen Idealisierung der Opfer und Dämonisierung der Täter dem nüchternen Pfad der Erkenntnis zu folgen und das zu sammeln, was wir heute über die Rolle dieser Faktoren für die Entstehung späterer Krankheiten wissen. Zugleich versuchen wir, Behandlungsmöglichkeiten für die entstandenen Schäden aufzuzeigen (wobei wir leider auf ein ursprünglich vorgesehenes Kapitel über verhaltenstherapeutische Ansätze bei erwachsenen Patienten verzichten mußten) und die insgesamt eher noch unbefriedigenden Ansätze zur Prävention wiederzugeben. Weil mit dem Thema eng verbunden, gehen wir auch auf sexuelle Übergriffe in Therapien ein und beschließen die Übersicht mit den rechtlichen Aspekten. Ein Schlußwort der Herausgeber versucht, ein Resümee zu ziehen und künftige Perspektiven aufzeigen.

Besonderen Dank schulden wir Frau Christel Schieferstein, Medizinische Dokumentarin, die wiederum mit großer Sorgfalt und nahezu unerschöpflicher Ausdauer Korrekturen und formale Überarbeitungen und Anpassungen vorgenommen hat, welche Manuskripte aus unterschiedlicher Feder erst zu einem gemeinsamen Ganzen werden lassen.

Unser Dank gilt auch dem Schattauer Verlag und hier besonders Herrn Dipl.-Psych. Dr. med. Wulf Bertram und Frau Dipl.-Biol. Catrin Cohnen dafür, daß dieses mehrjährige Buchprojekt, das in seiner thematischen Konzeption Neuland betritt und den meisten Autoren bei der Abfassung ihrer Kapitel ein erhebliches Literaturstudium abverlangte, trotz aller bei dieser Thematik fast unvermeidbaren Turbulenzen zu einem guten Abschluß gebracht werden konnte.

Mainz und Erlangen, im Herbst 1996

Ulrich Tiber Egle
Sven Olaf Hoffmann
Peter Joraschky

Anschriften

Herausgeber

Prof. Dr.med. Ulrich Tiber Egle
Klinik und Poliklinik für Psychosomatische
Medizin und Psychotherapie, Klinikum
der Johannes-Gutenberg-Universität Mainz,
Untere Zahlbacher Str. 8, 55131 Mainz

Prof. Dr.med. Dipl.-Psych. Sven Olaf Hoffmann
Direktor der Klinik und Poliklinik
für Psychosomatische Medizin und
Psychotherapie, Klinikum
der Johannes-Gutenberg-Universität Mainz,
Untere Zahlbacher Str. 8, 55131 Mainz

Prof. Dr.med. Peter Joraschky
Direktor der Klinik und Poliklinik
für Psychotherapie und Psychosomatik,
Universitätsklinikum Carl Gustav Carus,
Fetscherstr. 74, 01307 Dresden

Autoren

Dr.med. Angela von Arnim
Leiterin der Psychosomatischen Ambulanz
der Abteilung für Psychosomatische Medizin
und Psychotherapie, Psychiatrische
Universitätsklinik der Friedrich-Alexander-
Universität Erlangen-Nürnberg,
Schwabachanlage 6. u. 10, 91054 Erlangen

Dr.phil. Stefan Arnold
Abteilung für Psychosomatische Medizin und
Psychotherapie, Psychiatrische Universitäts-
klinik der Friedrich-Alexander-Universität
Erlangen-Nürnberg, Schwabachanlage 6 u. 10,
91054 Erlangen

Dr.phil. Monika Becker-Fischer
Institut für Psychotraumatologie,
Springen 26, 53804 Much

Dr.phil. Doris Bender
Institut für Psychologie I, Friedrich-
Alexander-Universität Erlangen-Nürnberg,
Bismarckstr. 1, 91054 Erlangen

Dr.med. Martin Bohus
Abteilung für Psychiatrie und Psychotherapie,
Universitätsklinik für Psychiatrie und
Psychosomatik, Klinikum der
Albert-Ludwigs-Universität Freiburg,
Hauptstr. 5, 79104 Freiburg

Dr.med. Anja Brink
Aspenweg 32, 67433 Neustadt a. d. W.

Prof. Dr.med. Dieter Bürgin
Direktor der Kinder- und Jugendpsychiatrischen Universitätsklinik
und -poliklinik, Schaffhauserrheinweg 55,
CH-4058 Basel

Prof. Dr.med. Manfred Cierpka
Ärztlicher Direktor der Abteilung für
Psychosomatische Kooperationsforschung
und Familientherapie, Klinikum der
Ruprecht-Karls-Universität Heidelberg,
Bergheimer Straße 54, 69115 Heidelberg

Prof. Dr.med. Herbert Csef
Arbeitsbereich Psychosomatik und
Psychotherapie, Medizinische Poliklinik,
Julius-Maximilians-Universität Würzburg,
Klinikstr. 8, 97097 Würzburg

Dr.phil. Martin Dornes
Humboldtstr. 5, 60318 Frankfurt

Priv.-Doz. Dr.med. Annegret Eckhardt-Henn
Klinik und Poliklinik für Psychosomatische Medizin und Psychotherapie, Klinikum der Johannes-Gutenberg-Universität Mainz, Untere Zahlbacher Str. 8, 55131 Mainz

Prof. Dr.phil. Anette Engfer
Leinertsberg 21, 33178 Borchen-Alfen

Prof. Dr.phil. Gottfried Fischer
Direktor der Abteilung für Klinische Psychologie und Psychotherapie, Psychologisches Institut, Universität Köln, Zülpicher Str. 45, 50923 Köln

Prof. Dr.med. Harald J. Freyberger
Klinik und Poliklinik für Psychiatrie und Psychotherapie der Ernst-Moritz-Arndt-Universität Greifswald im Klinikum Stralsund, Rostocker Chaussee 70, 18473 Stralsund

Dr.med. Ursula Gast
Psychiatrische Klinik, Medizinische Hochschule Hannover, Konstanty-Gutschow-Str. 8, 30625 Hannover

Prof. Dr.med. Johann Glatzel
Am Pulverturm 13, 55131 Mainz

emer. Prof. Dr.med. Annelise Heigl-Evers
Johann-Heinrich-Voß-Weg 4, 37085 Göttingen

Dr.med. Mathias Hirsch
Simrockstr. 22, 40235 Düsseldorf

Prof. Dr.med. Michael Krausz
Psychiatrische und Nervenklinik, Universitäts-Krankenhaus Eppendorf, Martinistr. 52, 20251 Hamburg

Dipl.-Psych. Sebastian Krutzenbichler
Leiter der Tagesklinik Netphen in der Klinik Wittgenstein, Talstr. 28, 57250 Netphen

Dr.med. Astrid Lampe
Universitätsklinik für Medizinische Psychologie und Psychotherapie, Sonnenburgstr. 9, A-6020 Innsbruck

Prof. Dr.phil. Arnold Lohaus
Psychologisches Institut III, Westfälische Wilhelms-Universität Münster, Fliednerstr. 21, 48149 Münster

Prof. Dr.phil. Friedrich Lösel
Vorstand des Instituts für Psychologie I, Friedrich-Alexander-Universität Erlangen-Nürnberg, Bismarckstr. 1, 91054 Erlangen

Dr.med. Michael Lucht
Klinik und Poliklinik für Psychiatrie und Psychotherapie der Ernst-Moritz-Arndt-Universität Greifswald im Klinikum Stralsund, Rostocker Chaussee 70, 18473 Stralsund

Dipl.-Psych. Mirjam Mette-Zillessen
Institut für Medizinische Psychologie, Klinikum der Friedrich-Schiller-Universität Jena, Stoystr. 3, 07740 Jena

Dr.med. Eberhard Motzkau
Leiter der Ärztlichen Ambulanz bei Vernachlässigung und Mißhandlung für Kind und Familie, Evangelisches Krankenhaus, Fürstenwall 91, 40217 Düsseldorf

Dr.med. Ralf Nickel
Klinik und Poliklinik für Psychosomatische Medizin und Psychotherapie, Klinikum der Johannes-Gutenberg-Universität Mainz, Untere Zahlbacher Str. 8, 55131 Mainz

Dr.med. Dr.rer.pol. Jürgen Ott
Landes- und Hochschulklinik
für Psychosomatische Medizin und
Psychotherapie, Rheinische Landesklinik
Düsseldorf, Bergische Landstr. 2,
40629 Düsseldorf

Dr.phil. Katharina Ratzke
Schillerstr. 64, 37083 Göttingen

Dr.med. Luise Reddemann
Klinik für Psychotherapeutische
und Psychosomatische Medizin,
Ev. Johannes-Krankenhaus,
Graf-von-Galen-Str. 58,
33619 Bielefeld

Dr.med. Barbara Rost
Abteilung für Kinder- und Jugendpsychiatrie,
Universitätsklinik und Poliklinik,
Schaffhauserrheinweg 55,
CH-4058 Basel

Prof. Dr.med. Ulrich Sachsse
Fachklinik für Psychiatrie und
Psychotherapie, NLKH Göttingen,
Rosdorfer Weg 70, 37081 Göttingen

Dr.med. Carl E. Scheidt
Abteilung für Psychosomatik
und Psychotherapeutische Medizin,
Universitätsklinik für Psychiatrie
und Psychosomatik, Klinikum der
Albert-Ludwigs-Universität Freiburg,
Hauptstr. 8, 79104 Freiburg

**Prof. Dr.med. Dr.phil. Martin
H. Schmidt**
Ärztlicher Direktor der Klinik für Psychiatrie
und Psychotherapie des Kindes- und
Jugendalters, Zentralinstitut für Seelische
Gesundheit, J5, 68159 Mannheim

Dr.med. Wolfgang Söllner
Universitätsklinik für Medizinische
Psychologie und Psychotherapie,
Sonnenburgstr. 9, A-6020 Innsbruck

**Prof. Dr.phil. Dipl.-Psych. Bernhard
Strauß**
Institut für Medizinische Psychologie,
Klinikum der Friedrich-Schiller-Universität
Jena, Stoystr. 3, 07740 Jena

Prof. Dr.phil. Hanns Martin Trautner
Psychologie im Fachbereich 3,
Bergische Universität Wuppertal,
Gaußstr. 20, 42097 Wuppertal

Amy W. Wagner, Ph.D.
Assistant Professor of Psychology,
Department of Psychology,
University of Wyoming, Box 3415,
Laramie, 82071 (WY), USA

Dr.phil. Dipl.-Psych. Hans Willenberg
Klinik und Poliklinik für Psychosomatische
Medizin und Psychotherapie, Klinikum
der Johannes-Gutenberg-Universität Mainz,
Untere Zahlbacher Str. 8, 55131 Mainz

Leon Wurmser, MD, PA
Professor of Psychiatry, Department of
Psychiatry, University of West Virginia, 904
Crestwick Road, Towson, 21286 (MD), USA

Inhalt

1 Grundlagen

1.1 Pathogene und protektive
 Entwicklungsfaktoren in Kindheit
 und Jugend
 Ulrich Tiber Egle
 und Sven Olaf Hoffmann 3

1.2 Gewalt gegen Kinder in der Familie
 Anette Engfer 23

1.3 Risiko- und Schutzfaktoren
 in der Genese und Bewältigung von
 Mißhandlung und Vernachlässigung
 Doris Bender und Friedrich Lösel 40

1.4 Hinweise auf und diagnostisches
 Vorgehen bei Mißhandlung
 und Mißbrauch
 Eberhard Motzkau 59

1.5 Vernachlässigung und Mißhandlung
 aus der Sicht der Bindungstheorie
 Martin Dornes 70

1.6 Sexueller Mißbrauch und
 Vernachlässigung in Familien
 Peter Joraschky 84

1.7 Familien von Kindern
 mit aggressiven Verhaltensweisen
 Katharina Ratzke und
 Manfred Cierpka 99

1.8 Sexueller Mißbrauch als Thema
 der Psychoanalyse von Freud
 bis zur Gegenwart
 Sebastian Krutzenbichler 115

1.9 Vernachlässigung, Mißhandlung,
 Mißbrauch im Rahmen einer
 psychoanalytischen Traumatologie
 Mathias Hirsch 126

1.10 Die Auswirkungen von Vernachlässigung, Mißhandlung, Mißbrauch
 auf Selbstwert und Körperbild
 Peter Joraschky 140

**2 Krankheitsbilder in der Folge
 von sexuellem Mißbrauch,
 Mißhandlung und Vernachlässigung**

2.1 Psychische und psychosomatische
 Erkrankungen bei Kindern und
 Jugendlichen
 Dieter Bürgin und Barbara Rost 157

2.2 Angsterkrankungen
 Stefan Arnold und Peter Joraschky .. 179

2.3 Depression
 Peter Joraschky
 und Ulrich Tiber Egle 191

2.4 Zwangserkrankungen
 Herbert Csef 202

2.5 Konversionsstörungen
 Carl E. Scheidt
 und Sven Olaf Hoffmann 213

2.6 Somatoforme Schmerzstörungen
Ulrich Tiber Egle und Ralf Nickel 225

2.7 Pelipathie
Astrid Lampe
und Wolfgang Söllner 246

2.8 Dissoziative Störungen
Annegret Eckhardt-Henn
und Sven Olaf Hoffmann 258

2.9 Borderline-Persönlichkeitsstörungen
Ursula Gast 271

2.10 Offene und heimliche
Selbstbeschädigung
Annegret Eckhardt-Henn 293

2.11 Eßstörungen
Hans Willenberg 305

2.12 Suchterkrankungen
Michael Krausz, Michael Lucht
und Harald J. Freyberger 319

2.13 Sexuelle Störungen und
Verhaltensauffälligkeiten
Bernhard Strauß
und Mirjam Mette-Zillessen 333

3 **Therapie psychisch schwer traumatisierter Patienten**

3.1 Psychotherapie bei mißhandelten
und mißbrauchten Kindern
und Jugendlichen
Anja Brink und Martin H. Schmidt 347

3.2 Psychoanalytische Behandlung –
Trauma, Konflikt
und „Teufelskreis"
Leon Wurmser 361

3.3 Traumazentrierte imaginative
Therapie
Luise Reddemann
und Ulrich Sachsse 375

3.4 Gruppenpsychotherapie
Annelise Heigl-Evers
und Jürgen Ott 390

3.5 Dialektisch-behaviorale Therapie
früh traumatisierter Patientinnen
mit Borderline-Störung
Martin Bohus und Amy W. Wagner ... 405

3.6 Körperbezogene
Psychotherapieverfahren
Angela von Arnim
und Peter Joraschky 433

3.7 Familientherapie
Peter Joraschky 447

3.8 Präventionsprogramme und
ihre Wirksamkeit zur Verhinderung
sexuellen Mißbrauchs
Arnold Lohaus
und Hanns M. Trautner 456

3.9 Folgetherapie nach sexuellem
Mißbrauch in Psychotherapie
und Psychiatrie
Gottfried Fischer
und Monika Becker-Fischer 470

4 **Begutachtung nach sexuellem Mißbrauch**

4.1 Begutachtung von Kindern
und Jugendlichen
Martin H. Schmidt 487

4.2 Begutachtung des Täters
Johann Glatzel 500

5 Perspektiven

5.1 Bedeutung von Traumatisierungen in Kindheit und Jugend für die Entstehung psychischer und psychosomatischer Erkrankungen – Versuch einer Bilanz
Sven Olaf Hoffmann, Ulrich Tiber Egle und Peter Joraschky 513

Anhang

Literaturverzeichnis 521

Sachregister 569

1 Grundlagen

1.1 Pathogene und protektive Entwicklungsfaktoren in Kindheit und Jugend

Ulrich Tiber Egle und Sven Olaf Hoffmann

Inhalt

1.1.1 Einleitung	3
1.1.2 Studien zu Risiko- und Schutzfaktoren	4
Längsschnittstudien	4
Querschnittstudien	9
Traumatisierungen in Kindheit und Jugend	15
1.1.3 Zusammenfassung und Schlußfolgerungen	19

1.1.1 Einleitung

Erst mit der Industrialisierung im 19. Jahrhundert entwickelte sich in den westlichen Industrieländern eine breitere Sensibilisierung für Mißbrauch, Mißhandlung und Vernachlässigung von Kindern; die Kindheit wurde als ein besonders vulnerabler Lebensabschnitt erkannt, der eines speziellen Schutzes bedarf (Ariès 1975). Eine systematische Erforschung der Auswirkungen von Mißhandlung, Vernachlässigung und Mißbrauch begann jedoch erst in der zweiten Hälfte dieses Jahrhunderts mit Bowlbys Monographie im Auftrag der WHO (1951), wonach „eine längere Deprivation von mütterlicher Zuwendung in früher Kindheit ernste und weitreichende Folgen für die Persönlichkeitsentwicklung und damit für das ganze Leben eines Menschen haben kann." Bis heute gibt es therapeutische Schulen – so weite Teile der Verhaltenstherapie, aber auch immer noch viele Psychoanalytiker –, welche die Bedeutung solcher Belastungsfaktoren für spätere psychische und psychosomatische Störungen aus unterschiedlichen Motiven nicht zur Kenntnis nehmen und bei Patienten eine systematische Abklärung solcher Faktoren weiterhin für nebensächlich halten.

Die erfaßbaren Umstände schwerer bzw. traumatischer Belastungen für die kindliche Entwicklung werden heute meist als Indikatoren für ein erhöhtes Risiko, sofort oder im späteren Leben körperlich, psychisch oder psychosomatisch zu erkranken, aufgefaßt – man spricht kurz von **Risikofaktoren**.

Rutter (1986) skizziert folgende Wege, wie Belastungsfaktoren zu psychischen Störungen im Erwachsenenalter führen können:

- Sie können unmittelbar zu Störungen führen, die dann, weitgehend unabhängig von diesen Auslösern, bis ins Erwachsenenalter andauern.
- Sie können zu körperlichen Veränderungen führen, welche die spätere Gesundheit beeinflussen. Veränderungen im neuroendokrinen System, verursacht durch physischen Streß in der Kindheit, schaffen eine veränderte Situation.
- Sie können direkt zu anderen Verhaltensmustern führen, die trotz Einwirkung zum Zeitpunkt des akuten Ereignisses erst einige Jahre später die Form einer offensichtlichen Störung bekommen, so etwa die

sozialen Langzeitfolgen einer Heimunterbringung.
- Sie können zu Veränderungen im familiären Umfeld führen, welche für spätere Störungen prädisponieren.
- Sie können zu einer Veränderung der Streßempfindlichkeit oder der Bewältigungsmechanismen führen, was wiederum bei späteren belastenden Ereignissen die Anfälligkeit für Störungen erhöht.
- Sie können das Selbstkonzept, die Einstellungen oder den kognitiven Zustand verändern, was einen Einfluß auf die Reaktion gegenüber späteren Situationen hat.
- Schließlich können sie durch Beeinflussung der Wahl des sozialen Umfeldes und Verhinderung günstiger Rahmenbedingungen eine Wirkung auf späteres Verhalten haben.

Neben solchen Risikofaktoren, welche die Wahrscheinlichkeit von psychischen Störungen oder Erkrankungen erhöhen, hat sich die Forschung in den letzten Jahren verstärkt der Bedeutung von **Schutzfaktoren** zugewandt. Darunter versteht man Einflußfaktoren, welche die Auswirkungen von Risikofaktoren oder risikobehafteten Situationen im Sinne einer Reduzierung des Risikos von Erkrankungen modifizieren können. Sie stärken die psychische Widerstandskraft (Resilienz) von risikobelasteten Kindern. Unter Resilienz versteht man nicht nur das Phänomen, sich unter schwierigen Lebensumständen gesund und kompetent zu entwickeln, sondern auch die relativ eigenständige Erholung von einem Störungszustand. Es handelt sich dabei jedoch nicht einfach um positive Faktoren, die eine optimale psychosoziale Entwicklung fördern (Rutter und Quinton 1984). So kann der gleiche Faktor in dem einen Zusammenhang schützend wirken und in einem anderen ein Risikofaktor sein. Werner (1989) kommt zu dem Ergebnis, daß Schutzfaktoren oder -prozesse im Vergleich zu spezifischen Risikofaktoren oder kritischen Lebensereignissen einen allgemeineren Effekt auf die Adaption in Kindheit und Jugend sowie im Erwachsenenalter ausüben (vgl. Kap. 1.3).

Garmezy (1985) unterscheidet bei Kindern, die sich gegenüber Belastungen als widerstandsfähig zeigten, drei Typen von Schutzfaktoren:
- die Persönlichkeit des Kindes
- den familiären Zusammenhalt und das Fehlen von Mißstimmung
- das Vorhandensein externer Unterstützung, welche die kindlichen Coping-Strategien fördert und verstärkt

Nach Rutter (1987) können solche Schutzfaktoren bei risikobehafteten Kindern und Jugendlichen wie folgt wirksam werden:
- Abschwächung des Risikos durch Veränderung des Risikos selbst oder des Ausmaßes, in dem sich das betroffene Kind diesem ausgesetzt erlebt
- Reduzierung von negativen Folgereaktionen
- Aufbau und Aufrechterhaltung von Selbstachtung und Selbstzufriedenheit
- Schaffung von günstigen Rahmenbedingungen, z.B. durch Schule und Erziehung

Antonovsky (1987) sieht die Ursache für seelische Gesundheit letztendlich in einer „**sense of coherence**" begründet, die er als eine allgemeine Lebenseinstellung definiert, welche sich in einer grundsätzlichen Überzeugung ausdrückt, daß
- die Stimuli, die aus der inneren oder äußeren Umgebung kommen, einzuordnen, vorhersehbar und erklärbar sind
- die betroffene Person über Möglichkeiten verfügt, um den Anforderungen, welche durch diese Stimuli ausgelöst werden, entgegenzutreten
- diese Anforderungen Herausforderungen darstellen, die Einsatz und Mühe lohnen

1.1.2 Studien zu Risiko- und Schutzfaktoren

Längsschnittstudien

In der **Kauai-Studie**, der prospektiven Longitudinalstudie von Werner und Smith (Werner und Smith 1982; Werner 1985, 1989; Werner und Smith 1992), wurde ein Geburtsjahrgang (n=698) der Insel Kauai von der pränatalen Phase an über 30 Jahre hinweg verfolgt, wobei speziell entwicklungsrelevante Risiko- und Schutzfaktoren und die Entwicklung von Vulnerabilität und Widerstandskraft untersucht wurden. Die Autorinnen stellten auch eine kumulative Wirkung von biologischen und psychosozialen Risikofaktoren fest. Die meisten in der mittleren Kindheit festgestellten Lern- und Verhaltensprobleme verschwanden vor allem in den Mittelschichtfamilien wieder bis zum Alter von 18 Jahren. Auch „Risikokinder", die mehrere Belastungen zu bewältigen hatten, konnten durch mehrere Schutzfaktoren zu gesunden Erwachsenen heranreifen.

Ein Drittel der Kinder wurden als risikobelastet angesehen, weil sie perinatale Schwierigkeiten unterschiedlichen Ausmaßes erlebten, in ärmliche Verhältnisse hineingeboren wurden, von Müttern mit niedrigem Bildungs- und Erziehungsgrad erzogen wurden und aufgrund von Trennungen, Scheidungen, elterlichem Alkoholismus oder psychischen Erkrankungen in gestörten Familienverhältnissen aufwuchsen. Zwei Drittel der Kinder, die vier oder mehr solcher Risikofaktoren in den ersten zwei Lebensjahren aufwiesen, entwickelten ernste Lern- oder Verhaltensstörungen bis zum Alter von zehn Jahren oder neigten zu Kriminalität, psychischen Störungen oder Schwangerschaften vor dem 18. Lebensjahr. Wesentliche Belastungsfaktoren in Kindheit und Jugend waren: eine längere Trennung von der primären Bezugsperson im ersten Lebensjahr, die Geburt eines jüngeren Geschwisters in den ersten beiden Lebensjahren, ernste oder häufige Erkrankungen in der Kindheit, körperliche oder psychische Erkrankungen der Eltern, Geschwister mit einer Behinderung, Lern- oder Verhaltensstörungen, chronische familiäre Disharmonie, väterliche Abwesenheit, elterlicher Verlust der Arbeit, Umzüge, Schulwechsel, Trennungen der Eltern, Wiederverheiratung und Eintritt eines Stiefvaters oder einer Stiefmutter in den Haushalt, Verlust eines älteren Geschwisters oder engen Freundes, außerfamiliäre Unterbringung und für Mädchen Schwangerschaft in der Jugend.

Ein Drittel der ursprünglichen Risikokinder entwickelten sich trotzdem zu leistungsfähigen und psychisch ausgeglichenen jungen Erwachsenen. Im Alter von einem Jahr wurden diese Kinder von ihren Betreuungspersonen als „sehr aktiv", die Mädchen als „liebenswert" und „knuddelig" und die Jungen als „gutmütig" und „einfach im Umgang" beschrieben. Sie zeigten weniger Eß- oder Schlafprobleme als die anderen Risikokinder. Pädiater und Psychologen beschrieben die **Streßresistenten** im Alter von 20 Monaten als aufmerksam und relativ selbständig. Ihre Offenheit für neue Erfahrungen und ihre positive soziale Orientierung, vor allem die der Mädchen, waren augenfällig. Sie waren gut entwickelt bezüglich Kommunikation, Bewegung und Fertigkeiten zur Selbsthilfe. In der Grundschule gaben die Lehrer an, daß diese resistenten Kinder ein gutes Verhältnis zu ihren Mitschülern und -schülerinnen hatten, gutes logisches Denk- und Lesevermögen aufwiesen und ihre Fähigkeiten, die nicht unbedingt besondere waren, sehr effektiv nutzten. Sie hatten viele, nicht unbedingt geschlechtstypische Interessen und Hobbys. Als sie die weiterführende Schule verließen, hatten sie ein positives Selbstkonzept, internale Kontrollüberzeugungen sowie ein verantwortliches und leistungsorientiertes Verhalten.

Hinsichtlich äußerer Einflußfaktoren wuchsen diese widerstandsfähigen Kinder in *Familien mit vier oder weniger Kindern* auf, wobei der *Altersabstand zwischen den Geschwistern mindestens zwei Jahre betrug*. Nur wenige hatten längere Trennungen von der primären Bezugsperson im ersten Lebensjahr erlebt. Alle hatten die Möglichkeit, eine *feste Beziehung zu mindestens einer Betreuungsperson* aufzubauen, von der sie viel Zuwendung bekamen. Für manche spielten Ersatzeltern, z.B. Großeltern, ältere Geschwister, Nachbarn oder Babysitter, eine wichtige Rolle als positives Identifikationsmodell. Mütterliche Berufstätigkeit und die Notwendigkeit, die Aufsicht über jüngere Geschwister zu übernehmen, führte zu Autonomie und Verantwortlichkeit unter den streßresistenten Mädchen, vor allem in solchen Haushalten, wo der Vater fehlte.

Jungen mit solcher Widerstandskraft waren in der Kauai-Studie häufig Erstgeborene, die die Aufmerksamkeit der Eltern nicht mit vielen anderen Kindern teilen mußten. Manchmal waren auch andere männliche Personen in der Familie, die als Rollenmodelle dienten; ihr Alltagsleben in der Adoleszenz war durch Struktur, Regeln und kleinere Aufgaben geprägt.

Sowohl Jungen als auch Mädchen fanden auch außerhalb ihrer Familien *emotionale Unterstützung durch enge Freunde, Verwandte, Nachbarn, Lieblingslehrer* usw. Auch besondere Unternehmungen, vor allem verbunden mit Gemeinschaftserfahrungen, spielten für diese Kinder eine wichtige Rolle. Andere erfuhren emotionale Unterstützung durch Jugendgruppenleiter, Geistliche oder kirchliche Gruppen, die ihnen die Überzeugung vermittelten, daß ihr Leben eine Bedeutung habe und sie selbst auch Einfluß auf ihr Leben nehmen könnten.

> Insgesamt wurde gefunden: Je mehr Risikofaktoren auftraten, desto mehr Schutzfaktoren wurden als Gegengewicht benötigt, um eine positive Entwicklung einzuschlagen.

Werner und Smith beobachteten bei Jungen generell eine höhere Vulnerabilität im Säuglings- und Kindesalter, bei Mädchen dagegen in der Adoleszenz. Nach den Ergebnissen der Verlaufsuntersuchungen von 30 Jahren scheint es bis zu diesem Alter wieder eine Umkehr der Geschlechtsverteilung „zugunsten" der Frauen zu geben. Die meisten Probleme der Jungen in der Studie hingen mit Aggression und Delinquenz zusammen, die der Mädchen mit Abhängigkeit und der Tendenz zu Fatalismus und Hoffnungslosigkeit.

Für *spätere Kriminalität* sowie *schwer gestörte Ehen* (bis zum 30. Lebensjahr) fand Werner (1989) folgende **Risikofaktoren** (im Sinne von Prädiktoren):
- geringer Altersabstand zum nächstjüngeren Geschwister (weniger als zwei Jahre)
- Erziehung durch eine Mutter, die zum Zeitpunkt der Geburt nicht verheiratet war
- ein Vater, der in der frühen Kindheit permanent abwesend war
- längere Trennungen im Familienleben und Trennungen von der Mutter während des ersten Lebensjahres (z.B. durch Arbeitslosigkeit des Hauptverdienenden der Familie, Krankheit eines Elternteiles und größere Umzüge oder Veränderungen)
- eine Mutter, die außer Haus arbeitete, ohne daß das Kind eine feste Betreuungsperson im ersten Lebensjahr hatte

Im Hinblick auf spätere Kriminalität waren die Trennungen der Familie in frühen Jahren wichtig. Bezüglich späterer Scheidung bis zum 30. Lebensjahr stellten sich für Frauen Schwangerschaften, Heirat und finanzielle Probleme in der Adoleszenz, elterliche Konflikte sowie Schwierigkeiten mit ihren Vätern als Risikofaktoren heraus. Für Männer waren es diesbezüglich eher Abwesenheit des Vaters und Tod der Mutter, eines Großelternteiles oder eines engen Freundes vor dem zehnten Lebensjahr. Insgesamt traten solche Faktoren eher in ärmlichen Verhältnissen auf.

Mit 30 Jahren wurden auch die jugendlichen Mütter und diejenigen mit krimineller Vergangenheit untersucht. Dabei stellte sich heraus, daß diejenigen, welche ihre Situation zwischenzeitlich verbessern konnten bzw. nicht mehr kriminell rückfällig geworden waren, ähnliche Unterscheidungsmerkmale aufwiesen, wie sie zuvor schon als **Schutzfaktoren** beschrieben wurden. Werner (1989) faßt diese wie folgt zusammen:
- individuelle Faktoren, wie Aktivitätsgrad und gutes Sozialverhalten, mindestens

durchschnittliche Intelligenz, gute kommunikative Fähigkeiten (Sprache, Lesen) und internale Kontrollüberzeugungen
- liebevolle Beziehungen zu einem Elternteil, Geschwister, Partner oder Freund, die in schwierigen Zeiten Unterstützung geben
- unterstützende Systeme von außen durch Schule, Arbeit oder Kirche, welche die Fähigkeiten der Person fördern und eine positive Lebensüberzeugung entwickeln helfen

In der **Rostocker Längsschnittstudie** fanden Meyer-Probst und Teichmann (1984), daß Kinder, die prä- und perinatalen biologischen Belastungen ausgesetzt waren und aus sozioökonomisch benachteiligten Familien stammten, überdurchschnittliche Leistungsdefizite im Schulalter zeigten. Obwohl die Autoren keinen Unterschied in der biologischen und psychosozialen Risikobelastung feststellen konnten, schnitten die Mädchen in allen überprüften Persönlichkeitsbereichen besser ab.

Elder (1974) wertete zwei Längsschnittstudien aus, die „**Oakland Growth Study**" und die „**Berkeley Guidance Study**". Die große Wirtschaftskrise in den USA traf die Oakland-Kohorte im Jugendalter, die Berkeley-Kohorte in der frühen Kindheit. Jedes Jahr wurden die Folgen der Wirtschaftskrise in beiden Kohorten durch Interviews und Beobachtungen erhoben. Im Kohortenvergleich (n=167 und n=214) konnten die Folgen der ökonomischen Krise nach Lebensalter und Entwicklungsstufe differenziert werden. In der Reanalyse (Elder et al. 1985, 1986) wurde insbesondere das elterliche Verhalten untersucht. Die Einflüsse der Wirtschaftskrise hingen davon ab, welche Merkmale die Familienmitglieder vor der Krise hatten. Die Väter zeigten im Vergleich zu den Müttern nach dem Zusammenbruch eher strafendes, willkürliches und tyrannisches Verhalten; dies war ein deutlich nachweisbarer Risikofaktor für die Kinder. Folgende Faktoren hatten einen moderierenden Einfluß: kindliches Temperament, physische Attraktivität (nur bei Mädchen) und die Mutter-Kind-Beziehung. Jungen, die diese Wirtschaftskrise in der frühen Kindheit (Berkeley-Kohorte) erlebten, hatten im Jugend- und Erwachsenenalter signifikant mehr Schwierigkeiten als ihre Altersgenossen (z.B. negatives Selbstkonzept, mangelnde soziale Kompetenz). Die Mädchen aus der Berkeley-Kohorte dagegen konnten die ökonomische Belastung in der Kindheit gut bewältigen. Ein umgekehrter Effekt zeigte sich in der Oakland-Kohorte. Bei Jungen wurden sogar „Entwicklungsgewinne" deutlich (im Verhältnis zu den weniger belasteten Altersgenossen), während für Mädchen ökonomische Probleme in der Adoleszenz nachhaltig negative Folgen hatten.

Zu drei Meßzeitpunkten untersuchten Furstenberg und Teitler (1994) 950 Kinder bzw. junge Erwachsene hinsichtlich der *Langzeitauswirkungen elterlicher Trennungen* und vorausgegangener Störungen der familiären Atmosphäre. Sie stellten fest, daß elterliche Scheidungen mit verschiedenen ökonomischen, sozialen und psychischen Folgen verknüpft waren. Ihre Ergebnisse zeigten aber auch, daß *elterliche Erziehungsprobleme, häufige eheliche Konflikte und andauernde ökonomische Engpässe* einen großen Einfluß auf die spätere Gesundheit der Kinder hatten, unabhängig davon, ob es zu einer elterlichen Trennung kam oder nicht. Einige der erfaßten Folgefaktoren, wie z.B. frühe Aufnahme sexueller Aktivitäten, nichtehelicher Geschlechtsverkehr und Schulabbrüche, konnten jedoch durch die familiäre Situation vor der Trennung nicht vollständig aufgeklärt werden.

In ihrer Längsschnittstudie an 1181 Kindern beobachteten Baydar und Brooks-Gunn (1991), daß *mütterliche Berufstätigkeit im ersten Lebensjahr* schädigende Effekte auf die kognitive Reifung und Verhaltensentwicklung bei allen Kindern hatte, unabhängig von Geschlecht und sozialem Status. Differenziert wurde zusätzlich noch nach dem zeitlichen Ausmaß der mütterlichen Berufstätigkeit: Während eine wöchentliche Tätigkeit bis zu 10 Stunden keine meßbaren Auswirkungen hatte, waren diese bei 10–20 Stunden tendenziell sogar größer als bei 20–40 Wochenstunden. Die Autorinnen glauben, daß dies mit einer bei dieser Arbeitszeit oft nicht so eindeutig geklärten Versorgung der Babys zusammenhängen könnte.

Auch die Art der Versorgung der Kinder wurde untersucht. Nachteile hinsichtlich der kognitiven Entwicklung von Kindern aus armen Verhältnissen konnten durch großmütterliche Fürsorge am ehesten kompensiert werden. Hinsichtlich der Verhaltensentwicklung erwiesen sich für Jungen besonders intensive mütterliche Fürsorge nach Feierabend und für Mädchen Versorgung durch ein Kindermädchen als die besten kompensatorischen Lösungen. Die Autorinnen erklären dieses Phänomen mit der allgemein höheren Vulnerabilität der Jungen. Aus diesem Grunde seien Knaben möglicherweise auch in höherem Maße als Mädchen durch instabile Versorgungssituationen und weniger fürsorgliche Betreuungspersonen gefährdet.

In einer Longitudinalstudie an 50 Kindern mit hoher und 102 Kindern mit niedriger Risikobelastung untersuchten Seifer et al. (1992) den kognitiven und sozial-emotionalen Status im Alter zwischen 4 und 13 Jahren. Folgende Variablen gingen mit positiven Veränderungen bezüglich des kognitiven bzw. des sozial-emotionalen Entwicklungsstandes bei den Hochrisikokindern einher: positive Selbsteinschätzung, soziale Unterstützung, niedrige Werte bezüglich externaler oder unklarer Kontrollüberzeugungen, positive elterliche Erziehungsstile, niedrige Werte hinsichtlich Kritik seitens der Eltern und mütterlicher Depressivität sowie eine geringere Zahl kritischer Lebensereignisse. Viele dieser Faktoren fanden sich auch bei jenen Kindern mit niedrigem Risiko, die positive Verläufe zeigten. Bei einigen Variablen war die Wirkung in der Hochrisikogruppe jedoch ausgeprägter als in der gering belasteten Gruppe.

Die **Lundby-Studie** ist eine Untersuchung, die insgesamt 590 Kinder im Alter von 0–15 Jahren einschließt, welche 1947 und 1957 in Hausbesuchen durch Psychiater und anhand verschiedener Erhebungsverfahren hinsichtlich psychischer Risikofaktoren untersucht wurden. 38% der Kinder gehörten der Gruppe an, die drei oder mehr Risikofaktoren aufwiesen (Cederblad et al. 1988). 1988/1989 wurde versucht, diese 221 Personen erneut zu untersuchen; eine Erhebung konnte bei 148 durchgeführt werden. Anhand verschiedener Instrumente fand man heraus, daß mehr als die Hälfte dieser Personen eine beträchtliche **Resilienz** entwickelt hatten und daß ein „sense of coherence", der mit einem speziellen Fragebogen überprüft wurde, als Erklärung dafür in Erwägung zu ziehen ist (Dahlin et al. 1990). Die Population wurde auf folgende, möglicherweise für seelische Gesundheit prädisponierende Faktoren untersucht: gutes Sozialverhalten, positives Selbstkonzept, Autonomie, erfolgreiche Bewältigungsstrategien, hohe intellektuelle Fähigkeit, Bemühen, sich zu verbessern, Kreativität, spezielle Interessen und Hobbys, internale Kontrollüberzeugungen, gute Impulskontrolle, hohes Maß an Energie als Kind, ältestes Kind, einziges Kind, drei oder weniger Geschwister mit einem Altersabstand von mehr als zwei Jahren, feste Berufstätigkeit der Mutter außerhalb des Haushaltes, benötigte Unterstützung, vertrauensvolle, enge Beziehung zu mindestens einem Elternteil, eine wichtige andere Bezugsperson, weitere fürsorgende Personen neben den Eltern, konsequente und klare Regeln und Normen innerhalb der Familie, offene Kommunikation, übernommene Werte sowie Hilfen von öffentlicher Seite. Diese verschiedenen Faktoren wurden unterschiedlich häufig von den Betroffenen selbst angegeben.

Mit *seelischer Gesundheit im Erwachsenenalter* waren verknüpft: positives Selbstkonzept als Kind, erfolgreiche Bewältigungsstrategien, internale Kontrollüberzeugung und intellektuelle Fähigkeiten. Auch familiäre Faktoren in der Kindheit, wie vertrauensvolle Beziehungen zu einem Elternteil und übernommene Werte, zeigten einen solchen Zusammenhang. Insgesamt sehen die Autoren (Cederblad et al. 1994) durch ihre Ergebnisse Antonovskys Konzept des „sense of coherence" als Ursache

Tab. 1.1 In Längsschnittstudien gesicherte Risikofaktoren (Reihenfolge nach Stichprobengröße)

Autoren	Jahr	n	KG	Ergebnisse
Baydar u. Brooks-Gunn	1991	1181	ja	mütterliche Berufstätigkeit (>10 h/Woche) im ersten Lebensjahr
Furstenberg u. Teitler	1994	950	ja	Ehescheidung, elterliche Erziehungsprobleme, häufige elterliche Konflikte, ökonomische Probleme
Lösel et al.	1989	776	ja	unvollständige Familien, Armut, Erziehungsdefizite, Alkoholmißbrauch, Gewalttätigkeit
Werner u. Smith	1992	698	ja	• längere Trennung von der primären Bezugsperson im ersten Lebensjahr • berufstätige Mutter im ersten Lebensjahr ohne andere feste Bezugsperson • Geburt eines jüngeren Geschwisters in den beiden ersten Lebensjahren • ernste oder häufige Erkrankungen in der Kindheit • körperliche und psychische Erkankungen der Eltern • Geschwister mit einer Behinderung, Lern- oder Verhaltensstörung • chronische familiäre Disharmonie • väterliche Abwesenheit • elterlicher Verlust der Arbeit • Umzüge, Schulwechsel, Trennung der Eltern • Wiederverheiratung (Stiefvater oder Stiefmutter) • Verlust eines älteren Geschwisters oder engen Freundes • außerfamiliäre Unterbringung • für Mädchen: Schwangerschaft in der Jugendzeit
Elder	1974	381	ja	• väterliches tyrannisches Verhalten • moderierend: kindliches Temperament, Mutter-Kind-Beziehung, physische Attraktivität bei Mädchen • Jungen in früher Kindheit vulnerabler, Mädchen in Adoleszenz
Meyer-Probst u. Teichmann	1984	279	ja	• prä- und perinatale biologische Belastungen, niedriger sozioökonomischer Status • Jungen vulnerabler als Mädchen

für seelische Gesundheit bei dieser Risikogruppe bestätigt.
Farber und Egeland (1987) belegten in einer Längsschnittstudie auf dem Hintergrund eines bindungstheoretischen Ansatzes die Bedeutung einer „sicheren Bindung" im Sinne Bowlbys (vgl. Kap. 1.5) nach 12 bzw. 18 Lebensmonaten als protektiven Faktor bei der Bewältigung traumatisierender Belastungen im Vorschulalter.

In Tabelle 1.1 und 1.2 sind die referierten Studien und deren Ergebnisse zusammenfassend dargestellt.

Querschnittstudien

In einer Vergleichsstudie zwischen 89 Frauen, die in einem Kinderheim aufwuchsen, und 41 Frauen aus der Normalbevölkerung derselben Gegend konnten Rutter und Quinton (1984)

Tab. 1.2 In Längs- bzw. Querschnittstudien gesicherte protektive Faktoren (Reihenfolge nach Stichprobengröße)

Autoren	Jahr	n	KG	Ergebnisse
Reister	1995	840	ja	• stabile positive Bezugsperson • seelisch gesunde Mutter • Abwesenheit des Vaters bei konfliktreicher Ehe • unneurotische Beziehung zum Erzieher • gute soziale Integration im Erwachsenenalter
Lösel et al.	1989	776	ja	• Intelligenz, Leistungsmotivation • flexibles und annäherungsorientiertes Temperament • geringes Gefühl der Hilflosigkeit • positives Selbstwertgefühl • aktiv-problemlösender Coping-Stil • soziale Unterstützung • wenig konflikthaftes, offenes und auf Selbständigkeit-orientiertes Erziehungsklima
Werner u. Smith	1992	698	ja	• Aktivitätsgrad und gutes Sozialverhalten • mindestens durchschnittliche Intelligenz • gute kommunikative Fähigkeiten (Sprache, Lesen) • internale Kontrollüberzeugung • liebevolle Beziehungen (zu Elternteil, Geschwister, Partner, Freund) • Unterstützung von außen (Schule, Arbeit, Kirche)
Farber u. Egeland	1987	267	ja	„sicheres" Bindungsverhalten nach 12 bzw. 18 Lebensmonaten reduziert Auswirkung von im Vorschulalter ein wirkenden Belastungsfaktoren
Seifer et al.	1992	152	ja	• positive Selbsteinschätzung • soziale Unterstützung • niedrige Werte bezüglich externaler oder unklarer Kontrollüberzeugung • gute elterliche Erziehungsstile und niedrige Werte elterlicher Kritik und mütterlicher Depressivität • wenige kritische Lebensereignisse
Cederblad et al.	1994	148	ja	• kindliches positives Selbstkonzept • erfolgreiche Bewältigungsstrategien • internale Kontrollüberzeugungen • intellektuelle Kapazität • vertrauensvolle Beziehung mit einem Elternteil • übernommene Werte
Wyman et al.	1992	136	ja	• positive Beziehungen zu primären Bezugspersonen • stabile familiäre Umwelt, fürsorgende Mutter • konsequenter und induktiver Erziehungsstil • positive Erwartungen hinsichtlich Zukunft
Gribble et al.	1993	131	ja	• positive elt. Einstellung (Wärme, Akzeptanz, Achtung) • elterliche Teilnahme an wichtigen Teilen des Lebens ihres Kindes und gemeinsame Aktivitäten • autoritativer Erziehungsstil
Rutter u. Quinton	1984	130	ja	• positive Schulerfahrungen • Charakter des späteren Partners und Heirat (Schutzfaktoren bei Heimerziehung)
Lieberz	1988	80	ja	• gute Beziehung zu einer primären Bezugsperson • gute Schulbildung und berufliche Stellung
Tress	1986	40	ja	stabile gute Bezugsperson
Kauffman et al.	1979	12	ja	• emotional warme Beziehung zur Mutter • große Kompetenz, Kreativität und Talent • enge Bezugsperson außerhalb der Familie

eine positive Qualität der sozialen Institution Schule als entwicklungsförderndem Faktor nachweisen. Die im Kinderheim aufgewachsenen Frauen hatten im Erwachsenenalter häufiger Persönlichkeitsstörungen und ein schwächer entwickeltes Sozialverhalten als die Personen der Vergleichsgruppe. Aber ihre Entwicklung wurde sehr stark beeinflußt durch *positive Schulerfahrungen, Heirat sowie den Charakter ihres späteren Partners.* Maughan (1988) kommt bei der Untersuchung ähnlicher Faktoren zu dem Schluß, daß Schulerfahrungen sowohl Schutz- als auch Risikofaktoren darstellen können.

Die Auswirkungen ökonomischer Einbußen auf einzelne Familienmitglieder und die familiäre Interaktion untersuchen Walper und Silbereisen (1986, 1987) in ihrer Berliner Studie an 101 Jugendlichen und deren Eltern. Nach ihren Ergebnissen gehen in Familien mit niedrigem Bildungsniveau Einkommenseinbußen mit verringerter Familienintegration sowie erhöhter Selbstabwertung und kontranormativen Einstellungen der Kinder einher. In Familien mit höherem Bildungsniveau der Eltern fanden sich keine bedeutsamen Auswirkungen ökonomischer Einbußen.

Breier et al. (1988) untersuchten 90 Erwachsene mit *Verlust eines Elternteils durch Tod oder Trennung* in ihrer Kindheit. 77% der Personen, die sich auf eine Anzeige in einer Zeitung gemeldet hatten, wiesen in ihrer Vorgeschichte psychiatrische Erkrankungen wie depressive Störungen, Angsterkrankungen, Alkohol- oder Drogenabhängigkeit auf. Die kindliche Lebenssituation, erhoben anhand eines selbstentwickelten Fragebogens, stellte sich als stärkster Prädiktor späterer Psychopathologie heraus. Hochsignifikante Unterschiede zeigten sich in den Einzelfaktoren: *emotionale Beziehung zu dem verbleibenden Elternteil, Depressivität und Ängstlichkeit, Trennungsängste, Schulverweigerung und Schlafstörungen, Stabilität des kindlichen Zuhause und emotionale Beziehung zu versorgenden Personen.* Interessanterweise fanden sich in der Gruppe mit psychiatrischen Erkrankungen erhöhte Kortisol- und Betaendorphin-Plasmaspiegel, welche auch signifikant mit den Fragebogenergebnissen korrelierten. Keine Unterschiede konnten hinsichtlich psychisch kranker Verwandter ersten Grades, Alter beim Verlust des Elternteiles und Geschlecht des verlorenen Elternteiles festgestellt werden.

Bei einer Untersuchung an 600 Erwachsenen aus der Allgemeinbevölkerung der Stadt Mannheim (Schepank 1987) wurde ein signifikanter Zusammenhang zwischen psychogenen Erkrankungen und „Belastungen" in der frühen als auch in der späteren Kindheit gefunden. Unter „Belastungen" wurden „harte" Daten und glaubwürdig geschilderte oder erschlossene pathologische Verhaltensmuster der Eltern subsumiert. Folgende Einzelaspekte der Frühkindheit korrelierten statistisch hoch mit späteren psychogenen Störungen: *psychopathologische Züge bei der Mutter, aber auch beim Vater, deutliche Störungen ihrer Beziehung zueinander und schließlich erhebliche Belastungen durch die Geschwister.* Insgesamt stellte Schepank fest, daß 90% der frühkindlich und aktuell unbelasteten Probanden seelisch gesund waren, während 70 bis 80% der Personen, die frühkindliche Traumatisierungen und aktuelle kritische Lebensereignisse erlebt haben, psychogene Krankheiten aufwiesen.

In einer Studie zur psychoanalytischen Geneseforschung untersuchte Dührssen (1984) eine Gruppe von Patienten (n=458), die von sich aus das Angebot einer psychoanalytisch ausgerichteten Klinik in Anspruch nahmen, und eine nach Alter, Geschlecht und sozialem Status parallelisierte Vergleichsgruppe (n=448). Sie betrachtete dabei vor allem ausgewählte Risikovariablen, die sie selbst in einer früheren Arbeit (1956) nach Betrachtung von Familien mit neurotisch erkrankten Kindern als „wichtige belastende Lebensumstände" beschrieben hat. Dührssen ordnete diese Risikovariablen nach folgenden Bereichen:

- Geburtsstatus des Patienten (unehelich oder vorehelich geboren oder gezeugt)
- Alter und Gesundheit der Eltern (sehr junges oder hohes Alter, deutlich neurotische

Beeinträchtigungen oder schwere körperliche Behinderungen)
- Stellung des Patienten in der Geschwisterreihe (Altersabstand zum nächstjüngeren oder nächstälteren Geschwister weniger als eineinhalb Jahre)
- Verlusterlebnisse des Kindes mit dem Ausfall von wichtigen Beziehungspersonen (Vater, Mutter oder andere, Wechsel der Beziehungspersonen)
- sozioökonomische Faktoren (kärgliches finanzielles Niveau, beengte Wohnverhältnisse, mangelhafte Schulbildung der Eltern, erhebliche berufliche oder ökonomische Umstellungen bei den Eltern)
- soziale Unterschiede zwischen den Eltern und deren Herkunftsfamilien und Verlusterlebnisse der Eltern in ihrer Kindheit

Diesen Dimensionen ordnete sie 101 Einzelvariablen zu, die sie nach angenommener Schwere der Belastung unterschiedlich gewichtete. So bekam z.B. der Verlust eines Elternteils den höchsten Wert (160 Punkte), während Unterschiede zwischen Eltern und Großeltern bezüglich „Status", „Milieu" oder „Lebensstil" eine geringere Gewichtung erhielten. Die Summe der gewichteten Variablen faßte sie zu einem „**Risikoindex**" und die Anzahl der ermittelten Variablen zu einer „Risikosumme" zusammen. Zur Datenerhebung wurde das von Dührssen et al. (1980) entwickelte „Berliner Dokumentationssystem für Psychotherapie", bei den Probanden in einer verkürzten Form, und eine erweiterte Fassung des Gießener Beschwerdebogens verwendet. Dührssen konnte folgende ihrer Hypothesen gegen den Zufall absichern:
- Neurotisch kranke Patienten haben in ihrer Kindheit und Jugend bestimmte Belastungsfaktoren häufiger erlebt als psychisch gesunde Personen.
- Neurotisch kranke Patienten haben unabhängig von der Psychopathologie der Eltern in Kindheit und Jugend bestimmte Belastungsfaktoren häufiger erlebt als psychisch gesunde Personen.
- Innerhalb eines Patientenkollektivs finden sich bei Patienten mit hohem Belastungsindex schwerere Krankheitszeichen als bei Patienten mit niedrigem Belastungsindex.
- Bei Patienten mit hohem Belastungsindex treten neurotische Symptome früher auf, als bei Patienten mit niedrigem Belastungsindex.
- Auch bei Personen, die sich gegenwärtig psychisch nicht krank oder behandlungsbedürftig fühlen, besteht ein Zusammenhang zwischen der Höhe des Risikoindexes und der Frühsymptomatik, die in Kindheit und Jugend aufgetreten ist.
- Auch bei Personen, die sich psychisch nicht krank oder behandlungsbedürftig fühlen, besteht ein Zusammenhang zwischen der Höhe des Risikoindexes und den in der Beschwerdeliste angegebenen psychischen bzw. psychosomatischen Beschwerden.

Lieberz und Schwarz (1987) stellten bei einer Untersuchung von 68 neurotisch-psychosomatischen Kranken und einer parallelisierten Kontrollgruppe fest, daß neurotisch kranke Menschen eine höhere Risikobelastung nach dem Risikoindex von Dührssen in ihrer Kindheit und Jugend aufweisen als gesunde Personen und daß der Belastungsindex eines Menschen mit dem Schweregrad seiner Neurose(n) in einem engen Zusammenhang steht.

In einem Vergleich zwischen 48 hochrisikobelasteten Neurotikern und 32 gesunden Probanden, welche ebenfalls mit hoher familiärer Konflikthaftigkeit belastet waren, fand Lieberz (1988) folgende Unterschiede: Die Patientengruppe wies nach dem Risikoindex von Dührssen deutlich höhere Werte in der Gesamtrisikobelastung auf als die Vergleichsgruppe. Im einzelnen hatten die Patientenväter und -mütter eine signifikant schlechtere Schulbildung bekommen, die Mütter waren bei der Geburt ihres ersten Kindes häufig nicht älter als 21 Jahre, die Patienten hatten wesentlich häufiger einen geringeren Altersabstand zum nächstjüngeren Geschwister als 18 Monate, und die Mütter der Patienten hatten in deutlich höherem Ausmaße neurotische Erkrankungen. Keinen signifikanten Unterschied fand Lieberz hinsichtlich der Geschwisterzahl, Verlustereignisse von Mutter und Vater durch Tod, Trennung oder Scheidung, der Anwesenheit von Großmüttern in den Familien und der Psychopathologie des Vaters. Die gesunden Probanden hatten ein deutlich positiveres Mutterbild, d.h., sie erlebten ihre Mutter als warm und nah, von geringer Strenge und großer Unterstützungskraft und wiesen zumindest zu einem Elternteil eine überwiegend gute Beziehung auf. Bezüglich der aktuellen Lebenssituation waren die Gesunden häufiger ledig und kinderlos, hatten eine deutlich bessere Schulbildung und entsprechend günstigere berufliche Bedingungen entwickelt.

In der Gesamtpopulation der **Mannheimer Kohortenstudie** (Schepank 1987) fand Tress (1986b) 40 Personen, die alle eine sehr schwere Kindheit durchlaufen hatten. Die Zuordnung zu dieser Gruppe fand mittels eines komplexen Ratings anhand von Faktoren wie Elterndefizite, Elternpathologie, Belastung durch Geschwister, Krankheit, Armut usw. statt. Diese 40 Personen verteilten sich wiederum auf eine Gruppe (n=20) seelisch gesunder und eine Gruppe (n=20) nach ICD-Kriterien eindeutig seelisch kranker Personen. Der einzige valide Schutzfaktor war „eine positive, zuverlässig verfügbare Bezugsperson" in der Entwicklung. Bestand eine solche Beziehung und erkrankten die Probanden später dennoch, so ließen sich folgende Risikofaktoren ermitteln:

- ein psychisch hoch auffälliger Vater
- ein Altersabstand von mehr als sechs Jahren oder
- weniger als 12 Monaten zum nächsten Geschwister

Eine Erweiterung der Ergebnisse von Tress stellt die Studie von Reister (1995) dar, in der mittels Pfadanalysen und Strukturgleichungsmodellen zusätzlich folgende protektive Faktoren gefunden wurden: die Abwesenheit des Vaters (dieser überraschende Befund erklärt sich durch die Anwesenheit eines pathogenen Vaters – Schläger, Alkoholiker u.a. – in ohnehin gefährdetem Milieu), eine seelisch gesunde Mutter, eine unneurotische Beziehung zum Erzieher sowie Entlastung/Förderung durch Geschwister (nur bei Frauen) und ein seelisch gesunder Vater (nur bei Männern). Auch die soziale Situation im Erwachsenenalter kann protektiv wirksam sein: Eine sehr gute soziale Integration, insbesondere nachbarschaftlich (bei Frauen), sowie Aktivität im Verein, abgeschlossene Berufsausbildung und Verheiratetsein (bei Männern) wirken als psychosoziale Schutzfaktoren. Reister versteht seine Ergebnisse als Hinweis, daß Protektion ein kontinuierlicher, interaktiver und dynamischer Prozeß ist.

Aus einer *Gruppe von Kindern mit psychotischen Müttern* suchten Kauffman et al. (1979) die sozial und intellektuell kompetentesten heraus. Diese wiederum verglichen sie mit den kompetentesten Kindern einer Kontrollgruppe mit Müttern ohne psychiatrische Erkrankungen. Hierbei stellten sie fest, daß ihre „Hochrisiko-Kinder" im Vergleich zur Kontrollgruppe kompetenter, kreativer und talentierter waren. Diese „Superkids" gaben häufiger an, einen besten Freund oder Freundin und einen guten, engen Kontakt zu einem außerfamiliären Erwachsenen zu haben. Eine emotional warmherzige Beziehung zu der Mutter war ein weiterer wichtiger Faktor bezüglich der sozialen Kompetenz der Kinder aus der Risikogruppe.

Die Arbeitsgruppe um Lösel kommt allerdings zu einem etwas anderen Ergebnis: In einer ersten Studie (Lösel et al. 1989, 1990a; Bliesener et al. 1990; Lösel und Bliesener 1990, 1991a, 1991b; Kolip und Lösel 1991) untersuchten sie *Jugendliche aus Heimen* im Alter zwischen 14 und 17 Jahren und bildeten zwei Gruppen durch Fallbesprechungen mit den Heimerziehern: eine Gruppe von 66 „Resilienten" und eine mit 80 gravierend „Auffälligen". Die Jugendlichen stammten häufig aus einem sehr belasteten und unterprivilegierten „Multiproblem-Milieu" mit unvollständigen Familien, Armut, Erziehungsdefiziten, Alkoholmißbrauch, Gewalttätigkeit usw.

Tab. 1.3 In Querschnittstudien (retrospektiv) gesicherte Risikofaktoren (Reihenfolge nach Stichprobengröße)

Autoren	Jahr	n	KG	Ergebnisse
Felitti et al.	1998	9508	ja	• emotionale Mißhandlung • körperliche Mißhandlung • sexueller Mißbrauch • Alkohol- oder Drogenmißbrauch eines Elternteils • psychische Erkrankung eines Elternteils • körperliche Gewalt in der Familie • Kriminalität in der Familie
Kessler et al.	1997	5877	ja	• Verlust durch Tod, Trennung, Scheidung • psychische Störung eines Elternteils • sexuelle Übergriffe und Mißbrauch • körperliche Mißhandlung • schwere Unfälle, Naturkatastrophen • Zeuge eines schwerwiegenden Ereignisses
Dührssen	1984	906	ja	• Geburtsstatus • Alter und Gesundheit der Eltern • Stellung in der Geschwisterreihe • Verlust wichtiger Bezugspersonen • sozioökonomische Faktoren • soziale Unterschiede zwischen Eltern • Verlust der Eltern in der Kindheit
Lösel et al.	1989	776	ja	• unvollständige Familien • Armut • Erziehungsdefizite • Alkoholmißbrauch • Gewalttätigkeit
Schepank	1990	600	ja	• niedriger sozioökonomischer Status • psychopathologische Züge der Eltern • deutliche Störungen der elterlichen Beziehung • erhebliche Belastungen durch Geschwister
Walper u. Silbereisen	1987	101	ja	• ökonomische Einbußen
Lieberz	1988	80	ja	• schlechtere Schulbildung der Eltern • junge Mütter bei Geburt des ersten Kindes • körperliche und psychische Erkankungen der Eltern • Altersabstand <18 Monate zum nächsten Geschwister

Beide Gruppen boten eine ähnlich hohe Risikobelastung und lagen diesbezüglich im Vergleich zu einer „Normal-Gruppe" von 630 unausgelesenen Schülern und Schülerinnen sehr hoch. Die auffällige Gruppe entwickelte ausgeprägte Verhaltensauffälligkeiten, während die andere im Sinne des „Resilienz"-Konzepts relativ gesund erschien. Die Resilienten erwiesen sich insgesamt als intelligenter, im Temperament tendenziell flexibler und in ihrer Beziehungsgestaltung als „annäherungsorientierter"; sie hatten eine stärkere Selbstwirksamkeitserwartung und Leistungsmotivation, erlebten sich als weniger hilflos, zeigten ein positiveres Selbstwertgefühl und waren in ihrem Coping-Stil mehr aktiv-problemlösend. Außerdem berichteten sie über ein größeres soziales Netzwerk und befriedigendere soziale Unterstützung. Das Erziehungsklima in den Heimen wurde als weniger konflikthaft, gleichzeitig offener und stärker die Selbständigkeit fördernd geschildert.

In einer zweiten Studie (Lösel et al. 1992) wurden 21 Jugendliche aus der resilienten Gruppe mit einer gematchten „Normalgruppe" aus einer Schülerstichprobe verglichen. Die erste Gruppe stellte sich naturgemäß als deutlich mehr risikobelastet heraus. Keine signifikanten Unterschiede gab es hinsichtlich der berichteten Erlebens- und Verhaltensprobleme. Nur wenige statistisch bedeutsame Unterschiede fanden sich bezüglich der individuellen und sozialen Schutzfaktoren. Die Resilienten waren häufiger aktiv-problemlösend in bezug auf ihren Coping-Stil, tendenziell weniger problemmeidend, beziehungs- und aufgabenorientierter im Temperament, selbstsicherer, leistungsmotivierter und weniger hilflos in ihrem Erleben. Bei den sozialen Schutzfaktoren waren die Unterschiede noch geringer: Nur die erzieherische Kontrolle wurde von der resilienten Gruppe deutlich stärker und der Zusammenhalt tendenziell niedriger erlebt. Aufgrund dieser Ergebnisse kommen die Autoren zu dem Schluß, daß die widerstandsfähigen Jugendlichen keine „Superkids" sind, sondern daß sie trotz widriger Umstände solche Schutzfaktoren realisieren können, die auch ansonsten mit seelischer Gesundheit einhergehen.

Wyman et al. (1992) verglichen 136 zehn- bis zwölfjährige Risikokinder, die nach Einschätzung von Eltern und Lehrern eine positive oder eher eine negative Entwicklung aufzeigen. Dabei beobachteten sie, daß widerstandsfähige Kinder häufiger über positive Beziehungen zu den primären Bezugspersonen, stabile familiäre Umwelt, konsequenten und induktiven Erziehungsstil, bei welchem konstruktiv Grenzen gesetzt werden, und positive Erwartungen hinsichtlich ihrer Zukunft berichteten. Die streßresilienten Mädchen empfanden im Vergleich zu den anderen Mädchen ihre Mütter als fürsorgender. Kein Unterschied wurde gefunden bezüglich der Einschätzung des Vaters, der Qualität der Beziehung zu Gleichaltrigen und des allgemeinen Selbstkonzeptes. In einer Untersuchung an derselben Population (Gribble et al. 1993) berichteten Eltern und Kinder aus der streßresilienten Gruppe häufiger über positive elterliche Einstellungen, geprägt von Wärme, Akzeptanz und Achtung gegenüber dem Kind, elterliche Teilnahme an wichtigen Teilen des Lebens ihres Kindes, gemeinsame Aktivitäten und über autoritativen im Unterschied zu autoritärem Erziehungsstil. Außerdem hatten die Eltern und ihre Kinder größere Übereinstimmungen bezüglich der Einschätzung ihrer Beziehung zueinander im Vergleich zur Kontrollgruppe. Insgesamt sehen die Autoren die Hypothese bestätigt, daß eine positive Eltern-Kind-Beziehung einen wichtigen Schutzfaktor für risikobelastete Kinder darstellt.

In Tabelle 1.2 und 1.3 sind die referierten Studien und deren Ergebnisse zusammenfassend dargestellt.

Traumatisierungen in Kindheit und Jugend

In den letzten zehn Jahren wurde in Studien zu Traumatisierungen in Kindheit und Jugend am häufigsten die Bedeutung sexueller Mißbrauchserfahrungen sowie körperlicher Mißhandlungen untersucht. Dabei wurde immer wieder ein gehäuftes Vorkommen von **kindlichem sexuellem Mißbrauch** unter Patienten mit bestimmten psychischen und psychosomatischen Erkrankungen beschrieben (Bryer et al. 1987; Bulik et al. 1989; Coons 1986; Damlouji und Ferguson 1985; Finkelhor und Browne 1985; Friedman et al. 1982; Gold 1986; Greenwald et al. 1990; Herman et al. 1986; Lindberg und Distad 1985; Morrison 1989; Ogata et al. 1990; Sloan und Leichner 1986):

- Depressionen
- Alkohol- oder Drogenmißbrauch

Tab. 1.4 Erhöhung der Wahrscheinlichkeit psychischer Störungen bei sexuellem Mißbrauch in der Kindheit (nach Mullen et al. 1993)

	Häufigkeit in Normalbevölkerung	Sexueller Mißbrauch vor 16. Lebensalter	andere Belastungsfaktoren kontrolliert	Sexueller Mißbrauch mit Koitus	andere Belastungsfaktoren kontrolliert
Suizidhandlungen	2,7%	↑↑	n.s.	↑↑	↑↑
Stationäre psychiatrische Behandlung	1,7%	↑	n.s.	↑↑	↑↑
Eßstörungen	1,5%	↑	n.s.	↑	↑
Alkoholabusus	9,0%	n.s.	n.s.	↑	n.s.
Medikamentenabusus	1,1%	↑	n.s.	↑	n.s.
Depressive Erkrankungen	1,8%	↑	n.s.	↑	n.s.
Angsterkrankungen	1,6%	↑	n.s.	↑	n.s.

- Eßstörungen
- prämenstruelles Syndrom
- sexuelle Störungen
- multiple Persönlichkeitsstörungen
- Anpassungsstörungen
- somatoforme Störungen
- Borderline-Störungen
- posttraumatische Störungen

Browne und Finkelhor (1986a) finden in ihrer Übersicht des weiteren Symptome von Angst oder psychischer Anspannung, z.B. *Panikattacken, Alpträume oder Schafstörungen*. Ein *negatives Selbstkonzept* kann eine weitere langfristige Folge darstellen. So berichten Bagley und Ramsey (1985a), daß Frauen, die einen sehr niedrigen Wert in einem Test hatten, der das Selbstbewußtsein mißt, viermal häufiger einen kindlichen sexuellen Mißbrauch in der Vorgeschichte aufweisen.

Sheldon (1988) fand in einer Untersuchung an 115 routinemäßig zu einem Psychotherapeuten überwiesenen Personen 16% mit einem sicheren kindlichen sexuellen Mißbrauch in der Vorgeschichte und 5% mit einem fraglichen Mißbrauch. Anhand eines halbstrukturierten Interviews fand Jacobson (1987) unter 100 stationären psychiatrischen Patienten 19% mit Mißbrauch während der Kindheit in der Vorgeschichte und 21% mit gleicher Erfahrung im Erwachsenenalter, dabei haben 27% dies vorher niemandem berichtet und sogar 49% nicht einmal in vorausgegangenen Psychotherapien darüber gesprochen!

Surrey et al. (1990) fanden unter 140 Patientinnen einer Tagesklinik 12, die einen sexuellen Mißbrauch vor dem 18. Lebensjahr angaben, und weitere 28 mit sexuellem Mißbrauch in Kombination mit körperlichen Mißhandlungen in der Kindheit. Ebenfalls in einer Tagesklinikstudie von Swett et al. (1990) gaben von 125 männlichen Patienten 7% sexuellen Mißbrauch und weitere 6% körperlichen und sexuellen Mißbrauch an, wobei den meisten diese Erlebnisse vor dem 18. Lebensjahr zustießen. Unter 98 psychiatrischen Patientinnen fanden Chu und Dill (1990) 35, die einen kindlichen sexuellen Mißbrauch berichteten. Brown und Anderson (1991) untersuchten 947 Patienten in stationärer psychiatrischer Behandlung. Die Autoren beschreiben für 9% der Patienten einen kindlichen sexuellen Mißbrauch und für weitere 3% sowohl einen sexuellen Mißbrauch als auch körperliche Mißhandlungen.

In einer Studie an 387 Frauen zur psychischen Gesundheit in der Allgemeinbevölkerung von Calgary fanden Bagley und Ramsey (1985a) anhand ihrer Meßinstrumente, daß in der Kindheit mißbrauchte Frauen etwa doppelt so häufig depressiv waren wie Frauen, die solche Erfahrungen nicht gemacht hatten (17% vs. 9% bzw. 15% vs. 7%). In einer Untersuchung an 119 zufällig ausgewählten Frauen aus der Bevölkerung von Los Angeles konnte Peters (1984, zit. nach Browne und Finkelhor 1986a) feststellen, daß sexueller Mißbrauch, der mit körperlichem Kontakt verknüpft war, mit einer *höheren Inzidenz von Depressionen und einer größeren Zahl depressiver Episoden* einhergeht und daß mißbrauchte Frauen häufiger wegen depressiver Erkrankungen stationär behandelt wurden (vgl. auch Kap. 2.3).

Auch Mullen et al. (1988) konnten in ihrer Studie an einer Bevölkerungsstichprobe bei 20% der Frauen mit kindlichen Mißbrauchserfahrungen psychische, hauptsächlich depressive Störungen feststellen. In einer weiteren Studie zeigten Mullen et al. (1993) zwar einerseits einen Zusammenhang auf zwischen einem solchen Trauma und späterer Psychopathologie, nämlich Suizidhandlungen sowie Angst-, Eß- und depressiven Störungen, belegten jedoch gleichzeitig, daß unter Berücksichtigung anderer Belastungsfaktoren, wie gestörte familiäre Verhältnisse, wenig fürsorglicher und stark kontrollierender Erziehungsstil oder körperliche Mißhandlungen, die späteren psychischen Störungen nur noch eingeschränkt mit den sexuellen Mißbrauchserfahrungen verknüpft werden können (vgl. Tab. 1.4). Nur wenn es im Rahmen des sexuellen Mißbrauchs auch zum Koitus gekommen war, lag die Häufigkeit des Auftretens von Suizidhandlungen und Eßstörungen sowie einer stationären Behandlung in einer psychiatrischen Klinik um ein Mehrfaches über der durchschnittlichen Rate in der Normalbevölkerung.

In einer neueren deutschen Studie wurde die Einbettung des sexuellen Mißbrauchs in andere soziale und familiäre Belastungsfaktoren sowie die Abhängigkeit der Langzeitfolgen von der Qualität der Partnerbeziehung der Eltern als auch der Eltern-Kind-Beziehung belegt (Richter-Appelt und Tiefensee 1996a, b). Neben dem familiären Klima schützen auch schulischer oder sportlicher Erfolg, das Fehlen einer frühen Schwangerschaft sowie eine gut funktionierende Partnerbeziehung im Erwachsenenalter vor psychischen und psychosomatischen Störungen als Spätfolge sexuellen Mißbrauchs (Romans et al. 1995).

In einer eigenen Studie (Egle et al. 1996) an 407 Patienten einer Psychosomatischen Universitätspoliklinik konnten wir zeigen, daß sexueller Mißbrauch nicht zu den häufigen Belastungsfaktoren in Kindheit und Jugend dieser neurotischen und psychosomatischen Patienten gehört, vielmehr in einer Rangreihe erst an 13. Stelle von insgesamt 18 erfaßten rangierte. Am häufigsten waren eine zu den Eltern insgesamt emotional wenig tragfähige Beziehung, kärgliche finanzielle Verhältnisse und starke berufliche Absorption beider Eltern. Häufige körperliche Mißhandlung sowie körperliche oder psychische Erkrankungen eines Elternteils prägten bei verhältnismäßig vielen dieser Patienten die Kindheit (vgl. Abb. 1.1). Unter Zugundelegung der von Dührssen entwickelten Gewichtung von Belastungsfaktoren, die wir noch um einige von ihr nicht berücksichtigte Faktoren (z.B. sexueller Mißbrauch, körperliche Mißhandlung) ergänzten, zeigten Patienten mit schweren Persönlichkeitsstörungen die höchsten Belastungswerte, gefolgt von Patienten mit Eßstörungen, depressiven und Angststörungen (vgl. Abb. 1.2).

In dem großen US-amerikanischen National Comorbidity Survey (Kessler et al. 1997) wurde die Bedeutung bestimmter Kindheitsbelastungsfaktoren (Verlust durch Tod, Trennung, Scheidung; psychische Störung eines Elternteils; sexuelle Übergriffe und sexueller Mißbrauch; körperliche Mißhandlung; schwere Unfälle und Naturkatastrophen; Zeuge eines schwerwiegenden Ereignisses) für depressive, Angst- und Suchterkrankungen sowie Verhaltensstörungen und antisoziale Persönlichkeitsstörung belegt. Bei der untersuchten Stichprobe handelte es sich bezogen auf die gesamte US-amerikanische Bevölkerung um eine für die Altersgruppe zwischen 15 und 54 Jahren im Hinblick auf eine ganze Reihe soziodemo-

18 Pathogene und protektive Entwicklungsfaktoren in Kindheit und Jugend

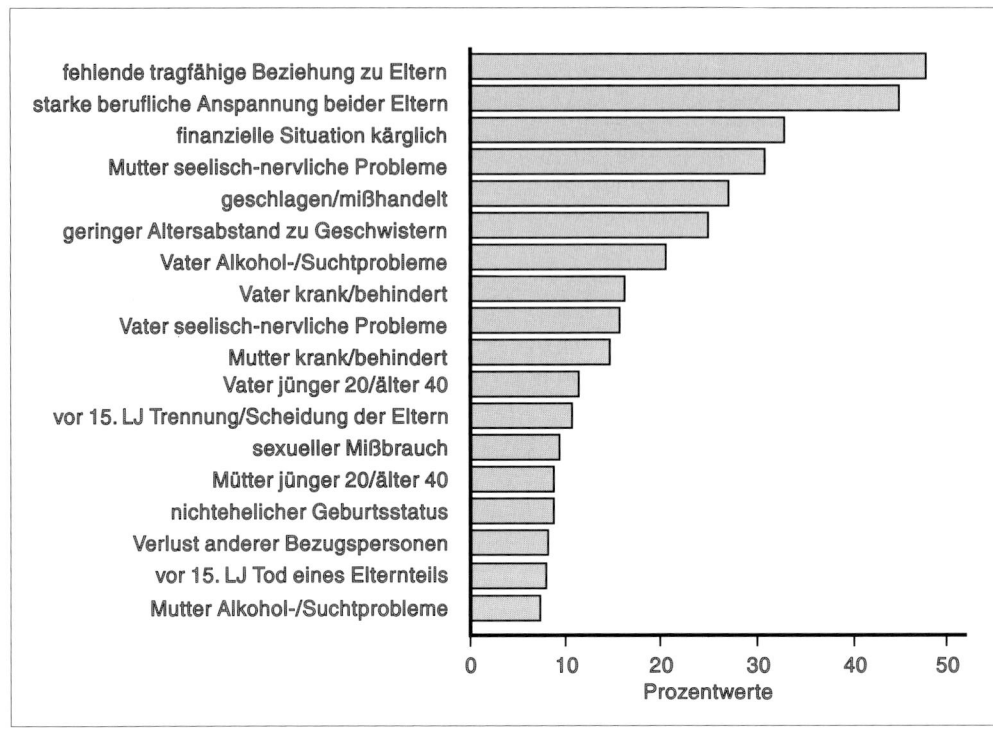

Abb. 1.1 Häufigkeit biographischer Risikofaktoren in der Population einer psychosomatischen Ambulanz

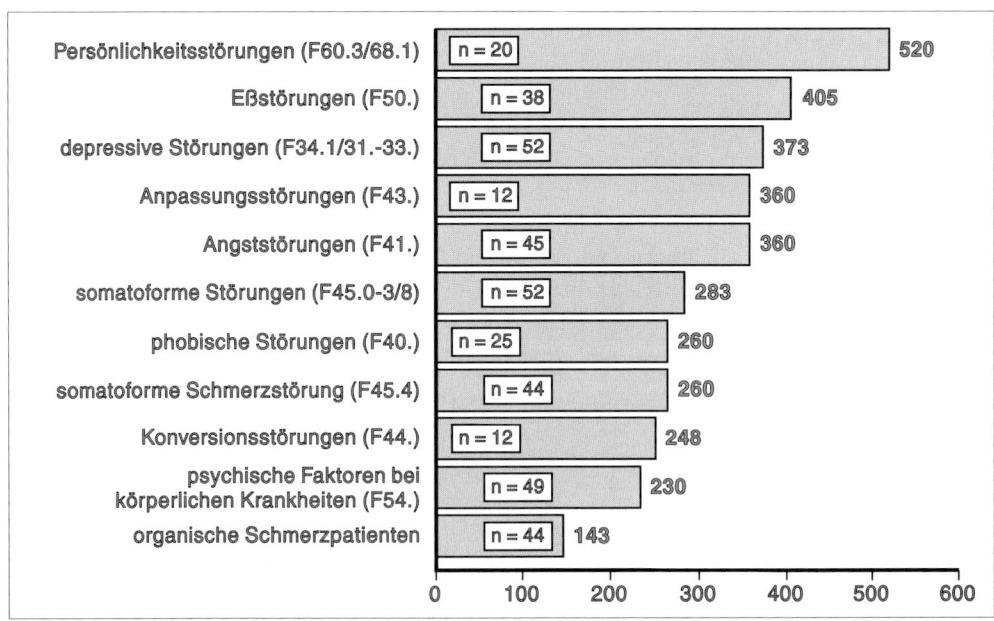

Abb. 1.2 Risiko-Score (nach Dührssen) bei verschiedenen Diagnosegruppen einer psychosomatischen Ambulanz

graphischer Charakteristika repräsentative. Bei der Berechnung wurden diese soziodemographischen Parameter jeweils berücksichtigt, so daß für den nachgewiesenen Zusammenhang zwischen Kindheitsbelastungsfaktoren und den genannten psychischen Störungen z.B. Schulbildung, Geschlecht, Schicht- oder ethnische Zugehörigkeit nicht verantwortlich gemacht werden können.

Die ersten Ergebnisse der kalifornischen „Adverse-Childhood-Experiences-(ACE-)Studie" (Felitti et al. 1998) zeigen, daß Kindheitsbelastungsfaktoren nicht nur die Vulnerabilität für psychische, sondern auch für häufig auftretende körperliche Erkrankungen erhöhen. Das Ausmaß an psychosozialen Traumatisierungen in den ersten 18 Lebensjahren hängt danach eng mit dem Auftreten der zehn häufigsten Gesundheitsrisikofaktoren für die Mortalität im Erwachsenenalter (u.a. Rauchen, Adipositas per magna, körperliche Inaktivität, depressive Stimmung, Suizidversuche, häufig wechselnde Sexualpartner) zusammen. Auch das Auftreten von koronarer Herzerkrankung, Schlaganfall, chronisch-obstruktiven Lungenerkrankungen, Lebererkrankungen und Diabetes war deutlich erhöht, wenn die Studienteilnehmer in der Kindheit mindestens vier oder mehr der insgesamt sieben untersuchten Kindheitsbelastungsfaktoren ausgesetzt gewesen waren (vgl. Tab. 1.5).

1.1.3 Zusammenfassung und Schlußfolgerungen

Ulich faßte 1988 die Ergebnisse der bis zu diesem Zeitpunkt durchgeführten Studien wie folgt zusammen (S. 150):

„a) Hauptrisiken für die kindliche Entwicklung sind chronische Disharmonie in der Familie, niedriger sozioökonomischer Status, große Familien und sehr wenig Wohnraum, Kriminalität eines Elternteiles, psychische Störungen der Mutter, Kontakte mit Einrichtungen der sozialen Kontrolle.

b) Entscheidend sind Wechselwirkung und kumulative Wirkung verschiedener Stressoren. Ein Risikofaktor allein erhöht noch nicht die Wahrscheinlichkeit des Auftretens von Entwicklungsstörungen, während bereits zwei Risikofaktoren die Wahrscheinlichkeit um das Vierfache erhöhen.

c) Erfahrungen haben auf allen Altersstufen Auswirkungen und nicht nur in der frühen Kindheit; frühkindliche Belastungen oder Störungen können durch spätere positive Erfahrungen ausgeglichen bzw. korrigiert werden.

d) Das Kind beeinflußt aufgrund von bestimmten Eigenschaften und Temperamentsmerkmalen seine Umwelt und die

Tab. 1.5 Zusammenhang zwischen dem Ausmaß von Kindheitsbelastungsfaktoren und verschiedenen körperlichen Erkrankungen, die häufig zu früher Mortalität führen (nach Felitti et al. 1998)

Erkrankung	Kindheitstraumatisierungen		Risikoerhöhung
	0	≥ 4	
Koronare Herzerkrankung	3,7%	5,6%	2,2
Schlaganfall	2,6%	4,1%	2,4
Chronisch-obstruktive Lungenerkrankung	2,8%	8,7%	3,9
Diabetes	4,3%	5,8%	1,6
Hepatitis/Gelbsucht	5,3%	10,7%	2,4

Stressoren. So können z.B. temperamentsmäßig „einfache" und sozial responsive Kinder eher Familienstreitigkeiten aus dem Weg gehen und sind robuster; Kinder männlichen Geschlechts sind verwundbarer gegenüber physischen und psychosozialen Belastungen.

e) Eine positive Qualität der Schule als soziale Institution ist ein entwicklungfördernder Faktor, der z.B. ein ungünstiges Familienklima ausgleichen kann."

Diese Feststellungen haben weiterhin Gültigkeit. Aufgrund danach publizierter Studien müssen wir heute noch einige Risiko-, vor allem aber eine Reihe von Schutzfaktoren hinzufügen: Wir haben diejenigen, die bei der oben dargestellten Datenlage heute als wissenschaftlich gesichert gelten können, in den Tabellen 1.6 und 1.7 zusammengestellt.

Auch wenn wir durch die dargestellten Studien und deren Ergebnisse die wichtigsten Risikofaktoren und die bedeutsamsten kompensatorisch wirksamen Schutzfaktoren heute kennen – selbst wenn sie in weiten psychiatrischen und psychotherapeutischen Kreisen nicht hinreichend zur Kenntnis genommen und in der klinischen Praxis genutzt werden –, so ist sicherlich hinsichtlich der genaueren Wechselwirkungen zwischen genetischen und biologischen Faktoren („nature") einerseits und psychosozialen Umweltfaktoren („nurture") andererseits bei der Entwicklung von Resilienz bzw. Vulnerabilität vieles noch ungeklärt. Die Auflistung der gesicherten Risiko- und Schutzfaktoren weist neben dem Geschlecht einige weitere genetisch determinierte Parameter auf, so das Temperament und die Intelligenz; prä- und perinatale Komplikationen waren weitere biologische Faktoren, die in der Kauai-Studie schon im voraus zur Definition einer potentiellen Risikogruppe herangezogen wurden. Die Langzeitergebnisse belegen, daß diese biologischen Risikofaktoren durch bestimmte psychosoziale Wirkfaktoren kompensiert, durch andere hinsichtlich ihrer pathogenetischen Bedeutsamkeit verstärkt werden können

Tab. 1.6 Zusammenfassung gesicherter biographischer Risikofaktoren für die Entstehung psychischer und psychosomatischer Krankheiten

- Niedriger sozioökonomischer Status
- Schlechte Schulbildung der Eltern
- Arbeitslosigkeit
- Große Familien und sehr wenig Wohnraum
- Kontakte mit Einrichtungen der „sozialen Kontrolle" (z.B. Jugendamt)
- Kriminalität oder Dissozialität eines Elternteils
- Chronische Disharmonie
- Mütterliche Berufstätigkeit im ersten Lebensjahr
- Unsicheres Bindungsverhalten nach 12./18. Lebensmonat
- Psychische Störungen der Mutter/des Vaters
- Schwere körperliche Erkrankungen der Mutter/des Vaters
- Chronisch krankes Geschwister
- Alleinerziehende Mutter
- Autoritäres väterliches Verhalten
- Verlust der Mutter
- Scheidung, Trennung der Eltern
- Häufig wechselnde frühe Beziehungen
- Sexueller und/oder aggressiver Mißbrauch
- Schlechte Kontakte zu Gleichaltrigen
- Altersabstand zum nächsten Geschwister <18 Monate
- Längere Trennung von den Eltern in den ersten 7 Lebensjahren

- Hohe Risiko-Gesamtbelastung
- Jungen vulnerabler als Mädchen

Einen wesentlichen Beitrag zur Verknüpfung von Veranlagung und Umwelt kann der von Bowlby (1975) entwickelte bindungstheoretische Ansatz leisten. Danach besteht zwischen den Erfahrungen einer Person mit ihren Eltern und ihren späteren Fähigkeiten, affektive Bindungen zu entwickeln, eine enge kausale Beziehung. Störungen dieser Fähigkeit beruhen auf der Art und Weise, wie sich die Eltern gegenüber dieser Person verhalten haben. Wesentlich sind dabei, inwieweit die Eltern als sichere Basis für das Kind verfügbar waren und es ermutigt haben, von dieser Basis aus selbständig die Welt zu erkunden. Bei Störungen

Tab. 1.7 Zusammenfassung gesicherter biographischer Schutzfaktoren im Hinblick auf die Entstehung psychischer und psychosomatischer Krankheiten

- Dauerhafte gute Beziehung zu mindestens einer primären Bezugsperson
- Großfamilie, kompensatorische Elternbeziehungen, Enlastung der Mutter
- Gutes Ersatzmilieu nach frühem Mutterverlust
- Überdurchschnittliche Intelligenz
- Robustes, aktives und kontaktfreudiges Temperament
- Internale Kontrollüberzeugungen, „self-efficacy"
- Sicheres Bindungsverhalten
- Soziale Förderung (z.B. Jugendgruppen, Schule, Kirche)
- Verläßlich unterstützende Bezugsperson(en) im Erwachsenenalter
- Lebenszeitlich späteres Eingehen „schwer auflösbarer Bindungen" (späte Heirat)
- Geringe Risiko-Gesamtbelastung
- Jungen vulnerabler als Mädchen

dieser in den ersten 18 Lebensmonaten ablaufenden Bindung werden heute drei Typen eines unsicheren Bindungsverhaltens differenziert (Übersicht bei Köhler 1998, vgl. auch Kap. 1.5). Verlaufsstudien belegen, daß dieses früh erworbene Bindungsverhalten bis ins junge Erwachsenenalter – länger laufen diese Studien noch nicht – relativ stabil bleibt, und daß ein unsicheres Bindungsverhalten zu sowohl affektiven als auch kognitiven Entwicklungsdefiziten führen kann (Esser et al. 1993), ein sicheres andererseits als protektiver Faktor gegenüber später auftretenden Kindheitsbelastungsfaktoren wirken kann (Farber und Egeland 1987). Fonagy et al. (1991) konnten auf der Basis der individuellen Bindungseinstellung von Schwangeren mit 80%iger Sicherheit vorhersagen, welches Bindungsmuster das noch ungeborene Kind zu seiner Mutter aufbauen wird.
Die **Bindungstheorie** liefert insofern einen wichtigen Beitrag zur Frage „nature or nurture", indem sie einerseits das genetisch determinierte Bindungsbedürfnis, anderseits die Bedeutung der Umweltfaktoren, auf die dieses Bedürfnis trifft, ausgearbeitet hat und zwischenzeitlich auch wissenschaftlich belegen konnte. Wenig berücksichtigt und damit auch unzureichend erforscht ist bisher die Bedeutung der Entwicklungsphase des Kindes, auf die die verschiedenen Belastungsfaktoren einwirken, und wie nachfolgende Phasen dadurch beeinflußt werden.

Nicht nur in den Medien, auch in wissenschaftlichen Studien besteht heute die Neigung, im Rahmen einer notwendigen Enttabuisierung den sexuellen Mißbrauch in seiner Bedeutung überzubewerten. Weiterhin werden Studien publiziert, in denen andere Risiko- oder gar protektive Faktoren nicht erhoben und dann, nicht selten noch forciert durch eine sehr weite Definition, hohe korrelative Zusammenhänge „belegt" werden. Auch beim sexuellen Mißbrauch sollte, handelt es sich nicht gerade um langjährigen Inzest – in diesen Familien sind meist kaum protektive Faktoren vorhanden –, die Feststellung Ulichs gelten, *daß ein Risikofaktor allein die Wahrscheinlichkeit späterer psychischer Erkrankungen nicht erhöht*, zumindest wenn es im Rahmen eines sexuellen Mißbrauchs nicht zum Verkehr kommt (vgl. Mullen et al. 1993).

Sicherlich noch unbefriedigend am gegenwärtigen Stand ist, daß hinsichtlich einer Gewichtung der einzelnen Belastungsfaktoren kaum Studien durchgeführt wurden. Nur Dührssen (1984) unternahm mit der Vergabe von Punktwerten diesen Versuch, ohne allerdings durchsichtig zu machen, wie sie zu diesen gelangt war. Wahrscheinlich liegt ihnen die klinische Einschätzung der erfahrenen Autorin zugrunde.

Ein weiterer Versuch in diese Richtung ist die Differenzierung von Typ-1 und Typ-2 beim sexuellen Mißbrauch, wie es von Terr (1991) zur Unterscheidung des einmaligen vom wiederholten und längerdauernden vorgeschlagen wurde. Zur Bewertung von sexuellem Mißbrauch schlagen Barnett et al. (1993) folgende Dimensionen vor:

- Art des Mißbrauchs
- Schweregrad des Mißbrauchs
- Häufigkeit bzw. Chronizität
- Entwicklungsalter des Kindes
- Entwicklungskontext des Kindes (z.B. Familie, Heim)
- Person des Täters (Vater, Mutter, Stiefvater, Bekannter, Fremder)

Eine solche Differenzierung unterbleibt in den meisten bisher durchgeführten Studien.

Als relativ gut belegt – mit den oben genannten Einschränkungen – erscheint heute die Relevanz von Traumatisierungen bei folgenden psychischen Störungen: Borderline-Störungen und Artefakterkrankungen (vgl. Kap. 2.9, Kap. 2.10), depressive Erkrankungen und Bulimie (vgl. Kap. 2.3, Kap. 2.11) sowie psychogene Anfälle, psychogene Bewußtseinsstörungen und somatoforme Störungen (vgl. Kap. 2.5, Kap. 2.8); bei letzteren stehen hauptsächlich chronische Schmerzzustände symptomatisch im Vordergrund (vgl. Egle 1993; Egle und Nickel 1998; Kap. 2.6, Kap. 2.7). Auch bei Suchterkrankungen gibt es zunehmend Studien, welche für eine pathogenetische Bedeutsamkeit biographischer Belastungsfaktoren sprechen (Kap. 2.12). Bei all den genannten Erkrankungen dürfte dies jedoch nur für eine mehr oder weniger große Subgruppe gelten.

Selbst bei einer Reihe häufiger körperlicher Erkrankungen, die früh zum Tod führen können, gibt es erste Hinweise, daß psychosoziale Belastungsfaktoren in der Kindheit die Vulnerabilität deutlich erhöhen, vermittelt durch gesundheitliches Risikoverhalten (Rauchen, Alkohol, Drogen, häufiger Wechsel von Sexualpartnern, depressive Verstimmungen und Suizidversuche).

Oft wird an retrospektiven Studien zu den Langzeitfolgen von Kindheitsbelastungsfaktoren kritisiert, daß die Datenqualität beeinträchtigt („biased") sein könnte und unter dem Einfluß einer akuten psychischen Störung, vor allem einer depressiven, in der Erinnerung eine Überbewertung von Kindheitsbelastungen stattfinden könnte. Dem wurde in einigen Studien nachgegangen (Parker 1981; Coyne und Gotlib 1983; Lewinson et al. 1980; Kendler et al. 1991; Bemporad und Romano 1993). Diese erbrachten einen gegenteiligen Effekt, nämlich einen Trend eher zu falsch-negativen denn falsch-positiven Ergebnissen, d.h. eher zu einer Unterschätzung als zu einer Überschätzung der Häufigkeit der Kindheitstraumatisierungen und damit der Zusammenhänge mit psychischen Störungen im Erwachsenenalter (im Sinne der Verdrängung unangenehmer Erfahrungen).

Da in der überwiegenden Mehrzahl bisheriger Studien jeweils nur der Zusammenhang zwischen (einigen wenigen) Kindheitstraumatisierungen bzw. -belastungen und einem einzelnen Krankheitsbild untersucht wurde, könnte der Eindruck entstehen, daß es sich dabei um spezifische Zusammenhänge handelte. Die Ergebnisse erster Studien, die mehrere Krankheitsbilder einbeziehen und meist an nicht klinischen Populationen durchgeführt wurden, können dies genauso wenig bestätigen, wie eine sorgfältige Zusammenstellung aller Studien zu den verschiedenen Krankheitsbildern in den einzelnen Kapiteln dieses Buches: Danach spricht gegenwärtig eher wenig dafür, daß es spezifische Kindheitsbelastungsfaktoren gibt, die für ein bestimmtes Störungsbild prädisponieren. Vieles spricht jedoch für ihre **kumulative Wirkung** im Hinblick auf eine erhöhte Vulnerabilität für psychische Störungen insgesamt (vgl. u.a. Kessler et al. 1997).

Klinische Studien, in denen Belastungs- und Schutzfaktoren untersucht und gegeneinander aufgerechnet werden, fehlen bisher allerdings ebenso wie klinische Längsschnittstudien fast völlig. Beides wäre sicherlich dringend erforderlich, nicht zuletzt, um darüber Ansätze für eine Prävention bei einer Reihe psychischer und psychosomatischer Erkrankungen zu entwickeln.

1.2 Gewalt gegen Kinder in der Familie[1]

Anette Engfer

Inhalt

1.2.1 Definitionen und Vorkommenshäufigkeiten 23
1.2.2 Vernachlässigung 25
1.2.3 Psychische Formen der Mißhandlung und Vernachlässigung 26
1.2.4 Körperliche Mißhandlung 27
1.2.5 Sexueller Mißbrauch 30
      Erscheinungsformen des sexuellen Mißbrauchs 31
      Häufigkeit und Dunkelfeld 32
      Opfer des sexuellen Mißbrauchs 33
      Täter und Täterinnen 34
      Auswirkungen des sexuellen Mißbrauchs 35
      Intervention bei sexuellem Mißbrauch 38

Dieses Kapitel soll über Kindesmißhandlung und andere Formen der körperlichen oder psychischen Gewalt gegen Kinder in der Familie informieren. Die Darstellung dieses Problembereichs muß aus Platzgründen selektiv sein. Nicht berücksichtigt werden hier klinische Fallstudien oder die inzwischen – gerade im Zusammenhang mit dem sexuellen Mißbrauch – florierende „Beratungsliteratur". Statt dessen werden bevorzugt die Ergebnisse der empirischen Forschung referiert. Dabei werden nur klassische oder neuere Literaturhinweise exemplarisch aufgenommen, ansonsten wird auf andere Beiträge (Engfer 1986, 1991a, 1995a, b) verwiesen.

1.2.1 Definitionen und Vorkommenshäufigkeiten

Kindesmißhandlung ist eine gewaltsame psychische oder physische Beeinträchtigung von Kindern durch Eltern oder Erziehungsberechtigte. Diese Beeinträchtigungen können durch elterliche Handlungen (wie bei körperlicher Mißhandlung, sexuellem Mißbrauch) oder Unterlassungen (wie bei emotionaler und physischer Vernachlässigung) zustande kommen.

Man unterscheidet engere und weitere Mißhandlungsbegriffe. Engere Mißhandlungsbegriffe umfassen in der Regel nur die Fälle, in denen Kinder körperlich verletzt werden. Da bei manchen Mißhandlungsformen (z.B. bei psychischer Mißhandlung, den meisten For-

---

[1] Hierbei handelt es sich um eine Überarbeitung und Zusammenfassung der beiden Beiträge „Kindesmißhandlung und Vernachlässigung" und „Sexueller Mißbrauch", die in der dritten Auflage des von R. Oerter und L. Montada herausgegebenen Handbuchs „Entwicklungspsychologie", Psychologie Verlags Union, Weinheim, 1995 erschienen sind. Inzwischen wurden sie in der vierten Auflage (1998) gedruckt.

men des sexuellen Mißbrauchs) solche körperlichen Schädigungen nicht beobachtbar sind, werden Annahmen über Intensitätsgrade des schädigenden Verhaltens bzw. über die Abweichung von kulturellen, historisch auch wandelbaren Normen eines zu fordernden bzw. geduldeten Verhaltens zum Kriterium gemacht.

Weiter gefaßte Mißhandlungsbegriffe schließen Handlungen oder Unterlassungen ein, die nicht unbedingt zu körperlichen oder psychischen Beeinträchtigungen von Kindern führen und die in geringerem Maße als Normabweichung gelten. Weitere Mißhandlungsbegriffe sind mit größeren Vorkommenshäufigkeiten verknüpft, weil die Handlungen, die darunter subsumiert werden (häufiges Schimpfen, Schlagen, Bestrafen mit Liebesentzug usw.), auch heute noch von vielen Eltern praktiziert werden.

Die Verwendung enger bzw. weiter Mißhandlungsbegriffe hängt vom jeweiligen Handlungs- und Entscheidungskontext ab. **Enge Mißhandlungsbegriffe** sind vor allem bei strafrechtlichen Entscheidungen anzuwenden (vgl. Kap. 4.2), also wenn man Fehldiagnosen ausschließen und Sanktionen für Eltern vermeiden will, deren Kinder nicht durch Mißhandlungen, sondern durch Krankheiten oder Unfälle verletzt wurden (sogenannte falschpositive Fälle).

Die Verwendung **weiterer Mißhandlungsbegriffe** im Vorfeld von körperlichen Beeinträchtigungen ist in folgenden Situationen sinnvoll:

- Bei präventiven Ansätzen, wenn man mißhandlungsgefährdeten Familien Hilfen anbieten will, bevor es zu Verletzungen oder erheblichen Gefährdungen von Kindern kommt. Hier dient die Diagnostik vor allem dazu, Familien nicht stigmatisierenden Formen der Intervention zuzuführen.
- Wenn Kinder diffuse körperliche oder psychische Beeinträchtigungen zeigen und in weiteren diagnostischen Schritten der Verdacht der Mißhandlung erhärtet oder ausgeschlossen wird. Gerade bei kleinen Kindern empfiehlt sich dieses Vorgehen, damit Mißhandlungen auf keinen Fall übersehen werden (sogenannte falsch-negative Fälle).
- Weitere Mißhandlungsbegriffe werden auch in der sozialwissenschaftlichen Forschung verwendet. Das ist folgendermaßen zu rechtfertigen: Die Grenzen zwischen Gewalthandlungen und Mißhandlungen im engeren Sinne sind offenbar fließend, Handlungen oder Unterlassungen im Vorfeld der körperlichen Schädigung sind weniger tabuisiert und deshalb der Beobachtung zugänglicher als schwerste Mißhandlungen. Bei der intensiven Beobachtung von Familien wurden in ca. 15% der Fälle mißhandlungsähnliche Phänomene entdeckt, die weder in Kinderschutzeinrichtungen noch in Kriminalstatistiken erfaßt sind (Pianta et al. 1989; Engfer 1991a; Esser 1994).

Im folgenden werden die verschiedenen Formen der Gewalt gegen Kinder dargestellt. Dabei werden Erscheinungsformen und, soweit das möglich ist, epidemiologische Angaben, vermutete Ursachen, Auswirkungen und Interventionsansätze skizziert.

Hierbei erscheint die Separierung der verschiedenen Gewaltformen zunehmend problematischer. Denn in letzter Zeit wird durch die Ergebnisse empirischer Studien immer deutlicher, daß zwischen diesen Gewaltformen erhebliche Überlappungen bestehen. So zeigt sich in der Studie von Wetzels (1997), daß in Abhängigkeit von der Verwendung engerer bzw. weiterer Gewaltbegriffe ca. ein bis zwei Drittel der Opfer des sexuellen Mißbrauchs gleichzeitig auch Opfer physischer Gewaltanwendung waren und aufgrund dieser multiplen Gewalterfahrungen offenbar dafür prädestiniert sind, im Erwachsenenalter erneut viktimisiert zu werden. Diese Überlappungen und Verkettungen von Gewaltformen zeigen sich auch in den recht heterogenen Auswirkungen bei den Opfern dieser Gewalterfahrungen (s.u.; auch Richter-Appelt und Tiefensee 1996a).

1.2.2 Vernachlässigung

Kinder werden vernachlässigt, wenn sie von Eltern oder Betreuungspersonen unzureichend ernährt, gepflegt, gefördert, gesundheitlich versorgt, beaufsichtigt und/oder vor Gefahren geschützt werden.

Eine bei Kleinkindern wichtige Unterform stellt die **Nicht organisch begründete Gedeihstörung** dar („non-organic failure to thrive" [NOFT, Wolke 1994]), die oft im Zusammenhang mit Vernachlässigungen, aber auch als reine Gedeihstörung auftreten kann, wenn Eltern ihre Kinder falsch oder unzureichend ernähren.

Ähnlich wie bei der psychischen Mißhandlung hängt die Definition der Vernachlässigung von gesellschaftlichen Maßstäben eines angemessenen oder geforderten Elternverhaltens ab und ist dementsprechend relativ. Deshalb ist die Anwendung unserer Maßstäbe eines angemessenen Elternverhaltens auf ausländische Familien mit anderen kulturellen Traditionen manchmal schwierig.

Vernachlässigungen kommen offenbar wesentlich häufiger vor als Mißhandlungen.[2]

Das zeigte sich z.B. in der drei Monate laufenden Totalerhebung an 714 von Ärzten und 685 von Schwestern beurteilten Kindern der Münchener Universitätskinderklinik (Frank 1993). Während nur fünf Kinder (=0,7%) als mißhandelt diagnostiziert wurden, stellten die Ärzte bei 3% und die Schwestern bei 6% der von ihnen beurteilten Kinder Vernachlässigungen fest. Hinzu kommen noch die 3% der Kinder, bei denen eine Kombination von Vernachlässigung und Mißhandlung gefunden wurde.

In der Klientel deutscher Jugendämter machen Vernachlässigungen ca. drei Viertel aller betreuten Mißhandlungsfälle aus. Das hat vermutlich damit zu tun, daß bei schweren Vernachlässigungen therapeutisch-psychologische Interventionsformen, wie sie von Erziehungsberatungsstellen und Kinderschutzzentren angeboten werden, in der Regel wenig ausrichten. Hier sind einschneidende Eingriffe in das elterliche Sorge- und Aufenthaltsbestimmungsrecht nötig, wenn vernachlässigte Kinder zu ihrem Schutz aus der Familie herausgenommen und in einem Heim oder einer Pflegefamilie untergebracht werden müssen.

In Deutschland gibt es nur wenige wissenschaftliche (Frank 1993; Esser 1994) und klinische (Wolff 1994) Beiträge zur Vernachlässigung. Aussagen über Ursachen und Auswirkungen der Vernachlässigung stammen deshalb hauptsächlich aus der angloamerikanischen Forschung.

Vernachlässigung wird *häufig im Kontext extremer Armut und sozialer Randständigkeit* beobachtet (Esser 1994; Wolff 1994), aber auch *psychische Erkrankungen (Depressionen), geistige Behinderungen oder Alkohol- und Drogenprobleme der Eltern* können dazu führen, daß Kinder vernachlässigt werden. Lawton-Hawley und Disney (1992) beschreiben z.B. die Probleme, die sich bei „Crack"-abhängigen jungen Müttern ergeben. Die häufig früh- und untergewichtig geborenen Kinder haben nach der Entbindung Entzugserscheinungen. Sie sind entweder besonders irritierbar oder apathisch, zeigen später Rückstände in ihrer kognitiven und sprachlichen Entwicklung, mit einem Jahr die Verhaltenssyndrome unsicher gebundener, desorganisierter Kinder und im Vorschulalter alarmierende Hinweise auf sozial-emotionale Störungen. Diese Beeinträchtigungen sind darauf zurückzuführen, daß die Mütter in bitterer Armut und desolaten

---

[2] In den Vereinigten Staaten stellen sich diese Zahlenverhältnisse im Jahre 1986 folgendermaßen dar: ca. 700 000 Fälle von Vernachlässigung, 300 000 Mißhandlungsfälle und 140 000 Fälle von sexuellem Mißbrauch (Besharov 1993). Auch Wetzels (1997, S. 243) kommt zu dem Schluß, daß – im Gegensatz zu den kriminalpolizeilichen Statistiken und der öffentlichen Beachtung in den Medien – selbst bei einer sehr restriktiven Auslegung der Gewaltbegriffe die Opferraten für die physische Mißhandlung etwa doppelt so hoch sind wie für den sexuellen Mißbrauch.

Wohn- und Partnerschaftsverhältnissen leben, mit Beschaffungskriminalität vor allem ihren Drogenkonsum finanzieren, statt ihre Kinder mit Nahrung, Kleidung und Medikamenten zu versorgen, und aufgrund depressiver Störungen für ihre Kinder emotional nicht ausreichend verfügbar sind. Die schweren Entwicklungsbeeinträchtigungen ihrer Kinder sind also weniger der schädigenden Wirkung des Crack in der Schwangerschaft und Stillzeit, als vielmehr diesen späteren Entwicklungsbedingungen der physischen und emotionalen Vernachlässigung zuzuschreiben. Denn Kinder, die gleich nach der Entbindung in gute Pflegeverhältnisse kommen, entwickeln sich weitgehend normal.

In ähnlicher Weise beschreiben Erickson et al. (1989) die langfristigen Auswirkungen der Vernachlässigung in der Gruppe der 17 Kinder, die sie von ihrer Geburt bis ins sechste Lebensjahr hinein beobachteten. Im Vergleich zu anderen Gruppen mißhandelter Kinder waren die vernachlässigten Kinder in dieser Prospektivstudie an 267 erstgebärenden Müttern am schlechtesten dran: Aufgrund mangelnder Anregung und Förderung zeigten sie nicht nur erhebliche Rückstände in ihrer kognitiven und sozial-emotionalen Entwicklung, sondern sie waren vor allem die unglücklichsten Kinder, weil sie im Vorschulalter wegen ihres ungepflegten Aussehens von Lehrern und anderen Kindern gleichermaßen abgelehnt wurden.

1.2.3 Psychische Formen der Mißhandlung und Vernachlässigung

> Unter psychischen Mißhandlungen versteht man alle Handlungen oder Unterlassungen von Eltern oder Betreuungspersonen, die Kinder ängstigen, überfordern, ihnen das Gefühl der eigenen Wertlosigkeit vermitteln und sie in ihrer psychischen und/oder körperlichen Entwicklung beeinträchtigen können.

Dazu zählen nicht nur sadistische Formen „seelischer Grausamkeit", sondern auch scheinbar harmlosere Varianten elterlichen Verhaltens wie z.b. die demonstrative Bevorzugung eines Geschwisterkindes, Kinder einzuschüchtern, sie häufig zu beschimpfen, zu isolieren oder sie mit langanhaltendem Liebesentzug zu bestrafen.

Dazu kann auch gehören, daß Kinder häufig zu Zeugen elterlicher Partnerschaftskonflikte werden, besonders, wenn sie gewaltförmig verlaufen. Neunjährige Kinder, die über längere Zeit ausufernde Ehekonflikte ihrer Eltern miterleben, sind nach der Einschätzung ihrer Grundschullehrer offenbar so beunruhigt, daß sie im Unterricht kaum Ausdauer und Konzentration aufbringen können; zudem haben sie erhebliche Probleme mit der Regulierung ihrer Gefühle: Sie können Kritik und kleine Mißerfolge schlecht verkraften und brechen leicht in Tränen aus (Engfer 1997).

Nach den Befunden von Wetzels (1997) kommt offenbar hinzu, daß Gewalt in der Partnerbeziehung auf die Kinder als Opfer übergreifen bzw. sie in anderer Weise gefährden kann. Denn im Vergleich zu Kindern, die keine elterliche Partnergewalt miterleben, werden diese Kinder achtmal so häufig selbst geschlagen und mißhandelt, sie werden dreimal so häufig zu Opfern des sexuellen Mißbrauchs.

Die psychische Mißhandlung ist in der Literatur relativ umstritten, weil die Grenze zwischen üblichen und weitgehend tolerierten Praktiken (z.B. Bestrafen mit Hausarrest, Liebesentzug) und psychisch schädigendem Elternverhalten schwer zu ziehen ist. Deshalb kann man auch keine Aussage über die Häufigkeit psychischer Mißhandlungen machen.

Bei Kindern können nicht nur verbale Formen der Gewalt (z.B. ständiges Schimpfen) sehr beeinträchtigend sein. Noch gravierender sind in frühen Entwicklungsphasen offenbar die Auswirkungen fehlender mütterlicher Zuwendung, wie sie Erickson et al. (1989) in ihrer Studie bei den 19 Kindern der **„emotional nicht verfügbaren" Mütter** gefunden haben.

Als „emotional nicht verfügbar" definierten die Autoren das Verhalten von Müttern, die auf die Signale ihrer Kinder nicht genügend eingehen und sie passiv ablehnen. Während die Kinder dieser Mütter mit 3 Monaten noch relativ robust und kompetent erschienen, kam es zwischen dem 9. und dem 24. Lebensmonat zu einem dramatischen Abfall ihrer kognitiven und motorischen Leistungen in den Bailey Scales of Infant Development; mit 12 Monaten waren 56% dieser Kinder unsicher gebunden, mit 18 Monaten stieg dieser Prozentsatz sogar auf 71% an. Mit knapp vier Jahren waren diese Kinder ausgesprochen ungehorsam, aggressiv und quengelig, im Vorschulalter zeigten sie darüber hinaus auffällige Symptome wie nervöse Ticks und selbstzerstörerisches Verhalten.

Die Autoren weisen darauf hin, daß diese subtile Form der psychischen Mißhandlung wenig spektakulär ist und deshalb leicht übersehen wird, obgleich sich ihre Auswirkungen kaum von denen der körperlichen Mißhandlung oder physischen Vernachlässigung unterscheiden (vgl. dazu auch die direkt vergleichbaren Ergebnisse der Mannheimer Studie bei Esser 1994).

1.2.4 Körperliche Mißhandlung

Mit körperlicher Mißhandlung sind Schläge oder andere gewaltsame Handlungen (Stöße, Schütteln, Verbrennungen, Stiche usw.) gemeint, die beim Kind zu Verletzungen führen können.

Ob ein Kind dabei zu Schaden kommt, hängt nicht nur von der Härte und Intensität der Gewalthandlung ab. Auch die Empfindlichkeit des kindlichen Organismus (bei Säuglingen kann heftiges Schütteln schon zu lebensgefährlichen Hirnblutungen führen) und situative Umstände (wenn ein Kind mit dem Kopf auf einen harte Kante statt auf den weichen Teppichboden fällt) spielen eine Rolle.

Über die Häufigkeit von Kindesmißhandlungen kann man für die Bundesrepublik keine Aussagen machen, weil hier die Einführung einer Meldepflicht vor allem mit dem Argument abgelehnt wurde, daß Eltern dann noch weniger bereit sein würden, mißhandlungsbedingte kindliche Verletzungen von Ärzten behandeln zu lassen (zu weiteren Argumenten vgl. Engfer 1986, S. 23). Die kriminalpolizeilichen Statistiken zur Häufigkeit von angezeigten Kindesmißhandlungen sind mit ca. 2000 Fällen pro Jahr (Presse- und Informationsdienst der Bundesregierung 1999) sehr selektiv und wenig aussagekräftig. Der neuerdings beobachtete Anstieg in den absoluten Fallzahlen kann ein Effekt steigender Geburtenzahlen, eines veränderten Anzeigenverhaltens oder ein „echter" Anstieg von Kindesmißhandlungen in Zeiten wirtschaftlicher Rezession, zunehmender Armut und zerbrechender Partnerschaften sein. Wetzels (1997, S. 30) stellt fest, daß die absoluten Zahlen bei den angezeigten Fällen von Kindesmißhandlung zwischen 1985 und 1995 um 36,1% zugenommen haben; demgegenüber hat sich die Opferrate (= die Zahl der Opfer je 100.000 der Bevölkerung unter 14 Jahren) in diesem Zeitraum nur unwesentlich verändert und allenfalls verringert.

In sozialwissenschaftlichen Studien zeigt sich, daß ca. die Hälfte bis zwei Drittel der deutschen Eltern ihre Kinder körperlich bestrafen.

Schwerwiegendere und relativ häufige Bestrafungen finden sich bei 10-15% der deutschen Eltern (Engfer 1991a; Esser 1994). Eine Zunahme der Gewalt gegen Kinder läßt sich aufgrund dieser Untersuchungen bislang nicht belegen. Jüngere Alterskohorten berichten sogar seltener über körperliche Bestrafungen, während für schwerste Formen der Gewalt der Prozentsatz der betroffenen Opfer mit 10,6% aller Alterskohorten in etwa gleich geblieben ist (Wetzels 1997, S. 146).

Daß immer mehr Eltern in der Erziehung ihrer Kinder auf körperliche Bestrafungen verzichten wollen, belegen z.B. die Ergebnisse einer österreichischen Befragung (Reisel 1991) von 215 Müttern und 165 Vätern von Kindergartenkindern. 40% der Mütter und 36% der Väter erziehen ihre Kinder völlig gewaltfrei, knapp 20% der Mütter und Väter wurden in ihrer Kindheit oft geschlagen. Während alle diese Mütter in der Erziehung ihrer eigenen Kinder mit dieser Tradition brechen, geben die Väter die selbsterfahrene Gewalt in abgeschwächter Form weiter. Der umgekehrte Fall, daß gewaltfrei erzogene Eltern ihre eigenen Kinder verprügeln, kam nicht vor.

Bei der Befragung von 548 Müttern und 391 Vätern mit Kindern unter 15 Jahren, die Teil der insgesamt 3285 Personen umfassenden Stichprobe der kriminologischen Opferbefragung sind, kommt Wetzels (1997) zu etwas ungünstigeren Ergebnissen. Obgleich hier lediglich 56% der Eltern angaben, ihre Kinder zu schlagen, haben nur 35,2% der Eltern mit der Tradition der selbsterfahrenen Gewalt gebrochen. Noch deprimierender war der Befund, daß ein Viertel der Eltern, die selbst gewaltfrei erzogen wurden, nun ihre eigenen Kinder schlagen. Werden allerdings nur die 2,9% der Eltern betrachtet, die Gewalt von mißhandlungsrelevanter Intensität ausüben, liegt die Transmissionsrate mit 14,3% erheblich darunter, und 85,7% der ehemals mißhandelten Eltern mißhandeln ihre eigenen Kinder nicht.

Spätestens seit den 60er Jahren gestalten sich Eltern-Kind-Beziehungen in deutschen Familien zunehmend liberaler, und immer mehr Eltern lehnen die Prügelstrafe ab. Diese Entwicklung scheint allerdings nicht für die Fälle zu gelten, in denen Kinder mißhandelt werden; denn deren Opferrate ist bei verschiedenen Alterskohorten mit 10,6% in etwa gleich geblieben (Wetzels 1997). Möglicherweise wird durch öffentliche Sensibilisierungskampagnen nur das Ausmaß der „alltäglichen Gewalt" in Eltern-Kind-Beziehungen reduziert, während die Fälle schwerster Mißhandlungen davon unberührt bleiben.

Es gibt im wesentlichen drei Erklärungsmodelle der Kindesmißhandlung, die hier kurz dargestellt werden sollen (vgl. Engfer 1986, 1993, 1995a).

▶ **Psychopathologisches Erklärungsmodell:** Im sogenannten psychopathologischen Erklärungsmodell werden elterliche Persönlichkeitsprobleme, die aus Vorerfahrungen mit harten Strafen und Ablehnung in der Kindheit resultieren, für das Auftreten von Kindesmißhandlungen verantwortlich gemacht. Die in dieser Theorie zentrale These der *mehrgenerationalen Weitergabe der Gewalt* wird aufgrund neuer Untersuchungsbefunde dahingehend eingeschränkt, daß sie *nur auf ca. 30% der ehemals mißhandelten Eltern zutrifft* (Reisel 1991; Kaufman und Zigler 1993). Anhand der Studien von Reisel und Wetzels wurde jedoch deutlich, daß der Anteil der Eltern, die selbsterfahrene Gewalt an die eigenen Kinder weitergeben, sehr unterschiedlich aussehen kann. Betrachtet man nur die alltäglicheren Gewaltformen, geben zwei Drittel der früher geschlagenen Eltern die Gewalt an ihre Kinder weiter, bei den Mißhandlungen im engeren Sinne brechen 85,7% der Eltern mit der Tradition der selbsterfahrenen Gewalt.

Die Diskontinuität in der Weitergabe der selbsterfahrenen Gewalt wird dem Einfluß sogenannter Schutzfaktoren zugeschrieben, die darin bestehen, daß ehemals mißhandelte Kinder in tragfähigen Beziehungen zu anderen Menschen (z.B. zu einem nicht-mißhandelnden Elternteil, zu Therapeuten oder späteren Lebenspartnern) ihre Gewalterfahrungen erkennen und bewältigen lernen. Außerdem scheinen eine gute Begabung und damit verknüpfte schulische Erfolgserfahrungen vor der Weitergabe der selbsterfahrenen Gewalt zu schützen (Malinosky-Rummel und Hansen 1993). Allerdings sind schulische Erfolgserfahrungen eher unwahrscheinlich, weil mißhandelte und viel bestrafte Kinder in vielen schulrelevanten Entwicklungsbereichen Rückstände zeigen (Engfer 1997).

Die elterlichen Persönlichkeitsprobleme als Ursachen von Mißhandlungen werden in bindungstheoretischen Erklärungen als Korrelate des „internal working model" und damit als beziehungsrelevante Erwartungs- und Erfahrungsmodelle neu interpretiert (Pianta et al. 1989). Auch in dem multifaktoriellen Erklärungsmodell von Belsky und Vondra (1989) sind elterliche Persönlichkeitsmerkmale die wichtigsten Determinanten für das Ge- oder Mißlingen der Beziehung zu Kindern. Diese Annahmen über die *zentrale Bedeutung elterlicher Persönlichkeitsmerkmale* im Mißhandlungsgeschehen wurden inzwischen in amerikanischen (z.B. Pianta et al. 1989) und deutschen Studien (z.B. Engfer 1991a) belegt. Dazu gehören vor allem Depressionen und andere Formen psychischer Labilität bzw. erhöhter Irritierbarkeit, die einen gelassenen und geduldigen Umgang mit Kindern erschweren.

▶ **Soziologische Erklärungsansätze:** Soziologische Erklärungsansätze machen folgende Bedingungen für die Gewalt gegen Kinder verantwortlich:
- die *gesamtgesellschaftliche Billigung von Gewalt in der Erziehung von Kindern*
- Lebensbelastungen (Armut, Arbeitslosigkeit), die Familien überfordern
- den Mangel an sozialen Unterstützungssystemen, die Familien in Krisenzeiten entlasten könnten

Daß die gesellschaftliche Billigung von Gewalt als Mittel der Erziehung rückläufig ist, kann, wie gesagt, relativ gut belegt werden. Das zeigt sich auch auf Seiten der Kinder, die ihre Aussagen darüber, wie häufig sie von ihren Eltern geschlagen werden, mit zunehmender kognitiver Reife zensieren und abzumildern versuchen (Engfer 1997). Eltern, die Strafen gutheißen oder verharmlosen, sind häufiger gewalttätig gegenüber ihren Kindern (Engfer 1991a; Reisel 1991). Lebensbelastungen sind zwar in vielen gewaltgefährdeten Familien nachweisbar, ihr Beitrag zum eigentlichen Mißhandlungsgeschehen ist jedoch anderen Faktoren, vor allem den persönlichen Ressourcen der Eltern, untergeordnet (Pianta et al. 1989; Engfer 1991a). Soziale Isolation ist eher ein Merkmal vernachlässigender als mißhandelnder Eltern. Unter den Belastungen, die nachweislich mit einem erhöhten Mißhandlungsrisiko verbunden sind, spielen *Partnerschaftskonflikte oder die schwierige Situation alleinerziehender Mütter eine zentrale Rolle* (Engfer 1991a; Frank 1993; Esser 1994).

▶ **Sozial-situationales Erklärungsmodell:** Im sozial-situationalen Erklärungsmodell sieht man Kindesmißhandlungen als Endpunkte eskalierender *Konfliktsituationen*, in denen Eltern aus Ärger und Ohnmacht ihre Kinder verprügeln, wenn andere pädagogische Maßnahmen fehlgeschlagen sind. Hier sind kindliche Verhaltensprobleme (Aggressionen, Ungehorsam) Anlaß für ausufernde Bestrafungen.

In querschnittlichen und retrospektiven Studien erscheinen *Verhaltensprobleme von Kindern* als Hauptanlaß für harte Strafen und Mißhandlungen. In prospektiven Untersuchungen unterscheiden sich später mißhandelte Kinder kurz nach der Entbindung bzw. im Alter von 3 Monaten in ihren Verhaltensmerkmalen jedoch nicht von später gut betreuten Kindern (Engfer 1991a; Esser 1994). Die kindlichen Verhaltensprobleme (Schreien, schlechte Tröstbarkeit), unter denen gewaltgefährdete Mütter im Verlauf des ersten Lebensjahrs leiden, sind ihrerseits mit mütterlichen Persönlichkeitsproblemen und einem suboptimalen Betreuungsverhalten verknüpft (Engfer 1991a; Esser 1994). Demnach sind manche Verhaltensauffälligkeiten (z.B. Bindungsunsicherheit, Quengeligkeit, Unruhe, Abhängigkeitsverhalten) schon vor der eigentlichen Mißhandlung zu beobachten und kaum unterscheidbar von den Problemen, die als Auswirkungen von Kindesmißhandlungen beschrieben werden. Aber nicht nur die Verhaltensprobleme einzelner Kinder, sondern auch ausufernde Streitigkeiten zwischen Geschwistern können körperliche Bestrafungen provozieren, die die Kinder dann offenbar in der Form von „Kollektivstrafen" treffen (Engfer 1997).

Zu den Auswirkungen von Mißhandlungen gehören bei Vorschul- und Schulkindern Rückstände in der kognitiven, vor allem in der sprachlichen Entwicklung, geringe Kompetenz, geringe Ausdauer und Belastbarkeit in leistungthematischen Situationen und Probleme in der Beziehung zu Gleichaltrigen, von denen sie wegen ihres aggressiven Verhaltens abgelehnt werden (Erickson et al. 1989). Die langfristigen Folgen von Mißhandlungen bei Jugendlichen und jungen Erwachsenen beschreiben Malinosky-Rummel und Hansen (1993) in den Bereichen erhöhter Aggressionsbereitschaft, von Alkohol- und Drogenmißbrauch (vor allem bei mißhandelten Männern) und emotionalen Problemen bis hin zur Suizidneigung (vor allem bei Frauen, die mißhandelt und mißbraucht wurden). Auch in der Vorgeschichte des psychogenen Schmerzsyndroms im Erwachsenenalter spielen körperliche Mißhandlungen in der Kindheit offenbar eine entscheidende Rolle (Egle et al. 1991). Allerdings sind diese Spätfolgen weniger den einzelnen Schlägen zuzuschreiben. Sie sind vielmehr Auswirkungen einer Familiensituation, in der Kinder auf Dauer zu wenig Liebe, Geduld und Förderung erfahren, statt dessen ständig kritisiert, überfordert und bestraft werden, andere Formen der psychischen und/oder sexuellen Gewalt und Vernachlässigung hinzukommen können, zudem noch andere Belastungsfaktoren (vor allem Ehekonflikte oder die sozialen und materiellen Probleme Alleinerziehender) wirksam sind.

Obgleich es in Deutschland mit der Arbeit der Kinderschutzzentren und anderen präventiv arbeitenden Einrichtungen (Mütterzentren, Besuchsdiensten von Säuglingsschwestern, pädiatrischen Vorsorgeuntersuchungen) genügend Interventionsansätze zum Kinderschutz gibt, kann über deren Effizienz nichts ausgesagt werden, weil deren wissenschaftliche Evaluation bis heute aussteht.

1.2.5 Sexueller Mißbrauch

> Unter sexuellem Mißbrauch versteht man die Beteiligung noch nicht ausgereifter Kinder und Jugendlicher an sexuellen Aktivitäten, denen sie nicht verantwortlich zustimmen können, weil sie deren Tragweite noch nicht erfassen. Dabei benutzen bekannte oder verwandte (zumeist männliche) Erwachsene Kinder zur eigenen sexuellen Stimulation und mißbrauchen das vorhandene Macht- oder Kompetenzgefälle zum Schaden des Kindes (vgl. Engfer 1995b).

Bei dieser ersten Definition wird also das Alters- oder Kompetenzgefälle in der Täter-Opfer-Beziehung zum Kriterium gemacht und damit unterstellt, daß Kinder auf jeden Fall vor sexuellen Handlungen durch ältere Menschen zu schützen sind.

Folgende Probleme ergeben sich bei dieser Definition:
- Die Altersgrenzen zur Bestimmung dessen, was als „Kindheit" gelten soll, sind unklar. Manche Autoren wählen deshalb die kritische Altersdifferenz von mindestens fünf Jahren zwischen Tätern und Opfern.
- Sexuelle Übergriffe gehen nicht nur von Erwachsenen, sondern in 30-45% der Fälle auch von jugendlichen oder wenig älteren Tätern aus (Bange 1992; Bange und Deegener 1996; Murphy et al. 1992).

Feministische Definitionen machen demgegenüber die Instrumentalisierung von Mädchen und Frauen zur sexuellen Befriedigung von Männern zum zentralen Bestimmungsstück (z.B. Kavemann und Lohstöter 1984). Hier wird das subjektive Erleben der Opfer zum Kriterium dafür gemacht, was sexueller Mißbrauch ist und was nicht – und dann können als Mißbrauch auch scheinbar „harmlose" Verstöße gegen die sexuelle Selbstbestimmung von Mädchen (z.B. anzügliche Blicke, Verletzungen der Intimsphäre usw.) gelten. Das Erleben solcher Übergriffe ist nicht mehr an Altersgrenzen und Konzepte von „Kindheit" gebunden. Entscheidend ist vielmehr, daß diese Übergriffe gegen den Willen eines Mädchens bzw. einer Frau erfolgen.

Folgende Probleme ergeben sich bei dieser Definition:
- Die Definition des Mißbrauchs aus dem subjektiven Erleben der betroffenen Mädchen und Frauen heraus macht den Mißbrauchsbegriff verschwommen.
- Jungen bleiben als Opfer sexueller Gewalt ausgeklammert.
- Wenn Übergriffe auf junge bzw. erwachsene Frauen einbezogen werden, verändert das alle Aussagen über Vorkommenshäufigkeiten, Ursachen und Auswirkungen des sexuellen Mißbrauchs, und das führt zu unnötigen Mißverständnissen und Frontenbildungen zwischen Vertreterinnen der feministischen Mädchenarbeit und anderen Gruppen.

Erscheinungsformen des sexuellen Mißbrauchs

Es gibt drei Erscheinungsformen des sexuellen Mißbrauchs. Im Hinblick auf Merkmale des Tathergangs, der Täter und der Opfer geben sie völlig unterschiedliche Ausschnitte des Phänomens wieder und sorgen in der Diskussion über Zahlen für Verwirrung:
- In der **öffentlichen Meinung**, in Fernsehfilmen und in vielen deutschen Publikationen (z.B. Kavemann und Lohstöter 1984) wird sexueller Mißbrauch mit dem inzestuösen Mißbrauch von Töchtern durch ihre Väter und mit der Vorstellung des (gewaltsam) erzwungenen Beischlafs gleichgesetzt. Dann erscheint Mißbrauch als eine sehr schwerwiegende Wiederholungstat, in der das (weibliche) Opfer mit Drohungen und Gewalt zur Geheimhaltung des Geschehens gezwungen wird und psychische Schädigungen (wie z.B. Angst, Depressionen, Suchtverhalten, Suizidversuche, ein gestörtes Sexualverhalten) nahezu unausweichlich sind. Diese Sichtweise des sexuellen Mißbrauchs ist verständlich, weil die in der Mädchenarbeit engagierten Praktikerinnen vor allem die Fälle zu sehen bekommen, in denen Mädchen durch Familienangehörige schwer mißbraucht wurden.
- Es gibt mit § 176 StGB den **Strafrechtstatbestand** des „sexuellen Mißbrauchs an Kindern". Hier werden all die Fälle erfaßt, in denen wegen verschiedener Deliktarten Anzeige erstattet und kriminalpolizeilich ermittelt wird. Aber: Das in dieser Statistik erfaßte Delikt ist nicht identisch mit dem inzestuösen Mißbrauch von Töchtern durch ihre Väter. Vielmehr handelt es sich hier um sehr heterogene Straftatbestände, die in 75% der Fälle von Fremdtätern begangen werden und in 60% der Fälle eher einmalige, wenig schädigende Handlungen (z.B. Exhibitionismus) darstellen (zur Ausdifferenzierung dieser Deliktgruppen vgl. Honig 1992).
- In **sozialwissenschaftlichen Untersuchungen** werden alle möglichen Situationen und Handlungen unter den sexuellen Mißbrauch subsumiert und nach Intensitätsgraden unterschieden (vgl. z.B. Bange 1992, S. 102; Bange und Deegener 1996). Als leichtere Formen des sexuellen Mißbrauchs gelten Exhibitionismus, anzügliche Bemerkungen, das Beobachten des Kindes (gegen seinen Willen) beim Baden oder Anziehen, das Zeigen von Pornos. Schwerere Mißbrauchshandlungen sind das Berühren und Betasten der Genitalien oder Masturbationshandlungen vor dem Kind. Der intensivste Mißbrauch besteht in der versuchten oder vollzogenen oralen, analen oder vaginalen Vergewaltigung oder – besonders beim Mißbrauch von Jungen – darin, daß das Opfer mit dem (männlichen) Täter anal verkehren oder ihn oral befriedigen muß.

Aussagen über die Vorkommenshäufigkeit des sexuellen Mißbrauchs sind also davon abhängig, wie der sexuelle Mißbrauch definiert wird. Deshalb ist es irreführend, wenn die kriminalpolizeilich erfaßten Fallzahlen oder die in sozialwissenschaftlichen Studien ermittelten Prävalenzraten mit dem inzestuösen Mißbrauch gleichgesetzt werden.

Häufigkeit und Dunkelfeld

Für Aussagen über die Häufigkeit des sexuellen Mißbrauchs in der Bundesrepublik Deutschland kann man zwei Quellen benutzen:
- die polizeiliche Kriminalstatistik und
- sozialwissenschaftliche Dunkelfeldstudien.

Sogenannte klinische Studien sind aus den oben genannten Gründen hierfür weniger geeignet, weil die in therapeutischen Einrichtungen gesehenen Fälle einen – zumeist untypischen – Ausschnitt der Gesamtpopulation mißbrauchter Opfer darstellen.

In der **polizeilichen Kriminalstatistik** wurden für 1998 insgesamt 16596 Fälle des sexuellen Mißbrauchs nach § 176 StGB ausgewiesen (Presse- und Informationsdienst der Bundesregierung 1999). Zwischen 1965 (mit 17630 Fällen) und 1985 (mit 10417 Fällen) hatte sich diese Zahl nahezu halbiert, seit 1988 ist sie langsam wieder angestiegen. Bei diesem Anstieg der Fallzahlen ist aber nicht zu entscheiden, ob das Delikt des sexuellen Mißbrauchs tatsächlich zugenommen hat oder ob die öffentliche Sensibilisierung das Anzeigeverhalten verändert hat. Nach den Analysen von Wetzels (1997, S. 31) sind die absoluten Fallzahlen zwischen 1985 und 1995 um 47,6% gestiegen, während die Opferraten eher konstant geblieben sind bzw. sogar etwas abgenommen haben.

Nur ca. ein Viertel dieser Fälle des angezeigten sexuellen Mißbrauchs werden von Tätern begangen, die mit dem Opfer verwandt oder bekannt waren. Nach Honig (1992, S. 389) sind aber gerade vertraute Personen für Kinder besonders gefährlich.

Sozialwissenschaftliche Untersuchungen, in denen zumeist jüngere Erwachsene (Gymnasiasten, Berufsschüler und Studenten) retrospektiv über ihre Vorerfahrungen mit sexuellen Übergriffen schriftlich befragt wurden, ergeben für Deutschland folgendes Bild:

Bange (1992) befragte 518 weibliche und 343 männliche Studierende der Universität Dortmund und fand bei 25% der Frauen und 8% der Männer derartige Vorerfahrungen. Bei den Frauen waren über die Hälfte der Kategorie des schweren Mißbrauchs zuzuordnen, bei den Männern lag der Anteil schwerer Mißbrauchserfahrungen sogar noch etwas höher. In der Replikationsstudie, in der Bange und Deegener (1996) 431 Frauen und 437 Männer in Homburg befragten, wurden bei der Anwendung eines engen Mißbrauchsbegriffs 22% der Frauen und 5% der Männer als sexuell mißbraucht klassifiziert, bei der Anwendung eines weiteren Mißbrauchsbegriffs erhöhten sich diese Prävalenzraten bei den Frauen auf 29% und bei den Männern auf 6%. Elliger und Schötensack (1991) fanden in ihrer Befragung von 1018 Würzburger Schülern eine Prävalenzrate von 9,7% bei den weiblichen und 3,9% bei den männlichen Probanden für erfahrene sexuelle Übergriffe bis zum 14 Lebensjahr bei einer kritischen Altersdifferenz von mehr als 5 Jahren in der Täter-Opfer-Beziehung. Wetzels (1997) fand in seiner Studie in Abhängigkeit von unterschiedlichen Restriktionen bei der Definition des sexuellen Mißbrauchs für die befragten 1685 Frauen Prävalenzraten zwischen 6,2 und 18,1%, bei den 1604 befragten Männern Prävalenzraten zwischen 2 und 7,3%.

Schließlich sind hier noch die Befunde einer Studie interessant, in der 91 ältere Frauen der Geburtskohorten 1895 bis 1936 in qualitativen Interviews mündlich befragt wurden (v. Sydow 1991). Ein Fünftel dieser Frauen wurden in ihrer Kindheit und Jugend sexuell mißbraucht, bei 7% der Frauen handelte es sich um besonders schwerwiegende Formen des inzestuösen Mißbrauchs durch nahe Verwandte.

> Zusammenfassend ist zu sagen, daß Aussagen über die Vorkommenshäufigkeit des sexuellen Mißbrauchs in Deutschland nach wie vor schwierig sind, weil die polizeilichen Kriminalstatistiken zum § 176 StGB einen völlig anderen Ausschnitt des sexuellen Mißbrauchs abbilden als die sozialwissenschaftlichen Dunkelfelduntersuchungen.

Die in diesen schriftlichen Befragungen gefundenen Prävalenzraten stellen vermutlich eher Unter- als Überschätzungen dar, weil bei einmaligen Befragungen dieser Art nicht alle Gewalterfahrungen erinnert oder enthüllt werden (vgl. dazu Draijer 1990).

Die große Variabilität in den Mißhandlungsraten entspricht den Befunden ausländischer Studien, in denen je nach verwendeten Mißbrauchsbegriffen, Ausgangsstichproben, Methoden der Befragung und zugrundegelegten Altersgrenzen die ermittelten Prävalenzraten bei Frauen zwischen 6% und 62%, bei Männern zwischen 3% und 30% liegen (vgl. Elliger und Schötensack 1991).

Aussagen über historische Trends der Zu- oder Abnahme des sexuellen Mißbrauchs sind aufgrund des vorliegenden deutschen Zahlenmaterials nicht möglich. Aufgrund der hohen Prävalenzraten in v. Sydows Studie (1991) ist jedoch anzunehmen, daß der sexuelle Mißbrauch auch in früheren Zeiten recht häufig vorkam.

Auch Wetzels (1997) fand bei dem Vergleich der verschiedenen Alterskohorten zwischen 16 und 59 Jahren keine signifikanten Unterschiede in den Prävalenzraten. Lediglich in den Alterskohorten der Frauen unter 40 Jahren nahm die Vorkommenshäufigkeit bei sexuellem Mißbrauch mit Körperkontakt tendenziell ab, während exhibitionistische Vorfälle bei ihnen besonders häufig vorkamen.

Bei allen Aussagen über die Häufigkeit des sexuellen Mißbrauchs wird mit einer hohen Dunkelziffer gerechnet. Man vermutet, daß gerade beim innerfamiliären Mißbrauch Anzeigen unterbleiben und der Mißbrauch aus Scham oder Furcht verschwiegen wird. Das ergeben ausländische (z.B. Russell 1986; Draijer 1990) und die oben genannten deutschen Untersuchungen. Allerdings sind alle Annahmen über die Größe und Struktur dieses „Dunkelfeldes" spekulativ (Honig 1992) und werden deshalb hier nicht eingehender diskutiert.

Opfer des sexuellen Mißbrauchs

In den frühen 80er Jahren ging man davon aus, daß der relative Anteil von Mädchen und Jungen unter den Opfern des sexuellen Mißbrauchs einem Zahlenverhältnis von 9:1 entspricht (Engfer 1986). Neuere Studien belegen demgegenüber ein Zahlenverhältnis von 2:1 bis 4:1 (Finkelhor et al. 1990; Elliger und Schötensack 1991; Bange 1992; Bange und Deegener 1996; Wetzels 1997).

Daß Jungen als Opfer des sexuellen Mißbrauchs relativ spät entdeckt wurden, wird damit erklärt, daß Männer zögern, sich in der Rolle des Opfers zu sehen und besondere Hemmungen haben, sich zu dem homosexuellen Charakter des sexuellen Mißbrauchs zu bekennen, da die Täter überwiegend männlich sind. Jungen werden häufiger als Mädchen außerfamilial mißbraucht, sie sind eher Teil eines Opferkollektivs und werden eher von gleichaltrigen oder wenig älteren Jugendlichen mißbraucht (Elliger und Schötensack 1991; Bange 1992; Bange und Deegener 1996).

Nach Watkins und Bentovim (1992) sind für den Mißbrauch von Jungen außerdem folgende Merkmale typisch: Sie sind zum Zeitpunkt des Mißbrauchs jünger als betroffene Mädchen, ihr Mißbrauch ist häufiger mit der Anwendung körperlicher Gewalt und mit Verletzungen im Analbereich verbunden, farbige Jungen der unteren Sozialschichten sind besonders mißbrauchsgefährdet. Dieser Befund ist möglicherweise ein Artefakt, da die Forschung zu den männliche Opfern des sexuellen Mißbrauchs noch in den Anfängen steckt und man deshalb vermutlich zunächst die Fälle zu sehen bekommt, in denen Jungen besonders schwer mißbraucht wurden. Denn bei dem sehr viel besser erforschten Mißbrauch von Mädchen zeigen sich kaum Schichtunterschiede in den Opferraten. Im Gegenteil: Mädchen der höheren Sozialschichten werden tendenziell häufiger zu Opfern, allerdings vor allem bei den eher harmlosen exhibitionistischen Vorfällen (Wetzels 1997, S. 157). Dieser Befund ist für die Validität von Fragebogenuntersuchungen an Studentinnen bedeutsam: Denn man muß damit rechnen, in diesen speziellen Stichproben größere Vorkommenshäufigkeiten zu finden als bei anderen jungen Frauen.

Neuerdings wird auf das besondere *Risiko des sexuellen Mißbrauchs bei geistig und/oder körperlich behinderten Kindern* hingewiesen, deren Behinderungen die Abwehr des sexuellen Mißbrauchs erschweren und in einigen Fällen direkte Folgen von Mißhandlungen sein können (Kelly 1992).

Vom sexuellen Mißbrauch betroffen sind Kinder aller Altersgruppen zwischen 7 und 16 Jahren. In sozialwissenschaftlichen Studien liegt der Anteil der Kinder, die im Vorschulalter mißbraucht werden, zwischen 8% (Bange 1992), 11% (Bange und Deegener 1996, Wetzels 1997) und 14% (Finkelhor et al. 1990), bei klinischen bzw. selbstselegierten Stichproben kann ihr Anteil mit ca. 40% sehr viel höher liegen (vgl. z.B. Teegen et al. 1992).

Bei Wetzels (1997) waren die Opfer zum Zeitpunkt ihrer ersten Viktimisierung im Durchschnitt 11,5 Jahre alt, während die Opfer des inzestuösen Mißbrauchs durch Väter oder Stiefväter jünger, nämlich 9,9 Jahre alt waren. Nach den Befunden von Finkelhor et al. (1990), Draijer (1990), Wetzels (1997) und Teegen et al. (1992) sind vor allem Kinder mißbrauchsgefährdet, deren Familien – offenbar schichtunabhängig – vielfältige Belastungsmerkmale (Alkohol- und Drogenmißbrauch, Gewalt, psychische Vernachlässigung und/oder übertriebene Strenge) aufweisen. Auch Bange (1992), Bange und Deegener (1996) und Egle et al. (1991) finden in ihren Untersuchungen Hinweise auf eine relativ schlechte Beziehung zwischen Mißbrauchsopfern und ihren Eltern. Nach den Befunden erster Täterbefragungen (Conte et al. 1989) liegt der Gedanke nahe, daß potentielle Täter derartige Konstellationen gezielt ausnutzen und sich mit raffinierten Strategien in das Vertrauen von Kindern einschleichen, die in der Familie zu wenig Schutz und Fürsorge erfahren.

Täter und Täterinnen

Die Täter sind in 85–95% der Mißbrauchsfälle männlich. Frauen spielen in maximal 10–15% eine Rolle, nur beim Mißbrauch in pädagogischen Einrichtungen (vgl. Finkelhor et al. 1988) wurden 40% der Taten von Frauen begangen, dann jedoch vorwiegend in Mittäterschaft mit Männern.

Täter sind vorwiegend Männer aus dem sozialen Nahraum von Kindern. Nach den Ergebnissen ausländischer Studien werden ca. 2-3% der Mädchen von ihren leiblichen Vätern mißbraucht (Russell 1986; Draijer 1990); das Risiko, von einem Stief- oder Pflegevater mißbraucht zu werden, ist nach den Befunden von Russell siebenmal so hoch. In der deutschen Untersuchung von Bange (1992) wurden 2,2% aller von ihm befragten Studentinnen durch ihre Väter mißbraucht; in der Homburger Replikationsstudie waren es 1,9%, bei Wetzels wurden 1,3% der befragten Frauen und 0,3% der befragten Männer von ihren Vätern bzw. Stiefvätern inzestuös und besonders schwer mißbraucht.

Die Tätergruppen waren bei den mißbrauchten Studentinnen in der Rangreihe ihrer Häufigkeit: zur Hälfte Bekannte, zu einem Viertel Verwandte und Angehörige (Onkel, Väter, Brüder, Cousins) und zu einem Fünftel Fremdtäter. Bei den männlichen Probanden sind die Tätergruppen vergleichbar, nur daß bei ihnen der Anteil der Angehörigen (ca. ein Fünftel) niedriger, der Anteil der Fremdtäter (ca. ein Drittel) um so größer ist. Diese Tätergruppen wurden mit geringen Abweichungen in den genannten Häufigkeiten auch in der Homburger Replikationsstudie (Bange und Deegener 1996) und in der Studie von Wetzels (1997) gefunden.

Diese Befunde zu den Tätergruppen, die den Ergebnissen ausländischer Studien (Russell 1986; Draijer 1990) in etwa entsprechen, sind eine wichtige Korrektur der Annahme, daß nur oder überwiegend Väter ihre Töchter mißbrauchen.

Als weitere Korrektur der üblichen Vorstellungen über den sexuellen Mißbrauch ist festzustellen, daß nur in den Fällen, in denen Kinder innerhalb der Familie von Angehörigen mißbraucht werden, sexueller Mißbrauch häufig, aber nicht immer eine Wiederholungstat ist. Bei Russell (1986), die von vornherein nur den sexuellen Mißbrauch durch Familienangehörige und Verwandte untersuchte, waren 43% der Übergriffe einmalige Ereignisse. Bei Draijer (1990) wurden etwas weniger als die Hälfte der mißbrauchten Frauen wiederholt und schwerwiegend mißbraucht, was einem Gesamtanteil von ca. 7% der von ihr befragten 1094 holländischen Frauen entspricht. Bange (1992) findet bei drei Viertel der befragten Studenten und zwei Drittel der Studentinnen den sexuellen Mißbrauch als einmaligen Übergriff; bei Bange und Deegener (1996) wurden 59% der Frauen und 70% der Männer einmalig mißbraucht. Nur dann, wenn die Opfer von nahen Angehörigen mißbraucht wurden (und das gilt, wie gesagt, für ca. ein Viertel der mißbrauchten Studentinnen), handelte es sich in der Mehrzahl um Wiederholungstaten, die sich über Wochen, Monate oder sogar Jahre hinzogen.

Hierzu ist außerdem noch zu bemerken, daß die meisten sexuellen Übergriffe nicht im versuchten oder vollzogenen Geschlechtsverkehr bestehen. Bei Bange und Deegener (1996, S. 136) erlebten 14 % der mißbrauchten Frauen und 17% der mißbrauchten Männer diese schwerste und intensivste Form des sexuellen Mißbrauchs, in der Dortmunder Untersuchung lagen diese Prävalenzraten mit 19 bzw. 18% noch geringfügig darüber (Bange 1992). Bei Wetzels (1997, S. 155) und auch in den beiden Studien von Bange (vgl. Bange und Deegener 1996, S. 136) bestehen die meisten Vorkommnisse aus exhibitionistischen Erfahrungen und sexuellen Berührungen.

Schließlich ist noch das Vorurteil auszuräumen, daß der sexuelle Mißbrauch von Angehörigen nahezu immer gewaltsam verläuft. Nach den Befunden von Bange (1992) sowie Bange und Deegener (1996) ist die häufigste Täterstrategie durch nahe Angehörige die emotionale Zuwendung, nicht die Androhung bzw. Ausübung körperlicher und/oder psychischer Gewalt, die bei dem Mißbrauch durch Bekannte und Fremde dreimal so häufig vorkommt. Aber gerade diese Mischung aus Zuwendung und sexuellem Übergriff kann die Verarbeitung des sexuellen Mißbrauchs durch nahe Angehörige besonders erschweren.

Warum es fast ausschließlich Männer sind, die Mädchen und Jungen mißbrauchen, ist bis heute nicht hinreichend erklärbar. Es gibt Erklärungsversuche, die von gesellschaftlichen Bedingungen (patriarchalische Gesellschaftsstruktur und männliche Verfügungsgewalt über Frauen und Kinder) über die geschlechtsspezifische Sozialisation von Männern und Frauen, die mangelnde Beteiligung der Männer an der Kinderpflege und steigende Scheidungsraten bis hin zur Emanzipation von Frauen reichen (vgl. Bange 1993). Weil diese Bedingungen für alle oder sehr viele Männer zutreffen, aber nur wenige Männer Kinder mißbrauchen, sind diese Erklärungsversuche zwar plausibel, aber nicht besonders aussagekräftig. Die Täterforschung ist dadurch erschwert, daß sich nur wenige Täter zu ihrem Mißbrauch bekennen und man deshalb bei der Untersuchung von Tätermerkmalen auf völlig atypische Stichproben (inhaftierte Sexualstraftäter oder Männer in psychiatrischen Anstalten oder therapeutischen Kollektiven) zurückgreifen muß.

Dieser *Mangel an empirisch fundierter Täterforschung* behindert die Entwicklung täterorientierter Interventions- und Präventionskonzepte zum gezielteren Schutz potentieller Opfer.

Auswirkungen des sexuellen Mißbrauchs

Die Frage, wie sich der sexuelle Mißbrauch auswirkt, ist in zweierlei Hinsicht wichtig:
- Aus den unmittelbaren Folgen des sexuellen Mißbrauchs sind Hinweise für die Diagnostik des sexuellen Mißbrauchs abzuleiten.
- Die längerfristigen Folgen und die Bedingungen, die sie vermitteln, ergeben Hinweise auf notwendige Interventionen.

▶ **Unmittelbare Folgen:** Während in gängigen Broschüren Symptomlisten und sogenannte „Signale" als zuverlässige Hinweise auf den sexuellen Mißbrauch von Kindern kursieren, gibt es nach Fegert (1993) *in der Regel weder klare körperliche Symptome noch im psychischen Bereich ein eindeutiges „Syndrom des sexuellen Mißbrauchs"*. Bei der Diagnostik des sexuellen Mißbrauchs ist eines der schwierigsten Probleme darin zu sehen, daß es bislang wenig Erkenntnisse über die „normale" sexuelle Entwicklung von Kindern und über die Entwicklung ihres sexuellen Wissens gibt. Dieses Wissen wird aber benötigt, um beurteilen zu können, was man bei kleineren Kindern als „sexualisiertes Verhalten" oder unangemessenes Wissen über Sexualität bzw. als diagnostisch relevante Handlungen, z.B. im Spiel mit anatomisch korrekten Puppen (Puppen, die Scheide bzw. Penis, After, Brüste usw. haben), bewerten muß.

Zur Entwicklung des kindlichen Wissens über Sexualität haben Volbert und Knüppel (1993) festgestellt, daß weniger als 5% der von ihnen befragten zwei- bis sechsjährigen Kinder die Geschlechtsorgane angemessen bezeichnen konnten und 90% keinerlei Wissen über den Koitus Erwachsener hatten. Kinder, die zumindest etwas darüber wußten, fanden sich am ehesten in der Gruppe der ältesten, sechsjährigen Kinder. Somit kann es als diagnostisch relevant gelten, wenn Kinder unter sechs Jahren über ein derartiges Wissen verfügen.

Allerdings ist damit nicht unbedingt gesagt, daß sie dieses Wissen durch den eigenen Mißbrauch erworben haben. Der einzige sechsjährige Junge, der in dieser Untersuchung umfangreiches koitales Wissen demonstrierte, dafür aber wenig über Schwangerschaft und Geburt wußte, sagte, das habe er auf einer (Video-)Kassette gesehen.

Auch beim Spielverhalten mit anatomisch korrekten Puppen unterscheiden sich mißbrauchte und nicht-mißbrauchte Kinder nicht so deutlich, wie man ursprünglich angenommen hat. Denn auch nicht mißbrauchte Kinder zeigen Verhaltensweisen wie Finger in den After oder die Vagina der Puppe stecken oder die Puppen in geschlechtsverkehrähnliche Positionen bringen, die in der Literatur vielfach als Hinweis auf sexuellen Mißbrauch betrachtet werden. Gleichwohl können anatomisch korrekte Puppen in der klinisch-therapeutischen Arbeit mit Kindern hilfreich sein (Everson und Boat 1994).

Auch das beliebte *diagnostische Mittel der Kinderzeichnungen* ist in der Diagnose des sexuellen Mißbrauchs *alles andere als eindeutig*, weil auch nicht mißbrauchte Kinder Genitalien zeichnen und nicht alle mißbrauchten Kinder ihren Mißbrauch in Zeichnungen zu erkennen geben, und weil die diagnostisch korrekte Zuordnung von Zeichnungen zu Mißbrauchsopfern selbst erfahrenen Klinikern mißlingt.

> Die zuverlässigste Quelle für die Feststellung des sexuellen Mißbrauchs sind offenbar immer noch die spontanen Berichte der Kinder selbst, die bei jüngeren Kindern zwar nicht besonders detailreich und für abstraktere Angaben zu Zeitpunkt und Dauer des Mißbrauchs ungenau ausfallen, aber offenbar hoch valide sind (Fegert 1993).

Demgegenüber sind kleinere Kinder in langwierigen Kreuzverhören durch Suggestivfragen offenbar leicht zu Falschaussagen zu verleiten, besonders wenn zwischen der Mißbrauchserfahrung und der Befragung viel Zeit vergangen ist (Ceci und Bruck 1993). Allerdings wird das Problem der falschen Beschuldigung – wegen der gravierenden Folgen für den Beschuldigten – in der Literatur überschätzt. Viel häufiger werden tatsächliche Erfahrungen des sexuellen Mißbrauchs gerade von älteren Kindern aus Scham oder Furcht verschwiegen (Fegert 1993).

▶ **Längerfristige Folgen:** Zu den längerfristigen Folgen des sexuellen Mißbrauchs, die vor 1985 im wesentlichen durch Retrospektivbefragungen Erwachsener erfaßt wurden, haben Kendall-Tackett et al. (1993) erstmals die Studien ausgewertet, in denen die Symptomentwicklung bei mißbrauchten Kindern z.T. auch längsschnittlich untersucht wurde.

Werden mißbrauchte Kinder mit nicht mißbrauchten Kontrollgruppen verglichen, zeigen sie in der Regel eine höhere Symptombelastung in den Bereichen Angst, Depression, Aggression, internalisierendes, externalisierendes und sexualisiertes Verhalten.
Die Verhaltenssymptome mißbrauchter Kinder sind offenbar altersabhängig: Bei Vorschulkindern handelt es sich vorwiegend um Ängste, internalisiertes und sexualisiertes Verhalten. Kinder im Schulalter leiden unter Ängsten, Alpträumen und zeigen aggressives Verhalten. Besonders problematisch sind die Belastungen im Jugendalter mit Problemen wie Depressionen, Suizidneigung, Somatisierungen, Weglaufen, Promiskuität und Alkohol- oder Drogenmißbrauch.

Die unterschiedliche Symptombelastung bei Jungen und Mädchen wurde bislang zu selten untersucht. Watkins und Bentovim (1992) vermuten, daß Jungen durch die besonderen Umstände ihres Mißbrauchs mindestens ebenso geschädigt werden wie Mädchen.
Wichtig ist die Beobachtung, daß nur ein Teil der Kinder (ca. 20–30%) zum Zeitpunkt der Untersuchung Symptome zeigen und daß 21–49% völlig symptomfrei erscheinen. Auch in anderen Studien (vgl. Draijer 1990) zeigten nur etwa die Hälfte der Mißbrauchsopfer psychische Beeinträchtigungen.
Dieser Befund kann folgendermaßen gedeutet werden:
- Die eingesetzten Instrumente waren für die eigentlichen Probleme der Opfer nicht sensibel genug.
- Psychische Belastungen entwickeln sich erst mit der zunehmenden kognitiven Reife oder mit ersten (sexuellen) Partnerschaftserfahrungen. Dafür spricht, daß manche zunächst symptomfrei erscheinende Kinder zu späteren Meßzeitpunkten Symptome entwickelt hatten.
- Nicht jeder sexuelle Mißbrauch führt zu Belastungen und zumindest bei der Hälfte bis zu zwei Drittel der Kinder nimmt die Symptombelastung mit der zeitlichen Distanz zum sexuellen Mißbrauch ab. Vor allem Ängste scheinen mit der Zeit zu verschwinden, während bei 10–24% der Kinder Aggressionen und sexualisiertes Verhalten bleiben oder sogar schlimmer werden.

Wichtige vermittelnde Variablen für eine besondere Symptombelastung der Kinder sind offenbar:
- das Alter der Kinder zum Zeitpunkt der Messung (ältere Kinder erscheinen belasteter)
- die Dauer, Intensität und Bedrohlichkeit des Mißbrauchs (z.B. erzwungener Geschlechtsverkehr)
- eine enge Beziehung zwischen Täter und Opfer
- wenig familiäre Unterstützung bei der Enthüllung des sexuellen Mißbrauchs
- langwierige Gerichtsverfahren mit mehrfachen, belastenden Kreuzverhören
- die Reviktimisierung der Kinder durch andere Täter, die in ca. 6–30% der Fälle beobachtet wird.[3]

Da Kinder in gestörten Familien als Mißbrauchsopfer besonders gefährdet sind, ist es manchmal schwierig, den Einfluß dieser Familienbedingungen von den Auswirkungen des sexuellen Mißbrauchs zu unterscheiden.

---

[3] In der Studie von Wetzels (1997, S. 156) lag der Anteil der reviktimisierten Opfer mit nahezu der Hälfte der Fälle erheblich höher als in anderen Studien, in denen bei ca. einem Drittel der Opfer Reviktimisierungen gefunden wurden. Das liegt vermutlich daran, daß durch seine sehr restriktive Handhabung des Mißbrauchsbegriffs der Anteil schwerwiegender Fälle sehr viel größer war.

38 Gewalt gegen Kinder in der Familie

Vieles spricht dafür, daß in der Symptombelastung zunächst die direkten Auswirkungen des Mißbrauchs überwiegen, mit der Zeit aber die Familienbedingungen für die Symptomverstärkung oder -bewältigung einflußreicher werden.
Diese Konfundierung des sexuellen Mißbrauchs mit familiären Belastungen, späteren Reviktimisierungen und anderen Gewalterfahrungen macht es schwierig, die Auswirkungen des sexuellen Mißbrauchs bei Erwachsenen retrospektiv zu erfassen. Bei Draijer (1990) litt mehr als die Hälfte der sexuell mißbrauchten Frauen unter Ängsten, Depressionen, sexuellen und psychosomatischen Problemen, unter Einsamkeit, Minderwertigkeitsgefühlen und der Unfähigkeit, anderen Menschen zu vertrauen. Vorherzusagen waren diese vielfältigen Belastungen der Frauen aber nicht nur durch den sexuellen Mißbrauch selbst, sondern ebenso durch andere familiäre Belastungen (strenge Kontrolle und Mißhandlung durch beide Eltern, zu wenig Fürsorge, weil die Eltern depressiv, krank oder alkoholabhängig waren) und spätere Mißbrauchs- oder Gewalterfahrungen in der Beziehung zu anderen Personen bzw. zum Lebenspartner. Ähnliche Verkettungen und Überlappungen früher Mißbrauchserfahrungen mit späteren Reviktimisierungen und anderen Gewalterfahrungen finden sich auch bei Russell (1986), Wyatt et al. (1993), Richter-Appelt und Tiefensee (1996) und Wetzels (1997).
Egle et al. (1993) beobachteten bei somatoformen Schmerzzuständen gehäuft ein vergleichbares Syndrom von fehlender körperlicher Zuwendung, Ehekonflikten, Suchtproblemen und/oder chronischen Erkrankungen auf seiten der Eltern und Vorerfahrungen mit körperlicher Mißhandlung und sexuellem Mißbrauch in der Kindheit ihrer Patientinnen (vgl. Kap. 2.6).
Zu den langfristigen Auswirkungen des sexuellen Mißbrauchs zählen Beichtman et al. (1992) nach Sichtung der Forschungsliteratur folgende Bereiche: *sexuelle Störungen, homosexuelle Tendenzen, Angst oder Furcht, Depressionen, Reviktimisierungen und Suizidgefährdung*. Entscheidend für die Symptombelastung sind auch hier wieder Dauer und Intensität des sexuellen Mißbrauchs, vor allem zwischen nahen Verwandten, und das Ausmaß erfahrener Gewalt.

Schutzfaktoren für eine gelingende Bewältigung von Mißbrauchserfahrungen werden erst in neuester Zeit beachtet.

Dazu gehört an erster Stelle offenbar eine liebevolle, unterstützende Familie, in der die Kinder sexuell aufgeklärt werden und bei klarer Grenzziehung zwischen den Generationen der Umgang mit Körperlichkeit offen und liberal ist (Wyatt et al. 1993).

Die Verarbeitung des sexuellen Mißbrauchs gelingt nach den Befunden dieser Autoren offenbar besser, wenn sich das mißbrauchte Mädchen keine Mitschuld an dem Mißbrauch gibt, wenn es die Verantwortung dafür ausschließlich dem Täter zuschreibt. Ähnlich findet Russell (1986), daß der Mißbrauch besser bewältigt wird, wenn er völlig abgelehnt wird. Wo positive oder ambivalente Gefühle im Spiel waren, ist die Verarbeitung erschwert. Da nach den Befunden von Bange (1992) sowie Bange und Deegener (1996) diese Mischung aus emotionaler Zuwendung und sexuellem Übergriff für den Mißbrauch durch nahe Angehörige charakteristisch ist, kann auch das die besonders traumatisierende Wirkung des innerfamiliären Mißbrauchs erklären helfen.

Intervention bei sexuellem Mißbrauch

Auch in Deutschland gibt es inzwischen zahlreiche (aber immer noch nicht genügend) Beratungs- und Betreuungsangebote für weibliche Opfer des sexuellen Mißbrauchs. Angebote, die speziell auf die Bedürfnisse ausländischer Mädchen zugeschnitten sind, fehlen ebenso wie therapeutische oder beratende Ansätze für männliche Opfer und Täter.
Im Hinblick auf eine täterorientierte Prävention des sexuellen Mißbrauchs müßten zwei Gruppen besonders beachtet und betreut werden:

- die männlichen Opfer, bei denen die Gefahr besteht, daß sie den selbst erlittenen Mißbrauch reinszenieren, und
- die jugendlichen Täter, die ohne Behandlung möglicherweise ihr Verhalten verfestigen und weitere Opfer mißbrauchen (Murphy et al. 1992).

Vor allem fehlen bislang auf unterschiedliche Tätergruppen zugeschnittene Behandlungskonzepte. Dabei wäre zu unterscheiden zwischen gewalttätigen und nicht gewalttätigen Tätern, zwischen Tätern, die männliche, und solchen, die weibliche Opfer bevorzugen, zwischen Tätern, die auf Kinder fixiert sind, und Männern, die zu Kindern und Erwachsenen sexuelle Beziehungen haben (vgl. Kelly und Lusk 1992, Lautmann 1994). Allerdings sollte die Entwicklung dieser Konzepte nicht auf Kosten der Hilfen für die betroffenen Opfer gehen (Bange 1993).

Ansätze zur Prävention des sexuellen Mißbrauchs, die Kindern als potentiellen Opfern in der Form schulischer Curricula angeboten werden, werden inzwischen von verschiedenen Autoren eher kritisch gesehen (z.B. Wehnert-Franke et al. 1992; zur detaillierten Kritik vgl. Engfer 1995b).

1.3 Risiko- und Schutzfaktoren in der Genese und der Bewältigung von Mißhandlung und Vernachlässigung

Doris Bender und Friedrich Lösel

Inhalt

1.3.1 Einleitung 40
1.3.2 Rahmentheoretische Überlegungen der Entwicklungspsychopathologie 41
1.3.3 Risiko- und Schutzfaktoren in der Ätiologie von Mißbrauch 44
      Merkmale der Eltern 44
           Eigene Gewalterfahrung 44
           Psychische Störungen und Persönlichkeitsmerkmale 46
           Eltern-Kind-Interaktion und Erziehungsverhalten 47
      Merkmale des Kindes 48
           Das Alter des Kindes 48
           Behinderung, Unreife, Geburtskomplikationen 49
           Kindliches Verhalten 49
      Außerfamiliäre Beziehungen 50
      Kulturelle und gesellschaftliche Faktoren 51
      Evolutionäre Aspekte 53
1.3.4 Risiko- und Schutzfaktoren hinsichtlich der Folgen einer Viktimisierung 54
1.3.5 Zusammenfassung und Folgerungen 57

1.3.1 Einleitung

Die öffentliche Sensibilisierung gegenüber Mißbrauch, Mißhandlung und Vernachlässigung von Kindern ist in der historischen Entwicklung Europas und Nordamerikas relativ jung. Sie setzte erst im 19. Jahrhundert mit der Industrialisierung ein, in deren Verlauf die Kindheit zunehmend als ein besonders unschuldiger und vulnerabler Lebensabschnitt betrachtet wurde, der eines spezifischen Schutzes bedurfte (Ariès 1975). So wurde z.B. 1874 in den USA der für die weitere Kinderschutzbewegung bedeutsame Fall der Mary Ellen noch von der „Society for the Prevention of Cruelty to Animals" vor Gericht gebracht (Giovannoni 1989). Wenngleich seither vor allem Probleme der körperlichen Mißhandlung und Vernachlässigung von Kindern Aufmerksamkeit erhielten, begann ihre systematische Erforschung erst in der zweiten Hälfte dieses Jahrhunderts (Zigler und Hall 1989). Eine Rolle spielte hierbei auch der Fortschritt in der Radiologie. Er ermöglichte den Pädiatern eine genauere Diagnostik von kindlichen Verletzungen, die wesentlich zur Konzeption des „battered child syndrome" beitrug (Kempe et al. 1962). Seit den sechziger Jahren haben diese Arbeiten wiederum die Öffentlichkeit in verstärktem Maße sensibilisiert (Martinius und Frank 1990).

In über drei Jahrzehnten intensiver Forschung widmete man sich insbesondere der Ätiologie und den kurz- und langfristigen Auswirkungen von Kindesmißbrauch. Obwohl hierin wesentliche Erkenntnisfortschritte erzielt werden konnten, liegen noch zahlreiche Widersprüche und Probleme vor (Cicchetti 1994; vgl. auch Kap. 1.2). Diese betreffen u.a. die Operationalisierung und Quantifizierung der verschiedenen Mißbrauchsformen (Manly et al. 1994). Am häufigsten wurden bislang die körperliche Mißhandlung und Vernachlässigung sowie der sexuelle Mißbrauch untersucht, während man sich mit der psychischen Mißhandlung, deren Definition sich als besonders schwierig erwies, erst seit vergleichsweise kurzer Zeit befaßt (vgl. Cicchetti 1991). Zu wenig untersuchte man auch, inwieweit verschiedene Mißbrauchsformen gemeinsam vorkommen. Dies scheint jedoch eher die Regel als die Ausnahme zu sein (Wolfe und McGee 1994). Viele Kinder werden sowohl körperlich mißhandelt als auch vernachlässigt (z.B. McGee und Wolfe 1991), und die körperliche Mißhandlung geht in vielen Fällen mit psychischer Mißhandlung einher (z.B. Claussen und Crittenden 1991). Die Schwere körperlicher Vernachlässigung korreliert mit psychischer Mißhandlung, insbesondere mit kognitiver und sozial-emotionaler Vernachlässigung. Lediglich die psychische Mißhandlung ist oft auch isoliert anzutreffen (Crittenden et al. 1994).

Neuere Forschungsergebnisse zu den Folgen von Mißbrauch deuten darauf hin, daß neben der Art auch die Schwere, die Häufigkeit sowie die Beziehung zu den Tätern eine Rolle spielen (vgl. Kendall-Tackett et al. 1993; Malinosky-Rummell und Hansen 1993). In der Studie von McGee et al. (1997) konnte gezeigt werden, daß der stärkste Prädiktor für ernsthafte Erlebens- und Verhaltensprobleme im Jugendalter die psychische Mißhandlung in der Kindheit war, selbst nachdem die Effekte von Kontextvariablen (Alter, Geschlecht, soziale Schicht, IQ, kritische Lebensereignisse) und anderen Mißbrauchsformen statistisch kontrolliert waren. Diese zunehmende Differenziertheit, mit der Mißbrauchsphänomene betrachtet werden, spiegelt sich inzwischen auch in der Forschung zur Ätiologie und der Prävention wider. Hier haben sich Ansätze als notwendig erwiesen, die nicht nur fragen, warum es unter bestimmten Bedingungen zu Mißbrauch kommt, sondern auch, warum er unter ähnlichen Umständen vermieden werden kann. Dies geschieht insbesondere in multifaktoriellen und Mehrebenen-Modellen des Zusammenwirkens von Risiko- und Schutzfaktoren. Im vorliegenden Beitrag wird ein Überblick über einschlägige Forschungsergebnisse gegeben. Zuerst skizzieren wir das Konzept der Risiko- und Schutzfaktoren in der Entwicklungspsychopathologie. Anschließend wird über ausgewählte Ergebnisse hinsichtlich ihres Zusammenwirkens in der Ätiologie des Mißbrauchs berichtet. Hierbei unterscheiden wir relevante Faktoren auf seiten der Eltern, der Kinder, im sozialen Nahraum, im kulturellen und gesellschaftlichen Kontext sowie in der Evolution (vgl. Belsky 1993). Der vierte Teil der Arbeit ist den Ergebnissen zu Risiko- und Schutzfaktoren bei der Verarbeitung einer Viktimisierung gewidmet. Abschließend werden die wesentlichsten Ergebnisse zusammengefaßt und Folgerungen für die Prävention gezogen. Um einen einigermaßen konsistenten Überblick zu ermöglichen, beschränken wir uns in dieser Arbeit auf die körperliche Mißhandlung und Vernachlässigung. Die Befunde lassen sich nur teilweise auf andere Formen des Mißbrauchs übertragen, wenngleich diese, wie bereits erwähnt, häufig gemeinsam auftreten (Crittenden et al. 1994; Manly et al. 1994; zum Problem des sexuellen Mißbrauchs siehe Kap. 1.2).

1.3.2 Rahmentheoretische Überlegungen der Entwicklungspsychopathologie

Nach psychiatrischen, psychologischen und soziologischen Modellvorstellungen wurden bislang vielfältige kulturelle, soziale, situative, elterliche und kindliche Merkmale als potentielle Kausalfaktoren von Mißbrauch untersucht (vgl. Engfer 1986; Zigler und Hall 1989). In den frühen Ätiologiemodellen legte man einfache lineare Zusammenhänge zwischen diesen Variablen und der Entstehung von Mißbrauch zugrunde. Dabei wurden jedoch nur geringe Varianzanteile aufgeklärt bzw. teilweise inkonsistente Ergebnisse erzielt. Mit der Verbreitung von transaktionalen, psychobiologischen Modellen (Sameroff und Chandler 1975) oder ökologischen Modellen (Bronfenbrenner 1981) der menschlichen Entwicklung wurden auch in der Forschung zum Kindesmißbrauch komplexere, multifaktorielle Konzepte entworfen (Cichetti und Lynch 1993). Diese thematisieren Beziehungen zu Risikofaktoren auf unterschiedlichen Ebenen. Die Entwicklung, einschließlich der Entstehung oder Verarbeitung von Mißbrauchserfahrungen, wird dabei wesentlich flexibler gesehen, als dies in den einfachen Risikomodellen der Fall war.

Im Rahmen der modernen Entwicklungspsychopathologie kam zudem eine neue Perspektive hinzu, die sich nicht nur auf die pathologische, sondern auch auf die „normale" Entwicklung richtet. Unter dem Stichwort der „resilience" werden jene Schutzfaktoren und Prozesse betrachtet, die trotz risikohafter Bedingungen eine relativ gesunde Entwicklung ermöglichen. Diese Phänomene werden auch mit Begriffen wie „stress resistance" oder „invulnerability" umschrieben, die jedoch nicht so deutlich die Entwicklungsflexibilität zum Ausdruck bringen. In der angloamerikanischen Literatur wird deshalb inzwischen der Begriff der „resilience" bevorzugt (vgl. Cicchetti und Garmezy 1993). Wir sprechen in Eindeutschung von „Resilienz" oder – nicht völlig treffend – von „psychischer Widerstandskraft" (z.B. Lösel und Bender 1994). Unter **Resilienz** versteht man nicht nur das Phänomen, sich unter schwierigen Lebensumständen gesund und kompetent zu entwickeln, sondern auch die relativ eigenständige Erholung von einem Störungszustand. Es wird sowohl der Prozeß der Anpassung an belastende Lebensereignisse als auch das Ergebnis dieser Anpassung thematisiert (vgl. Masten et al. 1990). Gemeint ist keine absolute, sondern nur eine relative Widerstandskraft gegenüber belastenden Lebensumständen und -ereignissen. Sie variiert über die Zeit und Umstände hinweg und basiert auf komplexen Interaktionen von Anlage und Umwelt sowie von Person und Situation (Lösel et al. 1990a; Rutter 1985).

Die Wirkung von **Risiko- und Schutzfaktoren** kann auf unterschiedlichen Ebenen bzw. mit unterschiedlicher Nähe zum Individuum betrachtet werden. Ein distaler Risikofaktor für die kindliche Entwicklung ist z.B. ein niedriger sozioökonomischer Status, ein mehr proximaler dagegen ein inkonsistenter Erziehungsstil der Eltern (vgl. Baldwin et al. 1990). Neben der *Differenzierung in distale und proximale Faktoren* kann zusätzlich zwischen dauerhaften und vorübergehenden Merkmalen unterschieden werden (Cicchetti und Rizley 1981). In einfacher Weise wird das Zusammenwirken von Risiko- und Schutzfaktoren so verstanden, daß psychische Gesundheit das Resultat eines Gleichgewichts zwischen ihnen darstellt (z.B. Belsky und Vondra 1989; Werner und Smith 1982). In Abbildung 1.3 ist dies veranschaulicht (aus Lösel et al. 1992). Nach verschiedenen Ergebnissen der Entwicklungspsychopathologie ist *vor allem bei der Kumulation von Risiken eine Störungsentwicklung wahrscheinlich*. Das Zusammenwirken einzelner Faktoren kann linear additiv, multiplikativ oder sogar exponentiell sein (Garmezy 1985; Masten et al. 1990; Rutter 1979; vgl. Abb. 1.3).

In dem Maße, in dem protektive Faktoren die Wirkung von Risikofaktoren kompensieren, wird die psychische Gesundheit aufrechterhalten. Übersteigen die Risiken vorhandene Ressourcen, kommt es zu einem Verlust des Gleichgewichts, der bei einer Person in Kompetenzdefiziten und/oder Störungsbildungen resultiert. Mißhandlungen treten nach unserem Modell auf, weil vorhandene Risiken (z.B. biographische

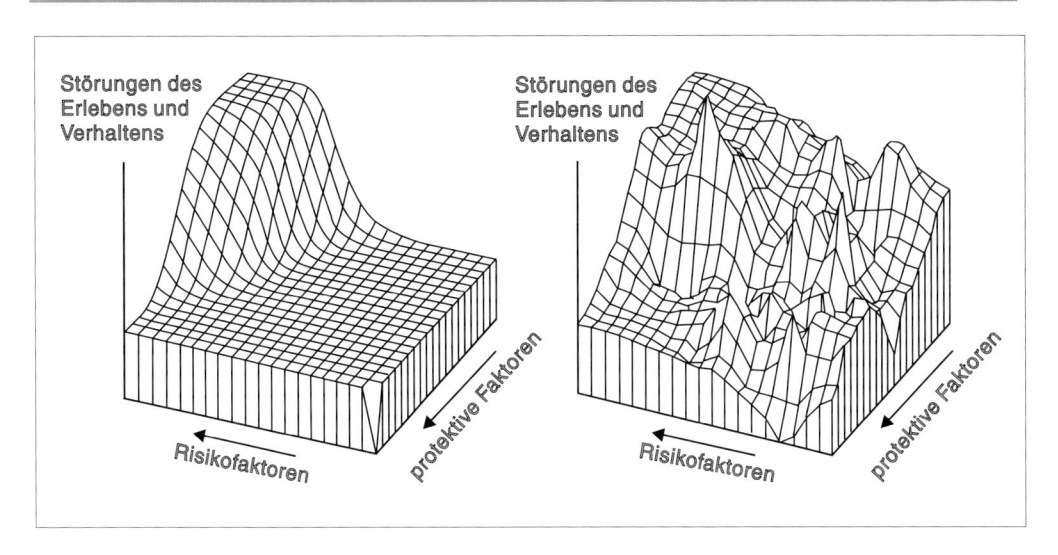

Abb. 1.3 Hypothetisches Modell (links) und empirischer Zusammenhang (rechts) zwischen der Ausprägung von Risikofaktoren, protektiven Faktoren und der Wahrscheinlichkeit bzw. Intensität von psychischen Störungen/Gesundheitsproblemen

Belastungen oder Kompetenzdefizite der Eltern) die Schutzfaktoren (z.B. Bewältigungsfähigkeiten oder soziale Ressourcen) übersteigen. Negative Auswirkungen beim Kind, für dessen gesunde Entwicklung häufiger Mißbrauch als eindeutiger Risikofaktor identifiziert wurde (vgl. Cicchetti und Toth 1995), können analog – zumindest teilweise – durch personale oder soziale Schutzfaktoren des Kindes kompensiert werden.

Das Konzept des Zusammenwirkens von Risiko- und Schutzfaktoren hat in der Entwicklungspsychopathologie zwar weite Verbreitung gefunden, ist jedoch leicht mißzuverstehen. Merkmale sind nicht per se risikohaft oder protektiv. Die Unterscheidung hat primär heuristische Funktion für die Analyse von ätiologischen oder Bewältigungsprozessen. Die jeweilige Auswirkung einzelner Faktoren ist immer im Kontext anderer Einflüsse zu sehen (vgl. Baldwin et al. 1990; Richters und Martinez 1993). So gilt z.B. das Fehlen einer festen emotionalen Bezugsperson als einer der bedeutsamsten Risikofaktoren in der Entwicklungspsychopathologie (Bowlby 1969) und spielt auch beim Mißbrauch eine Rolle. Andererseits kann bei vorhandenen anderen Risiken eine emotionale Bezugsperson eine wesentliche protektive Funktion haben (z.B. Bender et al. 1996; Radke-Yarrow und Sherman 1990; Wyman et al. 1991). Protektive Faktoren sind nicht einfach die „Kehrseite der Medaille" von Risikofaktoren. Zwar mag es sinnvoll sein, bei einer Variablen den positiven Pol als protektiv und den negativen als risikohaft aufzufassen (z.B. Stouthamer-Loeber et al. 1993). Ob eine solche Auswirkung empirisch besteht, ist jedoch immer in Relation zu der jeweiligen spezifischen Störung zu prüfen. Wie Luthar (1993) betont, ist es notwendig, vom Konzept einer „overall resilience" zu spezifischeren Aussagen hinsichtlich verschiedener Risikograde, Anpassungsdimensionen, Moderatorwirkungen etc. zu kommen (vgl. Lösel und Bender 1999a). So zeigt sich z.B., daß geringe Intelligenz ein Risikofaktor für die Entwicklung von Delinquenz ist (z.B. Farrington 1992) und überdurchschnittliche Intelligenz bei gegebenen anderen Risiken eine Schutzfunktion haben kann (z.B. Radke-Yarrow und Brown 1993; White et al. 1989). Umgekehrt deutet sich aber an, daß Intelligenz – isoliert gesehen – mit internalisierenden Störungen positiv korreliert (z.B. Luthar 1991), in anderen Zusammenhängen jedoch weder diese Risiko- noch eine Schutzfunktion nachweisbar ist (z.B. Lösel und Bliesener 1990; Luthar et al. 1992). Neben derartigen Unterschieden gibt es allerdings auch mehr verallgemeinerbare Ergebnisse zu protektiven Faktoren für verschiedene Risikobedingungen (z.B. Bender und Lösel 1998; Kaufman et al. 1994).

Im Sinne des Moderator-Ansatzes von Rutter (1985) sprechen wir im folgenden nur dann von protektiven Faktoren, wenn sie – bei ansonsten vergleichbarem Risiko – zwischen Fällen differenzieren, in denen Mißbrauch stattgefunden oder nicht stattgefunden hat. Das Konzept der Risiko- und Schutzfaktoren schließt somit vor allem eine prozessuale Betrachtung der jeweiligen Mechanismen einer Viktimisierung ein.

1.3.3 Risiko- und Schutzfaktoren in der Ätiologie von Mißbrauch

Merkmale der Eltern

Hinsichtlich elterlicher Merkmale konzentrierte sich die Forschung auf die Kindheit mißhandelnder Eltern, deren Persönlichkeit und psychische Ressourcen. Dabei beziehen sich die Ergebnisse größtenteils auf Mütter, die hauptsächlich als Täterinnen in Erscheinung treten (Straus et al. 1980; Wetzels 1997). Dies dürfte jedoch primär darauf zurückzuführen sein, daß Mütter die Hauptlast der Kindererziehung tragen und rein zeitlich mehr Gelegenheit zur Mißhandlung haben (Wolfe 1987).

Eigene Gewalterfahrung

In der Forschung zur Biographie mißhandelnder Eltern wurde wiederholt bestätigt, daß diese in ihrer Kindheit selbst Opfer waren und eigene Gewalterfahrungen an die nächste Generation weitergeben (z.B. Dubowitz et al. 1987; Herrenkohl et al. 1983). Viele der für einen „cycle of violence" sprechenden Untersuchungen wurden jedoch wegen des retrospektiven Designs, der kleinen klinischen Stichproben, des Fehlens von adäquaten Kontrollgruppen etc. kritisiert (Belsky 1980; Cicchetti und Rizley 1981; Kaufman und Zigler 1987). Der größere Teil der Eltern gibt die selbsterfahrene Gewalt nicht an ihre Kinder weiter (Belsky 1993), doch scheint die eigene Viktimisierung das Risiko für spätere Mißhandlung deutlich zu erhöhen (Wetzels 1997). Sorgfältig konzipierte prospektive Studien zeigen einen deutlichen Zusammenhang zwischen selbst erlebter Kindesmißhandlung und der späteren Mißhandlung eigener Kinder (Egeland et al. 1987; Hunter et al. 1978; Pianta et al. 1989).

Daß *Viktimisierungen in der Kindheit die Wahrscheinlichkeit erhöhen, zu einem späteren Zeitpunkt selbst Täter zu werden*, konnte auch für andere Gewaltbereiche bestätigt werden (z.B. Farrington 1995; Straus et al. 1980; Widom 1989). Neben Kindesmißbrauch betrifft dies u.a. Gewaltverbrechen, allgemeine Kriminalität, Mißhandlungen der Ehefrau und Sexualdelikte. Insofern scheint die Formulierung von Kaufman und Zigler (1989), „the time has come for the intergenerational myth to be placed aside" (S. 135), etwas gewagt. Auf der Grundlage von drei Studien mit ausreichendem Design kommen sie zu einer Schätzung der Gewalttransferrate von 30%. Die einzige prospektive Studie von Hunter und Kilstrom (1979) weist aber nur einen Follow-up-Zeitraum von einem Jahr nach der Geburt auf. Daß Eltern ihre Kinder im ersten Lebensjahr nicht mißhandeln, bedeutet jedoch nicht, daß sie nicht zu einem späteren Zeitpunkt oder an weiteren Kindern noch zu Tätern werden können. Darauf deuten auch die Ergebnisse der einzigen bislang in Deutschland vorliegenden repräsentativen Dunkelfelderhebung zu Gewalterfahrungen in der Kindheit und späterem Täterverhalten als Eltern hin. Es konnte gezeigt werden, daß nur 34,3% der Eltern, die als Kinder Opfer elterlicher physischer Gewalt waren, in ihrer Elternrolle selbst keine körperliche Gewalt eingesetzt haben (Wetzels 1997). Die höchste Rate aktiver Gewalt gegen die eigenen Kinder war bei jenen Müttern zu finden, die in ihrer Kindheit Opfer elterlicher körperlicher Mißhandlung waren und zugleich als Erwachsene durch schwere innerfamiliäre Gewalt reviktimisiert wurden.

Die Mechanismen der Übertragung eigener Gewalterfahrungen auf die nächste Generation lassen sich mit verschiedenen theoretischen Ansätzen erklären. Zum Beispiel erwirbt man aus lerntheoretischer Perspektive aggressive Verhaltensweisen über Modellernen und direkte Verstärkung (vgl. Bandura 1979). Das Verhalten wird dabei besonders veränderungsresistent, wenn die Verstärkung intermittierend erfolgt, wie dies beim inkonsistenten Erziehungsstil der Fall ist. Im Rahmen der kognitiv-sozialen Lerntheorien kann auch erklärt werden, daß zwar gewalttätiges Verhalten gelernt wird, ohne bestimmte situative Auslöser aber später unterbleibt (vgl. Lösel et al. 1990a). Aus bindungstheoretischer Sicht entwickeln Kinder ein internales Modell vom elterlichen Erziehungsverhalten (Bowlby 1980). So werden z.B. das Ausmaß und die Angemessenheit elterlicher Reaktionen auf Bedürfnisse und Signale ihrer Kinder verinnerlicht. Bei mißhandelten Kindern kann dies zur unreflektierten Überzeugung führen, daß harte, körperliche Disziplin das adäquate Mittel in der Erziehung von Kindern sei (vgl. Simons et al. 1991). Solche Schemata werden auch in neueren sozialkognitiven Lerntheorien betont (vgl. Huesmann 1994).

> Bindungs- und lerntheoretisch ist anzunehmen, daß die Erfahrung von Mißhandlung und Vernachlässigung, die in krassem Gegensatz zu den kindlichen Bedürfnissen stehen, die Entwicklung eines uneinfühlsamen und feindseligen Verhaltens fördert. Dementsprechend zeigt sich, daß mißhandelte Kinder Probleme mit der Emotionsregulation, mit Aggression und Empathie aufweisen (Cicchetti et al. 1992).

Da der Gewalttransfer in die nächste Generation nur bei einer Teilgruppe stattfindet, müssen in einem Großteil der Fälle auch protektive Mechanismen vorhanden sein (vgl. Kaufman und Zigler 1989). Nach bindungstheoretischen Vorstellungen ist die Voraussetzung für eine Wiederholung von negativen Erfahrungen der Kindheit, daß diese nicht erinnert oder nicht in ein revidiertes internales Repräsentationsmodell integriert werden (Bowlby 1988a; vgl. auch Kap. 1.5). Wenn ehemals mißhandelte Personen diese frühen Erfahrungen z.B. in einer therapeutischen Beziehung verarbeiten und sich innerlich distanzieren können, ist ein Durchbrechen des Zyklus möglich (Pianta et al. 1989). Ähnliche Befunde sind auch aus der Forschung an Kindern von schizophrenen Eltern bekannt: die bewußte Distanzierung von der elterlichen Krankheit verhindert ein Eingebundenwerden in wahnhafte Konstruktionen des erkrankten Elternteils und begünstigt eine gesunde kindliche Entwicklung (Anthony 1987; Bleuler 1984). Diese Prozesse werden durch eine *emotional warme und zuverlässige Beziehung zu einer anderen Versorgungsperson*, z.B. dem nicht erkrankten Elternteil, ermöglicht. Solche protektiven Mechanismen haben sich in der Kindheit von Müttern bestätigt, die selbst mißhandelt worden waren, aber ihren eigenen Kindern fürsorgliches Verhalten entgegenbrachten. In prospektiven Studien zeigte sich, daß diese Frauen in der Kindheit eine enge, unterstützende und gewaltfreie Beziehung zu dem anderen Elternteil und detailliertere Erinnerungen an die Vorfälle hatten als die Mütter mit Gewalttransfer (Egeland et al. 1987; Egeland und Erickson 1990; Hunter et al. 1978).

Von besonderer Bedeutung für ein fürsorgliches Erziehungsverhalten gegenüber den eigenen Kindern scheint der *positive Einfluß einer guten, unterstützenden Beziehung zum momentanen Partner oder Ehemann* zu sein (Belsky et al. 1990; Crockenberg 1987; Rutter 1990). In gleicher Weise kann eine positive Erfahrung in einer therapeutischen Beziehung wirken (Egeland et al. 1987). Noch unklar ist, inwieweit durch die Erfahrung einer emotional unterstützenden Beziehung internale Repräsentationen tatsächlich in der Weise verändert werden, wie die Bindungstheorie dies postuliert. Hinsichtlich der Bedingungen für die glückliche „Wahl" eines unterstützenden Partners zeigte sich, daß diese Frauen Partner- und Berufswahl stärker planten und ein ausgeprägtes *Erleben von Selbstwirksamkeit* aufwiesen (Rutter 1990). Eine wichtige Quelle für die Ausbildung von Selbstwirksamkeitsgefühlen ist in frühen, aber auch noch in späteren Lebensjahren wiederum eine vertrauensvolle und emotional warme Beziehung zu einer Bezugsperson. Mit zunehmender Selbständigkeit des Kindes kommen schließlich vielfältige Bestätigungsmöglichkeiten hinzu, die in schulischen Leistungen, in sportlichen Aktivitäten oder anderen Interessen bestehen können und Selbstvertrauen, Selbstwerterleben etc. im Kind wachsen lassen (vgl. Werner und Smith 1992). Die protektiven Effekte dieser Merkmale wurden unter verschiedenen Risikobedingungen wiederholt im Prozeß einer resilienten Entwicklung bestätigt (z.B. Bender et al. 1996; Lösel und Bender 1999a; Lösel und Bliesener 1990). Ein weiterer protektiver Faktor in der Überwindung des Gewaltzyklus scheint die *physische Attraktivität von Frauen* zu sein (Belsky et al. 1990). Die in diesem Prozeß wirksamen Faktoren betreffen aber nicht rein biologische Aspekte, sondern soziale Fertigkeiten und emotionale Stabilität, die ein physisch attraktiver Mensch in Interaktion mit der Umgebung eventuell leichter erwirbt (Belsky 1993).

Psychische Störungen und Persönlichkeitsmerkmale

Neben den Gewalterfahrungen in der Kindheit hat man relativ früh psychische Krankheit und bestimmte Persönlichkeitsdefizite bei mißbrauchenden Eltern postuliert (z.B. Steele und Pollack 1968). Der empirische Forschungsstand hierzu ist jedoch nicht konsistent. Während einige Autoren keine spezifischen psychischen Muster finden konnten (z.B. Wolfe 1985), wurden in verschiedenen Studien *Probleme der Impulskontrolle, geringes Selbstwertgefühl und eingeschränkte Empathiefähigkeit bei mißhandelnden Eltern* beobachtet (z.B. Friedrich und Wheeler 1982). In der prospektiven Studie von Pianta et al. (1989) differenzierte von einer Vielzahl erhobener Variablen die emotionale Labilität am deutlichsten zwischen mißbrauchenden und fürsorglichen Müttern.

Daß nur in manchen Studien Gruppendifferenzen gefunden werden, kann auf unterschiedliche Stichproben, Meßinstrumente und Definitionen von Kindesmißbrauch zurückzuführen sein. Neuere Arbeiten scheinen jedoch konsistenter als frühere auf Zusammenhänge zwischen Kindesmißhandlung und emotionaler Verstimmung oder Depressivität, Ängstlichkeit und geringem Selbstwertgefühl hinzuweisen. Eine indirekte Validierung erfahren diese Ergebnisse durch Studien aus der Depressionsforschung. Hier fand man wiederholt Korrelationen zwischen affektiver Störung und feindseliger und zurückweisender Versorgung sowie bindungslosem und nicht responsivem Elternverhalten (s. Gelfand und Teti 1990). Darüber hinaus zeigen faktorenanalytische Studien zur Persönlichkeit, daß Depression, Feindseligkeit und Ängstlichkeit miteinander korrelieren und primär auf dem Faktor Neurotizismus laden (Eysenck und Eysenck 1985). Diese Persönlichkeitsdimension soll zum großen Teil erblich geprägt sein (Plomin 1986, 1994). Das bedeutet jedoch nicht, daß von der Verhaltensgenetik eine hinreichende Erklärung von Mißbrauchsverhalten zu erwarten ist. Zum einen besteht die genetische

Reaktionsnorm, und zum anderen ist auch die Erblichkeitskomponente anderer relevanter Merkmale (wie z.B. Aggressivität) allenfalls partiell. Im Rahmen eines multifaktoriellen Bedingungsmodells stellen elterliche Merkmale neben kindlichen, familiär-interaktiven, gesellschaftlichen, kulturellen und evolutionären Aspekten auch nur einen Teil der Einflüsse dar. Daß Merkmale der Elternpersönlichkeit im Einzelvergleich keinen Unterschied zwischen mißbrauchenden und fürsorglichen Gruppen zeigen, kann mit Wechselwirkungseffekten zusammenhängen. In diesem Sinne mag ein niedriges Selbstwertgefühl von Eltern ungünstige Auswirkungen nur in Zusammenhang mit Gewalterfahrungen in der Kindheit haben. Wie oben dargestellt, haben spezifische Risiko- und Schutzfaktoren nicht generell nur positive oder negative Wirkungen, sondern ihre Effekte ergeben sich immer im Kontext von anderen (vgl. Baldwin et al. 1990; Bender und Lösel 1997a; Lösel 1994; Rutter 1990).

In jüngster Zeit hat sich die Forschung spezifischeren Attributen mißhandelnder Eltern zugewendet, insbesondere der *negativen Reaktivität* und den *Attributionsstilen*. In experimentellen Studien konnte nachgewiesen werden, daß diese Eltern auf kindliches Schreien und Weinen stärker physiologisch reagierten, weniger Sympathie empfanden und darauf mit größerer Irritation und Gereiztheit antworteten (Frodi und Lamb 1980; vgl. auch Wolfe 1985). Es wird vermutet, daß diese negativen Reaktionen auf Streß in Zusammenhang mit dem erwähnten Persönlichkeitsmerkmal des Neurotizismus und der negativen Affektivität stehen bzw. daß beide nur unterschiedliche Analyseebenen (trait vs. state) repräsentieren (Belsky 1993). Negative Reaktivität und Affektivität sind jedoch ebenfalls keine hinreichenden Bedingungen für eskalierende Eltern-Kind-Interaktionen. Bestimmten elterlichen Attributionsmustern wird Mediatorfunktion in diesem Prozeß zugeschrieben. Eltern mit geringen Kontrollüberzeugungen, die mit einem schwierigen Verhalten des Kindes umgehen müssen, erleben solche Situationen eher als bedrohlich. Dies resultiert in einem erhöhten Arousal und stärkerem negativen Affekt, was ein Überreagieren in Folge begünstigt. Solche Einschätzungen der eigenen Möglichkeiten entstehen beispielsweise, wenn Erfolge in der Erziehung auf externe instabile Ereignisse (z.B. Glück) und weniger auf stabile interne Faktoren (z.B. Fähigkeiten) attribuiert werden. Für unangemessene kognitive Prozesse sprechen Befunde, wonach jene Mütter eher eskalierend mit ihrem Kind interagieren, aversiv auf negatives Kindverhalten reagieren und auch unabhängig davon weiterhin aggressiv sind, die in zweideutigen Situationen anderen eher negative Absichten unterstellen (Mac Kinnon-Lewis et al. 1992). Ähnliche Wahrnehmungs- und Attributionsmuster wurden bei aggressiven Kindern und Jugendlichen festgestellt (vgl. Dodge und Crick 1990; Slaby und Guerra 1989).

Eltern-Kind-Interaktion und Erziehungsverhalten

Vergleiche der Interaktionen von mißhandelnden und nicht mißhandelnden Eltern mit ihren Kindern waren Gegenstand vielfältiger Untersuchungen. Dabei lag in der Regel ein querschnittliches Design vor. Insofern kann nicht entschieden werden, ob diese Merkmale als unmittelbare Auslöser oder eher als Ausdruck des Mißbrauchsphänomens zu interpretieren sind (vgl. Engfer 1992). Hier mangelt es noch an Validierungen in prospektiven Studien. Dennoch sind einige Ergebnisse erwähnenswert, in denen zwischen physischer Mißhandlung und Vernachlässigung unterschieden wurde. Vernachlässigende Mütter waren z.B. insofern *weniger responsiv*, als sie weder eine Interaktion mit ihren Kindern initiierten, noch auf eine kindliche Initiative reagierten (Crittenden 1985a). In gleicher Weise zeigten ältere Kinder aus vernachlässigenden Familien eine geringere Rate an sozialer Interaktion und prosozialem Verhalten (Bousha und Twentyman 1984). Bedeutsamer dürfte jedoch sein, daß diese Eltern jeweils negativer reagierten als mißbrauchende.

Mißbrauchende Eltern verhielten sich im Vergleich zur Kontrollgruppe „normaler" Eltern ihren Kindern gegenüber häufiger negativ und weniger unterstützend (Bousha und Twentyman 1984), weniger emotional responsiv (Egeland et al. 1980), kontrollierender, häufiger unterbrechend und, wenn nicht offen, so doch öfter verdeckt feindselig (Crittenden 1985a). Als disziplinarische Maßnahmen setzten diese Eltern häufiger körperliche Bestrafung und feindselige Reaktionen (z.B. Mißbilligung, Drohungen etc.) ein (Loeber et al. 1984; Trickett und Susman 1988). Darüber hinaus sind sie weniger gut in der Lage, ihre Verhaltensweisen den Unterschieden im kindlichen Fehlverhalten anzupassen. Diese Ergebnisse, die allerdings nicht in allen Studien bestätigt wurden (z.B. Starr 1982; Webster-Stratton 1985), stimmen gut mit den oben dargestellten Persönlichkeitsmerkmalen der negativen Affektivität und emotionalen Reaktivität überein. Beide Komponenten hat z.B. Vasta (1982) in einer Analyse von Mißhandlungsfällen untersucht, um zu klären, unter welchen Voraussetzungen eine körperliche Bestrafung in gereizte und unkontrollierbare Aggression ausartet. Es ist das hohe Arousal oder die negative Reaktivität der Eltern, die aus einem Akt physischer Disziplinierung einen Akt zwischenmenschlicher Gewalt werden läßt.

Merkmale des Kindes

Da nicht alle Kinder in einer Familie gleichermaßen von Mißbrauch betroffen sind, wurden auch kindliche Merkmale untersucht, die einerseits schädigendes Elternverhalten auslösen, begünstigen und aufrechterhalten oder andererseits dagegen schützen. Erste Hinweise stammten aus Auswertungen von Polizei- und Gerichtsakten und bezogen sich auf das Alter des Kindes, den Reifungsstand, körperliche und geistige Behinderungen etc.

Das Alter des Kindes

In einigen Studien wird ein Häufigkeitsgipfel von körperlicher Mißhandlung zwischen dem dritten Lebensmonat und dem dritten Lebensjahr sowie eine Abnahme von Mißhandlungen mit zunehmendem Alter des Kindes berichtet (Benedict et al. 1985; Creighton 1985; Powers und Eckenrode 1988). Daß jüngere Kinder eher physische Gewalt erfahren bzw. diese Mißhandlungen häufiger zur Anzeige kommen, wäre aus verschiedenen Gründen plausibel:

- Kleinkinder sind physisch und psychisch abhängiger und verbringen mehr Zeit mit ihren Versorgungspersonen.
- Sie sind aufgrund ihrer körperlichen Unterlegenheit anfälliger für Verletzungen.
- Kleine Kinder können negative Gefühle noch weniger kontrollieren und dadurch feindseligere Reaktionen ihrer Eltern hervorrufen.
- Die teilweise trotzigen Anstrengungen von Kleinkindern in Richtung größerer Selbständigkeit stoßen nicht selten auf starken elterlichen Widerstand (Belsky 1993).

Diese Häufung von Mißhandlungen in den jüngeren Altersstufen wird allerdings nicht durchgängig bestätigt. In einer repräsentativen US-amerikanischen Erhebung zwischen 1975 und 1985 fand Egley (1991) einen Häufigkeitsgipfel von körperlicher Mißhandlung und Vernachlässigung zwischen dem dritten und achten Lebensjahr. Manche Studien berichten sogar eine höhere Rate von Mißhandlungsfällen im Jugendalter (vgl. Belsky 1993).

Unterschiedliche Häufigkeitsgipfel in den Prävalenzdaten können auch durch Veränderungen im Anzeigeverhalten aufgrund veränderter Sensibilitäten, durch unterschiedliche Definitionen und Erfassungsmethoden etc. bedingt sein. Über die familiäre Gewalt hinaus zeigt sich jedoch ziemlich einheitlich, daß Jugendliche relativ zu ihrem Bevölkerungsanteil öfter Opfer werden als Erwachsene (vgl. Baurmann und Dörmann 1993; Finkelhor und Dziuba-Leatherman 1994). Dabei ist zu berücksichtigen, daß insbesondere männliche Jugendliche auch als Täter häufiger in den Kriminalstatistiken aufscheinen als andere Altersgruppen (vgl. Kaiser 1993; Lösel 1995). Indem Gewaltdelikte oft im sozialen Nahraum stattfinden, ist auch hierin eine Bedingung der erhöhten Viktimisierung junger Altersgruppen zu sehen.

Aufgrund ihres Alters und ihrer sozialen Abhängigkeit ist es den jungen Opfern nicht möglich, eine mißhandelnde Familie, eine gefährliche Nachbarschaft oder eine Schule mit feindseligen und delinquenten Gleichaltrigen zu verlassen (Finkelhor und Dziuba-Leatherman 1994).

Behinderung, Unreife, Geburtskomplikationen

Weitere kindliche Merkmale wie geringes Geburtsgewicht, kindliche Unreife durch Frühgeburt, angeborene geistige und körperliche Behinderungen sowie perinatale Komplikationen wurden nicht nur in Polizei- und Gerichtsakten, sondern auch in klinischen Fallberichten relativ früh mit Mißhandlung in Verbindung gebracht (z.B. Martin et al. 1974). Beobachtete Zusammenhänge scheinen plausibel zu sein, *da diese Kinder oft physisch weniger attraktiv sind, häufiger schreien oder unruhig sind, sich schlechter beruhigen lassen und unrhythmische biologische Bedürfnisse zeigen*. Die Befundlage ist jedoch widersprüchlich. Einige Studien, einschließlich prospektiver (z.B. Hunter et al. 1978), konnten einen Zusammenhang zwischen Frühgeburt und häufigerer Mißhandlung bestätigen (z.B. Herrenkohl und Herrenkohl 1979; Starr 1982). Andere Untersuchungen fanden dagegen keine signifikante Beziehung (z.B. Corey et al. 1975; Egeland und Vaughn 1981). Eine ähnliche Inkonsistenz der Ergebnisse besteht hinsichtlich perinataler Komplikationen (Starr 1988), Behinderungen (z.B. Ammerman et al. 1989; Creighton 1985; Laucht 1990; Zigler 1980) und allgemeiner körperlicher Gesundheit (z.B. Hawkins und Duncan 1985; Sherrod et al. 1984; Starr 1982).
Diese Befundlage bedeutet jedoch nicht, daß die genannten Faktoren in der Entstehung und Aufrechterhaltung von Mißbrauchshandlungen nicht relevant sind. Wenn in manchen Studien keine Zusammenhänge gefunden wurden, könnte dies ein Hinweis auf interaktive Einflüsse von kindlichen und elterlichen Merkmalen sein. In den zitierten Studien wurden in der Regel nur Haupteffekte gesucht und keine Interaktionseffekte geprüft (Belsky 1993; Cicchetti und Rizley 1981). Vorhandene Zusammenhänge könnten auch auf Korrelationen mit Drittvariablen basieren. Ein wichtiger konfundierender Faktor ist z.B. die Zugehörigkeit zur unteren sozialen Schicht, die sowohl das Risiko für prä- und perinatale Komplikationen als auch für spätere Mißhandlungen erhöht. Im Hinblick auf langfristige Auswirkungen von prä-, peri- und postnatalen Risikofaktoren konnte festgestellt werden, daß ungünstige sozioökonomische Bedingungen bei entsprechender statistischer Kontrolle spätere entwicklungspsychopathologische Störungen besser vorhersagten (Sameroff und Chandler 1975). In der Mannheimer Kohortenstudie (z.B. Schmidt 1990) ließen sich keine bedeutsamen Zusammenhänge zwischen prä- und perinatalen Risiken oder neurologischen Auffälligkeiten und Mißhandlungen nachweisen, da aufgrund des Studiendesigns eine Konfundierung dieser Variablen mit der Schichtzugehörigkeit ausgeschaltet war (Laucht 1990).

Kindliches Verhalten

Dagegen scheint den kindlichen Problemverhaltensweisen dann eher eine ursächliche Rolle in der Gestaltung ungünstiger Eltern-Kind-Interaktionen zuzukommen, wenn diese von den Eltern nicht als Folge der genannten körperlichen oder geistigen Defizite bzw. der prä- und perinatalen Komplikationen gedeutet werden (Laucht 1990). Ein *schwieriges Temperament* (Thomas und Chess 1977, 1989), das z.B. eine hohe Irritierbarkeit, geringe Regelmäßigkeit biologischer Funktionen, schwere Beruhigbarkeit, Rückzug und starke negative Reaktionen auf neue Reize und Umgebungen etc. umfaßt, stellt möglicherweise die elterliche Fürsorgekompetenz in Frage und provoziert so eher aversive elterliche Reaktionen. Aufgrund der häufig verwendeten retrospektiven, querschnittlichen und nicht experimentellen Versuchspläne kann jedoch nicht entschieden werden, inwieweit die von mißhandelnden Eltern häufiger wahrgenommenen kindlichen Verhaltensprobleme (z.B. Mash et al. 1983; Whipple und Webster-Stratton 1991) Ursache oder Folge der elterlichen Mißhandlungen darstellen. Diese Frage ist nur in prospektiven Längsschnittstudien zu beantworten.

Erste derartige Befunde lassen den vorsichtigen Schluß zu, daß sich später mißhandelte Kinder nach der Geburt sowie in den ersten drei Lebensmonaten verhaltensmäßig nicht von später gut versorgten Kindern unterscheiden (z.B. Engfer 1992; Esser und Weinel 1990; Laucht 1990). In einer Studie von Engfer (1991a; Engfer und Gavranidou 1987) fanden sich z.B. in der Neonatalphase keine Unterschiede in der Irritierbarkeit und der sozialen Responsivität zwischen später mißhandelten Kindern und einer nach demographischen Variablen parallelisierten Kontrollgruppe. Deutliche Unterschiede zeigten sich jedoch im Alter von 9 und 33 Monaten hinsichtlich einer gedrückteren Stimmung und einer geringeren Kooperations- und Folgebereitschaft auf seiten der mißhandelten Kinder. Gleichzeitig verhielten sich die Mütter den mißhandelten Kindern gegenüber negativer, ärgerlicher und repressiver. Die später mißhandelnden Mütter zeigten aber bereits in der Neugeborenenphase eine geringere Sensibilität in ihren Interaktionen mit den Säuglingen als die Kontrollmütter.

> Aufgrund vergleichbarer Beobachtungen werden kindliche Verhaltensprobleme daher von den meisten Autoren als Folge unangemessenen elterlichen Erziehungsverhaltens interpretiert (Crittenden und Ainsworth 1989; Esser und Weinel 1990; Pianta et al. 1989).

Belege hierfür liefern auch Interventionsstudien, die die Veränderung des mütterlichen Verhaltens zum Ziel haben. Crittenden (1985a) konnte beispielsweise mithilfe eines Trainingsprogrammes die mütterliche Sensitivität und Responsivität gegenüber den Kindern erhöhen und als Folge davon eine Verringerung des kindlichen Problemverhaltens feststellen.

Wenngleich es nach unserer Kenntnis keine kontrollierten Studien zur Veränderung des mütterlichen Verhaltens als Folge eines veränderten kindlichen Verhaltens gibt, *scheint doch den Eltern die bedeutendere Rolle im Entstehungsprozeß von Mißhandlung zuzukommen.* Maccoby und Martin (1983) kamen in ihrer Übersicht über Studien zum Sozialisationsprozeß zur Schlußfolgerung, daß die kindlichen Effekte auf das elterliche Fürsorgeverhalten eher kurzfristiger und kurzlebiger Natur sind. Das Kind kann in einer umgrenzten Verhaltenssequenz durchaus aktiv elterliche Reaktionen hervorrufen, die sich je nach kindlichem Verhalten unterscheiden. Es gibt aber nur wenig empirische Evidenz dafür, daß ein Baby oder Kleinkind die Fürsorgequalität der Eltern bzw. die Beziehung zu Mutter und Vater über einen langen Zeitraum hinweg überwiegend beeinflußt. Von Bedeutung sind allerdings Probleme der „Passung" zwischen Eltern- und Kindverhalten.

> Das heißt, das Risiko ist dann erhöht, wenn Kinder mit schwierigem Temperament auf selbst überlastete, unkontrollierte, wenig kompetente Eltern treffen (vgl. Moffitt 1993).

Außerfamiliäre Beziehungen

Neben den genannten elterlichen und kindlichen Merkmalen sind im Rahmen eines multifaktoriellen Bedingungsmodells auch distalere Faktoren untersucht worden, die zur Kumulation von Risikofaktoren beitragen und sich auf die Qualität der elterlichen Fürsorge auswirken können. Hierzu zählen beispielsweise Merkmale des näheren sozialen Umfeldes wie die Verfügbarkeit von sozialer Unterstützung für die Eltern. Wenngleich die empirischen Zusammenhänge zwischen sozialem Rückhalt und Gesundheit insgesamt keineswegs konsistent sind (Schwarzer und Leppin 1989), deuten Befunde der Resilienzforschung doch darauf hin, daß außerfamiliäre Unterstützung indirekt über die Eltern eine gesunde Entwicklung von Kindern und Jugendlichen fördern (z.B. Wertlieb et al. 1989; Wyman et al. 1991).

Umgekehrt zeigte sich, daß Mißbrauchsfamilien weniger Kontakt haben, weniger Hilfe von ihrer Familie und der Verwandtschaft erhalten, sozial isolierter sind und kleinere soziale Netzwerke aufweisen als Vergleichsgruppen (Garbarino und Sherman 1980; Whipple und Webster-Stratton 1991; Zuravin und Greif 1989).

Auch wenn bei diesem Phänomen wiederum zweiseitige Wirkungsrichtungen vorliegen können, scheinen die Eltern doch selbst aktiv einen beträchtlichen Teil beizutragen. Zum einen leben vernachlässigende Familien nur begrenzte Zeit an einem Ort (Creighton 1985; Zuravin 1989), zum anderen werden von ihnen vorhandene Ressourcen in der Gemeinde nicht genutzt (Polansky et al. 1981).
Wie bei den elterlichen Merkmalen bereits deutlich wurde, scheint der soziale Rückzug mit bestimmten Wahrnehmungen auf seiten der Mißbrauchsfamilien zusammenzuhängen. Während vernachlässigende Eltern ihre Nachbarn als unfreundlich und wenig hilfsbereit beschrieben, zeichneten „normale" Familien ein ganz anderes Bild von derselben Nachbarschaft (Polansky et al. 1985). Darüber hinaus gibt es Hinweise auf eine fehlende Reziprozität in den sozialen Beziehungen. Normale Familien suchten seltener Hilfe bei Mißbrauchsfamilien (Polansky et al. 1985), während Mißbrauchsfamilien mehr Unterstützung erhielten, als sie anderen gaben (Crittenden 1985b). Ungeachtet dieser empirischen Evidenz für eine aktive Konstruktion der eigenen Umwelt weisen Umgebungen, die sich deutlich im Auftreten von Mißbrauch unterscheiden, auch objektiv ein anderes „Gemeindeklima" auf (Garbarino und Kostelny 1992). Gegenden mit häufigem Mißbrauch wirkten dunkel, deprimierend und in kriminellen Aktivitäten leicht erkennbar, während andere sozioökonomisch vergleichbare Stadtteile mit geringer Mißbrauchsrate zwar auch arm, aber doch anständig erschienen und mehr sozialen Zusammenhalt und gegenseitige Verpflichtung aufwiesen. Inwieweit solche Befunde aus den USA auf Länder übertragbar sind, in denen die Trennung der Bevölkerung nach Wohngegenden (noch) weniger ausgeprägt ist, kann nicht beurteilt werden.

Kulturelle und gesellschaftliche Faktoren

Die zuletzt genannten außerfamiliären Faktoren verweisen bereits auf die Analyseebene des weiteren kulturellen und gesellschaftlichen Kontextes. Historische und ethnographische Berichte belegen, daß es zu allen Zeiten Kulturen und Subkulturen gab (und heute noch gibt), die an ihren Kindern vielfältige und offenkundige Mißbrauchshandlungen vornahmen, einschließlich sadistischer und sexueller Praktiken sowie Tötungsrituale. Ein Beispiel für eine besonders rücksichtslose und unbarmherzige Haltung gegenüber Kindern ist aus dem antiken Griechenland bekannt, wo man z.B. fragte, wie man einen „erziehungswürdigen Säugling" erkennt (vgl. Breiner 1990). Umgekehrt gibt es auch Gesellschaften, die dem Wohle ihrer Kinder besondere Aufmerksamkeit widmeten (Barnett et al. 1993). Solche Varianten im menschlichen Erziehungsverhalten entwickeln sich im Rahmen der jeweiligen kulturellen und gesellschaftlichen Einstellungen gegenüber Kindern und werden durch Maßnahmen auf politischer und legislativer Ebene direkt oder indirekt gefördert und aufrechterhalten. Kindesmißhandlung und -tötung kann sogar mittelbar von staatlicher Seite durchgeführt werden, wie das

Beispiel des Dritten Reiches auf traurige Weise verdeutlicht (vgl. Müller-Küppers 1990).

Während die kulturelle Position gegenüber Kindern und deren Be- bzw. Mißhandlung auch die jeweiligen Einstellungen zu individueller Freiheit und Privatheit widerspiegelt, hängt die politische und rechtliche Definition von Kindesmißbrauch mit der Verfügbarkeit und Verteilung von staatlichen Mitteln zusammen. Letzteres wird u.a. von der ökonomischen Situation des Landes mitbestimmt. Ähnlich wie Waldsterben, Ozonloch oder Gleichstellung der Frau scheint das Problem der Kindesmißhandlung die größte öffentliche und staatliche Aufmerksamkeit in Zeiten stabiler ökonomischer Bedingungen zu erfahren (Nelson 1984). Solange der größte Teil der Bevölkerung in Armut lebt und um das tägliche Überleben kämpft, erhalten Themen wie Ausbeutung von Kindern und Kindesmißbrauch kaum Priorität im politischen Handeln (vgl. heutige Entwicklungsländer).

Die Kulturgeschichte eines Landes, die vorherrschenden Erziehungsziele und -praktiken, die gesellschaftliche Haltung gegenüber Gewalt, die wirtschaftliche Situation, sozialpolitische und rechtliche Regelungen sowie andere Merkmale der Makro-Ebene bereiten quasi den Boden, auf dem Kindesmißbrauch „gedeihen" kann (vgl. Staub 1996). Da in der Regel vielfältige Faktoren konfundiert sind, lassen sich die jeweiligen Zusammenhänge allerdings noch schwerer stichhaltig nachweisen, als dies auf der individuellen, interaktiven und mikrosozialen Ebene der Fall ist. Zwar gibt es Hinweise, daß in Ländern mit geringer Häufigkeit an körperlicher Bestrafung in der Erziehung auch Kindesmißhandlung ein seltenes Phänomen darstellt (z.B. Japan), doch haben offizielle Statistiken nur eine sehr eingeschränkte Aussagekraft. Die jeweiligen rechtlichen Falldefinitionen sind unterschiedlich, und gerade bei Gewalt in der Familie besteht ein immenses Dunkelfeld (vgl. Wetzels und Bilsky 1994). Internationale Vergleiche von Täter- oder Opfer-Befragungen, die sich in verschiedenen Bereichen der Delinquenz bewährt haben, sind beim Kindesmißbrauch ebenfalls sehr schwierig, da eine kulturell unterschiedlich definierte „Normalität" sowie Sensibilisierungen und Tabuisierungen einfließen. Die Art der Befragung und die thematische Einbettung (z.B. Kriminalität oder familiärer Konflikt) spielen ebenfalls eine große Rolle für die Ergebnisse (vgl. Kury 1994; Wetzels und Bilsky 1994).

Auch wenn man derartige Probleme in Rechnung stellt, besteht kaum Zweifel darüber, daß *sich in ihrem Entwicklungsstand vergleichbare Gesellschaften deutlich hinsichtlich der Gewaltausübung unterscheiden*. Zum Beispiel weisen die USA in vielen Gewaltbereichen besonders hohe Prävalenzraten auf (vgl. Kaiser 1993). Die Wahrscheinlichkeit, durch Gewalt getötet zu werden, ist für junge Schwarze in den USA 80mal größer als für Jugendliche in Deutschland (Richters 1993). Neben sozialstrukturellen Bedingungen spielt hierfür wahrscheinlich auch die „Toleranz" der Gesellschaft gegenüber einem hohen Niveau an Gewalt eine Rolle (Kaufman und Zigler 1989). Diese manifestiert sich in den USA u.a. in der großen Verbreitung und geringen Kontrolle des Waffenbesitzes, der die Wahrscheinlichkeit von Gewalttaten erhöht. Das Gewaltniveau in einer Gemeinde hängt wiederum direkt mit der Häufigkeit von Kindesmißhandlung (vor allem der körperlichen) zusammen (Lynch und Cicchetti 1998). In diesem Kontext ist auch von Interesse, daß in den USA die körperliche Züchtigung von Kindern in der Schule durch das Bundesgericht legalisiert ist, in einzelnen Staaten aber unterschiedlich gehandhabt wird. Andererseits bestehen dort adäquate Melderegelungen für familiäre Gewalt, durch die Ärzte vom Konflikt zwischen Schweigepflicht und Verdachtsmitteilung entlastet werden, so daß eine behandlungsorientierte – nicht nur strafende – Intervention eingeleitet werden kann (Schneider 1988).

Inwieweit das gesetzliche Verbot der körperlichen Züchtigung präventive Funktion hat, kann nicht eindeutig gesagt werden. Die entsprechenden Erfahrungen in Ländern wie

Schweden sind jedoch positiv (Remschmidt et al. 1990). Dort ist es auch nicht zu einer Häufung von strafrechtlichen Verfahren wegen körperlicher Züchtigung gekommen. Dementsprechend hat die Anti-Gewalt-Kommission der Bundesregierung die Abschaffung des elterlichen Züchtigungsrechts empfohlen (vgl. Schwind et al. 1990), parlamentarische Initiativen sind gefolgt. Zwar ist nicht zu erwarten, daß eine engere Fassung des Verbots entwürdigender Erziehungsmaßnahmen gemäß §1631 BGB unmittelbar auf das erzieherische Handeln in Risiko-Familien durchschlägt. Eine Schutzfunktion auf rechtlicher Ebene wird jedoch u.a. in der längerfristigen Verdeutlichung gewaltfreier Erziehungsnormen und einer Verbesserung der Interventionsmöglichkeiten von einschlägigen sozialen Diensten gesehen (vgl. Lösel et al. 1990b; Remschmidt et al. 1990). Obwohl sich die öffentliche Diskussion über Kindesmißbrauch in den letzten Jahren in Deutschland verstärkt hat, ist es auch hier bislang nicht zu einem dramatischen Anstieg angezeigter Fälle gekommen. Zumindest die polizeilichen Häufigkeitszahlen für Mißhandlung und sexuellen Mißbrauch von Kindern (§§223b, 176 StGB) sind in den letzten 15 Jahren einigermaßen stabil geblieben (Bundeskriminalamt 1994).

Andere gesellschaftliche Risikofaktoren für den Kindesmißbrauch liegen in jenen Entwicklungen, welche die Belastungen in der Erziehung vergrößern. Ein Beispiel hierfür ist die in vielen Ländern feststellbare Feminisierung der Armut durch die Zunahme an alleinerziehenden Müttern als Folge gestiegener Scheidungsraten. Dabei ist es allerdings nicht so, daß Mißhandlung oder Vernachlässigung direkte Korrelate der Alleinerziehung sind.

> Wesentlich ist die multiple Belastung, die sich u.a. durch einen finanziellen Abstieg, ganztägige Berufstätigkeit, unzureichende Kinderbetreuung, Wohnungsprobleme, fortbestehende Partnerkonflikte usw. ergeben kann (vgl. Lösel 1995). Erst sie trägt dazu bei, daß Alleinerziehende unter den offiziell erfaßten Mißbrauchseltern überrepräsentiert sind (Engfer 1990). Ein anderes Bündel gesellschaftlicher Risikofaktoren liegt in der sozialen Abwertung und geringen finanziellen Absicherung der Kinderbetreuung, die nicht nur den familiären Bereich, sondern z.B. auch den Erzieher- und Lehrerberuf betrifft (vgl. Belsky 1993).

Schutzfaktoren können in allen jenen Maßnahmen bestehen, die den genannten Entwicklungen entgegenwirken oder sie zumindest bei Hochrisikogruppen „abpuffern". Dazu gehören u.a. niederschwellige Beratungsangebote der sozialen Dienste, Frauenhäuser und Kinderschutzzentren, ausreichende finanzielle Hilfen für junge Familien und Alleinerziehende, Flexibilisierung der Erwerbstätigkeit von Eltern, nachbarschaftsorientierte Sozialarbeit, allgemeine Aufklärung über angemessene Kindererziehung usw. Zahlreiche konkrete Vorschläge finden sich in dem genannten Gutachten der Anti-Gewalt-Kommission (Lösel et al. 1990b; Remschmidt et al. 1990; Schwind et al. 1990). Diese sind jedoch erst ansatzweise realisiert und insbesondere hinsichtlich ihrer präventiven Wirkung noch unzureichend evaluiert.

Evolutionäre Aspekte

Neben den elterlichen, kindlichen, situativen, außerfamiliären und kulturellen Faktoren wurden auch evolutionstheoretische Ansätze zur Erklärung von Kindesmißhandlung herangezogen. Dabei lassen sich zwei Argumentationslinien unterscheiden. Zum einen wird Mißbrauch als Resultat eines Konfliktes zwischen elterlichen und kindlichen (biologischen) Interessen verstanden, zum anderen kann das Phänomen als unbewußtes Handeln der Eltern im Hinblick auf eine größere Überlebenschance des Nachwuchses gedeutet werden.

Die Evolutionstheorie versucht die Entwicklung des Fürsorgeverhaltens als ein Programm

zur Sicherung der Art bzw. der eigenen Reproduktion zu erklären. Steht die Versorgung des Nachwuchses dem entgegen, kann es zu Mißhandlung und Vernachlässigung kommen. Verschärft wird dieser Konflikt durch Umgebungsbedingungen, wie Instabilität, Unvorhersagbarkeit oder Mangel an Ressourcen, die zum Überleben notwendig sind (Burgess und Draper 1989). Dies zwingt Eltern dazu, ihr psychisches und materielles Vermögen optimal aufzuteilen und es jenen Kindern zukommen zu lassen, die für die weitere Reproduktion am geeignetsten erscheinen. Bestätigungen für den evolutionstheoretischen Ansatz werden darin gesehen, daß *Armut, geringes Familieneinkommen und Arbeitslosigkeit* mit Kindesmißhandlung überzufällig häufig einhergehen (Straus et al. 1980; Whipple und Webster-Stratton 1991). In gleicher Weise wird auch ein Zusammenhang zwischen „vermehrter Fruchtbarkeit" und Kindesmißbrauch gedeutet. Frühe Schwangerschaft und große Familien (Zuravin 1991) sowie geringe Geburtenabstände (Zuravin 1988) korrelieren mit Kindesmißhandlung und -vernachlässigung, selbst wenn der sozioökonomische Status statistisch kontrolliert wird. Weitere Bestätigungen für die soziobiologische Theorie werden darin gesehen, daß *Kinder in Adoptivfamilien häufiger mißhandelt und/oder vernachlässigt werden* (z.B. Gelles und Harrop 1991). Da Adoptivkinder mit ihren Adoptiveltern keine gemeinsamen Gene haben, können sie nicht zu deren Reproduktion beitragen (Burgess et al. 1983; Gelles und Harrop 1991). Dieser unbewußte Konflikt verschärft sich gleichfalls durch eine Verknappung von Ressourcen in der Umgebung.
Derartige Befunde können aber auch im Rahmen des Belastungsmodells als Effekte von Stressoren (Armut, Arbeitslosigkeit, frühe Elternschaft, viele Kinder etc.) interpretiert werden. Diese übersteigen die Bewältigungsfähigkeiten der Eltern, führen zu Kompetenzverlusten und in der Folge zu Mißhandlungen von Kindern. Dennoch sollten Deutungen aus einer evolutionären Perspektive nicht völlig vernachlässigt werden. Strategien, die sich für das Überleben im Laufe der Evolution bewährt haben, können noch unbewußt wirken, auch wenn sie gegenwärtig nicht mehr funktional sind (bei längerer Freiheitsstrafe des Mißhandelnden vielleicht sogar kontraproduktiv). Zu bedenken ist, daß das Phänomen der Kindesmißhandlung erst seit gut einem Jahrhundert im öffentlichen Bewußtsein problematisiert wird, ein winziger Zeitabschnitt in der Entwicklung der Menschheit.

Nach einer anderen evolutionstheoretischen Interpretation stellen die Folgen der Mißhandlung beim Kind unter ungünstigen Lebensbedingungen wiederum biologisch vorteilhafte Merkmale dar. Die opportunistischen zwischenmenschlichen Orientierungen, die häufig bei mißhandelten Kindern festgestellt wurden (z.B. Aggressivität, Mangel an Empathie etc.), könnten ihre Reproduktionsfähigkeit erhöhen, wenn sie mit denselben widrigen Lebensumständen konfrontiert werden, die zur eigenen Mißhandlung geführt haben. Burgess und Draper (1989) nennen dies ökologische Instabilität.

Mißhandlung und Vernachlässigung könnten daher als Reproduktionsstrategien interpretiert werden, die nicht nur die elterliche Fortpflanzungsfähigkeit bei begrenztem elterlichen Engagement maximieren, sondern auch die Reproduktion des Nachwuchses erhöhen, wenn dieser unter Bedingungen der ökologischen Instabilität aufwächst, reift und sich fortpflanzt (Belsky et al. 1991).

1.3.4 Risiko- und Schutzfaktoren hinsichtlich der Folgen einer Viktimisierung

Da die Folgen von Mißbrauch und Mißhandlung beim Kind bereits in klinischen und therapeutischen Beiträgen des Bandes ausführlich behandelt werden, sollen sie an dieser Stelle nur kurz aus der Perspektive der Entwicklungspsychopathologie betrachtet werden. Die Folgen sind dabei ähnlich komplex und multifaktoriell bedingt zu sehen wie die Ursachen. Allgemein kann die Entwicklung des Kindes durch eine qualitative Neuorganisation innerhalb des biologischen und Verhaltenssystems beschrieben werden, die mit den Mitteln der Ausdifferenzierung und der hierarchischen Integration geleistet wird (Cicchetti und Schneider-Rosen 1986). Das orthogenetische Prinzip (Werner 1948) wird herangezogen, um die Anpassung an die Umwelt und die Aufrechterhaltung der funktionellen Integrität unter wechselnden Bedingungen zu erklären. Aus der entwicklungspsychologischen Perspektive umfaßt die normale Entwicklung eine Reihe von altersentsprechenden Aufgaben, die für eine kontinuierliche Anpassung des Kindes wichtig sind, jedoch mit dem Auftauchen von neuen Entwicklungsaufgaben relativ an Bedeutung verlieren (Cicchetti und Howes 1991). Normale Entwicklung bedeutet dabei den Erwerb von Kompetenzen im sozial-emotionalen, kognitiven, sozial-kognitiven, sprachlichen und behavioralen Bereich.

Mißhandlung in der frühen Kindheit durch die primäre Versorgungsperson gefährdet die Organisation und Entwicklung der Bindungsbeziehungen, des Selbst und der Regulation und Integration des emotionalen, kognitiven, motivationalen und sozialen Verhaltens, da diese Merkmale die wesentlichen Anpassungsleistungen in dieser Entwicklungsperiode sind (Cicchetti 1990; Sroufe und Rutter 1984).

Frühe Anpassung fördert spätere Anpassung und Integration. Dementsprechend ist die pathologische Entwicklung als ein Mangel an Integration zwischen den genannten Kompetenzen bzw. als eine Integration von pathologischen Strukturen zu verstehen (Cicchetti 1990). Da frühe Strukturen Teil von späteren sind, lassen frühe Funktionsstörungen spätere ernsthafte Schwierigkeiten erwarten. Frühe negative Folgen von Mißbrauch, wie der eingeschränkte Gefühlsausdruck und die Ausbildung von unsicheren Bindungsbeziehungen mit Versorgungspersonen (Aber und Cicchetti 1984), können daher mit späteren Strukturdefiziten verbunden sein, die für die Gestaltung der Beziehungen zu Gleichaltrigen relevant sind (vgl. Cicchetti et al. 1992). Da Entwicklung ein transaktionaler Prozeß zwischen Merkmalen der Eltern, des Kindes und der Umgebung ist (Cichetti und Lynch 1993; Sameroff und Chandler 1975), spiegelt die kindliche Anpassung nicht nur die Qualität früherer Anpassung wider, sondern auch die zwischenzeitlich erfolgten Einflüsse der Umwelt. Zeigt ein Kind z.B. eine pathologische Entwicklung über eine lange Zeit, liegt ein kontinuierlicher, schädlicher Interaktionsprozeß zwischen den genannten Merkmalen vor. Sind dagegen Entwicklungsverbesserungen festzustellen, müssen Veränderungen in einzelnen Merkmalen bzw. in deren Zusammenspiel stattgefunden haben. Im Gegensatz zu älteren Auffassungen haben auch psychoanalytische Arbeiten gezeigt, daß selbst sehr frühe und gravierende Deprivationen und Entwicklungsdefizite noch mehr oder weniger kompensiert werden können. A. Freud (1951) gibt hierzu eindringliche Fallbeispiele von Waisenkindern aus Konzentrationslagern, bei denen vor allem die Kindergruppe eine protektive Funktion hatte. Auch zu den Folgen von fortgesetztem und schwerem Kindesmißbrauch und extremen Mißhandlungssituationen gibt es ähnliche Fallstudien. Das sorgfältige Studium des Genesungsprozesses dieser Kinder hat eindrucksvoll das menschliche Regenerationspotential verdeutlicht, aber auch dessen Grenzen aufgezeigt. Zum Beispiel faßt Skuse (1984a, b) neun Fälle von Kindern mit schwerwiegenden Deprivationen in der frühen Kindheit zusammen. Die Kinder unterschieden sich im Ausmaß und der Kombination von Mangelernährung, Mißbrauch, sensorischer Deprivation und physischer Beschränkung sowie in der Dauer und dem Alter bei deren Beginn. Dennoch ergaben sich einige *allgemeinere Schlußfolgerungen*:

- Die motorische, kognitive und soziale Entwicklung wird in extrem ungünstiger Umgebung ernsthaft beeinträchtigt.

- Die zu beobachtende, häufig mit exponentieller Geschwindigkeit stattfindende Erholung in diesen Bereichen weist darauf hin, daß viele Aspekte der kognitiven und sozialen Entwicklung robust und „selbst ausrichtend" sind und nicht auf kritische Entwicklungsperioden beschränkt bleiben.
- Unter den kognitiven Funktionen wies die Entwicklung der Sprache die größte Vulnerabilität auf. Das völlige Fehlen eines Sprech- oder Sprachvermögens zum Zeitpunkt der Entdeckung war, möglicherweise auch aufgrund von organischen Schäden, mit einer schlechten Prognose verbunden.
- Extreme Mangelernährung ging ebenfalls mit begrenzter Erholung einher.
- Der wichtigste protektive Faktor im Genesungsprozeß war die liebevolle Versorgung durch eine Pflegemutter.

Solche extremen Formen des Mißbrauchs und der Vernachlässigung sind selten. Sie legen jedoch nahe, daß ungünstigen kindlichen Entwicklungen nach Mißbrauch um so eher durch Interventionen entgegengesteuert werden kann, je früher sie diagnostiziert werden. Voraussetzungen hierfür sind eine *frühe und genaue Diagnostik* von Mißbrauchsfamilien und von kindlichen Kompetenzdefiziten. Wenngleich die Studien zu den Langzeitfolgen von körperlicher Mißhandlung mit vielfältigen methodologischen Problemen behaftet sind, konnten dennoch einige Moderatorvariablen identifiziert werden. Dabei handelt es sich um Merkmale des Mißbrauchs, individuelle und familiäre Faktoren sowie Charakteristika der Umgebung (vgl. Malinosky-Rummell und Hansen 1993).

Kam es zum Mißbrauch durch mehrere Personen, lagen verschiedene Mißbrauchsformen vor und wurde das zentrale Nervensystem verletzt, so waren die Auswirkungen besonders ungünstig. Dagegen erwiesen sich unterstützende Beziehungen, Therapieerfahrungen und das Nachholen eines Schulabschlusses als protektive Faktoren gegen Langzeitfolgen von Mißbrauch (Egeland 1988; Egeland et al. 1988; McCord 1983). Ebenso zeigten sich positive Effekte, wenn das Kind aus der Mißbrauchsfamilie entfernt wurde (Rutter 1979).

Auch andere Studien an mißbrauchten Kleinkindern und Vorschulkindern sowie an Heimkindern sprechen für den starken Einfluß der posttraumatischen Umgebung auf die weitere Entwicklung: Kindliche Störungen milderten sich in dem Ausmaß, in welchem sich die Versorgungsumgebung verbesserte (Crittenden 1985a; Farber und Egeland 1987). In einer eigenen Studie untersuchten wir Heimjugendliche, die aus einem Multiproblem-Milieu stammten und zum Teil in ihrer Herkunftsfamilie mißhandelt und vernachlässigt worden waren (vgl. Bender 1995; Lösel und Bender 1994; Lösel und Bliesener 1990, 1994; Lösel 1994). In einem zweijährigen Längsschnitt verglichen wir eine Gruppe, die sich trotz ihrer schwierigen Kindheit emotional und sozial relativ gesund entwickelt hatte (Resiliente) mit einer Gruppe, die gleichsam risikogemäße Störungen aufwies. Es zeigte sich, daß vor allem die längsschnittlich stabil Resilienten häufiger eine gute Beziehung zu einer festen außerfamiliären Bezugsperson hatten, zufriedener mit der erfahrenen sozialen Unterstützung waren, im Heim ein positiveres sozial-emotionales und zugleich normorientiert-strukturierendes Erziehungsklima erlebten und besser in die Schule eingebunden waren. Die Gruppe wies auch ein aktiveres Bewältigungsverhalten, weniger erlebte Hilflosigkeit, ein flexibleres Temperament und eine realistischere Zukunftsperspektive auf, doch waren *die sozialen Ressourcen für die erfolgreiche psychische Anpassung bedeutsamer als die personalen*. Ähnliche Einflüsse des institutionellen Erziehungsklimas und der erfahrenen Unterstützung durch Bezugspersonen berichteten Hodges und Tizard (1989a, b) und Rutter und Quinton (1984). Auch Festinger

(1983) stellte in ihrer retrospektiven Studie fest, daß Kinder, die wegen familiärer Deprivationen einschließlich Mißbrauch aus ihrer Familie herausgenommen und in Heime gegeben wurden, sich in ihrer weiteren Entwicklung durchaus stabilisieren können.

Im Rahmen der mehr oder weniger „natürlichen" Schutzfaktoren nach Mißbrauchserfahrungen sind auch jene Merkmale zu nennen, die sich bereits beim Durchbrechen des Gewalttransfers als bedeutsam erwiesen haben (vgl. Kaufmann und Zigler 1989). Dazu gehören eine gute Beziehung zu einem Erwachsenen in der Kindheit, überdurchschnittliche Intelligenz, spezielle Talente, physische Attraktivität, soziale Kompetenzen, ein positives Selbstwertgefühl, internale Kontrollüberzeugungen, ein unterstützender Partner und positive Schul- und Therapieerfahrungen (z.B. Cicchetti und Rogosch 1997; Herrenkohl et al. 1994; Masten et al. 1990; Moran und Eckenrode 1992).

Wenngleich sich bislang nur wenige, gut kontrollierte Studien mit der kurz- und langfristigen Verarbeitung von sexuellen Mißbrauchserfahrungen beschäftigt haben, zeichnen sich auch hier gewisse Übereinstimmungen in den Befunden ab. Diese betreffen vor allem die besondere Bedeutung des sozialen Umfeldes. Als wichtigster protektiver Faktor im Erholungsprozeß des sexuell mißbrauchten Kindes konnte bislang die Unterstützung innerhalb der Familie, insbesondere durch die Mutter, bestätigt werden (vgl. Kendall-Tackett et al. 1993). Diese bestand z.B. darin, daß den kindlichen Darstellungen Glauben geschenkt und es konkret gegen weitere Übergriffe geschützt wurde. Am besten entwickelten sich zudem Kinder aus Familien mit einem geringen Maß an Belastung, Verstrickung und Ausdruck von Ärger (s. auch Kap. 1.2).
Allerdings sollten die genannten Merkmale nicht zu pauschal als „protektiv" interpretiert

werden (Lösel und Bender 1999b). Wie unsere eigenen Befunde in der genannten Studie erwiesen haben, können bestimmte Faktoren je nach Störungsgrad der Person eine unterschiedliche Schutzfunktion haben und manchmal sogar Entwicklungsrisiken erhöhen (Bender und Lösel 1997).

1.3.5 Zusammenfassung und Folgerungen

Die dargestellten Untersuchungen legen nahe, daß die Entstehung von Kindesmißhandlung und -vernachlässigung sowie deren Folgen für das Kind durch ein Bündel von Faktoren bedingt sind. Methodische Probleme erschweren z.T. eindeutige Wirkungshypothesen. Einfache lineare Kausalketten sind eher selten, Kumulations-, Moderator- und Interaktionseffekte eher häufig anzunehmen. Auf unterschiedlichen Ebenen wirken proximale und distale **Risiko- und Schutzfaktoren** zusammen und beeinflussen in komplexer Weise den Eintritt und das Ergebnis von Mißbrauchshandlungen. Kulturelle und gesellschaftliche Rahmenbedingungen wie die Einstellung sowie formelle und informelle Toleranz gegenüber gewalttätiger und vernachlässigender Erziehung können ebenso eine Rolle spielen wie verhaltensbiologische Reaktionsbereitschaften. Auf der Ebene der unmittelbaren Eltern-Kind-Interaktion sprechen die Forschungen für folgenden typischen Entstehungszusammenhang (vgl. Belsky 1993): Selbst durch psychische, ökonomische und andere Stressoren belastete, sozial eher isolierte, wenig responsive, zu Depression und Feindseligkeit neigende Eltern(teile) ärgern sich über ihr Kind, versuchen es in relativ starrer Weise physisch und instrumental zu kontrollieren, regen sich jedoch – auch durch die Zuschreibung negativer Intentionen gegenüber dem Kind – so sehr auf, daß sie die Kontrolle über sich verlieren und die als Disziplinierung gedachte

Maßnahme über das Ziel hinausschießt. Dieser Prozeß wird durch die Erfahrung von Mißhandlungen in der eigenen Kindheit geformt und verschlimmert sich durch kumulierte Lebensprobleme sowie Merkmale und Handlungen des viktimisierten Kindes. Zum Beispiel kann sich bei jüngeren, „schwierigeren" oder unattraktiveren Kindern dieses Risiko erhöhen. Umgekehrt tragen eine gute Beziehung zum Partner, Unterstützung von außen, soziale Kompetenzen, die konstruktive Auseinandersetzung mit eigenen Gewalterfahrungen und andere protektive Faktoren dazu bei, das Mißbrauchsrisiko bei ansonsten gefährdeten Eltern zu mindern.

In Fällen mißhandelter Kinder bestehen ebenfalls vielfältige Faktoren und „abpuffernde" Prozesse, welche die weitere Entwicklung unterschiedlich beeinflussen können (vgl. Masten et al. 1990).

> Langzeiteffekte von negativen Lebensumständen und -ereignissen in der Kindheit sind vor allem dann zu erwarten, wenn entweder ein organischer Schaden vorliegt oder protektive Prozesse innerhalb des Versorgungssystems gestört sind.

Organische Defizite (durch Verletzungen, Mangelernährung etc.) können dabei die Anpassung insofern reduzieren, als sie sich z.B. in Beeinträchtigungen der Lernfähigkeit, eingeschränkten Problemlösefähigkeiten, erhöhter emotionaler Labilität etc. niederschlagen und dadurch weitere risikohafte Prozesse auslösen (vgl. auch Loeber 1990b; Moffitt 1993). Sind solche Defizite nicht vorhanden, wird die kindliche Entwicklung zunächst von den Fürsorgefähigkeiten der Eltern oder anderen Versorgungspersonen bestimmt.

> Treten wie bei häufiger Mißhandlung oder gravierender Vernachlässigung massive Defizite auf, können Kinder die daraus resultierenden negativen Auswirkungen zumindest teilweise kompensieren, wenn sie:
> - eine gute und dauerhafte Versorgung durch eine andere Person erhalten
> - eine positive emotionale Beziehung zu einem anderen kompetenten Erwachsenen (z.B. Verwandte, Lehrer, Pfarrer etc.) haben, der auch als ein Modell für die Problembewältigung fungieren kann
> - lern- und anpassungsfähig bzw. gute soziale Problemlöser sind
> - einen Bereich haben, in dem sie Erfahrungen der Kompetenz und Selbstwirksamkeit entwickeln können (z.B. akademischer, sportlicher, künstlerischer oder handwerklicher Natur)
> - emotionale Unterstützung, Sinn und Struktur auch außerhalb der Familie finden (z.B. in Schule, Heim oder Kirche)

Psychische und soziale „Schutzsysteme" für die menschliche Entwicklung gelangen mit zunehmendem Alter mehr unter die Kontrolle des Individuums (Cicchetti und Schneider-Rosen 1986; Scarr und McCartney 1983). Dadurch können sich ältere Kinder oder Jugendliche aus ungünstigen familiären Verhältnissen protektive Beziehungen oder günstigere Entwicklungsbedingungen auch außerhalb der Familie suchen. Formelle und informelle Maßnahmen der Prävention und möglichst frühzeitige Intervention sollten auf den verschiedenen Einflußebenen ansetzen und sowohl vorhandene Risikofaktoren mindern als auch protektive Faktoren stärken.

1.4 Hinweise auf und diagnostisches Vorgehen bei Mißhandlung und Mißbrauch

Eberhard Motzkau

Inhalt

1.4.1 Grundsätze medizinisch-psychologischer Diagnostik und Setting 59
1.4.2 Mißhandlung 60
      Körperliche Mißhandlung 60
      Sexueller Mißbrauch 63

1.4.1 Grundsätze medizinisch-psychologischer Diagnostik und Setting

Der gesellschaftliche Zusammenhang, in dem körperliche Mißhandlung und sexueller Mißbrauch stattfinden, bewirkt eine spezifische Dynamik. Diagnostik bei körperlicher Mißhandlung kommt mit gesellschaftlichen Strukturen von Macht, Ohnmacht, Angst und Indolenz in Kontakt. Diagnostik bei Verdacht auf sexuellen Mißbrauch wird mit Phänomenen von Verleugnung und Spaltung sowie gesellschaftlicher Ablehnung viel mehr konfrontiert als bei körperlicher Gewalt.

Diagnostik bei Verdacht auf sexuellen Mißbrauch und körperliche Mißhandlung ist mehr als eine Ermittlung und Feststellung von „Tat"-Sachen (statisches Modell) und die Weiterleitung an „zuständige Stellen". Es handelt sich vielmehr um die Erfassung eines hochkomplexen Prozesses (entwicklungsorientiertes Modell). Dieser muß aus individueller Sicht des möglicherweise geschädigten Kindes und im systemischen Rahmen der Familie und ihres Umfeldes gesehen werden. Dabei sind Mißbrauch und Mißhandlung mögliche, wichtige und oft die Diagnostik auslösende Faktoren, aber nicht die einzig bedeutsamen für das Wohl von Kind und Familie. Medizin bzw. Psychologie selbst sind angesichts der vielfältigen körperlichen, seelischen und psychosozialen Probleme eine der „zuständigen" Stellen. In ihrer Verantwortung sind sie jedoch mehr als ein Lieferant von „ermittelten" Informationen. Deswegen ist es sinnvoll und bewährt, die Diagnostik gerade bei körperlicher Mißhandlung und sexuellem Mißbrauch primär spezialisierten Einrichtungen zu übertragen.

> Wegen der Komplexität der Situation setzt der Umgang mit Mißbrauch und körperlicher Mißhandlung immer multiprofessionelles Erfassen, Darstellen und Möglichkeiten für schützendes, förderndes und therapeutisches Handeln voraus.

Die Diagnostik in der Einzelpraxis ist schwieriger, weil die Voraussetzung, in ein multiprofessionelles Netz von Kompetenzen eingebunden zu sein, nicht Teil dieser Arbeitsstruktur ist. Vielleicht liegen deshalb weltweit so auffällig wenig Meldungen aus Arztpraxen vor, obwohl in einigen Ländern wie z.B. in USA Meldepflicht besteht (Warner et al. 1994).

Bedrohung, Überschreitung von Grenzen und Geheimhaltung ergeben zusammen eine Dynamik von Spaltung zwischen Handlung und Verantwortlichkeit. Diese Dynamik hat die Tendenz, sich in alle Bereiche zu übertragen, die mit ihr in Kontakt kommen. Die Konsequenzen tatsächlichen Mißbrauchs und körperlicher Mißhandlung gehen weit über Kompetenz, Macht und Möglichkeiten von Medizin und Psychologie hinaus. Deshalb haben auch kommunale Gesundheitsfürsorge, Jugendhilfe, Polizei, Staatsanwaltschaft und Gerichte ihren Platz im System der beteiligten Personen und Institutionen einzunehmen. Die Vielfalt dieses Systems spiegelt die psychosoziale Realität von Kind und Familie wider. Die Qualität des Zusammenwirkens als Ergebnis von Abgrenzung und Gemeinsamkeit muß Modellcharakter für die betroffene Familie haben – und wirkt in der Realität immer als Modell, in positiver wie negativer Hinsicht. Ebenso ist dieses System regelhaft gefährdet, die Konfliktmuster der jeweiligen Familie in sich nachzugestalten, insbesondere das der Spaltung von Handlung und Verantwortung, Verleugnung von Gefühlen und Bedeutungen sowie Muster von Machtausübung und Isolation.

1.4.2 Mißhandlung

> Mißhandlung ist eine nicht zufällige, bewußte oder unbewußte gewaltsame körperliche und/oder seelische Schädigung, die in Familien oder Institutionen geschieht und die zu Verletzungen und/oder Entwicklungshemmungen oder sogar zum Tod führen kann (Drucksache 10/4560 des Deutschen Bundestages 1986).

Die Erkenntnis, daß Mißhandlung innerhalb von familialen und anderen Systemen Ausdruck ihrer Störung und nicht primär deren Ursache ist, ist in diagnostischer wie therapeutischer Hinsicht bedeutsam. Entsprechend muß die diagnostische und nachsorgende Aufmerksamkeit dem gesamten System gelten (Familie, Großfamilie, Schule, Erziehungseinrichtung etc. – Trepper und Barrett 1992; Fürniss 1993a; Cirillo und Di Blasio 1992).

Körperliche Mißhandlung

Eine philippinische Mutter, verheiratet mit einem deutschen Mann, der ihre fünf von drei philippinischen Männern stammenden Kinder adoptiert hat, stellt am Freitagabend ihren jüngsten, siebenjährigen Sohn in der pädiatrischen Notfallambulanz in ihrem Stadtteil wegen starker Bauchschmerzen vor. Der Junge zeigt deutliche Anzeichen eines beginnenden Schocksyndroms. Die Anamnese ergibt zunächst auffällig ungenaue Angaben über Beginn der Symptomatik, Stuhlgang etc. Die Ultraschalluntersuchung zeigt eine größere Flüssigkeitsansammlung im hinteren Mesenterialbereich und läßt eine sofortige Operation notwendig erscheinen. Erst jetzt berichtet die Mutter genauer, deutlich ambivalent zwischen Sorge um den Sohn, Schuldgefühl wegen eigener zeitlicher Verzögerung, Angst vor dem Mann und Sorgen um Bleibemöglichkeit in Deutschland (Drohung des Mannes). Es ergibt sich folgender Zusammenhang:

Schon am Tag zuvor war Sami vom Adoptivvater wegen Versagens bei Rechenübungen mit ihm schwer mißhandelt worden. Die Mutter war in der Wohnung nicht anwesend, wurde aber später von Sami über den Ablauf der Gewalt informiert, als sie ihm helfen mußte, ins Bett zu kommen. Der Vater hatte zunächst bei jeder falschen Antwort mit dem Lineal geschlagen, hatte dann nach Kontrollverlust Sami ins Gesäß und schließlich in den Bauch getreten. Erst als Sami seine stumme, körpersprachlich deutliche Unterwerfung verlor und anfing zu weinen, hörte der Vater auf. Zunächst beschwichtigend, dann drohend hatte er die Mutter mehr als 24 Stunden vom Arztbesuch abhalten können. Selbst immer noch in der Hoffnung, die Bauchschmerzen könnten sich als harmlos herausstellen, sucht sie die Ambulanz auf und verschweigt dort den Hergang zunächst ganz, dann teilweise, indem sie zugesteht, der Mann könnte vielleicht auch in den Bauch geboxt haben.

Die sofort im nächstgelegenen Krankenhaus erfolgte Operation zeigt eine schwere retro- und peritoneale Blutung, die Mesenterialwurzel ist auf 10 cm eingerissen, ein Stück Ileum muß entfernt werden. Auf der Haut finden sich schmale, horizontal verlaufende Hämatome im Abstand von ca. 15 cm über beide Oberschenkel, Unterbauch und Lumbalbereich verteilt. Außerdem finden sich unregelmäßige Hämatome am Gesäß.

Sami erholt sich schnell und berichtet betroffen, erstaunlich wenig ängstlich und ohne Groll auf den Vater. Für ihn ist sein Versagen beim Rechnen ebenso klar wie Vaters Reaktion. Er sieht die Schuld bei sich. Aus seiner asiatisch geprägten Entwicklung und konkreten Erfahrung mit philippinischen Vätern kennen er und seine Geschwister ohnehin kaum andere Reaktionsweisen von Vaterfiguren. Zudem fühlt er sich in seiner parentifizierten Rolle mehr für die Mutter als für sich zuständig, seit er mehrfach Zeuge lebensbedrohlicher Gewalt gegen die Mutter im Heimatland war. Sami kann zunächst schwer verstehen, warum der Vater zum Besuch zunächst nicht zugelassen wird. Er hat noch keinen Mann erlebt, der sich so intensiv um Kinder kümmert und sie versorgt, wie es der Vater tatsächlich auch tut.

Zur Familiensituation:
Der 37jährige Vater hat als Beamter viel mit Asylanten und deren Abschiebung zu tun. Dies ist ebenso Motiv für die drei Jahre zuvor erfolgte Heirat seiner philippinischen Frau – „möglichst mit Kindern" – wie seine Verstrickheit als Einzelkind mit seinen Eltern. Für „seine" Familie setzt er sich tatsächlich erfolgreich und tatkräftig ein. Mit seinen narzißtischen Persönlichkeitsanteilen und seiner zwanghaften Struktur hatte er bislang als ängstlich und kontaktarm gegolten, nun „blüht" er auf. Die widerspruchslose Anpassungsbereitschaft der Kinder und ihre erstaunliche Entwicklung in sprachlicher und schulischer Hinsicht bestätigen ihn in seiner „grandiosen" Rolle als Mann, Familienvater und barmherziger Mitmensch, zum Mißfallen seiner Eltern. Nur Sami gefährdet dieses Selbstbild durch seine „Leistungsprobleme", so daß er sich als Kristallisationskern seiner narzißtischen Wut eignet. Es ist zu vermuten, daß die Gewaltbereitschaft des Vaters durch die unbewegte, scheinbar reaktionslose Art der Unterwerfung noch gesteigert wurde.

Die Mutter ist in der Zeit in Deutschland selbständiger geworden und geht arbeiten, was den Vater verunsichert. Sie versucht, sich aus den vielen Abhängigkeiten, in denen sie steckt, zu lösen. In der Vorstellungssituation war dies ein Motiv zur Verharmlosung im Sinne der Konfliktvermeidung, ein anderes vermutlich die internalisierte Verleugnung von Gewalt, mit der sie selbst schon aufgewachsen war.

▶ **Anamnese:** Typischerweise wird eine Mißhandlungsverletzung zunächst verharmlost bzw. verleugnet. Gelegentlich wird die Aggression und Schuld so weitgehend abgespalten, daß die Eltern authentisch besorgt sind. Die Anamnese des Verletzungsherganges ist widersprüchlich, alte Verletzungen (Narben) werden verschwiegen. Häufige Arztwechsel sind die Regel.

▶ **Untersuchung:** Bei der Untersuchung müssen folgende bekannte Gewaltformen berücksichtigt werden: Beißen, Schlagen mit Händen oder Gegenständen, Treten, Stoßen, Schleudern, Fesseln oder Anbinden bzw. an Extremitäten aufhängen, Würgen und Ersticken, Schütteln mit entsprechenden Griffmarken an den Oberarmen, gewaltsames Füttern, Hitze- oder Kälteexposition, Verbrühen und Verbrennen, besonders mit Zigaretten, Verätzen und Vergiften, bei sexueller Mißhandlung mit Gewalteinwirkung sind Oberschenkelinnenseiten, Genital- und/oder Analbereich sowie der Unterbauch typische Verletzungsstellen.

▶ **Körperliche Befunde:** Die Untersuchung muß zunächst alle üblichen Daten festhalten (Wachstumsretardierung bei Mißhandlung häufig! – Lynch 1989). Alle Ergebnisse sind zu dokumentieren. Die Untersuchung der gesamten Haut besonders im behaarten Bereich ist von besonderer Bedeutung, 90% der Mißhandlungssymptome sind hier zu finden. Dies sind in der Hauptsache Hämatome, gelegentlich in einer Form und Anordnung, aus der man den verursachenden Gegenstand erkennen kann. Weiter finden sich Bißverletzungen mit typischem ringförmigem Hämatom, Striemen, Schwellungen, Schürfungen, zirkuläre Fesselungsspuren, Verbrennungen (Zigaretten!) und Verbrühungen. Eine Untersuchung des Auges und des Augenhintergrundes ist ebenso erforderlich wie die neurologische Untersuchung mit besonderer Beachtung der Hirnnervenfunktionen und des Bewußtseins. Frakturen treten auf im Schädelbereich, besonders bei Kindern bis zu zwei Jahren, im Thoraxbereich (oft Serienfrakturen) und an den Extremitäten (gelegentlich multipel). Subperiostale Blutungen werden erst nach ca. zwei Wochen sichtbar. Deshalb ist bei diesem Verdacht die Wiederholung der Röntgenuntersuchung unbedingt angezeigt. Die Untersuchung der inneren Organe durch bildgebende Verfahren kann erforderlich sein, CT und MRT auch zur Kontrolle von intrakraniellen Blutungen. Medikamentenvergiftungen o.ä. werden in entsprechenden Blutproben nachgewiesen. Eventuell muß der Mundraum und der Ösophagus inspiziert werden, aber Vorsicht mit Verdacht auf Laugenverätzung.
Zu beachten sind *alterstypische Verletzungsbereiche*:

- am Kopf bis zu zwei Jahren
- an Beinen, Gesäß und Becken zwischen drei und zwölf Jahren
- an Kopf, Hals und Schultern bei Jugendlichen

Die Kinder können bei der Untersuchung über das situative Maß hinaus ängstlich und abwehrend sein, aber auch apathisch und wach beobachtend gleichzeitig („frozen watchfulness"). Differentialdiagnostisch kommen Unfälle, Störungen der Blutgerinnung und des blutbildenden Systems, Avitaminosen, Krankheiten der Knochen u.a. in Frage.

▶ **Kinderpsychiatrische Befunde:** Das Verhalten mißhandelter Kinder ist nicht nur durch die aktuelle Traumatisierung, sondern durch ihre Beziehungs- und Lebenssituation und die dort entwickelten Muster grundlegend geprägt. Je jünger die Kinder sind, desto tiefgehender und langfristiger können die Auswirkungen von Mißhandlung sein, um so mehr wirkt sich die zugrunde liegende Beziehungsstörung innerhalb des Familiensystems aus.

> Außerhalb der Untersuchungssituation zeigen mißhandelte Kinder widersprüchliches Distanzverhalten, Neigung zu eruptiver Aggression, Rückzug und Ängstlichkeit. Säuglinge zeigen gelegentlich ausgeprägte Hospitalismussymptome. Eingeschränkte Selbstwahrnehmung, gestörtes Körperschema und ausgeprägte autodestruktive Tendenzen gehören regelhaft zum psychischen Befund.

Neben der körperlichen ist meist eine psychosoziale Entwicklungsverzögerung festzustellen. Eine deutliche *Sprachentwicklungsverzögerung* ist häufigstes Symptom bei mißhandelten Vorschulkindern (Allen und Wasserman 1985). Die intellektuellen Leistungen sind im Durchschnitt niedriger als bei nicht mißhandelten Vergleichsgruppen (Lynch 1989).

▶ **Familienanamnese:** Eine gründliche Familien- und Sozialanamnese ist zur Beurteilung der Gesamtsituation unerläßlich.

Im Gespräch mit Eltern in der Untersuchungssituation ist akzeptierende Offenheit ebenso wichtig wie klare Information über körperliche Befunde sowie klare Bewertungen der Befunde und deren emotionaler Bedeutung. Daß dies nicht in feindlicher Atmosphäre stattfindet, ist für die weitere Kooperation von entscheidender Bedeutung. In dieser Situation besteht die Gefahr, die bei mißhandelnden Eltern bereits vorhandene Abspaltung von Verantwortung auf außerpsychische bzw. außerfamiliale Instanzen weiter zu fixieren.

Differentialdiagnostisch ist auch das **„Münchhausen-Syndrom by proxy"** zu berücksichtigen, besonders weil in diesen Familien auch andere Mißhandlungsformen als die krankheitsinduzierenden häufig sind (Bools et al. 1994).

In der individuellen und familienbezogenen Diagnostik sind folgende Erfahrungen leitend:
- Eine die Mißhandlung beweisende psychische Symptomatik existiert nicht. Auch aus anderen Problemfamilien sind ähnliche Symptomkonstellationen bekannt.
- Körperliche Mißhandlung kommt nie für sich alleine vor, immer spielt auch mindestens eine andere Form psychischer Mißhandlung eine wesentliche Rolle, meist emotionale Vernachlässigung. Der emotionalen Mißhandlung wird von einigen Autoren die größere Bedeutung für Langzeitfolgen zugeschrieben (Garbarino et al. 1986; Wolfe 1987). Weitere psychosoziale Belastungen der Familie wie Abhängigkeit, Spielsucht, Schulden etc. sind abzuklären.
- Die Kinder haben im Familiensystem ihren Platz, der in Mißhandlungsfamilien oft sehr starr festgelegt ist. Deswegen und wegen der durch zahlreiche Rollenaufgaben intensiven Verstrickung mit Eltern- und Großelternebene erreichen die Kinder die Entwicklungsziele der entsprechenden Lebensphasen zu spät oder gar nicht, besonders bezogen auf Autonomie und Ausbildung von Ich-Grenzen und -Funktionen.

Sexueller Mißbrauch

Zwei Mädchen, Martina, acht Jahre, und Corinna, fünf Jahre, werden von beiden Eltern in der Ärztlichen Kinderschutzambulanz vorgestellt. Sie seien zu Hause wechselnd aggressiv und regressiv. Martina nässe seit Wochen wieder ein, was offensichtlich die sehr um Reinlichkeit bemühte Mutter überfordert und ihr Schuldgefühle macht. Corinna liege häufig am Boden, nuckele am Daumen oder masturbiere völlig versunken. Eigenartigerweise zeige sie im Gegensatz zu früher kein Schamgefühl mehr. Beide Kinder seien distanziert mit der rigide erscheinenden Mutter und anklammernd, in letzter Zeit aber auch abrupt aggressiv dem Vater gegenüber. Bei Dissonanzen zwischen den Eltern halte Martina fest zur Mutter, Corinna zum Vater. Die Schilderung erweckt den Anschein, als klammere sich die Mutter an Martina an. Die Kinder würden regelmäßig vom Vater zu Bett gebracht, hätten in letzter Zeit Angst beim Einschlafen und Alpträume. Martina habe seit längerem Blasenbeschwerden, Corinna hat bei der Vorstellung frische Herpesbläschen perioral. Schließlich hätten beide Kinder Angst vor einem Nachbarn geäußert, den sie oft besuchen. Sein „Pipimann" sehe so häßlich aus.

Von den Eltern ist folgende Lebenssituation zu erfahren: Sie sind seit neun Jahren verheiratet, die Mutter, 34 Jahre, ist als Bürokauffrau seit der Geburt von Martina zu Hause und mit dem kürzlich bezogenen Eigenheim überfordert. Der Vater, 32 Jahre, ist als Ingenieur in einer Behörde angestellt und gerade in der Probezeit für die Verbeamtung. Die Eltern der Mutter spielen in der Familie keine Rolle. Sie seien kalt, besonders die Mutter der Mutter. Die Sehnsucht nach Geborgenheit ist für die Mutter ein wesentliches Motiv zur Heirat gewesen.

Die Mutter des Vaters nimmt viel Raum ein in der Familie. Sie lebt im eigenen Haus in der Nähe. Seit dem Tod des Mannes vor zehn Jahren muß der Vater sich intensiv um sie kümmern, aus gesundheitlichen Gründen und um bedrohlichen Streit zu schlichten, den seine Mutter mit den Nachbarn macht. So geht er fast täglich nach dem Dienst zuerst bei ihr vorbei. Dies führt zu wechselseitiger chronischer Gekränktheit bei beiden Eltern, die durch stumme Verweigerung ausgetragen wird. Der Vater kann sich von seiner „Verpflichtung" nicht lösen. Als Kind hat er die Mutter oft genug vor dem Suizid zurückgehalten, weil sein Vater sich darum nicht mehr kümmern wollte.

Der Vater leidet seit dem 21. Lebensjahr an Colitis ulcerosa, die Mutter hat arthritische Beschwerden. Über die Kinder ist zu erfahren, daß Martina schon lange ein unruhiges, unkonzentriertes Kind ist, während Corinna seit jeher scheu und ängstlich ist.

In einer von viel Angst der Kinder geprägten Diagnostik berichten beide von einem oralen Mißbrauch durch den besagten Nachbarn. Diese Mitteilung bringt allerdings keine Entspannung der Situation, sondern spürbar mehr Ängstlichkeit. Nach weiterer Diagnostik kommt dann ein Mißbrauch durch den Vater zutage, und zwar mit genitalem Kontakt bei Martina und oraler Immissio penis bei Corinna. Bevor die Diagnostik abgesichert werden kann, teilen die Kinder der Mutter spontan auch diesen Mißbrauch mit, unmittelbar vor einem Diagnostiktermin. Die Situation wird dramatisch, zunächst durch das Mißtrauen der Mutter, dann aber durch ihre Panik, die einsetzt, als die Kinder ihr sehr geordnet den Verlauf erzählen und sie es nun glaubt. Die Kinder können mit der Mutter sofort in der kooperierenden Kinderstation aufgenommen werden, wo sie für eine Woche bleiben. In dieser Zeit gelingt es dem Vater, der heftig bestreitet, was die Kinder erzählen, die Mutter umzustimmen. Gegen ärztlichen Rat und gegen ein zögerliches Jugendamt kehrt die Familie geschlossen nach Hause zurück. Die Mutter hatte während des stationären Aufenthaltes die Kinder eindringlich gefragt, ob ihre Erfahrungen nicht doch ein Traum sein könnten. Sie nahmen daraufhin ihre ursprünglichen Berichte zurück.

In der Folgezeit entwickelt sich eine doppelbödige Situation: Die Familie bestreitet geschlossen den Inzest, zeigt sich aber fast überangepaßt kooperativ. Das Jugendamt verlangt vom Vater den Auszug aus der Wohnung und Therapiebereitschaft. Widerstandslos erfüllt er diese Bedingungen, so daß das Jugendamt auf eine rechtliche Absicherung verzichtet und beiden Eltern das Sorgerecht beläßt. Der Vater zieht zu seiner Mutter in sein altes Kinderzimmer. In der Diagnostikeinrichtung macht er eine Therapie über ein Jahr mit. Dabei kommt es zu einem „hypothetischen Teilgeständnis": „Wenn ich das getan hätte, wäre ich ja ein Werwolf". Mit großer Bereitschaft arbeitet er in der Therapie daran, diese Seite näher kennenzulernen.

Im Lauf eines halben Jahres exazerbiert die Colitis mit starken Blutungen. Als sich dann dissoziative Symptome bemerkbar machen, beendet der Therapeut die Behandlung mit der dringenden Empfehlung zu einer psychosomatischen Kurmaßnahme. Mit beruflicher Begründung lehnt der Vater dies ab.

Parallel zur eigenen Entwicklung des Vaters stellt sich später heraus, daß die Eltern sich nur kurz an die Trennung gehalten hatten und sehr bald auch die Kinder mit einbezogen hatten unter der Auflage, darüber zu schweigen, „sonst könnt ihr den Papa nicht mehr sehen". Weiterhin gelingt es dem Vater, ein Privatgutachten bei einem angesehenen forensischen Psychologen erstellen zu lassen in der Hoffnung auf Entlastung vom Vorwurf des Mißbrauchs. Das Gutachten vollzieht die ganze Breite der Ambivalenz und Verleugnung nach mit der

Feststellung eines sehr wahrscheinlichen Mißbrauches bei Corinna durch den Vater und eines fraglichen bei Martina, die als von der Mutter beeinflußt gesehen wird. Der Gutachter sieht bei der Mutter wenig erzieherische Kompetenz, beim Vater hingegen viel Empathie und spricht sich für eine Paartherapie aus sowie Einzeltherapie für beide Kinder. Das Jugendamt schließt sich dieser Empfehlung an, so daß die Familie weiter zusammenlebt.

Mißbrauchsformen (nach Hobbs et al. 1991 und Jungjohann 1993)
- Kein körperlicher Kontakt: Exhibitionismus, Fotografieren des kindlichen Genitale, Zeigen von Pornographie (Bild und TV), sexualisierte Ansprache
- Nichtpenetrativer Körperkontakt: Berühren, Streicheln (genital, anal, Brüste), Zungenkuß, Masturbation, Berührungen mit Penis oder Vulva, Schenkelverkehr, Ejakulation auf dem Körper (dies alles kann auch vom Kind verlangt werden)
- Penetrativer Kontakt: genitale, anale, orale Penetration, teilweise oder ganz, mit dem Penis, Finger oder Gegenständen
- Weitere Perversionsformen: Kinder zu gegenseitigen sexuellen Handlungen auffordern, pornographische Fotos oder Videos von sexuellen Handlungen mit Kindern aufnehmen, körperliche Verletzungen, die im Zusammenhang mit dem Mißbrauch zur Steigerung der Erregung zugefügt werden, zur oralen Aufnahme von Kot oder Urin zwingen
- Mißbrauch in Sexringen (Fürniss 1993b) und ritualistischer Mißbrauch

▶ **Merkmale der mißbrauchten Kinder:** Das Geschlechterverhältnis der gemeldeten Kinder ist weitgehend übereinstimmend 70-75% Mädchen zu 25-30% Jungen, wobei allgemein bei Jungen die Dunkelziffer höher vermutet wird. Die Altersverteilung weist in der Literatur einen Gipfel zwischen drei und sieben Jahren auf (Lamers-Winkelman 1995).

Die von uns als mißbraucht diagnostizierten Kinder (604 bis 1993) waren zu 49% sieben Jahre und jünger, der Anteil der über Zwölfjährigen betrug 26%.
Die Dauer des Mißbrauchs reicht von einmaliger Grenzüberschreitung, die unmittelbar vom Kind als unangenehm beschrieben wird, bis zu jahrelangen schwersten, kombinierten Traumatisierungen. Wir fanden bei den von uns gesehenen Kindern eine durchschnittliche Dauer von zwei Jahren bei Inzest vor Eröffnung. Inzest beginnt gelegentlich schon vor dem dritten Lebensjahr, während pädophiler Mißbrauch eher männliche, ältere Kinder oder Jugendliche betrifft.

Eine Schichtgebundenheit existiert bei sexuellem Mißbrauch nicht.

Hobbs et al. (1991) sehen ein leichtes Überwiegen von schwächeren Sozialschichten. Dies bestätigt sich in unserer Klientel, in der immerhin aber 26,5% der Väter und 28,9% der Mütter einen beruflichen Abschluß einer Fachschule, Fachhochschule oder Universität haben.

▶ **Anamnese:** Die Frage der *Bewertung von Verdachtsmomenten* ist einer der Hauptstreitpunkte der gegenwärtigen öffentlichen Debatte. Dies ist verständlich, markiert doch der Verdacht die Grenze zwischen Geheimnis und Offenheit, zwischen Verleugnetem und Wahrgenommenem, aber auch zwischen Projektion und Tatsachen.

Am Umgang mit Verdachtsmomenten mißt sich die Qualität der diagnostischen Arbeit und oft genug auch der Erfolg. Hier ist Sorgfalt, Besonnenheit und Sicherheit mit den eigenen Grenzen wie mit denen des Settings erforderlich.

Verdacht auf sexuellen Mißbrauch kann entstehen aus:
- direkter Zeugenschaft eines Dritten
- situativen Wahrnehmungen Dritter

- körperlichen Anzeichen am Kind (Spermaflecken, genitale Verletzung, Blutung oder Entzündung)
- direkten Äußerungen des Kindes
- indirekten Äußerungen des Kindes, die interpretativ als Hinweis verstanden werden können. Dies können sprachliche, darstellende oder Verhaltensäußerungen sein. Besondere Beachtung verdient die *Sexualisierung kindlicher Äußerungen*, vor allem im Verhalten. Übereinstimmend wird in der Literatur dieses Symptom als leitend eingeschätzt, da es als einziges signifikant mit Mißbrauchserfahrungen korreliert (Friedrich 1993; Beitchman et al. 1991). Wann das Spiel mit anatomisch korrekten Puppen als „sexualisiert" anzusehen und damit hinweisend ist, ist z.Zt. nicht zu entscheiden (s. Undeutsch 1993). Wir setzen die Puppen zur Konkretisierung bereits verbal mitgeteilter Erfahrungen ein.
- Verhaltensweisen des Kindes, die neu sind (Wesensveränderung, affektive Labilität, eruptive Aggressivität, Angst, hypermotorisches Verhalten) und als unmittelbare Reaktion auf traumatisierende Erlebnisse gesehen werden können
- Verhaltensveränderungen, die auf Traumatisierung indirekt oder direkt schließen lassen und zum einen als averbaler Versuch der Kommunikation zu verstehen, zum anderen als Anpassungsreaktion im Sinne einer Überlebensstrategie zu sehen sind (Jungjohann 1993): Regression in bereits verlassene Entwicklungsphasen, Beziehungsverweigerung, sozialer Rückzug, Leistungsstörungen, Weglaufen, Quälen von Kindern oder Tieren, Drogenmißbrauch, Angst, Phobien, Schlafstörungen, Alpträume, erneutes Einkoten/Einnässen, Störung der Atem-, Schluck- und Sprachfunktion, Eßstörungen, Asthma, funktionelle Schmerzzustände besonders im Bauchbereich (auch bei kleinen Jungen z.B. Angst vor Schwangerschaft), kindliche Depression

Vor der Entscheidung, mit Diagnostik zu beginnen, ist ein persönliches Interview mit dem Melder unabdingbar. (Eltern, Elternteil, Verwandter, Erzieher, Sozialarbeiter, Lehrer, etc.) Dabei muß geklärt werden, mit welcher Motivation die Meldung erfolgt (Sorge, Scheidung, Sorgerechtsfragen etc.), mit welcher Kompetenz die Verdachtsmomente erhoben wurden und wie die Beziehungsstruktur zu Kind und Familie ist. Weiterhin müssen die vorliegenden Verdachtsmomente gesichtet und vorläufig bewertet werden. Nicht selten ist es sinnvoll, weitere Beobachtung in den bestehenden Möglichkeiten zu empfehlen, möglicherweise auch weitere Beratung anzubieten. Gelegentlich ist schon im Meldergespräch zu entscheiden, daß eine spezialisierte Diagnostik nicht erforderlich ist und andere Maßnahmen angemessener sind.

Meist ist mit dem Melder zu entscheiden, wie der Kontakt mit dem Kind bzw. mit Familie und Kind erfolgt, ebenso ist abzuklären, wie dringlich Maßnahmen des Kinderschutzes sind, in welcher Form und in wessen Verantwortung dies umzusetzen ist. In diesem Fall ist von vornherein die Beteiligung des Jugendamtes nötig. Aus Gründen des Datenschutzes und der Kooperation sollten die Eltern oder der Elternteil den Kontakt zum Jugendamt selbst herstellen. Fragen des Sorgerechts, des Datenschutzes, der Schweigepflicht, des Kindeswohls und des Kinderschutzes sind sorgfältig abzuwägen, das Vorgehen ist, wenn nötig, mit den Gerichten gemeinsam festzulegen.

Die Anamneseerhebung und Exploration hat strengen ärztlichen Regeln zu unterliegen, ist sie doch Grundlage der Indikationsstellung zum weiteren diagnostischen Vorgehen.

Eine Einengung auf bestimmte, oft von den Eltern verlangte Fragestellungen wirkt sich im Zusammenhang der medizinisch-psychologischen Diagnostik letztlich schädigend aus. Gutachtenaufträge für Sorgerechtsentscheidungen, zur Feststellung von Tatsachen (liegt Mißbrauch vor?) oder zur Frage der Glaubwürdigkeit kindlicher Aussagen entstehen aus einem anderen Kontext und bedürfen eines modifizierten Settings.

Die Anamnese mit den Eltern, getrennt oder gemeinsam erhoben, bildet den Beginn der eigentlichen diagnostischen Arbeit, läuft aber weiter, parallel zu den Einzelkontakten mit dem Kind. Gerade bei Inzestverdacht ist es wichtig, den möglichen Schädiger von Anfang an mit einzubeziehen. Die personelle Aufteilung der Aufgaben muß bedacht und koordiniert werden.

Zur Erfassung der Familiendynamik ist das von Trepper und Barrett (1992, S. 43ff) beschriebene Modell der multiplen Systeme hilfreich, mit dem die Inzestvulnerabilität einer Familie eingeschätzt werden kann.

Folgende, in der Konkretisierung abgewandelte Dimensionen sind zu beachten: Soziales Milieu, Ursprungsfamilie, Familiensystem, individuelle Psycho(patho)logie.

Rollen und Beziehungsstruktur haben im Mißbrauchsgeschehen eine vielfältige Bedeutung. So haben Parker und Parker (1986) gezeigt, daß *die Intensität, mit der Eltern ihr Kind in frühester Zeit versorgen*, wesentlichen Voraussagewert hat bezogen auf späteres schädigendes Verhalten. Dies könnte darauf hindeuten, daß in diesen Familien die Triangulierung – das ist die jeweils aufeinander bezogene Rollenübernahme von Mutter, Vater und Kind – und damit die Wiederherstellung des Partnersubsystems nicht gelingt. Zu diesem Phänomen könnte in der weiteren Entwicklung die häufig beschriebene Rollenumkehr zwischen Mutter und Tochter passen (Meiselman 1978; Zuelzer und Reposa 1983) Es scheint in diesen Familien, als würde die Tochter die Mutter in elterlicher, „parentifizierter" Weise leiten.

▶ **Untersuchung des Kindes:** Die **körperliche** und **kindergynäkologische Untersuchung** durch erfahrene Ärzte ist immer bei berechtigtem Verdacht auf kurz zurückliegende Traumatisierung indiziert. Dies soll so bald wie möglich geschehen, da vor allem genitale und anale Befunde nur wenige Tage nachweisbar sind. Nach einer Übersicht von Paradise (1990) finden sich zu 26–73% bei Mädchen, zu 17–82% bei Jungen unauffällige Befunde. Neben einer routinemäßigen pädiatrischen Untersuchung ist die genaue Inspektion der Haut und der Mundhöhle auf mögliche Begleitverletzungen wichtig (Petechien, Gonorrhö).

Bei der genitalen Untersuchung von Jungen finden sich Rötung und Schwellung des Penis, Hämatome und Abschürfungen, Schnürmarken und Bißspuren, Hämaturie. Die genitale Untersuchung bei Mädchen liefert nur selten eindeutige Beweise für einen Mißbrauch.

Leitsymptome (genitales Trauma, Geschlechtskrankheit, Sperma) sind nur bei 3–16% der mißbrauchten Mädchen zu erwarten. Es finden sich an allgemeinen Befunden: Rötung und Schwellung perigenital und der Vulva, Epitheldefekte, Ausfluß, Hämaturie, vaginale Blutung, vorzeitige Menstruation. Die Beurteilung der Hymenalbefunde ist sehr erfahrungsabhängig.
Als spezifische Befunde gelten: Nachweis von Sperma, Phosphatsäure im Vaginalabstrich, Schwangerschaft, außerhalb der Perinatalzeit erworbene Geschlechtskrankheiten und HIV-Infektion ohne Transfusionsanamnese (Bays et al. 1993).
Differentialdiagnostisch sind dermatologische Erkrankungen, Hautanomalien, akzidentelle Verletzungen, Streptokokken-Infektion etc. zu berücksichtigen.
Übereinstimmend gilt die Feststellung, daß kein **Analbefund** allein beweisend ist, daß aber diese Befunde das diagnostische Bild vervollständigen können. Dies gilt auch für den

lange als spezifisch geltenden analen Dilatationsreflex (McCann et al. 1989). Häufigste Befunde sind perianale Rötung, vermehrte Pigmentation, schlaffer Sphinktertonus, anale Dilatation, den Analring überschreitende Fissuren, Veränderung der Sphinktermotorik, Tunnelbildung in Verbindung mit ausgeprägtem Dilatationsreflex (McCann et al. 1989; Hobbs et al. 1989).

Differentialdiagnostisch ist an Obstipation, rektalen Tumor, neurologische Erkrankung, Lichen sclerosus, M. Crohn, hämolytisch-urämisches Syndrom und Unfall zu denken.

▶ **Kinderpsychiatrische und psychologische Untersuchung:** Kinder kommen in der Regel nicht auf eigenen Wunsch zur Diagnostik, sie sind eher ängstlich abwehrend. Deshalb muß der Rahmen kindgerecht und motivierend sein. Dazu gehört ein speziell gestaltetes Milieu, das mit seinem Spielangebot interessant, aber nicht ablenkend ist (Jungjohann 1992). Der Interviewer muß mit therapeutisch orientiertem Umgang mit Kindern vertraut sein, kinderpsychologische und psychopathologische Kenntnisse haben und sich seiner eigenen Haltung zum sexuellen Mißbrauch klar sein. Seine Haltung muß empathisch sein und offen für Kontakt, im übrigen aber neutral bezogen auf eine mögliche Traumatisierung des Kindes. Sein Interesse sollte sich auf die psychische Situation des Kindes und seine Unterstützung richten. „Etwas" wissen zu wollen mobilisiert Widerstand, den das Kind ohnehin in der Regel mitbringt. Das Interview wird klar und mit Verantwortung vom Interviewer geleitet, das erleichtert die Arbeit mit dem Widerstand und signalisiert dem Kind die Möglichkeit, über mögliche traumatische Erlebnisse zu sprechen. Fragen müssen einfach und als offene Fragen gestellt werden, besonders wenn sie auf konkrete Handlungsweisen Erwachsener zielen. Die Vorgabe der sexuellen Thematik ist oft nötig, muß aber in offener Weise geschehen. Suggestion ist sorgfältig zu vermeiden.

In einer ersten Kontaktphase werden über Spiel, Verhaltensbeobachtung und Gespräch allgemeine Informationen im Sinne eines psychischen Status gewonnen. Eine Orientierung an den Kriterien der allgemeinen Glaubwürdigkeit ist grundsätzlich und für spätere eventuelle Berichte hilfreich. Besondere Beachtung gilt dem Entwicklungsstand bezogen auf das Lebensalter, der Orientierung, dem Realitätsbezug, kognitiven und sprachlichen Fähigkeiten, der Phantasietätigkeit, dem Wissen über Sexualität und dem Beziehungserleben zu Familie und sozialer Umwelt. Es erfolgt dann eine allmähliche Zentrierung von Spiel und Gespräch in Richtung einer möglichen Traumatisierung. Dieser Bezug ist schon zu Beginn des ersten Kontaktes zusammen mit der begleitenden Bezugsperson herzustellen. Angepaßt an den Entwicklungsstand des Kindes wird die Thematik über Spiel, Malen oder Gespräch angesteuert. Dabei ist zwar dem Widerstand des Kindes zu folgen, aber im Unterschied zur therapeutischen Situation bleibt das Geschehen verantwortet und gelenkt durch den Interviewer. Fegert (1992) hat einen Katalog von Widerstands- und Angstaspekten zusammengestellt, der eine gute Orientierung bietet. Die *Arbeit mit Zeichnungen* ist oft für Kinder sehr erleichternd im Hinblick auf die vielen oft existenziellen Ängste, besonders vor den Drohungen, mit denen in der Regel der Schädiger das Schweigen absichert. Zeichnungen erlauben eine nonverbale Sprache und können besser als jedes andere Medium ihr Körperschema und ihr oft völlig zerstörtes Selbstbild verdeutlichen (Lamers-Winkelman 1992). *Der diagnostische Wert* reicht jedoch nur so weit, wie das Kind selbst seine Zeichnungen kommentiert.

Im Lauf der Untersuchung können Testverfahren allgemeine Fragestellungen nach Intelligenz, Teilleistungsstörungen, emotionalen Strukturen, Beziehungsstrukturen des Kindes in der Familie etc. beantworten.

> Ein spezifischer Test zum Ausschluß oder zur Bestätigung von sexuellem Mißbrauch existiert nicht.

Zum Ende der Diagnostik sollte ein umfassendes Bild von der Lebenssituation des Kindes vorliegen, das eine Gesamtdiagnose ermöglicht. In diesem Rahmen muß in möglichst eindeutiger Weise die Frage des Mißbrauchs beantwortet werden. Die Erfahrung zeigt, daß jede Uneindeutigkeit – ob vermeidbar oder nicht – zu unklaren und damit meist weiter schädigenden Situationen für das Kind führt. Zur Beurteilung der Frage nach Mißbrauch ist neben den klinischen Merkmalen eine Anlehnung an die forensische Psychologie (z.B. Glaubwürdigkeitsmerkmale nach Arntzen 1983) durchaus hilfreich, auch wenn die Frage der Glaubwürdigkeit nicht allein ausschlaggebend ist. Aus der Diagnose muß auch die Frage der Therapieindikation beantwortbar sein.

Zum *Abschluß* ist das Ergebnis bezogen auf die wichtigsten Ergebnisse und ihre möglichen Folgen mit dem Kind in angemessener Weise zu besprechen und die Erlaubnis einzuholen, mit einer geeigneten Bezugsperson, meist der Mutter oder den Eltern bei außerfamilialem Mißbrauch, die Ergebnisse und die daraus folgenden Schritte zu besprechen. Dies ist wichtig, weil die Kinder oft sehr konkrete Befürchtungen haben, die sich meist aus Drohungen des Schädigers herleiten.

▶ **Eröffnung:** Das Ergebnis der Diagnostik muß nun mit den Bezugspersonen besprochen werden. Auch bei diesem Schritt gilt es vor allem, unter Berücksichtigung des Kinderschutzes die Familie zu unterstützen. Bei Inzest wird zunächst der nicht mißbrauchende Elternteil zu informieren sein. Von deren/dessen Möglichkeit, dem Kind zu glauben und Schutz zu geben, hängt das weitere Vorgehen ab. Dies ist ein kritischer Moment, bei dem Ambivalenz und Schuldgefühle deutlich werden und in dem sehr viel Unterstützung gegeben werden muß. Gute Vorbereitung, möglicherweise zusammen mit Jugendamt und Gerichten, ist Voraussetzung dafür, daß das Kind Verantwortung für sich spürt und der Mißbrauch aufhört (s. oben genanntes Fallbeispiel). Möglicherweise sind zu diesem Zeitpunkt schon Maßnahmen für den Schutz des Kindes erforderlich, die mit dem nicht mißbrauchenden Elternteil zusammen besprochen werden müssen. Ebenso ist eine mögliche Indikation zu Therapie für das Kind anzusprechen.

Anschließend erfolgt die Eröffnung mit dem Schädiger in klarer, konfrontativer Weise. Eine systemische Sichtweise soll den Schädiger nicht von seiner Verantwortung entbinden, kann aber eine Vorstellung von einer Entwicklungsmöglichkeit geben, die ein Gegengewicht gegen die massiven Verleugnungstendenzen bilden kann.

▶ **Weitere Planungen:** Die über die Familie zusammengetragenen Informationen müssen nun zu einer Abwägung von schützenden, unterstützenden und die Entwicklungsmöglichkeiten der Familie fördernden Handlungssträngen herangezogen werden. Die auf seiten der Helfer verfügbaren Möglichkeiten müssen vor diesem Hintergrund gebündelt und zu einer vorläufigen gesamtheitlichen Strategie abgestimmt werden. Es muß klar sein, daß in dieser Phase der Kreis der Helfer eine Art elterlicher Verantwortung für die Familie übernimmt.

Diese Planung des weiteren Vorgehens ist Aufgabe einer abschließenden **Helferkonferenz,** an der alle bisher und zukünftig beteiligten Professionellen teilnehmen. Dies ist nötig, um den *Spaltungs- und Fragmentierungstendenzen der Familie* begegnen zu können. Für die Begleitung des weiteren Prozesses muß ein Verantwortlicher, möglichst ein Mitarbeiter des Jugendamtes, benannt werden, der koordinieren und auf blockierte Prozesse aufmerksam machen kann. Die wichtigste Funktion des Verantwortlichen wird zunächst sein, die Motivation zur therapeutischen Arbeit der Familie zu wecken, wenn die Krise der Eröffnung sich beruhigt hat. Ob und wann der Schädiger einbezogen wird, wenn er zur Familie gehört, muß im Einzelfall entschieden werden.

1.5 Vernachlässigung und Mißhandlung aus der Sicht der Bindungstheorie

Martin Dornes

Inhalt

1.5.1	Einleitung	70
1.5.2	Bindungstheorie	71
1.5.3	Messung der Bindungsqualität	72
1.5.4	Bindungsqualität und Interaktionsverhalten mißhandelter Kleinkinder	73
	Bindungsqualität	74
	Interaktionsstudien	74
	Zusammenfassung	76
1.5.5	Folgen der Kindesmißhandlung	76
	Bindung als Risiko- und als Schutzfaktor	77
1.5.6	Psychologische Charakteristika und Beziehungsrepräsentanzen mißhandelnder Eltern	78
1.5.7	Die Durchbrechung des Mißhandlungszyklus	80
1.5.8	Resümee	82

1.5.1 Einleitung

Den meisten Untersuchungen zum Thema Kindesmißhandlung liegt ein „weiter" Mißhandlungsbegriff zugrunde, der auch nichtkörperliche Formen von Mißhandlung umfaßt. Üblicherweise werden *vier Formen* unterschieden:
- **physische Mißhandlung (child abuse),** definiert als häufige, nachhaltige körperliche Bestrafung
- **emotionale Mißhandlung (emotional abuse),** wie z.B. ständiges Kritisieren des Kindes, Drohen, Verächtlichmachen, Einsperren in einen dunklen Raum etc.
- **Vernachlässigung (neglect),** verstanden als deutliche und dauerhafte Vernachlässigung der grundlegenden körperlichen und seelischen Bedürfnisse des Kindes nach Nahrung, Sauberkeit, bedarfsgerechter medizinischer Versorgung und affektiver Kommunikation
- **sexueller Mißbrauch (sexual abuse),** wie Inzest, Anleitung zur Prostitution oder Herstellung pornographischer Filme mit Kindern

Da die Bindungstheorie, aus deren Blickwinkel die Mißhandlungsthematik im vorliegenden Aufsatz betrachtet werden soll, den sexuellen Mißbrauch bisher nur rudimentär erforscht hat, beschränke ich mich in der folgenden Darstellung auf die ersten drei Mißhandlungsformen[1]. Ihre Abgrenzung unter-

---

[1] Einen guten Kurzüberblick zum sexuellen Kindesmißbrauch gibt Kutchinsky (1991); ausführlicher sind Hartman und Burgess (1989). Für eine psychoanalytische Betrachtungsweise siehe Hirsch (1987), Levine (1990) und Davies und Frawley (1994).

einander ist nicht immer einfach (s. Kap. 1.2). Die Lebenserfahrung und empirische Untersuchungen (Engfer 1986) lehren, daß Kinder selten wortlos verprügelt werden; meistens werden sie dabei angeschrien oder sonstwie gedemütigt, also auch emotional mißhandelt. Umgekehrt gilt, daß Eltern, die ihre Kinder fortgesetzt kritisieren oder verbal terrorisieren, sich nicht darauf beschränken werden, sondern im Bedarfsfall auf alle zur Verfügung stehenden Mittel zurückgreifen. Dennoch hat die Unterscheidung verschiedener Mißhandlungsarten ihren heuristischen und empirischen Wert, weil gezeigt werden kann, daß Eltern durchaus „Schwerpunkte" ausbilden und zur Bevorzugung der einen oder anderen Methode neigen.

Ob Mißhandlung vorliegt oder nicht, hängt unter anderem auch vom Alter des Kindes ab. Ein Säugling kann Schaden nehmen, wenn er heftig geschüttelt wird, während ein sechs Jahre altes Kind diese Prozedur schadlos übersteht. In Übereinstimmung mit Engfer bin ich der Meinung, daß jede körperliche Bestrafung bei Säuglingen und Kleinkindern wegen der bekannten Empfindlichkeit ihres Organismus als Mißhandlung betrachtet werden muß. Bei älteren Kindern sollte nur dann von physischer Mißhandlung gesprochen werden, „wenn nachweisbar ist, daß Kinder von ihren Eltern wiederholt und immer wieder ausufernd gezüchtigt werden" (Engfer 1986, S. 10). Ich vertrete die vielleicht unpopuläre Meinung, daß der berühmte „Klaps auf den Po" bei älteren Kindern keine bleibenden Schäden anrichtet, wenn er sich im Kontext einer ansonsten liebevollen Beziehung ereignet, eher auf situativer Überforderung beruht und nicht als systematisches Erziehungsmittel eingesetzt wird. Auch hier sind die Grenzen zu chronischeren Formen der Bestrafung jedoch fließend.

1.5.2 Bindungstheorie

Die Bindungstheorie wurde von dem englischen Kinderpsychiater und Psychoanalytiker John Bowlby Ende der 50er Jahre skizziert und später in einer umfassenden Trilogie ausgearbeitet (Bowlby 1975, 1976, 1980).

> Eine der zentralen Aussagen der Bindungstheorie ist, daß der menschliche Säugling die angeborene Neigung hat, die Nähe einer vertrauten Person zu suchen.

Fühlt er sich müde, krank, unsicher oder einsam, so werden Bindungsverhaltensweisen wie Lächeln, Schreien, Anklammern und Nachfolgen aktiviert, die die Nähe zur vertrauten Person wieder herstellen sollen. Das Bindungssystem ist relativ unabhängig von sexuellen und aggressiven Triebbedürfnissen. Es stellt ein eigenständiges Motivationssystem dar, das mit anderen Motivationssystemen interagiert, nicht aber aus ihnen abgeleitet werden kann. Bindungsverhaltensweisen existieren als Teil des evolutionären Erbes von Geburt an und werden im Laufe des ersten halben Jahres immer spezifischer auf eine oder mehrere Hauptbezugspersonen gerichtet. Das diesen Verhaltensweisen schließlich zugrundeliegende Gefühl der Bindung oder Gebundenheit ist ein „internalisiertes Etwas" (Ainsworth 1967, S. 429), ein gefühlsmäßiges Band, das sich im Laufe der interaktiven und kommunikativen Erfahrung, die der Säugling mit seinen Betreuungspersonen macht, ausbildet.

Ainsworth et al. (1978) haben in ihrer bekannten Monographie *die mütterliche Feinfühligkeit in bezug auf die Signale ihres Säuglings* als entscheidende Determinante der mit einem Jahr feststellbaren Qualität der Bindung herausgearbeitet. Reagiert die Mutter feinfühlig, d.h. prompt und angemessen auf die Signale ihres Kindes, so wird es mit einem Jahr wahrscheinlich sicher gebunden sein. Reagiert die Mutter eher zurückweisend auf seine (Bindungs-)Bedürfnisse, so resultiert ein eher unsicher-vermeidender Bindungsstil beim Kind. Sind mütterliche Antworten auf kindliche Signale eher inkonsistent und wenig vorhersagbar, dann entwickelt das Kind eine sogenannte unsicher-ambivalente Bindung. Dem Beitrag des Kindes zur Interaktion wird – im Verhältnis zu dem der Mutter – bei der Entstehung der Bindungsqualität eine zweitrangige Rolle zugeschrieben. Neuerdings zeichnet sich ab, daß angeborene Temperamentsunterschiede eine gewisse Rolle beim Zustandekommen unterschiedlicher Bindungsstile spielen (vgl. Spangler und Grossmann 1995).

> Entscheidend für die Art der mit einem Jahr erreichten Bindung ist nicht die Quantität, sondern die Qualität der Interaktion im ersten Lebensjahr.

Auch Kinder berufstätiger Eltern können sichere Bindungsbeziehungen entwickeln (Literaturüberblick bei Laewen 1992, 1994; Dornes 1993, Roggman et al. 1994). Je nach Erfahrung werden verschiedene Bindungsmuster zu verschiedenen Personen hergestellt. Ein Kind kann z.B. sicher an die Mutter, aber unsicher an den Vater gebunden sein, und umgekehrt. Zunächst existieren die unterschiedlichen Bindungsmuster nebeneinander her; im Verlauf der weiteren Entwicklung werden sie allmählich hierarchisch organisiert.

1.5.3 Messung der Bindungsqualität

Wie aber wird die Bindungsqualität festgestellt? Ainsworth et al. (1978) gehen davon aus, daß man die Qualität der Bindung bei ein- und eineinhalbjährigen Kindern an ihren Reaktionen auf kurze Trennungen von der Mutter und, vor allem, an der Art und Weise, wie sie die Mutter nach ihrer Rückkehr begrüßen, ablesen kann. Sie haben eine Standardprozedur zur Untersuchung dieses Trennungs- und Begrüßungsverhaltens entwickelt, die sogenannte **Fremde Situation**.

Die Fremde Situation besteht aus acht jeweils drei Minuten langen Episoden. In der ersten werden Mutter oder Vater und Kind vom Versuchsleiter begrüßt. Danach werden sie in einen Raum geführt, der mit Spielzeug, (versteckten) Kameras und zwei Stühlen ausgestattet ist. Mutter und Kind sind jetzt allein im Raum und akklimatisieren sich (Episode 2). In der Regel beginnt das Kind ein wenig zu explorieren. Nach drei Minuten betritt eine Fremde den Raum (Episode 3), setzt sich erst schweigend auf einen Stuhl, plaudert dann mit der Mutter und nähert sich schließlich dem Kind. Die Mutter verläßt nun unauffällig den Raum (Episode 4) und kehrt nach drei Minuten (oder früher, wenn das Kind sehr weint) wieder zurück (Episode 5); die Fremde verläßt den Raum nach dem Eintritt der Mutter, die jetzt allein mit dem Kind ist. Nach drei Minuten verläßt die Mutter das Kind erneut; das Kind ist jetzt allein (Episode 6). Kurze Zeit später (Episode 7) betritt die Fremde wieder den Raum und macht ein Spiel- oder Trostangebot. Dann kommt die Mutter zurück (Episode 8), und die Fremde geht. Das Begrüßungsverhalten des Kindes nach der Trennung von der Mutter, also das Verhalten in den Episoden 5 und 8, wird als maßgeblicher Indikator für die Bindungsqualität betrachtet.

Ainsworth und Mitarbeiter haben drei typische Verhaltensmuster in diesen Situationen beobachtet. Es gibt Kinder, die Zeichen von Kummer zeigen, wenn die Mutter den Raum verläßt. Sie unterbrechen ihr Spiel und suchen gelegentlich aktiv nach ihr. Von der Fremden lassen sie sich nur ungern trösten, aber manchmal zur Neuaufnahme des Spiels überreden. Wenn die Mutter zurückkommt, begrüßen sie sie freudig, suchen offen ihre Nähe und beginnen nach kurzer Zeit wieder zu spielen. Diese Kinder sind **sicher gebunden** (B). Eine zweite Gruppe von Kindern (A) ignoriert den Weggang der Mutter. Sie setzen ihr Spiel fort, wie wenn nichts geschehen wäre, und spielen mit der Fremden oft lebhafter als mit der Mutter. Auch die Rückkehr der Mutter wird ignoriert. Die Kinder vermeiden den Blickkontakt, begrüßen sie nicht oder nur flüchtig und suchen kaum ihre Nähe. Sie wirken ruhig, aber physiologische Messungen zeigen, daß sie stark unter Streß stehen (Spangler und Grossmann

1993; Spangler und Schieche 1995). Ainsworth nennt sie **unsicher-vermeidend gebundene Kinder**. Eine dritte Gruppe, die **unsicher-ambivalent Gebundenen** (C), wird sehr unruhig, wenn die Mutter den Raum verläßt. Sie lassen sie nur ungern gehen und sich von der Fremden nicht recht trösten, begrüßen die Mutter bei der Rückkehr zwar erleichtert und suchen ihre Nähe, sind aber hin- und hergerissen zwischen Freude und Verärgerung. Sie beruhigen sich kaum, weisen Spielzeug zurück, klammern sich an die Mutter, werden durch den Kontakt aber nicht wirklich beruhigt und wollen im nächsten Moment wieder losgelassen werden. Es herrscht eine unzufriedene, quengelige Grundstimmung. Bei manchen ist sie eher ärgerlich-aggressiv (C1), bei anderen stärker passiv (C2) getönt. In Ainsworths amerikanischer Mittelklasse-Studie waren 68% der Kinder sicher gebunden, 20% vermeidend und 12% ambivalent. Interkulturelle Untersuchungen in Deutschland, Japan und Israel haben ergeben, daß die Häufigkeitsverteilung in anderen Kulturen anders ist. In Japan und Israel ist die Zahl der ambivalent gebundenen Kinder größer als in den USA, in Deutschland die der vermeidenden (Überblick bei van Ijzendoorn und Kroonenberg 1988; van Ijzendoorn et al. 1990).

Für jede Gruppe existieren noch Untergruppen, um feinere Differenzen zwischen den Kindern zu erfassen. Die vermeidend Gebundenen werden in zwei Untergruppen (A1 und A2) aufgeteilt, die Sicheren in vier (B1, B2, B3, B4) und die Ambivalenten ebenfalls in zwei (C1 und C2). Ich verzichte an dieser Stelle auf detailliertere Ausführungen und verweise den Leser auf die bisher einzige ausführliche deutschsprachige Darstellung der Subgruppen bei Hédervári (1995).

Es gab jedoch von Anfang an eine Reihe von Kindern, die sich nicht gut in die drei Gruppen (A, B, C) einfügen ließen. Main und Weston (1981) beschrieben als eine der ersten einige Kinder (ca. 13% ihrer Mittelschichtpopulation), die sich in der Fremden Situation eigenartig benahmen und mit dem Ainsworth-System schlecht klassifizierbar waren. Manche näherten sich der Mutter (wie Sichere), drehten dabei aber den Kopf zur Seite (wie Vermeidende); andere zeigten extreme Vermeidung (wie A-Kinder), aber untypischerweise zugleich viel offenen, unberuhigbaren Kummer (wie ambivalente C-Kinder) oder benahmen sich in Episode 5 wie Sichere, in Episode 8 aber wie Vermeidende. Auch Bewegungsstereotypien, plötzliches Weinen auf dem Schoß der Mutter oder plötzliches Hinfallen bei der Annäherung waren zu beobachten (ausführlich dazu Main und Solomon 1986, 1990). Außerhalb der Fremden Situation benahmen sich die Kinder ebenfalls nicht wie die sicheren (Main et al. 1985). Ihre forcierte Klassifizierung ins Ainsworth-System ergab, daß die meisten als sicher eingestuft werden mußten, eine Minderheit als vermeidend. Eine neue Untersuchung sämtlicher schwer klassifizierbarer Fälle führte zur Entwicklung einer neuen Kategorie. Kinder mit den oben beschriebenen Verhaltensweisen wurden nun als **desorganisiert/desorientiert gebunden** (D) bezeichnet. Die bisher forciert klassifizierten Fälle wurden erneut gesichtet und zum großen Teil der D-Gruppe zugeordnet.

1.5.4 Bindungsqualität und Interaktionsverhalten mißhandelter Kleinkinder

Obwohl Bowlbys Theorie in erheblichem Umfang auf klinischen Daten und Beobachtungen beruht, hat sich die Bindungsforschung lange Zeit überwiegend mit der Entwicklung normaler Kinder beschäftigt. Erst in den letzten zehn Jahren wurden vermehrt sogenannte „high-risk samples" erforscht, z.B. Kinder von schizophrenen (Näslund et al. 1984) oder depressiven bzw. manisch-depressiven Müttern (Radke-Yarrow et al. 1985; Lyons-Ruth et al. 1990; Cummings und Cicchetti 1990; Radke-Yarrow 1991).

Bindungsqualität

Die ersten Untersuchungen von Bindungsmustern mißhandelter Kinder verwendeten noch das traditionelle Klassifizierungssystem mit den drei erwähnten Kategorien sicher, vermeidend und ambivalent gebunden (Egeland und Sroufe 1981; Gaensbauer und Harmon 1982; Schneider-Rosen und Cicchetti 1984; Lyons-Ruth et al. 1984; Schneider-Rosen et al. 1985; Lamb et al. 1985).

Sämtliche Arbeiten stimmen dahingehend überein, daß mißhandelte Kinder wesentlich häufiger unsicher gebunden sind als Kinder vergleichbarer Kontrollgruppen.

Bei Schneider-Rosen und Cicchetti (1984) waren beispielsweise 67% der Kinder mit 19 Monaten unsicher und 33% sicher gebunden; in der Vergleichsgruppe waren 74% sicher und 26% unsicher gebunden. Egeland und Sroufe (1981) versuchten darüber hinaus einen Zusammenhang zwischen spezifischen Mißhandlungstypen und der späteren Bindungsqualität herzustellen. Sie fanden eine gewisse Beziehung zwischen physischer Mißhandlung, die eher zu vermeidender Bindung führt und Vernachlässigung, die eher ein ambivalentes Bindungsmuster zur Folge hat. Diese Zusammenhänge konnten jedoch in den anderen Untersuchungen nicht bestätigt werden.

Obwohl also mißhandelte Kinder häufiger unsicher gebunden sind als die Kinder normaler Kontrollgruppen, ist eine erhebliche Anzahl dennoch sicher gebunden. In der Untersuchung von Schneider-Rosen und Cicchetti (1984) waren es ungefähr 33%, bei Egeland und Sroufe (1981) ca. 38%. Diese Ergebnisse entsprechen nicht den Vorhersagen der Bindungstheorie, derzufolge mütterliche Responsivität zu sicherer Bindung führt. Es wäre eher zu erwarten gewesen, daß mißhandelte Kinder zu einem wesentlich geringeren Prozentsatz sicher gebunden sein würden.

In der Folge wurden deshalb vermehrt theoretische und empirische Anstrengungen zur Klärung dieses Phänomens unternommen. Lyons-Ruth et al. (1987, 1989) sowie insbesondere Crittenden (1985a, 1988; Crittenden und Ainsworth 1989) beschrieben viele mißhandelte Kinder, die nicht ins traditionelle Klassifizierungssystem paßten und entwickelten für sie ebenfalls eine neue Kategorie, die sie ambivalent-vermeidend (A/C; Crittenden) bzw. unstabil-vermeidend (Lyons-Ruth) nannten und die in etwa Mains desorganisierter Bindungskategorie entspricht. Auf dem Gebiet der Untersuchung von Risikopopulationen vollzog sich also dieselbe Entwicklung wie bei der Erforschung normaler Kinder. Bisher notgedrungen als sicher Klassifizierte wurden mit dem erweiterten System noch einmal eingeschätzt, und das Ergebnis war im Falle der Mißhandlungsforschung, daß die Zahl der mißhandelten, aber dennoch sicher gebundenen Kinder erheblich abnahm. Bei Crittenden (1985a, 1988) waren *nur noch 5% der mißhandelten und 10% der vernachlässigten Kinder sicher gebunden* (in dem alten Klassifizierungssystem waren es noch 33–38% gewesen). Bei Carlson et al. (1989a, b), die Mains D-Kategorie verwendeten, waren *18% sicher gebunden und 82% desorganisiert*. Es ergaben sich auch bemerkenswerte Geschlechtsunterschiede. Crittenden et al. (1991) stellten fest, daß Buben – bei gleich schwerer Mißhandlung – häufiger in die stärker gestörte ambivalent-vermeidende Gruppe (A/C) klassifiziert werden müssen als Mädchen, und auch Carlson et al. (1989a) bestätigten, daß *mißhandelte Buben eher zur Ausbildung eines desorganisierten Bindungsmusters neigen als Mädchen*, insbesondere dann, wenn der Vater fehlt. Warum das so ist, ist bisher unklar. Die Autoren vermuten, daß die Mütter ihren Ärger über den verlorenen Ehemann unter Umständen stärker auf das männliche Kind projizieren und dort ausleben.

Interaktionsstudien

In weiteren Untersuchungen wurde das Interaktionsverhalten von mißhandelnden Mutter-

Kind-Paaren außerhalb der Fremden Situation erforscht. Dies ist deshalb wichtig, weil die Qualität solcher Pflege- und Spielinteraktionen zur Qualität des mit ein bis zwei Jahren etablierten Bindungsmusters beitragen soll. Es kann deshalb erwartet werden, daß sich auch die Interaktionsqualität mißhandelnder Mutter-Kind-Paare von der vergleichbarer Kontrollgruppen unterscheidet. Crittenden (1981) beobachtete 38 Paare einer Hoch-Risiko-Gruppe (sehr junge Mütter, geringes Einkommen, geringer Bildungsgrad). Acht Mütter hatten ihre Kinder mißhandelt, zehn waren vernachlässigend, zehn weitere auf der Grenze zur Vernachlässigung, und zehn versorgten ihre Kinder adäquat. Sämtliche Fälle von Mißhandlung und Vernachlässigung waren behördlich dokumentiert. Die Auswertung gefilmter Spielinteraktionen (Alter der Kinder: 2–19 Monate) ergab für jede Untergruppe spezifische Charakteristika[2]. Die Mütter, die ihre Kinder adäquat versorgten, wurden von über die Gruppenzugehörigkeit uninformierten („blinden") Auswertern als überwiegend sensitiv und flexibel eingeschätzt. Sie konnten sich den wechselnden Erfordernissen des Spiels gut anpassen, und die Interaktion wurde von den Kindern sichtlich genossen. Die vernachlässigenden Mütter stimulierten ihre Kinder wenig und reagierten selten auf ihre Signale. Die Kinder wirkten inaktiv und kraftlos. Die mißhandelnden Mütter gaben sich die meiste Mühe und hatten die frustriertesten Kinder. Es schien, als ob die Mütter beim Spielen einen bestimmten Plan verfolgten und erwarteten, daß sich die Kinder anpaßten. Das Interaktionsverhalten wirkte kontrollierend, und gelegentlich irritierten sie ihre Kinder ohne erkennbaren Grund. Die Kinder waren nicht kooperativ wie die der adäquaten Mütter und nicht passiv wie die der vernachlässigten, sondern eher aggressiv[3].

Die Mannheimer Forschungsgruppe um Schmidt (Esser und Weinel 1990; Esser et al. 1993) ist ebenfalls der Frage nachgegangen, ob sich Ablehnung und Vernachlässigung direkt im Interaktionsverhalten der Mutter zeigen. Zunächst wurden aus vierstündigen Interviews und Beobachtungen bei Hausbesuchen Anhaltspunkte für Ablehnung/Vernachlässigung herausgefiltert – z.B. strenge Erziehungshaltung, harte erzieherische Praktiken, häufige Kritik am Säugling, mangelnde Pflege, etc. Die Beobachtungen und Interviews wurden im Team diskutiert und dann ein Expertenurteil darüber abgegeben, ob Vernachlässigung oder Ablehnung vorliegt und, wenn ja, in welchem Umfang (Schmidt 1990). Die Mutter-Kind-Interaktion wurde videographiert und mit Hilfe bestimmter Skalen eingeschätzt (Esser et al. 1989). Unter anderem ergab sich, daß als vernachlässigend eingeschätzte Mütter weniger variabel und weniger echt interagieren als normale. Die als ablehnend eingeschätzten interagieren weniger zärtlich und restriktiver. Beiden gemeinsam ist die geringere Anzahl sprachlicher Äußerungen im Dialog. Die Vernachlässigenden sprechen insgesamt erheblich weniger, die Ablehnenden nur geringfügig weniger, aber dafür signifikant weniger im „baby-talk".

Diese Ergebnisse sind auch deshalb bedeutsam, weil Säuglingsforscher herausgefunden haben, daß *das mütterliche Sprachverhalten ein potentes Übertragungsmedium depressiver Affekte* ist (s. Bettes 1988; Murray 1991, 1993; Murray et al. 1993). Die Apathie der vernachlässigten Kinder kann als Depressionsäquivalent betrachtet werden, das durch

---

[2] Aus Gründen der Vereinfachung lasse ich bei der folgenden Darstellung die Grenzgruppe weg.

[3] Crittenden weist zu Recht darauf hin, daß mißhandelnde Mütter ihre Kinder nicht ständig mißhandeln, sondern zwischen den Mißhandlungsvorfällen oft liebevolle und bemühte Eltern sind, die ihre Kinder durchaus mit Stimulierung versorgen. Deshalb werden diese Kinder auch nicht passiv wie die vernachlässigten, sondern, wegen der Insensitivität der Interaktionsangebote eher "schwierig".

mangelnde sprachlich vermittelte Affektkommunikation induziert wird. Insgesamt fanden sich also typische Verhaltensmuster für ablehnende und vernachlässigende Mütter (Esser et al. 1993). *Vernachlässigung zeigte sich vor allem in der Pflegeinteraktion, Ablehnung in der Spielinteraktion.* Die Säuglinge selbst waren in ihrem Interaktionsverhalten mit drei Monaten noch unauffällig. Diese wichtige Beobachtung widerspricht der weitverbreiteten Ansicht, daß bevorzugt schwierige Säuglinge Opfer von Mißhandlung werden. Die späteren Verhaltensauffälligkeiten der Kinder sind deshalb eher als Folge denn als Ursache der Mißhandlung zu betrachten (vgl. Herrenkohl und Herrenkohl 1979; Engfer 1986; Laucht 1990; Esser et al. 1993).

Zusammenfassung

Das bisher Dargestellte kann wie folgt zusammengefaßt werden:
- Die frühen Untersuchungen der Bindungsqualitäten mißhandelter und vernachlässigter Kinder in der Fremden Situation ergaben einen erstaunlich hohen Prozentsatz sicher gebundener Kinder, nämlich ca. 33–38% (verglichen mit 66% in Normalpopulationen). Nachfolgende Arbeiten zeigten, daß dieses Ergebnis auf Unzulänglichkeiten des Klassifikationssystems zurückzuführen war. Die Neuuntersuchung der „Problemfälle" ergab, daß die meisten besser in die neuentwickelte Kategorie des desorganisierten (D) bzw. ambivalent-vermeidenden (A/C) Bindungsverhaltens passen. Dadurch sanken die Zahlen für sicher gebundene mißhandelte/vernachlässigte Kinder auf 5–18% (je nach Untersuchung und Mißhandlungsart).
- Mißhandelte und/oder vernachlässigte Kinder neigen zu desorganisierten Bindungsmustern (D) bzw. zu einer Mischung von Vermeidung und Ambivalenz (A/C). Diese Muster werden als die am wenigsten adaptiven betrachtet und sind Ausdruck traumatisierender und/oder hochgradig inkonsistenter Beziehungserfahrungen. In Normalpopulationen sind ca. 13% desorganisiert gebunden, in mißhandelten ca. 82% oder mehr. Um voreiligen Schlußfolgerungen vorzubeugen, möchte ich betonen, daß aus dem Vorliegen eines desorganisierten Bindungsmusters nicht auf das wahrscheinliche Vorliegen von Mißhandlung geschlußfolgert werden darf (Main und Hesse 1990). Auch bei Kindern aus Multi-Problem-Familien und denen depressiver Mütter ist der Prozentsatz an D-Mustern erhöht (28% bzw. 54%; vgl. Spieker und Booth 1988; Lyons-Ruth et al. 1990, 1993). Es führen also, metaphorisch gesprochen, viele Wege nach D.
- Es ergaben sich differentielle Auswirkungen verschiedener Mißhandlungsformen auf die Interaktionsmuster von Mutter und Kind in *Spielsituationen.* Mißhandelte Kinder sind in solchen Situationen mit zunehmendem Alter eher schwierige Interaktionspartner, vernachlässigte sind eher passiv, mißhandelte und vernachlässigte entweder schwierig oder passiv.

1.5.5 Folgen der Kindesmißhandlung

Bindungsforscher haben nachgewiesen, daß sich aus der Qualität der in der Fremden Situation mit einem und eineinhalb Jahren festgestellten Bindung eine Reihe zutreffender Vorhersagen ableiten lassen.

Sicher gebundene Kinder zeigen adäquateres Sozialverhalten in Kindergarten und Schule, mehr Phantasie und positive Affekte im freien Spiel, größere und längere Aufmerksamkeitsspannen sowie ein höheres Selbstwertgefühl. Sie sind aufgeschlossener für neue Sozialkontakte mit Erwachsenen und Gleichaltrigen und werden von Kameraden, Kindergärtnerinnen und Lehrern als sozial kompetenter eingeschätzt (George und Main 1979; Bretherton 1985; Sroufe 1983, 1988; Sroufe und Fleeson 1986; Grossmann et al. 1989, Grossmann und Grossmann 1991; Fremmer-Bombik und Grossmann 1993).

Bindung als Risiko- und als Schutzfaktor

Nun sind die genannten Besonderheiten, wie weniger Phantasie im Spiel oder kürzere Aufmerksamkeit, die häufiger bei unsicher gebundenen Kindern auftreten, keine Symptome von Krankheitswert. Bindungsforscher stimmen darin überein, daß *unsichere Bindung als solche keine Psychopathologie ist, sondern allenfalls ein dafür disponierender Faktor*. Eine Reihe von Autoren ist deshalb der Frage nachgegangen, ob und unter welchen Bedingungen es einen Zusammenhang zwischen unsicherer Bindung und späteren gravierenden Symptomen gibt. Die Ergebnisse lassen sich dahingehend zusammenfassen, daß mit einem Jahr unsicher gebundene Kinder aus normalen Gruppen oder „low-risk samples" im Folgezeitraum von zwei bis sechs Jahren keine ausgeprägten Beeinträchtigungen aufweisen (Bates et al. 1985; Fagot und Kavanagh 1990; Goldberg et al. 1990; Rothbaum et al. 1995), während unsicher gebundene Kinder aus „high-risk samples" erheblich beeinträchtigt sind, vor allem im Bereich des Sozialverhaltens und der Impulskontrolle (Erickson et al. 1985).

> Speziell für mißhandelte Kinder ergab sich, daß sie in Kindergarten und Vorschule gehäuft auffällig werden.

Je nach Mißhandlungstypus mußten in der Studie von Erickson et al. (1989) zwischen 45% und 65% der Kinder besonders betreut werden. Lyons-Ruth et al. (1993) beschreiben für eine Hoch-Risiko-Gruppe, in der sich auch zahlreiche mißhandelte Kinder befanden, daß die mit 18 Monaten als desorganisiert klassifizierten mit fünfeinhalb Jahren die meisten Schwierigkeiten hatten. 71% aller von den Lehrern als besonders aggressiv und feindselig eingeschätzten Kinder stammten aus der D-Gruppe.

Außerordentlich bedeutsam ist die sogenannte **„Unverwundbarkeit"** einiger Mißhandelter. In einer Reihe von Studien wurde festgestellt, daß es eine relevante – in den einzelnen Untersuchungen wechselnd große – Zahl von Individuen gibt, die trotz Mißhandlung in der Kindheit im Erwachsenenalter erstaunlich wenig Beeinträchtigungen aufweisen. Zimrin (1986) verfolgte die Entwicklung von 28 mißhandelten Kindern über den Zeitraum von 14 Jahren nach der Mißhandlung. 9 (ca. $1/3$) überstanden sie nach dem Eindruck der Autoren einigermaßen unbeschadet, 19 (ca. $2/3$) wiesen gravierende Beeinträchtigungen auf. Solche Ergebnisse sind natürlich methodenabhängig. Es ist davon auszugehen, daß es persönliche und psychosoziale Belastungen als Folge von Kindesmißhandlung gibt, die mit manchen Testbatterien, Fragebögen und symptom- bzw. verhaltensorientierten Erhebungsmethoden nur unzureichend erfaßt werden (Starr et al. 1991). Eine Kombination verschiedener Methoden und die (Weiter-)Entwicklung subjektsensibler Erhebungsverfahren ist deshalb anzustreben. Nach meiner Einschätzung wird dadurch die Zahl der für unverwundbar Gehaltenen sinken, aber es wird ein mehr oder weniger großer Rest bleiben, der von den ungünstigen Kindheitserfahrungen erstaunlich wenig betroffen ist. Die Untersuchung solcher Personen kann Aufschluß über Faktoren geben, die zur Aufrechterhaltung oder Wiedergewinnung seelischer Gesundheit trotz erlittener Mißhandlung beitragen können. Zimrin fand in ihrer oben erwähnten Arbeit heraus, daß die relativ Unbeeinträchtigten *optimistischer und intelligenter* waren und in der Vergangenheit und/oder Gegenwart *eine vertrauensvolle Beziehung zu einem anderen Menschen* hatten. Dieses Ergebnis konvergiert mit den Befunden der allgemeinen Protektionsforschung (vgl. Kap.

1.1), die immer wieder hervorhebt, daß hohe Intelligenz und mindestens eine gute Beziehung in Vergangenheit oder Gegenwart die wichtigsten Schutzfaktoren gegen die langfristig negativen Folgen ungünstiger Kindheitslebensumstände sind.

1.5.6 Psychologische Charakteristika und Beziehungsrepräsentanzen mißhandelnder Eltern

Bisher war von mißhandelten Kindern die Rede. Nun soll der Blick auf die Eltern gelenkt werden. Schon Steele und Pollock (1968) betonten, ebenso wie Kempe und Kempe (1978), daß Kindesmißhandlung nicht mit einem bestimmten Persönlichkeitstypus oder einer speziellen Form von Psychopathologie verknüpft ist. Dieser Befund ist auch von anderen Autoren bestätigt worden (z.B. Green et al. 1980; Oates 1986; Kashani et al. 1987). Dennoch gibt es eine Reihe auffälliger Gemeinsamkeiten mißhandelnder Eltern.

Kropp und Haynes (1987) beschreiben ihre Schwierigkeiten, Emotionsausdruck wie Furcht, Ärger, Freude etc. im Gesicht von Säuglingen zu erkennen und ihre Neigung, negative Emotionen in positive umzudeuten. Frodi und Lamb (1980) zeigten mißhandelnden Müttern und einer Kontrollgruppe Videobänder von schreienden und lächelnden Säuglingen und dokumentierten, daß die mißhandelnden mehr Aversion und Streß beim Anblick schreiender Säuglinge zeigten als die Kontrollgruppe. Paradoxerweise waren die mißhandelnden Eltern, nicht aber die der Kontrollgruppe, auch durch den Anblick lächelnder Säuglinge gestreßt. Diese *generelle Übererregbarkeit mißhandelnder Eltern* ist von Bauer und Twentyman (1985) für eine Vielzahl sozialer Situationen mit Kindern nachgewiesen worden. Die Autoren führten mißhandelnden Eltern und einer Kontrollgruppe Videoaufnahmen von Kindern vor, die sich verletzt hatten oder nicht ins Bett gehen wollten und befragten sie nach ihren Reaktionen. Erstere fühlten sich durch die im Film gezeigten Ereignisse signifikant mehr belastet und erregt als letztere. Herrenkohl und Herrenkohl (1979) untersuchten, ob Eltern über ein Kind, das sie mißhandeln, anders sprechen als über ein nicht mißhandeltes Geschwister. Das erwartbare Ergebnis war, *daß Eltern das mißhandelte Kind negativer beschrieben*. Von enormer Wichtigkeit ist, daß die Eltern sich in bezug auf das als problematisch empfundene Verhalten des Mißhandlungskindes (z.B. seine Eß- oder Schlafprobleme) oft hilflos fühlen.

> Hilflosigkeit, Ohnmacht und Wut sind die zentralen Affekte in den der Mißhandlung unmittelbar vorausgehenden Momenten.

Herrenkohl und Herrenkohl fanden weiter, daß sich in knapp der Hälfte der von ihnen untersuchten Fälle (46,5%) die Mißhandlung nicht auf ein Kind beschränkte, sondern auch das Geschwisterkind betroffen war.

Larrance und Twentyman (1983) untersuchten Attributionsprozesse bei mißhandelnden Eltern und stellten fest, daß sie kindliche Mißgeschicke oder die Nichtbefolgung von Aufforderungen als Ausdruck schlechter (innerer) Charaktereigenschaften wahrnehmen. Erfolge des Kindes werden hingegen eher äußeren (zufälligen) Faktoren oder glücklichen Umständen zugeschrieben. Eine Vergleichsgruppe nicht mißhandelnder Mütter verfuhr tendenziell umgekehrt. Sie schrieben Erfolge der Kinder den Charaktereigenschaften und Mißerfolge widrigen äußeren Umständen zu. Auch neigten die mißhandelnden Eltern in sehr viel höherem Maße als die der Vergleichsgruppe dazu, die Nichtbefolgung elterlicher Anweisungen als Ausdruck böser Absichten des Kindes zu interpretieren (vgl. auch Bauer und Twentyman 1985).

Sie sehen also ihre Kinder 1. negativer, 2. betrachten sie ihr Problemverhalten als durch schlechte Charaktereigenschaften bedingt, die

3. absichtlich gegen sie gerichtet sind. Mash et al. (1983) und Reid et al. (1987) ließen Familieninteraktionen sowohl von den Eltern selbst als auch von neutralen Beobachtern einschätzen.

> Mißhandelnde Eltern sahen im Verhalten ihrer Kinder wesentlich mehr Probleme als die neutralen Beobachter, das heißt, sie neigten dazu, das Ausmaß der Probleme zu überschätzen.

Zusammenfassend kann man festhalten, daß alle diese Studien in dieselbe Richtung weisen: Mißhandelnde Eltern nehmen ihre Kinder als schwieriger und charakterlich negativer wahr als nicht mißhandelnde. Diese Wahrnehmungsverzerrung ist, psychoanalytisch gesprochen, *eine Folge der Projektion negativer Selbstanteile auf das Kind* (Steele und Pollock 1968) – ein Befund, der mit anderen Methoden als denen des klinischen Interviews auch von nicht-psychoanalytischen Forschern bestätigt wurde (z.B. Bugental et al. 1989).

Die oben geschilderten Ergebnisse machen deutlich, wie wichtig es ist, die Repräsentanzenwelt von Eltern zu untersuchen, denn diese beeinflußt, wie sie ihre Kinder sehen und ihr Verhalten interpretieren. Die Untersuchung der Repräsentanzenwelt war schon immer eine Domäne der Psychoanalyse. Bindungsforscher haben sich in den letzten Jahren ebenfalls (vermehrt) diesem Thema zugewandt und Methoden zur Messung von **Beziehungsrepräsentanzen** Erwachsener entwickelt, die die in klinischen Arbeiten gewonnenen Hypothesen der Psychoanalyse ergänzen können. Vor allem das von Main und ihren Mitarbeitern entwickelte sogenannte Erwachsenenbindungsinterview (adult attachment interview, AAI) ist diesbezüglich von großem Interesse (deutschsprachiger Überblick bei Köhler 1992).

Eltern werden in Form eines *halboffenen Interviews* über ihre vergangenen Bindungserfahrungen befragt. Sie erzählen über ihre Kindheit, z.B., ob sie bei Kummer einen Ansprechpartner hatten und getröstet wurden, wie die Beziehung zu Mutter und Vater war, ob sie in der Kindheit eine wichtige Person verloren haben etc. Dabei werden – ähnlich wie im psychoanalytischen Interview – retrospektiv „Geschichten" erzählt, von denen niemand weiß, ob sie in einem nachprüfbaren Sinne „wahr" sind. Anschließend werden diese Berichte nach bestimmten Kriterien ausgewertet. Es gibt kohärente Geschichten und weniger kohärente, und je nach Art und Inhalt der Erzählung lassen sich **vier Gruppen von Interviewten** bilden:

- Die **als autonom Eingestuften (F)** erzählen flüssig, kohärent und ohne unangemessene Idealisierung der Vergangenheit. Sie hatten Probleme, aber sie haben sie anscheinend bewältigt.
- Die **Verstrickten (E)** kämpfen noch mit der Vergangenheit. Ihre Erinnerungen sind oft von untergründigem Groll und dem andauernden, kraftraubenden Bemühen durchzogen, es den realen oder verinnerlichten Eltern recht zu machen.
- Die **Distanzierten (D)** haben viel verdrängt, erinnern sich kaum an die Vergangenheit, und wenn, dann widersprechen die erinnerten Episoden häufig der allgemeinen Charakterisierung der Eltern. Sie finden ihre Eltern z.B. „großartig", können sich aber auf Nachfragen nur an eine Episode erinnern, die betrüblich war. Während also autonome Erwachsene flüssig, kohärent und konsistent über ihre Vergangenheit erzählen, gilt für verstrickte und distanzierte eher das Gegenteil.
- Die **vierte Gruppe (U)** scheint durch *nicht bewältigte Traumata*, z.B. Objektverluste in der Kindheit, schwer beeinträchtigt. Diesbezügliche Fragen beantworten sie konfus oder mit einer Häufung irrelevanter Details über die Todesumstände und den Todeszeitpunkt; die Erzählungen sind auffallend angereichert mit pseudopoetischen Phrasen („sie war jung, lieblich, und alle, die sie kannten und Zeugen ihres Ablebens

waren, liebten sie") sowie unlogischen Gedankenverbindungen („es war ein Glück, als es passierte; das Jahr darauf begann ich mit der High-school")[4].

Da die Fremde Situation die kindliche Bindungsqualität und das Bindungsinterview die Erwachsenenrepräsentationen entsprechender Kindheitserfahrungen erfaßt, ist eine gewisse Übereinstimmung zwischen beiden zu erwarten. Als Tendenz zeichnet sich in verschiedenen Untersuchungen (Literatur bei Fremmer-Bombik und Grossmann 1993; Fonagy et al. 1995; Main 1995; ausführlich van Ijzendoorn 1995) folgendes ab:

> Als autonom klassifizierte Mütter haben sicher gebundene Kinder (F=>B), beziehungsabwertende Mütter eher vermeidende (D=>A), verstrickte eher ambivalente (E=>C) und Eltern, die unter einem unbewältigten Trauma leiden, haben vermehrt desorganisiert gebundene Kinder (U=>D).

Die bisher gefundenen Regelmäßigkeiten sind nur als Trends zu verstehen. Die Vorhersagen von autonomen Müttern auf sichere Kinder (F=>B) sind beispielsweise wesentlich besser als die von verstrickten Müttern auf ambivalente Kinder (E=>C) (s. Fonagy et al. 1991, 1993; Zeanah et al. 1993). Aus verschiedenen Gründen, die in der vorliegenden Untersuchung nicht diskutiert werden können, sind keine linearen Zusammenhänge zwischen elterlichen Beziehungsrepräsentationen und kindlichen Bindungsmustern zu erwarten. Crittenden et al. (1991) haben als bisher einzige Forscherinnen mißhandelnde Eltern mit einem modifizierten Erwachsenenbindungsinterview untersucht. Sie fanden heraus, daß mißhandelnde Eltern überwiegend als distanziert (D) eingestuft wurden, vernachlässigende und solche, die sowohl vernachlässigten als auch mißhandelten, eher als verstrickt (E). Diese Resultate müssen als vorläufige betrachtet werden, u.a. deshalb, weil wegen der kleinen Stichprobe die besonders interessanten Fälle von unbewältigtem Trauma (U) nicht als solche ausgewiesen wurden, sondern forciert in die anderen Gruppen (autonom, verstrickt, distanziert; F, E, D) klassifiziert wurden. Zusammenfassend kann man feststellen, daß die Erforschung der Beziehungsrepräsentanzen mißhandelnder Eltern mit den von Bindungstheoretikern entwickelten Methoden noch in den (allerdings vielversprechenden) Anfängen steckt.

1.5.7 Die Durchbrechung des Mißhandlungszyklus

Nachfolgend soll in Ergänzung zu Kapitel 1.5.6 das Problem der intergenerationellen Transmission von Mißhandlung unter bindungstheoretischen Aspekten behandelt werden. Verschiedene Autoren sind dieser Frage nachgegangen. Trotz der erheblichen Bandbreite der Schätzungen stimmen die meisten Autoren zumindest darin überein, daß es eine relevante Anzahl von Erwachsenen gibt[5], die den Mißhandlungszyklus durchbrechen und, obwohl selbst in der Kindheit (wahrscheinlich) mißhandelt, diese Mißhandlungen nicht an ihre Kinder weitergeben. Das detaillierte Studium solcher Fälle ist von großer Bedeutung, weil dadurch Faktoren identifiziert werden können, die die Wahrscheinlichkeit der Weitergabe herabsetzen. Diese Faktoren lassen sich möglicherweise mit Gewinn in Interventions- und Präventionsprogramme implementieren.

Hunter und Kilstrom (1979) befaßten sich intensiv mit solchen „Nichtwiederholern" und verglichen sie mit einer Gruppe von „Wiederholern". Es ergaben sich eine Reihe von

---

[4] Zitate aus Main und Hesse (1990, S. 148f.); zur U-Kategorie s. auch Ainsworth und Eichberg (1991).

[5] Je nach Untersuchungsmethode schwanken die Zahlen zwischen 33 und 66%.

Unterschieden, von denen zwei besonders auffällig waren: Erstens waren die Nichtwiederholer sozial sehr viel besser eingebunden und lebten weniger isoliert als die Wiederholer. Zweitens hatten sie die Fähigkeit, über ihre eigene Mißhandlung in der Kindheit offen und mit angemessener Gefühlsbeteiligung zu kommunizieren (vgl. auch Ricks 1985); die Wiederholer sprachen davon oft nur vage und affektarm. Die Autoren betonen, daß die Nichtwiederholer offensichtlich ihre Vergangenheit „besser durchgearbeitet" hätten, in der die Wiederholer noch gefangen seien.

Egeland und Mitarbeiter sind bei der Auswertung ihres großen Minnesota-Projekts zu ähnlichen Schlußfolgerungen gelangt (Egeland 1988; Egeland et al. 1988; Egeland und Erickson 1990).

Drei Hauptunterschiede zwischen Wiederholern und Nichtwiederholern waren eindrucksvoll:
- Nichtwiederholer hatten in der Kindheit mindestens eine Person, an die sie sich mit ihrem Kummer wenden konnten und/oder
- hatten irgendwann in ihrem Leben eine längere (> 1 Jahr) Psychotherapie absolviert und/oder
- lebten gegenwärtig häufiger in einer befriedigenden Beziehung mit einem Ehepartner/Freund.

Ohne die Bedeutung einer aktuell befriedigenden Beziehung schmälern zu wollen – *Ehekonflikte spielen als situative Auslöser von Kindesmißhandlung eine große Rolle* (vgl. Engfer 1986; Malinosky-Rummel und Hansen 1993), kann doch die Fähigkeit, eine solche einzugehen, zum großen Teil auf den unter Punkt 1 und 2 beschriebenen Einfluß zurückgeführt werden: Die in der Kindheit oder in der Therapie gemachte Erfahrung, daß es auch menschliche Beziehungen gibt, die befriedigend sind, erlauben es den Betroffenen, ihre Mißhandlungsschicksale zu relativieren. Theoretisch gesprochen sind ihre **Selbst- und Objektrepräsentanzen** (in Bowlbys [1976] Terminologie die „inneren Arbeitsmodelle" vom Selbst, vom anderen und von der Beziehung) *flexibler und reichhaltiger*, weil sie auch Erfahrungen mit Bindungsfiguren einschließen, die verfügbar waren, und ebenso Vorstellungen von sich selbst als liebenswert beinhalten. Dies erhöht die Bereitschaft, eine Beziehung einzugehen bzw. die Fähigkeit, sie erfolgreich zu gestalten. Es ist also nicht so sehr die Tatsache der Traumatisierung/Mißhandlung in der Kindheit, die autonome Eltern von anderen unterscheidet und Nichtwiederholer von Wiederholern, als vielmehr die Art und Weise, wie sie diese Tatsachen durcharbeiten, betrauern und in ihr Leben integrieren. Dafür scheinen *supportive Beziehungserfahrungen* unerläßlich zu sein. Diese Feststellung soll nicht die Bedeutung des Realtraumas schmälern. Es bleibt eine Tatsache, daß mißhandelnde Eltern über sehr viel mehr Realtraumatisierungen, insbesondere schwere Trennungsdrohungen in der Kindheit, berichten als vergleichbare Kontrollgruppen nicht mißhandelnder Eltern (DeLozier 1982).

Egeland et al. (1988) konnten auch den von Hunter und Kilstrom (1979) und Ricks (1985) erhobenen Befund replizieren, daß Nichtwiederholer offener und mit angemessener emotionaler Beteiligung von ihren traumatisierenden vergangenen Erfahrungen sprachen und häufiger in befriedigenden Beziehungen lebten.

Die Ergebnisse von Pianta et al. (1989) weisen in dieselbe Richtung. Sie gingen der Frage nach, welche Mütter ihre Kinder über das erste Jahr hinaus mißhandeln und welche die Mißhandlung zu einem späteren Zeitpunkt einstellen. Sie fanden, daß – je nach Typus der Mißhandlung – ungefähr 70–85% der Untersuchten die Mißhandlung im zweiten Jahr fortsetzten und 60–70% bis ins sechste. Interessanterweise waren die meisten derer, die die Mißhandlung einstellten, Teilnehmer eines Interventionsprogramms und fühlten sich von ihren Therapeuten unterstützt: „...es scheint, daß die therapeutische Beziehung sie mit der emotionalen Sicherheit versorgte, die notwendig war, um Zugang zu ihren Kindheitsgefühlen zu finden" (S. 249).

> Eine gute Beziehungserfahrung in der Vergangenheit und/oder Psychotherapie scheinen also wesentliche Faktoren bei der erfolgreichen Durchbrechung des Mißhandlungszyklus zu sein.

1.5.8 Resümee

Diese Ergebnisse, so erfreulich sie aus der Sicht von Psychotherapeuten sind, sollten jedoch nicht zu übertriebenem Optimismus Anlaß geben, denn:
- Es existieren *beträchtliche methodische Schwierigkeiten* bei der Feststellung, welche Elemente eines Behandlungsprogramms (am besten) wirken. Solche Programme umfassen ja meistens nicht nur psychotherapeutische Maßnahmen im engeren Sinn, sondern auch sozialarbeiterische Unterstützung, juristischen Rat, Hilfe bei der Wohnungssuche etc., und es ist schwierig, die differentiellen Effekte der jeweiligen Interventionstypen herauszuisolieren.
- *Mißhandelnde Eltern sind generell nicht leicht für eine Behandlung zu gewinnen.* Egeland und Erickson (1990) beschreiben eindrucksvoll, welcher Anstrengungen es auf seiten des Behandlungsteams bedarf, um die Klienten, wenn sie erst einmal gewonnen sind, im Programm zu halten. Die Subgruppe der vernachlässigenden Eltern ist für Therapie am schwersten zu motivieren und profitiert eher von der materiellen Verbesserung ihrer Lebensumstände, was angesichts der oft ärmlichen Verhältnisse, in denen sie leben, nicht verwundert (s. auch Christ 1994).
- Es gibt Untersuchungen, die feststellen, daß Eltern trotz psychotherapeutischer Behandlung die *Mißhandlung fortsetzen*. In der psychodynamisch orientierten Studie von Martin und Beezley (1976), die einen Zeitraum von viereinhalb Jahren nach dem ersten Auftreten der Mißhandlung umfaßte, mißhandelten immerhin noch 68% der in Psychotherapie Befindlichen ihr Kind weiter[6]. In der entsprechenden Kontrollgruppe waren es allerdings noch mehr, nämlich 83%. Die Autoren stellen fest, daß das Symptom der Mißhandlung andauern kann, auch wenn sich der Allgemeinzustand des Patienten in der Therapie gebessert hat. Die Psychotherapie der Eltern sollte deshalb nach ihrer Auffassung über die Durcharbeitung der Konflikte hinaus zwei zusätzliche Aspekte umfassen. Zum einen eine Art *korrektiver Bemutterung bzw. Beelterung des Patienten,* die konkrete Bedürfnisbefriedigung wie Telefonanrufe, Hausbesuche und gemeinsame Essen mit einschließt. Zum anderen *eine explizite Thematisierung der verzerrten Wahrnehmung der Eltern von ihren Kindern* und den Versuch, die Eltern-Kind-Interaktion zu verändern. Erfahrungsgemäß ist es allerdings eher schädlich, den Eltern zu sagen, wie sie mit ihren Kindern umgehen sollen, weil dies oft als Kritik erlebt und mit Behandlungsabbruch quittiert wird. Nützlich hingegen ist nach Auffassung der Autoren, wenn Eltern beobachten können, wie andere, z.B. das Behandlungspersonal, mit ihren Kindern umgehen. Solche Beobachtungen führen, via Identifizierung mit den Therapeuten, gelegentlich zu dauerhaften Verhaltens- und Einstellungsänderungen.
- Obwohl man mit guten Gründen von einem Primat psychologischer Faktoren bei der Kindesmißhandlung ausgehen kann, weil andere häufig genannte Einflüsse (wie Armut, Arbeitslosigkeit, schlechte Ehe, viele „life-stress events") in ihrer Wirksamkeit

---

[6] Andere Autoren (z.B. Steele und Pollock 1968) berichten hingegen, daß sie in 75% der Fälle ein Ende oder zumindest eine Linderung der Mißhandlung erreichten.

zum erheblichen Teil von der Art der persönlichen Verarbeitung abhängen (vgl. Belsky und Vondra 1989; Crittenden und Ainsworth 1989; Pianta et al. 1989), sollte deren Bedeutung nicht verkannt werden. Kindesmißhandlung ist ein multifaktorielles Geschehen, und *nur multifokal angelegte Interventionsprogramme, die Eltern, Kinder und die materiellen Lebensumstände einbeziehen, haben überhaupt eine Chance auf Erfolg,* der immer noch schwer genug zu erreichen ist.

- Die ökonomischen Kosten der Kindesmißhandlung werden in den Vereinigten Staaten auf Milliarden von Dollar geschätzt (Cicchetti und Olsen 1990), und auch die menschlichen „Kosten" sind trotz der dokumentierten Fähigkeit mancher davon betroffener Individuen, sich erstaunlich gut von den Folgen zu erholen, enorm. Das rechtfertigt Behandlungsanstrengungen. Eine Gesellschaft, die vor diesem Problem kapituliert oder es verdrängt, wird mit der Wiederkehr des Verdrängten in Gestalt von Delinquenz, Drogenabhängigkeit, Aggressivität und Persönlichkeitsstörungen unterschiedlicher Stärke „bestraft" werden. Die durch Unterlassung von Hilfsmaßnahmen doppelt und erneut Mißhandelten werden ihre Mißhandlung auf alle Fälle merklich zum Ausdruck bringen, auch wenn die Ausdrucksformen auf den ersten Blick oft gar nicht mehr als Folgen der Mißhandlung erkennbar sind.

Zum Schluß möchte ich angesichts der auch hierzulande steigenden Zahl von in Armut aufwachsenden Kindern noch erwähnen, daß Armut nicht nur das Mißhandlungsrisiko erhöht, sondern ähnliche, wenn auch nicht ganz so gravierende Folgen hat wie Mißhandlung selbst (Erickson et al. 1989; Starr et al. 1991; Halpern 1993). So betrachtet ist sie eine spezielle Form von (sozialer) Mißhandlung, deren Linderung wir, bei aller Liebe zu Psychologie und Psychotherapie, nicht aus den Augen verlieren sollten.

1.6 Sexueller Mißbrauch und Vernachlässigung in Familien

Peter Joraschky

Inhalt

1.6.1 Die individuelle Perspektive 86
   Das „Täter-Profil" des Vaters 86
   Die Mutter 87
   Die Herkunftsfamilie des Vaters 88
   Die Herkunftsfamilie der Mutter 88
1.6.2 Die soziale Isolation 89
1.6.3 Auslösende Ereignisse und Coping-Mechanismen 89
1.6.4 Die Familienstruktur inzestvulnerabler Systeme 90
   Familientypen 90
   Der familiäre Stil der Übergriffe 90
   Typische Rollenmuster 91
   Empirische Untersuchungen zu den Familienfunktionsstörungen 92
   Spaltung und Verstrickung im Elternpaar 92
1.6.5 Grenzstörungen in Familien 94
   Generationsgrenzstörungen bei inzestvulnerablen Familien 94
   Interaktionsstil bezüglich der Sexualität: Die „inzestoide Familie" 94
   Geschlechtsgrenzstörungen 95

Es gibt wenig familiäre Probleme, die soviel Zerrissenheit und so viele negative Konsequenzen mit sich bringen wie der sexuelle Übergriff auf ein Kind der eigenen Familie. Das mit Schweigen und Heimlichkeit einhergehende inzestuöse Verhalten führt bei vielen Kindern dazu, mit Zweifeln an ihrer Fähigkeit, die Wirklichkeit zu prüfen, aufzuwachsen. Die Familie als Zone des Schutzes und des Vertrauens ist in ihrer haltgebenden Funktion zerstört. Das Kind versucht in der Regel den Zusammenhalt um jeden Preis herzustellen, eine Aufgabe, die bis zur Selbstopferung gehen kann.
Aber auch für die Entwicklung der Familie haben sexuelle Übergriffe zerstörerische Langzeitwirkungen. Obwohl *noch keine prospektiven Langzeituntersuchungen* über die Auswirkungen von Inzest auf Familien durchgeführt worden sind, zeigen umfangreiche klinische Erfahrungen, daß die Familien große Schmerzen und Leiden durch den Inzest und seine Aufdeckung durchleben. Mütter und Geschwister, die selbst nicht Unrecht getan haben, empfinden *Schuldgefühle, Scham, Zorn und Mißtrauen*. Die Familie als Ganzes zeigt häufig eine Tabuisierungsneigung und übt einen immer stärker werdenden Druck auf die Familienmitglieder aus, „das Geheimnis" für sich zu behalten. Häufig erkranken Familienmitglieder seelisch oder körperlich.
Paradigmatisch für sexuelle Grenzüberschreitungen soll der Vater-Tochter-Inzest beschrie-

ben werden, auch wenn er quantitativ mit ca. 10% nicht im Mittelpunkt steht (Übersicht über andere innerfamiliäre und außerfamiliäre sexuelle Übergriffe: vgl. Hirsch 1994). Gewalt in Familien soll nur am Rande dargestellt werden, da hierauf im Kapitel 1.7 Bezug genommen wird. Parallelen ergeben sich jedoch vor allem im Hinblick auf den konfliktregulierenden Aspekt der Gewalt in Familien. Zum Inzest liegt klinisch, weniger empirisch, eine kaum überschaubare Zahl von familientherapeutischen Arbeiten vor. Die Fallzahlen sind gerade durch die Entwicklung von Familientherapieprogrammen in „Mißbrauchskliniken" sehr hoch, so daß von Einzelfällen ausgehende Generalisierungstendenzen in den Studien zurückgetreten sind.

Eine große Zahl von Studien beschäftigt sich mit einzelnen Faktoren, die im Zusammenspiel ein Inzestgeschehen ermöglichen. Diese Faktoren sind als **Risikofaktoren** anzusehen, die schließlich ein System als ein „**inzestvulnerables System**" konstituieren können, wie Trepper und Barrett (1986, 1991) feststellen: „Es gibt keine einzige Ursache für inzestuöse Übergriffe: vielmehr sind alle Familien mit einer gewissen Vulnerabilität ausgestattet, die auf familiäre wie individuelle Faktoren und auf Faktoren der Umgebung wie der Ursprungsfamilien zurückzuführen ist. Diese

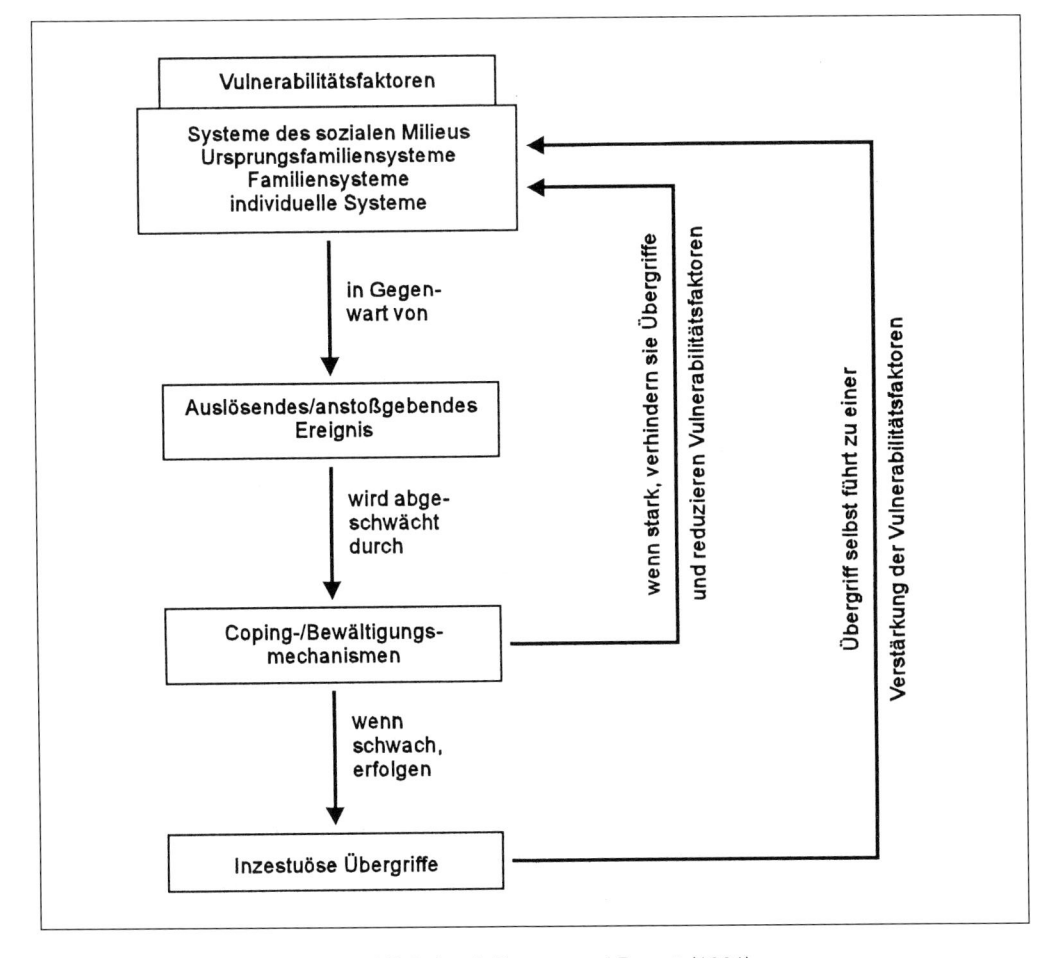

Abb. 1.4 Modell der Inzestvulnerabilität (nach Trepper und Barrett (1991)

Vulnerabilität kann als Inzest zum Ausdruck kommen, wenn entsprechende Ereignisse dafür den Anstoß geben und die Fähigkeiten der Familie, sich damit erfolgreich auseinanderzusetzen, nicht ausreichen". An diesem Modell (Abb. 1.4) soll sich auch die vorliegende Darstellung orientieren, wobei heute in familiendynamischen Untersuchungen die Familie sowohl auf individueller, dyadischer wie systemischer Ebene betrachtet wird (Conte 1986; Tierney und Corwin 1983). Schon in den Übersichtsarbeiten von Finkelhor (1978, 1980) wurde das Thema unter verschiedenen Perspektiven untersucht. Von psychoanalytischer Seite hat vor allem Hirsch (1994) in seiner Monographie einen sehr differenzierten Überblick aus individueller psychodynamischer Sicht zur familiendynamischen Perspektive gegeben, auf die ich mich in der Darstellung der Psychodynamik im wesentlichen beziehe. In der hier vorliegenden Darstellung soll vor allem die Grenzstörung als ein zentraler familiendynamischer Aspekt sowohl aus systemischer wie psychodynamischer Sicht in den Mittelpunkt gestellt werden. Generell kann gesagt werden, daß das sehr heterogene Bild über Störungsprozesse in Familien auch daraus abzuleiten ist, daß häufig kaum vergleichbare Störungsgrade sowohl auf der Ebene der Dysfunktionalität der Familie wie des Inzestgeschehens bestehen. Konzepte, die aus Therapieprozessen der Opfer abgeleitet werden, orientieren sich meist an sehr schweren, mehrjährigen Inzestbeziehungen mit frühkindlichen Vernachlässigungsanteilen, wobei die Elemente des Alters des Kindes, der Gewalteinwirkung, der Persönlichkeit des Täters und der sozialen Einbettung der gesamten Familie ein sehr unterschiedliches Wechselspiel der Faktoren bewirken. Hinzu kommt aus familiendynamischer Sicht die Notwendigkeit, in einer Mehrgenerationenperspektive den Transfer von Vernachlässigung, Bindungsstörung, Grenzverletzung, Tabuisierung und Traumatisierung (vgl. Kap. 1.5) zu beurteilen. Hierzu sind dringend Längsschnittuntersuchungen zu fordern.

Für die klinischen Kategorien zur Familiendynamik sind folgende mehrgenerationell zu erhebende Aspekte wichtig:
- Wie sah der Teufelskreis von Vernachlässigung – Gewalt – Verführung – sexueller Mißbrauch in der eigenen Herkunftsfamilie des Täters und der Mutter aus?
- Wie konnten welche positiven Ressourcen zur Grenzenregulation, Bewältigung von Krisen und Trennungen oder Gewalt in den Familien festgestellt werden?
- Welches Ausmaß an Spaltung und Chaos der Nähe-Distanz-Regulierung ist in der Elterndyade des Opfers festzustellen?
- In welchem Ausmaß wird offen kommuniziert, welche Tabuisierungsneigung, welche Macht des Geheimnisses bestimmt Verleugnungsprozesse in den Familien?
- Welche Rigidität hat die Triangulierung des Opfers in die Elterndyade?
- Wo liegen die Bindungsstörungen und Bindungsressourcen des Opfers, welche ambivalenten Abhängigkeitsprozesse resultieren daraus?
- Welche Tradierung narzißtischer Objektbindungen besteht in den Familien, wo liegen Empathieressourcen?
- Welche Rigidität der Familien-Umwelt-Grenze korrespondiert mit welcher intrafamiliären Grenzenverwischung?

Diese nur stichpunktartig hervorgehobenen Prozesse sollen nun auf den einzelnen Ebenen des multisystemischen Zusammenspiels betrachtet werden.

1.6.1 Die individuelle Perspektive

Das „Täter-Profil" des Vaters

Die Erwartung, daß der Täter auch ernste psychopathologische Symptome haben müßte, ist ein Mythos (Renshaw 1982). Therapeuten finden ein weites Spektrum an Persönlichkeitsstörungen bei den Tätern, sie sind jedoch auch immer wieder überrascht, wie normal die betreffenden Menschen erscheinen. In der Regel läßt sich der Täter nicht den diagnostischen Kategorien des ICD zuordnen. Selten sind Psychosen (Meiselman 1978) oder Borderline-Persönlichkeitsstörungen mit einem Mangel an Impulsbeherrschung, Bedürfnis nach unmittelbarer Befriedigung, fehlendem Schuldbewußtsein (Summit und Kryso 1978). Es finden sich Väter mit Schwierigkeiten, ihre Aggressionen zu beherrschen und Streß zu ertragen (Cavallin 1966; Herman und Hirschman 1981).

Vorherrschend ist in den Fallbeschreibungen das Bild des **passiven, emotional und sozial abhängigen Täters** (ca. 85%; Übersicht bei Hirsch 1994). Er ist bemüht um ein gutes soziales Ansehen nach außen und hat innerhalb der Familie große Probleme, seine Position als Partner und Vater zu finden. Dieser Tätertypus gilt als eher schüchtern, introvertiert, er sucht in der Liaison mit der Tochter eine Beziehung, der er sich gewachsen fühlt (Mrazek und Bentovim 1981; Rosenfeld 1979).

Sehr viel seltener ist der Typus des tyrannischen Täters (ca. 15%). Hier beansprucht der Vater seine Familienmitglieder als Besitz, mit einer rigiden patriarchalischen Einstellung zur Macht, wobei die moralischen Vorstellungen von einer dogmatischen religiösen Einstellung geprägt sein können. Auch hier ist der Täter intellektuell nicht normabweichend (Cole und Putnam 1992). Die in der Mißbrauchssituation vorherrschende Gewalt wird als geschwächte Impulskontrolle in der Regel nicht außerhalb der Familie ausgeübt (de Chesnay 1985; Dietz und Craft 1980).

Als gemeinsamer Aspekt der Täter werden vor allem narzißtische Defizite, *ein besonders fragiles Selbstbewußtsein,* beschrieben. Gehäuft findet sich auch eine auffällige Unfähigkeit zur emotionalen Identifikation des Täters mit dem Opfer, so daß er die verheerenden Folgen seines inzestuösen Tuns in der Regel verleugnet (Justice und Justice 1979). Unter anderem wird der *besondere Empathiemangel* (Cole und Putnam 1992) auf Abwesenheit oder pathologische Distanz bei der Pflege und beim Umsorgen des Kindes im Säuglings- und Kleinkindalter zurückgeführt.

Die Mutter

In Selbstberichten Betroffener nimmt die Mutter in der Regel einen größeren Raum ein als der Täter (Gardiner-Sirtl 1983). Die individuelle Betrachtung der Mutter ist davon abhängig, ob sie aus retrospektiven Fallschilderungen der Opfer oder aus Familientherapien resultiert (vgl. Hirsch 1994). In den Einzeltherapien stellt sich die Mutter in den Erinnerungen oft als *abweisend, kalt, ignorant, verleugnend* dar und zieht ein hohes Maß an Feindseligkeit der Töchter auf sich.

Bei individueller Betrachtung der Mütter in Familientherapien zeigt sich jedoch eine *Kontextabhängigkeit:* in Familientherapien, wo die Initiative von den Müttern ausgeht, findet sich in der Regel eine völlig andere Situation als bei institutionell eingeleiteten Therapien, wo die Mütter viel häufiger eine verleugnende Position beibehalten.

In den frühen familiendynamischen Untersuchungen der 60er Jahre ist die Mutter häufig „Schlüsselfigur", wobei sie in den Darstellungen der „schizophrenogenen Mutter" nahekommt, was dem Blickwinkel der Familienforschung dieser Zeit entsprechen dürfte (Kaufman et al. 1954; Machotka et al. 1967; Lustig et al. 1966). In dieser Zeit wurden bereits die äußeren Charakteristika der „dominanten Mutter", die als kalt, aggressiv, dominierend, wie auch die der submissiven Mutter, die als masochistisch und abhängig beschrieben wurde, dargestellt. Diese Pole stellen unter dynamischer Sichtweise meistens einen Teil des Verhaltens in den Vordergrund, wobei der andere Teil abgewehrt bleibt. Insofern sind diese Persönlichkeitsbetrachtungen immer statisch zu sehen (Rhinehart 1961).

Bei der Direktbeobachtung von Müttern in Familientherapien stellt die auf der Handlungsebene zurückweisende Mutter die Minderheit dar. Häufiger ist die „silent"-Mutter, in der höchstens unbewußt die Ausgrenzung der Tochter stattfindet. Das Spektrum reicht von der offen bagatellisierenden, massiv verleugnenden Mutter bis hin zu den Müttern, die sich aktiv an den Kinderschutzbund wenden, die nach Sirles und Franke (1989) in 78,2% den Berichten der Töchter geglaubt haben.

Die Beurteilung der nicht schuldigen Mutter sollte keine Schuldzuweisung beinhalten. Trotzdem muß untersucht werden, in welcher Weise die Mutter zur Inzestvulnerabilität der Familie beigetragen hat, welche Rolle etwa ihre Passivität, das mangelnde Selbstbewußtsein und ihre Abhängigkeit spielen. Gerade die abhängigen, infantilen Mütter zeigen häufig eine Rollenverkehrung mit der Tochter, so als bedürfe die Mutter der elterlichen Leitung eines Kindes (Zuelzer und Reposa 1983).

Die Herkunftsfamilie des Vaters

Untersuchungen der Täter zeigen, daß sie *selbst oft in ihrer Kindheit Opfer eines familiären Übergriffs waren* (Summit und Kryso 1978; Finkelhor 1978; Backe 1986; McCarthy 1986). Dieses Faktum sollte jedoch auch nicht überschätzt werden (Batten 1983): Kaufman und Zigler (1987) kommen in ihrer Übersicht auf eine Übertragungsrate von Generation zu Generation von 30%.

Täter sind sehr oft in einer Familie aufgewachsen, deren Atmosphäre von einer Angst vor Verlassenwerden geprägt wird (Lustig et al. 1966). Die Lebensgeschichte dieser Männer ist durch Trennungen und Verlust (Weiner 1962) sowie durch frühe Zurückweisung durch die Eltern (Gutheil und Avery 1977) gekennzeichnet. Es findet sich meistens eine Addition von Vernachlässigung und Übergriffen im Sinne von Gewalterfahrungen. Hieraus leiten sich dann impulsive Verhaltensweisen, autodestruktive Tendenzen und gestörte Selbstachtung ab.

Insbesondere zum eigenen Vater findet sich eine schlechte Beziehung (Gebhard et al. 1965). Die Väter werden als gewalttätig und gefürchtet oder die Familie früh verlassend dargestellt. Der abwesende Vater und/oder der brutale Vater werden als Prägnanztypen wiederholt in den Vordergrund gestellt (Weiner 1962).

Die Mütter der Täter werden häufig als gleichgültig, kritisch, sehr religiös und streng beschrieben. Überdurchschnittlich finden sich Todesfälle der Mütter, Depressionen, aber auch sehr enge Bindungen an die Mütter im Sinne einer dominanten Mutter (Parker und Parker 1986).

Zusammenfassend wird in der Literatur (Hirsch 1994) bei den Tätern eine *emotionale Vernachlässigung und Deprivation in der Kindheit* beschrieben. Dadurch blieben sie auch als Erwachsene in ihren zwischenmenschlichen Beziehungsfähigkeiten gestört.

Die Herkunftsfamilie der Mutter

Gehäuft findet sich in den Patientenschilderungen (Hirsch 1994) das Phänomen, daß „Väter der Mütter ihre Familien verlassen haben, so daß die Mütter der Inzestopfer früh mit ihren eigenen Müttern alleingelassen waren" (Hirsch 1994, S. 138). Die als kalt, fordernd und kontrollierend geschilderten Eigenschaften der Mütter können auch als Reaktion auf dieses Verlassenwerden verstanden werden: Töchter, insbesondere wenn sie dem verlorenen Partner ähnlich sind, werden bevorzugt zum Projektionsträger feindseliger Gefühle. Der Tochter werden weibliche Identifikationsmöglichkeiten unbewußt verweigert. Kaufman et al. (1954) fanden, daß diese Mütter bei ihren Töchtern ihre „Jungenhaftigkeit" betonen. Auch „die Mütter der Inzestopfer verlassen dann – wie ihre Väter – früh die Familie" (Hirsch 1994, S. 138). In der Tradition mütterlicher Selbstattribution zeigt sich *ein durchgängiges Muster geringen Selbstwerts* und die Vorstellung, Männer seien bevorzugt, sie könnten sich alle ihre sexuellen Wünsche er-

füllen, während sie nur Angst haben müssen, verlassen zu werden (Gutheil und Avery 1977).
Vorherrschend ist das Bild einer in der Kindheit deprivierten Mutter voller Zurückweisung, Verlassenheit, Ambivalenz. Umgekehrt bleiben gerade die Mütter, wohl vermittelt durch tiefe Schuldgefühle, mit ihren ungeliebten Töchtern, den Inzestopfern, am engsten verbunden und wünschen sich, daß diese sich ständig um sie kümmern (Lustig et al. 1966).
Insgesamt fehlen jedoch zur Mehrgenerationenerhebung Familienuntersuchungen unterschiedlich schwer gestörter Familien.

1.6.2 Die soziale Isolation

Im Fall der sozialen Isolation unterliegt die Familie nicht der Kontrolle durch äußere Systeme, die normalerweise für ein gewisses Maß an Überprüfung abweichender Verhaltensweisen sorgen. Einige Autoren (z.B. Finkelhor 1978; Sgroi 1982; Mrazek und Kempe 1981) haben die soziale Isolation der Familie als ein Hauptkorrelat für inzestuöse Übergriffe bezeichnet.
Eine Schichtspezifität wird heute in der Regel bestritten. Da Familien niedrigerer sozialer Schichten häufiger mit Jugend- und Sozialämtern oder dem Gesetz zu tun haben, sind sie wohl in den Statistiken überrepräsentiert (Finkelhor und Hotaling 1984).
Soziokulturelle Aspekte sind im Kontext mit den anderen Vulnerabilitätsfaktoren bedeutsam. Vor allem seitens feministischer Erklärungsansätze wird die Bedeutung patriarchalischer gesellschaftlicher Aspekte betont mit männlicher Überlegenheit, traditionellen Rollenverteilungen und Akzeptanz der väterlichen Macht. Einen Hintergrund für die Zunahme sexueller Übergriffe sieht Finkelhor (1984) vor allem in der *Änderung der Frauenrolle*, die nicht mehr als „Kindfrau" dem Mann zur Verfügung steht, und dem gewachsenen Selbstbewußtsein, welches die Dominanz des Mannes in Frage stellt. In einer empirischen Untersuchung stellen Herman und Hirschman (1981) dar, daß von 20 Frauen und Vätern mit Inzestvergangenheit stereotype Rollenbilder vorlagen: Der Vater betrachtete es etwa als sein Recht, in sexualisierter, oft auch violenter Weise mit seinen Kindern umgehen zu können.

1.6.3 Auslösende Ereignisse und Coping-Mechanismen

Alkohol- oder Drogenmißbrauch geht in der Mehrzahl der Fälle inzestuösen Episoden voraus (Cole und Putnam 1992; Finkelhor 1978; Maisch 1972; Virkkunen 1974). Der Rausch verursacht nicht den Übergriff. Vielmehr wirkt er auf den Vater, der bereits inzestuöse Impulse empfindet (Finkelhor 1984) und in einer gefährdeten Familie lebt, enthemmend. Alkohol und Drogen leisten auch dem Mechanismus des Leugnens der Tat Vorschub.
Ein anderes häufig erwähntes auslösendes Ereignis ist der *Gelegenheitsfaktor.* Er kommt bei gefährdeten Familien vor, wenn Vater und Tochter über einen längeren Zeitraum allein gelassen sind, z.B. wenn die Mutter Nachtschichten macht oder sich einer Krankenhausbehandlung unterzieht.
Akuter *Streß* kann die labile Familienhomöostase schwächen: z.B. Verlust des Arbeitsplatzes, eine neu aufgetretene körperliche Behinderung oder eine Veränderung in der Zusammensetzung der Familie, z.B. durch ein neugeborenes Kind.
Die Bewältigungsmechanismen der Familie hängen auch davon ab, wie sie *soziale Unterstützung durch Freunde, durch die erweiterte Familie oder auch durch Arbeitskollegen* erreichen kann. Wenn die Tochter z.B. eine enge Bindung an ihre Großmutter hat, der sie sich anvertrauen kann, so ist dies ein protektiver Faktor gegen die intrafamiliären Grenzüberschreitungen. Bedeutsam sind Ressourcen im Rahmen der Konfliktbewältigungsfähigkeit, des emotionalen Austausches und der Problemlösungsfähigkeiten in Familien.

1.6.4 Die Familienstruktur inzestvulnerabler Systeme

Familientypen

Seit der Arbeit von Weinberg (1955) sind in klinischen Untersuchungen Zuordnungen zu bestimmten Familientypen versucht worden, die sich bei Inzestfamilien fanden.

> Am häufigsten wird dabei die „endogame Familie" gesehen, wobei 40% (Braun-Scharm und Frank 1989) bis 80% (Justice und Justice 1979) diesem Typus zuzuordnen sind. Es handelt sich um oberflächlich unauffällige, gut angepaßte Familien, die jedoch keine echten Außenkontakte haben. Die Familien sind bei genauerer Betrachtung durch einen gespannten Zusammenhalt mit Konfliktvermeidung, Grenzenstörungen, Verlassenheits- und Desintegrationsängsten charakterisiert. Grundbedürfnisse nach seelischem und körperlichem Wohlergehen und Wärme werden sexualisiert.

Summit und Kryso (1978) beschreiben zehn Untergruppen, wobei neben der genannten endogamen Familie folgende genannt sind: Der *ideologische sexuelle Kontakt* (hier geschieht der sexuelle Kontakt zwischen Eltern und Kind in der Überzeugung, daß er gut für die Kinder sei); der *psychotische Übergriff* (ausgehend von einem psychotischen Familienmitglied); der *Inzest aufgrund geographischer Isolation* sozialer Gruppen; der *frauenfeindliche Inzest* (Frauen und Töchter werden vom Vater als Besitz angesehen), der *beherrschende Inzest,* der *pädophile Inzest,* die *Vergewaltigung* (gewalttätige Sexualität) und zuletzt der *perverse oder pornographische Inzest* (die sexuellen Handlungen erscheinen bizarrer und obszöner, beispielsweise werden die Ereignisse dokumentarisch festgehalten, um auch später noch als Stimulus eingesetzt werden zu können).

Der familiäre Stil der Übergriffe

Larson und Maddock (1986) unterscheiden **vier Klassen von „Inzestfamilien":**
- **„Zuneigungs-Mißbrauch":** Die Familie, bei der es um Zuneigungsaustausch geht, erscheint liebevoll und hilfsbereit, wenn eines ihrer Mitglied ein Bedürfnis nach Fürsorge zeigt. Es kommt selten, wenn überhaupt, zu körperlichen Mißhandlungen, und die schuldigen Väter können als „emotional bedürftig" charakterisiert werden. Dies ist *der häufigste Typ der Inzestfamilie.* Normalerweise können diese Familien mit Beginn der Therapie zusammenbleiben, und die Aussicht auf Besserung ist bei diesem Typ Familie am größten.
- **„Erotik-Mißbrauch":** Die Erotik-Austausch-Familie ist durch Sexualisierung ihrer meisten Aktivitäten gekennzeichnet. Diese Familie betrachtet Sexualität innerhalb der Familie unter Umständen als ihr Recht und hebt vielleicht sogar ihr inzestuöses Verhalten auf eine philosophische Ebene. Bei diesen Familien kommt es selten zu Mißhandlungen, und sie können meistens während der Therapie zusammenbleiben. Auch für die Erotik-Austausch-Familie sind die Prognosen relativ günstig.
- **„Macht-Mißbrauch":** Bei der Aggressions-Austausch-Familie hat der inzestuöse Übergriff einen feindseligen Zweck. Oft kommt es auch zu körperlichen Mißhandlungen, und der sexuelle Übergriff ist häufig eine Erweiterung der körperlichen Mißhandlung. Es ist nicht ungewöhnlich, daß sich der Vater in solch einer Familie an seiner Tochter sexuell vergeht als eine Art Strafe und Erniedigung, wenn ein Streit eskaliert ist. Auch Inzest zwischen Geschwistern, meistens zwischen dem älteren Bruder und der jüngeren Schwester, kommt am häufigsten in dieser Art Familie vor. Fragen der Macht herrschen bei diesem Familienstil vor. Die Prognosen für diese Familien sind nur mäßig gut und hängen davon ab, welchen direkten Zugang der

Therapeut zu dem schuldigen Vater oder Bruder gewinnt. Diese Familien lösen sich meistens im Verlauf der Therapie auf.
- **„Gewalt-Mißbrauch":** Diese Form ist am seltensten, obwohl sie in den Medien wegen ihrer oft dramatischen Auswirkung die meiste Aufmerksamkeit erhält. Der sexuelle Übergriff in diesen Familien gleicht einer Vergewaltigung, und neben dem sexuellen Übergriff erleidet das Kind andere physische Gewalttätigkeiten. Das sexuelle Verhalten ist oft sadistischer Art und kann zu dauernden körperlichen Schäden führen. Die schuldigen Väter zeigen psychopathologische Auffälligkeiten, und die Eltern bemühen sich so eindringlich, die Tatsachen abzustreiten, daß das Kind anfängt, an seiner eigenen Wahrnehmungsfähigkeit zu zweifeln. Die Prognose ist überwiegend ungünstig.

Es handelt sich also um sehr grobe Charakterisierungen des manifesten Verhaltens. Manchmal zeigt eine Familie Charakteristika von mehreren Kategorien.

Typische Rollenmuster

- **Die Vater-Exekutive:** Diese Struktur geht von einer Familie aus, in der der *Vater eine dominante, mächtige Person ist* und die Mutter wie eines der Kinder behandelt. Die Mutter fühlt sich abhängig. Sie kann eine gewisse Erleichterung zeigen, wenn ihre Tochter viele Funktionen der Ehefrau übernimmt. Die Tochter wiederum kann in dieser Familie ein „elterliches" Kind für beide Elternteile sein. Diese Struktur führt zu einer größeren Inzestvulnerabilität, besonders wenn der Vater zuneigungsbedürftig ist.
- **Die Mutter-Exekutive:** Bei dieser Struktur ist die *Mutter die dominante, mächtige Person* und behandelt den Vater wie eines der Kinder. Hier ist die Mutter die Verantwortliche für die Entscheidungen in der Familie und fühlt sich von ihrem Mann isoliert. Der Vater scheint sich wie ein Jugendlicher zu verhalten, sein sexueller Kontakt zu seiner Tochter mutet wie sexuelle Spielerei unter Geschwistern an, kann aber auch gewalttätiger auftreten, insbesondere, wenn die Übergriffe Aggressionsaustausch oder Zorn widerspiegeln. Die generationellen Abwärts- und Aufwärtsbewegungen können fluktuieren und auf Zwischenpositionen häufig widersprüchliche Verhaltensmuster zeigen.
- **Die chaotische Struktur** geht von einer Situation aus, bei der sich alle Familienmitglieder auf derselben Generationsebene befinden. Bei diesen Familien scheint entweder niemand die Verantwortung zu tragen, oder die Führung wechselt von einer Person zur anderen. Solche Väter berichten häufig, sie hätten sich nicht wie der Vater der Tochter gefühlt. Diese Struktur beinhaltet auch eine hohe Vulnerabilität für Übergriffe unter den Geschwistern oder innerhalb der erweiterten Familie.
- **Entfremdeter Vater:** Diese Struktur ist durch einen Vater charakterisiert, der seiner Familie emotional fernsteht, der aber, wenn er sich wieder in die Familie hineingibt, dies auf der Generationsebene der Tochter tut. Er ist oft fordernd und aggressiv, wenn er wieder in der Familie auftaucht.
- **Stieffamilien:** Diese Familien, die alle diese Strukturen ebenfalls enthalten, sind besonders gefährdet in bezug auf inzestuöse Übergriffe (Russell 1986; Gordon 1989). Finkelhor (1980) stellt eine fünfmal größere Wahrscheinlichkeit der sexuellen Übergriffe in Stieffamilien fest. In Stieffamilien herrscht eine viel geringere Bindung von Säugling an, Stiefmütter sind häufig berufstätig, es ergeben sich viel häufiger Gelegenheiten und auslösende Ereignisse für sexuellen Mißbrauch. Gestörte Strukturen sind in den Stieffamilien häufiger, da sie meist weniger Zeit hatten, funktionale Hierarchien zu etablieren. Die angemessenen Regeln, Rollen und Grenzen in Familien können Stieffamilien häufig nicht entwickeln.

Empirische Untersuchungen zu den Familienfunktionsstörungen

Unter systemischer Perspektive beschreiben Mrazek und Bentovim (1981) im Sinne systemischer Familiendiagnostik die Familien nach „Oberflächenaktionen" und „Tiefenstruktur". Sie beschreiben, daß in den Oberflächenaktionen eine angemessene Befriedigung der Bedürfnisse nach seelischem und leiblichem Wohl nicht zugelassen wird. Körperlicher Kontakt wird ersatzweise sexualisiert, wobei die Sexualisierung die Dysfunktionalität noch vermehrt. Insgesamt herrschen enge Beziehungen vor, wobei Intimität unter den Erwachsenen nicht eingegangen werden kann, andererseits wird jede Trennung oder Desintegration mit Verlassenheit assoziiert. Es treten problematische Kommunikationsmuster wie gleichzeitige Qualifikationen und Disqualifikationen in wechselseitiger Beziehung auf.

Häufig finden sich bei Anwendung des Circumplex-Modells (Olson et al. 1983; Trepper und Sprenkle 1988) die Familien entweder chaotisch oder starr in den extremen Positionen, dabei verstrickt oder aufgelöst.

Die *schlechte Beziehung zwischen den Eltern* in Familien, in denen ein Kind inzestuös mißbraucht wurde, haben schon Finkelhor und Hotaling (1984) in einer großangelegten Inzidenzstudie für Risikofaktoren für den sexuellen Mißbrauch gefunden. Gruber und Jones (1983) wie auch Fromuth (1986) bestätigen die schlechte Beziehung zwischen den Eltern als Hauptrisikofaktor für sexuellen Mißbrauch. Als zweiter wichtiger Faktor fand sich die *schlechte Beziehung des Mädchens zu einem der beiden Elternteile*. Diese beiden Faktoren sind als Hauptprädiktoren empirisch bestätigt, stellen jedoch im Prinzip eine klassische Situation für Maladaption dar und findet sich in gleicher Weise bei neurotischen Entwicklungen oder psychosomatischen Erkrankungen (Wirsching und Stierlin 1982).

Alexander (1985) beschreibt eine traditionelle Familienideologie. Kohäsion und Adaptabilität waren niedriger bei den Familien mit Opfern verglichen mit Vergleichsfamilien. Dies wurde auch von Harter et al. (1988) bestätigt.

Zusammenfassend läßt sich sagen, daß sich sehr häufig pathologische Faktoren in der Familiendynamik der Herkunftsfamilien finden lassen, die sich auch in Fragebogenuntersuchungen bestätigen (Carson et al. 1990), daß jedoch diese Dysfunktionalitäten *unspezifisch* sind.

Spaltung und Verstrickung im Elternpaar

Hehl und Werkle (1993) führten eine Untersuchung mit dem Familien-Skulptur-Test sowie dem Herkunfts-Familien-Fragebogen durch, um die Muster der „Verstrickung" und „Spaltung" in Partnerschaften einzuschätzen. Mit Hilfe des Fragebogens wurde zum Beispiel eine gespaltene Partnerschaft dadurch dargestellt, daß die beiden Partner keine emotional-positive Beziehung haben, daß sie sich eher aus dem Weg gehen oder sich hassen, daß sie keine Sexualität mehr miteinander haben und sich nicht mehr gegenseitig unterstützen. Bei einer extrem gespaltenen Partnerschaft sollte man mit einer baldigen Trennung rechnen.

Verstrickte Familien mit starker emotionaler Verbundenheit werden durch Betonung von Gemeinsamkeit und Ausschließlichkeit charakterisiert. Der Einzelne sieht sich im Zusammenhang mit der Familie, die auf Zusammenhalt setzt und Gefühle nur moderat äußert, damit keiner verletzt wird. Starke Auseinandersetzungen finden sich vor allem bei gespaltenen und autonomen Partnern, geringe Auseinandersetzungen besonders bei stark gebundenen Familien.

Die Untersuchungen von Hehl und Werkle (1993) konnten die Hypothese, daß Mißbrauchsfamilien untereinander eine starke Bindung und Verstrickung aufweisen, nicht bestätigen. Im Gegenteil zeigen sie im Vergleich zu Kontroll-Familien eine eindeutige *Tendenz zur Spaltung in der Partnerschaft* wie auch zur deutlichen *Distanzierung eines Elternteils zur mißbrauchten Tochter*. Die geringe Zuwendung der Mutter zur mißbrauchten Tochter kann ebenfalls als Spaltung zwischen Mutter auf der einen Seite und Vater und Tochter auf der anderen Seite interpretiert werden. Die Partner zeigten sich voneinander enttäuscht, verletzt, versuchten die Verantwortung dem anderen zuzuschieben. Auf der einen Seite ziehen sie sich verbittert zurück, auf der anderen Seite trennen sie sich trotz der deutlich schlechteren Beziehung – etwa im Vergleich zu Trennungspaaren – nicht. Die Erklärung für dieses Phänomen wird darin gesehen, daß die Partner durch schwerwiegende Trennungserlebnisse in der Kindheit den Zerfall um jeden Preis verhindern möchten und so die Beziehung durch eine destruktive Bindung zu erhalten suchen. In der Regel ist es die Mutter, die sich von Mann und Tochter abwendet. Mann und Tochter verhalten sich eher passiv und reagieren auf die Mutter mit einem Bündnis. Diese Ergebnisse stimmen mit den Überlegungen zur endogamen Inzestsituation überein. Auch Fürniss (1984), Fürniss und Phil (1986) gehen davon aus, daß der Vater nach außen hin die bestimmende Position innehat, daß aber die Mutter diese in der Familie einnimmt. Sie entzieht sich dem Mann auf sexueller Ebene und macht ihn dadurch emotional von ihr abhängig. Durch die latente Trennungsangst und Abhängigkeit kann der Mann sich nicht trennen. So entsteht häufig die Situation, daß der Vater Sexualität erleben möchte, ohne sich von seiner Frau trennen zu müssen, die Mutter Sicherheit erfahren möchte, ohne für den Mann Sexualpartnerin sein zu müssen. Hier dient der Inzest zur Konfliktregulierung.

Empirische Untersuchungen von Draijer (1990) zeigen, daß *sexueller Mißbrauch durch Familienangehörige niemals isoliert auftrat*. Er war immer kombiniert mit körperlicher Mißhandlung und Vernachlässigung, Vernachlässigung als Kombination von Lieblosigkeit und strikter Kontrolle. Die Eltern waren in der Regel häufiger krank, emotional labil, depressiv und alkohol- oder tranquillizerabhängig, welches wichtige Bedingungen für die Vorhersage späterer Störungen sind. Aber auch der sexuelle Mißbrauch trug unabhängig von diesen Bedingungen zur Vorhersage der späteren Probleme bei. Sexueller Mißbrauch durch den Vater war in gleichem Maße Prädiktor wie die kranke, depressive oder alkoholabhängige Mutter. Weiterhin stellt körperliche Mißhandlung einen eigenständigen Beitrag zur Vorhersage psychosomatischer Probleme dar. Nicht nur die fehlende emotionale Verfügbarkeit der Mutter, sondern gleichermaßen die des Vaters, vor allem das Fehlen liebevoller Fürsorge, kann das Kind auf Dauer beeinträchtigen.

Madonna et al. (1991) suchten mit dem Beavers-Timberlan Family Evaluation Scale **interaktionelle Muster in Inzestfamilien** im Unterschied zu Nicht-Inzestfamilien. Es fanden sich folgende Ergebnisse:
- Die Grenzen zwischen den einzelnen Individuen einer Familie erscheinen undefiniert und verwaschen.
- Die Koalition der Eltern ist schwach.
- Während die intergenerationellen Grenzen durchlässig sind, sind die Grenzen zur Aussenwelt rigide.
- Die Möglichkeiten der individuellen Annäherung und Distanzierung sind beschränkt.
- Es findet sich eine höhere Intrusivität innerhalb der Familie.
- Rollen- und Aufgabenverteilung sind unscharf.
- Die elterliche Fürsorge wird minimiert oder sexualisiert.
- Es findet sich eine verminderte Offenheit innerhalb der Familie und gegenüber der Außenwelt.
- Die Akzeptanz der Gefühle, Handlungen und Gedanken anderer Familienmitglieder ist gering.
- Typisch ist die Konfliktvermeidung in den Familien. Es findet sich eine geringere Fähigkeit zur konstruktiven Problemlösung.

- Kommunikationsprobleme: Widersprüchliche oder unklare Botschaften, Tabuisierungen, Geheimnisse sind in diesen Familien kohäsionsfördernd.
- Affektiver Austausch in der Familie: Die Ausdrucksfähigkeit der Gefühle ist herabgesetzt.
- Eine interpersonelle Empathie ist deutlich reduziert.

Diese Familienparameter sind sozusagen die Familienoberfläche, die von einer Tiefenstruktur abhängen. Letztere wiederum wird geprägt von meist in unbewußten Bindungs- und Loyalitätsmustern, die mehrgenerationell tradiert werden.

1.6.5 Grenzenstörungen in Familien

Generationsgrenzenstörungen bei inzestvulnerablen Familien

Schon in den Anfängen der Familienforschung fielen pathologische Prozesse in Familien ins Auge, die die individuellen Entwicklungs- und Anpassungsmöglichkeiten hemmten oder blockierten. Zunächst wurden diese unter Spezifizitätsannahmen besonders im Zusammenhang mit ätiologischen Fragen zur Schizophrenie betrachtet. Hier wurden vor allem von Lidz et al. (1965) die Elternkoalition, die „schiefe" (skewed) und „gespaltene" (schismatic) Ehe als häufiger Hintergrund für starre Triangulierungen und grenzübergreifende Koalitionen in Familien gefunden. Ausgehend von diesen Konzepten (Übersicht bei Joraschky und Cierpka 1987) wurden die Konzepte der Triangulierung, Parentifizierung (das Kind als Elternersatz), des Gatten-Substituts (Richter 1963) erstellt. In dynamischer Betrachtungsweise bedeutete dies, daß Rollendelegationen über die Generationsgrenze an das Kind ergehen, die dieses überfordern und zur Konfusion führen. In diesem Sinne versteht Haley (1980) die *Eltern-Kind-Koalition*, die gegen den Dritten gerichtet ist, als „perverses Dreieck". Pathologisch werden diese Prozesse, wenn sie an Flexibilität verlieren und zu starr-verstrickten (Minuchin 1974) oder ausstoßenden Mustern führen. Zur Diffusion der Grenzen tragen dann verschiedene Mechanismen bei, wie Kommunikationsstörungen, Tabuisierungen und insbesondere die Bedeutung, die der andere für die Selbstwert- und Bedürfnisregulation eines Elternteils hat.

Die Durchlässigkeit der Generationsgrenzen ist nicht gleichbedeutend mit Inzestvulnerabilität, sondern stellt klassische triadische, verführerische und verstrickte Situationen dar, die von Braun-Scharm und Frank als „inzestoide Familie" beschrieben wurden. Hirsch (1993b) spricht vom „latenten Inzest".

Inzestoide Strukturen entstehen immer dann, wenn sich anstelle einer reifen Partnerschaft der Eltern eine sogenannte „vertikale Ehe" (Bauriedl 1992) ausbildet. Dabei wird die Eltern-Kind-Beziehung der Partnerschaft vorgezogen und das Kind zum idealisierten, gleichzeitig aber nie erreichbaren Liebesobjekt stilisiert, das selbst zwischen Grandiosität (als vermeintlich besserer Partner) und Depression (aus Angst vor Verlust dieses Status) schwankt und aufgrund dessen eine diffuse Ich-Struktur entwickelt. Noch instabiler und verlockender wird die kindliche Position, wenn beide Elternteile abwechselnd um das Kind konkurrieren.

Interaktionsstil bezüglich der Sexualität: Die „inzestoide Familie"

Geschlechtsgrenzstörungen in Familien zeigen sich oft darin, daß intime Praktiken wie gemeinsames Baden und Schlafen ungewöhnlich lange über die Latenzzeit beibehalten werden. Die spielerische Erotik beim Baden, Abtrocknen oder Anziehen der Kinder wird entweder über die altersadäquate Grenze betrieben oder abrupt abgebrochen. Der Abbruch plötzlichen Körperkontakts gewinnt eine stark angstmachende, verunsichernde Qualität. Es zeigt sich, daß die Gefahr vor zu großer Nähe

(Inzest) und zu großer Distanz (Trennung und Auflösung) nicht ausgehalten wird. Dies führt beim Kind zu Schuld- und Schamgefühlen, wobei diese Gefühle nicht ihren angemessenen Ausdruck und Austausch finden können. Sexualisiertes Verhalten spielt sich oft nur in Anspielungen, Andeutungen, diskreten Distanzminderungen und Grenzüberschreitungen, in erotisierter Atmosphäre ab. Von entscheidender Bedeutung ist die Empfänglichkeit, die das Kind für derartige Signale entwickelt.

Heims und Kaufman (1963) beschreiben Verhaltensmuster von Familien, in denen die Geschlechtsgrenzenstörungen durch inzestuöse Phantasie des Vaters induziert werden. Die Mischung aus Verbietendem und Stimulierendem im väterlichen Verhalten wird auch als Hintergrund für verführerische Verhaltensweisen des Kindes gesehen.

Die *Sexualisierung von Beziehungen* bedeutet auch die Möglichkeit, Bindungen abzusichern, Gefühle zu kontrollieren und die Anwesenheit des anderen zu erhalten. Sie dient also nicht allein der sexuellen Bedürfnisbefriedigung, sondern noch mehr der *Bindungssicherung* und der *Nähe-Distanz-Regulation*.

Während in flexiblen Familienstrukturen die Entwicklung einer abgegrenzten Identität möglich wird, bleibt bei der inzestoiden Familie die Ablösung erschwert, da dem Kind das *Austragen aggressiv-rivalisierender Anteile nicht erlaubt* ist. Hier treten Entweder-oder-Muster ein – entweder das Kind unterwirft sich, oder es wird ausgegrenzt und fallengelassen. Dieser Hintergrund ist ein bestimmender Faktor für inzestvulnerable Familien, reicht jedoch nicht aus, um den qualitativen Sprung von Grenzendurchlässigkeit bis hin zu grenzüberschreitendem Verhalten zu erklären. Hierzu sind in der Regel weitere Faktoren notwendig.

Wie die Geschlechtsgrenzenstörungen schon in der Mutter-Kind-Dyade ihre Wurzel haben können, zeigen Direktbeobachtungen von Kindern im Alter von 3 bis 20 Monaten in Interaktion mit ihren Eltern: Haynes-Seman und Krugman (1989) dokumentieren eindrucksvoll selektiv unterschiedliche Stimulationen erogener Zonen bei den Kleinkindern. In mikroanalytischen Interaktionsstudien beschreiben sie z.B. eine in der Kindheit sexuell mißbrauchte Mutter, die sich im Hautkontakt zu ihren Zwillingen sehr unterschiedlich verhielt: Während sie zu dem einen Zwilling überwiegend Augen- und normalen Hautkontakt aufnahm, ignorierte sie den anderen und stimulierte ihn im Wechsel besonders am Po und den Genitalien. Die Autoren ziehen das Fazit: „Solche Erfahrungen *früher sexueller Stimulationen* während der Pflege ohne das Gefühl, von empathischen Eltern versorgt und geliebt zu werden, können das Kind in seinem sozialen Agieren beeinflussen und die Vulnerabilität gegenüber späterem Mißbrauch durch andere erhöhen."

Geschlechtsgrenzenstörungen

In Mißbrauchsfamilien sind Elemente der Dissoziation und Verleugnung bei gleichzeitiger Aufrechterhaltung von Mißbrauchssituationen typisch. Dabei funktioniert das Opfer als „Ventil" für Bedürfnisse und verletzte Selbstwertgefühle der Eltern, die auf das Kind projiziert werden, von dem unbewußt ein Ausgleich erwartet wird. So sind mißbrauchende Eltern in Streß- oder Problemsituationen noch stärker vom Opfer abhängig und attackieren es in Frustrationssituationen sowie dann, wenn es individuelle Züge zeigt (McCarthy 1986; Hirsch 1987b).

In der Regel ausgelöst durch Partnerschaftskonflikte, hinter denen oft tiefgreifende Bindungs- und Beziehungsstörungen stehen, kommt es zur **innerfamiliären Grenzendurchlässigkeit**. Inzest ist dabei keine sexuelle Perversion, keine Pädophilie, vielmehr entwickelt sich auf dem Boden einer intensiven Beziehung zwischen Vater und Tochter eine sexuelle Beziehung. Meist durch Rückzug der Ehefrau bedingt, wird das Ich des Vaters geschwächt, woraufhin der Bedürfnisdruck und die Verlassenheitsangst zunehmen.

Vor dem Hintergrund grenzengestörter Familien findet sich durchgängig die Beschreibung der Funktion des Inzests als Kompensation frühkindlicher Bedürfnisse des Täters (Rosenfeld 1979). Hierbei steht neben der Erfüllung frühkindlicher oraler Bedürfnisse (Gutheil und Avery 1977) vor allem der narzißtische Bedürfnisaustausch im Mittelpunkt. Das Opfer fungiert als „Ventil" für Bedürfnisse und verletzte Selbstwertgefühle der Eltern, die auf das Kind projiziert werden, von dem unbewußt ein Ausgleich erwartet wird. Die Besonderheit der Sexualisierung der Bindung besteht darin, daß diese innerhalb einer intensiven Beziehung zwischen Vater und Tochter stattfindet.

Die verführenden Intrusionen werden den Vätern meist nicht bewußt. Häufig in der Funktion des Gattensubstituts bei der eigenen Mutter, fehlt den Vätern offenbar die Fähigkeit, das Inadäquate dieses ungleichen sexuellen Verhältnisses zu realisieren. „Der Vater ist unfähig, sich in die innere Situation der Tochter einzufühlen, er ist in seinen eigenen Bedürfnissen gefangen, verliert partiell den Kontakt zur Realität. Es liegt also ein *Empathiedefekt des Vaters* vor." (Hirsch 1994, S. 132)

Das Kind wird vom Täter in die narzißtisch grandiose Position gesetzt, den Vater im Selbstwert und in seiner Potenz stabilisieren zu können. Dem Opfer werden mit in Teilbereichen hohem Empathievermögen ebenfalls Selbstwertbedürfnisse erfüllt, es wird in die Position des „ausschließlich geliebten" Objektes gebracht. Dabei bürdet der Empathiedefekt gleichzeitig die völlige Verwirrung der Durchmischung von kindlichen und erwachsenen Bedürfnissen dem Opfer auf. Will sich das Opfer in der weiteren Entwicklung aus der Mißbrauchsbeziehung lösen bzw. abgrenzen, werden diese Ansätze meist mit ausgeprägter narzißtisch bestimmter Manipulationstendenz unterdrückt und attackiert.

In eigenen Untersuchungen mit dem Interaktions-Rorschach konnte zu den Geschlechtsgrenzen festgestellt werden, daß in Mißbrauchsfamilien bei Deutungen eines Rorschach-Bildes wie „zerschmettertes Bekken, aus dem Blut spritzt" kein innerfamiliärer Bewältigungsprozeß, wie er sonst zu erwarten wäre, in Gang gesetzt wird. Hier läßt sich mikroanalytisch feststellen, welche pathologischen Abwehrprozesse vorherrschen werden. Häufig werden die Affekte von den Vätern völlig ignoriert, die Mütter halten sich aus dem Bewältigungsprozeß heraus. Es finden sich rasche Wechsel von fusionierenden und distanzierenden, ignoranten Interaktionen mit gehäuften Sexualisierungen und Wahrnehmungsblockaden. Weitere systematische Untersuchungen zu den Familieninteraktionen stehen noch aus, jedoch eignen sich projektive Interaktionsverfahren besonders, die unbewußte Dynamik in diesen Familien gerade im Hinblick auf die Geschlechtsgrenzenstörung darzustellen.

Im Mittelpunkt der Familiendynamik steht zusammengefaßt die narzißtische Destabilisierung. Das Familiensystem zeigt zentrifugal distanzierende Zerfallsprozesse, die im Sinne eines gespannten Zusammenhalts durch Triangulierung des Opfers erhalten werden. Neben dieser gesamtsystemischen Funktion bestehen elementare narzißtische Erhaltungsfunktionen auf dyadischer Ebene, die sowohl die Projektionen des negativen Selbstwerts der Mutter wie des entwerteten, depotenzierten Vaters enthalten.

Vom Nervenarzt wird auf Drängen der Ehefrau ein Vater von drei Kindern überwiesen, nachdem die älteste Tochter Sonja der Mutter berichtete, daß der Vater sie seit zwei Jahren sexuell mißbrauche. Die Mutter hatte noch keine Anzeige erstattet, sich dies jedoch vorbehalten. Die Mutter berichtete von der Aufdeckung: Sie war gleich sehr verstört, als die Tochter ihr berichtete, und voller Schuldgefühle, weil sie als Hauptverdienerin tagsüber viel außer Haus war, sich aber auch für Frauenfragen politisch aktiv engagiert hatte und so auch abends selten zuhause war. Nicht zuletzt war sie auch im Kinderschutzbund aktiv und war in tiefstem Ausmaß beschämt und verzweifelt, daß sie über so lange Zeit nichts gemerkt hatte. Für ihren Mann hatte sie nur noch Verachtung übrig, sie konnte mit ihm nicht mehr sprechen, wußte nicht mehr, wie es weitergehen sollte.

Der Vater war 35, die Mutter 33, die Tochter Sonja 12 Jahre alt. Es gab weiterhin eine achtjährige Tochter und einen sechsjährigen Sohn. Es war noch nicht bekannt, was die beiden Geschwister von den sexuellen Übergriffen wußten. Der Täter saß mit gesenktem Haupt wie auf der Anklagebank und betonte, alles tun zu wollen, um es wieder gutzumachen. Er könne es sich nicht erklären, alles sei ihm fremd. Auf Details angesprochen, verleugnete er, wich aus. Seine Einsicht in die Auswirkungen der Beschädigungen erschien rein intellektuell, ohne emotionale Beteiligung. Die emotionalen Beweggründe in der Versuchungssituation sowie Belastungsfaktoren wurden nicht klar.

Der Vater kommt aus einem Offiziershaus, durchlebte viele Wohnortwechsel in der Kindheit. Er empfand geringe emotionale Wärme von seiten der Mutter und eiserne Strenge des Vaters, der für ihn Vorbild war, bei dem er aber nie Akzeptanz erreichen konnte. Die Partnerschaft der Eltern war durch Pflicht und Disziplin gekennzeichnet. Drill und Gehorsam, starre religiöse Dogmen bestimmten das Wertesystem der Familie. Er selbst wurde Gymnasiallehrer, geriet dann aber nach dem Referendariat in eine Zeit der Lehrerschwemme und fand keine Stellung. Inzwischen hatte er drei Kinder und arbeitete in Heimarbeit als Übersetzer. Seine Ehefrau, Krankenschwester, sah sich aufgrund der finanziellen Not gezwungen, ganztags zur Arbeit zu gehen. So wechselten sie die Rollen, der Vater wurde Hausmann, sie Hauptverdienerin.

Die Ehefrau fühlte sich von der Partnerschaft enttäuscht, intellektuell entwertet, suchte außerhalb der Familie Bestätigung. Sie selbst hatte das Elternhaus früh verlassen, als sie die völlige Machtlosigkeit ihrer Mutter in einer sehr zerrissenen Ehe, in der sie häufig auch unter den Machtausübungen und Schlägen des Vaters litt, erfahren hatte.

Beide Eltern waren unter einem Familienideal der Harmonie gestartet; die Mutter wollte, daß ihre Kinder eine sehr vertrauensvolle, offene, herzliche Umgebung haben sollten. Sie war dann jedoch von ihrem Mann enttäuscht, konnte nicht mehr zu ihm aufschauen. Der Vater wurde eher mütterlich-fürsorglich, seine Frau zog sich zurück, Sexualität fand nicht mehr statt. Die Hintergründe wurden mit Streß im Beruf erklärt. Der Ehemann seinerseits, abhängig von seiner Frau, konnte seine Selbstwertkonflikte nicht austragen. Stolz berichtete er, wie er bei Einkäufen besonders preisgünstig Angebote ersteht.

Erst in der Therapie war der Vater in der Lage, emotionale Hintergründe für den jahrelangen Mißbrauch anzugeben: die Sehnsüchte nach Geborgenheit. Gelegenheit zum Mißbrauch ergab sich während schulfreier Stunden, da er durch das Zimmer der Tochter in sein Arbeitszimmer gehen mußte. Versuchte er seine Sehnsucht nach Zärtlichkeit und Sexualität bei seiner Frau zu stillen, fühlte sie sich von ihm in die Enge getrieben und unter Druck gesetzt. Im Laufe der Zeit eskaliert dieser Wechselwirkungsprozeß, die Frau zieht sich zurück, emanzipiert sich, kann aber gleichzeitig nicht das Familienideal der Harmonie aufgeben, weil sie die trennenden Aktivitäten ihrer Eltern als sehr bedrohlich erlebt hat. Deshalb bleibt sie bei ihrem ungeliebten Mann und tut so, als ob sie ihn nach wie vor mag. Außerdem kümmert er sich sehr liebevoll um die Kinder, sie erlebt hier bei sich Defizite, die sie rasch von sich schiebt. Die älteste Tochter rückt dem Vater zusehends näher, und er macht sie auch zur Vertrauten seiner Eheprobleme.

In diesem Sinne kann sehr häufig von *gestörten Elternbeziehungen als einem Hauptrisikofaktor* gesprochen werden. Wie im Fallbeispiel kommt es in der Regel zu einem komplexen Wechselwirkungsprozeß zwischen Vater, Tochter und Mutter: Je mehr sich die Mutter vom Vater abwendet, um so mehr wendet sich die Tochter dem Vater zu, je mehr sich die Tochter mit dem Vater beschäftigt, um so stärker wird der Wunsch des Vaters, die Tochter zu berühren. Aufgrund der sexuellen Defizite kommt es sowohl zu einem Drängen nach Zärtlichkeit, schließlich zur Geschlechtsgrenzenstörung. Die Tochter war hier in der Lage, die Mutter ins Vertrauen zu ziehen, häufig ist die Tochter jedoch in der Ambivalenz gefangen und nicht in der Lage, den Mißbrauch offenzulegen, auch aus Angst vor dem Familienzerfall und vor der Tatsache, daß der Vater dann ins Gefängnis kommt und sie die gesamte Verantwortung und Schuld dafür übernehmen muß.

1.7 Familien von Kindern mit aggressiven Verhaltensweisen

Katharina Ratzke und Manfred Cierpka

Inhalt

1.7.1 Aus der Praxis: Die Probleme von Familie K. 99
1.7.2 Die Entstehung von Aggression in der Familie 103
       Das Erziehungsverhalten 103
       Die Paarbeziehung der Eltern 105
       Die Familienbeziehungen 106
       Der gesellschaftliche Kontext von Familien 107
1.7.3 Das Familienrisikomodell für die Entwicklung
      von aggressivem Verhalten bei Kindern 108
       Familiendynamik und Erziehung in der Risikofamilie 109
       Erklärungen für die mangelnde Entwicklung der Erziehungsfertigkeiten ... 110
       Im Vordergrund stehende familiäre Konflikte 111
       Bei den Kindern entstehende Entwicklungsdefizite 112
1.7.4 Interventionen 112

1.7.1 Aus der Praxis: Die Probleme von Familie K.

Frau K. meldet sich auf „Drängen" einer Sozialarbeiterin vom Jugendamt in unserer Beratungsstelle, um eine Fremdunterbringung ihres Sohnes zu verhindern, die ohne psychotherapeutische Behandlung der Familie erfolgen sollte. Zum Erstgespräch erscheint die 32jährige Mutter zusammen mit ihrem Sohn, dem 9jährigen Dennis, und ihrer 58jährigen Mutter. Die Tochter sagt, daß sie ihre Mutter mit zu diesem Termin gebracht habe, da diese viel Zeit mit ihrem Enkel verbringe und nicht zuletzt aus diesem Grund an dessen Problemen „beteiligt" sei. Darüber hinaus wollte sie nicht allein zu dem Erstgespräch erscheinen. Ihr Verlobter, Herr B., der leibliche Vater von Dennis, sei während der Woche beruflich unterwegs, so daß er nicht mitkommen könne.

Der Verlauf des Erstgesprächs wird durch die sehr resolute und dominante Großmutter geprägt. Diese eröffnet nicht nur mit einem minutenlangen Monolog das Gespräch, sondern unterbricht ihre Tochter mehrmals und entwertet wiederholt den nicht anwesenden Vater von Dennis. Die Tochter wirkt sehr zurückgenommen, resigniert und deprimiert. Sie betont während des Gesprächs mehrmals ihre eigene erzieherische Inkompetenz und Unfähigkeit, verteidigt ihren Verlobten vehement gegenüber der Kritik ihrer Mutter und wirft dieser gleichzeitig vor, an den Schwierigkeiten von Dennis mit „schuld" zu sein. Dieser wiederum zeigt sich in dem Gespräch ziemlich unruhig und wenig konzentriert, wirkt jedoch gleichzeitig sehr traurig und „alleingelassen". Im zweiten Gespräch, an dem auch sein Vater teilnimmt, wirkt er bis zum Äußersten angespannt und voller Angst.

Dennis lebt zusammen mit seinen beiden Eltern in einer Kleinstadt, in der sowohl die Großeltern mütterlicherseits als auch die Schwester der Mutter mit ihrer Familie leben. Die Eltern haben sich vor 16 Jahren kennengelernt und sich seitdem mehrere Male getrennt. Die letzte Trennung erfolgte in der Zeit der Schwangerschaft von Frau K. Als der gemeinsame Sohn Dennis 1,5 Jahre alt war, kehrte der Vater zu Frau K. zurück. Eine langjährige Beziehung zu einer anderen Frau war damals jedoch noch nicht beendet.

Nachdem Herr B. viele Jahre arbeitslos war, ist er seit 3 Jahren als Fernfahrer beschäftigt. Frau K. ist zur Zeit Hausfrau und arbeitet einige Stunden in der Woche als Reinigungskraft. Dennis geht in die 3. Klasse der örtlichen Grundschule, wo es zu zahlreichen Problemen kommt, da er den Unterricht stört, keine Hausaufgaben macht und jüngere Kinder in der Pause drangsaliert und schlägt (vgl. Genogramm der Familie in Abb. 1.5).

Die Gespräche bei uns wurden durch das Jugendamt initiiert. Dennis hatte ein Auto gestohlen und war damit gefahren. Die Mutter schildert im Erstgespräch, daß sie mit der Erziehung ihres Sohnes völlig überfordert und „nervlich" am Ende sei. Seit Jahren nimmt sie Beruhigungstabletten ein; im letzten Jahr war sie für einige Wochen in einer psychosomatischen Klinik. Dennis war nach Angaben seiner Mutter schon als Kleinkind schwierig und unruhig, hatte heftige Wutanfälle und setzte sich ihr gegenüber immer durch. Er hatte schon mehrmals gezündelt, sein Zimmer demoliert und vor vier Jahren auch in Brand gesteckt. Der Brandstiftung war eine Mißhandlung durch den Vater vorangegangen, die nach Angaben der Eltern ein einmaliger Vorgang war.

Die Großmutter hingegen berichtet von wiederholten gewalttätigen Übergriffen von Herrn B. gegenüber Dennis, und auch von medizinischer Seite besteht seit dem 2. Lebensjahr von Dennis, also von dem Zeitpunkt an, als der Vater in die Familie kam, der Verdacht auf Kindesmißhandlung.

Seit dem 4. Lebensjahr von Dennis hat die Familie aufgrund zunehmender Schwierigkeiten zwischen Frau K. und ihrem Sohn verschiedene psychotherapeutische Behandlungen in Anspruch genommen, die jedoch ausnahmslos nach wenigen Kontakten abgebrochen wurden. So war Dennis zweimal für einige Wochen in einer kinder- und jugendpsychiatrischen Einrichtung, einmal in heilpädagogischer Behandlung, zweimal zu Gesprächen in einer Erziehungsberatungsstelle, und im letzten Jahr, während des Aufenthaltes seiner Mutter in der psychosomatischen Klinik, war er in einer stationären therapeutischen Kinder- und Jugendwohngruppe untergebracht.

Ökonomische, strukturelle und familiendynamische Aspekte scheinen für die Entstehung und Aufrechterhaltung des aggressiven kindlichen Verhaltens von Dennis verantwortlich zu sein. Die materielle Situation der Familie war aufgrund der lang andauernden Arbeitslosigkeit von Herrn B. in den ersten Jahren sehr desolat. Die hiermit einhergehende finanzielle Abhängigkeit von den jeweilgen Herkunftsfamilien erschwerte ebenso die „Gründung" einer eigenen Familie wie die Tatsache, daß sich Herr B. lange Zeit nicht dazu entschließen konnte, mit Frau K. und dem gemeinsamen Sohn zusammenzuleben. Die dieser Ambivalenz zugrundeliegenden Paarkonflikte wurden jedoch nicht thematisiert, sondern verdeckt ausgetragen.

Frau K. fühlte sich in der Beziehung zu ihrem Sohn von Anfang an überfordert und erlebte sich ihrem Sohn gegenüber zunehmend genauso hilflos und ausgeliefert wie gegenüber der eigenen Mutter. Diese zweifach erfahrene Ohnmacht und Inkompetenz

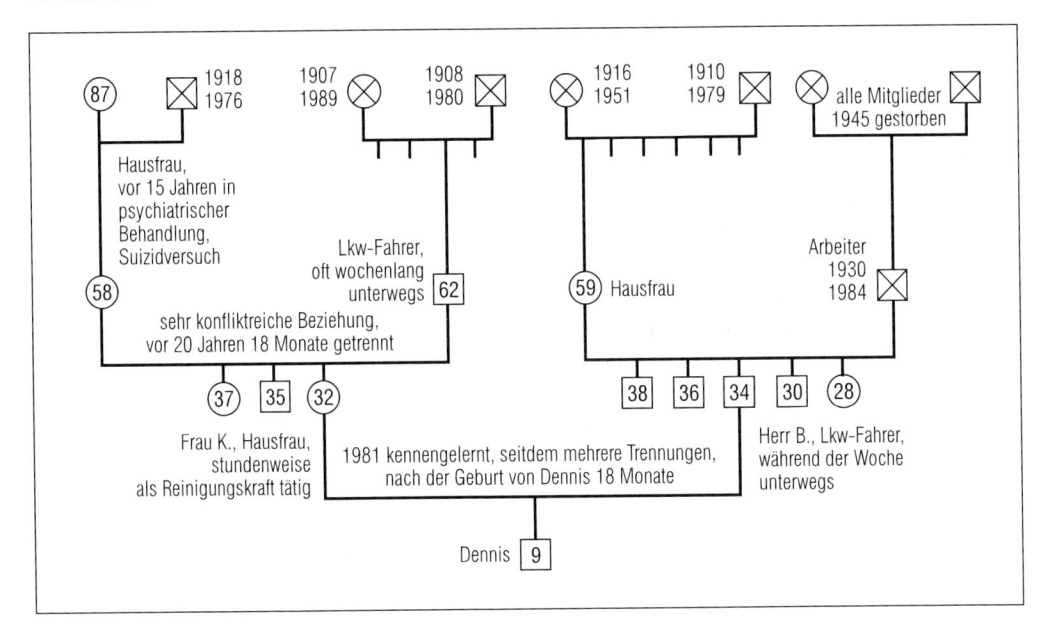

Abb. 1.5 Das Genogramm von Familie K.

verstärkten ihre bereits bestehenden Selbstzweifel und Minderwertigkeitsgefühle und führten zu einem inkonsequenten Erziehungsverhalten. Von ihrem Partner allein gelassen, fühlte sie sich in der täglichen Auseinandersetzung mit Dennis oft zu erschöpft, um ihm klare Regeln zu setzen und auf deren Einhaltung zu achten und zu bestehen.

Herr B., der seit einigen Jahren nur am Wochenende am Familienleben teilnehmen kann, übernimmt in bezug auf den Umgang mit Aggressionen und Gewalttätigkeit in zweifacher Hinsicht Modellfunktion. Zum einen ist er sehr streng, bestraft Dennis immer wieder mit Schlägen und lebt seinem Sohn so vor, daß Gewalt in zwischenmenschlichen Beziehungen eingesetzt werden kann. Zum anderen stellt Herr B. Nähe zu Dennis dadurch her, daß er sich zusammen mit ihm seinem Hobby, Motorrädern und schnellen Autos, widmet und Dennis dann auch erlaubt, mit seinem Auto zu fahren. In diesen Situationen sind ansonsten drakonisch bestrafte Regelüberschreitungen nicht nur erlaubt, sondern erscheinen sogar als Ausdruck gemeinsam gelebter Männlichkeit.

Die fehlende Abgrenzung von Frau K. gegenüber ihrer Herkunftsfamilie und insbesondere gegenüber ihrer Mutter, die bereits im Erstgespräch deutlich zutage trat, weist auf die Bedeutung der aggressiven Symptomatik im mehrgenerationalen Kontext hin. Dennis war und ist das stabilisierende Bindeglied für eine Partnerschaft, die einzugehen beiden Elternteilen aus unterschiedlichen Gründen sehr schwer fällt. Während sich der Vater, wie bereits erwähnt, lange Zeit nicht zwischen zwei Frauen entscheiden konnte, fiel es Frau K. schwer, ihre Mutter zu verlassen und selbst die Rolle einer Mutter bzw. Lebenspartnerin zu übernehmen. Die Verhaltensauffälligkeiten von Dennis bestätigen Frau K. in ihrer angenommenen Inkompetenz als Mutter, so daß die Großmutter weiterhin als Erziehungsperson gebraucht wird und sich Frau K. nicht individuieren kann. Bei deren ersten Ablösungsbestrebungen vom

Elternhaus hatte die Großmutter von Dennis einen Suizidversuch unternommen, an dem sich Frau K. nach wie vor schuldig fühlt.

Aufgrund der auftretenden Probleme macht es Dennis seinem Vater fast unmöglich, seine Verlobte und seinen Sohn ein zweites Mal allein und „im Stich" zu lassen. Darüber hinaus sind die Energien beider Eltern durch die Sorgen und Aufregungen um Dennis so gebunden, daß Konflikte auf der Paarebene nicht besprochen werden. Verhielte sich Dennis wie ein „normaler" Junge, müßten sich seine Eltern mit der Frage auseinandersetzen, ob sie eine Familie sein wollen bzw. können und welche Auswirkungen dies insbesondere auf die Herkunftsfamilie von Frau K. hätte. Diese Frage steht ebenfalls immer dann im Raum, wenn es um eine mögliche Fremdunterbringung des Sohnes geht. Das Festhalten der Familie am Status quo und das Beharren auf Nichtveränderung werden vor diesem Hintergrund eher nachvollziehbar und spiegeln sich in den Therapieabbrüchen wider. Therapeutische Hilfe wird nur in „Notfällen" als eine Art „Feuerwehr" in Anspruch genommen, um die ansonsten drohende Fremdunterbringung abzuwenden.

Im Rahmen der psychotherapeutischen Arbeit im Modellprojekt „Kinder und Gewalt"[1] behandelten wir Familien, die wegen der aggressiven Symptomatik eines Kindes therapeutische Hilfe suchten. Viele dieser Familien hatten ähnliche Probleme wie Familie K.

Die uns vorliegenden Genogramme der Familien spiegeln eindrucksvoll die Diskontinuitäten und vielen Brüche in den Biographien der sich aggressiv verhaltenden Kinder wider. Das oft erfolgte Auseinanderbrechen der Herkunftsfamilien, das in den meisten Fällen zu einem Abbruch der Beziehung zum leiblichen Vater bzw. zu anderen familiären Bezugspersonen führt, geht für die betroffenen Kinder mit zahlreichen weiteren Verlusten einher. Umzüge in andere Wohngebiete oder andere Städte bedingen Kindergarten- und Schulwechsel, somit auch den Verlust bestehender Freundschaften und Nachbarschaftsbezüge und stellen die oft verunsicherten Kinder vor die Aufgabe, sich wieder in neue Gemeinschaften zu integrieren.

Von den Experten der Delphi-Studie[2] wurden folgende 3 Aspekte, die sowohl mit den Erklärungsansätzen in der Literatur als auch mit unseren Erfahrungen aus der therapeutischen Praxis übereinstimmen, als wesentliche familiendynamische Dimensionen für die Erklärung aggressiver Verhaltensweisen genannt:
- ungünstiges elterliches Erziehungsverhalten
- Paarkonflikte der Eltern und damit einhergehende ungeklärte häusliche bzw. familiäre Situationen
- Gewalt und Aggressionen als tradierte bzw. gelernte Konfliktlösestrategien in den jeweiligen Herkunftsfamilien

Das ungünstige elterliche Erziehungsverhalten resultiert einerseits aus den konträren Erziehungsvorstellungen der beiden Elternteile, die wiederum Ausdruck und/oder Folge bestehender erheblicher Paarkonflikte sind, und andererseits aus den Schwierigkeiten in der Familie, klare Regeln und Grenzen zu setzen und aufrechtzuerhalten; eine Schwierigkeit, die sich auch in anderen Bereichen zeigt, wie zum

---

[1] Ein Modellvorhaben des Bundesministeriums für Familie, Frauen, Jugend und Senioren, durchgeführt von der Forschungs- und Beratungsstelle „Kinder und Gewalt", Schwerpunkt Familientherapie, Abteilung Psychosomatik und Psychotherapie der Universität Göttingen unter der Leitung von Herrn Prof. Dr. med. Cierpka.

[2] Bei der Delphi-Studie ging es um eine mehrstufige schriftliche Befragung von insgesamt 47 Experten, die anhand ihrer Auswertung von fünf Fallbeispielen, die klinische Relevanz familiendynamischer Konzepte von Familien mit sich aggressiv verhaltenden Kindern überprüften.

Beispiel in der häufig zu beobachtenden fehlenden Abgrenzung eines oder beider Elternteile gegenüber der eigenen Herkunftsfamilie. Die wichtigsten Ergebnisse aus dieser therapeutischen Arbeit wurden in einem Beratungsführer für Erzieher, Lehrer, und Therapeuten an Beratungsstellen mit dem Titel „Kinder mit aggressivem Verhalten?" (Cierpka 1999) zusammengefaßt.

1.7.2 Die Entstehung von Aggression in der Familie

Der Familie als nach wie vor wichtigster Sozialisationsinstanz kommt bei der Entstehung und Aufrechterhaltung aggressiver Verhaltensweisen eine besondere Bedeutung zu (Loeber 1990a). Dies gilt um so mehr für jene Kinder, die bereits früh durch ihre aggressiven Verhaltensweisen auffallen (Petermann und Petermann 1994; Patterson 1996). Die ersten Beziehungserfahrungen sammeln Kinder in ihren Familien (Lidz 1982; Winnicott 1974; Stern 1992): Hier erleben sie z.B., ob sie mit ihren Bedürfnissen wahrgenommen werden und bei emotionaler Belastung Trost und Nähe erfahren oder ob sie aufgrund der Bedürftigkeit ihrer Eltern für diese elterliche Aufgaben und Rollen übernehmen müssen bzw. im Fall erheblicher elterlicher Verunsicherung und Überforderung vernachlässigt oder gar mißhandelt werden. Die beiden grundlegenden Dimensionen elterlichen Erziehungsverhaltens – zum einen die affektive Qualität der Beziehung zwischen dem Kind und seinen Eltern und zum anderen deren angewendeten Kontrollstrategien – können prosoziale Verhaltensweisen wie z.B. Empathie (Körner 1998) fördern oder aber hemmen bzw. aggressive Handlungsalternativen verstärken. Darüber hinaus erlebt das Kind, wie in seiner Familie mit unterschiedlichen Sichtweisen und Meinungen sowie ärgerlichen und wütenden Gefühlen umgegangen wird. Es erfährt, ob Konflikte positiv oder negativ bewertet werden, ob diese zugelassen und möglicherweise gewalttätig ausgetragen werden oder aber ob Auseinandersetzungen tabuisiert werden und jeder mögliche Konfliktstoff im Familienalltag umgangen wird.

Das Erziehungsverhalten

Es ist in der Forschung unbestritten, und dies wird auch bei Durchsicht der vorliegenden Literatur deutlich, daß das elterliche Erziehungsverhalten unter den familiären Sozialisationsbedingungen, die aggressives Verhalten mit aufrechterhalten, eine herausragende Rolle spielt (Patterson 1982; Patterson und Blank 1989; Patterson et al. 1992; Petermann und Petermann 1994). Hierbei lassen sich insgesamt fünf Aspekte voneinander unterscheiden:
- Disziplin
- Beaufsichtigung bzw. Begleitung
- familiäre Problemlösestrategien
- elterliches Interesse
- positive Rückmeldungen

Unter **Disziplin** wird unter anderem verstanden, ob es in der Familie klare und eindeutige Regeln gibt, wie transparent diese für alle Familienmitglieder sind und welche Konsequenzen bei Regelübertretungen erfolgen.
In bezug auf den Aspekt der Disziplin lassen sich zwei gegensätzliche elterliche Positionen und damit einhergehende Verhaltensweisen beobachten:
- In den Familien, in denen sich die Eltern durch die Erziehung ihrer Kinder überfordert fühlen, werden wenig Grenzen gesetzt, und auf Regelverletzungen der Kinder erfolgen inkonsequente und inkonsistente Reaktionen. Diese **Laissez-faire-Haltung** resultiert vielfach aus dem hohen Anspruch, für die Kinder „bessere" Eltern zu sein, als es die eigenen Eltern für einen selbst gewesen sind. Die Kinder allerdings erleben ihre so agierenden Eltern als unberechenbar und nicht greifbar. Da sie die elterlichen Reaktionen vielfach nicht vorhersehen können, haben sie auch wenig Möglichkeiten, auf diese positiv Einfluß zu nehmen.

- Im völligen Gegensatz zu dieser Haltung setzen die Eltern mit einem **extrem autoritären Erziehungsverhalten** zu viele und nicht verhandelbare, rigide Regeln. Bei einem derartigen Verhalten, das dem Kind wenig Freiräume und Mitspracherecht einräumt, wächst das Risiko, daß die betroffenen Kinder Wutanfälle und aggressive Durchbrüche zeigen (Bründel und Hurrelmann 1994), um mehr Autonomie zu erlangen. Ein autoritäres Erziehungsverhalten führt ebenfalls dazu, daß die Eltern ständig damit beschäftigt sind, ihre Kinder zu kontrollieren bzw. deren Verhalten zu sanktionieren, so daß positive Begegnungen zwischen Eltern und Kindern und gemeinsame Familienaktivitäten immer seltener werden. Bei einigen dieser Familien stehen darüber hinaus drastische (körperliche) Bestrafungen der Kinder am Ende eskalierender Erziehungsprobleme. Die geschlagenen Kinder erleben, daß körperliche Gewalt als scheinbar legitimes Mittel zur Durchsetzung eigener Interessen und als Lösungsstrategie für Konflikte eingesetzt wird, und ahmen dieses Verhaltensmuster nach, wenn sie selbst vor der Bewältigung problematischer Situationen stehen.

Andere Eltern pendeln in ihrem Umgang mit Regeln und Sanktionen zwischen einer extrem gewährenden und einer rigiden, autoritären Haltung hin und her.

Welche besondere Rolle die **Beaufsichtigung** bzw. die **Begleitung** der Kinder durch die Eltern und damit einhergehend auch das **elterliche Interesse** bzw. Engagement für die Manifestation aggressiver Verhaltensweisen spielen, konnte in verschiedenen Studien gezeigt werden (vgl. Patterson und Blank 1989; Funk 1996). Die Kinder, die durch ihre Eltern aus unterschiedlichen Gründen nicht beaufsichtigt wurden bzw. deren Eltern nicht über die Unternehmungen ihrer Kinder informiert waren, waren signifikant häufiger an aggressiv ausgetragenen Konflikten beteiligt.

Die Art und Weise der **Problemlösung** in einer Familie nimmt ebenfalls einen wichtigen Einfluß auf die Entstehung aggressiver Verhaltensweisen. Werden auftretende Probleme weder wahrgenommen noch besprochen oder gar gewalttätig ausgetragen (s.o.) bzw. fehlt es an der Bereitschaft nach Lösungen zu suchen, die für alle Beteiligten akzeptabel sind, können die Kinder wichtige soziale Kompetenzen im Elternhaus nicht erwerben.

Des weiteren verstärken Eltern die aggressiven Verhaltensweisen ihrer Kinder – oft unbeabsichtigt – dadurch, daß sie ihnen bei störendem Verhalten (negative) Aufmerksamkeit schenken und diese Verhaltensweisen oft auch noch dadurch „belohnen", daß sie den Forderungen der Kinder nachgeben und diese z.B. von bestimmten Pflichten im Haushalt und anderen Aufgaben befreien. Zeigen die Kinder hingegen erwünschte Verhaltensweisen, werden diese oft entweder nicht wahrgenommen oder nicht positiv hervorgehoben (fehlende **positive Rückmeldungen**), so daß prosoziale Verhaltensweisen nicht konsequent verstärkt und somit langfristig auch nicht in das Verhaltensrepertoire aufgenommen werden. Der Erwerb sozialer Kompetenzen wird in vielen Familien auch dadurch verhindert, daß beide Elternteile in wesentlichen Erziehungsfragen oft konträre Meinungen vertreten und sich in der Folge im Alltag gegenseitig boykottieren.

Die referierten Aspekte elterlichen Erziehungsverhaltens sind eingebettet in die jeweilige affektive Qualität der Beziehung zwischen Eltern und Kind, die, wie oben bereits erwähnt, die zweite Dimension der Erziehung darstellt. Die Forschung im Bereich der pädagogischen Psychologie verweist in diesem Zusammenhang auf die besondere Bedeutung eines wertschätzenden Erziehungsklimas für die Entwicklung von empathiefähigen und prosozial handelnden Individuen (Rheinberg und Minsel 1986).

Die Beziehungen zwischen Eltern und Kind und damit auch das elterliche Erziehungsverhalten werden jedoch nicht nur durch die jeweiligen Persönlichkeiten der Eltern bestimmt, sondern vom Zeitpunkt der Geburt an auch aktiv vom Säugling und dessen individuellen Besonderheiten mitgestaltet und geprägt. „Schwierige" Säuglinge und Kleinkinder, also Kinder, die unruhig sind, viel schreien, schlecht schlafen oder trinken usw., sind mehr als „unproblematische" Kinder gefährdet, innerhalb der Familie Gewalt zu erfahren bzw. in späteren Jahren Verhaltensauffälligkeiten zu zeigen (Engfer 1991c, i.d.B.). Dieses Risiko nimmt für die Kinder zu, wenn sie mit unerfahrenen und unsicheren Eltern aufwachsen, die mit der schwierigen Situation kaum zurecht kommen. Die sich als überfordert erlebenden Eltern sind schneller irritiert und ungeduldig, was möglicherweise eine gesteigerte Unruhe und Überaktivität des Kindes zur Folge hat, auf die die Eltern mit noch mehr Ohnmacht und Hilflosigkeit reagieren. Aus diesem Gefühl heraus setzen viele Eltern keine Grenzen oder eindeutigen Regeln bzw. schlagen oder mißhandeln ihre Kinder, wenn sie sich anders nicht mehr zu helfen wissen.

Bei vielen alleinerziehenden Elternteilen, in der überwiegenden Mehrheit sind dies die Mütter, stellt die alleinige Verantwortung und fehlende Unterstützung im oft aufreibenden Alltag mit den Kindern eine enorme Herausforderung dar, die in Verbindung mit sozioökonomischen Streßfaktoren (s.u.) zu den beschriebenen Schwierigkeiten im Umgang mit den Kindern führen kann.

Während Jungen die zerstörerische Aggression externalisieren (Diepold 1995), wenden die Mädchen Wut und Haß oft gegen sich selbst. Inwieweit tragen geschlechtsspezifische Sozialisationspraktiken mit dazu bei, daß fast nur Jungen durch aggressive Verhaltensweisen auffallen? Da verschiedene Studien wenig bis keine bewußten Differenzierungen in der elterlichen Erziehung gegenüber Töchtern und Söhnen nachweisen konnten (Alfermann 1990), soll an dieser Stelle nur die Frage aufgeworfen werden, inwieweit Eltern Jungen einen anderen Umgang mit Affekten und insbesondere mit ängstigenden und beunruhigenden Affekten nahelegen als Mädchen. In einer Beobachtungsstudie von Kleinkindern (Schmauch 1993) zeigte sich, daß sich Mütter von Jungen in Trennungssituationen anders verhielten als Mütter von Mädchen. Frauen mit Söhnen boten diesen als Trennungshilfen keine weichen und „schmusigen" Gegenstände an, die als Übergangsobjekte vertraut sind und regressive Tendenzen unterstützen, sondern gaben den Jungen kleine Autos, Comic-Heftchen und Bilderbücher. Sie ermunterten ihre Söhne auf diese Art und Weise, mit Ängsten und anderen negativen Affekten motorisch aktiv und expansiv umzugehen und ebneten damit entsprechenden Verhaltensmustern für vergleichbare Situationen den Weg.

Die Paarbeziehung der Eltern

Unstimmigkeiten zwischen den Eltern in bezug auf Erziehungsfragen korrespondieren oft mit Konflikten auf der Paarebene. Ein Teil der sich später aggressiv verhaltenden Kinder werden im Rahmen dieser Paarkonflikte Zeugen gewalttätiger Auseinandersetzungen ihrer Eltern (Bründel und Hurrelmann 1994; Achterberg 1992). Die Kinder lernen auf diese Art und Weise am Modell ihrer Eltern, daß Gewalt und Aggression als mögliche Lösungsstrategien für konflikthafte Situationen eingesetzt werden.

Die Partner haben in ihren eigenen Herkunftsfamilien oft Beziehungserfahrungen gesammelt, die es ihnen schwer machen, in einer Beziehung Bindungs- und Autonomiewünsche zu balancieren. Wünsche nach Nähe und Zuwendung werden nicht direkt geäußert, sondern es wird versucht, diese über gegebenenfalls mit Gewalt durchgesetzte Machtansprüche, Vorschriften etc. zu realisieren. Gewalt in der Partnerschaft erscheint vor diesem Hintergrund als Mittel der Kontrolle über die Aufrechterhaltung der Beziehung bzw. als ein Mittel, um Nähe herzustellen (Retzer 1993).

Unabhängig davon, ob die Paarkonflikte „handgreiflich" ausgetragen werden, leiden die Kinder auch dann unter diesen Streitereien, wenn es den Eltern nicht gelingt, diese auf der Paarebene zu klären, und sie statt dessen ihre

Kinder in ihre Konflikte hineinziehen. Die Kinder werden in den Auseinandersetzungen zum Verbündeten bzw. Beschützer eines Elternteils oder sollen als Schiedsrichter Streit schlichten. Aus Loyalität stellen sie sich in vielen Fällen vor den vermeintlich schwächeren Elternteil, während sie dem anderen Elternteil ablehnend bis feindselig begegnen, da sie ihm vorwerfen, an den Konflikten schuld zu sein. Weitere Belastungen ergeben sich daraus, wenn Kinder zu Partnersubstituten werden bzw. als „Sündenbock" die negativen Anteile des Partners zugeschrieben bekommen (Jarczyk und Rosenthal 1994).

Doch auch nach real erfolgten Trennungen oder Scheidungen, die von einem oder beiden Partnern emotional noch nicht bewältigt worden sind, können Kinder als Spielball in den Auseinandersetzungen instrumentalisiert werden. Ungelöste Trennungskonflikte der Eltern korrespondieren bei deren Kindern in der Regel mit belastenden und verunsichernden Loyalitätskonflikten (Reich 1991). Aggressive, aber auch autoaggressive Verhaltensweisen erscheinen in diesem Kontext als ein Lösungsversuch der Kinder, die Verbundenheit mit beiden Elternteilen zu leben (Bauers et al. 1986).

Die Familienbeziehungen

Für das emotionale Binnenklima in den Herkunftsfamilien von Kindern mit aggressiven Verhaltensweisen sind unsichere bzw. desorganisierte Bindungsstile typisch (vgl. Ainsworth et al. 1978; Main et al. 1985; Spangler und Zimmermann 1995; Fonagy 1998), die bei einem Teil dieser Familien in aggressiven und gewalttätigen Beziehungsmustern zum Ausdruck kommen. Diese durch Aggressionen geprägten Interaktionsmuster werden manchmal über Generationen hinweg weitergegeben und äußern sich z.B. in Vernachlässigung, körperlicher bzw. psychischer Mißhandlung und/oder sexuellem Mißbrauch (Bründel und Hurrelmann 1994; Habermehl 1989; Honig 1986; Levold et al. 1993; Diepold und Cierpka 1997; Melzak 1997).

Wenngleich gewalttätige Erfahrungen in den Herkunftsfamilien zwar häufig zur Reproduktion aggressiver Konfliktlösestrategien führen, so kann in diesem Zusammenhang jedoch nicht von einem zwangsläufigem Automatismus gesprochen werden. Ob es in den Familien wirklich zu einer Tradierung gewalttätiger Interaktionen kommt, scheint eher von Depressionen und anderen Krankheiten der Eltern sowie dem Gefühl, in der Beziehung zum Kind überfordert zu sein, abhängig zu sein (Engfer 1991c; Jarczyk und Rosenthal 1994). Opfer bzw. Zeuge gewalttätiger innerfamiliärer Verhältnisse zu sein, führt bei vielen Betroffenen unter anderem zu starkem Mißtrauen in anderen Beziehungen, einem geringem Selbstwertgefühl und, wenn sie selbst Eltern werden, zu verzerrten Wahrnehmungen und damit einhergehend zu unrealistischen Erwartungen an die Kinder (Jarczyk und Rosenthal 1994). Diese werden z.B. als „kleine Tyrannen" erlebt, gegenüber deren Ansprüchen sich die Eltern behaupten müssen, oder sie werden als erwachsene Personen gesehen, von denen die Eltern für sich selbst Trost oder Zuwendung erwarten.

Die Situation der Überforderung seitens der Eltern führt in Verbindung mit Ressourcenarmut (s.u.) in den betroffenen Familiensystemen zu Zyklen von Bindung und Ausstoßung (Minuchin et al. 1967; Stierlin 1977; Schweitzer 1987, 1997). In den Phasen, in denen die Bindung zwischen Eltern und Kindern im Vordergrund steht, engagieren sich die Eltern – verbunden mit hohem Aufwand an Zeit und Energie – sehr in der Erziehung ihrer Kinder, indem sie z.B. versuchen, auf deren Alltag Einfluß zu nehmen. Da sie sich bis dato ihren Kindern gegenüber oft inkonsistent und inkonsequent verhalten haben bzw. sich jetzt zu regulierend und kontrollierend zeigen, sind Konflikte vorprogrammiert. In deren Folge ziehen sich viele Eltern, insbesondere diejenigen, denen wenig Ressourcen zur Verfügung stehen, resigniert, frustriert und erschöpft aus ihrer Erziehungsverantwortung zurück. Sie reagieren auf ihr „Scheitern" mit Ausstoßungstendenzen, indem sie ihre Kinder vernachlässigen oder mißhandeln und/oder indem sie sich physisch oder psychisch aus dem Familienleben zurückziehen (Schweitzer 1987, 1997).

Wenn die Kinder dann aus den Familien genommen werden oder wenn sich die Eltern von den Erziehungsstrapazen erholt haben, rücken die bindenden Kräfte wiederum in den Vordergrund der Beziehung zwischen Eltern und Kindern und beide Seiten tun mehr oder weniger alles, um wieder zusammenleben zu können.

Die erwähnte psychische oder physische Abwesenheit vieler Eltern führt dazu, daß den Kindern erwachsene Bezugspersonen fehlen, mit denen sie sich auseinandersetzen können (Hardtmann 1993). Ein Teil der Jungen mit aggressiven und delinquenten Verhaltensweisen hat darüber hinaus Väter, die aufgrund gescheiterter Biographien keine positiven männlichen Identifikationsfiguren darstellen. Delinquenz und aggressives Verhalten erscheinen in diesem Zusammenhang auch als Ausdruck einer Suche nach starken Vaterfiguren.

Durch die Mitgliedschaft in gewalttätigen und straffälligen Peer-groups erhalten die Kinder bzw. Jugendlichen einerseits ein Forum, wo das gelernte aggressive Verhalten sich auszahlt und belohnt wird, und entgehen andererseits der drohenden oder bestehenden sozialen Isolation (Patterson 1996). Die gemeinsamen Aktivitäten in diesen Gruppen führen sowohl zur Stabilisierung als auch zur Ausweitung aggressiver Verhaltensweisen, was wiederum das Risiko späterer Delinquenz und Kriminalität erhöht (Petermann und Petermann 1994; Patterson 1996).

Der gesellschaftliche Kontext von Familien

Die gesellschaftlichen Rahmenbedingungen von Familien werden durch die gesamtgesellschaftlichen Modernisierungsprozesse in westlichen Industriegesellschaften geprägt. Mit dem Begriff der Modernisierungsprozesse ist insbesondere die Individualisierung von Lebenswelten verknüpft, die mit einem Verlust an traditionellen und kollektiven Lebenszusammenhängen einhergeht. Im Bereich der Familie zeigt sich dies in der Pluralisierung familiärer Lebensformen, die neue Entscheidungsspielräume oft um den Preis von zunehmender Verunsicherung eröffnet. Familien werden nicht nur durch den Wegfall traditioneller Sicherheiten in bezug auf gemeinsam geteilte Norm- und Wertvorstellungen herausgefordert, sondern sehen sich gleichzeitig dem stetig wachsenden Anspruch an das private Glück im Familienkreis gegenüber. Wie die Diskrepanzen zwischen wirklichem Familienalltag und dem angestrebten und in den Medien oft propagierten Familienideal wahrgenommen und bewertet werden und welche individuellen Lösungen und Entwürfe für die eigene Familie gefunden werden, hängt nicht zuletzt von den jeweiligen individuellen und familiären Ressourcen ab.

Gewalttätige Familienbeziehungen werden in diesem Zusammenhang von einigen Autoren als Reaktion auf den Zerfall traditioneller Machtverhältnisse und Handlungsmuster innerhalb der Familie gesehen, auf die die einzelnen Familienmitglieder insbesondere dann zurückgreifen, wenn sie mit der Etablierung anderer Umgehensweisen gescheitert sind (Levold et al. 1993).

Die erwähnten Veränderungen von Familienstrukturen führen nach Ansicht anderer Autoren (Cloer 1992) zu einer „Verarmung" der Kindheit, da Geschwister und weitere Bezugspersonen wie Großeltern oder andere Verwandte entweder ganz fehlen oder nicht in der Nähe der Familie leben. Den Kindern, die eine problematische Beziehung zu ihren Eltern haben, stehen weniger potentielle Bezugspersonen aus dem Familiensystem zur Verfügung, um korrigierende Lern- und Beziehungserfahrungen zu sammeln.

Der Lebensabschnitt „Kindheit" wird auch durch den Wandel der räumlichen Umgebung beeinflußt und verändert. Durch die zunehmende Verstädterung und Zersiedelung wird die für ältere Generationen in deren Kindheit noch typische „Straßensozialisation" immer seltener. Die fehlenden Möglichkeiten zum körperlichen Austoben und spielerischen Erproben der eigenen Kräfte einerseits und andererseits die fehlenden Freiräume, um mit Gleichaltrigen eigene Regeln für unterschiedliche konflikthafte Situationen auszuhandeln, können mit zur Entstehung und Aufrechterhaltung aggressiver Verhaltensweisen beitragen.

Ein weiteres Phänomen, das Kindheit in der heutigen Gesellschaft maßgeblich beeinflußt, ist die zunehmende Rezeption von Medien durch immer jüngere Kinder. Inwieweit die Darstellung gewalttätiger Szenen mit dazu führt, daß sich Kinder aggressiv verhalten, wird nach wie vor kontrovers diskutiert. Die Wirkung von Gewaltdarstellungen ist unter anderem deshalb nicht eindeutig nachzuweisen, da das Wirkungsrisiko nicht unabhängig von den jeweiligen individuellen, situativen und kontextuellen Bedingungen gesehen werden kann (Gröbel und Gleich 1993). So scheinen die negativen Effekte durch Medien dargestellter Gewalt zuzunehmen, wenn die Kinder neben einem hohen Fernseh- bzw. Videokonsum in ihren Lebenszusammenhängen realen Gewalterfahrungen ausgesetzt sind bzw. wenn sie sich mit zahlreichen belastenden und/oder frustrierenden Situationen konfrontiert sehen (Hurrelmann 1993).

Die Individualisierung von Lebenswelten und die Pluralisierung von Lebensentwürfen stellt wegen zahlreicher Ambivalenzen angesichts der vielfältigen Entscheidungsmöglichkeiten und zum Teil widersprüchlicher Rollenerwartungen hohe Anforderungen an die Menschen in modernen Gesellschaften, wenn diese ein konsistentes Identitätsgefühl aufbauen sollen.

Heitmeyer (1992) unterscheidet zwei verschiedene Bewältigungsstrategien von Kindern und Jugendlichen im Umgang mit den skizzierten gesellschaftlichen Veränderungsprozessen. Die eine Bewältigungsform wird mit dem Begriff der Selbstdurchsetzung beschrieben, die häufig von Personen mit einem hohen Bildungsniveau gewählt wird und die durch die Position geprägt ist, über genügend eigene Ressourcen zu verfügen, um die vorhandenen gesellschaftlichen Bedingungen für ein selbstbestimmtes Leben zu nutzen. Anders stellt es sich bei der zweiten Strategie, der sogenannten Selbstbehauptung, dar. Diese korrespondiert in der Regel mit einem niedrigen Bildungsabschluß und läßt sich dadurch charakterisieren, daß die Gesellschaft und ihre Institutionen und deren Vertreter eher als „Außenfeinde" wahrgenommen werden. Die betreffenden Kinder und Jugendlichen meinen, sich gegenüber der Gesellschaft, von der sie keine Solidarität erwarten, behaupten zu müssen, um nicht als „Verlierer" dazustehen.

1.7.3 Das Familienrisikomodell für die Entwicklung von aggressivem Verhalten bei Kindern

Die Durchsicht der Literatur, die Erfahrungen aus der familientherapeutischen Arbeit mit Familien mit einem gewaltbereiten Kind und die Informationen, die wir über die Delphi-Studie von den praktizierenden Familientherapeuten erhielten, führten zur Konzeption eines Entwicklungsmodells (ausführlich in Ratzke und Cierpka 1999), das einerseits Erklärungen für die Entstehung aggressiven und gewaltbereiten Verhaltens bei Kindern beinhaltet und andererseits die Möglichkeit bietet, die Indikation für Interventionen abzuleiten.

Wir sprechen von einem Entwicklungsmodell, weil wir davon ausgehen, daß sich die Problematik des aggressiven Verhaltens bei einem Kind über eine längere Zeit entwickelt. Meistens sind auch mehrere Generationen bei der Betrachtung der Entwicklungslinien einzubeziehen, dann z.B., wenn Scheidungskinder heiraten und es in der aktuellen Familie erneut zur Trennung oder Scheidung kommt.

Wir bezeichnen diesen Entwurf als kontextuelles Modell, weil sich die individuelle Entwicklung eines Kindes mit den familiären und sozialen Prozessen so verschränkt, daß die Ergebnisse der Entwicklung – die Persönlichkeit, die Beziehungsstrategien, das Verhalten etc. – stets aus Wechselwirkungsprozessen zwischen Individuum und Umgebung entstanden sind (Kreppner und Lerner 1989). Entlang der Theorie der Koevolution (Willi 1985) postulieren wir eine gegenseitige Beeinflussung in den Entwicklungsmöglichkeiten von Menschen. In einem spiralförmigen Prozeß des gegenseitigen Sich-Herausforderns, Sich-Unterstützens und Begrenzens schafft sich das Individuum einen Beziehungsraum, der ihm die weitere Entwicklung ermöglicht. Zu psychischen Störungen kommt es dann, wenn das Individuum – im Bestreben, von der Umwelt „beantwortet" zu werden – sich abgelehnt, frustriert und gekränkt fühlt. Teufelskreisläufe, die durch das Rückzugsverhalten wegen dieser Kränkungen ausgelöst werden, können entstehen. Die Beziehungssuche des Einzelnen wird dann nicht mehr funktional oder gar optimal vom Gegenüber beantwortet.

Dieses Modell ist auch als Risikomodell zu verstehen. Veränderungen in der Familienstruktur, z.B. nach einer Scheidung oder bei Verwitwung können zu Instabilitäten im Familienleben und zu Brüchen in der Beziehungskontinuität führen, die bei manchen Eltern das Risiko erhöhen, den Boden unter den Füßen zu verlieren. In seltenen Fällen können diese massiven Veränderungen sogenanntes „antisoziales" oder gar delinquentes Verhalten bei einem Elternteil fördern. Der in unserem Sprachraum mit Vorsicht zu verwendende Begriff „antisozial" stammt aus dem angloamerikanischen Bereich und meint im deskriptiven Sinne Handlungen wie stehlen, lügen, betrügen. Ein-Eltern-Familien scheinen zwar unter einem größeren Risiko zu stehen, im Kontext von ungünstigen Umgebungsbedingungen „antisozial" zu werden, der weitaus größere Prozentsatz der Alleinerziehenden stellt jedoch einem Kind bzw. den Kindern „genügend gute" Sozialisationsbedingungen zur Verfügung. Die meisten Ein-Eltern-Familien gehören also nicht in das vorliegende Risikomodell. Das Modell behält nur für solche Familien Gültigkeit, deren Kinder später tatsächlich zu aggressivem und gewaltbereitem Verhalten neigen.

Familiendynamik und Erziehung in der Risikofamilie

Aggressives und gewaltbereites Verhalten entwickelt sich entlang sehr unterschiedlicher Entwicklungslinien. Manche Familien, die mit einem Kind zur Beratung kommen, berichten eine Entwicklungsgeschichte, die sowohl für die Familie als auch für das Kind von Krisen, Inkonsistenzen und Chaos gekennzeichnet ist. Die soziale Benachteiligung, die ökonomischen Krisen und die instabilen Herkunftsfamilien stellen Faktoren dar, die auch zu Instabilität in der Gegenwartsfamilie beitragen. Andere Familien erscheinen auf den ersten Blick eher „intakt" und „vollständig". Das aggressive und gewaltbereite Verhalten des Kindes ist zunächst wenig verständlich, die Gründe und Ursachen sind zu erschließen.

In allen Familien erschien uns die Erziehungspraxis problematisch. Das Erziehungsverhalten der Eltern gegenüber ihren Kindern war zum Schauplatz der innerfamiliären Konflikte und der ohnmächtigen Konfliktlöseversuche geworden. In unserem Modell steht ein sich aufbauender Teufelskreis (Abb. 1.6) zwischen der ungenügenden und inadäquaten Erziehungspraxis und den gestörten zwischenmenschlichen Beziehungen in der Familie im Mittelpunkt.

Einerseits erlauben gestörte zwischenmenschliche Beziehungen in der Partnerschaft keine adäquate Erziehungspraxis, andererseits rufen die Erziehungsschwierigkeiten ihrerseits erhebliche Konflikte und zunehmende innerfamiliäre Spannung hervor, insbesondere zwischen den Eltern. Diese Verstärkung der innerfamiliären Konflikte und die damit verbundenen gestörten Beziehungen führen in einem positiven Feedbackprozeß zu einer Eskalation der Erziehungsprobleme. Inkonsistenzen im Erziehungsstil und/oder mangeln-

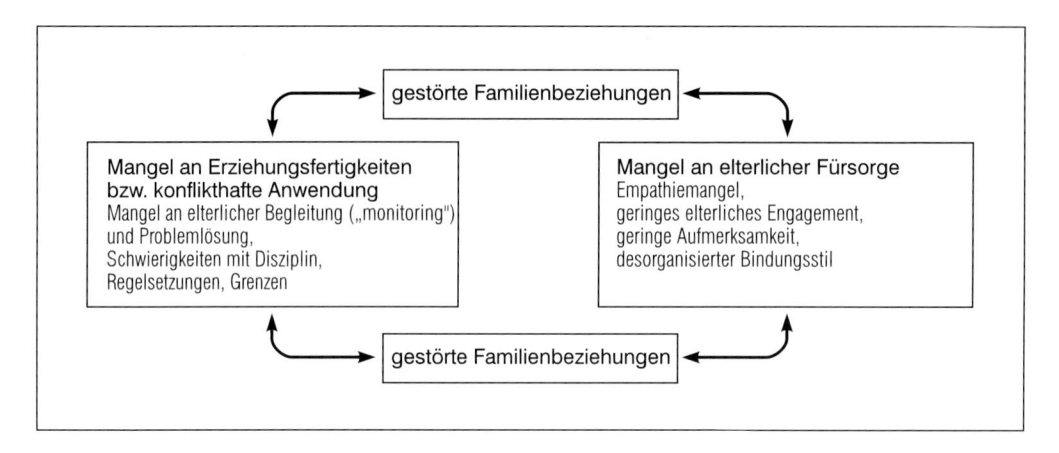

```
                    ┌─────────────────────────────┐
                    │  gestörte Familienbeziehungen│
                    └─────────────────────────────┘
      ↑                                                 ↑
┌──────────────────────────────┐         ┌──────────────────────────────┐
│ Mangel an Erziehungsfertigkeiten│       │ Mangel an elterlicher Fürsorge│
│ bzw. konflikthafte Anwendung │         │ Empathiemangel,              │
│ Mangel an elterlicher Begleitung („monitoring") │ geringes elterliches Engagement, │
│ und Problemlösung,           │         │ geringe Aufmerksamkeit,      │
│ Schwierigkeiten mit Disziplin,│        │ desorganisierter Bindungsstil│
│ Regelsetzungen, Grenzen      │         │                              │
└──────────────────────────────┘         └──────────────────────────────┘
      ↓                                                 ↓
                    ┌─────────────────────────────┐
                    │  gestörte Familienbeziehungen│
                    └─────────────────────────────┘
```

Abb. 1.6 Der Teufelskreis

de Übereinstimmung zwischen den Eltern was die Erziehungsziele anbetrifft und/oder mangelnde Empathie gegenüber den Bedürfnissen eines Kindes oder gar mangelnde Fürsorge garantieren in der Konsequenz dem Kind keine „genügend gute und fördernde familiäre Umwelt" (Winnicott 1974) für seine psychosoziale Entwicklung. Der Teufelskreis wird durch provokatives und schwieriges Verhalten des Kindes aufrechterhalten. Vergebliche Erziehungsversuche steigern die Ohnmacht und die gegenseitige Isolierung von Eltern und Kind.

Die Erziehungsschwierigkeiten sind oftmals das Ergebnis erheblicher Familienkonflikte. In diesem Fall sind die Erziehungsfertigkeiten durchaus vorhanden, den Eltern oder einem Elternteil gelingt es jedoch nicht, sie dem Entwicklungsstand des Kindes und seinen Bedürfnissen angemessen einzusetzen. In anderen Fällen erscheinen diese „parenting skills" bei den Eltern erst gar nicht oder nur ungenügend ausgebildet. Die Eltern wirken durch die an sie gestellten Aufgaben überfordert. Beide Ursache-Wirkungs-Ketten stimmen in ihrer Endstrecke überein – der Ausbildung eines Teufelskreises von Erziehungsproblemen und gestörten innerfamiliären Beziehungen, der sich zirkulär verstärkt und eskaliert.

Erklärungen für die mangelnde Entwicklung der Erziehungsfertigkeiten

Ein größerer Teil der betroffenen Eltern, die über ein nicht ausreichend ausgebildetes Handwerkszeug in Erziehungsfertigkeiten verfügen, kommt aus den unteren sozialen Schichten, ist und fühlt sich auch sozial benachteiligt. Bei diesen Eltern findet man eine Kumulation von sozioökonomischen Stressoren bei gleichzeitig fehlenden Ressourcen. Gemeint sind Familien, die seit Generationen aufgrund wirtschaftlicher und sozialer Mißstände am Rand der Gesellschaft leben, und in denen es aufgrund chaotischer innerfamiliärer Strukturen immer wieder zu Mißhandlungen bzw. Verwahrlosung und damit einhergehenden Fremdunterbringungen der Kinder gekommen ist. Bei diesen deprivierten oder sozial benachteiligten Familien stellt sich die Frage, inwieweit das aggressive Verhalten in diesem Milieu als eine elementare oder sogar als die (scheinbar) einzige Überlebensstrategie zu verstehen ist.

Aggressives und gewalttätiges Verhalten in sozialen Randgruppen und damit in bestimmten Herkunftsmilieus erscheint in diesem Kontext als Ausdruck sozialer Ungleichheit (vgl. Bründel und Hurrelmann 1994; Jarczyk und Rosenthal 1994). Das hier zutage tretende gesellschaftliche Desintegrationspotential (Heitmeyer 1992, 1993) verweist auf gesellschaftliche Bedingungen und Strukturen, die das Problem mitverursachen bzw. mit aufrechterhalten. Die Lebenssituation vieler Familien verschlechtert sich aufgrund der hohen Arbeitslosigkeit und der damit einhergehenden gravierenden sozialen und wirtschaftlichen Folgeerscheinungen, die durch den parallelen Abbau staatlicher Sozialleistungen noch verschärft werden. Allerdings fördern erst die mangelnde soziale Integration und die Neigung zum sozialen Rückzug die Gewaltbereitschaft innerhalb der Familie (vgl. Schwind et al. 1990; Wahl 1990).

Wichtig ist, daß nicht allein die Broken-home-Situation maßgebend für die Entwicklung von antisozialen Tendenzen bei einem Kind aus diesem sozialen Milieu ist. Die Instabilität in der Herkunftsfamilie scheint durch die **Häufigkeit von abrupten Wechseln** in der Familienstruktur gekennzeichnet zu sein (Rutter und Giller 1983). So sind Scheidungen ein elementares Verlusterlebnis für das Kind, der Wechsel zur Stiefelternfamilie oder zur Ein-Eltern-Familie eine erneute Umstellung, die das Kind in seinen Bindungs- und Beziehungsmustern verunsichert. Erhebliche Partnerschaftskonflikte tragen ebenfalls dazu bei, daß Trennung und Verlust das affektive Familienklima stark beeinträchtigen. Gerade bei häufigen abrupten Veränderungen in einer Familie leidet die elterliche Fürsorge und die Erziehung sehr stark.

Capaldi und Patterson (1991) konnten in einer Studie zeigen, daß zwischen der Anzahl der abrupten Familienwechsel und dem Auftreten von Anpassungsproblemen beim Kind eine lineare Beziehung besteht. Diese Autoren meinen, daß diese Kinder mit einer erhöhten Wahrscheinlichkeit Eltern haben, die schon vor den abrupten Wechseln in der Familienstruktur sogenannte antisoziale Züge aufwiesen. Männer und Frauen, die antisoziale Persönlichkeitszüge zeigen, neigen zu häufigen abrupten Lebensveränderungen (Lahey et al. 1988).

Bei einer Verschärfung der Familiensituation wird der Überlebenskampf härter, die Aggression als Modell zur Konfliktlösung spiegelt die Auseinandersetzung der Familie mit der als feindlich erlebten Außenwelt. Tragisch ist, daß sich die Kinder in der Sozialisation mit diesem Modell der Konfliktlösung durch Gewalt identifizieren und so vom Opfer zum Täter werden können.

Eltern, die vorwiegend mit ihrem eigenen Überleben und dem Überleben der Familie beschäftigt sind, scheinen wenig Ressourcen für die Erziehung ihrer Kinder zur Verfügung zu haben. Dies wirkt sich vor allen Dingen in zweierlei Hinsicht aus:

Ein Mangel an elterlicher Fürsorge zeigt sich oftmals schon rein äußerlich im geringen elterlichen Engagement für die Kinder. Die Ausrichtung der Aufmerksamkeit bei den Eltern für die Kinder ist schwach. Die Kinder sind oft sich selbst überlassen, sie suchen früh den Kontakt zu Gleichaltrigen auf der Straße. Viele Umstände können dazu beitragen, daß es zu einer unsicheren Bindung zwischen Mutter und Kind kommen kann, wenn das Kind z.B. nicht erwünscht war, vom Vater abgelehnt wurde, es die Erwartungen der Eltern nicht erfüllt, etc. Dadurch, daß die Eltern sehr stark mit ihrem eigenen emotionalen und sozialen Überleben beschäftigt sind, fällt es ihnen schwer, sich in die kindlichen Bedürfnisse ihrer Kinder einzufühlen (Diepold und Cierpka 1997).

Bei der Entwicklung prosozialer Fertigkeiten werden die Kinder von den Eltern nicht ausreichend begleitet. Weil die elterliche Begleitung und Beaufsichtigung („monitoring") mehr oder weniger fehlt, bekommen die Kinder in ihrem Verhalten und in ihren Affekten kein sicheres Gefühl für „richtig" oder „falsch", auch nicht für Regeln und Grenzsetzungen.

Im Vordergrund stehende familiäre Konflikte

In manchen Familien scheinen die Erziehungsfertigkeiten vorhanden zu sein, sie werden aber aufgrund von erheblichen innerpsychischen oder zwischenmenschlichen Konflikten der Eltern nicht genutzt und schränken deshalb die entwicklungsgerechte Erziehung des Kindes ein. Diese Familien leiden meist nicht unter sozialen Benachteiligungen. Sie erscheinen auf den ersten Blick eher „intakt" und „vollständig". Es liegen weniger abrupte Veränderungen in Herkunfts- und Gegenwartsfamilie vor.

Bei diesen Familien gehen wir davon aus, daß sich problematisches und konflikthaftes Erziehungsverhalten der Eltern auf dem Hintergrund einer Konfliktpathologie verstehen läßt. Das Kind wird in die inneren Konflikte und/oder die Beziehungskonflikte der Eltern so einbezogen, daß ein neurotisches innerfamiliäres Beziehungsmuster entsteht und eine adäquate affektiv-kognitive Entwicklung des Kindes verhindert wird.

In der mehrgenerationalen Sichtweise können Delegationen die Kinder an die Eltern binden, wenn zum Beispiel das Kind etwas ausleben soll, was die Mutter oder der Vater selbst nicht durfte. Häufig werden Kinder bei Partnerschaftskonflikten zu Bündnisgenossen für einen Elternteil. Um das Kind im Bündnis zu halten, werden ansonsten selbstverständliche Regeln außer Kraft oder keine Grenzen gesetzt. Das Kind wird für seine „Treue" belohnt. Beziehungsdynamische Prozesse nehmen also so auf die Eltern-Kind-Beziehung Einfluß, daß sich das Erziehungsverhalten ändert und dem Kind nicht mehr die entwicklungsgerechten Sozialisationsbedingungen zur Verfügung stehen.

Bei den Kindern entstehende Entwicklungsdefizite

Der letzte Schritt vom Entwicklungsdefizit zum aggressiven und gewaltbereiten Verhalten beim Kind oder später beim Jugendlichen scheint sehr durch die Interaktion mit Peers stimuliert zu werden. Durch die Sozialisation haben diese gefährdeten Kinder „gelernt", daß man „psychisch und sozial" nur dann überleben kann, wenn man sich unter allen Umständen durchsetzt. Die Verunsicherung des Selbstvertrauens und der Identität (Steele 1994) soll durch solche Auseinandersetzungen kompensiert werden.

Die Kinder weisen meistens Entwicklungsdefizite auf, die als Empathiemangel, Identitäts- und Selbstwertstörung und mangelnde Steuerungsfähigkeit zu charakterisieren sind (Cierpka und Cierpka 1997). Im Verhalten imponieren die Schwierigkeiten in der Empathie, der Impulskontrolle und im Umgang mit der Wut. Der Empathiemangel der Kinder zeigt sich in der Schwierigkeit, sich in die Gefühle, Ängste und auch die Schmerzen anderer Kinder einfühlen zu können. Anderen Kindern Schmerz zuzufügen oder Gewalt anzutun, wird deshalb oft nicht als „Schuld" erlebt. Dies sind dann die Schwierigkeiten, die sich in den Beziehungen in der Familie, im Kindergarten und in der Schule manifestieren. Erzieher und Lehrer wenden sich an die Eltern, weil das Kind „auffällig" ist.

Die Verhaltensauffälligkeiten in der Empathie, in der Impulskontrolle und im Umgang mit Ärger und Wut allein verweisen auf keine lineare Ursache-Wirkungs-Kette. Die symptomatische Endstrecke erscheint wie ein Flaschenhals, in dem sich die genannten Entwicklungsdefizite ausbilden. In der Flasche selbst entwickeln sich zuvor jedoch ganz unterschiedliche Gährungsprozesse, je nachdem, welche Faktoren in Wechselwirkung stehen und zur Entwicklung der gestörten zwischenmenschlichen Familiendynamik beitragen.

Zu aggressiven und gewalttätigen Handlungen neigen Kinder und später Jugendliche vor allem dann, wenn ihr ohnehin sehr labiles Selbstgefühl bedroht und ihre Autonomie gefährdend eingeschränkt wird. Das Kind reagiert dann so, als ob es sich beweisen muß, daß es das Recht hat, sich unter allen Umständen für sich selbst einsetzen zu dürfen, auch wenn es auf Kosten anderer geht.

1.7.4 Interventionen

In Familien, in denen Gewalt vorkommt, leiden alle Familienmitglieder – allerdings in unterschiedlichem Ausmaß. Kinder mit aggressivem Verhalten zählen zu den schwächeren Mitgliedern und damit zu den Verlierern. Sie fordern die Therapeuten in besonderem Maße heraus, weil sie nicht nur Täter sondern eben auch Opfer sind. Deshalb müssen sich die Interventionen gegen Gewalt in der Familie an der Maßgabe orientieren, daß nicht nur das Symptom behandelt wird, sondern auch die Ursachen für die Aggressivität. In der Praxis sind die Maßnahmen meist schwierig umzusetzen, weil die Ursachen multifaktoriell bedingt sind, was die Expertise und das Engagement der Therapeuten herausfordert.

Auf der Grundlage des Familienrisikomodells (Abb. 1.7) lassen sich differentielle Indikationsüberlegungen ableiten, die wiederum zu unterschiedlichen therapeutischen Interventionen führen. Die für das psychotherapeutische Vorgehen entscheidende Frage ist dabei, ob bei den Eltern eine ausreichend fördernde Umwelt und adäquate Erziehungsfertigkeiten vorhanden sind.

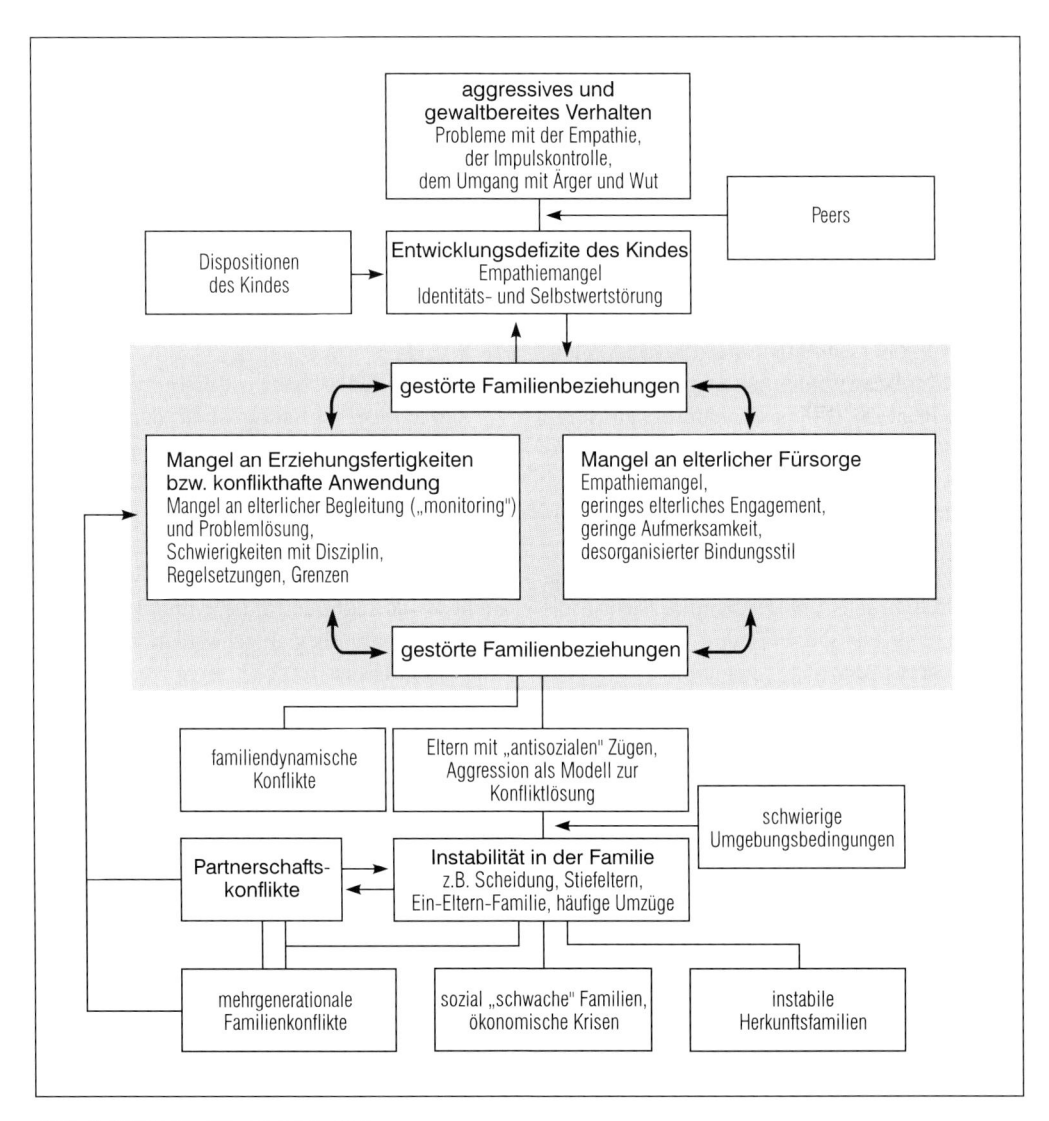

Abb. 1.7 Das Familienrisikomodell

- Wenn davon auszugehen ist, daß die Erziehungsfertigkeiten bei den Eltern nicht ausreichen, muß zunächst an eine Intervention zur Steigerung der elterlichen, erzieherischen Kompetenzen gedacht werden. Diese Maßnahme kann zum hauptsächlichen Inhalt einer Paarberatung werden, sie kann aber auch als Elterntraining durchgeführt werden, das während einer Paar- und Familientherapie oder auch in einer Elterngruppe stattfindet.
- Wenn dagegen Partnerschaftskonflikte im Vordergrund stehen, die ihrerseits zu unterschiedlichen Erziehungszielen und -stilen der Eltern führen, jedoch die eigentlichen Erziehungsfertigkeiten vorhanden sind, steht die Paartherapie im Vordergrund der Maßnahmen. Bei einer Ablehnung einer Therapie durch die betroffenen Eltern oder bei getrennt lebenden Paaren kann der Fokus auf die Konflikte um die Erziehungsprobleme im Zusammenhang mit den Sorgerechtsregelungen für das Kind gelegt werden. Manchmal muß dem sich streitenden Paar die Pflicht zur elterlichen Sorge um die Kinder sehr deutlich gemacht werden.
- Wenn die familiären Konflikte im Vordergrund stehen, kommt eine Familientherapie in Frage. Vor allem bei familiären Krisen und Umbrüchen in der Familie ist fast immer eine Familienberatung oder -therapie indiziert. Auch bei sogenannten Multiproblemfamilien – und um solche handelt es sich bei Gewaltproblemen fast immer – ist die Familientherapie vielen einzeltherapeutischen Maßnahmen vorzuziehen.
- Konflikte können zwischen Schule und Familie entstehen. Auseinandersetzungen der Kinder und Eltern mit einer Erzieherin oder einer Lehrerin führen bei den Kindern zu entsprechenden Loyalitätsproblemen bis hin zur Schulverweigerung. Es ist daran zu denken, daß der Ursprungsort von Gewalt nicht immer mit dem Ort identisch sein muß, an dem die Gewalt auftritt. Der Transfer von Gewalt zwischen Schule und Familie oder umgekehrt sollte unterbrochen werden. In diesen Fällen sind Interventionen im Kindergarten oder in der Schule hilfreich. Rundtischgespräche bringen die unterschiedlichen Parteien an einen Tisch, um die Konflikte zu besprechen.
- Sozialpädagogische Familienhilfe ist bei schwierigen sozialen Familienverhältnissen und chaotischen innerfamiliären Beziehungen indiziert. Wenn der familiäre Alltag nicht geregelt werden kann, benötigen diese Familien ganz konkrete Hilfestellungen durch aufsuchende Familienarbeit. Diese Maßnahmen sind basal notwendig, wenn die psychotherapeutischen Interventionen greifen sollen.
- Bei sozial schwachen Familien oder Familien in ökonomischen Krisen ist fast immer eine materielle Stützung Voraussetzung für weitere Maßnahmen. Eine Entschuldungsberatung und/oder eine Betreuung über das Sozialamt ist oft unumgänglich. Therapeutisch sind die eigenen Ressourcen der Familie zu berücksichtigen, um deren Selbstwertgefühl nicht weiter zu untergraben.

Das Zusammenspiel der Risikofaktoren bei der Entstehung von Gewalt weist Synergieeffekte auf: Die Risikofaktoren potenzieren sich durch positive Feedbackprozesse in ihrer Wirkung. Je mehr Risikofaktoren in der Familie auszumachen sind, um so wahrscheinlicher wird die Entwicklung des Teufelskreises zwischen Familienkonflikt und mangelhaften Sozialisationsbedingungen und damit eine Beeinträchtigung der psychosozialen Entwicklung des Kindes. Für das Überlegen von Interventionen zur Durchbrechung des Teufelskreises bedeutet dies, daß möglichst viele Faktoren verändert werden müssen, um Synergieeffekte für die Stärkung der Familie und die Förderung der für das Kind günstigen Reifungsbedingungen zu nutzen. Nur ein Maßnahmenbündel kann die Wahrscheinlichkeit bei Kindern, auf aggressives und gewaltbereites Verhalten zurückzugreifen, reduzieren.

1.8 Sexueller Mißbrauch als Thema der Psychoanalyse von Freud bis zur Gegenwart

Sebastian Krutzenbichler

Seit es die Psychoanalyse gibt, werden Patienten psychoanalytisch behandelt, die an den Folgen schwerster Erschütterung durch sexuellen Mißbrauch in ihrer Kindheit leiden. In ihrer Auseinandersetzung mit dem Thema „Sexueller Mißbrauch" – Freud führt diesen Begriff selbst ein – gewinnt die Psychoanalyse Erkenntnisse über Sexualität als allgemeinmenschliches Entwicklungsagens, schöpft Wissen über das Zusammenwirken von psychischer und äußerer Realität, entwickelt Behandlungsmethoden gegen psychisches Leid und schreibt zugleich ein dunkles Kapitel eigener Geschichte.

Im Oktober 1885 hospitiert Freud in Paris an der Salpêtrière bei **Jean Martin Charcot**, dem bedeutendsten Neurologen seiner Zeit, einem Spezialisten für Hysterie. Dort ist der „Ursprung der Dispute über aggressive Kindesmißhandlung und sexuellen Kindesmißbrauch (d.h. auch Inzest)" (Sachsse et al. 1997b, S. 6) zu orten. Mit umfassenden Informationen und widersprüchlichen Interpretationen über die Zusammenhänge von Sexualität, Hysterie und Lüge verläßt Freud im Februar 1886 Paris wieder in Richtung Wien: „Sexueller Mißbrauch ist ein gesellschaftliches Massenphänomen; meistens entsprechen die Berichte der Kinder der Wahrheit. Dem gegenüber: Sexueller Mißbrauch an Kindern ist in den seltensten Fällen Realität, überwiegend handelt es sich um Lügengespinste." (Krutzenbichler 1998).

Im gleichen Jahr 1886 eröffnet Freud seine Praxis und wird längere Zeit überwiegend konsultiert von „Hysterikerinnen, die freiwillig kamen, nachdem sie von den anderen Ärzten enttäuscht worden waren" (Israel 1976, S. 243). Mit dem Idealismus der Anfangsjahre befaßt er sich „leidenschaftlich, hingebungsvoll mit der Heilung Neurotiker (stundenlang auf dem Boden liegend, wenn nötig, neben einer Person in hysterischer Krise)" (Ferenczi 1932, S. 142). Er gilt bald als Fachmann für Hysterie, der sich auf die Sexualität seiner Patientinnen konzentriert und der versucht, wissenschaftlich zu belegen, was des Volkes Weisheit zu jener Zeit schon längst benennt: den Zusammenhang zwischen Sexualität und Hysterie. In seiner bestimmenden Art fordert Freud von seinen Patientinnen, Rede über Sexuelles zu führen und verleiht dem zeitweise mit Hypnose und Fingerdruck Nachdruck. Von anderen Patientinnen auf die Spur gebracht, verführt er sie dazu, „alles Geschehen auf Geschehen in der Kindheit" (Knörzer 1988, S. 122) zurückzuverfolgen, um dort schlußendlich eine Urszene zu entdecken, in der sie sexuell mißbraucht werden. Diese regelhaft produzierten Berichte überzeugen Freud 1895/96 davon, im realen sexuellen Mißbrauch von Kindern durch Erwachsene das alleinige Agens aller Neurosen entdeckt und damit die Antwort zur „Lösung eines mehrtausendjährigen Problems" (Freud 1986, S. 93) gefunden zu haben. Diese Entdeckung trägt seither den Namen „*Verführungstheorie*", obwohl sie eigentlich eine Hysterie-Theorie ist. Verschiedene Versionen zeichnen eine Entwicklung der Theoriebildung:

Sexueller Mißbrauch löst psychische Erregung aus, die assoziativ nicht direkt abgeführt, sondern erst später assoziativ im Symptom freigesetzt werden kann (Freud 1895d).

Das abgewehrte traumatische Ereignis des sexuellen Mißbrauchs wird erst dann pathogen, wenn die assoziative Verknüpfung zu einem vorpubertären Mißbrauch verbunden ist (Freud 1894/1986, S. 59).

Die *Theorie der Nachträglichkeit von Erinnerungen* an den sexuellen Mißbrauch in der vorpubertären Kindheit besagt, daß dieses Trauma ursprünglich nicht als sexuelles wahrgenommen wird, sondern durch ein späteres sexuelles Ereignis assoziativ verknüpft erstmals als solches erlebt wird, wobei die Wucht des späteren Erlebnisses des ursprünglichen Mißbrauchs pathogen wirkt und Abwehrmechanismen hervorruft (Freud 1893, 1896a, b, c). In einem nächsten Schritt versteht Freud die *Neurose als komplexen Endpunkt des Folgegeschehens frühen sexuellen Mißbrauches durch einen perversen Vater* (Freud 1896). Den Vater als jeweiligen Täter nennt er dabei nicht öffentlich, nur in Briefen: „Die Hysterie spitzt sich immer mehr zu als Folge von Perversion des Verführers; die Heredität immer mehr als Verführung durch den Vater." (Freud 1896/1986, S. 223).

Die eindringliche, suggestive Art Freuds in jenen Jahren, seine unter „hysterischen" Symptomen leidenden Patientinnen zur Rede über Sexuelles zu bewegen, führt zweifellos selbst zu einer Sexualisierung des therapeutischen Geschehens; denn „von sexuellen Dingen zu reden, ist eine Realität. Diese Realität ist eine Verführung; von der Verführung zu reden, ist eine Verführung." (Neyraut 1976, S. 149). Entsprechend sind die Folgen: Die eine oder andere Patientin begehrt nicht nur Freuds Begehren, sondern ihn selbst, umarmt und küßt ihn.

Die von ihm hervorgerufenen erotischen Manifestationen der Liebe seiner Patientinnen erschrecken und verunsichern Freud, lassen ihn immer mehr Abstand von der Hypnose nehmen und führen ihn parallel zur Entdeckung des sexuellen Mißbrauchs als Ursache aller Neurosen, zur Entdeckung der Übertragung (Freud 1895d) und damit zur Exkulpierung der Verführungsintention des Analytikers.

Er „stellt fest, daß die Gefühle seiner Patientinnen für ihn und ihre sexuellen Wünsche an ihn nicht seiner Unwiderstehlichkeit, sondern einer falschen Verknüpfung, einer Übertragung zu verantworten seien und eigentlich einer Person der Vergangenheit der Patientin gelten." (Krutzenbichler 1991, S. 292), nämlich dem Vater der Patientin.

Wir sehen, der verschleiernde Begriff der **Übertragung** zu jener Zeit beschreibt das Geschehen endopsychisch, ahistorisch und automatisiert und ist „außerhalb der realen Beziehung zwischen den Personen" (Cremerius 1986, S. 23) angesiedelt. Therapietechnisch hat er rein defensiven Charakter (Körner 1989), verkehrt die Position der beiden Protagonisten ins Gegenteil: Ursprünglich ist die Hysterikerin das Opfer eines sexuellen Mißbrauches in ihrer Kindheit, das sich symptomgeplagt mit der Bitte um eine hilfreiche Beziehung an den Arzt wendet; nun ist die Patientin die Täterin und der Arzt das Opfer, der vor einer Liebesattacke, die eigentlich nicht ihm gilt, die Flucht ergreift.

An dieser markanten Stelle in der Geschichte der Psychoanalyse werden wichtige, die Wissenschaft vorantreibende Neuerungen inauguriert, die zugleich den Anfang einer unheilvollen Tradition bilden: Opfer werden zum Täter deklariert, Täter werden exkulpiert.

So entschuldigt Freud seinen Freund Fließ im April 1896 von dessen lebensgefährlichem ärztlichen Kunstfehler an Emma Eckstein, einer Patientin Freuds. Nach einer Nasenoperation vergißt Fließ ein Gazestück in der Wunde, Auslöser für wiederholt lebensbedrohliche Blutungen. Freud beruhigt seinen Freund: „Zunächst mit der Eckstein. Ich werde Dir nachweisen können, daß Du recht hast, daß ihre Blutungen hysterische waren, aus Sehnsucht erfolgt sind und wahrscheinlich zu Sexualterminen" (Freud 1896/1986, S. 193). Das reale Trauma wird verleugnet und die Verantwortung für die Folgen des Traumas

einer Übertragung der Patientin zugeschrieben!
Im April 1896 tritt Freud mit dem Vortrag „Zur Ätiologie der Hysterie" (Freud 1896c) vor dem Wiener Verein für Psychiatrie und Neurologie mit seiner Entdeckung der ätiologischen Bedeutung realen sexuellen Mißbrauches in der Kindheit für die Genese der Hysterie an die Öffentlichkeit und bricht damit ein gesellschaftliches Tabu. Er wendet sich gegen Verleugnung und Kommunikationsverbot: „Er bot seine ganze Rednergabe auf, um seine ungläubigen Zuhörer davon zu überzeugen, daß sie den Ursprung der Hysterie im sexuellen Mißbrauch von Kindern suchen müßten. Alle 18 Fälle, die er behandelt habe, erklärte er, forderten zu dieser Schlußfolgerung heraus." (Gay 1989, S. 111).
Die eisige Ablehnung, die Freud durch seine Kollegen erfährt, kränkt und verletzt ihn zutiefst; er besucht keine weiteren Zusammenkünfte des Vereins, in dem er Mitglied ist und tritt mit der „Verführungstheorie" nicht mehr an die Öffentlichkeit. Allerdings entwickelt er seine Entdeckung weiter, indem er z.B. sexuellen Mißbrauch in einem Alter bis zu 18 Monaten als Ursache für psychotische Erkrankungen benennt (Freud 1897/1986, S. 234) und feststellt, daß zu einem späteren Zeitpunkt krankmachende Phantasien auch entstehen können, wenn Kinder sexuelle Äußerungen hören, ohne sie zu verstehen (ebd., S. 248). Im Mai 1897 steht Freud an einem Hiatus, an dem Synthese und Integration von „der ursächlichen Bedeutung der realen sexuellen Traumen (und anderen Einflüssen auf das sich entwickelnde Kind)" und „der Bedeutung der Phantasie-Tätigkeit für die Entwicklung des Menschen und seiner psychischen Krankheiten bei nur nebensächlicher Würdigung der realen äußeren Einflüsse" (Hirsch 1987b, S. 32) möglich ist. Freud durchschreitet ihn nicht, er verbleibt in einer Entweder-oder-Ambivalenz.
Im Sommer 1896 erkrankt Freuds Vater. Er stirbt im Oktober. Die Wirkungen beider Ereignisse (Ablehnung durch Kollegen, Tod des Vaters) bewegen sich in Freud krisenhaft aufeinander zu, was ihn im Sommerurlaub 1897 zu einer Selbstanalyse veranlaßt. Zurückgekehrt, widerruft Freud seine Hysterie-Verführungstheorie im September 1897: „Ich glaube an meine Neurotica nicht mehr" (Freud 1986, S. 283), ohne sie jemals ganz aufzugeben. Allein, die vier Quellen, die er dafür verantwortlich macht:
- sein Scheitern, auch nur einen Fall zum Abschluß zu bringen,
- sein Unglaube an das Ausmaß des sexuellen Mißbrauchs durch Väter (ein Rätsel angesichts seines umfassenden Wissens um die französischen Forschungsberichte von Tardieu, Bernard und Brouardel),
- das Fehlen eines sicheren Kriteriums, eindeutig zwischen Realität und affektiv besetzten Phantasien unterscheiden zu können,
- die Erkenntnis der zwangsläufigen Unvollständigkeit einer jeden Behandlung, da sich das Unbewußte letztlich nicht vom Bewußten bändigen läßt,

erklären die Abkehr vom großen Entwurf allerdings nicht ausreichend.
Ist der Tod seines Vaters mit Beginn der Selbstanalyse und der damit verbundenen Entdeckung des eigenen Ödipuskomplexes entscheidend, wie Kris (Freud 1950) und Jones (1960) vermuten, ist es der Umstand der eigenen Vaterschaft Freuds (Peters 1976) oder gibt „er zu einem Zeitpunkt auf, als er im Verlauf seiner Selbstanalyse den eigenen Vater als einen Verführer, als pervers hätte beschuldigen müssen" (Krüll 1979, S. 76)? Oder ist es einer nicht verarbeiteten Idealisierung seiner Eltern zuzuschreiben (Miller 1981, 1988), seiner Angst vor sozialer Isolierung und dem Festhalten an der Vater-Übertragung zu seinem Freund Fließ (Masson 1984)? Widerruft Freud seine Verführungstheorie, weil er sich während der Selbstanalyse mit dem eigenen sexuellen Mißbrauch durch sein Kindermädchen konfrontiert (Schneider 1989) und mit seinen Verführungsphantasien auf die eigene Tochter (Blass 1994), oder handelt er an jener Stelle, an der er um seine Verführungskraft zu wissen

beginnt, „als er seine eigene Verstrickung in jene Verführung, die er vermeintlich nur analysierte, zu ahnen begann." (Ehlert 1991, S. 46f)? Dazu Freuds Enkelin Sophie Freud (1992, S. 37): „Ich meine, daß der Grund, warum Freud seine Verführungstheorie aufgegeben hat, unklar bleibt ... Höchstwahrscheinlich waren es, wie immer, eine Mischung von Motiven."

Wie persönlich motiviert auch immer, entscheidend bleibt die Unmöglichkeit, innerhalb des Theorie-Käfigs der Verführungstheorie die unterschiedlichen Arten psychischer Erkrankung anders verstehen zu können denn als bloße Wiederholung.

Dies ist eine der entscheidenden Bruchstellen in der Geschichte der Psychoanalyse[1], an der offiziell die „eigentliche Geburtsstunde" der Psychoanalyse gefeiert wird:

> „Freud hat die ‚Lüge' der Hysteriker durchschaut ... Die regelmäßige Verführung durch den Vater ist ein 'Phantasiegebilde'" (Marie Bonaparte 1937, zit. nach Masson 1984, S. 134). Und „Wenn man die Verführungstheorie aufrecht erhält, dann bedeutet das die Preisgabe des Ödipuskomplexes und damit der gesamten Bedeutung der bewußten wie unbewußten Phantasien. Danach hätte es meines Erachtens keine Psychoanalyse mehr geben." (Anna Freud 1981 zit. nach Masson 1984, S. 135/136). Diese Verzerrung der Adepten sollte die Wirklichkeit des Umgangs der Psychoanalyse mit sexuellem Mißbrauch in Theorie und Praxis für Jahrzehnte bestimmen.

In Wahrheit ist Freuds Ambivalenz zum Thema der Bedeutung sexuellen Mißbrauchs in der Neurosen-Ätiologie so ausgeprägt, „daß in seinem Gesamtwerk sowohl Belege für eine scharfe, völlige Absage an die Verführungstheorie zu finden sind wie auch, besonders im Spätwerk, für ihre Würdigung." (Hirsch 1988, S. 211). Dennoch – was folgt, ist die Abkehr von der äußeren Realität hin zu triebbedingter, angeborener Phantasiewelt, aktiver kindlicher Sexualität und Ödipuskomplex als Zentrum der Ätiologie psychischer Störungen.

Die Erinnerungen der Erwachsenen, in der Kindheit sexuell mißbraucht worden zu sein, entsprechen im allgemeinen per definitionem nicht mehr der äußeren Realität. Die äußere Realität ist nun die autoerotische Betätigung im Kindesalter, die durch später entstehende Phantasien verdeckt und abgewehrt wird. Konstitution und Heredität haben dem Kind seine Unschuld geraubt, sexueller Mißbrauch als gesellschaftliches Massenphänomen ist exkulpiert, und die Psychoanalyse wird gesellschaftsfähig. Denn wenn kindliche sexuelle Wünsche an die Eltern sich qua Phantasien als Resultat eines allgemeinen menschlichen Triebes äußern, muß sich niemand mehr bedroht fühlen. Und das, obwohl im Erscheinungsmonat der „Traumdeutung" (November 1899), der ersten öffentlichen Darstellung des Ödipuskomplexes, Wien von aufsehenerregenden Prozessen gegen Eltern erschüttert wird, die ihre Kinder quälen, foltern, verstümmeln und töten (Wolff 1992). Allerdings zeigen sich die Schwierigkeiten Freuds in der Formulierung der Theorie und der Praxis seiner Therapietechnik in diesem Übergangsstadium deutlich in dem ersten ausführlichen Behandlungsbericht nach dem Widerruf der Verführungstheorie, nämlich am Fall Dora (Ida Bauer), im „Bruchstück einer Hysterie-Analyse" (Freud 1905e), ein beredtes Beispiel für die Versuchungen, denen der Analytiker während der Behandlung ausgesetzt ist und für die Macht, die er versucht sein kann auszuüben. Den gerade entdeckten Ödipuskomplex als ätiologische Richtschnur im Kopf, bedrängt Freud das Mädchen, spürt ihre Wünsche in den geheimen Winkeln ihres Unbewußten auf und gerät un-

---

[1] Freud selbst führt den Begriff der „Psychoanalyse" erstmals 1893 in „L' Hérédité et l'étiologie des névroses" gerade im Zusammenhang mit sexuellem Mißbrauch ein! „Je dois mes résultats à l'emploi d'une nouvelle méthode de psychoanalyse ..." (Freud 1896a, S. 416)

versehens in einen furor interpretandi, in dem er Doras Restitutionsversuche der Selbstbehauptung mit sich ihrer bemächtigenden, destruktiven Interpretationen „niederdeutet". Er gerät in einen Sog, der den reifen Mann dazu verführt, einem jungen Mädchen gegenüber zu hoffen. Und er überschreitet in seiner Leidenschaft des Deutens nach dem neuen ätiologischen Muster – seine eigenen sexuellen Wünsche sublimierend – die Grenze, die es verbietet, zuviel zu erhoffen. „Der Text ist Dokument einer Überflutung und ihrer Bewältigung im Schreiben" (Wellendorf 1987, S. 70). Als Dora aufhört, Freuds Interpretationsschemata zu widersprechen und sich gegen seine Deutungen aufzulehnen, bricht sie die Behandlung ab. „Mit seiner Einsicht, daß der Ursprung der Neurose nicht mit einer tatsächlichen Verführung verknüpft zu sein braucht, suchte Freud der jungen Frau die persönliche Verantwortung für ihre Phantasien und Handlungen zuzuschreiben. Ihre intrapsychische Phantasie, die von fixierten infantilen Trieben genährt und aufgrund ihrer perversen sexuellen Wünsche fixiert wurde, lag ihrer Neurose zugrunde… Die Konzentration darauf, daß die Verantwortung beim Mädchen zu suchen sei, hing eng mit der völligen Absolution des Vaters zusammen." (Blass 1994, S. 103).

Das Thema „Sexueller Mißbrauch" in der Neurosenätiologie zum Abschluß zu bringen überläßt Freud einem anderen: „Das letzte Wort in der Frage der traumatischen Ätiologie sprach dann später Abraham …" (Freud 1914d, S. 55).

Nun ist gerade Karl Abrahams Wort (1907) das beschämendste der Psychoanalyse zum sexuellen Mißbrauch gegen Kinder und für lange Zeit in der Tat das Letzte, im wörtlichen und doppelten Sinne. Es ist ein Wegweiser *zu jahrzehntelangem Verleugnen und implizitem Kommunikationsverbot innerhalb der psychoanalytischen Gemeinschaft zum Thema* – zwei der wichtigen Spezifika in Mißbrauchsfamilien!

Karl Abraham glaubt, den Nachweis führen zu können, „daß in einer großen Anzahl von Fällen das Erleiden des sexuellen Traumas vom Unbewußten des Kindes gewollt wird, daß wir darin eine Form infantiler Sexualbetätigung zu erblicken haben" (Abraham 1907, S. 166). Und weiter: „Die Kinder jener Kategorien zeigen ein abnormes Begehren nach sexuellem Lustgewinn, und infolge dessen erleiden sie sexuelle Traumen" (ebd. S. 172). Abraham schildert dann, was er angeblich „oft genug" (ebd. S. 174) bei erwachsenen weiblichen Hysterischen beobachte: „Sie werden auf offener Straße belästigt, auf sie werden dreiste sexuelle Attentate verübt etc. In ihrem Wesen liegt es, daß sie sich in einer traumatischen Einwirkung von außen exponieren müssen. Es ist ihnen Bedürfnis, als die einer äußeren Gewalt Unterliegenden zu erscheinen; wir finden hierin eine allgemeine psychologische Eigenschaft des Weibes in übertriebener Form wieder". (ebd.). Damit ist der Diskurs in der psychoanalytischen Gemeinschaft zum Thema „Sexueller Mißbrauch" für Jahrzehnte verstummt.

„Abrahams Argumentation macht das Kind zum Verführer, dreht die Täter-Opfer-Relation um. Indem er den Trieb des Kindes zur alleinigen Ursache der realen Verführung macht, entlastet er in aller Konsequenz den Erwachsenen von jeglicher Verantwortung." (Hirsch 1987b, S. 41).

Im gleichen Jahr 1907 begegnen sich Freud und Jung erstmalig, und **Jung** trägt „Die Freud'sche Hysterietheorie" (Jung 1907) in Amsterdam vor, die er u.a. mit der Behandlung Sabina Spielreins, einer „psychotischen Hysterie", kasuistisch belegt. Was er nicht vorträgt, ist der sexuelle Mißbrauch, den er an seiner Patientin Sabina Spielrein betreibt, die er Freud gegenüber so lange in beschämender und grotesker Weise verleumdet, bis sich sowohl die mißbrauchte Patientin wie seine hintergangene Ehefrau an Freud wenden und Jung gestehen muß. Dennoch legt Freud Sabina Spielrein eine „endopsychische Erledigung der Sache" (Carotenuto 1986, S. 239) nahe und entdeckt direkt im Zusammenhang mit sexuellem Mißbrauch in der psychoanalytischen Behandlung die Gegenübertragung (1909), die ja zunächst nichts anderes meint als die durch die Patientin hervorgerufene Liebe des Analytikers für die Patientin: „Ich selbst bin zwar nicht ganz so hereingefallen, aber ich war einige Male sehr nahe daran und hatte ein narrow escape ... Es schadet aber nichts, es wächst einem so die nötige harte Haut, man wird der ‚Gegenübertragung' Herr, in die man doch jedesmal versetzt wird, und lernt, seine eigenen Affekte zu verschieben und zweckmäßig zu placieren." (Freud und Jung 1974, S. 255).

Die historischen Bezüge entschleiern ein weiteres Mal, wie sich in begrifflichen Festlegungen der psychoanalytischen Theoriebildung, diesmal der Gegenübertragung, *Männerphantasien über das gefährlich liebestolle Weib* niederschlagen, „dem der Analytiker zum Opfer fällt" (Cremerius 1987, S. 127), wie der reale Täter zum Opfer deklariert wird, das Opfer zum Täter.

Zu der Zeit, in der Jung Sabina Spielrein behandelt, ist auch **Otto Groß**, selbst Analytiker der ersten Generation und zentrale Figur „der Münchner Bohème und Anarchistenszene" (Dittrich 1993, S. 43), bei Jung in Therapie. Jung behandelt Groß, der zumindest drei seiner Patientinnen sexuell mißbrauchte: „Lotte Chattemer, der er 1906 zum Selbstmord verhalf, Sophie Benz, die später eine Psychose entwickelte und 1911 unter seiner aktiven Beihilfe in Ascona Selbstmord beging, und Regina Ullmann" (Dittrich 1993, S. 95), die er verläßt, als sie schwanger wird, nicht ohne sie zum Selbstmord zu ermutigen. 1908 gibt Freud Otto Groß für die psychoanalytische Bewegung auf. Kurze Zeit später nimmt Sándor Ferenczi seine Geliebte Gizella Palos in Analyse, die sich nicht von ihrem Ehemann trennen will. Zwei Jahre später analysiert er Elma Palos, die Tochter seiner Geliebten (Haynal 1989) und macht auch sie zu seiner Geliebten. Freud verbietet Ferenczi diese Liaison, er analysiert Elma unwillig selbst, um zu überprüfen, ob Elma Ferenczi wirklich liebt. **Freud** erkennt dabei die Notwendigkeit einer Arbeit über die **Gegenübertragung** und merkt an: „Der Aufsatz ... dürfte allerdings nicht gedruckt werden, sondern müßte unter uns in Abschrift zirkulieren" (Freud und Jung 1974, S. 526).

Er schreibt den Aufsatz jedoch nicht, denn eine „öffentliche Diskussion der ‚Gegenliebe' hätte der Psychoanalyse, ebenso wie ein halbes Jahrhundert zuvor der Hypnose, den Garaus gemacht" (Hamburger 1983, S. 159).

Endlich, 1915, veröffentlicht Freud seine Arbeit „Bemerkungen über die Übertragungsliebe", in der er den Begriff der Gegenübertragung zum letztenmal überhaupt benutzt und in der er klar zum Ausdruck bringt: „Die Kur muß in der Abstinenz durchgeführt werden ... Das Liebesverhältnis macht eben der Beeinflußbarkeit durch die analytische Behandlung ein Ende; eine Vereinigung von beidem ist ein Unding" (Freud 1915a, S. 314).

Gefahr erkannt, Gesetz erlassen, Gefahr gebannt? Mitnichten:

> Freuds Ausführungen zur Liebe im analytischen Geschehen, seine Ächtung von sexuellem Mißbrauch in Psychoanalysen wird in der veröffentlichten psychoanalytischen Literatur 17 Jahre lang weder aufgegriffen noch diskutiert. Einerseits führen Freuds Ratschläge für eine Haltung der Abstinenz, die Ferenczi als „übergroße Ängstlichkeit" (Ferenczi 1919b, S. 19) der Analytiker vor den eigenen Liebesgefühlen versteht, zur zwanghaften Vermeidung jeglicher Gefühle und Nähe zum Patienten mit der „Inthronisation der Haltung eines schafsgesichtigen Blechaffen als psychoananalytischer Standardnorm", worüber Freud sich Ferenczi gegenüber erschrocken beklagt. Andererseits setzt eine jahrzehntelange Verleugnung und ein unausgesprochenes Kommunikationsverbot darüber ein, daß das Gesetz: „Die Kur muß in der Abstinenz durchgeführt werden", das psychoanalytische Inzestverbot, in einem nicht mehr überschaubaren Ausmaß gebrochen wird (Krutzenbichler und Essers 1991).

Erwähnt seien nur **Otto Rank** und **Rene Allendy** (der Gründer der französischen psychoanalytischen Gesellschaft), die beide ihre in der Kindheit sexuell mißbrauchte Patientin Anaïs Nin während der beiden aufeinander folgenden psychoanalytischen Behandlungen sexuell mißbrauchen (Cremerius 1988, Grunert 1989) und **Ernest Jones**, der inhaftiert, dem seine Arbeitsstelle im Kinderkrankenhaus gekündigt wird und der nach Kanada flieht, da ihm mehrere sexuelle Belästigungen gegenüber Kindern vorgeworfen werden. In Kanada zahlt er einer seiner Patientinnen 500 Dollar, damit sie ihn nicht öffentlich der Verführung bezichtigt (Roazen 1971). Freud überschüttet Jones mit Vorhaltungen, da Joan Riviere Freud während der Analyse anvertraut, daß sie während ihrer vorgehenden Analyse bei Jones ein Verhältnis zu diesem hatte (Gay 1989). Diese sich scheinbar ausschließende Gegensätzlichkeit von strengster, unnahbarer Abstinenz als Über-Ich-bestimmte Standardhaltung der Analytiker einerseits und sexuellem Mißbrauch gegen Analysandinnen in jenen Jahren andererseits sind lediglich zwei Seiten ein und derselben Medaille.

Kehren wir zurück in das Jahr 1924 nach Budapest zu Sándor Ferenczi, „wegen seiner Erfolge bei unheilbaren Fällen anderer Analytiker bekannt" (Fortune 1994, S. 683) und zu seiner Patientin, der damals 49jährigen Amerikanerin Elizabeth Severn, die **Ferenczi** als Hauptpatientin, Kollegin und schließlich als seine Lehrmeisterin bezeichnet. Nach der offiziellen Verabschiedung von Freuds Verführungstheorie ist sie vermutlich die erste in ihrer Kindheit sexuell mißbrauchte Analysandin, „deren tatsächliches Kindheitstrauma im Mittelpunkt der psychoanalytischen Behandlung" (ebd. S. 684) steht, und das acht Jahre lang!

Das, was sie und andere sexuell mißbrauchte, real traumatisierte Patienten ihn lehren, trägt Ferenczi zusammen, um 1932 auf dem Wiesbadener Kongreß Abrahams letztes Wort mit seinem Vortrag „Sprachverwirrung zwischen den Erwachsenen und dem Kind. Die Sprache der Zärtlichkeit und der Leidenschaft." zurückzuweisen, und das Kommunikationsverbot und Verleugnung von sexuellem Mißbrauch als Thema der Psychoanalyse zu durchbrechen. Der ursprüngliche Titel ist deutlicher: „Die Leidenschaft der Erwachsenen und deren Einfluß auf Charakter und Sexualentwicklung der Kinder".

Vom mainstream der Psychoanalyse bereits seit Jahren aufgrund seiner „maternalen" Technik isoliert, klagt Ferenczi seine psychoanalytischen Kollegen der Hypokrisie an, wirft ihnen vor, jeglichen Bezug zur äußeren Realität zu vermeiden, die Phantasie zu sehr zu betonen und zu vernachlässigen, daß „das Sexualtrauma als krankmachendes Agens nicht hoch genug angeschlagen werden kann" (Ferenczi 1933, S. 517; eine ausführliche Darstellung der Argumentation Ferenczis findet sich bei Hirsch, Kap. 1.9, S. 126).

Der Text wird von der offiziellen Psychoanalyse verworfen, Freud verlangt von Ferenczi den Verzicht auf Veröffentlichung, Jones verhindert die Ferenczi zugesagte Übersetzung ins Englische, die erst viele Jahre später Balint veranlaßt; die französische Übersetzung erscheint erst 1961. Der einzige offizielle Kommentar zu Ferenczis Ausführungen erfolgt 1935 ausgerechnet durch **Richard Sterba**, der unter dem Eindruck heftiger Liebesübertragungen sein defensives, triebgereinigtes Konzept der therapeutischen Ich-Spaltung (1934) entwickelt. Er kritisiert Ferenczi heftig wegen seines „Trauma redivum" (Sterba 1936, S. 44). „Das Trauma beruhe nicht auf der traumatophilen Sensibilität des neurosendisponierten Kindes, das nach der Lehrmeinung der Analyse Reize von ansonst harmlos normaler Stärke traumatisch, also einbruchsmäßig erlebt, sondern es bestehe in realer, ja gar grausamer Behandlung durch die Erwachsenen. ... Die Bedeutung des Traumas überstrahlt alles übrige bei Ferenczi so sehr, daß für ihn die triebbedingten Komponenten der Neurose völlig zurücktreten. Ja, Ferenczi nimmt dieser von ihm postulierten Überbedeutung des Traumas zuliebe eine weitere wissenschaftliche Regression vor, die ihn weit in die voranalytische Zeit zurückführt: er kommt zur Lehre von der Unschuld des Kindes." (ebd. S. 45). Dann in seinen Memoiren die zynische Bemerkung: „Anna Freud, die in der Sitzung den Vorsitz führte, sagte mir nachher, meine Darstellung machte mit Recht den Eindruck einer Krankengeschichte. (Wie früher erwähnt, litt und starb Ferenczi an perniziöser Anämie.)" (Sterba 1985, S. 100).

> Erneut bleibt dieses Thema in der offiziellen und veröffentlichten Psychoanalyse für Jahrzehnte tabuisiert. Weder erscheint es im theoretischen Diskurs, noch gibt es Kasuistiken.

Grinsteins „Index der psychoanalytischen Schriften" weist bis zum Ende der sechziger Jahre keinerlei Artikel zum Thema in psychoanalytischen Zeitschriften aus. **Person** und **Klar** (1997, S. 98) berichten unter Bezug auf **Simon** (1992) und **Mosher** (1991), „daß es nur 19 Artikel gab, die entweder Inzest oder Verführung in englischsprachigen psychoanalytischen Zeitschriften zwischen 1920 und 1986 erwähnten."

Nach Ferenczi beginnt mit **George Devereux** (1953) der Versuch einzelner, die Aufmerksamkeit auf die Bedeutung sexuellen Mißbrauches zu lenken, Freuds Verführungstheorie zu reinterpretieren, ohne aufeinander Bezug zu nehmen und ohne Gehör zu finden, geschweige denn eine Kontroverse auszulösen (Vetter 1988). Devereux kritisiert das Übersehen von verführerischem Verhalten Erwachsener als von Freud gefördertes Angst-Abwehrsymptom bei Psychoanalytikern und betont die Tatsache häufigen sexuellen Mißbrauchs, der von Erwachsenen ausgeht.

Manès Sperber (1954), ein Schüler Alfred Adlers, wirft Freud vor, seine Patientinnen durch Suggestion zu Fiktionen ihrer Vergangenheit zu verführen, um dann fälschlicherweise die Väter des sexuellen Mißbrauchs anzuklagen. Gleichzeitig weist er auf die Häufigkeit realen Inzests hin, die sich in psychoanalytischen Darstellungen jedoch nicht auffinden ließen, was indirekt von **Richter** (1963) bestätigt wird. Dieser stellt in seiner Arbeit „Eltern, Kind und Neurose" fest, daß „nicht nur als Ausnahmefälle" (S. 116) sexueller Mißbrauch von Vätern an Töchtern und Müttern an Söhnen vorkomme, dies jedoch lediglich bei „primitiven Eltern u. in Familien sehr niedrigen Sozialniveaus" (ebd.) geschehe, die in psychoanalytische Praxen in der Tat kaum in Erscheinung treten.

Leo Sadow (1968) und fünf weitere Chicagoer Psychoanalytiker differenzieren: Sexueller Mißbrauch habe bei einigen von Freuds frühen, schwer pathologischen Patienten tatsächlich stattgefunden, bei leichteren Pathologien seien es Phantasien von sexuellem Mißbrauch gewesen. Sexueller Mißbrauch als Thema in der theoretisch-klinischen Diskussion komme deshalb nicht vor, da die psychoanalytische Gemeinschaft Freuds Widerruf zu wörtlich genommen habe.

> Ab der zweiten Hälfte der siebziger Jahre wird durch die praktischen Erfahrungen in der Kinderpsychiatrie, der Familientherapie, von Kinderberatungs- und Schutzorganisationen und von feministischen Gruppen die Erkenntnis über massenhaften sexuellen Mißbrauch von Kindern immer evidenter und damit die Kritik an der Psychoanalyse und ihrem Umgang mit diesem Thema lauter.

Joseph Peters (1976) ist einer der ersten Praktiker, der die vorherrschende Haltung von analytischen Kollegen kritisiert, in Behandlungen realen sexuellen Mißbrauch als ödipale Phantasie zu desavouieren und mit dieser Haltung erneut Verdrängung und Verleugnung bei den Patienten Vorschub zu leisten, die Patienten damit zu retraumatisieren. **Shengold** (1979, 1980, 1989, 1995) betont eine Zerstörung des zentralen Identitätsgefühles durch sexuellen Mißbrauch und nennt ihn zu Recht „Seelenmord". In seinen Arbeiten tritt Shengold früh für eine Revision der Bedeutung traumatischer Realität ein, ohne die Bedeutung der Phantasien zu vernachlässigen: „Ich nehme an, daß in der Kindheitsentwicklung die tatsächlichen überwältigenden Erfahrungen von Verführung, Vergewaltigung und Schlägen der Eltern unterschiedliche tiefergehende zerstörerische und pathogene Wirkungen haben, als es die Phantasien solcher Erfahrungen haben können, die zwangsläufig in der seelischen Entwicklung der sexuellen und aggressiven Impulse eines Kindes entstehen. ... Man muß davon ausgehen, daß Erfahrungen eine umfangreichere Pathogenese verursachen als Phantasien." (Shengold 1995, S. 34).

Der New Yorker Analytiker **Klein** (1981) beklagt tragische Auswirkungen auf die analytische Praxis durch die Einführung des Ödipuskomplexes und die damit verbundene Vernachlässigung der Milieu-Faktoren für die Entstehung von psychischer Erkrankung. **Anna Freud** (1981) stellt fest, daß sexueller Mißbrauch von Eltern gegen ihre Kinder schädlicher und pathologischer wirkt als früheste Deprivation, Vernachlässigung und Mißhandlung.

In Deutschland sind es die Veröffentlichungen von **Krüll** (1979), **Miller** (1981) und **Masson** (1984), die die Aufmerksamkeit der psychoanalytischen Fachöffentlichkeit auf das Thema „Sexueller Mißbrauch" lenken, in deren Folge ab Mitte der achtziger Jahre eine unselige Debatte über Verführungs- versus Triebtheorie, Realität versus Phantasie entsteht, die sich um Angriff und Verteidigung der Person Freuds rankt und das Pendel gegen die Phantasie ausschlagen läßt.

Zur Situation in den USA schreibt Shengold (1995, S. 12): „Während vor dreißig Jahren die Verleugnung hinsichtlich der Aktualität eines solchen Mißbruchs gedieh, schlägt das Pendel in den Vereinigten Staaten in der entgegengesetzten Richtung aus, die man nur noch 'Kindes-Mißhandlungs-Kult' nennen kann, in dem die Therapeuten damit beginnen, vorauszusetzen, jede pathologische Erscheinung sei auf einen in der Kindheit stattgefundenen Mißbrauch zurückzuführen ... aufgrund des Mißbrauchs der Behauptung von Kindesmißhandlung besteht die Gefahr einer rückwärts gerichteten Pendelbewegung hin zur Verleugnung von Mißbrauch überhaupt."

Erst seit der zweiten Hälfte der achtziger Jahre sind in der psychoanalytischen Gemeinschaft Tendenzen einer Auseinandersetzung erkennbar, die ursprüngliche Ambivalenz Freuds zum Thema realer sexueller Mißbrauch und Phantasie zu einem metapsychologischen Integrationsversuch (Laplanche 1988; Ehlert 1991; Hirsch 1987b; Shengold 1995) und zu Veränderungen der Therapietechnik in der Behandlung von Opfern sexuellen Mißbrauches weiterzuentwickeln (Drews 1997, 1998; Ehlert 1990; Hirsch 1993a, c; Mac Carthy 1993; Thiel 1993), indem Sándor Ferenczi als Kristallisationsfigur für beides wiederentdeckt wird. Zudem wird in jüngerer Zeit (Dulz 1998; Dulz und Schneider 1996; Egle et al. 1997; Herman et al. 1989; Person und Klar 1997; Rhode-Dachser 1995; Sachsse 1993; Sachsse und Reddemann 1997; Sachsse et al. 1997a; Sachsse et al. 1997b) ein möglicher zentraler Zusammenhang zwischen sexuellem Mißbrauch und Borderline-Persönlichkeitsstörungen diskutiert.

Die tatsächlichen enormen Überwindungsschwierigkeiten der psychoanalytischen Behandlungspraxis mit Opfern sexuellen Mißbrauchs in der Kindheit als Folge jahrzehntelangen Verleugnens und impliziten Kommunikationsverbotes machen folgende Berichte deutlich.

Der Londoner Analytiker **Brendan Mac Carthy** (1993) schätzt, daß mindestens 10% aller Anträge von Patientinnen für kostenermäßigte Analysen von Inzestopfern gestellt werden. Aber: „Bis zum Jahre 1985 wurden Patienten mit Inzesterfahrungen nicht als für die Behandlung im Institut geeignet angenommen. ... Als Begründung wurde genannt, daß solche Patienten zum Agieren neigten oder den Analytiker oder Therapeuten zu verführen suchten. Es bestand der Eindruck, daß eine handhabbare Übertragung unwahrscheinlich sei und daß eine Übertragungsneurose sich nicht entwickeln würde oder nicht bearbeitbar wäre. ... Ein weiteres Problem bestand vor 10 Jahren darin, freie Behandlungsplätze für die jetzt zahlreicheren neuen Patienten zu finden. Kollegen wollten sie nicht haben. ... Ich schloß aus meinen Beobachtungen, daß Inzestopfer starke negative Gefühle hervorrufen (wenn auch oft unter dem Mantel übergroßer Sympathie). Diese Erfahrung und die Enttäuschung darüber, daß ich für so viele dieser Patienten keine Behandlungsplätze finden konnte, brachten mich 1987 dazu, einen Aufsatz zu schreiben mit dem Titel 'Werden Inzestopfer gehaßt?'" (S. 112ff). Josephine Rijnaarts (1988, S. 134) bemerkt: „Die Beobachtung, daß man in der psychoanalytischen Praxis relativ wenigen Frauen mit Inzesterfahrung begegnet, erklärte Tas damit, daß es sich um 'technisch' schwierige Patientinnen handle, die das Vertrauen in andere Menschen verloren hätten und nicht über ihre Erlebnisse sprechen wollten.".

Der New Yorker Psychoanalytiker **Leonard Shengold**, der seit 30 Jahren zu diesem Thema publiziert, berichtet: „Als ich zum ersten Mal Aufsätze über Patienten präsentierte, die mir von ihren Erinnerungen berichteten oder die sich im Verlauf der Behandlung erinnerten, daß sie als Kinder verführt oder geschlagen wurden, normalerweise durch die Hände von psychotischen, süchtigen oder psychopathischen Eltern, wurde mir häufig gesagt, daß ich gutgläubig wäre und daß das, was ich als geschehen akzeptiert hatte, das Produkt der Phantasie meiner Patienten war." (Shengold 1995, S. 10). **Ilse Grubrich-Simitis** bestätigt dies: „Wer Außenwelteindrücke, das Ich des Patienten mutmaßlich überfordernde, also traumatisch wirkende Realerlebnisse oder kumulativ beeinträchtigende Objektbeziehungen zu bedenken gab, sah sich unversehens dem Vorwurf ausgesetzt, eine den analytischen Einsichtsgewinn hemmende Abwehrbewegung des Patienten mitzuvollziehen." (1998, S. 110f.). Die Tatsache, daß „es bis vor kurzem so wenige Fallberichte von tatsächlichem Mißbrauch und seinen Folgen in der psychoanalytischen Literatur gegeben hat", sieht **Person** als „Ergebnis verschiedener theoretischer Glaubenssätze" (1997, S. 97) innerhalb der Psychoanalyse. Die Diskrepanz zwischen der verschwindend geringen Anzahl publizierter psychoanalytischer Falldarstellungen zum Thema sexueller Mißbrauch einerseits und der Häufigkeit von Berichten über sexuellen Mißbrauch in hochfrequenten psychoanalytischen Langzeitbehandlungen andererseits wird eklatant deutlich, wenn man die Ergebnisse der aufschlußreichen Prävalenzstudie von **Brunner** (1996, 1997, 1998) heranzieht: Die Auswertung der repräsentativen Stichprobe von 276 zusammengefaßten Therapieverläufen psychoanalytischer Liegungsanalysen ergeben, daß ca. 20% der Analysanden schwere und ca. 38% leichtere Formen von sexuellem Mißbrauch aufweisen! *Nicht zufällig nimmt das Thema „Sexueller Mißbrauch in Psychoanalysen und Psychotherapien" ein paralleles Schicksal.*

Ebenso von außen angestoßen durch Selbsterfahrungsberichte in feministischen Gruppen, Publikationen betroffener Frauen (Pope und Bouhoutsos 1986; Anonyma 1988; Augerolles 1989; Hensch und Teckentrup 1993), durch verschleiernde bis groteske metapsychologische Windungen zu Übertragungs- und Gegenübertragungsliebe hindurch (Massing und Wegehaupt 1987; Cremerius 1988; Grunert 1989; Krutzenbichler und Essers 1991) und gegen heftigen normativen Druck der psychoanalytischen Institution (Tower 1956; Ermann 1993; Krutzenbichler 1993) ist es seit kurzem möglich, unbefangen über jenes dunkle Kapitel eigener Geschichte zu sprechen. Dies ist von großer Bedeutung; denn wir wissen, daß in ihrer Kindheit sexuell mißbrauchte Patienten besonders gefährdet sind, in psychotherapeutischen Beziehungen erneut sexuell mißbraucht zu werden: „Ein Mädchen, das in früher Kindheit Objekt einer sexuellen Verführung wurde, kann ihr späteres Sexualleben darauf einrichten, immer wieder solche Angriffe zu provozieren" (Freud 1939a, S. 180). Bei beiden Mißbrauchsarten handelt es sich zudem um schwerst zerstörerischen, überwiegend männlichen Machtmißbrauch, und es ist „frappierend, wie genau die Dynamik sexueller Beziehungen zwischen Therapeuten und Patienten denjenigen gleicht, die wiederholt im Zusammenhang mit sexuellem Mißbrauch in der Kindheit beschrieben wurde: Es besteht dieselbe verzweifelte Notwendigkeit, das Geheimnis zu wahren, an der Idealisierung des Täters gegen alle Einsicht (und gegen die Schmerzen, die er zufügt) festzuhalten, es herrscht dieselbe Tendenz, sich selbst für das Geschehene die Schuld zu geben und den Täter zu entschuldigen; es entsteht dieselbe Scham, dasselbe Gefühl eigener Wertlosigkeit, vor allem aber entsteht dieselbe Abhängigkeit, die die Opfer an jeder Aktion gegen den Täter hindert, so lange die Beziehung zwischen ihnen fortbesteht, so daß auch die betroffenen Patienten meist erst Jahre nach dem Ende der Beziehung in der Lage sind anzuerkennen, was ihnen zugefügt wurde." (Ehlert 1990, S. 12f).

1.9 Vernachlässigung, Mißhandlung, Mißbrauch im Rahmen einer psychoanalytischen Traumatologie

Mathias Hirsch

Inhalt

1.9.1 Ferenczi 127
1.9.2 Introjektion und Identifikation 128
1.9.3 Implantation 129
1.9.4 Zeugenschaft 129
1.9.5 Traumatisierung im Erwachsenenalter 130
1.9.6 Trauma in der zweiten Generation 130
1.9.7 Weitere Abwehr-(Bewältigungs-)Mechanismen 131
   Dissoziation 131
   Somatisierung 132
   Wiederholungszwang 133
   Sexualisierung 134
1.9.8 Geschichtlicher Überblick 135
   Freud 135
   Andere Autoren in der Nachfolge Freuds und als Vertreter
   einer psychoanalytischen Ich-Psychologie 137
   Frühkindliches Trauma 137
1.9.9 Zusammenfassung und Schluß 138

In gewisser Weise kann man *zwei grundlegend verschiedene Richtungen der Psychoanalyse* annehmen, deren Repräsentant einmal **Freud,** zum andern **Ferenczi** ist. Freud, der „nicht gern die Mutter in der Übertragung" war, wie er einer Patientin (Hilda Doolittle) einmal sagte (Cremerius 1983, S. 990), legte den Schwerpunkt von Psychodynamik und Pathogenese sowie der psychischen Entwicklung in die intrapsychischen Vorgänge des Individuums; die Übertragung des Patienten auf den Therapeuten blieb eine Angelegenheit, die der Patient initiierte und ausgestaltete, der Analytiker war lediglich als Empfänger, als Reagierender, zu verstehen. Daher das Konzept der „neutralen Haltung" einer „Ein-Personen-Psychologie", während Ferenczi als Begründer einer „Zwei- (und Mehr-)Personen-Psychologie" zu sehen ist (Balint 1969; Cremerius 1983).
Bei Ferenczi sind Beziehungen grundsätzlich das Ergebnis des Handelns und Fühlens aller Beteiligten, und insofern hat der Begriff des Traumas für Freud und Ferenczi jeweils völlig verschiedene Bedeutungen.

Das Trauma bei Ferenczi „wird fortan, anders bei Freud, wo das Trauma das Triebschicksal bestimmt, die Beziehung zum Objekt verändern, zu äußeren Objekten wie zu den inneren Repräsentanten derselben." (Cremerius 1983, S. 998).

1.9.1 Ferenczi

In seiner letzten Arbeit, die auf einem skandalerregenden Vortrag auf dem Wiesbadener Kongreß von 1932 beruht und den Titel hat „Sprachverwirrung zwischen den Erwachsenen und dem Kind – Die Sprache der Zärtlichkeit und der Leidenschaft", knüpft Ferenczi an die Verführungstheorie Freuds aus den „Anfängen der Psychoanalyse" direkt an. „Vor allem wurde meine schon vorher mitgeteilte Vermutung, daß das Trauma, speziell das Sexualtrauma, als krankmachendes Agens nicht hoch genug veranschlagt werden kann, von neuem bestätigt." (Ferenczi 1933, S. 307).
Ferenczi geht von bestimmten masochistisch-unterwürfigen Patienten aus, die sich nicht gegen Frustrationen und auch nicht gegen die Schwäche und die Heucheleien des Analytikers in der therapeutischen Situation abgrenzen können. Er entdeckt, daß solche Patienten sich mit dem Analytiker identifizieren, anstatt ihm zu widersprechen und sich zu behaupten. Vor Anna Freud (1936) formuliert Ferenczi den Abwehrmechanismus der *Identifikation mit dem Aggressor.* Aber bei Anna Freud ist es ein Abwehrmechanismus, der das gekränkte Ich durch Identifikation mit dem mächtigen Erwachsenen, der eher imitiert wird, wieder aufrichtet. Bei Ferenczi dagegen handelt es sich um einen lebenswichtigen Vorgang, der dementsprechend elementar die Identität des Opfers verändert.

> Es ist eher eine Unterwerfung, ein Akzeptieren des traumatischen Systems, ein introjektives Hineinnehmen des Täters, der dadurch – weil er ja auch lebensnotwendig gebraucht wird – „gut" bleiben kann, ein liebender Vater zum Beispiel, während das Böse, das ja in der traumatischen Gewalt enthalten ist, in das Kind bzw. das Opfer gelangt. Dort wirkt es fortan selbstwerterniedrigend und regelmäßig Schuldgefühle verursachend; das Opfer empfindet das Schuldgefühl, das der Täter nicht haben kann.

Ferenczi (1933, S. 308f) fährt fort: „Tatsächliche Vergewaltigungen von Mädchen, die kaum dem Säuglingsalter entwachsen sind, ähnliche Sexualakte erwachsener Frauen mit Knaben... gehören zur Tagesordnung. Schwer zu erraten ist das Benehmen und das Fühlen von Kindern von solcher Gewalttätigkeit. Der erste Impuls wäre: Ablehnung, Haß, Ekel, kraftvolle Abwehr. 'Nein, nein, das will ich nicht, das ist mir zu stark, das tut mir weh. Laß' mich.' Dies oder ähnliches wäre die unmittelbare Reaktion, wäre sie nicht durch eine ungeheure Angst paralysiert. Die Kinder fühlen sich körperlich und moralisch hilflos, ihre Persönlichkeit ist noch zu wenig konsolidiert, um auch nur in Gedanken protestieren zu können, die überwältigende Kraft und Autorität des Erwachsenen macht sie stumm, ja beraubt sie oft der Sinne. *Doch dieselbe Angst ... zwingt sie automatisch, sich dem Willen des Angreifers unterzuordnen, jede seiner Wunschregungen zu erraten und zu befolgen, sich selbst ganz vergessend sich mit dem Angreifer vollauf zu identifizieren.* Durch die Identifizierung, sagen wir Introjektion des Angreifers verschwindet dieser als äußere Realität und wird intrapsychisch, statt extra; ... der Angriff (hört) als starre äußere Realität zu existieren auf, und in der traumatischen Trance gelingt es dem Kind, die frühere Zärtlichkeitssituation aufrechtzuerhalten. Doch die bedeutsamste Wandlung, die die ängstliche Identifizierung mit dem erwachsenen Partner im Seelenleben des Kindes hervorruft, ist die Introjektion des Schuldgefühls des Erwachsenen ... Erholt sich das Kind nach solcher Attacke, so fühlt es sich ungeheuer konfus, eigentlich schon gespalten, schuldlos und schuldig zugleich, ja mit gebrochenem Vertrauen zur Aussage der eigenen Sinne."
Meines Erachtens ist der Kerngedanke Ferenczis, daß das Kind durch die massiven Abwehroperationen der Introjektion der Gewalt und der Identifikation mit dem Aggressor sich selbst dadurch zu retten versucht, daß es die für es lebensnotwendige Beziehung zu erhalten sucht, indem es sich selbst die Ursache der Gewalt, des Bösen und die Schuld dafür zu-

schreibt. Die Tragik liegt darin, daß das Kind von den lebensnotwendig gebrauchten Eltern mißhandelt oder mißbraucht wird, Eltern, deren Bild es sich als genügend gut erhalten muß, koste es was es wolle, auch um den Preis der Selbstaufgabe. Einen weiteren Abwehraspekt der Introjektion nennen Zepf et al. (1986):

> Dadurch, daß die äußere traumatische Realität nach innen verlegt wird, eröffnet sich dem Ich eine Hoffnung oder Chance, daß sie dort in der Phantasie beherrschbar ist, denn als äußere Realität ist sie überwältigend.

Wie wir aus der Traumaforschung erwachsener Opfer heute wissen, finden bei Folter und KZ-Haft, auch z. B. Entführungen als Beispielen von Extremtraumatisierung regressive Prozesse statt, die eine frühe Form der Objektbeziehung, verbunden mit totaler Abhängigkeit, entstehen lassen, so daß auch das erwachsene Opfer tragischerweise im Täter die alleinige Quelle noch möglicher narzißtischer Zufuhr erlebt (vgl. Eissler 1968; Amati 1977).

1.9.2 Introjektion und Identifikation

Ferenczi unterscheidet noch nicht zwischen Introjektion und Identifikation. Sandler differenziert über 50 Jahre später folgendermaßen: „Introjektion ist sozusagen das Aufrichten eines inneren Begleiters, mit dem man im Dialog stehen kann, der aber nicht ein Teil der Selbstrepräsentation ist. Das Introjekt ist so eher wie ein Beifahrer, jemand, der einem entweder freundlich oder unfreundlich erzählt, was man tun soll, mit dem man einen unbewußten Austausch haben kann." (Sandler 1988, S. 52).

> Heute würden wir sagen, daß die Gewalt introjiziert wird als aktive Abwehrleistung des Ichs des Opfers, um zu überleben, so daß ein Fremdkörper im Selbst, der von innen destruktiv weiterwirkt, gebildet wird. Wie Ferenczi schon sah, wird dadurch die äußere Umgebung vom Bösen befreit, so daß die Illusion von genügend guten äußeren Objekten aufrecht erhalten bleiben kann.

Sandler definiert Identifikation dagegen als eine Veränderung des Selbst durch Übernahme von Anteilen bzw. Eigenschaften eines Objekts: „Identifikation ist ein Prozeß, in dem auf der Basis eines Aspekts einer Objektrepräsentanz eine Veränderung in der Selbst-Repräsentanz stattfindet." (Sandler 1988, S. 52). Die Spannung zwischen dem Introjekt und dem Ich verursacht schwere Schuldgefühle und Selbstwerterniedrigung, diese Spannung kann verringert werden durch Identifikation mit dem Introjekt, wie ich es als eine Möglichkeit der Assimilation, der Entschärfung introjizierter Gewalt beschrieben habe (Hirsch 1995). Im Grunde handelt es sich um den Mechanismus, den Freud (1914c, 1921c, 1923b) für die Über-Ich-Bildung beschrieben hat. Auch dort werden Eigenschaften der äußeren Objekte internalisiert (introjiziert), und dann wird, insbesondere bei freundlichen Inhalten, eine Aneignung, Assimilation durch Identifizierung vorgenommen. Freud hat aber diesen Mechanismus nicht auf alle Erfahrungen mit und Einwirkungen durch äußere Objekte ausgedehnt. Im Grunde hat Ferenczi den auch bei Freud zumindest latent enthaltenen Objektbeziehungsaspekt im Zusammenhang mit traumatischen Erfahrungen in den Vordergrund gestellt. Er knüpft dabei an den frühen Freud an, der ja sehr wohl gesehen hat, daß es „nahe Verwandte" waren, die das Kind mißbrauchten, wenn ihm auch die Bedeutung dieser nahen Beziehungen, in denen der Mißbrauch stattfand, wohl nicht klar wurde. Freud hat auch selten daran gedacht, wie verschieden, also auch traumatisch-gewaltsam die Über-Ich-Inhalte sein können, die von realen gewalttätigen Eltern vermittelt werden.

1.9.3 Implantation

Während Introjektion und Identifikation Abwehrleistungen des Ichs sind, geht die Gewalt ursprünglich vom äußeren Objekt aus, das dem Opfer die Gewalt, die dann introjiziert wird, von außen implantiert, wie ich es diskutiert habe (Hirsch 1995). Ferenczi hat zwar nicht in seiner Veröffentlichung von 1933, jedoch in seinen Aufzeichnungen dementsprechend von „Super-Ego-Intropression" gesprochen: „Erziehung ist Super-Ego-Intropression (seitens der Erwachsenen)" (Ferenczi 1938, S. 294). In seinem klinischen Tagebuch beschreibt Ferenczi (1985, S. 124) noch einen anderen Vorgang, der der Implantation des Bösen folgt, ein *Berauben des Guten* nämlich, des stillen Glücks des kindlichen Opfers, so daß hier der Grund für die von den Patienten später beschriebene Leere des Lebendig-Tot-Seins gesehen werden kann: „Zugleich aber saugt sozusagen der Aggressor ein Stück, d.h. das ausgedrängte Stück des Opfers in sich ein... Ein Teil des Giftes wird einer anderen Person implantiert..., zugleich annektiert der Aggressor... die naive, angstlose, ruhige Glückslage, in der bis dahin das Opfer lebte." Hierdurch, aber auch durch die Unterwerfung wird das mißbrauchte Kind „zu einem mechanisch-gehorsamen Wesen" (Ferenczi 1933, S. 309); hier ist der Grundgedanke gelegt für das „Abschalten" der Affekte des Opfers während des Mißbrauchs und auch später als Charakterzug (vgl. Hirsch 1987b). Shengold (1979) spricht von *„vertikaler Spaltung"*, einem Nebeneinander von Denken und Wahrnehmung im Ich, um durch „Kompartimentierung das Unerträgliche in Schach zu halten". Ferenczi nennt es „lebendig-tot" (1933), bei Opfern extremer Traumata spricht man vom „Automatisieren" (Krystal 1968, S. 31; auch Bettelheim 1979; Ahlheim 1985, S. 351) bis hin zum Syndrom der „Muselmänner" (Bettelheim 1960; Krystal 1968, S. 34; de Wind 1968). Krystal (1978) beschreibt für das „katastrophische Trauma" im Erwachsenenalter eine Regelmäßigkeit der Auslieferung an die überwältigende Gefahr, eine Progression von Angst zu einem katatonischen Zustand, möglicherweise zu psychischem Tod. Auch das kompensatorische frühreife und übertriebene Ausbilden von bestimmten einzelnen Ich-Funktionen beobachtete schon Ferenczi (1933, S. 311), er spricht vom „Aufblühen neuer Fähigkeiten nach Erschütterung", neben der eintretenden Regression sieht man eine „traumatische(r)... Progression oder Frühreife."

1.9.4 Zeugenschaft

Ferenczi denkt im Zusammenhang mit Trauma also stets in Kategorien von Objektbeziehungen, der Internalisierung von Objektaspekten, hier insbesondere der traumatischen Gewalt, und der weiterführenden intrapsychischen Prozesse wie Identifikation, aber auch Dissoziation (Abschalten, Gefügigsein). Dabei verschwindet eine wichtige Entdeckung allerdings fast in einem Nebensatz: Das Kind, für das das „Alleinsein ohne mütterlichen oder sonstigen Schutz und ohne ein erhebliches Quantum an Zärtlichkeit unerträglich ist" (Ferenczi 1933, S. 310), sucht sich durch Introjektion den mißbrauchenden Vater erträglich zu machen, kann aber auch auf eine andere Beziehung als Schutz nicht zurückgreifen, um das Trauma zu mildern bzw. vor allem um die Verwirrung, die Konfusion über das Unklare der Realität, der es ausgesetzt ist (Gewalt oder Liebe, kindliche Zärtlichkeit oder Erwachsenensexualität), zu vermeiden. Die Beziehung zur Mutter sei „nicht intim genug, um bei ihr Hilfe zu finden." (Ferenczi 1933, S. 309).

Man muß betonen, daß dieses Moment, völlig alleingelassen dem Täter und seiner Gewalt ausgesetzt zu sein, ganz wesentlich zum Ausmaß der Traumatisierung beiträgt, denn je weniger Außenbeziehungen hilfreich relativieren können, desto eher wird das Kind bzw. das Opfer der Gewalt über-

> wältigt und gezwungen, sich kindlich liebend vom Täter die einzige narzißtische Zufuhr zu erhoffen.

„Das schlimmste ist wohl die Verleugnung, die Behauptung, es sei nichts geschehen, es tue nichts weh, oder gar Geschlagen- oder Beschimpftwerden bei Äußerungen traumatischer Denk- und Bewegungslähmung; diese machen erst das Trauma pathogen." (Ferenczi 1931, S. 505) Das eigentliche Trauma ist also die *Beziehungsverweigerung durch den Täter* (Balint 1969; Haynal 1989). Sabourin (1985, S. 287) schreibt deshalb im Nachwort des „Klinischen Tagebuchs" Ferenczis: „Denn es ist Ferenczi, der das '*Leugnen des Stattgefundenen seitens der Mutter*' als den Faktor betrachtet, der '*das Trauma pathogen macht*', also nicht nur die Vergewaltigung, sondern auch die ihr folgende Verleugnung und Verleumdung." Nicht umsonst greift Shengold (1979, 1989) den Begriff des „Seelenmords" wieder auf, der ursprünglich von Anselm von Feuerbach für den Fall Kaspar Hauser verwendet wurde, um die „mind distorting", die einer Gehirnwäsche entsprechende Wirkung derartiger identitätszerbrechender Konfusionsvorgänge von Liebe und Gewalt, die Selbstgefühl und Realitätssinn gründlich erschüttern, zu beschreiben. Dabei handelt es sich keineswegs immer um sexuelle Gewalt; Liebe in Form archaisch-narzißtischer Beziehung zum Täter, aber auch Sexualisierung (siehe weiter unten) sind mit allen Formen der Gewalt verbunden. Müller-Pozzi (1984, S. 197) spricht von „globaler Identifikation", um eine derartig archaische, auch introjektartige Beziehung zu bezeichnen.

1.9.5 Traumatisierung im Erwachsenenalter

Die Vorstellung der Introjektion der Gewalt aufgrund der Notwendigkeit der Erhaltung eines äußeren Liebesobjekts ermöglicht es, auch Traumata im Erwachsenenalter besser zu fassen. Wie Ehlert und Lorke es beschreiben, erzwingt die traumatische Situation „*eine umfassende Reinfantilisierung des Opfers*" (Ehlert und Lorke 1988, S. 505). Ich-Schwächung, geschwächte Realitätsprüfung und Reaktivierung infantiler Ängste bedrohen das Ich durch die Gefahr der Desintegration („Zustand totaler Verwirrung", Amati 1977, S. 235). Aber es ist eben auch die Bedrohung durch den Verlust sämtlicher Objektbeziehungen, den Verlust narzißtischer Zufuhr (Eissler 1968). Ehlert und Lorke meinen, daß es sich weniger um eine Ich-Leistung im Sinne der Abwehr handelt, sondern um eine erzwungene Ich-Regression, der die Autoren eine Objekt-Regression, „d.h. die Rückkehr zu den allmächtigen, hauptsächlich narzißtisch-besetzten Objekten der frühesten Kindheit" (Ehlert und Lorke 1988, S. 508) gegenüberstellen. Dementsprechend sehen die Autoren eine „elementare Abhängigkeit, die wir als Grundlage des Traumas ansehen. Die Delegation der Ich-Funktionen, das Liebesbedürfnis und die Verschmelzungswünsche, die das Verfolgungstrauma im Opfer induziert, richten sich auf niemand anderen als auf den Täter." (ebd. S. 509f) Damit ist die Parallele zum traumatischen Geschehen zwischen erwachsenem Täter und kindlichem Opfer in ihrer Objektbeziehungsdynamik gegeben.

> Genau wie bei der Situation zwischen Erwachsenem und Kind tritt eine Introjektion ein, um sich der Anwesenheit eines Liebesobjekts zu vergewissern.

Ähnliche Formen der Identifikation mit dem Aggressor sind auch von Bettelheim (1960, 1979) für die KZ-Haft beschrieben worden.

1.9.6 Trauma in der zweiten Generation

Das Introjektkonzept der traumatischen Gewalt ermöglicht es auch, die Auswirkung der verdrängten, verleugneten und verschwiegenen Traumata (und Verluste), die die Liebesobjekte der vorangegangenen Generation getroffen haben, zu erfassen. Die Weitergabe psychischer Inhalte auf identifikatorisch-introjektiven Wegen von einer Generation zur nächsten wurde besonders von Kestenberg (1974), Grubrich-Simitis (1979), Faimberg (1987), die vom „telescoping" der Generationen spricht, Kogan (1990) mit dem Begriff der „transgenerationalen Transmission" und besonders von den französischen Autoren Abraham (1978), Torok (1968) und Cournut (1988) untersucht. Auch für die dritte Generation von schweren Traumata gibt es eine Untersuchung (Ahlheim 1985). Ähnlich wie von Green (1983) beschrieben, sind es die Ich-Defekte, in die die Kinder der nachfolgenden Generationen sich empathisch einzufühlen suchen, um in einer Art Rollenumkehr sorgend einen Defekt auszufüllen (vgl. Grubrich-Simitis 1979). Kogan (1990) beschreibt ähnlich, daß die Kinder Ziele der Projektion von Trauer und Aggression seien, daß sie in der Sorge mit den unzulänglichen Eltern symbiotisch mit ihnen verschmelzen und in der Phantasie das Trauma der Eltern wiederzubeleben trachten, um sie verstehen zu können. Ähnlich wie Ferenczi (1933) vom „Aussaugen" spricht, gibt es Beschreibungen von intrusivem, bemächtigendem Benutzen der Kinder der nachfolgenden Generation; es erfolgt aufgrund der symbiotischen Nähe eine Aneignung des Kindes, ein Eindringen (Faimberg 1987).

> Ebenso, wie bei den Opfern selbst durch Introjektion ein Schuldgefühl entsteht, kann ein solches auch in der Nachfolgegeneration massive Formen annehmen, obwohl die Kinder der nächsten Generation zum Zeitpunkt der terroristischen Gewalt noch gar nicht geboren waren (ähnlich wie das Schuldgefühl bei Patienten, die vor ihrer Geburt ein Geschwister durch Tod verloren hatten). Denn es ist das introjizierte Schuldgefühl der Eltern (der eigentlichen Opfer), noch potenziert durch das eigene Schuldgefühl, in der notgedrungen übernommenen Aufgabe, die Eltern zu retten, versagt zu haben.

1.9.7 Weitere Abwehr-(Bewältigungs-)Mechanismen

Einige Abwehrmechanismen im Zusammenhang mit aktuellen bzw. verinnerlichten Traumata sowie aktuellen Ereignissen oder Objektkonstellationen, die ein ursprüngliches Trauma wiederbeleben, weil sie an es erinnern oder ihm entsprechen, wurden zum Teil bereits angesprochen. Dazu gehören die Regression auf archaisch-narzißtische Formen der Beziehung (gerade auch zum Täter), verbunden mit Abhängigkeit, geradezu Hörigkeit unter Aufgabe weiter Bereiche der eigenen Identität, sowie massive Verdrängung bis hin zur totalen Amnesie auch kürzlich erfolgter Traumata, ein Abwehrmechanismus, der einen weiteren begünstigt: den Wiederholungszwang.

Dissoziation

In der traumatischen Situation selbst kommt ein Spaltungsmechanismus vor, der als „Abschalten" von Affekten, aber auch des Körper-Selbst zu verstehen ist, da das Erleben der eigentlich dem Trauma entsprechenden überwältigenden Affekte nicht auszuhalten wäre (vgl. Hirsch 1987b).
Shengold (1979, S. 538) schreibt: „Bei akuten Ereignissen kann man ohnmächtig werden oder alle Gefühle abschneiden, bei wiederholt einwirkenden Traumen wird auch dieser Mechanismus chronisch. Was geschieht, ist so furchtbar, daß es nicht gefühlt werden darf und nicht registriert werden kann – eine massive Isolation der Gefühle, verbunden mit Konfusion und Verleugnung, wird bevorzugt." Ferenczi (1933, S. 309) spricht von einer „traumatischen Trance, in der der Angriff als starre äußere Realität zu existieren" aufhört. Für die

Opfer von Nazi-Terror bezeichnet Krystal (1978) dieses Abschalten in einer gefährlichen Regression als **„numbing"** und **„closing-off"**. Das Sich-Aufgeben, in der extremen Form als Muselmann-Syndrom beschrieben, sei oft tödlich gewesen.

Die in der akuten Situation erforderliche Notmaßnahme des „Abschaltens" entspricht den chronischen veränderten Ich-Zuständen, wenn das Trauma in die Charakterbildung eingegriffen hat, bzw. den Zuständen, auf die regressiv bei aktuellen Belastungssituationen zurückgegriffen werden kann. Ferenczi (1933, S. 309) spricht von einem „mechanisch-gehorsamen Wesen", Shengold (1979, S. 538) bezeichnet einen solchen Dauerzustand als „hypnotisches Lebendig-tot-Sein, ein Leben 'als ob'". Dazu gehören auch *Depersonalisationszustände, fehlendes Selbstwertgefühl, Gefühle des „Andersseins"*. Auch Denkstörungen wie das „doubting" (Kramer 1983), d.h. ein ständiges Zweifeln, ob etwas real ist, was man tun soll, ob man etwas weiß, an etwas schuldig ist, bis hin zur Pseudo-Debilität. Spaltungsphänomene des Selbst, d.h. der Selbstrepräsentanzen, des Selbstgefühls und des Identitätsgefühls bis hin zur Erscheinungsform der **Multiplen Persönlichkeit** sind mit der Ausbildung der **Borderline-Persönlichkeitsstörung** verbunden, für deren Ursprung inzwischen fast einmütig reale Traumata in der Kindheit angenommen werden (Sugarman 1994; vgl. Sachsse et al. 1994; Sachsse 1995; Dulz und Schneider 1996).

> Die Dissoziation hat die Funktion, das Böse, die Gewalt des Traumas auf die abgespaltenen Anteile zu projizieren, um „gute" Teile des Selbst zu erhalten (ähnlich wie bei der Spaltung von Objektbildern, bei denen ein Objekt alles Negative auf sich vereinigt, damit das positive Objekt erhalten bleiben kann).

Entsprechend den Introjektions- und Identifikationsmechanismen des Opfers wird es sich selbst das Negative zuschreiben, um sich den Täter als genügend positives Objekt zu erhalten.

Dissoziationsmechanismen betreffen auch den eigenen Körper, die bereits während des Traumas in Aktion treten: *Das Opfer „verläßt" seinen Körper*, es legt ihn ab wie ein „Kleidungsstück", ein Ding-Objekt, als das es ja auch benutzt wird (Hirsch 1987b; für die Folter auch Amati 1977). Dadurch, daß dann später der Körper bei vielfältigem Selbstbeschädigungsagieren (vgl. Sachsse 1989; Plaßmann 1989) die Rolle des damals mißhandelten und mißbrauchten Kindes übernimmt, wird in regressiven Zuständen das Zusammenbrechen des Ichs, die Desintegration, verhindert.

Somatisierung

Während beim Selbstbeschädigungsagieren der Patient Hand an sich bzw. seinen Körper legt, „handelt" bei der konversionsneurotischen bzw. psychosomatischen Somatisierung der Körper selbst, der dadurch jedoch durchaus die gleiche Funktion bekommt wie beim Agieren. Dabei wird nicht nur das „Böse" des traumatischen Geschehens sowohl wiederholt als auch im Körper gebunden, sozusagen beherrschend kontrolliert, so daß es das Ich nicht überschwemmen kann, sondern noch deutlicher als beim Agieren *wird der Körper als Teil des Selbst „bestraft"*, ein Strafbedürfnis aufgrund der massiven Schuldgefühle befriedigt. Im dissoziierten Körper wird einmal ein Objekt erschaffen, das wenigstens anwesend ist, über das verfügt werden kann, und das im Zustand von Schmerz oder während der Selbstbeschädigung eine psychische Desintegration vermeiden kann (vgl. Hirsch 1989a). Das Trauma wird in den Körper sozusagen eingeschrieben; es gehörte bereits zu Freuds Konversionskonzept, daß „Reminiszenzen an Traumata ins Somatische konvertiert" werden. Engel (1959) nahm für den **psychogenen Schmerz** „memory traces" an, mit denen frühere Mißhandlungen sich später in psychogenen Schmerz verwandeln, und Kramer (1990) spricht von „somatic memories".

> Somatisierung kann als Re-Somatisierung von Affekten (Schur 1955) verstanden werden, die zu ertragen zu überwältigend wäre (Krystal 1982/83; Burris 1994).

Der Vorgang der Resomatisierung weist auf die Entwicklungsstadien der Separation-Individuation hin; in dieser Zeit erfolgende subtile oder chronische Traumata von Überstimulierung bzw. Deprivation können eine Störung der Körper-Ich-Grenzen zur Folge haben, so daß in späterer Kindheit eintretende Traumata (die sich unter Umständen wieder gegen den Körper richten) Affekte um so leichter in den Körper verschieben können. In diesem Zusammenhang habe ich eine Zweizeitigkeit von frühem und späteren Trauma für den psychogenen Schmerz diskutiert (Hirsch 1989b).

Wiederholungszwang

In gewissem Sinne kann man Freuds Verführungstheorie (1896c) als frühe, unreflektierte Form einer Introjekt-Konzeption verstehen, denn das Introjekt bewirkt nachträglich die Symptombildung, und Nachträglichkeit kann man als rudimentäre Form des später formulierten Wiederholungszwangs verstehen. Freud hatte von den Wiederholungsträumen der Neurotiker, die traumatische, angsterregende Situationen immer wieder träumten, gesagt: „Es ist so, als ob diese Kranken mit der traumatischen Situation nicht fertig geworden wären, als ob diese noch als unbezwungene aktuelle Aufgabe vor ihnen stände..." (Freud 1916/17, S. 284), und auch später: „Diese Träume suchen die Reizbewältigung unter Angstentwicklung nachzuholen, deren Unterlassung die Ursache der traumatischen Neurose geworden ist." (Freud 1920g, S. 32). Es ist wohl legitim, diese Aussagen nicht nur auf Träume, sondern auch auf das vom Unbewußten immer wieder reproduzierte Agieren, welches die traumatische Situation mehr oder weniger konkret bzw. sym-bolhaft wiederherstellt, zu beziehen. Später bringt Freud den Reparationsgedanken – eine Aufgabe zu erledigen, die bisher unterlassen worden war – mit der Beziehung zu Objekten, und zwar anderen als den traumatischen, zusammen: Der Wiederholungszwang hat die Wirkung, „das Trauma wieder zur Geltung zu bringen, also das vergessene Erlebnis zu erinnern, oder noch besser, es real zu machen, eine Wiederholung davon von neuem zu erleben, wenn es auch nur eine frühere Affektbeziehung war, dieselbe in einer analogen Beziehung zu einer anderen Person wieder neu aufleben zu lassen" (Freud 1939a, S. 180). Zepf et al. beschreiben den nachträglichen Bewältigungsversuch im Wiederholungszwang in dem Sinne, daß der Ablauf der traumatischen Situation „inhaltlich in Richtung auf einen günstigeren Ausgang" (Zepf et al. 1986, S. 133) verändert werden soll, zum Beispiel durch eine Wendung vom Passiven zur aktiven Gestaltung.

> Einmal sollen die Ich-Funktionen immer wieder auf ihre (bessere) Tauglichkeit überprüft werden, andererseits sollen jene psychischen Verhältnisse wiederhergestellt werden, die vor dem Trauma bestanden haben.

Mit Lorenzer (1972) sehen die Autoren aber noch ein weiteres (objektbeziehungstheoretisches) Moment: „Das Desymbolisierte, Abgewehrte muß immer wieder sprachlos dargestellt werden und präsentiert in der Sprachlosigkeit den Grund: die Ambivalenz des mächtigen Objekts, das zugleich verführerisch-eindringend und aggressiv-bestrafend ist." (Zepf et al. 1986, S. 133). Damit nähern sie sich dem Mechanismus der Traumatisierung bei Ferenczi (1933), aber auch bei Balint (1969):

> Nicht nur das Gewaltgeschehen selbst, sondern auch die vom Täter verunmöglichte Klärung, Auseinandersetzung und Realitätsanerkennung wirken traumatisch.

Man kann das ständige Wiederholen aber auch als Restitutionsversuch verstehen analog der Trauerarbeit (Freud 1917e), d.h. als wiederholtes Wiederbesetzen des traumatischen Objekts in kleinen Schritten sozusagen, um dann die Besetzung abzuziehen, was allerdings als untauglicher Versuch scheitern müßte. Überzeugend klingt auch die Vorstellung, daß das Wiederholen des Traumas in Form der Selbstdestruktion eine Vergewisserung der Anwesenheit des wenn auch traumatischen, so doch einzigen narzißtischen Objekts bedeutet. „Der vom Über-Ich (d.h. vom introjizierten traumatischen Objekt, M.H.) ausgehende Schmerz ist es letztlich, der das Opfer vor der totalen Einsamkeit des endgültigen Objektverlustes bewahrt" (Ehlert und Lorke 1988, S. 529). Aufgrund der Vorstellungen Ferenczis (1933) von der Introjizierung des traumatischen Objekts kann man auch annehmen, daß in dem ständig wiederholten Aufsuchen des Traumas eine Hoffnung enthalten ist, daß die damit verbundenen neuen (in der Übertragung alten) Objekte doch noch einmal anders als gewaltsam reagieren würden. „Die Selbstdestruktivität ist als Resultat der zur Re-Etablierung des Ichs unumgänglichen Identifikation mit dem zerstörerischen Objekt anzusehen." (Zepf et al. 1986, S. 140). Dementsprechend sind defensive sadomasochistische Identifikationen (vgl. Sugarman 1994) in der Literatur häufig als Grundlage von masochistischen Ausgängen aus traumatischen Liebesbeziehungen beschrieben worden (Berliner 1947; Asch 1976). Besonders Valenstein (1973) hat die Gleichsetzung von Schmerz bzw. schmerzvollem Affekt mit der Beziehung zu frühen Mutter-Objekten beschrieben, so daß masochistisches und selbstdestruktives Agieren als Versuch der Objektsicherung verstanden werden kann.

Häufig übernimmt in der Selbstbeschädigung der eigene Körper sowohl die Rolle des damals mißhandelten Kindes, als er auch durch den entstehenden Schmerz bzw. andere Körpersensationen (z.B. ein Kontaktgefühl, hervorgerufen durch das eigene fließende Blut) die Funktion eines wenn auch traumatischen, so doch wenigstens anwesenden Objekts bekommt (Hirsch 1989a).

Sexualisierung

Auch im Falle von anderen als sexuellen traumatischen Angriffen ist häufig von Sexualisierung als Abwehr von traumatischer Gewalt gesprochen worden. „Wenn die Erfahrungen des mißbrauchten Kindes primär von aggressiven Angriffen stammen... findet sich fast immer eine defensive Sexualisierung dieser Erfahrungen, die in einer ähnlichen (wie beim sexuellen Mißbrauch) sadomasochistischen Mischung von unerträglichen Affekten resultiert." (Shengold 1989, S. 1). Freud (1919d) hatte bereits unbeholfen von der Freisetzung sexueller Energie durch die „Erschütterung" des Kriegstraumas gesprochen, und Autoren wie Dreyfuss (1941) haben diesen Gedanken weiter ausgebaut. Gemäß Dreyfuss wird die Sexualisierung verwendet, um das Trauma zu neutralisieren, das Introjekt sitze „eingeklemmt" zwischen Ich und Es und absorbiere Energie von beiden. Von mehreren Autoren (Cournut 1988; Torok 1968; Zepf et al. 1986; Ehlert und Lorke 1988) wird die Sexualisierung der traumatischen Gewalt mit einer heimlichen sexuellen Verführung durch den Täter in Verbindung gebracht, bei Cournut ist es eine verborgene Überstimulierung bei defizitärer Fürsorge, bei Torok der Anstieg der Libido nach dem Verlust eines geliebten Objekts, bei Zepf et al., aber auch bei Torok sexuelle Verführung und gleichzeitiges Sexualverbot – eine wahrhaft verrücktmachende Konstellation (vgl. Hirsch 1985; 1994). Aber auch ohne sexuelle Stimulierung kann man sich vorstellen, daß der Mechanismus, den Khan (1975) für die Hysterie entwickelte, auch hier eine Bedeutung hat: Khan sieht hinter der Kommunikation sexuellen Begehrens des Hysterikers das Bedürfnis nach einer entbehrten frühen emotionalen, eben nicht sexuellen Fürsorge, die einmal real so defizitär war, daß die triebhafte Sexualität sich frühreif in dieses Vakuum hineinentwickelt hat. Die Konzeption des Wiederholungszwangs als Wirken eines Introjekts läßt den von Freud (1920g) spekulativ postulierten Todestrieb überflüssig werden (Cournut 1988).

1.9.8 Geschichtlicher Überblick

Freud

Die Psychoanalyse in ihren **Anfängen** ist eine Theorie der Verursachung psychischer Krankheiten durch seelisch-körperliche Traumata, die in der Kindheit stattfanden, nicht bewußt erinnert werden können und deshalb psychische Symptome, auch psychogene Körpersymptome produzieren. Wir wissen seit Freud (1895d, S. 86): „*Der Hysterische leide größtenteils an Reminiszenzen*", weil „diese Erinnerungen Traumen entsprechen, welche nicht genügend 'abreagiert' worden sind" (ebd. S. 89). Freud ist weit davon entfernt, die Verursachung der Neurose als einfache kausale Wirkung des Traumas auf den psychischen Apparat zu verstehen, wie man einen physischen traumatischen Eingriff in ein Körpergewebe als Vorbild nehmen könnte. Die Pathogenese ist komplizierter: Nicht das reale Erlebnis allein, sondern die „assoziativ geweckte Erinnerung an frühere Erlebnisse" (Freud 1896c, S. 432) verursacht die Krankheitssymptome, die „Abkömmlinge unbewußt wirkender Erinnerungen" (ebd. S. 448) sind, welche abgewehrt worden sind und durch ähnliche aktuelle Ereignisse wiederbelebt werden, nun aber nicht als Erinnerungen, sondern als deren Verschlüsselungen im neurotischen Symptom wieder auftauchen. Zur Pathogenese gehört weiterhin das Konzept der Nachträglichkeit, welches Freud im Briefwechsel mit Fließ entwickelt. Es ist die Idee von „hysterischen Phantasien, die regelmäßig, wie ich sehe, auf die Dinge zurückgehen, welche die Kinder früh gehört und erst nachträglich verstanden haben" (Freud 1985, S. 248), das heißt, es kommen zu den realen körperlich sexuellen Traumata Äußerungen der Erwachsenen sexuellen Inhalts hinzu, die mitverarbeitet werden zu Phantasien, die erst nachträglich verstanden werden. Diese Phantasien werden verändert aus Abwehrnotwendigkeit, außerdem wird bereits damals eine Vermischung mit den eigenen sexuellen Impulsen und den mit ihnen verbundenen Phantasien konzipiert. Freud entwickelte also früh ein differenziertes Abwehrkonzept, das auch die Verdrängung als Hauptabwehrmechanismus einschließt, und stellte sich die Dynamik, die zur Symptomatik führt, als ein multifaktorielles Geschehen der Verarbeitung von realem sexuellen Trauma, Vorstellungen und Phantasien aufgrund von von den Erwachsenen Gehörtem und erst nachträglich Verstandenem sowie auch eigenen sexuellen Impulsen, die vom Onanieverbot eingeschränkt worden sind, vor.

Später sieht Freud ein weiteres dynamisches Moment im Verhältnis von Stärke des äußeren traumatischen Reizes und der Fähigkeit des Ich, einen Reizschutz jeweils verschiedener Stärke entgegenzusetzen: „Solche Erregungen von außen, die stark genug sind, den Reizschutz zu durchbrechen, heißen wir traumatische." (Freud 1920g, S. 29). Freud denkt auch an einen Ansturm großer Reizmengen von innen, und knüpft damit an sein Konzept der Aktualneurosen an, von denen die Angstneurose ohne Einfluß psychischer (unbewußter) Inhalte durch das Einwirken eines gestörten Sexualstoffwechsels auf das Ich hervorgerufen wird. Bei der traumatischen Neurose stammt die übermäßige Reizmenge aus der äußeren Umgebung (Kriegsneurose, Unfallneurose), sie ist „als die Folge eines ausgiebigen Durchbruchs des Reizschutzes aufzufassen." (Freud 1920g, S. 31). Der Schock wirkt jedoch nicht direkt auf die molekulare bzw. histologische Struktur, sondern bezieht seine „Wirkung aus der Durchbrechung des Reizschutzes für das Seelenorgan ... der Schreck behält seine Bedeutung auch für uns. Seine Bedingung ist das Fehlen der Angstbereitschaft, welche die Überbesetzung der den Reiz zunächst aufnehmenden Systeme mit einschließt." (ebd. S. 2) Die Angstbereitschaft macht den Reizschutz stark; wenn sie fehlt, kann auch ein geringerer Reiz die Psyche, „das Seelenorgan", überschwemmen.

Kriegsneurosen faßt Freud als traumatische Neurosen auf, „die durch einen Ich-Konflikt ermöglicht oder begünstigt worden sind." Der Konflikt „spielt sich zwischen dem friedlichen und dem neuen kriegerischen Ich des Soldaten ab." (Freud 1919d, S. 323). Ferenczi sah die Kriegsneurose als narzißtische Störung; die Libido sei durch einmalige starke oder gehäufte Erschütterung von den Objekten ins Ich zurückgezogen, so daß es zu „jenen abnorm-hypochondrischen Organgefühlen und der Überempfindlichkeit" (Ferenczi 1919a, S. 115) komme. Ferenczi spricht auch von einer „Erschütterung des Selbstvertrauens" (ebd.). Simmel schließt sich an Freuds Vorstellungen der Reizüberflutung und Affektstauung an, fügt aber wesentliche weitere Momente hinzu: Einmal die Trennung „des Soldaten von den Seinen auf unabsehbare Zeit" (Simmel 1919, S. 23), neben der Todesbedrohung durch die Kriegsereignisse auch der Anblick der „blutigen, zerrissenen Freundesleichen" (ebd.); Simmel sieht also als einen traumatischen Faktor den Verlust von Liebesobjekten an und geht damit über Freud hinaus. Objektbeziehungen spielen bei Simmel auch in einer anderen Richtung eine Rolle: Das Leiden des Soldaten „durch ungerechte, grausame, selbst komplexbeherrschte Vorgesetzte"... Der Soldat, „der doch still sein, sich selbst stumm niederdrücken lassen muß von der Tatsache, daß er als einzelner nichts gilt und nur ein unwesentlicher Bestandteil der Masse ist" (ebda), ist für das Trauma besonders empfänglich, also auch hier eine narzißtische Einwirkung, allerdings innerhalb von traumatischen Objektbeziehungen. So sah Simmel in den kriegsneurotischen Körpersymptomen, die unter Umständen symbolhaft, also konversionsartig (wie auch Ferenczi meinte) immer wiederholende Abwehrbewegungen der traumatischen Einwirkungen waren, den Ausdruck einer „narzißtische(n) Neuorganisation" (Schultz-Venrath 1994).

In „Hemmung, Symptom und Angst" nimmt Freud (1926d) die Gedanken aus „Jenseits des Lustprinzips" (1920g) wieder auf: Die Intensität des Reizes und der Grad der Vorbereitung des Reizschutzes, die relative Stärke des Reizes und die relative Schwäche des Reizschutzes bewirken zusammen das Trauma. 1926 aber erweitert Freud seine Sicht des Traumas über die der externen Reizüberflutung hinaus, die ein großes Maß an Unlust hervorruft, ohne Möglichkeit der Abreaktion. Freud stellt die automatische (traumatische) Angst – nicht nur in realen, sondern auch als bedrohlich erfahrenen fiktiven Gefahrensituationen – einer **Signalangst** entgegen, einer aktiven, antizipatorischen Ich-Leistung als Antwort des Ich auf die Drohung von Gefahr. Diese Signalangst hat den Zweck, eine möglicherweise eintretende Gefahr und damit traumatische Situation und automatische Angst zu vermeiden. Meines Erachtens hat Freud zu diesem Zeitpunkt eine beträchtliche Bedeutung realer Einwirkung, jedenfalls in ihrem Zusammenwirken mit inneren (Trieb-)Konflikten, zugelassen. Er stellte Analogien her zwischen einer äußeren Gefahrensituation (als deren Prototyp er die Reizüberflutung bei der Geburt annimmt) und dem Verlust der beschützenden Mutter, dem Verlust der Liebe der Mutter, weiterhin dem Verlust des Penis (Kastration) und schließlich dem Verlust des Wohlwollens des Über-Ich (vgl. oben zur Bedeutung der Introjekte).

> Ob ein gegebener Reiz zu einem psychischen Trauma führt, hängt von der Ich-Stärke und einigen Ich-Funktionen ab, z.B. Antizipation, Gedächtnis, motorische Kontrolle, Realitätseinschätzung usw., ebenso auch von bestimmten Ich-Schwächen oder übermäßigen Empfindlichkeiten aufgrund

von früheren Ereignissen in der individuellen Geschichte. Dazu kommt, inwieweit die äußere Gefahrensituation an innere Triebreize erinnert und beide zusammenwirken.

Andere Autoren in der Nachfolge Freuds und als Vertreter einer psychoanalytischen Ich-Psychologie

In der Nachfolge Freuds und mit der sich entwickelnden Ich-Psychologie wurden die Traumakonzepte Freuds weiter verfeinert und erweitert. Sandler (1967) entwickelte das Konzept des **„retrospektiven Traumas"**; damit ist gemeint, daß die Wahrnehmung einer besonderen aktuellen Situation Erinnerungen an frühere Erfahrungen hervorruft, die erst unter den gegenwärtigen Bedingungen traumatisch werden. In den „Studien über Hysterie" (Freud 1895d) wurde bereits das Phänomen der Summation kleinerer traumatischer Reize zu einem dann wirksamen Trauma angenommen. Durch die Weiterentwicklung dieses Gedankens hat Kris (1956) ein Schock-Trauma von einem **„Strain-Trauma"** unterschieden, „strain" verstanden als eine unterschwellige, aber andauernde Einwirkung nicht im Sinne eines überwältigenden Schocks, sondern einer Dauerbelastung. Eine Definition im Sinne der Ich-Psychologie des Traumas faßt Rangell (1967) zusammen:

> Ein traumatisches Ereignis geschieht durch das Eindringen von Reizen in den psychischen Apparat, wodurch eine Reihe von intrapsychischen Vorgängen dadurch ausgelöst wird (traumatischer Prozeß), daß die Kapazität des Ichs überfordert ist. Dieser intrapsychische Prozeß führt zu einer Schwächung der Grenzen oder der Abwehrmöglichkeiten des Ichs, so daß ein Zustand der Sicherheit nicht wieder erreicht werden kann. Es entsteht ein Zustand (traumatischer Zustand) des Gefühls der psychischen Hilflosigkeit, ein Gefühl des Fehlens von Kontrolle und eine Verletzbarkeit für weitere Reize. Wenn dieser Zustand anhält, ist er in sich selbst ein pathologischer Zustand.

Frühkindliches Trauma

Das von Kris (1956) eingeführte Konzept der Dauerbelastung – **Strain** – im Gegensatz zum Schocktrauma ermöglicht es, langdauernde pathogene Einflüsse der frühen Kindheit – im Prinzip sowohl Überstimulierung durch aktive physische und sexuelle Einwirkung von außen als auch Mangelversorgung, Deprivation – als traumatische Entwicklungsstörung zu verstehen. Hoffer (1952) bemerkt, daß Zustände von Hilflosigkeit, von „innerem Stress", häufig sind, die er als „silent trauma" bezeichnet. Die entstehende Angst und die Vorstellung, daß die mütterliche Umgebung handeln wird, um die Zustände zu bewältigen, lassen Hoffer einen Trieb postulieren, der gegen die Objekte der äußeren Welt gerichtet ist. Früh hat Boyer (1956) vorgeschlagen, daß die Mutter als Reizschranke sowohl gegen innere wie äußere Reize dient. Mängel in dieser „maternal barrier" führen zu Ich-Schwäche und zu Störungen der Differenzierung von Ich und Es, wie man damals sagte, heute würde man eher die Differenzierung von Selbst, äußeren Objekten, Körper und Affekten in den Vordergrund stellen. Khan (1963) beschreibt, sich an Winnicott (1956) anlehnend, die Mutter (heute würden wir eher sagen: die mütterliche Umgebung) in ihrer Funktion als Reizschutz. Wenn die Mutter sich nicht genügend an die anaklitischen Bedürfnisse des Kindes anpassen kann, kommt es zur wiederholten Reizüberflutung beim Säugling. Dabei geht es nicht darum, eine „gute" oder „schlechte" Mutter zu definieren, sondern um die Annahme einer bestimmten Form des Wechselspiels zwischen Mutter und Säugling, bei dem es allerdings zu einem Versagen der Umweltfürsorge kommen kann, wenn die persönlichen Bedürfnisse und Konflikte der Mutter sich störend auf diese Rolle auswirken.

Dieses Konzept des **„kumulativen Traumas"** von Khan bezeichnet bereits eine Art von Unterversorgung. Spitz (1965) beschreibt Mangelzustände durch den Entzug affektiver Zufuhr; das Resultat einer partiellen affektiven Deprivation ist die sogenannte anaklitische Depression, beim totalen Entzug affektiver Zufuhr entstehen schwere Heimschäden, psychischer Hospitalismus. Ebenso stellte Bowlby (1960) fest, daß ein gewisser Betrag von affektiver Stimulierung für die Ich-Es-Differenzierung sowie die Entwicklung verschiedener Ich-Funktionen, auch für die Differenzierung von Selbst und äußeren Objekten sowie die Erlangung von Objektkonstanz, notwendig ist. Müller-Pozzi schließlich stellt den Objektaspekt ganz in den Vordergrund und spricht von „Entwicklungstrauma" (Müller-Pozzi 1984, S. 103). Eine ähnliche, aber subtile Form der Deprivation beschreibt Green (1983) in seiner Arbeit „Die tote Mutter". Er spricht von der Erfahrung des jungen Kindes mit einer äußerlich anwesenden, innerlich aber aufgrund einer chronischen Depression abwesenden Mutter. In der Identifikation mit der „toten Mutter" (besser: Introjektion) entsteht eine Leere, die durch Haß und frühzeitige erotische Erregung gefüllt wird, teilweise auch durch frühreife intellektuelle Aktivitäten. Man kann sagen, daß durch die Ausweitung der Ich-psychologischen Betrachtungsweise der Traumatisierung auf den frühkindlichen Entwicklungsbereich unumgänglich die Umgebung des Kindes, also seine realen Objekte einbezogen werden mußten, so daß Ich-Psychologie und Objektbeziehungstheorie an diesem Punkt zusammentreffen.

1.9.9 Zusammenfassung und Schluß

Inzwischen kann es keine psychoanalytische Traumatologie mehr geben, die nicht äußere Einwirkungen und innere Verarbeitung, aber auch die Verbindung von speziellem äußeren Trauma und entsprechenden inneren Phantasien, sei es, daß sie dazu passen oder der Abwehr dienen, berücksichtigt. „Die Verbindung zwischen äußerer und innerer Wirklichkeit, zwischem dem Ereignis und seinem Einfluß auf die innere Welt des Menschen (ist) ein schwieriges und komplexes Problem." (Haynal 1989, S. 326) Äußere Einwirkung bedeutet aber immer, natürlich am ehesten beim traumatischen Geschehen innerhalb von Familienbeziehungen, aber auch bei Extremtraumatisierungen des Erwachsenen bis hin zu scheinbar unpersönlichen Traumata wie Kriegseinwirkungen, *daß die durch das Trauma modifizierten Objektbeziehungen selbst traumatisch wirken.*

Neben der äußeren Gewalteinwirkung ist es die eigene reaktive unerträgliche Wut, die in der traumatischen Situation entsteht und mit massiven Abwehrmaßnahmen unterdrückt werden muß, worauf besonders Shengold (1979, 1989) hingewiesen hat. Und nicht nur beim sexuellen Mißbrauch wird die Sexualisierung zur Abwehr äußerer Gewalt verwendet, wie wir gesehen haben. Vor allen Dingen ist es heute notwendig, daß die prätraumatische Entwicklung, die traumatische Einwirkung selbst und ihre Verarbeitung und Bewältigung nicht losgelöst gesehen werden können von der besonderen Qualität der Beziehungen, in denen sich das Opfer vor, während und nach dem Trauma befindet.

> Neben der Überschwemmung der Reizschutzgrenze des Ich ist es besonders die Grenzüberschreitung innerhalb von Objektbeziehungen, die das Trauma konstituiert (vgl. Hirsch 1994).

Vereinfachend kann zusammengefaßt werden, daß es zwei psychoanalytische Zugänge zum Trauma gibt, einmal den Ich-psychologischen, zum andern den objektbeziehungstheoretischen. Das Trauma, das auf das Ich als Apparat einwirkt, der nun äußeren und inneren (Triebe)

Reizen ausgeliefert ist, wird von Freud definiert als „ein Erlebnis, welches dem Seelenleben innerhalb einer kurzen Zeit einen so starken Reizzuwachs bringt, daß die Erledigung oder Aufarbeitung desselben in normal gewohnter Weise mißglückt, woraus dauernde Störungen im Energiebetrieb resultieren müssen." (Freud 1916/17, S. 284). Von einer solchen „ökonomischen Hypothese" grenzt Balint (1969) eine „strukturelle Hypothese" Freuds ab, die dieser zwar nicht so genannt habe, die jedoch seine Auffassung, daß das eigentliche Trauma das der Phantasien, der Spannungen zwischen den intrapsychischen Instanzen sei, wiedergibt.

Die psychoanalytische Konzeption kann das Trauma nicht mehr isoliert vom Objekt verstehen. Bereits Simmel (1919) verband das Kriegstrauma mit der Beziehung zu Vorgesetzten und mit dem Verlust von Liebesobjekten.

Ferenczi (1933) schließlich stellt eine traumatische Beziehungsabfolge auf:
- das harmlose Spiel eines kindlich liebenden Kindes mit einem geliebten Erwachsenen
- ein unbegreifliches, überraschendes oder chronisch wiederholtes gewalttätiges Ereignis, von eben demselben Erwachsenen verursacht
- das Leugnen des Erwachsenen, die Nichtanerkennung der (affektiven) Qualität des Geschehenen, die Weigerung der Auseinandersetzung darüber

Letzteres verursacht die „Konfusion", die Verwirrung, das Verrücktwerden an der erlebten Realität und der vom Erwachsenen zugestandenen. Das eigentliche Trauma liegt für Ferenczi gerade in der Beziehungsverweigerung des Täters.

Eine psychoanalytische Traumatologie wird sorgfältig die verschienenen Lebensalter, in denen das Trauma einwirkt, berücksichtigen: im Säuglingsalter, in der späteren Kindheit, der Adoleszenz oder im Erwachsenenalter. Sie wird heute die Art und die Veränderung der Beziehungsqualität zwischen Täter und Opfer (ein Fremder, ein Vertrauter, die Eltern) berücksichtigen, selbstverständlich im Falle familiärer Gewalt, aber auch wegen der Entstehung archaisch-narzißtischer Übertragungsbeziehungen zwischen Täter und Opfer bei Gewalterfahrungen im Erwachsenenalter. Wichtig ist auch die Qualität der Beziehungen zu den Mitgliedern der umgebenden sozialen Gruppen, die die Bewältigung des Traumas erschweren bzw. erleichtern. Weiterhin sind die verschiedenen Qualitäten von Mißbrauch und Mißhandlung zu berücksichtigen: Vernachlässigung (Spitz 1965; Bowlby 1975; Green 1983); narzißtischer Mißbrauch, d.h. die Ausbeutung von Abhängigkeitsbeziehungen zu eigenen Zwecken (Ferenczi 1933; Richter 1963); körperliche Mißhandlung (Steele und Pollock 1968), sexueller Mißbrauch in der Kindheit (Hirsch 1987b; Shengold 1989; Levine 1990; Kramer und Akhtar 1991; Sugarman 1994); Vergewaltigung (Ehlert und Lorke 1988); Verlust (Rochlin 1961; Bowlby 1976); Kriegsereignisse (Anna Freud und Burlingham 1949; Bowlby 1960) etc.

Unter der Vielzahl der psychoanalytischen Untersuchungen zu den Folgen von Nazi-Terror und KZ-Haft seien Niederland (1961, 1981), Eissler (1963, 1968), Krystal (1968), Bettelheim (1979), Bergmann und Jukovy (1982) und Eitinger (1990) hervorgehoben; für die Wirkung auf die zweite Generation Kestenberg (1974, 1989, 1993), Grubrich-Simitis (1979), Kogan (1990) und Faimberg (1987). An überblickartigen Monographien oder Aufsatzsammlungen zur psychoanalytischen Traumatologie seien Furst (1967), Waldhorn und Fine (1974), Rothstein (1986), Shengold (1989) sowie Blum (1994) genannt.

1.10 Die Auswirkungen von Vernachlässigung, Mißhandlung, Mißbrauch auf Selbstwert und Körperbild

Peter Joraschky

Inhalt

1.10.1	Empirische Untersuchungen	140
1.10.2	Psychodynamische Theorien zum Selbstgefühl	141
1.10.3	Narzißtische Störungen bei Traumatisierung	142
1.10.4	Die Entwicklung von Schamaffekten im Familienkontext	144
1.10.5	Scham als zentrales Motiv bei sexuellem Mißbrauch	144
1.10.6	Der Verlust des Selbstgefühls als Scham-Phänomen	145
1.10.7	Bewältigungsversuche der schweren Selbstgefühlsstörungen	145
1.10.8	Selbstgefühlsstörungen und Störungen des Körper-Selbst	147
1.10.9	Körperbildstörungen bei traumatisierten Patienten	148

Störungen des Selbstgefühls mit Gefühlen absoluten Unwertes, einhergehend mit ständigen Selbstzweifeln, verwirrenden Entwertungszyklen in Beziehungen sowie oft trostlosen Körpergefühlen des Häßlichseins und der Verunstaltung, sind typische Phänomene im Selbsterleben Traumatisierter. Diese negativen Selbstwertgefühle stehen gleichsam in Mittelpunkt der Persönlichkeitsstörung der Opfer und sind in der Regel in unterschiedlicher Ausprägung bei allen dargestellen Krankheitsbildern wie Eßstörungen, chronischen Schmerzkrankheiten und autodestruktiven Störungen vorhanden.

1.10.1 Empirische Untersuchungen

Nur wenige Untersuchungen nehmen Bezug auf diese klinisch als Grundstörung anzusehende Selbstgefühlsstörung: Bagley und Ramsey (1985a) stellen dar, daß Frauen, die testpsychologisch sehr niedrige Selbstgefühlwerte hatten, viermal häufiger einem kindlichen sexuellen Mißbrauch in der Vorgeschichte ausgesetzt waren. Auch Draijer (1990) und Moggi (1991) sehen emotionale Abstumpfung, Verlust der Empfindungsfähigkeit, Symptome der Depersonalisation als typische Traumafolgen in ihren Untersuchungen. Diese Störungen gehen auch in die Depressionsdiagnostik mit ein (vgl. Kap. 2.3). Der Grund für diese Diskrepanz zwischen den häufigen klinischen Beschreibungen und den *seltenen empirischen Untersuchungen* dürfte darin liegen, daß die Selbstwertmeßinstrumente methodisch noch Mängel aufweisen und wenig eingesetzt werden. Hier liegt sowohl ein Defizit bei Querschnittuntersuchungen wie auch bei entwicklungspsychopathologischen Untersuchungen vor, vor allem in bezug auf das Wechselspiel von frühen Entwicklungsbehinderungen und späteren Traumatisierungen. In gleicher Weise fehlen Messungen der Körperbildstörungen bei Kindern und Jugendlichen.

Aus Risikountersuchungen zur depressiven Entwicklung (vgl. Kap. 2.3) wird deutlich, welche Vielfalt an Belastungsfaktoren auf die Konstituierung eines gesunden Selbstgefühls Einfluß nehmen. Allerdings können diese Untersuchungen nur ein additives Modell der Belastungsfaktoren und deren Gewichtung leisten. Aus der Perspektive des Einzelfalls und des Längsschnitts ist es jedoch gerade die Dynamik des Wechselspiels der Faktoren mit der jeweils phasenspezifischen Vulnerabilität des Kindes, welche schließlich zu der narzißtischen Vulnerabilität beiträgt. Auf diesen Boden des unterschiedlich fragilen Selbstwertgefühls treffen dann zusätzliche Traumatisierungserfahrungen der Gewalt oder der sexuellen Grenzüberschreitungen, also Faktoren, denen ihrerseits ein eigenständiges Gewicht zukommt. Hierbei muß immer auch bei empirischen Untersuchungen die geringe Validität besonders sensibler Daten wie der sexuellen Grenzüberschreitungen mit in Betracht gezogen werden: Draijer (1990) fand bei ihrer repräsentativen Untersuchung, daß durch ein oder zwei Tiefeninterviews wegen der Verleugnungsseite nur ein Teil der sexuellen Übergriffe erfaßt werden konnte. Aus Therapieverläufen ist bekannt, daß sich die Tabuisierung dieser Daten erst auf dem Boden einer gefestigten Vertrauensbeziehung in der Therapeut-Patient-Beziehung aufheben läßt. So soll bei der folgenden Darstellung vor allem auf klinische Erfahrungen Bezug genommen werden.

1.10.2 Psychodynamische Theorien zum Selbstgefühl

Das Selbstgefühl ist die Vorstellung, ein abgegrenztes, auf andere bezogenes Wesen mit individuellen Gefühlen, Empfindungen und Reaktionen zu sein, das bestimmte dauerhafte Eigenschaften hat.

Diese an der psychoanalytischen Theorie der Objektkonstanz und der Identität orientierte Definition (Ermann 1995) beruht im wesentlichen auf der Objektbeziehungstheorie. Als Hintergrund für die Selbstgefühlsstörungen können die moderne Traumatheorie (vgl. Kap. 1.9) und die Objektbeziehungstheorie (vgl. Kap. 2.1) herangezogen werden:

Die **moderne Traumatheorie** (Horowitz 1976; Figley 1984; van der Kolk 1987) basiert auf der alten Überlegung, daß traumatische Erfahrungen mit so starken Emotionen einhergehen, daß diese nicht direkt bewältigt werden können, sondern „dissoziiert" werden. Dies kann zu einer Art „Gefühlstaubheit" führen, wie sie sich häufig als akute Reaktion auf ein Trauma darstellt.

Wiederholte Traumatisierungen können durch das Leugnen oder Verdrängen der Erfahrungen so massiv werden, daß die emotionale Abstumpfung dominiert und mit einem Verlust der Empfindungsfähigkeit sowie mit Symptomen der Depersonalisierung, Depression, Konzentrationsstörungen, Verlust des Interesses an der Aussenwelt einhergeht.

Die **Objektbeziehungstheorie** betont die Bedeutung internalisierter interpersoneller Erfahrungen in frühen Entwicklungsphasen für das Kind. Ein wesentlicher Aspekt ist hierbei, die Spaltung von positiven und negativen Teilrepräsentanzen zu überwinden und in ein ganzheitliches Selbstbild zu integrieren (vgl. Kap. 2.1).

Ablehnende und kalte Eltern erschweren diese Integration, und die Spaltung in Gut und Böse bleibt erhalten. Dem Kind ist die Erfahrung verwehrt, daß es selbst böse sein darf und dennoch geliebt wird. Es muß das Bild des lieblosen Elternteils unterdrücken und sich aus narzißtischem Selbsterhaltungstrieb die Illusion einer liebevollen Elternperson schaffen (Shengold 1979; Wirtz 1994).

Die schlechte Seite der Eltern wird geleugnet und statt dessen dem eigenen Selbstbild zugeschrieben: „Da meine Eltern nicht schlecht sein können, muß ich selbst schlecht sein". Der Wunsch, geliebt zu werden, führt zu einem Festhalten des Kindes an der Vorstellung der eigenen Schlechtigkeit und den damit verknüpften Schuldgefühlen. Aggressionen gegen die Eltern müssen unterdrückt werden. Als Konsequenz dieser Dynamik sind Schuldgefühle, Selbsthaß und selbstzerstörerische Tendenzen zu erwarten (vgl. Kap. 1.8).

Vor diesem theoretischen Hintergrund können z.B. widersprüchliche Ergebnisse der empirischen Traumaforschung besser interpretiert werden, besonders die Auswirkungen der Kombination von sexuellem Übergriff mit Gewalt. Kinzl et al. (1991) stellen dar, daß in ihrer Untersuchung es den Opfern leichter war, Übergriffe mit Gewaltanwendung zu verarbeiten, wenn es möglich war, die Schuld der Täter zu definieren und die eigenen Schuld- und Schamgefühle abzubauen. Divergente Ergebnisse werden besser interpretierbar, wenn man auf die narzißtische Vulnerabilität, vor allem auf die Abhängigkeit des Opfers vom Täter, Bezug nimmt (Lempp 1990).

Ist es der Tochter möglich, die mütterliche Repräsentanz als schützend und den Vater als von außen intrusiv eindringend, als „Fremden" zu betrachten, dürfte es für das Opfer leichter sein, dieses Trauma zu überwinden, als einer Tochter, die primär vom Vater abhängig ist. Es ist also notwendig, im Hinblick auf die narzißtische Vulnerabilität die Selbst-Objekt-Differenzierung und die Objektkonstanz einzuschätzen.

Im Mittelpunkt der Entwicklung des Selbstgefühls steht nach psychoanalytischer Auffassung die Ausbildung der Vorstellungen von der eigenen Person in den Beziehungen der ersten Lebensjahre. Diese intrapsychische Abgrenzung geschieht in einer angemessenen, befriedigenden und bestätigenden Spiegelung und Wahrnehmung der eigenen Person durch andere. Hiermit kommt es – parallel zur Integration

„guter" und „böser" Objektrepräsentanzen – zu einer Herausbildung eines integrierten und kohärenten Selbst. Durch dessen Stabilisierung wird eine *angemessene Verarbeitung des Autonomiekonfliktes* vorbereitet. Unaufgelöste Autonomiekonflikte führen zu Abhängigkeit von Unterstützung und Bewunderung und stellen die Disposition für narzißtische Störungen dar.

1.10.3 Narzißtische Störungen bei Traumatisierung

Bei narzißtischen Störungen sind Selbst und Objekt ausreichend sicher voneinander abgegrenzt. Bestehen bleibt jedoch, daß das Selbst auf weitere Unterstützung und Spiegelung der eigenen Individualität, Bestätigung und Berechtigung seiner Bedürfnisse angewiesen ist. Der Autonomiekonflikt besteht zwischen Selbständigkeits- und Abhängigkeitsbedürfnissen sowie zwischen Trennungswünschen und Angst vor Objektverlusten. Es reicht aber – im Gegensatz zur Borderline-Pathologie – auch die Erinnerung an andere, um sich stabil und sicher zu fühlen (Ermann 1995). Um sich von Objektverlust und Objektangst zu schützen, werden **zwei Arten von narzißtischer Charakterabwehr** entwickelt:
- **Pseudounabhängigkeit:** Die Betroffenen idealisieren sich selbst und bilden über sich unbewußte Größenphantasien, wodurch die Objektabhängigkeit verleugnet werden kann.
- **Objektidealisierung:** Die Betroffenen passen sich identifikatorisch den Bedürfnissen anderer an, reagieren auf eigene Bedürfnisse mit Schuldgefühlen, entwickeln ein „falsches Selbst". Durch die Idealisierung kann der Abhängige auch Kontrolle über das Erleben des anderen und dessen Abhängigkeit erlangen.

In der Regel wird das Selbstgefühl vulnerabler Menschen durch narzißtische Krän-

> kungen, durch Gewalt, insbesondere jedoch durch Trennungserfahrungen von Personen, die ihr narzißtisches Gleichgewicht ausreichend stabilisieren konnten, retraumatisiert. Narzißtische Patienten auf mittlerem Strukturniveau entwickeln dabei Verlustängste, können jedoch das innere Objekt erhalten.

Patienten mit **Borderline-Symptomatik** auf niedrigem Strukturniveau setzen reale und phantasierte Trennungen gleich und geraten in Verlassenheitsgefühle mit ausgeprägten Selbstgefühlsstörungen. Im Selbstgefühl entwickeln sie keine Grundstabilität. Verschiedene Selbstzustände stehen nebeneinander bzw. wechseln sich ab und können nicht zu einem kohärenten Selbstgefühl bzw. Selbstbild integriert werden. Die Selbstspaltung führt zu Fremdheitserlebnissen und zu wechselnden Ich-Zuständen. Im Zustand der Selbstfremdheit können die Betroffenen sich verletzen, als beschädigten sie einen fremden Körper. Erst in einem kohärenteren Ich-Zustand können sie ihre Handlung als autoaggressiv erleben.

Das Sicherheitsgefühl bleibt daran gebunden, daß Personen konkret anwesend sind und die Funktion eines „guten" Objektes übernehmen. Auf diese Weise entsteht eine charakteristische Objektangewiesenheit. Bei Trennungen erleiden die Patienten eine Identitätsdiffusion, die Fähigkeit zum Alleinsein ist nicht vorhanden, an ihre Stelle treten widersprüchliche Selbstwahrnehmungen oder innere Leere. Auch die Bezugspersonen werden widersprüchlich erlebt, so daß man sich als Außenstehender von den Beziehungen der Patienten kein klares Bild machen und sich nur schwer in ihr Erleben hineinversetzen kann. Die bei Trennung auftretende Verlassenheitsängste rufen destruktive Phantasien in ihnen wach. Deshalb tun die Betroffenen alles, um sich gegen Verlassenheit zu schützen, etwa durch **projektive Identifizierung**. Wenn solche Mechanismen versagen, erleben sich die Patienten dann so, als seien die anderen für sie völlig belanglos.

Eng verknüpft mit Störungen des Selbstgefühls sind Störungen des Körpergefühls:

> Eine Patientin gerät in eine schwere Selbstwertkrise mit chronischer Depersonalisation und Selbstverletzungen, als sie durch Gewichtszunahme in der Pubertät nicht mehr dem Prinzessinnenbild, das der Vater sich von ihr machte, entsprach. Der Vater wandte sich von seiner Tochter ab, da in seinem rigiden Wertesystem nur Perfektion tolerierbar war. Bei der Mutter fand sie keinen Halt, da diese sie von Geburt an abgelehnt hatte und sie nur als tröstendes Kind an sich heran ließ, wenn sie depressiv war. Eine andere Artefakt-Patientin erhielt von ihrer Mutter, die voller Minderwertigkeitsgefühle war, immer die Botschaft: Werde ja nicht so groß wie ich. Als sie in die Pubertät kam, wies die Mutter sie darauf hin, daß sie das breite Becken und die dicken Schenkel ihres Vaters auch noch geerbt hätte. Die Patientin schämte sich zutiefst, konnte sich nie ein Kleid kaufen, versuchte, ihre Formen zu vertuschen. Die Mutter verwehrte ihr jede Identifikation als Frau und grenzte sie als Konkurrentin aus.

Als Spaltung im Selbst wird von den Opfern häufig das Körper-Selbst abgespalten, der Körper als Ganzes entwertet und ausgegrenzt. Dies hat die Funktion, daß eine Beziehung zum Täter als Hauptbezugsperson erhalten werden kann.

Es kann hier nicht auf Details narzißtischer Störungen eingegangen werden, vielmehr soll im Kontext der Mißbrauchserfahrungen vor allem das Phänomen der narzißtischen Entleerung als Resultat der Schamregulation in der Abhängigkeitsbeziehung zur Primärperson dargestellt werden.

1.10.4 Die Entwicklung von Schamaffekten im Familienkontext

Im Zusammenhang mit der Familiendynamik und -typologie von Inzestfamilien (vgl. Kap. 1.6) kann die **Entwicklung** schwer integrierbarer Schamaffekte vor folgendem Hintergrund gesehen werden:
- Schamgefühle erwachsen aus dem Tatbestand, daß das Inzesttabu von Familienmitgliedern nicht eingehalten worden ist. Wenn das Familienmitglied bei der Grenzüberschreitung nicht direkt in die Handlung einbezogen ist, schämt es sich dennoch aufgrund der Abgrenzungsproblematik im Namen der Familie (Stigmatheorie von Goffman 1963).
- Inzestfamilien haben starke Schamgefühle im Bereich der Sexualität, welche nicht als Konflikt ausgetragen werden und durch Unreife gekennzeichnet sind.
- Schamgefühle resultieren aus dem chronischen Mangel an emotionaler Wärme, der bereits in den Ursprungsfamilien der Familien anzutreffen ist (Asper 1987).

Häufig finden sich bei allen Familienmitgliedern Schamgefühle. Hierfür können folgende **Gründe** angenommen werden:
- Scham für den Mangel an Autonomie (Schamtheorie von Erikson 1959)
- Scham für vermeintliche Schwäche und Machtlosigkeit (Schamhypothese von Wurmser 1981, 1990)

In inzestvulnerablen Familien findet sich häufig das Phänomen des „gespannten Zusammenhalts": alle Familienmitglieder sind unter die Regel gestellt, zusammenzuhalten, bei Verletzung dieser Regel werden sie ausgegrenzt und fallengelassen. Diese Regel richtet sich gegen die ganze Person. Scham bedeutet also, als ganze Person nicht dazuzugehören, unverträglich zu sein und daher ausgegrenzt werden zu müssen. Zu diesem gespannten Zusammenhalt tragen vor allem die Tabuisierungen, Geheimnisbildungen und Verleugnungen der Grenzüberschreitungen bei.

1.10.5 Scham als zentrales Motiv bei sexuellem Mißbrauch

Nach der Schamtheorie von Broucek (1982) sind narzißtische Störungen als Folge sexueller Mißbrauchserfahrungen vor allem in der Auslösung primitiver Schamerlebnisse zu sehen. Schamgefühlen in diesem Kontext schenkte man bisher erstaunlich wenig Aufmerksamkeit. Meist wurde Scham in einen unbestimmten, losen Zusammenhang zu den Schuldgefühlen gestellt. Es geht darum, wann, wofür, warum und mit welcher Funktion Schamgefühle bei Opfern sexuellen Mißbrauchs entstehen, wie diese abgewehrt werden und welche Konsequenzen eine solche Abwehr birgt (Hultberg 1987; Reher 1995).

Nach Broucek (1982) wird die primitive Scham dadurch ausgelöst, wenn Ereignisse den Charakter der Vorhersagbarkeit, Verstehbarkeit, Kontrolle verlieren. Der sexuelle Mißbrauch geschieht in der Regel aus einer Vertrauensbeziehung, in der der Täter für das Kind völlig unerwartet Bedürfnisse sexualisiert. Das Kind wird mit sexuellen Reizen und/oder physisch gewaltsamen Einwirkungen konfrontiert, die es vorher nicht kannte und auf die es weder seelisch noch körperlich vorbereitet ist. *Durch den Kontrollverlust entsteht eine zentrale Angst,* die bei symbiotischer Beziehung zum Täter als Selbstverlustangst zu beschreiben ist. Beeinflußt wird die Qualität der Schamangst durch die Art des bestehenden Vertrauensverhältnisses, der Abhängigkeit vom Täter und der Zeitdauer der willkürlichen Übergriffe.

Nach dem integrativen Schamerklärungsansatz von Levin (1967) ist Scham eine Art „Hilfstrieb des Sexualtriebs", der die Aufgabe hat, denselben in Gefahrensituationen zu hemmen und das Objekt zum Rückzug aus der Gefahrenzone zu motivieren. Bezogen auf die Mißbrauchssituation signalisiert die Scham dem Kind, daß es gefährlich wäre, seine Zärtlichkeitswünsche weiterhin auf den Täter zu richten, da dieser das Kind sexuell überstimuliert. Das Kind entwickelt *Scham als Gefahrsignal*. Wenn die sexuellen Übergriffe anhalten oder gewaltsamer werden, kommt der Ekelaffekt hinzu, der den gegen das Selbst gewendeten schamspezifischen inneren Zurückweisungen eine noch triebnähere Stoßkraft verleiht und das Leiden der Betroffenen vergrößert (Tomkins 1987).

1.10.6 Der Verlust des Selbstgefühls als Scham-Phänomen

Als erste Reaktion auf die sexuelle Überstimulierung erfolgt primäre *Scham als Gefahrsignal*, worauf der Versuch entsteht, sich aus der Interaktion mit dem Täter zu distanzieren. Dies kann durch Umdeutung und Drohungen von Seiten des Täters verhindert werden: „Es ist doch schön, Du magst es doch auch, stell Dich nicht so an ..." (Steinhage 1989).
In diesem Fall kommt es zu einem **Schamdilemma** (Wurmser 1981, 1990):

> Verhält sich das Mädchen seinen primären Schamimpulsen entsprechend, muß es sich zurückziehen. Der Vorwurf, „Spielverderberin" zu sein, führt zu sekundärer Scham (Levin 1967). Fügt sich das Kind dann dem Täter, ist es wieder mit verstärkter primärer Scham konfrontiert. Wie immer sich das Kind verhält, ist es einem Schamdilemma ausgesetzt. Durch die Umdeutung des Affekts schämt sich das Kind schließlich für die primäre Scham.

Dadurch verliert das Mädchen das Verständnis für die Funktion einer primären Scham, nämlich daß diese vor Gefahr warnt und zum Rückzug drängt. Die sekundäre Scham wird bedrohlich, da sie von außen wie auch von innen auf das Kind einwirkt. Nun hat die Scham nicht mehr die Qualität eines Gefahrensignals, sondern traumatischen Charakter (Wurmser 1981): das Mädchen hat seine Integrität verraten (vgl. Kap. 2.1, 3.2).

1.10.7 Bewältigungsversuche der schweren Selbstgefühlsstörungen

▶ **Bewältigung der Scham durch aggressives Ausagieren:** Die Unerträglichkeit primärer Schamgefühle, die das Objekt zu überfluten droht, entlädt sich in heftigen Wutgefühlen, Jähzornanfällen mit dem Ziel, das narzißtische Gleichgewicht wieder herzustellen. In diesem Sinne hat die Wut das Ziel, die Scham zu überwinden. In der Regel jedoch wird die Wut so eingesetzt, daß sie zur erneuten Entwertung von außen, zu Demütigungen und damit zur sekundären Scham führt. Andere ohnmächtig zu machen führt nur zu einem kurzen Triumph. Heftige Gegenreaktionen erzeugen dann eine Mischung von Schuld und Scham.

▶ **Bewältigung durch Schuldgefühle:** Die Schuldgefühle vermitteln im Gegensatz zur Entwicklung von nach außen geleiteter Wut doppelten psychischen Gewinn: Schuldgefühle wehren Schamaffekte ab, da sie dem Opfer vortäuschen, es hätte die Macht gehabt, den Mißbrauch abzuwehren, wenn es sich nur genügend angestrengt hätte. Dadurch wird die absolute Ohnmacht während des Mißbrauchsgeschehens nachträglich relativiert. Die Diskrepanz zwischen Real-Ich und Ich-Ideal fällt damit geringer aus.
Schamaffekte stellen das Selbst als Ganzes in Frage. Durch die Zentrierung auf Schuldgefühle wird nicht mehr das gesamte Selbst in Frage gestellt, sondern lediglich eine spezifische verbotene Handlung.

▶ **Trotz und Überanpassung als Abwehr gegen die Scham:** Da in der Scham das Selbst verachtet wird, geht es immer um die Stabilisierung der Selbstachtung. Beim sexuellen Mißbrauch wird das Kind seiner Selbstbestimmung über seinen Körper beraubt. Häufig finden wir eine scheinbar trotzige Selbstbehauptungsneigung und einen Stolz beim Kind, der jedoch durch das gestörte

Selbstwertgefühl von Selbstzweifeln durchsetzt ist. Das Spektrum von Trotz versus Überanpassung hat seine Funktion in der Bewältigung von Ohnmachtserfahrungen (Erikson 1959). Der Trotz als Abwehr eskaliert häufig in rigiden Ausprägungen und kann zum *Außenseitertum* im sozialen Zusammenleben und zu *Isolation* führen.

Die Überanpassung als Abwehr äußert sich in „mechanischem Gehorsam", mit dem das Kind die Bedürfnisse des Täters errät und erfüllt. Diese damit verbundene Selbstaufgabe erzeugt jedoch wieder Scham, da das vorherrschende Gefühl der Fremdbestimmung zu einem Verlust des Selbstgefühls, zu einem „Verrat an der Identität und Integrität", führt (Wurmser 1990).

▶ **Der Versuch der Reparation des Selbstgefühls durch symbiotische Beziehungsaufnahme:** Die Überanpassung und Selbstaufgabe führt schließlich zur chronischen Beschämung, die mit *Verlassenheitsängsten* einhergeht, die ein Getrenntsein vom Objekt als extrem bedrohlich erscheinen lassen. Um die „narzißtische Entleerung" (Ehlert und Lorke 1988) zu verhindern, regrediert das Opfer auf eine symbiotische Beziehungsebene, auf der es an der Macht des Objekts teilhaben kann. Nach Shengold (1979, 1995) flüchtet das Kind in die „traumatische Trance" und kann über die phantasierte Einheit mit dem Täter die reale absolute Unterwerfung verleugnen. Diese durch Selbstaufgabe eingegangene symbiotische Beziehung ist eine sehr trennungsvulnerable Situation. Trennung kann existentielle Leere bedeuten, in der dann die hochbedrohlichen Verlassenheitsaffekte intrapsychisch nicht mehr gebunden werden können.

Da es aber trotz der phantasierten Einheit mit dem Täter weiterhin durch Mißbrauch von Scham überflutet wird, entsteht nach Wurmser (1990) die „Abhängigkeitsscham". Dies heißt, daß Verschmelzungswünsche, die aus dem Motiv erwachsen, an der Macht und Stärke des anderen teilzuhaben, immer wieder enttäuscht werden, da sich das Opfer in der sich wiederholenden hilflosen und ohnmächtigen Position befindet. Beim sexuellen Mißbrauch ist das Hilfs-Ich, das in anklammernder Weise gesucht wird, paradoxerweise der Täter, weil er oft der einzige erreichbare Mensch in der Gewaltsituation ist. Der Täter, an die Stelle des Primärobjekts getreten, erzeugt durch die Verweigerung von Schutz und Liebe immer wieder das existenzbedrohende Gefühl, die Liebe des Primärobjekts verloren zu haben. Dies führt zu einem *destruktiven Abhängigkeitszyklus*.

▶ **Die Introjektion des Täters:** Ehlert und Lorke (1988) beschreiben in ihrem psychodynamischen Konzept die einsetzenden Abwehrmaßnahmen auf den drohenden Liebesverlust des Primärobjekts wie folgt: Das Opfer introjiziert das Feindbild, das der Täter zur Rechtfertigung seiner Grausamkeiten entworfen hat. Es wird zu einem Teil seines Selbstbildes. In diesem neuen, vom Introjekt infizierten Selbstbild bekommen die sexuellen Übergriffe des Täters und des Opfers erstmalig einen Sinn: Das Opfer glaubt sich einerseits schuldig, andererseits empfindet es das Verhalten des Täters als gerechte Strafe für seine vermeintliche Verderbtheit. Es kommt also in der *Wendung vom passiv ohnmächtigen Opfersein zum aktiven Täter,* als der es Schuld und Strafe verdient hat.

Neben dieser Sinngebung besteht der psychische Gewinn der beschriebenen Abwehrmaßnahme (Ehlert und Lorke 1988) in einer *Hoffnung auf eine Versöhnung mit dem Täter,* die auf dem Wege von Buße und Wiedergutmachung erfolgen soll. Damit käme es zu einer Versöhnung mit dem Primärobjekt und zur Rückgewinnung von dessen Liebe (Piers 1953; Wurmser 1986).

▶ **Das grandiose Selbst:** Reparativ kann das traumatisierte Selbstwertgefühl durch ein grandioses Selbst kompensiert werden, welches *immer wieder den Triumph über andere sucht,* mit der Tendenz, diese hilflos zu machen. Diese narzißtische Abwehr stabilisiert das traumatisierte Selbstgefühl, ist jedoch in der Regel brüchig.

▶ **Der Wiederholungszwang und die Scham:** Der bei Opfern in der Regel festzustellende Wiederholungszwang der Selbstentwertung erhält seine Rigidität durch die *Tendenz, die Präsenz des Täters unbedingt erhalten zu müssen.* Diese Präsenz ist unter psychodynamischen Gesichtspunkten deswegen notwendig, weil das Opfer für das innerpsychische Gleichgewicht im Hinblick auf die Einlösung des Versöhnungsversprechens auf sie angewiesen ist. Aus dieser Spirale der Fusionierung mit dem Täter herauszuhelfen und ein neues Primärobjekt zu schaffen, ist eine wesentliche Aufgabe für die Therapie.

1.10.8 Selbstgefühlsstörungen und Störungen des Körper-Selbst

Traumatisierte Patienten stellen in Selbstberichten (Frey 1993) ihr verzweifeltes Ringen um ein intaktes Körpergefühl dar. Depersonalisationsgefühle, Fragmentierungserlebnisse und an bestimmte Körperzonen gebundene Affektblockaden gehen mit einem *quälenden Selbstgefühl* einher, welches auch in Therapien dieser Patienten eine zentrale Rolle spielt. Hierbei ist auf phänomenologischer Ebene zunächst der Versuch zu machen, die klinischen Phänomene zu klassifizieren.

Der Begriff des Körperschemas und des Körperbildes ist von Schilder (1923, 1935) in eine **Theorie des Körpererlebens** eingebettet worden, in die heute viele humanwissenschaftliche Erkenntnisse von der Psychoanalyse bis zum symbolischen Interaktionismus integriert werden können (Joraschky 1983, 1995). Das Bewußtsein der Körperlichkeit, das dreidimensionale Bild unseres Selbst, das wir in uns tragen, muß ebenso aufgebaut werden wie die Kenntnis von der Außenwelt. Es wird aus den taktilen, kinästhetischen und optischen Rohmaterialien konstruiert. „Das erlebte Körperbild wird so zur Landkarte der Triebregungen" (Schilder 1935).

Die beständige Wechselwirkung zwischen dem eigenen Körperbild und dem anderer Personen geht selbstverständlich weit über das Vergleichen nach ästhetischen Gesichtspunkten hinaus. Wegen seiner vielen Schichten kann man das Körperbild mit einem Gemälde vergleichen, das mehrmals übermalt wurde, so daß sich auf derselben Leinwand Bilder befinden können, die zueinander passen – oder auch nicht.

Das Körperbild ist aus einer psychoanalytischen Perspektive also nicht monadisch, sondern nur intersubjektiv rekonstruierbar. Das Bild des eigenen Leibes entsteht von Anfang an aus frühen Interaktionsmustern, durch die Identifikation mit dem Körper des anderen und den Formen körperlicher Begegnung. So kann die Repräsentation des Mundes beim Säugling z.B. die Verbindung zwischen Mund und Brust bewahren. Zu diesen interaktionellen Theorien gehören Kestenbergs Analysen der Organ-Objekt-Bilder (1971) oder Lacans „Spiegelstadium" als Bildner des Körper-Ichs (Lacan 1949). Der Leib bleibt während des ganzen Lebens – darauf haben vor allem phänomenologische Forschungen immer wieder abgehoben (Merleau-Ponty 1966) – auf den anderen bezogen. In diesem Sinne spricht die französische Phänomenologie von „Intercorporéité", der **Zwischenleiblichkeit.**

Das unbewußt determinierte Körperbild, welches als mehrfach übermaltes Bild symbolisch dargestellt wurde, wird heute vor dem Hintergrund der modernen Säuglingsforschung durch die Mikroanalyse des differenzierten Signalaustausches besser verstanden (vgl. Kap. 3.7). Der zentrale affektive Austausch findet an einzelnen Körperzonen statt, die konsekutiv zu einem ganzheitlichen Körper-Selbst integriert werden. Entsprechend vielfältig sind die Störbarkeiten, die „Schatten aufgegebener

Objekte", die sich im Körper niederschlagen, um Freuds Metapher zu modifizieren.

1.10.9 Körperbildstörungen bei traumatisierten Patienten

Die Kenntnis der unbewußten Pathologie des Körper-Selbst scheint sehr viel mehr zum Verständnis bestimmter Selbstgefühlsstörungen beizutragen, als bislang angenommen.

Die pathologischen Phantasien über den Körper, also die pathologischen Inhalte des Körper-Selbst sollen hier in Anlehnung an Plassmann (1989) einer Klassifikation unterzogen werden. Die Beschreibungen der Konzepte sind noch teilweise unscharf, wobei wir mit Hilfe des Körperbildtests (vgl. Kap. 3.7) diese unterschiedlichen Störungsebenen empirisch untersuchen. Der Versuch einer Klassifikation des pathologischen Körper-Selbst soll an einem Fallbeispiel einer Patientin mit kumulativen Traumatisierungen dargestellt werden:

> Die Patientin A, heute 50jährig, erlitt in ihren ersten Lebensjahren verschiedene Deprivationen: Im ersten Lebensjahr fand die Flucht der Eltern statt. Ihre ein Jahr jüngere Schwester verbrannte, als das Haus abbrannte, im dritten Lebensjahr. Die 15 Jahre ältere Schwester, die sich prostituierte, gebar ein Kind, welches von der Mutter aufgenommen wurde und dessentwegen sie mit fünf Jahren zu einer Tante weitergegeben wurde. Im 12. bis 14. Lebensjahr erlebte sie mehrfache inzestuöse Handlungen und Vergewaltigungen durch einen Onkel. Nach dem 14. Lebensjahr war sie zwei Jahre in einer Tuberkulose-Heilanstalt. Mit 16 Jahren magerte sie im Rahmen einer Anorexie auf 30 kg ab, in der Folgezeit entwickelte sie eine Bulimie und schwankte mit ihrem Gewicht zwischen 40 und 90 kg. Wegen multipler Unterleibsbeschwerden wurde sie chronisch schmerzmittelabhängig und hatte dann einen Nierenschaden. Mit 22 Jahren heiratete sie, gebar nacheinander drei Kinder. Den sexuellen Kontakt konnte sie nur mit Tranquilizern bewältigen, danach reinigte sie die Scheide mit Desinfektionsmitteln und trank dann später häufig auch verdünntes Sagrotan. Die Partnerschaft entwickelte sich in der Folgezeit zu einer sadomasochistischen Beziehung, der Mann wurde Alkoholiker. Mit 35 Jahren, nachdem sie immer wieder impulsiv Suizidversuche unternommen hatte, schließlich selbstdestruktive Handlungen am Körper in Form von Zigarettenausdrücken am Unterarm sich häuften (Abb. 1.8), kam sie mehrfach in psychosomatische Behandlungen. In einem längeren Klinikaufenthalt stellte sich eine sehr regressiv abhängige Beziehung zur Therapeutin, die mit der Casriel-Methode arbeitete, ein. Die Patientin fühlte sich erstmals im Leben lebendig, wurde jedoch bei der Entlassung nach sechs Monaten im Rahmen der Trennungsprozesse psychotisch und verstärkt autodestruktiv. Seither ist sie durchschnittlich jährlich einmal in stationärer psychiatrischer Behandlung wegen paranoid-halluzinatorischer Phasen und schwerer autodestruktiver Handlungen. Sie lebt praktisch einen Balanceakt zwischen Klinik und zu Hause und erhält so ein Nähe-Distanz-Muster in Balance.

Die Klassifikation der Körper-Selbst-Störung soll anhand der Bilder dieser Patientin illustriert werden:

▶ **Tote Zonen im Körper-Selbst:** In Zuständen tiefer Regression tauchen bei traumatisierten Patienten zeitweise Phantasien auf, der eigene Körper oder seine Teile seien tot. Konkrete Prädilektionsstellen hierfür sind physisch kranke Körperteile, also etwa tatsächlich totes Gewebe (Abb. 1.8) wie Abszesse oder artifiziell eingebrachte Fremdkörper. Bei artifiziellen Geschwüren stellt das nekrotische Gewebe den toten Teil des Körper-Selbst

Körperbildstörungen bei traumatisierten Patienten 149

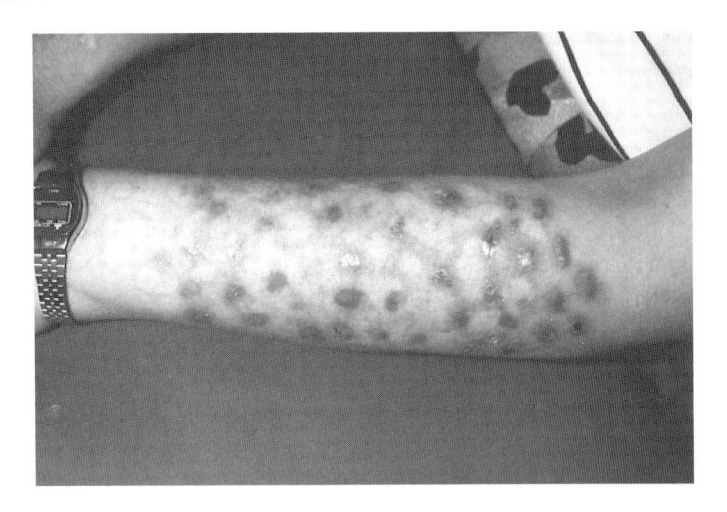

Abb. 1.8 Tote Zonen im Körper-Selbst. Patientin A. hält Wunden offen.

dar, das geschwürige Loch. Der Defekt im Körper symbolisiert den Bereich, in dem kein Leben ist. In der Therapie ist dabei eindrucksvoll, wie an den Stellen der Wunde eine Grenzzone zwischen Leben und Tod phantasiert wird, die Wunde darf nicht ausheilen, weil sie gleichzeitig ausgestoßen und erhalten werden muß, da in ihr objektpsychologisch gesprochen signifikante Bezugspersonen, die Opfer-Täter Fusionierung, erhalten bleibt.

Dies wird auch im *Selbstschneiden* deutlich: Im zum Fließen gebrachten Blut kann der Versuch der Überwindung einer solchen Todeszone enthalten sein. Das Blut ist warm, rot und bewegt sich, es lebt. Was der Außenstehende als Beschädigung des Körpers wahrnimmt, ist für die Patienten dessen Belebung. Bei der Patientin fand diese Selbststimulation in ständigem Ausdrücken von Zigaretten an beiden Armen und durch das Offenhalten der Wunden statt.

▶ **Die Explosion im Körper-Selbst:** Ausgelöst in der Regel durch Trennung, treten Selbstverlustängste mit hochgradiger Impulsivität (Abb. 1.9) ein, die nicht gebunden wer-

Abb. 1.9 Die Explosion im Körper-Selbst. Patientin A. erlebt den Anstieg der Impulsivität wiederholt in Symbolisierungen eines speienden Vulkans.

den können. Nur durch selbstdestruktives Verhalten kann der Kontakt zum Objekt hergestellt werden. Dieser Zustand trat bei der Patientin vor allem in der Therapiephase bei Wochenendtrennungen vom Therapeuten auf.

▶ **Der fragmentierte Körper:** Im Rahmen von typischen Depersonalisationszuständen treten oft schwer beschreibbare *Entfremdungserlebnisse von einzelnen Körperzonen* auf oder auch Gefühle, zu zerbersten (Abb. 1.10).

▶ **Der entgrenzte Körper: Öffnungen, Spalten, Wunden:** Bei einer weiteren Kategorie körperbezogener Phantasien scheint der Körper Bereiche zu haben, in denen er keine Begrenzung hat, sondern offen ist, oder daß der Körper sich als Ganzes auflöst. Prädilektionsstellen für solche Phantasien sind zunächst alle Organe, die tatsächlich mit der Durchdringung der Innen-Außen-Barriere zu tun haben. Dies sind von den Sinnesorganen besonders Auge, Ohr und Nase. Die Augen werden als schutzlose Öffnungen phantasiert, als gleichsam gläserne Zonen, die die innere Verletztheit, die Scham bloßlegen und in die die verfolgenden Blicke (das persekutorische Über-Ich) ohne Barriere in das Selbst eindringen können (Abb. 1.11). Manche Artefakt-Patienten „blenden" die Augen durch Manipulation. Das Eindringen ist in der Regel negativ besetzt mit Phantasien von Gewalt, Schädigung, Verunreinigung, oder mit sexuellen Inhalten verbunden (Abb. 1.12). Die Wünsche werden als gierig-verächtlich durch ein verfolgendes Über-Ich verdammt und durch Manipulation am Körper bestraft. Gleichzeitig wird bei allen Manipulationen auch der Kontakt

Abb. 1.10 Fragmentierungserlebnisse im Körper. In Zusammenhang mit unkontrollierbaren Triebimpulsen stehen Entfremdungs- und Fragmentierungsgefühle im Körpererleben.

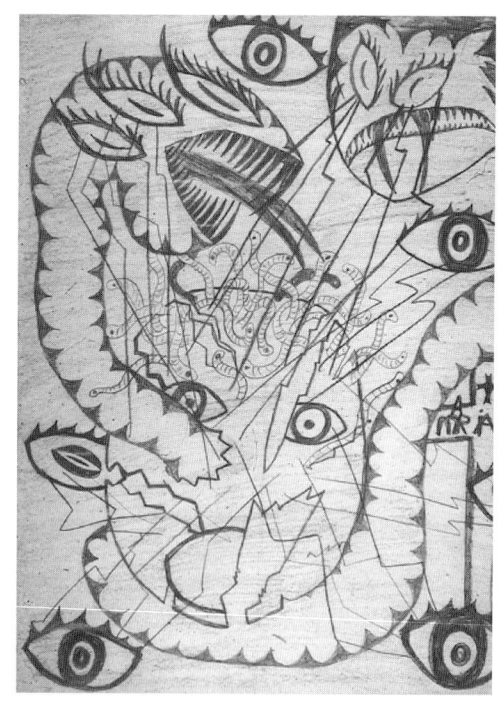

Abb. 1.11 Der entgrenzte Körper: In engem Zusammenhang mit Fragmentierungserlebnissen erfährt Patientin A. die intrusiven Selbstentwertungen und Schuldvorwürfe.

Abb 1.12 Grenzverletzungen im Körper-Selbst. In Zuständen der Verlassenheits- und Verfolgungsangst erlebt die Patientin tiefe Verletzungen im sexuellen Übergriff, in der Hilflosigkeit und im Nicht-Wahrgenommenwerden.

zum traumatierenden Objekt erhalten, es handelt sich also um Objekterhaltungsmaßnahmen. Bei Frauen ist die Phantasie des Genitales als Ort gewaltsamer fusionärer Entgrenzung durch sexuellen Angriff häufig. Plassmann (1989) bietet hierfür die Benennung „fusionär-inzestuöse Zone" oder „symbiotisch-inzestuöse Zone" an. Bei der Patientin ergaben sich Phasen suchtartiger Penetration des Trommelfells, der Haut und des Genitales mit spitzen Nadeln, Manipulationen, die als Versuch, die Körpergrenzen zu stimulieren, interpretiert werden können.

▶ **Der gespaltene Körper:** Solche Phantasien beinhalten die *Vorstellungen eines „guten" und eines „bösen" Bezirks* im eigenen Körper. Prädilektionsstellen hierfür sind die paarigen Organe, besonders die Hände, Arme und Beine, die Ovarien oder die Augen. Typisch sind auch Opferungsinszenierungen, in denen „das böse Organ" aus dem Körper entfernt wird, damit das gute verbleibt. Die gute Hand katheterisiert beispielsweise die „böse Blase", die dann schmerzt, blutet und sich infiziert. Die entstandenen Körperschäden werden ausschließlich dem als negativ phantasierten passiven Körperteil zugeschrieben. Dieser

Abb. 1.13 Der gespaltene Körper und die Identifikation mit dem Aggressor, der ihren Mund mißbraucht hat.

152 Die Auswirkungen von Vernachlässigung, Mißhandlung, Mißbrauch auf Selbstwert und Körperbild

Abb. 1.14 Der gespaltene und der entwertete Körper. In dem Bild stellt die Patientin die Vielzahl der Selbstverletzungen und den Versuch der Rettung des guten Selbst dar. Sie hatte sich durch Suizidversuche, chonischen Schmerzmittel-, Alkohol- und Zigarettenmißbrauch immer wieder der Sehnsucht nach Erlösung nahegebracht und diese gleichzeitig zerstört.

Abb. 1.15 Im Ohnmachtserleben fühlt die Patientin ihren entwerteten Körper, ihre Selbstunterwerfung und absolute Hilflosigkeit.

scheint selbst die Destruktion angerichtet zu haben. Diese Aktiv-Passiv-Spaltung, in welcher der passive Teil der Schuldige ist, spiegelt die interpersonale Szene früher Gewalterfahrungen von Patienten wider (Abb. 1.13).

▶ **Der entwertete Körper:** Besonders bei Patienten mit Artefakten im narzißtisch besetzten Gesicht (vgl. Fallbeispiel Kap. 3.7), aber auch an den Beinen fällt die Bedeutung der Zerstörungszonen als Repräsentanz negativer Selbstanteile auf (Abb. 1.14, Abb. 1.15). Während das Gesicht und sein Spiegelbild als Symbol der gesamten Person eine geläufige Form der Selbstrepräsentanz ist, bleibt die narzißtische Symbolik der Beine oder der Knie schwer verständlich. Wir fanden bei vielen Patienten eine hohe narzißtische Besetzung von Bewegung, Geschicklichkeit, von Kampfsportarten, Tanz oder Leistungssport, insbesondere auch Bodybuilding. Eine Patientin, die immer ein Junge sein sollte, überlastete chronisch die Kniegelenke, die mehrfach operiert werden mußten, bis sie dann in der Pubertät über zwei Jahre die Wunde am Knie künstlich infizierte und diese eine „inzestuöse

Repräsentanz" wurde. Das einmal durch Artefakt und Operation verstümmelte, verunstaltete und behinderte Knie wurde zum Symbol alles narzißtisch negativ besetzten Häßlichen und Unvollkommenem. Bei der hier dargestellten Patientin waren es die immer offen gezeigten stigmatisierten Arme und Hände.

Diese in den einzelnen Therapiephasen mit unterschiedlicher Ausprägung vorhandenen Störungen des Körper-Selbst beginnen in der Regel mit diffusen, explosiv-impulsiven und fragmentierten Störungen.

Bei langsamer Strukturierung zentriert sich dann das Erleben auf tote Zonen, schließlich können durch Spaltung und Symbolisierung Bewältigungsversuche den Weg zur schrittweisen Integration öffnen. Bei dieser Arbeit an der Integration ist ein behutsames und diffiziles körpertherapeutisches Vorgehen ein wichtiger Bestandteil eines mehrdimensionalen Therapieprogramms (vgl. Kap. 3.6), welches für diese Selbstgefühlsstörungen zu empfehlen ist.

2 Krankheitsbilder in der Folge von sexuellem Mißbrauch, Mißhandlung und Vernachlässigung

2.1 Psychische und psychosomatische Erkrankungen bei Kindern und Jugendlichen

Dieter Bürgin und Barbara Rost

Inhalt

2.1.1	Seelische Deprivation	157
2.1.2	Kindesmißhandlung	163
2.1.3	Traumatisierung, Manko, Strukturdefekte (im Selbst und im Ich)	167
2.1.4	Vernachlässigung und Mißhandlung im familialen Kontext	172
2.1.5	Spannungsabfuhr über den Körper	175
2.1.6	Therapeutische Aspekte	175

2.1.1 Seelische Deprivation

Psychische Deprivation eines Individuums ist der Zustand, welcher als Folge einer Lebenssituation entsteht, in der dem Säugling oder Kleinkind die Möglichkeit zur Befriedigung grundlegender psychischer Bedürfnisse nicht in ausreichender Quantität und/oder Qualität zur Verfügung stand.

In einer solchen Lebenssituation kann das Kind gleichzeitig körperliche Vernachlässigung erfahren, einen Mangel an Pflege, Hygiene und Ernährung. Gerade in unserem eigenen Kulturkreis aber entsteht seelische Deprivation nicht selten trotz ausreichender körperlicher Zuwendung. Sie kann sich auch dann einstellen, wenn das Kind mit einem Übermaß an Zuwendung/Stimulation konfrontiert ist, d.h. wenn es für narzißtische und/oder libidinöse Triebansprüche erwachsener Bezugspersonen mißbraucht und gleichzeitig in seinen eigenen Bedürfnissen nicht wahrgenommen und nicht befriedigt wird.

Zu den **grundlegenden Bedürfnissen eines Säuglings oder Kleinkindes** gehören:

▶ **Verlangen nach einer engen, stabilen Beziehung** zu einer für das Kind bedeutungsvollen Person (Bowlby 1969): Der wechselseitige dialogische Kontakt mit ihr wird zur begehrtesten Aktivität. Ein drei Monate alter Säugling erwidert z.B. den Blick und das Lächeln und fordert ein Lächeln zurück. Er lernt im zweiten Halbjahr des ersten Lebensjahres die entsprechende Person von anderen klar zu unterscheiden und formt schließlich im zweiten Lebensjahr seine Sprache nach dem Muster ihrer Laute. Innerhalb dieses Austausches bildet er das unentbehrliche Sicherheitsgefühl aus, welches die seelische Grundlage seiner künftigen Entwicklungsbewegungen in die weitere räumliche, sachliche und gesellschaftliche Umwelt hinein darstellt. Im Anfangsstadium der Bindung ist die Mutterfigur oder eine gleichwertige Substitutsperson für das Kind unersetzlich. Sowohl der Säugling als auch das Kleinkind reagieren auf verhältnismäßig kurze Unterbrechungen des Kontaktes mit der primären Beziehungsperson (häufig die Mutter; gegebenenfalls kann dies aber auch der Vater sein) sehr empfindlich, was sich in den Erscheinungen der Trennungsangst manifestiert.

Erst wenn ein stabiles inneres Bild der Gesamtperson „Mutter" (dem auf einem Nebengeleise auch ein solches des „Vaters" parallel läuft) vom Kleinkind aufgebaut worden ist, kann das Bedürfnis nach ausgedehnterem zwischenmenschlichem Kontakt und emotionalem Austausch mit stellvertretenden Anderen befriedigt werden. Üblicherweise reagiert das ein- bis dreijährige Kind auf längere Trennungen in drei Phasen:
- mit Protest (z.B. Schreien, sich anklammern)
- mit Verzweiflung (deutlicher Ausdruck einer schmerzlichen Traurigkeit)
- mit „Ablösung" (Rückzug der „Besetzung" vom „Objekt"; im äußeren Verhalten durch Interesselosigkeit, Apathie und nur sehr zögernde Wiederaufahme des Kontaktes bei Wiedervereinigung zu erkennen)

▶ **Bedürfnis nach Unabhängigkeit:** Die Verinnerlichung des Mutterbildes in seiner Funktion als Organisator der Aktivität des Kleinkindes macht dieses unabhängiger von äußeren Gegebenheiten. Eine Trennung zwischen „Ich" und „Du" ist mit dem Gewahrwerden verbunden, daß das Ich dem Du gegenüber Wünsche und Erwartungen hat und umgekehrt. Die Befriedigung der komplementären Grundbedürfnisse von Abhängigkeit und Unabhängigkeit setzt sich zeitlebens, in Anlehnung an die ersten derartigen Erfahrungen, fort.

▶ **Bedürfnis nach Variabilität und Stabilität von Reizen:** Für die geistig-seelische und körperliche Entwicklung verlangt das Kind nach fortschreitender Stimulation. Auf Situationen von angemessenem Stimulationsniveau antwortet es mit positiven Gefühlsreaktionen. Sowohl Reizmangel wie -überfluß wirken subjektiv unangenehm und entwicklungshemmend und rufen nicht nur Reaktionen der Abwendung und der Interesselosigkeit, sondern immer wieder auch das Bestreben nach Wiederherstellung eines optimalen Stimulationsniveaus hervor. Im Wechsel der zahllosen stimulierenden Geschehnisse versucht das Kind integrativ, gleichsam als eine Art Mittelwert, stabile Strukturen, Ordnungen und Gesetzmäßigkeiten zu finden. Zunehmend ist es bestrebt, sinnvolle Regelmäßigkeiten zu entdecken und eine Kontinuität von Vergangenem, Gegenwärtigem und Zukünftigem herzustellen. Der Wunsch zu lernen, Erfahrungen zu gewinnen, den Funktionswert der Dinge zu verstehen, sich Fertigkeiten anzueignen und Kausalzusammenhänge zu erfassen ist auf allen Stufen der frühkindlichen Entwicklung zu beobachten. Die Reizsituation allein bestimmt also nicht mit Sicherheit die Reaktionen des Kindes, sie hat eher den Charakter einer vielgestaltigen Aufforderung, deren Variabilität und Stabilität zugleich für das Kind von wesentlicher Bedeutung sind. Es darf für die Entwicklung eines Kleinkindes als ungünstig angesehen werden, wenn seine Bedürfnisse über einen längeren Zeitraum und in erheblichem Ausmaß nicht oder nur einseitig befriedigt werden. Alle Kulturen und die in ihnen bestehenden Erziehungssysteme streben nach einer gewissen Regulation der Bedingungen in der Umwelt des Kindes, welche die Befriedigung der psychischen Grundbedürfnisse in dem notwendig erscheinenden Ausmaß ermöglichen. Das Lernen wird durch zielbewußte Kontrolle der verstärkenden Anreize zu unterstützen versucht. Auch die Art des Kontaktes zwischen der Mutter (bzw. Substitutsperson) und dem Kleinkind wird in nicht unwesentlichem Maße durch kulturelle Faktoren mitbestimmt. Schließlich legt auch jede Kultur Zeitpunkte fest, für welche eine gewisse Unabhängigkeit und altersgemäße Selbständigkeit gefordert wird.

Mangelzustände, die eine seelische Deprivation nach sich ziehen können

Eine ungenügende Befriedigung psychischer Grundbedürfnisse eines Säuglings oder Kleinkindes entsteht dann, wenn ein Mangel an wirksamer und lebendiger Interaktion des Kindes mit seiner Umwelt vorliegt. Zum Beispiel:

▶ **Mangel an Gefühlsbeziehungen:**
Steht dem Kleinkind eine konstante Beziehungsperson nicht oder in nur ungenügendem Maße physisch und psychisch zur Verfügung, so bleibt sein Bestreben nach Anknüpfung und Ausweitung eines emotionalen Kontaktes und Austausches erfolglos. Die daraus erwachsende Störung im gefühlsgetragenen Dialog ermöglicht keine harmonische Einfügung der zwischenmenschlichen Beziehungen in die sich ausdifferenzierende Persönlichkeit des Kindes (Rutter 1976). Funktionslücken im Ich, langanhaltende Verhaltensstörungen oder eine andauernde Unfähigkeit zu innigen zwischenmenschlichen Beziehungen sind die Folge. Nicht selten werden diese Kinder später lange oder zeitlebens von einem *unersättlichen Hunger nach Liebe und Zuwendung* geplagt. Sie leiden gleichsam an chronischer „seelischer Unterernährung" (Meierhofer und Keller 1966).

▶ **Mangel an Möglichkeiten, Eigenständigkeit zu erlangen:** Will das Kind nicht in einer engen Abhängigkeitsbindung erstarren, sondern zu einer eigenständig-lebendigen Person werden, dann muß es die entwicklungsfördernden Eigenschaften der Mutter oder der entsprechenden Betreuungsperson in sich aufnehmen und sie in eine Art inneren Organisator umwandeln. Bietet das soziale Milieu die entsprechenden Bedingungen für eine solche Autonomieentwicklung nicht an, so kann die gefühlsmäßige Abgrenzung von den bedeutungsvollen Personen seiner Umwelt nicht erfolgen. Selbstverantwortung, wahlweise Übernahme der unterschiedlichen sozialen Rollen und kritische Assimilation der kulturellen Werte können dann nicht erreicht werden. Von solchen Menschen werden später bestenfalls „Als-ob-Haltungen" eingenommen.

▶ **Mangel an Stimulation:** Überall dort, wo ein Milieu dem Kind nicht genügend Wahrnehmungs-, Entwicklungs- und Lernanreize anbietet, leidet es Mangel. Dieser zeigt sich in erster Linie auf der Ebene der spontanen Aktivität und der Reaktionsbereitschaft. Zwecks Wiedererlangung der notwendigen Entwicklungsanreize wird das Kind zuerst eine Erhöhung des Aktivierungsniveaus anstreben. Führt diese Aktivität nicht zum Ziel, kann es das Manko an Reizzufuhr also nicht durch eigene Aktivität wettmachen, so sinkt seine Spontanaktivität sekundär wieder ab, die Lernbereitschaft versandet und seine Bedürfnisse und Interessen bleiben unentwickelt, diffus und ungerichtet (Langmeier und Matujcek 1977).

Die klinischen Zeichen chronischer „seelischer Unterernährung" sind außerordentlich vielfältig und keineswegs spezifisch, in ihrer Ausgestaltung abhängig von Alter und Entwicklungsphase des Kindes/Jugendlichen und manifestieren sich im somatischen (z.B. Gedeih- und Wachstumsstörungen) und/oder psychosomatischen (z.B. Enuresis, Enkopresis) und/oder psychischen Bereich (z.B. depressive Störungen) oder in oft langandauernden Verhaltensstörungen (z.B. Hyperaktivität, Distanzlosigkeit, Kontakthemmung, Dissozialität/Delinquenz).

Dem Fehlen einer spezifischen Psychopathologie bei doch wiederholt zu beobachtenden Verhaltensmustern als Folge von Deprivationsbedingungen trägt die ICD-10 Rechnung mit der Aufnahme der diagnostischen Kategorien der *reaktiven Bindungsstörung des Kindesalters (F94.1)* sowie der *Bindungsstörung des Kindesalters mit Enthemmung (F94.2)*. Grundsätzlich führt der unersättliche Beziehungshunger zu Beziehungsmodalitäten, die von oraler Gier, resp. oral aggressiven Triebansprüchen beherrscht sind, den Beziehungspartner funktionalisieren und manipulieren, ohne daß dessen eigenen Bedürfnissen Rechnung getragen werden kann. Dadurch kommt es häufig zu Serien von Beziehungsabbrüchen, fremd- und/oder selbstaggressiven Handlungen infolge narzißtischer Wut, womit dann der Weg gebahnt ist für die *Beziehungsersatzsuche,* die sich z.B. in Form von Streunen/Stehlen, Eßstörungen, sexuellen Spielereien/exzessiver Onanie, Dissozialität und Substanzabusus/-abhängigkeit zeigen kann. Ist die seelische Deprivation im Verlauf der kindlichen Entwicklung in hohem Ausmaß kombiniert mit einem Gebraucht-/Mißbrauchtwerden durch die Eltern oder deren Substitutspersonen zur Befriedigung eigener narzißtischer oder Triebansprüche, treten in der Symptomatik die Phänomene in den Vordergrund, die auf unzureichende Bedingungen für Autonomieentwicklung hinweisen, d.h. z.B. *Zeichen einer falschen Selbstentwicklung oder sog. „Als-ob-Haltungen".* So können scheinbar fröhliche, maniforme Gefühlszustände des Kindes abwechseln mit einem depressiven Abgelöschtsein. Dies soll am Beispiel einer kleinen Patientin veranschaulicht werden:

> A. wird notfallmäßig ins Kinderspital gebracht, weil sie antriebs- und initiativelos ist, sich zunehmend in sich selbst zurückzieht und seit einigen Tagen jede Nahrungs- und Flüssigkeitsaufnahme verweigert.
> A., fünfjährig, ist die ältere von zwei Töchtern ihrer seit ihrem dritten Altersjahr getrennt lebenden Eltern. Ihre Mutter, in einer broken-home-Situation aufgewachsen, im Verlauf von Latenz und Adoleszenz vernachlässigt, sexuell ausgenutzt, hat seit der Trennung vom Kindsvater eine gravierende Heroinabhängigkeit entwickelt, aber dennoch versucht, zusammen mit ihrem ebenfalls drogenabhängigen Freund für das Wohl ihrer beiden Kleinkinder zu sorgen. Die Folgen der Drogenabhängigkeit eskalieren, Mutter und Kinder verwahrlosen. Wegen akuter Gefährdung des körperlichen und seelischen Wohls beider Kinder übernimmt der Muttersvater die Obhut. Im Augenblick der Trennung klammert sich die Mutter an A. In ihrer eigenen Unfähigkeit, sich zu trennen, vermittelt sie A., daß diese nie mehr werde zu ihr zurückkehren können. Kurze Zeit später beginnt die konsequente Verweigerung jeglicher Nahrungsaufnahme. A. erklärt dazu: Sie möchte nicht mehr leben, weil sie dann nicht mehr essen müsse.
> Im Verlauf der Hospitalisation fallen die großen Schwankungen in den Stimmungs- und Gefühlszuständen bei A. auf, das heißt der Wechsel zwischen fassadenhaft anmutender Fröhlichkeit, mit der sie ihre Mutter und die Betreuungspersonen unterhält, für sich gewinnt und gleichzeitig konsequent auf Distanz hält und Phasen tief depressiver Verstimmungszustände mit dem Ausdruck von Verlorenheit und Verlassenheit, die in den Betreuerinnen ebenfalls schwer zu ertragende Gefühle von Verlassenheit induzieren. Eine ausreichende Ernährung des Kindes ist über Monate nur mittels Magensonde möglich.
> Die großen Schwankungen in Stimmung und Antrieb sowie die Art des Umgangs mit der Nahrung sind Ausdruck der Anpassungsbemühungen des Kindes an Umweltbedingungen, die A. extremen Wechseln von Vernachlässigung/resp. Besetzung als narzißtischem Beziehungspartner aussetzten. Die konsequente Weigerung, Nahrung zu sich zu nehmen, könnte somit als Schutz gegenüber der Willkür des Objektes verstanden werden.

Mögliche **prophylaktische Maßnahmen**:
▶ Die Trennung eines Kleinkindes von der Mutter bzw. von der hauptsächlichsten Betreuungsperson ohne Vorhandensein einer angemessenen Substitutsperson bedeutet oft eine schwere seelische Belastung. Über kürzere Zeit hinweg kann sie aus eigener Kraft des Kindes ausgeglichen werden. Bleibt aber über längere Zeit eine entsprechende Ersatzperson, welche die gesamten Funktionen der Mutter übernehmen kann, aus und dauert die Trennung länger an, so sind schwere, sogenannte anaklitische Depressionen zu beobachten, die nach einiger Zeit in eine tiefgreifende Entwicklungsverzögerung münden können.

Dem Vermeiden unnötiger Trennungen im Kleinkindesalter, dem Angebot geeigneter Substitutspersonen und der Wahrung größtmöglicher Konstanz bedeutungsvoller emotionaler Beziehungen kommen klare psychoprophylaktische Wirkungen zu.

▶ Kinder, die in schwerer sozialer Isolation verwildern, verwahrlosen oder als körperlich und seelisch mißhandelte Kreaturen aufwachsen, sind in den marginalen Bevölkerungsschichten größerer Agglomerationen leider keine Seltenheit. Nicht selten handelt es sich um Kinder von Eltern, die selbst unter einer schweren sozialen oder seelischen Beeinträchtigung bzw. Belastung leiden.

Es bedarf immer wieder des Mutes gut beobachtender Mitmenschen oder des gleichzeitig taktvollen und wirksamen Eingreifens sozialer Institutionen, um mittels Milieuveränderung, Familienhilfe und langdauernder heilpädagogischer Förderung wenigstens eine Verminderung schwerer Entwicklungsrückstände zustande zu bringen.

▶ Daß ausreichende körperliche Ernährung und Hygiene allein zur Entwicklung eines Kindes nicht ausreichen, haben die erschreckenden Zahlen der Säuglingssterblichkeit in Findelhäusern und Wohlfahrtseinrichtungen voriger Jahrhunderte gezeigt. Es ist offenbar, daß mögliche schädigende Einflüsse einer Institutionsbetreuung von Kleinkindern in hohem Maße von der Gestaltung, Atmosphäre und personellen Besetzung der Institution abhängen und daß Kinder gegenüber einer bestehenden Deprivationssituation unterschiedlich empfindlich reagieren.

Minimaler Personalwechsel, gut ausgebildetes, warmherziges Personal, Pflegestabilität, Mutterersatz durch eine angemessene Relation von Erwachsenen/Kindern und die Gestaltung des Instituslebens in der Art einer Familiengruppe ermöglichen eine bemerkenswerte Reduktion von Deprivationsentwicklungen in Institutionen.

Sofern also dem Kind die seinen Bedürfnissen entsprechende Qualität, Quantität und Konstanz zwischenmenschlicher Beziehungen zur Verfügung steht, bzw. sofern entsprechende Organisationsstrukturen, Erziehungsmethoden und ein hoher personeller Aufwand sowie Beratung des Personals und der Eltern verfügbar sind, läßt sich eine intellektuelle und emotionale Retardierung bei Krippen-, Heim- und Familienkindern weitgehend verhindern.

▶ Deprivation in der Familie ist meist weniger auffällig und methodisch viel schwieriger zu erfassen als in der Institution. Die Art, wie die Eltern ihre Zeit mit einem Kind verbringen, dürfte bedeutsamer sein als die rein zeitliche Präsenz. Kürzeres gemeinsames Spiel bedeutet mehr als viele Stunden ohne Aufmerksamkeit. Eine Beziehungsstörung, z.B. infolge einer schweren Depression der Mutter, bildet eine Art seelischer Schranke, verhindert den dialogischen Austausch, ermöglicht infolge der gestörten Interaktion keine adäquate Befriedigung von Bedürfnissen und schafft damit ein Manko. Neben diesen bewußten Störungen können auch unbewußt feindselige Einstellungen von Eltern einem Kind gegenüber dieses in ein kompliziertes emotionales Rückkoppelungssystem versetzen, welches – als chronisches Spannungsfeld – sowohl einen Mangel an Bedürfnisbefriedigung als auch neurotische Verzerrungen im Aufbau der inneren Architektur des Kindes zur Folge haben kann.

Elternschulung, Aufwertung von Säuglings- und Kleinkinderpflege, Ausbau eines sorgfältig durchgeführten Adoptionswesens, diverse sozioökonomische und sozialpsychiatrische Hilfs- und Beratungsangebote, Schaffung sozialer Alternativen, Eindämmung der Zahl unerwünschter Kinder mittels angemessener Schwangerschaftsprophylaxe und Erleichterung der Unterbrechung unerwünschter Schwangerschaft, akute therapeutische Krisenintervention bei sehr belasteten Familien und der Ausbau der psychiatrisch/psychologischen Therapiemöglichkeiten von Eltern, Kindern und Familien stellen Schritte in Richtung einer Verminderung von Deprivationsentwicklungen dar.

▶ Familien als Ganzes können unter dem Druck äußerer Umstände oder auch infolge innerer psychologischer Gründe gesellschaftlich und kulturell isoliert sein (z.B. Exil, Gastarbeiter, Randgruppen, Sekten, Zigeuner, einsame Bauernhöfe). Ein Kind leidet in solchen Fällen zwar nicht an emotionaler oder sensorischer Deprivation, wird aber um den Kontakt mit Einstellungen und Haltungen gebracht, deren es für seine Anpassung an und Auseinandersetzung mit der gesellschaftlichen und kulturellen Situation seiner weiteren Umwelt bedarf. Leicht entstehen Teufelskreise zwischen solchen Familien und der sie umgebenden Sozietät. Die Familien selbst halten ihre Kinder aufgrund ihrer Außenseiterposition und/oder Weltanschauung von der Umwelt fern. Gleichzeitig werden sie auch von den integrierten Mitgliedern der Gesellschaft gemieden, entwertet, in die Rolle schwarzer Schafe gebracht und zu Opfern primitiver Ausstoßungsprozesse gemacht. Schwierigkeiten solcher Kinder treten zumeist beim verstärkten Kontakt mit anderen Menschen, z.B. bei Schuleintritt oder beginnender sexueller Reife, deutlicher zutage.

Ein Wachsen des gegenseitigen Verständnisses sowie Respekt für die Andersartigkeit sind Voraussetzungen, um komplexere Formen von Verhütung so gearteter Deprivation überhaupt in Gang zu bringen.

▶ Auch bei Naturkatastrophen (z.B. Erdbeben, Überschwemmungen, Hungersnöten) oder gesellschaftlichen Umstürzen (z.B. Kriegskinder, Kinder in Konzentrationslagern, evakuierte Kinder) entstehen oft *traumabedingte Deprivationen,* welche durch intensive, gezielte, auf die jeweilige Situation zugeschnittene Hilfsmaßnahmen bekämpft werden sollten.

▶ Im Individuum selbst angelegte Bedingungen, z.B. ausgeprägte zerebrale, sensorische, motorische oder psychische Schädigungen oder konstitutionelle Abartigkeiten des Säuglings oder Kleinkindes wie frühkindliche Hirnschäden, Taubheit, Blindheit, Lähmungen, Schwachsinnigkeit, übermäßig niedriges Aktivitätsniveau, autistische Abwehr oder extrem niedrige Schwellenwerte gegenüber Außenweltreizen erhöhen die Empfindlichkeit gegenüber Deprivationsbedingungen. In solchen Fällen ziehen bereits sehr geringfügige Mangelzustände recht schwerwiegende Schädigungen nach sich. Auf diese Art beeinträchtigte Kinder sind genötigt, früh nach kompensatorischen Ersatzbefriedigungen zu suchen. Bleiben sie dabei erfolglos, so führt der Weg in eine frühe Resignation und Kümmerentwicklung.

Frühzeitige Diagnose der Behinderung, gezielte heilpädagogische Maßnahmen, spezifische Trainingsverfahren und kontinuierliche pädagogisch-psychologische Beratung der Eltern vermögen diese Form sekundärer Deprivation weitgehend zu reduzieren.

Jede länger dauernde Aussetzung an ein Feld hoher familiärer Spannungen oder Dysfunktionen beeinträchtigt den Auf- und Ausbau kompensatorischer Hilfen, die das deprivierte Kind aufgrund seiner eigenen Ressourcen zu mobilisieren versucht. Wann immer möglich sollte also verhindert werden, daß sich auf eine gegebene emotionale oder sensorische Deprivation eine länger dauernde dysfunktionale familiale Situation aufpfropft.

2.1.2 Kindesmißhandlung

Unter Kindesmißhandlung wird in der Regel die körperliche Vernachlässigung/Mißhandlung, die emotionale Vernachlässigung/Mißhandlung sowie der sexuelle Mißbrauch verstanden.
Häufig bestehen verschiedene Mißhandlungsformen gleichzeitig, zumal sich schwere, insbesondere repetitive körperliche Mißhandlung sowie sexuelle Ausnutzung nur in Beziehungskonstellationen manifestieren können, in denen emotionaler Mißbrauch wirksam ist.
Wird Kindesmißhandlung definiert als schwerwiegende psychische/physische Verletzung eines Kindes oder Jugendlichen durch einen Elternteil oder eine Betreuungsperson, so gilt es, die Handlungsabläufe nicht so sehr nach den moralischen Maßstäben von gut oder schlecht zu beurteilen, sondern vielmehr die Faktoren von Rangordnung und Machtausübung und von bewußt gezielter oder unbewußter Interaktionsmodalität in Betracht zu ziehen. Es ist oft schwer, zwischen aggressiven Akten, Vernachlässigung, Mangel an Pflege und Mißhandlung zu unterscheiden. Man könnte sagen, daß überall dort eine seelische Mißhandlung oder Vernachlässigung am Werk ist, wo der notwendige Spielraum für die entscheidenden Entwicklungsschritte eines Kindes (wie Aufbau einer Bindung, Separation, Individuation, Inbesitznahme des eigenen Körpers, Aufnahme extrafamilialer Beziehungen, Verselbständigung in der Adoleszenz etc.) nicht gegeben ist. Jede Unterlassung der nötigen Fürsorge und Stimulation gehört somit bereits in den Bereich seelischen Mißbrauchs.
Seelische Grausamkeit tritt in unzähligen Erscheinungsformen auf und bewirkt ebenso viele Arten von Verletzung, welche oft nicht als solche erkannt werden, da sie kaum je direkt sichtbare Narben hinterlassen oder sogar unterhalb der Bewußtseinsschwelle verlaufen können. Die aus ihnen hervorgehenden zornigen und schmerzlichen Gefühle finden oft keine Form für einen unmittelbar verstehbaren, in Handlung mündenden Ausdruck. Als vor- oder unbewußte Geschehnisse werden sie lange Zeit durch die unbewußten Abwehr- und Anpassungsaktivitäten des Ich so gut wie möglich von der Selbstwahrnehmung ferngehalten.

> Seelische Grausamkeit kann leicht durch bestimmte Ideologien, Glaubensinhalte und erzieherische Zielsetzungen unkenntlich gemacht werden. So bleibt eine ungebührliche Machtausübung von Erwachsenen über ein Kind oft verborgen, da das Kind nichts anderes kennt, später eine Verdrängung der schmerzlichen Erfahrungen stattfindet und zudem eine große Scham besteht, diese Eltern, die man braucht und lieben möchte, als Aggressoren zu entlarven. Die Behandlungsgeschichte des mißhandelten Kindes entspricht somit einem Entmystifizierungsprozeß.

Die **Symptome** seelisch, körperlich oder sexuell mißhandelter Kinder sind außerordentlich vielfältig, unspezifisch und unterschiedlich „laut". Neben charakteristischen Verletzungsspuren bei körperlichen und sexuellen Mißhandlungen – hier liegen aber nicht selten chronische Mißhandlungssituationen vor, ohne nachweisbare körperliche Verletzungen – sind es vor allem die sich unter dem Bild verschiedener Verhaltensauffälligkeiten und psychosomatischer Störungen verbergenden Folgen der Mißhandlung, die oft schwer zu erkennen und zu interpretieren sind.

> Wenn es auch die spezifische Psychopathologie nicht gibt, findet sich ein erhöhtes Risiko für eine Beeinträchtigung der intellektuellen Entwicklung sowie für Entwicklungsverzögerungen bei schwerer Mißhandlung im Säuglings- und Kleinkindalter. Im Schulalter zeigen sich neben Defiziten der kognitiven Entwicklung Störungen des Sozialverhaltens und der Emotionalität, häufig kombiniert mit selbstschädigendem Verhalten. Psychosomatische Störungen, wie hartnäckige For-

men des Bettnässens, chronisches Weglaufen, wiederholte Suizidversuche, anhaltende und ätiologisch unklare Körperbeschwerden oder psychogene Lähmungen, können im Kontext von Anamnese und Verhaltensauffälligkeiten Hinweischarakter für eine sexuelle Mißbrauchssituation bekommen. Grundsätzlich gilt, daß sich mißhandelte Kinder in ihrem Selbsterleben oft für böse, schlecht, dumm und nicht liebenswert halten. Sie können ihre Gefühle schlecht erkennen und noch schlechter aussprechen, haben an sich selbst nur wenig Freude. Ihre Beziehungsfähigkeit ist oft eingeschränkt, da ein Mangel an Grundvertrauen besteht. Der Grundkonflikt besteht in einem Bedürfnis nach eigenständigen Gefühlen und Handlungen versus der Notwendigkeit einer Anpassung an die Gegebenheiten der mißhandelnden Umwelt.

M., 15 Jahre alt, ist durch zunehmenden sozialen Rückzug und Konzentrationsstörungen mit Leistungsabfall seit einigen Monaten in der Schule aufgefallen. Weinend sitzt sie an einem Morgen in der Klasse, vertraut sich ihrer besten Freundin an und berichtet, daß sie vom Vater zu sexuellen Handlungen gezwungen werde. Diese Mitteilung löst intensive Abklärungsuntersuchungen aus. Wenige Tage später nimmt die Patientin ihre gesamten Äußerungen zurück und begründet die angebliche Fehlinformation damit, daß sie „nicht richtig im Kopf sei", schon mehrfach ganz gesponnen habe, auch schon Ohnmachten erlebt habe, wobei sie dann nachher nicht mehr wisse, was unmittelbar vorher geschehen sei. Sie versucht verzweifelt, das Behandlungsteam von ihrer „Verrücktheit", psychischen Störung und Ohnmachtsneigung zu überzeugen und gibt in absoluter Not und Bedrängnis zu verstehen, daß sie in den Selbstmord getrieben werde, wenn ihren jetzigen Äußerungen kein Glauben geschenkt werde. Ihre Verzweiflung und die als ernst zu beurteilende Suizidalität zwingt die Untersucher, innezuhalten und vorläufig den Wunsch der Patientin zu respektieren, ihre in vieler Hinsicht belasteten Eltern nicht noch mehr zu belasten. In dem Moment, in dem sie sich in dieser Hinsicht ausreichend sicher fühlt, fragt sie nach Ursachen und Behandlungsmöglichkeiten für eine Sehstörung, derentwegen sie bereits zweimal das Augenspital aufgesucht hatte. Sie beschreibt ein wiederholtes Auftreten eines nebelähnlichen Schleiers vor beiden Augen, das schon zu kurzen Momenten absoluter Blindheit geführt haben soll.

Das Bedürfnis nach eigenständigen Gefühlen und der Wunsch, sich vor weiteren Verletzungen zu schützen, führt zur Eröffnung einer Mißhandlungssituation. Diese kann absolut der äußeren Realität entsprechen, ein Produkt von in die Außenwelt projizierten Phantasien oder ein Gemisch von beidem sein. Unreflektierte, vorschnelle Parteinahme oder Schuldzuschreibungen sind gefährlich und meist nicht hilfreich. Die Suche nach kriminalistischer Wahrheitsfindung lenkt von den therapeutischen Aufgaben ab. Aber es gehört auch zur Sorgfaltspflicht, betreffende Kinder gegebenenfalls zu schützen. Manchmal muß allerdings im Auftrag eines Gerichtes eine Glaubwürdigkeitsabklärung vorgenommen werden – eine äußerst heikle Angelegenheit! Im vorliegenden Falle diente die Konversionssymptomatik der Anpassung an die Gegebenheiten der wahrscheinlich mißhandelnden Umwelt.

Klinische Zeichen der Anpassungs- und Abwehrleistungen werden in der modernen medizinischen Diagnostik häufig der **Posttraumatischen Belastungsstörung** (ICD-10: **F43.1**) zugeordnet. Hinter dieser kurzen, das häufig große Leid weitgehend versachlichenden Diagnose steht ein breites Spektrum an Störungen, welche den körperlichen Bereich ebenso wie die psychischen Funktionen und das Erleben betreffen (Rauchfleisch 1995).

Klassifikationssysteme haben zwar den Vorteil der leichteren internationalen Vergleichbarkeit von Diagnosehäufigkeiten und von etwa gleichartigen Gruppeneinteilungen, aber sie sind statisch und für die direkte klinische Evaluation oft nur wenig brauchbar, da sie naturgemäß die komplizierten dynamischen und dialektischen Austauschvorgänge zwischen der inneren und der äußeren Welt eines Individuums, zwischen objektivierbaren Tatsachen und deren subjektiver Bedeutung, zwischen der Quantität und Qualität von Ereignissen, zwischen einer traumatogenen Erfahrung und den möglichen posttraumatischen Folgezuständen oder zwischen verschiedenen Qualitäten von Trauma bzw. Anpassung vernachlässigen müssen.

Sind Eltern aufgrund der Idealisierung ihrer eigenen Kindheit bzw. der Verleugnung einer unzureichenden Entwicklung von Eigenständigkeit und aufgrund der unsichtbaren Loyalitätsbindungen zu den Elters-Eltern in ihren emotionalen Lernprozessen bezüglich ihrer eigenen Elternschaft eingeschränkt, so neigen sie dazu, eine starre Pädagogik mit manipulativem Erziehungsstil anzuwenden, der dem Bedürfnis nach Abspaltung beunruhigender Teile der eigenen Innenwelt und ihrer Projektion auf ein verfügbares Objekt entspricht. Verpönte innere Beziehungsanteile werden auf diese Weise in der Außenwelt bekämpft und unschädlich zu machen versucht. Die relative Wehrlosigkeit, Verfügbarkeit und Formbarkeit des Kindes erleichtert und bahnt einen solchen Vorgang. Es besteht eine Art pathogenes Bedürfnis, selbst erlittene Demütigungen, im Sinne einer berechtigten Rache für (verdrängte) Kränkungen, weiterzugeben. Hierbei werden abgewehrte Affekte von innen nach außen auf manipulierbare Andere verlegt. Auf diese Art und Weise soll, aus Angst vor der Wiederkehr des Verdrängten, die Idealisierung der eigenen Kindheit erhalten bleiben. Ideologisierte erzieherische Prinzipien werden dann als Ersatzmittel für eigene Gefühle und autonomiefördernde Wertvorstellungen eingesetzt.

Wenn Eltern nicht erlebt haben, daß ihre eigenen Gefühle ernst genommen und respektiert worden sind, so besteht auch oft eine Empathiestörung für das Kind. Das mißhandelte Kind bildet ein „falsches Selbst" aus, mittels welchem es sich anzupassen versucht, und ist genötigt, seinen verbotenen Zorn, seine ohnmächtige, ungelebte Wut, seinen infantilen Haß und seine archaische Destruktivität entweder gegen das abgekapselte Kern-Selbst (z.B. in Form von Selbstschädigungshandlungen) oder gegen Ersatzpersonen (z.B. Aggressivität gegen andere Kinder) zu richten oder solche Gefühle in sich abzuspalten und zu isolieren.

Die *Identifikation mit dem Aggressor* und unbewußte Inszenierungen im Wiederholungszwang ermöglichen dem Kind, aus der quälenden Opferposition in die des Täters zu wechseln, den Spieß umzudrehen und noch geschickter zu manipulieren als die Eltern, was mit oft ungemein treffenden Provokationen den Circulus vitiosus aufheizt. Nach der Zuschreibung des Negativen lebt es nun das Negative und zieht daraus die kompensatorische Lust des Triumphes, auf diese Art und Weise selbst Macht ausüben zu können, sogar dazu berechtigt zu sein und nicht nur solche erleiden zu müssen. „Negatives", masochistisches Verhalten wird dann gleichsam zur einzigen lebbaren Form von Eigenständigkeit.

Dysfunktionale, sozioökonomisch und kulturell marginale, sogenannte Risikofamilien (Eheprobleme, Scheidungen, Alleinerziehende, Notwendigkeit der Plazierung von Kindern) sowie Familien mit fehlender sozialer Unterstützung, sehr junge Mütter, psychisch besonders auffällige Elternpersönlichkeiten und somatische Defizite beim Kleinkind stellen Risikofaktoren dar, welche zwar nicht direkt pathogen wirken, aber als Belastungsmomente in Erscheinung treten und eine seelische und/oder körperliche Mißhandlung wahrscheinlicher machen.

In etwa vier von fünf Fällen können Eltern mit kundiger Hilfe dahin geführt werden, seelisch schädigende Verhaltensweisen aufzugeben. Oft sind beide Eltern depriviert und mißhandelt gewesen. Jeder betroffene Elternteil erwartet dann von seinem Partner Ersatz für das emotional Fehlende, wodurch notwendigerweise Enttäuschung, Wut und Regression entstehen. Ihre Fähigkeit, mit ihrem Kind ein gemeinsames, befriedigendes Signalsystem aufzubauen, ist beeinträchtigt. So kann die Kapazität für lustvolle, entwicklungsstimulierende soziale Interaktionen veröden. Das Kind wird wie mit einer verzerrten Optik erlebt. Die Eltern bekommen den Eindruck, es lebe ihnen absichtlich „zuleide", mache ihnen das Leben extra schwer und sei in seiner Entwicklung zutiefst gefährdet, wenn nicht massiv durchgegriffen werde. Besteht zudem noch eine Diskrepanz zwischen dem realen Kind und dem in der Innenwelt der Eltern vorgestellten idealen Kind (z.B., wenn das Kind mißgebildet ist oder eine spezifisch auf seine Eigenheiten eingehende Haltung der Eltern erfordert), so scheint eine *Enttäuschung* vorprogrammiert. Belastungen (wie z.B. geringe Intelligenz, schlechter Gesundheitszustand, chronisch-depressive Verstimmungen, schlechter sozioökonomischer Status, problematische psychische Ausstattung der Eltern, kulturelle Spannungen und fehlende Beistandsquellen bei Dekompensationsgefahr) kumulieren oft in Spannungszeiten oder bei Krisen in den zwischenmenschlichen Beziehungen der Eltern untereinander und mit anderen Erwachsenen. Die Mißhandlung des Kindes ist dann kein rationaler, sondern ein impulsiver Akt, für welchen nachher meist Reue, Zerknirschung, Scham, Verleugnung und der Versuch, ihn ungeschehen zu machen, typisch sind. In solchen Krisensituationen kommt es zum regressiven Rückgriff auf im Grunde abgelehnte Erziehungsmethode oder zum Aufbrechen uralten, aufgestauten Grolls. Bald etabliert sich folgender *Teufelskreis:*

Eskalation von Spannungen zwischen Eltern und Kind
⇒ aggressive Ausbrüche der Eltern
⇒ Bestrafung des Kindes
⇒ Belastung der Beziehung
⇒ fehlende Klärung
⇒ anhaltende Frustration
⇒ weitere Eskalation der Spannung etc.

Die Aggressionsverarbeitung darf als grundsätzliches Problem innerhalb der Kindesmißhandlung betrachtet werden. Eine Ablenkung aggressiver Impulse auf den schwächsten Beziehungspartner, das Kind, ist ein aktiv unfaires Verhalten, das zumeist einer selbst erlebten Unfairneß auf Seiten der Eltern entspricht.

Es ist wesentlich, grundsätzlich zu unterscheiden zwischen einer einmaligen Dekompensation, einem Ausrutscher oder entschuldbaren Zufall, der aber immer die momentane Unfähigkeit enthält, das Kind in der üblichen Weise emotional zu „besetzen", und dem Vorliegen einer schweren charakterlichen Besonderheit der Eltern, bei welcher inkohärente Interaktionen sowie die Zuschreibung abstruser Gefühle an das Kind erfolgen. Eine einmalige Vernachlässigung kann durchaus schon ein Hinweissignal für eine beginnende chronische Mißhandlung sein, aber auch nur ein Überlaufsymptom einer momentanen Belastungssituation darstellen.

Die Hospitalisierung mißhandelter Kinder bewirkt in etwa zwei Drittel der Fälle eine klare Besserung der bestehenden Störungen.

Da nicht selten Mißhandler selbst Mißhandelte waren, gilt es, mit allen Kräften gegen die Weitergabe des Mißhandlungssyndroms auf der unbewußten Ebene vorzugehen, gleichsam einen zwanghaften Handlungsablauf unbewußter Art aufzuhalten. Wenn eine komplexere Mißhandlung vermutet wird, so ist es sinnvoll, das Kind in ein Spital einzuweisen, in welchem ein entsprechend ausgebildetes Team die „prise en charge" der jeweiligen Familie und des Kindes vornehmen kann.

Bei den Behandlungsarten ist zwischen einer Krisenintervention und einer Langzeitbehandlung, zwischen der Therapie des Individuums, des Ehepaares oder der Familie zu unterscheiden. Der Kontinuität einer Betreuung kommt größte Bedeutung zu. Eine Pflegeunterbringung oder der Entzug der elterlichen Gewalt sollte nicht nur eine behördliche Maßnahme sein, sondern, wenn möglich, erst als Ultima ratio aus dem Versuch einer Hilfestellung, die gescheitert ist, hervorgehen. Nur bei Eltern, welche sehr auffällige psychische Störungen aufweisen (ca. 10% aller mißhandelnden Eltern) ist die Prognose, auch bei intensiver Hilfeleistung über lange Zeit durch ein entsprechend spezialisiertes Team, noch immer recht düster, da ihre Veränderungsressourcen gering sind und sie entsprechende Hilfsangebote wenig nützen können (Kempe und Kempe 1978).

2.1.3 Traumatisierung, Manko, Strukturdefekte (im Selbst und im Ich)

Die Wirkung pathogener, traumatisierender Faktoren ist immer abhängig von der **Vulnerabilität** der seelischen Strukturen und Dynamiken, auf die sie Einfluß nehmen. Gewisse Strukturen, d.h. psychische Funktionseinheiten mit größerer zeitlicher Persistenz, die im Verlaufe der Entwicklung eines Individuums, nämlich bevor die Bildung der erwachsenen Persönlichkeit durch die Beendigung der Adoleszenz abgeschlossen ist, noch verändert werden können, schaffen eine Art Disposition für eine Traumatisierung, z.B. *gewisse Formen von Frühgeburt, Patienten mit einer Hirnreifungsstörung, mit allergischer Atopie sowie Kinder mit sehr schwach ausgebildeten Regulationsmechanismen, niedriger Reizschwelle und ungenügender Ich-Integration.* Je ausgewogener die Qualität der Abwehrorganisation, desto geringer die Dekompensation ins Somatische.

Jeder Stressor kann als traumatogener Stimulus wirken. Um die möglichen traumatogenen Wirkungen abschätzen zu können, sollten sowohl die objektiven Tatsachen und ihr subjektives Erleben als auch das Wertungsgleichgewicht zwischen beiden beurteilt werden. Die *prätraumatische psychische Ausgangslage* (z.B. die Erfahrung repetitiver Trennungen), die *Geschlechtszugehörigkeit* und das *Alter eines Kindes oder Jugendlichen, die Stabilität und Ausgewogenheit seiner Ich-Funktionen* (insbesondere die Qualität der Selbst-/Objektbeziehungen), das *Vorhanden- und Verfügbarsein eines tragenden sozialen Haltes sowie die Dauer und die Intensität der Exposition an den potentiell traumatogen wirkenden Stimulus* sind somit für die Beurteilung wichtig. Insbesondere der letzte kann zu sehr verschiedenartigen Affekten, Verarbeitungen und Reaktionen führen. Sie reichen von keiner oder nur minimaler Psychopathologie über Symptome von nur kurzer Dauer bis hin zu langanhaltenden posttraumatischen Belastungsreaktionen und -entwicklungen, die – auch wenn sie im Einzelfall in der äußeren Symptomatologie einmal nicht sehr imposant wirken mögen – in der Innenwelt des Individuums doch tiefgreifende Spuren hinterlassen können, sofern die **Reizschranke** durchbrochen worden ist. Bei gewissen Situationen von Vernachlässigung, Verwahrlosung, emotionaler Deprivation oder körperlicher bez. seelischer Mißhandlung lassen sich auch bei Kindern die – in ihrer Intensität mehr oder weniger wechselhaften – Zeichen einer posttraumatischen Belastungsreaktion erkennen, mit der entsprechenden Neigung, das traumatogene Ereignis in Träumen, Vorstellungen oder Realinszenierungen wiederzuerleben, gleiche oder ähnliche Stimuli zu vermeiden, in der allgemeinen emotionalen Ansprechbarkeit beeinträchtigt zu sein und sich in einem Zustand erhöhter Aktivität bis zur Alarmierung zu befinden (Udwin 1993).

Der Traumabegriff ist zunehmend ausgeweitet worden. Er bezeichnet aber in seinem Kern noch immer einen Erfahrungszustand, bei welchem die Fähigkeiten eines Individuums (und damit seines Ichs) zu organisieren und zu regulieren überfordert wurden, so daß ein Zustand von Hilflosigkeit entstand (Tyson und Tyson 1990). Winnicott definierte Trauma als jegliches Ereignis, das die Linie des Kontinuitätserlebens eines Individuums unterbricht. Die nach einem empathischen Aufbau der omnipotenten Illusion erfolgende, in kleinen, sorgfältig dosierten Schritten ablaufende Desillusionierung durch ein nicht traumatisierendes, geringfügiges Ungenügen des spiegelnden und idealisierten Selbstobjektes hingegen hilft mit, die Demarkationen zwischen Innen- und Außenwelt voranzutreiben und mittels der klaren Abgrenzung der Selbst- von der Objektrepräsentanz die vorherigen, eher primitiveren dialogischen Funktionsweisen zu ersetzen. Gröbere Empathiestörungen von Seiten der primären Beziehungspersonen bewirken mit ihrem traumatisierenden Versagen tiefergreifende Beziehungsstörungen („**Strain-Trauma**" nach Kris 1956). Bei mehrfacher Wiederholung solcher Einbrüche und gleichzeitigem Wegfall der Schutzfunktion der Umgebung oder bei einer Häufung von Erlebnissen, die als einzelne eine nur limitiert traumatische Wirkung haben, kann von einem sequentiellen oder **kumulativen Trauma** (Keilson 1979; Khan 1963) gesprochen werden.

> Werden die Grundbedürfnisse eines Säuglings nicht in jeder Phase seiner psychosozialen Entwicklung angemessen erfüllt, so erhält die Situation eine potentiell traumatisierende Qualität. Je jünger der Säugling, desto größer ist seine Verletzlichkeit. Trauma ist somit der Name für eine bestimmte Qualität der Beziehung zwischen einem Subjekt und einem Objekt.

Zwei Gegebenheiten haben eine verhältnismäßig verbreitete traumatisierende Wirkung:
- Einerseits die **übermäßige Reizzufuhr**, ein Zuviel, welches beim Säugling und Kleinkind ein primäres Potential zur Entladung in den Körper enthält. Die Mutter oder ihr Substitut fungieren in gewissen Fällen in den ersten beiden Lebensjahren, bevor die Psyche des Kindes autonom zu funktionieren gelernt hat, nicht als „gute Abwehr" und bewirken somit eine Überflutung des in Entwicklung befindlichen Ich mit Reizen verschiedenster Art oder eine Inkohärenz der Reizzufuhr. Diese Form findet sich in gewichtiger Ausprägung bei der sogenannten *Überbehütung*, die dem Individuum nicht mehr erlaubt, eigene Erfahrungen zu machen, oder bei organischem Unwohlsein infolge von schwereren, körperlichen Schmerzen.
- Andererseits – und häufiger – die Formen des Zuwenig, des **beziehungsmäßigen, emotionalen (und/oder sensorischen) Mankos** bzw. der Karenz, mit ihren Unterformen des Ungenügens, der Dyskontinuität und der Verzerrung. Als massive Formen gehören z.B. die länger dauernden Trennungen in früher Kindheit ohne oder mit mehrfach wechselnden Substitutspersonen (emotionale Deprivation), das *Verlassen- bzw. Verstoßenwerden* (wie bei der subjektiven Interpretation des Adoptionsvorganges) oder der reale Verlust von einem oder beiden Elternteilen hierzu. Auch bei diesen Konfigurationen sind vielfach psychosomatische Störungen nachzuweisen (*z.B. schwere Eßstörungen, psychogenes Erbrechen oder Rumination*).

> Ohne eine sehr genaue, individuelle Untersuchung ist es – außer in Grenzsituationen der menschlichen Existenz – nicht möglich, bereits von vornherein festzulegen, was wann welchen traumatisierenden Effekt auf welches Kind oder welchen Jugendlichen ausübt. Weder gibt es eine Spezifität von Belastungssituationen oder Konflikten noch eine eindeutig faßbare Vulnerabilität. Die Tatsache der Traumatisierbarkeit aber – vielleicht der Preis für die Fähigkeit zur Ausbildung bedeutungsvoller Beziehungen – dürfte wohl mit der spezifi-

schen Hilflosigkeit und Verletzlichkeit des menschlichen Säuglings und Kleinkindes zusammenhängen. Eigentlich zu früh geboren, bleibt das Baby besonders lange abhängig und kann zu Beginn seines Lebens nur schlecht zwischen Innen und Außen unterscheiden.

Jegliche **traumatogene Über- oder Unterstimulierung** (z.B. durch physische, sexuelle oder emotionale Mißhandlung, ausgeprägte emotionale Deprivation, Zeugenschaft bei Grausamkeiten oder Gewalttaten, durch eine Existenz, die von konstanter Lebensbedrohung oder Verlust gekennzeichnet ist oder durch ein langandauerndes Ausgesetztsein an massive Projektionen) bewirkt zuerst defensive Reaktionen, die dem Überleben und dann der Schadensbegrenzung dienen. Oft werden dadurch die **Strukturen der Selbst-, der Objekt- und der Beziehungsrepräsentanzen** sowie verschiedene Ich-Funktionen mehr oder weniger vorbewußt in Mitleidenschaft gezogen oder defektuös ausgebildet, so daß ein funktionelles, beim Kind aber zum Teil noch reversibles Ungenügen der Abwehr daraus resultiert. Diese Strukturbeeinträchtigungen sind durch ein Unvermögen zur phantasmatischen Elaboration innerer Abläufe charakterisiert, die mit einer Kargheit der innerseelischen Repräsentanzen verknüpft ist. Die Aktivitäten solcher Kinder und Jugendlicher werden überwiegend durch die Tatsächlichkeiten der unmittelbaren materiellen Umgebung, die momentane Situation oder die gerade vorhandenen Personen bestimmt (Kreisler 1985).

Zustände mit wenig seelischer Ausstrukturierung finden wir bei den massiven Defiziten, welche fast sämtliche Bereiche der Entwicklung beeinträchtigen (z.B. bei massiver (De-) Privation bzw. Vernachlässigung und z.T. beim psychosozialen Minderwuchs). Neben der Entwicklung von psychosomatischen Krankheitserscheinungen kann sich der Zustand des Kindes auch in eine leere, **depressive Atonie** hineinentwickeln, in welcher Kleinkinder indifferent und ohne Angst oder wahrnehmbare Affekte erscheinen.

Bei erheblichen Ich-Störungen wird ein Beziehungspartner vom Kind oft fusionär als Spiegelbild oder Doppelgänger (alter ego) „gebraucht". Selbst- und Objektrepräsentanzen scheinen wie kommunizierende Röhren miteinander verbunden. Reale oder phantasierte Verluste ziehen einen völligen **Zerfall der Körperrepräsentanz** und überwältigende Vernichtungsgefühle nach sich. Spätestens im Verlaufe der Adoleszenz erfolgen dann schwere psychosomatische Einbrüche mit der notfallmäßigen Mobilisierung pathologischer Abwehren und negativer Erwartungen und Übertragungen.

Konnte sich ein konsistentes Ich entwickeln, das wenig von Zerfall bedroht ist, besteht aber eine Störung im Selbstgefühl mit einer Beziehungsart, bei welcher der bedeutungsvolle Andere noch ein Teil des eigenen Selbst ist (subjektives Objekt, Selbstobjekt), so muß dieser Mangel im Selbst auf vielfältige Weise kompensiert werden, um die Besetzung des Körperselbst aufrecht erhalten zu können. Hierzu kann das Kind auf die *Entwicklung eines grandiosen Selbst (Größenideen)*, auf die *Fusion mit einem idealisierten Vorbild* oder auch auf eine *Spiegelbeziehung* zurückgreifen, bei der das Gegenüber zur andauernden Selbstspiegelung „verwendet" wird. Das Kind ist dann auf die konstante Anwesenheit der in dieser funktionalen Art „gebrauchten" Menschen angewiesen, die durch Manipulation (z.B. Idealisierung, Anklammerung oder Kontrolle mittels entsprechenden Verhaltens) stets in der ihnen zugedachten Position gehalten werden müssen. Im Sinne einer notfallmäßigen Überlebensmaßnahme wird die drohende Gesamtdekompensation dadurch abzuwehren versucht, daß es entweder zur *Depersonalisation mit Verlust des Körpergefühls* bzw. *Überbesetzung des Körpers* als letztem möglichen symbolisierten Selbstobjekt oder zur *wahllosen Suche nach neuen, idealisierten Objekten* kommt, um der Gefahr der Hilflosigkeit und der Verlassenheit zu entgehen. In der Adoleszenz wird das Drama der Entwicklung einer frühen narzißtischen Objektbeziehung, unter starkem Einbezug der Körperfunktionen, oft wiederbelebt.

Solche narzißtische Beziehungsformen sind vielfach mit der *Unfähigkeit zu einer angemessenen Aggressionsverarbeitung* verbunden. Der bedeutungsvolle Andere wird bei beiden Formen für die Regulation des eigenen Selbstwertgefühls, für Sicherheit und Wohlbefinden und für das narzißtische Gleichgewicht in unentbehrlicher Art gebraucht. Bereits nur der mögliche Verlust des Objektes mobilisiert heftigste regressive Trennungs- und Vernichtungsängste. Das Kind bzw. der Jugendliche sorgt deshalb manipulativ für die Realpräsenz des Gegenübers, gebraucht demnach eine Art interpersonaler Abwehr.

Alle narzißtischen Wunden machen sekundär erneut die Aktivierung spezieller Abwehr- und Anpassungsmechanismen nötig. Bestimmte, dem Anschein nach auffällige Empfindungsweisen traumatisierter Menschen entsprechen aber einer gesunden Anpassung an ungesunde, unmenschliche Umstände. Konnte bei einem Kind eine gewisse Stabilisierung durch die Ausgestaltung spezifischer Charakterstrukturen erreicht werden, so bleibt es in der Latenz oft asymptomatisch. In der Adoleszenz allerdings brechen solche nur oberflächlich ausgeglichene Schwierigkeiten wegen der veränderten Impuls-/Abwehr-Balance mit relativer Ich-Schwäche und der übrigen Umbauprozesse intrapsychischer, interpersonaler und sozialer Art bevorzugt wieder auf, und es kommt erst dann, nach einer langen Prodromalzeit, zur Symptombildung.

> Jegliches Erlebnis oder Ereignis, das ein Individuum an eine traumatische Erfahrung erinnert, kann, ähnlich wie eine anaphylaktische Reaktion, den alten Zustand der emotionalen Hilflosigkeit und der Reizüberflutung innerhalb kürzester Zeit wiederaufleben lassen. Traumatisierung hinterläßt also eine persistierende, erhöhte Vulnerabilität. Ereignisse, die eine traumatische Einwirkung hatten, werden durch das Phänomen der Nachträglichkeit, das heißt durch die andauernden intrapsychischen Umbau- und Umformungsprozesse und durch ihre Verbindungen mit anderen psychischen Prozessen (z.B. eigenen mörderischen und destruktiven Impulsen), mehr oder weniger deformiert.

Jeder stärker traumatisch wirkende Zustand bewirkt mehrere **psychodynamische Folgeerscheinungen.** Zu den häufigsten gehören:

- eine **Regression** in den grundsätzlichen Funktionsweisen oder im Verhalten. In milder Art zeigt sich diese beim Kind z.B. in Form von Reizbarkeit, Quengelei, verminderter und ungezielter Aktivität, übermäßiger Anhänglichkeit oder unstillbarer Ansprüchlichkeit. Bei ernsteren klinischen Bildern manifestiert sie sich durch einen Autonomieverlust verschiedenster erworbener Funktionen (z.B. des Eßverhaltens, der Kontrolle, Qualität oder Quantität des sprachlichen Ausdrucks, der Motorik oder der vegetativen Funktionen). Im Extrem werden alle Emotionen aufgegeben, das Erleben wird nicht mehr „mentalisiert" (Eissler 1968). Das Selbst zieht sich bis zur Selbstaufgabe in eine Art inneres Exil zurück und bildet bestenfalls noch eine Schutzhülle eines „falschen Selbst", das jeweils an Stelle des Selbst in den Objektbeziehungen in Erscheinung tritt.
- die **Identifikation mit dem pathologischen Narzißmus des Aggressors**, die es, nach dem Verlust des Vertrauens in eine mutuelle dialogische Beziehung und die daraus resultierende Hoffnungslosigkeit, als einziger Vorgang möglich macht, dem Schaden einer eigenen narzißtischen Leere und Inflation zu entgehen und sich die Selbstverliebtheit des traumatisierend wirkenden Anderen sogar noch psychologisch zu Nutzen zu machen. Denn jegliche Ich-Funktion bedarf einer gewissen narzißti-

schen Besetzung, um funktionstüchtig zu sein. Wird ihr diese über längere Zeit entzogen, so entspricht dies einer Deprivation und bewirkt, in Abhängigkeit von Alter und individueller Unterschiedlichkeit, eine zunehmend irreversible Schädigung, insbesondere der Funktionslust.
- **phantasierte Schuldgefühle** (so, als trüge das Individuum für die Traumatisierung bzw. ihre potentielle Vermeidung, eine Verantwortung)
- die **Verwendung archaischer Abwehrarten** (meist regressionsbedingt). Hierzu dürfte wohl auch das sog. mehr oder weniger dissoziale „Ausagieren" zu zählen sein.

Psychische Traumatisierung unterliegt einer eigenen lebensgeschichtlichen Entwicklung. Das ursprüngliche traumatische Erlebnis wird aufgrund der biologisch und durch die autonome Ich-Entwicklung bedingten, veränderten Abwehr-, Anpassungs- und Bewältigungsmodalitäten einer konstanten Überarbeitung unterworfen (Pruett 1984). Erst postadoleszentär – und vor allem nach der eigenen Elternschaft – tritt eine Art definitiver Konfiguration der Traumaverarbeitung auf.

Jegliche Traumatisierung auferlegt dem Individuum ein Gefühl erlittenen Unrechts. Ist eine solche durch Menschen erfolgt – was bei Vernachlässigung, Verwahrlosung und Mißhandlung klar der Fall ist –, so wird das Unrecht infolge von Rache- und Reparationswünschen als wiedergutmachungspflichtig erlebt.

Die traumatisierende Situation stellt sich innerhalb einer intersubjektiven Beziehung ein und ist durch eine ausgeprägte Asymmetrie von Macht und Ohnmacht zwischen Täter und Opfer gekennzeichnet (Ehlert und Lorke 1988). Ohnmacht und Hilflosigkeit erzeugen ein Übermaß an Angst und nötigen das Ich als erste Schutzmaßnahme akut und notfallmäßig zur **traumabedingten Regression**, da die üblichen Anpassungs- und Abwehrleistungen meist nicht so rasch erfolgen können. Solche Regressionen kommen um so rascher zustande, je jünger das Individuum und je „schwächer" damit sein Ich ist. Die narzißtische Besetzung der Selbstrepräsentanz ist in Gefahr. Das Kind sucht deshalb intrapsychisch nach omnipotenter Kompensation in der Phantasie und bemüht sich, so rasch wie möglich auf der interpersonalen Ebene, d.h. im Kontakt mit dem Gegenüber, ein Hilfs-Ich zwecks Restitution der narzißtischen Besetzung zu finden.

Die Situation wird so erlebt, als sei das Kleinkind (in Analogie zu einer Strafe) in Gefahr, die Liebe des Objektes – wenn nicht gar das Befriedigung vermittelnde Objekt selbst – zu verlieren. Bei Trennung, Verstoßung, Vernachlässigung, Deprivation oder Mißhandlung besteht kaum die Chance, die Situation mit der bedeutungsvollen Beziehungsperson zu klären, sei es, daß diese gar nicht mehr verfügbar ist, sei es, daß die Ohnmacht schlicht überwältigend und gegebenenfalls das Klärungsvermögen des Kindes noch nicht genügend ausgebildet ist. Um dem potentiellen Verlust zuvorzukommen, wird, als automatisch erfolgender, intrapsychischer Vorgang, die phantasmatische, traumatisierende Beziehung in einem Akt der Verzweiflung paradoxerweise introjiziert, d.h. als Ganze in die Selbstrepräsentanz aufgenommen. Das Kind beginnt nun in einer Bewegung der Aufspaltung, einerseits die Haltung der traumatisierend wirkenden Person zu assimilieren, d.h. sich mit deren Augen (bez. dem Vorstellungsbild, das diese nach Ansicht des Kindes oder möglicherweise sogar in Wirklichkeit vom Kind hat) zu beurteilen, und andererseits sich der „Strafe", als welche die traumatisierende Situation erlebt wurde, zu unterwerfen, sich entsprechend den angenommenen oder ausgesprochenen Forderungen der „Täterperson" zu verhalten. Die frustrierende Person wird zunehmend zur scheinbar einzig möglichen Figur, die die benötigte narzißtische Gratifikation zu vermitteln vermöchte. Von ihr wird deshalb aufgrund der anhaltenden Erwartung eines Trostes und einer Wiedergutmachung nicht etwa die **Besetzung** abgezogen, sondern eher noch verstärkt. Je mehr dieser Prozeß voranschreitet und die Assimilation zunimmt, desto mehr entsteht daraus entweder eine globale, *pathologische Identifikation mit dem Aggressor*, der schließlich zu einer strukturellen Einheit der Selbstrepräsentanz wird, oder der „Fremdkörper" bleibt für das Über-Ich inakzeptabel und wird deshalb, so gut es geht, von der übrigen Selbstrepräsentanz mittels **Affektisolation** und **Depersonalisation** abgespalten. Der ohnmächtig-hilflose Teil des Kindes hingegen wird bevorzugt auf eine reale andere Person projiziert und diese gegebenenfalls – durch entsprechende Manipulation – genötigt, sich mit der Hilflosigkeit und Ohnmacht zu identifizieren, was bei jenen Menschen zumeist große Verärgerung hervorruft und die Beziehung zum Kind enorm belastet. Diese Vorgänge anhaltender Erwartung und Enttäuschung machen verständlich, daß es bei solchen Kindern, die eine Situation passiv als traumatisierend erlebten, so oft, in einer Art Wiederholungszwang der Übertragung, zur zwar unbewußten, aber dennoch ins Aktive umgeformten Reinszenierung einer Eigentraumatisierung kommt.

Eltern, die – aufgrund eigener, unverarbeiteter traumatischer Erlebnisse oder infolge ihrer spezifischen Persönlichkeitsstruktur – ihre Kinder mit hohem projektivem Druck belegen, nötigen diese, zumeist ohne die geringste bewußte Absicht, ihre abgespaltenen projektiven Anteile aufzunehmen. Diese Kinder können, als parentifizierte menschliche Behälter von transgenerational weitergegebenen Schwierigkeiten und als schwächste Glieder in der Generationenkette, mit solchen traumabedingten Konfigurationen nur unter größten Schwierigkeiten umgehen. Ohne direkt manifeste eigene Traumatisierung sind sie dennoch intimst sozial traumatisiert und nicht imstande, diese kaum erkennbaren fremden „Transplantate", die möglicherweise über einige Generationen hinweg nicht integriert werden konnten, ohne Schaden in ihre Innenwelt aufzunehmen und sie dort einzubauen. Sie bilden als adaptive Strukturen entweder ein „falsches Selbst" aus oder formen mit Hilfe von Spaltungsmechanismen regressive archaische Substrukturen ihrer Persönlichkeit, die im Vorbewußten eine Art Eigenleben führen, da sie nie Zugang zu kommunikativen, dialogischen Prozessen fanden und nicht metaphorisiert, d.h. in szenische Form umgewandelt und weiterentwickelt werden konnten. Ähnliche Prozesse lassen sich bei Krieg und Folter beobachten.

2.1.4 Vernachlässigung und Mißhandlung im familialen Kontext

Jedes Kind und jeder Jugendliche lebt in einem bestimmten sozialen Kontext, zu dessen Mitgliedern interpersonale Beziehungen bestehen. Im Regelfall besteht dieser Kontext bis weit in die Adoleszenz hinein aus der Familie, in mehr eingeschränkter Sicht, aus den Eltern. Die Familie liefert dem Kind und Jugendlichen Grundbeziehungen mit emotionalen Bindungen und Verhaltensbegrenzungen, ein Netzwerk von interpersonalen Beziehungen dyadischer und triadischer Art. Sie stellt Modelle für ein entsprechendes soziales Verhalten, für Einstellungen, Meinungen und Überzeugungen zur Verfügung, ermuntert zu Erfahrungen verschiedenster Art und repräsentiert ein kontextuelles Lernfeld für Denkprozesse, Gefühlsabläufe und intentionale Ausrichtungen. Ein entwicklungsfähiges familiales System enthält meist klar überschaubare und dennoch flexibel-elastische Grenzen und Regeln, die eine Konsistenz über die Zeit und auch zwischen den beiden Eltern aufweisen. Bei seinen Mitgliedern besteht eine Fähigkeit, interpersonale und intrapsychische Konflikte und Probleme im Dialog zu lösen, wozu auf kognitiver und emotionaler Ebene eine offene und klare, möglichst verbale Kommunikation Voraussetzung ist. In diesem

System kann jedes Mitglied seine Bedürfnisse und Wünsche unentstellt zum Ausdruck bringen, wird damit wahrgenommen und bekommt von den anderen eine angemessene Reaktion als Antwort. Es besteht ein Respekt für die Autonomie und Individualität jedes einzelnen Familienmitgliedes, unter Wahrung eines Wir-Gefühls, und eine zwischen allen Beziehungspartnern jeweils stets sich neu ausgleichende Balance von Geben und Nehmen.

Störungen im kommunikativen Geschehen enthalten meist eine Beziehungsart, die, temporär oder anhaltend, mittels eines Zuviel oder Zuwenig an Nähe oder Distanz, die Selbstgrenzen des Gegenübers nicht respektiert bzw. ungebührlich starken Einfluß nimmt oder sich nicht um das „innere Territorium" des anderen kümmert, sich in Hemmungen oder übermäßigem Fluß der Kommunikationsabläufe manifestiert, durch Inkongruenz zwischen verbalen und averbalen Mitteilungssequenzen gekennzeichnet ist, sich mittels des Verhaltens oder des Körpers äußert oder Devianzen dadurch enthält, daß Form und Inhalt von relevanten Mitteilungen z.B. nebulös sind oder jedes Familienmitglied glaubt, die Gefühle und Gedanken des anderen zu kennen. Dadurch kann und muß sich niemand selbst definieren, somit auch nicht hinterfragen. Geteilte fixe Ideen, Verleugnungen, Rationalisierungen oder Mythenbildungen bleiben bestehen. Häufig lesen Kinder und Jugendliche besser im Unbewußten und Vorbewußten ihrer Eltern als diese selbst. „So spüren Kinder z.B. herannahende familiäre Katastrophen oft lange, bevor sich Eltern deren Unausweichlichkeit eingestehen." (Richter 1990).

Die Partner im familialen Gefüge sind ungleich. Eltern haben einen unaufholbaren zeitlichen sowie Macht- und Erfahrungsvorsprung. Als Erziehende stehen sie mit ihrer ganzen Person in Beziehung und Interaktion mit dem Kind. Gewollt oder ungewollt sind somit auch alle unbewußten Persönlichkeitsanteile der Eltern in diese kreisförmigen Beziehungsabläufe mit einbezogen.

In den unabsehbar vielen, verinnerlichten Interaktionen wird das Kind mit seiner gesamten, enormen Anpassungsfähigkeit sowohl durch die bewußten als auch durch die unbewußten Persönlichkeitsanteile der Eltern tief beeinflußt. Es übernimmt z.B. Gefühle, Einstellungen, Ängste, Abwehren, Wertvorstellungen, Charakterhaltungen, Lebensziele oder Sinngebungen.

Mittels partieller oder totaler Identifikation, d.h. Vorgängen, durch welche ein Mensch eine Eigenschaft, ein Attribut oder sonst einen Aspekt eines anderen assimiliert und sich unbewußt diesem Vorbild im positiven oder negativen Sinne angleicht, übernimmt das Kind solche Anteile direkt oder ins Gegenteil verkehrt, oder es stößt sie zur Abgrenzung von sich weg. Solche Identifizierungsprozesse sind beim Kleinkind meist global, später sehr viel selektiver und verlaufen in den verschiedenen Abschnitten des kindlichen Lebens oft krisenhaft.

Das Kind als der formbarste Teil eines familialen Systems wird durch pathogene Modalitäten der Beziehung oder Rollenzuschreibung am nachhaltigsten in seiner Entwicklung beeinträchtigt. Dies ist am deutlichsten, wenn es zum Sündenbock auserkoren worden ist, aber auch schon sehr klar erkennbar, wenn eine die Persönlichkeitsentwicklung des Kindes hemmende Parentifizierung (Boszormenyi-Nagy 1981) vorliegt.

Parentifizierung ist nicht prinzipiell pathogen, sondern im Gegenteil ein grundsätzlicher Aspekt menschlicher Beziehungen überhaupt. Die Parentifizierung eines Kindes ist ein natürlicher Prozeß und eine Hilfe für das Kind, sich selbst als wertvoll und gebend erleben zu können und zu lernen, sich für sein künftiges Leben mit verantwortlichen Rollen zu identifizieren.

Pathogen wird die Parentifizierung erst dann, wenn das Kind Aufgaben und Funktionen für einen oder beide Elternteile übernehmen muß, die mit der Realität seiner Existenz nicht vereinbar sind (z.B. als Tochter eine gute Mutter für die Mutter sein). Es entwickelt dann oft ein „falsches Selbst" und wird auf Kosten seiner Eigenständigkeitsentwicklung zum Erzieher der Eltern, die ihre Entwicklung zu Autonomie und Identität noch nicht zu einem postadoleszenten Abschluß gebracht haben. Pathogen wird die Parentifizierung auch dann, wenn die Leistungen und der persönliche Einsatz des parentifizierten Kindes in seiner ihm zugewiesenen Rolle aus bewußten oder unbewußten Gründen von den Eltern nicht anerkannt und wertgeschätzt werden können.

Andauernde Erfahrungen, gebraucht, aber dabei nicht anerkannt zu werden, können beim Kind zu psychischer Symptomentwicklung führen, in der Adoleszenz nicht selten zu *depressiven Verstimmungen* mit dem Gefühl von Vergeblichkeit, und beim jungen Erwachsenen, manchmal erst im Verlaufe einer Therapie, zu dem Gefühl, als Kind mit seinen ihm eigenen Bedürfnissen nicht ausreichend wahrgenommen und für die Bedürfnisse eines oder beider Elternteile mißbraucht worden zu sein. Bei Eltern mit schwerem emotionalem Defizit in ihrer eigenen Entwicklung kann das von ihnen parentifizierte Kleinkind wegen der Heftigkeit ihrer infantilen Bedürfnisse rasch zum Opfer von Rache- und Vergeltungsimpulsen werden, deren Quelle in der Beziehung zu ihren eigenen Eltern liegt.

Diese Dynamik soll am Beispiel der fünfjährigen E. veranschaulicht werden:

> E. wird notfallmäßig von ihrer Mutter ins Spital gebracht. Frau M. berichtet, daß ihre kleine Tochter sie aussauge, tyrannisiere, die Familie ins Grab bringe und sie zu derartiger Raserei provoziere, daß sie wegen Kindesmißhandlung im Gefängnis landen werde. Im Erstkontakt kauert E. neben ihrer Mutter, bleich, mager, mit halonierten Augen, wie eine kleine Greisin wirkend, zu der die Mutter auf erschütternde Art einen chronischen Sicherheitsabstand zu halten versucht.
>
> Was hatte die Mutter bisher mit ihrer kleinen Tochter erlebt? Sie hatte sich das Kind sehr gewünscht und ihren Beruf, in dem sie viel Anerkennung und Bestätigung erfahren hatte, nur mit Mühe aufgegeben. Die Ernährung von E. gestaltete sich schwierig. E. erbrach nach vielen Mahlzeiten in hohem Bogen, so daß Frau M. oft nicht wußte, ob sie zuerst das Baby, sich selbst oder das Zimmer putzen sollte. Auch konnte Frau M. das Baby und das kleine Mädchen nicht wirklich genießen. Sie wartete darauf, daß es größer werde, um richtig mit ihm sprechen zu können und realisierte ganz absurd erscheinende Gefühle, nämlich, daß ihr die Zärtlichkeitsstrebungen ihrer kleinen Tochter unangenehm waren, ja, daß manchmal Gedanken einschossen wie „ich bin doch nicht lesbisch". Auf gemeinsamen Ausflügen und Spaziergängen wurde Frau M., je älter E. wurde, immer einsamer, denn E. ertrug keine fremden Kinder, und schon gar nicht, wenn ihre Mutter mit anderen Müttern ins Gespräch kam.
>
> Frau M. war als sehr kleines Mädchen von ihrer Mutter weg und in die Obhut einer Pflegemutter gegeben worden. Sie hat alles daran gesetzt, den Erwartungen der Pflegemutter zu entsprechen und ihr das Gefühl zu geben, eine gute Mutter zu sein. Die Pflegemutter schien jedoch in ihrem Bedürfnis nach Anerkennung unersättlich und zornig über die Zuneigung des Pflegevaters zu seiner Pflegetochter. Obwohl Frau M. eine unglaubliche Geschicklichkeit entwickelte, die Bedürfnisse der Pflegemutter zu erspüren, konnte sie nicht erreichen, in ihrem Bemühen verstanden und schon gar nicht, um ihrer selbst willen anerkannt zu werden. Eine schwere Adoleszenzkrise überlebte sie nur durch eine anerkennende

und fördernde Umgebung im Rahmen ihrer Ausbildung.
Frau M. war in ihrer Sorge um die Pflegemutter nicht verstanden worden. Die schmerzlichen und zornigen Affekte, die damit im Zusammenhang standen, hatte sie verdrängt. Mit der Geburt ihres ersten Kindes hatte sie auf die immer vermißte Anerkennung gehofft, d.h., nun wurde E. von ihr parentifiziert und in ihr eine mütterliche Partnerin gesucht. Statt dessen nahm E. ihr alle Quellen von Bestätigung und wurde, projektiv verzerrt, als unersättlich und aussaugend empfunden und aus Angst vor der eigenen Vernichtung gehaßt.
Die drohende Mißhandlung des parentifizierten Kleinkindes entsprach somit einem Versuch, der eigenen phantasierten Vernichtung zuvorzukommen und sich für die eigene Mißbrauchserfahrung in der Rolle des parentifizierten Kindes zu rächen. Die Symptomatik des Kindes war eine Antwort auf die latente Feindseligkeit und brachte gleichzeitig den tyrannischen Ausschließlichkeitsanspruch des narzißtischen Beziehungspartners zum Ausdruck.

In solchen Lebenssituationen werden Kinder und Jugendliche für die Vermeidung von elterlichen Konflikten und/oder solchen zwischen Eltern und deren Eltern oder als Zusammenhalt der Familie ge- (bzw. miß-)braucht (Minuchin 1974; Minuchin et al. 1975, 1978; Kog et al. 1987).

2.1.5 Spannungsabfuhr über den Körper

Der Spannungsabfuhr über den Körper kommt bei Kindern und Jugendlichen eine große Bedeutung zu. Sie ist in Form von Störungen im Bereich der Motorik, bei den Dekompensationen mit regressiver Reaktivierung archaischer körperlicher Reaktionsmuster und beim Konversionsvorgang zu beobachten.
Der unmittelbare Ausdruck über den Körper ist eine sehr ursprüngliche Form der Abfuhr, die zwar an Affekte gebunden ist, aber mit dem Körper verknüpft bleibt. Sie erfolgt mehr oder weniger automatisch. Hierzu sind die Zustände der *Hyperaktivität* oder *Apathie* zu rechnen, *der autoerotischen oder autoaggressiven Aktivitäten* (z.B. Masturbation und Mutilation), der *rhythmischen Geschehnisse (Jaktationen)* und der *Stereotypien*. Die intrapsychische wie auch die interpersonale Homöostase ist durch die Neigung zur Wiederkehr des Verdrängten bzw. den natürlichen Auftrieb von vorbewußten Beziehungskonflikten ungelöster Art ins bewußte Erleben stets gefährdet.

Die Entwicklung einer psychosomatischen Krankheit kann unter diesem Aspekt einen sinnvollen Versuch darstellen, Konflikte mit Hilfe einer körperlichen Erkrankung zu lösen. Dies geschieht im Sinne einer Anpassungsleistung (bei mehr dauerhafter Fehlverarbeitung) oder eines Selbstheilungsversuches (bei Überforderungen, akuten Konflikten oder Entwicklungskrisen).

2.1.6 Therapeutische Aspekte

Intrapsychisch vorhandene Erlebnis- und Beziehungskonfigurationen müssen sich aus dem unbestimmten Bereich des Vorbewußten in den Bereich einer vertrauensvollen therapeutischen Beziehung einschreiben und dadurch auf die Ebene des Angstreduzierenden, sprachlich Mitteilbaren, Konkreten gehoben werden, auf welcher sie sich mit den metaphorischen Elementen des Sekundärprozesses verbinden und damit in das übrige psychische Geschehen integrieren können. Erinnerungs-, Trauer- und Verlustarbeit sind dabei mit all ihren schmerzlichen Affekten unumgänglich.

▶ **Ich eines Patienten ist durch die anstehenden Aufgaben aus dem Außen- oder Innenbereich der Person überfordert:** Ist das Ich eines Patienten durch die anstehenden Aufgaben aus dem Außen- oder

Innenbereich der Person überfordert und findet es nicht genügend Schutz und Unterstützung, so werden automatisch Notfallhilfen in Gang gesetzt: Es kommt z.B. zu einer partiellen oder globalen Regression, zum Zusammenbruch, Bewegungssturm oder Totstellreflex, zur Entwicklung psychosomatischer Symptome mittels Konversion oder Dissoziation oder auch zum Versuch, die übermäßige Spannung mittels einer mehr oder weniger gesteuerten Handlung (Agieren) abzubauen.

Newman (1976) untersuchte 224 Überschwemmungsopfer im Alter unter 12 Jahren und fand bei ihnen, in direkter Abhängigkeit vom Ausmaß der Streßexposition, Veränderungen im Realitätssinn, eine erhöhte Vulnerabilität für weitere Belastungen, Gefühle eigener Machtlosigkeit und vorzeitige Auseinandersetzung mit Fragmentation und Tod.

Pynoos und Mitarbeiter (Pynoos und Eth 1986; Pynoos und Nader 1988) stellten bei 10 Patienten im Alter von 5-17 Jahren, die Zeugen einer sexuellen Attacke auf ihre Mutter geworden waren, Symptome einer schweren posttraumatischen Belastungsstörung fest, die denen von Kindern und Jugendlichen nahe kamen, die selbst Opfer sexueller Gewalttaten geworden waren.

> Hier gilt es, im ärztlichen Gespräch – durch Verständnis und Empathie – eine Hilfs-Ich-Funktion zu übernehmen und dazu beizutragen, daß innerseelisch (z.B. zwischen Ich und Es, Ich und Über-Ich sowie zwischen Selbst- und Objektrepräsentanzen) und interpersonal (z.B. zwischen dem Subjekt und den Personen der Außenwelt) Distanz und damit Spielräume geschaffen werden können. Dann wird es den Betroffenen auch wieder möglich werden, zu ihrem oft durch die Fremdbestimmung verlorenen Eigenrhythmus ihrer Gefühls-, Denk- und Handlungsabläufe zurückzufinden.

▶ **Seelisches Deprivationssyndrom:**
Beim seelischen Deprivationssyndrom ist zumeist die Entwicklung einer stabilen, flexiblen, Bindung und Unabhängigkeit zugleich gewährenden Beziehung gestört. Reize sind nicht durch eine entwicklungsförderliche Variabilität und Stabilität gekennzeichnet, sondern durch ein Zuviel oder ein Zuwenig, durch Monotonie oder Übermaß. Die Ausformung gut funktionierender Ich-Leistungen, vertrauensvoller Objektbeziehungen und einer bezogenen Eigenständigkeitsentwicklung des betroffenen Individuums werden durch die forcierte Anpassungsleistung an eine nicht sehr förderliche Umgebung massiv eingeschränkt.

Therapeutisch gilt es fürs erste, förderliche äußere Entwicklungsbedingungen zu schaffen bzw. die vorhandenen Hilfsstrukturen zu festigen und auszubauen. Gewährleistung von Kontinuität in den Beziehungen, von Sorgfalt und Respekt für die Bedürfnisse des Anderen, so daß eine verhältnismäßig ausgeglichene, nur in überschaubaren Ausmaßen schwankende Balance zwischen Geben und Nehmen entsteht, sowie Arbeit am Vertrauensaufbau gehören zu den Hauptaufgaben.

> In der therapeutischen Beziehung zu Patienten mit Mangelzuständen lohnt es sich, jeder wirklichen Ich-Leistung des Patienten Anerkennung entgegenzubringen, damit narzißtische Gratifikationen in kleinen Dosen zu vermitteln und schließlich auch masochistischer Lust vorzubeugen. Emotionale Nähe kann nur allmählich und sehr vorsichtig entstehen.

Erst nachdem sich durch Offenheit und Transparenz in den Beziehungsabläufen die Ängste vor Entbehrung oder Übergriffen reduziert und Vertrauen wie auch Belastbarkeit in der Beziehung eingestellt haben, d.h. ein Brückenbau im Beziehungsgeschehen erfolgt ist, kann allmählich mit den aus früheren Erlebniskonfigurationen in die Therapie übertragenen Affekten gearbeitet werden. Jetzt wird es dem Patienten zunehmend möglich, die Kränkungswut wahrzunehmen und sie in dosiertem Ausmaß in konstruktive, Ich-förderliche Aktivitäten umzusetzen. Dann werden auch Manko oder Überstimulation erträglicher bzw. durch Eigenaktivität vermeidbarer und die kompensatorischen Phantasien der eigenen Unersättlichkeit korrigierbar. Trauerarbeit über ehemals Nichterreichbares kann nun geleistet werden, so daß jetzt Erreichbares in den Bereich des Möglichen rückt, das eigene Schicksal allmählich angenommen und mitgestaltet werden kann. Ein Herausfinden aus den Teufelskreisen des Wiederholungszwanges fördert selbst erreichbare hedonische Erlebnisse. In der Gegenübertragung gilt es, die vielfach vorhandenen Gefühle von Langeweile, Ärger, Mangel, Unlebendigkeit oder Überforderung zu bewahren, in sich wahrzunehmen und sie in modifizierter und für den Patienten brauchbarer Form wieder zur Verfügung zu stellen, so daß dieser sich allmählich mit den Funktionen eines lebendigen Gegenübers selektiv identifizieren kann. Damit muß weniger auf ungünstige Konfliktlösungen zurückgegriffen werden. Autoaggressive oder psychosomatische Reaktionen werden geringer, Lern- und Leistungsstörungen lassen sich reduzieren, die manische Abwehr z.B. in Form der Hyperaktivität rückt in die Ferne, und Beziehungskrankheiten oder der Entwicklung von Depressionen wird vorgebeugt (v. Klitzing und Bürgin 1994).

▶ **Körperliche Mißhandlung:** Körperliche Mißhandlung entspricht stets einer Erniedrigung und Demütigung durch die Gewalt des Stärkeren. Beschämung über die sichtbaren Folgen von Züchtigung, Einschüchterung, Angst, Schmerz und gegebenenfalls auch die körperlichen Beeinträchtigungen zersetzen allesamt das Selbstwertgefühl. Emotionale Vernachlässigung, Mißhandlung oder Mißbrauch hinterlassen zumeist nicht direkt sichtbare Spuren, um so mehr aber basale Störungen im Selbstgefühl, da die seelische Integrität des entsprechenden Kindes oder Jugendlichen andauernd verletzt wird.
Sexuelle Übergriffe entsprechen in vielen Fällen einer Ausbeutung der Liebes- und Nähebedürfnisse sowie der psychophysischen Empfindsamkeit und Erregbarkeit eines Kindes oder Jugendlichen, zerstören oft das Grundvertrauen, setzen die Opfer einer unzeitgemäßen und ungewollten Irritation aus und beeinträchtigen die seelisch-körperliche Eigenverfügbarkeit (Richter-Appelt 1994; Rutschky und Wolff 1994).

In all diesen Situationen muß dem Kind durch geeignete Maßnahmen so rasch wie möglich Schutz und Einhalt der Mißhandlung geboten werden. Hierdurch und im Verlaufe entsprechender psychotherapeutischer Gespräche soll in erster Linie das Grundvertrauen in die Erwachsenenwelt und eine „Balance der Fairneß" in den zwischenmenschlichen Beziehungen wiederhergestellt werden. Die Allianz mit unparteilichen, schützenden Personen, die die Täterschaft nicht verurteilen, sondern sie in angemessene Schranken verweist und ihr, so möglich, auch Hilfe zukommen läßt, bewirkt eine zunehmende Selbstabgrenzung, -behauptung und -stärkung der Opfer.

> Das therapeutische Setting sollte darauf abzielen, objektale und nicht funktionale Beziehungen anzubieten, den Betroffenen helfen, Verleugnung und die dadurch beeinträchtigte Fähigkeit zur Realitätsprüfung aufzugeben (Shapiro und Dominiak 1990), Eigenbedürfnisse (auch im Bereich der Loyalitäten) wahrzunehmen, die Identifikationen mit dem Aggressor zu verringern, das Körperselbst zu stabilisieren, so daß das Gefühl einer lustvollen Eigenverfügbarkeit (wieder) entsteht und masochistisch-depressive Rückzugshaltungen zunehmend überflüssig werden.

Am Schluß solcher Therapieabläufe besteht eine gesteigerte konstruktive Konfliktfähigkeit, die chronische Beschämung ist durch die Erfahrung des Respektes gegenüber den eigenen Gefühlen gemildert, Angst und Einschüchterung sind zugunsten einer hoffnungsvollen Einstellung gegenüber der Zukunft in den Hintergrund getreten.

▶ **Jedes Trauma hinterläßt mehr oder weniger offene seelische Wunden und entsprechende Überempfindlichkeiten gegenüber ähnlichen Situationen:** Terr (1979, 1981, 1983) beschrieb mehrfach eine Gruppe von 26 Kindern im Alter von 5-14 Jahren, die das gleiche psychische Trauma (Kidnapping in einem Schulbus) ohne wesentliche Assistenz eines Erwachsenen erlitten hatten. Unabhängig vom Alter wurde das Trauma immer wieder im Spiel dargestellt, es trat in repetitiven Träumen auf, die Betroffenen zeigten eine große Angst vor nochmaliger gleichartiger Traumatisierung, Veränderungen im Erleben von Zeit (Dauer, Sequenzen) und deutliche Jährungsreaktionen. Vielfach stellte sich auch eine Neigung ein, bestimmte Gegebenheiten als Warnzeichen oder schlechte Omina zu verstehen. Anders als bei Erwachsenen stellte die Autorin keine Amnesie, Verleugnung oder flash-backs fest. Das traumatische Erlebnis wurde zumeist im Versuch, es in einen psychologischen Sinnzusammenhang einzuordnen, als Folge oder Strafe für einen Streit mit der Mutter oder mit Gleichaltrigen konzeptualisiert.

Eine gute Übersicht über die Belastungen und Traumatisierungen, denen Kinder und Jugendliche unter Bedingungen der Verfolgung und des Krieges ausgesetzt sind, findet sich in den verschiedenen Arbeiten des Hamburger Kongresses von 1993 (Adam et al. 1993) sowie in den entsprechenden Kapiteln des Handbuchs über traumatische Streß-Syndrome von Wilson und Raphael (1993).

Stets ist zu klären, wie viele Bereiche des seelischen und körperlichen Funktionierens betroffen und beeinträchtigt sind, wie tief die „Kerben" bei kumulativen oder sequentiellen Traumatisierungen reichen, wie groß die nicht betroffenen Persönlichkeitsanteile sind, mit denen bezüglich psychischer Arbeit ein Bündnis geschlossen werden kann, wie ausgeprägt die Bereitschaft für ein mehrfaches Durcharbeiten ist. Als erstes müssen natürlich vermeidbare Retraumatisierungen, sekundärer Mißbrauch und möglicherweise nachfolgende Deprivation durch geeignete Schutzmaßnahmen verhindert werden. Die im Beziehungsfeld des Patienten vorhandenen Ressourcen (Eltern, Lehrer, Freunde) sollten wenn immer möglich in die Behandlung einbezogen werden.

Erst nach dem längeren Aufbau einer tragfähigen Beziehung gelingt es im allgemeinen, Distanz von den traumatischen Erlebnissen zu bekommen, die Scham durch die Überwältigung zuzulassen und eine Trauerarbeit über den Grenzeinbruch und die Katastrophe (es wird niemals wieder sein wie vorher) zu beginnen. Refracta dosi muß das traumatische Erleben immer wieder in die therapeutische Beziehung einfließen, und der Therapeut darf nicht zerstörbar sein. Die Entidentifikation mit dem Aggressor ist eine mühselige, langwierige seelische Arbeit. Gelingt sie, so wird sich später möglicherweise noch eine gewisse Versöhnungsarbeit anschließen.

2.2 Angsterkrankungen

Stefan Arnold und Peter Joraschky

Inhalt

2.2.1	Einleitung	179
2.2.2	Definition und klinisches Erscheinungsbild	180
2.2.3	Fallbeispiele	181
	Fallbeispiel A: Angstkrankheit als Folge körperlicher Mißhandlung	181
	Fallbeispiel B: Angstkrankheit als Folge sexuellen Mißbrauchs	181
2.2.4	Psychoanalytische Modelle der Angstentwicklung	183
	Konfliktmodell der Angstentwicklung	183
	Strukturelle Defizite und Angstentwicklung	183
	Bindungstheoretische Erklärung der Angst	184
	Bindung, Mißbrauch und Angst	186
2.2.5	Empirische Studien und Ergebnisse	187
2.2.6	Therapie	188
	Fallbeispiel A	189
	Fallbeispiel B	189

2.2.1 Einleitung

Freud berichtet 1895 über eine erste „Kurzzeittherapie" mit der 18jährigen Katharina. Bekanntlich litt sie u.a. unter Angstsymptomen, in deren Mittelpunkt Atemnot stand, und die ihr Todesängste machten. Freud geht in dem Gespräch mit Katharina von folgender Leithypothese aus: „Angst bei jungen Mädchen hatte ich so oft als Folge des Grausens erkannt, das ein virginales Gemüt befällt, wenn sich zuerst die Welt der Sexualität vor ihm auftut." (1895d, S. 186). Freud verwendete diese Hypothese als Fokus seiner „Kurzzeittherapie" und rekonstruierte anhand der Erzählungen Katharinas Ereignisse und psychische Prozesse, wobei nach und nach Erinnerungen über sexuelle Beobachtungen als Auslösemoment der Symptomatik und früheres, eigenes Mißbrauchserleben Katharinas auftauchten.

Katharinas Mißbrauchserleben lag einige Jahre vor der Beobachtung eines sexuellen Verkehrs zwischen Katharinas „Onkel" und einem Mädchen Franziska, blieb jedoch abgespalten und noch nicht als sexuelle Handlung, wie Freud rekonstruierte, interpretiert. Erst „nachträglich" erhielt das eigene Erleben seine sexuelle Bedeutung: „Jetzt weiß ich schon, was Sie sich damals gedacht haben, wie Sie ins Zimmer hineingeschaut haben. Sie haben sich gedacht: Jetzt tut er mit ihr, was er damals bei Nacht und die anderen Male mit mir hat tun wollen. Davor haben Sie sich geekelt, weil Sie sich an die Empfindung erinnert haben, wie Sie in der Nacht aufgewacht sind und seinen Körper gespürt haben." (1895, S. 106) Freud betrachtete Katharinas Angst, wie er in der Epikrise schreibt, als „... Reproduktion jener Angst, die bei jedem der sexuellen Traumen auftrat." (1895d, S. 195).

Angst ist ein konstitutives Merkmal des Mißbrauchs selbst. Betrachtet man mißbräuchliches Geschehen, so spielt die Angst, verbunden mit Schuldgefühlen (Hirsch 1987b) sowie vor allem auch Schamangst (Wurmser 1990; Jacoby 1993), eine herausragende Rolle, sei es in Form von Drohungen des Täters gegen das Opfer, sei es aber auch die den Täter entlastende Introjektion der Schuld des Täters durch das Opfer (Ferenczi 1933).

2.2.2 Definition und klinisches Erscheinungsbild

Panikstörungen und Agoraphobie, die in der klinischen Praxis den größten Teil der Angstpatienten ausmachen, zeigen langfristig einen ungünstigen Verlauf und führen ohne adäquate Therapien in der Regel für Betroffene und Angehörige zu massiven Beeinträchtigungen der Lebensqualität. Häufig treten im Krankheitsverlauf Depressionen, Medikamenten- und Alkoholabhängigkeit und eine erhöhte Suizidgefahr hinzu. Die schon von Freud (1895) beschriebenen Angstanfälle wurden mit der Einführung des DSM-III (APA 1980) als Panikattacken und *Panikstörungen* (F 41.0) operationalisiert. Hierunter werden zeitlich umgrenzte Episoden („Anfälle") akuter Angst, von den Betroffenen häufig spontan erlebt, verstanden.

Die häufigsten *körperlichen Symptome* sind Herzklopfen, Herzrasen, Atemnot, Schwindel, Benommenheit, Schwitzen und Brustschmerzen sowie Druck- oder Engegefühl in der Brust. Daneben treten üblicherweise *kognitive Symptome* auf, die die mögliche Bedeutung dieser körperlichen Erfahrungen betreffen, z.B. „Angst zu sterben", „Angst, verrückt zu werden" oder „Angst, die Kontrolle zu verlieren". Gelegentlich kommt es zu Derealisations- und Depersonalisationserlebnissen, Gefühlen, sich selbst oder der Umwelt entfremdet zu sein. Während des Panikanfalls kommt es als Ausdruck extremer Bedrohung zu hilfesuchendem Verhalten, in der Regel dem Aufsuchen eines Arztes und/oder der Suche nach einem sicheren Ort.

Der bedeutendste Unterschied zwischen DSM-IV und ICD-10 betrifft kognitive Kriterien: Das DSM-IV fordert, daß die betroffene Person sich im Anschluß an einen Panikanfall mindestens 1 Monat lang über
- das Auftreten weiterer Panikanfälle oder
- die Bedeutung der Panikanfälle sorgt oder
- deutliche Verhaltensänderungen in Folge des Panikanfalls zeigt.

Tritt neben den Panikanfällen auch Vermeidungsverhalten auf, wird nach dem DSM-IV eine Panikstörung mit Agoraphobie diagnostiziert.

Bei der *Agoraphobie* (F 40.0) kann das Vermeidungsverhalten eng umgrenzt sein, in extremen Fällen aber auch so stark generalisieren, daß die Betroffenen ohne Begleitung das Haus nicht mehr verlassen können. Das gemeinsame dieser Situation (Kaufhäuser, Kinos, Restaurants, Autofahren, Höhen u.a.) ist nicht ein bestimmtes Merkmal der Situation an sich, sondern daß im Falle ausgeprägter Angst die Situation nur schwer zu verlassen wäre oder keine Hilfe zur Verfügung stünde, oder es sehr peinlich wäre, die Situation zu verlassen. Deshalb werden von Agoraphobikern vor allem die Situationen als bedrohlich erlebt, die eine Entfernung von „sicheren" Orten (meist ihr Zuhause) oder eine Einschränkung ihrer Bewegungsfreiheit bedeuten. Um die Angst zu reduzieren, werden häufig „Sicherheitssignale" eingesetzt, wie das Beisichtragen von Medikamenten, Handys, Entspannungsformeln oder der Telefonnummer des Arztes.

In 80% der Fälle wird zu Beginn der Panikstörung ein auslösendes Lebensereignis festgestellt wie Tod oder plötzliche schwere Erkrankung von Angehörigen oder Freunden, Schwangerschaft und Geburt.

Die epidemiologischen Studien zeigen übereinstimmend eine *hohe Komorbidität* der Panikstörung und Agoraphobie mit anderen Angststörungen sowie Depressionen, somatoformen Störungen und Abhängigkeitsstörungen. Wittchen (1991) fand in einem Längsschnitt über 7 Jahre, daß nur 14,2% der Panikpatienten keine Komorbidität aufwiesen.

2.2.3 Fallbeispiele

Fallbeispiel A: Angstkrankheit als Folge körperlicher Mißhandlung

> Ein 44jähriger Patient, Manager, kam zur stationären Behandlung, nachdem er seit einem Jahr täglich mehrfach unter Panikattacken litt, die mit Herzrasen, Druckgefühl über der Brust, Todesängsten, Atembeklemmungen, Schluckbeschwerden und anfallsweisen Erstickungsängsten sowie Schwindel einhergingen. Der Patient durchlief im ersten Krankheitsjahr unzählige somatische Abklärungen, war kaum mehr arbeitsfähig und mußte sich fast täglich von seiner Frau von der Arbeit abholen lassen. Autofahren war ihm nicht mehr möglich, er konnte nur noch den Weg zwischen seiner Arbeitsstelle und seinem Zuhause zurücklegen. Die erste Panikattacke war aufgetreten, als er als Manager bei einer Verkaufsmesse nach harten Verhandlungen, in denen es auch um die Übernahme von anderen Firmen sowie Abwicklungen eigener Abteilungen ging, plötzlich das Gefühl hatte, daß ihm der Boden unter den Füßen weggerissen wurde. Der psychosoziale Hintergrund war, daß er schon seit einem Jahr mit „harten Bandagen" Abteilungen abwickelte, die nicht erfolgreich waren und viele altgediente Mitarbeiter auf die Straße und in die Frühpensionierung setzte. Er galt als eiskalter Kalkulierer und „Säuberer".
>
> Der Patient vermittelte das Bild großer Hilflosigkeit, des Gebrochenseins bei gleichzeitiger Kämpferhaltung. Er wollte die Panik mit aller Macht in die Knie zwingen und durchkämpfen, den kontraphobischen Bewältigungsstil beibehalten und wollte, wie es ihm früher möglich war, alle Dinge mit dem Kopf durch die Wand lösen.
>
> Der Körper entsagte sich jedoch seinen Dressurakten und Kontrollen, und die Willkür der Panik versetzte ihn in ohnmächtige Wut. Vom biographischen Hintergrund her beschreibt der Patient, wie er als ältester von 3 Brüdern, die im Jahresabstand geboren wurden, emotional bei seiner Mutter zu kurz kam. Er kann sich nicht erinnern, je in den Arm genommen worden zu sein, Berührungen waren insgesamt in seiner Familie verpönt. Dominiert wurde die Familie vom Leistungsideal des Vaters, der mit brachialer Gewalt seine Ordnungsprinzipien umsetzte und gnadenlose Strafen verhängte, wie stundenlanges Knien auf Holzscheiten und Einsperren im Keller, wenn er keine herausragenden Leistungen in der Schule erbrachte. Sein Elternhaus lebte sozial völlig isoliert, der Patient selbst tat sich sozial immer schwer. Schon in der Schulklasse war er nur als Leistungsträger und Schachmeister gelitten; wenn er gehänselt wurde, rastete er aus und erlebte sich als Außenseiter mit einer Reihe sozialer Ängste.
>
> Er kann schon im Erstgespräch deutlich wahrnehmen, wie er mit seinem Körper umgeht, wie mit ihm als Kind umgegangen wurde. Schon morgens, wenn er Spannungszustände bekam, brüllte er, wollte mit Gewalt seine ohnmächtige Wut am Körper auslassen, machte sportliche Gewalttouren, ohne daß er jedoch mit seinen drakonischen Strafen Erfolg hatte. Im Schutz des ärztlichen Gesprächs kamen blitzartig weiche Seiten in ihm hoch, er konnte seine Ohnmacht zulassen, weinte bis zur Erschöpfung und stellte seine Sehnsüchte nach Halt dar.

Fallbeispiel B: Angstkrankheit als Folge sexuellen Mißbrauchs

> Ein 24jähriger junger Mann wurde stationär aufgenommen, nachdem sich seine Angstsymptomatik nach ersten Panikfällen generalisiert hatte und er auch am

Arbeitsplatz dekompensiert war. Die Symptomatik bestand vor allem in einer starken Klaustrophobie nach einigen Angstanfällen in engen Räumen, in denen „viele Menschen" auf ihn zukamen. Die Angst ging mit einer deutlichen Somatisierungstendenz einher, die die Angst vertreten konnte.

Die Auslösesituation war ein Besuch im Kreißsaal zusammen mit seiner damals hochschwangeren Frau. Gegen Ende des Besuches sei er in einen kleinen Nebenraum gegangen, um sich zu setzen. Plötzlich habe er ein Schwindelgefühl, Übelkeit und die Furcht umzufallen verspürt, bis er auf wackeligen Beinen gegangen sei. Diese Zustände seien dann häufig und generalisiert aufgetreten.

Nach einigen Tagen seines Stationsaufenthaltes kam der Patient aufgeregt in das Zimmer des Therapeuten, mit einem Zettel in der Hand. Er habe mit seinem Vater gesprochen, der ihn daran erinnert habe, daß mit ihm im Alter von vier Jahren etwas Schlimmes passiert sei. Er selbst habe dies völlig vergessen, es vielmehr für unwichtig gehalten. Der Vater habe gemeint, er müsse dies unbedingt erzählen, weswegen er es sich aufgeschrieben habe.

Der Patient erzählt aus seiner Sicht, er habe damals auf den Vater gewartet, wie er es so oft gemacht habe, wenn dieser von der Arbeit gekommen sei. Er sei immer zu einer langen Brücke gelaufen, von wo aus er den Vater von weitem schon habe kommen sehen. An einem Tag habe er dem Vater an einem nahegelegenen Kiosk ein paar Bonbons gekauft, die er ihm schenken wollte. Beim Warten auf den Vater sei ein Mann auf ihn zugekommen und habe ihn gefragt, ob er ein Spielzeug haben wolle oder spielen wolle. Er sei auf dieses Angebot eingegangen. Er schildert, wie er einen kleinen Hügel in einer Ruine auf der gegenüberliegenden Seite neben dem Mann hinaufgelaufen sei. Dann wisse er nur noch, daß er an den Händen gefesselt und mit den Händen an einem in der Ruine gespannten „Stahlseil" festgebunden worden sei. Weiter könne er sich an nichts erinnern. Der jüngere Bruder habe ihn schließlich gefunden. Er habe gesagt, er sei gefesselt gewesen, ein Mann habe an ihm rumgespielt. Was dies genau heiße, könne er sich nicht vorstellen. Der Patient selbst kommt nicht auf den Gedanken, daß es sich dabei um sexuelle Manipulationen handeln könnte.

Die Herkunftsfamilie des Patienten erweist sich als gespalten. Die Eltern mußten seinetwegen heiraten, die Mutter meinte in einem Familiengespräch, sonst hätte sie nicht geheiratet. Für die Mutter war er nach ihren Worten wie die vier weiteren kein erwünschtes Kind. Für den Vater war er ein Wunschkind.

Auch die Beziehungserfahrung des Patienten mit seinen Eltern erscheint gespalten. Während er über die mütterliche Beziehungsqualität eher gleichgültig, abwertend erzählt, ist sie dem Vater gegenüber emotional engagiert und idealisierend, gekennzeichnet durch sein Bemühen, das für ihn positive Objekt zu erhalten und alle „negativen" Gefühle fernzuhalten.

Der Vater war wohl emotional erreichbar, während er die Mutter überwiegend überfordert erlebte. Als Ansprechpartner für Probleme blieben beide Eltern nicht verfügbar. Die Mutter schien eher in Panik zu geraten und mußte von ihrem Sohn beruhigt werden, „wenn was war". Ihre „bohrenden Fragen" erlebte er als demütigend, und er entwickelte starke Schamgefühle, „Schwächen" preiszugeben. Die Mutter war in diesen Situationen für ihn eher eine Verfolgerin. Ein ganz ähnliches Muster kennzeichnet auch die Beziehung zu seiner Frau.

In dieser Familie war es nicht möglich, über das traumatische Erleben des Kindes zu sprechen. Wie meist, mußte er selbst damit „fertig" werden.

Ein weiteres traumatisierendes Ereignis für den Patienten war die Trennung der Eltern,

als er 11 Jahre alt war, mit der er verleugnend umging; er versuchte, für die jüngeren Geschwister die väterliche Autorität zu ersetzen, womit er sich jedoch weit überforderte.
Fest verankert fühlte er sich in Cliquen Gleichaltriger, was er nach seiner Heirat beibehalten habe.
Eine erste Schwangerschaft sei aus einer medizinischen Indikation abgebrochen worden. Er sei bei dieser Abtreibung im dritten Schwangerschaftsmonat zugegen gewesen und erinnere sich im nachhinein daran, daß er bereits dabei kurzzeitig erste Symptome entwickelt habe, als er das „Krienen" (Dialektausdruck für Weinen) der Frauen in einem Saal, in dem mehrere Abtreibungen vorgenommen wurden, gehört habe. Nach der zweiten Schwangerschaft habe er sich weitgehend von den Kontakten zu seinen Freunden zurückgezogen.

2.2.4 Psychoanalytische Modelle der Angstentwicklung

Mit Hoffmann (1992, 1994) unterscheiden wir drei Modelle der Angstentstehung: das „klassische" psychoanalytische Modell der Konfliktangst, das Modell des „Entwicklungsschadens" und das ethologisch orientierte Modell der Bindungsschwäche. Letzteres kann als ein Spezialfall des „Entwicklungsschadensmodells" angesehen werden.

Konfliktmodell der Angstentwicklung

Das erste Modell bezieht sich auf das „klassische" psychoanalytische Konfliktverständnis als Grundlage von Symptombildung (Freud 1926d).
Ausgangspunkt des Modells ist eine auslösende Situation, eine Versuchungs- oder Versagungssituation, die assoziativ mit infantilen Konfliktsituationen verbunden ist, deren Reaktivierung zu Angst und erhöhter Abwehrleistung führt, gleichzeitig verschaffen sich die verdrängten Strebungen immer massiver Geltung, so daß immer stärkeres „Nachdrängen" nötig wird, bis die Anstrengung zu groß wird und die Abwehr mißlingt. Es kommt zu einem Erleben der inneren Gefahr und zu pathologischer Angst. Freuds kurz geschilderter Fall der Katharina kann nach seiner Darstellung unter dieses Modell subsumiert werden.
Nach Ermann (1983) hat Freud ein dualistisches Angstkonzept hinterlassen, die Theorie einer weitgehend somatogenen Angst mit dem Bild der Angstneurose (Freud 1895d, 1916/17) und die Theorie einer psychogenen Angst, die ein reiferes Ich voraussetzt und in der Lage ist, mithilfe von Abwehrmechanismen in monosymptomatische oder polysymptomatische Phobien umzugestalten (Freud 1926d, 1933a).

Strukturelle Defizite und Angstentwicklung

Das zweite Modell geht von Entwicklungsschäden durch Traumata aus, zu denen sich konstitutionelle Faktoren gesellen. Die Folge der Entwicklungsschäden ist eine defiziente Entwicklung des Ichs und des Selbst, die bei aktueller psychosozialer Belastung dazu führt, daß „die Brüchigkeit des Ichs" wahrgenommen wird.
Es ist der Fall, den Ermann (1983) als Ich-Angst beschrieben hat, das heißt, die innere Gefahr besteht in der Fragmentierung des Ichs, das sozusagen Angst um sich selbst bekommt. Zur „defizitären" Persönlichkeit gehört vor allem die Schwäche der Abwehr, die keine Kompensationsmöglichkeit läßt.
Damit wird die Ich-strukturelle Reife der Persönlichkeit zur entscheidenden moderierenden Variablen, inwieweit unverarbeitete traumatische Angst vor dem Durchbrechen von Impulsen bzw. dem Zusammenbruch der Abwehrstruktur das Ich direkt bedroht bzw. vom reiferen Ich durch eine entwickeltere Symbolisierungsfähigkeit situativ gebunden werden

kann. Angst gewinnt in diesem Kontext die Funktion des Signals für das Ich, sich vor inneren Gefahrensituationen zu schützen.

Auf objektbeziehungstheoretischer Grundlage spielt hierbei die Entwicklung sicherheitgebender, schützender innerer Objekte eine wesentliche Rolle. Zu nennen sind hierbei vor allem:

▶ **Die Entwicklung der emotionalen Objektkonstanz**, deren Entstehung Mahler et al. (1975) in der Zeit vom ca. 4.-36. Lebensmonat annahmen. Diese verläuft in verschiedenen Entwicklungsphasen, die durch jeweils neue Ebenen der Selbst- und Objektdifferenzierung bzw. -stabilität gekennzeichnet ist. Zwischen diesen Phasen kommt es zu Ungleichgewichten, in denen spezifische Ängste auftreten. Die Ängste des Kindes während der Differenzierungs- und Übungsphase bestehen darin, die Trennung von der Mutter ertragen zu lernen, sowie die Fremdenangst, die von Mahler jedoch als Sozialisationsergebnis gesehen wird (Mertens 1979). *Objektverlustangst* wird in den folgenden Phase der Wiederannäherung erweitert durch die Angst, die Liebe des Objektes zu verlieren, bevor das Kind mit Kastrationsängsten konfrontiert wird (Mc Devitt 1994). *Emotionale Objektkonstanz*, die schließlich in der Konsolidierungsphase erreicht wird, zeichnet sich durch die Fähigkeit des Kindes aus,
- auch unabhängig von der Anwesenheit der Mutter ein libidinös besetztes Bild von dieser zu erhalten,
- „gute" und „böse" Repräsentanzen zu einem ganzheitlichen Objekt zu vereinen und im Zusammenhang damit
- aggressive und libidinöse Triebregungen zu fusionieren, um den Haß auf das Objekt abzuschwächen (Mahler 1975).

▶ Mentzos (1989) konzipiert eine Entwicklungsreihe der Qualität der Angst auf einem **Kontinuum von körpernaher, diffuser bis zur Signalangst** u.a. je nach der strukturellen Reife der Selbst- und Objektrepräsentanzen. Die Angst des Angstneurotikers besteht nach seiner Auffassung in Objekt- und Selbstverlustangst, bedingt durch die „Blässe" der Repräsentanzenwelt des Angstpatienten, eine Eigenschaft seiner internalisierten Objekt- und Selbstrepräsentanzen.

▶ König (1981) geht spezifisch für die Agoraphobie von einer umschriebenen Ich-Struktur-Schwäche, einer **mangelnden Integration des „steuernden Objektes"**, aus. Darunter versteht König eine Objektrepräsentanz, die sich aus der Interaktion mit der Umwelt – meist der Mutter – entwickelt und deren affektregulierenden Eigenschaften in die Repräsentanzenwelt integriert wird. Die wichtigsten Funktionen steuernder Objekte sind die Autonomieförderung durch einen „inneren Dialog" und damit Unabhängigkeit von der Außenwelt, sowie ihre Funktion als „Behälter für Erwartungen" im Sinne der Voraussagbarkeit über die soziale Umwelt. Voraussetzung hierfür ist eine weder zu starre noch zu lose Einbindung innerer Objekte, deren Flexibilität es ermöglicht, durch Erfahrung umstrukturiert werden zu können.

Bindungstheoretische Erklärung der Angst

Das dritte Modell, das wir als Spezialfall des Modells des Entwicklungsschadens annehmen, betont die *Gefährdung der primären Bindungssicherheit*. Pathologische Angst ist in diesem Modell nur unter bestimmten Umständen (Bowlby 1961) gegeben, da Bindung als Grundbedürfnis betrachtet wird und deren Gefährdung immer zu (Trennungs-)Angst führt. Ausgehend von Beobachtungen an Kleinkindern im Alter von 15-30 Monaten, die aufgrund körperlicher Erkrankungen von ihren primären Bezugspersonen getrennt wurden, beschreibt Bowlby (1961) einen typischen Ablauf von Reaktionen der Kinder:
- die *Phase des Protests*, in der das Kind sich beunruhigt zeigte, seine Mutter verloren zu haben, mit dem verzweifelten Versuch, sie mit allen Mitteln wiederzugewinnen, wenngleich noch mit der sicheren Erwartung, sie werde wieder erscheinen

- die *Phase der Verzweiflung*, in der die hoffnungsvolle Erwartung der Mutter langsam in einen Zustand der Hoffnungslosigkeit hinübergleitet
- die *Phase der Gleichgültigkeit*, in der sich das Kind der Umgebung zuwendet, an ihr Interesse zeigt, gleichzeitig aber das Interesse an der Mutter zu verlieren scheint und ihr gegenüber sich distanziert verhält

Den ersten beiden Phasen ordnet Bowlby die Affekte der Trennungsangst (Protest) und der Depression (Verzweiflung) zu, während das dritte Stadium ein Problem der Abwehr ist. Der Protest, den das Kind bei Trennungen zeigt, ist ein Ausdruck des Verhaltenssystems Bindung, das von Bowlby (1961) als eigenständiges Motivationssystem konzipiert ist (vgl. Kap. 1.5).

Generell gilt, daß Verhaltenssysteme aufgrund bestimmter Auslöser – im Falle der Bindung sind dies Trennung, Schmerz, Zeichen von Alarm und Schrecken usw. – aktiviert werden und durch bestimmte Reizkonstellationen – bei dem Verhaltenssystem Bindung durch Zuwendung, Beruhigung – wieder beendet werden.

> Angst entsteht dann, wenn ein Verhaltenssystem aktiviert, aber nicht beendet wird.

In gewisser Hinsicht gleicht diese generelle Hypothese Freuds Konzept der traumatischen Angst (1926d, 1933a), das die Entstehung der Angst an die psychische Hilflosigkeit des Kindes knüpft. Mit der Annahme eines eigenständigen Motivationssystems „Bindung" weist Bowlby jedoch die enge Verbundenheit der Bindung an die Oralität bei Freud zurück („Sekundärtrieb" nach Bowlby 1961).

Trennungsangst ist demnach in dieser Sicht ein Spezialfall der allgemeinen Hypothese und entsteht dann, wenn das Kind beunruhigt ist, Bindungsverhalten zeigt – Anklammern, Schreien, Nachfolgen, Protestieren –, jedoch das Bindungsobjekt nicht erscheint.

> Aufgrund der überlebenswichtigen Funktion von Bindung ist Trennungsangst eine primäre Angst. Wegen seiner hohen Abhängigkeit in den ersten Jahren von der Mutter – u.a. wegen der dem Bindungssystem immanenten Monotropie – ist das Kleinkind besonders vulnerabel für Trennungsängste.

Gleichwohl unterscheidet Bowlby (1961) neben der primären Angst die Erwartungsangst und den Schrecken. Letzterer ist mit Flucht assoziiert, während die Erwartungsangst bereits antizipatorische Fähigkeiten voraussetzt (vgl. Tab. 2.1).

Tab. 2.1 Zuordnung von Situation, Verhalten und Affekt nach Bowlby (1961)

Situationen, die	Verhalten	Begleitender Affekt
1. ein System instinktbedingten Verhaltens aktivieren, ohne für seine Aufhebung zu sorgen	fortgesetzte Aktivierung der Reaktion	Primärangst
2. die Systeme aktivieren, welche Flucht oder Totstellen auslösen	Flucht oder Totstellen	Schreck
3. sich bei fehlendem Einschreiten voraussichtlich so auswirken, daß: a) Systeme aktiviert werden, die Flucht oder Totstellen auslösen b) der Zufluchtsort verlorengeht	Vermeiden	Erwartungsangst

Trennungsangst ist nun per se nicht pathologisch, sondern überlebenswichtig. Um pathologisch zu werden, sind einige Aspekte nach der Theorie Bowlbys (1976) im Kleinkindalter verantwortlich:
- die völlige Abhängigkeit des Kleinkindes
- die enge Verschränktheit von Systemen der Verbundenheit mit solchen der Flucht, damit der Primärangst und des Schreckens
- die sehr leichte Aktivierbarkeit dieser Systeme
- ihre große Intensität
- die Tatsache, daß sie nur durch die Mutter beendet werden können

Eine wichtige Dynamik schreibt Bowlby dem *Zusammenspiel von Feindseligkeit und Erwartungsangst* zu. Sie stehen in einer wechselseitigen Beziehung dahingehend, daß sie sich gegenseitig verstärken. Da aber die Feindseligkeit gegen das geliebte Objekt gerichtet ist, das sie auslöst, entsteht ein Teufelskreis, in dem Erwartungsangst gesteigerte Feindseligkeit und diese wiederum erhöhte Erwartungsangst erzeugt.

Dem Prozeß der Entwicklung von Bedeutungsstrukturen in zwischenmenschlichen Beziehungen schreibt Liotti (1990) eine entscheidenden Einfluß auf die Angstentstehung bei Agoraphobikern zu. Dieser Prozeß wird von den Antworten auf emotionale Äußerungen des Kindes durch Bindungspersonen stark beeinflußt in dem Sinne, daß diese das Kind in seinen emotionalen Äußerungen bestärken oder nicht bestärken können.

> In dem Maße, in dem das Kind in seinen emotionalen Äußerungen zurückgewiesen oder gezwungen wird, Interpretationen der Bindungspersonen zu übernehmen, hat dies zur Folge, daß das Kind seine eigene emotionale Äußerung nicht mit den von der Bindungsperson explizierten semantischen Strukturen verbinden wird. Es kommt zu einer Dissoziation verbalisierbarer internalisierter Selbst- und Objektaspekte mit den emotionalen Erfahrungen.

Dies kann das Ergebnis einer „falschen Verknüpfung" zwischen emotionaler Erfahrung und seiner Attribution durch die Bindungsperson sein, aber auch ein Weg, schmerzliche Erfahrung mit Bindungspersonen zu dissoziieren und ihre Erinnerung zu vermeiden.

Bindung, Mißbrauch und Angst

Die bindungstheoretische Sicht erscheint uns als besonders relevant in bezug auf Mißbrauchserfahrungen. Dies wird auch von den unten zitierten Untersuchungen nahegelegt, nach denen Angst als Folge von Mißbrauchserfahrung dann verstärkt auftritt, wenn der Mißbrauch intrafamiliär zwischen Menschen stattfindet, deren Beziehung durch ein existentielles Abhängigkeitsverhältnis gekennzeichnet ist. Es liegt sehr nahe, daß Mißbrauchserfahrungen mit primären Bindungspersonen Folgen für die intrapsychischen Repräsentanzen beim Opfer in dem Sinne haben, daß diese nicht mehr als Ansprechpartner verfügbar sind, auch wenn eine an sich stabile Bindung zu sicherheitgebenden Objekten internalisiert werden konnte. Mit dem Mißbraucher besteht eine tabuisierte Beziehung, Schuld- und Schamgefühle verhindern, daß die Erfahrung anderen anvertraut werden kann. Neben der häufigen realen Zerstörung der Beziehungen – etwa *Kontaktabbruch* – ist demnach auch die intrapsychische Repräsentanz – Bowlby nennt diese das „working-model" – betroffen, womit eine innere Landkarte der Bindungssuche und der Bindungsobjekte gemeint ist (Köhler 1992; vgl. Kap. 1.5).

Aber auch die Bewältigung von Traumatisierungen hängt von der Zuwendung, der Möglichkeit, dies in sicheren Beziehungen aufzuarbeiten, ab. Eine bindungsunsichere Qualität der Beziehung mit entsprechenden Repräsentanzen muß demnach sehr beeinträchtigend für die Bearbeitung wirken. Dies gilt um so mehr, wenn man Liottis (1990) Überlegungen einbezieht, nach denen in Mißbrauchssituationen keine adäquaten Benennungen und Interpretationen der Gefühle des Opfers stattfinden können, womit auch die Entwicklung eines steuernden Objekts, das mit Impulsen umzugehen vermag, verhindert wird.

2.2.5 Empirische Studien und Ergebnisse

Es gibt eine Reihe von Untersuchungen, die zeigen, daß Angst und Angstäquivalente zu den Folgen von Mißbrauchserleben gehören; sie sind jedoch keine spezifischen Folgen von Mißbrauchserlebnissen. Angstsymptome finden sich bei Frauen, die sexuell mißbraucht worden sind, signifikant häufiger als in Kontrollgruppen (Briere 1984; Fromuth 1986; Herman und Schatzow 1987; Sedney und Brooks 1984; Murphy et al. 1988). Epidemiologische Untersuchungen von Burnam et al. (1988) und Saunders et al. (1992) zeigen unabhängig voneinander, daß kindliche sexuelle Mißbrauchssituationen die spätere Manifestation von Agoraphobie und sozialer Phobie vorhersagen ließen. Auch Brown et al. (1993) stellen in einer Studie an Frauen einer Stadtbevölkerung dar, daß Kindheitsbelastungen (eingeschlossen Vernachlässigung, körperliche Gewalt und sexueller Mißbrauch) eine Disposition für die Entwicklung von Angstkrankheiten im Erwachsenenalter schaffen.

Klinische Untersuchungen an Patienten einer Angstambulanz bestätigen retrospektiv die gegenüber Kontrollgruppen signifikante Häufung von körperlicher Mißhandlung und sexuellem Mißbrauch bei Angstpatienten (Breier et al. 1986; David et al. 1995; Fierman et al. 1993). Mancini et al. (1995) berichten bei 23,4% der Angstpatienten kindlichen sexuellen Mißbrauch und bei 44,9% Gewalterfahrung in der Kindheit. Gewalterfahrungen und sexuelle Mißbrauchserfahrungen wirkten sich insbesondere auf die Ausprägung der Angststörung und das Vorkommen der Komorbidität Depression aus. Weiterhin zeigten traumatisierte Patienten ein deutlicher gestörtes soziales Funktionsniveau.

Stein et al. (1996) führten standardisierte Interviews zum Thema traumatische Kindheitserfahrungen durch. 125 Patienten mit Angstkrankheiten wurden mit einer nach Alter und Geschlecht parallelisierten Kontrollgruppe verglichen. Körperliche Mißhandlung wurde unter Männern (15,5%) wie Frauen (33,3%) bei Angstkrankheiten häufiger als in der Vergleichsgruppe (8,1%) gefunden. Kindlicher sexueller Mißbrauch war höher unter Frauen mit Angstkrankheiten (45,1%) als bei der Kontrollgruppe (15,4%). Frauen mit Panikstörungen (60,0%) waren stärker betroffen als Frauen mit Agoraphobie und Soziophobie (30,8%). Die Studien zeigen unterschiedliche Häufigkeitsraten, was zum einen auf die Definition von Gewalt wie auch des sexuellen Mißbrauchs, zum anderen auf die Erfassungsmethode (Interview versus Selbstberichtsmethode) verweist. Weiterhin dürfte auch eine Rolle spielen, inwieweit die Angstambulanzen im Umfeld einer Angstklinik oder von Beratungsstellen liegen, da hier unterschiedliche Schweregrade der Angstkrankheiten einbezogen sind.

Die Untersuchung von Sedney und Brooks (1984) weist darauf hin, daß Angst besonders bei in ihrer eigenen Familie sexuell mißbrauchten Frauen häufiger auftritt als unter Frauen, die von Männern sexuell mißbraucht wurden, die nicht zur Familie gehören. Schetky (1990) schätzt anhand einiger Untersuchungen die Prävalenzrate für Angstzustände als Folge von Inzesterlebnissen auf ca. 50%.

Die empirischen Untersuchungsergebnisse zeigen in der Regel, daß Angststörungen eine der Folgen von Mißbrauch sein können (Schetky 1990). Hinweise darauf, wie der Zusammenhang zwischen Mißbrauch und Angst sich inhaltlich darstellt, sind hingegen rar.

Draijer (1990) differenziert dahingehend, daß sexueller Mißbrauch oder körperliche Mißhandlung zwar einen eigenständigen Beitrag zur Entstehung psychischer Probleme leistet; ebenso wichtig jedoch seien Ablehnung und Vernachlässigung in der Eltern-Kind-Beziehung, die entscheidend auch zur Bewältigung oder Nichtbewältigung der Traumatisierung beiträgt. Dabei spielt die Mutter-Kind-Bezie-

Tab. 2.2 Emotionale Belastungsfaktoren und Angststörungen

Autor	Jahr	n	KG	Ergebnisse
Mancini et al.	1995	205	ja	23,4% kindlicher sexueller Mißbrauch; 44,9% kindliche Gewalterfahrung; Schwere des Mißbrauchs korreliert mit der Schwere der Angststörung und der Komorbidität Depression
David et al.	1995	51	ja	63% kindlicher sexueller und/oder Gewaltmißbrauch; besondere Belastungsfaktoren bei der Soziophobie
Portegijs et al.	1996	106	ja	16% sexueller Mißbrauch; Schwere korreliert mit der Verknüpfung zur Depression und Panikstörung
Stein et al.	1996	125	ja	45,1% kindlicher sexueller Mißbrauch bei Frauen; 33,3% körperliche Gewalterfahrungen bei Frauen; 15,5% bei Männern; hohe Belastung bei Panikpatienten, gehäuft bei Frauen

hung eine besondere Rolle. Draijer betont dabei besonders die Verfügbarkeit der Eltern. Verfügbarkeit ist auch eine wichtige intrapsychische Repräsentanz, die die Bindungssicherheit kennzeichnet. Breitenbach (1994) kommt in ihrer Untersuchung von sechs Müttern, deren Töchter vom Vater sexuell mißbraucht wurden, zu dem Schluß, daß es allen von ihr befragten Müttern nicht möglich war, das Gespräch mit der Tochter zu suchen, und umgekehrt, und daß sie auch nicht bei anderen Menschen Unterstützung suchen konnten. Diese Untersuchungsergebnisse zeigen, daß Mißbrauchserlebnisse entscheidende Veränderungen intrapsychischer Repräsentanzen bewirken und deren Qualität für die Verarbeitung derartiger Erlebnisse wesentlich ist. Die Polytraumatisierung mit multiplen Mißbrauchserfahrungen hinterläßt je nach Alter, in dem diese sich manifestiert, ein Bedrohtheitsgefühl, eine Hypervigilanz gegenüber der Verletzbarkeit des eigenen Körpers. Hintergründe für die Aktivierbarkeit des Erwartungsangstniveaus können bis in den neurobiologischen Bereich reichen, wo Untersuchungen an Primaten zeigen, daß Traumatisierungen, vor allem Trennungserfahrungen, zu neurobiologisch-morphologischen Veränderungen führen können.

2.2.6 Therapie

Für die Therapie von Angstkrankheiten gibt es heute umfangreiche empirisch Wirksamkeitsbelege, wobei sich für kognitiv-behaviorale Ansätze mehr empirische, gut belegte Studien finden als für psychodynamische Therapien (Bassler und Hoffmann 1994b). In diesen Studien werden vor allem zeitüberdauernde Symptomveränderungen gemessen, aber auch eine Verbesserung des Selbstwerts und sozialen Anpassungsniveaus. Auf der anderen Seite gibt es jedoch eine etwa bei 30% liegende Rate von Patienten, bei denen nur eine geringe Besserung sowohl durch stationäre wie ambulante Therapien erreichbar ist (Joraschky 1996). Diese Patienten sind charakterisiert durch interpersonelle Probleme, insbesondere jedoch in psychodynamischen Untersuchungen durch eine Ich-strukturelle Störung und Bindungsunsicherheit. Empirisch noch nicht ausreichend gestützt, klinisch jedoch evident, sind die oben beschriebenen Bindungsstörungen bei traumatisierten Patienten, für die sich eine psychodynamisch orientierte Langzeittherapie empfiehlt.

Im Mittelpunkt einer psychoanalytisch fundierten Langzeittherapie steht der Aufbau einer sicherheitsgebenden, ermutigenden Beziehung, die durch Lob und Verläßlichkeit charakterisiert ist. Erst wenn eine ausreichend stabile positive Beziehung etabliert ist, ist es möglich, die Konflikte, ambivalenten Affekte und schambesetzten Ängste anzusprechen. Im Wechselspiel von Sicherheit und Konflikt geht es darum, sich in der Beziehung zum Therapeuten gehalten zu fühlen, und erst auf diesem Boden gelingt die Meisterung der angstinduzierenden Konflikte. Im Mittelpunkt der Therapie stehen die Objektkonstanz bedrohende destabilisierenden Momente wie Trennungsphantasien, Gefühle des Abgelehntseins und Projektionen plötzlichen Fallengelassenwerdens. In bezug auf das traumatische Geschehen steht die „nachträgliche" (Kerz-Rühling 1993) Rekonstruktion des Traumas im Mittelpunkt. Dabei handelt es sich um ohnmachtsstimulierende Situationen, etwa die, sich in einer Situation wie in einer Sackgasse „gefesselt" zu fühlen, in denen durch den Ausbruchsimpuls die „sichere Basis" (Bowlby 1988b) verlorenzugehen droht.

Fallbeispiel A

Der Patient fühlte sich durch die gehäuften Panikattacken ausgeliefert, ohnmächtig und haltlos. Aufgrund seines kontraphobischen Bewältigungsmusters war er schlecht in der Lage, Situationen, die nicht aktiv zu meistern sind, auszuhalten. Er klammerte sich in einer Weise an seine Frau, die diese ebenfalls in Ohnmachtsgefühle stürzte. Er rief seine Frau willkürlich von der Arbeit ab, bedrängte sie unwirsch, suchte ständig ihre Nähe, ließ sie fallen, wenn sie nicht benötigt wurde, da er sich für seine Abhängigkeit schämte. Nachdem es gelang, durch Empathieförderung die Beziehung in ein sicherheitsgebendes Muster mit möglichst langsamer Autonomieförderung umzuwandeln, konnte der Patient auch zunehmend besser mit seinem Körper empathisch umgehen. Während er zunächst Mißempfindungen, wie Schluckbeschwerden, Spannungszustände in der Brust oder Kreuzschmerzen „voller Haß" bekämpfte und damit seine Muskelspannungen erhöhte, konnte er in Imaginationsübungen feststellen, daß er mit seinem Körper umging, wie der Vater mit ihm brutal als Kind verfahren war. Anhand der systematischen Symbolisierung des Traumas vermochte er, die Interaktion mit dem Körper in wohlwollende Szenen umzuwandeln und konnte seine Körpersignale als Verständnishilfen einbeziehen. Nach drei Jahren konnte er diesen Übersetzungsweg für sich erfolgreich beenden und mit der noch vorhandenen Restsymptomatik gut umgehen.

Fallbeispiel B

In einer ersten Therapiephase stand die Scham des Patienten im Vordergrund, „Schwächen" zu zeigen, die ihn daran hinderte, aktiv nach Unterstützung zu suchen, wenn er in einen Panikzustand geriet. Er übertrug dabei rasch sein Beziehungsmuster auf den Therapeuten und die Station. Überwand er den Widerstand, wozu der Therapeut ihn immer wieder ermunterte, so überstand er die Situation gut und konnte auch Freude empfinden.
Erst eine Situation auf der Station ließ das traumatische Ereignis zum Fokus der Therapie werden. Eine neue Mitpatientin war gekommen. Sie begann in einer sporttherapeutischen Sitzung plötzlich und scheinbar unmotiviert laut zu schreien. Der Patient reagierte darauf zunächst mit Somatisierungen. Als er die Situation in der Therapie erzählte, fielen ihm der Schrecken – er vergleicht sich mit einen „Tier", das in einer Falle sitzt – und seine Hilflosigkeit auf, die er auf die traumatische Situation bezog. Das Schreien der Mitpatientin öffnete schließlich einen Weg zum Verständnis der Auslösesituation, da auch das Wort „Kreißsaal" das Wort „kreischen" gleich „schreien" beinhaltet, ein Aspekt, der möglicherweise die erste Assoziation zum traumatischen Erlebnis gewesen ist.

In dieser Szene entwickelte der Patient noch keine Angst, sondern nur körperliche Symptome statt der Angst. Angst kam am selben Tag in großer Heftigkeit, als er mit einer anderen Mitpatientin einen kleinen Hang hinaufging, nachdem er Süßigkeiten gekauft hatte. Er entwickelte, begleitet von dem Gedanken, diesen Hang niemals zu schaffen, große Angst. Zwei Aspekte standen im Mittelpunkt der Analyse dieser Situation, einmal der „Berg", wie er den Hang nannte, wobei ihm einfiel, daß er damals auch mit seinem Peiniger einen „Berg" hinaufgehen mußte; zum anderen eine zweite Ähnlichkeit, die darin lag, daß er für jemand anderen eine Süßigkeit mitbrachte, als er den Hang erklomm, so wie damals, als er dem Vater mit seiner Süßigkeit eine Freude machen wollte. Seine Beine seien jetzt, aktuell, ganz schwer gewesen, was als Erinnerung seiner Ambivalenz zwischen dem verführerischen Angebot, von seinem Peiniger ein Spielzeug zu bekommen, selbst etwas zu erhalten und nichts zu geben, verstanden werden konnte. Hinzu kommt – wie er selbst sagte – das Gefühl, da etwas Verbotenes zu tun, denn sicherlich sei ihm vom Vater gesagt worden, er dürfe nie mit einem Fremden einfach mitgehen.

Dieser Ambivalenzkonflikt gab weiter Anlaß, auch unter Einbeziehung der entwicklungspsychologischen Aspekte besonders die ödipale Situation in die Reflexion einzubeziehen. Die anrührende „Verführung" des Vaters mittels seines Geschenkes dazu, ihn in den Arm zu nehmen, läßt zunächst die Bedürftigkeit nach emotionaler Zuwendung des Vier- oder Fünfjährigen deutlich werden, zu der sich ein Aspekt „verbotener Lust" gesellt, im Rahmen des negativen ödipalen Konfliktes. Ein tieferliegender Aspekt der Mißbrauchsszene könnte demnach auch in einer sexuellen Komponente liegen, die sich – verboten und ein sexuell unreifes Kind betreffend – in der Übelkeit ausdrückte. Dieselbe Mitpatientin, die den Patienten durch ihr scheinbar unmotiviertes Schreien so erschreckt hatte, daß er mit somatisierter Angst reagiert, kam eines Abends nur mit einem T-Shirt bekleidet in den Aufenthaltsraum der Patienten. Der Patient erschrak wiederum sehr ob dieser „Schamlosigkeit", wie er sich ausdrückte. Er empfand nichts Erotisches bei ihrem Anblick, sondern fand diesen eher abstoßend. Seine Assoziationen gingen dahin, daß er – begleitet von Scham – meinte, sich zu erinnern, entweder die Hose oder die Jacke von seinem Peiniger ausgezogen bekommen zu haben.

Die Aggressivität des Patienten, seine Enttäuschung über den Vater, trotz des Geschenkes von ihn im Stich gelassen worden zu sein, waren die schwierigsten Aspekte der Therapie, weil sie eine Entidealisierung der primären Objekte und des Therapeuten beinhalteten.

Dieser Patient konnte nicht über stabile, Sicherheit gebende Objekte verfügen. Es fiel ihm schwer, über seine Ängste zu sprechen, wobei das mütterliche „bohrende" Introjekt eine große Rolle spielte. Seine Objektrepräsentanzen sind gespalten: Während die mütterliche Beziehung gleichgültig, entwertend geschildert wird, trägt die väterliche Beziehung deutlich idealisierenden Charakter. Die primären Bezugspersonen konnten ihm keine Unterstützung bei der Bewältigung des Traumas geben, so daß es mit den begleitenden Affekten abgespalten blieb, um in einer Belastungssituation via Erinnerungssymbole wieder geweckt zu werden. Dies gilt besonders für den Umgang mit seinen Affekten, die er – vor allem Wut, Ärger – gegen sich selbst wendete. Augenscheinlich hatte dies auch die Funktion, idealisierte Objekte zu bewahren. Für die Objektbeziehungen hatte das Trauma zur Folge, daß er sich in eine masochistische Position begab, die auch die spätere Beziehungsgestaltung sehr stark prägte.

2.3 Depression

Peter Joraschky und Ulrich Tiber Egle

Inhalt

2.3.1	Einleitung	191
2.3.2	Diagnostik	192
2.3.3	Fallbeispiel	193
2.3.4	Psychodynamik von Trauer und Depression	194
2.3.5	Wissenschaftliche Studien zur Bedeutung von Kindheitsbelastungsfaktoren für depressive Erkrankungen im Erwachsenenalter	195
	Sexuelle Mißbrauchserfahrungen	195
	Frühe Verluste	198
	Multiple Belastungsfaktoren	198
2.3.6	Therapie	200

2.3.1 Einleitung

Noch Anfang der 60er Jahre gab es in Zusammenhang mit Wiedergutmachungsprozessen heftige Diskussionen, inwieweit anhaltende Depressionen in traumatischen Belastungen begründet sein können. In den für eine Entschädigung erforderlichen psychiatrischen Gutachten war zu lesen, daß „alle noch so schweren psychischen Traumen abklingen, wenn die psychisch traumatisierende Wirkung aufhört" (Niederland 1965). Bei einem Patienten Niederlands handelte es sich um einen jüdischen Akademiker, der vom Obergutachter als „ein Alltagsfall völlig durchschnittlichen Profils" bezeichnet wurde. Einige Monate nach dem Einsetzen der Rassenverfolgungen begann er unter depressiven Verstimmungen zu leiden. Er geriet unter zunehmenden Verfolgungsdruck und büßte seine Klientel, Existenz, Selbstachtung, innere und äußere Sicherheit ein. Nach den Terrorereignissen der Kristallnacht wurde er wochenlang in ein KZ verschleppt und schließlich in die Emigration gezwungen, um nach einer Reihe von Hospitalisierungen wegen wiederkehrender Depressions-, Angst- und Erregungszustände zu versterben. Der Obergutachter diagnostizierte eine Zyklothymie und verneinte jede Beziehung zu den traumatischen Verfolgungsereignissen, da für „keine der stärkeren oder leichteren krankhaften Phasen von Gemütsverstimmtheit eine wesentliche Teil- oder Mitverursachung durch erlebte Widerfahrnisse und Beeinträchtigungen der Verfolgungszeit glaubhaft zu machen" sei. Traumatische Syndrome imponieren hier als eine im Grunde vom Trauma unabhängige Reaktionsform „abnormer Persönlichkeiten". Der ursprünglich Gesunde würde nach dem Sistieren der traumatischen Einwirkung zur ursprünglichen Gesundheit zurückkehren. Kurt Eissler (1963) hielt solchen Äußerungen leidenschaftlich die Frage entgegen: „Die Ermordung von wievielen seiner Kinder muß ein Mensch ertragen können, um eine normale Konstitution zu haben?"

Nun steht bei derartigen schwersten Traumatisierungen außer Frage, daß in diesem Kontext das Modell eines linearen Ursache-Wirkungs-Zusammenhangs am ehesten zutrifft. Diskussionen um die Auswirkung des sexuellen Mißbrauchs zeigen jedoch auch, daß große Gefahren in der Herstellung eines zu einfachen Kausalzusammenhangs liegen und daß es bei jedem Einzelfall notwendig ist, das Zusammenspiel von destruktiven, deformierenden Kräften und Schutzfaktoren zu diagnostizieren. Dies impliziert gerade bei derartigen ubiquitären, epidemiologisch gehäuft auftretenden Störungen wie depressiven Verstimmungen, daß es sehr wichtig ist, das Zusammenspiel der Faktoren, die die Reaktion auf Verlusterfahrungen determinieren, genau zu betrachten.

2.3.2 Diagnostik

Im ICD-10 sind unter der Rubrik F32 als Merkmale der depressiven Episode aufgeführt: Bedrücktheit, Interessenverlust, Freudlosigkeit und Antriebsminderung sowie auch Pessimismus, Konzentrationsstörungen, Selbstwertminderung, Schuldgefühle und Suizidgedanken. In der schweren, typischen (major) Form zeigt sich diese Symptomatik vertieft mit Verlust des Selbstwertgefühls, Gefühlen von Nutzlosigkeit oder Schuld, hohem Suizidrisiko und Erschöpfung. Hinzu kommen oft Vitalstörungen sowie Inappetenz, Gewichtsverlust, Hypotonie, Amenorrhoe und Schlafstörungen.

Die intensiven Bemühungen, mit Hilfe der operationalisierten Klassifikationsanweisungen neue Untertypen und syndromale Einheiten zu finden (Philipp et al. 1991), bestätigen im wesentlichen den Satz von Heimann, daß „bei den depressiven Syndromen die Monotonie des Erscheinungsbildes sich einer syndromalen oder ätiologischen Klassifizierung entgegenstellt" (Heimann 1993). So bildet nach wie vor die phänomenologische Interpretation an Einzelfällen besonders prägnanter depressiver Syndrome den Ausgangspunkt für weitere Fragestellungen. Die Hoffnung, aus dem Querschnittsbild auf der Ebene der Symptomatologie eine allgemein gültige Zuordnung machen zu können, welche gleichzeitig auch ätiologische Konsequenzen hat, muß aufgegeben werden.

Für eine praxisrelevante **syndromale Diagnostik** haben sich folgende *neun Diagnosekriterien* bewährt, die drei Bereichen zuzuordnen sind (Heimann 1991).

Auf **intrapsychischer** Ebene:
- ein *fruchtloses Grübeln*, meistens über eine Schuld oder über ein Versagen, mit der Unfähigkeit, sich von diesen Gedankeninhalten zu lösen
- Zeichen der *Selbstentwertung,* ein Gefühl des Ungenügens, der Verfehlung, des Versagens, der ungenügenden Leistung
- die *vitale Verstimmung*, d.h. negative Körperempfindungen, das Gefühl der Abgeschlagenheit, der Oppression, einer körperlich empfundenen quälenden Last

Die zweite Ebene betrifft **das Verhältnis des Depressiven zu seiner Umwelt** („Rückzugssymptomatik").
- *Verlust des Interesses*. Dies zeigt sich vor allem am Verhältnis zu den Angehörigen oder an der Vernachlässigung früher sozialer Aktivitäten und Hobbys.
- *Verlust der Genußfähigkeit*. Was sinnliche Lust bereitet hat, Sexualität, Essen, anregende Gespräche etc., hat diese Wirkung verloren.
- *Verlust der Arbeitsfähigkeit*, das heißt, der Depressive empfindet verminderte Belastbarkeit, erlebt sich nach immer neuen Anläufen meist als ineffizient, steht ruhelos vor unerledigten Verpflichtungen.

Auf **somatischer Ebene** finden wir:
- *Appetit- und Gewichtsverlust*
- *Verlust der Libido*
- Charakteristische depressive *Schlafstörungen*

Wir haben es also bei rezidivierenden depressiven Episoden wie bei chronifizierter dysthymer Verstimmung mit auf verschiedenen Ebenen eines bio-psycho-sozialen Krankheitsmodells wirksamen Faktoren zu tun, die für die Ätiologie und Aufrechterhaltung der Erkrankung bedeutsam sind. Psychologisch handelt es sich in der Regel um eine Vielzahl von Verlust- und Belastungssituationen, die individuell in einer bestimmten Lebenssituation nicht bewältigbar sind und mit Gefühlen der Hilf- und Hoffnungslosigkeit einhergehen. Da es sich sehr häufig um gemischte Zustände von Angst und Depression handelt, kann häufig von einer zweizeitigen Pathogenese gesprochen werden: Bei einer Traumagenese affektiver Störungen finden wir häufig zunächst den Angstaffekt als Ausdruck einer unkontrollierbaren, willkürlich einbrechenden äußeren Situation, auf die der Organismus mit Kampf- oder Fluchtmechanismen reagiert. Wiederholen sich diese äußere Situationen oder stellvertretend innere impulsive, als unkontrollierbar erlebte Affekte, so kommt es häufig sekundär zu einer Depression im Sinne eines resignativen Rückzugs. Dieser Rückzug kann bei vorbestehender Traumatisierung auch sofort eintreten, wenn der Verlust nicht nur als potentiell bedrohlich angesehen wird, sondern sofort als endgültig bewertet wird, wie es häufig vor dem Hintergrund frühkindlicher Verluste geschieht.

Wir haben es unter der Perspektive von Vernachlässigung, Gewalt und Mißbrauch mit traumatischen Faktoren zu tun, die in der Regel im Wechselspiel mit Schutzfaktoren der Persönlichkeit zu einer besonderen Ausprägung der Depression beitragen, wobei die Komorbidität von Angst und Persönlichkeitsstörung (z.B. narzißtische Persönlichkeit, dependente Persönlichkeit) bedeutsam ist. Zusätzlich muß unter psychodynamischem Aspekt die Struktur der Persönlichkeit, etwa das Borderline-Persönlichkeitsniveau, beurteilt werden. Weiterhin sind typische Komorbiditäten zur Depression wie selbstdestruktives Verhalten, Somatisierungssyndrome, Suchttendenzen, sexuelle Störungen und Suizidversuche zu berücksichtigen.

Betrachten wir die neun Kriterien des depressiven Syndroms, so finden wir bei den traumatisierten Patienten in der Regel im Kernsyndrom auf der intrapsychischen Ebene extreme Ausprägungen der Selbstentwertung, des Grübelns über Schuld und Versagen sowie ein *globales Unwerterleben im Selbstgefühl, Selbstbild und Körperbild* (vgl. Kap. 1.10).

Dabei können die Aspekte der Selbstwertminderung und Schuldgefühle vor allem mit den Verlusterlebnissen und frühkindlichen Belastungserfahrungen in Verbindung gebracht werden, zusätzliche Gewalt- und sexuelle Mißbrauchserfahrungen schlagen sich vor allem in hoher Selbstentwertungsneigung, Schamproblemen und impulsiven Durchbrüchen einschließlich Suizidversuchen nieder.

2.3.3 Fallbeispiel

Eine 32jährige Patientin wird von ihrem Mann in stationäre psychotherapeutische Behandlung gebracht, nachdem sie sich an das Kinderbett ihres jüngsten Kindes klammerte, um sich nicht durch einen Sprung aus dem Fenster umzubringen. Sie hatte seit einem Jahr immer wieder depressive Einbrüche mit Suizidimpulsen, Gefühlen des Unwerts und Rückzug mit leichter Erschöpfbarkeit und Antriebslosigkeit gehabt. Sie hatte im letzten halben Jahr 8 kg an Gewicht verloren, einen zerhackten Schlaf mit Früherwachen und Libidoverlust. Als Hintergrund sieht sie eine Erschöpfung, ausgelöst durch die Betreuung ihrer drei Söhne (sechs, vier und zwei Jahre), wobei der Mittlere hyperkinetisch ist und sie zu ihm nie einen Draht gefunden habe. Sie könne oft ihren Haß gegen ihn nicht zügeln, sei voller Schuldgefühle und wisse oft nicht ein noch aus. Ihren Mann könne sie auch nicht belasten, er sei beruflich völlig überbeansprucht, habe gehäuft Herzattacken. Dadurch trat eine Wiederannäherung an die Eltern auf, auf deren Unterstützung sie angewiesen ist, was sie jedoch völlig verwirrt und zusätzlich belastet.

Biographie: Ihr Vater ging mit der Familie, als die Patientin ein Jahr alt war, aus beruflichen Gründen nach Indien. Dort erkrankte die Patientin an Typhus, konnte gerade noch am Leben erhalten werden, die Mutter ging daraufhin nach Deutschland zurück. Im Unterschied zu ihrer zwei Jahre jüngeren Schwester hat die Patientin nie eine herzliche Beziehung zur Mutter entwickelt, bis heute könne sie keinen Hautkontakt mit ihr ertragen. Im sechsten Lebensjahr kam der Vater zurück, er wurde ihre Hauptbezugsperson. Der Vater war sehr wechselhaft, vergötterte sie, dann wieder schlug er sie, vor allem, wenn er betrunken war. Zwischen dem achten und zehnten Lebensjahr wurde die Beziehung zum Vater schwierig, sie ekelte sich vor ihm, er versuchte immer wieder, Zungenküsse mit ihr auszutauschen und griff ihr unter den Rock. Überall lagen pornographische Zeitschriften herum. Gleichzeitig war die Familie sehr prüde und fromm. Als sie dann mit 17 Jahren ihren späteren Mann kennenlernte, wurde der Vater rasend vor Eifersucht. Als sie die Kinder bekam, bezeichnete er sie als „Gebärmaschine" und wandte sich radikal von ihr ab. In der Therapie spielt zusätzlich eine Rolle, angestoßen durch Hinweise ihrer Schwester, daß sie zusammen mit ihrer Schwester vom 12. bis zum 14. Lebensjahr sexuellen Verführungen von seiten des Pfarrers, der ihre Vertrauensperson war, ausgesetzt war. Sie meisterte ihr Leben dann beruflich mit hohen Leistungsidealen und zwanghafter Perfektion. Sie genoß dadurch immer ein hohes Ansehen bei ihrem Chef, der eine stabilisierende Größe in ihrem Leben war. Ihren Körper verachtete sie, Zärtlichkeiten konnte sie nicht ertragen, in der Sexualität war sie zeitweise erlebnisfähig, bis ihr Ehemann sie durch berufliche Inanspruchnahme allein ließ. Jetzt konnte sie seine Nähe nicht mehr ertragen. Bis auf den Kontakt zu ihrer Schwester hatte sie sich aus sozialen Beziehungen völlig zurückgezogen.

2.3.4 Psychodynamik von Trauer und Depression

In der Psychodynamik der Depression (Hoffmann und Hochapfel 1995) geht es im Rahmen der Selbstwertregulation um die *Ideal-Selbst- und Über-Ich-Dynamik*. Diese Faktoren tragen in unterschiedlicher Intensität zur depressiven Vulnerabilität auf psychologischer Ebene bei, und diese steht wiederum in Verbindung mit dem psychobiologischen Rückzugs- und Konservierungsmuster (Engel 1976), welches genetische und entwicklungspsychologische Aspekte enthält.

> Zu dieser Vulnerabilität auf psychobiologischer Ebene tragen aus psychoanalytischer Sicht vor allem frühe Trennungserfahrungen bei.

Systematisch wird – ausgehend vom Attachment-Ansatz Bowlbys (1980) – von der beobachtenden interaktionellen Säuglingsforschung die Bedeutung emotionaler Entbehrung erfaßt (vgl. Kap. 1.5, Kap. 2.2), etwa, inwieweit der Säugling für die Selbstwert- oder Affektregulation der Mutter im Sinne eines Selbstobjektes gebraucht wird. Die Traumaforschung stellt die Bedeutung von Abtreibungsversuchen, Ablehnung des Geschlechts, Bezugspersonenwechsel, Trennung und Ausschließungserfahrungen als Risikofaktoren dar. Häufig finden wir bei den vulnerablen Kindern, wie sie ihr Selbstwertgefühl z.B. durch forcierte Leistung stabilisieren, um damit Anerkennung, Zuneigung und Stolz der Bezugsperson zu erreichen. Auf die Vielfalt der Über-Ich-Pathologie der Depression hat Wurmser (1990, 1993a, b) hingewiesen. Im Beziehungsbereich ist die altruistische Abtretung und die Selbstverleugnung typisch (Joraschky 1993).

Die Ergebnisse verschiedener Studien zusammenfassend beschreibt Bowlby (1980), daß Individuen, die im Kindesalter einen Elternteil durch Tod verloren haben, mit größerer Wahrscheinlichkeit im frühen Erwachsenenleben Perioden extremer emotionaler Not erleiden und daß erhöhte Inzidenzen von Depression in der Kindheit und im Erwachsenenalter zu beobachten sind. Außerdem findet er, daß Personen mit früher Verlusterfahrung wahrscheinlicher als andere ernsthafte Suizidgedanken äußern sowie Überanpassung und Abhängigkeit in Beziehungen zeigen.

2.3.5 Wissenschaftliche Studien zur Bedeutung von Kindheitsbelastungsfaktoren für depressive Erkrankungen im Erwachsenenalter

Der Zusammenhang zwischen psychosozialen Belastungsfaktoren in der Kindheit und späterer psychischer Erkrankung ist bei depressiven Störungen mit am besten untersucht. Die folgende Übersicht beschränkt sich insofern auf die methodisch besten und damit aussagekräftigsten Studien zu dieser Thematik. Unterschieden wird dabei zwischen Studien, die vorwiegend die Bedeutung sexueller Mißbrauchserfahrungen in der Kindheit im Hinblick auf spätere depressive Erkrankungen untersuchen, und solchen, die auch weitere Kindheitsbelastungsfaktoren, wie frühe Verluste durch Tod, Scheidung bzw. Trennung der Eltern, ein körperlich und/oder psychisch chronisch krankes Elternteil bzw. Geschwister sowie chronische Disharmonie in der Familie miteinbeziehen.

Sexuelle Mißbrauchserfahrungen

Dem Zusammenhang zwischen sexuellen Mißbrauchserfahrungen und depressiver Erkrankung bzw. Symptomatik wurde an Populationen in der Allgemeinbevölkerung und in Allgemeinpraxen (vgl. Tab. 2.3) sowie an ambulanten bzw. stationären psychiatrischen Patientenpopulationen (vgl. Tab. 2.4) nachgegangen; fast ausschließlich handelte es sich dabei um Frauen bzw. Patientinnen. Unterschiedlich war bei den verschiedenen Studien auch die Definition des sexuellen Mißbrauchs sowie die Altersgrenze. Letztere schwankte zwischen 12 und 16 Jahren. Unterschiedlich war auch der im Hinblick auf das Auftreten einer depressiven Störung bzw. Episode erfaßte Zeitraum. Vor diesem Hintergrund sind die in der Tabelle für die verschiedenen Studien angegebenen Prozentwerte nur sehr beschränkt vergleichbar. Im Sinne einer Kurzcharakterisierung der einzelnen Studien entschieden wir uns trotzdem dafür, sie in der Tabelle jeweils anzugeben.

Die beiden neuseeländischen Untersuchungen (Mullen et al. 1988, 1993) legten die engste Definition von Mißbrauch zugrunde: „genitaler Kontakt" vor dem 12. bzw. vor dem 16. Lebensjahr. Im Vergleich zur Kontrollgruppe (6% bzw. 5%) traten während des gesamten Erwachsenenlebens depressive Episoden bzw. Störungen bei Frauen mit sexuellen Mißbrauchserfahrungen in der Kindheit um eine Mehrfaches häufiger auf. In der Untersuchung von Bushnell et al. (1992) war das Auftreten einer depressiven Erkrankung um das Doppelte gesteigert, wenn es sich bei dem sexuellen Mißbrauch um einen intrafamiliären gehandelt hatte. Auch bei den verbleibenden drei Studien in der Allgemeinbevölkerung, bei denen breitere Mißbrauchsdefinitionen zugrunde gelegt worden waren, war das Auftreten einer depressiven Episode – unterschiedlich bezogen auf einen 12-Monats- bzw. 3-Jahres-Zeitraum – signifikant erhöht.

Ganz ähnlich auch die Ergebnisse von insgesamt fünf Studien bei College-Studentinnen (Briere und Runtz 1988; Gold 1986; Fromuth 1986; Sedney und Brooks 1984; Yama et al. 1993). Bis auf die Studie von Fromuth (1986) belegen alle Untersuchungen, daß bei Studen-

Tab. 2.3 Sexueller Mißbrauch und Depression bei Frauen. Studien in der Allgemeinbevölkerung und in Allgemeinpraxen

Autor	Jahr	n	Definition	Ergebnisse
Bagley u. Ramsey	1985	377	eng; sexueller Mißbrauch vor dem 16. Lebensjahr	sexueller Mißbrauch 22%; depressive Symptome (aktuell) 16%, KG: 3%
Mullen et al.	1988	314	eng; sexueller Mißbrauch vor dem 12. Lebensjahr	sexueller Mißbrauch 13%; depressive Symptome (lebenslang) 21%, KG: 6%
Bifulco et al.	1991	286	weit; sexueller Mißbrauch vor dem 17. Lebensjahr	sexueller Mißbrauch 12%; depressive Symptome (innerhalb der letzten 3 Jahre) 64%, KG: 26%
Bushnell et al.	1992	301	eng; sexueller Mißbrauch vor dem 16. Lebensjahr	sexueller Mißbrauch 13%; depressive Symptome (lebenslang) 2fach erhöht
Mullen et al.	1993	596	eng; sexueller Mißbrauch vor dem 16. Lebensjahr	sexueller Mißbrauch 32%; depressive Symptome (lebenslang) 13%, KG: 5%
Andrews et al.	1995	101	weit; sexueller Mißbrauch vor dem 17. Lebensjahr	sexueller Mißbrauch 12%; depressive Symptome (innerhalb der letzten 12 Monate) 29%, KG: 10%
Felitti	1991	231	weit	depressive Symptome 83%, KG: 32%
Walker et al.	1992	100	eng	depressive Symptome 86%, KG: 36%
McCauley et al.	1997	1931	weit	7,2% mit sexuellem Mißbrauch, signifikant höherer Depressions-Score im SCL-90
Cheasty et al.	1998	1189	weit	von n=132 Depressiven 37% mit sexuellem Mißbrauch, KG: 23%

tinnen mit sexueller Mißbrauchserfahrung in der Kindheit signifikant häufiger depressive Symptome feststellbar sind. Dieser Zusammenhang ist um so ausgeprägter, je enger die in der einzelnen Studie verwendete Definition des sexuellen Mißbrauchs war.

In den letzten Jahren wurden zwei Studien an großen Stichproben von Allgemeinpraxen durchgeführt (McCauley et al. 1997; Cheasty et al. 1998). Patientinnen mit sexuellen Mißbrauchserfahrungen wiesen im Vergleich zu solchen ohne signifikant höhere Werte in der Depressionsskala des SCL-90 auf. In der zweiten Studie gaben 37% der als depressiv diagnostizierten Frauen sexuelle Mißbrauchserfahrungen in der Kindheit an, während diese Rate in der nicht depressiven Vergleichsgruppe nur bei 23% lag. Beiden Studien lag eine eher weite Mißbrauchsdefinition zugrunde. Ganz ähnliche Ergebnisse hatten einige

Tab. 2.4 Sexueller Mißbrauch und Depression bei Frauen. Studien an Risiko- und klinischen Populationen

Autor(en)	Jahr	n	Definition	Ergebnisse
Bagley u. McDonald	1984	87	eng	wegen sexuellen Mißbrauchs aus Familie herausgeholt: n=20; wegen Vernachlässigung aus Familie herausgeholt: n=37; KG aus Normalfamilien: n=30; signifikant mehr depressive Symptome in Gruppe mit sexuellem Mißbrauch
Gorcey et al.	1986	97	weit	sexueller Mißbrauch: n= 41; signifikant höherer Depressions-Score im Beck Depression Inventory (BDI)
Bryer et al.	1987	66	sexueller Mißbrauch, physische Mißhandlung	signifikant mehr depressive Symptome
Pribor u. Dinwiddie	1992	78	intrafamiliär	sexueller Mißbrauch: n=52; 89% depressive Episode, KG: 57%
Vize u. Cooper	1995	180	weit	bei n=40 Patienten mit starker Depression: 25% sexueller Mißbrauch, KG: 8%; bei n=40 Patienten mit Anorexie: 35% sexueller Mißbrauch; bei n=60 Patienten mit Bulimie: 25% sexueller Mißbrauch

Jahre zuvor durchgeführte Studien an kleineren Populationen in Allgemeinpraxen erbracht (Felitti 1991; Walker et al. 1992).

Eine der ersten Studien zum Zusammenhang von Mißbrauch und Depression überhaupt (Bagley und McDonald 1984) untersuchte in einem prospektiven Ansatz 20 Mädchen, die aufgrund sexueller Mißbrauchserfahrungen aus ihren Familien herausgenommen worden waren, und verglich sie mit 37 Mädchen, die aufgrund von körperlicher Vernachlässigung bzw. Mißhandlung ebenfalls aus ihren Familien herausgenommen worden waren. Als weitere Vergleichsgruppe dienten 30 junge Frauen aus Normalfamilien. Auch hier zeigte sich, daß die Gruppe mit sexuellen Mißbrauchserfahrungen im Vergleich zu den beiden anderen Gruppen, die sich untereinander nicht unterschieden, signifikant mehr depressive Symptome aufwiesen.

Erwähnt seien schließlich vier Untersuchungen, die an Patientinnen psychiatrischer Kliniken durchgeführt wurden (Gorcey et al. 1986; Bryer et al. 1987; Pribor und Dinwiddie 1992; Vize und Cooper 1995) und die ausnahmslos eine erhöhte Wahrscheinlichkeit für eine depressive Erkrankung im Erwachsenenalter bei vorausgegangenen sexuellen Mißbrauchserfahrungen in der Kindheit bestätigen. Die Studie von Vize und Cooper (1995) zeigt, daß dies ebenfalls sowohl für Bulimie als auch Anorexie zu gelten scheint.

So gut demnach dieser Zusammenhang für Frauen als gesichert gelten kann, so schlecht ist er bisher bei Männern untersucht. Lediglich in drei Studien (Carmen et al. 1984; Stein et al.

1988; Roesler und McKenzie 1994) wurden Männer überhaupt in die Untersuchungen miteinbezogen. Danach muß zum gegenwärtigen Zeitpunkt festgestellt werden, daß der *Zusammenhang zwischen sexuellen Mißbrauchserfahrungen in der Kindheit und depressiver Erkrankung im Erwachsenenalter bei Männern zumindest geringgradiger, möglicherweise überhaupt nicht besteht. Bei Frauen hingegen ist die Studienlage weitestgehend übereinstimmend: Je schwerer der sexuelle Mißbrauch, je häufiger er stattfand und je länger er dauerte, desto größer die Wahrscheinlichkeit im Erwachsenenalter eine Depression zu entwickeln.* Ungeklärt bisher ist die Bedeutung des Alters, in dem der sexuelle Mißbrauch stattfand, sowie die Art der Beziehung zwischen Täter und Opfer – sieht man vom Vater-Tochter-Inzest als Form sexuellen Mißbrauchs ab.

Frühe Verluste

Schon Freud (1917) und Abraham (1924) wiesen auf die Bedeutung des frühen Verlustes eines Elternteils und späterer depressiver Erkrankung hin. Später wurde dies auch von Bowlby (1951, 1976) betont. Die sich darin anschließende erste Phase einer systematischen Erforschung dieses Zusammenhangs führte in drei Übersichtsarbeiten, die alle 1980 erschienen, zu sehr unterschiedlichen Schlußfolgerungen:
- „Der in der Kindheit erlebte Verlust eines Elternteils durch Tod erhöht das Risiko für eine depressive Erkrankung um den Faktor 2 oder 3" (Lloyd 1980);
- „Der Tod eines Elternteils in der Kindheit konnte für eine Depression im Erwachsenenalter nicht als ätiologisch bedeutsamer Faktor belegt werden" (Crook und Eliot 1980);
- „Der Tod eines Elternteils in der Kindheit hat einen gewissen Effekt, wenngleich einen schwachen, im Hinblick auf das Risiko für eine Depression im Erwachsenenalter" (Tennant et al. 1980).

Da es sich beim Tod eines Elternteils um einen „harten", das heißt durch retrospektive Erhebung kaum beeinflußbaren Faktor handelt, hatte die Frage eines Zusammenhanges in den bis zu diesem Zeitpunkt abgelaufenen ersten Jahren einer systematischen Untersuchung der Langzeitwirkung von Kindheitsbelastungsfaktoren eine sehr grundsätzliche Bedeutung. Das Fehlen eines solchen Zusammenhanges hätte möglicherweise das Ende für die weitere Erforschung solcher Zusammenhänge bedeutet. Ende der 80er und in den 90er Jahren erschienen dann Studien, die im Hinblick auf die Bedeutung früher Verluste zusätzliche Parameter berücksichtigten. Ganz wesentlich ist demnach die familiäre Atmosphäre vor bzw. nach Trennung der Eltern (Tennant 1988; Briere et al. 1988; Franklin et al. 1990; Gottlib und Avison 1993; Seiffge-Kränke 1993). Der Tod eines Elternteils für sich alleine scheint hingegen keine Langzeitwirkung zu haben (Schoon und Montgomery 1997; vgl. Tab. 2.5). Umstritten ist, ob dies möglicherweise nur für Frauen gilt (Roberts und Gottlib 1997) oder für beide Geschlechter Gültigkeit hat (Schoon und Montgomery 1997).

Multiple Belastungsfaktoren

Einen wichtigen Beitrag zur Klärung des Zusammenhangs zwischen Kindheitsbelastungsfaktoren und der späteren Entwicklung einer depressiven Symptomatik leistet die prospektive britische National Child Development Study, dank der über 9000 in einem bestimmten Zeitraum im Jahre 1958 in verschiedenen Regionen in Großbritannien geborene Kinder bis zu ihrem 33. Lebensjahr verfolgt werden konnten (vgl. Tab. 2.5 und 2.6). Finanzielle Probleme, familiäre Disharmonie, Scheidung und auch längere Trennung (> 6 Monate) von den Eltern vor dem 7. Lebensjahr prägten danach die Kindheit jener, die im Erwachsenenalter eine depressive Symptomatik entwickelten, signifikant häufiger. Der Tod eines Elternteils in der Kindheit spielte dabei keine Rolle, bei multivariaten Berechnungen auch

Tab. 2.5 Depression und Kindheitsbelastungsfaktoren in der prospektiven britischen National Child Development Study (1958–1991) (nach Schoon und Montgomery 1997)

	Normal-population (n=8181)		Depressive Personen (n=824)		Signifikanz-niveau
	n	%	n	%	(p)
Finanzielle Probleme	440	5,4	107	13,0	< 0.001
Familiäre Disharmonie	311	3,8	73	8,9	< 0.001
Scheidung	220	2,7	43	5,2	< 0.001
Tod eines Elternteils	122	1,5	13	1,6	nicht signifikant
Längere Trennung (> 6 Monate) vor dem 7. Lebensjahr	120	1,4	34	4,2	< 0.001

Tab. 2.6 Erhöhung des relativen Risikos für eine depressive Symptomatik durch bestimmte Kindheitsbelastungsfaktoren differenziert nach Geschlecht in der prospektiven britischen National Child Development Study (1958–1991) (nach Schoon und Montgomery 1997)

	Relatives Risiko		
	Gesamt	Männer	Frauen
Geschlecht (weiblich)	2,0		
Niedrige soziale Schicht	1,5	–	1,8
Hohe Haushaltsdichte (> 1 Person/Raum)	1,4	–	1,4
Familiensituation			
• finanzielle Probleme	1,7	1,9	1,7
• chronische Disharmonie	1,6	2,1	–
• Scheidung	–	–	–
• Tod eines Elternteils	–	–	–
Trennung von der Mutter (> 6 Monate)	2,5	2,4	2,4
Schikanen anderer Kinder	2,1	2,4	2,0

die Scheidung der Eltern nicht mehr. Interessant an dieser Studie ist auch die Differenzierung zwischen Männern und Frauen: Für beide Geschlechter wird das relative Risiko an einer Depression zu erkranken durch eine längere Trennung von der Mutter (mehr als 6 Monate) sowie durch chronische finanzielle Probleme in der Familie deutlich erhöht. Chronische Disharmonie in der Familie hingegen scheint nach den Ergebnissen dieser Studie nur bei den Männern das Risiko für die Entwicklung einer depressiven Symptomatik zu erhöhen, während bei den Frauen, die in dieser Studie insgesamt etwa doppelt so häufig eine depressive Symptomatik entwickelten, die Zugehörigkeit zu einer niedrigen sozialen Schicht sowie enge räumliche Verhältnisse (mehr als 1 Person pro Raum) bedeutsam sind. Leider wurden in dieser Studie sexuelle Mißbrauchserfahrungen in der Kindheit nicht berücksichtigt – vermutlich weil dieser Faktor in den 50er und 60er Jahren, als die Studie geplant und die Erfassung der Kindheitsbelastungsfaktoren durchgeführt wurde, noch tabuisiert war.

Brown und Moran (1994) zeigten in einer Studie an einer Stichprobe aus der Allgemeinbevölkerung von 104 Frauen, daß nicht nur das Auftreten, sondern auch der Verlauf einer depressiven Episode mit den drei von ihnen erfaßten Kindheitsbelastungsfaktoren (sexueller Mißbrauch, körperliche Mißhandlung und emotionale Vernachlässigung) zusammenhängt. Mittels Pfadanalysen unterscheiden sie dabei zwischen einem direkten und einem indirekten Zusammenhang. Letzterer besteht über den „Umweg" von Beziehungsproblemen im Erwachsenenalter, die einerseits Folge der Entwicklung in Kindheit und Jugend, andererseits Auslöser für das Auftreten einer depressiven Episode sein können.

Die Ergebnisse des an einer repräsentativen Stichprobe von 8000 Menschen durchgeführten US-amerikanischen National Comorbidity Survey (Kessler et al. 1997) erbrachten im Rahmen einer multivariaten Analyse unter Berücksichtigung soziodemographischer Parameter, daß der Tod des Vaters und Scheidung bzw. Trennung der Eltern, sexuelle Mißbrauchserfahrungen sowie ein psychisch krankes Elternteil in der Kindheit das relative Risiko für die Entwicklung einer depressiven Störung deutlich erhöhen. Dies gilt für jeden einzelnen der genannten Faktoren, um so mehr natürlich für deren **Kumulation**. Im Vergleich zum Auftreten von Angst- und Suchterkrankungen waren Verluste (Tod, Scheidung bzw. Trennung von Eltern) ebenso wie sexuelle Mißbrauchserfahrungen für die Entwicklung einer depressiven Erkrankung sehr viel bedeutsamer, während eine psychische Erkrankung eines Elternteils das relative Risiko für bestimmte Angst- und Suchterkrankungen ebenfalls erhöhten.

2.3.6 Therapie

Neben symptomzentrierter medikamentöser Behandlung haben sich vor allem bei Patienten mit Depression und Traumatisierung im Hinblick auf die Persönlichkeitsstörungen **psychoanalytische Verfahren** in der Praxis bewährt. Dabei stehen im Mittelpunkt Aspekte der Selbstwertregulation und des Aggressions-Über-Ich-Zirkels.

Zusätzlich haben Beziehungskonflikte durch die in der Regel eintretenden Abhängigkeitsmuster depressiver Patienten eine verlaufsbestimmende Funktion. Wir (Joraschky 1990) fanden am häufigsten folgendes Konfliktmuster: Depressive, die abhängig sind von externaler Bestätigung und sich internal häufig abwerten, geraten vor allem in längerfristigen Krankheitsverläufen in Entwertungszyklen, wobei sie sich nach anfänglicher Tröstung und Unterstützung vom Partner zunehmend ignoriert und übergangen fühlen. Es stellt sich ein „falsches Trösten" und schließlich ein Rückzug dar. In diesem wechselseitigen Rückzugsprozeß wiederholen sich alte Muster fehlender Bedürfniswahrnehmung und affektiver Äußerung, von Ignorieren und unterdrückter Wut.

In psychodynamischen Therapien werden vor allem infantile Konfliktsituationen mit einbezogen: Auf die in der Folge von Traumatisierungen entwickelten rigiden Über-Ich-Aspekte und Schamgefühle hat vor allem Wurmser (1993a, b) hingewiesen. Hier spielte eine Rolle, wie Familientraumata (z.B. Suizid, Inzest, Gewalt), die das Schamgefühl der Familie belasten, kommuniziert werden. Sind die Geheimnisse eingefroren, erhalten sie im Unbewußten eine ständige potentielle Bedrohung.

> Für die Patientin war unerträglich, daß sie ihr Kind nicht lieben konnte, sie fühlte sich in ihrer mütterlichen Identität ihrer eigenen „selbstlosen" Mutter nahe. Hier stellten sich das Problem ihrer massiven Selbstkritik und Selbstverurteilung, die Probleme von Scham und Schuld.

In einer vierjährigen Analyse wurde die Therapie im wesentlichen auf die Scham- und Schuldaffekte zentriert, ein Vorgehen, welches sich an Wurmser (Kap. 3.2) orientiert. Bei der Patientin war jede Entwicklung, jede Freude sofort mit einer Verschlechterung verknüpft. Alles Gute mußte zerstört werden, sie verdiente keinen Erfolg, durfte sich nichts selbst gönnen. Durchdringend war die Scham, überhaupt zu sein. Nur durch ihre selbstverzehrende Hingabebereitschaft an die Arbeit hatte sie Wert. Es fiel ihr ungeheuer schwer, sich abzugrenzen, Nein zu sagen. Eigen und Selbst zu sein galt ihr als böse. Am schlimmsten war es, einen eigenen Körper zu haben. So mußten Akne-Pickel immer sofort ausgekratzt werden. Was immer an eigenen Triebimpulsen erwachte, mußte entwertet werden und trug zur Verächtlichkeit bei.

So lebte sie in einer ständigen doppelten Wirklichkeit: in der Welt von Vernunft, in äußerer Anpassung und Leistung zu funktionieren und damit den hohen Erwartungen des Vaters zu entsprechen. Gleichzeitig sollte sie ihm jedoch unterwürfig ergeben und ausgeliefert sein. So beraubte sie sich ihrer Bedürftigkeit, ihrer Gefühle und Sehnsüchte.

Bei dieser Patientin mit frühen Traumatisierungen erwies es sich als wichtig, daß sie neben der analytischen Einzeltherapie zusätzlich bei einer Körpertherapeutin in einem langwierigen Prozeß ihre Körpergefühle Schritt für Schritt wiederentdeckte und zulassen konnte.

So gelang es ihr, ihre toten Zonen im Körper-Selbst (Kap. 1.10, Kap. 3.6) deutlich zu verändern, Berührung zuzulassen und die damit verbundenen schrecklichen Gefühle der Ohnmacht und Verlorenheit tolerieren zu lernen. Die schwierige Verknüpfung von Erinnerungen mit Gefühlen, die sich in der verbalen Therapie immer wieder als lähmend darstellte, konnte durch eine ergänzende Maltherapie im Sinne von Benedetti (1992) als hilfreicher Klärungsprozeß einbezogen werden. Hier konnte die Patientin ihre Gefühle Gestalt, Farbe und Ausdruck finden lassen. Gerade bei Patienten, deren Traumata vor der Symbolisierungsfähigkeit liegen, scheinen diese nonverbalen Ansätze für die Integration von Affekten und deren Symbolisierung neue Möglichkeiten zu eröffnen.

2.4 Zwangserkrankungen

Herbert Csef

Inhalt

2.4.1 Definition der Zwangserkrankung 202
2.4.2 Fallbeispiele 203
　　　Fallbeispiel A: „Der Wolfsmann" (S. Freud) 203
　　　Fallbeispiel B: Körperlicher Mißbrauch in der Biographie
　　　eines zwangskranken Mannes 204
　　　Fallbeispiel C: Vater-Tochter-Inzest 205
　　　Fallbeispiel D: Sexueller Mißbrauch (Belästigung, Verführung)
　　　einer zwangskranken Tochter durch den blinden Vater 205
2.4.3 Psychodynamisches Verständnis 206
2.4.4 Empirische Studien und Ergebnisse 208
2.4.5 Relevanz von Mißhandlung und Mißbrauch – Bewertung der Literatur 210
2.4.6 Therapie 211

2.4.1 Definition der Zwangserkrankung

In der ICD-10-Klassifikation der WHO wird die Zwangsstörung wie folgt definiert:
„Wesentliche Kennzeichen sind *wiederkehrende Zwangsgedanken und Zwangshandlungen*. Zwangsgedanken sind Ideen, Vorstellungen oder Impulse, die den Betroffenen immer wieder stereotyp beschäftigen. Sie sind fast immer quälend, weil sie gewalttätigen Inhalts oder obszön sind, weil sie als sinnlos erlebt werden und die betroffene Person erfolglos versucht, Widerstand zu leisten. Sie werden als eigene Gedanken erlebt, selbst wenn sie als unwillkürlich und häufig als abstoßend empfunden werden. Zwangshandlungen oder -rituale sind ständig wiederholte Stereotypien. Sie werden weder als angenehm empfunden, noch dienen sie dazu, an sich nützliche Aufgaben zu erfüllen. Die betroffene Person erlebt sie oft als Vorbeugung gegen ein objektiv unwahrscheinliches Ereignis, das ihr Schaden bringen oder bei dem sie selbst Unheil anrichten könnte. Im allgemeinen, wenn auch nicht immer, wird dieses Verhalten von der betroffenen Person als sinnlos und ineffektiv erlebt. Sie versucht immer wieder, dagegen anzugehen, bei sehr lange dauernden Störungen kann der Widerstand schließlich minimal sein."

Bei den **diagnostischen Leitlinien** wird gefordert, daß die Zwangssymptome folgende Merkmale aufweisen müssen:

„1. Sie müssen als eigene Gedanken oder Impulse für den Patienten erkennbar sein.
2. Wenigstens einem Gedanken oder einer Handlung muß noch, wenn auch erfolglos, Widerstand geleistet werden, selbst wenn sich der Patient gegen andere nicht länger wehrt.
3. Der Gedanke oder die Handlungsausführung dürfen nicht an sich angenehm sein

(einfache Erleichterung von Spannung und Angst wird nicht als angenehm in diesem Sinn betrachtet).
4. Die Gedanken, Vorstellungen oder Impulse müssen sich in unangenehmer Weise wiederholen."

Nach Reinecker (1991) gibt es eine Tradition von 150 Jahren psychiatrisch-psychopathologischer Erforschung der Zwänge. Hierbei gebe es hinsichtlich der zentralen Kriterien interessanterweise kaum Kontroversen. Reinecker nennt folgende Trias, die in hohem Maße wissenschaftlich konsensfähig ist:
- innerer, subjektiver Drang
- Widerstand gegen die Zwangssymptome
- Einsicht in die Sinnlosigkeit der Zwangssymptome

Im angloamerikanischen Schrifttum ist mit der Bezeichnung **„Obsessive-Compulsive Disorder" (OCD)** eine analoge Einteilung der Zwangssymptome üblich, wobei phänomenologisch die „compulsions" den Zwangshandlungen entsprechen, die „obsessions" hingegen den Zwangsgedanken.

Auf der Symptomebene ist das Krankheitsbild in den meisten Fällen (69%) durch gemeinsames Auftreten von Zwangshandlungen und Zwangsgedanken charakterisiert (Wellner et al. 1976). Nur etwa 25% der Zwangskranken haben ausschließlich Zwangsgedanken.

> Bei den Zwangshandlungen sind Waschzwänge und Kontrollzwänge am häufigsten. Folgende Bewußtseinsinhalte und Themen stehen bei den Zwangsgedanken im Vordergrund: Angst vor Beschmutzung oder Ansteckung, Gewalttätigkeit und Aggressivität, religiöse und sexuelle Themen (Akhtar et al. 1975).

Zwangssymptome treten häufig gemeinsam mit anderen psychischen oder psychosomatischen Störungen auf, insbesondere mit Depressionen (anankastische Depression), mit Ängsten und Phobien (anankastische Phobie), mit Persönlichkeitsstörungen und mit psychosomatischen Krankheiten (Csef 1994). Die Komplexität der Zwangssymptome im Kontext mit anderen Störungen wird besonders deutlich in Komorbiditätsuntersuchungen (Black & Noyes 1990; Winkelmann et al. 1994). Gerade weil Zwangssymptome häufig gemeinsam mit anderen Krankheitsbildern auftauchen, sprechen einige angloamerikanische Autoren von **„Obsessive-Compulsive Spectrum Disorders".** Rasmussen und Eisen (1992) nennen folgende Krankheitsbilder, die zum „OCD-Spektrum" gehören:
- Eßstörungen
- Impulskontrollstörungen
- Trichotillomanie
- Gilles-de-la-Tourette-Syndrom
- Onychophagie
- Dysmorphophobie
- Hypochondrie
- krankhafte Eifersucht

2.4.2 Fallbeispiele

Fallbeispiel A: „Der Wolfsmann" (S. Freud)

Die Diskussion, daß körperliche Mißhandlungen und sexueller Mißbrauch für die Psychogenese von Zwangserkrankungen sehr bedeutsam sind, hat innerhalb der Psychoanalyse eine lange Tradition. Als paradigmatisches Beispiel hierfür darf die Krankengeschichte vom „Wolfsmann" gelten. Nach den editorischen Vorbemerkungen in der Studienausgabe der Gesammelten Werke Freuds ist diese Falldarstellung „die ausführlichste und zweifellos wichtigste aller Krankengeschichten Freuds". Er hat sie 1914 verfaßt und im Jahre 1918 mit dem Titel „Geschichte einer infantilen Neurose" publiziert. Der Wolfsmann begab sich im Jahre 1910, als er 23 Jahre alt war, in die Behandlung Freuds. Die Zwangssymptome tauchten erstmals auf, als der Patient viereinhalb Jahre alt war. Ihnen gingen Monate vorher multiple Tierphobien voraus, unter anderem eine Wolfsphobie, eine Pferdephobie und Insektenphobien. Die Zwangssymptome bestanden aus Betzwängen, Kreuzeschlagen und zwanghaftem Küssen von Heiligenbildern. Den dialektischen Gegenpol zu diesen religiösen Zwangshandlungen bildeten blasphemische Zwangsgedanken, „die ihm wie eine Eingebung des Teufels in den Sinn kamen". Zwanghaft mußte er folgende Wortkombinationen immer wieder denken: „Gott-Schwein" oder „Gott-Kot". Die ausführliche Krankengeschichte vom Wolfsmann, die je nach Ausgabe 120 bis 140 Druckseiten umfaßt, ist reich an Verstrickungen von Sexualität und Gewalt. Sie können hier nur skizzenhaft erwähnt werden. Die Beobachtung des Geschlechtsverkehrs der Eltern, vermutlich im Alter von eineinhalb Jahren, erweckte beim Patienten reichhaltige Koitusphantasien. Mit zweieinhalb Jahren erlebte er eine sexuell verführerische Szene, in der er das am Boden putzende Kindermädchen Gruscha von hinten sah und dadurch sexuell sehr erregt war. Es folgten sexuelle Verführungsspiele durch die ältere Schwester, die später Liebling des Vaters und damit seine Rivalin wurde. Sie suizidierte sich im frühen Erwachsenenalter. Der Vater wählte dieselbe Todesart. Große Bedeutung hatte für den jungen Patienten die Kinderfrau Nanja, die ihn in „unermüdlicher Zärtlichkeit" als Ersatz für den eigenen, früh verstorbenen Sohn sah. Als jedoch der junge Knabe im Anschluß an die sexuellen Verführungsaktionen seiner großen Schwester zunehmendes Interesse an Onaniespielen hatte und vor der heißgeliebten Kinderfrau sein entblößtes Glied zeigte, sagte diese abweisend: Kinder, die das tun, bekommen an dieser Stelle eine Wunde. Verschiedene Gouvernanten spielten ebenfalls eine große Rolle in der Kindheit des Patienten. Diese sollen sexuelle Anspielungen ebenso ausgeübt haben wie Herrschsucht und körperliche Züchtigung. Das Auftreten einer englischen Gouvernante im dritten Lebensjahr, die als „närrische, unverträgliche und dem Trunke ergebene Person" beschrieben wurde, führte zu einer intensiven charakterlichen Verwandlung des Knaben. War er vorher ein „sehr sanftes, gefügiges und eher ruhiges Kind ..., so daß man zu sagen pflegte, er hätte das Mädchen werden sollen und die ältere Schwester der Bub", so entpuppte er sich nach dieser „Verwandlung" als das krasse Gegenteil: „unzufrieden, reizbar, heftig geworden, fand sich durch jeden Anlaß gekränkt, tobte dann und schrie wie ein Wilder". In der Folgezeit spielen Bestrafungsaktionen und körperliche Züchtigungen durch den Vater eine große Rolle. Schlagephantasien tauchen in der Krankengeschichte häufig auf und zeigen zahlreiche Querverbindungen zu der Abhandlung Freuds aus dem Jahre 1919 mit dem Titel „Ein Kind wird geschlagen". Die Analyse des berühmt gewordenen Traumes vom „Wolfsmann" führte zur Bewußtmachung homosexueller Wünsche des Knaben, die in der erregenden Phantasie gipfelten, „vom Vater koitiert zu werden wie ein Weib". Die Deutungen Freuds kreisen also sehr um die Themen Analerotik, Homosexualität und Kastrationskomplex.

Fallbeispiel B: Körperlicher Mißbrauch in der Biographie eines zwangskranken Mannes

Ein junger Lehrer, der wegen massiver Tötungsimpulse dem eigenen Kind und der Ehefrau gegenüber psychotherapeutische Hilfe suchte, wurde in der Kindheit vom Vater körperlich mißhandelt. Die Strafaktionen des Vaters für Fehlverhalten bestanden in regelrechten Auspeitschungen mit einer Hundepeitsche. Der Patient berichtete, daß er schon als Kind unter aggressiven Zwangsimpulsen litt, die sich auf den Vater bezogen. So zwang ihn beispielsweise der Vater, im dunklen Keller, in dem er Angst hatte, Heizöl zu holen. Beim Hin- und Herbewegen der Ölpumpe stellte sich der Patient vor, daß er mit jeder Handbewegung den Vater auspeitschen würde. Vergleichbares phantasierte er beim Holzhacken, das schon frühzeitig zum alltäglichen Pflichtpensum des Patienten gehörte. Er stellte sich dabei vor, er würde mit dem Beil nicht das Holz hacken, sondern dem Vater den Kopf abhacken.

Fallbeispiel C: Vater-Tochter-Inzest

Eine 26jährige Frau sucht psychotherapeutische Hilfe wegen Tötungsimpulsen, die sich bevorzugt auf ihren Ehemann und ihre Tochter beziehen. Begonnen haben die Zwangsgedanken kurz nach der Geburt ihrer einzigen Tochter. Ausgelöst wurden sie durch den Film „Der Werwolf". Seither habe sie die Idee, sie könne wie ein wildes Tier außer Kontrolle geraten und dann die Menschen umbringen, mit denen sie sich am innigsten verbunden fühlt, ihren Ehemann und ihre Tochter. Qualvoll müsse sie sich eine ganze Reihe von Tötungsarten vorstellen, wie sie ihre geliebte Tochter umbringen könnte – bevorzugt mit Messern, mit Gift, durch Erhängen oder Erwürgen. Sie müsse alle Messer verstecken. Wenn sie beim Metzger einkaufe und eine Wurstmaschine sehe, müsse sie sich zwanghaft vorstellen, daß der Kopf ihrer Tochter in dieser Maschine zerschnitten werde.

Im Erstgespräch berichtet die Patientin nach anfänglichen Hemmungen mit hochrotem Kopf über die traumatischen Erfahrungen ihrer Kindheit. Mit 12 Jahren wurde sie erstmals von ihrem Vater vergewaltigt. Ihre Mutter befand sich zu dieser Zeit in einer psychiatrischen Klinik wegen Depressionen. Etwa sechs Jahre lang wurde die Patientin vom Vater wiederholt mit großer Brutalität sexuell mißbraucht. Die Patientin hat noch drei Brüder und eine Schwester. Der Vater ist seit ihrer frühesten Kindheit Alkoholiker. Seine Gewalt richtet sich gegen alle Familienmitglieder. Stöcke, Peitschen und Hosengürtel sind die von ihm bevorzugten Utensilien. Die Patientin fühlte sich „wie ein Lamm, das zur Schlachtbank gezerrt wird". Der Vater sei sehr brutal gewesen. Er habe oft ganz wild und unkontrolliert auf sie eingeschlagen, habe sie auch oft mit Füßen getreten, wenn sie hilflos und schreiend am Boden lag. Das Kennenlernen des Ehemannes ist für sie die Möglichkeit, im 18. Lebensjahr das Elternhaus zu verlassen und dieser Hölle zu entfliehen. Der Ehemann sei sehr liebevoll und gutmütig. Umso mehr schäme sie sich, daß sich ihre Tötungsimpulse gegen ihn richten würden. Die Patientin wurde in einer analytischen Einzeltherapie behandelt. Zum Therapieverlauf erscheint erwähnenswert, daß die Zwangssymptome lange Zeit recht hartnäckig persistierten und schließlich relativ eindrucksvoll verschwanden, nachdem ihr Ehemann bei einem tragischen Verkehrsunfall ums Leben kam. Der reale Tod des Ehemannes hatte offensichtlich die Tötungsimpulse überflüssig gemacht.

Fallbeispiel D: Sexueller Mißbrauch (Belästigung, Verführung) einer zwangskranken Tochter durch den blinden Vater

Bei einer 32jährigen Patientin traten die Zwangssymptome kurz nach dem Tod ihres Vaters auf. Aus der Anamnese ist zu berichten, daß sie bereits acht Jahre vorher akut unter Zwangssymptomen litt, die sich in einer vierjährigen psychoanalytischen Therapie wesentlich besserten. Das im Langzeitverlauf recht komplexe Krankheitsbild zeigt auf der Symptomebene eine Reihe anderer neurotischer Symptome, insbesondere Ängste und Phobien, sowie psychosomatische Symptombildungen (chronische Gastritis, Ulcus ventriculi, Migräne). Im folgenden sollen uns besonders die Zwangssymptome und die akute Exazerbation derselben nach dem Tod des Vaters interessieren. Die Psychodynamik ist wesentlich dadurch geprägt, daß der Vater in ihrem dritten Lebensjahr durch einen Arbeitsunfall erblindete. Die Erblindung und kurz danach die Berentung des Vaters führte dazu, daß er ständig präsent war. Die Mutter hingegen mußte vermehrt für die Familie sorgen und eine Arbeit aufnehmen. Wenn sie überhaupt zu Hause war, kannte sie nur den Haushalt, Putzen, Ordnung und Sauberkeit. Die Patientin beschreibt ihre Mutter als „unerträgliches Arbeitstier" und einen Putzteufel. Der permanenten Präsenz des Vaters stand also die Abwesenheit der Mutter gegenüber. Der Vater beschäftigte sich viel mit ihr, weil er ja den ganzen Tag Zeit hatte und sie als Einzelkind seine ganze Aufmerksamkeit bekam. Er erzählte ihr oft Märchen und Geschichten. Später, als sie lesen konnte, las sie ihrem blinden Vater immer die Zeitung und Bücher vor. Die körperliche Nähe des Vaters sei ihr von einem bestimmten Alter an sehr unangenehm gewesen. Sie habe sich dann vom Vater belästigt gefühlt. Er habe die Angewohnheit gehabt, sie abzutasten. Diese körperliche Nähe und ihre sexuelle Tönung seien ihr unangenehm und peinlich gewesen und hätten in ihr Schuld- und Schamgefühle ausgelöst. Weiterhin bemerkte die Patientin, daß sie als Kind „böse wurde" oder es nicht mit ansehen konnte, wenn der Vater versuchte, zur Mutter zärtlich zu sein. Die weitere sexuelle Entwicklung der Patientin war sehr durch Hemmungen, Ängste und hohe Ambivalenzen geprägt. Sie wurde sexuell von den Eltern nicht aufgeklärt. Noch im 16. Lebensjahr glaubte sie, daß man durch Berührungen oder Küsse schwanger werden könnte. Sie hatte panische Angst vor einer Schwangerschaft, weil ihr die Eltern vermittelt hatten, daß das etwas ganz Schlimmes sei. Der erste und einzige Sexualpartner ihres Lebens ist ihr jetziger Ehemann, den sie im 20. Lebensjahr kennenlernte. Die sexuelle Begegnung war von Anfang an durch einen primären Vaginismus weitgehend verunmöglicht.

Bis zur ersten psychotherapeutischen Behandlung hat sie den ehelichen Geschlechtsverkehr meistens verweigert. Die Zwangssymptome tauchten erstmals massiv im 24. Lebensjahr auf, als sie sich heimlich in einen Arbeitskollegen verliebte. Mit ihm kam es zwar zu keinem Sexualverkehr. Nach einem persönlichen Treffen tauchten jedoch am folgenden Tag massive Zwänge in Form von Tötungsvorstellungen auf. Bei dieser Patientin führte in einer emotional sehr positiven Vaterbeziehung die Erblindung des Vaters zu körperlicher Nähe, die von der Patientin streckenweise als sexuelle Belästigung erlebt und der Mutter gegenüber schuldhaft verarbeitet wurde. Zweimal sind in ihrem Leben massiv Zwangssymptome aufgetreten: das erste Mal, als sie sich heimlich verliebte, das zweite Mal nach dem Tod ihres Vaters.

2.4.3 Psychodynamisches Verständnis

In der Krankengeschichte des Wolfsmannes wurde deutlich, daß es im Anschluß an die sexuellen Verführungen zu einer vehementen Verwandlung kam. Aus dem braven Knaben wurde ein wildes, aufsässiges und aggressives Kind. Körperliche Züchtigung durch den Vater und häufige Schlagephantasien des Kindes waren die Folge. Hier hat Freud in luzider Weitsichtigkeit etwas fokussiert, was bis heute bei jeder psychodynamischen Betrachtung der Zwangsneurose von Bedeutung erscheint: die körperliche Gewalt, die von Eltern in der Erziehung des Kindes ausgeübt wird und deren entwicklungspsychologische Folgen.

> Die Aggressivität und die psychische Verarbeitung derselben ist neben der Sexualität zentraler Faktor jeder tiefenpsychologischen Deutung der Zwangsneurose.

Körperliche Gewalt im Erziehungsprozeß erwies sich als zweischneidiges Schwert. Freuds

Ausführungen über die Analerotik führten dazu, daß anfangs die Ausübung von elterlicher Rigidität und Gewalt auf die Reinlichkeitserziehung bezogen wurde. In der Weiterentwicklung der Psychoanalyse wurde zunehmend *die Dynamik von Auflehnung des Kindes und Unterwerfung desselben durch körperliche Gewalt als zentraler Kommunikationsvorgang bei der Entstehung der Zwangsneurose* erkannt. Schwidder (1954) wies daraufhin, daß die Erziehung von Zwangsneurotikern von *Härte und moralisierender Strenge bei gleichzeitiger Willkür oder Verwahrlosung* gekennzeichnet sei. Dressurakte und Einschränkung der motorischen Expansion scheinen die Eltern-Kind-Beziehung zu prägen. Das Mittel zur Bändigung des Kindes ist meist körperliche Gewalt. Hoffmann und Hochapfel (1995, S. 141) fassen in ihrem Lehrbuch die für die Psychogenese der Zwangsneurose relevanten Entwicklungsbedingungen wie folgt zusammen: „Insgesamt bestehen strenge, rigide, legalistische, sachbezogene, teilweise aggressive oder auch willkürliche Entwicklungsbedingungen. Spontanität, Eigenwille, lebhafte Motorik und Aggressivität müssen früh unterdrückt und mit Angst- und Schuldgefühlen abgewehrt werden. Der äußere Zwang wird so zu einem inneren. Statt eines Autonomiegefühles entstehen im Kinde Scham und Zweifel."
Diese äußeren Bedingungen führen in der psychischen Strukturbildung zu einem schwer zu bewältigenden inneren Konflikt:
Das in der Moral- und Idealbildung als sehr streng und rigide ausgeprägte Über-Ich führt zu einer „Hypermoralität", die eigenen Triebwünschen massiv entgegensteht und dieselben vorschnell als „anti-sozial" bewertet (Hoffmann 1983).
Der Zwangskranke wurde deshalb von Stekel (1927) als „seelischer Anarchist" und von Lang (1985) als „gehemmter Rebell" treffend charakterisiert.
Obwohl in der Theoriebildung der Eltern-Kind-Interaktion zentrale Bedeutung für die Psychodynamik beigemessen wird, liegen eigentümlicherweise *wenig empirische Studien* zum konkreten Verhalten der Eltern hinsichtlich Erziehungsstil oder körperliche Gewalt vor. Knölker (1986) fand in seiner Studie an 52 zwangskranken Kindern und Jugendlichen folgenden Erziehungsstil der Eltern: Bei den Müttern herrschte ein überbehütender und verwöhnender, bei den Vätern ein strenger und autoritärer Erziehungsstil vor. Ein von ihm als günstig postuliertes Elternverhalten, das er als „verständnisvoll, konsequent und zugewandt" charakterisierte, fand er nur bei 2% der Mütter und nur bei 17% der Väter. Körperliche Züchtigungen wurden von 25% der Eltern als Erziehungsmittel angegeben. In der eigenen empirischen Untersuchung an 108 zwangskranken Erwachsenen (Csef 1988) ergab sich ein vergleichbares Bild, ohne daß der Erziehungsstil systematisch in dieser Studie untersucht worden wäre. Auffallend war die *massive körperliche Gewalt, die oft Väter gegen die später zwangskranken Söhne anwendeten* (vgl. Fallbeispiel B).

> Eine hohe Ambivalenz von intensiver Angst und massiven Aggressionen dem Vater gegenüber charakterisierte diese Vater-Sohn-Beziehungen. Nicht selten entwickelten diese zwangskranken Männer Tötungsimpulse, die sich bevorzugt gegen den Vater richteten.

Einer der wichtigsten Beiträge der Psychoanalyse zur Erforschung der Zwangsstörungen dürfte darin liegen, daß sie diagnostische Kriterien für eine Differenzierung in zwei Haupttypen von Zwangsstörungen ausgearbeitet hat. Diese Unterscheidung hat höchste Praxisrelevanz, da sie sehr unterschiedliche Behandlungstechniken nahelegt (Csef 1995). Jahrzehnte psychoanalytischer Forschung zu den **Borderline-Syndromen** und zur **Narzißtischen Persönlichkeitsstörung** haben für die Behandlungspraxis wichtige Hinweise darauf geliefert, wie sich die reif strukturierte Zwangsneurose von strukturellen Ich-Störungen mit Zwangssymptomen unterscheidet.

Zwang kann aus psychoanalytischer Sicht auf zwei sehr unterschiedlichen Niveaus der Ich- und Selbstentwicklung auftreten (Tetzlaff et al. 1993; Esman 1989). Die beiden Patientengruppen unterscheiden sich wesentlich hinsichtlich des klinischen Bildes, der Komorbiditäten, der Verlaufsdynamik, der Patient-Therapeut-Interaktion und der erforderlichen Therapiekonzepte (Reich und Green 1991). Bei den **Zwangsstörungen als struktureller Ich-Störung** steht genetisch ein Entwicklungsdefizit im Sinne einer defizienten Ich- und Selbstentwicklung im Vordergrund (Hoffmann 1986). Durch aktuelle psychosoziale Belastungen versagen die Abwehr- und Kompensationsmechanismen. Das „bedrohte Selbst" oder „brüchige Ich" reagiert mit Angst, die im Zwangssymptom gebannt wird. Quint hat bereits 1982 diese beiden Formen der Zwangsstörung sehr detailliert differenziert. Der Zwang bei der strukturellen Ich-Störung habe die Funktion, einen Ich- oder Selbst-Zerfall zu verhindern. Er steht deshalb im „Dienste der Selbsterhaltung" (Quint 1984). Diese Auffassung wird auch von Lang (1985, 1986) vertreten, der dem Zwang einen autoprotektiven Sinn zuschreibt. Mentzos (1984) sieht ebenfalls das Zwangssymptom im Kontext von Selbstpathologie und deren Kompensations- und Reparationsbemühungen. Er deutet den Zwang als Versuch, den strukturellen Mangel mit Hilfe eines „zwangsneurotischen Korsetts" zu kompensieren. Bei Zwängen, die als Symptom struktureller Ich-Störungen auftreten, wird von den meisten Psychoanalytikern (Quint 1982, 1988, 1993; Lang 1986; Thomä und Kächele 1985, 1988) eine modifizierte Technik empfohlen.

> Im Therapieprozeß sollen Verbesserungen der Ich-Funktionen und Stützung der Abwehrprozesse im Vordergrund stehen. Der Umgang mit der Abwehr des Patienten ist also bei Zwängen mit strukturellen Ich-Störungen grundlegend anders als bei der typischen Zwangsneurose.

Die Einteilung der Zwangserkrankungen nach dem Strukturniveau oder dem Grad der Ich-strukturellen Störung hat große praktische Bedeutung (Streeck 1983; Hoffmann 1986; Lohmer et al. 1992; Fürstenau 1992). Diese bei den Angsterkrankungen bereits verbreitete Differenzierung (Hoffmann und Bassler 1992; Bassler und Hoffmann 1994) ist auch bei den Zwängen sinnvoll. Die Psychotherapieforschung hat ergeben, daß gerade der Grad der Ich-strukturellen Störung großen Einfluß auf Therapieerfolg und Prognose hat (Reich und Green 1991; Bassler 1995).

2.4.4 Empirische Studien und Ergebnisse

In der empirischen Forschung zum sexuellen Mißbrauch und zur Mißhandlung scheint eigenartigerweise die Zwangserkrankung vernachlässigt zu werden. Die sehr ausführlichen und differenzierten Reviews von Browne und Finkelhor (1986a) und von Moggi (1991), die besonders auf die Spätfolgen eingehen, erwähnen die Zwangserkrankung nicht, obwohl die einzelnen psychischen Störungen sehr detailliert aufgeführt werden. Auch in der Monographie von Hirsch (1987b) und bei Backe et al. (1986) finden sich keine Angaben über den Zusammenhang von Zwangserkrankung und sexuellem Mißbrauch. Psychiatrische Untersuchungen an stationären (Brown und Anderson 1991) oder an ambulanten (Surrey et al. 1990; Swett et al. 1990) psychiatrischen Patienten, die mit standardisierten Erhebungsinstrumenten den psychiatrischen Befund bzw. psychische Störungen bei Mißbrauchsopfern erhoben haben, berichten nicht über Zwangserkrankungen. Die „frustrane Literaturrecherche" darf jedoch nicht zu dem Schluß verleiten, Zwangssymptome als Spätfolge von Mißbrauch oder Mißhandlung kämen nicht vor oder seien ganz selten. Folgende Gründe erklären den Mangel an Untersuchungen:

- Es liegen *bislang keine systematischen klinischen Studien* an Patienten mit Zwangsstörungen vor, die gezielt nach sexuellem Mißbrauch oder Mißhandlung untersucht hätten.
- Die meisten neueren psychiatrischen Untersuchungen orientieren sich am Klassifikationsschema DSM-III-R, demzufolge die Zwangserkrankungen den „Angststörungen" zugeordnet werden. Werden in Untersuchungen die einzelnen Formen der Angststörungen nach DSM-III-R nicht weiter differenziert, ist es deshalb nicht verwunderlich, daß die Diagnose „Obsessive-Compulsive Disorder" nicht auftaucht.
- Wie die oben dargestellten Fallbeispiele zeigen können, kommen Zwangssymptome bei Opfern von Mißbrauch oder Mißhandlung selten als Monosymptomatik vor. Meist handelt es sich um sehr komplexe vielgestaltige und multisymptomatische Krankheitsbilder, bei denen dann oft andere Symptome in den Vordergrund gestellt werden, z.B. Depressionen, Sucht, Selbstverletzungen, Eßstörungen.
- Eine Besonderheit der Zwangserkrankung liegt darin, *daß die Zwangssymptome häufig verschwiegen werden*, u.a., weil sie mit intensiven Schamgefühlen oder konkreten Befürchtungen (z.B. Angst vor Zwangseinweisung) verknüpft sind. Fichter (1985) und Yaryura-Tobias und Neziroglu (1983) haben aus wissenschaftlich-methodischer Sicht besonders auf dieses Problem hingewiesen. In klinisch orientierten Studien werden folglich Zwangserkrankungen zu einem sehr großen Prozentsatz nicht erkannt, wenn dieses Krankheitsbild selbst nicht den Fokus der Fragestellung bildet. Auch die Erhebungsmethode ist hier von ausschlaggebender Bedeutung. Rudolf und Stille (1982) teilten hierzu die interessante Erfahrung mit, daß bei ihren Untersuchungen in der gleichen Patientengruppe die Häufigkeitsangaben für Zwangssyndrome in Abhängigkeit von der Erhebungsmethode extrem schwankten. Während bei „frei formulierten Krankengeschichten" 7% Zwangssyndrome erfaßt wurden, waren dies bei einer standardisierten Untersuchungsmethode immerhin 66%, wovon 27% einen klinisch relevanten Schweregrad hatten. Die neuere psychoanalytische Forschung zu den Zwangserkrankungen hat ergeben, daß ein Großteil der Zwangssymptome im Rahmen von sogenannten frühen Störungen oder **Borderline-Syndromen** auftreten. Diese Zwangssymptome erscheinen dann häufig nicht als Diagnose, sondern gehen in die umfassendere Gesamtdiagnose „Borderline-Syndrom" ein. Rohde-Dachser (1983) und Eckhardt (1989) haben besonders darauf hingewiesen, daß Zwangssymptome im Rahmen von Borderline-Syndromen häufig vorkommen (vgl. auch Kap. 2.9, Kap. 2.10).
- Ein „neues Gewand" für die Zwangserkrankung dürften bei jungen Frauen die Eßstörungen **Anorexia nervosa** und **Bulimia nervosa** sein. Es liegen seit mehr als fünf Jahrzehnten zahlreiche wissenschaftliche Untersuchungen zum *Zusammenhang von Eßstörungen und Zwang* vor (Überblick bei Csef 1988; neuere Arbeiten hierzu von Bulik et al. 1992; Fahy 1991; Holden 1990; Pigott 1991; Rothenberg 1990). Eine Studie von Thiel et al. (1995) an 93 Patienten mit Anorexia nervosa und Bulimia nervosa konnte zeigen, daß immerhin 49,5% der untersuchten Stichprobe eine klinisch relevante Zwangsstörung aufwiesen. Diese Komorbidität von Eßstörung und Zwangsstörung bleibt jedoch oft unberücksichtigt, oder die Eßstörung geht als Hauptdiagnose ein.

In einer eigenen Untersuchung an 108 erwachsenen Zwangskranken (Csef 1988) berichteten neun Frauen und zwei Männer in der biographischen Anamnese über sexuellen Mißbrauch. Bei zwei Frauen lag jahrelanger realer Inzest mit gewaltsam erzwungenem Geschlechtsverkehr durch den Vater vor.

2.4.5 Relevanz von Mißhandlung und Mißbrauch – Bewertung der Literatur

Wie aus den Ausführungen des vorigen Kapitels zu entnehmen ist, werden offensichtlich in der Inzestforschung die Zwangserkrankungen zu wenig berücksichtigt und sind unterrepräsentiert. Dies liegt überwiegend in Problemen der Forschungsmethodik begründet. Die klinische Relevanz der Entwicklung von Zwangserkrankungen als Folge von Mißhandlungen oder sexuellem Mißbrauch ist unbestritten groß. In der eigenen Untersuchung an 108 Zwangskranken wurde deutlich, daß *lediglich 12% eine reif strukturierte Zwangsneurose mit typischer Konfliktdynamik* hatten. Zwang als ein Hauptsymptom von komplexeren Störungen wie Borderline-Syndrom, Eßstörungen usw. machte hingegen den Großteil der Zwangssyndrome aus. Schon in einem phänomenologischen Zugang wird deutlich, daß bestimmte schwere Störungen, die besonders häufig einen sexuellen Mißbrauch oder eine Mißhandlung in der Anamnese aufweisen, auch häufig gemeinsam mit Zwangssymptomen auftreten. Dabei kann im Rahmen dieser Untersuchung nicht diskutiert werden, ob es sich hierbei um eine Krankheitsentität oder um eine Komorbidität im Sinne von zwei Erkrankungen handelt (Csef 1996).
Folgende schwere Krankheitsbilder haben besonders häufig sowohl Zwangssymptome als auch sexuellen Mißbrauch in der Anamnese:
- Eßstörungen (Anorexia nervosa, Bulimia nervosa, Adipositas)
- Borderline-Syndrome und andere sogenannte frühe Störungen

Die Forschergruppe um Yaryura-Tobias und Neziroglu (1983) hat bereits frühzeitig aufgrund älterer Literaturberichte diese charakteristische Merkmalskonstellation hervorgehoben. Auf der Symptomebene fanden sie eine häufige *Kombination von Zwangssymptomen, Eßstörungen, anderen Sucherkrankungen und Selbstbeschädigung.* Sie nannten deshalb dieses Syndrom **„Compulsive Oretic Mutilative Syndrome".** Ähnliche Zusammenhänge finden sich in der neueren Forschung bei den Borderline-Syndromen und den Eßstörungen. Grundlegende Gemeinsamkeiten dieser multisymptomatischen psychischen Störungen sind die strukturellen Defizite und die ausgeprägte Selbst-Pathologie. Daß bei diesen schweren Störungen sexueller Mißbrauch und Mißhandlung in der Anamnese gehäuft vorkommen und weiterhin Zwangssymptome bei diesen Krankheitsbildern häufig sind, sollte Anlaß zur weiteren Erforschung dieser Zusammenhänge sein. Sehr interessant zu diesem Thema ist eine neuere Untersuchung von Thiel und Schüssler (1995). Sie untersuchten 91 Patientinnen mit Anorexia nervosa oder Bulimia nervosa mit standardisierten Erhebungsinstrumenten zum Erfassen von Zwängen und Eßstörungen sowie mit dem Narzißmus-Inventar von Deneke und Hilgenstock (1989). Die Autoren unterschieden bei den eßgestörten Patientinnen solche mit erheblicher Selbstpathologie und solche ohne wesentliche narzißtische Selbststörungen. Sie fanden bei der statistischen Auswertung ihre Hypothese bestätigt, daß eßgestörte Patientinnen mit erheblicher Selbst-Pathologie wesentlich häufiger und schwerere Zwangssyndrome hatten. Die Funktion der Zwangssymptome wurde von den Autoren als „unbewußter Versuch einer Selbststabilisierung" aufgefaßt. Diese Interpretation entspricht den oben dargelegten Auffassungen von Quint (1984, 1993), der den Zwang im „Dienste der Selbsterhaltung" deutete, und von Lang (1985, 1986), der dem Zwang einen autoprotektiven Sinn zuschrieb. Eine phänomenologische Betrachtung verleiht dem Zusammenhang von sexuellem Mißbrauch und Mißhandlung einerseits und Zwangssymptomen andererseits eine besondere Evidenz. Phänomenologisch-deskriptive Studien über Zwangserkrankungen haben ergeben, daß bei den Zwangsgedanken sexuelle und aggressive Inhalte im Vordergrund stehen.

Sie sind also die bevorzugten Themen von Zwangskranken. Die unbewältigten Konflikte, die sexueller Mißbrauch und Mißhandlung mit sich bringen, können durch Zwangssymptome in besonderer Weise dargestellt, ausgedrückt oder symbolisiert werden. Zwangssymptome sind deshalb prädestiniert, das kindliche Trauma zu reinszenieren. Am deutlichsten wird dies bei Tötungsimpulsen gegen den Liebespartner oder eigene Kinder sowie bei sexuellen Zwangsgedanken. Dieser Aspekt dürfte für das Verstehen des psychotherapeutischen Prozesses besonders hilfreich sein.

Der Zwang als Selbststabilisierung, um eine schwerere Dekompensation zu bannen („Bollwerk") und die Möglichkeit, unbewältigte Konflikte oder kindliche Traumata zu reinszenieren, sind zwei wesentliche Funktionen, die Zwangserkrankungen als Folge von sexuellem Mißbrauch oder Mißhandlung eine Bedeutung und Sinn verleihen.

2.4.6 Therapie

Hinsichtlich der oben beschriebenen Fallbeispiele darf die psychotherapeutische Behandlung des „Wolfsmannes" besonderes Interesse finden. In dieser traditionsreichsten Krankengeschichte Sigmund Freuds, und vielleicht der Psychoanalyse überhaupt, sind Zwangserkrankung und sexueller sowie körperlicher Mißbrauch besonders verquickt. Der „Wolfsmann" wurde in der Wissenschaftsgeschichte der Psychoanalyse zum Gegenstand zahlreicher Diskussionen und Interpretationen. Das von Gardiner (1972) herausgegebene Werk „Der Wolfsmann vom Wolfsmann" enthält nicht nur autobiographische Erinnerungen des Wolfmannes sowie seine Erinnerungen an die psychotherapeutische Behandlung bei Sigmund Freud, es enthält auch ein Vorwort von Anna Freud und ausführliche Beiträge von zwei Psychoanalytikerinnen, die den Wolfsmann nach Sigmund Freud psychoanalytisch behandelt haben: Ruth Mack Brunswick und Muriel Gardiner. Die Psychologin, Philosophin und Journalistin Karin Obholzer begab sich 1972 auf die Suche nach dem Wolfsmann und führte mit diesem bis zu dessen Tod im Mai 1979 ausführliche Gespräche, die sie auf Tonbändern aufgezeichnet hat. Die spannende Monographie von Obholzer (1980) ist zugleich ein Beitrag zur Psychoanalysekritik, der besonders das Thema der Abhängigkeit und der „unendlichen Analyse" reflektiert. Zahlreiche namhafte Psychoanalytiker haben sich mit der Diagnose und dem therapeutischen Prozeß des „Wolfsmannes" auseinandergesetzt. Blum (1980), Grotjahn (1983) und Stroeken (1992) haben das Krankheitsbild des Wolfsmannes m.E. als Borderline-Syndrom diagnostisch zutreffend eingeordnet. Das oben zitierte Fallbeispiel D ist ausführlicher dargestellt in der Monographie des Verfassers (Csef 1988). Die in Fallbeispiel C beschriebene Patientin begann eine psychoanalytische Behandlung. Die Zwangssymptome (Tötungsimpulse) richteten sich bevorzugt gegen das Kind und gegen den Ehemann. Der reale Tod des Ehemannes führte zu einer eindrucksvollen Spontanremission der Zwangssymptome (Symptomheilung). Der im Fallbeispiel B beschriebene junge Mann befand sich beim Verfasser vier Jahre lang in einer analytischen Einzeltherapie. Er war bereits vorher in psychoanalytischer Behandlung gewesen und blieb nach Abschluß der Behandlung (wegen beruflicher Veränderung) weiterhin psychotherapeutisch behandlungsbedürftig. Als Gesamtdiagnose ergab sich ein Borderline-Syndrom. Mehrmals drohende psychotische Dekompensationen, Spaltungsmechanismen und projektive Identifizierungen prägten wesentlich den Therapieverlauf.

> Für die Psychotherapie mit Zwangskranken, die einen sexuellen Mißbrauch oder Mißhandlung erlebt haben, muß angenommen werden, daß frühe Störungen mit ausgeprägter Selbst-Pathologie und strukturellen Defiziten im Vordergrund stehen. Die autoprotektive und selbststabilisieren-

de Funktion des Zwanges muß im therapeutischen Prozeß ebenso besonders beachtet werden wie die Gefahr einer Dekompensation mit drohender Selbstauflösung oder „Selbstfraktionierung" (Quint 1993).

2.5 Konversionsstörungen

Carl E. Scheidt und Sven Olaf Hoffmann

Inhalt

2.5.1 Definition, Klassifikation, Diagnose 213
2.5.2 Fallbeispiel 216
2.5.3 Psychisches Trauma und Mißbrauch in der Ätiologie der Konversion 218
2.5.4 Bedeutung von Mißhandlung und Mißbrauch
bei verschiedenen Konversionsstörungen 220
Psychogene Anfälle 220
Weitere Konversionsstörungen 221
Sexuelle Funktionsstörungen 222
Somatisierungsstörung 222
2.5.5 Therapie 223

2.5.1 Definition, Klassifikation, Diagnose

Als Freud in seiner Schrift „Die Abwehrneuropsychosen" den Begriff der **Konversion** einführte, bezeichnete er damit den Vorgang der „Unschädlichmachung [einer] unverträglichen Vorstellung dadurch, daß deren Erregungssumme ins Körperliche umgesetzt wird" (Freud 1894a, S. 63). Obwohl diese Formulierung bereits die Vorstellung eines psychischen Konfliktes zugrundelegte – unbewußte Triebimpulse werden aus dem Bewußtsein ausgeschlossen, und die ihnen zugehörige seelische Energie wird ins Körperliche umgewandelt –, hielt Freud zunächst noch ein körperliches Trauma für eine wesentliche ätiologische Bedingung der Hysterie: „Daß es bei 'traumatischer' Hysterie der Unfall ist, welcher das Syndrom hervorgerufen hat, ist ja selbstverständlich…" (Freud 1895d, S. 82).

Es ist bekannt, daß die ätiologische Bedeutung des Real-Traumas – die körperliche Fremdeinwirkung bzw. später die sexuelle Verführung – im weiteren Verlauf in der Theorie der Konversion zugunsten der intrapsychischen Vorgänge an Bedeutung verlor (s. dazu Kap. 1.8).
Die wesentlichen Merkmale des Konversionsbegriffes bei Freud lassen sich folgendermaßen zusammenfassen:

- Konversion bezeichnet die Umwandlung (lat. conversio) „seelischer Energie" (Affektbetrag) in eine „somatische Innervation".
- Dieser Vorgang wird begleitet von einer Verdrängung zugehöriger Vorstellungsinhalte.
- Die Konversion kommuniziert averbal einen unbewußten Konflikt in der Form eines Körpersymptoms (Ausdruckscharakter).
- Die Art der abgewehrten Impulse (Konfliktinhalte) ist ödipaler Natur.
- Die Konversion ist die bevorzugte Form der Symptombildung bei der Hysterie.

Die **Entwicklung des Konversionskonzeptes nach Freud** war durch drei Aspekte gekennzeichnet: Erstens die inhaltliche Erweiterung über die Abwehr ödipaler Triebimpulse hinaus im Sinne einer „prägenitalen Konversion" (Abraham 1921; Fenichel 1945), zweitens die Lockerung der engen theoretischen Verbindung zwischen Konversion und Hysterie (Chodoff und Lyons 1958; Rangell 1959) und drittens die Unterscheidung von Konversion und psychosomatischer Symptombildung (Alexander 1949). Während die beiden ersten Aspekte der Entwicklung tendenziell zu einer Ausweitung und damit einer Diffusion des ursprünglichen Konzeptes beitrugen, erhielt der Begriff in der Bedeutung eines komplexen Abwehrvorganges, an dem unterschiedliche Abwehrmechanismen wie Verdrängung, Verleugnung, Projektion und Identifizierung sowie symbolische Prozesse (Verschiebung, Verdichtung) beteiligt sind, seine Kontur vor allem durch die Gegenüberstellung mit der psychosomatischen Symptombildung, wie sie von Alexander und anderen Autoren (Engel und Schmale 1969) beschrieben worden ist.

Heute wird der Terminus Konversion in drei unterschiedlichen Bedeutungen verwendet, nämlich:

- konzeptuell für eine Form der neurotischen Symptombildung. In dieser Bedeutung faßt der Begriff eine Reihe von Modellvorstellungen der psychoanalytischen Neurosenlehre über die Entstehung psychogener Körpersymptome zusammen. Dazu gehört die zentrale Rolle des unbewußten Konfliktes, die Bedeutung von Identifizierungsvorgängen für die Symptomwahl, die Präferenz zugunsten reifer Abwehrmechanismen wie der Verdrängung etc.
- deskriptiv als Bezeichnung für eine Gruppe heterogener Symptome und körperlicher Funktionsstörungen. In dieser Bedeutung wird der Begriff in den neueren psychiatrischen Klassifikationssystemen geführt („pseudoneurologische" Störungen)
- nosologisch als Bezeichnung für eine bestimmte Form einer Neurose, nämlich die Konversionshysterie, für die die oben genannten Symptome und psychodynamischen Mechanismen als charakteristisch gelten

Es muß schon hier darauf hingewiesen werden, daß die seelischen Störungen, die nach Traumatisierung und Mißbrauch beobachtet werden, sich mit dem Konzept der Konversionshysterie nur zu einem geringen Teil zur Deckung bringen lassen. Häufig liegen nach Mißbrauch und Traumatisierung polysymptomatische seelische Störungen vor, bei denen die Konversion nur als ein Symptom unter mehreren eine Rolle spielt. Je nach Zeitpunkt und Ausmaß der Traumatisierung ist die Persönlichkeitsentwicklung vielmehr in zentralen Bereichen der Ich-Funktionen, der Objektbeziehungen und der sexuellen Identität betroffen und geht damit weit über die Konversionsneurose im klassischen Sinne hinaus (Gartner und Gartner 1988).

Die Einordnung der Konversionsstörungen in den neueren psychiatrischen Klassifikationssystemen hat Schwierigkeiten bereitet. Dabei spielte die phänomenologische Heterogenität der Symptome ebenso eine Rolle wie die enge Verbindung mit den oben erwähnten psychodynamischen Konzepten, die in ein dem Anspruch nach theoriefreies deskriptives Klassifikationssystem nur schwer zu integrieren sind. Entsprechend ist es in der Entwicklung der Klassifikation in den vergangenen Jahren zu erheblichen Umbrüchen gekommen.

Im **DSM-IV** wird der Begriff **„Konversionsstörung"** wie im DSM-III-R weiter als Terminus für eine Gruppe von Symptomen geführt:

> „Hauptmerkmal dieser Störung ist eine Veränderung bzw. der Verlust körperlicher Funktionen, was zunächst eine körperliche Erkrankung nahelegt, jedoch offensichtlich Ausdruck eines psychischen Konfliktes oder Bedürfnisses ist." (DSM-III-R).

Die Symptome werden „nicht mit Absicht hervorgerufen" und sind „nicht durch eine körperliche Störung oder durch bekannte pathophysiologische Mechanismen" zu erklären (ebd.). Als klassische Konversionssymptome werden Symptome genannt, die organisch verursachten neurologischen Erkrankungen gleichen, wie Aphonie, Paralyse, Anfälle, Koordinationsstörungen etc.

Neben dem Begriff der Konversionsstörung für umschriebene körperliche Funktionsstörungen wird im DSM-III-R und im DSM-IV die Briquet-Hysterie unter dem Begriff der **Somatisierungsstörung** geführt: „Hauptmerkmale dieser Störung sind rezidivierende und vielgestaltige körperliche Beschwerden von mehrjähriger Dauer, für die medizinische Hilfen gesucht wurden, die aber offensichtlich nicht durch eine körperliche Störung bedingt sind". Im Vergleich mit den Konversionsstörungen (jedoch mit Ausnahme der psychogenen Anfälle) ist die Somatisierungsstörung als die schwerere seelische Erkrankung zu betrachten, weil sie häufig mit Komorbidität und zusätzlichen Belastungsfaktoren (Angst, Depression, Suizidversuche etc.) verbunden ist (Tomasson et al. 1991).

Sowohl die Konversionsstörung wie die Somatisierungsstörung werden im DSM-III-R zusammen mit Hypochondrie, Dysmorphophobie und anderen unter die somatoformen Störungen subsumiert, deren Gemeinsamkeit darin besteht, daß sie „wie körperliche (Erkrankungen) aussehen, diesen aber pathogenetisch nicht entsprechen" (Hoffmann 1994).

Im Übergang von DSM-III-R zur **ICD-10** kam es zu einer grundsätzlichen Veränderung. Der Begriff der Konversionsstörung wurde ganz fallen gelassen. Statt dessen wurde der Begriff der dissoziativen Störung erheblich ausgewei-

Tab. 2.7 Gegenüberstellung von somatoformer und dissoziativer Störung in DSM-III-R und ICD-10

DSM-III-R	ICD-10

Somatoforme Störungen
• Körperdysmorphe Störung
• Konversionsstörung
• Hypochondrie
• Somatisationsstörung
• Somatoforme Schmerzstörung
• Undifferenzierte Form
• Nicht näher bezeichnete
	Somatoforme Störungen
	• Somatisierungsstörung
	• Undifferenzierte Form
	• Hypochondrische Form
	• Somatoforme autonome Dysfunktion
	  – des kardiovaskulären Systems
	  – des oberen Gastrointestinaltraktes
	  – des unteren Gastrointestinaltraktes
	  – des respiratorischen Systems
	  – des Urogenitalsystems
	  – andere
	• Anhaltende somatoforme Schmerzstörung
	• Andere
	• Nicht näher bezeichnete

Dissoziative Störungen • Multiple Persönlichkeitsstörung • Psychogene Fugue • Psychogene Amnesie • Depersonalisierungsstörung • Nicht näher bezeichnete	Dissoziative Störungen • Dissoziative Amnesie • Dissoziative Fugue • Dissoziativer Stupor • Trance und Besessenheitszustände • Dissoziative Bewegungsstörungen • Dissoziative Krampfanfälle • Dissoziative Sensibilitäts- und Empfindungsstörungen • Dissoziative Störungen gemischt • Andere • Nicht näher bezeichnete

216 Konversionsstörungen

Tab. 2.8 Diagnostische Kriterien der Konversionsstörung nach DSMM-III-R und ICD-10

DSMM-III-R	ICD-10
A) Ein Verlust oder eine Veränderung einer körperlichen Funktion, die eine körperliche Erkrankung nahelegt. B) Es besteht ein zeitlicher Zusammenhang zwischen einer psychosozialen Belastung, die offensichtlich in Beziehung zu einem psychischen Konflikt oder Bedürfnis steht, und dem Beginn oder der Exazerbation des Symptoms. Dies legt eine ätiologische Beziehung psychischer Faktoren zu dem Symptom nahe. C) Die Person ist sich einer willentlichen Hervorrufung des Symptoms nicht bewußt. D) Das Symptom ist kein kulturell sanktioniertes Reaktionsmuster und kann nach gründlicher Untersuchung nicht durch eine bekannte körperliche Störung erklärt werden. E) Das Symptom ist nicht auf Schmerzen oder eine Störung der Sexualfunktion beschränkt.	1. Eine körperliche Erkrankung ist als Ursache ausgeschlossen. 2. Es muß eine überzeugende Erklärung für das Auftreten der Erkrankung aufgrund des psychologischen und sozialen Hintergrundes möglich sein.

tet. Er dient nun nicht mehr nur zur Bezeichnung der dissoziativen Störungen des Bewußtseins im Sinne des DSM-III-R (multiple Persönlichkeit, psychogene Fugue und Amnesie), sondern auch der Konversionsstörung, d.h. der „klassischen" Konversionssymptome. Tabelle 2.7 gibt eine Übersicht über diese Verschiebung der Nomenklatur zwischen DSM-III-R und ICD-10, Tabelle 2.8 zeigt eine vergleichende Zusammenstellung der diagnostischen Kriterien.

Wir werden uns im folgenden vor allem mit den **dissoziativen Körperstörungen**, d.h. den klassischen Konversionssymptomen und der Somatisierungsstörung befassen, während die dissoziativen Störungen des Bewußtseins und der Persönlichkeit gesondert behandelt werden (s. hierzu Kap. 2.8).

2.5.2 Fallbeispiel

Eine 20jährige junge Frau wird im Notarztwagen in die Psychiatrische Klinik eingeliefert, da sich ein Krampfanfall ereignet hat. Noch in der Ambulanz tritt ein weiterer Anfall mit den folgenden Symptomen auf: Die Patientin schlägt sich rhythmisch mit den Armen auf die Brust und ins Gesicht. Der Kopf ist dabei nach rechts gedreht und tonisch verspannt, die Augen sind geschlossen. Die Beine sind nach innen rotiert. Die Patientin ist nicht ansprechbar. Der Zustand dauert einige Minuten an, wird dann für einige Minuten unterbrochen und beginnt von neuem. Immer tritt gleichzeitig eine Hyperventilation auf. Eine EEG-Untersuchung im Anfall ist nicht möglich, da die Patientin sich die Elektroden vom Kopf reißt.

Der Aufnahme in die Klinik waren am vorhergehenden Tag folgende Ereignisse vorausgegangen: Die Patientin hatte am Nachmittag, während ihrer Orgelstunde, plötzlich Zuckungen in den Armen und Beinen sowie Bewußtseinsstörungen entwickelt. Sie war deswegen nicht mehr in der Lage gewesen, allein im Auto nach Hause zu fahren. Im Gespräch mit dem Orgellehrer, zu dem von seiten der Patientin ein vertrauensvolles Verhältnis bestand, berichtete sie, daß sie seit längerer Zeit von ihrem Vater sexuell mißbraucht werde. Auf das Anraten des Musiklehrers suchte sie in seiner Begleitung noch am selben Nachmittag die Kriminalpolizei auf, um Anzeige zu erstatten. Dort erlitt sie erstmals einen Anfall mit den oben beschriebenen Symptomen.

Zur Vorgeschichte berichtete sie in den Tagen nach der Aufnahme folgendes: Sie stamme aus einem kleinen Ort im Schwarzwald. Der Vater sei von Beruf Fabrikarbeiter, die Mutter Hausfrau. Zur Familie gehörten noch zwei ältere Geschwister, eine Schwester und ein Bruder, die das Elternhaus bereits verlassen hätten und verheiratet seien. Das Familienleben sei überwiegend harmonisch gewesen. Mit 14 Jahren sei sie jedoch erstmals von ihrem Vater zum Geschlechtsverkehr gezwungen worden. Der Vater habe ihr gedroht, daß er sie umbringen würde, wenn sie darüber irgend jemandem etwas mitteile. Er äußerte auch konkrete Vorstellungen, wie er dies in die Tat umsetzen würde. Nach dem Bericht der Patientin zwang der Vater sie in den folgenden Jahren immer dann zum Geschlechtsverkehr, wenn die Mutter aus dem Haus war. Sie habe niemals gewagt, sich jemandem anzuvertrauen, u.a. weil sie Angst hatte, der Mutter weh zu tun.

Mit 16 Jahren traten erstmals körperliche Symptome auf, und zwar im Sinne eines anfallsähnlichen Bildes sowie einer Gehstörung. Während eines dreiwöchigen Aufenthaltes in einer psychiatrischen Klinik gelang es der Patientin jedoch nicht, dem behandelnden Arzt die wahren Gründe ihres Leidenszustandes anzuvertrauen. So blieb alles beim alten. Wegen Konzentrations- und Arbeitsstörungen mußte die Patientin mit 18 Jahren im zwölften Schuljahr ohne Abschluß das Gymnasium verlassen. Etwa ein Jahr vor der jetzigen Aufnahme war im Urlaub in Österreich wiederum ein Anfall aufgetreten, der zu einer kurzzeitigen stationären Aufnahme geführt hatte. Erneut konnte keine vollständige Diagnose der bestehenden Problematik gestellt werden. Innerlich, so berichtete die Patientin, fühlte sie sich zu dieser Zeit bereits tot und wie ausgebrannt. Es bestanden konkrete Suizidgedanken. Aufgrund der Veränderung der Arbeitszeiten des Vaters war es im vergangenen Jahr zu noch häufigeren sexuellen Übergriffen gekommen. Eine Berufsausbildung als Altenpflegerin mußte die Patientin wegen fiebriger Zustände, unklarer Lähmungen und Mißempfindungen abbrechen.

Der Behandlungsverlauf erstreckte sich über ein Dreivierteljahr stationär und eine anschließende langfristige ambulante Psychotherapie. Er kann hier nur in wenigen Stichworten wiedergegeben werden:

In dem Maße, in dem die Patientin zu ihrem behandelnden Arzt Vertrauen faßte, kamen immer weitere Einzelheiten eines jahrelangen und, entgegen der anfänglichen Darstellung, mit sadistischen und perversen Elementen verbundenen sexuellen Mißbrauchs zutage. Der Umgang der Familie mit dem Offenbarwerden dieser Tatsachen war anfangs durch eine fast psychotisch anmutende Verleugnung bestimmt. Übereinstimmend, vor allem aber von der Mutter, wurde der Patientin vorgehalten, sich der Familie gegenüber illoyal verhalten zu haben. Erst nachdem die ältere Schwester der Patientin zugegeben hatte, daß sie selbst ebenfalls mit Beginn der Pubertät um ein Haar Opfer des sexuellen Mißbrauches durch den Vater geworden wäre und damit offiziell die Fronten wechselte, trat in der Familie eine Veränderung ein.

Die Krampfanfälle nahmen dabei in erkennbarem Zusammenhang mit den enormen Schuld- und Loyalitätskonflikten dem Vater und der Familie gegenüber, zunächst an Dramatik noch weiter zu. Dabei veränderte sich das Bild jedoch insofern, als die Anfälle immer deutlicher Züge einer szenischen Darstellung der inzestuösen Kontakte zeigten. Es schien, als nutze die Patientin ihre Körpersymptomatik als körpersprachliches Ausdrucksmittel, um damit Erfahrungen mitzuteilen, die mit sehr heftigen Affekten von Erregung, Überwältigung und Scham verbunden waren. In dem Maße, in dem die zurückliegenden Ereignisse, die vom Vater auch nicht bestritten wurden, von der Patientin ausgesprochen und von den verschiedenen Mitgliedern der Familie emotional realisiert werden konnten, kam es im Verlauf zu einem Nachlassen der Symptomatik.

In den Affekten dem Vater gegenüber traten Wut und Haß sowie mörderische Phantasien zunehmend an die Stelle einer blanden, zum Teil gefühlsarmen, zum Teil exkulpierenden Haltung. Die bereits vor Beginn des stationären Aufenthaltes eingeleitete polizeiliche Ermittlung nahm, parallel zur Behandlung in der Klinik, ihren Fortgang. Bei einer vordergründig weitgehend durch Spaltung und Verleugnung bestimmten Haltung des Vaters in bezug auf die Mißhandlung und den Mißbrauch der Tochter beging der Vater der Patientin am Tage der Gerichtsverhandlung, die in die Abschlußphase der stationären Behandlung fiel, einen Suizid, indem er sich auf dem Dachboden des Hauses der Familie erhängte.

Der Fall zeigt, welches Ausmaß von Destruktivität sich hinter der Sexualisierung der familiären Beziehungen beim Mißbrauch – wie häufig bei Perversionen – verbirgt.

> Die Krankengeschichte illustriert, daß eine wichtige Funktion der Konversionssymptomatik darin besteht, die Umgebung durch eine dramatische körperliche Symptomatik auf den Leidenszustand aufmerksam zu machen.

Oft – so auch im dargestellten Fall – werden die Zeichen und Hinweise erst relativ spät bemerkt.

2.5.3 Psychisches Trauma und Mißbrauch in der Ätiologie der Konversion

Etwa 20 Jahre, nachdem Freud die Bedeutung des Realtraumas in der Entstehung der Neurosen und der Konversion so sehr relativiert hatte, wurde er durch die äußeren Umstände gezwungen, sich erneut mit diesem Zusammenhang zu befassen. Anlaß war das massenhafte Auftreten traumatischer Neurosen – der sogenannten „Kriegszitterer" (shell shock syndrome) – während des I. Weltkriegs. In seinem Geleitwort zu dem Buch „Zur Psychoanalyse der Kriegsneurosen" nannte Freud einen „Ichkonflikt" zwischen dem alten Ich der Friedenszeit und dem neuen Ich der kriegerischen Auseinandersetzung und der Militärorganisation als pathogenetischen Faktor. 1920 nahm er in „Jenseits des Lustprinzips" die Beschäftigung mit dem psychischen Trauma wieder auf.

> Das zentrale Moment des Traumas liegt in der „Überflutung" des Ichs mit nicht integrierbaren Affekten („übergroße Erregungsmengen" – Freud 1926d).

Dieses Konzept ist mit geringen Modifikationen in der Psychotraumatologie bis heute gültig geblieben.

Über schwere Konversionssyndrome nach schockhaften Erlebnissen von Destruktion wurde auch während und nach dem II. Weltkrieg berichtet (Zetzel 1943). Anderson (1949) formulierte erstmals die Überlegung, daß die Konversionssymptomatik im Rahmen des shell-shock-Syndromes im Dienste der Abwehr eines depressiven Zusammenbruchs stehen könne. Auch über das Auftreten von Konversionsstörungen nach Objektverlust wurde immer wieder berichtet (Ford und Folks 1985; Scheidt 1992).

Die Bedingungen, die in der Entstehung von Konversionssymptomen wirksam sein können, sind sehr unterschiedlich. Dies macht eine Definition der Begriffe Mißbrauch und Trauma umso notwendiger.

Wir verstehen als Trauma Ereignisse, die zu einer schweren und schwersten Beeinträchtigung der psychischen Struktur und Entwicklung führen. Entscheidend für die Qualifizierung eines Ereignisses als psychisches Trauma ist die nicht antizipierbare, entwicklungsinadäquate, häufig plötzlich einsetzende kurzzeitig oder längerdauernde extreme Überforderung der zu einem bestimmten Zeitpunkt gegebenen Adaptationsmöglichkeiten des Ichs. Erinnerungen an traumatische Ereignisse sind deswegen nur schwer in die psychischen Strukturen zu integrieren (Laub und Auerhan 1993). Sie bilden einen Fremdkörper im Psychischen, „der als dauerndes pathogenetisches Agens wirksam bleibt" (Freud 1895d). Neben Katastrophen und Gewalt kommt dem Mißbrauch und dabei vor allem dem sexuellen Mißbrauch als einer traumatisierenden Umweltbedingung eine besondere Bedeutung zu.

Die psychischen Reaktionen auf Traumatisierung verlaufen in unterschiedliche Phasen. Die *unmittelbare Reaktion auf das Trauma*, die Streßantwort (Horowitz 1992), kann dabei den mittelfristigen und langfristigen Adaptationsprozessen, die durch den Versuch der psychischen Assimilation der traumatischen Erfahrung gekennzeichnet sind, gegenübergestellt werden. Analog wie bei pathologischen Trauerprozessen kann auch bei der Verarbeitung des psychischen Traumas prinzipiell jedes Element der Streßantwort in einen pathologischen Zustand übergehen (ebd.).

Psychopathologische Symptome können in jeder Phase der posttraumatischen Reaktion auftreten. Sie sind als Adaptationsversuche zu verstehen. Dissoziative Phänomene wie Depersonalisation und Derealisation sind häufige Merkmale des Erlebens in der unmittelbaren traumatischen Situation. Auch Konversionssymptome können bereits unmittelbar in der Phase der posttraumatischen Reaktion auftreten. Sie sind dann, wie im Falle des Kriegszitterns, Bestandteil des Streßantwortsyndroms. Sie können sich jedoch auch erst zu einem späteren Zeitpunkt manifestieren, so wie im oben beschriebenen Fallbeispiel. In wiederum anderen Fällen werden die Konversionssymptome durch eine Wiederbelebung von Phantasien und Assoziationen ausgelöst, die mit einem weiter zurückliegenden traumatischen Ereignis in Zusammenhang stehen, welches die Vorgänge an der psychischen Oberfläche gar nicht mehr bestimmt.

Dies ist der Fall, den Freud ursprünglich als Modell der traumatisch verursachten Hysterie beschrieben hatte.

Aus heutiger Sicht sind Hysterie und psychisches Trauma keine alternativen ätiologischen Konzepte. Sieht man in der Entstehung von Konversionssymptomen nicht nur den Aspekt der Ich-Leistung, d.h. der hochstrukturierten Abwehr unbewußter Impulse und ihrer Darstellung im körperlichen Symptom (Konfliktmodell), sondern auch den Aspekt des Versagens von Ich-Funktionen (Defizitmodell), welches dazu führt, daß unerträgliche Affekte („übergroße Erregungssummen") nicht mehr im Bereich des Psychischen gehalten werden können, sondern ins Somatische „konvertieren", dann verwischt sich die scharfe Unterscheidung zwischen traumatischer Neurose und Konversion und es wird verständlich, weshalb diese Form der Symptombildung nicht selten als Reaktion auf psychische Traumata auftritt. Eine solche Sichtweise siedelt traumatische Neurose und Übertragungsneurose auf einem Kontinuum an, anstatt sie kategorial gegeneinander abzugrenzen, – ein Gedanke, der von Freud in einem Brief an E. Jones bereits 1919 ausgesprochen wurde (Jones 1984).

Die neuere psychiatrische Klassifikation (ICD-10) trägt dem zeitlichen Verlauf der traumatischen Reaktion durch die *Unterscheidung der akuten Belastungsreaktion von der verzögerten Reaktion der posttraumatischen Belastungsstörung* Rechnung.

Typisch für die akute Belastungsreaktion ist der Zustand einer „Betäubung" mit einer Einengung des Bewußtseins und eingeschränkter Aufmerksamkeit. Dieser Zustand kann von psychischem und sozialem Rückzug bis hin zum dissoziativen Stupor begleitet sein. Auch Unruhezustände und Überaktivität treten bei der akuten Belastungsreaktion auf. Charakteristisch für die posttraumatische Belastungsstörung ist dagegen eher das wiederholte Erleben des Traumas in sich aufdrängenden Erinnerungen, Träumen und Alpträumen sowie andauernde Gefühle von emotionaler Stumpfheit und Teilnahmslosigkeit.

Dissoziative Vorgänge und dissoziative Phänomene gehören genuin zur psychischen Reaktion auf Traumatisierung, und zwar in unterschiedlicher Form in allen Phasen der posttraumatischen Reaktion (Genilas 1983; Goodwin 1985; Herman et al. 1986; Rieker und Carmen 1986). Ein tieferes Verständnis der Psychodynamik der Dissoziation könnte möglicherweise auch die Verbindung zwischen Realtrauma und hysterischer Neurose beleuchten helfen.

2.5.4 Bedeutung von Mißhandlung und Mißbrauch bei verschiedenen Konversionsstörungen

Psychogene Anfälle

Auf die Bedeutung des sexuellen Mißbrauches in der Vorgeschichte von Patientinnen mit psychogenen Anfällen ist von verschiedenen Autoren hingewiesen worden.
Goodwin und Mitarbeiter (1979, 1989) berichten in ihrem Buch „Sexueller Mißbrauch. Inzestopfer und ihre Familien" über sechs Fälle von *hysterischen Krampfanfällen* bei Adoleszenten, die kurz zuvor einem Inzest ausgesetzt waren. Die Autoren hatten, nachdem sie anhand von zwei Fällen auf den Zusammenhang zwischen Inzest und psychogenen Krampfanfällen aufmerksam geworden waren, die Krankenakten von zwölf weiteren psychiatrischen Aufnahmen unter der Diagnose einer hysterischen Epilepsie untersucht und dabei in vier weiteren Fällen Angaben über einen stattgehabten Inzest gefunden. In allen Fällen handelte es sich um weibliche Inzestopfer. Alle sechs Patientinnen waren in der Vorgeschichte häufiger von zu Hause weggelaufen, alle hatten Suizidversuche angedroht oder durchgeführt. Vier der sechs Patientinnen waren promiskuitiv, eine Patientin hatte Orgasmusstörungen, und eine Patientin war homosexuell. Alle Patientinnen waren bereits als Teenager mit psychiatrischen Symptomen aufgefallen. Die Autoren vermuten, daß hysterische Krampfanfälle aus verschiedenen Gründen unter den Konversionssymptomen eine relativ spezifische Symptomwahl bei Inzestopfern darstellen.

Drei der von Goodwin und Mitarbeitern beschriebenen Patientinnen berichteten, daß der Beginn ihrer Anfälle mit der ersten Episode des sexuellen Mißbrauchs zusammenfiel, daß jedoch die Anfälle zu dieser Zeit nur „im geheimen" auftraten.

Über weitere Fälle hysterischer Krampfanfälle im Zusammenhang mit Inzest wurde von Schechter und Roberge (1976), Mc Anarney (1975), Standage (1975) und Gross (1979) berichtet. Standage (1975) hatte in seinem Kollektiv von 25 Patientinnen und Patienten mit hysterischen Anfällen, davon 21 Frauen, zwei Patientinnen mit einer Inzestproblematik gefunden. Es kann aber vermutet werden, daß dieser Prozentsatz in der Regel höher liegt und in der zitierten Studie mit knapp 10% niedriger ausgefallen ist, weil die Anamnese und die psychiatrische Exploration der Probandinnen zu einem großen Teil von Neurologen durchgeführt und der Problematik des sexuellen Mißbrauches keine spezifische Aufmerksamkeit zugewandt worden war.

Über einen „Zufallsbefund" sexuellen Mißbrauches bei psychogenen Anfällen berichten

Desai et al. (1982). Die Autoren untersuchten 42 Anfälle bei sechs Patientinnen, um diagnostische Kriterien zur Differenzierung psychogener und epileptischer Anfälle zu gewinnen. Unter diesen sechs Fällen befand sich eine 23jährige Frau, deren Fallgeschichte hier zusammengefaßt wiedergegeben sei:

> Sie hatte im Alter von ein bis zwei Jahren einige tonische Anfälle erlitten. Mit 18 Jahren zog sie sich bei einem Sturz eine Schädelprellung zu, jedoch ohne Commotio. Im Anschluß daran entwickelte sich eine zunehmende Schwäche der Beine mit einer Gehstörung, für die keine neurologische Ursache gefunden werden konnte. Während eines stationären Aufenthaltes in einer psychiatrischen Klinik wurde die Diagnose einer „Konversionsreaktion bei einer posttraumatischen Neurose" gestellt. Im Alter von 19 Jahren war sie anläßlich eines Besuches durch ihren Vater von diesem sexuell belästigt worden. In der Folge dieser Ereignisse unternahm die Patientin zwei Suizidversuche. Kurz nach ihrer Heirat, zwei Jahre später, begann das Anfallsleiden.

Der Fall, der von den Autoren nicht ausführlicher kommentiert wird, zeigt das *Ineinandergreifen einer organischen Prädisposition mit biographischen Belastungsfaktoren,* das schließlich zur Symptombildung führt – ausgelöst durch ein zunächst erfreulich scheinendes äußeres Ereignis, eine Heirat. Das Beispiel illustriert auch die Einbettung der Mißbrauchsthematik in eine lebensgeschichtliche Entwicklung, die, wie so häufig, eine spezifische Zuschreibung von Kausalitäten im Rückblick erschwert.

Trotz einer großen Zahl von Studien über psychogene Anfälle (Roy 1979; Ramani et al. 1980; King et al. 1982; Vanderzant 1986; Lesser 1986; Boon 1993) sind systematische Untersuchungen über die Belastung durch traumatische Lebensereignisse in der Vorgeschichte dieser Patientinnen die Ausnahme.

Der Verzicht auf den alten Terminus der „hysterischen Anfälle" in der neueren Literatur zeigt, daß die Verbindung zur Hysterie bei diesem klinischen Bild heute nicht mehr als sehr eng angesehen wird. Dadurch wird die Frage der relevanten pathogenetischen Bedingungen umso aktueller. Möglicherweise kommt dem Thema von psychogenen Anfällen und anderen Konversionsphänomenen bei im fremdsprachigen Milieu aufwachsenden Ausländerkindern eine besondere Bedeutung zu. Eine Kasuistik von Götter (1995) über den Fall eines türkischen Mädchens mit Anfällen und einschlägigen Mißbrauchserlebnissen in der Vorgeschichte weist in diese Richtung.

Auf den Ausdruckscharakter der Symptomatik ist gerade bei den psychogenen Anfällen immer wieder hingewiesen worden. Wie das oben geschilderte Fallbeispiel zeigt, besteht dieser Hinweis zu Recht. Allerdings sollte das Symptom nicht vorschnell als szenische Realisierung unbewußter Triebimpulse interpretiert werden. Häufig manifestiert sich darin ebenso sehr die Hilflosigkeit des Ichs angesichts einer ausweglos erscheinenden realen Situation und/oder gleichzeitig einer extremen seelischen Überlastung. Es kann davon ausgegangen werden, daß der Schweregrad in der Störung der Willkürmotorik in etwa dem der Störung in der Affektintegration entspricht. Das bedeutet, daß der Spielraum der Ich-Funktionen bei Störungen, die die Willkürmotorik des gesamten Körpers betreffen, in der Regel sehr eingeengt ist.

Weitere Konversionsstörungen

Obwohl psychogene Anfälle nach Traumatisierung und Mißbrauch unter den dissoziativen Störungen der Willkürmotorik vermutlich die häufigste Symptomatik darstellen, können auch alle anderen Formen der Störung einzelner motorischer Funktionen oder Organe auftreten. Freedman et al. (1991) berichten über drei Fälle einer **Stimmbanddysfunktion** bei Patientinnen, die alle drei in der Kindheit einen sexuellen Mißbrauch erlitten hatten. Die Stimmbanddysfunktion hatte in allen drei Fällen zu einer Behinderung der Atmung geführt, die als Asthma fehldiagnostiziert worden war. Auch diese Autoren weisen darauf hin, daß die körperliche Leitsymptomatik in den von ihnen beobachteten Fällen nur ein Teilaspekt einer weitreichenderen Störung der Persönlichkeitsentwicklung ist und daß das Symptom weniger unter dem Gesichtspunkt einer symbolischen Bedeutung gesehen werden sollte denn als Versuch, angesichts der Defizite einer entwicklungsfördernden Umwelt ein Mindestmaß an Selbstkohäsion aufrecht zu erhalten.

Auch Konversionssymptome im Bereich der Sinnesorgane in der Folge eines sexuellen Traumas sind berichtet worden. Braun-Scharm und Frank (1995) beschreiben eine so verursachte akute **Sehstörung**.

Sexuelle Funktionsstörungen

Sexuelle Funktionsstörungen nach kindlichem sexuellem Mißbrauch sind häufig (Jehu 1989). Sie können das Sexualverhalten (Promiskuität, Rückzug von der Sexualität), die Sexualpräferenz (z.B. Homosexualität) und die Sexualfunktion (Frigidität, Vaginismus) betreffen.

Nur die sexuellen Funktionsstörungen lassen sich – jedoch bereits in Abweichung von der Nomenklatur der dissoziativen Störung nach DSM-III-R und ICD-10 – zu den Konversionsstörungen rechnen.
Silverstein (1989) gibt an, daß von 22 Frauen mit **Vaginismus** vier über sexuelle Beziehungen mit einem Bruder und neun über sexuellen Mißbrauch durch andere Verwandte berichten. Vier Patientinnen hatten während der Kindheit urethrale Manipulationen durch medizinische Eingriffe erlitten. Die Autorin mutmaßt, ob nicht weitere Fälle in der von ihr untersuchten Gruppe vorlagen, die jedoch in einem einmaligen Interview nicht eruiert werden konnten.

Sekundäre Amenorrhoe (Schoenfeld et al. 1990) und **Frigidität** (Jehu 1989) sind ebenfalls in Zusammenhang mit sexuellem Mißbrauch gebracht worden. Wie bereits mehrfach erwähnt, sind auch die sexuellen Funktionsstörungen ebenso wie andere Konversionssymptome nicht für den sexuellen Mißbrauch spezifisch. In vielen Fällen liegen diesen Funktionsstörungen andere psychologische Motive, nämlich unbewußte psychische Konflikte, zugrunde. Die Diagnose eines Mißbrauchs ist jedoch, wenn er vorliegt, deshalb von so großer Bedeutung, weil sich die psychotherapeutische Behandlung nach Traumatisierung in wichtigen Gesichtspunkten von der Behandlung eines neurotischen Konfliktes zu unterscheiden hat.

Somatisierungsstörung

Die Somatisierungsstörung ist durch eine Anamnese vielfältiger körperlicher Beschwerden und entsprechende Inanspruchnahme medizinischer Maßnahmen gekennzeichnet. Verfolgt man die Entstehung dieses neueren Begriffs, dann wird deutlich, daß es sich um den polysymptomatischen Typ der (alten) Hysterie handelt. Nicht selten liegen iatrogene Schädigungen durch diagnostische und therapeutische Eingriffe vor, so daß die Retraumatisierung im medizinischen Feld besonders bei diesen Patienten gelegentlich den Gedanken einer aktiv inszenierten Wiederholung der ursprünglichen biographischen Traumata, das heißt, eines „Wiederholungszwanges", nahelegt.

Morrison (1989), der eine Gruppe von 60 Frauen mit Somatisierungsstörung mit 31 Frauen mit einer primären affektiven Störung verglich, fand in der Gruppe der Patientinnen mit Somatisierungsstörung eine signifikant höhere Zahl von sexuellem Mißbrauch (molestation = unwanted sexual contact with or without intercourse; 55% vs. 16%). Ähnliche Ergebnisse werden von Coryell und Norten (1981) berichtet, die dieselben Störungsbilder miteinander verglichen und ebenfalls signifikante Unterschiede bei allerdings geringeren Prävalenzzahlen in den beiden Gruppen fanden (18% vs. 0%).

Morrison (1989) diskutiert kritisch die Tendenz, solche Ergebnisse mit dem Hinweis auf die sexuellen Phantasien „hysterischer Patientinnen" zu entwerten und weist damit zugleich auf die erheblichen, auch von anderen Autoren immer wieder hervorgehobenen methodologischen Schwierigkeiten der empirischen Forschung in diesem Bereich hin. Die enormen Differenzen zwischen den von verschiedenen Autoren angegebenen Prävalenzzahlen zum sexuellen Mißbrauch (Fry 1993) stellen in der Tat ein Problem dar bzw. weisen auf ein Problem hin. Über alle Diskrepanzen hinweg kann heute jedoch der Zusammenhang zwischen psychischer Traumatisierung durch jedwede Art von Mißbrauch einerseits und späterer psychischer Störung andererseits als gesichert gelten. Die Frage, ob dabei ein isoliertes Ereignis oder eine Matrix sozialer Erfahrungen, die einen Kontext von Deprivation und Vernachlässigung bilden, pathogenetisch im Vordergrund stehen (Mullen et al. 1993), ist von nachgeordneter Bedeutung. Die paradigmatische Bedeutung des Studiums der Langzeitfolgen von Mißbrauch und Mißhandlung auf die psychische Entwicklung besteht nicht zuletzt auch darin, daß sie zu einem genaueren Verständnis der Auswirkungen von Umweltdefiziten auf die Störung seelischer Reifungsprozesse beiträgt.

2.5.5 Therapie

Das Spektrum der Therapieansätze, die zur Behandlung von Konversionsstörungen empfohlen werden, ist breit. Es reicht von der Gabe von Placebos über suggestive Verfahren (Hafeiz 1980), Antidepressiva (Ziegler 1970), Rehabilitation (Delargy et al. 1986), Verhaltenstherapie (Goldblatt und Munitz 1976; Teasell und Shapiro 1994), stationäre Kurztherapie (Dickes 1974), Existenzialanalyse (Opalic und Röder 1993), Biofeedback (Fishbain et al. 1988) bis hin zur Elektrokrampftherapie (Dabholkar 1988). Während fast alle Publikationen über Erfolge mit der jeweils verwendeten Behandlungsmethode berichten, steht eine systematische empirische Evaluation dieser heterogenen Therapievorschläge noch weitgehend aus.

Die psychotherapeutische Behandlung der Konversionsstörungen nach Mißhandlung und Mißbrauch kann unterschiedliche Ziele verfolgen. Die Unterstützung der Verarbeitung der traumatischen Erlebnisse sollte dabei im Mittelpunkt stehen. Das heißt, eine Psychotherapie sollte auch dann erfolgen, wenn die akute Symptomatik abgeklungen ist oder sich spontan zurückgebildet hat. Eine ausschließlich am Symptom orientierte psychotherapeutische Behandlung ist wegen der einschneidenden Folgen, die die Traumatisierung durch Mißhandlung und Mißbrauch auf die unterschiedlichen Bereiche der Persönlichkeitsentwicklung – Selbst und Selbstgefühl, Objektbeziehungen und psychosexuelle Entwicklung – hat, unserer Erfahrung nach in der Regel nicht ausreichend.

Die **Differentialindikation** für das jeweilige therapeutische Vorgehen – stationäre vs. ambulante Psychotherapie, niederfrequente Langzeittherapie vs. Familientherapie etc. – kann sich u.a. an den folgenden vier Kriterien orientieren:
- dem Charakter der Symptomatik, die, wie z.B. bei psychogenen Anfällen, mit beträchtlichen medizinischen und sozialen Konsequenzen verbunden sein kann
- der Situation im familiären Umfeld, das in den meisten Fällen an der Entstehung unmittelbar beteiligt ist

- dem Behandlungsauftrag des Patienten, der aufgrund der engen und hochambivalenten Verbindung, die zwischen „Tätern" und „Opfern" besteht, häufig widersprüchlich ist
- den verfügbaren psychotherapeutischen Ressourcen angesichts der nicht selten risikoreichen Behandlungsverläufe

Es ist in Anbetracht der Unterschiedlichkeit der klinischen Situationen kaum möglich, allgemeine Behandlungsempfehlungen zu formulieren. Unserer Erfahrung nach sind bei der Behandlung von Patienten nach Mißhandlung und Mißbrauch jedoch drei Quellen von **Komplikationen im Behandlungsverlauf** besonders zu beachten:

- die Konfusion zwischen forensischem Interesse und psychotherapeutischem Auftrag vor allem in den Fällen, in denen Mißhandlung und Mißbrauch bis in die jüngste Vergangenheit angedauert haben oder noch andauern
- das Problem der Gegenübertragung in Bezug auf den „Täter" und das familiäre Umfeld. Dies kann dazu führen, daß die innere Bindung des Patienten seiner Familie gegenüber übersehen wird.
- verschiedenartige hysteriforme Abwehrmanöver, die aus der Angst vor einer Bindung an den Therapeuten entstehen und oft dem „Austesten" der Verläßlichkeit von Grenzen dienen

Die Schwierigkeiten, die die Behandlung von Patienten nach Mißhandlung und Mißbrauch birgt, sind hiermit nur unvollständig beschrieben. Es gibt unserer Auffassung nach jedoch keine Möglichkeit, den Behandlungsweg abzukürzen, wenn die Psychotherapie an dem Ziel festhalten soll, zu einer *Integration der traumatischen Erfahrung* und damit zu einer Linderung der negativen Langzeitwirkungen des Traumas auf die Persönlichkeit beizutragen.

2.6 Somatoforme Schmerzstörungen

Ulrich Tiber Egle und Ralf Nickel

Inhalt

2.6.1 Einleitung	225
2.6.2 Definition und klinisches Erscheinungsbild	226
2.6.3 Fallbeispiel	228
2.6.4 Psychodynamische Erklärungsprinzipien bei somatoformen und funktionellen Schmerzzuständen	229
Der Konversionsmechanismus	230
Der narzißtische Mechanismus	231
Die primäre Umwandlung von Affekten in körperliche Spannungszustände	232
Lernvorgänge	232
2.6.5 Empirische Belege zur Bedeutung psychosozialer Belastungsfaktoren in der Kindheit somatoformer Schmerzpatienten	232
2.6.6 Pathogenetisches Modell der somatoformen Schmerzstörung vor dem Hintergrund des gegenwärtigen Forschungsstandes	238
2.6.7 Therapie	241
Psychotherapeutische Grundprinzipien	241
Phasen des Therapieprozesses	243
Manualisierte psychodynamisch-interaktionelle Gruppentherapie	244

2.6.1 Einleitung

Akuten körperlichen Schmerz kann jeder Mensch fast täglich erfahren. Er ist zeitlich begrenzt und wird in der Regel durch äußere (z.B. Verletzung) oder innere (z.B. Entzündung) Prozesse nozizeptiv ausgelöst. Hinsichtlich seiner Intensität besteht eine enge Verknüpfung mit dem auslösenden Reiz; seine Lokalisation ist entsprechend umschrieben. Dies gilt selbst dann, wenn man „übertragenen Schmerz" berücksichtigt, dessen Lokalisation aufgrund neuroanatomischer und neurophysiologischer Zusammenhänge hinsichtlich des Reizortes ebenfalls definierbar ist. Akuter Schmerz wird meist von vegetativen Reaktionen (z.B. Veränderung der Darmmotilität und Atmung, Herzfrequenz- und Blutdrucksteigerung, Pupillendilatation, reflektorische Muskelanspannung) sowie – je nach Stärke – auch von Angstreaktionen begleitet. Neben einer Warnfunktion hat akuter Schmerz auch eine Rehabilitationsfunktion: Bei schweren Erkrankungen, nach Unfällen oder nach Operationen zwingt er zu Ruhe und Schonung. Warn- ebenso wie Rehabilitationsfunktion des akuten Schmerzes dienen der Erhaltung der körperlichen Unversehrtheit bzw. Funktionsfähigkeit des Organismus. Dies wurde sowohl tierexperimentell als auch durch Beobachtungen bei angeboren schmerzunempfindlichen Menschen belegt. Ähnlich wie Hunger oder

Durst, welche ebenfalls der Erhaltung der körperlichen Unversehrtheit des Organismus dienen, gibt Schmerz Auskunft über den augenblicklichen körperlichen Zustand. Ein ausschließlich sensorisches Schmerzverständnis ist insofern unzureichend, als es Schmerz mit sensorischen Funktionen wie Sehen, Hören oder Riechen gleichsetzt, welche uns vor allem Auskunft über unsere Umgebung geben. Ist dieses reduktionistische sensorische Schmerzverständnis bei akuten Schmerzzuständen schon unzureichend, so verliert es seine Bedeutung bei chronischen Schmerzzuständen noch mehr, falls es bei diesen überhaupt eine hat.

Viele Ärzte unterscheiden jedoch nicht zwischen akutem und chronischem Schmerz, was dazu führt, daß sie auch bei chronischem Schmerz einen peripheren Reiz für eine Conditio sine qua non halten und ihre Diagnostik ganz auf den Nachweis einer diesen Reiz bedingenden peripheren Gewebsschädigung bzw. Funktionsstörung ausrichten. Auf dem Hintergrund dieses linear-kausalen Schmerzverständnisses können Schmerzen, die nicht durch eine organische Läsion begründbar sind, nicht erklärt werden, werden vielmehr schnell als „eingebildete Schmerzen" etikettiert. Da der Patient jedoch von der „Echtheit" seiner Schmerzen überzeugt ist, zweifelt er an der Qualität des Arztes und sucht sich einen anderen, wo dann alles von vorne beginnt.

Das linear-kausale Schmerzverständnis führt nicht selten auch zur Überbewertung technisch-apparativer Zufallsbefunde, wie dies eindrucksvoll mit dem Aufkommen von CT und MRT in den 80er Jahren der Fall war und teilweise immer noch ist: Bei einer Normalbevölkerung ohne Rückenschmerzen liegt die Wahrscheinlichkeit bei 30–35%, daß im CT bzw. MRT ein Bandscheibenvorfall nachgewiesen wird.

Eine vollständige oder teilweise psychische Verursachung der Schmerzen – und dies spielt bei weit mehr als der Hälfte aller chronischen Schmerzpatienten eine wesentliche Rolle – ist damit eine diagnostische Restkategorie, der die Patienten erst, wenn überhaupt, nach wiederholter somatischer Ausschlußdiagnostik zugeordnet werden. Dies führt sowohl zu immensen Kosten als auch zu einer Chronifizierung beim Patienten und nicht selten aufgrund der Überbewertung von Zufallsbefunden zu iatrogenen Schädigungen. In besonderem Maße sind davon Patienten mit somatoformen Schmerzzuständen betroffen.

2.6.2 Definition und klinisches Erscheinungsbild

Patienten mit **anhaltender somatoformer Schmerzstörung** (nach **ICD-10: F45.4**, nach ICD-9: „psychogener Schmerz") sind meist von einer körperlichen Ursache ihrer Schmerzen überzeugt („Ich hab's in den Armen und nicht im Kopf.") und verlangen nicht selten von sich aus diagnostisch wie therapeutisch invasive Interventionen seitens des Arztes. Bringen diese Ergebnisse dann nicht die erhoffte körperliche Erklärung für die Schmerzen bzw. deren Linderung, so zweifeln die Patienten an der Qualität des betreffenden Arztes und suchen einen anderen auf. Da auch viele Ärzte bis heute von der Vorstellung ausgehen, daß Schmerzen eine körperliche Ursache zugrunde liegen muß (Reduktion des Schmerzes auf seine Funktion als Warnsignal), so trifft sich dies nicht selten mit den Wünschen des Patienten nach einer körperlichen Erklärung, wodurch somatische Zufallsbefunde leicht überbewertet und kausal mit den Schmerzen verknüpft werden. Dieser Circulus vitiosus zwischen Arzt und Patient leistet der Chronifizierung Vorschub und führt nicht selten zu sekundären iatrogenen körperlichen Schädigungen (z.B. Extraktion von Zähnen, Verwachsungen nach Laparaskopien und Laparatomien usw.).

> Im Vordergrund steht eine schon mindestens sechs Monate lang anhaltende Schmerzsymptomatik (chronischer Schmerz), wel-

che durch einen physiologischen Prozeß oder eine körperliche Störung nicht hinreichend erklärt werden kann. Neben dem Ausschluß einer zugrundeliegenden körperlichen Ursache muß gleichzeitig im engen zeitlichen Zusammenhang mit dem Beginn dieser Schmerzsymptomatik eine psychosoziale Belastungssituation, ein kritisches Lebensereignis oder eine innere Konfliktsituation nachweisbar sein.

Im Rahmen einer sorgfältigen biographischen Anamnese finden sich in der Vorgeschichte dieser Patienten nicht selten eine Reihe anderer funktioneller Beschwerden (z.B. Kloß- und Engegefühl, Bauchschmerzen schon in der Kindheit, Mundbrennen). Somatoforme Schmerzen laufen auf einer rein zentralen Ebene ab, werden vom Patienten jedoch peripher wahrgenommen. Ein Beispiel dafür sind Patienten mit Herzschmerzen ohne Organbefund, bei denen etwa eine nahestehende Bezugsperson an einem Herzinfarkt verstorben ist, oder Patienten mit Schmerzen in Armen oder Beinen ohne nachweisbare organische Ursache, die im Rahmen der Ablösung vom Elternhaus ihr Leben „nicht in die eigene Hand nehmen" bzw. „nicht auf eigenen Füßen stehen wollen". Auch massive aggressive Impulse, die abgewehrt werden müssen, können so zu Schmerzen führen, die im Arm wahrgenommen werden, jedoch ausschließlich auf der Ebene der Vorstellung zentral entstehen. Auch chronische Unterleibsschmerzen ohne körperlichen Befund („Pelipathie", vgl. Kap. 2.7) sind zu den somatoformen Schmerzzuständen zu rechnen.

Schließlich soll im Rahmen dieser, auf einer rein zentralen Ebene ablaufenden Schmerzen auch jene Gruppe von Patienten erwähnt werden, die durch einen Unfall oder eine plötzliche Erkrankung bedingt zunächst primär körperliche Schmerzen hatten und dann aus psychischen Gründen – meist zur Stabilisierung ihres durch die Krankheit oder den Unfall gefährdeten labilen Selbstwertgefühls – an diesen Schmerzen festhalten („narzißtische Plombenfunktion" des Schmerzes), das heißt, daß diese Schmerzen sekundär und unbewußt eine rein psychische Funktion bekommen („wenn ich die Schmerzen nicht hätte, könnte ich weiterhin all das und noch viel mehr leisten als zuvor").

Die Diagnose „psychogener Schmerz" wird oft auch anhand unzureichender Kriterien gestellt, indem sich der Untersucher etwa auf den Ausschluß einer organischen Erkrankung beschränkt. Auch Patienten mit „auffälligem" Verhalten in der Kommunikation mit dem Untersucher werden nicht selten vorschnell mit dieser Diagnose versehen. Bei einigen (meist klinikfernen) Psychoanalytikern besteht aufgrund einer Überbewertung der affektiven Reaktion des Untersuchers (sogenannte Gegenübertragung, Empathie) und ihrer Neigung, jedes körperliche Geschehen symbolhaft zu verstehen, die Gefahr, bei Patienten mit primär somatischer Schmerzursache, vor allem mit neuropathischen Schmerzen, fälschlich eine Psychogenese anzunehmen. Alexander (1935) wies bereits darauf hin, daß es ein „methodischer Irrtum" ist, wenn man jedes organische Symptom psychologisch zu deuten versucht. Letztlich handelt es sich dabei um einen Rückfall auf die Verständnisebene Groddecks in den Anfängen der psychoanalytischen Psychosomatik.

Differentialdiagnostisch sind von der somatoformen Schmerzstörung nach ICD-10 als weitere psychische Störungen, bei denen Schmerz als Symptom im Vordergrund stehen kann, die *Hypochondrie und der hypochondrische Wahn, die coenästhetische Psychose sowie die Somatisierungsstörung abzugrenzen*. Auch bei *Angst- und depressiven Erkrankungen* kann Schmerz zu den vorherrschenden Beschwerden zählen, wird dann jedoch von den entsprechenden affektiven und vegetativen Symptomen begleitet. Abzugrenzen sind auch funktionelle Schmerzzustände (z. B. primärer Kopfschmerz, Lumbalgie) sowie primär körperlich bedingte chronische Schmerzzustände (z.B. Trigeminusneuralgie, Post-

Zoster-Neuralgie, Rheumatoide Arthritis, Arthrose), bei denen eine psychische Modulation durch eine inadäquate Krankheitsbewältigung (z.B. fatalistische Krankheitskontrollüberzeugungen, catastrophizing, Analgetikaabusus, akut belastete Lebenssituation) oder auch durch eine psychische Komorbidität (z.B. Angst-, Sucht-, depressive Erkrankung, Persönlichkeitsstörung) erfolgen kann (vgl. Egle et al. 1999).

2.6.3 Fallbeispiel

Eine 42jährige Hausfrau und Mutter von zwei Söhnen (18 und 11 Jahre) leidet seit 17 Jahren unter Schmerzen im rechten Unterarm, welche zwischenzeitlich zu einer ganzen Reihe konservativer (Schiene, Gips) wie operativer Eingriffe geführt haben, jeweils ohne Erfolg. Von ihrer neuen Hausärztin wird sie erstmals an eine spezielle Schmerzeinrichtung überwiesen. Die Patientin schildert ihre in der Intensität wechselnden Schmerzen als manchmal „unerträglich" und als „mörderisches Reißen". Neben einer Abhängigkeit von Witterung und Wärme habe sie auch schon bemerkt, daß sich die Schmerzen bei Aufregung verstärken. Aufregen könne sie sich vor allem über die Unordentlichkeit ihrer „Männer". Diese betreiben extensiv verschiedenste Sportarten und lassen dann ihre Sachen überall herumliegen. Aufgrund von Aufregung und Ärger schlage sie schon mal eine Tür zu oder schreie laut, achte dabei jedoch darauf, daß sie allein sei und niemand sie hören könne. Irgendwelche offenen Konflikte mit dem Ehemann, dem sie sich intellektuell und sportlich-körperlich haushoch unterlegen fühle, habe es seit ihrer Heirat vor 20 Jahren nicht gegeben. Ihr Ärger gehe dann mehr nach innen, teilweise sei sie innerlich tagelang damit beschäftigt. Obwohl sie selbst keinerlei sportliche Interessen habe, begleite sie den Ehemann, der auch darauf dränge, sooft wie möglich zu allen sportlichen Aktivitäten. Umgekehrt komme er jedoch ihrem Wunsch nach einem ruhigen Spaziergang oder einem gemütlichen Beisammensitzen nie nach, so daß ein echter Austausch zwischen ihnen praktisch nicht stattfinde. Am ehesten könne sie ihren Unmut noch gegenüber dem jüngeren Sohn zeigen, der jedoch eigentlich ein braves Kind und ihr in vielem ähnlich, d.h. eher zurückhaltend und ängstlich sei.

Aufgrund der Armschmerzen sei es ihr nach der Geburt beider Kinder schwergefallen, diese zu halten und auch die sonst anfallenden Aufgaben zu verrichten. Glücklicherweise sei sie von ihrer Mutter unterstützt worden, nachdem sie nach der Geburt des ältesten Sohnes darauf gedrängt habe, wieder in die Nähe ihres Elternhauses zu ziehen. Die Mutter war ganz froh, wenn sie einen Grund hatte, ein paar Stunden ohne den Vater zu verbringen. Dieser hatte im Krieg eine schwere Hirnverletzung davongetragen und war seither schwierig: Er neigte zu plötzlichen aggressiven Durchbrüchen und war für die Mutter ebensowenig wie für die Patientin und deren zwei Jahre älteren Bruder berechenbar. Nicht selten hatte er die Familie massiv bedroht, so daß mehrfach auch die Polizei einschreiten mußte. Doch auch die Mutter wurde von der Patientin als wenig verläßlich erlebt. Oft hatte sie den Eindruck, daß diese den Bruder, auf den es der Vater offensichtlich besonders abgesehen hatte, auf ihre Kosten zu schützen versuchte. Noch heute bevorzuge die Mutter den Bruder, indem sie von diesem alle unangenehmen Verpflichtungen fernhalte, während sie die Patientin in die Pflicht nehme. So etwa, wenn es darum geht, wegen des Vaters, der in den letzten Jahren häufiger in stationärer Behandlung ist, mit den Ärzten zu sprechen.

Im Rahmen der diagnostischen Abklärung konnte ein enger zeitlicher Zusammenhang zwischen dem Beginn der Armschmerzen und einer Begebenheit bei einer Familienfeier wenige Monate nach der Geburt des ältesten Sohnes herausgearbeitet werden: Der Vater fing plötzlich mit dem Bruder Streit an, worauf dieser die Feier verließ. Nachdem darauf ihr Mann die Partei des Bruders ergriff, kam es zu einer heftigen Auseinandersetzung. Als beide sich schon am Kragenrevers gepackt hatten und sich gegenseitig schüttelten, schritten Verwandte ein, sie zu trennen. „Mein Mann kann einfach nicht ruhig sein ...", sagte die Patientin nicht ohne eine gewisse Bewunderung.

Im Rahmen der psychoanalytischen Gruppentherapie sprach die Patientin davon, wie sehr sie sich in Kindheit und Jugend oft allein und verlassen gefühlt habe. Als Flüchtlingskind war sie nach Kriegsende mit sieben Jahren in das Dorf in der Pfalz gekommen, nachdem sie zuvor in den Ostgebieten interniert und dabei mehrere Monate auch von der Mutter getrennt gewesen war. Hier kam es mehrfach zu einem sexuellen Mißbrauch durch eine Aufsichtsperson dieses Lagers.

In der Schule hatte sie es schwer, Anschluß zu finden. Sprache, Kleidung und Religion ließen sie den einheimischen Kindern als anders erscheinen. Um so bemühter war sie, das Verhalten des Vaters vor diesen möglichst zu verbergen. Nie sprach sie mit einer Schulkameradin über die Situation zu Hause, auch nicht, nachdem das Auftauchen der Polizei diese im Ort offensichtlich werden ließ. Familiäre Auseinandersetzungen waren für sie mit der Angst verbunden, daß sie nach außen dringen könnten. Sie machte sich nicht selten zum Sündenbock, bekam die Prügel anstelle des Bruders, damit die Ausbrüche des Vaters nicht weiter eskalierten.

Nach über einem Jahr Gruppentherapie in einer homogenen Schmerzgruppe (vgl. Egle et al. 1992) berichtete die Patientin von einem Traum, den sie in der Jugend und als junge Erwachsene immer wieder hatte. Da dieser ihr Angst machte, hatte sie zuvor noch nie mit jemandem darüber gesprochen: In diesem Traum sah sie immer einen Arm, der ein Messer in der Hand hielt und mit diesem Messer dann auf etwas einstach, was sie nicht genau erkennen konnte. Nach weiteren 35 Gruppensitzungen berichtete die Patientin im Zusammenhang mit einer schweren Erkrankung und Intensivbehandlung des Vaters, daß sie mit etwa 16 Jahren zusammen mit dem Bruder einen Plan entwickelt hatte, den Vater umzubringen. Es sei nicht mehr zum Aushalten gewesen, sie hätten sich von den Ärzten mit dem Problem alleingelassen gefühlt. Die Mutter habe sich trotz ihres Drängens nicht scheiden lassen wollen, andererseits wollten sie die Mutter mit dem Vater nicht alleine lassen. Zur Durchführung habe sie jedoch der Mut verlassen.

Der Konversionsvorgang läßt sich verkürzt folgendermaßen zusammenfassen: Massive aggressive Impulse gegenüber dem Vater in Kindheit und Jugend sind stark gehemmt. Eine auslösende Situation mit Versuchungscharakter (der Ehemann geht auf den Vater tätlich los) reaktiviert den Konflikt. Die Patientin konvertiert die Ambivalenz symbolisch auf den Arm, wobei aggressive Impulse und Hemmung gleichermaßen repräsentiert werden: Sie ist „Täterin" und „Opfer", sie sticht zu und wird gestochen; der Schmerz garantiert „spürbar" ihre „Unschuld" und sühnt den wütenden Impuls, den sie zeitlebens unterdrücken mußte. Sie ist krank, aber entlastet.

2.6.4 Psychodynamische Erklärungsprinzipien bei somatoformen und funktionellen Schmerzzuständen

Ebenso wie schon Freud beschrieb auch Engel (1951, 1959) psychogene Schmerzpatienten als masochistisch. Die Patienten richten ihre aggressiven Impulse gegen sich selbst. In einer Reihe psychodynamisch orientierter Arbeiten, welche sich meist auf einen Einzelfall oder eine sehr geringe Anzahl von Patienten beschränken, wird dieser psychische Masochismus immer wieder bestätigt (vgl. u.a. Hirsch 1989c). Aufgrund einer systematischen Auswertung von etwa 700 chronischen Schmerzpatienten widersprechen Hoffmann und Egle (1989) einer ausschließlichen Verknüpfung von psychogenem Schmerz mit diesem einen psychodynamischen Mechanismus. Sie unterscheiden **vier psychodynamische Erklärungsprinzipien** bei der Entstehung ausschließlich oder überwiegend psychisch determinierter Schmerzzustände.

Der Konversionsmechanismus

Der Konversionsmechanismus ist das am breitesten verwendbare Prinzip zur Erklärung der Entstehung von Schmerzen im überwiegend oder mitverursachend psychogenen Sinne. Er geht von der Annahme innerer Konflikte aus, die durch ein körpersprachlich dargestelltes Symptom entlastet werden sollen. Diese Symptome drücken eine Kommunikation aus, weswegen sie auch als „Ausdruckskrankheiten" bezeichnet werden.

Vier Bereiche unerträglicher Gefühle und Konflikte können durch Schmerz abgewehrt werden:
- Die **symptomgebundene Darstellung des „alten Schlimmen"**. Die Patienten erzählen zunächst von einer glücklichen Kindheit, um dann bei genauerem Nachfragen schließlich eine Entwicklung in der Kindheit darzustellen, die von *emotionaler Deprivation, körperlichen Mißhandlungen und einer frühen körperlichen Leistungsüberforderung* gekennzeichnet war. Die Patienten drücken über das Symptom Schmerz das erlebte Elend in einer für sie selbst chiffrierten Form aus. Seiner Tendenz nach wäre das Symptom ein „Bewältigungsversuch".
- Die **Entlastung von Schuldgefühlen**. Diese Schuldgefühle stehen meist im Zusammenhang mit aggressiven Impulsen, welche auf dem Hintergrund der bedrohlichen familiären, häufig physischen Auseinandersetzungen in der Kindheit abgewehrt werden mußten. Die Bedeutung des Symptoms Schmerz bestünde hier vor allem in einem *Sühnevorgang,* durch den einesteils Aggressionen neutralisiert und anderenteils subjektive Schuld getilgt werden.
- Die **Entlastung von „schmerzhaften" Affekten**, vor allem angsthaften und depressiven Verstimmungen, aber auch von Leere- und Sinnlosigkeitsgefühlen. Durch Schmerz erfolgt eine *„Umlenkung" der Aufmerksamkeit vom psychischen zum körperlichen Bereich.* Der Körper wird zum narzißtischen Objekt (Hirsch 1989c). Diese „Umlenkung" wird dann meist noch durch eine körperliche Überaktivität unterstützt.
- Die **Erhaltung eines bedrohten sozialen Bezugs**. Der Schmerz symbolisiert hier das Fortbestehen einer Beziehung. Engel wies schon darauf hin, daß Schmerz eine wichtige Bedeutung in der Beziehung zwischen Mutter und Kind hat. Schmerz beinhaltet die Gewißheit, daß die Mutter kommen, trösten, helfen und alles wieder gut machen wird. Solange der Schmerz besteht – so hieße das unbewußte Motiv –, ist man nicht allein. Auf diese Bedeutung des Schmerzes als Ersatz eines mütterlichen Objektes hat vor allem Hirsch (1989c) hingewiesen. In einer empirischen Studie konnten Ahrens und Lamparter (1989) diese objektale Funktion des Schmerzes für eine Subgruppe chronischer Schmerzpatienten belegen. Die psychische Organisation des Schmerzes als inneres Objekt ging mit niedrigeren Depressionswerten, jedoch längerer Beschwerdedauer im Vergleich zu einer Subgruppe chronischer Schmerzpatienten

einher, bei denen der Schmerz keine objektale Funktion übernommen hatte. – Das oben genannte Fallbeispiel illustriert den Konversionsmechanismus.

Der narzißtische Mechanismus

Schmerz intendiert im Rahmen des narzißtischen Mechanismus die Vermeidung oder Begrenzung einer subjektiv existentiellen Krise des Selbstgefühls, in dem er das intrapsychisch wahrgenommene Defizit füllt („psychoprothetische Funktion"). Durch Schmerz kann das psychische Funktionieren aufrechterhalten und ein psychischer Zusammenbruch vermieden werden.

Wenngleich es sich ähnlich wie bei der Konversion um eine Symbolisierung handeln kann, steht jedoch hinsichtlich seines dynamischen Gewichtes der Rekonstruktionsvorgang vor dem kommunikativen Ausdrucksgehalt; die Sicherung oder Wiederherstellung existentieller psychischer Basisbedingungen ist vorrangig. Dabei handelt es sich um Menschen mit einer ausgeprägten libidinösen Besetzung ihres Körpers. Es bestehen unverarbeitete infantile Unverletzlichkeitsphantasien mit besonders hohen Leistungs- und Erfolgsidealen. In Versagens- und Mißerfolgssituationen tritt dann ein ausgeprägt regressives Verhalten auf. Die Brüchigkeit des Selbstgefühles wird in solchen „narzißtischen Krisen" deutlich. Meist handelt es sich dabei um plötzliche Ereignisse, vor allem Unfälle, welche zunächst die Schmerzen auslösen und diesen Patienten ein ausgeprägtes Gefühl von Hilf- und Hoffnungslosigkeit vermitteln.

Die plötzliche Einschränkung der körperlichen Leistungsfähigkeit und der körperlichen Unverletzlichkeit reaktualisiert infantile Hilflosigkeitserlebnisse, welche früher durch die Entwicklung eines kompensatorischen Narzißmus stabilisiert werden konnten. Diese narzißtische Kompensation endet bei ernsthaften Lebensschwierigkeiten sehr schnell, das Selbstgefühl hat sozusagen keine Reserven. Schmerz stellt damit unbewußt einen Zugewinn an „schmerzhafter Ordnungsstruktur" dar.

Diese psychodynamische Vorstellung läßt sich auch durch die Beobachtung bei schwer gestörten Borderline-Persönlichkeiten belegen, welche oft zu aktiven Selbstverletzungen mit Rasierklingen, Messern oder Zigaretten neigen. Das Unfallereignis würde an die Stelle der aktiven Selbstverletzung treten, die intrapsychische Aufrechterhaltung der zunächst oft primär durch die Unfall bedingten Schmerzen die aktive Selbstverletzung ersetzen. Bei einer Subgruppe von Patienten mit atypischen Gesichtsschmerzen steht eine zahnärztliche Behandlung häufig anstelle des Unfallereignisses. Marbach (1976) beschreibt dies als „phantom bite syndrome", das als narzißtische „Plombe" fungiert. Nicht selten entwickelt sich bei diesen Patienten ein typisches Krankheitsverhalten mit häufigen Arztwechseln („doctor shopping"), wobei zunächst die Ärzte in charakteristisch narzißtischer Weise idealisiert und dann als enttäuschend erlebt werden.

Es kommt zu einer narzißtischen Neuorganisation als leidendes Opfer.

Der Erklärungswert dieses Prinzips reicht vom halluzinierten Schmerz des Psychotikers, mit dem dieser versucht, eine „erfühlbare Ordnungsgestalt" in sein Chaos zu bringen, über schwer gestörte Borderline-Persönlichkeiten bis hin zu narzißtischen Persönlichkeitsstörungen, etwa bei Patienten mit persistierenden LWS-Schmerzen nach Bandscheibenprolaps-Operation, für die zuvor kaum (körperliche) Leistungsgrenzen existierten.

Die primäre Umwandlung von Affekten in körperliche Spannungszustände

Ausgehend von der Beobachtung, daß entwicklungspsychologisch alle Affekte anfangs körperlich erlebt und erst im Laufe des Erwachsenwerdens „psychisiert" werden, können bei mangelnder Desomatisierung oder auch bei einer ausgeprägten Resomatisierung vegetative Spannungszustände als Affektäquivalente auftreten. Im Rahmen dieser vegetativen Spannungszustände kann es zu erhöhten Muskelspannungen als unspezifische Reaktion auf verschiedene Belastungssituationen kommen. Es handelt sich also um einen Schmerz, der nicht primär durch rein zentrale Prozesse entsteht, vielmehr durch körperliche, meist reversible (funktionelle) Mechanismen infolge psychosozialer Belastungen nozizeptiv ausgelöst wird.

Dieser Mechanismus ist *besonders häufig bei Patienten mit Migräne, Spannungskopfschmerz, orofazialem Schmerzdysfunktionssyndrom und funktionellen Abdominalbeschwerden* zu finden.

Lernvorgänge

„Der Reflexvorgang bleibt das Vorbild auch aller psychischen Leistung" (Freud 1900a, S. 543). Trotz dieses Hinweises von Freud auf die Bedeutung von Lernvorgängen sind diese in ihrer Bedeutung im Rahmen der Psychoanalyse bis heute randständig geblieben. Schwartz und Schiller (1970) entwickelten ein Konzept der „Automatisation" bestehenden neurotischen Verhaltens. Bei Schmerzen spielen insbesondere das operante Konditionieren und die soziale Verstärkung für die Aufrechterhaltung und Chronifizierung von Schmerzvorgängen eine entscheidende Rolle.

> Das Symptom, das ursprünglich durch die konflikthaften Bedingungen entstand, wie sie bei den vorgenannten psychodynamischen Mechanismen dargestellt wurden, wird sekundär durch soziale Faktoren, nicht zuletzt durch einen ausgeprägten sekundären Krankheitsgewinn, unterhalten.

2.6.5 Empirische Belege zur Bedeutung psychosozialer Belastungsfaktoren in der Kindheit somatoformer Schmerzpatienten

In zwei Arbeiten beschreibt Engel (1951, 1959) ausführlich seine klinischen Beobachtungen, nach denen manche Menschen für Schmerz anfälliger sind als andere. Von diesen wird Schmerz häufig zur Regulation ihres psychischen Gleichgewichts verwendet. Er spricht von einer Schmerzanfälligkeit dieser Menschen (**„pain-proneness"**).

> Die Kindheit dieser zu Schmerz neigenden Patienten war häufig durch folgende Merkmale geprägt: Die Eltern waren gegeneinander und/oder gegen das Kind verbal oder auch physisch aggressiv. Nicht selten war ein Elternteil brutal und der andere unterwarf sich, wobei ersterer nicht selten alkoholabhängig war. Ein Elternteil oder beide Eltern neigten dazu, nach Bestrafungen des Kindes ihre Gewissensbisse durch besonders starke Zuneigung wieder auszugleichen, so daß das Kind die Erfahrung machte, daß Schmerz und Leiden zu Zuneigung führen. Das Kind kann sich auch Selbstverletzungen aussetzen, um diese Zuneigung seitens der Eltern zu provozieren. Nicht selten versuchen die Kinder, die Aggressivität zwischen den Eltern gegen sich zu richten, was ein früher Hinweis auf Schuldgefühle beim Kind darstellt. Oft litt auch ein Elternteil oder eine andere wichtige Bezugsperson unter chronischen Schmerzen oder einer anderen chronischen körperlichen oder psychischen Erkrankung.

Dies kann dazu führen, daß sich das Kind dafür verantwortlich und schuldig fühlt, vor allem im Zusammenhang mit aggressiven Impulsen, Handlungen oder Wünschen. Daneben kann auch ein plötzliches äußeres Ereignis dazu beitragen, daß ein Kind sein bis dahin aggressives Verhalten aufgibt, weil es sich in irgendeiner Weise dafür verantwortlich und damit schuldig fühlt.

Engel wies ebenfalls daraufhin, daß *Schmerz als Ersatz für einen Verlust* auftreten kann, wenn eine Beziehung auseinandergegangen oder bedroht ist.

Die Schmerzlokalisation kann durch vorausgehende eigene Schmerzerfahrungen oder – im Sinne der Identifizierung – durch solche bei wichtigen Bezugspersonen geprägt sein.

Im Erwachsenenalter besteht eine lange Geschichte von Leid und Niederlagen, nicht selten eine Intoleranz für Erfolg sowie die Neigung, Schmerzerlebnisse geradezu herbeizuführen, sei es durch schmerzhafte Verletzungen oder durch Operationen und Behandlungen. Dazu gehört auch die Neigung zu sadomasochistischen sexuellen Entwicklungen, wo Schmerz dann im Zusammenhang mit konflikthaften sexuellen Impulsen auftritt.

Engel griff mit diesen Schilderungen auf frühere Beobachtungen von Freud, Schilder (1931) sowie Rangell (1953) zurück und spezifizierte diese. In späteren Arbeiten wurden von anderen Autoren teilweise ähnliche klinische Beobachtungen bei chronischen Schmerzpatienten gemacht (Groen 1984; Gildenberg und DeVaul 1985).

In einer Reihe von Studien wurde versucht, die von Engel beschriebenen biographischen Charakteristika psychogener Schmerzpatienten empirisch zu belegen (vgl. Tab. 2.9).

Tingling und Klein (1966) fanden bei ihrer Studie an 14 Männern mit chronischen Schmerzen ohne körperliche Ursache nur bei einem eine befriedigende Beziehung zu den Eltern in der Kindheit. Acht dieser Männer berichteten von dominanten Müttern, die den Vater unterdrückten und verachteten. Bei zweien waren die Väter brutal und dominant, die Patienten waren von ihnen körperlich mißhandelt worden. Die Patienten selbst wurden von den Autoren als sadistisch, feindselig und hypermaskulin beschrieben, ihre Aggressivität war in relativ gefährliche Hobbys (vor allem Jagen, Tauchen und Autorennen) eingebunden, denen sie als Einzelgänger nachgingen. Durch

Tab. 2.9 Nichtkontrollierte Studien zu biographischen Belastungsfaktoren bei chronischen Schmerzpatienten (Reihenfolge nach Stichprobengröße)

Autor	Jahr	n	KG	Ergebnisse
Wurtele et al.	1990	135	nein	28% sexueller Mißbrauch
Violon	1978	63	nein	Verlust eines Elternteils, Mangel an emotionaler und körperlicher Zuwendung, offene Ablehnung durch Eltern, Mißhandlungen
Violon	1980	28	nein	Mißhandlungen, Ablehnung, Vernachlässigung, gefühlskalte Atmosphäre in der Kindheit
Tingling u. Klein	1966	14	nein	chronische Disharmonie, dominante Mütter
Swanson et al.	1978	13	nein	gestörte Familienverhältnisse, Mißhandlung, frühe Schulabbrüche wegen krankem Elternteil

ein betont männliches Auftreten wehrten sie Schwäche und passive Wünsche ab.

Merskey und Boyd (1978) fanden bei denjenigen Patienten, deren Schmerzen eine organische Ursache hatten, signifikant weniger Persönlichkeitsstörungen, neurotische Charakteristika und psychische Störungen in der Familie während der Kindheit im Vergleich zu denjenigen Patienten, bei denen für die Schmerzen keine organische Ursache verantwortbar gemacht werden konnte. Allerdings konnten Merskey und Boyd Zusammenhänge zwischen der familiären Situation in Kindheit und Jugend und dem Auftreten eines psychogenen Schmerzsyndroms ohne organische Ursache nur bei einer recht kleinen Subgruppe dieser Patienten nachweisen.

Offene Ablehnung durch die Eltern konnte Violon (1985) bei 57% der von ihr untersuchten chronischen Schmerzpatienten belegen. Die Patienten wurden als Kinder zumindest von einem Elternteil geschlagen oder emotional vernachlässigt. Violon beschrieb auch eine emotionale Deprivation durch den frühen Tod eines oder beider Elternteile. In einer Studie an 63 Patienten mit chronischen Schmerzen ohne körperliche Ursache fand Violon bei 40% den Verlust eines Elternteils in der Kindheit, wobei über die Hälfte davon (23%) völlig allein zurückgelassen wurden. 82% dieser Patienten fühlten sich in der Kindheit emotional vernachlässigt: 63% hatten die Eltern als offen ablehnend, 19% als gefühlskalt ohne körperliche Zuwendung beschrieben; 37% waren in der Kindheit körperlich mißhandelt worden. In einer anderen Studie (Violon 1980) an 15 Patienten mit atypischen Gesichtsschmerzen mit Hilfe einer strukturierten psychosomatischen Anamnese berichteten 92% der untersuchten Patienten über eine *emotionale Vernachlässigung* im Kindesalter. In einer weiteren Studie versuchte Violon (1982), diese Ergebnisse, die in Gesprächen erhoben wurden, durch eine Fragebogenerhebung zu objektivieren, was jedoch nicht gelang. Sie führte dies darauf zurück, daß die Patienten während eines qualifiziert durchgeführten Interviews solche konflikthaften Faktoren in Kindheit und Jugend eingestehen und darstellen können, sie diese jedoch nicht einem anonymen Fragebogen anvertrauen möchten. Neuere Studienergebnisse von Gamsa (1990), welche ebenfalls per Fragebogenerhebung zustande kamen und keine wesentlichen Belastungsfaktoren in Kindheit und Jugend erbrachten, können als Beleg von Violons damaliger Feststellung gesehen werden. Swanson et al. (1978) fanden unter ihren 13 chronischen Schmerzpatienten ohne Nachweis einer körperlichen Genese bei neun ausgeprägte Traumatisierungen in der Kindheit (gestörte Familienverhältnisse, körperliche Mißhandlungen, chronisch krankes Elternteil).

In einer Studie an 135 chronischen Schmerzpatienten (Wurtele et al. 1990) berichteten 28% der Patienten über ein- oder mehrmaligen sexuellen Mißbrauch in der Kindheit, wobei 39% der Frauen und 7% der Männer betroffen waren.

Auch Engels weitere klinische Beobachtung, wonach psychogene Schmerzpatienten häufig in Familien aufwachsen, in denen *ein Elternteil unter chronischen Schmerzen leidet*, wurde in mehreren Studien empirisch überprüft. Merskey (1965a, b) konnte beim Vergleich von 100 psychiatrischen Patienten mit chronischen Schmerzen mit 65 psychiatrischen Patienten ohne Schmerzen zeigen, daß die Eltern und Geschwister der Schmerzpatienten signifikant häufiger an schmerzhaften Erkrankungen litten als die Angehörigen der Patientengruppe ohne Schmerzen. Gentry et al. (1974) fanden bei ihrer Untersuchung von 56 chronischen LWS-Patienten bei 59% ein Familienmitglied, das ebenfalls an LWS-Schmerzen litt. Bei weiteren 23% der Patienten litt eine wichtige Bezugsperson außerhalb der Familie an chronischen Rückenschmerzen. Auch Blumer und Heilbronn (1982) bestätigten in ihrer Studie diese Ergebnisse: 63% ihrer Patienten berichteten von chronischen körperlichen Leiden in der Familie oder bei wichtigen Bezugspersonen. Violon und Giurgea (1984) konnten dies bei 78% der von ihnen untersuchten 40 chronischen Schmerzpatienten belegen, während in der Kontrollgruppe, die aus 56 Patienten mit chronischen Erkrankungen ohne Schmerzen bestand, nur bei 44% Familienangehörige unter Schmerzen litten.

Roy (1985) kritisierte zurecht verschiedene methodische Unzulänglichkeiten dieser Studien zur empirischen Überprüfung von Engels „pain-proneness". Zwischenzeitlich konnten jedoch in *kontrollierten retrospektiven Studien* mit unterschiedlichen methodischen Ansätzen Engels klinische Beobachtungen über die Kindheitsentwicklung psychogener Schmerzpatienten weitestgehend bestätigt werden (vgl. Tab. 2.10).

Adler et al. (1989) verglichen 20 Patienten mit psychogenem Schmerzsyndrom nach DSM-III mit jeweils 20 Patienten mit ausschließlich körperlich verursachten chronischen Schmerzen, mit körperlichen Erkrankungen ohne Schmerzen sowie mit psychogenen und psychosomatischen Erkrankungen ohne Schmerzen. Die Erhebung erfolgte über eine Fremdeinschätzung der Tonbandprotokolle biographischer Anamnesen, aus denen alle Hinweise auf die Schmerzursache entfernt worden waren. Im Vergleich zu den drei Kontrollgruppen wurden bei der psychogenen Schmerzgruppe *signifikant häufiger Gewalttätigkeit der Eltern gegeneinander sowie Gewalttätigkeit und körperliche Mißhandlung gegenüber dem späteren Schmerzpatienten* beobachtet. Um zwischen den Eltern zu vermitteln, zog das Kind auch häufiger die Aggressionen eines Elternteils, welche gegen das andere gerichtet war, auf sich. Chronische Schmerzzustände und ein chronisch krankes Elternteil, jeweils meist das gleichgeschlechtliche zum späteren Patienten, wurden signifikant häufiger beobachtet. Die Schmerzlokalisation war dabei signifikant häufiger identisch.

Keine relevanten Häufungen fanden Adler et al. bezüglich einer Reihe anderer der von Engel beobachteten Charakteristika psychogener Schmerzpatienten, so z.B. früher Verlust eines Elternteils durch Tod, Trennung oder Scheidung oder auch die Überkompensation von körperlicher Mißhandlung durch besondere Zuneigung seitens eines Elternteils. Darüber hinaus beobachteten Adler et al. signifikant mehr Schwierigkeiten psychogener Schmerzpatienten in zwischenmenschlichen Beziehungen, im Privat- wie im Berufsleben (wobei hier kein Unterschied zur psychogenen Kontrollgruppe bestand).

In einer eigenen Studie (Egle et al. 1991) an 151 chronischen Schmerzpatienten konnten wir mittels eines strukturierten Interviews folgende **Merkmale der Kindheitsentwicklung psychogener Schmerzpatienten** (n=75) im Vergleich zu solchen, bei denen die Schmerzen organisch bedingt waren (n=35), empirisch belegen:

- Psychogene Schmerzpatienten berichten signifikant häufiger von regelmäßigen bzw. häufigen Prügeln und Mißhandlungen durch die Eltern.
- Zwischen den Eltern gab es signifikant häufiger Streit.
- Scheidung bzw. Trennung der Eltern war häufiger, vor allem wenn man die ersten sieben Lebensjahre betrachtet.
- Die berufliche Situation der Eltern war dadurch gekennzeichnet, daß entweder ein kleiner Familienbetrieb bestand oder beide Eltern anderweitig beruflich immer stark beansprucht waren.
- Bei Meinungsverschiedenheiten war eine persönliche Auseinandersetzung mit den Eltern sehr viel seltener möglich („legalistischer Erziehungsstil").
- Die Patienten erlebten die Beziehung sowohl zur Mutter als auch zum Vater sehr viel seltener als emotional tragfähig.
- Zuwendung wurde seitens der Eltern sehr viel seltener körperlich, sehr viel häufiger materiell oder an Leistung gekoppelt ausgedrückt.
- Die mit Hilfe einer visuellen Analogskala eingeschätzte Geborgenheit in Kindheit und Jugend insgesamt lag niedriger.

Die Summierung der genannten Parameter im Sinne eines individuellen Kindheitsbela-

236 Somatoforme Schmerzstörungen

Tab. 2.10 Kontrollierte Studien zu biographischen Belastungsfaktoren bei chronischen Schmerzpatienten (Reihenfolge nach Stichprobengröße)

Autor	Jahr	n	KG	Ergebnisse
Boisset-Pioro et al.	1995	244	ja	bei Fibromyalgie-Patienten 37% sexueller Mißbrauch in Kindheit und Jugend
Egle u. Nickel	1998	229	ja	bei somatoformen Schmerzpatienten schlechte emotionale Beziehung zu Eltern; 16% (KG: 0%) schwerer sexueller Mißbrauch vor dem 15. Lebensjahr; 33% (KG: 11%) regelmäßige körperliche Mißhandlung; Gesamtbelastungsscore hochsignifikant höher
Drossman	1995	206	ja	sexueller Mißbrauch und körperliche Mißhandlung bei Patienten mit Abdominalschmerzen ohne somatischen Befund signifikant häufiger
Imbierovicz u. Egle	2000	152	ja	bei Fibromyalgiepatienten (n=38) schlechte emotionale Beziehung zu Eltern; 10% (KG: 0%) schwerer sexueller Mißbrauch; 32% (KG: 11%) regelmäßige körperliche Mißhandlung; Gesamtbelastungsscore hochsignifikant höher, kein Unterschied zu somatoformer Schmerzgruppe (n=70)
Egle et al.	1991	151	ja	bei psychogenen Schmerzpatienten: schlechte emotionale Beziehung zu Eltern, körperliche Mißhandlungen, starke berufliche Beanspruchung (u.a. Familienbetrieb), Disharmonie in Familie, Trennung und Scheidung der Eltern häufiger; insg. geringere Geborgenheit in Primärfamilie, Schmerzmodelle bei engen Bezugspersonen
Merskey u. Boyd	1978	141	ja	Ablehnung durch Väter, „psychosomatisch" kranke Mütter, bestrafende Mütter
Schofferman et al.	1993	101	ja	körperliche Mißhandlungen, sexueller Mißbrauch, emotionale Vernachlässigung, Verlassenwerden, Suchtproblem eines Elternteils bei Rückenschmerz und fehlendem somatischen Befund signifikant häufiger
Eisendraht et al.	1986	84	ja	frühe Somatisierungstendenzen, Mißbrauchserfahrungen, Schmerzmodelle in unmittelbarer Umgebung bei Patienten mit Abdominalschmerzen ohne somatischen Befund häufiger
Adler et al.	1989	80	ja	verbale oder physische Brutalität der Eltern gegeneinander, gegenüber dem Kind, Ablenkung der Aggression eines Elternteils auf sich selbst, chronische Schmerzzustände in der Familie, chronisch kranke Eltern, identische Schmerzlokalisation in der Familie, sexueller Mißbrauch und Trennung bzw. Scheidung der Eltern im Kindesalter bei psychogenem Schmerz
Slawsby	1995	40	ja	65% der Patienten mit atypischem Gesichtsschmerz zeigen gestörtes Bindungsverhalten (im AAI) im Vergleich zu 25% in der KG mit Trigeminusneuralgie

stungswertes erbrachte ebenfalls einen hochsignifikanten Unterschied zuungunsten der psychogenen Schmerzgruppe. Auch die von Engel beschriebene Modellfunktion wichtiger Bezugspersonen bei der Wahl des Symptoms Schmerz und seiner Lokalisation konnte bestätigt werden.

In einer weiteren Studie (Egle und Nickel 1998) an somatoformen Schmerzpatienten im Vergleich zu einer organisch determinierten Schmerzkontrollgruppe (n=70), einer Gruppe mit Dysthymie (n=42) sowie anderen somatoformen Störungen (n=47) konnte die Bedeutung der genannten Faktoren weitestgehend repliziert werden. Darüber hinaus wurde bei 16% der somatoformen Schmerzgruppe ein schwerer sexueller Mißbrauch (genitale Manipulation oder Penetration) gefunden. Beim Vergleich mit einer Gruppe von Fibromyalgiepatienten (n=38) (Imbierovicz und Egle, in Vorbereitung) fanden sich die genannten Belastungsfaktoren im gleichen Ausmaß.

Boisset-Pioro et al. (1995) fanden beim Vergleich von 83 Patienten mit primärer Fibromyalgie mit 161 Patienten mit anderen rheumatologischen Erkrankungen bei 37% der Fibromyalgie-Gruppe einen sexuellen Mißbrauch in Kindheit und Jugend; in der Kontrollgruppe lag die Rate allerdings auch bei 22%.

Eisendraht et al. (1986) verglichen Patienten mit *psychogenen Bauchschmerzen* mit solchen, die an entzündlichen Darmerkrankungen (Morbus Crohn oder Colitis ulcerosa) litten und einer dritten Patientengruppe, die an sonstigen medizinischen und chirurgischen Störungen erkrankt war. Die Daten wurden während psychiatrischer Konsilien mittels halbstrukturierter Interviews erhoben. Dabei wurden u.a. folgende Merkmale beobachtet: belastende Ereignisse im zeitlichen Zusammenhang mit dem Beginn der Erkrankung, Krankheitsmodelle in unmittelbarer Verwandtschaft oder Bekanntschaft, Mißbrauch durch einen Lebenspartner oder ein Elternteil, Alkoholabhängigkeit bei dieser mißbrauchenden Person, frühere Somatisierungstendenzen (z.B. chronische Rückenschmerzen, Spannungskopfschmerzen) sowie Verlust eines Elternteiles oder eines Geschwisters vor dem 16. Lebensjahr.

Auch Drossman (1995) fand bei Patienten mit *funktionellen Abdominalbeschwerden* sexuellen Mißbrauch und körperliche Mißhandlung im Vergleich zu einer somatischen Kontrollgruppe häufiger.

Schofferman et al. (1993) untersuchten 101 Patienten mit chronischen therapieresistenten *Rückenschmerzen* auf kindliche psychische Traumatisierungen wie körperliche Mißhandlungen, sexuellen Mißbrauch, emotionaler Mißhandlung oder Vernachlässigung, Verlassenwerden und Abhängigkeit von der versorgenden Person. Die Autoren fanden, daß – läßt man jene Patienten mit einer eindeutigen organischen Pathologie außer acht – mehr als die Hälfte der verbleibenden Patientengruppe drei oder mehr solcher Risikofaktoren aufweisen. Sie schließen daraus, daß das Auftreten mehrerer kindlicher Traumatisierungsfaktoren für chronischen Rückenschmerz ohne organischen Befund prädisponiert.

Einen wesentlichen Beitrag zum Verständnis der Verknüpfung von somatoformem Schmerz und den skizzierten Phänomenen einer schweren Beziehungsstörung in Kindheit und Jugend liefern Studien mit einem bindungstheoretischen Ansatz (vgl. Kap. 1.5). In einer Studie an 5000 Patienten konnten Anderson und Hines (1994) zeigen, daß die Rekonvaleszenz von schmerzhaften Verletzungen eng mit der Qualität der frühen Bindung im Sinne Bowlbys verknüpft ist: Je unsicherer die Bindung, desto anfälliger ist der Patient für eine Chronifizierung seiner Schmerzsymptomatik, je sicherer, desto leichter kann er ein körperliches Trauma bewältigen. Daß eine sichere Bindung auch bei der Bewältigung psychischer Belastungen und Traumatisierungen ein gesicherter protektiver Faktor ist (Farber und Egeland 1987), wurde schon dargestellt (vgl. Kap. 1.1).

Beim Vergleich von 20 Patienten mit *atypischem Gesichtsschmerz* mit 20 Patienten, die unter einer Trigeminusneuralgie litten, kommt Slawsby (1995) mit Hilfe des Bindungsinterviews für Erwachsene (AAI) zu folgendem Ergebnis: Während in der Trigeminusneuralgie-Gruppe 75% der Patienten ein sicheres und 25% ein unsicheres Bindungsverhalten zeigen – ein Verhältnis, das in verschiedenen Studien auch für Normalpopulationen in etwa gesichert werden konnte –, weisen nur 35% der Gruppe atypischer Gesichtsschmerz-Patienten ein sicheres, 65% hingegen ein unsicheres Bindungsverhalten auf. Leider untersuchte diese Studie nicht auch zugleich die oben referierten Kindheitsbelastungsfaktoren, wie sie gerade bei atypischen Gesichtsschmerzen in mehreren Studien belegt werden konnten (v.a. von Violon und Mitarbeitern). Doch kann beim gegenwärtigen Stand daraus gefolgert werden:

> Ein unsicheres Bindungsverhalten prädestiniert für eine ungünstigere Bewältigung psychischer Traumatisierungen in der Kindheit, für eine ungünstigere Bewältigung körperlicher Schmerzen im Erwachsenenalter und für eine Somatisierung psychosozialer Belastungen im späteren Leben.

2.6.6 Pathogenetisches Modell der somatoformen Schmerzstörung vor dem Hintergrund des gegenwärtigen Forschungsstandes

Die dargestellten Studien weisen insgesamt auf ausgeprägte Beziehungsstörungen, vor allem auf chronisch aggressive Spannungen und Disharmonie in den Primärfamilien späterer somatoformer Schmerzpatienten hin – ein Faktor, der auch in der prospektiven Kauai-Studie (Werner und Smith 1982, 1992) als Prädisposition für psychische Krankheit im Erwachsenenalter generell festgestellt wurde.

Chronische Disharmonie, Trennung und Scheidung ebenso wie körperliche Mißhandlungen können als Symptome eines unter ausgeprägtem Druck stehenden Familiensystems verstanden werden (Wolfe und Bourdeau 1987). Sozialer Streß – in diesen Familien zählt sicherlich die starke berufliche Beanspruchung der Eltern hierzu – erhöht die Wahrscheinlichkeit, daß bei entsprechend disponierten Eltern Alkoholabusus ebenso wie familiäre Gewalt und Vernachlässigung des Kindes zum Ventil für eine körperliche wie psychische Überforderung werden können. Die darin enthaltene Zurückweisung als Kind ist das primäre Trauma dieser Patienten. Ein unsicheres Bindungsverhalten und die damit einhergehende Selbstwertproblematik wird durch Überaktivität und Leistungsorientierung zu kompensieren versucht. Diese „action-proneness" (van Houdenhove et al. 1987) prägte die Lebensgestaltung in der Primärfamilie ebenso wie – zumindest bis zum Einsetzen der Schmerzen – das Erwachsenenleben der späteren somatoformen Schmerzpatienten. Körperlicher Schmerz im Zusammenhang mit körperlicher Mißhandlung war im Erleben dieser Patienten die oft einzige Möglichkeit, die Aufmerksamkeit der Eltern zu gewinnen, das heißt, er bekam schon früh die Bedeutung einer affektiven „Zuwendung", welche als solche sonst sehr eingeschränkt bzw. gar nicht vorhanden war.

Auch sexueller Mißbrauch kann als Ausdruck des Bedürfnisses nach einer emotional verläßlichen Bezugsperson verstanden werden: Trifft dieses Bedürfnis des Kindes auf einen entsprechend disponierten Erwachsenen, so kann ein solcher daraus resultieren. Belastende Lebensereignisse im Erwachsenenleben – körperliche wie psychosoziale – fungieren dann als Auslöser der Schmerzsymptomatik. Dabei greift der Patient bei der Lokalisation seiner Schmerzsymptomatik unbewußt oft auf

Schmerzmodelle in der Primärfamilie oder in der eigenen Vergangenheit zurück.

Dieses in Abbildung 2.1 zusammengefaßte pathogenetische Modell integriert entwicklungspsychologisch heute gut belegte Risikofaktoren und frühe Lernerfahrungen. Wie sehr frühe Schmerzerfahrungen von Kleinkindern deren späteres Schmerzerleben und -verhalten prägen, konnte in einer Studie über die Auswirkungen von Beschneidungen mit und ohne Narkose eindrucksvoll belegt werden (Taddio et al. 1997). Scarinci et al. (1994) konnten experimentell zeigen, daß die Schmerzschwelle von in der Kindheit psychisch traumatisierten Frauen mit verschiedenen gastrointestinalen Störungsbildern im Vergleich zu nicht traumatisierten deutlich herabgesetzt ist; dies gilt auch für ihre kognitive Bewertungsmaßstäbe, Schmerzreize als Noxe einzuordnen. Doch nicht nur hinsichtlich einer adäquaten Bewertung von Schmerzreizen sind diese früh traumatisierten Patienten eingeschränkt. Sie haben einen höheren Medikamentengebrauch und verwenden auch signifikant häufiger maladaptive Coping-Strategien, vor allem Katastrophisieren.

Die Berücksichtigung der dargestellten biographischen Belastungsfaktoren gibt dem Arzt Kriterien an die Hand, die über die somatische Ausschlußdiagnostik hinaus auch eine „bestätigende" Diagnostik gestatten, was auch der Beziehung zwischen Arzt und Patient eine positive Wende geben kann. Das häufig formulierte Ergebnis somatischer Ausschlußdiagnostik („Sie haben nichts, es muß in Ihrem Kopf sein …") beinhaltet für diese Schmerzpatienten eine *Wiederholung der Eltern-Kind-Beziehung in der Arzt-Patient-Interaktion*: Auch hier zählt im Rahmen eines rein nozizeptiven Schmerzkonzeptes nur die körperliche Dimension, die emotionale Seite wird von beiden ausgespart. Beide haben dies im Rahmen ihrer jeweiligen Sozialisation erworben: Der Patient in der von G.L. Engel (1959) als „painproneness" charakterisierten Entwicklung in Kindheit und Jugend. Beim Arzt begann diese Sozialisation spätestens im Präparierkurs, in dem neben der Anatomie exemplarisch die Abspaltung von Affekten als Grundlage ärztlicher Handlungsfähigkeit erlernt wird. Auch er muß im Rahmen seiner beruflichen Sozialisation lernen, daß Gefühle Störfaktoren sind. Letztlich sind beide, Arzt wie Patient, davon überzeugt, daß jeder Schmerz das physiologische Korrelat einer organischen Gewebsschädigung darstellt. Ärztliche Maßnahmen und Eingriffe und die nicht selten daraus resultierenden *iatrogenen Schädigungen* stellen für den Patienten ein ihm vertrautes Beziehungsmuster dar, über das er seine ausgeprägten, meist jedoch durch Überaktivität verdrängten Abhängigkeitswünsche ausagiert. Als Ventil für die Abhängigkeitswünsche neigen dann viele dieser Schmerzpatienten zu einem Analgetikaabusus – das Medikament übernimmt ebenfalls die Funktion eines Ersatzobjektes, seine Nebenwirkungen geben nicht selten ein Gefühl von Geborgenheit.

> Das bedeutet, daß die Schmerzkrankheit zu einem nennenswerten Teil von Ärzten verursacht und von ihnen unterhalten wird. In dem kollusiven Interaktionsmuster der Arzt-Patient-Beziehung wiederholt sich bei somatoformen Schmerzpatienten der weitgehend verdrängte, traumatische körperliche wie emotionale Mißbrauch, dem diese Patienten in Kindheit und Jugend ausgesetzt waren.

Doch auch von seiten vieler Psychologen besteht die Gefahr, daß sich bei somatoformen Schmerzpatienten die „alten Muster" wiederholen: Die Abgrenzung somatoformer Schmerzzustände wird seitens verhaltenstherapeutisch orientierter „psychologischer Schmerztherapeuten" – meist unter Berufung auf ein nicht näher ausgeführtes bio-psycho-soziales Schmerzverständnis (vgl. Kröner-Herwig 1990) – abgelehnt, da sehr allgemein von der bio-psycho-sozialen Bedingtheit jeden chronischen Schmerzes ausgegangen wird, also kein differenziertes pathogenetisches Konzept von Schmerz vertreten wird. Die

240 Somatoforme Schmerzstörungen

Kindheit/Jugend

Eltern
emotional nicht erreichbar,
legalist. Erziehungsstil, mißhandelnd,
beide beruflich absorbiert, Familienbetrieb,
konfliktreiche Ehe (→Trennung/Scheidung),
Suchtproblem, chronische Krankheit, Schmerz

↓

frühe emotionale Deprivation
unsicheres Bindungsverhalten
Schmerz als Kommunikationsform
(z.B. Bauchschmerz, "Wachstumsschmerzen")

Stiefvater, Verwandter, Bekannter...

- Lieblingsspielzeug als "Ersatzobjekt"
- Überaktivität und Leistungsorientierung
- sexueller Mißbrauch

↓

ängstlich-selbstunsichere Grundpersönlichkeit
(abgewehrte Abhängigkeitswünsche, agressionsgehemmt, überangepaßt, leistungsorientiert)

unreife und neurotische Konfliktbewältigungsstrategien ("Abwehrmechanismen")

Erwachsenenalter

← körperliche Krankheit, Unfalltrauma
← äußere psychosoziale Belastung (Verlust, Trennung, Beruf)
← innere Konfliktsituation (Eltern, Partner, Kinder, Vorgesetzte)

↓

somatoforme Schmerzstörung

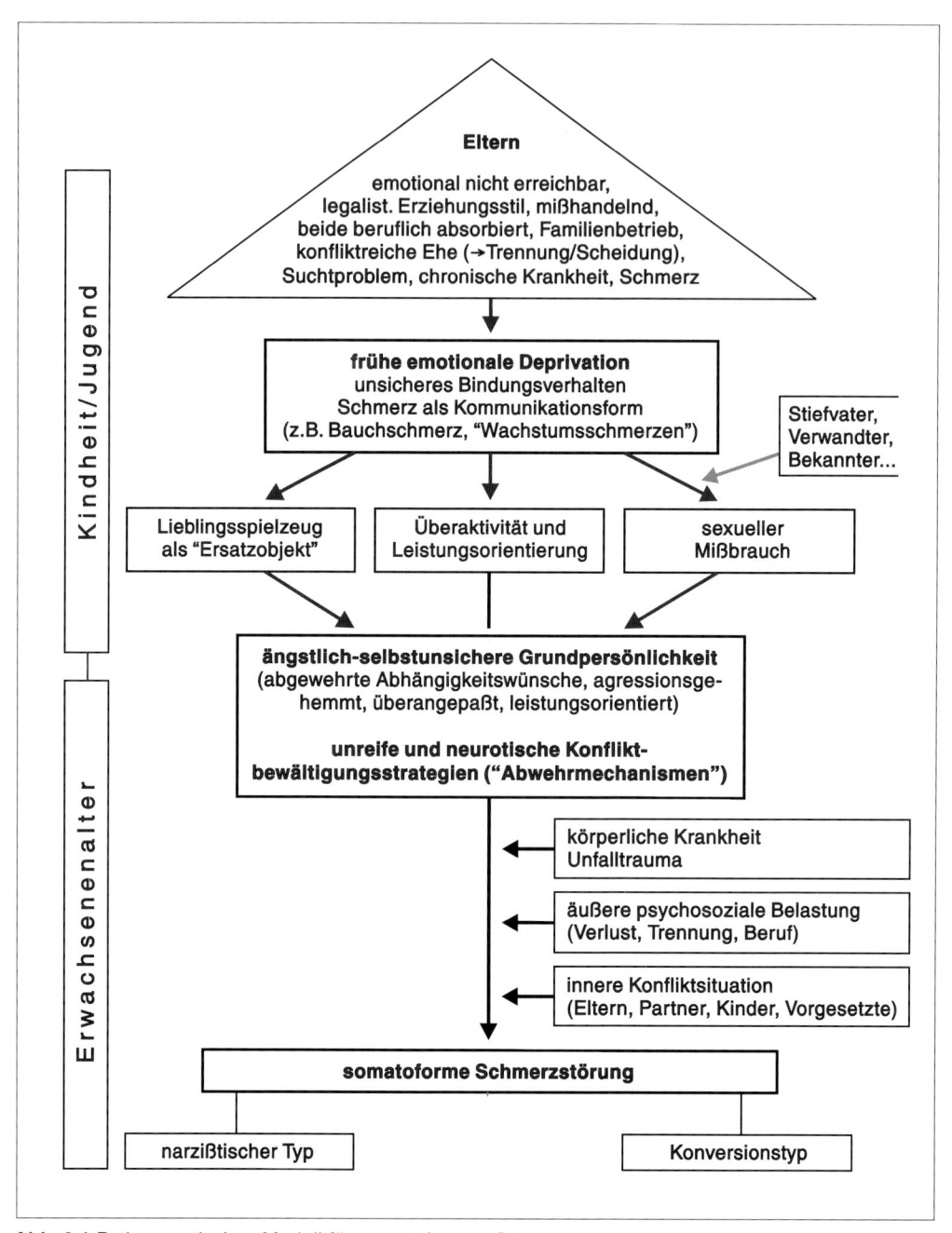

- narzißtischer Typ
- Konversionstyp

Abb. 2.1 Pathogenetisches Modell für somatoformen Schmerz

eingesetzten verhaltenstherapeutischen Techniken sind hinsichtlich der Ätiologie und Pathogenese des chronischen Schmerzsyndroms weitgehend unspezifisch, d.h. es besteht kein wesentlicher Unterschied, ob z.B. ein Malignom (vgl. Eggebrecht 1990), eine rheumatoide Arthritis (Rehfisch 1988) oder eine Somatisierung zugrundeliegt, das Bemühen um eine differentielle Indikationsstellung unterbleibt.

Das verhaltenstherapeutische Verständnismodell von Schmerz beinhaltet aufgrund seiner weitgehend ahistorischen Sichtweise als wesentliche Konsequenz auch den Verzicht auf die Möglichkeit einer Prävention vor allem solcher Schmerzen, bei denen Traumatisierungen pathogenetisch besonders bedeutsam sind, sowie einer Verhinderung weiterer iatrogener Schädigungen, denen die Gruppe somatoformer Schmerzpatienten in besonderem Maße unterworfen ist.

2.6.7 Therapie

Psychotherapeutische Grundprinzipien

Aus psychodynamischer Sicht sind vor allem die aus der belasteten Kindheit resultierenden Bindungs- und Beziehungsstörungen bei der Behandlung von Patienten mit somatoformen Störungen zu bearbeiten. Eine wesentliche Grundlage bieten insofern die für die Behandlung traumatisierter Patienten heute allgemein anerkannten Behandlungsprinzipien (vgl. Tab. 2.11) sowie die aus der Bindungstheorie resultierenden therapeutischen Ansätze.

Die Bindungstheorie geht davon aus, daß die Interaktion zwischen dem Säugling und seiner primären Bindungsperson (bzw. den primären Bindungspersonen) dessen Bindungsverhalten prägt. Es entsteht ein festes und überdauerndes, prinzipiell aber veränderbares inneres Arbeitsmodell von Beziehungen, welches das Erleben, die Erwartungen und die Einstellung für spätere Beziehungen bestimmt. In neuen Beziehungen kann dieses unbewußte Modell entweder bestätigt und zunehmend gefestigt oder aber verändert werden (vgl. Kap. 1.5).

Um in der Behandlung eine adäquate haltgebende Beziehung herstellen zu können, ist es für den Psychotherapeuten notwendig, auf den Patienten einzugehen, seine zentralen Beziehungswünsche zu verstehen und seine im Vordergrund stehende Bindungshaltung zu erfassen. Die Interaktion beider, ihre verbale und nonverbale Kommunikation sowie die damit verbundenen Übertragungs- und Gegenübertragungsgefühle sind notwendige Komponenten eines empathischen Verstehens. Eine vorschnelle Interpretation des Patientenverhaltens als Abwehr und Widerstand verhindert dies. Sie engt die komplexe Dynamik einer Zweierbeziehung mit wechselseitiger Beeinflussung auf ein unidirektionales Geschehen ein. Dies reduziert nicht nur künstlich deren Komplexität, sondern legt auch a priori fest, wer die Verantwortung für das Beziehungsgeschehen trägt (der aktive Patient). Der Therapeut wird

Tab. 2.11 Therapeutische Grundprinzipien bei traumatisierten Patienten (nach Gast 1997)

- Errichten von Sicherheit
- Anerkennen der traumatischen Erfahrung durch den Therapeuten
- Gegebenenfalls Thematisieren aktuell weiterbestehender und sich in der Interaktion mit anderen innerhalb und außerhalb der Gruppe inszenierender Fortsetzungen von Mißbrauchssituationen, eventuell auch iatrogen
- Wiederentdecken und Integrieren der traumatischen Erlebnisse zur Verbesserung der Affekttoleranz und Impulskontrolle
- Berücksichtigen der mangelnden Symbolisierungsfähigkeit der Patienten sowie der damit verbundenen Unfähigkeit, sich in dem Medium der Sprache mitzuteilen

quasi Teil des Behandlungsrahmens, seine Interventionen sind nicht falsifizierbar.

Die Beachtung der Bindungstypologie (sicher, unsicher-vermeidend, unsicher-ambivalent und desorganisiert) ist für den Therapeuten schon im Erstkontakt nützlich, um dem Patienten entgegenzukommen und ihm dadurch den Zugang zur Behandlung zu erleichtern. Bindungsmuster, Beziehungserleben sowie Übertragungs- und Abwehrprozesse sind eng miteinander verwoben. Die Trennung zwischen „innerer Objektwelt" im Sinne der Selbst- und Objektbeziehungstheorie einerseits und der Welt der interpersonellen Beziehungen andererseits stellt eine künstliche und unnötige Aufspaltung dar (Bacciagaluppi 1994). Ein kohärentes Selbst entsteht erst in der Beziehung und dem Austausch mit anderen (Hobson 1990).

Eine für Therapeut und Patient transparente und grundsätzlich auch besprechbare Beziehungsgestaltung gibt Halt und Sicherheit. Gerade bei Patienten mit unsicherer Bindung sind klare Rahmenbedingungen und Transparenz für die Entstehung von Vertrauen und Nähe notwendig (s.u.).

Da das Bindungssystem besonders in Notsituationen aktiviert wird, ist der Beginn einer Psychotherapie eine geradezu prototypische Situation. Relevant ist dies sowohl für Personen mit einer überwiegend sicheren Bindung wie auch bei Patienten mit unsicher-vermeidendem Bindungsverhalten oder einem überaktivierten Bindungssystem (unsicher-ambivalent). Vor allem Köhler (1992, 1998) hat auf die Bedeutung des aktivierten Bindungssystems im therapeutischen Setting mehrfach hingewiesen und entsprechende Verhaltensänderungen von seiten der Therapeuten gefordert. Sie kritisiert dabei insbesondere das abstinente Therapeutenverhalten in Form eines zurückhaltenden Schweigens im „klassischen" psychoanalytischen Setting bei Patienten mit unsicher-vermeidendem Bindungsmuster als potentiell retraumatisierend. Nach Bowlby (1995) ermutigt der Therapeut den Patienten, seine Erwartungen und Vorurteile gegenüber seinen gegenwärtigen Bezugspersonen zu betrachten. Fehlwahrnehmungen und Mißverständnisse werden dabei als erklärbare Ergebnisse tatsächlicher Erfahrungen oder dessen, was ihm als Kind von seinen Bindungspersonen gesagt wurde, verstanden. Es handelt sich also nicht – wie oft in Psychoanalysen unterstellt – um irrationale Folgen autonomer oder unbewußter Phantasien (z.B. Angst vor Zurückweisung oder Kritik), sondern um die psychischen Folgen unangemessener Verhaltensweisen seitens der primären Bezugspersonen. Vorstellungen bzw. innere Arbeitsmodelle von sich selbst und anderen sollen dadurch als unangemessen für die aktuellen Beziehungen erkannt und gegebenenfalls verändert werden. Im Rahmen der Berücksichtigung bindungstheoretischer Überlegungen muß der Patient zunächst auch dort abgeholt werden, wo er bei der Bewertung und dem Verständnis seiner Beschwerden steht. Dies bedeutet zunächst Aufklärung über seine Beschwerden und deren Zusammenhänge mit Traumatisierungen und Beziehungserfahrungen sowie eine ausführliche Auseinandersetzung mit seinem Krankheitsverständnis bzw. seiner Beschwerdenattribuierung.

Im Mittelpunkt der Behandlung steht die **Differenzierung von Schmerz und Affekt**, über die Patienten mit somatoformen Störungen aufgrund einer mangelnden Symbolisierungsfähigkeit und einer gestörten, „unverbundenen" Kommunikation nicht verfügen. Hobson (1990) vertritt das Konzept einer „disconnected communication" als Ausdruck einer fehlenden Kohärenz im Selbsterleben, das von Guthrie (1993) konzeptuell im Rahmen einer psychodynamisch-interpersonellen Kurztherapie für Patienten mit somatoformen autonomen Funktionsstörungen umgesetzt wurde. Die Aufmerksamkeit wird auf den kommunikativen Aspekt des Symptoms (bezogen auf die Art der Schilderung und des Umgangs damit) gerichtet, um darüber dessen interpersonelle Bedeutung und Funktion zu erschließen und einen Zugang zur Innenwelt des Patienten zu erhalten.

Dies steht in enger Verbindung zu Bowlbys Konzept der inneren Arbeitsmodelle bzw. Bindungsrepräsentanzen. Die Kohärenz der sprachlich-kommunikativen Ebene, die Schilderung plausibler und kohärenter Narrative ist wesentlicher Bestandteil für die Zuordnung zu einer sicheren oder unsicheren Bindungsrepräsentanz. Nach Bowlby stimmt im Falle fehlender Kohärenz (als wichtiges Kriterium für ein unsicheres Bindungsverhalten) die gespeicherte semantische Information nicht mit der episodischen überein. Für die Behandlung folgert er daraus, daß durch detailliertes Schildern und Durchsprechen von Inhalten des episodischen Gedächtnisses eine Korrektur des semantischen Gedächtnis - und damit das Erreichen eines kohärenteren bzw. der aktuellen Lebenssituation angemesseneren Modells von sich und anderen - möglich ist. Dies entspricht auch neueren Ergebnisse zur Gedächtnisforschung, insbesondere zum autobiographischen Gedächtnis (Deneke 1999).

Phasen des Therapieprozesses

Symptomklage

Zunächst wird in Anlehnung an Guthrie (1993) den Patienten ausreichend Raum gegeben, über ihre Symptome, Beschwerden und Beeinträchtigungen zu berichten. Hierüber soll der Austausch in der Gruppe in Gang kommen, sollen die Patienten Vertrauen finden. Die Art der Kommunikation ermöglicht einen Einblick in die Innenwelt der Patienten. Durch Interesse und Nachfragen wird ihnen vermittelt, daß sie verstanden und ernst genommen werden. Dies ist ein erster Schritt, um die Differenzierung zwischen körperlichem Schmerz einerseits und erwünschten bzw. unerwünschten Affekten andererseits einzuleiten.

Inkohärente Kommunikation

In einem zweiten Schritt wird versucht, die inkohärente Kommunikation der Patienten zu integrieren. Der Prozeß der Somatisierung und der Mangel an Symbolisierungsfähigkeit sind dabei zentraler Ausdruck dieser gestörten Kommunikation. In der Behandlung dieser Patienten sollten deshalb bevorzugt plastische Bilder und Narrative eingesetzt und Episoden der gemeinsamen Gruppengeschichte (Kohärenz) wiederholt werden. Das Fokussieren auf die Kommunikation ist ein notwendiger Schritt, um Gefühle verbalisieren und später zwischen Körpersymptom und Affekt differenzieren zu können. Über die Erkennung und Bearbeitung früherer Beziehungserfahrungen werden überholte Bindungsmuster durch sichere ersetzt.

Schmerz-Affekt-Differenzierung

In einem dritten Schritt steht die Akzeptanz erwünschter Affekte sowie die Ablehnung von Schmerz bzw. Körpersymptom und unerwünschten Affekten im Mittelpunkt. Neben den erwünschten Affekten sollen jetzt auch subjektiv unerwünschte Affekte bei sich akzeptiert werden können (vgl. hierzu auch Schors 1993). Dies führt zunächst zur Entlastung der bei somatisierenden Patienten vor allem durch Verleugnung, Projektion und Wendung gegen das Selbst gekennzeichneten Konfliktbewältigungsmechanismen. Auf der Symptomebene reduzieren sich bei günstiger Entwicklung die Symptome bis hin zum völligen Sistieren.

Stabilisierung und Kohärenzgefühl

In Anlehnung an Hobson (1990) sowie Meares (1995, 1997) geht es in den Behandlungs- und Entwicklungsschritten der psychodynamisch-interaktionellen Gruppentherapie darum, über das Entstehen einer kohärenten Kommunikation und der damit verbundenen Schmerz-Affekt-Differenzierung den Patienten die Möglichkeit zu geben, ein sinnhaftes und kohärenteres Selbst(gefühl) zu entwickeln. Ausdruck dessen wären die Reduktion von Leeregefühlen, das Entstehen bzw. Verbessern selbstreflektiver Fähigkeiten und die Auseinandersetzung mit eigenen (objektbezogenen) Erwartungen sowie der realitätsgerechteren Einschätzung der eigenen Leistungsfähigkeit,

der bei diesen Patienten eine große Bedeutung zukommt.
Erfolgreiche und katamnestisch stabile Therapieergebnisse sind dann zu erwarten, wenn die beschriebenen Entwicklungsschritte durchlaufen und der Aufbau selbstreflektiver Fähigkeiten und neuer Beziehungsmuster zumindest in Ansätzen erreicht wurden. Gute Ergebnisse sind bei der Behandlung in symptomhomogenen Therapiegruppen belegt (Egle et al. 1992).

Manualisierte psychodynamisch-interaktionelle Gruppentherapie

Durch eine Weiterentwicklung dieses Konzeptes und Operationalisierung in Form eines Manuals (Nickel und Egle 1999) ist heute eine wirksame Behandlung durch 40 Gruppensitzungen über einen Zeitraum von 6 Monaten möglich. Die Behandlungsdauer umfaßt mit 26 Wochen einen für diese Patientengruppe überschaubaren Zeitraum. In dieser Zeit finden insgesamt 40 Gruppensitzungen von 90minütiger Dauer statt. Bei den ersten 28 Sitzungen trifft sich die Gruppe 2 Mal pro Woche, im letzten Drittel der Behandlung finden die Gruppensitzungen nur noch 1 Mal wöchentlich statt. 3 bis 5 Vorgespräche dienen neben der Diagnostik (möglichst auch ein Paargespräch) auch der Information und Motivation. 6 Monate nach Therapieende sind 3 bis 4 „Auffrischungssitzungen" vorgesehen.

Bei den insgesamt 40 Therapiesitzungen in einem geschlossenen Gruppensetting mit sieben bis neun Teilnehmern können vier Phasen differenziert werden:
- diagnostische Vorphase (3–5 Gespräche)
- Informations- und Motivationsphase (mit 5–8 Sitzungen)
- Arbeitsphase (mit ca. 20–25 Sitzungen)
- Transferphase (mit 10–12 Sitzungen)

Vor dem Hintergrund der skizzierten therapeutischen Grundkonzeption beinhaltet das Manual ganz wesentlich Instruktionen für die Haltung und das Interventionsverhalten des bzw. der Therapeuten:

- Um die Patienten dort abzuholen, wo sie hinsichtlich ihrer Erwartungshaltung stehen, stehen in der **Informations- und Motivationsphase** eine sehr aktive Haltung und stark strukturierende Interventionen mit gezielt eingesetzten, über das Krankheitsbild und den Stand der Forschung ebenso wie über den Zusammenhang von Schmerz und Psyche informierenden psychoedukativen Elementen im Vordergrund. Auch Videos von Katamnesegesprächen von Patienten, die diese Gruppentherapie bereits durchlaufen haben, werden zur Motivationsschaffung eingesetzt. Der Therapeut verhält sich als „Schmerzexperte" und knüpft dabei an Erfahrungen an, die diese Patienten mit Vorbehandelnden gemacht haben.
- In der **Arbeitsphase** verändern sich Haltung und Interventionsverhalten des Therapeuten in Richtung einer Modell- und Identifikationsfunktion. Er dient dem Patienten als Modell dafür, wie Introspektion zur Erfahrungs- und Informationsgewinnung ebenso wie zur Entwicklung von Lösungswegen genutzt werden kann. Der Patient soll sich in Richtung eines „Selbst-Expertentums" entwickeln. Vor allem im zweiten Teil dieser Arbeitsphase werden vom Therapeuten gezielt auch interaktionelle Gruppenprozesse thematisiert. Bei deren Bearbeitung berücksichtigt er den für den einzelnen Patienten festgelegten Beziehungsfokus. Auch wenn er im Vergleich zur Informations- und Motivationsphase etwas weniger aktiv ist, bringt er auch in dieser Phase sich selbst direkt in Form von Meinungsäußerungen, Erfahrungsmitteilungen, Aufforderungen oder z.B. der Empfehlung von Hausaufgaben ein. Auch nutzt er in der Arbeitsphase gezielt einzelne Bausteine, Bilder und „Narrative", um psychische Mechanismen für die Patienten transparent, plastisch und erinnerbar zu machen.
- In der **Transferphase** zielen Aktivität und Intervention des Therapeuten vor allem auf

die Anwendung der in der Gruppe gewonnenen Einsichten, auf die „Beziehungswelt" des einzelnen Patienten sowie auf die Thematisierung von Affekten im Zusammenhang mit dem Therapieende, welches seitens der Patienten evtl. vermieden werden. Neue Bausteine werden nicht mehr eingeführt, vielmehr soll auf Bekanntes, gemeinsam in der Gruppe Erfahrenes und Erlebtes zurückgegriffen und das Ende der Therapie als Chance für einen wichtigen Entwicklungsschritt begriffen und genutzt werden.

- Die **Auffrischungssitzungen** nach 6 Monaten sollen deutlich machen, daß der vom Patienten im Sinne des „Selbst-Expertentums" fortgesetzte therapeutische Entwicklungsprozeß bei Bedarf durch die Inanspruchnahme professioneller Unterstützung ergänzt werden kann. Die Auffrischungssitzungen unterstützen zudem den eingeleiteten Entwicklungsprozeß und motivieren, die neu eingeschlagene Richtung gerade in der Alltagssituation und dem bisherigen Umfeld beizubehalten.

Die von uns eingesetzten Informationsbausteine (v.a. in der Anfangsphase) sind ebenso wie Interventionsprinzipien und typische Gruppenthemen in dem genannten Manual nachlesbar.

2.7 Pelipathie

Astrid Lampe und Wolfgang Söllner

Inhalt

2.7.1 Krankheitsbild 246
2.7.2 Untersuchungen zu chronischem Unterleibsschmerz und sexuellem Mißbrauch 247
      Deskriptive Untersuchungen 247
      Kontrollierte Untersuchungen 248
2.7.3 Diskussion des bisherigen Forschungsstandes 250
      Unterschiede bei der Definition von sexuellem Mißbrauch 250
      Unterschiede der Erhebungsmethoden 250
      Psychische Vulnerabilität und unterschiedliche
      Verarbeitung von Mißbrauchserlebnissen 251
2.7.4 Fallbeispiel 251
2.7.5 Psychodynamisches Verständnis 253
      Chronischer Unterleibsschmerz und weiblicher Lebenszyklus 253
      Kindheitstraumen und konflikthafte Entwicklung der weiblichen Identität ... 254
      Auslösesituationen und Paardynamik 255
      Der Schmerz im Unterleib als „Erinnerung an das Trauma" 255
      Traumatisierende und protektive Faktoren bei kindlichem Mißbrauch
      und ihre Auswirkung auf die intrapsychischen Abwehrmechanismen 256
2.7.6 Therapeutische Konsequenzen 257

2.7.1 Krankheitsbild

Unter Pelipathie versteht man zyklische oder azyklische suprapubische Schmerzen, die in beide Inguinalregionen und häufig in die Sakralregion ausstrahlen, oft begleitet von tiefer Dyspareunie und Dysmenorrhoe.

Der Schmerzcharakter ist sehr heterogen und wird als ziehend, drückend, stechend, krampfartig oder brennend beschrieben. Bei der vaginalen Untersuchung wird das Anheben der Portio, der Druck auf die Ligamenta lata oder die Darmbeinschaufel häufig als schmerzhaft empfunden.

Exakte Angaben zur **Prävalenz** des chronischen Unterleibsschmerzes liegen nicht vor. Schätzungen gehen davon aus, daß ca. ein Viertel der Patientinnen einer allgemeinen gynäkologischen Praxis (Vercellini et al. 1990) beziehungsweise 38% der Patientinnen einer gynäkologischen Klinik (Walker et al. 1992a) wegen länger als sechs Monate bestehender Schmerzen im kleinen Becken ihren Gynäkologen aufsuchen. Vor allem junge Frauen im gebärfähigen Alter mit einem Häufigkeitsmaximum zwischen dem 25. und 40. Lebens-

jahr leiden unter chronischen Unterleibsschmerzen. Selten sind Patientinnen prämenopausal und fast nie in der Menopause davon betroffen (Renaer 1980).
In den USA werden 5–10% aller Laparoskopien (Levitan et al. 1985; Walker et al. 1988) wegen chronischer Unterleibsbeschwerden durchgeführt. Bei 10–19% stellt der chronische Unterleibsschmerz die Hauptindikation zur Durchführung einer Hysterektomie dar (Reiter und Gambone 1990).
Trotz sorgfältiger klinischer und laparoskopischer Untersuchungen herrscht in der wissenschaftlichen Diskussion wenig Übereinstimmung darüber, inwieweit und in welchem Ausmaß organische Faktoren primär ätiologisch bedeutsam sind. Das berichtete Vorliegen organpathologischer Befunde rangiert zwischen 8% und 83% (Levitan et al. 1985; Kresch et al. 1984; Cunanan et al. 1983).
Seit der Pionierarbeit von Duncan und Taylor (1952) wurde viel über die ätiopathogenetische Bedeutung von psychosozialen und organischen Faktoren und deren Zusammenwirken bei der Auslösung chronischer Unterleibsschmerzen diskutiert. Dabei betonen die meisten Autoren die Verantwortung psychosozialer Faktoren für die Auslösung und Persistenz der Schmerzen (Levitan et al. 1985; Duncan und Taylor 1952; Beard et al. 1988; Castelnuovo-Tedesco und Krout 1970; Gidro-Frank et al. 1960).
Obwohl durch genaue klinische und laparoskopische Untersuchungen auch minimale organpathologische Veränderungen diagnostizierbar sind, scheinen sie allein für die Auslösung und Persistenz chronischer Unterleibsschmerzen nicht verantwortlich zu sein: Rapkin (1986) konnte zeigen, daß Patientinnen, die unter rezidivierenden Unterleibsschmerzen litten, sich hinsichtlich der Lokalisation und des Ausmaßes von Adhäsionen im kleinen Becken nicht von schmerzfreien Frauen, die wegen eines unerfüllten Kinderwunsches laparoskopiert wurden, unterscheiden. Kistner (1979) fand keinen Zusammenhang zwischen Endometrioseherden und dem Auftreten von chronischem Unterleibsschmerz. Scott und Burt (1962) vermuteten, daß nur 10% der diagnostizierten Endometriosen Symptome verursachen, und Renaer (1980) bemerkt in diesem Zusammenhang, daß ca. 30% der Frauen mit Endometriose keine Symptome entwickeln. Ähnlich *umstritten ist die ätiologische Bedeutung der Beckenvarikositas (pelvic congestion) und der Retroflexio uteri* (Renaer 1980).
In psychosomatischen Untersuchungen werden bei Patientinnen mit chronischen Unterleibsschmerzen eine höhere Rate von Depression und Ängstlichkeit (Walker et al. 1992a), eine höhere Prävalenz von Neurosen und Borderline-Störungen, eine Neigung zur Somatisierung und Kanzerophobie (Gross et al. 1980/81) sowie ein häufig verleugnendes und rigides Abwehrverhalten beschrieben (Wurm et al. 1989). Die Patientinnen seien oft in wenig liebevollen und zerrütteten Familienverhältnissen mit häufiger physischer Mißhandlung und Vernachlässigung aufgewachsen (Gidro-Frank et al. 1960; Castelnuovo-Tedesco und Krout 1970; Gross et al. 1980/81).
Wie bei anderen chronischen Schmerzsyndromen ist auch beim chronischen Unterleibsschmerz eine multifaktorielle Genese anzunehmen, die eine interdisziplinäre Vorgehensweise in Diagnostik und Therapie erfordert.

2.7.2 Untersuchungen zu chronischem Unterleibsschmerz und sexuellem Mißbrauch

Deskriptive Untersuchungen

Die ersten Autoren, die sexuelle Mißbrauchserfahrungen bei Patientinnen mit chronischen Unterleibsschmerzen beschrieben, waren Castelnuovo-Tedesco und Krout (1970). Im Rahmen einer Untersuchung zu psychosozialen Faktoren bei Frauen mit rezidivierenden Unterleibsschmerzen berichteten zwei der Patientinnen über Mißbrauchserfahrungen in ihrer Kindheit. Beide Patientinnen wurden über einen längeren Zeitraum hinweg von ihren Stiefvätern sexuell mißbraucht („... and two carried on prolonged sexual affairs with their stepfathers", Castelnuovo-Tedesco und Krout 1970, S. 117).

Zwölf Jahre später machte die Arbeitsgruppe um Gross (Gross et al. 1980/81; Caldirola et al. 1983) eine für die Autoren damals überraschende Entdeckung: In einer multidisziplinären Studie wurden 25 Frauen mit chronischen Unterleibsschmerzen mit Hilfe eines tiefenpsychologischen Interviews, das von einer Sozialarbeiterin mit den Patientinnen geführt wurde, untersucht. Neun Patientinnen (36%) wurden in ihrer Kindheit im Durchschnitt über einen Zeitraum von acht Jahren sexuell mißbraucht. Inzestuöser Mißbrauch wurde von den Autoren als „jeder physische Kontakt der Sexualorgane unter Familienmitgliedern mit dem Ziel der sexuellen Stimulation" definiert. 58% der mißbrauchten Mädchen lebten in dysfunktionalen Familien, in denen ein oder beide Eltern Alkoholiker waren oder einer der beiden Elternteile häufig den Partner wechselte.

Im Rahmen einer Therapiestudie an der Gynäkologischen Universitätsklinik Leiden gaben von den 106 untersuchten Frauen, die unter chronischen Unterleibsschmerzen litten, 20% an, in der Kindheit Opfer sexuellen Mißbrauchs geworden zu sein (Peters et al. 1991). Die Autoren machen in ihrer Publikation jedoch keine weiteren Angaben darüber, wie kindlicher Mißbrauch definiert wurde und wie das Interview, in dem die Daten erhoben wurden, gestaltet war.

Zu deutlich höheren Prozentzahlen bezüglich sexuellen Mißbrauchs gelangt eine Fragebogenuntersuchung von Toomey et al. (1993). 36 Patientinnen mit chronischen Unterleibsschmerzen wurde ein Fragebogen (nach Badgley et al. 1984) vorgelegt, in dem sie anhand von fünf Fragen ihre Mißbrauchserfahrungen in der Kindheit (vor dem 14. Lebensjahr) und später angeben sollten. Die fünf Fragen umfaßten Exhibitionismus, angedrohten sexuellen Kontakt, Berührung der Geschlechtsorgane, den Zwang, die Geschlechtsorgane eines anderen zu berühren und erzwungenen oder vollzogenen Geschlechtsverkehr. Mit Ausnahme von Exhibitionismus wurden die gleichen Fragen für das Erwachsenenalter gestellt. Insgesamt gaben 58% der Frauen sexuelle Mißbrauchserfahrungen an (vier Patientinnen in der Kindheit, sechs Patientinnen im Erwachsenenalter und neun Patientinnen in der Kindheit und im Erwachsenenalter).

Mit dem gleichen Instrument erhoben Drossman et al. (1990) sexuelle Mißbrauchserfahrungen bei 206 Patientinnen mit ungeklärten abdominellen Beschwerden. Von den untersuchten Frauen litten 20 Patientinnen unter chronischen Unterleibsschmerzen. Die Autoren stellten fest, daß Frauen, die sexuellem Mißbrauch unterworfen waren, ein viermal höheres Risiko hatten, chronische Unterleibsschmerzen zu entwickeln, als nicht mißbrauchte Frauen.

In einer eigenen Studie untersuchten wir bisher 25 Frauen, die wegen chronischer Unterleibsschmerzen die Universitätsklinik für Frauenheilkunde in Innsbruck aufsuchten. In einem semistrukturierten Interview (angelehnt an Russell 1986), welches im Anschluß an eine ausführliche biographische Anamnese durchgeführt wurde, befragten wir die Patientinnen zu sexuellen Mißbrauchserlebnissen in Kindheit, Adoleszenz und Erwachsenenalter. Zehn (40%) der untersuchten Frauen wurden vor ihrem 15. Lebensjahr – zum Teil mehrmals – sexuell schwer oder sehr schwer mißbraucht (die Einteilung des Schweregrades der sexuellen Mißbrauchserfahrungen erfolgte nach Russell 1984).

Kontrollierte Untersuchungen

Die erste kontrollierte Studie zu chronischem Unterleibsschmerz im Zusammenhang mit sexuellen Mißbrauchserfahrungen publizierten Walker et al. (1988). Mit Hilfe des strukturierten Interviews nach Russell wurden 25 Frauen, die länger als drei Monate unter Unterleibsschmerzen litten, und 30 schmerzfreie Frauen, die wegen eines unerfüllten Kinderwunsches die gynäkologische Ambulanz aufsuchten, untersucht. Bezüglich der Mißbrauchserfahrungen der Patientinnen wurde zwischen leichtem sexuellem Mißbrauch (z.B. Exhibitionismus), versuchter sexueller Belästigung und schwerem sexuellem Mißbrauch unterschieden. 64% der Patientinnen mit Unterleibsschmerzen gaben Mißbrauchserfahrungen an, wohingegen nur 23% der schmerzfreien Patientinnen über solche Erlebnisse berichteten. Schweren Mißbrauch vor dem 14. Lebensjahr erlebten nur Patientinnen mit Unterleibsschmerzen. Vier Jahre später berichteten Walker et al. ähnliche Ergebnisse aus einer kontrollierten Untersuchung bei 50 Unterleibsschmerz-Patientinnen und 50 schmerzfreien Frauen: 23% der Schmerzpatientinnen und 4% der schmerzfreien Frauen berichteten über sexuelle Mißbrauchserfahrungen.

Auch in einer Fragebogenuntersuchung (Reiter und Gambone 1990) an 106 Frauen mit funktionellen Unterleibsschmerzen und einer gesunden Kontrollgruppe ergaben sich signifikante Unterschiede hinsichtlich der Häufigkeit sexueller Mißbrauchserfahrungen (48% vs. 6,5%), wobei jedoch nicht zwischen Erfahrungen in der Kindheit und im Erwachsenenalter differenziert wurde. Ein Jahr später publizierten Reiter et al. (1991) eine weitere Arbeit, in der sexueller Mißbrauch bei Patientinnen, für deren Unterleibsschmerzen ein organisches Korrelat diagnostiziert werden konnte (n=47), und bei Frauen, deren Schmerzursache ungeklärt blieb (n=52), erhoben wurde. Mißbrauch wurde als Inzest oder wiederholte sexuelle Belästigung, die jede Berührung der Genitale einschloß, definiert. Signifikant mehr Frauen der „funktionellen Gruppe" berichteten über solche Erfahrungen vor ihrem 20. Lebensjahr (65% vs. 28%). Dies steht im Gegensatz zu den Ergebnissen von Walker et al. (1988) und

Tab. 2.12 Studien zu sexuellem Mißbrauch bei Frauen mit chronischen Unterleibsschmerzen (Anzahl der mißbrauchten Frauen/Größe der jeweiligen Stichprobe)

Autor	Pat. mit chron. Unterleibsschmerzen	Pat. ohne Schmerzen	Pat. mit Schmerzen anderer Lokalisation
Gross et al. (1980/81) USA	n=9/25 (36%)	-	-
Peters et al. (1991) Niederlande	n=21/106 (20%)	-	-
Toomey et al. (1993) USA	n=19/36 (53%)	-	-
Walker et al. (1988) USA	n=16/25 (64%)	n=7/30 (23%)	-
Reiter und Gambone (1990) USA	n=51/106 (48%)	n=6/92 (6,5%)	-
Walker et al. (1992) USA	n=12/50 (24%)	n=2/50 (4%)	-
Rapkin et al. (1990) USA	n=6/31 (19,4%)	n=4/32 (12,5%)	n=23/142 (16,3%)
Walling et al. (1994) USA	n=16/64 (25%)	n=3/46 (4%)	n=2/42 (5%)

Rapkin et al. (1990), die in ihren Studien keine Unterschiede zwischen den Gruppen fanden. Rapkin et al. (1990) und Walling et al. (1994), sind bislang die einzigen Autorinnen, die sexuelle Mißbrauchserfahrungen bei Frauen mit chronischen Unterleibsschmerzen im Vergleich zu Patientinnen mit Schmerzen anderer Lokalisation und einer schmerzfreien Patientengruppe untersuchten. Auch hier sind die Ergebnisse widersprüchlich: Fanden Rapkin et al. weder im Kindes- noch im Erwachsenenalter signifikante Unterschiede hinsichtlich jeglicher sexueller Mißbrauchserfahrungen zwischen Patientinnen mit chronischen Unterleibsschmerzen (19,4%), Patientinnen mit Schmerzen anderer Lokalisation (16,3%) und der schmerzfreien Kontrollgruppe (9,4%), konnten Walling et al. eine höhere Rate an schweren mißbräuchlichen sexuellen Erfahrungen bei Frauen mit Unterleibsschmerzen (53%) im Vergleich zu Kopfschmerzpatientinnen (33%) und der gesunden Kontrollgruppe (28%) feststellen (vgl. Tab. 2.12).

2.7.3 Diskussion des bisherigen Forschungsstandes

Die Frage, inwieweit sexuelle Mißbrauchserfahrungen in der Kindheit relevant für die spätere Entwicklung chronisch rezidivierender Unterleibsschmerzen sind, läßt sich anhand des bisherigen Forschungsstands aus mehreren Gründen nicht schlüssig beantworten.
Ein unterschiedliches methodisches Vorgehen, vor allem in bezug auf die Definition von sexuellem Mißbrauch und die Methoden der Datenerhebung, führen zu unterschiedlichen Ergebnissen und Schlußfolgerungen in Hinsicht auf den Zusammenhang zwischen chronischem Unterleibsschmerz und sexuellem Mißbrauch.

Unterschiede bei der Definition von sexuellem Mißbrauch

Wird bei Walling et al. zwischen „major sexual abuse" (jede Form der Penetration und des Berührens der unbekleideten Geschlechtsorgane oder des Anus) und „any sexual abuse" unterschieden, differenzieren Rapkin et al., wie viele andere der oben genannten Studien auch, die Art der Mißbrauchserfahrungen nicht. Manche der bisher zitierten Studien ordnen auch Patientinnen, die Erfahrungen mit Exhibitionisten machten, der sexuell mißbrauchten Gruppe zu.
Teilweise werden in den genannten Studien nur wiederholte sexuelle Übergriffe als Mißbrauch gewertet. So schließen Rapkin et al. (1990) und Reiter et al. (1991) einmalige sexuelle Überfälle oder Belästigungen von der weiteren Datenauswertung aus, wohingegen bei den meisten anderen Autoren diese Erfahrungen in die Ergebnisse miteinbezogen werden.
Sofern zwischen Mißbrauchserfahrungen in der Kindheit und im Erwachsenenalter unterschieden wird, ist das, was als kindlicher Mißbrauch definiert wird, durchaus nicht einheitlich: Rapkin et al. verstehen darunter Mißbrauchserfahrungen von Mädchen unter 17 Jahren, Walling et al. die von unter 15jährigen, Reiter et al. die von jungen Frauen unter 20 Jahren und Drossman et al. und Toomey et al. die von unter 14jährigen.

Unterschiede der Erhebungsmethoden

In vier der elf zitierten Studien werden *Fragebögen*, die entweder von den Patientinnen allein (Drossman et al. 1990; Toomey et al. 1993) oder im Beisein einer Krankenschwesternschülerin (Reiter und Gambone 1990; Reiter et al. 1991) ausgefüllt werden, zur Datenerhebung verwendet. Die verbleibenden sechs Studien verwenden *Interviewtechniken,* die von strukturierten einzelnen Fragen – mitunter per Telefon – bis hin zu tiefenpsychologisch orientierten Interviews reichen: Walling et al. verwendeten eine „inverted funnel technic"; dabei wurden die Patientinnen per Telefon zuerst mit den schlimmsten, den Mißbrauch betreffenden Fragen konfrontiert und erst in der Folge nach leichteren Formen mißbräuchlicher Erfahrungen gefragt. Rapkin et al. hingegen stellten ihren Patientinnen zuerst eine standardisierte, offene Frage zu sexuellem Mißbrauch, die bei Bejahen mit den weiteren Fragen „durch wen" und „in welcher Art" komplettiert wurden.

Nach Wyatt und Peters (1986) und Finkelhor (1979) bzw. Finkelhor und Baron (1986) beeinflussen die *Art des Settings und die Anzahl der gestellten Fragen* entscheidend die berichteten Raten an sexuellen Mißbrauchserfahrungen. Finkelhor und Baron (1986) belegen in einer methodischen Übersichtsarbeit, daß die Rate der berichteten Mißbrauchserfahrungen mit der Anzahl der gestellten Fragen steigt. Wyatt und Peters (1986) betonen die höhere Reliabilität der Befragungen in einer vertrauensvollen Interviewsituation.

Ferner werden in den meisten bisher erschienenen Publikationen schmerzfreie Frauen als Kontrollgruppe untersucht. Die Frage bleibt offen, ob sexuelle Mißbrauchserfahrungen spezifisch für die Genese chronischer Unterleibsschmerzen sind oder Einfluß auf die Entwicklung chronischer Schmerzsyndrome im allgemeinen haben. Wurtele et al. (1990) berichtet über eine ähnlich hohe Rate sexueller Mißbrauchserfahrungen in der Kindheit bei Patienten mit chronischen Schmerzen unterschiedlicher Lokalisation (28%) wie bei Patientinnen mit chronischen Unterleibsschmerzen (vgl. auch Kap. 2.6).

Die bezüglich der Wahl der Kontrollgruppen ähnlichen Studien von Rapkin et al. (1990) und Walling et al. (1994) widersprechen sich hinsichtlich der Relevanz von Mißbrauchserfahrungen.

Psychische Vulnerabilität und unterschiedliche Verarbeitung von Mißbrauchserlebnissen

Eine weitere Schwierigkeit ergibt sich aus der noch ungenügenden Miteinbeziehung intervenierend wirkender Drittvariabler. Bislang wurde zumeist chronischer Unterleibsschmerz als abhängige und sexuelle Mißbrauchserfahrungen in Kindheit bzw. im Erwachsenenalter als unabhängige Variable untersucht. Neuere Studien beziehen auch physische Mißhandlung im Kindesalter als weitere unabhängige Variable mit ein. Zumeist wird von einer hohen Korrelation zwischen sexuellen Mißbrauchserfahrungen und physischer Mißhandlung berichtet.

Dennoch erscheint es wichtig, mögliche weitere, moderierend oder verstärkend wirkende Variablen, wie die individuelle psychische Vulnerabilität oder die psychosozialen Ressourcen der Betroffenen, in die Untersuchungen miteinzubeziehen. Bezüglich der individuellen Vulnerabilität wäre beispielsweise die Art der altersabhängigen Coping-Mechanismen oder die Stabilität von Ich-Funktionen der Betroffenen zum Zeitpunkt des sexuellen Mißbrauchs von Interesse. Was die psychosozialen Ressourcen betrifft, erscheint es für die psychische Bewältigung und damit für die spätere Entwicklung von Symptomen – besonders im Fall des Mißbrauchs in der Kindheit – bedeutsam, ob eine schützende oder tröstende Person dem Kind zur Verfügung stand, beziehungsweise, ob durch die Möglichkeit der Mitteilung des traumatischen Erlebnisses an eine vertrauensvolle Person das Kind geschützt werden konnte oder ob es weiterhin mehr oder weniger ohnmächtig dem Geschehen ausgeliefert war.

2.7.4 Fallbeispiel

Die 28jährige, kleine und zierliche Frau K. wirkt sehr kindlich. Sie kommt gemeinsam mit ihrem deutlich älteren, 50jährigen Ehepartner in die gynäkologische Ambulanz und möchte, daß er sie auch zum psychotherapeutischen Erstgespräch begleitet. Nach kurzem Zögern entscheidet der Ehemann, in der Zwischenzeit die Mutter der Patientin, die sich zu diesem Zeitpunkt in stationärer Behandlung an der Inneren Medizin befand, zu besuchen. (Wie sich später herausstellte, lag die Mutter der Patientin zu diesem Zeitpunkt schon wegen eines Herzinfarktes in der Intensivstation, was die Patientin jedoch während des Gespräches nicht erwähnte.)

Kaum hat die Patientin im Zimmer Platz genommen, beginnt sie rasch zu erzählen: Die Unterleibsschmerzen bestehen seit ihrem 12. Lebensjahr. Sie hätten mit Beginn der zweiten Regelblutung begonnen und sich seit sechs Jahren verschlimmert. Von sich aus äußert die Patientin die Vermutung, daß ihre Schmerzen damit in Zusammenhang stünden, daß sie von ihrem Vater „miß-gebraucht" worden sei.

Vom fünften Lebensjahr an sei sie in einem Kinderheim aufgewachsen, nachdem der Vater plötzlich seinen Arbeitsplatz und die Familie die Wohnung verloren hätte. Die beiden älteren Brüder seien in ein anderes Heim gekommen.

Ihre Tante habe ihr erzählt, daß sie schon als Säugling von ihrem Vater mit einem Kleiderbügel sexuell mißbraucht worden sei. Im Kinderheim sei sie häufig geschlagen und auch für Vergehen, die sie nicht begangen hätte, hart bestraft worden. Sie habe sich in dieser Zeit oft verletzt, sich z.B. mehrfach einen Arm gebrochen. Besuche der Mutter im Kinderheim seien von der Heimleitung verboten worden mit der Begründung, daß die Kinder sonst zuviel Heimweh hätten. Die Mutter habe immer versprochen, sie aus dem Heim zu holen, habe es aber nie getan. Briefe und seltene Geschenke habe die Patientin nur von ihrer Tante erhalten. Am Wochenende und in den Ferien sei sie zu Hause zu Besuch gewesen. Für einige Jahre sei ihr Vater „verschwunden" gewesen. Als die Patientin ca. zehn Jahre alt gewesen sei, sei der Vater wieder aufgetaucht.

Im Alter von 12 Jahren hätten die Vergewaltigungen durch den Vater begonnen. Obwohl die Mutter und die Brüder davon wußten, hätten sie die Patientin mit dem Vater am Wochenende oft allein zu Hause gelassen. Niemand habe sie geschützt. Mit 19 Jahren sei sie durch den Vater schwanger geworden, woraufhin eine Abtreibung in Deutschland durchgeführt worden sei.

Zum damaligen Zeitpunkt arbeitete die Patientin in einer geschützten Werkstatt eines sozialen Vereins. Auf Drängen und mit Unterstützung der damaligen Vorgesetzten zeigte die Patientin den Vater an. Der Vater wurde zu einer einjährigen Haftstrafe verurteilt.

Die Abtreibung sei von ihrer Mutter und ihrer älteren Stiefschwester (einer im Ausland lebenden Tochter der Mutter, die jedoch nie in der Herkunftsfamilie der Patientin lebte) „organisiert" worden.

Nach dem Abbruch der Schwangerschaft zog die Patientin in den Haushalt der Stiefschwester, der sie als eine Art Hausmädchen zur Hand gehen sollte. Die Patientin beschreibt dort eine schreckliche Zeit. Sie sei von ihrem Schwager neuerlich vergewaltigt und geschlagen worden. Die Stiefschwester habe ihr nie geglaubt und sie um ihren versprochenen Lohn betrogen. Die Patientin berichtet, daß sie es dort nicht mehr ausgehalten habe und in der Folge in ihren Heimatort zurückgekehrt sei.

Zum Zeitpunkt des Gespräches lebt die Patientin gemeinsam mit ihrem Partner, einem Freund ihres älteren Bruders, und ihren Eltern in einem gemeinsamen Haushalt. Der Vater habe sich nach der Haft verändert, sie sei ihm heute nicht mehr böse, er würde sie jetzt, da sie einen Ehepartner habe, in Ruhe lassen.

Mit ihrem Mann habe sie keinen Geschlechtsverkehr, sobald er sie berühre, habe sie heftige Schmerzen. Zu Hause sei sie für den Haushalt zuständig, ihren Mann empfinde sie als Schutz gegen den Vater. Wegen der Schmerzen ist die Patientin frühberentet. Auch ihr Mann ist wegen einer Lungenerkrankung arbeitsunfähig und bezieht eine Rente. Zu den beiden Brüdern bestehe kaum Kontakt, beide seien kriminell geworden.

Im Gespräch wird die Enttäuschung über und die Wut auf die Mutter, die sie nicht aus dem Heim geholt und vor dem Mißbrauch beschützt hätte, deutlich. Zwischen Erstgespräch und Zweitgespräch verstirbt die Mutter der Patientin. Die Patientin wirkt völlig ungerührt. Die gynäkologische Untersuchung ergibt eine Unterbindung der Eileiter, von der die Patientin selbst nichts wußte.

Vom Mißbrauch berichtet sie „hemmungslos", scheinbar ohne Scham, fast übertrieben (so daß man im ersten Moment dazu neigt, ihr kaum zu glauben). Die Patientin wirkt einerseits mißtrauisch und ängstlich, andererseits „im Leid exhibitionistisch" („schau, wie schrecklich ich es gehabt habe"). Im Kontakt wirkt die Patientin leblos. Frau K. wollte telefonisch einen weiteren Termin vereinbaren. Bis heute hat sie jedoch weder zur Therapeutin noch zur behandelnden Gynäkologin Kontakt aufgenommen.

2.7.5 Psychodynamisches Verständnis

Chronischer Unterleibsschmerz und weiblicher Lebenszyklus

Als Auslöser für den Beginn der Schmerzsymptomatik werden häufig der Beginn sexueller Beziehungen, die Entscheidung zu einer längerdauernden Bindung an einen Partner und die erste Schwangerschaft angegeben (Benson et al. 1959; Gidro-Frank et al. 1960; Castelnuovo-Tedesco und Krout 1970). Fast alle Frauen klagen über eine *ausgeprägte Störung des sexuellen Erlebens* (Dyspareunie, Vaginismus, Anorgasmie) und der intimen Partnerbeziehung (Wurm et al. 1989; Kantner et al. 1992). Gidro-Frank et al. (1960) berichteten, daß die von ihnen untersuchten, an chronischem Beckenschmerz leidenden Frauen im Vergleich mit gesunden schwangeren Frauen signifikant häufiger an Konflikten, welche ihre weibliche Identität betrafen, litten: Sie waren in einem hohen Ausmaß mit ihrer Lebenssituation und ihrer Partnerbeziehung unzufrieden, wobei Wünsche nach einem selbstbestimmteren Leben unerfüllt blieben. Schwangerschaften erlebten diese Frauen häufig als psychisch belastend und hatten dabei häufiger Komplikationen (Hyperemesis, Depression, hypochondrische Ängste, übermäßige Gewichtszunahme) als gesunde Frauen.

Häufig bieten chronische Unterbauchschmerzen Frauen die Möglichkeit, sich von einer unbefriedigenden, unerwünschten oder konflikthaften sexuellen Beziehung zurückzuziehen. Dies ist bei Frauen, die sexuellen Mißbrauchserlebnissen ausgesetzt waren, besonders verständlich.

Bei der von uns untersuchten Stichprobe war dies bei 80% der Patientinnen der Fall. In den Untersuchungen von Castelnuovo-Tedesco und Krout (1970) und Gross et al. (1980/81) wird jedoch trotz dysfunktioneller Sexualität von einer ausgeprägten sexuellen Aktivität und häufig wechselnden Partnerbeziehungen berichtet. Dies muß keinen Widerspruch darstellen, da diese Frauen dabei gerade nicht die Befriedigung durch partnerschaftliche Sexualität zu suchen scheinen, sondern vielmehr die Erfüllung von Wünschen nach emotionaler Wärme und Geborgenheit. Häufig drücken Patientinnen in Phantasien und Tagträumen Wünsche nach zärtlichen Beziehungen zu Männern, die keine sexuelle Beziehung fordern, aus. Gleichzeitig können sexuell schwer traumatisierte Frauen emotionale und intime Nähe in einer Partnerschaft oft nur schwer ertragen und brechen Beziehungen daher häufig wieder ab.

Tiefenpsychologisch orientierte *projektive Testverfahren* bestätigen dies: Frauen mit chronischen Beckenschmerzen bezeichneten sich im Sentence Completion Test als *einsam, isoliert, unerwünscht,* auf der Suche nach menschlicher Nähe, die sie nicht erreichen können, voll Zukunftsangst, fühlten sich als Frauen insuffizient und schuldig und äußerten gleichzeitig Angst vor Männern und vor Zurückweisung durch diese (Castelnuovo-Tedesco und Krout 1970). Dieselben Autoren beschrieben, daß die Frauen im Thematischen Apperzeptions-Test (TAT) trotz allen Mißtrauens gegenüber Männern sogar noch größere Schwierigkeiten zeigten, Nähe und Schutz bei Frauen zu finden, welche sie als gefährlich und destruktiv darstellten. Gidro-Frank et al. (1960) baten ihre Patientinnen, eine Variante des Figure-Drawing Tests in Form der Zeichnung eines Paares anzufertigen. Dabei waren die Zeichnungen der Frauen mit Unterleibsschmerzen im Vergleich zur Kontrollgruppe auffallend infantil und bezüglich der Geschlechtsidentität undifferenziert. Die Interpretation der Autoren, daß dies ein Hinweis auf ein *unreifes weibliches Selbstkonzept* sei, erhält im Lichte der Ergebnisse der neueren Untersuchungen über Mißbrauchserlebnisse in Kindheit und Jugend der Patientinnen einen neuen Aspekt:

Die geschlechtliche Identität der Männer wird verleugnet, im Mann wird nicht der Sexualpartner, sondern eine (nichtgeschlechtliche) Person gesucht, welche Wünsche nach Nähe und Geborgenheit befriedigt.

Kindheitstraumen und konflikthafte Entwicklung der weiblichen Identität

Schon in den frühen Studien über Frauen mit chronischen Beckenschmerzen wird durchgehend auf ein hohes Ausmaß an traumatischen und schmerzhaften frühen Erinnerungen (Gewalt und Vernachlässigung in der Herkunftsfamilie) hingewiesen. Eine Beurteilung auf der Grundlage des heutigen Wissensstandes über sexuelle Mißbrauchserfahrungen in der Kindheit dieser Patientinnen zeigt eine auffallende Übereinstimmung der Beschreibung psychodynamischer Zusammenhänge in diesen Untersuchungen mit den in den letzten Jahren publizierten Arbeiten über die Psychodynamik bei Mißbrauchsopfern und im speziellen bei Inzestopfern (vgl. Hirsch 1987b und die diesbezüglichen Beiträge in diesem Buch).

„Patienten mit Unterleibsschmerzen sprachen häufig mit tiefer Zuneigung von ihren Vätern, die sie aber zugleich als gewalttätig und mißbrauchend beschrieben. Sie tolerierten bei ihren Vätern ein Verhalten, für das sie ihre Ehemänner streng verurteilten. Dies legt den Schluß nahe, daß Angst und Wut auf den Ehemann übertragen wurden, um sich ein idealisiertes Vaterbild bewahren zu können." (Gidro-Frank et al., 1960, S. 1198, Übers. vom Verf.). Möglicherweise ist die Bewahrung des idealisierten Vaterbildes auch ein Werk des „gemeinsamen Unbewußten" (der gemeinsamen Verleugnung) der Patientinnen und der (überwiegend männlichen) Untersucher gewesen.

Bei den von uns untersuchten Patientinnen fällt auf, daß trotz zum Teil schwerster Mißbrauchserfahrungen durch Männer (und in einigen Fällen gerade durch die Väter) *Wut, Zorn und Enttäuschung sich in der Hälfte der Fälle stärker gegen die Mütter richteten, denen die Patientinnen vorwarfen, sie zuwenig beachtet und geliebt und nicht ausreichend gegen die sexuellen Übergriffe geschützt zu haben*. Die fehlende Möglichkeit der Identifikation mit einer warmen, liebevollen, beschützenden Mutterfigur scheint die Ausbildung eines „guten" Selbstbildes als Frau verhindert zu haben. Die eigene Sexualität wird entweder verleugnet oder in den Dienst der Suche nach Zuwendung gestellt (sexualisierendes Verhalten).

Im Gegensatz zu amerikanischen Untersuchungen ist die Häufigkeit von offen sexualisierendem Verhalten bei den von uns untersuchten Frauen weit geringer. Hier könnte auch ein kultur- oder schichtspezifischer Grund vorliegen: Alle von Castelnuovo-Tedesco & Krout untersuchten Patientinnen gehörten der Unterschicht an, wobei 65% in zerrütteten Herkunftsfamilien aufwuchsen. Gross et al. (1980/81) machen keine genaueren Angaben zur sozialen Schicht der von ihnen untersuchten Frauen, beschreiben aber einen durchwegs „gestörten, chaotischen und unstabilen Lebensstil".

Auslösesituationen und Paardynamik

Rezidivierende Unterleibsschmerzen treten auffallenderweise zum ersten Mal in der Spätpubertät und Adoleszenz auf, wenn eigene sexuelle Bedürfnisse und Wünsche nach Partnerbeziehungen, welche wiederum sexuelle Anforderungen mit sich bringen, auftauchen. Die Kollusion zwischen einer Jugendlichen mit einer konflikthaften psychosexuellen Entwicklung, einer überbesorgten und fordernden Mutter und einem forschen Chirurgen führt häufig zur Appendektomie, welche in den deutschsprachigen Ländern in über 60% der Fälle ohne zwingende Indikation durchgeführt wird (Hontschik 1989). Hontschik (persönliche Mitteilung) bestätigte, daß er als Chirurg immer wieder intuitiv aufgrund der szenischen Gestaltung den Eindruck gehabt habe, daß ein sexuell mißbräuchliches Geschehen vorliegen könne, dies aber nicht systematisch untersucht habe.

Ihren Häufigkeitsgipfel finden chronische Beckenschmerzen im jungen Erwachsenenalter, wenn im Zuge der lebensgeschichtlichen Entwicklung Wünsche nach Geborgenheit in einer Partnerschaft und Familie zu Forderungen an die Patientin als Frau führen. Das Symptom ist hier einerseits *direkte regressive „Erinnerung" an das Trauma*, quasi eine psychische Wiederholung des Traumas (im Sinne einer Überforderung der psychischen Abwehrmechanismen durch die schwere Traumatisierung), andererseits aber doch auch eine *psychische Abwehrleistung* des Individuums:

Die seelischen Folgen des Traumas werden auf den körperlichen Schmerz im Unterleib eingeschränkt und häufig von den begleitenden unerträglichen Affekten isoliert. So belastend die Beckenschmerzen und deren Folgen für die Patientin auch sind, so ist doch ihr seelisches und existentielles Funktionieren nicht gefährdet. (Bei Mißbrauchsopfern, die als Spätfolgen unter selbstzerstörerischen Handlungen, Magersucht oder Suizidtendenzen leiden, scheint diese psychische Abwehrleistung nicht oder nicht ausreichend vorhanden zu sein.)

Die Partnerbeziehung der von uns untersuchten Frauen verlief entlang von zwei typischen paardynamischen Mustern:
- in Form einer **„Wiederholung der Opferrolle",** wobei die Frauen sich wiederum gewalttätige, tyrannische und mißhandelnde Männer als Partner wählten (drei von zehn Frauen).
- in Form einer **„Vermeidung der Opferrolle",** wobei besonders verständnisvolle und versorgende Partner gewählt wurden, die vor allem auch bezüglich der sexuellen Beziehung zurückhaltend sind und nicht oder wenig sexuelle Aktivität fordern (sieben von zehn Frauen). Aber auch aus dieser Gruppe berichtete nur eine einzige Frau, daß ihre intime Partnerbeziehung für sie befriedigend verlaufe.

Auffallend ist, daß sechs der zehn Frauen kinderlos sind, wobei bei vier von ihnen ein ausgeprägter Kinderwunsch besteht. Eine Patientin kam ursprünglich in die Klinik, um eine In-vitro-Fertilisation durchführen zu lassen, bei einer anderen Patientin (Frau K.) wurde – anscheinend ohne ihr Wissen – nach einem abdominellen Eingriff eine Unterbindung der Eileiter durchgeführt.

Der Schmerz im Unterleib als „Erinnerung an das Trauma"

Chronische Beckenschmerzen stellen eine Symptomwahl dar, die jene körperlichen Bereiche betrifft, welche in erster Linie der weiblichen Sexualität und Reproduktion dienen. Im Unterschied zu anderen Spätfolgen des sexuellen Mißbrauchs scheint dabei eine Besonderheit in der Form vorzuliegen, daß die Schmerzen eine direkte körperlich wahrnehmbare „Erinnerungsspur" des schmerzhaft erlebten Traumas darstellen können.

Dies trifft sicher nur bei einem Teil der betroffenen Frauen in dieser direkten Form zu und scheint nur jenen Betroffenen (wie Frau K.) bewußt zu sein, bei denen die traumatische Erfahrung so überwältigend war, daß sie nicht verdrängt werden konnte, sondern mit Hilfe „unreiferer" Formen der Abwehr, wie Verleugnung, Spaltung oder Isolierung des Affekts, bewältigt werden mußte.

Menschen, die als Kinder Opfer sexuellen Mißbrauchs geworden sind, entwickeln zumeist intensive Gefühle der Scham und der Schuld, vor allem dann, wenn der Mißbrauch in der eigenen Familie stattgefunden hat. Diese Schuld- und Schamgefühle werden im späteren Leben vor allem dann aktualisiert, wenn eigene sexuelle Wünsche und Empfindungen auftauchen.

Schmerzen im Bereich der Genitalorgane können den unbewußten Versuch darstellen, Entlastung von Schuldgefühlen zu erzielen. In diesem doppelten Sinn stellt das Symptom Unterleibsschmerz also sowohl eine Wiederholung des seelischen Traumas, als auch einen Versuch zu dessen psychischer Bewältigung dar.

Traumatisierende und protektive Faktoren bei kindlichem Mißbrauch und ihre Auswirkung auf die intrapsychischen Abwehrmechanismen

Die psychischen und psychosomatischen kurzfristigen und langfristigen Folgen von sexuellem Mißbrauch werden außer durch die Art und Schwere des Mißbrauchs auch durch die Qualität der Beziehungen in der Herkunftsfamilie und die intrapsychischen Abwehrmöglichkeiten in ihrer jeweils ganz individuellen Ausprägung entscheidend bestimmt. Ein Mißbrauchserlebnis, das zwar subjektiv als schwere Beeinträchtigung erlebt wurde, bei dem das Mißbrauchsopfer aber gleichzeitig in einem beschützenden Familienklima mit relativ stabilen Beziehungen zu beiden Eltern aufwuchs, wird sicher nicht jene massive und überwältigende Form der seelischen Traumatisierung darstellen wie im Fall von Frau K. Stabile Beziehungserfahrungen in der Kindheit sind auch eine Voraussetzung für die Ausbildung „reiferer" Formen der Bewältigung von seelischen Traumen und Konfliktsituationen (wie z.B. der Verdrängung und der Konversion).

Solche protektiven Faktoren sind bei inzestuösem Mißbrauch, zumindest wenn er in der Kernfamilie stattgefunden hat, in der Regel nicht gegeben. Bei Frau K. liegt eine äußerst schwere und langanhaltende Traumatisierung durch sexuellen Mißbrauch in der Kindheit vor, der mit psychischer Vernachlässigung in völlig zerrütteten Familienverhältnissen einherging, wodurch kaum stabile und schützende Beziehungen zu Familienangehörigen aufgebaut werden konnten. Wut und Enttäuschung richten sich mehr gegen die Mutter, ein Phänomen, das mehrfach bei schwerem Inzest beschrieben wurde (vgl. Hirsch 1987b) und darauf hinweist, daß Frau K. versucht hat, *die emotionale Kälte und Zurückweisung, die sie durch ihre Mutter erlebte, durch Hinwendung zum Vater zu kompensieren.* Bis ins Erwachsenenalter kann sie der Mutter die Vernachlässigung nicht verzeihen, wohl aber dem Vater nach Verbüßen seiner Haftstrafe den langanhaltenden sexuellen Mißbrauch. Sie kann sich auch nicht von ihrer Herkunftsfamilie lösen, sondern sucht sich einen älteren, wenig fordernden Partner als beschützende Bezugsperson, der mit ihr quasi als „guter Vater und gute Mutter in einem" weiter in der Herkunftsfamilie lebt.

Im Sinne unreifer Abwehrmechanismen spaltet sie ihre Gefühle von dem nicht verleugbaren langwährenden kindlichen Trauma ab (**Isolierung des Affekts**). Die scheinbar schamlose Art der Selbstpräsentation als Opfer dient der Abwehr von Schuldgefühlen, drückt diese aber gleichzeitig aus. Eigene ambivalente Gefühle werden in Form eines Spaltungsvorgangs „guten" (dem Partner) und „schlechten" Bezugspersonen (den Brüdern) zugeschrieben.

Die Opferrolle, die durch das anhaltende Leiden und die damit verbundene Invaliditätsberentung zementiert wird, scheint eine Art narzißtische Plombe (Hoffmann und Egle 1989) zur Aufrechterhaltung eines minimalen Selbstwertgefühls darzustellen. In diesem Licht ist auch der Abbruch der Psychotherapie zu verstehen, welche bei Frau K. wahrscheinlich die Angst ausgelöst hat, daß dieser Schutzmechanismus in Frage gestellt werden könnte.

2.7.6 Therapeutische Konsequenzen

Allen Frauen, bei denen ein Zusammenhang zwischen sexuellen Mißbrauchserlebnissen und chronischen Beckenschmerzen vermutet wird, sollte psychotherapeutische Unterstützung angeboten werden. Da die meisten Frauen eine rein somatische Sichtweise ihrer Beschwerden haben, ist die Absprache mit dem behandelnden Gynäkologen und noch besser dessen Einbeziehung in die Therapieplanung nicht nur sinnvoll, sondern zumeist unumgänglich.

Spezifische Therapiestudien liegen nicht vor. Eigene klinische Erfahrungen zeigen, daß Frauen, welche an chronischen Unterleibsschmerzen leiden und sexuellen Mißbrauchserlebnissen unterworfen waren, nur selten ein ambulantes Psychotherapieangebot aufgreifen oder häufig die Therapie nach wenigen Gesprächen wieder abbrechen. Dies scheint die tiefe Vertrauenskrise und Beziehungsstörung schwer traumatisierter Frauen widerzuspiegeln. Manchmal gelingt es, durch stationäre psychosomatische Behandlungsangebote, die bei der somatischen Krankheitssicht der Patientinnen anknüpfen und zunächst eine eher weniger konfrontierende und stärker schützende Atmosphäre bieten, diese Widerstände gegen psychotherapeutische Hilfe zu verringern. Die psychotherapeutische Behandlung dieser Patientinnen unterscheidet sich nicht prinzipiell von der Psychotherapie anderer traumatisierter Patienten. Dabei bestimmt der Grad, in welcher Form und in welchem Ausmaß die Betroffenen die Traumatisierung psychisch verarbeiten konnten, die Art des therapeutischen Vorgehens:

Aufdeckende tiefenpsychologische Therapieverfahren scheinen uns bei Vorliegen reiferer Abwehrstrukturen sinnvoll. Bei massiver Traumatisierung und bedrohlicher Selbstwertproblematik muß dieses Vorgehen in Richtung einer stärker Ich-stützenden Haltung modifiziert werden.

2.8 Dissoziative Störungen

Annegret Eckhardt-Henn und Sven Olaf Hoffmann

Inhalt

2.8.1 Definition 258
2.8.2 Fallbeispiel 259
2.8.3 Ätiologie und Psychodynamik der Dissoziation 260
2.8.4 Darstellung und Diskussion des gegenwärtigen Forschungsstandes 263
2.8.5 Therapie 268
       Fortsetzung des Fallbeispiels 269

2.8.1 Definition

Die Dissoziation (dissoziative Störung) wird als ein komplexer psychophysiologischer Prozeß bezeichnet, bei dem es zu einer teilweisen oder völligen Desintegration psychischer Funktionen wie der Erinnerung an die Vergangenheit, des Identitätsbewußtseins, der unmittelbaren Empfindungen, der Wahrnehmung des Selbst und der Umgebung kommt. Im Vordergrund steht also eine Störung des Bewußtseins, welche vielfältige Formen aufweist.

Die dissoziativen Störungen umfassen ein Kontinuum, das von einfachen dissoziativen Phänomenen, die auch bei gesunden Menschen unter bestimmten Bedingungen (Übermüdung, Streßsituationen) vorkommen können, bis hin zu schweren dissoziativen Störungen wie der dissoziativen Identitätsstörung („Multiple Persönlichkeit") reicht. Die krankhaften dissoziativen Störungen (psychopathologisch) werden gegenwärtig in folgende Formen unterteilt (nach DSM-IV):

▶ **Dissoziative Amnesie:** Wichtige Ereignisse aus der persönlichen Geschichte/Vergangenheit und wichtige Informationen zur eigenen Person werden nicht mehr erinnert.

▶ **Dissoziative Fugue:** Plötzliches, unerwartetes Reisen, Wegfahren, Weglaufen aus der gewohnten Umgebung (Familie/Arbeitsplatz). Währenddessen besteht eine Desorientierung zur persönlichen Identität und zur eigenen Vergangenheit. Manchmal wird eine neue Identität angenommen.

▶ **Dissoziative Identitätsstörung (ehemals Multiple Persönlichkeitsstörung):** Zwei oder mehrere getrennte, völlig unterschiedliche Identitäten oder Persönlichkeitszustände bestimmen wechselweise das Verhalten des Betroffenen. Für die jeweils andere Identität besteht eine Amnesie.

▶ **Depersonalisationsstörung:** Ständiges oder wiederkehrendes Gefühl, von den eigenen psychischen Prozessen oder vom eigenen Körper getrennt zu sein; die Realitätsprüfung ist dabei völlig erhalten. Im Zustand der Depersonalisation wird das eigene Selbst als „verändert" wahrgenommen. Das eigene Tun erscheint abgespalten, mechanisch, automatenhaft. Der ganze Körper oder Körperteile werden als unwirklich, als nicht mehr zum Körperselbst zugehörig erlebt. Die Sinneswahrnehmungen, wie das Hören, das Sehen, das Tast- und Berührungsempfinden, können ebenso gestört sein wie allgemeine Körpergefühle, Appetit, Hunger und Durst. Bei der Derealisation wird die Außenwelt (äußere Objekte) als fremd, verändert wahrgenommen. Es handelt sich bei diesen Phänomenen nicht um eine Bewußtseinsstörung im engeren Sinn, sondern im Vordergrund steht das Erlebnis von Verfremdung und Unwirklichkeit.

Die ICD-10 schließt noch folgende Störungen ein:

▶ **Dissoziativer Stupor:** Das Bild eines Stupors ohne Anhalt für eine körperliche Ursache.

▶ **Trance und Besessenheitszustände:** Störungen, bei denen ein zeitweiliger Verlust der persönlichen Identität und der vollständigen Wahrnehmung der Umgebung auftritt. In einigen Fällen verhält sich ein Mensch so, als ob er von einer anderen Persönlichkeit, einem Geist, einer Gottheit oder einer „Kraft" beherrscht würde. Aufmerksamkeit und Bewußtsein können auf nur ein oder zwei Aspekte der unmittelbaren Umgebung begrenzt und konzentriert sein. Trancezustände, die innerhalb religiöser oder anderer, in diesem Sinn kulturell akzeptierter Situationen auftreten, sind auszuschließen.

Das DSM-III hatte als Neuerung des alten Janetschen Konzepts der Dissoziation unter diesem Terminus die oben geschilderten Bewußtseinsstörungen zusammengefaßt und den motorisch-sensorischen („pseudoneurologischen") Konversionsstörungen gegenübergestellt. In der ICD-10 werden im Gegensatz dazu die Konversionsstörungen als dissoziative Störungen aufgefaßt und diesen untergeordnet. Störungen der unmittelbaren Sinnesempfindungen und der Kontrolle von Körperbewegungen werden hier also im Oberbegriff „Dissoziation" eingeschlossen, wenn sie als psychogen anzusehen sind und mit traumatisierenden, unlösbaren oder unerträglichen Konflikten oder gestörten Beziehungen im Zusammenhang stehen. Hierzu zählen die dissoziativen Störungen der Bewegung und der Sinnesempfindung, dissoziative Krampfanfälle sowie die dissoziativen Sensibilitäts- und Empfindungsstörungen. (Zu diesen, im traditionellen Sinne und auch im DSM-IV weiter als Konversionsstörungen bezeichneten Krankheitsbildern s. Kap. 2.5.)

2.8.2 Fallbeispiel

Eine 26jährige Sekretärin wurde wegen fraglicher psychogener Anfälle stationär aufgenommen. Seit etwa drei Jahren, seit ihrer Heirat, litt sie an wiederkehrenden, minuten- bis tagelang anhaltenden eigenartigen Zuständen, die zunächst als epileptische Dämmerzustände eingeordnet wurden. Sie veränderte sich innerhalb weniger Sekunden bis Minuten; wirkte ratlos, wußte nicht mehr, wer und wo sie war oder woher sie kam. Sie konnte dennoch ihren alltäglichen Aktivitäten (sich ankleiden, Frühstück machen etc.) nachgehen, besuchte dann aber nicht mehr ihren Arbeitsplatz; wiederholt verließ sie plötzlich ihre Umgebung und verschwand für längere Zeit. Die Angehörigen berichteten, daß sie nach außen hin ganz normal wirke, daß sie oft einkaufe, auch schon mit dem Zug für 1–2 Tage verreist sei, aber später nicht mehr wisse, was passiert sei oder woher die Sachen kämen, die sie gekauft habe. Manchmal konnte es auch passieren, daß sie plötzlich in einer Ecke stand, ratlos wirkte und nach einiger Zeit ganz normal weiter machte. Unter dem Verdacht auf ein Anfallsleiden war sie über ein Jahr erfolglos hochdosiert mit Antikonvulsiva behandelt worden.

Diese Zustände ängstigten die Patientin. Es war ihr auch sehr unangenehm und peinlich, daß die Umgebung etwas von ihr mitbekam, was ihr selbst nicht zugänglich schien. Sie zog sich zunehmend aus ihrem sozialen Umfeld zurück.

Später erst wurde deutlich, daß die Patientin zwischen ihrem 6. und 13. Lebensjahr einem schweren sexuellen Mißbrauch durch zwei sechs und sieben Jahre ältere Brüder ausgesetzt war. Sie wohnte mit den Brüdern und einer Schwester in einem abgelegenen Trakt des Elternhauses. Die Brüder hatten sie mehrmals pro Woche zum Geschlechtsverkehr gezwungen und ihr schlimme Strafen angedroht, wenn sie etwas davon erzählen würde.

Sie hatte das Gefühl, daß die Mutter davon wußte, ihr aber nicht half. Mit dem Vater verstand sie sich gut, traute sich aber nicht, ihm davon zu erzählen, weil sie sich furchtbar schämte und sich schuldig fühlte. Frühzeitig mußte sie als das älteste Mädchen der Familie im Haushalt helfen und für die jüngeren Geschwister sorgen. Aus finanziellen Gründen mußten beide Eltern arbeiten und waren den ganzen Tag über nicht zuhause. Als die Patientin anläßlich einer stationären psychiatrischen Behandlung die Familie zur Rede stellte, reagierte der Vater mit heftigen Herzbeschwerden und die Mutter beschuldigte sie, an den Ereignissen selbst schuld zu sein und die Familie zu zerstören. Die Mutter brach daraufhin den Kontakt zu ihr ab. Diese Reaktion war für die Patientin furchtbar, weil ihre Schuldgefühle verstärkt wurden und sie sich wiederum verlassen und verstoßen fühlte. Neben den dissoziativen Symptomen litt die Patientin an depressiven Verstimmungen, ausgeprägten Selbstwertproblemen, sexuellen Störungen, schweren Schlafstörungen und Angstzuständen. Es kam zu Problemen mit ihrem Mann, weil sie auf seine sexuellen Annäherungen mit Angstzuständen und dissoziativen Symptomen reagierte. Als der Mißbrauch in der Therapie Thema wurde, kam es vorübergehend auch zu selbstverletzenden Verhaltensweisen. Die Patientin geriet auch wiederholt während der Einzel- oder Gruppentherapiestunden plötzlich in einen dissoziativen Zustand. Nach und nach konnte mit ihr bearbeitet werden, daß diese Zustände meist in Verbindung mit ängstigenden konflikthaften Themen oder Situationen auftraten. Jetzt war es ihr auch möglich, darüber zu sprechen, daß diese Zustände zum ersten Mal während der Mißbrauchssituationen aufgetreten waren. Sie hatte das Gefühl, daß das alles nicht ihr geschehe, daß nur eine Hülle ihrer selbst anwesend sei. Ähnlich konnte sie sich auch aus der Therapie „ausklinken", wenn die Gefühle zu heftig waren oder wenn sie von unerträglichen Affekten überschwemmt zu werden drohte.

2.8.3 Ätiologie und Psychodynamik der Dissoziation

Psychobiologische Hypothesen: Bei Tieren konnte nachgewiesen werden, daß Reize aus der Umgebung, die mit einer vorangegangenen Exposition schädigender Stimuli assoziiert werden, über lange Zeit zu konditionierten, biologischen Notfallreaktionen wie „Totstellreflex", Kampf- und Fluchtverhalten führen.

> Aus der Traumaforschung ist bekannt, insbesondere seit der Beschreibung der „posttraumatischen Störung", daß Traumaopfer bereits auf geringe Stressoren mit extremer Unter- oder Übererregung reagieren. Es handelt sich offenbar um konditionierte psychobiologische Streßantworten, die nach dem Trauma nicht ausgelöscht werden.

Der noch unreife Entwicklungszustand des Zentralen Nervensystems und der Psyche führt wahrscheinlich bei Kindern zu einer besonderen Vulnerabilität für die Entwicklung bleibender psychobiologischer Störungen, die als Folge von traumatischen Erlebnissen und Vernachlässigung auftreten. Möglicherweise spielen Streßhormone, die bei Exposition bestimmter traumaassoziierter Stimuli sezerniert werden, eine wesentliche Rolle bei der Entwicklung dissoziativer Zustände (Landecker 1992). Bei Mädchen, die schweren Formen sexuellen Mißbrauchs ausgesetzt waren, wurden noch nach einem Jahr im Vergleich zu einer Kontrollgruppe erhöhte Kortisol-Spiegel gemessen. Es gibt auch vereinzelte Untersuchungen, die darauf hinweisen, daß es möglicherweise durch schweren sexuellen Mißbrauch (immissio penis) zu einem früheren Beginn der Pubertät kommt (Putnam und Trickett 1993).

Bei der dissoziativen Identitätsstörung, bei der unterschiedliche Persönlichkeiten nebeneinander existieren können, gibt es Hinweise, daß den unterschiedlichen Persönlichkeitszuständen – den Begriff der „multiplen Persönlichkeitszustände" ziehen auch Dulz und Lanzoni (1996) dem der multiplen Persönlichkeit vor – auch unterschiedliche physiologische Zustände entsprechen. Es wurden vor allem Hauttemperatur, Herzfrequenz, Hautwiderstand, Muskelanspannung, Atmung und EEG-Muster verglichen. In ophtalmologischen Untersuchungen konnten entsprechend den jeweiligen unterschiedlichen Persönlichkeitszuständen verschiedene visuelle Funktionen nachgewiesen werden (Birnbaum und Thomann 1996). Der Übergang von einem in den anderen Persönlichkeitszustand wird als „switching" bezeichnet und ähnelt anderen neurophysiologischen Phänomenen, wie dem plötzlichen Beginn und Ende von katatonen Zuständen oder Trancezuständen (z.B. Hypnose).

Aus *kognitionspsychologischer Sicht* gibt es ebenfalls Modelle, die die Dissoziation als einen erlernten Mechanismus verstehen, der sich in neuronalen Strukturen niederschlägt. Yates und Nasby (1993) stellen sich, angelehnt an die „Assoziative Netzwerk-Theorie" Bowers und Hilgards (1988), vor, daß es *koordinierende, organisierende Schaltstellen im Gedächtnissystem* gibt. Diese Schaltstellen können nicht nur angeregt, sondern auch gehemmt werden, das heißt, innerhalb des Netzwerkes kann nicht nur assoziiert, sondern auch dissoziiert werden. „Affekt/Erinnerung-", „Erinnerung/Erinnerung-Verbindungsstellen" könnten durch sogenannte dissoziative Barrieren nach Art eines „turn-on–turn-off"-Mechanismus entkoppelt werden. Auch die bei Menschen mit dissoziativen Störungen festgestellte erhöhte Hypnotisierbarkeit (Frischholz et al. 1992) könnte so erklärt werden. Es gibt Hinweise, daß die Dissoziation die linguistische Kodierung der Erfahrung in spezifischer Weise einschränkt, was den Zugang der traumatischen Erfahrung zum Bewußtsein (expliziten Gedächtnis) und damit verbunden das Maß bewußter Assimilierung und Strukturierung des Traumas einschränkt. Die Funktion des impliziten Gedächtnisses (Gewohnheiten, Fertigkeiten, automatisierte Handlungen, emotionale Antworten), das ausschließlich kontextabhängig ist, nimmt zu, und die des expliziten Gedächtnisses ab. Wahrscheinlich tauchen deshalb bestimmte traumatische Erinnerungen nur in dissoziativen Zuständen auf (Brenneis 1998).

Entwicklungspsychologische Hypothesen: Auf frühen Entwicklungsstufen scheinen noch viele psychische Abläufe nebeneinander zu existieren; die Integrationsfähigkeit entwickelt sich erst später (Janet 1889). *Bei Kindern ist ein erhöhtes dissoziatives Potential normal*, d.h. physiologisch. Sie zeigen z.B. eine bestimmte Art von Vergeßlichkeit, einen rapiden Wechsel ihrer Aufmerksamkeit und ein, je nach situativem Kontext, wechselndes Identitätsbewußtsein, ähnlich den Phänomenen, die man bei Erwachsenen mit dissoziativen Störungen beobachten kann (Hornstein und Putnam 1992).

> So könnte man die Dissoziation als einen regressiven Vorgang, als einen Rückgriff auf Erlebnisweisen früherer Entwicklungsstufen, der unter bestimmten Bedingungen eintritt, verstehen.

Bereits P. Schilder bemerkte: „Die Konstitution der Persönlichkeit stellt sich in der Form dar, daß sie die Spuren ihres Aufbaus aus vielen Identifizierungen und Umsetzungen niemals verliert. Die Persönlichkeit erweist sich bereits phänomenologisch in diesem Sinne gespalten, und Krankheiten machen diese physiologische Spaltung nur manifest. Der unantastbare phänomenologische Charakter des Icherlebens, welches nur ein einziges und unteilbares Ich kennt, widerstreitet dieser primären Spaltungstendenz" (zit. nach Hoffmann 1994, S. 19).

Pierre Janet (1889) sah die Dissoziation als eine Antwort auf ein traumatisches Erlebnis an und bemerkte, daß traumatisierte Menschen eine progressive Schwächung ihrer Fähigkeit, mit der Realität umzugehen, erleben. Es kann *bei einer durch überwältigenden Streß bedingten, intensiven Angst* zur folgenden Desintegration des Selbst kommen. Das ist der Zusammenhang, den der englische Psychiater Roth (1960) mit seinem Begriff des **„phobic anxiety-depersonalization syndrome"** anspricht.

Aus *selbstpsychologischer Sicht* wird angenommen, daß sich die Kohäsion des Selbst typischerweise durch kontinuierliche Selbst-Objekt-Erfahrungen während des Lebens entwickelt.

> Bei traumatisierten Kindern werden Teile des Selbst abgespalten, bevor diese Kohäsion erreicht ist; diese Selbstanteile koexistieren, ohne in das übrige Selbst integriert zu werden und können sich in schweren Fällen, das heißt unter der chronischen Einwirkung schwerer traumatischer Erlebnisse, schließlich unabhängig bis hin zu eigenen abgespaltenen Persönlichkeiten entwickeln.

Schwere und chronisch einwirkende Traumata wie körperlicher oder sexueller Mißbrauch, schwere Vernachlässigung oder wiederholte Verlusterlebnisse können die menschlichen Bewältigungsmöglichkeiten überfordern und insbesondere dann zu bleibenden Schäden führen, wenn die psychosexuelle Entwicklung noch nicht abgeschlossen ist und wenn nicht genügend protektive Faktoren vorhanden sind, die das Kind bei der Bewältigung dieser Traumata unterstützen.

> Im Gegensatz zur Verdrängung, die bewußte von unbewußten Inhalten trennt, teilt die Dissoziation das Ich in verschiedene Zustände, die unabhängig voneinander existieren.

Kohut (1971) führte den Begriff der **„vertikalen Spaltung"** ein, die er der **„horizontalen Spaltung"** gegenüberstellte: Nebeneinander existieren kohäsive Persönlichkeitsanteile, die völlig voneinander verschieden und nicht kompatibel sind. Im Zusammenhang mit der neueren Traumaforschung gewann die Dissoziation wieder an Aktualität.

> Krankhafte dissoziative Störungen, insbesondere die dissoziative Identitätsstörung, werden heute als eine spezifische Traumafolge angesehen.

Insbesondere Spiegel (1986) hat den inzestuösen sexuellen Mißbrauch als eine wesentliche Ursache pathologischer Dissoziation bei prädisponierten Individuen herausgearbeitet. Das Kind wird in diesen Familien mit einer Art „double-bind"-Situation konfrontiert. Es darf die Widersprüchlichkeit des Verhaltens der mißbrauchenden Elternfiguren nicht ansprechen. Es spürt die Tabuisierung dieser Situation. Die Umgebung verlangt von ihm, daß es sich ganz unterschiedlich verhält.

Das Kind ist völlig verwirrt, weil es nicht weiß, was die eigentliche Wirklichkeit ist. Es befindet sich in einem unerträglichen inneren Dilemma. Insbesondere der psychische Verlust der mißbrauchenden Elternfigur, der enorme Verrat, den es empfindet, die Hilflosigkeit und die Ohnmacht, die traumatische Sexualisierung und Überstimulation überfordern seine Bewältigungsmöglichkeiten und führen zu vielfältigen Störungen. Die Entwicklung unterschiedlicher Persönlichkeitszustände wird durch diese Situation notwendigerweise gefördert und kann auch als eine genuine Leistung der Psyche angesehen werden, ohne die es zu noch schlimmeren Schädigungen käme.

Später kann das Kind den dissoziativen Mechanismus einsetzen, um auch anderen ängstigenden, konflikthaften realen Lebenssituationen zu begegnen, zu entkommen. Ein Vorgang, der in einem Lebensabschnitt einen Bewältigungsversuch traumatischer Belastung darstellt, führt, repetitiv eingesetzt, in späteren Lebenssituationen zu einer klinischen Symptomatik, das heißt zur Verschlechterung der Anpassung. Bei der Depersonalisation haben wir das bereits ausführlich an anderer Stelle dargestellt (Eckhardt und Hoffmann 1993). Bowlby (1984) beschrieb, wie mißbrauchte Kinder gegenüber den mißbrauchenden Eltern durch eine Überwachheit und Überaufmerksamkeit reagieren, wie sie ihre *Affekte gewissermaßen „einfrieren" („frozen watchfulness"),* um ihre Aufmerksamkeit ganz auf die Umgebung, das heißt auf potentielle neue Übergriffe richten zu können. Davies und Frawley (1994) weisen darauf hin, daß „nicht das traumatische Ereignis allein von Bedeutung ist, sondern daß die Erfahrung und die Repräsentation des Selbst des Kindes während der Mißbrauchserlebnisse, ihr Erleben und die Verinnerlichung der anderen in ihrer Welt, wie sie in den Mißbrauchssituationen repräsentiert sind, von ebenso wichtiger Bedeutung ist"

(Übers. d. Verf.). Es kommt zu der Entwicklung eines **„dissoziierten Kind-Selbst"**, das heißt zu einer spezifischen Organisation von Selbst- und Objektrepräsentanzen, die zu den Mißbrauchserlebnissen gehören und die affektiven, kognitiven, physiologischen und phantasierten Ausgestaltungen dieser Ereignisse in einem abgespaltenen Ich-Zustand enthalten, der für die übrige Persönlichkeit nicht zugänglich ist. Dieses dissoziierte Selbst ermöglicht es dem übrigen Selbst, u.a. auch durch die kathartische Abfuhr bestimmter Affekte, relativ unauffällig zu funktionieren.

Die Dissoziation kann als eine im Ansatz sinnvolle Überlebensstrategie, eine entgleiste Abwehrfunktion des Ich verstanden werden. Sie ermöglicht einerseits, daß das übrige Selbst weiter funktioniert und nicht durch die unerträglichen Affekte, die mit der Erinnerung an die traumatischen Ereignisse verbunden sind, bedroht ist; andererseits kommt es aber zu einer kontinuierlichen, fortschreitenden Schwächung der Identität. Ein Gefühl für ein kohärentes Selbst, eine kohärente Identität kann sich nicht entwickeln, weil wesentliche autobiographische Faktoren nicht zugänglich sind und weil es durch die dissoziativen Zustände immer wieder zu einem Bruch des Identitätsgefühls kommt.

2.8.4 Darstellung und Diskussion des gegenwärtigen Forschungsstandes

Es gibt einige empirische Untersuchungen, die eine Verbindung zwischen der Entwicklung dissoziativer Störungen und schweren traumatischen Erlebnissen nachweisen. Eine Auswahl der wichtigsten Ergebnisse wird im folgenden dargestellt.
Chu und Dill (1990) untersuchten 98 psychiatrische Patientinnen. 63% hatten in ihrer Vor-

geschichte Erlebnisse sexuellen und/oder körperlichen Mißbrauchs. Von diesen wiesen 83% im Vergleich zu einer Kontrollgruppe signifikant erhöhte **Dissoziations-Scores (DES)**[1] auf. Die Scores waren bei den Patientinnen, die sowohl sexuell als auch körperlich mißhandelt worden waren, am höchsten. Hierunter hatten die Patientinnen, bei denen es um intrafamiliären Mißbrauch ging, den deutlich höchsten Dissoziations-Score. Das heißt, die Schwere der Mißbrauchserlebnisse korrelierte positiv mit der Höhe der Dissoziations-Scores. Die Patientinnen mit hohem Dissoziations-Score hatten signifikant mehr psychiatrische Diagnosen, vorangegangene Hospitalisationen und somatische Behandlungen (Medikamente und Elektrokrampftherapie).

Diese Ergebnisse wurden von Kirby et al. 1993 bestätigt. Sie untersuchten 59 Patienten, die in ihrer Kindheit sexuellem und/oder körperlichem Mißbrauch ausgesetzt waren. Bei 83% handelte es sich um schwere Mißbrauchserlebnisse (mit Penetration), bei 10% um genitale Manipulationen ohne Penetration und bei 7% um sexuelle Belästigungen ohne Genitalkontakt.

> Je schwerer der Mißbrauch war und je jünger die Patienten waren, als der Mißbrauch begann, desto höher waren die Dissoziations-Scores und die dissoziativen Symptome.

Zu sehr ähnlichen Ergebnissen kamen Sandberg und Lynn (1992) in einer Untersuchung an 650 Studenten sowie Swett und Halpert (1993). Sie untersuchten 88 Patientinnen. 81% gaben sexuellen und/oder körperlichen Mißbrauch in der Vorgeschichte an. Diejenigen, die beiden Formen ausgesetzt waren, hatten die höchsten Scores (DES). Weitere Studien konnten diese Ergebnisse bestätigen, insbesondere Anderson et al. (1993) sowie Sanders und Giolas (1991) (s. Tab. 2.13).

Van der Kolk et al. (1991) führten eine interessante prospektive Studie mit 74 Patienten mit Persönlichkeits- und bipolaren Störungen durch. Die Patienten wurden über einen Zeitraum von vier Jahren begleitet. Sexueller und körperlicher Mißbrauch, Vernachlässigung und Trennungserlebnisse erwiesen sich als signifikante Prädiktoren für selbstverletzendes Verhalten und für Suizidversuche. Das selbstverletzende Verhalten war spezifisch mit dissoziativen Symptomen verbunden. Die Schwere der traumatischen Erlebnisse und das Alter, in dem sie stattfanden, wirkten sich wesentlich auf die Art der Selbstverletzungen aus. Shearer (1994) untersuchte 62 Patientinnen mit der Diagnose Borderline-Persönlichkeitsstörung unter anderem mit der **Dissociative Experience Scale**. Hohe Scores dienten als Prädiktoren für Erlebnisse sexuellen und körperlichen Mißbrauchs in der Kindheit. Die Patienten, die beiden Mißbrauchsformen ausgesetzt waren, hatten signifikant höhere Werte als diejenigen, die nur eine Form des Mißbrauchs erlebt hatten. Umgekehrt waren berichtete Erlebnisse sexuellen und körperlichen Mißbrauchs signifikante Prädiktoren für hohe Scores der Dissociative Experience Scale in multivariaten Analysen ohne signifikante Interkorrelation. Die Mißbrauchserlebnisse waren wie folgt definiert: Sexueller Mißbrauch vor dem 15. Lebensjahr durch eine mindestens fünf Jahre ältere Person; weitere Formen wie inzestuöser Mißbrauch, körperlicher Mißbrauch mit Verletzungen; andere Formen familiärer Gewalt, elterliche Vernachlässigung, emotionaler oder verbaler Mißbrauch wurden unterschieden.

---

[1] Die Studien verwenden fast ausnahmslos die Dissociative Experiences Scale (DES) und die Dissociative Disorders Interview Schedule (DDIS) zur psychometrischen Messung dissoziativer Störungen. Näheres zu diesen Instrumenten: s. Allen und Smith 1993. Eine deutsche Version der DES wurde von einer Arbeitsgruppe um H.J. Freyberger in Lübeck entwickelt, mit der auch erste Ergebnisse bei traumatisierten Patienten vorliegen (Spitzer et al. 1995; Freyberger et al. 1995).

Tab. 2.13 Mißhandlungserlebnisse in der Vorgeschichte von Patienten mit dissoziativen Störungen

Autor	Jahr	n	KG	Ergebnisse
Chu et al.	1990	98	ja	63% Mißhandlungen, davon 83% erhöhte DES-Scores
Kirby et al.	1993	59	ja	100% Mißhandlungen, signifikant erhöhte DES-Scores
Sandberg und Lynn	1992	66	ja	Patienten mit hohen DES-Scores hatten signifikant häufigere Erlebnisse sexueller und körperlicher Mißhandlungen in der Vorgeschichte als diejenigen mit niedrigen DES-Scores
Swett und Halpert	1993	88	ja	81% Mißhandlungen; höhere Scores bei Patienten, die sowohl körperlichem als auch sexuellem Mißbrauch ausgesetzt waren
Anderson et al.	1993	51		alle Patienten: chronische Mißbrauchserlebnisse in der Vorgeschichte, davon 88,2% dissoziative Störungen nach DSM-III-R
Sanders und Gioloas	1991	47		Höhe der DES-Scores korrelierte signifikant mit der Häufigkeit sexueller und körperlicher Mißhandlungen
Bowman und Markand	1996	45		Höhe der DES-Scores korrelierte signifikant mit der Häufigkeit sexueller und körperlicher Mißhandlungen
Lipschitz et al.	1996	114		Höhe der DES-Scores korrelierte signifikant mit dem Ausmaß der Mißhandlungen
Farley und Keaney	1997	53	ja	signifikante Korrelation zwischen Ausmaß der Dissoziation und sexuellem Mißbrauch und Zahl der Täter
Mulder et al.	1998	1028		direkte positive Korrelation zwischen Ausmaß der Dissoziation und körperlicher Mißhandlung und akuter psychiatrischer Erkrankung

Die Borderline-Patienten, die hohe Dissoziations-Scores aufwiesen und auch klinisch an dissoziativen Störungen litten, zeigten in signifikant höherem Ausmaß selbstverletzendes Verhalten. Sie waren im Durchschnitt jünger, hatten häufigere und längere Krankenhausaufnahmen und zeigten Impulskontrollstörungen.

Vanderlinden et al. (1993) untersuchten 98 eßgestörte Patienten. Diejenigen, die sexuelle oder körperliche Mißbrauchserlebnisse in der Vorgeschichte aufwiesen, hatten signifikant höhere Scores im „Dissoziation Questionnaire". Insbesondere der Amnesie-Score war bei Patienten mit sexuellem Mißbrauch in der Vorgeschichte signifikant erhöht. Die Autoren weisen auf das Problem hin, daß solche Patienten sich an die traumatischen Erlebnisse ja oft nicht erinnern. Die genannten psychometrischen Untersuchungen sind hier besonders relevant, weil erhöhte Amnesie-Scores Hinweise auf entsprechende traumatische Erlebnisse sein können. Die Patienten, die auch klinisch dissoziative Störungen zeigten (12% der Gesamtgruppe), hatten ausnahmslos sexuellen oder körperlichen Mißbrauch erlebt.

Diesen Ergebnissen widersprechen die Ergebnisse von zwei Untersuchungen an männlichen und weiblichen **Borderline-Patienten**. 78 weibliche Borderline-Patienten wurden mit einer Kontrollgruppe von 72 anderen Patientinnen verglichen. Die Borderline-Patientinnen hatten signifikant höhere Dissoziations-Scores (DES) als die Kontrollgruppe. Kein Zusammenhang ergab sich aber zwischen der Häufigkeit traumatischer Kindheitserlebnisse (sexueller und körperlicher Mißbrauch) und der Höhe der Dissoziations-Scores (Zweig-Frank et al. 1994a). An einer Gruppe von 61 männlichen Borderline-Patienten und einer Kontrollgruppe von 60 „Nicht-Borderline-Patienten" konnten diese Ergebnisse repliziert werden (Zweig-Frank et al. 1994b). Hier ist allerdings anzumerken, daß die Autoren keinerlei Angaben über die Art und die Schwere der „negativen Kindheitserlebnisse" machen (s. Tab. 2.14).

Lipschitz et al. (1996) untersuchten 114 ambulante psychiatrische Patienten (DES, TEQ) und fanden eine signifikante positive Korrelation zwischen dem Ausmaß der dissoziativen Symptomatik und multiplen und kombinierten Mißhandlungen in Kindheit und Erwachsenenalter. Die DES-Scores waren signifikant höher, wenn der Vater der Täter war. Die DES-Scores korrelierten positiv signifikant mit der Schwere der körperlichen Mißhandlungen. Diese Ergebnisse wurden teilweise von Farley und Keaney (1997) bestätigt. In einer neueren Studie an einer randomisierten selektierten Population von 1028 Normalpersonen fanden Mulder et al. (1998) bei 6,3% drei oder mehr häufig auftretende dissoziative Symptome. Die Rate des sexuellen Mißbrauchs war bei diesen Personen 2 1/2 mal so hoch und die Rate des körperlichen Mißbrauchs 5 mal so hoch wie bei den asymptomatischen Personen. In einer logistischen Regressionsanalyse fanden sie, daß akute psychiatrische Krankheit und körperliche Mißhandlung direkt mit dem Ausmaß der dissoziativen Symptomatik korrelierten, nicht jedoch der sexuelle Mißbrauch. Letzteres führen die Autoren darauf zurück, daß bislang kaum entsprechende Studien an Normalpopulationen, sondern meist an psychiatrischen Patienten durchgeführt wurden. Patienten mit akuten Angst- oder depressiven Störungen würden immer höhere DES-Scores erreichen; daher würde die höhere Ausprägung dissoziativer Symptome von Patienten mit sexuellen Mißhandlungen deren höhere Vulnerabilität für psychiatrische Erkrankungen zum Ausdruck bringen, nicht jedoch direkte und spezifische Effekte sexuellen Mißbrauchs auf die Ausprägung der Dissoziation. Die spektakulärsten Ergebnisse finden sich bei der sogenannten **„Multiplen Persönlichkeitsstörung"** bzw. der **dissoziativen Identitätsstörung** (DSM-IV). Seit 1980 wurden etwa

Tab. 2.14 Prospektive Studien: Mißbrauchserlebnisse als Prädiktor für hohe Dissoziations-Scores

Autor	Jahr	n	KG	Ergebnisse
van der Kolk et al.	1991	74		signifikant erhöhte DES-Scores bei Patienten mit sexuellem, körperlichem Mißbrauch und Vernachlässigung in der Vorgeschichte
Shearer	1994	62	ja	höchste Dissoziations-Scores bei den Patienten, die beiden Mißbrauchsformen ausgesetzt waren
Vanderlinden et al.	1993	98	ja	signifikant erhöhte DES-Scores bei Patienten mit Mißhandlungen in der Vorgeschichte
Zweig-Frank et al.	1994a	78	ja	Amnesie-Scores besonders erhöht bei sexuellem Mißbrauch in der Vorgeschichte, kein Zusammenhang zwischen der Heftigkeit traumatischer Mißhandlungen und der Höhe der DES-Scores
Zweig-Frank et al.	1994b	61	ja	kein Zusammenhang zwischen der Heftigkeit traumatischer Mißhandlungen und der Höhe der DES-Scores

6000 Fälle dieser Störung bekannt (Putnam 1991). Coons und Milstein (1986) untersuchten 20 Patienten und fanden bei 75% sexuellen Mißbrauch in der Vorgeschichte. Von den 100 von Putnam (1991) beschriebenen Patienten hatten 83% schwere sexuelle oder körperliche Mißhandlungen in der Kindheit erlebt. Boon und Draijer (1993) untersuchten 71 Patienten, von denen 94,4% in ihrer Kindheit körperlichen und/oder sexuellen Mißhandlungen ausgesetzt waren. 80,6% erfüllten die diagnostischen Kriterien der posttraumatischen Belastungsstörung. Ross et al. (1989) sammelten eine Serie von 236 Fällen, indem sie einen entsprechenden Fragebogen an alle Mitglieder der Canadian Psychiatric Association schickten. Die Patienten hatten zu 79,2% schweren sexuellen Mißbrauch und zu 74,9% schwere körperliche Mißhandlung hinter sich. Die durchschnittliche Behandlungszeit betrug 6,7 Jahre, bevor die Diagnose gestellt wurde. Im Durchschnitt wiesen sie 15,7 Persönlichkeiten auf.

Die häufigsten Persönlichkeiten waren: eine „Kind-Persönlichkeit" (86,0%), eine „Persönlichkeit aus einer anderen Altersstufe" (84,5%), eine „Beschützer-Persönlichkeit" (84,0%) und eine „Täter-Persönlichkeit".

Von den männlichen Patienten waren 53,6% sowohl sexuellen als auch körperlichen Mißhandlungen ausgesetzt, von den weiblichen Patientinnen 67,1%. In einer späteren Studie an 102 Patienten (Ross et al. 1990) konnten diese Ergebnisse im wesentlichen bestätigt werden. Der Prozentsatz der Patienten, die entsprechenden Mißhandlungen ausgesetzt waren, lag hier mit 90,2% (sexueller Mißbrauch) und mit 82,4% (körperliche Mißhandlung) noch höher (s. Tab. 2.15).

Die Mißbrauchsforschung und die Forschung über dissoziative Störungen wirft vielfältige spezifische Probleme auf. Insbesondere das Problem der „false memories" wird gegenwärtig kontrovers diskutiert (s. hierzu auch Kap. 1.2).

Bei Patienten, die besonders suggestibel sind – und Patienten mit dissoziativen Störungen sind es häufig (Frischholz et al. 1992) –, können solche Phänomene verstärkt auftreten.

Andererseits ist es von wesentlicher Bedeutung in der Behandlung schwer traumatisierter Patienten, daß die Therapeutin/der Therapeut dem Patienten/der Patientin glaubt. Wenn er mit der Haltung, daß es sich wohl um Phantasien handele, behandelt, wird sich das vermitteln und kann zu

Tab. 2.15 Dissoziative Identitätsstörungen (Multiple Persönlichkeit) und Mißhandlung

Autor	Jahr	n KG	Ergebnisse
Coons und Milstein	1986	20	75% sexueller Mißbrauch in der Vorgeschichte
Putnam	1991	100	83% schwere Formen sexueller und körperlicher Mißhandlungen in der Vorgeschichte
Boon und Draijer	1993	71	94,4% körperliche und/oder sexuelle Mißhandlungen, davon 80,6% PTSD
Ross et al.[*]	1989	236	79,2% schwerer sexueller Mißbrauch, 74,9% schwere körperliche Mißhandlung
Ross et al.	1990	102	90,2% schwerer sexueller Mißbrauch, 82,4% schwere körperliche Mißhandlung

[*] Fragebogen wurde an die Mitglieder der Canadian Psychiatric Association verschickt.

einer Retraumatisierung der Patientin führen; wieder muß sie erleben, daß sie verlassen und ungeschützt ist, daß ihre Realität verneint, abgewiesen wird. Dissoziative Phänomene können sich verstärken und die Therapie kann scheitern.

Herman und Schatzow (1987) untersuchten 53 weibliche Inzestopfer. In 74% der Fälle wurden die Erinnerungen der Patientinnen durch die Angaben der Täter oder anderer Familienangehöriger (inklusive mitbetroffener Geschwister) bestätigt. Teilweise waren Dokumente (z.B Tagebücher) aus der Zeit des Mißbrauchs vorhanden.

Person und Klar (1994) weisen darauf hin, daß die „Dissoziation einerseits eine Amnesie für traumatische Ereignisse, andererseits aber das Eindringen von Erinnerungen und sich wiederholenden Bildern des Traumas bewirkt" (Übers. d. Verf.). Bestimmte charakteristische Symptome, die bei schwer traumatisierten Menschen mit dissoziativen Störungen beschrieben werden, wie die Tendenz zur Reviktimisierung, die Identifizierung mit dem Aggressor, heftige unerklärliche Angstzustände, Schlaf- und Konzentrationsstörungen, phantasmatische Ausgestaltungen des Traumas und spezifische Übertragungs-Gegenübertragungs-Reaktionen („dissoziierte Übertragung"), „flash-backs", tagtraumartige Halluzinationen und wiederkehrende Alpträume, die mit den traumatischen Erlebnissen in Verbindung stehen, erhärten diese Erinnerungen.

Zusammenfassend muß man aufgrund der gegenwärtigen Ergebnisse davon ausgehen, daß schwere dissoziative Störungen und insbesondere die dissoziative Identitätsstörung, regelhaft als eine spezifische Folge von schweren aggressiven und sexuellen Mißhandlungen in der Kindheit auftreten.

2.8.5 Therapie

In der Therapie eines Patienten mit einer dissoziativen Störung geht es darum, zunächst eine sichere, vertrauensvolle Beziehung herzustellen, die es ihm potentiell ermöglicht, sich den ängstigenden Erinnerungen und Affekten, die mit den traumatischen Erlebnissen verbunden sind, zu stellen.

Ziel ist, einen Zugang zu den dissoziativen Symptomen zu finden, ihre Bedeutung zu verstehen, ihnen eine Sinnhaftigkeit zu geben und ihnen so das Unheimliche, Ängstigende zu nehmen. Für den Patienten ist wichtig, erkennen zu können, daß die Dissoziation auch als eine Fähigkeit zum Überleben verstanden werden kann. Des weiteren geht es darum, die dissoziierten Persönlichkeitsanteile zu integrieren.

Das geht nach Meinung vieler Autoren, die sich mit der Behandlung solcher Störungen beschäftigen, nur über die detaillierte Bearbeitung der traumatischen Erlebnisse – natürlich unter Berücksichtigung der inneren Möglichkeiten des Patienten (Kluft 1991a; Loewenstein und Ross 1992; Putnam und Loewenstein 1993).

Von wesentlicher Bedeutung ist es, sich als Therapeutin/Therapeut zu vergegenwärtigen, daß die dissoziierten Anteile psychische Inhalte und psychische Strukturen haben, die sich von der übrigen Persönlichkeit unterscheiden. Es geht um unbearbeitete Affekte und Phantasien, teils von archaischer Qualität. Durch wieder auftretende Erinnerungen in der Therapie oder durch andere traumaassoziierte Stimuli kann es plötzlich zu dissoziativen Phänomenen kommen, in die auch die Übertragungsprozesse einbezogen sind. Das kann die Therapie manchmal chaotisch erscheinen lassen und zu Verwirrung führen. Davies und Frawley (1994) haben verschiedene Übertragungspositionen herausgearbeitet, die in solchen Behandlungen typischerweise auftreten.

Als Therapeut kann man sich von dem schnellen Wechsel der Übertragung und den teilweise heftigen affektiven Reaktionen sowie den dissoziativen Symptomen geängstigt fühlen. Nicht selten kommt es vor, daß die Patienten dann fälschlich als Psychotiker eingestuft werden und die Therapie abgebrochen oder geändert und z.B. in eine medikamentöse Behandlung übergeleitet wird.

Fortsetzung des Fallbeispiels

Unsere oben angesprochene Patientin konnte sich in der ersten Zeit der Therapie während der Stunden plötzlich völlig verändern; sie wurde dann „eiskalt", abweisend und vertrat ganz offensichtlich die Position des Täters: „Was wollen Sie denn, das ist doch ganz in Ordnung, daß man so etwas tut mit Kindern! Mir geschieht es ganz recht! Das ist doch überhaupt nicht schlimm!" Manchmal konnte sie plötzlich völlig verwirrt erscheinen, sich regelrecht ausklinken. Diese plötzlich eintretenden „dissoziierten Übertragungen" können sehr überwältigend sein und zu heftigen Gegenübertragungsreaktionen führen, die die therapeutische Distanz verlieren lassen und zum Mitagieren verführen[2].
Die dissoziierten Persönlichkeitsanteile, das dissoziierte „Kind-Selbst", d.h. die damit verbundene Ich-Organisation und die internalisierten Objektbeziehungen müssen direkt in die Behandlung einbezogen werden (Davies und Frawley 1994). Loewenstein und Ross (1992) sprechen in diesem Zusammenhang von einer Art „Netzwerktherapie mit einer unsichtbaren Horde" (Übers. d. Verf.). Bei unserer Patientin kam es, als es in der Therapie zunehmend um die Bearbeitung der Mißbrauchserlebnisse ging, vorübergehend zu selbstverletzenden Verhaltensweisen. Wir haben das so verstanden, daß die Patientin in dieser Übergangsphase noch nicht fähig war, die dissoziierten Anteile genügend zu integrieren und zu verarbeiten. Die Abwehrfunktion der Dissoziation trug nicht mehr, und die Selbstverletzung mußte aus verschiedenen psychodynamischen Gründen vorübergehend eingesetzt werden (vgl. Kap. 2.10). Nach und nach spürte die Patientin, daß die dissoziierten Symptome immer auftraten, wenn sie mit bestimmten ängstigenden Inhalten beschäftigt war, oder wenn es zu bestimmten konflikthaften Situationen kam (z.B. in der Gruppentherapie). Darüber bekam sie einen Zugang zu den dissoziativen Erlebnissen. Die Symptome, die vorher unheimlich und unverstanden waren, bekamen nun eine Bedeutung, eine Sinnhaftigkeit.

Wichtig ist es auch, zu vermitteln, daß die aufkommenden Erinnerungen und Affekte aushaltbar sind und weder die Therapeutin noch die Patientin oder die Beziehung zerstören können.
Mit dem Rückgang der Dissoziation kann es zu depressiven oder anderen Symptomen kommen, die vorher abgewehrt werden konnten. Es geht z.B. oft um die Trauer über die „zerstörte Kindheit", die dann bearbeitet werden muß. Das *Setzen von Grenzen und Strukturen* ist neben der Regression für diese Patienten sehr wichtig; der Therapeut muß auch Grenzen und Strukturen gewährleisten, also auch halten können und nicht wie sie zerfließen. Die Betroffene muß spüren, daß sie darüber funktionieren kann, daß die heftigen Affekte auch wieder „gezähmt", kontrolliert werden können.
Meist handelt es sich um längerfristige, schwierige Therapien, wie insgesamt von strukturell schwer gestörten Patienten bekannt. In der letzten Zeit werden zunehmend auch imaginative Verfahren in der Behandlung von schweren Traumatisierungen eingesetzt, ebenso wie eine neue Methode, die als Eye

---

[2] Auf den Unterschied zwischen der "dissoziierten Übertragung" und der "projektiven Identifizierung" können wir hier nicht eingehen.

Movement Desensitization and Reprocessing (EMDR) bezeichnet wird (Shapiro 1995). Letztere hat vereinzelt positive Ergebnisse erbracht, ist aber noch umstritten. Die Indikation dieser Verfahren muß sehr sorgfältig gestellt werden (Reddemann und Sachsse 1996). Bezüglich neuer Ergebnisse der spezifischen Traumatherapie muß auf die entsprechende Literatur verwiesen werden.

Psychopharmaka sind manchmal unvermeidlich, obwohl es keine klaren Empfehlungen gibt und durch die bei vielen Patienten mit dissoziativen Phänomenen gleichzeitig vorhandenen Mißbrauchstendenzen (hier Abusus von Medikamenten!) und Süchte die Handhabung dieser Therapie erschwert wird. *Niedrig dosierte Neuroleptika* als Basismedikation schaffen manchmal eine „Beruhigung", die die Psychotherapie erst ermöglicht. Das gleiche gilt für *Antidepressiva,* welche oft zur Behandlung der bei Dissoziationen häufigen Schlafstörungen unvermeidlich sind. Vorsicht ist aus den angegebenen Gründen mit Anxiolytika, Tranquilizern und Hypnotika geboten.

2.9 Borderline-Persönlichkeitsstörungen

Ursula Gast

Inhalt

2.9.1 Zur Definition der Borderline-Störung 271
      Die psychiatrische Diagnose 271
      Die psychoanalytische Diagnose 272
      Die neue Diagnose 273
2.9.2 Fallbeispiel 273
2.9.3 Psychodynamisches Verständnis 275
      Die Theorie Kernbergs 275
      Die Fallinterpretation nach Kernberg 277
      Die Borderline-Pathologie im Lichte der Traumagenese 277
      Zur Psychodynamik des Falles 282
2.9.4 Studien und ihre Ergebnisse 283
      Risikofaktoren der Borderline-Persönlichkeitsstörung 283
      Borderline-Persönlichkeitsstörung als „Komplexe Posttraumatische Störung" 285
2.9.5 Diskussion des gegenwärtigen Forschungsstandes 286
2.9.6 Therapie 287
      Therapie unter Berücksichtigung von Traumatisierungen 287
2.9.7 Fortsetzung des Fallbeispiels 288
      Schlußfolgerung 292

2.9.1 Zur Definition der Borderline-Störung

Die psychiatrische Diagnose

Mit der Aufnahme der Diagnose „Borderline-Persönlichkeitsstörungen" (BPD) in das Diagnostische und Statistische Manual Psychischer Störungen der American Psychiatric Association (DSM-III 1980) erfuhr dieses Krankheitsbild seine offizielle Anerkennung. Es ist durch ein *„durchgängiges Muster von Instabilität im Bereich der Stimmung, der zwischenmenschlichen Beziehungen und des Selbstbildes"* gekennzeichnet. Zur Charakterisierung der Störung und zur Abgrenzung zu schizophrenen Erkrankungen wurden in einer breit angelegten Studie (Spitzer et al. 1979) acht Kriterien erarbeitet, die bei der Revision des DSM-III-R 1987 nochmals leichte Änderungen erfuhren. Fünf der acht aufgeführten Kriterien müssen erfüllt sein, damit die Diagnose einer Borderline-Persönlichkeitsstörung gestellt werden kann. Diese **Kriterien** lauten (DSM-III-R 1987, S. 419f):

1. ein Muster von instabilen, aber intensiven zwischenmenschlichen Beziehungen, das sich durch einen Wechsel zwischen den

beiden Extremen der Überidealisierung und der Abwertung auszeichnet
2. Impulsivität bei mindestens zwei potentiell selbstschädigenden Aktivitäten, z.B. Geldausgeben, Sexualität, Substanzmißbrauch, Ladendiebstahl, rücksichtsloses Fahren und Freßanfälle
3. Instabilität im affektiven Bereich, z.B. ausgeprägte Stimmungsänderungen von der Grundstimmung zur Depression, Reizbarkeit oder Angst, wobei diese Zustände gewöhnlich einige Stunden oder, in seltenen Fällen, länger als einige Tage andauern
4. übermäßige oder starke Wut oder Unfähigkeit, die Wut zu kontrollieren, z.B. häufige Wutausbrüche, andauernde Wut oder Prügeleien
5. wiederholte Suiziddrohungen, -andeutungen oder -versuche oder andere selbstverstümmelnde Verhaltensweisen
6. ausgeprägte und andauernde Identitätsstörung, die sich in Form von Unsicherheit in mindestens zwei der folgenden Lebensbereiche manifestiert: dem Selbstbild, der sexuellen Orientierung, den langfristigen Zielen oder Berufswünschen, in der Art der Freunde oder Partner oder in den persönlichen Wertvorstellungen
7. chronisches Gefühl der Leere oder Langeweile
8. verzweifeltes Bemühen, ein reales oder imaginäres Alleinsein zu verhindern

Mit dieser phänomenologisch ausgerichteten psychiatrischen Diagnose war der Grundstein für vergleichbare Forschungsaktivitäten gelegt. Das halbstrukturierte „Diagnostische Interview für Borderline-Patienten" („DIB", Gunderson et al. 1981, deutsche Fassung von Pütterich 1985) gilt als das am sorgfältigsten geprüfte und zuverlässigste Untersuchungsinstrument zur Operationalisierung und Objektivierung der Diagnose (Tarnopolsky und Berelowitz 1987). *Epidemiologisch* wird die Erkrankung auf 2–3% der Bevölkerung geschätzt, wobei der Frauenanteil 75% beträgt (Gunderson und Sabo 1993). Im DSM-IV ist eine Änderung der Diagnose insofern geplant, als die Identitätsstörung anders definiert (Kriterium 3 anstatt 6) und um ein 9. Kriterium ergänzt wird (DSM-IV Optionsbook 1991, zit. nach Gunderson und Sabo 1993; Übersetzung U.G.):

3. Identitätsstörung: Andauernde Störung im Selbstbild (z.B. durch das Gefühl, nicht zu existieren oder durch die Überzeugung von der eigenen Schlechtigkeit);
9. vorübergehende, streßabhängige Dissoziationen oder paranoide Ideen.

In diesem Kapitel wird bei den weiteren Überlegungen zur Borderline-Persönlichkeitsstörung die psychiatrische Diagnose nach DSM-III-R zu Grunde gelegt.

Die psychoanalytische Diagnose

Innerhalb der Psychoanalyse entwickelte parallel dazu Kernberg (1978, 1989) sein Konzept der Borderline-Persönlichkeitsorganisation, indem er die verschiedenen borderline-typischen Krankheitsmanifestationen auf eine psychoanalytisch begründbare strukturelle Störung, nämlich auf den Mechanismus der **Spaltung,** zurückführte. Damit wurde erstmals ein umfassender und systematischer Versuch unternommen, Patienten mit Borderline-Störungen eindeutig von psychotischen und neurotischen Krankheitsbildern abzugrenzen, strukturelle, genetische und psychodynamische Zusammenhänge auszuarbeiten und daraus therapeutische Richtlinien abzuleiten. So bleibt es trotz aller folgenden Kritik wohl Kernbergs Verdienst, mit seinen Arbeiten ein breites Interesse – auch in der psychiatrischen Szene – für Patienten geweckt zu haben, die bisher als nicht behandelbar galten (Rohde-Dachser 1983). Andererseits entstand dadurch ein relativ unspezifischer Gebrauch des Borderline-Begriffs. Bis heute wird hierbei oft nicht deutlich zwischen der eng umschriebenen Definition der Borderline-Persönlichkeitsstörung nach DSM-III-Kriterien (BPD) und der sehr viel weiter gefaßten, auf dem Konzept der Spaltung beruhenden psychischen Organisationsform der Borderline-Persönlichkeitsorganisation (BPO) von Kernberg unterschieden. Unter diese umfassendere, aber unspezifische Definition fallen auch Begriffe wie „Borderline-Syndrom", „Borderline-Niveau" u.ä.

In letzter Zeit wird Kernbergs Konzept der Spaltung zunehmend in Frage gestellt: Mit der Entwicklung empirischer Forschungsmethoden in den psychiatrischen und psychotherapeutischen Disziplinen rückte der Einfluß realer Kindheitserlebnisse wie Vernachlässigung und Trennung sowie pathologischer Familienstrukturen stärker in den Vordergrund. Vor allem frühe Verlust- und Trennungserlebnisse und gestörte Familienverhältnisse wurden diskutiert und stellten die psychodynamische Hypothese Kernbergs in Frage. Weitere Kritik erfuhr sein Konzept durch die Ergebnisse der Säuglingsforschung:

Gespaltene Selbst- und Objektempfindungen finden sich in einer normalen Entwicklung nicht und sind bei ihrem Auftreten in der Säuglingszeit bereits das Ergebnis gestörter Beziehungen (Dornes 1993; Reich 1995).

Die neue Diagnose

Am stärksten wurde das bisherige Borderline-Konzept jedoch durch die Traumaforschung in Frage gestellt, die durch die Bürgerrechts- und Frauenbewegung einen neuen Aufschwung erfuhr. Die feministisch inspirierte Forschung über sexuelle Traumatisierungen schuf ein neues Wissen über die Häufigkeit und die Folgen familiärer sexueller Gewalt. Browne und Finkelhor (1986a) berichteten, daß die Opfer von sexuellem Mißbrauch eine Konstellation von Symptomen aufwiesen, die dem der Borderline-Persönlichkeitsstörung ähnlich war. Hierzu gehörten Depressionen, Substanzmißbrauch, Reviktimisierung und Selbstverletzungen. Weitere Studien wiesen auf den Zusammenhang zwischen Kindesmißbrauch und Selbstverletzung (van der Kolk et al. 1991) sowie Dissoziation (Chu und Dill 1990) hin.

In der Folge davon entstand in den letzten acht Jahren eine Serie von Studien, die den *Zusammenhang zwischen der Borderline-Pathologie und traumatischen Kindheitserlebnissen* untersuchten. Hierbei fand sich in der Tat eine sehr hohe Rate von kindlichem sexuellem Mißbrauch. Die Ergebnisse dieser Studien, die unten noch ausführlich vorgestellt werden, führen zu einem völlig neuen Verständnis der Borderline-Symptomatik und ihrer Psychodynamik und erfordern eine kritische Betrachtung der bisherigen Therapiekonzepte. Auch schließen sich daran Überlegungen an, die Borderline-Diagnose neu zu konzeptualisieren, sie gemeinsam mit der Multiplen Persönlichkeit und der Somatisierungsstörung als Ausdruck einer Variante einer „Komplexen Posttraumatischen Belastungsstörung" zu verstehen und als solche in den DSM-Schlüssel aufzunehmen (Herman 1994, S. 168 ff, S. 176).

2.9.2 Fallbeispiel

Bevor ich die 23jährige Studentin Frau B. persönlich kennenlernte, hatte ich bereits durch Kollegen in der Morgenbesprechung der Klinik von ihr gehört: Mit einer dramatischen Inszenierung hielt sie die gesamte Psychiatrische Klinik in Atem und richtete ein regelrechtes Chaos an. An Symptomen zeigten sich eine schwere Eßstörung mit grenzwertig anorektischem Gewicht und extrem niedrigen Kaliumwerten aufgrund eines funktionellen und bulimischen Erbrechens, selbstverletzendes Verhalten durch Schnittverletzungen und Verbrühungen an Brust und Unterarmen, Identitätsstörungen sowie sog. Minipsychosen: Die Patientin klagte über optische Halluzinationen in Form von Schlangen und Spinnen, die ihren Körper bedeckten, sowie über eine quälende Stimme namens „Ira", die ihr Handeln in abfälliger Weise kommentierte und sie aufforderte, sich umzubringen. Aus der Vorgeschichte waren drei Suizidversuche sowie zwei Vergewaltigungen bekannt. Trotz ihres besorgniserregenden Zustandes wollte sich kein Team zuständig fühlen, da die Patientin aufgrund ihres widersprüchlichen Verhaltens als unkooperativ und unecht im emotionalen Kontakt galt. Auch ich als zuständige Polikliniksärztin war wenig begeistert von der Vorstellung, sie in ambulante Behandlung zu übernehmen. Mitbeteiligt an dem Chaos waren zusätzlich eine Reihe von Betreuungspersonen, eine niedergelassene Therapeutin, eine Dozentin, eine Hausärztin samt Vertreterin, denen die Patientin offensichtlich verschiedene Dinge anvertraute, woraufhin sie dann besorgt in die Klinik eingeliefert wurde, um kurz darauf entlassen und zu mir in die Poliklinik geschickt zu werden.

Schließlich eskaliert die Situation durch einen immer schneller werdenden Rhythmus von Einweisung und Entlassung: Mit gespenstischer Regelmäßigkeit erscheint Frau B. zur nächtlichen Stunde in der Notfallaufnahme, läßt sich in völlig verstörtem, kindlich-anhänglichem Zustand einweisen, um kurz danach energisch ihre Entlassung zu fordern. Die Reaktion der involvierten Therapeuten schwankt zwischen resignativer Gleichgültigkeit und wütender Forderung nach Zwangseinweisung und Zwangsinfusionen. Die nächtlichen Szenen und die Gegenübertragung der Klinik, die Patientin zu zwingen und in sie einzudringen, werden schließlich von einem Kollegen als Inszenierung einer sexuellen Mißbrauchssituation erkannt, wodurch mir ein wichtiger Schlüssel zum Verständnis der Patientin gegeben wurde.

Als ich sie daraufhin mit meiner Besorgnis konfrontiere, sie könne sich in einer weiterhin bestehenden Mißbrauchssituation befinden, kommt es zu einer dramatischen Situation: Frau B. erstarrt vor Schreck, erbricht sich in mein Waschbecken, setzt sich zu mir auf die Couch und legt den Kopf auf meinen Schoß. Nach dieser Begegnung fühle ich mich einerseits tief berührt von dem Vertrauen, das mir die Patientin entgegenbringt, andererseits auch völlig überfordert wie mit einem ungewollten Kind, das mir in den Schoß fällt. Mit meinem Entschluß, mich trotz aller Bedenken therapeutisch zuständig und verantwortlich zu fühlen, gerate ich eine Weile in das Zentrum des heftigen Agierfeldes und werde zur Zielscheibe äußerst widersprüchlicher und wenig ermutigender Anschuldigungen.

Schließlich erfahre ich von Frau B., daß sie sich in der Tat in einer aktuellen Mißbrauchssituation zu ihrem Vermieter befindet und sie offensichtlich ihre Not nicht anders als mit einer Inszenierung ausdrücken und mitteilen konnte. Wie in der späteren Anamneseerhebung deutlich wird, spiegelt sich in der Inszenierung gleichzeitig auch ihr kindliches Umfeld wieder, das aus chaotischen Familienstrukturen besteht, in denen massive Grenzverletzungen, groteske Schuldzuweisungen und widersprüchliche Normen an der Tagesordnung sind. Den damit verbundenen Gefühlssturm von Verwirrung, Ohnmacht, Wut, Verzweiflung und Schuldgefühlen bekommen ich und andere Kollegen durch projektive Identifizierung deutlich zu spüren.

Bis auf das vierte (übermäßige oder starke Wut) sind alle anderen sieben DSM-III-Kriterien der Borderline-Persönlichkeitsstörung (DSM-III-R 301.83) erfüllt. Auch nach dem Diagnostischen Interview für Borderline-Patienten (DIB) wird die Diagnose mit hohen Skalenwerten bestätigt. Das Ausmaß der Identitätsstörung der Patientin ähnelt durch verschiedene „Innenpersonen" der einer Multiplen Persönlichkeit (DSM-III-R 300.14), doch übernimmt keiner dieser Persönlichkeitsanteile die volle Kontrolle und es besteht keine vollständige Amnesie für die anderen „Innenpersonen", so daß diese Diagnose nicht gestellt werden kann. Die beiden Diagnosen können jedoch auch zusammen vorkommen (Horevitz und Braun 1984; Lauer 1993). Zusätzlich zeigt sich eine Posttraumatische Störung (DSM-III-R 309.89) in Form von Alpträumen, flash-backs, Isolierungs- und Fremdheitsgefühlen, Schlafstörungen, Hypervigilanz und Schreckhaftigkeit. Borderline-Störungen haben ein erhöhtes Risiko für eine Posttraumatische Störung; diese wird in bis zu einem Drittel der Fälle zusätzlich diagnostiziert (Gunderson und Sabo 1993).

> Frau B. wuchs mit zwei vier Jahre jüngeren Zwillingsschwestern in kleinstädtischer Umgebung auf. An die leibliche Mutter hat die Patientin nur vage, idealisierende Erinnerungen. Sie suizidierte sich, als die Patientin drei Jahre alt war, nach Angaben der Familie wegen einer unheilbaren körperlichen Erkrankung. Die Patientin wurde vorübergehend von der Großmutter mütterlicherseits versorgt, bis der Vater ein Jahr später wieder heiratete, die Tochter zu sich nahm und den Kontakt zur Großmutter vollständig unterband. Wenig später wurden die Zwillingsschwestern geboren.
> Bereits vor dem Tod der Mutter kam es durch den Vater zu sexuellem Mißbrauch, der bis zum 13. Lebensjahr der Patientin anhielt. Die Patientin wurde zu oralem und vaginalem Verkehr gezwungen und mit Schlägen, Mord- und Todesdrohungen sowie mit Geldgeschenken zum Schweigen gebracht. Auf Versuche, sich ihr anzuvertrauen, reagierte die Stiefmutter mit Bagatellisierungen, Schuldzuweisungen und Suizidandrohungen. Auf das lebhafte Temperament der Patientin reagieren die Eltern mit rigiden Kontrollmaßnahmen (Stubenarrest, Vorschreiben von Nahrungsmengen), mit Schlägen und Vorwürfen, daß man sich ihrer schämen müsse. Die sich im 13. Lebensjahr entwickelnde Anorexie kommentieren die Eltern mit dem Hinweis, das man „so jemanden unter Hitler vergast" hätte. Als sich der Vater der 15jährigen Tochter erneut sexuell zu nähern versucht, unternimmt sie kurz hintereinander zwei Suizidversuche, die zur Einweisung in die Kinder- und Jugendpsychiatrie führen. Ohne daß der Inzest bekannt wird, kann die Patientin die Vermittlung in eine Pflegefamilie erreichen. Hier kommt es jedoch ebenfalls zu sexuellen Nötigungen durch den Pflegevater.
> Mit 18 Jahren zieht die Patientin in ein Studentenheim und absolviert zwei Jahre später das Abitur. Als ihr daraufhin die Eltern mit der Streichung der Unterhaltszahlung drohen und sie zu zwingen versuchen, wieder nach Hause zu ziehen, begeht die Patientin einen dritten Suizidversuch. Mehrere stationäre psychiatrische und psychosomatische Aufenthalte sind die Folge, bei denen sich der Gesundheitszustand eher verschlechtert und sich die Patientin erstmals tiefe Schnittverletzungen zufügt. Mit 22 Jahren beginnt sie ihr Studium (Kunst- und Literaturwissenschaft) und zieht in eine Wohngemeinschaft, in der sie vom Vermieter zu perversen sexuellen Handlungen genötigt wird. In dieser Lebenssituation kommt es zu der anfangs beschriebenen dramatischen Inszenierung in der psychiatrischen Klinik.

2.9.3 Psychodynamisches Verständnis

Die Theorie Kernbergs

Da Kernbergs Theorie der Borderline-Persönlichkeitsorganisation und das Konzept der Spaltung (Kernberg 1978, 1989; Kernberg et al. 1993) weite Verbreitung gefunden hat, soll es hier ausführlicher dargestellt und den neuen psychodynamischen Erklärungen gegenübergestellt werden. Kernberg baut sein Verständnis zur Psychodynamik der Borderline-Pathologie auf die **Objektbeziehungstheorie** auf. Der Begriff „Objektbeziehungen" meint nach dieser Theorie *die phantasierten Beziehungen zwischen dem eigenen Selbstbild (=Selbstre-*

präsentanz) und einem vorgestellten Interaktionspartner (=Objektrepräsentanz).

> Objektbeziehungen stellen einen Niederschlag aus der Summe real erlebter früher Beziehungserfahrungen einschließlich ihrer affektiven Qualitäten dar.

In der normalen Entwicklung bilden diese psychischen Strukturen eine „äußerst wichtige Funktion: In den vorgestellten Beziehungen zu wichtigen Interaktionspartnern kann man den wunscherfüllenden Aspekt von Interaktionen antizipieren, und damit sein Wohlbehagen und sein Selbstwertgefühl; ohne diese ständige Bestätigung und Rückversicherung gelingt es einem nur schwer, ein Gefühl der Sicherheit für sich zu konstituieren" (Mertens 1990a, S. 96). Die sich aus den realen Interaktionen entwickelnden Objektbeziehungen erfahren nach Mahler et al. (1975) auf dem Wege der Internalisierung eine charakteristische Modifikation: Alle Beziehungserfahrung in den ersten beiden Lebensjahren werden „atomisiert" und unverbunden nach einer bestimmten Ordnung gespeichert, wobei ein grobes Affektraster von „lustvoll" und „unlustvoll" als organisierendes Prinzip wirksam wird.

> „Gute" und „böse" Beziehungserfahrungen werden so voneinander getrennt innerlich aufgezeichnet, so daß das kleine Kind je nach Affektzustand entweder eine nur gute oder nur böse Mutter (oder andere Beziehungsperson) erlebt.

Diese Organisationsform wird in Anlehnung an M. Klein (1972) als **Spaltung** bezeichnet. Eine realistische Wahrnehmungsmöglichkeit entwickelt das Kind zum Ende des dritten Lebensjahres, da es erst dann im Laufe des Separations- und Individuationsprozesses psychisch dazu in der Lage ist, widersprüchliche im Sinne von gefühlsmäßig verschiedenen Erfahrungen von ein- und derselben Beziehungsperson gleichzeitig zuzulassen und Ambivalenz auszuhalten. In den auffälligen und widersprüchlichen Verhaltens- und Übertragungsmustern der Borderline-Patienten glaubt Kernberg diese polarisierten Beziehungserfahrungen wiederzuerkennen.

„Was oberflächlich gesehen als unangemessene, primitive und chaotische Charakterzüge und interpersonelle Interaktionen, als impulsives Verhalten und als Affektstürme in Erscheinung tritt, spiegelt die phantastischen, aus frühen Objektbeziehungen abgeleiteten Strukturen wider, die die Bausteine des späteren dreiteiligen Systems (Es, Ich und Über-Ich, Ergänzung U.G.) sind. Diese Objektbeziehungen bestimmen die Eigenarten primitiver Übertragungen, d.h. höchst phantastischer, unrealistischer Niederschläge früher Objektbeziehungen, die jedoch nicht direkt die realen Objektbeziehungen der frühen und späteren Kindheit wiedergeben" (Kernberg 1981, S. 686).

> In Weiterentwicklung dieser These geht Kernberg davon aus, daß die frühkindliche Spaltung unter bestimmten Bedingungen pathologisch fixiert und als Abwehrmechanismus benutzt werden kann, um dem Erlebnis von Ambivalenz auszuweichen. Die Integration der mit gegensätzlichen Gefühlsqualitäten verbundenen Repräsentanzen wird deshalb von dem Kind als bedrohlich angesehen, weil es die „bösen" Teileinheiten mit so viel Aggressivität ausstattet, daß die im Vergleich dazu schwächeren „guten", für das Kind jedoch existenzerhaltenden Teileinheiten von der Wucht dieser Aggressivität ausgelöscht und vernichtet würden, wenn sie zusammenträfen. Diese Katastrophe ist es, die mit der Aufrechterhaltung der Spaltung vermieden werden soll.

Für eine Fixierung des Spaltungsmechanismus werden – „ob konstitutionell determiniert, psychologisch motiviert oder äußerlich hervorgerufen" (Kernberg et al. 1993, S. 22) – schwere Aggressionen angenommen, die einen erfolgreichen Separations- und Individuationsprozeß zwischen Mutter und Kind verhindern.

Die Fallinterpretation nach Kernberg

Eine von der Theorie Kernbergs geleitete psychodynamische Interpretation des oben geschilderten Falles würde ihr Augenmerk auf die frühe Mutter-Kind-Beziehung legen und z.B. in dem Tod der Mutter die Ursache eines *entgleisten Separations- und Individuationsprozesses* sehen, womit die schweren Symptome ausreichend erklärt werden können:
Die durch den Verlust der Mutter ausgelösten schweren Aggressionen drohten die guten Beziehungserfahrungen zu zerstören, wenn sie mit diesen in Kontakt kämen. So muß um den Preis einer fixierten Entwicklung die Spaltung aufrechterhalten werden, um die guten Objektbeziehungen vor der eigenen Aggression zu schützen. Mit der Spaltung werden gleichzeitig auch andere in diese Entwicklungszeit datierte Abwehrmechanismen beibehalten, vor allem die projektive Identifizierung zur Abwehr von Aggressionen und Schuldgefühlen. Die unintegrierten, unverbundenen und nicht modulierten Selbst- und Objektrepräsentanzen bewirken dann die für die Borderline-Pathologie typische Identitätsdiffusion mit chronischer Leere und widersprüchlicher Selbst- und Fremdwahrnehmung.
Die versteckten und vieldeutigen Hinweise der Patientin über den Inzest würde Kernberg vermutlich als Ausdruck phantastischer Verzerrungen ansehen, wie sie seiner Meinung nach bei den frühen Objektbildern regelhaft sind und durch Aufrechterhaltung der Spaltung als Abwehrleistung keine modifizierende Anpassung an die Realität erfahren können.

> Die Problematik von realen Traumatisierungen in Form von Mißhandlungen und sexuellem Mißbrauch jedoch findet in der gesamten Literatur Kernbergs weder in den ätiologischen Überlegungen noch in den therapeutischen Richtlinien Beachtung.

In einem seiner Fallbeispiele berichtet Kernberg (1989, S. 161–165) von einer Patientin, die in der Therapie die Vorstellung entwickelte, der Therapeut möge sie vergewaltigen und töten.

Diesen Phantasien, so Kernberg, „lag ein sadistisches, primitives ödipales Vaterbild zugrunde. Später phantasierte sie, das abhängige Kind eines mütterlichen Vaters zu sein, und glaubte, daß all ihre Bedürfnisse nach Wärme, Liebe, Sexualität und Schutz befriedigt würden, wenn es ihr erlaubt wäre, den Penis des Therapeuten zu saugen.... Es wurde deutlich, daß ein entscheidender Grund für ihre Unfähigkeit, tiefere Beziehungen zu Männern aufzunehmen, in ihrem Entsetzen über die Vermischung dieser beiden gegensätzlichen Haltungen lag und darüber, daß sich ihre Liebe und ihr Haß in einer unerträglichen, gefährlichen Situation verbinden würden…"

Die Möglichkeit, daß die Patientin eine reale unerträgliche Vermischung von elterlicher Fürsorge und sexueller Ausbeutung einschließlich Todesdrohungen erlebt haben könnte, zieht Kernberg nicht in Erwägung.

Die Borderline-Pathologie im Lichte der Traumagenese

> Das hohe Vorkommen von sexuellem Kindesmißbrauch bei Borderline-Patienten und das wachsende Wissen über die Folgen dieser Form der Traumatisierung legen inzwischen eine völlig neue Interpretation der typischen Borderline-Phänomene nahe, die zumindest für eine relativ große Subgruppe von Patienten mit positiver Mißbrauchsanamnese von Bedeutung sein dürfte.

Auch wenn von einem vielschichtigen Bedingungsgefüge ausgegangen werden muß, in dem – zusätzlich zum Mißbrauch – Vernachlässigung, Verlust, Trennung sowie biologische Vulnerabilität eine Rolle spielen, gehen viele Autoren inzwischen davon aus, daß die schwerwiegende und zerstörerische Erfahrung des sexuellen Mißbrauchs, eingebettet in ein schwer gestörtes Familiensystem, eben gerade jene seelischen Deformierungen bewirken und erklären, die für Borderline-Patienten charakteristisch sind. Die neue Interpretation der

Leitsymptome (Spaltung und Dissoziation, projektive Identifizierung, instabile Beziehungen, Identitätsdiffusion, Unfähigkeit zum Alleinsein sowie selbstschädigendes Verhalten) und die daraus folgende kritische Auseinandersetzung mit der Theorie Kernbergs stelle ich im weiteren Verlauf ausführlicher dar. Ich folge dabei in weiten Teilen den Ausführungen von Saunders und Arnold (1993) und ergänze diese um die Darstellungen anderer Autoren:

Spaltung

Im Zuge der Kritik am Kernbergschen Konzept der Spaltung und im Bemühen um eine Neudefinition zeichnen sich in der Literatur zwei verschiedene Tendenzen ab: Einerseits erfährt der Begriff der Spaltung eine sehr eng gefaßte Definition im Sinne eines kognitiven Anpassungsprozesses und einer unmittelbaren Wiederholung internalisierter Beziehungserfahrungen; eine Abwehrfunktion wird verneint (Saunders und Arnold 1993). Andererseits wird Spaltung im umfassenderen Sinne „als Ergebnis des Zusammenwirkens mehrerer Abwehrprozesse angesehen, die Verleugnung und/oder Verdrängung einschließen" (Reich 1995, S. 99) und zu einer tiefgreifenden Identitätsstörung im Sinne einer „Verdoppelung des Selbst" (Kap. 3.2, S. 361ff), Identitätsdiffusion und multiplen Persönlichkeiten führen. Dieser weiter gefaßte Begriff der Spaltung wird von Wurmser an anderer Stelle ausführlich dargestellt (s. Kap. 3.2), so daß ich mich hier auf die Spaltung im engeren Sinne beschränken werde:

> Im Gegensatz zu den Annahmen Kernbergs ist die Entwicklung des Spaltungsmechanismus nicht an ein bestimmtes Lebensalter gebunden, sondern läßt sich in jedem Zeitabschnitt der Latenzzeit in der Folge von schweren Traumatisierungen nachweisen (Herman et al. 1989; Westen et al. 1990).

Ähnlich wie die oben erwähnten Ergebnisse der Säuglingsforschung (Dornes 1993, S. 97ff.) wird dadurch die Theorie einer „physiologischen" Spaltung in der Kindheitsentwicklung in Frage gestellt. Auch wurde bisher auf die Mutter-Kind-Dyade fokussiert und dort die Ursache der Spaltung vermutet. Die Ergebnisse der Mißbrauchsforschung legen jedoch nahe, daß die für die Spaltung kritische Beziehung diejenige zum Mißhandler ist, häufig ein Mann in fürsorgerischer Verantwortung für das Kind (Dulz und Schneider 1996; Herman et al. 1989; Russell 1986; Rohde-Dachser 1994; Saunders und Arnold 1993).

> Eine Spaltung im Sinne einer Affektpolarisierung der Objektrepräsentanzen läßt sich in empirischen Studien nicht bestätigen.

Borderline-Patienten nehmen ihre Eltern auf einer Eigenschaftsskala sowohl negativer als auch weniger positiv wahr (Baker et al. 1992). Nigg et al. (1991) untersuchten die Objektbeziehungen anhand früher Kindheitserinnerungen von Borderline-Patienten gegenüber denen depressiver Patienten und einer Normalpopulation: Nur sexuell mißbrauchte Borderline-Patienten gaben Bilder von absolut bösen Objekten an, die ihnen absichtlich Verletzungen zufügten. Psychisch mißhandelte Patienten wiesen keine derart schlechten Bilder auf.

> Saunders und Arnold (1993) differenzieren zwischen den Begriffen „Spaltung" und „Dissoziation", während Kernberg sie austauschbar benutzt. Spaltung stellt demnach eine kognitive Anpassung dar, um unlogische, widersprüchliche Wahrnehmungen als solche nicht (mehr) zu erkennen. Im Phänomen der Spaltung sehen die Autoren ein Wiederholungsphänomen im Sinne einer Neuauflage und eines Auslebens internalisierter pathologischer Beziehungsmuster und stellen den Abwehrcharakter der Spaltung in Frage. Sie weisen darauf hin, daß mißbrauchte Kinder typischerweise mit einem Täter konfrontiert sind,

> dessen Taten im krassen Gegensatz zu seinen Worten und zu den Empfindungen des Kindes stehen.

In dem oben dargestellten Fallbeispiel hörte Frau B. immer dann Liebesbeteuerungen von ihrem Vater, wenn er sie sexuell mißbrauchte. Zudem erwartete er, wie viele andere Mißbraucher auch, die Bestätigung, daß sie Gefallen an seiner Tat habe.

Die traumatische Erfahrung der Mißbrauchshandlung durch eine nahestehende Betreuungsperson kann somit als Prototyp einer zentralen Beziehungserfahrung angesehen werden, die zur Internalisierung eines in sich höchst widersprüchlichen Introjektes führt, das von anderen Autoren als „traumatisches" (Küchenhoff 1990) oder als „pervers-gutes" Objekt (Sachsse 1994) bezeichnet wird. Hirsch (1987b, S. 245ff) spricht von „unassimilierten Introjekten", die nicht integriert, aber auch nicht aufgegeben werden können, weil die Patienten sie gleichzeitig als existenzerhaltend erleben. Darüber hinaus ist die traumatische Erfahrung meist in ein ebenso widersprüchliches Familien- und Beziehungssystem eingebettet, indem bei einer nach außen hin gelebten Normalität und Wohlanständigkeit chaotische, willkürliche, offen unfaire und gemeine Regeln die Beziehungen bestimmen. Die daraus resultierende kognitive Verarbeitung, Prägung und Wahrnehmung vergleicht Herman mit einem Akt der Gehirnwäsche und bezeichnet die Denkart der betroffenen Kinder (in Anlehnung an den Roman „1984" von George Orwell) treffend als „Doppeldenk" (Herman 1994, S. 10 und S. 142ff; s. auch Shengold 1995). Fine stellt den kognitiven Verarbeitungsprozeß mißbrauchter Kinder in Anlehnung an Piaget als Wechselprozeß von Akkomodation und Assimilation dar, der zu einer höchst widersprüchlichen Wahrnehmungseinstellung führt (Fine 1990).

Als *therapeutische Konsequenz* ergibt sich daraus, das die ätiologischen Faktoren, die zur Spaltung geführt haben, mit den Patienten erarbeitet werden müssen, und daß die von Kernberg propagierte Konfrontation mit der Widersprüchlichkeit der Patienten gekoppelt sein muß mit einem neuen genetischen Verständnis für das von ihnen als verwirrend und beschämend erlebte gespaltene Verhalten und Wahrnehmen. Dulz und Schneider (1996) gehen davon aus, daß als Basis der Therapie eine haltende Funktion im Sinne Winnicotts bestehen solte, ohne sie werde bereits „die Aufnahme einer therapeutischen Beziehung zum Patienten nicht möglich" (S. 100).

Dissoziation

Dem Begriff der Spaltung stellen Saunders und Arnold (1993) den der Dissoziation gegenüber.

> Während es sich bei der Spaltung um einen kognitiven Prozeß handelt, stellt die Dissoziation einen veränderten Bewußtseinszustand dar, der durch überwältigende, zum Trauma dazugehörige Affekte biophysiologisch getriggert wird (van der Kolk und Fisler 1994). Durch ihre Schutzfunktion vor unerträglichen Gefühlen und Erinnerungen durch Abtrennung, Gefühllosigkeit und Vergessen erfüllen dissoziative Phänomene eher als die Spaltung den Charakter von Abwehrfunktionen.

Zu den verschiedenen dissoziativen Phänomenen gehören *Depersonalisation, Derealisation, dissoziative Halluzinationen, Wahrnehmungsverzerrungen sowie Gefühle der Auflösung von Körpergrenzen*. Diese Phänomene sind inzwischen als mögliche Folgen schweren Kindesmißbrauchs und Inzest in vielen klinischen Beobachtungen beschrieben und in Studien nachgewiesen worden (van der Kolk und Fisler 1994; Irwin 1994). Durch induzierte Depersonalisation können Kinder die mit einer Traumatisierung verbundenen Gefühlsstürme von Demütigung, Kränkung, Scham, Schmerz und Haß bewältigen, verlieren dann aber oft die Kontrolle über diesen Mechanismus, so daß bereits bei geringeren Reizen quälende Gefühle von Unwirklichkeit auftreten können. Die induzierte Derealisation ermöglicht es, traumatische Ereignisse in die Welt der Phantasien und Träume zu verlegen mit dem Preis einer quälenden Unsicherheit in der Unterscheidung zwischen Realität und Phantasie sowie den eigenen Erinnerungen gegenüber (Sachsse 1995). Verschiedene Persönlichkeitsanteile können bis zur Multiplen Persönlichkeit dissoziiert erlebt werden (Chu und Dill 1990; Dulz und Lanzoni 1996; Horevitz und Braun 1984; Putnam 1989), aber auch Über-Ich-Anteile in Form innerer Stimmen wie in dem obigen Fallbeispiel (vgl. auch Kap. 2.8).

Projektive Identifizierung

Ähnlich wie bei der Spaltung sehen Saunders und Arnold (1993) auch in der projektiven Identifizierung eher den Charakter der *Wiederholung eines bestimmten Beziehungsmodus* als einen Abwehrmechanismus (s. auch Mertens 1990b).

Hierbei werden internalisierte pathologische Beziehungen in aktuellen Ereignissen reaktiviert und können zu geradezu grotesken Reinszenierungen von Mißbrauchssituationen führen.

An dem Fallbeispiel von Frau B. wurde dies deutlich: Die zur Hilfe aufgesuchte Klinik drohte zum Peiniger und Vergewaltiger zu werden (s. auch Putnam 1989).
Aufgrund ihrer mangelnden Verbalisationsmöglichkeit gelingt es Borderline-Patienten oft nur über den Mechanismus der projektiven Identifizierung, ihre Not und Bedürftigkeit mitzuteilen, so daß diese Kommunikationsform auch in der Therapie zunächst vorherrschend sein wird.

Instabile Beziehungen

Intensive, aber instabile Beziehungen sehen Saunders und Arnold (1993) sowie Herman (1994) als Ergebnis eines schwer erschütterten Vertrauens mißbrauchter und vernachlässigter Kinder an.

Eine starke Bedürftigkeit nach Schutz und Sicherheit bei gleichzeitiger großer Angst, erneut verlassen oder ausgenützt zu werden, prägen die intimen Beziehungen und führen zu dem charakteristischen Wechsel zwischen Idealisierung und Enttäuschung. Normale zwischenmenschliche Konflikte können aus Mangel an verbalen und sozialen Fähigkeiten nicht gelöst werden, geringfügige Nachlässigkeiten können Erinnerungen an kaltherzige Vernachlässigungen wachrufen, und kleine Verletzungen erinnern an früher erlittene Grausamkeiten. So entwickeln mißbrauchte Kinder eine Neigung zu instabilen Beziehungen, die das Drama von Rettung, Unrecht und Verrat ständig wiederholen (Herman 1994).

Daneben findet sich häufig eine starke pathologische Bindung an den Mißhandler, wie dies auch in anderen Gewaltbeziehungen bekannt ist, bei der Kindesmißhandlung jedoch einen besonders verheerenden Einfluß hat (Saunders und Arnold 1993; s. auch Kap. 3.2).

Identitätsdiffusion

Komplementär zu problematischen zwischenmenschlichen Beziehungen zeigen sich schwere Störungen in der eigenen Identität. Sie sind charakterisiert durch eine *widersprüchliche Selbstwahrnehmung*, ein *gestörtes Selbstwertbild* mit extremen Überzeugungen von der eigenen Schlechtigkeit oder besonderer Einzigartigkeit sowie starken Schwankungen auf der Ebene der Ich-Funktionen. Zusätzlich wird die Identitätsstörung durch die *Unsicherheit in zwischenmenschlichen Beziehungen* sowie durch die *Unfähigkeit zu langfristiger familiärer oder beruflicher Planung* verstärkt.

> Es sind vor allem zwei Gründe, die zur Identitätsdiffusion beitragen: Spaltung und dissoziative Abwehrfunktionen führen zu abgetrennten, dem Bewußtsein oft nicht zugänglichen Persönlichkeitsanteilen und zu teilweise beträchtlichen Amnesien in der Lebensgeschichte sowie zu Erinnerungslücken im zurückliegenden Alltag.

Das gespaltene Selbstbild mit dem *Oszillieren zwischen Schlechtigkeit und Einzigartigkeit oder Macht und Ohnmacht* (s. auch Kap. 3.2) findet sich am deutlichsten bei Opfern des Vater-Tochter-Inzests, deren typische Psychodynamik durch die gegensätzlichen Gefühle des ödipalen Triumphes und unerträglicher Schuldgefühle geprägt ist (Saunders und Arnold 1993; Hirsch 1987b).

Das reale oder imaginäre Alleinsein

Die Unfähigkeit vieler Borderline-Patienten, Alleinsein auszuhalten oder sich selbst zu beruhigen und zu trösten, sehen Saunders und Arnold (1993) nur zum Teil in möglichen frühen Verlusten oder Trennungen von wichtigen Bezugspersonen. Für bedeutsamer halten sie die in der Mißbrauchsdynamik regelmäßig auftretenden Faktoren von *Dissoziation, Geheimhaltung und Isolation.*

> Die bei wiederholter Traumatisierung induzierten Dissoziationen führen gleichzeitig zu tiefgreifenden emotionalen Entfremdungen von jeglichen Beziehungspersonen. Auch der Fluch der Geheimhaltung, der über den Opfern innerfamiliären Mißbrauchs liegt, bewirkt, daß sich das betroffene Kind nicht mit anderen verbunden und aufgehoben fühlen kann.

Häufig liegt auch die Erfahrung zugrunde, daß seine Versuche, sich einem anderen Familienmitglied, meistens der Mutter, anzuvertrauen, nicht ernst genommen wurden sowie zu Beschuldigungen, Drohungen oder zu neuer Gewalt führten. Zudem verhindert die für Mißbrauchsfamilien typische soziale Isolierung sowie mißtrauische Haltung der Außenwelt gegenüber die Möglichkeit, von Außenstehenden Hilfe und Unterstützung zu bekommen.

Die Bedeutung und die Auswirkungen des Mißbrauchs innerhalb bestehender Familienbeziehungen wird dadurch – wie auch in dem Fallbeispiel – zum zentralen Thema in der therapeutischen Beziehung: Die Bereitschaft der Therapeutin, solidarisch zur Patientin zu stehen und sie nicht im Stich zu lassen, wird in verschiedensten Variationen immer wieder neu auf die Probe gestellt. Unvermeidliche Unterbrechungen in der Therapie, z.B. durch Urlaub oder Krankheit, werden im frühen Stadien der Therapie schlecht toleriert und führen häufig zu intrusiven Erinnerungen an den Mißbrauch mit traumatischer Überflutung, dem Gefühl von Isolation und Kontrollverlust. Die in der Übertragung aktivierten massiven Gefühle von Verlassenheit und Verrat können im späteren Verlauf einer stabilen therapeutischen Beziehung für die Patienten erstmals bewußt erlebbar gemacht und ausgedrückt werden und in Beziehung zu denjenigen Personen gebracht werden, die den Mißbrauch nicht verhindert haben.

Selbstschädigendes Verhalten

Inzwischen zeigen eine Reihe von Studien eine enge Korrelation zwischen frühem Kindesmißbrauch und Selbstschädigung wie Selbstverletzung, Substanzmißbrauch, Eßstörungen und Rücksichtslosigkeit gegenüber eigenen Gefährdungen (Briere und Zaidi 1989; Bryer et al. 1987; Paris et al. 1994a, b; Schetky 1990; van der Kolk et al. 1989, 1991; van der Kolk und Fisler 1994). Die neuen Forschungsergebnisse sowie klinische Erfahrungen führen zu der Sichtweise, die Selbstschädigung in Form von Sucht und Selbstverletzung als *pathologische Form der Affektregulation und Selbstfürsorge* zu betrachten (Herman 1994; Sachsse 1994; Sachsse et al. 1994; Saunders und Arnold 1993). Sie wird verständlicher, wenn man sich vergegenwärtigt, daß die Opfer von Kindesmißbrauch immer wieder starken Affektschwankungen mit einem Wechsel von Extremen der Überflutung und der Gefühllosigkeit ausgesetzt sind, die zusätzlich durch eventuelle Reviktimisierung immer wieder neu angestoßen werden.

> Selbstverletzungen können das unerträgliche Gefühl des Ausgeliefertseins und der Gefühllosigkeit sowie die Angst vor einem völligen Kontrollverlust mildern. Gleichzeitig bedeutet die Selbstverletzung auch eine unbewußte Darstellung der erlittenen Traumatisierung und erhält dadurch einen Mitteilungscharakter mit der Hoffnung, daß andere auf diesen Akt der Verzweiflung eingehen mögen. Zudem wird vermutet, daß die durch Selbstverletzung ausgelösten neurophysiologischen Prozesse zusätzlich eine körperliche Abhängigkeit von diesem Verhalten bewirken (van der Kolk et al. 1989).

Eine weitere Form der Selbstschädigung stellt die Neigung zur **Reviktimisierung** dar, die durch eine mangelnde Antizipationsfähigkeit für Gefahren sowie die Unfähigkeit zu Selbstschutz und Selbstverteidigung vor allem im Zustand der Dissoziation begünstigt wird. Auch stellt sie einen Reparationsversuch dar, unbewußte pathologische Überzeugungen von der eigenen Schlechtigkeit und Wertlosigkeit zu korrigieren (Weiss 1993; Hirsch 1987b). Darüber hinaus kann die Traumatisierung durch „herbeigeführte Opferstellung" zur unzulänglichen Abwehr eigener Ohnmachtsgefühle im Sinne von „Macht durch Leiden" reinszeniert werden, wie dies von Wurmser im „masochistischen Circulus vitiosus" (Kap. 3.2) dargestellt wird.

Zur Psychodynamik des Falles

Auf dem Hintergrund dieses Wissens über die Relevanz von Traumatisierungen für die Entwicklung der Borderline-Pathologie stellt sich die Psychodynamik der Patientin Frau B. folgendermaßen dar: Frau B. wuchs in einer Familie mit schwer gestörten Beziehungsstrukturen bei einer chronisch suizidalen Stiefmutter und einem mißhandelnden und sexuell mißbrauchenden Vater auf. Die schuldhafte Verarbeitung des Suizids der leiblichen Mutter wird von anderen Familienmitgliedern durch den regelmäßigen Vorwurf verstärkt, daß man durch ihre Lebhaftigkeit ins Grab gebracht werden könne. Die Suiziddrohungen der Stiefmutter rufen weitere *Schuldgefühle und panische Angst vor erneutem Verlassenwerden* hervor.

Vor den gefühlsmäßigen Folgen des sexuellen Mißbrauchs durch den Vater schützt sich die Patientin durch **Dissoziation** und **Persönlichkeitsspaltung,** an deren Beginn sie sich mit Einsetzen der ersten Mißbrauchshandlungen im Alter von drei Jahren deutlich erinnern kann. Mit dem Alltäglichwerden der Mißbrauchshandlungen und den mißglückten Versuchen, sich der Stiefmutter anzuvertrauen, entwickelt die Patientin ein ausgeklügeltes System der dissoziativen Abwehr und gespaltener Persönlichkeitsanteile, durch das sie vor sich selbst die schwere Gestörtheit ihrer Eltern und ihre eigenen furchtbaren Gefühlsstürme verstecken kann. Auch in anderen, mit unangenehmen Gefühlen verbundenen Situationen reagiert die Patientin mit Dissoziationen und Spaltungen, in deren komplizierten Systemen sich die Patientin zunehmend verirrt und ihr kohärentes Selbst verliert. So gibt es im Sinne gespaltener Selbstrepräsentanzen verschiedene Persönlichkeitsaspekte in der Patientin, die sie mit Namen versieht: Die Kleine, die Wilde, die Nutte, die Brave usw.

Auch die dazugehörigen Objektbilder bleiben widersprüchlich und gespalten mit der Folge einer *gestörten Über-Ich-Entwicklung*: Die traumatischen Ereignisse werden im depressiven Sinne schuldhaft verarbeitet, das traumatische oder pervers-gute Objekt trägt zur *Bildung eines sadistischen Über-Ichs* bei, das zusätzlich mit den eigenen reaktiven Aggressionen „dämonisiert" wird (Sachsse 1995, S. 56). Gleichzeitig dürfen die eigenen aggressiven Anteile nicht als zu sich gehörig angesehen, sondern müssen dissoziiert und abgespalten werden. Wie von einer zornigen Rachegöttin verfolgt, wird die Patientin von ihrer inneren Stimme namens „Ira" geplagt. Auch die ödipalen Schuldgefühle sowie die Angst vor der möglichen Rache von Mutter und Stiefmutter gehen in diesen Teil des personifizierten Über-Ichs mit ein. Durch die seit früher Kindheit regelmäßig induzierten Derealisations- und Depersonalisationszustände ist die Patientin in der Realitätsüberprüfung unsicher, wodurch diese Stimme bisweilen wie eine akustische Halluzination wirkt.

Dem sadistisch-strengen Über-Ich fühlt sich die Patientin ebenso hilflos ausgeliefert wie ihren *triebhaften Wünschen*, die sich in einer bulimischen Eßstörung, aggressiven und sexuellen Zwangsgedanken sowie gelegentlichen Ladendiebstählen äußern. In anschaulichen Bildern stellt sie ihre Befürchtung dar, zwischen einem gierigen Ungeheuer und der unerbittlichen „Ira" zermalmt zu werden.

Das selbstverletzende Verhalten mit Ritzungen und Schnittverletzungen beginnt die Patientin in einer Situation, in der sie nach erfolgreicher Flucht aus dem Elternhaus und der Pflegefamilie eine Reihe weiterer **Reviktimisierungen,** u.a. auch durch einen Therapeuten, erleidet und ihre Hoffnung aufgeben muß, den Folgen der Traumatisierung entfliehen zu können. An posttraumatischen Symptomen zeigen sich Überwachheit, Schreckhaftigkeit, Alpträume und flash-back-Erlebnisse im Wechsel mit unerträglichen Zuständen der Gefühllosigkeit, die die Patientin durch Selbstverletzung zu durchbrechen versucht. Auch die Suizidversuche sind von dem Wunsch motiviert, endlich vor den quälenden Symptomen und der Verstrickung in pathologische Beziehungen Ruhe zu haben.

Die Reviktimisierungen sind einerseits Ausdruck einer schwer gestörten Antizipationsfähigkeit für Gefahren, andererseits werden sie häufig gerade dann von der Patientin reinszeniert, wenn sie sich in einer extremen Verlassenheitssituation fühlt. Die Reinszenierungen stellen somit einerseits die Wiederholung der traumatischen Beziehung dar, sind aber gleichzeitig auch Reparationsversuche, diesmal in ihren kindlichen Abhängigkeitswünschen erkannt und nicht mißbraucht zu werden. Die Phantasie, in der Verlassenheitssituation erneut am Tod eines Menschen schuldig zu werden und mit dem Zulassen des Mißbrauchs die Ersatzmütter am Leben halten zu können, spielt ebenso eine Rolle wie die Rache an der verlassenden und verratenden Mutter durch den ödipalen Sieg und erhält damit den tragischen Doppelcharakter von Opfer und Triumph.

2.9.4 Studien und ihre Ergebnisse

Risikofaktoren der Borderline-Störung

Sexueller Mißbrauch, körperliche Mißhandlungen und emotionale Vernachlässigung im Kindesalter als ätiologische Faktoren zur Entstehung einer Borderline-Persönlichkeitsstörung wurden inzwischen an einer Vielzahl von Studien untersucht. Hierbei weisen die Ergebnisse auf chronische Streßsituationen in Borderline-Familien hin. *Frühe Trennungs- und Verlusterlebnisse und elterliches Erziehungsversagen* („biparental failure", Akiskal et al. 1985; Bradley 1979; Gunderson et al. 1980; Paris und Frank 1989; Soloff und Millward 1983) bei häufigen *psychopathologischen Auffälligkeiten der Eltern* (Links et al. 1988; Zanarini et al. 1989; Ogata et al. 1990) sowie eine hohe Prävalenz von Mißbrauch und Mißhandlungen (Bryer et al. 1987; Herman et al. 1989; Westen et al. 1990; Zanarini et al. 1989) zeichnen sich als wichtige ätiologische Faktoren ab. Dulz und Schneider (1996) postulieren anhand erster Daten, daß – unabhängig vom Geschlecht eines traumatisierten Patienten – sexueller Mißbrauch zu autoaggressiver und körperliche Mißhandlung zu fremdaggressiver Ausprägung einer Borderline-Störung führe. Die wichtigsten Studien über Mißbrauch und Mißhandlungen werden im Folgenden ausführlicher vorgestellt (s. Tab. 2.16).

Zanarini et al. (1989) stellten einer durch das Diagnostische Interview für Borderline-Patienten (DIB) diagnostizierten Gruppe von 50 Patienten zwei Kontrollgruppen mit antisozialen Persönlichkeitsstörungen und neurotischen Depressionen gegenüber. In zwei halbstrukturierten Interviews wurden verbaler, physischer und sexueller Mißbrauch erfaßt und in drei Zeitabschnitte von früher Kindheit, Latenzzeit und Adoleszens eingeteilt. Ein signifikant höherer Prozentsatz von Borderline-Patienten berichtete über Mißbrauchserfahrungen in allen drei Zeitabschnitten der Kindheit gegenüber beiden Kontrollgruppen. Bei den Borderline-Patienten berichteten 26% über sexuellen Mißbrauch (46% über körperliche Mißhandlungen) gegenüber 7% (28%) der Kontrollgruppen der antisozialen Persönlichkeiten und 4% der depressiven Patienten.

Herman et al. (1989) verglichen 21 ambulante Borderline-Patienten mit zwei Kontrollgruppen (Borderline-Züge und andere Persönlichkeitsstörung). In einem halbstrukturierten Interview (100 Items, ca. 2 Std.) wurde eine ausführliche Kindheitsanamnese erhoben. Positive Befunde drei verschiedener Traumaformen (physische Mißhandlungen, sexueller Mißbrauch, Zeuge von häuslicher Gewalt) und ihr Vorkommen in den verschiedenen Altersstadien (Kindheit, Latenzzeit, Adoleszenz, gesamte Zeit) wurden mit je einem Punktwert versehen, wobei ein maximaler „Trauma-Score" von 12 Punkten erreicht werden konnte. 81% der Borderline-Patienten gaben schwerwiegende Kindheitstraumen an, 71% berichteten von physischen Mißhandlungen, 68% von sexuellem Mißbrauch und 62% wurden Zeugen von Gewalt. Zudem waren Borderline-Patienten früher, länger und unterschiedlicheren Formen der Traumatisierung ausgesetzt als in der Kontrollgruppe. Frauen erreichten dabei einen mehr als doppelt so hohen Trauma-Score als Männer. Herman weist in dieser Studie auf die Notwendigkeit eines Behandlungskonzeptes hin, das die Integration der traumatischen Erfahrungen zum Ziel hat.

Ogata et al. (1990) untersuchten 24 stationäre Borderline-Patienten gegenüber einer Kontrollgruppe mit depressiven Erkrankungen. Auch hier fand sich ein signifikant häufigerer sexueller Mißbrauch, häufigerer Mißbrauch durch mehrere Täter sowie ein vermehrtes Vorkommen von mit Mißhandlungen kombiniertem Mißbrauch. Bei Vernachlässigung und Mißhandlungen allein fanden sich keine signi-

Tab. 2.16 Kontrollierte Studien zu sexuellem Mißbrauch und Mißhandlungen bei Borderline-Störungen

Autoren	Jahr	Anzahl	m	w	Vorkommen traumatischer Erfahrungen (%)		
					Trennung/Verlust	physische Mißhandlungen	sexueller Mißbrauch
Zanarini et al.	1989	50	17	33	46	46	26*
Herman et al.	1989	21	4	17		71*	67*
Ogata et al.	1990	24	5	19		42	71*
Westen et al.	1990	27	0	27		52	52*
Paris u. Zweig-Frank	1992	78	0	78		70*	70*
Paris et al.	1994	61	61	0			47*

*signifikant höher als Kontrollgruppe

fikanten Unterschiede. Derealisation und chronische Dysphorie erwiesen sich als sicherste Prädiktoren für kindlichen sexuellen Mißbrauch. Westen et al. (1990) und Goldman et al. (1992) bestätigten diese Ergebnisse weitgehend auch an stationären Jugendlichen und Kindern.

Paris und Mitarbeiter überprüften sowohl kindlichen sexuellen Mißbrauch, physische Mißhandlungen, Trennung und Verluste als auch pathologische Bindungen an die Eltern an 78 weiblichen (Paris und Zweig-Frank 1992; Paris et al. 1994a) und 61 männlichen (Paris et al. 1994b) ambulanten Borderline-Patienten. Sowohl bei den Männern als auch bei den Frauen fanden sich signifikant häufiger eine höhere Frequenz und eine schwerere Form des sexuellen Mißbrauchs. Bei der Multivarianzanalyse erwies sich sexueller Mißbrauch bei beiden Geschlechtern als signifikant, bei den Männern zusätzlich noch Trennung und Verluste. In einer Verlaufsstudie von Paris et al. (1993) zeigte sich, daß Patientinnen mit schwerem sexuellem Mißbrauch schlechtere Heilungschancen haben.

Borderline-Persönlichkeitsstörung als „Komplexe Posttraumatische Störung"

Eine Reihe anderer Studien beschäftigte sich mit differentialdiagnostischen Überlegungen und untersuchte Überschneidungen zur posttraumatischen und dissoziativen Störung. Bei Borderline-Patientinnen mit zusätzlichen dissoziativen Störungen fand Shearer (1994) vermehrt traumatische Erlebnisse mit posttraumatischen Symptomen, Selbstverletzungen und Alkoholmißbrauch. Albach und Everaerd (1992) fanden bei 97 weiblichen Inzestopfern in 62% der Fälle eine Posttraumatische Belastungsstörung (PTSD). In einer Metastudie untersuchten Gunderson und Sabo (1993) den Zusammenhang zwischen Borderline-Störungen und PTSD, die bei einem Drittel aller Borderline-Patienten vorgefunden werden. Demnach weisen Borderline-Patienten eine erhöhte Vulnerabilität auf, eine PTSD zu entwickeln, da sie über geringe Streß-Coping-Mechanismen verfügen, die zudem in einem dialektischen Prozeß durch jedes Streßerlebnis weiter geschädigt werden. Eine biophysiologische Grundlage in Form neurophysiologischer Veränderungen bei PTSD für diesen Prozeß wurde von van der Kolk und Fisler (1993) erforscht. Gunderson und Sabo (1993) fordern, diese Zusammenhänge im DSM-IV zu berücksichtigen.

In Vorbereitung auf eine erweiterte Definition der PTSD für das DSM-IV wurde von van der Kolk et al. (1995, zit. nach van der Kolk und Fisler 1994; briefliche Mitteilung von Herman) eine Feldstudie an 700 Personen durchgeführt, um den Zusammenhang zwischen Traumatisierungen und Regulationsstörungen von Gefühlen, Verhaltensweisen und Beziehungen zu untersuchen. In Zusammenarbeit mit Herman (1992) wurde hierbei ein *Symptommuster für eine „Komplexe Posttraumatische Belastungsstörung"* zusammengestellt, das sich deutlich von den aktuellen Streßsymptomen der PTSD unterscheidet. Es besteht aus:

- Störungen der Affektregulation
- Bewußtseinsstörungen in Form von Dissoziation und Amnesie
- Somatisierung
- Störungen der Selbstwahrnehmung
- gestörte Wahrnehmung des Täters
- Beziehungsstörungen
- Störungen des Wertesystems

In der Feldstudie konnte nachgewiesen werden, daß dieses Symptomprofil hauptsächlich bei Menschen auftritt, die im frühen Lebensalter interpersonellen Traumen ausgesetzt waren. Diese Studie bestätigt die nachhaltigen Auswirkungen von Mißbrauch und Mißhandlungen auf die gesamte Persönlichkeitsentwicklung und unterstützt den Vorschlag Hermans, die Borderline-Störung als Variante einer „Komplexen Posttraumatischen Belastungsstörung" zu begreifen (Herman 1992, S. 168ff, 1994, S. 176).

2.9.5 Diskussion des gegenwärtigen Forschungsstandes

Schwer gestörte Familienverhältnisse mit häufigem Inzest oder anderer Form sexuellen Mißbrauchs spielen bei der Entwicklung einer Borderline-Persönlichkeitsstörung eine entscheidende Rolle.

Als ebenso kreative wie destruktive Fehlanpassung entsteht sie in einem pathologischen und oft chaotischem Beziehungssystem, in dem *viele tiefgreifende Mißachtungen der kindlichen Bedürfnisse* geschehen, von denen die Inzesthandlung die extremste Form darstellt und die gravierendsten seelischen Schäden verursacht (Paris et al. 1993). Die Tatsache, daß sich auch ohne nachweisliche Traumatisierungen eine Borderline-Störung entwickeln kann, läßt vermuten, daß schwer faßbare „Mikrotraumen", etwa in Form von Grenzüberschreitungen, Erniedrigungen oder Schuldzuweisungen, Kinder zu ähnlich folgenschweren Fehlanpassungen veranlassen können (Gunderson und Sabo 1993). Shengold (1995, S. 13) berichtet von Patienten mit ähnlicher Charakterstruktur, Abwehr und Symptomatologie wie bei „Seelenmord"-Patienten, ohne daß sich in der Analyse ein Trauma bestätigte, bei denen er als Ursache *schwache Eltern* fand, die „nicht in der Lage waren, fest und nachdrücklich nein zu sagen". Möglicherweise spielen auch „transgenerationelle" Weitergaben ungelöster Traumata der Eltern (Grubrich-Simitis 1984), wie dies aus der zweiten Generation der Holocaust-Opfer beschrieben wird, eine Rolle.

Die Eindeutigkeit der vorgestellten Ergebnisse mit einem hohen Anteil an sexuellen Traumatisierungen unter den Borderline-Patienten macht angesichts einer 20 Jahre währenden Borderline-Forschung nachdenklich, wie es möglich sein konnte, ein Krankheitsbild in seiner Psychopathologie und seinen komplizierten Übertragungsmustern zu beschreiben und auch seine gewalttätige und vergewaltigende Dynamik wahrzunehmen, wie dies z.B. bei Kernberg in vielen metaphorischen Bildern deutlich wird, ohne diese jedoch als das Ergebnis realer Gewalt zu begreifen (Rohde-Dachser 1994). Mit diesem dissoziierten Wissen ist die Erforschung der Borderline-Störung ein eindrucksvolles Beispiel dafür, wie wissenschaftliche Ergebnisse von gesellschaftlichen und politischen Prozessen abhängig sind: Erst durch den Einfluß der Frauenbewegung konnten naheliegende Zusammenhänge gesehen und in das öffentliche Bewußtsein gebracht werden. Damit konnte ein wichtiger Erkenntnisprozeß weitergeführt werden, dem bereits Freud auf der Spur war, für dessen öffentliche Anerkennung jedoch der gesellschaftliche Resonanzboden fehlte (Gast 1995; Herman 1994). Wenn wir uns vergegenwärtigen, wie stark Wahrnehmungsmöglichkeiten von gesellschaftspolitischen Machtstrukturen abhängig und geprägt sind, dann wird vielleicht besser einfühlbar, um wieviel stärker sich die Wahrnehmung eines Kindes bis zur Deformierung des „Doppeldenk" verändert, das in einer unausweichlichen Mißbrauchs- oder Gewaltbeziehung leben muß.

Darüber hinaus weisen die neuen Ergebnisse der Borderline-Forschung auf die *Begrenztheit und die Problematik einer rekonstruktiven Entwicklungspsychologie* hin, auf die sich Kernberg mit seiner Theorie stützt. Das Konzept der Spaltung als normaler Entwicklungsschritt hat in der psychoanalytischen Lehre weite Verbreitung gefunden, muß aber inzwischen im Sinne eines „pathomorphen Mythos" (Peterfreund 1978, nach Dornes 1993, S. 24f) als überholt angesehen werden. Die hier vorgestellten Ergebnisse zeigen nachdrücklich, daß empirische Forschung in der psychotherapeutischen Disziplin notwendig und zur Überprüfung von Krankheits- und Therapiekonzepten unerläßlich ist.

2.9.6 Therapie

Therapie unter Berücksichtigung von Traumatisierungen

Durch die eindeutigen Befunde häufiger sexueller Traumatisierungen bei Borderline-Patienten ergeben sich für die Behandlung wichtige **therapeutische Konsequenzen:**
- Die *Anerkennung der traumatischen Erfahrung durch den Therapeuten* ist die Voraussetzung zu einer Integration des Traumas. Gleichzeitig muß die traumatische Erfahrung zum zentralen Thema der Therapie werden (Alpert 1991). Die Notwendigkeit, die traumatischen Erinnerungen einschließlich der damit verbundenen Affekte wiederzuentdecken und die traumatischen Erfahrungen zu validieren, ist inzwischen vielfach dokumentiert (s. Blum 1986; Herman et al. 1989; Herman 1994; Shengold 1995). Nur durch *Wiederentdecken und Integration der traumatischen Erlebnisse* kann eine Verbesserung der Affekttoleranz, der Impulskontrolle und der Abwehrorganisation erreicht werden. Sie sind die Voraussetzung für die Wiederherstellung einer integrierten Selbstidentität und einer besseren Beziehungsfähigkeit. Herman et al. (1989) vermuten, daß die bei Borderline-Patienten oft beschriebenen negativen therapeutischen Reaktionen sowie „maligne Regressionen" auf die Nichtaufdeckung eines Kindheitstraumas zurückgeführt werden können. Darüber hinaus halte ich auch aktuell bestehende Mißbrauchssituationen für einen wichtigen Faktor, der zu schweren Regressionen und vermehrten Desintegrationen beitragen kann, wie dies bei der oben dargestellten Therapieszene der Fall war.
- Bisher liegen keine aussagekräftigen Therapiestudien zur Behandlung von Borderline-Patienten vor, so daß sich die *divergierenden Ansichten zu Behandlungsstrategien* (stützend: dialektische Verhaltenstherapie von Linehan und Heard 1992, versus aufdeckend: psychodynamische Psychotherapie nach Kernberg et al. 1993) nicht klären lassen. Dies liegt in erster Linie an den regelmäßig hohen und frühen Behandlungsabbrüchen, wobei Clarkin et al. (1992) mit einer dropout-Rate von 42% in der 12. Woche im Vergleich zu anderen Studien günstig dastehen. Gleichzeitig sind die hohen Abbruchraten ein Hinweis dafür, daß es mit bisherigen therapeutischen Techniken nicht sicher gelingt, ein stabiles Arbeitsbündnis aufzubauen.
- Im Gegensatz zu den divergierenden Ansichten zur Therapie der Borderline-Störung findet sich eine *weitgehende Übereinstimmung bei der Behandlung von Traumatisierungen und ihren Nachwirkungen:* Unabhängig von der Art der Traumatisierungen hat sich die Einhaltung von drei Behandlungsschritten bewährt: 1. Errichten von Sicherheit, 2. Rekonstruktion und Integration der traumatischen Erfahrungen, 3. Wiedereingliederung und Zukunftsorientierung. Diese Vorgehensweise wurde an der Behandlung Posttraumatischer Störungen von Kriegsveteranen entwickelt, wird inzwischen aber auch bei Borderline-Patienten als erfolgreich angesehen (Alpert 1991; Herman 1994; Saunders und Arnold 1993).
- In der DSM-IV-Feldstudie über Posttraumatische Störungen wurde die bereits 1978 von Krystal beschriebene „Affekt-Entdifferenzierung" und die daraus folgende Unfähigkeit, Emotionen als Leit- und Orientierungshilfe für angemessene Handlungen zu benutzen, an mißbrauchten Jugendlichen bestätigt (van der Kolk et al. 1995). Krystal beobachtete, daß die Unfähigkeit zur symbolischen Darstellung mit der Entwicklung psychosomatischer Beschwerden und Aggressionen gegen sich und andere einhergeht (Krystal 1978). Für die Behandlung von Borderline-Patienten halte ich die *Berücksichtigung der mangelnden Symbolisierungsfähigkeit der Patienten sowie der damit verbundenen Unfähigkeit, sich in*

dem Medium der Sprache mitzuteilen, für außerordentlich wichtig. In intuitiver Erfassung dieses Problems greifen viele Therapeuten, die mit sexuell mißbrauchten Frauen und Männern arbeiten, auf das Medium des Bildes zurück und knüpfen damit an die kindlichen Möglichkeiten der Patienten an (Ramin 1993). Nonverbale Ausdrucksmöglichkeiten können somit zur wichtigen Alternative des Ausagierens und der projektiven Identifizierung werden und dadurch eine Brücke zur sprachlichen Symbolisierungsfähigkeit schlagen (vgl. auch Kap. 3.6).

- Zum *Behandlungssetting* von Patienten mit Borderline-Persönlichkeitsstörungen gibt es bisher keine eindeutigen Empfehlungen in der Literatur. Bei stationären Behandlungen werden regelmäßig schwere Regressionen und „untherapeutische Reinszenierungen" beobachtet, wie sie Sachsse treffend und anschaulich beschreibt. Fall- und Teamsupervision sind oft unerläßlich (Sachsse 1994, S. 20ff). Wenn keine dringende Indikation zur stationären Behandlung besteht (wie z.B. bei akuter Suizidalität), halte ich die *ambulante Behandlung mit einer mehrjährigen Perspektive in einer Institution oder in enger Zusammenarbeit mit einer solchen* für die Therapie der Wahl. Vermutlich stellt das komplizierte Beziehungsgeflecht einer stationären Institution mit seinen unweigerlichen Einschränkungen und möglichen Grenzüberschreitungen für die typischen schweren Fehlanpassungen der Borderline-Patienten eine Überforderung dar. Zudem nimmt man den Patienten mit der Hospitalisierung ihre oft bizarren Möglichkeiten der pathologischen Affektregulation (Schneide-, Eß- und Brechrituale), so daß Regressionen begünstigt werden. Ähnliche Erfahrungen werden von Therapien mit Multiplen Persönlichkeiten beschrieben (Jürgens 1995; Kluft 1991b).

2.9.7 Fortsetzung des Fallbeispiels

Errichten von Sicherheit

Im folgenden berichte ich über die noch laufende, inzwischen fünf Jahre dauernde Therapie, die in der Poliklinik mit externer Supervision[1] mit zwei Stunden pro Woche im Sitzen durchgeführt wurde:

> Die erste Behandlungsphase dient dem Aufbau von Sicherheit sowohl in der therapeutischen Beziehung als auch im täglichen Leben der Patientin. Sie ist durch ein aktives therapeutisches Vorgehen gekennzeichnet: Ich bespreche mit der Patientin ein geeignetes therapeutisches Setting, informiere sie über die psychischen Folgen des Mißbrauchs einschließlich der posttraumatischen Symptome und erarbeite mit ihr eine optimale medikamentöse Behandlung zu deren Linderung.

Des weiteren mache ich mir ein Bild über ihre aktuellen Lebensverhältnisse und überprüfe mit ihr die möglichen Gefahren einer Reviktimisierung. Schutzmaßnahmen und Bewältigungsmöglichkeiten in Krisensituationen, bei Suizidalität und starken Selbstverletzungsimpulsen werden gedanklich durchgespielt und Vereinbarungen getroffen. Die Möglichkeiten weiterer professioneller Hilfe durch den psychiatrischen Notdienst und die Hausärztin werden ebenso ausgelotet wie Ressourcen im Freundes- und Bekanntenkreis der Patientin.

> Konkret vereinbare ich mit der Patientin ein regelmäßiges Gesprächsangebot von zweimal 50 Minuten in der Woche sowie eine zusätzliche tagesklinische Behandlung von sechs Monaten. Bis zum Einzug

---

[1] Herrn Prof.Dr.Dr. K.P. Kisker und Frau Prof.Dr. C. Rohde-Dachser danke ich für ihre hilfreiche Unterstützung.

in eine neue Wohnung kann Frau B. vorübergehend bei einer Freundin wohnen, um vor erneuten sexuellen Übergriffen durch den Vermieter sicher zu sein.

Damit sich die Patientin auch in der therapeutischen Beziehung sicher fühlen kann, respektiere ich ihre anfängliche Scheu oder Unfähigkeit, sich in Worten mitzuteilen und signalisiere Verständnis für ihre Schwierigkeiten, Vertrauen zu fassen. Gleichzeitig ermutige ich sie in ihren anderen Kommunikationsmöglichkeiten und greife ihre Angebote von spielerischer und bildnerischer Gestaltung auf. Ihre eigene Befindlichkeit oder Situationen ihrer traumatischen Lebensgeschichte stellt die Patientin in eindrucksvollen Bildern dar. Es scheint für sie hilfreich und weniger ängstigend zu sein, zunächst meine Reaktionen zu dem Gemalten abzuwarten, bevor sie sich eindeutiger mit Worten festlegt. Auch die noch allgegenwärtige Mord- und Todesdrohung des Vaters, falls sie über den Mißbrauch spricht, umgeht sie so in listig-konkretistischer Weise, ohne jedoch die Angst vor seiner Rache letztendlich abschütteln zu können.

Um die Beziehung zu mir zu gestalten, entwickelt die Patientin ein phantasievolles und kreatives Spiel: So bringt sie einen kleinen und wenig später einen großen Pinguin sowie einen schützenden Iglu aus Ton mit und richtet damit unter meiner Zimmerpalme eine kleine Spielecke ein. Kleiner und großer Pinguin treten in spielerischen Dialog miteinander, indem der kleine dem großen zeigt, wie er sich fühlt. So kriecht er unter die Tischdecke, wenn er sich schämt, stellt sich an die äußerste Tischkante mit einem Fuß über dem Abgrund, wenn er Suizidgedanken hat, er knufft den großen, wenn er sich geärgert hat oder schmiegt sich unter die großen Flügel, wenn er Schutz braucht. Mir kommt oft die Aufgabe zu, Übersetzungsarbeit zu leisten und die vermuteten Gefühlszustände in den sprachlichen Dialog einzubringen. In den Stunden, in denen sie sich unverstanden und alleingelassen von mir fühlt, steckt sie den kleinen Pinguin heimlich in die Tasche, was ich dann erst beim Aufräumen bemerke. Die dunkle, schwarze Höhle des leeren Iglus löst intensive Verlassenheitsgefühle bei mir aus, so daß ich schließlich doch noch etwas verstehen kann. Gleichzeitig erinnert mich die antarktische Landschaft unter meiner Zimmerpalme immer wieder daran, aus was für einer eisigen Gefühlslandschaft die Patientin stammt und wie schlecht sie sich mit ihrer dort erworbenen Anpassung in unseren Breiten ausgestattet fühlen muß.

Rekonstruktion und Integration der traumatischen Erfahrungen

Sobald sich ein stabiles Vertrauensverhältnis aufgebaut hat, kann die Arbeit an den traumatischen Erinnerungen beginnen.

> Die therapeutische Rolle verändert sich vom aktiven Helfer zum anteilnehmenden Zeugen und Verbündeten, um die Patientin bei den schwer auszuhaltenden Erinnerungen und Affekten zu begleiten und den Strom der Erinnerungen so zu steuern, daß sie die Patientin nicht überfluten.

Bei starker Persönlichkeitsspaltung wie bei der Patientin Frau B. ist die Rekonstruktion der Lebensgeschichte zur Entwicklung eines sicheren Identitätsgefühls von großer Bedeutung. Die Identifizierung der verschiedenen Persönlichkeitsanteile entspricht dem „Kartieren der inneren Landkarte" bei der Therapie von Multiplen Persönlichkeiten (Huber 1995, S. 262ff) oder der Integration von „Teil-Selbst- und Teil-Objektrepräsentanzen" in der frühen Phase der psychodynamischen Therapie von Kernberg (Kernberg et al. 1993, S. 89ff.).

> Mit den neuen Kommunikationsmöglichkeiten des Spielens und Malens ausgestattet, teilt mir die Patientin bruchstückhaft ihre

Lebensgeschichte mit. Wie kleine Spiegelsplitter hebe ich alle Bruchstücke auf, damit keines wieder im Irrgarten der Dissoziation verlorengeht, und stelle sie der Patientin bei der Rekonstruktion ihrer Lebensgeschichte zur Verfügung. Dadurch gelingt es ihr nach ca. einem Jahr, den Spiegel ihrer Erinnerungen so weit zusammenzusetzen, das sie sich darin erkennen und sich ihrer schmerzlichen Geschichte stellen kann.

Zur Arbeit an der dissoziativen Abwehr greife ich alle Spaltungsphänomene konsequent auf: Ich teile der Patientin meine Beobachtung mit, wie schnell und unvermittelt sie ihre Gefühlszustände wechseln kann: Während sie eben noch albern und unbekümmert plaudert, wirkt sie plötzlich wie ausgewechselt, panisch starr oder ängstlich-ratlos mit kindlich veränderter Stimme. Treten in der Stunde veränderte Bewußtseinszustände auf, kurze, flüchtige Absencen, längere Trancezustände oder schreckhafte Erstarrungen, dann spreche ich die Patientin darauf an und frage nach den Auslösern. Auch mache ich sie auf ihre Bilder aufmerksam, in denen sie sich vor allem in Mißbrauchssituationen als doppelte oder gespaltene Person zeichnet. So erfahre ich nach und nach von den verschiedenen Persönlichkeiten in ihr, deren einzelne Geschichte wir zurückverfolgen und an deren ursprünglichen Aufspaltungen häufig traumatische Ereignisse standen. Sechs Personen sind es insgesamt, so glaubt die Patientin: „Sie streiten sich, ob sie sich umbringen sollen. Vier sind dafür, zwei dagegen. Die zwei wollen leben. Eins davon ist noch ein Kind. Das Kind hat es am schwersten, denn es kann noch nicht schreiben, und sprechen darf es nicht."

Gleichzeitig entfaltet sich in diesem Therapieabschnitt die Übertragungsdynamik des Inzests: Ich werde zur verlassenden, verratenden und schuldzuweisenden Mutter, die Patientin zur ausgelieferten, mißbrauchten und sich darin gleichzeitig rächenden Tochter.

> Die Reinszenierungen und projektiven Identifizierungen verstehe ich als wichtige Möglichkeit der Patientin, mir ihre furchtbaren Gefühlsstürme von Ohnmacht, Wut, Scham- und Schuldgefühlen mitzuteilen, indem ich sie selbst zu spüren bekomme.

Das Aufzeigen des verhängnisvollen masochistischen Zirkels (s. Kap. 3.2) und eine konsequente Deutung im Sinne der in der Psychodynamik vermuteten Zusammenhänge ermöglichen es der Patientin, sich ihrer unbewußten Schuldgefühle und Aggressionen bewußt zu werden und sich mit pathologischen Überzeugungen der eigenen Schlechtigkeit einerseits und magischen Kräften andererseits auseinanderzusetzen.

> Zweimal gelingt es der Patientin, bedrohliche Situationen mit Männern direkt vor meiner Behandlungstür zu inszenieren. Sie testet mich so, ob auch ich mich gleichgültig abwenden und sie der Bedrohung ausliefern würde. Schwerwiegender sind jedoch die Reinszenierungen, wenn ich wegen Urlaub oder Krankheit nicht da bin. Nahezu regelhaft begibt sie sich dann in Gefahr und erleidet erzwungene Sexualkontakte. Am dramatischsten spitzt sich dies in meinem längeren Sommerurlaub zu, in dem sie ihren Vater aufsucht und von ihm gegen Geld zum Beischlaf gezwungen wird. In der Stunde nach dem Urlaub erscheint die Patientin in völlig verstörtem Zustand und legt sich mit einem aufreizenden Sommerkleid verführerisch auf meine Couch. Ich unterdrücke meine Verwirrung und meinen Ärger und begreife schließlich, daß etwas Furchtbares passiert sein muß. Für eine Weile ist die mühsam erarbeitete Integration zerstört, der Bewußtseinsspiegel der Patientin droht wieder in tausend Splitter zu zerbersten. Später erzählt die Patientin, daß sie in den Tagen zuvor stundenlang auf dem Dach ihres Hochhauses gestanden habe. Nur der Gedanke,

schwanger sein zu können, habe sie vom Springen abgehalten. Ein unschuldiges Kind wolle sie nicht töten, denn das Kind in ihr will leben. Gleichzeitig erzählt sie von dem unheimlichen Sog, der sie zum Vater trieb, als sie sich von mir verlassen fühlte. Eine quälende Ungewißheit, ob ich jemals wiederkommen würde, habe sie in unerträgliche Spannung versetzt. Einsamkeitsgefühle und die pathologische Überzeugung, mit dem Inzest die Therapeutenmutter wiederzubekommen, entfalten noch einmal ihre ganze selbstzerstörerische Kraft.

Ihre panische Angst vor erneutem Verlassenwerden und die vielschichtige Bedeutung des Schneidens verdeutlicht mir die Patientin in weiteren dramatischen Inszenierungen:

> Nach einer Stunde voller Disharmonie steckt die Patientin als Zeichen ihres Mißverstandenfühlens den kleinen Pinguin ein und legt ihn am Ende der darauffolgenden Stunde in einem verschlossenen Umschlag auf den Tisch. Ich warte die nächste Stunde ab und schlage vor, den Umschlag gemeinsam zu öffnen. Ein verzweifelter Gefühlsausbruch ist die Folge: „Nein! Du sollst ihn aufmachen! Du sollst dich kümmern!" Es sei wie mit dem Schneiden, sie könne die Wunde dann nicht selbst versorgen aus Angst, die Kontrolle über das Schneiden zu verlieren. Und dann taucht noch ein vergessener Spiegelsplitter auf: Bilder vom schweren Suizidversuch der Stiefmutter, die mit blutenden Unterarmen voller Panik nach der sechsjährigen Stieftochter ruft. Als die Patientin und ich dann den Umschlag gemeinsam öffnen, erschrecke ich zutiefst, doch ist es wohl nur ein kleiner Schreck gegenüber dem des kleinen Mädchens: Vor mir liegt ein blutiger, zerfetzter kleiner Pinguin mit aufgerissenem Bauch und heraushängenden Eingeweiden. Ich verstehe: Ich muß mich kümmern. Es ist zu viel für ein kleines Mädchen. In den darauffolgenden Stunden bringt die Patientin Rasierklingen mit und hält sie erpresserisch in ihrer Hand. Ja, so hat sie die Waffe in der Hand, und ich kann spüren, wie aufpeitschend und lähmend die Angst des kleinen Mädchens vor einem erneuten Suizidversuch der Mutter gewesen sein muß.

Wiedereingliederung und Zukunftsorientierung

> Die letzte Phase der Behandlung gleicht stärker den traditionellen analytischen Behandlungstechniken. Die Patientin kann sich zunehmend in symbolischer Sprache ausdrücken, projektive Identifizierung und dramatische Reinszenierungen treten in den Hintergrund.

Therapieunterbrechungen können innerlich besser vorbereitet werden: Anhand einer Serie von Träumen wird der Patientin ihrer Angst bewußt, die Therapeutin könne sich ihretwegen das Leben nehmen und sie mit unerträglichen Schuldgefühlen zurücklassen. Mit wachsender Möglichkeit, sich mit den eigenen Schuldgefühlen über den Inzest differenzierter auseinanderzusetzen, verlieren diese Ängste wie auch die quälende Stimme „Ira" an Kraft und Bedeutung. Gleichzeitig gelingt es der Patientin, weniger streng und leistungsorientiert mit sich und ihrem Körper umzugehen, selbstverletzende Impulse werden seltener.

> Die Traumen der Kindheit treten in den Hintergrund, neu eingegangene Freundschaften und eine intime Beziehung werden ebenso zu wichtigen Themen wie die beruflichen Wünsche. Schließlich wird auch ein möglicher Abschied von der Therapeutin vorstellbar; in die Trauer darüber mischt sich die Hoffnung auf eine weniger belastete Zukunft.

Wichtig in der Auseinandersetzung mit dem Abschied ist für die Patientin die beruhigende und haltgebende Vorstellung, wieder mit mir als Therapeutin Kontakt aufnehmen zu können, um zu überprüfen, ob ich es überlebe, daß sie ein von mir getrenntes Leben führt.

Schlußfolgerung

Die therapeutische Grundhaltung, die Symptomatik der Borderline-Patienten als Ausdruck einer ebenso kreativen wie destruktiven Fehlanpassung an pathologische Familienstrukturen zu begreifen, stellt meiner Meinung nach eine wichtige Voraussetzung für die Entwicklung eines stabilen Arbeitsbündnisses dar. Die Einbeziehung der Folgen sexueller Traumatisierungen erleichtert hierbei dem Therapeuten wie dem Patienten gleichermaßen das Verständnis für die schwerwiegenden Fehlanpassungen.

Ohne dieses Verständnis ist die durch heftige Gefühlsstürme belastete und angespannte therapeutische Beziehung schwer auszuhalten. Die Anwendung therapeutischer Richtlinien und Techniken, wie sie sich in der Behandlung von posttraumatischen Störungen bewährt hat, zeichnet sich als sinnvolle Alternative für diejenigen Borderline-Patienten ab, bei denen ein sexuelles Trauma in der Kindheit vorliegt. Sie bildet eine Synthese aus supportiven und analytischen Behandlungstechniken, wie dies auch von Sachsse bei der Behandlung von Patientinnen mit selbstverletzendem Verhalten vorgeschlagen wird (Sachsse 1994). Eine empirische Absicherung einer am Trauma orientierten Behandlungsmethode durch systematische Therapiestudien steht jedoch ebenso noch aus wie die ungelöste Frage, wie sich eine Borderline-Persönlichkeitsstörung ohne nachweisbares Trauma entwickeln kann.

2.10 Offene und heimliche Selbstbeschädigung

Annegret Eckhardt-Henn

Inhalt

2.10.1 Definition 293
2.10.2 Fallbeispiel 296
2.10.3 Sexueller Mißbrauch und Selbstbeschädigung – bisherige Ergebnisse 297
2.10.4 Diskussion des gegenwärtigen Forschungsstandes 300
2.10.5 Therapie 300
        Fortsetzung des Fallbeispiels 301

2.10.1 Definition

Unter **Selbstbeschädigenden Erkrankungen** im engeren Sinn versteht man die Gruppe der offenen Selbstbeschädigungen und die Gruppe der heimlichen Selbstbeschädigungen bzw. artifiziellen Störungen. Indirekte selbstschädigende Verhaltensweisen, wie z.B. Rauchen, ungesundes Eß- oder Trinkverhalten sind abzugrenzen, ebenso Erkrankungen, bei denen es in der Folge zu Selbstschädigungen kommt, wie z.B. die Anorexia nervosa und andere Eßstörungen oder Suchtkrankheiten.

Unter der Bezeichnung „**offene Selbstbeschädigung**" versteht man psychische Erkrankungen, bei denen es zu selbstzugefügten körperlichen Verletzungen kommt, die zunächst nicht in suizidaler Absicht geschehen. Am häufigsten kommen selbstzugefügte Schnittverletzungen mit Rasierklingen oder anderen Gegenständen, Selbstverbrennungen und Kratz- oder Schürfwunden der Haut vor.

Prinzipiell kann alles vorkommen, z.B. auch die Selbstentnahme von Blut. Die Selbstverletzungen haben selten lebensbedrohlichen Charakter, was sich aber im Verlauf der Erkrankung ändern kann. Sie werden in suchtartiger, teils auch zwanghafter Weise durchgeführt, das heißt, die Patienten können den autoaggressiven Impuls meist nicht kontrollieren.

Je nach Schwere und Häufigkeit der Selbstbeschädigung sowie nach Krankheitsdauer werden leichte und schwere Formen unterschieden. Im angloamerikanischen Sprachraum werden die leichten Formen als „delicate self-cutting" oder „wrist cutting" bezeichnet; die schweren Formen als „deliberate self harm syndrome – DSHS" oder „self-mutilation". Bei den schweren Formen kann es zu Verstümmelungen und schwersten Vernarbungen kommen. Der Krankheitsverlauf ist hier chronisch, das heißt über mehrere Monate bis Jahre. Meist ist eine chirurgische Wundversorgung erforderlich. Bei den leichten Formen kommt es meist zu oberflächlichen Verletzungen. Die Erkrankung kann hier episodenhaft verlaufen und nimmt kein bedrohliches Ausmaß an.

Psychopathologisch liegen diesen autoaggressiven Verhaltensweisen verschiedene psychische Störungen zugrunde. Das Spektrum reicht von neurotischen Störungen, Konfliktreaktionen, Pubertäts- und Adoleszenzkrisen bei den leichteren Formen bis hin zu schweren Persönlichkeitsstörungen vom narzißtischen, Borderline-, histrionischen oder dissozialen Typ bei den schweren Formen.

Die Selbstbeschädigung geschieht meist im Zusammenhang mit Depersonalisationszuständen oder anderen dissoziativen Zuständen, Zuständen innerer Leere (Abgestorbensein) oder stärkster innerer Spannung. Schlafstörungen, affektive Instabilität, depressive Zustände, Konzentrationsstörungen sind fast regelhaft vorhanden. Rezidivierender Medikamenten-, Alkohol-, oder Drogenmißbrauch kommen vor, stehen aber nicht im Vordergrund.

Bezüglich der Prävalenz gibt es folgende Einschätzungen: 0,6–0,75% der Allgemeinbevölkerung – hiervon 2% der Altersgruppe zwischen 15 und 35 Jahren – und 4,3% aller psychiatrischen Patienten (hier sind psychotische Erkrankungen eingeschlossen, die aber abgegrenzt werden sollten). Frauen sind doppelt so häufig betroffen (Herpertz und Saß 1994). Eine große amerikanische Studie (Favazza und Conterio 1989) ergab, daß sich von 100 000 Personen 750 pro Jahr selbst verletzen. In 83% handelt es sich um Frauen zwischen dem zwanzigsten und dreißigsten Lebensjahr. Die erste Selbstverletzung beginnt durchschnittlich im 14. Lebensjahr und fällt meist mit dem Beginn der Pubertät zusammen. Hiervon abgegrenzt werden die **heimliche Selbstbeschädigung** bzw. die **artifiziellen Störungen** (engl.: **factitious disorder**).

Im ICD-10 erscheinen die artifiziellen Störung unter der F68.1, werden aber nicht in verschiedene Formen unterteilt. Das DSM-IV subsumiert die artifiziellen Störungen und das **Münchhausen-Syndrom** unter dem Begriff „factitious disorders" (FD) und unterteilt diese in drei Formen:
- FD mit vorwiegend psychologischen Symptomen
- FD mit vorwiegend körperlichen Symptomen
- FD mit kombinierten psychologischen und körperlichen Symptomen

Das **Munchausen-by-proxy-Syndrom** („erweitertes Münchhausen-Syndrom") wird unter der Bezeichnung „factitious disorder by proxy" abgegrenzt.

Diese Einteilung ist unzureichend, weil sie nicht den Schweregrad und die Häufigkeit der Selbstverletzung berücksichtigt und ebenso die begleitende Psychopathologie außer acht läßt. Das **Münchhausen-Syndrom**, das eine seltene, aber gut abgrenzbare Unterform darstellt, wird gar nicht berücksichtigt.

Nach eigener klinischer Erfahrung und nach dem gegenwärtigen Stand der Literatur lassen sich je nach Schweregrad und Häufigkeit der heimlichen Selbstbeschädigung, nach Schweregrad und Häufigkeit der provozierten medizinischen/operativen Eingriffe sowie der Krankheitsdauer und der zugrundeliegenden psychopathologischen Symptomatik grob schwere, mittelschwere und leichte Formen unterscheiden. Insgesamt bedarf die diagnostische Klassifikation der artifiziellen Störungen dringend weiterer Differenzierung (vgl. auch Willenberg 1994).

> Allen Formen der artifiziellen Störungen gemeinsam ist die künstliche Erzeugung, Aggravation oder Vortäuschung von körperlichen und/oder psychischen Krankheitssymptomen, um auf diese Weise Klinikaufnahmen und insbesondere invasive diagnostische und therapeutische Eingriffe (incl. Operationen) zu erreichen. Die Selbstbeschädigung wird vor dem Arzt und auch vor der Umgebung verheimlicht. Die Patienten verleugnen das Verhalten aber auch vor sich selbst und glauben dann oft, daß sie wirklich an der jeweiligen

Erkrankung leiden. Das macht ihre Fähigkeit verständlich, die Krankheitssymptome über lange Zeit auf sehr überzeugende Weise darzustellen.

Die heimliche Selbstbeschädigung geschieht zwar zunächst unter willentlicher Kontrolle, die Patienten sind aber unbewußten Impulsen unterworfen, die sie nicht kontrollieren können. Ähnlich wie bei der offenen Selbstbeschädigung hat das Verhalten suchtartigen oder zwanghaften Charakter und wird auch von den Patienten selbst so beschrieben (wenn sie im Verlauf der Therapie schließlich darüber sprechen können).
Körperliche Schädigungen bis hin zu letalen Komplikationen werden insbesondere bei den schweren Formen in Kauf genommen; die Patienten verleugnen ihre Versehrbarkeit, ähnlich, wie von magersüchtigen Patienten bekannt. Dementsprechend haben sie zunächst keinen Leidensdruck und sind nur schwer zu einer psychotherapeutischen Behandlung zu motivieren.
In der Klinik fallen sie meist durch ihre große Bereitschaft, sich invasiven medizinischen Maßnahmen zu unterziehen und durch ihre Gleichgültigkeit gegenüber dem Krankheitsverlauf auf.
Eine spezifische pathologische, meist sadomasochistisch strukturierte zwischenmenschliche Interaktion – besonders auch Arzt-Patient-Interaktion – ist ein weiteres Charakteristikum dieser Erkrankungen (Eckhardt 1988, 1989, 1994).

Psychodynamisch liegen der heimlichen Selbstbeschädigung unbewußte psychische Konflikte zugrunde, die sich häufig um heftige Schuldgefühle, Gefühle von Minderwertigkeit und Selbstunsicherheit, Abhängigkeit/Autonomie zentrieren und Konflikte, die im Zusammenhang mit aggressiven Impulsen auftreten. Die Selbstbeschädigung hat dabei die Funktion der Selbstbestrafung, der Bestrafung des Gegenübers, der Versicherung der Selbstkontrolle („mein Körper gehört mir"), der Spannungslinderung, der Selbsttröstung („Funktion des Übergangsobjektes"), der Selbstvergewisserung, noch am Leben zu sein, und der Selbststrukturierung („sie bringt Ordnung in das innere Chaos").

Aufgrund eines hohen Ausmaßes real traumatisierender Erlebnisse in der Kindheit wie Deprivation, Vernachlässigung, Mißbrauch, chronische Krankheit der Eltern wurde die Entwicklung eines stabilen Selbst und Körperselbst und damit verbundener reifer zwischenmenschlicher Beziehungen nachhaltig gestört. Meist liegen Ich-strukturelle Störungen vor, die sich neben Zuständen von Dissoziation, Depersonalisation, diffuser Spannung, innerer Leere und Leblosigkeit, affektiver Labilität (heftige Stimmungsschwankungen) und impulshaften Verhaltensweisen sowie in der Persistenz sogenannter primitiver Abwehrmechanismen – wie Spaltung, Idealisierung/Entwertung, Projektion und projektive Identifikation – äußern.
Die Selbstbeschädigung tritt häufig im Zusammenhang mit diesen Depersonalisationszuständen (vgl. Eckhardt und Hoffmann 1993) und dissoziativen Zuständen, Zuständen innerer Leere und Leblosigkeit oder Anhedonie, starken Einsamkeits- und Verlassenheitsgefühlen und starker innerer Spannung auf. Durch die Selbstbeschädigung gelingt es den Betroffenen oft, diese Zustände zu beenden. Das wird auch daran deutlich, daß die Patienten vor und während der selbstbeschädigenden Handlungen häufig eine Analgesie beschreiben, die sie beunruhigt und als ein Symptom der Depersonalisation zu verstehen ist. Nach der Selbstbeschädigung normalisiert sich das Schmerzempfinden, was die Patienten als Entlastung erleben. Hierauf wird anhand des Fallbeispiels näher eingegangen. Merkmale einer affektiven Dysregulation im Sinne einer "affektiven Hyperreaktivität, die sich als Tendenz

zu kurzzeitigen, heftigen, rasch wechselnden Affektantworten einerseits und einer hohen Sensibilität gegenüber emotional relevanten Reizen andererseits manifestiert", konnten experimentell nachgewießen werden (Herpertz et al. 1998, S. 417).

Inwieweit eine *Störung im Endorphinstoffwechsel* vorliegt, kann gegenwärtig nicht sicher beurteilt werden. Es wird angenommen, daß insbesondere bei den schwereren chronischen Formen der offenen Selbstverletzung eine Endorphinausschüttung erfolgt, die die von den Patienten subjektiv empfundene spannungslindernde, euphorisierende Wirkung der Selbstverletzung erklären könnte.

In jüngster Zeit wird auch die Möglichkeit diskutiert, daß chronische traumatisierende Situationen in der Kindheit, die zu einer chronischen (Angst-)Spannung, Übererregung führen, als eine Art Stimulus der Endorphinausschüttung fungieren könnten. Wiederholt wurde von einem Rückgang des selbstverletzenden Verhaltens unter der Einnahme von Opiatantagonisten wie Naltrexon berichtet. Nach neueren Forschungsergebnissen muß man davon ausgehen, daß mehr als ein Neurotransmittersystem beteiligt ist (Eckhardt-Henn 1999). Das würde bedeuten, daß es eine Verbindung zwischen diesen traumatisierenden Kindheitserlebnissen und den späteren „Selbsttraumatisierungen" auch auf physiologischer Ebene gibt (Davies und Frawley 1994) – ebenso, wie ja auch Depersonalisationszustände/dissoziative Zustände psychodynamisch eine Abwehrfunktion haben, aber natürlich auch Ausdruck eines veränderten/gestörten physiologischen Zustandes sind bzw. ein physiologisches Korrelat haben müssen.

2.10.2 Fallbeispiel

Die Patientin, eine 22jährige Studentin, wurde wegen einer schweren offenen Selbstverletzung in stationäre Therapie überwiesen. Sie brachte sich mehrmals wöchentlich teils oberflächliche, teils tiefe Schnittverletzungen mit Rasierklingen bei. Ihre Arme waren übersät von teilweise bis zu 15 cm langen Wunden (teilweise noch mit Wundnähten versehen) und Narben. Außerdem fügte sie sich teils großflächige Abschürfungen im Gesicht und an den Händen zu. Hinzu kamen wiederholte Selbstentnahmen von Blut mit folgenden bedrohlichen anämischen Zuständen; die Hb-Werte lagen teilweise bei 4,5 und 5,0. Von den vorbehandelnden Kollegen erfuhren wir, daß die Patientin wegen unklarer anämischer Zustände mehrfach hämatologisch untersucht worden war und man den Verdacht auf eine seltene hämatologische Krankheit gestellt hatte. Obwohl die Patientin zu dieser Zeit wegen ihrer offenen Selbstverletzung in Behandlung war, hatte man nicht an eine artifizielle Anämie gedacht.

Neben den Selbstbeschädigungen litt die Patientin an wiederkehrenden, teilweise tagelang anhaltenden Depersonalisationszuständen. Sie spürte ihren Körper dann nicht mehr, konnte keinen Schmerz empfinden und fühlte sich „wie unter einer Glasglocke". Hinzu kamen ausgeprägte und hartnäckige Schlafstörungen, quälende Unruhe, Spannungszustände und eine Affektlabilität. Ihr Körperbild und -erleben waren schwer gestört. Sie fand sich ekelhaft und häßlich, fühlte sich fett (obwohl sie schlank und zierlich war). Sie hatte keine intensiveren, freundschaftlichen Beziehungen und noch niemals eine Partnerschaft gehabt.

Die ersten Selbstverletzungen waren im Alter von 14 Jahren, etwa zeitgleich mit dem Beginn der Pubertät, aufgetreten. Die Patientin hatte sich Hautabschürfungen und Hämatome zugefügt und die Wunden dann mit Schmutz eingerieben. Mehrfach war sie unter dem Verdacht auf eine Blutgerinnungsstörung in Universitätskliniken untersucht worden, ohne daß man die Ursache dieser Symptome erkannt hatte.

Einige wichtige Informationen zur ihrem biographischen Hintergrund seien zusammengefaßt: Sie war die Jüngste von fünf Kindern. Ihre Eltern waren beide Akademiker und während ihrer Kindheit über lange Zeit gemeinsam berufstätig. Ihre Mutter litt an einer chronischen psychosomatischen Erkrankung. Die Familie war von strengen religiösen Einstellungen geprägt.

Die Mutter erlebte die Patientin als eine schwierige, emotionale kühle Frau, die sehr widersprüchlich in ihrem Verhalten war. Sie war sehr kränkbar, und es kam häufig zu emotionalen Zusammenbrüchen. Körperliche Zuwendung gab es nicht. Andererseits reagierte die Mutter, insbesondere bei Abgrenzungsversuchen der Patientin, mit abruptem Beziehungsabbruch. Sie redete dann mehrere Tage lang kein Wort mit ihr, behandelte sie wie Luft. Später warf sie ihr wiederholt vor, daß sie an ihrer Krankheit schuld sei. Die Patientin fühlte sich von der Mutter nicht geschützt und nicht verstanden. Zu vermuten ist, daß die Eltern eine gestörte sexuelle Beziehung hatten und insgesamt eine schwierige Ehe führten. Die Mutter war offenbar mit den vielen Kindern völlig überfordert.

Den Vater erlebte die Patientin einerseits als sehr viel wärmer und herzlicher; er war emotional verfügbarer. Andererseits konnte er plötzliche cholerische Wutausbrüche bekommen und hatte sehr hohe Leistungsansprüche an seine Kinder. Häufig kam es zu Entwertungen, wenn diese Leistungsansprüche enttäuscht wurden.

Erst nach etwa einjähriger Therapie konnte die Patientin über einen sexuellen Mißbrauch durch einen Bekannten der Familie sprechen. Der Mißbrauch erfolgte etwa im Alter von sieben Jahren und erstreckte sich über mehrere Monate. Es kam zu genitalen Stimulationen und zu wiederholten Vergewaltigungen, bei denen sie auch manchmal verletzt wurde. Bevor der Mißbrauch begann, hatte sich dieser Mann mit ihr längere Zeit beschäftigt. Er hatte mit ihr gespielt und ihr Geschenke gemacht, und sie war stolz gewesen, daß sich ein Erwachsener für sie interessierte und daß sie ihn ganz für sich hatte, also ihn nicht wie die Eltern mit ihren Geschwistern teilen mußte. Später drohte er ihr an, daß sie in ein Heim käme, wenn sie ihren Eltern irgend etwas davon erzählte. Gleichzeitig versicherte er ihr, daß das, was sie täten, gut und normal sei. Er überhäufte sie mit Geschenken und verwöhnte sie.

Erst im weiteren Verlauf der Therapie konnte sie darüber reden, daß es auch zu sexuellen Übergriffen durch den Vater gekommen war. Zwischen ihrem vierten und zwölften Lebensjahr hatte er wiederholt in ihrem Bett geschlafen und sie zu genitalen Stimulationen genötigt. Zu Vergewaltigungen war es nicht gekommen. Auch er verbot ihr, mit der Mutter über das, was sie taten, zu sprechen. Er drohte ihr damit, daß die Mutter sonst wieder krank würde. Gleichzeitig sagte er ihr, daß das nun ihrer beider Geheimnis sei und daß Väter so etwas mit ihren Töchtern tun dürften. Sie traute sich nicht mit der Mutter über den Mißbrauch zu reden. Sie wünschte sich sehnlichst, daß die Mutter einschreiten und sie schützen möge. Gleichzeitig hatte sie das Gefühl, daß die Mutter den Vater schützte und den Mißbrauch tolerierte. Als sie anläßlich der späteren psychiatrischen Behandlung mit ihr darüber sprechen wollte, stritt die Mutter alles ab und warf ihr vor, daß sie die Familie zerstören wolle.

2.10.3 Sexueller Mißbrauch und Selbstbeschädigung – bisherige Ergebnisse

Obwohl von den meisten Autoren (Eckhardt 1989, 1994; Favazza et al. 1989; Herpertz und Saß 1994; Sachsse 1987, 1994; Shengold 1989; Tantam und Whittaker 1992; Takeuchi et al. 1986; Wilkins und Coid 1991; Simpson und Porter 1981; Rosenthal et al. 1972; Plassmann 1987), die sich mit selbstbeschädigenden Erkrankungen und insbesondere mit der Behandlung dieser Erkrankung beschäftigen, eine Häufung von traumatisierenden sexuellen und körperlichen Mißbrauchserlebnissen sowie emotionaler Deprivation und von Verlusterlebnissen in der Vorgeschichte beschrieben wird – die Angaben liegen bei 60-70% –, fehlen bislang bei den heimlichen Selbstbeschädigungen differenzierte epidemiologische Untersuchungen an größeren Patientenkollektiven. Über die offenen Selbstbeschädigungen existiert eine größere amerikanische Studie (Favazza et al. 1989): Von 240 adoleszenten Frauen, die an offenen Selbstbeschädigungen litten, gaben 62% Erlebnisse körperlichen und sexuellen Mißbrauchs in der Vorgeschichte an; der sexuelle Mißbrauch begann durchschnittlich mit sieben Jahren und dauerte durchschnittlich zwei Jahre. Bei 29% kamen sowohl sexuelle wie auch körperliche Mißhandlungen vor; 16% wurden körperlich mißhandelt und 17% wurden sexuell mißbraucht, aber nicht geschlagen.

In einer Studie von Wilkins und Coid (1991) an 74 weiblichen Häftlingen mit schweren offenen Selbstverletzungen waren in 34% sexuelle Mißbrauchserlebnisse – im Vergleich zu einer Kontrollgruppe mit 7% – nachgewiesen. Interessant sind auch Ergebnisse einer prospektiven Studie (Nigg et al. 1991), in der 74 Patienten mit schweren Persönlichkeitsstörungen über vier Jahre beobachtet wurden. Erlebnisse sexuellen und körperlichen Mißbrauchs sowie Zustände schwerer Deprivation in der Vorgeschichte dienten als Prädiktoren für selbstverletzendes Verhalten.

Umgekehrt wird selbstbeschädigendes Verhalten als eine häufige Kurz- und Langzeitfolge von Mißbrauchserlebnissen, besonders von sexuellem Mißbrauch, bei Kindern und Erwachsenen beschrieben. Insbesondere im Zusammenhang mit der Aufdeckung des sexuellen Mißbrauchs und mit den folgenden gerichtlichen Verfahren kommt es bei den Opfern nicht selten zu selbstverletzenden Verhaltensweisen (Hornstein und Putnam 1992; Hirsch 1987b, Davies und Frawley 1994).

Green (1978) untersuchte eine Gruppe von 60 körperlich mißhandelten Kindern und verglich sie mit 30 deprivierten, aber nicht körperlich mißhandelten Kindern und 30 normal aufgewachsenen Kindern (Alter: 5-12 Jahre). 24 (40%) der mißhandelten Kinder zeigten selbstverletzende Verhaltensweisen, im Vergleich zu 17,2% der deprivierten und 6,7% der normalen Kinder.

Von 45 Frauen, die einen Vater-Tochter-Inzest erlebt hatten, der durchschnittlich im Alter von 9,7 Jahren begann und durchschnittlich über 2,7 Jahre anhielt, entwickelten 26 (57,7%) in direktem Anschluß an den Beginn des Mißbrauchs selbstbeschädigende Verhaltensweisen, die mindestens drei Monate andauerten (de Young 1982a).

Shapiro (1987) untersuchte elf junge Frauen, die einem sexuellen Mißbrauch durch den Vater ausgesetzt waren. Sechs Frauen litten an wiederholten offenen Selbstverletzungen. Bei allen Frauen spielte der Mißbrauch in der Psychodynamik des selbstverletzenden Verhaltens eine wesentliche Rolle.

Briere und Runtz (1986) fanden bei weiblichen Klientinnen einer Kriseninterventionsambulanz, die in ihrer Kindheit sexuell mißbraucht wurden, in 55% parasuizidale/selbstbeschädigende Verhaltensweisen und Suizidversuche. Bei einer Kontrollgruppe nicht mißbrauchter Patientinnen traten nur in 23% solche Verhaltensweisen auf.

Adams-Tucker (1982) untersuchte 28 Kinder, die mißhandelt wurden. Sechs Kinder zeigten in der unmittelbaren Folge der Mißhandlungserlebnisse selbstverletzendes Verhalten.

Draijer (1990) untersuchte 1054 holländische Frauen. 164 (15,5%) waren vor ihrem 16. Lebensjahr einem sexuellen Mißbrauch durch ein männliches Familienmitglied oder einen nahen Verwandten ausgesetzt gewesen, 12,5% hatten „leichte" Mißbrauchserlebnisse (lästige sexuelle Berührungen) hinter sich. 43% waren genitalen Stimulationen und 44,4% schweren Mißbrauchserlebnissen mit Penetration/Geschlechtsverkehr, Drohungen und Gewalt ausgesetzt gewesen. Im Vergleich zur Kontrollgruppe zeigten diese Frauen in erhöhtem Maße selbstverletzende Verhaltensweisen, Depressionen, Ängste, Schlaf- und Eßstörungen. Gefühle von Wertlosigkeit, Minderwertigkeit, Einsamkeit und Mißtrauen gegenüber anderen Menschen waren deutlich ausgeprägt. Insgesamt waren 54% der mißbrauchten Frauen psychisch beeinträchtigt. Draijer bemerkt, daß der sexuelle Mißbrauch niemals alleine auftrat, sondern mit körperlichen Mißhandlungen, längerer Trennung von einem Elternteil, lieblosem und kontrollierendem Verhalten der Eltern, chronischen psychischen und körperlichen Erkrankungen der Eltern und damit verbundener emotionaler Nichtverfügbarkeit verbunden war. Die Betroffenen waren häufiger Opfer frühzeitiger elterlicher Parentifizierung. Bei einer eigenen kleineren Patientengruppe von 46 Patienten (42 Frauen und 4 Männer mit schweren Formen der heimlichen und offenen Selbstverletzung) waren 19 Patienten über mehrere Monate bis Jahre in ihrer Kindheit schweren sexuellen und körperlichen sowie emotionalen Mißhandlungen (Deprivation, Vernachlässigung) ausgesetzt (sexueller Mißbrauch: 16 Patienten; körperliche Mißhandlung: 3 Patienten; beide Formen: 3 Patienten) (vgl. Tab. 2.17). Nach einer Untersuchung von 93 Patienten (76 Frauen und 17 Männer) im Rahmen des psychiatrischen Konsiliardienstes einer Universitätsklinik waren 12% der Frauen und 12% der Männer körperlichen Mißhandlungen und 20% der Frauen sexuellen Mißhandlungen (0% der Männer) ausgesetzt (Kapfhammer et al. 1998).

Tab. 2.17 Sexueller Mißbrauch und körperliche Mißhandlung in der Vorgeschichte von Patienten mit selbstverletzendem Verhalten

Autor	Jahr	n	KG	Ergebnisse
Favazza et al.	1989	240		62% sexueller Mißbrauch und körperliche Mißhandlung Beginn durchschnittlich mit 7 Jahren, Dauer: 2 Jahre
Wilkins und Coid	1991	74	ja	34% schwere(r) sexueller Mißbrauch und körperliche Mißhandlung im Vergleich zur KG mit 7%
Eckhardt	1995*	46		55% schwere(r) sexueller Mißbrauch und körperliche Mißhandlung
de Young	1982	45		57% selbstverletzendes Verhalten direkt nach sexuellem Mißbrauch
Shapiro	1987	11		6 Patienten mit selbstverletzendem Verhalten direkt im Zusammenhang mit sexuellem Mißbrauch
Briere und Runtz	1986	100	ja	55% selbstverletzendes Verhalten, nur 23% bei KG
Adams-Tucker	1982	28		ca. 20% selbstverletzendes Verhalten unmittelbar nach Mißhandlung
Draijer	1990	164	ja	selbstverletzendes Verhalten bei Patienten mit sexuellem Mißbrauch signifikant höher als bei KG
Green	1978	60	ja	40% der mißhandelten Kinder zeigten selbstverletzendes Verhalten im Vergleich zu 6,7% der „normalen" Kinder
Kapfhammer et al.	1998	93		24 % körperliche Mißhandlungen, 20 % (ausschließlich Frauen) sexuelle Mißhandlungen

* unveröffentlicht

2.10.4 Diskussion des bisherigen Forschungsstandes

Wie bereits beschrieben, kommen Patienten, die an schweren Selbstbeschädigungen leiden, immer aus gestörten Familiensystemen. Neben Mißbrauchserlebnissen waren sie anderen traumatisierenden Faktoren, wie emotionaler Deprivation, emotionaler Nichtverfügbarkeit der Eltern aufgrund deren psychischer oder körperlicher Erkrankungen, gewaltsamer aggressiver oder ablehnender kontrollierender Haltung, insbesondere auch frühzeitigen Parentifizierungen ausgesetzt.

> Zusammenfassend ist meines Erachtens aufgrund der bisherigen Ergebnisse aus der Literatur, aufgrund eigener Ergebnisse und insbesondere aufgrund der Erkenntnisse aus längerfristigen Psychotherapien davon auszugehen, daß selbstverletzende Verhaltensweisen in hohem Ausmaß in einem direkten Zusammenhang mit schweren wiederholten körperlichen und sexuellen Mißbrauchserlebnissen bei gleichzeitigem Fehlen protektiver Faktoren auftreten.

Es wäre sicher falsch, den Schluß zu ziehen: „Alle selbstbeschädigenden Patienten sind mißbraucht worden!" Aber es ist richtig, bei diesen Patienten von vornherein an solche Traumatisierungen zu denken.

2.10.5 Therapie

Bislang gibt es keine Evaluationsstudien von Therapien mit selbstbeschädigenden Patienten. Beschreibungen von Behandlungen beschränken sich auf Einzelfallberichte. Ausführliche Therapieberichte mit Hinweisen zu Technik und Psychodynamik sind, wenn man von dem kürzlich erschienen Buch von U. Sachsse (1994) absieht, eine Seltenheit.
Aufgrund eigener mehrjähriger Erfahrung aus mehrmonatigen stationären (teilweise Intervall-Setting, d.h. Mehrfachaufnahmen eines Patienten in gewissem zeitlichen Abstand) und mehrjährigen ambulanten psychotherapeutischen Behandlungen von Patienten mit offenen und heimlichen Selbstbeschädigungen möchte ich einige „allgemeine" Hinweise kurz zusammenfassen und dann anhand des Therapieverlaufes der beschriebenen Patientin illustrieren.

> Die Behandlung von selbstbeschädigenden, insbesondere von schweren, chronifizierten Erkrankungen ist schwierig und muß meist längerfristig, das heißt häufig über mehrere Jahre durchgeführt werden. In der ersten Phase der Therapie und im Zusammenhang mit der Bearbeitung traumatischer Erlebnisse ist mit Exazerbationen des selbstbeschädigenden Verhaltens zu rechnen.

Eine enge Zusammenarbeit mit den somatischen Ärzten ist insbesondere bei den artifiziellen Störungen unerläßlich. Man muß sich auf belastende **Gegenübertragungsreaktionen, die mit der Reinszenierung der traumatisierenden Beziehung**, d.h. der sadomasochistischen Beziehungsstrukturen zusammenhängen, einstellen. Es geht um Destruktion und Autodestruktion, was sich in spezifischer Weise auf die therapeutische Arbeit auswirkt. Die Gefahr, selbst in sadistische oder auch masochistische Haltungen zu verfallen, ist groß; ebenso die Gefahr, daß man sich aufgrund von Gegenübertragungsgefühlen wie Depression, Ohnmacht, Hilflosigkeit und Resignation therapeutisch gelähmt fühlt, daß also auch die therapeutische Arbeit/Beziehung den unbewußten destruktiven Impulsen unterliegt. Das sind natürlich Faktoren, die insgesamt für die Behandlung schwer Ich-strukturell gestörter Patienten gelten (vgl. auch Kap. 3.2). Aber das Symptom der Selbstbeschädigung bringt eine besondere Brisanz und einen besonderen Druck in die Behandlung.

Über lange Zeit ist die Selbstbeschädigung die einzige Möglichkeit für diese Patienten, ihr psychisches Gleichgewicht einigermaßen aufrechtzuerhalten bzw. zurückzugewinnen. Daher wird der Therapeut, der die Aufgabe der Selbstverletzung verlangt, als bedrohliches, eindringendes, kontrollierendes Objekt erlebt; gleichzeitig ist, wie an dem folgenden Therapieverlauf deutlich wird, die Angst groß, den Therapeuten und das eigene Selbst durch die Aufgabe der Selbstverletzung zu verlieren.

Der Kampf um Kontrolle kann sehr gefährlich werden, und der Therapeut ist in der ersten Zeit häufig gezwungen, aus seiner analytischen, abstinenten Haltung herauszutreten und aktiv strukturierend, schützend einzugreifen. Der Therapeut kommt in der Übertragungssituation unweigerlich in die Rolle des nicht mißbrauchenden Elternteils, der zugeschaut hat, der die Patientin nicht geschützt hat. Das heißt, daß es ein klares Ziel der Therapie sein muß, daß die Patientin die Selbstbeschädigung aufgibt und daß der Therapeut gegebenenfalls auch handelnd, schützend eingreifen muß (vgl. auch Eckhardt 1994; Sachsse 1994; Davies und Frawley 1994).

Es ist also eine schwierige Gratwanderung zwischen den beiden Gefahren, zum sadistisch kontrollierenden Objekt oder zum gleichgültigen, nicht schützenden und keinen Halt gebenden Objekt zu werden. Beides würde eine Retraumatisierung bedeuten. Es ist aber unerläßlich, diese Übertragungs-Gegenübertragungs-Konstellationen mit den Patienten zu bearbeiten, wenn sich das selbstbeschädigende Verhalten bleibend zurückbilden soll.

Fortsetzung des Fallbeispiels

Im folgenden wird der Therapieverlauf der oben dargestellten Patientin skizziert[1].

> Wie bereits beschrieben, konnte die Patientin nach etwa einjähriger Therapie über einen schweren sexuellen Mißbrauch durch einen Bekannten und erst später über die sexuellen Übergriffe des Vaters sprechen.
> Es ging in dieser Therapiephase um heftige Scham- und Schuldgefühle und um das Gefühl, eine Verräterin zu sein, die das „Schweigegebot" gebrochen hatte und dafür aufs Schlimmste bestraft werden mußte, um nicht alle, inklusive die Therapeutin, zu verlieren.
> In der ersten Zeit kam es fast regelhaft nach Stunden, in denen es um die Mißbrauchserlebnisse und damit verbundene innere Konflikte ging, zu Depersonalisationszuständen und zu folgenden Selbstverletzungen. Erst nach und nach konnte verstanden werden, daß die Patientin in den Mißbrauchssituationen zum ersten Mal in Depersonalisationszustände geraten war: Sie hatte dann das Gefühl, daß all das nur ihrem Körper, aber nicht ihr selbst geschehe. Die Depersonalisation diente ihr in diesen Situationen als „sinnvolle Überlebensstrategie" (vgl. auch Eckhardt und Hoffmann 1993) und hatte auch weiterhin eine wichtige Abwehrfunktion für die Patientin. In der Therapie wiederholte sich das, wenn es um konflikthafte Themen ging und sie befürchten mußte, von unerträglichen Gefühlen und inneren Spannungen überschwemmt zu werden; manchmal kam es auch während der Stunden zu Depersonalisationszuständen; die Patientin klinkte sich darüber aus der Therapie aus. Unter dem Schutz der therapeutischen Beziehung und im Zuge der Bearbeitung dieser traumati-

---

[1] Bei der Schilderung des Therapieverlaufes beschränke ich mich auf die stark zusammenfassende Darstellung der Bearbeitung des Mißbrauchstraumas, der damit verbundenen Schuld- und Schamaffekte, der masochistischen Fixierung und der psychodynamischen Zusammenhänge zwischen diesen Faktoren und dem selbstverletzenden Verhalten. Insgesamt handelt es sich um einen mehrjährigen Therapieverlauf mit einer Frequenz von größtenteils 2, teilweise 3 Wochenstunden.

sierenden Erlebnisse konnte sie diese Form der Abwehr zunehmend aufgeben.

Wie auch von anderen Inzestfamilien beschrieben, war die Patientin in der Situation, daß sie sich von der Mutter bereits frühzeitig zurückgewiesen und in ihren Wünschen nach Zuwendung, Zärtlichkeit und Geborgenheit enttäuscht fühlte. Hierdurch kam es zu einer Verstärkung der ödipalen Wünsche gegenüber dem Vater (forcierte Hinwendung zum Vater), wodurch ihre Vulnerabilität für das Inzestgeschehen erhöht wurde. Sie geriet in ein unerträgliches inneres Dilemma: Einerseits genoß sie die besondere Zuwendung des Vaters und fühlte sich aufgewertet. Andererseits vermischten sich plötzlich die Generationengrenzen, und sie verlor den Vater als idealisierte Elternfigur, auf dessen einfühlsame und strukturierende, grenzsetzende und fördernde Unterstützung sie angewiesen war und von dem sie sich existentiell abhängig fühlte. Sie erlebte ihn in den Mißbrauchssituationen in seiner Abhängigkeit, seiner Erregung, seiner Angst, und im nächsten Moment tat er, als ob nichts geschehen sei, als ob alles ganz normal sei. Das verwirrte sie, und sie dachte, daß sie „verkehrt" sei.

Erst im Zuge der Bearbeitung dieser Konflikte konnte die Patientin langsam, in einem sehr schmerzlichen Prozeß, die aus Abwehrgründen lange aufrecht erhaltene Idealisierung des Vaters auflösen und die lange verleugneten und abgespaltenen Affekte von Wut und Haß, Enttäuschung und Trauer über ihn und über die zurückweisende und nicht schützende Mutter zulassen.

Die ersten Selbstbeschädigungen begannen mit dem Eintritt der Pubertät, und das heißt, mit dem Erwachen sexueller Regungen und der Veränderung des Körpers vom Mädchenkörper zum weiblichen Körper. Damit wurden auch die schuldhaften, beängstigenden ödipalen Konflikte wieder virulent. Die Patientin fügte sich Hautverletzungen an bestimmten Körperstellen zu und verschmutzte die Wunden. Indem sie sich schlug, rief sie multiple Hämatome hervor. Unter dem Verdacht auf eine hämatologische Erkrankung wurde sie wiederholt in Universitätskliniken untersucht, ohne daß die Ursache dieser Symptome damals gefunden wurde. Die Selbstbeschädigung konnte als eine Reinszenierung des Mißbrauchstraumas verstanden werden.

Die Patientin haßte ihren Körper und besonders alles Weibliche daran. Sie hatte die Phantasie, sie könnte der als ekelhaft und lästig erlebten Menstruation durch die Selbstverletzung etwas entgegensetzen, sie kontrollieren. Die eintretenden körperlichen Veränderungen in der Pubertät hatte sie als eine Art Vergewaltigung ihrer selbst erlebt.

Der Körper wurde von ihr und wird häufig von selbstbeschädigenden Patientinnen als etwas Fremdes, Angsteinflößendes erlebt, was ihnen nicht gehört und gehorcht, was außerdem Öffnungen hat, in die eingedrungen werden kann und in die etwas hineingetan werden kann. Körperliche Bedürfnisse und Erregungszustände führen zu starker Angst und Verunsicherung, weil sie teilweise auch schuldhaft erlebt werden (insbesondere sexuelle Erregung).

Häufig kam es zu regelrechten Haßtiraden auf den Körper. „Er ist ekelhaft, häßlich, schmutzig. Es macht nichts, wenn er verstümmelt wird!"

Der Versuch, durch die Selbstbeschädigung die Kontrolle über den Körper zurückzugewinnen, das heißt, die bedrohliche Passivität in Aktivität zu verwandeln, spielte dabei eine zentrale Rolle.

Als Folge der frühen Überstimulation und Überforderung bei gleichzeitigem Fehlen entsprechender protektiver Faktoren war es zu einer Störung der Ich-Entwicklung und zum Vorherrschen unreifer Abwehrmechanismen (Dissoziation-Depersonalisation, Spaltung, projektive Identifizierung, Verleugnung) gekommen. Sie klagte häufig über unerträgliche, diffuse Spannungszustände und über Gefühle innerer Leere; sie fühlte sich diesen Zuständen ausgeliefert; ihre inneren Befindlichkeiten und Gefühle konnte sie oft nicht zuordnen und versuchte sich dann durch die Selbstverletzungen Entlastung zu verschaffen. Der Körper wurde durch den Mißbrauch als etwas erlebt, was nicht ihr gehörte, sondern den Erwachsenen; was von anderen wie ein Ding, wie Material benutzt und ausgebeutet werden kann. Das Recht auf Autonomie und Selbständigkeit, auf Intimität und Respektierung ihrer persönlichen Bedürfnisse und Grenzen wurde ihr nicht zugestanden. Sie fühlte sich stigmatisiert; immer wieder äußerte die Patientin, eigentlich kein Recht auf Zuwendung und Existenz zu haben. Sie hatte das Gefühl, sie dürfte sich nur etwas Gutes tun, wenn sie sich vorher verletzt hätte – so, wie der Vater sie verwöhnte, wenn er sie mißbraucht hatte. Zuwendung war für sie notwendigerweise mit Schmerzen und seelischem Leid verbunden.

Eine ähnliche Funktion wie die „traumatische Introjektion" – die Übernahme aller Schuld und die Idealisierung des Täters – hatte die masochistische Fixierung, die eine weitere Folge des Mißbrauchs sein kann und die in der Dynamik der Selbstbeschädigung eine wichtige Rolle spielt.

Im Verlauf der Therapie wurde deutlich, daß die Mißbrauchssituationen von einer Mischung aus angenehmen, erregenden Gefühlen begleitet waren, die aber bald in schmerzliche Gefühle von Übererregung (overstimulation) und furchtbarer Angst vor der Zerstörung ihrer körperlichen Integrität bis hin zu den realen körperlichen Schmerzen übergingen. Diese für sie sehr verwirrenden Gefühle trugen zu dem Gefühl bei, daß sie schuld sei, und waren lange Zeit mit großer Scham verbunden.

Schmerz ist eng mit sexueller Erregung verbunden. Oft wird das bei selbstbeschädigenden Patientinnen nicht gleich deutlich. Die Patientin konnte erst nach langer Zeit über sexuelle masochistische Phantasien sprechen. Die Verquickung von Schmerz und sexueller Erregung, von masochistischer Unterwerfung und dem Gefühl von Macht über den anderen konnte in der Therapie nach und nach verstanden und bearbeitet werden.

Ich kam dabei in die Rolle der Verführerin, der Mißbraucherin, die ihre eigene neugierige Lust an ihr befriedigen will, und gleichzeitig der rachsüchtigen, bestrafenden Mutter, die sie des Verrats bezichtigt, ihr nichts glaubt, sie zerstören wird, indem sie sie wegstößt und sie damit dem psychischen Tod überläßt. Sie unterwarf sich mir, indem sie sich selbst bestrafte und dabei, wie schließlich verstanden werden konnte, die Phantasie hatte, daß ich ihren zerstörten, blutenden Körper sehen wollte, daß ich eine sadistische Lust an ihrer masochistischen Selbstverletzung befriedigte. Gleichzeitig war sie in der sadistischen Position, indem sie mir triumphierend, lächelnd von ihren „selbstverletzenden Orgien" berichtete, als ob sie eine große Leistung vollbracht hätte, gegen die ich in keiner Weise und niemals etwas würde ausrichten können. Ich hatte in dieser Therapiephase mit heftigen Gegenübertragungsgefühlen von Hilflosigkeit, Ohnmacht, Resignation und auch aggressiven Impulsen und Ausstossungsimpulsen ihr gegenüber zu kämpfen. Es konnte schließlich verstanden werden, daß sie die Phantasie hatte, mir nur nahe sein zu können, sich der Beziehung nur sicher sein zu können, wenn sie sich mir masochistisch unterwarf, indem sie mir ihren verletzten, zerstörten Körper präsentierte. Der Schmerz des Leidens wird gegen den größeren Schmerz des befürchteten Verlusts des geliebten Objekts eingesetzt: „Du kannst mir antun, was Du willst, wenn Du mich nur nicht verläßt!"[2]

---

[2] An dieser Stelle möchte ich Herrn Leon Wurmser, Towson/USA, für wesentliche und fruchtbare Hinweise ganz herzlich danken.

Einerseits konnte sie schließlich in der Übertragung die heftige Wut auf mich richten, bis hin zu Phantasien, mich zu zerstören, um mich spüren zu lassen, wie es ihr ergangen war und wie unerträglich das war. Andererseits ging es auch um die ödipale Rivalität und die Attacken gegen ihren weiblichen Körper, und ihre Aggressionen in der Übertragung gegen meinen Körper konnten auch als Attacken gegen den Körper der Mutter verstanden werden.

Im Zuge der Bearbeitung dieser Konflikte und als sie merkte, daß ich dennoch heil blieb und sie nicht zurückwies, also die guten Seiten der Beziehung nicht durch ihre Wut zerstört werden konnten, hörten die Selbstverletzungen auf und die Depersonalisationszustände bildeten sich zurück. Man könnte auch sagen, daß es zur „emotiven Einsicht in die reale Gespaltenheit des Objektes" (Fischer 1990, S. 204) gekommen war, daß die Patientin die „Fähigkeit zur Objektspaltung" erreicht hatte.

Zusammenfassend ist festzuhalten:
- Die Selbstverletzung kann als unbewußte Reinszenierung, das heißt als Bewältigungsversuch des Mißbrauchstraumas verstanden werden.
- Sie hat in der unbewußten Psychodynamik des Mißbrauchstraumas Selbstbestrafungsfunktion und dient zur Entlastung von heftigen Scham- und Schuldgefühlen.
- Die Selbstverletzung ist gleichzeitig Ausdruck des verinnerlichten negativen Selbstbildes, das dazu dient, das gute Objekt zu erhalten, und Ausdruck einer masochistischen Fixierung und vermittelt hier auch das Gefühl der Selbstkontrolle und der Allmacht.
- Die Selbstverletzung ist auch eine machtvolle Waffe zum Angriff auf die enttäuschende Mutter und den mißhandelnden Vater. Sie ist der Versuch, die unerträgliche Passivität in Aktivität zu verwandeln, die Selbstkontrolle und die Kontrolle über den Mißhandler zurückzugewinnen. Der Körper wird zum passiven Opfer und die Patientin zur aktiven Täterin.

2.11 Eßstörungen

Hans Willenberg

Inhalt

2.11.1 Phänomenologie und Klassifikation psychogener Eßstörungen 305
2.11.2 Fallbeispiele 306
2.11.3 Zur Psychodynamik 308
2.11.4 Bisherige Studien zum Zusammenhang von sexuellem Mißbrauch und Eßstörungen 311
2.11.5 Diskussion des gegenwärtigen Forschungsstands 315
2.11.6 Therapie 317
        Fortsetzung der Fallbeispiele 317

2.11.1 Phänomenologie und Klassifikation psychogener Eßstörungen

Neben der auf habitueller Hyperphagie beruhenden Adipositas werden heute zwei Formen psychogener Eßstörungen unterschieden, die Anorexia nervosa und die Bulimia nervosa.

Bei der **Anorexia nervosa** fallen die zu etwa 95% weiblichen, meist jugendlichen oder im frühen Erwachsenenalter stehenden Patienten zuerst äußerlich durch ein Mindergewicht (nach Broca von mindestens 15% vom Normgewicht) auf. Zuweilen liegt der Gewichtsverlust bei 50%. Die Gewichtsabnahme wird vorwiegend durch eine stark eingeschränkte Nahrungsaufnahme herbeigeführt. Außerdem wird der Abusus von Laxanzien, Diuretika und Appetitzüglern sowie – meist heimliches – selbstinduziertes Erbrechen beschrieben. Anorexia-nervosa-Patientinnen haben eine ausgeprägte Körperbildstörung. Selbst bei fortgeschrittener Kachexie besteht die Überzeugung, insgesamt zu dick zu sein oder in bestimmten Körperbereichen, etwa am Bauch oder den Oberschenkeln, überschüssige Fettansammlungen zu haben.

Die Überzeugung, dick zu sein, oder die panische Angst davor, dick zu werden, stellen die spezifische psychische Störung der Anorexia nervosa dar. Das Bemühen, um jeden Preis die Kontrolle über den Körper und seine Funktionen zu gewinnen, kann als Ausdruck eines starken, jedoch stets als gefährdet erlebten Autonomiebedürfnisses verstanden werden.

Der erst 1979 von Russell eingeführte Begriff **Bulimia nervosa** bezeichnet eine in den letzten 15 Jahren gehäuft auftretende Störung, die hinsichtlich des Eßverhaltens nicht durch Hungern, sondern durch wiederholte Anfälle von Heißhunger (Eßattacken) gekennzeichnet ist. Die Patientinnen – die Betroffenen sind, wie bei der Anorexia nervosa, zum weit überwiegenden Teil weiblich – berichten über eine unwiderstehliche Gier nach Nahrungsmitteln, die sie meist innerhalb kurzer Zeiträume wahllos und in nicht nachvollziehbaren Mengen in sich hineinschlingen ("binge-eating"). Als Gewichtskontrollmethode ist das selbstinduzierte Erbrechen am verbreitetsten. Manche Patienten berichten, daß die Abfolge von Eßanfall und selbstinduziertem Erbrechen regelmäßig 10-15 mal am Tag vorkommt. Als weitere Gewichtskontrollmethoden werden zeitweilige Hungerperioden, Abführmittel-Abusus sowie der Mißbrauch von Schilddrüsenpräparaten berichtet.

> Ganz ähnlich wie bei der Anorexia nervosa, die häufig vorausgeht, leiden auch Bulimia nervosa-Patientinnen unter der Angst, unkontrolliert zuzunehmen. Das Einhalten einer meist am Idealgewicht orientierten Grenze hat eine herausragende, an überwertige Ideen erinnernde Bedeutung.

Wegen des meist jedoch unauffälligen Gewichts ist mit einer größeren Dunkelziffer zu rechnen.

2.11.2 Fallbeispiele

> Frau **Susanne I.** leidet seit mindestens zwei Jahren unter einer Anorexia nervosa. Bei der Erstuntersuchung wiegt die 28jährige, knapp 1,70 m große Frau 34 kg. Einige Monate davor hatte sie nur 30 kg gewogen. Sie nahm tagelang keinerlei Nahrung zu sich. Zeitweilig versuchte sie durch die Einnahme von Appetitzüglern das Hungergefühl zu dämpfen. Mit 18 Jahren hatte sie von 70 auf 45 kg abgenommen und dieses Gewicht, das sie als ihr Normalgewicht bezeichnet, acht Jahre lang ohne Probleme halten können.
> Vom 8. bis 18. Lebensjahr kam es regelmäßig, wenn auch in größeren Abständen, zu sexuellen Kontakten mit dem Vater. Ob es auch zu regelrechtem Geschlechtsverkehr kam, bleibt wegen widersprüchlicher Äußerungen unklar. Der Vater wandte nach ihrer Erinnerung keine Gewalt an und stieß offenbar auf nur geringe Gegenwehr. Sie sei dem Vater deswegen niemals böse gewesen. Als sie 18 Jahre alt war, machte sie gegenüber ihrem älteren Bruder Andeutungen über die inzestuöse Beziehung. Sie sei verwundert und erschrocken gewesen, als es daraufhin zu einer Prügelei zwischen dem Bruder und dem Vater kam.
> Zur Mutter hatte sie seit ihrer frühen Kindheit keinen Kontakt. Die Ehe der Eltern war bald nach ihrer Geburt geschieden worden. Die Mutter habe wegen einer schweren Epilepsie ihr Leben in Landeskrankenhäusern verbracht. Im Jahr der Scheidung heiratete der Vater erneut. Unter dieser Stiefmutter, von der der Vater sich wieder trennte, als die Patientin etwa sieben Jahre alt war, habe sie sehr zu leiden gehabt. Der Vater, ein ansonsten sehr strenger und dominierender Mann, wurde in der folgenden Zeit zu ihrer wichtigsten Bezugsperson. Zu den sexuellen Übergriffen kam es nur, wenn der Vater betrunken war. Sie erlebte ihn dann nicht mehr als streng und mächtig, sondern eher als schwach und kindlich. Mit 18 Jahren gelang ihr eine Distanzierung vom Vater. Sie lernte einen Freund kennen, mit dem sie zwei Jahre lang zusammen war. Seit dieser Freund sie wegen beruflicher Gründe verließ, hatte sie keine feste Freundschaft mehr mit einem Mann. Außer einer verheirateten Freundin blieb der inzwischen völlig vereinsamte und zunehmend dem Alkohol verfallene Vater die wichtigste Bezugsperson. Seit zwei Jahren wohne sie wieder im gleichen Wohnblock wie er. Kurz nach dem Umzug habe er in stark betrunkenem Zustand nochmals Annäherungsversuche gemacht. Sie kümmert sich um ihn fürsorglich und liebevoll. Ärger gebe es nur wegen seiner Trinkerei. Er sei seinerseits ärgerlich, weil sie so dünn geworden sei.

Marion M. ist eine gepflegt gekleidete 25jährige Frau, die sich trotz ihrer Kachexie (35 kg bei 1,70 m) selbstbewußt und mit einer gewissen Anmut bewegt. Diesen körperlichen Zustand – zeitweilig hatte sie nur 32 kg gewogen – führe sie seit ca. drei Jahren herbei, indem sie mehrfach täglich nach allen größeren Mahlzeiten heimlich willkürlich erbreche. In Gegenwart anderer Menschen, einschließlich der ihres Mannes, versucht sie den Eindruck aufrechtzuerhalten, als halte sie eine strenge Diät ein. Sexuellem Mißbrauch war die Patientin im Alter von 12 Jahren ausgesetzt. Während eines Ferienaufenthaltes habe ihr Onkel sie ständig belästigt, sie im Genitalbereich berührt und auch zu masturbatorischen Handlungen bei ihm genötigt. Versuche des Onkels, mit ihr auch zu koitieren, habe sie abwehren können. Als die Tante Zeugin eines solchen Vorfalles wurde, habe sie ihr unter der Bedingung, bei den Eltern Stillschweigen zu bewahren, Geld angeboten. Die Patientin habe sich an diese Vereinbarung gehalten.

Sie sei von der Mutter von Anfang an abgelehnt worden. Die Mutter habe immer wieder erzählt, daß sie bei der Geburt beinahe gestorben wäre, da die Patientin ein ungewöhnlich dickes Kind gewesen sei. Während ihrer ganzen Kindheit und Jugend sei sie in der Familie das schwarze Schaf gewesen. Auch von ihr sei sie abgelehnt worden. Äußerungen von Unmut und Neid wurden von der Mutter streng bestraft, da die Mutter im Zorn völlig unberechenbar war. Noch mit 16 Jahren wurde die Patientin von ihr mit dem Kopf gegen die Wand geschlagen. Mißhandlungen anderer Art war sie bereits mit vier Jahren ausgesetzt, als sie wegen einer chronischen Bronchitis in ein von Nonnen geführtes Kinderheim kam. Sie habe dort das Essen nicht vertragen und häufig bei Tisch erbrochen, den sie dennoch erst verlassen durfte, wenn „alles, wirklich alles, restlos aufgegessen war". Das Verhältnis zum Vater war ungleich besser. Wegen seines nichtakademischen Berufes wurde er von der Mutter verachtet und unterdrückt. Lediglich in betrunkenem Zustand habe er sich zur Wehr gesetzt und sei gegenüber der Mutter auch gewalttätig geworden. In solchen Situationen habe sie den Vater, von dem sie selbst nie geschlagen wurde, bewundert. Sie bewunderte ihn auch, als sie mit 11 Jahren Mitwisserin einer außerehelichen Beziehung des Vaters wurde. Den Gedanken, der Mutter etwas zu verraten, habe sie niemals gehabt. Das Muster, Teil einer illegalen Dreiecksbeziehung zu sein, wiederholte sich nicht nur ein Jahr später, als es zu den sexuellen Übergriffen durch den Onkel kam, sondern auch mit 13 Jahren, als sie eine intime Beziehung zu dem älteren Bruder einer Mitschülerin aufnahm, von der diese nichts wissen durfte. Ihren heutigen Ehemann lernte die Patientin mit 17 Jahren kennen. Wegen ihres angegriffenen körperlichen Zustandes riet ihr der Arzt zu einem Abbruch der entstandenen Schwangerschaft. Den Freund, der sich indifferent verhielt, heiratete sie ein Jahr später gegen den Widerstand ihrer Eltern.

Die 27jährige **Christa D.** wiegt bei der Erstuntersuchung 30 kg bei 1,60 m. Ein Jahr zuvor war sie wegen plötzlich auftretender heftiger „Brechdurchfälle" in einer Klinik aufgenommen worden, wo sie innerhalb weniger Wochen 20 kg abnahm. Anfänglich wurde das Beschwerdebild als neuer Schub einer seit fünf Jahren mehrfach vermuteten, aber nie bestätigten Pankreatitis verstanden. Seit einem Jahr sei sie völlig appetitlos, abgesehen von seltenem Heißhunger auf Rollmöpse oder saure Gurken. Auf die Aufforderung, sich um eine Gewichtszunahme zu bemühen, reagiert sie mit panischer Angst. Schon in den ersten Gesprächen gesteht sie ein, sofort willkürlich zu erbrechen, nachdem ihr Nahrung aufgenötigt worden war.

Die Patientin wirkt sehr gequält und angstvoll. Die diagnostischen Gespräche erlebt sie wie ein unter Folter stattfindendes Verhör. Erst im fortgeschrittenen Stadium einer stationären Psychotherapie ringt sie sich zu dem, wie sie es nennt, „Geständnis" durch, daß sie im Alter von 9 bis 11 Jahren von einem Onkel sexuell mißbraucht worden war. Als dies von ihrem Vater entdeckt wurde, mußte sie grobe Beschimpfungen und auch Schläge erdulden. Der Onkel entzog sich weiteren Konsequenzen durch Flucht ins Ausland. In der folgenden Zeit habe sie sich der Strenge des Vaters vorbehaltlos unterworfen. Der Vater verstarb vor fünf Jahren an einem Pankreaskarzinom. Im gleichen Jahr wurde bei ihr erstmals die Verdachtsdiagnose einer Pankreatitis gestellt. An ihrer Überzeugung, daß der Vater ihr nie verziehen hat, hielt sie auch nach seinem Tode fest.

Die Patientin wuchs als mittlere von neun Geschwistern bei ihren Eltern auf. Ihre älteste Schwester ist 17 Jahre älter, der jüngste Bruder sieben Jahre jünger. Die Mutter wird als eine weiche, aufopfernde Frau beschrieben. Der Vater sei despotisch und streng, aber gerecht gewesen. Bei allen Schwierigkeiten, die sie erleidet, sehnt sie den Vater zurück, da er Ordnung geschaffen habe. Bei der Idealisierung seiner Strenge handelt es sich offenkundig um eine Reaktionsbildung. Sie hatte sich bis zur Geburt ihres jüngsten Bruders als Lieblingstochter des Vaters gefühlt; ihre Enttäuschung über die Entthronung kann sie erst spät mit ähnlichen Scham- und Schuldgefühlen zugeben, wie den sexuellen Mißbrauch durch den Onkel. Zwei Jahre nach dem Tod ihres Vaters trat sie eine neue Arbeitsstelle an. Ein neuer Partner verließ sie, ohne daß sie seine Gründe verstand. Nach kurzer Zeit kam es zu der starken Gewichtsabnahme. Bei einem Klinikaufenthalt fiel auf, daß sie entweder Nahrung verweigerte oder nach dem Essen selbstinduziert erbrach. Vor der Aufnahme in eine Psychosomatische Klinik lebte sie abwechselnd bei der Mutter und verschiedenen Geschwistern. Die eigene Wohnung hatte sie aufgegeben.

2.11.3 Zur Psychodynamik

Bei den drei Patientinnen war es zu Übergriffen gekommen, die nach Welch und Fairburn (1994) als sexueller Mißbrauch zu bezeichnen sind. Bei Frau M. ist zusätzlich von schwerergradigen psychischen und körperlichen Mißhandlungen auszugehen. Vernachlässigung liegt, folgt man den Kriterien der American Psychiatric Association (1991, S. 1626), beim ersten und beim zweiten Fall vor. Emotionale Vernachlässigung ist im dritten Fall zumindest zu vermuten. Welche Bedeutung haben diese traumatischen Erfahrungen für die Pathogenese der psychogenen Eßstörung der drei Frauen?

Folgende Aspekte verdienen besondere Beachtung:
- der zeitliche Zusammenhang zwischen dem als traumatisch erlebten Ereignis und der Erstmanifestation bzw. der Verstärkung der psychogenen Eßstörung
- das Gefühl, unerwünscht und ungeliebt zu sein
- die Bedeutung von Scham, Schuld und Strafbedürfnis
- die Bedeutung des Vaters bzw. die ödipale Konstellation
- die Bedeutung außerfamiliärer Beziehungen und Partnerschaften

▶ **Zeitlicher Zusammenhang zwischen dem als traumatisch erlebten Ereignis und der Erstmanifestation bzw. der Verstärkung der psychogenen Eßstörung:**
Bei der ersten Patientin, *Frau I.*, bestanden sexuelle Beziehungen zum Vater vom 8. bis 18. Lebensjahr. Ihre Anorexia nervosa manifestierte sich mit 24 Jahren. Dem ging der Tod ihrer Großmutter voraus, bei der sie während der Kindheit zeitweilig gelebt hatte. Sie war die einzige Person in ihrem Leben, die ihr das Gefühl von Mütterlichkeit vermittelt hatte. Mit

18 Jahren, also in den Monaten, nachdem sie beim Vater ausgezogen war und sich damit auch den sexuellen Kontakten entzog, wurden ihr wegen extremer Karies sämtliche Zähne gezogen. Der schließlich durch Alkohol vollends depravierte Vater machte auch zum Zeitpunkt des Beginns ihrer Abmagerung Annäherungsversuche. Dies geschah zu ihrer Verwunderung auch noch in der allerjüngsten Zeit, als sie bereits in einem kachektischem Zustand war.

Man könnte die Gewichtsabnahme daher auch als einen Versuch verstehen, Kontakt zum Vater zu halten und sich zugleich vor seiner Zudringlichkeit zu schützen.

Bei *Frau M.* hatten sich die sexuellen Übergriffe ihres Onkels während weniger Wochen im Alter von 12 Jahren ereignet. Zu einer drastischen Gewichtsabnahme in Folge selbstinduzierten Erbrechens kam es bei ihr erst im Alter von 22/23 Jahren. Untergewichtig war sie seit dem fünften Lebensjahr. Heimliches selbstinduziertes Erbrechen begann mit 13 Jahren. In einem zeitlichen Zusammenhang, resp. einer zeitlichen Aufeinanderfolge ist der Beginn des heimlichen selbstinduzierten Erbrechens mit der zunächst ebenfalls heimlichen sexuellen Beziehung zu dem Bruder einer Schulfreundin im Alter von 13 Jahren zu sehen. Ein plausibler Zusammenhang zwischen den massiven körperlichen Mißhandlungen durch die Mutter und dem Beginn ihrer Eßstörung ist nicht schlüssig. Derartige Mißhandlungen hatte es von der frühen Kindheit bis in die Adoleszenz hinein regelmäßig gegeben. Die bald auch zur Arbeitsunfähigkeit führende Dekompensation im Alter von 23 Jahren tritt etwa zum Zeitpunkt der Niederkunft ihrer fünf Jahre älteren Schwester auf. Der Vater hatte sich damals mit besonderer Fürsorglichkeit der kleinen Nichte gewidmet. Zudem kam es zu schuldbeladenen Reminiszenzen an ihren mit 17 Jahren durchgeführten Abortus.
Bei *Frau D.* war es im Alter von 9-11 Jahren zu sexuellem Mißbrauch durch einen Onkel gekommen. Ihre im Grenzbereich zwischen Anorexia und Bulimia zu klassifizierende Eßstörung trat mit 26 Jahren auf.

▶ **Gefühl, unerwünscht und ungeliebt zu sein:** *Frau I.* hat kaum Mutterliebe erfahren. Ihre leibliche Mutter war schon bei ihrer Geburt schwer krank. Von der bald an ihre Stelle tretenden Stiefmutter wurde sie abgelehnt und körperlich mißhandelt. Die Großmutter hat ihr nur für kurze Zeit etwas Zuwendung geben können. Als *Frau I.* ihr über die Übergriffe des Vaters berichten wollte, schenkte sie ihr keinen Glauben, beschimpfte sie und wollte mit ihr nichts mehr zu tun haben.
Die Mutter von *Frau M.* gab ihr schon sehr früh zu verstehen, daß sie unerwünscht war. Die ältere Schwester war offensichtlich wichtiger. Der grausamen Behandlung im Kinderheim mit vier Jahren wurde sie schutzlos ausgesetzt. Bis in die Adoleszenz hinein gab ihr die Mutter ihre Ablehnung sowohl offen gewalttätig als auch subtil zu verstehen.
Bei *Frau D.* gibt es keine konkreten Hinweise darauf, daß sie von der Mutter abgelehnt wurde. Später inszeniert sie ständig Konstellationen, in denen sie als unerwünschte und mißachtete Person erscheint.

▶ **Bedeutung von Scham, Schuld und Strafbedürfnis:** *Frau I.* erweckt den Eindruck, als schäme sie sich dafür, überhaupt auf der Welt zu sein. Scham, Schuldgefühle oder Strafbedürfnisse bezüglich ihres inzestuösen Verhältnisses zum Vater sind nicht unmittelbar erkennbar. Sie meint jedoch, bemerkt zu haben, daß es ihre größte Freude sei, sich selber zu quälen. Dies könne zur Sucht werden.
Weniger Scham, dafür aber um so mehr Schuld und Strafe sind das zentrale Thema im Leben von *Frau M.* Die Verführung durch den Onkel und die Korruption durch die Tante spielen dabei keine erkennbare Rolle. Wesentlicher ist zum einen die Schuld, die sie sich für ihre bloße Existenz zuschreibt bzw. die ihr von der Mutter durch den immer wieder geäußer-

ten Satz zugeschrieben wurde, sie sei ein so dickes Kind gewesen, daß sie sie bei der Geburt beinahe ums Leben gebracht hätte. Ebenso wurde sie für den schlechten Gesundheitszustand der Mutter und die Verhinderung ihrer beruflichen Karriere verantwortlich gemacht. Zum anderen fühlt sie sich dafür schuldig, daß sie den Vater zusammen mit seiner Geliebten als das ideale Elternpaar phantasierte und den Vater bewunderte, wenn er die Mutter in betrunkenem Zustand schlug und drohte, sie umzubringen. Den Schwangerschaftsabbruch hatte sie als ein Opfer für ihren noch studierenden Mann verstanden, dem sie keine Einschränkungen abverlangen wollte. Nach der Geburt ihrer Nichte begreift sie nun, daß sie damals keinen Körperteil von sich geopfert hat, sondern ein eigenständiges Lebewesen.

Frau D. stellt ihren Vater als die personifizierte, hochwillkommene strafende Gerechtigkeit dar. Wenn sie über die sexuellen Übergriffe des Onkels spricht, erscheint sie nicht als Opfer, sondern als Mitschuldige; die groben Beschimpfungen durch den Vater scheint sie eher angenommen als erduldet zu haben. Der Aspekt des Onkels als Täter tritt zurück hinter der Gestalt des rächenden Vaters, dem er sich durch die Flucht entzog. Hinter dieser „offiziellen" Lesart bleibt noch eine andere, ungesühnte Schuld verborgen. Als der jüngste Bruder geboren wurde, verlor sie ihre bisherige, als sehr eng erinnerte Beziehung zum Vater, der nur noch Interesse für den Stammhalter hatte. Die tiefe Enttäuschung über den Vater und der plötzliche Verlust des Onkels wurden von ihr nicht verbalisiert.

▶ **Bedeutung des Vaters bzw. die ödipale Konstellation:** Für *Frau I.* hat der Vater eine zentrale Bedeutung; insbesondere als Mutter-Substitut. In diesem Sinne hatten offenbar auch die sexuellen Übergriffe wenigstens den Nebenaspekt einer sonst kaum gekannten Vertrautheit. Die Stiefmutter sowie andere Frauen, zu denen der Vater in der Folgezeit gelegentlich Kontakt hatte, erlebte sie als Feindinnen und fühlte sich mit dem Vater, der mit diesen Frauen selber nur kurze Zeit zurechtkam, solidarisch. Von einem „ödipalen Triumph" (Hirsch 1987b) über die Mutter oder deren Nachfolgerinnen kann nicht gesprochen werden.

Frau M. erlebte ihren Vater schon früh als ihren wichtigsten Verbündeten. Später bewundert sie ihn, weil er sich gegen die Mutter auflehnte und hinter deren Rücken ein Leben führte, das sie schon als Kind als erfreulich und faszinierend erlebte. Beeindruckt war sie sowohl von ihrem Onkel als auch von ihrer Tante, da beide etwas taten, was den von Schuld und Strafe geprägten Normen der Mutter widersprach. Daß sie deren Verhalten als verwerflich erlebte, wurde an keiner Stelle der Therapie erkennbar.

Bei *Frau D.* ist es bei genauerer Betrachtung nicht der Vater, sondern der später verfemte Onkel, der einen alternativen Entwurf zu den familiären Normen vorlebt. Ob der Kontakt zum Onkel unter dem Aspekt einer ödipalen Konstellation zu sehen ist, ist fraglich. Nach der Flucht des Onkels bleibt ihr nur die Unterwerfung unter den Vater. Nach seinem Tod unterwirft sie sich dem strengen Regiment ihrer Krankheit.

▶ **Bedeutung außerfamiliärer Beziehungen und Partnerschaften:** *Frau I.* erkrankte an der Anorexia nervosa, nachdem die Beziehung zu ihrem Freund zerbrochen war. Daß *Frau M.* mit 13 Jahren begann, selbstinduziert zu erbrechen, als sie heimlich sexuelle Kontakte zum älteren Bruder einer Mitschülerin aufnahm, kann vielleicht als Ausdruck des Bedürfnisses nach Autonomie verstanden werden. Diese außerfamiliäre Beziehung war so konstelliert, daß sie keine sichere Alternative zu ihren Eltern erleben konnte. Auch der spätere Ehemann erweist sich als schwach. Er tritt nicht für die Patientin ein, die ihr Kind eigentlich austragen möchte. Der massive Ausbruch ihrer Bulimie kurz nach der Geburt der Nichte ist neben der Belebung ihrer Schuldgefühle, ihrem Neid und der Enttäuschung über den Vater sicher auch Ausdruck ihrer bleibenden Enttäuschung über den Mann, der sich, wie alle vor ihm, nicht als verläßliches Objekt erwiesen hat.

Zum Ausbruch der Eßstörung bei *Frau D.* kommt es, nachdem sie ein langjähriger Freund ohne für sie erkennbare Gründe verläßt. Außer diesem als festem Halt idealisierten Mann verliert sie die Arbeitsstelle, wo sie sich wie in einer Familie geborgen gefühlt hatte. Tief enttäuscht erkennt sie, daß man dort nicht an ihr, sondern nur an ihrer Arbeitskraft interessiert ist. Der neue Freund und der neue Arbeitsplatz sind keine tragfähige Alternative.

> In allen drei Fällen ist ein einsinniger und unmittelbarer Zusammenhang zwischen sexuellem Mißbrauch, körperlicher Mißhandlung und Vernachlässigung einerseits und psychogenen Eßstörungen andererseits nicht nachweisbar. Statt dessen wird ein hochkomplexes pathogenes Gefüge deutlich, in dem die Traumatisierungen eine Komponente darstellen, deren Bedeutung mit der der anderen Faktoren in der Rekonstruktion nur schwer auflösbar interagiert.

2.11.4 Bisherige Studien zum Zusammenhang von sexuellem Mißbrauch und Eßstörungen

> Besonders bei sehr frühen Erstmanifestationen einer Anorexia nervosa (Pubertätsmagersucht) drängt sich der Gedanke an sexuelle Implikationen auf. Hier hat die drastische Gewichtsreduktion den Effekt, die gerade sichtbar werdende sexuelle Entwicklung aufzuhalten oder quasi rückgängig zu machen.

Daß dieses Zurückweichen vor der eigenen Sexualität etwas mit der unvorbereiteten und nicht bewältigten Konfrontation mit sexuellen Erfahrungen außerhalb oder innerhalb der Familie zu tun haben könnte, wurde in der Literatur über die Anorexia nervosa und Bulimia nervosa lange eher wenig in Erwägung gezogen (Wilson 1983). Möglicherweise hängt dies damit zusammen, daß in der Literatur und der klinischen Praxis das Hauptaugenmerk der Beziehung zwischen Mutter und Patientin galt, während die Beziehung zum Vater eher ausnahmsweise Berücksichtigung fand (Willenberg 1986).

Um die Mitte der 80er Jahre wurde eine Reihe von Studien veröffentlicht, die die Frage einer möglichen Verbindung zwischen Eßstörungen und sexuellem Mißbrauch aufwarfen. Dies schien plausibel, da einige Besonderheiten sowohl bei Patientinnen mit Eßstörungen als auch solchen mit sexuellem Mißbrauch auffielen. Dazu gehören ein geringes Selbstwertgefühl, Scham und eine negative Einstellung zum Körper und zur Sexualität (Welch und Fairburn 1994). Auch an eine quasi reparative Funktion der Eßstörung zur Bewältigung der erlebten Viktimisierung wurde gedacht (Goldfarb 1987).

Erste, an größeren Populationen durchgeführte Studien (vgl. Tab. 2.18) beeindrucken durch hohe Zahlen über die Häufigkeit unerwünschter sexueller Erfahrungen, einschließlich realen Inzests, die auf den ersten Blick korrelative, wenn nicht kausale Zusammenhänge zwischen sexuellem Mißbrauch und psychogenen Eßstörungen evident zu machen scheinen.

So fanden Oppenheimer et al. (1985) in einer Population von 78 ambulanten Patientinnen mit Eßstörungen 66% mit unerwünschten sexuellen Erfahrungen in der Vorgeschichte, davon 36% mit Familienangehörigen. Root et al. (1986) berichten über 172 bulimische Patientinnen, von denen 66% körperlich mißbraucht, vergewaltigt, geschlagen oder sexuell belästigt worden seien. Steiger und Zanko (1990) dagegen fanden, daß in einer Gruppe von 73 ambulanten Patientinnen, bei denen Eßstörungen nach DSM-III (+ zusätzliche Verlaufskriterien) vorlagen, 30% über sexuelle Traumata in der Kindheit berichteten. Davon hatten 6%

eine restriktive Anorexia nervosa, 94% eine Bulimia nervosa. Der Anteil von Probandinnen mit kindlichem sexuellem Mißbrauch in der Kontrollgruppe (Angst und affektive Störungen) lag mit 33% in der gleichen Größenordnung.

Waller (1992) fand in einer Population von 40 Bulimia-nervosa-Patientinnen 24, die „... some histories of unwanted sexual experience" berichteten. Diese Patientinnen aßen im Verlauf von Eßanfällen mehr als die anderen 16 ohne entsprechende Erfahrungen. Die Häufigkeit der Eßanfälle war erhöht, wenn beim Mißbrauch durch Familienangehörige Gewalt angewandt worden war oder der Mißbrauch vor Vollendung des 14. Lebensjahres stattgefunden hatte. Die Häufigkeit des selbstinduzierten Erbrechens korrelierte positiv mit intrafamiliärem Mißbrauch.

Connors und Morse (1993) stellten fest, daß es im Überblick so scheinen mag, als seien 30% der Eßgestörten in der Kindheit sexuellem Mißbrauch ausgesetzt gewesen. Nach Auffassung der Autoren, die keine exakte Definition der Art der Übergriffe angeben, entspricht diese Zahl der in der Normalbevölkerung anzutreffenden Rate (zur Prävalenz s. Kap. 1.2).

> Der mutmaßliche Zusammenhang zwischen sexuellem Mißbrauch und Eßstörung zeigt sich bei Bulimia-nervosa-Patientinnen durchweg deutlicher als bei solchen, die unter Anorexia nervosa leiden (Waller 1991; Vanderlinden et al. 1993; Deep et al. 1999).

Waller et al. (1993), die eine Gruppe von 100 Anorexia-nervosa-Patientinnen untersuchten, fanden lediglich bei den Patientinnen eine Häufung von Berichten über sexuellen Mißbrauch, die nicht nur hungerten, sondern auch Laxantien-Abusus betrieben und selbstinduziert erbrachen.

Nach einer Studie von Calam und Slade (1989) war die einzige Form unerwünschter sexueller Erfahrungen, die mit späteren Eßstörungen korrelierte, sexueller Verkehr vor dem Alter von 14 Jahren, wobei Eßstörungssymptome da am ausgeprägtesten waren, wo Probandinnen mit intrafamiliärem Mißbrauch mit solchen ohne derartige Erfahrungen verglichen wurden.

Dennoch sollte der pathogene Einfluß der als weniger gravierend beurteilten Grenzverletzungen wie des „latenten Inzests" (Hirsch 1994) nicht vernachlässigt werden. So fand Waller (1998) bei einer klinischen Population, daß die eßgestörten Patientinnen, die die sehr weit gefaßten Kriterien für sexuellen Mißbrauch erfüllten, sich von denen ohne solche Erfahrungen durch ein geringeres Maß an innerer Kontrollüberzeugung unterschieden. Auch hier zeigte sich allerdings, daß die externen Kontrollüberzeugungen um so ausgeprägter waren, je schwerer die Form des sexuellen Mißbrauchs eingeschätzt wurde.

Auf einen grundlegenden Mangel in der bisherigen Forschung über Kindesmißhandlung weisen Starr et al. (1991) hin. Nach ihrer Ansicht spricht nichts für eine Eins-zu-Eins-Beziehung zwischen Entwicklungsgeschichte und dem Verhalten als Erwachsene. Sie stellen der simplen „correspondence theory" einen „life-span developmental approach" gegenüber, in welchem die interaktive Komplexität des Selbst-Systems zum ökologischen Kontext, in dem das Individuum sich entwickelt, in Beziehung gesetzt wird. Zu einem ähnlichen Resultat kommen Kinzl et al. (1994) aufgrund einer Fragebogenstudie an einer nicht-klinischen Population (n=202).

In einer methodenkritischen Literaturübersicht kommen Pope und Hudson (1992) zu dem Ergebnis, daß aufgrund der vorliegenden Studien kein Hinweis darauf besteht, daß der sexuelle Mißbrauch ein Risikofaktor für die Entwicklung einer Bulimia nervosa ist. Pope und Hudson (1992) verweisen auf in den bisherigen Studien anzutreffende methodische Mängel:

● Fehlen von Kontrollgruppen bzw. Vergleichen mit übernormalen Kontrollgruppen ohne jegliche psychiatrische Auffälligkeiten in der Familie

- unzureichende Definition des Kriteriums „sexueller Mißbrauch"
- methodische Schwächen bei der Datenerhebung, z.B., wenn die Prävalenz sexuellen Mißbrauches ausschließlich durch Fragebögen erhoben wird oder verschiedene Erhebungsmethoden bei der Studien- und der Kontrollgruppe zur Anwendung kommen
- unzureichende Beachtung des Zeitpunktes des sexuellen Mißbrauchs in Beziehung zum Beginn der Eßstörung
- das Fehlen von Vergleichen mit anderen Symptomgruppen, um die Frage der Spezifität zu klären

Hiervon ausgehend konzipierten Welch und Fairburn (1994) eine Studie, die folgende Fragen klären sollte, ohne die bisherigen methodischen Schwächen zu wiederholen:
- Erhöht sexueller Mißbrauch das Risiko, an Bulimia nervosa zu erkranken?
- Ist eine Erhöhung der Morbidität nach sexuellem Mißbrauch spezifisch für Bulimia nervosa?
- Unterscheiden sich Patienten, die wegen einer Bulimia nervosa behandelt werden, von einer unbehandelten Bulimia-nervosa-Gruppe hinsichtlich der Vorerfahrung mit sexuellem Mißbrauch?

Die untersuchten Patienten rekrutierten sich aus allgemeinärztlichen Praxen. Da 98% der britischen Bevölkerung bei Allgemeinärzten registriert ist, war davon auszugehen, daß eine repräsentative Stichprobe von Frauen im Alter zwischen 16 und 35 Jahren zu gewinnen war. Es wurden zunächst 50 Personen mit Bulimia nervosa mit 100 Personen ohne diese Störung verglichen. Ein zweiter Vergleich fand statt zwischen denselben 50 eßgestörten Patientinnen und einer Gruppe von 50 Patientinnen mit anderen psychiatrischen Störungen. Ein dritter Vergleich wurde zwischen den 50 eßgestörten Patientinnen, die aus der allgemeinen Gruppe rektrutiert worden waren, und 50 Patientinnen vorgenommen, die wegen ihrer Bulimia nervosa in klinischer Behandlung waren. Das Rekrutierungsverfahren ergab an keiner Stelle einen Hinweis darauf, daß es sich um eine Studie handelt, die sich mit sexuellem Mißbrauch befaßt. Hinweisen auf eventuellen sexuellen Mißbrauch wurde in einem speziellen Interview („investigator-based-interview") nachgegangen. Sexueller Mißbrauch ist hier definiert als „jede sexuelle Erfahrung mit Körperkontakt, die gegen den Willen des Subjekts stattfand, wobei das Subjekt vom Mißbrauchenden auf irgendeine sexuelle Art und Weise, oralen Verkehr und Vergewaltigung mit eingeschlossen, berührt wurde oder gezwungen wurde, ihn zu berühren." (Welch und Fairburn 1994, S. 404, Übers. d. Verf.)

Die Autoren kommen zu dem Ergebnis, daß im Gegensatz zu der Auffassung von Pope und Hudson (1992) *sexueller Mißbrauch in der Vorgeschichte durchaus ein Risikofaktor für die Entwicklung einer Bulimia nervosa darstellen kann,* zumindest wenn das Kriterium eines körperlichen Kontaktes erfüllt ist. Andererseits war sexueller Mißbrauch in der Gruppe der Eßgestörten genauso häufig wie in der Gruppe der Frauen mit allgemeinen psychiatrischen Erkrankungen. Die Gruppe der aus allgemeinärztlichen Praxen rekrutierten Eßgestörten unterschied sich nicht von denen, die sich in klinischer Behandlung befunden hatten. Dies sprach gegen die Hypothese, daß sexueller Mißbrauch ein spezifischer Risikofaktor für die Entwicklung einer Bulimia nervosa ist. Die Autoren kommen zu dem Ergebnis, daß sexueller Mißbrauch einen generellen Risikofaktor für die Entwicklung psychiatrischer Störungen (einschließlich Bulimia nervosa) bei jungen erwachsenen Frauen darstellt. In die gleiche Richtung weisen die Ergebnisse von Mullen et al. (1993).

> Faßte man alle Formen sexuellen Mißbrauchs zusammen, so ergab sich kein Unterschied zur Inzidenz bei anderen psychischen Störungen. Engte man den Mißbrauch jedoch auf den stattgefundenen sexuellen Verkehr ein, dann erschien er als deutlicher Risikofaktor für eine Eßstörung.

Tab. 2.18 Sexueller Mißbrauch und körperliche Mißhandlung in der Vorgeschichte von Patienten mit Eßstörungen

Autor	Jahr	n	KG	Ergebnisse
Oppenheimer et al.	1985	78		66% mit unerwünschten „sexuellen Erfahrungen", 36% davon mit Familienangehörigen
Root et al.	1986	172		66% der Patienten mit Bulimie (DSM-III) gaben körperliche Mißhandlung, sexuelle Belästigung und Vergewaltigung an, 28% davon sexuellen Mißbrauch in der Kindheit
Steiger und Zanko	1990	73	ja	30% mit sexuellen Traumata in der Kindheit in einer Gruppe von Eßgestörten (nach DSM-III-R, davon 6% restriktive Anorexia nervosa, 94% mit bulimischen Störungen) 33% mit sexuellem Mißbrauch in der Kindheit in der Kontrollgruppe (Angst, affektive Störungen)
Waller	1992	40	ja	60% der 40 Eßgestörten (Bulimie nach DSM-III-R) hatten unerwünschte sexuelle Erfahrungen in der Vorgeschichte, Eßanfälle ausgeprägter als in der Kontrollgruppe (Eßstörungen ohne unerwünschte sexuelle Erfahrungen), Häufigkeit der Eßanfälle erhöht bei gewaltsamem Mißbrauch in der Familie oder Mißbrauch vor dem 14. Lebensjahr
Vanderlinden et al.	1993	96	ja	28% mit kindlichen Traumatisierungen (Verwahrlosung, körperliche Mißhandlungen, sexueller Mißbrauch, Inzest), höchste Korrelation von traumatischen Erfahrungen und Eßstörungen in der Untergruppe „unspezifische Formen" 13,5% mit kindlichen Traumatisierungen in der Kontrollgruppe
Waller	1993	100	ja	bei Anorexia-nervosa-Patientinnen kein Zusammenhang mit sexuellem Mißbrauch beim restriktiven Typ, sondern nur bei Anorexia nervosa mit Erbrechen und Laxanzienabusus
Kinzl et al.	1994	202	ja	zwischen der Gruppe mit Risiko für Eßstörungen und der ohne ergab sich hinsichtlich sexuellem Mißbrauch kein Unterschied
Welch und Fairburn	1994	100	ja	sexueller Mißbrauch (mit körperlichem Kontakt) ist kein spezifischer Risikofaktor für Bulimia nervosa, jedoch ein genereller Risikofaktor für psychiatrische Störungen (inkl. Bulimia nervosa)
Fairburn et al.	1997	102	ja	Bulimia nervosa wird durch die generellen Risikofaktoren für psychiatrische Erkrankungen begünstigt. Aber je größer das Ausmaß eventuell stattgefundenen sexuellen Mißbrauchs, desto höher das Risiko an Bulimia nervosa zu erkranken.
Deep et al.	1999	73	ja	Sexueller Mißbrauch wurde von Patientinnen mit Anorexia (23%), Bulimia nervosa (37%), sowie solchen, bei denen außer der Bulimia noch eine Abhängigkeitserkrankung bestand (65%) signifikant häufiger berichtet als von der (sehr kleinen) nicht eßgestörten Kontrollgruppe (7%)
Kent et al.	1999	236	nein	Bei der Untersuchung einer nicht klinischen Population fand sich für drei Formen von Mißbrauch (physisch, emotional, Vernachlässigung) eine Korrelation zu Eßstörungen, wenn sie einzeln betrachtet wurden. Global erwies sich nur der emotionale Mißbrauch als stabiler Prädiktor. Sexueller Mißbrauch sagte Angststörungen und Depression, nicht aber gestörtes Eßverhalten voraus.

Die sich durchsetzende Überwindung der Annahme linearer Beziehungen zwischen umschriebenen traumatischen Ereignissen und spezifischen pathologischen Erscheinungen wird in neueren Studien, die sexuelle Grenzverletzungen in der Vorgeschichte auch zusammen mit der Komorbidität der Eßstörung (z.B. Abhängigkeitserkrankungen) betrachten, bestätigt. So fanden Favaro und Santomaso (1997), daß Bulimie-Patientinnen die mehrere Suizidversuche begangen hatten, häufiger sexuell mißbraucht worden waren, als solche ohne Suizidversuche. Deep et al. (1999) zeigen, daß sexuelle Grenzverletzungen nicht nur einen Risikofaktor insbesondere für bulimische Eßstörungen, sondern zugleich auch für damit einhergehende Abhängigkeitserkrankungen darstellen. In einer Studie an einer nichtklinischen Population (Kent et al. 1999) war es nicht mehr das Mißbrauchserlebnis, sondern „nur noch" das Erlebnis *emotionalen Mißbrauches*, das die Eßstörung voraussagte. Angst und Dissoziation hatten die Rolle intervenierender Variablen zwischen „emotionalem Mißbrauch" (childhood emotional abuse) und Eßstörung. Weitere Klärung ist hier – nicht nur nach Ansicht der Autoren – dringend erforderlich.

Die Häufung allgemeiner Traumatisierung bei schweren psychischen Störungen zeichnet sich auch in der differenzierten Studie von Horesh et al. (1995) ab, die die nichtsexuelle Lebensbelastung für Anorexie-Kranke untersuchten (vgl. Tab. 2.18).

Fairburn et al. (1997) fanden, daß Patientinnen mit Bulimia nervosa den generellen Risikofaktoren für psychiatrische Erkrankungen und zusätzlich den Risikofaktoren für Diätverhalten ausgesetzt waren. Im Vergleich zur gesunden Kontrollgruppe waren bei ihnen jedoch sexueller Mißbrauch und Mißhandlungen signifikant häufiger festzustellen. Gegenüber einer Vergleichsgruppe psychiatrischer Patienten waren in der Bulimie-Gruppe nur schwere und wiederholte Formen sexuellen Mißbrauchs überzufällig häufiger aufgetreten.

2.11.5 Diskussion des gegenwärtigen Forschungsstands

Das Erwachen der wissenschaftlichen Aufmerksamkeit für mögliche Zusammenhänge zwischen realen traumatisierenden Erfahrungen und psychogenen Eßstörungen ist auf dem Hintergrund der Überschneidung des Interesses an zwei Themenkreisen zu verstehen. Zum einen beschäftigten sich die populären Medien mit der angeblich epidemischen Zunahme der Bulimia nervosa, die als „neue Frauenkrankheit" (Schwarzer 1987) stilisiert wurde. Zum anderen fand in den Massenmedien das „letzte Tabu", also die heimliche Verletzung des Inzest-Tabus, immer größere Beachtung, was wohl nicht ganz unabhängig von vorausgehenden wissenschaftlichen Publikationen (Miller 1979; Masson 1984) zu sehen ist.

Für den erfahrenen Kliniker ist die empirisch-statistisch fundierte Aussage, daß ein bestimmtes „psychotoxisches" (Spitz 1967) Ereignis in der Vorgeschichte keinen spezifischen Risikofaktor für die Entstehung eines bestimmten Krankheitsbildes darstellt, sicher nicht überraschend (Starr et al. 1991).

So kann bei genauerer Kenntnis eines Falles sexueller Mißbrauch innerhalb einer Familie wohl niemals als isoliertes Ereignis angesehen werden, das, womöglich zu einem sehr viel späteren Zeitpunkt, eine bestimmte pathogene Wirkung entfaltet. Vielmehr konnte, wenigstens bei allen vom Verfasser untersuchten und behandelten Fällen, die mißbräuchliche Handlung stets auch als Symptom einer nicht selten seit mehreren Generationen pathologischen Familiendynamik verstanden werden. Die entwicklungsbegleitende Auseinandersetzung mit dieser Familiendynamik führt dann zu innerpsychischen Konflikten, die sich unter bestimmten sozialen und kulturellen Bedingungen (vgl. Willenberg 1989a, b; Willenberg et al. 1998) in einer Anorexia nervosa oder Bulimia nervosa ausdrücken können, aber keineswegs müssen.

Welche traumatisierende und weiterhin unbewußt konflikthafte Wirkung und Bedeutung Gegebenheiten wie Vernachlässigung oder Ereignisse wie körperliche Mißhandlung und sexueller Mißbrauch haben, muß im Einzelfall erforscht und in einer der Eigenart dieser Person gerecht werdenden Weise verstanden werden. Diese Feststellungen sollen die pathogene Rolle des Traumas für Eßstörungen nicht bagatellisieren, sondern nur die Annahme einer gruppenstatistisch gesicherten linearen Kausalität relativieren. So wird in der gesamten Literatur die Rolle der protektiven Faktoren, der Bedingungen, des Zeitraumes und des Alters bei Einwirken des Traumas auch auffallend wenig diskutiert.

Eine exakte methodische Erfassung der diskutierten Phänomene stößt in diesem Bereich auch auf systematische Probleme. So sind z.B. bei den meisten Bulimia-nervosa-Patientinnen sowohl das exzessive Essen als auch die Gewichtskontrollmethoden, insbesondere selbstinduziertes Erbrechen, mit starken Scham- und Schuldgefühlen verbunden. Gerade die Fälle mit mäßigem Mindergewicht bleiben so über lange Zeit klinisch unauffällig. Von starken Scham- und Schuldgefühlen werden gleichermaßen die Opfer sexuellen Mißbrauches belastet. Einblicke in das Erleben und die subjektive Bedeutung der Eßanfälle und des selbstinduzierten Erbrechens, z.B. die damit verbundenen Phantasien, werden oft erst in einem fortgeschrittenen Stadium einer Psychotherapie gegeben. Entsprechend verhält es sich mit den Mitteilungen über Mißbrauchserfahrungen. Patientinnen, die gleich zu Beginn eines ersten diagnostischen Gespräches mitteilen, sie hätten „Bulimie" oder seien in ihrer Kindheit sexuell mißbraucht worden, gehören nicht unbedingt zu den Fällen, die für das Krankheitsbild und für Traumatisierungsfolgen repräsentativ sind. Die Schamproblematik mag durch anonyme Selbstauskunftsbögen etwas gemildert werden, spezielle, taktvoll angewandte strukturierte Interviews mögen die durch Schuldgefühle bedingte Hemmschwelle senken. Oft verfallen traumatische Erfahrungen aber der Amnesie und werden dem Betroffenen erst in einem längeren, meist schmerzhaften Prozeß wieder verfügbar. Ferner wissen wir, daß stark schambesetzte Handlungen wie z.B. sexuelle Deviationen, heimliche Selbstschädigungen und eben auch Eßanfälle und selbstinduziertes Erbrechen in dissoziierten Ich-Zuständen geschehen (vgl. Kap. 2.8). Von daher ist es nicht auszuschließen, daß nicht nur bei der Bulimia nervosa (insbesondere den atypischen Formen), sondern auch allgemein bei sexuellem Mißbrauch die Prävalenz größer ist, als bislang angenommen wurde.

Zusammenfassend zeichnen sich heute Umrisse eines differenzierteren Bildes vom Zusammenhang zwischen infantiler Traumatisierung und Eßstörungen ab. Folgende Aussagen erscheinen derzeit möglich:

- Ein linear-kausaler Zusammenhang vom sexuellem oder aggressivem Trauma und Eßstörungen ist eher unwahrscheinlich.
- Eine Erhöhung der Inzidenz von sexuellen Mißbrauchserlebnissen gilt wohl besonders für die Bulimie.
- Die Forschungsergebnisse sprechen bisher dafür, daß die pathogene Wirkung von Mißbrauchserfahrungen erhöht wird, wenn körperlicher Kontakt, insbesondere realer Verkehr stattgefunden hat. Über solche isolierbaren Tatbestände hinaus verdienen auch atmosphärische Gegebenheiten im familiären Umfeld, die nur durch längsschnittliche Betrachtung zu erfassen sind, eine besondere Würdigung. Insbesondere ist an die Rolle des emotionalen Mißbrauches zu denken (Kent et al. 1999)
- Die Kausalität muß in einem übergeordneten komplexen Verursachungsgefüge gesehen werden, in dem traumatische Faktoren bisher wohl unterschätzt wurden.
- Die generalisierungsfähigen Aussagen empirischer Studien sollten durch den stärker individualisierenden Aspekt von Einzelfallstudien ergänzt werden (Starr et al. 1991).

2.11.6 Therapie

Die Erscheinungsformen, Verläufe und psychodynamischen Implikationen der psychogenen Eßstörungen sind ähnlich vielgestaltig wie die der zu psychischer Traumatisierung führenden Delikte.

> Verallgemeinernde Aussagen über ein angemessenes therapeutisches Vorgehen bei Patientinnen mit psychogenen Eßstörungen, die in ihrer Biographie durch Vernachlässigung, Mißhandlung oder sexuellen Mißbrauch traumatisiert worden waren, sind daher nicht möglich.

Fortsetzung der Fallbeispiele

Die drei Patientinnen waren jeweils mehrere Monate in einem stationären Arrangement behandelt worden. Neben der regelmäßigen Gruppenpsychotherapie hatten sie die Möglichkeit zu gegebenenfalls mehreren Einzelgesprächen mit dem gleichen Therapeuten.

> **Susanne I.** kann sich auf Station schnell einleben, nachdem sie die Zuverlässigkeit von Rückzugsräumen erprobt hat. Die innere Kraft, von der sie sich heruntergezogen fühlt, möchte sie selber bekämpfen. Versuche, ihren Lebenswillen vorsichtig „anzufachen", empfindet sie als Forderung. Es sich selbst gut gehen zu lassen, ist ihr fremd. Erst nach längerer Zeit kann sie es als ihr „größtes Geheimnis" enthüllen, daß sie ein ganz bestimmtes Parfüm liebt. Bald kann sie auch die am ehesten als Verschmelzungsphantasie zu verstehende heimliche Vorstellung mitteilen, daß sie sich das überschüssige Fett ihrer Freundin transplantieren läßt. Wenn ihr Körper zum Teil „aus ihr" bestünde, könnte sie ihn besser ertragen. Über den Vater spricht sie lange Zeit nur in besorgtem, einfühlsamem Ton. Wenn sie ihn bei Beurlaubungen aus ihrer Wohnung schickt, weil er betrunken ist, hat sie ein schlechtes Gewissen; er sei schließlich genauso alleine wie sie. Zorn und Abneigung ihm gegenüber können erst sehr verzögert zugelassen werden. Sie hatte auf Station mit niemandem Streit. Nur eine Patientin konnte sie dadurch in Wut bringen, wenn sie ein bestimmtes Musikstück spielte. Schließlich kann sie sich daran erinnern, daß ihr Vater früher eine bestimmte Platte auflegte, um ihre Schreie zu übertönen, wenn er ihr in der Wohnung nachstellte.
>
> Ein Traum, der sie nachhaltig aufgewühlt hatte, bekommt in der Endphase der Behandlung eine große Bedeutung: Sie vermutet, daß der Traum so aufwühlend war, weil ihre Wünsche nach Berührung sehr viel stärker sind, als sie es sich eingestehen möchte. Wahrscheinlich sei der Therapeut im Traum zurückgeschreckt, als er dies bemerkte. Die Bearbeitung dieses Traumes trug unter anderem dazu bei, daß die Patientin ihr „Herzklopfen" nicht mehr zwangsläufig mit der Gefahr assoziieren mußte, von anderen ausgebeutet zu werden. Nach der Entlassung intensiviert sie den Kontakt zu ihrer Freundin und deren Säugling, kümmert sich mehr um ihre Wohnung und gründet eine Selbsthilfegruppe für Anorexie-Patientinnen.

In der Behandlung von **Marion M.** nehmen die Erinnerungen an die körperlichen und seelischen Mißhandlungen durch die Mutter großen Raum ein. Stets zeigt sich der Konflikt zwischen ihrem Haß und heftigen Schuldgefühlen. Die sexuellen Übergriffe durch den Onkel erscheinen wie ein Ereignis unter zahllosen anderen, durch die sie belastet wurde. Für das Stationsteam war es irritierend, wenn sie nach jedem Ansatz einer Stabilisierung ihres körperlichen Zustandes oder einem etwas vertieften Kontakt zu einer Krankenschwester oder Mitpatientin heftige negative therapeutische Reaktionen zeigte. Eine Wende tritt ein, als der Ehemann zu paartherapeutischen Interventionen hinzugezogen wird. Die Interaktion zwischen beiden erinnert zunächst an die zwischen Mutter und Tochter. Die Patientin reagiert erleichtert, als er gesteht, daß seine Komplimente über ihre „schlanke Figur" nur geheuchelt sind und er sie seit Jahren als häßlich und ausgedörrt empfindet. Sie kann von nun an ihre „Bösartigkeit" mit weniger Schuldgefühlen in ihren Phantasien und auch in einer noch bearbeitbaren Weise auf der Station zulassen. Sie könne sich endlich als wütende Frau fühlen und nicht mehr nur als hilflos schreiendes Baby.

Bei der Entlassung tritt sie selbstbewußter auf und wirkt erwachsener und echter. Die Distanzierung von der Mutter wird konsequent durchgehalten. Das selbstinduzierte Erbrechen erfolgt wesentlich seltener, insbesondere nach besonderen Belastungen. Das Gewicht hatte sich auf einem etwas höheren Niveau stabilisiert. Vom Angebot ambulanter Wiedervorstellungen machte sie nicht Gebrauch.

Christa D. erlebte nicht nur das diagnostische Vorgespräch als Folter, sondern inszenierte die gesamte stationäre Behandlung wie den Aufenthalt in einem Straflager. Ihr körperlicher Zustand blieb bis zum Ende des Aufenthaltes grenzwertig, wodurch die Behandlung ständig bedroht war. Ihr gegenüber anfänglich freundlich gesonnene Mitpatienten verprellt sie bald durch parasitäre Verhaltensweisen. Schließlich wird eine strikte Spaltung zwischen einer „nur bösen" Mutter und dem Bild eines „nur guten" Vaters erkennbar.

Die aktuellen Probleme mit der Mutter, insbesondere bei Wochenendbeurlaubungen, wirken als Übertragungswiderstand, der weder in der Einzel- noch der Gruppentherapie auflösbar ist. Die mit dem Loyalitätskonflikt zwischen Vater und Onkel verbundenen Schuldgefühle sind so heftig, daß sie der therapeutischen Bearbeitung entzogen bleiben und außerhalb agiert werden. Der Versuch, die Mutter zu einer familientherapeutischen Intervention hinzuzuziehen, scheitert an der Ablehnung der Patientin. Unmittelbar danach verschlechtert sich der körperliche Zustand so, daß eine Verlegung erforderlich wird; die Patientin widersetzt sich und kehrt in die Wohnung ihrer Mutter zurück.

Alle drei Fälle verdeutlichen die Vielfältigkeit der individuellen Bedeutung formal ähnlicher Traumatisierungen. So unterschiedlich wie diese persönlichen Bedeutungen sind auch die Möglichkeiten, therapeutische Hilfsangebote produktiv aufzunehmen. Die Optimierung der therapeutischen Angebote selbst ist die wichtigste derzeit anstehende Aufgabe.

2.12 Suchterkrankungen

Michael Krausz, Michael Lucht und Harald J. Freyberger

Inhalt

2.12.1 Einleitung und Definition des Krankheitsbildes	319
2.12.2 Fallbeispiel	321
2.12.3 Psychodynamische Sichtweisen von Sucht	323
2.12.4 Studien zum Zusammenhang zwischen Vernachlässigung, Mißhandlung und Mißbrauch und Störungen durch psychotrope Substanzen	325
2.12.5 Relevanz von Vernachlässigung, Mißhandlung und Mißbrauch für süchtiges Verhalten und Konsequenzen für therapeutische und theoretische Konzepte	330

2.12.1 Einleitung und Definition des Krankheitsbildes

Im psychiatrischen und psychotherapeutischen Alltag ist es erstaunlich, festzustellen, wie wenig therapeutisch Tätige über den Umgang ihrer Patientinnen und Patienten mit psychotropen Substanzen wissen. An einer klinisch manifesten Abhängigkeit wird häufig vorbeigesehen, sie wird in einem inadäquaten Zusammenhang interpretiert oder einfach ignoriert (Krausz und Degkwitz 1992; Krausz und Müller-Thomsen 1994). Suchterkrankungen – Störungen, die sich im Zusammenhang von autoaggressiven oder destruktiven Symptomäquivalenten interpretieren lassen – und die (sexuellen) Realtraumatisierungen teilen das Schicksal, in der psychiatrischen wie psychoanalytischen Krankheitslehre über lange Zeit inadäquat bewertet worden zu sein, obgleich sie überzufällig häufig miteinander assoziiert zu sein scheinen (Freyberger et al. 1993, 1994). Die Lebenserfahrungen vieler „Abhängiger" sind, wie noch zu zeigen sein wird, häufig gekennzeichnet durch sexuellen Mißbrauch und Gewalt sowie einen umfassenden Vertrauensmißbrauch der nahen Beziehungsfiguren in den vulnerabelsten Phasen der Entwicklung, der Kindheit und der Adoleszenz, und durch den nachfolgenden dysfunktionalen Versuch einer pharmakogenen Konflikt- und Lebensbewältigung. Ausgehend von einer Definition von stoffgebundenem Mißbrauch wollen wir diesen Zusammenhängen im folgenden nachgehen.

Das historisch betrachtet zunächst stark medizinisch orientierte Konzept des Mißbrauchs psychotroper Substanzen erwies sich als zu allgemein und nicht hilfreich für die Erfassung eines so komplexen Geschehens (WHO 1981). Die Kategorien „nichtmedizinischer Gebrauch (abuse)" und „fehlerhafte ärztliche Anwendung (misuse)" wurden dementsprechend durch vier neue Konzepte ersetzt:

- **unerlaubter Gebrauch** (unsanctioned use), d.h. ein Gebrauch, der von der Gesellschaft oder einer sozialen Gruppe nicht gebilligt wird
- **gefährlicher Gebrauch** (hazardous use), d.h. ein Gebrauch, der wahrscheinlich für

den Konsumenten schädliche Folgen haben wird
- **dysfunktionaler Gebrauch** (dysfunctional use), d.h. ein Gebrauch, der die Erfüllung psychischer oder sozialer Anforderungen beeinträchtigt (z.B. das Interesse an Mitmenschen und Umwelt, was zu Beziehungsproblemen und Verlust des Arbeitsplatzes führen kann)
- **schädlicher Gebrauch** (harmful use), d.h. ein Gebrauch, der beim Konsumenten bereits manifeste psychische und/oder körperliche Schäden hervorgerufen hat (Vogt und Scherrer 1989, S. 10)

Der Suchtbegriff ist dagegen schon seit dem Mittelalter eng mit dem Krankheitsbegriff verbunden. Sucht ist ein Verbalsubstantiv zum gotischen „Suikan" (Kranksein) und hat Wurzeln im gesamten germanischen Sprachraum in dem Bedeutungsumfeld von „Krankheit", das heißt, es wurden unter diesem lange unscharf verwendeten Begriff mit markanten Symptomen einhergehende Erkrankungen (z.B. Infektionskrankheiten), aber auch sittliche, seelische bzw. geistige Krankheiten wie Verfehlungen (Wassersucht, Schwindsucht, Fallsucht u.a.) bezeichnet. Diese eher somatischen Bedeutungen sind im Verlaufe der Jahrhunderte zurückgetreten zu Gunsten der Bedeutung des Wortes im Sinne einer „übersteigerten, ausschweifenden Triebhaftigkeit", wie sie sich auch in modernen Wortschöpfungen der Arbeits-, Spiel-, Freß- und Liebessucht widerspiegelt (Lamp 1987). Sein fester Platz in der Terminologie der Medizin und insbesondere der Psychiatrie zentriert sich aber auf das Verständnis von Sucht im Sinne einer „Hörigkeit gegenüber psychoaktiven Substanzen" (Vogt und Scherer 1989, S. 12). Die genauere Beschreibung von Krankheitsbildern begann ebenfalls Ende des letzten Jahrhunderts und zog sich über einen langen Zeitraum hin, wobei der chronische Alkoholismus als Modell anderer Suchterkrankungen diente. So sprach der Berliner Arzt Eduard Levinstein 1873 das erste Mal von Morphiumsucht, gefolgt in den 80er Jahren von der Beschreibung der Kokainsucht (Freud) und später Heroin-, Veronal-, Chloralhydratsucht u.a., die schließlich in dem Oberbegriff „Giftsucht" zusammengefaßt wurden (Birner 1930).

Erstmals international verbindlich und mit dem Versuch einer Operationalisierung definierte 1952 die WHO Sucht wie folgt: „Sucht (addiction) ist ein Zustand periodischer oder chronischer Intoxikation, der durch die wiederholte Einnahme einer (natürlichen oder synthetischen) Droge hervorgerufen wird. Ihre Charakteristika sind:
- ein überwältigendes Verlangen oder Bedürfnis (zwanghafter Art), die Drogeneinnahme fortzusetzen und sich diese mit allen Mitteln zu verschaffen
- eine Tendenz zur Dosissteigerung
- eine psychische (psychologische) und allgemein eine physische Abhängigkeit von den Drogenwirkungen
- zerstörerische Wirkung auf das Individuum und die Gesellschaft" (WHO 1985)

Nachdem es in der weiteren Arbeit der WHO-Expertenkommissionen mit den beiden Grundbegriffen Sucht und Gewöhnung nicht gelang, der Heterogenität der Drogen gerecht zu werden, entschloß sie sich 1964 dazu, stattdessen den Begriff der **„Drogenabhängigkeit"** als Rahmenbegriff zu empfehlen. Dieser wurde definiert als „ein Zustand, der sich aus der wiederholten Einnahme einer Droge ergibt, wobei die Einnahme periodisch oder kontinuierlich erfolgen kann. Ihre Charakteristika variieren in Abhängigkeit von der benutzten Substanz" (WHO 1964). Damit wurde ein mehr deskriptiver Ansatz gewählt, der Prozeßbeschreibungen in Abhängigkeit von den mißbrauchten Substanzen erfordert. Mit dem 1993 seitens der WHO veröffentlichten Kapitel V (F) der ICD-10 wurde dieser deskriptive Ansatz weiter ausgebaut, so daß jetzt einzelne Substanzen und distinkte klinische Syndrome getrennt betrachtet werden können (Dilling et al. 1993, 1994). Nicht zuletzt durch den deskriptiven Ansatz sind unter dem Stichwort der Komorbidität verstärkt Untersuchungen stimuliert worden, die sich mit Zusammenhängen von psychischen Störungen, stofflichem Mißbrauch und Realtraumatisierungen beschäftigen und zu differentiellen therapeutischen Ansätzen geführt haben (vgl. etwa Krausz und Müller-Thomsen 1994). Mit dem folgenden Fallbeispiel sollen diese Zusammenhänge exemplarisch dargestellt und die auf individueller Ebene relevanten Besonderheiten wieder aufgegriffen werden.

2.12.2 Fallbeispiel

Eine 30jährige ledige Fliesenlegerin wird deutlich intoxikiert im somnolenten Zustand als Notfall in die psychiatrische Klinik aufgenommen. Nach Auskunft der sie begleitenden Freunde hatte sie eine unbekannte Menge Diazepam zu sich genommen.

Aus der psychiatrischen Vorgeschichte ist eine vom 14. bis zum 21. Lebensjahr reichende Heroinabhängigkeit von Relevanz, die in diesen Jahren zu insgesamt drei Entzugsbehandlungen, zu einem sechsmonatigen Aufenthalt in einer therapeutischen Wohngemeinschaft und zu zwei Verurteilungen wegen Beschaffungskriminalität führte. Im 22. und im 30. Lebensjahr der Patientin war es im Zusammenhang mit zwei schweren Suizidversuchen zu einer stationären und einer tagesklinischen psychiatrisch-psychotherapeutischen Behandlung gekommen. Seitdem befindet sich Frau K. in einer ambulanten, psychoanalytisch orientierten Einzelpsychotherapie.

Die Biographie der Patientin war bereits früh durch Realtraumatisierungen gekennzeichnet. Die ihr unbekannte Mutter hatte sie direkt nach der Geburt zur Adoption freigegeben, ohne den leiblichen Vater, einen heute 56jährigen verheirateten Koch, überhaupt über die bestehende Schwangerschaft in Kenntnis zu setzen. Nachdem Frau K. ihre ersten sechs Lebensmonate in einem Kinderheim verbracht hatte, wurde sie gemeinsam mit einem gleichaltrigen Mädchen von einem heute 52jährigen Bundesbahnbeamten und seiner 44jährigen Ehefrau adoptiert. Sie kam in eine Familie, in der bereits ein ebenfalls adoptierter, um ein Jahr älterer Stiefbruder lebte. Die frühe Entwicklung der Patientin war von einer ihr unberechenbar erscheinenden, in ihren Affekten stark schwankenden, alkohol- und benzodiazepinabhängigen Mutter gekennzeichnet, die den eher als zurückhaltend und ruhig geschilderten Vater dominierte. Ihre Kindheit sei von einem unsicheren Identitätsgefühl geprägt gewesen, sie habe nicht gewußt, was in dieser Familie falsch sei.

Nach der Mittleren Reife, die die Patientin fast problemlos absolvierte, erfuhr sie von ihrem Onkel (Bruder der Mutter) von ihrer Adoption und unternahm ihren ersten Suizidversuch durch Einnahme von Benzodiazepinpräparaten der Mutter. Retrospektiv beschreibt sie ein „Durcheinander im Kopf", sie habe überhaupt nicht mehr gewußt, wer sie sei. Nachdem sie bereits ein Jahr zuvor begonnen hatte, regelmäßig Cannabis und Heroin mit älteren Mitschülern und Bekannten zu rauchen, entwickelte sich fortan eine Substanzabhängigkeit mit zunehmendem intravenösen Konsum von Heroin und Beikonsum von Benzodiazepinen. Die Sucht finanzierte sie einerseits von finanziellen Zuwendungen des Onkels, der mit ihr bereits zwei Jahre vor dem Suizidversuch eine sexuelle Beziehung aufgenommen hatte, und andererseits durch kleinere Diebstahlsdelikte und gelegentliche Prostitution. Kennzeichnend für diese Jahre sei ein für sie immenser Ekel vor sich selbst und vor den Männern gewesen, die sie verachtet habe. In der Beziehung zu dem Onkel habe sie sich selbst wie abgeschaltet erlebt, habe nichts gefühlt oder empfunden. Nachdem sie im Alter von 16 Jahren erstmals wegen eines Diebstahls zu einer Jugendstrafe verurteilt worden sei, habe sie ihre erste Entzugsbehandlung in einem Landeskrankenhaus gemacht, um

dann in eine Langzeittherapie in eine therapeutische Wohngemeinschaft zu ziehen. Dort habe sie auch ihre Lehre als Fliesenlegerin begonnen. Nach Abschluß dieser Therapie habe sie eine eigene Wohnung bezogen und die sexuelle Beziehung zu dem Onkel wieder aufgenommen, nachdem dieser sie wieder und wieder bedrängt habe. Nur wenige Monate später kommt es zu einem Rückfall, einer erneuten Entzugsbehandlung und einem erneuten Rückfall. Frau K. beschreibt sich in dieser Zeit als weitgehend orientierungslos, ihre innere Struktur sei nur durch die Lehre aufrechterhalten worden, die sie erfolgreich abschließen konnte. Nachdem ihr Arbeitgeber ihr signalisiert hatte, sie trotz der bestehenden Drogenabhängigkeit in ein Beschäftigungsverhältnis übernehmen zu wollen, macht sie ihre dritte Entzugsbehandlung, in der sie einen gleichaltrigen, ebenfalls drogenabhängigen Bauzeichner kennenlernt, mit dem sie ihre „erste Beziehung" beginnt. Sie fühlt sich von diesem Mann einerseits angezogen und verstanden, andererseits erlebt sie ihn als körperlich fremd, so daß sie nur im leicht alkoholisierten Zustand habe mit ihm schlafen können. Nach Beginn der Schwangerschaft bricht dieser Partner die Beziehung plötzlich und für sie unerwartet ab. Sie unternimmt einen zweiten Suizidversuch, wiederum durch Einnahme von Benzodiazepinpräparaten, und wird über mehrere Wochen stationär behandelt. In dieser Zeit nimmt die Patientin wieder Kontakt zu ihren Eltern auf, den sie nach der ersten Entzugstherapie abgebrochen hatte, recherchiert die Anschrift ihres leiblichen Vaters und schreibt ihm. Gleichzeitig entschließt sie sich, die Schwangerschaft auszutragen und ihr Kind nicht zur Adoption freizugeben.
Nach der Entlassung aus der Klinik und der Geburt ihres Sohnes nimmt sie die sexuelle Beziehung zu dem Onkel wieder auf, nachdem sie sich erneut erheblich von diesem bedrängt fühlte. Nachdem sie ihren Sohn ab dessen zweitem Lebensjahr in einem Kindergarten untergebracht hat, nimmt sie auch ihre Berufstätigkeit als Fliesenlegerin wieder auf. Sie habe in diesen Jahren den Sohn nicht mit ihren bloßen Händen anfassen können, ihn nur mit Plastikhandschuhen berühren und immer eine große körperliche Distanz zu ihm bewahrt. Im 30. Lebensjahr der Patientin kommt es zu einem erneuten Suizidversuch mit Benzodiazepinen, nachdem Frau K. ihren Eltern mitgeteilt hatte, daß sie langjährig eine sexuelle Beziehung zu dem Onkel unterhielt und feststellen mußte, daß beide Eltern hierüber bereits informiert waren. Während einer zweiten, zunächst klinischen, dann tagesklinischen psychiatrisch-psychotherapeutischen Behandlung gelingt es der Patientin, die Beziehung zu dem Onkel zu lösen und zu ihrem leiblichen Vater Kontakt aufzunehmen, den sie mehrfach besucht. Gleichzeitig wird ihr deutlich, daß der Sohn ausgeprägt verhaltensgestört ist, wegen eines hyperkinetischen Syndroms in ein Internat und später in eine therapeutische Wohngemeinschaft gehen wird. Nach der Behandlung nimmt Frau K. eine ambulante Psychotherapie auf.

Unter deskriptiv-diagnostischen Gesichtspunkten kann dieses Fallbeispiel bereits zum jetzigen Zeitpunkt der Betrachtung zeigen, daß in einer multidimensionalen Betrachtungsweise der Substanzgebrauch wie bei zahlreichen Patienten polyvalent erfolgt, ohne daß substanzspezifische Wirkungsprofile in der pharmakogenen Konfliktlösung von besonderer Bedeutung sind.

> Wesentlich erscheint vielmehr der Betäubungseffekt im Hinblick auf miteinander assoziierte innere Konflikte und real traumatisierender Ereignisse (sexueller Mißbrauch, Prostitution, Kriminalisierung), in denen sich Erlittenes und Inszeniertes kaum trennen läßt.

2.12.3 Psychodynamische Sichtweisen von Sucht

Die Beschäftigung der Psychoanalyse mit Sucht und den ihr zugrundeliegenden psychodynamischen Prozessen seit Sigmund Freud beschreibt eine lange und wechselvolle Geschichte mit vielen Paradigmenwechseln. Gemeinsam ist den analytischen Ansätzen allerdings die Hypothese einer schwer gestörten Persönlichkeitsstruktur des Betroffenen, aus der sich psychologische, physiologische und soziale Konsequenzen ableiten (vgl. etwa Fenichel 1945; Rado 1934). Nicht zuletzt auf der Grundlage dieser frühen Arbeiten entwickelten sich die **Hypothesen zur Psychogenese der Sucht** unter drei Schwerpunkten:
- in Verfolgung der triebpsychologischen Perspektive
- in der Interpretation des Suchtmittelkonsums als Selbstheilungsversuch eines unentwickelten und schwachen Ich
- einem eher objektpsychoanalytischen Modell, wonach das Suchtmittel in einem überwiegend selbstdestruktiven Prozeß Ersatz bzw. Wiederholung frühkindlicher Objekte bzw. Beziehungen darstellt

Die Mehrzahl der seit Anfang des Jahrhunderts in engerer Anlehnung an Freud erschienenen Arbeiten konzentrierten sich auf den **triebpsychologischen Ansatz** (etwa Abraham 1908; Rado 1926), der in der Sucht einen *Ersatz für die Masturbation* als eigentliche Urform der Sucht vermutete. Freud selbst verlagerte später (um 1930) das Gewicht der Interpretation auf eine Fixierung in der oralen Entwicklungsphase des Menschen, wobei das Suchtmittel eine zentrale Rolle in der Durchsetzung des Lustprinzips bzw. der Unlustvermeidung habe. Die **Grundlinien des Freudschen Suchtverständnisses** faßt Rost (1987) in fünf Aspekten zusammen:
- die später in den Hintergrund getretene Idee von der Masturbation als der Ursucht, des Trinkens als Ersatz für den Sexualakt
- die Hemmungen und Verdrängungen aufhebende Wirkung des Alkohols und die durch ihn verursachte Wirkung, die Sublimierung rückgängig zu machen
- die orale erotische Fixierung und eine Tendenz zu oralen Perversionen und zur Homosexualität
- Rausch als eine manische Flucht vor der Realität als Schutz vor dem alltäglichen Elend
- der Alkohol stellt ein Liebesersatzobjekt dar, und zwar ein Idealobjekt

Mit Beginn der 30er Jahre setzt sich, getragen von **Anna Freud**, langsam der Paradigmenwechsel in Richtung **Ich-psychologischer Modelle** mit entsprechenden Auswirkungen auf die Sichtweise von Sucht durch. So beschreibt Rado 1934 das Ich des Süchtigen als zu schwach, um mit Unlustspannungen fertig zu werden. Die Funktion des Suchtmittels liege in der Kompensation der Schwächen des Ich und dem Versuch, frühkindlich-narzißtische Omnipotenz wieder herzustellen. Aus dem Zirkel von Rauschgifterlebnis und nachfolgender Ernüchterung und der damit verbundenen Verstärkung der Unlustspannung unterwerfe sich der Süchtige mit seiner Ich-Organisation mehr und mehr einer „pharmakogenen Steuerung", woraus eine weitere Schwächung der Ich-Struktur resultiere.

> Im Kern sieht Rado (1934) den Alkohol und andere Drogen jedoch als Selbstheilungsmittel eines schwachen, labilen Ich. Diese Sichtweise spielt bis heute eine wichtige Rolle. Nach übereinstimmender Auffassung verschiedener Autoren soll der mißglückte Selbsttherapieversuch mit Hilfe von Suchtmitteln versuchen, Ich-Defekte und Selbstdesintegration zu kompensieren.

Nach übereinstimmender Auffassung zahlreicher Autoren ist wesentlicher Bestandteil dieser Ich-Störungen *eine extrem niedrige Affekttoleranz und Reizschranke des Ichs, die zu einer besonderen Form der Frustrationsintoleranz führt* (Heigl-Evers und Schultze-Dierbach 1983). Für andere normale Unannehmlichkeiten des Alltags werden von ihm als unerträgliche Frustration erlebt, verbunden mit der infantilen Erwartung an die Umwelt, ihm Erleichterung zu verschaffen und um so größerer Frustration, wenn diese Hilfe nicht wie erwartet eintritt. Durch Einnahme der Droge werden solcher Art mangelnd ausgeprägte Reizschutzfunktionen und fehlende Ich-Grenzen ausgeglichen, indem auftauchende Ängste gedämpft und das affektive Erleben beeinflußt werden. Innere Leere und Depressionen werden durch euphorisierende Wirkung z.B. von Alkohol ausgeglichen.

Die **Selbst-Psychologie** um Kohut (1976) formulierte die Hypothese des Selbstheilungscharakters der Droge am weitestgehenden. „Der Drogenabhängige hat in seiner Kindheit das Selbst-Objekt traumatisch verloren, weshalb keine psychische Struktur ausgebildet werden konnte. Die Droge wird zum Ersatz für das fehlende idealisierte Selbst-Objekt; sie dient der Beruhigung, und in der Verschmelzung mit ihr wird die kindliche Omnipotenz und Grandiosität durch die Vereinigung mit einer Kraftquelle wiederhergestellt, die aufgrund des strukturellen Defizites nicht im eigenen Selbst gefunden werden kann" (Rost 1987, S. 298).

Als weitere Grundstörung des Ich sowie des Über-Ich wird eine pathologische Objekt- bzw. Selbstrepräsentanz mit ausgeprägten Störungen der Introjektions-, Identifizierungs- und Projektionsprozesse beim Süchtigen angenommen. „Jeder Süchtige befindet sich in einer archaischen Objektabhängigkeit. Im Grunde ist ihm nicht der Loslösungsprozeß von den Eltern bzw. den Elternimagines geglückt, der mit einer intrapsychischen Trauerarbeit verbunden wäre. Obwohl äußerlich scheinbar gegen jede Abhängigkeit von den Eltern protestierend, strebt er unbewußt zu gleicher Zeit eine Verschmelzung mit den Eltern bzw. deren Ersatzobjekten an. So steht er im dauernden Dilemma von Trennungswunsch und äußerem Protest einerseits und Trennungsangst und Verschmelzungswunsch andererseits" (Lürßen 1974, S. 146).

> So wird dem Suchtmittel die symbolische Bedeutung eines inneren Objektes zugemessen, das geliebt und gehaßt wird wie die Eltern bzw. ein Fetisch. Da dem Betroffenen Urvertrauen und innere Sicherheit fehlen, braucht er Ersatzobjekte wie das Suchtmittel.

Die objektpsychologische Betrachtungsweise liefert auch, besser als andere, einen Erklärungsansatz für Selbstdestruktion und Suizidalität bei vielen Süchtigen. Beispielsweise nach der britischen Schule der objektpsychoanalytischen Theorie hat die Störung in der allerersten Phase der Entwicklung, also einem der frühesten Prozesse der Identitätsbildung, in dem Ich und Nicht-Ich noch nicht getrennt sind, zur Folge, daß der Säugling die Welt in eine böse, bedrohliche und in eine gute, wärmende Brust trennt (zur Kritik dieses Ansatzes vgl. Kap. 2.9).

„Diese beiden Partialobjekte werden in der Phantasie getrennt gehalten und über die psychischen Mechanismen der Projektion und Reintrojektion nach und nach in innere Objekte (Objektrepräsentanz) umgewandelt. Erst in einem späteren Entwicklungsschritt kann das Kind erkennen, daß Gut und Böse Bestandteile ein und derselben Person sind, und lernt damit auch, Ich und Nicht-Ich als vollständige Person voneinander abzugrenzen" (Rost 1987, S. 301).

Eine klare Trennung hat nicht stattgefunden. Nach Meinung von Rost macht diese Gruppe der Süchtigen, bei denen selbst vergleichsweise einfache Abwehrmechanismen gestört sind und ein positiv besetztes Selbst noch nicht entwickelt wurde, denen die Droge als böses Objekt der Selbstzerstörung dient, ca. 1/4 der Patienten z.B. in Fachkliniken und einschlägigen psychiatrischen Abteilungen aus. Sie sind nach seiner Meinung während der Therapie durch „Suizid, ein Abgleiten in eine psychiatrische Regression oder in den Wechsel zu psychosomatischen Krankheiten oder andere Süchte gefährdet" (Rost 1987, S. 303). Dies korrespondiert mit der Auffassung Menningers (1938) vom Alkoholismus als einer Form des chronischen, verlangsamten Selbstmordes. Einige dieser Aspekte finden sich im vorangestellten Fallbeispiel wieder.

Die verschiedenen Substanzen werden zur Stabilisierung von Abwehrprozessen eingesetzt, zum Schutz vor weitergehender Desintegration. Die Abhängigkeit ist auch hier mit selbstbeschädigenden und selbstzerstörerischen Aspekten assoziiert, so daß von autoaggressiven Symptomäquivalenten gesprochen werden kann, die nicht zuletzt auch im Rahmen der Beziehungsregulation eingesetzt werden.

2.12.4 Studien zum Zusammenhang zwischen Vernachlässigung, Mißhandlung und Mißbrauch und Störungen durch psychotrope Substanzen

Erwachsene mit akuten psychiatrischen Störungen weisen in retrospektiven Behandlungs- und Normalbevölkerungsstudien eine vergleichsweise erhöhte Rate von Vernachlässigung, Mißhandlung und Mißbrauch in der Kindheit auf (z.B. Paris et al. 1994a; Sullivan et al. 1995; Mullen et al. 1996; Stein et al. 1996). Ein ähnlicher Befund ließ sich auch bei Adoleszenten nachweisen (Cavaiola und Schiff 1988). Bei Suchtstörungen wiesen die Heranwachsenden ein vergleichsweise früheres Ersterkrankungsalter auf; bei 75% ihrer Eltern ließ sich ebenfalls ein Mißbrauch psychotroper Substanzen nachweisen.

Pathologischer Substanzkonsum bei Eltern ist mit einem erhöhten Risiko für Vernachlässigung, Mißhandlung und Mißbrauch bei deren Kindern verknüpft: Rose et al. (1991) ermittelten für Kinder aus Alkoholikerfamilien ein erhöhtes Risiko für Inzest (3fach), körperliche Mißhandlung (2fach) und für beide Arten der Mißhandlung (2fach) im Vergleich zu Nichtalkoholikerfamilien. Auch umgekehrt, in der Kindheit der Eltern von Kindern mit schädlichem Gebrauch psychotroper Substanzen, ließ sich eine erhöhte Inzidenz von körperlicher Mißhandlung nachweisen (Cohen und Densen-Gerber 1982; Kroll et al. 1985; Schaeffer et al. 1988). Bei Prostituierten konnten Marwitz und Hoernle (1990) nicht nur in 95% der Fälle sexuellen Mißbrauch in der Kindheit nachweisen, sondern auch in 80% der Fälle eine Abhängigkeit von psychotropen Substanzen.

Zusammenfassend läßt sich sagen, daß Realtraumatisierungen bzw. Vernachlässigung, Mißhandlung und Mißbrauch in der Kindheit Prädiktoren für spätere Abhängigkeitsproblematik und daraus resultierende psychosoziale Funktionsstörungen sind. Die Vielzahl der beteiligten Faktoren, Mediatoren und Modulatoren erfordert zunächst die Beschreibung von Risikokonstellationen, zumal kausale Erklärungsmodelle mit einem extrem hohen Forschungsaufwand verbunden sind.

Kessler et al. (1997) weisen in diesem Zusammenhang auf Verzerrungen durch sogenannten „recall bias" bei den zu diesem Thema überwiegend retrospektiv durchgeführten Untersuchungen hin. Sie vermuteten eine Überschätzung entsprechender Zusammenhänge. Dem steht unter anderem entgegen, daß die häufig auftretenden, substanzinduzierten kognitiven und mnestischen Störungen in derartigen Untersuchungen mit hoher Wahrscheinlichkeit zu einer Unterschätzung kritischer biographischer Ereignisse führen, die durch eine eventuell vorliegende psychiatrische Komorbidität wahrscheinlich noch verstärkt wird. Auf psychischer Störungsebene sind hier in erster Linie die mit Traumatisierung assoziierten dissoziativen Phänomene zu nennen, die unter anderem zu einer Abspaltung von kritischen Erinnerungsanteilen gerade bei realtraumatisierten Patienten führen (Spitzer et al. 1999; vgl. auch Kap. 1.1).

Negative Einflußfaktoren in der Kindheit treten in Clustern auf, was die Differenzierung der jeweils einzelnen Effekte erschwert (Romans et al. 1993; Mullen et al. 1996; Portegijs et al. 1996). Für bestimmte Erkrankungsgruppen kann aber ein spezifischer Zusammenhang zwischen Art des Einflußfaktors (Vernachlässigung, Mißhandlung und Mißbrauch) und der jeweiligen Störung angenommen werden.

Ein hoher Forschungsbedarf besteht im Hinblick auf prospektive Untersuchungsansätze, die der Frage nachgehen, wie sich die genannten Einflußfaktoren kausal auf spätere Störungsbilder auswirken. Nach einer weitverbreiteten Hypothese sollen Traumatisierungen in der Kindheit eine dauernde Erhöhung der psychologischen Vulnerabilität eines Individuums verursachen. Im Erwachsenenalter würde dann beispielsweise Streß bei solchen erhöht Vulnerablen leichter zu einer psychischen Störung führen (Harris et al. 1990). Kessler et al. (1997) konnten mit ihrer Allgemeinbevölkerungsstichprobe diese Annahme nicht bestätigen. Sie fanden in ihrer Studie lediglich einen Zusammenhang zwischen schädigenden Kindheitseinflüssen und Auftreten, nicht aber Verlauf von DSM-III-R-Störungen (Abhängigkeitserkrankungen, Stimmungs- und Angststörungen). Subsyndromale Störungen wurden von ihnen allerdings nicht untersucht. Darüber hinaus ist anzunehmen, daß bestehende Effekte durch niedrige Prävalenzraten schädigender kritischer Lebensereignisse, das verwendete Instrumentarium und andere intervenierende Variablen (u.a. dissoziative Störungen) verdeckt wurden. Allein für die syndromatologische Meßebene konnten die Autoren unter den genannten methodischen Einschränkungen zeigen, daß die Wahrscheinlichkeit für das Auftreten psychischer Störungen (darunter Störungen durch psychotrope Substanzen) mit zunehmender zeitlicher Distanz zum traumatisierenden Ereignis abnimmt. Daraus schlossen die Autoren, daß die Hypothese von Harris nicht uneingeschränkt stimmt, da nämlich im Durchschnitt durch schädigende Kindheitsereignisse offensichtlich keine überdauernde „seelische Wunde" entstehe. Dies ist unter Bezugnahme auf Allgemeinbevölkerungsstichproben ein mögliches Ergebnis, widerspricht aber den Resultaten aus Studien mit klinischen Stichproben (Spitzer et al. 1999).

In der oben zitierten Studie hatten Kessler et al. (1997) einen umfassenden Ansatz zur Untersuchung des Zusammenhangs zwischen schädigenden Kindheitsereignissen und späteren psychischen Störungen: 8098 Probanden aus der Normalbevölkerung wurden nach 26 schädigenden Kindheitseinflüssen (Verlustereignisse, elterliche psychische Störungen, körperlicher und sexueller Mißbrauch) befragt sowie zu Auftreten, Beginn und Verlauf von DSM-III-R-Störungen. Über die bereits zitierten Ergebnisse hinaus zeigte sich teilweise ein multiplikativer Effekt bei Vorliegen mehrerer schädigender Ereignisse im Hinblick auf den Beginn von psychischen Störungen und eine geringe Spezifität von prädizierendem Ereignis und prädizierter Diagnose, was angesichts der geringen diagnostischen Zellenbesetzungen in Allgemeinbevölkerungsstichproben nicht weiter verwundern. Dies galt auch für Substanzabhängigkeit und schädlichen Gebrauch, wobei sich schädigende Ereignisse im Vergleich zu anderen psychiatrischen Störungen vorzugsweise indirekt auf Abhängigkeitserkrankungen auswirkten. Als vermittelnde Faktoren erwiesen sich komorbide psychiatrische Erkrankungen.

Kessler et al. (1997) erhoben keine Daten über die Bedeutung dissoziativer Phänomene und Störungen und kontrollierten ihre Studie damit nicht im Hinblick auf die wesentliche, traumaassoziierte symptomatologische Variable. **Dissoziation** stellt nämlich nach übereinstimmender Auffassung in der Literatur einen charakteristischen und häufigen Verarbeitungsmechanismus bei Realtraumen dar (Spitzer et al. 1996, 1999; Freyberger et al. 1996, 1999), dem eine vergleichsweise hohe Sensitivität und Spezifität im Screening von Traumaereignissen zukommt. Die spezielle Bedeutung von Dissoziation als vermutlichem Modulator bzw. Mediator der Auswirkungen von Vernachlässigung, Mißhandlung und Mißbrauch im Hinblick auf Suchtstörungen ist allerdings bisher nicht ausreichend untersucht.

Zusammenfassend sind folgende Konstellationen in bezug auf Vernachlässigung, Mißhandlung und Mißbrauch einerseits und Suchtstörungen andererseits zu diskutieren:
- Bei Eltern, die ihre Kinder vernachlässigen, mißhandeln oder mißbrauchen, kann *komorbide* eine Suchtstörung vorliegen. Hierbei sind mögliche Interaktionen zwischen Vernachlässigung, Mißhandlung und Mißbrauch sowie Suchtstörungen (in der Elterngeneration) anzunehmen. Eine bei Eltern bestehende Suchtstörung kann auf folgende Weise mit Vernachlässigung, Mißhandlung und Mißbrauch zusammenhängen:
  – Die *psychosozialen Folgen* einer Sucherkrankung vermindern die Fähigkeit von Eltern, ihren Anforderungen den Kindern gegenüber zu genügen. Hier laufen die Kinder Gefahr, Opfer von *Vernachlässigung* zu werden.
  – Eine Subgruppe von sucherkrankten Eltern erfüllt *komorbide* die Kriterien anderer psychischer Störungen, besonders häufig die einer *Antisozialen Persönlichkeitsstörung (ASP)*. Diese Subgruppe von Patienten ist unter anderem charakterisiert durch eine frühen Erkrankungsbeginn der Suchtstörung sowie einen schwereren Verlauf mit einer erhöhten Neigung zu delinquentem Verhalten. Diese Subgruppe ist bei Alkoholabhängigen als *Typ-II-Alkoholismus* beschrieben worden (Cloninger 1987). Neben der Gefahr für deren Kinder, Opfer von Vernachlässigung zu werden, spielt hier auch die Gefahr eine Rolle, Gewalt und Mißbrauch zu erleiden. Wie oben bereits ausgeführt, spielt auch die Komorbidität mit anderen Störungen eine wichtige Rolle im Hinblick auf Folgeerkrankungen nach Vernachlässigung, Mißhandlung und Mißbrauch (*Moderation/Modulation*).
- Vernachlässigung, Mißhandlung und Mißbrauch durch Eltern hängt mit der Entstehung von Suchtstörungen bei Kindern zusammen.

Bei der Betrachtung der oben genannten Kausalzusammenhänge ist zu beachten, daß sowohl bei Suchtstörungen als auch bei Vernachlässigung, Mißhandlung und Mißbrauch die *Familie* der Ort des Geschehens ist. Die Untersuchung von „Kindern alkoholkranker Eltern" hat als Forschungsgegenstand familiärer Kausalzusammenhänge große Aufmerksamkeit auf sich gezogen, nicht zuletzt vor dem Hintergrund des Befunds, daß es zu den stärksten Risikofaktoren einer individuellen Suchtentwicklung gehört, Kind alkoholkranker Eltern gewesen zu sein. Vernachlässigung, Mißhandlung und Mißbrauch spielen hier mit eine wichtige Rolle.

An dieser Stelle ist es hilfreich, familiäre und nichtfamiliäre **Risikoübertragungswege** zu differenzieren: Für Suchtstörungen hat Maier (1995) die folgenden unterschieden:
- genetische Bedingungsfaktoren
- umweltbedingte Bedingungsfaktoren
  – shared environment (= geteilte Umwelt, z.B. Familie)
  – individuumspezifische Umwelt
- Interaktionen zwischen genetischen und umweltbedingten Bedingungsfaktoren.

Wiederum fällt auf, daß lediglich die individuumspezifische Umwelt nichtfamiliäre Risikofaktoren beinhaltet. Im folgenden sollen einige empirische Befunde zur Kausalität von familiären Risikoübertragungen dargestellt werden.

Elterliche Anteilnahme am Leben ihrer Kinder, das Wissen um ihr Tun, Denken und Fühlen wird als **„parental monitoring"** bezeichnet. Es zeigte sich, daß alkoholkranke Eltern bezüglich „parental monitoring" Defizite aufweisen (Chassin et al. 1996). „Parental monitoring" jedoch scheint ein Grundbedürfnis von Kindern darzustellen. Folgen dieses Mangels werden von Kindern offensichtlich innerhalb von **„peer groups"** (Gruppen von Gleichaltrigen mit gleichen Interessen = Cliquen) kompensiert. „peer groups" stellen unter anderem Übungsfelder beim Erwachsenwerden dar. Entwicklungspsychologisch lassen sie sich als Puffer zwischen dem Schutzraum Familie und den Anforderungen des Erwachsenseins auffassen. Besonders die Initiation von Liebesbeziehungen und Partnerschaften sowie der eigenständige Umgang mit Suchtmitteln werden hier erstmals ausprobiert. Das Ausprobieren beinhaltet auch Episoden exzessiven Substanzgenusses. Die überwiegende Mehrheit von Adoleszenten setzt ihren Substanzkonsum im Erwachsenenalter jedoch in nicht pathologischer Weise fort.

Für Kinder alkoholkranker Eltern mit Defiziten elterlicher Aufmerksamkeit scheint im Gegensatz hierzu die „peer group" Ausgangspunkt von Störungen durch Alkohol (und illegalen Drogen) zu sein (Chassin et al. 1996). Dies liegt vermutlich in zwei Charakteristika von „peer groups" begründet:
- sie üben einen hohen Konformitätsdruck auf ihre Mitglieder aus (Costanzo 1970)
- deviantes Verhalten steigert das Ansehen von Mitgliedern der Gruppe bei den anderen Gruppenmitgliedern.

Der Konformitätsdruck ist grundsätzlich besonders groß in der Adoleszenz, unabhängig von familiären Charakteristika (vernachlässigte und nicht vernachlässigte Kinder). In bezug auf elterliche Aufmerksamkeit vernachlässigte Kinder scheinen dem Konformitätsdruck jedoch besonders stark zu erliegen und weisen gleichzeitig ein erhöhtes Bedürfnis nach Aufmerksamkeit in der Gruppe auf. Die häufige Gruppennorm „Ansehen ist durch exzessiven Substanzkonsum steigerbar" führt bei entsprechend vulnerablen Jugendlichen durch die Aussicht auf Ansehensgewinn *und* wegen fehlender Kompetenzen zum „Neinsagen" zu pathologischem Substanzgebrauch. In Dauer und Intensität besonders exzessives und potentiell pathologisches Trinkverhalten kann daher kausal im Sinne einer Kompensation fehlenden elterlichen Ansehens verstanden werden.

Auf deskriptiver Ebene führt Vernachlässigung als familiäre Umweltvariable (operationalisiert als „parental monitoring") in Zusammenhang mit einer elterlichen Alkoholabhängigkeit mittelbar über „Peergroup"-Verhalten zu einem erhöhten Risiko für Störungen durch Alkohol in der Kindergeneration.

In der oben dargestellten familiären Konstellation mit alkoholkranken Eltern und einem erhöhten Risiko für Suchtstörungen bei Kindern erfolgt ein Teil der Risikoweitergabe auch über einen *genetischen* Übertragungsweg. In einer Vielzahl von Zwillings- und Adoptionsstudien zur Alkoholabhängigkeit konnte eine genetische Risikoübertragung innerhalb von Familien nachgewiesen werden (Maier 1995). Dieses genetische Risiko ist in Familien mit Typ-II-Alkoholabhängigkeit (früher Beginn, schwerer Verlauf, antisoziales Verhalten) vergleichsweise besonders hoch (Cloninger 1987). Hier wäre also die Schlußfolgerung, daß antisoziales Verhalten (und damit einhergehend ein hohes Gewaltpotential durch die Elterngeneration) lediglich als Umweltvariable über den beschriebenen Weg auf die Kinder einwirkt, nur teilweise zutreffend.

Der biologische Übertragungsweg ist weitgehend unklar. Kinder alkoholkranker Eltern weisen (verglichen mit Kindern nicht alkoholkranker Eltern) eine Reihe biologischer „traits" auf, die offensichtlich vererbt werden, z.B. spezifische Charakteristika der P300-Welle (Van der Stelt 1998). Ein Vielzahl von Kandidatengenen (darunter Dopamin-, Serotonin- und GABA-Rezeptorgene) wurden als Risikogene vorgeschlagen, konsistente Replikationen liegen bis heute jedoch nicht vor.

Bei der familiären Risikoweitergabe ist die Assoziation von Alkoholabhängigkeit mit einer spezifischen Konstellation von *Temperamenten* besonderes bedeutsam. Unter Temperamenten versteht man eine zeitlebens weitgehend stabile Konstellation automatischer emotionaler Reaktionen. Temperamente werden zum Teil genetisch weitergegeben. Verschiedene Konstellationen der Temperamente „*novelty seeking*" (Neugiersuche), „*harm avoidance"* (Schadensvermeidung) und *„reward dependence"* (Belohnungsabhängigkeit) sind mit verschiedenen typologischen und prognostischen Charakteristika von Alkoholabhängigkeit assoziiert (Cloninger 1987; Cloninger et al. 1993).

Festzuhalten ist, daß enge Zusammenhänge zwischen *Vernachlässigung*, Abhängigkeitserkrankungen, antisozialem Verhalten und Temperamenten bestehen. Die genannten Elemente sind mit dem individuellen Risiko einer Störung durch Substanzen ebenso verknüpft wie mit einer familiären genetischen Risikoübertragung. Zu beachten ist die Differenzierung in eine umweltspezifische sowie eine genetische Risikobeeinflussung sowie die mögliche Interaktion zwischen beiden.

Folgender Befund illustriert eine solche Interaktion: Bei 15 jugendlichen männlichen Vergewaltigungsopfern korrelierte das Ausmaß von posttraumatischem Streß (PTS) mit den Temperamenten „harm avoidance" und „reward dependence" (Ruchkin et al. 1998); außerdem mit einzelnen Variablen elterlichen Erziehungsverhaltens. Die Auswirkung von Trauma (Umweltvariable) auf Art und Ausmaß des PTS (nachfolgende Störung) wurde also von zum Teil familiär genetisch weitergegebene Faktoren (Temperamenten) und Umweltvariablen (Erziehungsverhalten) moduliert. Darüber hinaus vermuten die Autoren, daß dieselben Faktoren auch die Wahrscheinlichkeit beeinflussen, überhaupt Opfer einer Vergewaltigung zu werden. Hier ist allerdings einschränkend zu betonen, daß der genetische Varianzanteil insgesamt in einem Bereich zwischen 10 und 15% liegen dürfte.

Auch der „peer-group"-moderierte Risikozusammenhang weist vermutlich eine genetische Kodeterminierung auf: Im Rahmen einer Zwillingsstudie gab es Hinweise auf eine genetische Mitbeeinflussung elterlichen Erziehungsverhaltens gab (Kendler 1996). Dieser Befund unterstützt die Ansicht, daß es nötig ist innerhalb jeder Risikokonstellation das Vorhandensein sowohl genetischer als auch umweltbedingter Ursachen in Betracht zu ziehen.

Aus dem Vorhandensein genetischer Risikoübertragungswege, das sich bei dem hier verhandelten Thema Vernachlässigung, Mißhandlung und Mißbrauch und Suchterkrankungen besonders eindrücklich zeigen läßt, darf nicht der Schluß gezogen werden, daß therapeutische Interventionen wegen eines vermeintlich unveränderlichen genetischen Determinismus weniger wirksam seien. Sowohl pharmako- als auch psychotherapeutische Interventionen sind, was psychiatrische Erkrankungen anbetrifft, unabhängig von ätiologischen Zuordnungen wirksam (z.B. Psychotherapie bei der genetisch kodeterminierten Schizophrenie).

Ätiopathogenetische Zusammenhänge scheinen vielmehr nicht zwingend auf die Wirksamkeit therapeutischer Interventionen hinzuweisen. In einer entsprechenden Interventionsstudie bewirkte ein Training sozialer Kompetenz bei Jugendlichen mit bereits aktivem Substanzkonsum einen „Bumerang-Effekt": Die so behandelten Jugendlichen erhöhten ihren Substanzkonsum im Vergleich zu vorher (Ellickson und Bell 1990).

Neben der unmittelbar evidenten Erkenntnis, daß eine Verminderung von Vernachlässigung, Mißhandlung und Mißbrauch in Familien grundsätzlich zu fordern ist, erscheinen therapeutisch wirksame Intervention nicht allein aus der Pathogeneseforschung ableitbar zu sein. Mit anderen Worten: Es müssen wirksame Interventionen mit den Methoden der Therapieforschung geplant und evaluiert werden.

Noch schwieriger erscheint die Auswahl der für eine Prävention in Frage kommenden Kinder und Jugendlichen. Obwohl Risikokonstellationen in bezug auf Vernachlässigung, Mißhandlung und Mißbrauch und Suchtstörungen psychiatrische Morbidität prädizieren, so geht ein substantieller Anteil von Kindern aus Risikofamilien unbeschadet aus diesen hervor. Es entsteht also folgendes Dilemma: Präventive Maßnahmen *vor Eintritt* psychischer Erkrankungen (hier besonders Suchtstörungen) können zwar sicherlich zu einer Verminderung von Morbidität beitragen, andererseits müßten dazu alle Kinder aus Risikofamilien unterschiedslos präventiven Therapien unterzogen werden. Die dazu erforderliche Auswahl beinhaltet jedoch auch eine Stigmatisierung. Es ist also nötig, spezifischere Prädiktoren für den Eintritt von psychiatrischer Morbidität zu beschreiben.

2.12.5 Relevanz von Vernachlässigung, Mißhandlung und Mißbrauch für süchtiges Verhalten und Konsequenzen für therapeutische und theoretische Konzepte

Obgleich vergleichsweise wenige Arbeiten über diese Zusammenhänge vorliegen, wird aus den Ergebnissen deutlich, daß offenbar bei einer beträchtlichen Zahl von Patienten die Abhängigkeitsproblematik mit kumulativen Realtraumatisierungen und daraus resultierenden psychosozialen Funktionseinschränkungen verknüpft ist.

> Wie auch im vorangestellten Fallbeispiel deutlich wurde, ist es nicht allein sexueller Mißbrauch, der offenbar mit einem höheren Risiko der Abhängigkeit von psychotropen Substanzen einhergeht, sondern darüber hinaus eine auf mehreren Ebenen faßbare psychische und soziale Mißhandlung und Verwahrlosung. Wie im Fallbeispiel stammen häufig die schwerer gestörten Abhängigen aus Familien, in denen zumindest einzelne Mitglieder selbst Störungen in diesem Bereich aufweisen. Für genetische Konzepte dieser Störungsgruppe bedeutet dies, daß sehr viel stärker als bisher die theoretische Auseinandersetzung mit Risikokonstellationen notwendig ist, während kausale Erklärungsmodelle wenig sinnvoll erscheinen.

Pharmakogene Konfliktbewältigung ist im diesem Sinne Resultat eines Prozesses, der mit seinen Wechselwirkungseffekten sehr viel mehr als die Summe einzelner traumatisierender Ereignisse darstellt. Dabei scheinen Realtraumatisierungen zu sehr verschiedenen Störungskonstellationen zu führen, deren syndromale Gemeinsamkeit in dem bei diesen Patientengruppen existenten Phänomen der **Dissoziation** liegt (vgl. Spitzer et al. 1996; Freyberger et al. 1996), das einen charakteristischen Verarbeitungsmechanismus realer Traumata im Sinne eines Abwehrprozesses darstellt.

> Für die spätere Suchtentwicklung dürften aber weniger Abwehrprozesse als vielmehr ein charakteristisches suchtorientiertes Bewältigungsverhalten der wichtigsten Beziehungsfiguren innerhalb der Herkunftsfamilien von Bedeutung sein.

Therapeutische Interventionen bei Abhängigen haben von verschiedenen Voraussetzungen auszugehen, die, wie bereits im Fallbeispiel deutlich wurde, auf einem langfristigen Behandlungskonzept beruhen müssen.

> Sehr viel stärker als bei anderen Patientengruppen mit Realtraumatisierungen sind differentielle Indikationsstellungen davon abhängig, in welcher Phase seiner Entwicklung bzw. seines Veränderungsprozesses sich der Patient befindet.

Für das therapeutische Handeln sind die Implikationen offensichtlich: in verschiedenen Phasen des Veränderungsprozesses sind unterschiedliche therapeutische Strategien notwendig (Dreckmann 1993). Unabhängig von der Psychotherapieschulen gemäßen Intervention ist gerade im Suchtbereich deren Zeitpunkt entscheidend. Ein Abhängiger, der sich noch in einem Stadium befindet, in dem er seine Sucht verleugnet, wird kaum aus Interventionen Nutzen ziehen, die eine Motivation zur Abstinenz implizieren. Dies hat in der Bundesrepublik Deutschland zu einem Behandlungsangebot geführt, das ein Spektrum von einfacher Ausnüchterung über Entgiftungsbehandlungen und Kurz- bis hin zu stationären Langzeittherapien von etwa sechs Monaten beinhaltet.

> Für die differentielle Indikationsstellung ist zudem von Relevanz, welche psychischen Störungen über die Abhängigkeit hinaus vorliegen und in welchen Zusammenhang sie mit der Abhängigkeit zu bringen sind.

Für die Komorbidität zwischen Schizophrenien und stofflichem Mißbrauch etwa, die wahrscheinlich zu den am besten untersuchten Konstellationen gehört, liegen inzwischen spezielle Therapieprogramme vor (vgl. Krausz und Müller-Thomsen 1994), die die schlechtere Prognose dieser Patientengruppe gegenüber allein schizophrenen Patienten belegen.

Hinzuzufügen wäre die somatische Seite: von Infektionen bis zu veränderter Propriozeptivität bei psychoaktiven Substanzen. Die Langzeitperspektive eines Abhängigen wird u.a. ebenso von seiner Substanzeinnahme wie beispielsweise seiner chronischen Hepatitis B und C bestimmt, was trotz des Wissens, daß auch die Detoxifikation ein Psyche und Körper in gleicher Weise betreffender Akt ist, häufig ausgeblendet wird. Erst die Problematik um AIDS hat hier zu einer Revision geführt.

Die Komplexität der im Laufe der Suchtentwicklung relevanten Faktoren, von denen die sexuelle Mißhandlung und der körperliche Mißbrauch nur eine Dimension darstellen, legt die *Revision theoretischer Suchtkonzepte* nahe. Auf der Basis des Forschungsstandes verstehen wir „Sucht" oder gemäß der ICD-10 „schädlichen Gebrauch" bzw. „Abhängigkeit" auf der Basis der Kriterien, wie sie für den Bereich der Psychopathologie dort niedergelegt sind, als einen biographischen Teilprozeß. Dieser kann zu verschiedenen Zeitpunkten den Charakter einer Verhaltensstörung oder einer Krankheit haben, Grundlage einer Verhaltensstörung oder Teil einer Krankheit sein. Zur Beantwortung der Frage im Einzelfall gehört die genaue Operationalisierung und Bewertung dieses Prozesses auf allen betroffenen Ebenen, insbesondere der Ebene der somatischen Beeinträchtigung, der sozialen Folgen unter Einschluß z.B. der juristischen Situation, der Beziehungssituation und der psychischen Befindlichkeit. Wichtig für die auch temporäre Einordnung ist das Ausmaß somatischer und psychiatrischer Hilfs- bzw. Behandlungsbedürftigkeit sowie die Bedeutung des süchtigen Verhaltens für den individuellen Lebensprozeß im Sinne von dessen Dominanz.

Insofern betrifft schädlicher Gebrauch psychotroper Substanzen immer auch alles bzw. bezieht sich auf alle Ebenen. Die Konstellation der Ebenen zueinander, die Widersprüche zwischen und in den Bereichen, verbunden mit der Fähigkeit zur Realitätsbewältigung, konstituieren eine individuelle Risikokonstellation in Richtung auf Destabilisierung und Krankheit.

Die Bewertung einzelner Aspekte unterliegt großen kulturellen und regionalen Unterschieden – genauso, wie Normalität generell ein dynamischer Prozeß ist und das, was man unter Gesundheit oder Krankheit, Devianz oder Normvariante versteht, Teil einer informellen gesellschaftlichen und sozialen Übereinkunft ist, auf deren Basis auch ein „Suchtverständnis" fußen muß (Antons und Schulz 1990, Bd. 2, S. 260).

Das Wort „Teilprozeß" soll darüber hinaus ausdrücken, daß sich Sucht nicht losgelöst von der individuellen Lebensgeschichte interpretieren läßt, diese auch teilweise dominiert oder stark beeinflußt, daß aber immer auch noch Teile der individuellen Lebensdynamik unabhängig oder zum Teil unabhängig davon existieren, die im Falle von Abstinenz oder anderen Stabilisierungen Grundlage neuer Entwicklungsrichtungen, weniger autodestruktiver Bewältigungsmechanismen der Realität sein können.

> Im Sinne der skizzierten Risikokonstellationen ist sowohl der sexuelle Mißbrauch als auch die Erfahrung körperlicher Gewalt gerade in der Verbindung zur Sucht in der Herkunftsfamilie ein Risikofaktor von ho-

hem Gewicht. Das anfangs Lustvolle beim Konsum psychotroper Substanzen, die Reduktion von Spannung, Schmerz und Angst, die Betäubung – vielleicht die Distanz zur eigenen Geschichte, der Abstand zur Erinnerung, zur traumatischen Verletzung – wird sehr schnell zur dysfunktionalen Selbstbetäubung und schließlich zum sich selbst aufrechterhaltenden System der Abhängigkeit. Lust spielt schließlich keine Rolle mehr in der Sucht, es dominiert der Versuch der Reduktion von Leid.

2.13 Sexuelle Störungen und Verhaltensauffälligkeiten

Bernhard Strauß und Mirjam Mette-Zillessen

Inhalt

2.13.1 Einleitung	333
2.13.2 Diagnostische Aspekte	333
2.13.3 Fallbeispiele	335
2.13.4 Psychodynamisches Verständnis sexueller Störungen	337
2.13.5 Sexuelle Störungen und Verhaltensauffälligkeiten als Folge sexuellen Mißbrauchs	337
Sexuelle Funktionsstörungen	338
Störungen und Auffälligkeiten des Sexualverhaltens	339
Einflüsse von Mißbrauchserfahrungen auf die Sexualpräferenz	341
2.13.6 Therapeutische Konsequenzen	342

2.13.1 Einleitung

Klinische Erfahrungen belegen, daß nach massiver, den Körper und die Sexualität betreffender Traumatisierung im Kindes- oder Erwachsenenalter sexuelle Störungen häufig sind (Jehu 1989). Einige Autoren meinen, Sexualität könne nach Erfahrungen mit sexuellem Mißbrauch kaum noch problemlos erlebt werden (z.B. Bommert 1993). Beeinträchtigungen der Sexualität infolge von Mißbrauchserfahrungen können sich auf spezifische sexuelle Funktionen (z.B. Erregung, Orgasmuserleben), auf das sexuelle Verhalten (z.B. Promiskuität) und/oder die sexuellen Präferenzen (z.B. Masochismus) beziehen. Auf der Basis der Berichte über die sexuellen Folgen von Mißbrauchserfahrungen ist zu betonen, daß sicher nicht von einfachen Zusammenhängen zwischen Mißbrauch und spezifischen Folgeerscheinungen ausgegangen werden kann; eher sind Folgeprobleme nach Mißbrauchserfahrungen das Resultat aller Faktoren, die die psychosexuelle Entwicklung beeinflussen. Um den Zusammenhang zwischen sexuellen Störungen und Mißbrauchserfahrungen einzugrenzen, ist eine sensible und sorgfältige Diagnostik notwendig, in der auch andere psychische Konflikte, die mit sexuellen Problemen häufig einhergehen, eruiert werden. Für die Behandlung sexueller Störungen ist das Wissen um etwaige Mißbrauchserfahrungen für die Schwerpunktsetzung im Therapieverlauf von großer Bedeutung.

2.13.2 Diagnostische Aspekte

In den gängigen diagnostischen Inventaren werden in der Regel drei bzw. vier große Gruppen von sexuellen Störungen unterschieden:
- Eine Gruppe bilden sexuelle Funktionsstörungen, die „eine von der betroffenen Person gewünschte sexuelle Beziehung" verhindern (Dilling et al. 1991). Hierzu werden (vgl. Tab. 2.19) ein Mangel an sexuellem Verlangen oder Befriedigung, ein Ausfall der physiologischen Reaktionen im

Tab. 2.19 Sexuelle Dysfunktionen in ICD-10 und DSM-IV

ICD-10		DSM-IV	
F52.0	Mangel oder Verlust von sexuellem Verlangen	302.71	Störungen mit hypoaktivem Verlangen
F52.1	sexuelle Aversion und mangelnde sexuelle Befriedigung		
F52.10	sexuelle Aversion	302.79	Störung mit sexueller Aversion
F52.11	mangelnde sexuelle Befriedigung	302.70	nicht näher bezeichnete sexuelle Funktionsstörung
F52.2	Versagen genitaler Reaktionen	302.71	Störung der sexuellen Erregung bei der Frau
		302.72	Störung der Erektion beim Mann
F52.3	Orgasmusstörungen	302.73	Orgasmusstörung der Frau
		302.74	Orgasmusstörung des Mannes
F52.4	Ejaculatio praecox	302.75	Ejaculatio praecox
F52.5	nichtorganischer Vaginismus	306.51	Vaginismus
F52.6	nichtorganische Dyspareunie	302.76	Dyspareunie
F52.7	gesteigertes sexuelles Verlangen		Diagnose nicht vorhanden
F52.8	sonstige nichtorganische sexuelle Funktionsstörungen		
F52.9	nicht näher bezeichnete nichtorganische sexuelle Funktionsstörungen	302.70	nicht näher bezeichnete sexuelle Funktionsstörungen

Zusammenhang mit sexuellen Aktivitäten sowie eine Unfähigkeit, den Orgasmus zu steuern oder zu erleben, gerechnet.

In der ICD-10 wird auch ein gesteigertes sexuelles Verlangen zu den sexuellen Funktionsstörungen gezählt, die dort im Kapitel „Verhaltensauffälligkeiten mit körperlichen Störungen" kodiert werden.

- Die zweite große Gruppe der Sexualstörungen (vgl. Tab. 2.20) sind Störungen der Sexualpräferenz als spezifische, die Sexualität betreffende Persönlichkeits- und Verhaltensstörungen.
- In diese große Gruppe gehören auch die Störungen der Geschlechtsidentität, unter denen der Transsexualismus die wahrscheinlich klinisch relevanteste Form sein dürfte. Auf diese Gruppe von Störungen wird hier nicht weiter eingegangen, da sie im Zusammenhang mit sexuellem Mißbrauch in der bisherigen Literatur keine bedeutende Rolle spielt.
- In der ICD-10 ist schließlich noch eine Gruppe von Störungen in Verbindung mit der sexuellen Entwicklung und Orientierung gesondert berücksichtigt: Es handelt sich hierbei um die ichdystone Sexualentwicklung und sexuelle Beziehungsstörungen. Eine detaillierte Beschreibung der diagnostischen Klassifikation in ICD-10 und DSM-IV findet sich bei Mösler und Rose (1998).

In den Klassifikationen sexueller Störungen werden mögliche Zusammenhänge mit sexuellem Mißbrauch nicht explizit aufgeführt. Ob eine oder mehrere dieser Störungen als Folge

Tab. 2.20 Störungen der Sexualpräferenz in ICD-10 und DSM-IV

ICD-10		DSM-IV	
F65.0	Fetischismus	302.81	Fetischismus
F65.1	fetischistischer Transvestitismus	302.3	fetischistischer Transvestitismus
F65.2	Exhibitionismus	302.4	Exhibitonismus
F65.3	Voyeurismus	302.82	Voyeurismus
F65.4	Pädophilie	302.2	Pädophilie
F65.5	Sadomasochismus	302.83	sexueller Masochismus
		302.84	sexueller Sadismus
F65.6	multiple Störungen der Sexualpräferenz	302.89	Frotteurismus Diagnose nicht vorhanden
F65.8	sonstige Störungen der Sexualpräferenz (anderweitige Paraphilien)	302.9	nicht näher bezeichnete Paraphilie
F65.9	nicht näher bezeichnete Störungen der Sexualpräferenz		

von Mißbrauch auftreten, hängt nach einem Traumatisierungsmodell von Moggi (1996) davon ab, wie lange, in welchem Alter (je früher desto gravierender) und ob der Mißbrauch unter gewaltsamer Anwendung von sexueller Intimität (z.B. oraler, vaginaler oder analer Geschlechtsverkehr) stattgefunden hat. Das Modell basiert auf empirischen Befunden, die andeuten, daß ein Muster – bestehend aus inzestuöser Beziehung, Anwendung von Gewalt, häufiger und langandauernder sexueller Kindesmißhandlung sowie Geschlechtsverkehr – hoch korreliert mit persistierenden Langzeitfolgen in Form von Depressivität, einem negativeren Selbstbild, einem stärkeren Ausmaß an interpersonalen Störungen und *mehr sexuellen Problemen.*

2.13.3 Fallbeispiele

Beispiel 1: Ein 50jähriger Verwaltungsangestellter wird nach mehrmaligen urologischen Untersuchungen wegen einer anhaltenden Erektionsstörung zu einem psychotherapeutischen Erstgespräch überwiesen. Im Gespräch berichtet der Mann folgende Entwicklung seiner Störung: Ausgangspunkt sei ein Saunabesuch gewesen. Als passionierter Saunagänger sei er etwa ein Jahr vor dem Gespräch zur Eröffnung eines Erlebnisbades in einer besonders attraktiven „Biosauna" Gast gewesen und auf der Liege eingeschlafen. Von ungewöhnlichen Empfindungen geweckt, habe der Patient bemerkt, daß sich – offenbar während er schlief – ein Mann an seinem Genitale „zu schaffen gemacht" hatte. Als der Patient erschreckt erwachte, habe dieser Mann sofort die Flucht ergriffen. Aufgrund des großen Betriebes außerhalb der Sauna, in der der Patient mit dem Täter alleine war, habe er diesen nicht mehr ausfindig machen können. Ohne zu wissen, welche Art von Übergriff dieser Täter an ihm praktiziert hätte, sei die erste Befürchtung des Patienten gewesen, möglicherweise mit einer Geschlechtskrankheit infiziert worden zu sein. Diese Furcht habe er einige Wochen mit sich herumgetragen, ehe er seinen

Hausarzt aufgesucht hätte. Da ein Test auf HIV-Infektion zu dem damaligen Zeitpunkt noch nicht aussagekräftig gewesen sei, habe sich die Angst verfestigt und sei von anfänglichen depressiven Verstimmungen begleitet worden, die sich – gekoppelt mit Schlafstörungen – zu einer manifesten Depression entwickelt hätten. In diesem Verlauf hätten sich das sexuelle Verlangen des Patienten und seine Reaktionsfähigkeit rapide reduziert, was letztlich dann dazu führte, daß er eine urologische Behandlung aufsuchte. Der übliche Ausschluß einer organischen Ursache der Erektionsstörung hätte an dem Problem wenig geändert. Ein HIV-Labortest mit negativem Ergebnis habe zwar zu einer Erleichterung und einer Lösung der Angst geführt, an den depressiven Verstimmungen und der sexuellen Funktionsstörung aber nichts verändert.

In dem psychotherapeutischen Gespräch entstand aufgrund der Beschreibung der Lebenssituation und Lebensgeschichte des Patienten das Bild eines extrem kontrollierten, fast zwanghaften Patienten, der ein sehr erfülltes, dabei extrem geregeltes und „ordentliches" Leben führte. Situationen, in denen der Patient das Gefühl von Kontrollverlust hatte, waren in der ganzen Biographie des Patienten nicht ausfindig zu machen. Vor diesem Hintergrund war die Vermutung naheliegend, daß der dem sexuellen Übergriff in der Sauna immanente erlebte Kontrollverlust der zentrale Auslöser der beschriebenen Entwicklung war. Der Patient war sich bis zum Zeitpunkt des Gespräches nicht im klaren, was der Täter in dieser Situation eigentlich mit ihm vollzogen habe, und war nach wie vor von der Befürchtung geplagt, daß die Situation zu einer dauerhaften Schädigung beigetragen haben könnte.

Beispiel 2: Eine sehr schüchtern und verschlossen wirkende Frau im Alter von 32 Jahren kam mit ihrem Partner in eine psychotherapeutische Ambulanz und beschrieb einen initial bestehenden Vaginismus. Der Ehemann der Patientin war ihr erster Partner, den sie mit 20 Jahren kennengelernt hatte. Nachdem das Paar etwa 2 Jahre befreundet war, sei es zum ersten Versuch eines Geschlechtsverkehrs gekommen, der aufgrund des Scheidenkrampfes der Patientin nicht zustande kam. Von da an habe das Paar noch mehrfach den Versuch unternommen, miteinander zu schlafen, ehe diese Versuche dann aufgrund der Funktionsstörung eingestellt wurden. Das Paar lebte dennoch relativ zufrieden, es kam im Alltag zu Zärtlichkeiten und Petting, in dessen Verlauf die Patientin und ihr Partner auch in der Lage waren, einen Orgasmus zu erleben. Der Wunsch nach einer psychotherapeutischen Behandlung des sexuellen Problems war im wesentlichen motiviert durch einen aufkommenden Kinderwunsch, der nicht zuletzt durch den Druck des sozialen Umfeldes verstärkt wurde. Nach dem Erstgespräch wurde eine Indikation für eine Paartherapie nach dem Vorgehen von Masters und Johnson gestellt. Die Therapie begann, das Paar erwies sich als äußerst kooperativ, wenngleich bei beiden Partnern von Anfang an eine ausgeprägte Affektferne, insbesondere eine Aggressionshemmung zu spüren war. Im Verlauf der Therapie machte das Paar durchaus Fortschritte, die in der Behandlung enthaltenen „Übungen" wurden relativ entspannt erlebt, Kommunikationsprobleme im Hinblick auf sexuelle Wünsche und körperliche Empfindungen lösten sich, dennoch änderte sich an der grundlegenden Symptomatik kaum etwas. Die Patientin war im Bereich ihrer Genitalien unverändert verspannt und reagierte höchst ängstlich auf Berührungen durch ihren Partner. Dieser Zustand hielt persistent an, die im Rahmen einer Paartherapie sonst so häufig sichtbaren Fortschritte in der Symptomatik blieben aus, was das Therapeutenpaar letztlich dazu veranlaßte, neuerliche Einzelgespräche mit den Partnern zu führen, um Hypothesen über einen möglichen Widerstand gegen Veränderungen zu bilden. Im Einzelgespräch mit der Therapeutin offenbarte dann die Patientin – nachdem die Behandlung bereits mehrere Monate gedauert hatte – sexuelle Übergriffe im Pubertätsalter durch ihren Onkel, auf die es zu Beginn der Behandlung und auf der Basis der anfänglichen Explorationen keine Hinweise gab. Als Konsequenz wurde das Behandlungssetting auf Dauer verändert und die Patientin bearbeitete in einer Reihe von Einzelstunden ihre Mißbrauchserlebnisse, die in diesem Rahmen unter anderem auch als ein wesentliches Motiv für die Wahl ihres introvertierten, zurückhaltenden und aggressionsgehemmten Partners verstanden werden konnten.

2.13.4 Psychodynamisches Verständnis sexueller Störungen

Heute akzeptierte Theorien zur Ätiologie sexueller Funktionsstörungen gehen davon aus, daß neben Lerndefiziten, sexuellen Mythen und Selbstverstärkungsmechanismen, die die Störungen aufrechterhalten, die primäre Funktion der Störung in der Abwehr von Ängsten unterschiedlicher Art zu sehen ist (z.B. primäre Sexual- und Triebängste, Gewissensängste, Beziehungsängste; vgl. Strauß 1998a). Darüber hinaus haben sexuelle Funktionsstörungen fast immer eine unbewußte Bedeutung innerhalb der Partnerbeziehung bzw. bei Partnerkonflikten. Die Symptomatik kann beispielsweise dazu dienen, für beide Partner bedeutsame Ängste abzuwehren, Konflikte in der Beziehung auszutragen oder das erträgliche Maß an Nähe und Distanz zu regulieren, wenn die Beteiligten hierfür kein anderes Repertoire zur Verfügung haben. Im Zusammenhang mit Mißbrauchserfahrungen werden wahrscheinlich beide Aspekte, also die Abwehr individueller und partnerbezogener Ängste, bedeutsam sein: Ängste vor Gewalt, Kontrollverlust und Selbstaufgabe sind bei sexuell mißbrauchten Personen im Zusammenhang mit der Sexualität beschrieben. Detaillierte Darstellungen der Psycho- bzw. Paardynamik sexueller Funktionsstörungen finden sich bei Arentewicz und Schmidt (1993) sowie bei Sigusch (1996).

Vielfältiger sind die Annahmen zur Psychodynamik von Störungen der Sexualpräferenz. Insbesondere von psychoanalytischer Seite gibt es hierzu zahlreiche Theorien, deren Darstellung den Rahmen dieses Beitrags sprengen würden (vgl. Stoller 1979; Khan 1983; Chasseguet-Smirgel 1992; McDougall 1985). Von Schorsch und Mitarbeitern (1985) wurde beschrieben, daß sich der Ausdrucksgehalt sogenannter perverser Symptome und sexueller Gewalt meistens auf die folgenden Aspekte bezieht:
- Demonstration von Männlichkeit
- Ausweichen vor Genitalität
- Ausleben von Wut und Haß
- oppositionelle Ausbrüche
- Omnipotenzerleben
- identifikatorische Wunscherfüllungen
- Ausfüllen innerer Leere

Als Folge sexuellen Mißbrauchs (s.u.) werden neben masochistischen Tendenzen – insbesondere bei Männern – aggressiv-sexuelle Verhaltensweisen bis hin zu gewaltsamen Sexualdelikten diskutiert, für deren Erklärung die von Schorsch et al. beschriebenen Funktionen der Symptomatik zutreffen können. Die Bedeutung realer sexueller Traumatisierungen ist in den psychoanalytischen Theorien zur sexuellen Devianz erstaunlich wenig berücksichtigt.

2.13.5 Sexuelle Störungen und Verhaltensauffälligkeiten als Folge sexuellen Mißbrauchs

Der Großteil der publizierten Studien zur Frage sexueller Störungen als Mißbrauchsfolge differenziert wenig zwischen verschiedenen

Störungsbildern. In den meisten Fällen wurde pauschal nach sexuellen Problemen und Unzufriedenheit nach sexuellem Mißbrauch oder körperlicher Mißhandlung gefragt und keine genaueren Beurteilungen unterschiedlicher Sexualpraktiken erhoben (Richter-Appelt 1998). Dabei zählen sexuelle Probleme und sexuelle Unzufriedenheit neben körperlichen Beschwerden und Suizidgedanken prozentual zu den am häufigsten genannten Störungsbildern (Richter-Appelt 1998).

Sexuelle Funktionsstörungen

Eine Beeinträchtigung sexueller Funktionen, ein Mangel an sexuellem Interesse oder eine sexuelle Aversion können beispielsweise aus der Abscheu vor sexuellem Verhalten oder vor Geschlechtsteilen, aber auch aus der Angst heraus, wieder gewaltsam behandelt zu werden, resultieren. Wie häufig derartige Störungen in der Folge sexuellen Mißbrauchs sind, ist auch deshalb schwer abzuschätzen, weil die generelle Häufigkeit sexueller Funktionsstörungen zum einen schwer zu bestimmen und zum anderen offensichtlich auch in Allgemeinpopulationen relativ hoch erscheint (Frank et al. 1978). Einige Autoren berichten demgemäß von nur geringen Zusammenhängen zwischen Mißbrauchserfahrungen und sexuellen Störungen (z.B. Fromuth 1986; Gold 1986; Greenwald et al. 1990). Letztlich weisen aber speziell Studien aus neuerer Zeit doch auf eine deutlich höhere Prävalenz sexueller Funktionsstörungen bei Mißbrauchsopfern insbesondere weiblichen, teilweise aber auch männlichen Geschlechts hin.

Stein et al. (1988) fanden eine Prävalenz sexueller Beeinträchtigungen in einer repräsentativen Stichprobe von Frauen aus Kalifornien, die im Zusammenhang mit *subjektiven* Mißbrauchserfahrungen bei 20% lag. Angst vor Sexualität (36%), reduziertes Verlangen (32%) und eine verminderte sexuelle Erlebnisfähigkeit (36%) wurden in der Studie am häufigsten genannt. Meiselman (1979) fand in einer Stichprobe von weiblichen Inzestopfern (n=26) bei 87% sexuelle Funktionsstörungen (in der Kontrollgruppe hingegen 20%), wobei nicht deutlich gemacht wurde, zu welchem Zeitpunkt der sexuellen Interaktion eine Symptomatik auftritt (vgl. Briere 1984; Tsai et al. 1979). Nach Becker et al. (1986) scheinen bei sexuell mißbrauchten Frauen Störungen in einem frühen Stadium der Interaktion häufiger zu sein, es treten also vermehrt Störungen der Appetenz und Erregbarkeit sowie vermeidendes Verhalten auf.

Mißbrauchte Frauen bewerten ihre Sexualität allgemein als belasteter als nicht mißbrauchte Frauen. Wyatt (1991) beschreibt ein deutlich *geringeres Interesse* an Sexualität und ein *Vermeidungsverhalten* gegenüber sexuellen Begegnungen. Sie seien sexuell weniger ansprechbar, sexuelle Handlungen sollen sie *weniger erregen* und sie fühlten sich nach sexuellen Erlebnissen *seltener zufrieden* (Jackson et al. 1990). Mißbrauchsopfer meinen häufiger, sie würden sich gedanklich zuviel mit Sexualität beschäftigen; viele berichten zwiespältige Gefühle, können Sexualität nicht unbelastet erleben, empfinden bei sexuellen Berührungen wenig (Hirsch 1994). Bommert (1993) faßt Berichte über körperliche Anspannung, gefühlsmäßige Beeinträchtigungen und die Vermeidung von Regression bei Erregung und Orgasmus zusammen. Eine klinische Studie von Jackson et al. (1990) belegt, daß Mißbrauchsopfer weniger häufig einen Orgasmus erleben. Viele Frauen erleben zwar einen Orgasmus, fühlen sich dabei aber schuldig oder schlecht (Hirsch 1994). Richter-Appelt (1998) befragte Studentinnen und Studenten mit Erfahrungen von körperlichem und/oder sexuellem Mißbrauch nach Bewertungen von sexuellen Praktiken und fand, daß mißbrauchte Frauen die Masturbation besonders positiv beurteilten, was die Autorin als ein Zeichen für Überstimulierung bei gleichzeitiger Angst vor heterosexuellen Kontakten interpretiert.

In der Untersuchung von Kinzl et al. (1997) gaben von 202 Studentinnen 44 (21,8%) sexuelle Mißbrauchserfahrungen an, von 301 Studenten 17 (5,6%). Die Studie zeigte, daß die Kovariation zwischen Mißbrauchserfahrungen und einem defizitären familiären Klima das Vorhandensein sexueller Funktionsstörungen vorhersagen konnte. Die Mißbrauchserfahrungen hatten bei den Frauen einen bedeutsamen negativen Einfluß auf die sexuelle Erregung und Orgasmusfähigkeit, bei Männern dagegen nicht.

Die gewaltsame Behandlung der genitalen Körperregionen kann zu Störungen wie *Dyspareunie* und *Vaginismus* führen (Jackson et al. 1990). Der Vaginismus kann dabei auch sekundär entstehen. Richter-Appelt (1997) beobachtete gehäuft Fälle von Dyspareunie mit sexuellem Vermeidungsverhalten in Zusammenhang mit *Beckenschmerzen*. Walker et al. (1992b) beschrieben dieses Symptom als dissoziativen Prozeß, über den eine Stimulierung und die damit verbundene Erinnerung an den Mißbrauch vermieden und abgespalten werden können. In einer Stichprobe von 22 Frauen mit Vaginismus fand Silverstein (1989) insgesamt 13 Fälle von inzestuösem sexuellen Mißbrauch (4 durch den Bruder, 9 durch andere Verwandte). 4 Patientinnen hatten während der Kindheit urethrale Manipulationen durch medizinische Eingriffe erlitten. Die Autorin räumt ein, daß sie in ihrer Stichprobe durchaus weitere Fälle mit Mißbrauchserlebnissen mutmaßt, die durch ein einmaliges Interview aber nicht eruiert werden konnten.

Ein weniger deutlicher Zusammenhang konnte zwischen sexuellem Mißbrauch und sexuellen Problemen bei Männern aufgezeigt werden (Fromuth und Burkhart 1989; Kinzl et al. 1997). Daraus sollte nicht der Schluß gezogen werden, sexuell mißbrauchte Männer hätten weniger sexuelle Probleme; es erscheint vielmehr wahrscheinlich, daß Männer ihre Sexualität nach außen hin positiver darstellen, obwohl durchaus Probleme bestehen (Kinzl et al. 1997). Ein geschlechtsspezifischer Unterschied besteht offenbar darin, daß mißbrauchte Männer eher nach außen gerichtete Symptome wie Aggressionen zeigen, während mißbrauchte Frauen eher nach innen gerichtete Probleme, z.B. Depressionen, entwickeln (Friedrich 1986).

Aus der Untersuchung einer studentischen Stichprobe geht hervor, daß sexuell mißbrauchte *Männer* häufiger als nicht mißbrauchte meinen, sie hätten zu wenige sexuelle Erlebnisse und seien mit der gelebten Sexualität weniger zufrieden (Bange 1992). Die Männer mit sexuellen Mißbrauchserfahrungen aus der Studie von Richter-Appelt und Tiefensee (1996a) gaben tatsächlich weniger Erfahrungen mit Koitus und heterosexuellen Beziehungen an. Auffallend war die Tatsache, daß Männer, die sexuell mißbraucht *und* körperlich mißhandelt wurden, doppelt so häufig sexuelle Probleme nannten als „nur" sexuell mißbrauchte (Richter-Appelt 1997).

Zusammenfassend kann man also eine Häufung sexueller Funktionsstörungen bei sexuell mißbrauchten Frauen, weniger deutlich auch bei Männern, annehmen. Erst in einigen neueren Studien wurde auch empirisch gezeigt, daß „Kontextvariablen", wie z.B. Erfahrungen mit körperlicher Mißhandlung und/oder die Qualität des familiären Klimas, einen wesentlichen Einfluß auf die Entstehung sexueller Funktionsstörungen haben.

Störungen und Auffälligkeiten des Sexualverhaltens

Durch sexuellen Mißbrauch wird ein Kind frühzeitig sexualisiert. Geht der Täter dabei nicht brutal vor, können bei dem Kind durch den sexuellen Umgang auch „positive" Gefühle ausgelöst werden, z.B. Lustgefühle, die seiner sexuellen Entwicklung eigentlich noch nicht entsprechen. Das Kind mag die unbekannten Gefühle vielleicht auch genießen und akzeptieren. Besonders in inzestuösen Familienkonstellationen lernt das Kind so frühzeitig die Möglichkeit kennen, (nur) über Sexualität Zuwendung und Körperkontakt zu bekommen (Hirsch 1994). Nach Bommert (1993) entsteht daraus die fatale Folgeerscheinung, daß Zuwendung eventuell automatisch mit Sexualität verbunden wird, weil die einzige, für ein Kind lebensnotwendige Zuwendung in Verbindung mit sexuellen Handlungen erreichbar erscheint. Die dadurch entstehenden Schuldgefühle, den Mißbrauch selbst gesucht und eingeleitet zu haben, sind für das Kind auch später als Erwachsener nahezu unerträglich (Bommert 1993).

Auffallendes sexuelles Verhalten bei Kindern ist nach den Ergebnissen einiger Studien ein relativ eindeutiges Indiz für einen kindlichen sexuellen Mißbrauch (Kolko et al. 1988; Gale et al. 1988; Weil 1989). Dies kann sich zeigen an einer stark sexualisierten Kontaktaufnahme zu Erwachsenen des jeweils anderen Geschlechts (Yates 1982), ungehemmten sexuellen Aktivitäten mit Gleichaltrigen (Bender und Blau 1937) oder auch exzessiver Masturbation (Johnston Krentz 1979; Katan 1973). Masturbation kann auch als Mittel zum Spannungsabbau und in zwanghafter Weise zur Stimulation des Parasympathikus eingesetzt werden, um eine Entspannungsreaktion zu erreichen. Es kann sein, daß die Masturbation auch dann nicht beendet wird, wenn andere dazu auffordern, sondern gerade in Gegenwart anderer durchgeführt wird (Bommert 1993). Auf dieses nach dem Jugendschutzgesetz als „sexuell verwahrlostes Verhalten" bezeichnete Phänomen wurde lange Zeit nicht oder nur mit Fremdunterbringung/Heimeinweisung reagiert, ohne nach den Gründen dieses Verhaltens zu fragen (Hartwig 1990). In letzter Zeit ist diesbezüglich vielerorts eine Neuorientierung zu erkennen, obwohl immer noch unzureichende Hilfs- und Interventionsmöglichkeiten bestehen.

Von der Adoleszenz an kann aus der erotisierten Kontaktaufnahme offen promiskuitives Verhalten werden. In diesem Fall werden sexuelle Erlebnisse keineswegs vermieden, sondern sogar gesucht, ohne eine Beziehung einzugehen. Es kommt zu sexuellen Kontakten mit beliebig vielen Partnern. Bei manchen wird die Vorstellung, etwas Zuwendung zu bekommen, ohne sich sexuell anbieten zu müssen, undenkbar. Maisch (1968) versteht dies als Teil allgemeiner Charakterpathologie in inzestuösen Familienverhältnissen. Manchmal wird dieser sexuelle Kontakt nur um des sexuell körperlichen Ablaufs Willen gesucht, der die entsprechende Entspannung bringt. In anderen Fällen werden Partnerschaften schnell eingegangen, ohne daß über den Partner nachgedacht wird, in der Hoffnung, schnell Geborgenheit und Nähe zu erhalten (Richter-Appelt 1997).

Nach Hirsch (1994) bedeutet promiskuitives Verhalten neben dem sexuellen Agieren stets auch das Mißlingen der jeweiligen Partnerbeziehung. Hierbei werden häufig, entsprechend einem Wiederholungszwang, wiederum Mißhandlung und Ausbeutung stattfinden. Der sexuelle Teil der Beziehung ist in der Regel derartig angst- und konfliktbelastet, daß ein zufriedenstellendes Sexualleben meist nicht erreicht wird. Nach Ergebnissen von Wyatt (1988) hatten die sexuell mißbrauchten Frauen im Durchschnitt früher Petting und Geschlechtsverkehr, außerdem verkehrten sie mit mehr Sexualpartnern in kürzeren Beziehungen. Eine Studie von Fromuth (1986) konnte den Zusammenhang zwischen sexuellem Mißbrauch und promiskuitivem Verhalten allerdings nur teilweise belegen. Obwohl sich die sexuell mißbrauchten Frauen selbst häufiger als promisk einschätzten, zeigte ein Vergleich ihres Verhaltens mit nicht mißbrauchten Frauen, daß erstgenannte nicht häufiger als letztere mehr als zehn Sexualpartner gehabt hatten. Bange (1992) sieht eine Erklärungsmöglichkeit für diesen Befund darin, daß sexuell mißbrauchte Frauen Sexualität eher als etwas Belastendes erfahren. Sie erleben wenige Sexualkontakte evtl. eher als „sehr viel" und bezeichnen sich daher auch eher als promisk.

Prostitution

Bekommt ein Kind für die sexuellen Kontakte mit einem Erwachsenen materielle Gegenleistungen, lernt es, Sexualität funktional einzusetzen. Diese Gewöhnung an sexuelle Übergriffe mitsamt der Übernahme von Normen und Werten („Sexualität für Geld") kann richtungsweisend sein. Wegen chaotischer und gerade auch inzestuöser Verhältnisse laufen viele Kinder und Jugendliche von Zuhause weg; auf der Straße bleibt ihnen nach dem beschriebenen Muster meist nur die Prostitution als Überlebensstrategie. Ein weiteres Motiv, sich zu prostituieren, ist nach Aussage von Prostituierten, daß sie in ihrer Arbeit einen Weg sehen, eine Situation zu beherrschen, die sie als Kind nicht beherrschen konnten. Viele von ihnen berichten, zum ersten Mal ein Gefühl von Macht empfunden zu haben, als sie ihren ersten Freier hatten (Alexander 1989). Verschiedene Studien, in denen jugendliche und erwachsene Prostituierte befragt wurden, belegen, daß zwischen 22–95% der Prostituierten sexuellen Mißbrauch erlebt hatten, die meisten durch den Vater oder eine Vaterfigur (Silbert und Pines 1981; Bagley und Young 1987). Bis zu 96% waren von zu Hause weggelaufen und etwa 60% hatten vor ihrem 16. Lebensjahr begonnen, sich zu prostituieren. Ein Großteil der Befragten hatte Mißbrauchserfahrungen, die Geschlechtsverkehr beinhalteten (Bagley und Young 1987). Zwei Studien über Jungenprostitution kommen zu ähnlichen Ergebnissen: Zwischen 29 und 85% der Jugendlichen und jungen Erwachsenen berichteten von erzwungenen Sexualkontakten in ihrer Kindheit (Janus 1984; Weisberg 1985).

Die Auswertung einer Beratungsstelle in einem Berliner Bezirk erbrachte, daß 95% der Prostituierten, die dort ein Gesprächsangebot wahrnahmen, angaben, in ihrer Kindheit sexuell mißbraucht worden zu sein (Marwitz et al. 1990). Die Autorinnen konnten beobachten, daß es einigen Frauen, sobald der Zusammenhang zwischen inzestuösen oder anderen Mißbrauchserfahrungen und der Prostitution bewußt wurde, nicht mehr möglich war, dieser Tätigkeit nachzugehen. Auch wenn die Untersuchungen einen engen Zusammenhang zwischen sexuellem Mißbrauch und Prostitution belegen, darf dabei nicht übersehen werden, daß sich auch Mädchen und Frauen sowie Jungen und Männer prostituieren, die nicht sexuell mißbraucht worden sind. Ebensowenig ist davon auszugehen, daß sich die meisten Mißbrauchsopfer prostituieren (Alexander 1989). Conte (1988) beobachtete im Rahmen einer Befragung über Sozialarbeiter und Eltern, daß sich 1–2% der sexuell mißbrauchten Kinder später prostituieren.

Sexuell aggressives Verhalten

Ein deutlicher geschlechtsspezifischer Unterschied kann darin gesehen werden, daß sexuell mißbrauchte Jungen und Männer weniger dazu tendieren, funktionelle Sexualstörungen zu entwickeln, sondern eher mit externalen Verhaltensauffälligkeiten, etwa mit sexuell ausbeutendem Verhalten an anderen Kindern reagieren. Verschiedene Studien konnten beispielsweise belegen, daß die Quote von Mißbrauchsopfern unter kindlichen und jugendlichen Straftätern deutlich über dem Durchschnitt liegt, nämlich bei 32–49% (Johnson 1988; Becker 1988; Groth 1979; Williams und Finkelhor 1990). Dennoch kann nicht davon ausgegangen werden, daß jeder Täter auch selbst sexuell mißbraucht wurde, was im Strafvollzug offenbar von einigen Tätern zur eigenen Entlastung angeführt wird, bzw. daß jedes Mißbrauchsopfer auch zum Täter wird.

Einflüsse von Mißbrauchserfahrungen auf die Sexualpräferenz

Masochismus

Besonders bei Frauen wird beobachtet, daß nach gewaltsamen Mißbrauchserlebnissen Masochismus als eine Form des selbstverletzenden Verhaltens resultiert (vgl. Kap. 2.10). Es werden Frauen beschrieben, die mit sich selbst in der Genitalregion so gewaltsam umgehen, wie dies der Täter getan hat. Dies geschieht z.B. durch Masturbation mit Gegenständen, die mit Selbstverletzung einhergeht. Manche Frauen lassen sich von Männern so sadistisch behandeln, wie sie dies durch den Täter erlebt haben. Nach Bommert (1993) wird in der Ausübung dieser (sado-)masochistischen Sexualpraktiken die Verbindung von Sexualität und Gewalt bzw. aggressiven Verhaltensweisen weiterhin gesucht und erlebt.

Homosexualität bei Mißbrauchsopfern
Es gibt in der Literatur verschiedene Hinweise darauf, daß besonders Inzestopfer, teils vorübergehend, teils dauerhaft, homosexuelle Beziehungen eingehen. Die Prozentangaben reichen von 25–29%; allerdings handelt es sich dabei um Studien aus den Jahren 1954 bis 1979. Berichtet wird von homosexuellen Beziehungen nach Vater-Tochter-, Mutter-Tochter- sowie Vater-Sohn-Inzest. Meiselman (1979) versteht die Hinwendung von mißbrauchten Frauen zur Homosexualität als Möglichkeit, die vorhandenen sexuellen Bedürfnisse angstfreier zu erleben, sie als etwas Positives zu entdecken und zu lernen, daß Sexualität durchaus gewaltfrei sein kann. Auch Richter-Appelt (1998) machte im Rahmen ihrer Studie die Beobachtung einer „deutlichen Häufung homosexueller Erfahrungen unter Männern und Frauen mit sexuellem Mißbrauch und/oder körperlicher Mißhandlung". Sie stellt im Hinblick auf die Interpretation des Befundes die berechtigte Frage, warum Frauen sich Partnerinnen suchen, also Personen, die i.d.R. nicht dem Geschlecht des Täters angehören, während Männer das Gegenteil tun. Richter-Appelt vermutet, daß Jungen mit homosexuellen Neigungen für sexuelle Übergriffe anfälliger sein könnten. Man könnte ebenso auf unterschiedliche Verarbeitungs- bzw. Bewältigungsmechanismen (Vermeidung versus Identifikation mit dem Aggressor) schließen.

2.13.6 Therapeutische Konsequenzen

Die Zusammenfassung der Literatur (vgl. hierzu Zusammenfassungen in den Tabellen 2.21 und 2.22) zu den sexuellen Folgen von Mißbrauchserfahrungen zeigt, daß sowohl sexuelle Funktionsstörungen als auch sexuelle Verhaltensauffälligkeiten, gelegentlich auch Veränderungen der Sexualpräferenz, zu den häufigeren Folgen der Traumatisierung zählen (vgl. Moggi 1997) und somit auch psychotherapeutisch berücksichtigt werden müssen. Es gibt Hinweise dafür, daß mißbrauchte Personen, die in festen Beziehungen leben, die Sexualität eher vermeiden, Personen, die keine feste Bindung eingehen, sich eher sexualisierend (z.B. promiskuitiv) verhalten, was komplexe Zusammenhänge zwischen einer aus der traumatischen Erfahrung resultierenden Beziehungsstörung und der Beeinträchtigung der Sexualität bestätigt.

Die beiden genannten Fallbeispiele wurden vor diesem Hintergrund gezielt ausgewählt und verdeutlichen zwei therapierelevante Aspekte. Im Falle des bereits älteren Mannes, der in der Sauna sexuell belästigt wurde, zeigte sich, daß der traumatisch erlebte Vorfall eine tiefe Verunsicherung auslöste, die offenbar mit einer bestimmten Persönlichkeitsstruktur des Patienten zusammenhing. Weniger die sexuelle Konnotation des Erlebnisses, als vielmehr die Mobilisierung eines Konfliktes im Zusammenhang mit der eher zwanghaften Persönlichkeit erscheint in diesem Fall das zentrale Moment zu sein. Wahrscheinlich hätte auch ein anderes, nicht-sexuelles Erlebnis von Kontrollverlust zu einer ähnlichen Verunsicherung geführt, die möglicherweise auch mit sexuellen Problemen einher gegangen wäre. Im Zentrum einer psychotherapeutischen Behandlung des Patienten müßte sicher der Grundkonflikt zwischen Kontrolle und Abhängigkeit im Mittelpunkt stehen, der durch das sexuelle Erlebnis aktualisiert wurde.

Ein anderer Aspekt wird an dem zweiten Fallbeispiel deutlich: Hier wurde – in Unkenntnis der Mißbrauchserfahrungen der Patientin mit Vaginismus – eine Paar-Sexualtherapie durchgeführt, wie sie heute zurecht Standard bei der Behandlung sexueller Funktions- und Beziehungsstörungen ist (vgl. Arentewicz und Schmidt 1993, Strauß 1998b). Es wurde also auf das sexuelle Symptom fokussiert und nicht erkannt, daß die Patientin dadurch überfordert, möglicherweise sogar in gewisser Weise „retraumatisiert" wurde. Wie in diesem Buch an mehreren Stellen dargelegt (vgl. auch Fischer und Riedesser 1998), erfordert die Therapie

Tab. 2.21 Kontrollierte Studien (Auswahl) zu sexuellen Störungen und Verhaltensauffälligkeiten

Autor	Jahr	n	KG	Ergebnisse
Moggi	1996	124	ja	Muster bestehend aus „inzestuöser Beziehung", „früher, langandauernder und häufiger sexueller Kindesmißhandlung", „Anwendung von Gewalt", „Geschlechtsverkehr" korreliert hoch mit einer deutlich stärkeren Ausprägung an Depressivität, negativerem Selbstbild, stärkerem Ausmaß an interpersonalen Störungen und mehr *sexuellen Problemen*
Richter-Appelt	1995	1068 Studenten (616 Frauen, davon 23% sexuell mißhandelt; 452 Männer, davon 4% sexuell mißhandelt)	ja	Sexuelle Probleme und sexuelle Unzufriedenheit zählen neben körperlichen Beschwerden und Suizidgedanken zu den am häufigsten genannten Störungen
Kinzl et al.	1997	202 Studentinnen (davon 44 mit Mißbrauchserfahrungen) 301 Studenten (davon 17 mit Mißbrauchserfahrungen)	ja	Bedeutsamer negativer Einfluß von Mißbrauchserfahrungen auf sexuelle Erregung und Orgasmusfähigkeit nur bei den Frauen
Mullen et al.	1994	2250	ja	70% der Mißbrauchsopfer (sexuelle Gewalt mit Penetration) beklagen aktuelle sexuelle Probleme
Meiselman	1979	26	ja	87% sexuelle Funktionsstörungen in der Experimentalgruppe (EG), 20% in der Kontrollgruppe (KG)
Wyatt	1988	248	ja	sexuell mißhandelte Frauen: früher Petting und Geschlechtsverkehr, mehr und kürzere Sexualbeziehungen; geringeres Interesse an Sexualität und Vermeidungsverhalten gegenüber sexuellen Begegnungen
Bagley und Young	1987	45	ja	massive Formen sexueller Mißhandlungen bei 73% der Prostituierten
Richter-Appelt	1998	209 Frauen 80 Männer	ja	¾ der sexuell und körperlich mißhandelten *Männer* geben homosexuelle Erfahrungen, fast die Hälfte homosexuelle Beziehungen an

von Mißbrauchsopfern eine besondere Sensibilität und wird zunächst darauf ausgerichtet sein, die Basis für die eventuelle Neuentwicklung sexueller Aktivitäten aufzubauen, also auf eine Aufarbeitung des Traumas, den Aufbau von Vertrauen in Beziehungen, Bindung etc. Wenn diese Basis vorhanden ist, sind sexualtherapeutische Maßnahmen nicht unbe-

Tab. 2.22 Nichtkontrollierte Studien (Auswahl) zu sexuellen Störungen und Verhaltensauffälligkeiten

Autor	Jahr	n	KG	Ergebnisse
Gross et al.	1981	25	nein	36% der Patientinnen mit chronischen Beckenschmerzen berichten über Inzesterfahrungen
Silverstein	1989	22	nein	bei 22 Frauen mit Vaginismus: 13 Fälle von berichtetem inzestuösem sexuellen Mißbrauch, 4 Fälle urethraler Manipulationen durch medizinische Eingriffe in der Kindheit
Hirsch	1994	30	nein	deutlich promiskuitives Verhalten bei 11 von 30 Vater-Tochter-Inzestopfern
Silbert und Pines	1981	200	nein	60% der befragten Prostituierten haben sexuelle Kindesmißhandlungen erlebt
Janus	1984	28	nein	85% der männlichen Prostituierten berichten sexuelle Mißbrauchserfahrungen
Weisberg	1985	79	nein	sexuelle Mißhandlung bei 29% der „Strichjungen"
Johnson	1988	47	nein	49% der Jungen, die andere Kinder sexuell mißhandelt hatten, waren selbst Opfer sexueller Gewalt
Groth	1979	178	nein	selbst erlittene sexuelle Mißhandlungen bei 32% der „Kindesmißbraucher"
Meiselman	1979	23	nein	homosexuelle Kontakte bei 7 der Inzestopfer lange nach Aufhören des Inzestgeschehens

dingt kontraindiziert, aber mit besonderer Sorgfalt anzuwenden. Der hier beschriebene Fall verdeutlicht, daß Hinweise auf sexuelle Traumatisierungen in der Sexualanamnese bei Patienten mit sexuellen Funktionsstörungen bei der Indikationsstellung unbedingt zu berücksichtigen sind.

3 Therapie psychisch schwer traumatisierter Patienten

3.1 Psychotherapie bei mißhandelten und mißbrauchten Kindern und Jugendlichen

Anja Brink und Martin H. Schmidt

Inhalt

3.1.1 Determinanten von Therapieindikationen und -zielen	347
Mißhandlungs- und Mißbrauchsdefinitionen als Determinanten	347
Mißhandlungs- und Mißbrauchsumstände als Determinanten	348
Ausmaß der Diagnostik nach Mißhandlung und Mißbrauch als Determinante	348
Therapieziele	349
3.1.2 Erfahrungsberichte über unterschiedliche Therapieformen	350
Erfahrungsberichte über Einzeltherapie	350
Erfahrungsberichte über Gruppentherapie	352
Erfahrungsberichte über familienorientierte Therapie	354
Erfahrungsberichte über Therapie mit Sondergruppen: Behinderte	355
3.1.3 Auswahl der Therapieverfahren und Therapeuten	357
Auswahl der Therapieverfahren	357
Auswahl der Therapeuten	358
3.1.4 Fallbeispiele	359

3.1.1 Determinanten von Therapieindikationen und -zielen

Ob und wie Mißhandlung oder Mißbrauch eines Kindes bzw. Jugendlichen behandelt wird, ist entscheidend davon abhängig, was man unter Mißhandlung/Mißbrauch versteht, unter welchen Umständen sie stattgefunden haben und wie weitreichend die deswegen durchgeführte Diagnostik war.

Mißhandlungs- und Mißbrauchsdefinitionen als Determinanten

Es existieren unterschiedliche Definitionen von Mißhandlung und sexuellem Mißbrauch, die nicht nur stark voneinander abweichende Zahlen für Prävalenz und Inzidenz bedingen, sondern auch für die Unsicherheit bezüglich der Therapieindikation und der Festlegung der Ziele einer Behandlung ursächlich sind. Gleichzeitig entstehen dadurch Schwierigkeiten, die Ergebnisse empirischer Studien zu verallgemeinern und den konsistenten Erfahrungsaustausch der Therapeuten untereinander zu ermöglichen. Zur Definition von Mißhandlung und Mißbrauch siehe Kapitel 1.2.

Die Entscheidung des Therapeuten für eine der unterschiedlichen Definitionen bestimmt Indikation und therapeutische Vorgehensweise beträchtlich.

Mißhandlungs- und Mißbrauchsumstände als Determinanten

Ein entscheidender Faktor zur Einschätzung der Umstände liegt in der *Person des Mißhandelnden* bzw. *Mißbrauchenden*: Je enger seine Beziehung zu dem Opfer ist (z.B. Vater/Stiefvater, Bruder, naher Verwandter, Bekannter, Fremder), um so schwerwiegender sind die möglichen Folgen (Rust 1986).

Auch das *Alter* und der *Entwicklungsstand* des Opfers beim Beginn und die *Dauer* der Mißhandlung/des Mißbrauchs (einmalig, mehrmals, chronisch) haben große Bedeutung: je früher der Übergriff beginnt und je länger er andauert, insbesondere wenn er über mehrere Entwicklungsstadien des Opfers andauert, um so eher wird er als schwerwiegend bewertet, und um so eher werden die potentiellen Folgen als tiefgreifend eingeschätzt (Fürniss 1985; Browne und Finkelhor 1986; Hildebrand 1986; Berliner 1991).

Weitere wichtige Fragen beziehen sich auf die *Vorgeschichte des Patienten vor dem Übergriff*: Hatte das Opfer der Mißhandlung/des Mißbrauchs die Möglichkeit, die Erfahrung vertrauensvoller Beziehung zu Erwachsenen vor dem traumatisierenden Ereignis zu machen? Gab es vor dem Übergriff (zumindest aber im gleichen Zeitraum) altersangemessene Kontakte zu Gleichaltrigen, oder war das Opfer isoliert?

Sexueller Mißbrauch ist sehr häufig mit *Vernachlässigung* und *körperlicher Mißhandlung* kombiniert (Lynch 1989; Berliner 1991). Allerdings beschäftigt sich ein deutlich geringerer Teil der Literatur mit der Therapie mißhandelter Kinder/Jugendlicher (im Vergleich zu sexuell mißbrauchten); dieses Phänomen leitet sich aus der Tatsache ab, daß ein sexueller Mißbrauch als wesentlich aufschreckender empfunden wird und weitaus eher juristische Folgen nach sich zieht als eine Mißhandlung. Bei einer Mißhandlung ist die Öffentlichkeit auch eher geneigt, das Recht auf eine geschützte Privatsphäre und das Zusammenbleiben der Familie als höheres Gut gegenüber dem Recht des Kindes auf körperliche und seelische Unversehrtheit einzuschätzen als bei sexuellem Mißbrauch (Rust 1986).

Ausmaß der Diagnostik nach Mißhandlung und Mißbrauch als Determinante

Vor Beginn der Behandlung sollte der Therapeut klären, ob bei dem Mißhandlungs- bzw. Mißbrauchsopfer bereits vor dem Übergriff psychische Auffälligkeiten oder eventuell sogar eine psychiatrische Störung bestanden, die die akute Symptomatik beeinflussen könnten; falls eine solche Störung existiert, ist zu fragen, wie weit sie die Bewältigung von Entwicklungsaufgaben vor dem Mißhandlungs-/Mißbrauchserlebnis beeinträchtigt hat.

Daraus ergibt sich die eminente Wichtigkeit einer möglichst ausführlichen Erhebung des *Funktionsniveaus des Patienten vor dem Mißhandlungs-/Mißbrauchsgeschehen*, um wirklich mit dem Übergriff verbundene Symptome und Verhaltensauffälligkeiten – und nicht bereits vorher vorhandene – identifizieren und behandeln sowie bei der Therapieindikation angesichts der zu erwartenden Spätfolgen berücksichtigen zu können.

Ebenso muß Klarheit über das *Intelligenzniveau des Kindes bzw. Jugendlichen* bestehen, um über angemessene therapeutische Vorgehensweisen entscheiden zu können. Genauso notwendig ist eine *Klärung der schulischen Leistungsfähigkeit* und möglicher Schulprobleme des Betroffenen, da diese Variablen in der Regel erheblichen Einfluß auf das Selbstwertgefühl haben.

Schließlich sollte der Therapeut auch ein möglichst klares Bild von den *Lebensumständen* und vor allem *Belastungen* des Opfers gewinnen, um Defizite, Risiken, Kompetenzen und Ressourcen des Opfers, aber auch der Bezugspersonen einschätzen zu können.

Therapieziele

Die Folgen von Mißhandlung und Mißbrauch sind äußerst variabel und breitgefächert: Dies betrifft sowohl die Intensität und den Zeitpunkt des Auftretens der Symptomatik als auch die Chronizität der aufgetretenen Folgeerscheinungen; sie reichen von leichten Verhaltensauffälligkeiten bis hin zu psychiatrischen Störungen (wie z.B. dem Posttraumatischen Streß-Syndrom) oder Persönlichkeitsstörungen – auch in Abhängigkeit von bestehenden psychischen Störungen vor der Traumatisierung. Sind schwerwiegende Folgen zu erwarten, so erscheint eine frühe Behandlung unumgänglich. Indikationsstellung und Auswahl des Therapieverfahrens sind deswegen ebenso kompliziert wie folgenreich.

Übergeordnete Ziele jeglicher Interventionen bei Mißhandlung oder Mißbrauch sind (vgl. Glaser 1991):

- den Schutz des Mißhandelten/Mißbrauchten vor weiteren Übergriffen zu gewährleisten
- zumindest eine Krisenintervention durchzuführen
- möglichst günstige Bedingungen für eine altersentsprechende Entwicklung des Opfers zu schaffen (unabhängig davon, ob es bereits vorher auffällig war oder nicht)
- Langzeitfolgen vorzubeugen
- die emotionalen Bedürfnisse der Familie bzw. der Bezugspersonen des Mißhandelten bzw. Mißbrauchten zu berücksichtigen
- vorbeugende Strategien an das Opfer weiterzugeben

Präventive Aspekte der Therapie sind hoch zu bewerten, da erwiesen ist, daß mißbrauchte Mädchen ein erhöhtes Risiko haben, erneut Opfer von Übergriffen zu werden und ehemals

Tab. 3.1 Globales Therapieschema für Mißhandlungs- und Mißbrauchsopfer

	Mißhandlung/Mißbrauch[1]	
	kurzfristig	langfristig
seelische Mißhandlung[2]	Krisenintervention	Krisenintervention + Kurzzeit- oder Langzeittherapie
körperliche Mißhandlung[2]	Krisenintervention	Krisenintervention + Kurzzeit- oder Langzeittherapie[3]
leichter Mißbrauch (kein Körperkontakt)	Krisenintervention	Krisenintervention + Kurzzeit- oder Langzeittherapie[3]
mittelschwerer Mißbrauch (nichtpenetrativer Kontakt)	Krisenintervention + Kurzzeittherapie	Krisenintervention + Langzeittherapie
schwerer Mißbrauch (penetrative Kontakte)	Krisenintervention + Langzeittherapie	Krisenintervention + Langzeittherapie

[1] Die Tabelle berücksichtigt Mißhandlungen bzw. Mißbrauch im Zusammenhang mit Kriegsereignissen nicht, da die Autoren über zu wenig klinische Erfahrung in diesem Bereich verfügen.
[2] Übereinkünfte über den Schweregrad von körperlicher und seelischer Mißhandlung bestehen weit weniger als für sexuellen Mißbrauch.
[3] Langzeittherapie bei Vorschädigung bzw. Kombination von Mißhandlung und Mißbrauch.

Mißbrauchte (insbesondere Jungen) im Verlauf selbst häufiger Dritte mißbrauchen (O'Donohue und Elliott 1992; Green 1993; Schmidt 1993).

Es besteht Übereinstimmung darin, daß in jedem Fall eines sexuellen Mißbrauchs zumindest eine Krisenintervention angebracht ist. Je nach Art, Umständen und Folgen des Mißbrauchs kann sich hieran eine längerdauernde Therapie anschließen. Bei Mißhandlungen bzw. Mißbrauch geringen Ausmaßes und kurzer Dauer sollte berücksichtigt werden, daß umfassende Interventionen eventuell traumatisierender wirken können als der eigentliche Übergriff selbst (Mrazek 1980).

Bisher gibt es keinerlei Forschungsergebnisse aus Langzeitstudien über die Verläufe von therapierten im Vergleich zu nicht therapierten Mißhandlungs- und Mißbrauchsopfern; aus den vorliegenden Literaturergebnissen ließe sich jedoch folgendes globale Therapieschema (Tab. 3.1) empfehlen (das jedoch immer nach individuellen Bedürfnissen modifiziert werden sollte).

3.1.2 Erfahrungsberichte über unterschiedliche Therapieformen

Es gibt im wesentlichen drei große Gruppen von Verfahren, die in der Behandlung von Mißhandlung und Mißbrauch eingesetzt werden: die Einzeltherapie, die Gruppentherapie und die Familientherapie. Für jede Art der Behandlung ist es von Bedeutung, ob das Opfer mit dem Mißhandelnden bzw. Mißbrauchenden weiterhin zusammenlebt. Trifft dies zu, muß unseres Erachtens der Mißhandelnde/Mißbrauchende in die Behandlung mit einbezogen werden, um die Angst des Opfers zu reduzieren.

Die drei Verfahren werden im folgenden getrennt voneinander beschrieben; es muß ausdrücklich darauf hingewiesen werden, daß sich die meisten Arbeiten der Literatur speziell auf die Therapie von sexuellem Mißbrauch beziehen. Außerdem wird nur auf Verfahren eingegangen, die nach der unmittelbaren Krisenintervention eingesetzt werden.

Erfahrungsberichte über Einzeltherapie

O'Donohue und Elliott (1992) referieren vier Studien über Therapie im Rahmen von Einzelbehandlungen sexuell mißbrauchter Kinder. Die Therapieinterventionen konzentrierten sich bei der Studie von Kolko (1986, zit. nach O'Donohue und Elliott 1992) auf ein *Training der sozialen und kognitiven Fertigkeiten*, um deutlich erkennbaren Defiziten in interpersonellen Beziehungen und im Kontakt zu Gleichaltrigen entgegenzuwirken. Hierzu wurden einem 11jährigen Patienten Instruktionen vorgegeben sowie Rollenspiele mit anschließendem Feedback und Modellernen eingesetzt; zusätzlich erfolgten ein kognitives Training und didaktisch geleitete Diskussionen. Es zeigten sich (auch statistisch) signifikante Verbesserungen direkt nach Beginn der Therapie bei den vier festgelegten Zielvariablen Stimmqualität, Blickkontakt, Gestik und verbaler Inhalt.

Becker et al. (1982, zit. nach O'Donohue und Elliott 1992) beschrieben eine Einzeltherapie mit einem vierjährigen sexuell mißbrauchten Mädchen; die Therapie bestand hierbei aus einem *verhaltenstherapeutischen Setting mit Kontingenzmanagement*: die Mutter des Mädchens führte ein *Token-economy-Programm* durch, um Verhaltensweisen wie Essensverweigerung, Selbstverletzungen, Einschlafstörungen und phobische Reaktionen zu vermindern. Die Besonderheit bei diesem Setting war, daß die Mutter als Therapeutin und Datenauswerterin eingesetzt wurde; bei einer solchen Vorgehensweise muß auf Reliabilität und Validität der erhobenen Daten besonders geachtet werden. Im Verlauf konnte ein signifikanter Rückgang der oben genannten problematischen Verhaltensweisen erzielt werden, der bis zum Follow-up nach zwei Monaten stabil blieb.

McNeill und Todd (1986, zit. nach O'Donohue und Elliott 1992) berichteten von einer Einzelbehandlung eines sexuell mißbrauchten fünfjährigen Mädchens, das exzessiv über den Mißbrauch redete und dabei weinerliches und zappeliges Verhalten zeigte. Die Therapie bestand aus einem *differentiellen operanten Verstärken von alternativen Verhaltensweisen*. Das Problemverhalten sistierte rasch nach Beginn der Behandlung. Wiederum wurde mit Erfolg die Mutter eingesetzt, um die therapeutischen Maßnahmen direkt durchzuführen.

Hoier und Shawchuck (1987, zit. nach O'Donohue und Elliott 1992) beschrieben ein einzeltherapeutisches Setting mit zwei sexuell mißbrauchten, vier und sechs Jahre alten Geschwisterkindern, die als Symptome unter anderem Eßstörungen, Masturbation in der Öffentlichkeit, aggressiv-sexualisiertes Verhalten gegenüber anderen Kindern sowie Lügen und Stehlen boten. Die therapeutischen Maßnahmen bestanden aus Instruktionen, *Modellernen* und verbaler Verstärkung sowie, in einer zweiten Phase, aus *Token- bzw. Response-cost-Verfahren*, die mit einer differentiellen niedrig-frequenten Verstärkung kombiniert wurden. Zur Steuerung der aggressiven Verhaltensweisen wurde zudem ein Time-out-Verfahren eingesetzt. Auch hierbei fungierten die Bezugspersonen (Pflegeeltern) als Co-Therapeuten. Die Studie beschreibt zwar eine Verbesserung der Symptomatik, die jedoch spezifischen therapeutischen Maßnahmen nicht zugeschrieben werden konnte, weil keine definierten Kontrollbedingungen vorlagen und die Verhaltensanalyse sich nicht auf die Zeit vor dem Mißbrauch erstreckte.

Deblinger et al. (1990) berichteten über ein einzeltherapeutisches Setting von 12 Therapiesitzungen einer *kognitiven Verhaltenstherapie*, die sie mit 19 sexuell mißbrauchten Mädchen (3–16 Jahre alt) und dem Elternteil durchführten, der nicht direkt am Mißbrauch beteiligt war. Die 12 Therapieeinheiten für das Kind setzten sich neben einer Einführungs- und einer Abschlußsitzung zusammen aus zwei Stunden, in denen Bewältigungsstrategien erarbeitet wurden, aus sechs Sitzungen, in denen es zu einer stufenweisen Exposition mit den mißbrauchsbezogenen Erinnerungen und Stimuli kam und aus zwei weiteren Einheiten, in denen es um die Prävention zukünftigen Mißbrauchs ging. Die Behandlungsstunden mit dem nicht beteiligten Elternteil umfaßten zwei Sitzungen, in denen Gefühle, Erfahrungen und Bewältigungsmechanismen des Erwachsenen im Mittelpunkt standen, ebenso wie ausführliche Informationen über Mißbrauch im allgemeinen; zwei weitere Einheiten beschäftigten sich mit der Kommunikation zwischen Elternteil und Kind sowie mit der Erläuterung der Theorie des Modellernens und der graduellen Exposition und deren Bedeutung für die erfolgreiche Therapie des Kindes. In sechs anschließenden Sitzungen lernte der Elternteil grundlegende Verhaltensprinzipien kennen und erwarb darauf basierende Kenntnisse im adäquaten Umgang mit den Verhaltensweisen des Kindes. Die Auswertung des Therapieverlaufs zeigte signifikante Verbesserungen in bezug auf die Symptomatik des Posttraumatischen Streß-Syndroms, externalisierende und internalisierende Verhaltensweisen (überprüft anhand der „Child Behavior Checklist") sowie auf die depressive und Angstsymptomatik der Kinder (erhoben mit Selbstbeurteilungsfragebögen: dem „State-Trait-Anxiety Inventory for Children" und dem „Child Depression Inventory").

Die beschriebenen Settings sind alle verhaltenstherapeutisch orientiert, oft steht im Mittelpunkt der *Aufbau von 'coping'-Mechanismen oder 'skills'*, die dem Kind in besonderer Weise beim Bewältigen oder Lösen von Problemen oder bei der Kontaktaufnahme und Kommunikation mit Dritten helfen sollen (O'Donohue und Elliott 1992).

Aus diesen Beispielen wird noch einmal die Vielfalt der zu behandelnden Symptomatik deutlich; es läßt sich auch die damit verbundene Schwierigkeit erklären, im Rahmen verschiedener Studien übereinstimmende Therapieziele zu formulieren. Ebenso ergibt sich die besondere Bedeutung einer exakten Erhebung des Funktionsniveaus vor der Mißhandlung/ dem Mißbrauch; diese ist von Bedeutung für die Beurteilung des Effekts der mißhandlungs- bzw. mißbrauchszentrierten Interventionen. Bei vielen Studien fehlt eine exakte meß- oder überprüfbare Festlegung der Kriterien einer Verbesserung der Zielsymptomatik ebenso wie eine vergleichbare Definition und vergleichbare Follow-up-Zeiträume.

Erfahrungsberichte über Gruppentherapie

Burke (1988, zit. nach O'Donohue und Elliott 1992) berichtet über eine Gruppentherapie mit 25 Mädchen im Alter von 8–13 Jahren, die alle innerhalb der letzten zwei Jahre mißbraucht worden waren und in der Folge unspezifische Verhaltensauffälligkeiten aufwiesen. Die Mädchen erhielten eine Kurzzeittherapie, basierend auf der Theorie des *sozialen Lernens (Modellernens)*, bestehend aus sechs wöchentlichen Sitzungen, in denen Techniken wie kontingente positive Verstärkung mittels angenehmer Ereignisse, Rollenspiele und Entspannungsverfahren (progressive Muskelrelaxation nach Jacobson) eingesetzt wurden.
Die Beurteilung der Effekte zeigte eine signifikante Verminderung der depressiven Symptome, Ängstlichkeit und Mißbrauchsbefürchtungen, allerdings keine Veränderung bei allgemeinen Befürchtungen. Diese Art der Therapie erwies sich also als hilfreich für Mißbrauchsopfer mit depressiver und Angstsymptomatik; über ihre Eignung zur Beeinflussung von Aggressivität, Impulsivität oder sexuellen Störungen läßt sich jedoch keine Aussage treffen.
Hoier et al. (1988, zit. nach O'Donohue und Elliott 1992) führten eine *kognitive Verhaltenstherapie* mit einer Gruppe von drei Jungen und 15 Mädchen zwischen fünf und 15 Jahren durch, die darauf abzielte, Ängstlichkeit und Depression sowie externalisierende (aggressive und sexualisierte) Verhaltensweisen der Mißbrauchsopfer zu reduzieren. Hierbei verwendeten sie Techniken wie Verhaltensaufbau, -einübung und -modifikation sowie Reframing, um neue Fertigkeiten zu trainieren und inadäquate Kognitionen zu korrigieren. Statistisch signifikante Verbesserungen von Furcht und Depression wurden berichtet.
Corder et al. (1990, zit. nach O'Donohue und Elliott 1992) leiteten eine 20 Stunden umfassende Gruppentherapie mit acht sechs- bis neunjährigen Mädchen, die sexuell mißbraucht worden waren. Die Kinder zeigten leichte bis mittelschwere Auffälligkeiten (Schlafstörungen, Rückzug, Depressivität, sexuelle Auffälligkeiten). Verschiedenste Methoden wurden miteinander kombiniert, so z.B. kognitive Umstrukturierung, Rollenspiele, mal- und spieltherapeutische Elemente. Teilweise wurden die Mütter mit in die Therapie integriert. Aus Interviews mit Eltern, Lehrern und Sozialarbeitern leiteten die Autoren eine „allgemeine Verbesserung" der kindlichen Auffälligkeiten ab.
Celano (1990) weist auf verschiedene Möglichkeiten hin, wie eine Gruppentherapie inhaltlich gestaltet werden kann. Sie plädiert für die *Anwendung von speziellen Filmen, die zur Prävention künftigen Mißbrauchs eingesetzt werden können,* da sie die Kinder darüber aufklären, daß sexueller Mißbrauch unangebracht und falsch ist, sie zum Widerstand dagegen auffordern, ihnen Möglichkeiten aufzeigen, der Bedrohung zu entkommen und sich hilfesuchend an erwachsene Vertrauenspersonen zu wenden. Allerdings scheint das Medienangebot auf dem englischsprachigen Markt wesentlich größer zu sein als auf dem deutschsprachigen. In Zusammenhang mit den Filmen sollte ein Verhaltenstraining stattfinden, in dem die Kinder lernen, sich selbst besser zu schützen, z.B. durch das Identifizieren der eigenen „private parts", (das heißt, der Körperstellen, die kein anderer ohne Erlaubnis des Kindes berühren darf), das praktische Einüben von lautem Nein-Sagen und Weglaufen vor dem Mißbrauchenden ebenso wie das Sich-Anvertrauen an einen Dritten. Die Filme sollten jedoch erst dann eingesetzt werden, wenn Themen wie „Schuld" oder „Verantwortlich-

keit" in der Gruppe angesprochen und geklärt wurden, um den Kindern nicht indirekt über die Filme zu suggerieren, der Mißbrauch sei aufgrund fehlerhaften Verhaltens von ihrer Seite entstanden. Celano plädiert außerdem für *Rollenspiele*, um mit den betroffenen Kindern selbstsicheres Verhalten einzuüben und ihnen das Sprechen über eigene Gefühle, Ängste oder schwierige Themen zu erleichtern bzw. angstbesetzte Situationen (wie z.B. eine Gerichtsverhandlung) vorwegzunehmen. Auch bieten Rollenspiele den Therapeuten häufig günstige Gelegenheiten, den Kindern ihre Unterstützung und Rückversicherung zukommen zu lassen. Des weiteren beschreibt Celano positive Erfahrungen mit *Kommunikations-(Frage-Antwort-)Spielen*, die in Gruppensituationen angewendet werden. Hierbei sollen die Mitspieler auf gestellte Fragen erklärende Antworten abgeben, ihre Meinung äußern, eine Geschichte erzählen oder etwas Passendes vorspielen. Spielerisch lassen sich so Themen wie angemessenes Verhalten, Gefühle, Sexualität, Familienbeziehungen etc. ansprechen (vgl. Lanktree 1994).

Fürniss et al. (1988) beschreiben eine Gruppentherapie mit 12- bis 15jährigen sexuell mißbrauchten Mädchen; die Gruppe bestand aus maximal sechs Mitgliedern und wurde von einem Therapeutenpaar in wöchentlichen, einstündigen Sitzungen betreut. Methodisch kamen hierbei die *Interpretation der Interaktionen in der Gruppe*, aktive Interventionen der Therapeuten, Unterrichtung der Mädchen (z.B. sexuelle Aufklärung), „nonverbale Strategien" (Bereitstellung von Malutensilien), Rollenspiele und Videofeedback zur Anwendung. Am Ende der Therapie konnte bei allen behandelten Mädchen ein weniger ängstliches und sexualisiertes Verhalten, eine größere Anzahl vertrauensvoller Beziehungen, ein verbessertes Selbstwertgefühl und ein sicherer Umgang mit anderen Familienmitgliedern festgestellt werden; selbstverletzende oder suizidale Handlungen traten nicht mehr auf. Bei keinem der Mädchen kam es zu einer Wiederholung des sexuellen Mißbrauchs (Follow-up nach 2,8–3,9 Jahren nach Beendigung der Therapie). Die beschriebene Gruppentherapie wurde von Familiengesprächen in 3- bis 4wöchentlichem Abstand begleitet und bei Bedarf durch Einzeltherapie ergänzt.

Kitchur und Bell (1989) beschreiben das Modell einer 16 wöchentliche Sitzungen umfassenden Gruppentherapie mit sieben präadoleszenten Mädchen, die alle Opfer eines innerfamiliären sexuellen Mißbrauchs geworden waren. Nach einer einführenden Gruppensitzung wurden die zweite und dritte Stunde dem Thema „Mißbrauchender" gewidmet, in der vierten Stunde konzentrierte sich die Gruppe auf das offene Ansprechen des Mißbrauchs. Die folgenden Sitzungen beschäftigten sich mit den Themen „Familie" (fünfte Stunde), „Vertrauen" (sechste Stunde) und dem „nichtprotektiven Elternteil" (siebte Stunde). In zwei weiteren Einheiten standen das „Körperbild" der Mädchen und hieran anschließender Aufklärungsunterricht im Mittelpunkt. Die zehnte Sitzung beschäftigte sich mit den Gründen für den Mißbrauch, die „Geschlechterrollen" wurden in der 11.–13. Stunde thematisiert. In der 14. Stunde wurde das für die Mädchen beängstigende Thema „Gerichtsverhandlung" besprochen, die 15. Sitzung wurde der „Prävention" und die letzte Sitzung der Verabschiedung gewidmet.

Eine umfassende Auswertung der Therapieergebnisse wurde leider nicht durchgeführt, es ergaben sich jedoch Hinweise auf ein „verbessertes Selbstkonzept" der Mädchen am Ende der Gruppentherapie (Kitchur und Bell 1989). Auch bei den genannten Studien mit gruppentherapeutischen Verfahren ist die Evaluation der Ergebnisse erschwert. Oft ist das Funktionsniveau der Kinder und Jugendlichen vor dem Mißbrauch nicht genau erhoben, ebenso wie es oft keine oder nur kurze Follow-up-Zeiträume gab. Es wurden verschiedenste Symptome als Zielvariablen definiert und deren Veränderung mit unterschiedlichsten Methoden bestimmt. Kontrollgruppen fehlen meist, so daß auch kaum experimentelle Studien existieren, in denen die Wirksamkeit der therapeutischen Interventionen gegenüber Placebo- oder Spontanverlaufskontrollgruppen getestet worden wäre. Trotzdem gilt derzeit die Gruppentherapie als Therapieverfahren der Wahl bei mißbrauchten und mißhandelten Kindern.

Positive Erfahrungen gibt es auch mit einer anderen Form der Gruppentherapie, nämlich mit *begleitenden Elterngruppen*, in denen Eltern über ihre Gefühle (z.B. Trauer, Wut, Schuldgefühle) und die veränderten familiären Beziehungen sprechen und im Umgang mit dem mißhandelten bzw. mißbrauchten Kind und dessen eventuellen Auffälligkeiten geschult werden. Hierdurch wird wiederum das Wohlergehen des Kindes gefördert, da die Personen gestützt werden, die den größten Einfluß auf die Lebensumstände des Kindes und seinen weiteren Umgang mit den kurz- und langfristigen Folgen des Übergriffs haben. Die Unterstützung, die die Opfer durch enge Bezugspersonen erhalten, hat sich in mehreren Untersuchungen als einer der wichtigsten Faktoren für die Verbesserung der Symptomatik des Kindes/Jugendlichen herausgestellt (Celano et al. 1996; Cohen und Mannarino 1998). Ebenso führen Oates et al. (1994) an, daß das Funktionsniveau der Familie (insbesondere die Problemlöse- und Anpassungsfähigkeit) sowie der mütterliche Gesundheitszustand (speziell mütterliche Schuldgefühle, somatische Beschwerden und schwere Depressionen) die Erholung des Kindes entscheidend beeinflussen (vgl. auch Finkelhor und Berliner 1995). Nicht zuletzt auch deshalb werden immer häufiger in den therapeutischen Settings die Eltern als Beobachter und Bewerter, wenn nicht sogar als diejenigen eingesetzt, die die Therapie direkt umsetzen (O'Donohue und Elliott 1992).

Erfahrungsberichte über familienorientierte Therapie

Die grundsätzlichen Annahmen therapeutischer Interventionen bei der gesamten Familie eines mißhandelten/mißbrauchten Kindes oder Jugendlichen bestehen darin, daß bestimmte Beziehungsmuster und -prozesse innerhalb dieses Systems Familie die Mißhandlung/den Mißbrauch ermöglicht und eine Aufdeckung und damit Unterbindung verhindert haben. Ziel der Arbeit mit einer Familie ist also, diese ungünstigen innerfamiliären Prozesse in Zusammenarbeit mit allen Familienmitgliedern so zu verändern, daß ein weiterer Übergriff verhütet und stattgehabte bearbeitet werden können (vgl. Fürniss 1989; Glaser 1991); dies setzt allerdings voraus, daß der Mißhandelnde/Mißbrauchende in der Familie verbleibt.

Kritisch zu bewerten ist in diesem Zusammenhang die Tatsache, daß der Übergriff dem gesamten System Familie zugeschrieben wird durch einen Therapeuten, der „neutral" bzw. „allparteilich" bleibt, so daß bei dem Opfer der Eindruck entstehen könnte, trotz des Machtgefälles zwischen Erwachsenen und Kindern/Jugendlichen gleichermaßen verantwortlich zu sein.

Ein Prinzip der familienorientierten Therapie ist, daß offen vor allen Familienmitgliedern die Mißhandlung/der Mißbrauch angesprochen und somit der Tendenz zur Tabuisierung und Geheimhaltung entgegengewirkt wird. Im Rahmen eines Familiengesprächs gemachte Angaben über den Übergriff können nicht mehr zurückgenommen und verleugnet werden, wie das häufiger nach „Geständnissen" allein dem Therapeuten gegenüber geschieht. Insbesondere aber in Familien, in denen ein extrafamiliärer Mißbrauch stattgefunden hat, hat sich die familientherapeutische Einbindung der Eltern als sehr förderlich erwiesen.

Da (mißbrauchte) Kinder auf die Unterstützung durch ihre Eltern angewiesen sind, sollten die elterlichen Belange im therapeutischen Geschehen so weit berücksichtigt werden, daß die Eltern emotional in der Lage sind, ihr Kind in der Therapie zu unterstützen (Berliner 1991; Glaser 1991). So sollten sie als Minimum ausführlich darüber informiert werden, was mit ihrem Kind in dessen Einzel- oder Gruppentherapie besprochen und erarbeitet wird; dies senkt die Rate der Therapieabbrüche erheblich (vgl. Kitchur und Bell 1989). Deblinger et al. (1990) betonen sogar, wie wichtig es ist, den Eltern, die ja selbst unter den Folgen des Mißbrauchs ihres Kindes leiden, eine eigenständige Therapie anzubieten (vgl. Roesler et al. 1993).

Fürniss (1989) stellt ein *sechsschrittiges Programm* vor, wie im Rahmen einer familientherapeutischen Krisenintervention ein innerfamiliärer sexueller Mißbrauch bearbeitet werden kann. Hierbei wird im Beispiel davon ausgegangen, daß der Mißbrauch durch den Vater stattgefunden hat. Im ersten Schritt muß sichergestellt werden, daß ein weiterer sexueller Mißbrauch des Kindes/Jugendlichen in Zukunft ausgeschlossen wird. Im zweiten Schritt soll der Mißbrauchende die alleinige Verantwortung für die Tat und damit gleichzeitig einen Teil seiner väterlichen Verantwortung für das Kind übernehmen. Der dritte Schritt strebt die Wiederherstellung der vorher unklaren Generationsgrenze an: Dies geschieht durch die Übernahme der elterlichen Verantwortung durch beide Elternteile. Im vierten Schritt wird die Mutter-Kind-Beziehung bearbeitet; hierbei werden die emotionale Distanz zwischen Mutter und Kind, die Enttäuschung des Kindes über den fehlenden Schutz durch die Mutter und eventuell vorhandene Rivalitätsgefühle angesprochen. Ziel ist nicht nur eine offene Auseinandersetzung über die bisherige Beziehung und die Gefühle beider Seiten, sondern auch die präventive Schaffung eines Schutzes durch die Mutter bei künftigem drohendem sexuellem Mißbrauch des Kindes. Der fünfte Schritt zielt auf eine Bearbeitung des emotional-sexuellen Ehekonfliktes. Hierbei ist auf eine sorgsame Trennung der Eltern- von der Partnerrolle zu achten, da beide in der Zeit der Krise leicht miteinander vermischt werden und dies zu einer ernsthaften Behinderung des Therapiefortschritts bzw. zum Abbruch der Therapie führen kann. Eheliche (partnerschaftliche) Probleme sollten erst nach einer primären, auf den Mißbrauch ausgerichteten Therapie angegangen werden. Im Rahmen des sechsten und letzten Schrittes geht es um die Beziehung zwischen dem mißbrauchenden Vater und dem mißbrauchten Kind; ein besonderer Fokus liegt auf den widersprüchlichen Gefühlen des Kindes über Haß und Liebe, Ohnmacht und Macht sowie auf der Eifersucht und den Kontrollbedürfnissen des Vaters.

Erfahrungsberichte über Therapie mit Sondergruppen: Behinderte

Mit der zunehmenden öffentlichen Diskussion um Mißhandlung und Mißbrauch von Kindern und Jugendlichen geraten auch Sondergruppen wie z.B. Behinderte in den Blickpunkt.

Gerade diese Gruppe ist besonders anfällig gegenüber Übergriffen, da sich bei Behinderten häufig die in der Definition des sexuellen Mißbrauchs genannten Merkmale der „Abhängigkeit und Unreife" der mißbrauchten Person überschneiden. Sie sind oftmals nicht nur aufgrund ihrer Behinderung abhängiger – auch bzw. besonders in intimen Bereichen – von Bezugs- und Pflegepersonen, sondern auch in ihrem Wissen über Sexualität und Mißhandlung bzw. Mißbrauch eingeschränkt.

Nicht zuletzt spielt die weiterhin bestehende *Tabuisierung der Sexualität Behinderter* und die größeren Zweifel an der Glaubwürdigkeit der Aussagen behinderter Menschen eine oft fatale Rolle. Und ca. jeder dritte Behinderte ist wegen seiner/ihrer *Sprachbehinderung* nicht in der Lage, Mißhandlungs- oder Mißbrauchserfahrungen mitzuteilen. Gleichzeitig aber leben überdurchschnittlich viele Behinderte in Heimen, in denen insgesamt ein höheres Mißbrauchsrisiko besteht. All dies trägt dazu bei, daß Untersuchungen über Häufigkeit, Umstände und Auswirkungen von Mißhandlungen und Mißbrauch Behinderter durch eine höhere Dunkelziffer beeinträchtigt sind. Es gibt Schätzungen, die bei bis zu 80% aller geistig behinderten Frauen von mindestens einer Mißbrauchserfahrung im Lebenslauf ausgehen (im Vergleich zu max. 56% bei den nichtbehinderten Frauen) und von 30% bei behinderten Männern (im Vergleich zu 18% bei nichtbehinderten Männern).

Die Aufdeckung von Mißhandlung und Mißbrauch Behinderter ist aus den genannten Gründen noch schwieriger als bei Nichtbehinderten. Es gilt jedoch, daß Aufdeckungsversuche, die ihren Schwerpunkt primär auf der Situation des Betroffenen und weniger auf der Verfolgung des Mißhandelnden/Mißbrauchenden haben, erfolgreicher verlaufen, da Befürchtungen um die Reaktion des Täters weniger in den Mittelpunkt geraten und somit konsequentes Handeln zum Schutz des Opfers weniger verhindern (Sinanson 1992).

Bei hinreichend begründetem Verdacht bzw. vorhandenen Beweisen ist als erstes der Schutz des Betroffenen zu garantieren. Dies erfordert eine klare Abwägung, ob das Kind/der Jugendliche in seinem bisherigen Umfeld (Familie/Heim) bleiben kann, ohne der Gefahr eines wiederholten Übergriffs ausgesetzt zu sein. Ist diese Gefahr gegeben, so muß entschieden werden, ob nicht etwa der Mißhandelnde/Mißbrauchende – anstatt, wie häufig, das Opfer – aus dem Umfeld des Mißhandelten/Mißbrauchten entfernt werden muß, um dem Kind/Jugendlichen den oft als Strafe für Fehlverhalten verstandenen Umfeldwechsel mit zwangsläufigen Beziehungsabbrüchen und starker Verunsicherung zu ersparen. Gleichzeitig kann so die vom Mißhandelnden/Mißbrauchenden ausgehende potentielle Gefahr für weitere Kinder/Jugendliche in seiner bisherigen Umgebung minimiert werden. Erweist es sich als sinnvoller, das Kind/den Jugendlichen aus der Umgebung herauszunehmen, so sollte ihm gegenüber klar zum Ausdruck gebracht werden, daß dies seinem Schutz vor dem Mißhandelnden/Mißbrauchenden dient; selbstverständlich muß in der neuen Umgebung der Schutz vor weiteren Übergriffen gewährleistet sein.

Besteht aufgrund der kurz- oder langfristigen Folgen der Mißhandlung/des Mißbrauchs eine über eine Krisenintervention hinausgehende Behandlungsindikation, so haben sich auch bei behinderten Kindern/Jugendlichen *Methoden der kognitiven Verhaltenstherapie* bewährt, die dem Betroffenen Einsicht in die begünstigenden/auslösenden Umstände vermitteln und gleichzeitig Lösungsstrategien einüben sowie kommunikative und soziale Fertigkeiten verbessern sollen.

Günstig ist es, *Hauptbezugspersonen* (Elternteile, Betreuer) mit in das verhaltenstherapeutische Training mit dem Behinderten *einzubeziehen*; ebenso hat es sich als vorteilhaft erwiesen, mit Hilfe von Modellpersonen (im günstigsten Fall Gleichaltrige) die angemessenen Verhaltensweisen verständlich zu machen, vorzuführen und einzuüben. Je mehr sprachliche und/oder geistige Fähigkeiten des Betroffenen eingeschränkt sind, um so mehr muß auch die nonverbale Ebene im Mittelpunkt der Behandlung stehen. Genauso wie bei nichtbehinderten Kindern/Jugendlichen sollte auch bei behinderten Mißhandlungs- bzw. Mißbrauchsopfern die Elternarbeit nicht außer acht gelassen werden, da auch hier analog gilt, daß dadurch der Behandlungserfolg steigt.

> Gerade bei Behinderten muß eine umfassende Geschlechtserziehung und Aufklärung angestrebt werden, um bestehende Entwicklungs- und Wissensdefizite auszugleichen, die Möglichkeiten der Mißhandlung/des Mißbrauchs der Kinder und Jugendlichen einzuschränken und auch der potentiellen Gefahr künftiger Übergriffe durch ehemals selbst Mißhandelte/Mißbrauchte entgegenzuwirken.

Schließlich gilt auch das *Schaffen von Kontakten* außerhalb des engen Pflege- und Bezugssystems gerade bei in Heimen lebenden Behinderten als Präventivmaßnahme, da hiermit Aufdeckungsmöglichkeiten außerhalb des Systems, in dem der Betroffene lebt, geschaffen werden.

Alle genannten therapeutischen Maßnahmen haben gleichzeitig präventiven Charakter, da die Betroffenen lernen sollen, offen und angemessen mit dem stattgehabten Mißbrauch umzugehen und durch neu erworbene Strategien zukünftige Übergriffe zu verhindern, zumindest aber nicht zu verschweigen.

3.1.3 Auswahl der Therapieverfahren und Therapeuten

Auswahl der Therapieverfahren

Vorteile des **Einzelsettings** sind, daß mehr auf die individuellen Bedürfnisse des Klienten eingegangen werden und ein engerer Klient-Therapeuten-Kontakt entstehen kann. Die geringere Öffentlichkeit in der Zweiersituation kann es manchen Kindern/Jugendlichen einfacher machen, sich zu öffnen und ein Gespräch über die Mißhandlung/den Mißbrauch und die damit verbundenen negativen Gefühle (wie Schuld, Scham, Wut, Angst) zuzulassen (vgl. Glaser 1991). Allerdings muß sorgfältig vermieden werden, daß durch die größere Vertraulichkeit der Einzelsituation nicht die gleiche fatale „Heimlichkeit und Isolation" hervorgerufen wird, die das Kind in der Mißhandlungs- bzw. Mißbrauchssituation erlebt hat (vgl. Fürniss 1989; Glaser 1991).
Gleichzeitig fehlen in diesem Einzelprozeß gleichaltrige Modelle, gemeinsam mit oder von denen alternative Strategien im Umgang mit Mißhandlung/Mißbrauch gelernt werden können.

> Die Einzeltherapie bietet sich deshalb in der Anfangsphase der Therapie von besonders schwer mißhandelten und/oder in der Folge eines Mißbrauchs besonders verhaltensauffälligen Kindern an (Berliner 1991); ein späterer Wechsel auf eine Gruppentherapieform sollte angestrebt werden (Lanktree 1994).

Besonders für junge Kinder hat sich die Einzeltherapie in Form einer *Spieltherapie* als geeignete Therapieform herausgestellt (Steward et al. 1986; Berliner 1991). Im offenen, unstrukturierten Spiel können Kinder Probleme, die sie beschäftigen, auf ganz individuelle Weise einbringen und ausagieren; ebenso lassen sich über das kindliche Spiel Themen wie z.B. Vertrauen und Aggressivität in den Mittelpunkt rücken oder dem Kind Grenzen zeigen. Ähnliche Ziele lassen sich in dieser Altersgruppe mit Hilfe einer *Maltherapie* erreichen.

Am ausführlichsten werden in der Literatur zur Therapie bei Mißhandlung und Mißbrauch **Gruppentherapieverfahren** als Methode der Wahl beschrieben.

> Gruppentherapieverfahren haben sich als besonders geeignet erwiesen, Kindern/Jugendlichen mit der gemeinsamen Erfahrung einer Mißhandlung/eines Mißbrauchs in der Vorgeschichte das Gefühl der Isolation und Einsamkeit zu nehmen (Celano 1990; Roesler et al. 1993); ebenso läßt sich im Rahmen einer Gruppe eher die Überzeugung vieler Opfer angehen, daß sie von ihrer Umwelt sofort als Mißbrauchte erkannt würden. Nach Ausbildung eines Zusammengehörigkeitsgefühls gibt die Gruppe jedem einzelnen die Möglichkeit, eine neue, eigene Identität in ihrem geschützten Rahmen zu bilden und insbesondere das häufig äußerst niedrige Selbstwertgefühl zu verbessern.

Die Gruppenmitglieder lernen, untereinander über den Mißbrauch zu kommunizieren, die damit verbundenen Gefühle zu verbalisieren und ihre bisherigen Erklärungsmodelle zu reflektieren; oft genug ist hierzu die Entwicklung einer neuen Sprache notwendig. Auf diesem Weg kommt es auch zu einer Diskussion über die bisherigen Beziehungen und Bindungen der Mißhandlungs- bzw. Mißbrauchsopfer und die Möglichkeiten der Identifizierung von Vertrauenspersonen, ebenso sollten neue „entsexualisierte" Beziehungen zwischen den einzelnen Gruppenmitgliedern entstehen (Steward et al. 1986; Schacht et al. 1990). Weitere präventive Aspekte der Gruppentherapie sind sicher in Themen zu finden wie angemessene Sexualität, Sensibilisierung für sexualisiertes Verhalten sowie Möglichkeiten der Vermeidung bzw. des richtigen Umgangs mit Mißhandlungs- bzw. Mißbrauchssituationen.

Nicht zuletzt muß jedoch auch ein rein organisatorischer Aspekt betont werden, der die Gruppentherapie vor anderen Therapieformen auszeichnet: daß die Gruppentherapie nämlich diejenige Methode darstellt, die das Ungleichgewicht zwischen wachsendem Bedarf an therapeutischer Versorgung und gleichzeitigem Mangel an qualifizierten Therapeuten am ehesten kompensiert (Kitchur und Bell 1989). Dies könnte mit dem Prinzip kollidieren, daß Therapieverfahren und auch die Therapeuten nach den Bedürfnissen des einzelnen Klienten ausgewählt werden sollten.

Über Gruppengröße und -zusammensetzung gibt es unterschiedliche Auffassungen, allgemein wird jedoch empfohlen, eventuell mit der Ausnahme junger Kinder, die *Gruppen geschlechtergetrennt aufzuteilen* (Watkins und Bentovim 1992). Zudem wird geraten, daß die Gruppenmitglieder einen *ähnlichen Entwicklungsstand* besitzen sollten (Steward et al. 1986), so daß sich auch allzu große Altersdifferenzen verbieten. Die Gruppengrößen variieren in Literaturangaben zwischen drei und elf Mitgliedern, häufig setzt sich eine Gruppe aus *fünf bis acht Kindern/Jugendlichen* zusammen (Kitchur und Bell 1989; Watkins und Bentovim 1992).

Ergebnisse mehrerer Studien weisen darauf hin, daß der **familientherapeutische Ansatz** in der Therapie von Mißhandlung und Mißbrauch positive Auswirkungen zeigt (Mrazek 1980; Green 1993); Voraussetzung für einen Therapieerfolg für das Kind ist die Fähigkeit der Familie, konstruktiv zu einer Lösung des Problems beizutragen (Berliner 1991).

> Bis zum jetzigen Zeitpunkt gibt es keine Studie, die die Überlegenheit einer der genannten Therapiemethoden nachgewiesen hätte (Mrazek 1980; O'Donohue und Elliott 1992; Finkelhor und Berliner 1995).

Die in der Literatur deutlich werdende Tendenz der Überlegenheit von verhaltenstherapeutischen und kognitiv-verhaltenstherapeutischen Interventionen (Cohen und Mannarino 1996, 1998) beruht nicht zuletzt auch auf der weiten Verbreitung dieser Therapieform unter den Behandlern und der unzureichenden Therapieevaluation bei anderen Methoden.

In diesem Zusammenhang sollte der Therapeut sich also ständig der Grenzen des jetzigen Wissens- und Forschungsstandes über die Therapie von Mißhandlung und Mißbrauch im klaren sein: Wirklich überzeugende theoretische Modelle oder empirische Ergebnisse auf diesem Gebiet fehlen bis heute (Conte 1991).

Auswahl der Therapeuten

Das Geschlecht des Therapeuten ist nachgewiesenermaßen bedeutsam für den Therapieverlauf. Im Gruppendesign haben sich **Therapeutenpaare** aus männlichem und weiblichem Therapeuten als günstig erwiesen, die als positives Elternmodell auftreten (Steward et al. 1986; Fürniss et al. 1988; Glaser 1991; Watkins und Bentovim 1992); hierbei ist für die Anfangsphase zu beachten, daß die Gruppenmitglieder häufig versuchen, das Therapeutenpaar zu spalten, gegenüber dem männlichen Therapeuten sexualisiert-aggressives Verhalten und aggressiv-provozierende Handlungen gegenüber der Therapeutin zeigen (MacVicar 1979; Fürniss et al. 1988).

Für individuelle Therapieformen geht man allgemein davon aus, daß die zunächst potentiell traumatisierenden Therapiemaßnahmen von den Betroffenen beiderlei Geschlechts besser durch eine weibliche Therapeutin toleriert werden (Watkins und Bentovim 1992). Ebenso hat man die Erfahrung gemacht, daß gerade *ältere mißbrauchte Mädchen eher zu Frauen als Therapeutinnen tendieren*, die als Modell für eine beschützende Frauenfigur auftreten (vgl. Glaser 1991). Anderseits darf nicht vernachlässigt werden, wie wichtig das *Erleben von alternativen Verhaltensweisen durch männliche Therapeuten* und – insbesondere für mißhandelte/mißbrauchte Jungen – die *Möglichkeit der Identifikation mit einer positiv besetzten männlichen Therapeutenfigur* als Bezugsperson ist.

3.1.4 Fallbeispiele

Die 15jährige Patientin war zwischen ihrem 11. und 13. Lebensjahr durch einen Onkel wiederholt schwer sexuell mißbraucht worden. Nach Aufdeckung des Mißbrauchs durch die Mutter fiel die Patientin durch oppositionell-aggressives Verhalten innerhalb der Familie und starken sozialen Rückzug mit depressiver Verstimmung sowie Verschlechterung der schulischen Leistungen auf. Während einer dreimonatigen stationären Therapie erhielt die Patientin zwei wöchentliche Einzelgespräche, begleitend dazu wurden wöchentliche Familiengespräche durchgeführt. In den Einzelsitzungen fand zunächst eine intensive Sexualaufklärung statt, anhand derer auch „Übergriffe" und „Grenzen" definiert wurden. Eine Bearbeitung der mit dem Mißbrauch verbundenen Gefühle (insbesondere von Schuld) folgte; gleichzeitig wurde versucht, neue Problem- und Konfliktlösungsstrategien zu erarbeiten. In den Familiengesprächen wurde besonderer Wert auf eine verbesserte Kommunikation und klarere Grenzen innerhalb der Familie gelegt. Durch ein Training der sozialen Kompetenzen der Patientin verbesserte sich ihr Kontakt zu Gleichaltrigen stark; gleichzeitig konnte eine deutliche Leistungssteigerung in der Schule beobachtet werden. Im Rahmen der Einzelgespräche eröffnete die Patientin dann, daß sie ebenfalls durch den vier Jahre älteren Bruder sexuell mißbraucht worden war; es gelang mit Einverständnis der Patientin, die Mutter darüber zu informieren, dies führte jedoch zu einem Abbruch der Familiengespräche. Es konnte aber eine ambulante Betreuung der Patientin vereinbart werden, in der sich ihre positive Entwicklung bestätigte; der Bruder zog zwischenzeitlich in eine eigene Wohnung.

In diesem Fall fanden folgende verhaltenstherapeutische Vorgehensweisen Anwendung: Zunächst didaktisch geführte Diskussionen und Unterrichtung mit Hilfe von Bildmaterial und altersangemessenen Büchern; die neu erworbenen Kenntnisse wurden im Rahmen von Rollenspielen aufgegriffen, in denen Situationen mit Grenzverletzungen und mögliche Reaktionsweisen darauf durchgespielt wurden. Hierbei bot sich die Therapeutin als Modell an. Zur Entwicklung neuer Konfliktlösungsstrategien wurde ein Problemlösetraining eingesetzt. Im Rahmen des Trainings der sozialen Kompetenzen erhielt die Patientin umschriebene Aufgaben, die eine angemessene Kontaktaufnahme mit Gleichaltrigen und das eigenständige Lösen von Alltagsproblemen erforderten. Die Aufgaben wurden jeweils vorbesprochen, teilweise im Rollenspiel geübt und von der Patientin zunächst in Begleitung eines Betreuers, später selbständig durchgeführt. Jegliche Anstrengungen der Patientin wurden operant (hauptsächlich durch soziale Zuwendung) verstärkt. Die zu Beginn beschriebene depressive Symptomatik besserte sich im Rahmen der durchgeführten Behandlung ohne spezifische depressionsbezogene verhaltenstherapeutische Interventionen.

Die 17jährige Patientin war von der leiblichen Mutter als Säugling in einem Mutter-Kind-Heim zurückgelassen worden. In der Pflegefamilie, die sie bis zu ihrem achten Lebensjahr betreute, wurde sie wiederholt körperlich mißhandelt; ein Cousin mißbrauchte sie im sechsten/siebten Lebensjahr mehrfach sexuell. Nach Aufdeckung des Geschehens wurde sie vollstationär in einer Einrichtung betreut, dort fand jedoch ein sexueller Mißbrauch durch den Heimleiter über ca. fünf Jahre statt. Mit 14 Jahren machte die Patientin den Mißbrauch öffentlich und sagte in dem anschließenden Prozeß als Hauptzeugin aus. Kurz danach mußte sie wegen heftiger Erregungszustände mit aggressivem Verhalten stationär in einer kinder- und jugendpsychiatrischen Klinik behandelt werden; ein weiterer stationärer Aufenthalt aufgrund hypomanischen Verhaltens erfolgte nach dem Freispruch des angeklagten Heimleiters. Weitere stationäre Behandlungen wurden notwendig, nachdem die Patientin – häufig im Zusammenhang mit äußeren Belastungen – manische Symptome zeigte. Die letzte stationäre Aufnahme kam im Anschluß an eine körperliche Mißhandlung und versuchten sexuellen Mißbrauch durch einen Bekannten zustande. Erst bei diesem Aufenthalt erklärte sich die Patientin bereit, über ihren Mißbrauch zu sprechen; sie klagte über Alpträume und nächtliches Grübeln über die Übergriffe, zeigte depressive Verstimmungen und äußerst geringes Selbstwertgefühl sowie Somatisierungstendenzen (z.B. Bauch- oder Kopfschmerzen).

In zwei wöchentlichen Einzelsitzungen über vier Monate wurden mit der Patientin im Rahmen einer kognitiven Umstrukturierung Grundannahmen („Ich bin immer das Opfer") und typische Verhaltensmuster erarbeitet und schrittweise verändert. Neue Problemlösestrategien wurden über Reframing entwickelt, ebenso der altersadäquatere Umgang mit Gefühlen. Parallel dazu erfolgte eine Stärkung des Selbstwerts der Patientin über die Erfahrung ihrer zunehmenden Belastbarkeit im Alltag. Von Beginn der Behandlung an wurde ein Entspannungsverfahren (Progressive Muskelrelaxation nach Jacobsen) mit ihr eingeübt und ihre Körperwahrnehmung verbessert.

Bei dieser Patientin wurde eine kognitive Verhaltenstherapie nach Beck durchgeführt. Verhaltensmuster der Patientin wurden anhand typischer Situationen aus dem Alltag gespiegelt und analysiert; gemeinsam wurde nach alternativen Verhaltensweisen gesucht und diese (teilweise in Rollenspielen) eingeübt. Ein ebenfalls gemeinsam mit der Patientin entwickelter Tagesstrukturplan enthielt tägliche Aufgaben und Pflichten und regelte die stufenweise zunehmende Belastung (Schulunterricht, Therapieangebote) der Patientin; kontingente Verstärkung erfolgte über zunehmende Freiheiten der Patientin im stationären Setting (z.B. Ausgang) oder mit Hilfe von sozialer Verstärkung.

3.2 Psychoanalytische Behandlung – Trauma, Konflikt und „Teufelskreis"

Leon Wurmser

Inhalt

3.2.1 Einleitung 361
3.2.2 Das Trauma in der Pathogenese schwerer Neurosen 362
      Fallbeispiel 363
3.2.3 Die Bedeutung dreier psychodynamischer Zirkelprozesse 365
      Der narzißtische Zirkel 365
      Der masochistische „Teufelskreis" 366
      Der Circulus vitiosus beim Rückfall in die Sucht 371
3.2.4 Einige Gedanken zur psychoanalytischen Behandlungstechnik
      schwer traumatisierter Patienten 373

3.2.1 Einleitung

Gegenwärtig tobt in den USA ein Kampf zwischen den Vertretern eines nahezu uneingeschränkten Glaubens an das fast ubiquitäre Vorkommen schwerster sexueller Traumatisierung, die, obzwar verdrängt, eine unheimliche Macht auszuüben vermöge, und Kritikern, die dem Begriff der Verdrängung überhaupt auf den Leib rücken und mit ihm der Psychoanalyse im ganzen und in all ihren Derivativformen das Lebensrecht absprechen. Im ersten Lager stehen die Reformer, die nicht nur glühend davon überzeugt sind, von Oberflächensymptomen und Einzelträumen die erlittene sexuelle Verführung ihrer Patientinnen und die ihnen zugefügte Gewalt direkt ablesen zu können, sondern diese Deutungen dann mit Suggestivkraft ihren Patientinnen auferlegen und dazu bestimmen, deren Väter und Mütter unter Anklage zu stellen. „Amerikanische Väter vergewaltigen regelmäßig ihre Töchter, um sie zu lehren, was es heiße, minderwertig zu sein", zitiert F. Crews A. Dworkin und S. Brownmiller. Familien werden zerrissen, Ehen zerstört, Männer und gelegentlich auch Frauen ohne weitere Evidenz für Jahrzehnte ins Zuchthaus geschickt. Wright schreibt daher: „Welchen Wert auch immer Verdrängung als wissenschaftlicher Begriff oder als Behandlungsinstrument haben mag, der fragliche Glaube daran ist so gefährlich geworden wie der Glaube an Hexen" (zit. nach Crews 1994). Im zweiten Lager stehen daher Nichtkliniker wie Crews und Grünbaum als radikale Kritiker, die behaupten, der Begriff der Verdrängung sei ohne empirische Evidenz, die Wucht der Suggestion sei so, daß alle Ansprüche der Psychoanalyse auf wissenschaftliche Wahrheitsfindung grund- und bodenlos und ihre Therapie nichts anderes als Dämonologie sei (Crews 1994).

Offenbar und leider ist die Kritik an den Praktiken des ersten Lagers nur allzu berechtigt, und die Ausführungen der zweiten Gruppe zwingen uns immer wieder von neuem, uns auf die Grundlagen unseres eigenen Tuns und Verstehens zu besinnen.

3.2.2 Das Trauma in der Pathogenese schwerer Neurosen

Wie steht es, in bezug auf diese Frage, mit meiner eigenen Erfahrung bei der Therapie der schweren Neurosen, mit einem analytischen Vorgehen, bei dem ich äußerst sparsam mit Deutungen umgehe und besonders vorsichtig zu sein versuche, den Faktor der Suggestion gerade in Hinsicht darauf, was unbewußt sei, so gering wie möglich zu halten?

Zunächst jedoch: Was verstehen wir unter Trauma? Bekanntlich bedeutet „trauma" auf Griechisch „Verletzung, Wunde", auch „Niederlage", und ist abgeleitet von den Verben „troein", „durchbohren, verwunden, betören", und „terein", „reiben, aufreiben, quälen, ängstigen" (verwandt mit dem Lateinischen „terere" und dem Deutschen „drehen").

> In bezug auf den psychoanalytischen Gebrauch berufe ich mich auf die Definition Jules Glenns: „Ein seelisch traumatisches Erlebnis besteht darin, daß das Individuum solch schwerer innerer oder äußerer Stimulierung unterworfen ist, daß es unfähig wird, seine gewöhnlichen Abwehrformen angemessen zu benützen."

Wir können „Trauma" auch redefinieren als äußeren Konflikt zwischen Selbst und Umwelt.

Nun ist es in der Tat so, daß sich in der Lebensgeschichte der Patienten mit schweren Neurosen fast immer schwere chronische Traumatisierung als wesentliches Element in der Kausalität finden läßt. Doch ist es dabei weder meine Erfahrung, daß bei diesen Patienten (wie übrigens auch bei den weniger schweren Neurosen) die wesentlichen Traumata verdrängt worden wären, noch, daß die wesentliche psychoanalytische Arbeit in der Behebung von solchen Amnesien in Hinsicht auf die traumatischen Geschehnisse selbst bestände. Vielmehr sind es die hauptsächlichen Affekte und Wünsche und die damit erstehenden inneren Konflikte, die nur ganz allmählich in Worten ausgedrückt werden können und zuvor weitgehend unbewußt geblieben sind. Dabei helfen innere Abläufe, Sequenzen, Verbindungen, Gleichsetzungen, das innere Geschehen in oft große Zusammenhänge einzuordnen und ihm dadurch Sinn zu geben.

Je schwerer die Traumatisierung, desto globaler die traumatogenen Affekte und desto schroffer die Konflikte, damit auch desto umfassender sowohl Abwehr wie Abgewehrtes, desto archaischer und grausamer das Über-Ich, desto intensiver die masochistischen und narzißtischen Phantasien und Neigungen, und desto stärker schließlich die Grundzüge des neurotischen Prozesses von Zwanghaftigkeit, Polarisierung und Absolutheit (oder Globalität).

Umgekehrt ist der Zugang zu den tiefen unbewußten Konflikten immer indirekt, muß gerade von diesen beschreibenden Kernphänomenen oder von bewußten und vorbewußten Konflikten oder von sich immer wiederholenden Leitaffekten ausgehen, bedarf der Brücken wesentlicher, weitgehend unbewußter Phantasien, um es dem beobachtenden Ich des Patienten allmählich möglich zu machen, den Zugang zu den dynamisch entscheidenden, unbewußten inneren Konflikten zu gewinnen, die ihrerseits der Verarbeitung von Traumata und traumatogenen Affekten dienen.

Unter diesen Konstruktionen der inneren Wirklichkeit sind in meiner Erfahrung „Teufelskreise", Circuli vitiosi und das Erleben der inneren Doppelheit, der gegensätzlichen Identität, von hervorragender Bedeutung. In dieser Arbeit wende ich mich vor allem den ersteren zu. Aus der umfangreichen psychoanalytischen Literatur über die neurotische Verarbeitung von Traumatisierung durch die Verdoppelung von Selbst und äußerer Wirklichkeit greife ich heute lediglich eine Feststellung in einem soeben erschienenen Artikel von Ethel Spector Person und Howard Klar heraus:

„... Trauma ist wohl primär eher auf dem sensomotorischen Niveau als in symbolisch-linguistischer Formen niedergelegt (encoded), während Phantasie primär, obgleich nicht ausschließlich in symbolisch-linguistischer Formen niedergelegt ist." (zit. nach Person und Klar 1994).

Sie bemerken auch die Natur der **Dissoziation** als einer vertikalen, die der **Verdrängung** als einer horizontalen Spaltung.

Hier greife ich nun aus dem weiten Spektrum der schweren Neurosen vor allem einen besonders bedeutsamen Problemkreis heraus: die Sequenz von Ich-Zuständen beim masochistischen Charakter; dabei streife ich in dieser Darstellung bloß die ebenfalls faszinierenden Zirkel von Suchtrückfall und narzißtischer Thematik.

Fallbeispiel

> „Die Schändung war das Gleichnis für mein ganzes Leben"
>
> Ich habe seit Februar 1994 eine noch sehr mädchenhaft wirkende 37jährige Frau, Sonja, in Analyse, die seit 20 Jahren schwer heroin- und kokainsüchtig war, lange Zeit ihre Sucht durch Prostitution in Gang hielt, vor etwa dreieinhalb Jahren mit AIDS (HIV) infiziert wurde, und kurz vor Therapiebeginn die elterliche Gewalt über ihr damals zweijähriges Kind verlor; dieses wird jetzt von Adoptiveltern erzogen.
>
> Seit früher Kindheit litt und leidet sie bis heute unter episodischer chronischer Depression und Angst, oft mit Suizidimpulsen, doch häufiger mit extrem riskantem Verhalten. Sie war oft am Rande der Lebensgefährlichkeit, während Monaten obdachlos, oft von Männern vergewaltigt und verwundet, gebunden und während Stunden sodomisiert. Längere Zeit lebte sie mit einem anderen Drogensüchtigen, an den sie masochistisch gebunden war und der sie schwer mißhandelte. Er war der Vater ihrer Tochter. Nachdem sie sich von ihm getrennt hatte und von ihrer Schwester mit dem Tode bedroht worden war, lebte sie eine Weile mit einem Zuhälter, mit dem sie Drogen und Nadeln teilte. Bei ihm holte sie sich wahrscheinlich die HIV-Infektion.
>
> Auch körperlich verfiel sie zusehends, wurde von der Polizei immer wieder verhaftet oder gesucht, stand in der Tat sogar in Gefahr, wegen Mordversuchs angeklagt zu werden, da Prostitution als HIV-Trägerin in Kalifornien rechtlich so eingestuft wird. In allem hatte sie Schiffbruch erlitten. So floh sie kurz vor Weihnachten 1993 in Todesangst und Verzweiflung nach Hause und trat zunächst in ein Methadon-Programm ein. Als ihre Eltern sie allein daheim ließen, um in Florida Ferien zu machen, hatte sie einen erneuten lebensbedrohlichen Rückfall mit Kokain. Dies bewog sie schließlich zur Einsicht, daß alle Methoden der Symptombeseitigung allein ungenügend waren und sie einer radikaleren Therapie bedürfe, die ihr erlauben würde, auf die Ursprünge ihrer Probleme zu stoßen.
>
> In den 13 Monaten seit Beginn hatte sie einen ernsthaften Rückfall mit Kokain von etwa 48stündiger Dauer und zwei kürzere von wenigen Stunden. Sie ist noch immer im Methadon-Programm, arbeitet seit kurzem als Freiwillige in einem Projekt für AIDS-Kranke und nimmt, neben der Analyse fünf Stunden in der Woche, an Narcotics-Anonymous-Meetings und Gruppentherapie teil. Seit Beginn der lokalen Behandlung bekommt sie auch Antidepressiva.
>
> Sie ist das jüngste von vier Kindern einer sehr problembeladenen Familie, die indes nach außen hin stets eine anständige Fassade aufrechterhielt: Sonjas Vater wird als explosiv und egozentrisch geschildert, als ein Mann, der ständig seine Frau heruntermachte und sie anschrie – einerseits verführerisch-zärtlich, andererseits höhnisch-verachtungsvoll. Nach außen hin war er

jedoch ein sehr erfolgreicher Fabrikbesitzer, der sein Unternehmen aus sehr bescheidenen Anfängen durch eigene Kraft aufgebaut hatte. Die Mutter ist Hausfrau, sozial sehr schüchtern; sie sei eine Märtyrerin, ein „geprügelter Hund"; sie wehre sich nie, sondern verberge alles hinter einer stoisch-frommen Maske. Die ganze Familie richtete sich völlig darauf aus, sozial angenommen zu werden, „es zu schaffen", und zwar vor allem im Golf- und Country Club Set. Das richtige Äußere allein zählte. Daheim war Sonjas Identität die einer Versagerin, „the loser".

Der älteste Bruder Sonjas, etwa 15 Jahre älter als sie, war als Kind sehr ungezügelt und explosiv, litt unter Diabetes und war das eigentliche Sorgenkind. Später sei er ebenfalls drogensüchtig geworden, unstet und selbstdestruktiv. Schließlich wurde er von einem von ihm in seinem Hause beherbergten Vaganten erschlagen. Der nächste Bruder, etwa acht Jahre älter als Sonja und jetzt ein erfolgreicher Lehrer, veranlaßte das etwa sieben- oder achtjährige Mädchen zur Fellatio an ihm, und zwar vor seinen Freunden, nachdem er häufig schon Geschlechtsverkehr mit der nächstjüngeren Schwester gehabt hatte. „Er wußte, ich würde alles für ihn tun, um von ihm angenommen zu werden. Er wußte, er konnte mich zur Fellatio überreden, und machte mich zum Gespött seiner Kumpanen." Heute ist er angesehen, glücklich verheiratet und hat ein Kind. Die Schwester, 5 Jahre älter als Sonja, war zuerst in der Kindheit ihre Beschützerin, tief geliebt und bewundert von der Jüngsten. Später jedoch wurde sie zu einer Alkoholikerin und zeigte oft starke Eifersucht auf die Schwester, da diese viel hübscher war und von den Männern umworben wurde, während Maggie als gewöhnlich beschrieben wird, auch an einem ernsthaften Hüftgelenkleiden erkrankt war und gewöhnlich von Männern gemieden wurde. Sonja beschreibt einen besonders beängstigenden Zwischenfall: Als sie selbst schwanger und obdachlos bei Maggie Hilfe und Unterkunft suchte, fuhr diese mit Sonja auf dem Vordersitz in betrunkener Wut durch die Straßen, schrie dabei, sie werde Sonja töten, stieß mit etwa 15 geparkten Autos zusammen und fuhr das Auto schließlich gegen einen Baum. Sonja floh und fand damals bei jenem Zuhälter Obdach.

Sonja schildert, wie sie als Kind immer sehr schüchtern und verängstigt gewesen sei, ständig versucht habe, gut und freundlich zu sein. Sie wollte die Zwistigkeiten in der Familie schlichten und alle glücklich machen, versuchte den Zorn des Vaters zu beschwichtigen und das Unglück der Mutter zu heilen, ihren Brüdern zu Gefallen zu leben und die Schwester zu bestaunen. Doch erinnert sie sich auch von Anbeginn der Therapie an, wie sehr sie sich in früher Kindheit gefürchtet habe, wie sie dachte, ihre Mutter würde sie tatsächlich in der Nacht töten, und zwar mit Hilfe von Soldaten, die im Garten auf sie lauerten, oder aber mit dem elektrischen Autofenster.

In der Adoleszenz brach eine andere Seite von ihr durch, eine innere Teilpersönlichkeit, welche die Schranken ihres übermäßig strikten Gewissens sprengen, ihrer Gefügsamkeit absagen und der Verzweiflung, Einsamkeit und Wertlosigkeit entrinnen wollte.

Seither oszilliert sie zwischen diesen zwei Identitäten, fast bis zum Grad einer multiplen Persönlichkeit: der eines scheuen, gewissenhaften, ängstlichen, ehrlichen Mädchens, das alles daran setzt und alles zu opfern bereit ist, um Annahme und Liebe zu erringen, ängstlich vor allen sozialen Kontakten, die hofft, die Retterin ihrer Familie zu sein – und der einer aufsässig-rebellischen, wütend selbstsüchtigen, sich selbst durchsetzenden Kämpferin, die sich um nichts mehr schert als darum, alle Schranken zu zerbrechen und die Freiheit des Rausches zu erringen. Durch freche Revolte gegen Konvention und die Grenzen von Gesellschaft und Natur betäubt sie ihr chronisches Angst-, Schuld- und Schamgefühl. Sie fordert in gewagtester Weise Tod und Demütigung heraus, tollt mit den wildesten Gesellen herum, ohne sich um die Folgen zu kümmern. Ganz besonders mußte jeder Erfolg wieder und wieder zerstört werden.

In ihrer Suche nach Tragödie und Gefahr liegt eine stark sexuell-masochistische Komponente. Alle ihre heterosexuellen Beziehungen waren Beziehungen zu brutalen Männern, die sie mißhandelten und ausbeuteten. Oft riskierte sie dabei ihr Leben. Es waren immer Männer, die „totale Macht und Kontrolle" zeigten, zu denen sie sich hingezogen fühlte, die also ihr eigenes Ideal der narzißtischen Bewältigung der Scham verkörperten. Sobald aber diese Liebhaber Sonjas tiefe Selbstunsicherheit und Abhängigkeit bemerkten, mußten sie sie natürlich mit Verachtung verwerfen: Ihre auf totale Macht gegründete Philosophie erlaubte doch nichts anderes. „Und das sandte einen Pfeil genau an die schmerzhafteste Stelle!" fügt sie hinzu. „Sie wollten Frauen mit Macht." Und damit war die Ursprungsscham nur nochmals bestätigt und vertieft: „Ich war der wertloseste Dreck, niedriger als niedrig, erbärmlich … Der Schmerz war zu stark; meine Seele wäre untergegangen, hätte ich nicht die Drogen gehabt. Welch ein Fluch, immer von denen angezogen zu sein, die mir zeigen, wie erbärmlich ich bin!" Zumeist habe sie sich für diese innere Schandhaftigkeit bestraft: „Die Schändung war das Gleichnis für mein ganzes Leben. Alles ging nur darum, mich zu erniedrigen und zu bestrafen, da ich erbärmlich war. Ich suchte so viel Bestrafung, wie ich konnte."

Das Familienleben als Ganzes ist wie gespalten: die Fassade bürgerlicher Respektabilität und frommer Sittsamkeit im trauten Heim, die Betonung der Opferbereitschaft und Selbstlosigkeit einerseits, mörderische Wut und Verachtung, Terror und Grauen andererseits.

Doch was finden wir aus dynamischer Sicht hinter diesen eben beschriebenen Phänomenen?

3.2.3 Die Bedeutung dreier psychodynamischer Zirkelprozesse

Der narzißtische Zirkel

Summarisch haben wir den Ablauf jüngst so zusammengefaßt: „Die Absolutheit der Erwartungen (nämlich die Vollkommenheit, ihr Selbstbild als Göttin, als Engel, als Retterin, als Daddys absolut gutes kleines Mädchen), die Absolutheit der inneren und projizierten Kritik, vor allem im Sinne der Scham, die jedoch von außen wieder und wieder bestätigt wird, die Absolutheit ihrer Rebellion gegen jene Erwartungen und gegen die Kritik, mit der Phantasie der Unbesiegbarkeit und ihres Sieges über Tod und Verderben, dann die Absolutheit der Bestrafung, die sie sich selbst zufügt oder die sie einlädt, und schließlich die ebenso totale Verzeihung, die wieder zum Anfang zurückleitet." Es ist wegen der Absolutheit ein narzißtischer Zirkel.

Der narzißtische Zirkel
- absolute Erwartungen von Vollkommenheit und Stärke, von Güte und Reinheit, die man auf sich selbst richtet: ein ideales Selbst von grandioser Vollkommenheit, dem ein bewunderndes, fasziniertes und anbetendes Gegenüber entspricht, das Bildnis von Gott oder Göttin, von Prinz, Prinzessin, Engel etc.
- absolute Selbstkritik gerade dieser Selbstidealisierung und als von außen her kommend erlebte absolute Kritik an der eigenen Person und damit totale Scham, Selbstabscheu und Erniedrigung
- absolute Rebellion gegen solche Verurteilung, z.B. in Form eines fulminanten

Ungerechtigkeitsgefühls, des Ressentiments, und in verhohlener Eifersucht und verstecktem Neid, eine Rebellion, die sich im verzweifelten Protest äußert, daß man einem nicht Respekt und Würde gebe, daß man die Eigenberechtigung, mißachte
- die Phantasie absoluter Bestrafung, einer totalen Form der Schuldhaftigkeit
- die ebenso absolute Verzeihung, die nun wiederum vom idealisierten Anderen erwartet und gefordert wird, aber zum 1. Punkt zurückführen muß

Der masochistische „Teufelskreis"

Doch nun zum Hauptanliegen, dem masochistischen Circulus vitiosus (vgl. Abb. 3.1). Er stellt recht eigentlich eine Modifizierung und Ausgestaltung des eben dargestellten narzißtischen Zirkels dar. Zum großen Teil überschneidet er sich mit dem Zirkel des Rückfalls in die Sucht, der anschließend kurz geschildert wird.

▶ **Narzißtische Krise als Ausdruck der Traumatisierung:** Als Einsetzen des kreisförmigen Verlaufes können wir hohe, entweder gerechtfertigte oder aber weit übersteigerte Erwartungen setzen, bei Sonja namentlich im Sinne ihrer eigenen Großartigkeit, ihrer „perfection", ihrer Fähigkeit, das Familienunglück zu heilen, die Gegner zu versöhnen. Die Wirklichkeit kann dieser grandiosen Erwartung nie nahe kommen. So stürzt dann die Selbstachtung abrupt ab. Diese Phase des Prozesses können wir die narzißtische Krise nennen.

Diese narzißtische Krise spiegelt die ursprüngliche, lebenslange Traumatisierung wider, die bei Sonja in den schweren Konflikten daheim zwischen vorgetäuschter Rechtschaffenheit und Frömmigkeit und der wirklichen Atmosphäre von Wut, Haß, Überforderung und Beschämung gipfelt:

„Der Hauptgrund, warum ich wieder beginne, Kokain zu spritzen, ist, daß ich nicht ehrlich genug darüber gewesen bin, wie schlecht ich mich über die Wende, die mein Leben genommen hat, fühle. Das Ausmaß der Scham ist unglaublich. Ich verberge mich davor die ganze Zeit. Ich bin ein wanderndes Unheil, voll von Schuld und Vorwurf. Fange ich dann mit der Droge an, rege ich mich so darüber auf, daß ich wegrenne, um nicht zu sehen, was geschehen ist. Jetzt ist alles vorbei. Ich habe alles verwirkt. Ich will mich töten. Ich will niemandem mehr ins Gesicht schauen, aus überwältigender Scham. Ich bin so wütend auf mich selbst, so voll Beschämung über mein Leben und so voller Angst, daß ich nie zu etwas fähig sein könnte. Ich kann es mir nicht vorstellen, je auf mich stolz zu sein, und jedermann denkt dasselbe von mir. Oder je erfolgreich. So bestrafe ich mich dafür. Ich hatte hohe Erwartungen von mir: daß jeder auf mich stolz wäre. Aber ich war von Anfang an verflucht. Es war immer diese Angst... Die Drogen erlaubten mir, zu rennen und zu rennen. Ich kann nicht anhalten. Ich bin so zornig auf mich selbst."

Natürlich gibt es vielerlei Formen der Traumatisierung, schwerer körperlicher Schmerz und Behinderung eingeschlossen; doch ist in unserem Zusammenhang von besonderer Bedeutsamkeit, was wir als „Seelenblindheit" und als „Seelenmord" bezeichnen können.

Zum ersteren: **Seelenblindheit** ist die Verdinglichung des Kindes, das Nicht-sehen-können seiner Emotionalität; in Sonjas Worten: „Niemand sah mich, niemand konnte sehen, wer ich war. Niemand kümmerte sich darum, ob es mich schmerzte. Niemand konnte es spüren, wie verwundet ich war. Sie konnten keinen Fehler machen, und ich konnte nichts richtig machen." Zum zweiten: **Seelenmord** ist, nach Shengold (1995), das Abwechseln von Grausamkeit und sexueller Überstimulierung, und damit die absichtliche Beraubung der

Identität und Autonomie des andern. Die beiden Begriffe überschneiden sich offensichtlich.
Bei allen zwischenmenschlichen Beziehungen tritt wieder und wieder die Furcht auf, daß sich die ursprüngliche Objektifizierung, Dehumanisierung und damit die alldurchdringende Scham wiederholt, daß wiederum Nähe nur Ausbeutung und Auslöschung der Individualität bedeutet.

▶ **Affektregression und Gebundenheit an den Schmerz:** „Es ist wie ein Ozean von Enttäuschung und Schmerz. Und wenn ich dessen bewußt werde, zerfalle ich (I disintegrate)." Der nächste Schritt besteht darin, daß die Gefühle als überwältigend, global, archaisch, körperlich empfunden und nicht in Worten faßbar werden: *ein unbeherrschbarer Einbruch von Wut und Scham und Verzweiflung.* Dies ist der Vorgang der Affektregression, d.h. eine Generalisierung und Totalisierung archaischer, z.T. präverbaler Affekte – der Deverbalisierung, Entdifferenzierung und Resomatisierung der Affekte (Krystal 1974, 1975, 1977, 1978). Der Affekt selbst scheint zu verschwinden; es bleibt bloß eine vage, doch unerträgliche Spannung, vielleicht eine Sehnsucht zurück, eine hektische Suche nach lustvoller Erregung und Erleichterung, eine Stimmung von zielloser, doch unerträglicher Rastlosigkeit, ein Begehren, das dem „craving" nach Drogenentzug sehr ähnlich ist.
Zugleich verallgemeinert sich das Gefühl, z.B. zu einer Grundbefindlichkeit und wildem Schmerz: der Gram um das Verlorene steht für das Verlorene; er selbst darf nicht verloren werden. Es handelt sich um die Bindung an den schmerzlichen Affekt (attachment to pain):

> Die Regression ist beim Suchtproblem, die Bindung an den schmerzlichen Affekt beim Masochismus das Vordringliche.

Gerade diese Affektregression und Bindung an den Schmerz stellt bei Sonja einen tiefen Grund für die Flut der Scham dar:

> „In den Träumen fühle ich mich überwältigt von den Emotionen. Sie sind wie Wellen – eine bemächtigende Dunkelheit. Diese Gefühle überwältigen mich und machen mich verschieden von den anderen. Ich verliere den Boden unter den Füßen. Weggerissen von meinen Gefühlen, meinen Ängsten sehe ich, wie alle anderen Herr über mein Leben sind, und ich bin es nicht. Ich schäme mich, da ich mich nicht beherrschen kann."

Ich antworte: „Und das Nehmen von Drogen war ein Versuch, diese übermächtigen Gefühle zu kontrollieren, und was wir hier versuchen, ist etwas Ähnliches: dadurch Kontrolle zu bekommen, daß Sie sie in Worte fassen, auch wenn dies viel langsamer geht als mit Drogen..."

> „Mein Leben lang haben die Gefühle mich geführt, statt daß ich mein Leben geführt habe. Weshalb sind sie so überwältigend für mich und nicht für andere?... Es ist eine Krankheit, die durch die Familie sickert: diese Angst davor, man könnte nicht alles ganz richtig tun, solch ein Druck, annehmbar zu sein."

▶ **Sexualisierung:** Doch finden wir bei der Affektregression bei genauerer Untersuchung typischerweise den Vorgang der Sexualisierung, wie sie sich in der folgenden Gleichung widerspiegelt:

> Sexualität, sexuelle Erregung = Gewalt, Grausamkeit, Explodieren (bursting) = schmerzhafte Spannung = überwältigende, unerträgliche Gefühle = Überstimulierung

Dieser Zustand und Erlebniskreis überwältigender Überstimulierung wird als verzehrend und verschlingend erlebt:

> „Die Frustration wird gleichsam zur sexuellen Energie. Ich will aus meiner Haut kriechen, wenn ich voll Wut bin und es nicht sagen kann. Diese Aggression wurde etwas Körperliches für mich. Ich pflegte zu

masturbieren, um mich von der Frustration zu befreien. Ich kann es gar nicht in Worte fassen. Auch wenn ich mich haßte, wenn ich eifersüchtig oder gereizt war, wollte ich mich dieser [sexuellen] Energie entledigen. Es ist alles in mir aufgestaut."
„Es wurde in etwas Körperliches übersetzt."
„Ich schämte mich sehr, zu masturbieren. Ich fand mich seltsam, dieses körperliche Ding in mir."
„Es erleichterte die unerträgliche Spannung."
„Genau."
„Eine Rastlosigkeit und Frenetik."
„Für mich war es Gereiztheit; sie kommt aus meiner Haut. Ich werde platzen..."
„Und am Ende ist es, als ob Sie zwei Sonjas wären."

▶ Umkehrung, Allmachtsphantasie und doppeltes Selbst

> Die vierte Station ist einerseits die Wendung vom Passiven ins Aktive, das „Umdrehen des Spießes", oder, von der Ich-Seite her betrachtet: die Identifizierung mit dem Angreifer oder mit dem Trauma.

Dies mag in Form von gegen die Außenwelt gerichteter Wut und Empörung geschehen; es ist ein ohnmächtiger Versuch, aus dem leidenden Erlebnis ein Tun oder doch ein Provozieren zu gestalten, in Trotz und Rache zurückzuschlagen. Oder es mag sich um intensiven Neid und Eifersucht handeln.

Eine Sonderrolle spielt dabei die *Phantasie der Allmacht als Schutz gegen das Grauen der Hilflosigkeit*. Teil dieser allmächtigen Wandlung vom Passiven ins Aktive ist die Haltung der aktiven Dehumanisierung der Anderen: daß man die anderen in derselben Weise als Werkzeuge und Teilobjekte behandelt, wie man sich bislang objektifiziert, manipuliert, entpersönlicht empfunden hat. Perversion im allgemeinen ist ja dehumanisierte Sexualität oder sexualisierte Dehumanisierung (vgl. Cooper 1988, 1991).

Sonja spricht von einer rastlosen Suche nach Macht, die der ursprünglichen Hilflosigkeit, Ohnmacht und der Scham über die Schwäche entgegenwirken soll:

> „Als Prostituierte fühle ich für einen Moment die Macht; durch Manipulation so viel Geld wie möglich zu bekommen und so wenig wie möglich als Gegenleistung zu tun – das ist Macht."

Andererseits ist es ganz entscheidend, daß es dabei zu einer *Verdoppelung des Selbst* kommt. Sonja bekennt:

> „Entweder liege ich darnieder, oder ich bin oben. Entweder spiele ich das Prostituiertenspiel und fühle nichts, außer der Macht, oder es ist das andere Ich: keine Macht, totale Scham und Verletztheit, alles Gefühl. Ich bin entzwei gebrochen: ich bin ein völliger Versager, und ich habe die Illusion der totalen Macht."

Diese Spaltung oder Verdoppelung beinhaltet eine massive Verleugnung und Dissoziierung der inneren Realität, namentlich die der überwältigenden Affekte (als Affektblockierung – entsprechend dem oben gegebenen Zitat von Person und Klar).

Die doppelte Wirklichkeit wie die multiple Persönlichkeit ist gerade bei schwerer Traumatisierung eine wichtige Form der Phantasie: „Ich bin es ja gar nicht, der dieses Entsetzliche, Grauenhafte erlebt. Es ist mein 'alter ego', mein Körper, meine 'Schale'. In Wirklichkeit befinde ich mich ganz wo anders und bin auch jemand ganz anderer."

Als Resultat der Dissoziierung und Verleugnung ist die Ich-Spaltung offenbar: „Dies bin ich nicht; es ist eine fremde Macht, die Herrschaft über mich gewinnt."

Dieser abgespaltene Teil ist zwar enteignet und doch nicht wirklich unbewußt, von grauenerregender Gewalt und beständig drohend, und wird immer wieder, und doch nur mit vorübergehendem Erfolg, durch die Rauschgifte gestillt, – dieser Teil weist zurück auf die geschilderten Traumata.

Im Circulus vitiosus der Sucht schließen sich Externalisierung, gegen außen gerichtete Aggression als Durchbrechung der Grenzen, verbunden mit der Abwehr gegen das Über-Ich und der narzißtische Triumph an (s.u.).

▶ **Introjektion, Wendung der Aggression gegen das Selbst:** Im masochistischen Kreis folgt nun als 5. Station die Verinnerlichung des Traumas als Teil der inneren Autorität, des „inneren Richters":

> Die Grausamkeit von Trauma und Mißhandlung wird nun Teil des Über-Ich – parallel zur Wendung der Wut, des Neides und der Verachtung gegen die eigene Person.

▶ **Konflikt im Über-Ich**

> Dabei ist aber entscheidend wichtig die widersprüchliche, gespaltene Natur der Werte, die von diesem inneren Richter vertreten und durchgesetzt werden. Es ist, als ob „er" in sich gegensätzlichen Gesetzen und Werten folgte, doch dabei weiterhin absolute Unterwerfung verlangte. Mehrere solche Konflikte sind denkbar. Ich betone zwei, die von besonderer Wichtigkeit sind: den Gegensatz zwischen sich befehdenden Loyalitäten und das Scham-Schuld-Dilemma.

Im Falle Sonjas stechen zwei miteinander verschränkte Wertkonflikte daheim heraus:

> „Bei meiner Schwester und meiner Mutter ist es so: Geht es mir zu gut, mißgönnen sie es mir. Beim Bruder und Vater ist es genau umgekehrt: Wenn ich nicht gut genug bin, verachten sie mich. Meine Mutter und Maggie sind eifersüchtig auf meine Unabhängigkeit und meinen Erfolg und voll Ressentiment darüber, und mein Bruder und mein Vater sind voll Ekel, wenn ich nicht erfolgreich genug bin."

So widersprechen sich der Neid auf ihren Erfolg und die Verachtung für ihr Versagen; der erste erweckt in ihr Schuld, die zweite Scham. Der andere Wertkonflikt zeichnet sich kurz danach ab: „Für meinen Vater sollte ich vollständig machtvoll sein, und für meine Mutter völlig selbstbeherrscht, trieblos und rein," oder, wie sie es andere Male ausgedrückt: heilig. Macht und Reinheit sind zwar sehr verschiedene Wertprioritäten, die Antithese von beiden ist aber etwas Schamvolles (Schwäche, resp. Unreinheit, Schmutzigkeit).

▶ **Absolutheit – das narzißtische Stigma**

> Infolge der Globalität und Absolutheit des bisherigen Ablaufs nehmen Verantwortlichkeit und Ich-Ideal eine ähnliche Totalität an. Es ist ein totalitäres Über-Ich, mit sich selbst zerstritten in Forderungen unversöhnlicher Totalität. So finden wir als Pendant zum grausamen Gewissen-Richter-Über-Ich das grandiose Ich-Ideal im Sinne einer allmächtigen Verantwortlichkeit.

Die **narzißtische Allmachtsphantasie** ist, wie wir schon zuvor gesehen haben, eine Abwehr, stellt einen Schutz gegen den traumatischen Zustand des völligen Ausgeliefertseins dar, einen Schutz vor allem auch gegen die überwältigenden Affekte von Angst, ja von Panik, von Scham über die Schwäche und über das absolute Gefühl, nichts wert zu sein, von Schmerz und ohnmächtiger Wut. Ein Teil dieses Narzißmus als Abwehr, dieser Größenphantasie als Selbstschutz ist die Allmacht der Verantwortlichkeit und damit die Totalität der Über-Ich-Ansprüche. Diese müssen notwendigerweise zu einer Totalität der Selbstkritik und Selbstverurteilung führen, wenn diesen unmäßigen Anforderungen nicht Genüge geleistet wird:

> „Ich bin wie mein Vater: auf der einen Seite voll von Scham, auf der andern mit diesem Riesen-Selbst (big ego): nicht nur annehmbar, sondern die Beste zu sein... Diese

Selbstbezogenheit ruiniert mein Leben: meine Wut, wenn ich nicht bekomme, was ich will, und nicht genau das leiste, so wie ich es möchte. Wenn ich es nicht alles haben kann, wenn ich nicht diese perfekte Person sein kann, dann möchte ich gar nicht leben. Ich habe, wie mein Vater, keine Geduld und keine Toleranz."

▶ Reexternalisierung des grausamen Gewissens, der „Kontramasochismus"

Die nächste Station ist die Wieder-nach-aussen-Wendung der ganzen Grausamkeit des Über-Ichs: Andere werden eben so verhöhnend und bestrafend behandelt, wie es das eigene Gewissen dem Selbst antut. Damit wird man zum grausamen Richter der anderen – der Sadismus verhüllt als Moralität.

Zugleich mit dieser *Wendung der Über-Ich-Aggression nach außen* findet sich die narzißtische Einstellung von Arroganz und Anspruch, die Schutzfassade, die den Masochismus verhüllt (Berliner 1940, 1947).

▶ Herbeigeführte Opferstellung (provoked victimization)

Die letzte Station des masochistischen Zirkels ist eine andere Form von Externalisierung: die Abhängigkeit vom quälenden Anderen, dessen Verzeihung gesucht und dessen Machtfülle idealisiert wird.

„Dies ist ein sehr großer Konflikt: unabhängig sein zu wollen und doch so bedürftig zu sein... Ich war süchtig in der Beziehung wie mit den Drogen: um das Loch in mir zu stopfen. Ich schäme mich über diese Bedürftigkeit. Wenn ich spüre, wie abhängig ich bin von meiner Mutter und wie sehr ich sie brauche, werde ich wirklich wütend."

Daher der ihr zumeist rätselhafte Zorn und Groll auf die Mutter, oder doch wenigstens ein Grund dafür (neben der masochistischen Haltung der Mutter und den Doppelbotschaften):

„Wenn ich allein bin, fühle ich mich leer. Dies ist eine meiner größten Ängste: allein zu sein. Als ich in San Francisco war, nahm ich so viele Drogen, um diese grauenhafte Angst vor dem Alleinsein zu füllen. Ich wollte mich töten, da ich überwältigt war von der Einsamkeit. Das ist wirklich der Konflikt: ich kann mir diese Angst nicht gestatten, ich schäme mich dafür. Als ich mein Kind in die Arme nahm, spürte ich, daß ich zu sehr wie es war, gleich bedürftig. Vielleicht habe ich es (die Mutterschaft) darum sabotiert. In meinen Träumen werde ich von einem Ozean der Dunkelheit, von diesen Riesenwellen heimgesucht... Dies ist der Konflikt: ich brauche Sicherheit, und doch will ich eine unabhängige Erwachsene sein. Ich will genährt werden, aber ich schäme mich über die Sonja, die noch immer ein kleines Kind ist."

Diese Suche nach dem übermächtigen Anderen ist selbst süchtig, eben „liebessüchtig", masochistisch. So endet der Patient immer wieder in der Stellung des Opfers.

Das ist eben die masochistische Seite, die mehr oder weniger im Vordergrund steht und die Symptomatik prägt. In den masochistischen Kernphantasien werden die traumatischen Erlebnisse wieder und wieder erlebt, und zwar in Abfolgen von unter eigener Regie reinszenierten Vorgängen von Leiden und Demütigung.

Dabei ist das Primäre nicht die perverse Sexualität, d.h. die Bedingung von Leiden oder Erniedrigung, um sexuelle Befriedigung empfinden zu können, sondern die schon zuvor beschriebenen und grundlegenden Phantasiegleichungen der Sexualisierung der Gewalt. Diese wiederholt sich nun unablässig in der Unterwürfigkeit dem quälenden, starr urteilssüchtigen inneren Richter, dem analsadistischen Über-Ich gegenüber. Der Geheimzweck dabei liegt in den magischen, allmächtigen

Verwandlungen, die sich in der masochistischen Schlagephantasie (Freud 1919e) verbergen: durch Leiden und Demütigung bemüht sich der Patient auf mancherlei Ebene, Liebe und Respekt zu erzielen: „Nur durch Leiden kann ich mir Nähe, Liebe und Sinnlichkeit bewahren." Wir fanden dasselbe in der masochistischen Grundgleichung: „Nur was schmerzt, kann Lust geben, und umgekehrt. Was Lust gibt, muß schlecht sein."

Was dabei unbewußt bleibt, ist deren „alchemistische" Bedeutung: daß die Wirklichkeit in einer Reihe von Verleugnungen und Umdrehungen magisch umgewandelt wird.

> „Durch meine Unterwerfung, dadurch, daß ich als das Opfer Schmerz und Scham erleide und geschlagen werde, verwandle ich Leiden in Lust, Angst in sexuelle Erregung, Haß in Liebe, Trennung in Verschmelzung, Hilflosigkeit in Macht und Rache, Schuld in Verzeihung, Scham in Triumph, vor allem aber Passivität in Aktivität."

Der Masochismus ist aufgrund dieser Prämisse der Macht durch Leiden zu verstehen. Doch dieses Ziel bleibt unbewußt, das Bemühen zerstört sich selbst. Das Ende ist fortgesetztes Leiden und oft die Katastrophe. Der Circulus vitiosus schließt sich, die Traumata werden neu geschaffen, der Fluch bestätigt sich immer von neuem (Abb. 3.1).

Der Circulus vitiosus beim Rückfall in die Sucht

Die ersten vier Schritte sind ähnlich, wie ich sie eben beim Masochismus beschrieben habe:
- Traumatisierung und narzißtische Krise
- Affektregression
- Sexualisierung
- Wendung vom Passiven ins Aktive, Allmachtsphantasie als Abwehr und Verdoppelung des Selbst

Ab diesem Punkt verläuft der vitiöse Zirkel bei der Sucht nach meiner Erfahrung unterschiedlich:

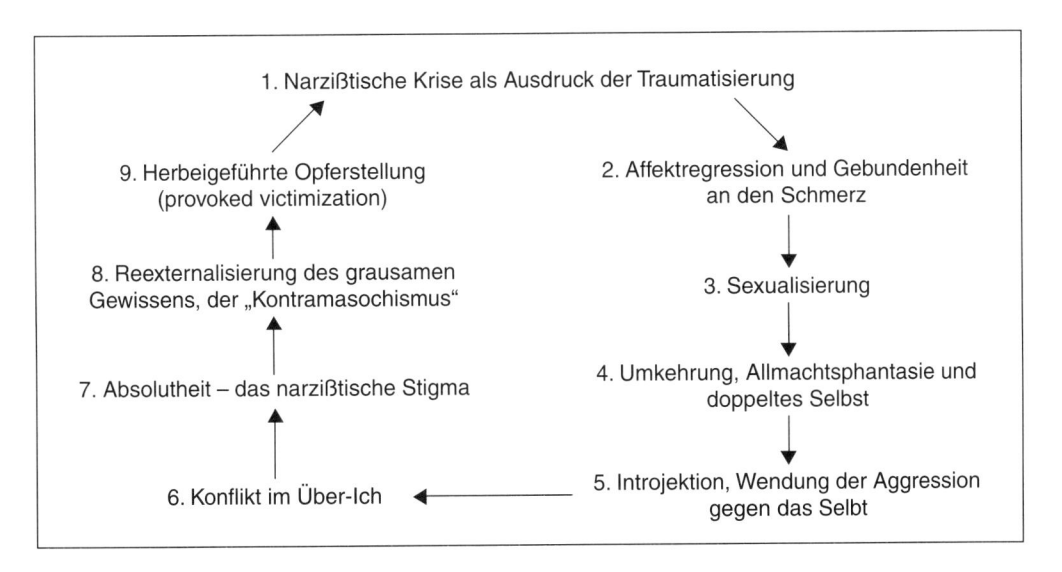

1. Narzißtische Krise als Ausdruck der Traumatisierung
2. Affektregression und Gebundenheit an den Schmerz
3. Sexualisierung
4. Umkehrung, Allmachtsphantasie und doppeltes Selbst
5. Introjektion, Wendung der Aggression gegen das Selbst
6. Konflikt im Über-Ich
7. Absolutheit – das narzißtische Stigma
8. Reexternalisierung des grausamen Gewissens, der „Kontramasochismus"
9. Herbeigeführte Opferstellung (provoked victimization)

Abb. 3.1 Der masochistische Circulus vitiosus

▶ Externalisierung

Es folgt eine wilde Getriebenheit zur Handlung, das Suchen nach einer konkreten äußeren Lösung für den inneren und verleugneten Konflikt.

„Es war unerträglich; ich mußte etwas in der äußeren Wirklichkeit unternehmen, um die Situation zu ändern, gleich was."
Gewalttat, Masochismus, Drogen, das Suchen nach Risiko und Aufregung, Erwischtwerden – der genaue Modus dieser Abwehr durch Externalisierung ist für den Patienten im Augenblick nicht so wichtig. Was zählt, ist die Abwehr durch konkrete Handlung in der Außenwelt, die magisch das Leben verändern soll.

▶ Aggression

Dieser sechste Schritt bezieht die narzißtische Aggression mit ein, gewöhnlich in Form des „Ausbrechens", der Grenzüberschreitung, der Verletzung sozialer Schranken, des feindseligen Angriffs auf andere oder der Selbstvernichtung.

Es gilt, dem anderen und sich selbst Schmerz zuzufügen, andere zu demütigen und sich selbst zu schänden.

▶ Abwehr gegen das Über-Ich, „Flucht vor dem Gewissen"

Vertrauenswürdigkeit, Verläßlichkeit, Verpflichtungen anderen gegenüber werden zwar anerkannt, doch ihrer Bedeutung beraubt und behandelt, als ob sie absolut keinen Sinn hätten.

Das aber heißt, es handelt sich um eine tiefe *Spaltung des Über-Ich als Folge der Abwehrvorgänge von Verleugnung, Projektion und Externalisierung.*

„Ich werde hineingezogen: daß die Zeit stille stehen könne, daß ich einige Tage lang mich berauschen könne und dabei unverzüglich in eine andere Realität eintrete, wo es keine Verantwortlichkeit gäbe, wo ich anonym und frei wäre, ein Entrinnen von der Verantwortung, wo ich nur die Lust der Droge hätte. Ich werde diese andere Person, hart und kalt, meine Identität als Drogensüchtige. Jahrelang genoß ich es, eine Verworfene zu sein, Teil der Gegenkultur. Es verlieh mir Macht: daß ich etwas damit ausdrücke, indem ich mir schade, daß ich mich von etwas in mir befreie. Aber es tötete mich, dieser aktive Ausdruck davon. Vielleicht war es so, daß ich Wut und Verletzung gegen mich selbst wandte. Es war sehr mächtig."

Sonja beschreibt mit diesen Worten klar die gleichzeitige Bedeutung der Drogeneinnahme: als Revolution gegen ihr Schuldgefühl („Verantwortung") und als Bestrafung für diesen Aufstand.

Genau dasselbe kann, und parallel zu dieser Abwehr gegen das Schuldgefühl, wie wir es schon eingehend angetroffen haben, über ihr Schamgefühl gesagt werden.
Hier ein Ausschnitt aus der 86. Therapiestunde:

„Mein innerer Richter ist mein Vater in seiner schlimmsten Form. Ich kann mich damit foltern. Das springt ein, wenn er mich ignoriert, wenn ich mich von ihm und anderen verstoßen fühle; dann übernimmt dieser innere Richter die Herrschaft."
„Und bezieht sich nicht der Rückfall, die Versuchung, Drogen zu nehmen, auf dies Gefühl?"
„Genau. Wenn ich das spüre, wird der Wunsch, mich zu berauschen, unkontrollierbar. Ich will, was ich will, und zum Teufel mit allem andern."
„Und damit stürzen Sie den inneren Richter."
„Dies ist es, worum es geht! Und dann bin ich am schärfsten gegen meine Mutter. Ich

will ihr das Gesicht einschlagen; es ist Gewalt darin. Ist das nicht wie Mord? Für mich ist es mörderisch, diese Energie: Sie ist da, um zu morden!... Ich bin wohl noch strenger gegen mich, als mein Vater es ist, und er ist schon streng."

Sie sieht in beiden Eltern dieselbe Strenge und Unerbittlichkeit des Gewissens; der Vater stehe auch im Krieg mit sich selbst. Daher machen sie die Kinder für alles verantwortlich.

„Da war immer diese Botschaft der Schuld. Alle Sünde kam von uns. Sie waren vollkommene Kinder ihren Eltern gegenüber gewesen... Und man war verantwortlich für ihr Glück, dafür, daß sie nie froh waren, – das war alles meine Schuld. Wäre ich ein gutes Mädchen, wären sie glücklich, und wenn ich schlecht war, tötete ich sie."

„Was Ihnen eine unerträgliche Gewissenslast auflud."

▶ **Narzißtischer Triumph:** Es ist mannigfache Lust, aber vor allem ist es die narzißtische Befriedigung eines übersteigerten Berechtigungsanspruches („entitlement"). Und damit ist aber auch wieder der Boden dafür vorbereitet, daß der Absturz in die narzißtische Krise erfolgt. Der Kreis schließt sich also.

Der Circulus vitiosus beim Rückfall in der Sucht
- narzißtische Krise/wiederholte Traumatisierung/Seelenmord und Seelenblindheit
- Affektregression/Zusammenbruch der Affektabwehr, mit Dedifferenzierung, Deverbalisierung und Resomatisierung
- Sexualisierung/ Überstimulierung/ Gleichsetzung von Aggression mit Sexualität
- Verdoppelung (Spaltung): Wendung der Aggression vom Passiven ins Aktive/ Allmachtsphantasie/Verleugnung/Affektblockierung
- Externalisierung (der innere Konflikt wird zum äußeren gemacht)
- Aggression gegen außen und gegen das Selbst
- Abwehr gegen das Über-Ich, Flucht vor dem Gewissen
- narzißtischer Triumph, der mißlingt, und Neubeginn des Circulus

3.2.4 Einige Gedanken zur psychoanalytischen Behandlungstechnik schwer traumatisierter Patienten

Zum Schluß möchte ich einige Prinzipien der psychoanalytischen Therapie bei diesen schwer traumatisierten Patienten zusammenfassen.

Es ist die Aufgabe der Psychoanalyse, die versuchten Konfliktlösungen, die sich in diesen Szenenabfolgen ausdrücken, in ihrer inneren Widersprüchlichkeit und ihrem Wiederholungszwang allmählich bewußt zu machen und die traumatogenen Affektstürme in Worte zu bannen. Wortgebung bedeutet aber Distanz und damit Befreiung.

Im einzelnen gilt:
- Entsprechend der Zentralität der Affektregression und Gebundenheit an pathogene Affekte hat der therapeutische Modus der Abreaktion, der **Katharsis,** große Bedeutung. Weite Strecken auch der psychoanalytischen Behandlung werden von solchen Ausdrücken, ja Ausbrüchen intensiver Affektivität begleitet.
- Das *Wiederherstellen der zerrissenen Zusammenhänge*, die Einsicht durch den Patienten bleibt entscheidend, um einen dauerhaften Erfolg zu erzielen. Ich gab als Beispiele drei häufige und bedeutsame Muster von inneren Zusammenhängen in Gestalt von Teufelskreisen an, deren Gegenwart mehr durch Klarifikation als durch

Deutung aufzuweisen ist. Dabei sollten wir der Worte Paul Grays eingedenk bleiben: „... das hauptsächliche Ziel des Analytikers ist immer die Analyse der Seele, nicht die des Lebens des Patienten." Der analytische Brennpunkt der Wahrnehmung sei auf das Geschehen „innerhalb" der Analyse gerichtet, nicht auf Details „außerhalb". Die Untersuchung widmet sich vor allem dem Innenleben, nicht dem Verhalten, und bietet dem Patienten dadurch die Gelegenheit, „seine selbstbeobachtenden Fähigkeiten zu ihrem größten Potential zu entwickeln" (zit. nach Gray 1994).

- Ganz besonders muß man sich vor dem *Eindringen von Suggestionen* gerade auch in bezug auf mögliche Traumata in acht nehmen. Suggestionen lassen sich nie völlig vermeiden; manchmal sind sie unerläßlich. Einerseits soll daher die ganze Technik darauf ausgerichtet sein, daß wir nicht zur äußeren Autorität werden, sondern die Über-Ich-Übertragung immer wieder analytisch angehen, sie nicht suggestiv ausnützen. Andererseits erweist es sich bei diesen schwerer kranken Patienten oft als nötig, daß der Analytiker die „billigenden Funktionen des Über-Ich in der Übertragung", im Gegensatz zu den verurteilenden, nicht in Frage stellt, sie also stehen läßt, und damit ein gewisses Maß von Suggestion (besonders eben das „Erlauben" von Abreaktion) nicht vermeidet. Es handelt sich um den Unterschied, ob „das breite therapeutische Ziel in der Verminderung des Potentials für Angst oder aber darin bestehe, einfach die Angst selbst zu vermindern" (zit. nach Gray 1994). Das heißt, daß im gegebenen Fall einem stärker psychotherapeutischen Vorgehen gegenüber dem analytischen im engeren Sinne der Vorrang gegeben wird. Das Entscheidende ist dabei, daß man weiß, was man tut: daß zu dieser Zeit, bei diesem Fall die Wahl zwischen den beiden prinzipiellen Vorgehensweisen als Mehr oder Weniger, nicht als Sowohl-Als auch, getroffen wird. Es ist so, als ob unser Arbeitsfeld ständig von diesen beiden Koordinaten bestimmt wird: der der *Konfliktauflösung durch Einsicht* (also der psychoanalytischen Methode im eigentlichen Sinne) und der der direkteren psychotherapeutischen *Beeinflussung des dynamischen Gleichgewichts durch die Autorität des Therapeuten*. Es ist die Kunst, zu wissen, was dabei dem einzelnen Patienten zuzumuten ist.
- Die Intensität der Affektstürme macht den *Gebrauch spezifischer Medikation* oft unerläßlich, namentlich von *Antidepressiva*. Dabei ist es besser, wenn eine andere Instanz diese verschreibt. Auch ist es immer wieder hilfreich, wenn andere Behandlungsmodalitäten mit der auf Einsicht gerichteten analytischen Therapie kombiniert werden können. Wie in der somatischen Medizin ist oft die gleichzeitige und gezielte Anwendung verschiedener Agentien entscheidend.

Mit Nietzsche können wir heute über die psychoanalytische Behandlung dieser Patienten sagen: Wir wissen nicht, was sie „in unserer Zeit für einen Sinn hätte, wenn nicht den, in ihr unzeitgemäß – das heißt, gegen die Zeit und dadurch auf die Zeit und hoffentlich zugunsten einer kommenden Zeit – zu wirken" (Nietzsche 1874, S. 99).

3.3 Traumazentrierte imaginative Therapie

Luise Reddemann und Ulrich Sachsse

Inhalt

3.3.1	Einleitung	375
3.3.2	Die Grundlagen	376
	Der imaginäre Raum oder die „innere Bühne"	376
	Der klinische Umgang mit traumatischem Streß	376
3.3.3	Fallbeispiel	377
	Erstkontakt	377
	Stabilisierungsphase	380
	Traumakonfrontations- oder Traumabegegnungsphase zur Traumasynthese	383
	Integrationsphase	388

3.3.1 Einleitung

In diesem Kapitel wollen wir anhand eines Fallbeispiels unsere Therapiestrategie deutlich machen. Wir werden die Einleitungsphase der Behandlung sowie die drei typischen Phasen der traumazentrierten Therapie (Herman 1994) darstellen und erörtern.

Die hier vorgeschlagene Vorgehensweise für die Behandlung traumatisierter Patienten (Reddemann und Sachsse 1997, 1998) ist sowohl integrativ als auch ressourcenorientiert.

- Sie ist **integrativ**, da sie vor einem theoretischen psychoanalytischen Verstehenshintergrund verschiedene Interventionstechniken verbindet, die aus der Hypnotherapie nach Erickson, aus der Gestalttherapie, dem Psychodrama und verschiedenen imaginativen Verfahren bekannt sind, aber für die speziellen Bedürfnisse der überwiegend weiblichen traumatisierten Patienten modifiziert wurden. Hinzu kommen einige psychoedukative Elemente sowie solche der kognitiven Verhaltenstherapie. Die Beachtung von Übertragungs-Gegenübertragungs-Reaktionen ist uns wichtig, jedoch intervenieren wir nicht psychoanalytisch im engeren Sinn. Vielmehr geht es uns darum, zwischen Therapeutin und Patientin einen imaginären Raum zu erschaffen, der gleichzeitig auch als „innere Bühne" der Patientin konzeptualisierbar ist.
- Unsere Vorgehensweise ist zudem **ressourcenorientiert** (Fürstenau 1992; Grawe et al. 1999). Gerade bei einer Klientel, die Situationen extremer Hoffnungslosigkeit ausgeliefert war, wissen wir aus der Forschung zur Salutogenese (Antonovsky 1998) und zur Resilienz (McFarlane 1996; Bender und Lösel 1997b), daß das Auffinden innerer Stärken und Kraftquellen sehr bedeutsam ist. Beispiele von Viktor Frankl bis Christopher Reeve machen deutlich, daß Menschen äußere Katastrophen, auch solche, die ihnen von Menschen zugefügt wurden, nicht nur überleben, sondern sogar gestärkt aus ihnen hervorgehen können.

Unser Vorgehen haben wir weitgehend von unseren Patientinnen gelernt. Dazu kamen und kommen zahlreiche Anregungen, insbesondere von den Kollegen, die mit imaginativen Techniken arbeiten und zum Teil unsere Lehrer waren: P. C. Estes (s. auch Estes 1993), P. Krystal (s. auch Krystal 1989), H. Leuner (s. auch Leuner 1994), P. Levine (s. auch Levine 1998), E. Rossi, T. Noordegraf, F. Olthuis, O. van der Hart, G. Schmidt.

3.3.2 Die Grundlagen

Grundlegend für unsere Arbeit ist zum einen das in allen Phasen der Traumatherapie angewandte Mittel der Imagination, zum anderen die Beachtung der Erkenntnisse aus der Forschung zu traumatischem Streß (van der Kolk et al. 1996; van der Kolk 1998, 1999).

Der imaginäre Raum oder die „innere Bühne"

Der imaginäre Raum zwischen Therapeutin und Patientin erlaubt es, zu einer relativ tragfähigen Arbeitsbeziehung zu kommen, die von einer milden positiven Übertragung geprägt ist. Alle störenden Elemente, die sonst die Arbeitsbeziehung belasten, werden früher oder später in den imaginären Raum verortet. Im **imaginären Raum** findet auch ein „Containment" statt: in der Stabilisierungsphase mittels der Tresorübung und anderer Übungen, später in der traumazentrierten Arbeit in der Begegnung mit dem Trauma. Am Ende der Behandlung ist dieser imaginäre Raum auch der Container für Trauer und stellt gleichzeitig das Material für Integration und Neuorientierung zur Verfügung.

Der imaginäre Raum befindet sich gleichzeitig außen und im Inneren der Patientin und der Therapeutin. Es findet ein ständiges Oszillieren zwischen diesen beiden Räumen statt. Die Vorstellung der Externalisierung innerer Prozesse bleibt eine Vorstellung und sollte sich möglichst wenig beziehungsmäßig (re-)inszenieren, denn wir gehen davon aus, daß die Reinszenierung traumatogener Inhalte – insbesondere bei schwer persönlichkeitsgestörten Patientinnen – zu teils kaum auflösbaren Prozessen führen kann. Regression geschieht auf der „**inneren Bühne**" durch das „innere Kind", das der erwachsenen Person von heute begegnet und umgekehrt.

Auf der inneren Bühne begegnet die Patientin der ganz bösen Welt des Traumas, der ganz guten Welt ihrer *Helfer*, ihrem *inneren Kind* und zahlreichen anderen Gestalten. Die Imaginationsübungen, die wir vorschlagen, helfen der Patientin, dem Geschehen auf dieser inneren Bühne mehr und mehr eine konkrete Gestalt zu verleihen. Dabei ist sie sowohl Autorin als auch Regisseurin. Sie nimmt verschiedene Rollen ein und ist ebenso Zuschauerin. Dadurch lernt sie, sich neue Handlungsspielräume zu eröffnen, so daß sie von Anfang an aus der „Opferrolle" herauskommen kann, ohne daß wir dies so nennen.

Der klinische Umgang mit traumatischem Streß

Traumabedingter Streß und interpersonelle Sicherheit sind eng gekoppelt. Daher halten wir folgende Prinzipien zum Aufbau interpersoneller Sicherheit wesentlich:
- Die Patientin soll die Erfahrung machen, daß sie die Kontrolle behält.
- Daraus resultiert, daß Vorhersagbarkeit aufgebaut werden muß (z.B. durch Information).
- Die Patientin hat immer recht und weiß, wann für sie der richtige Zeitpunkt da ist, um etwas zu beginnen.
- Meisterschaft im Umgang mit sich selbst und der Umwelt ist ein wichtiges gemeinsames Ziel. Dies bezieht sich insbesondere auf die Regulierung der physiologischen Erregung, was beinhaltet:
  – Bedürfnisse zu beachten
  – bei Angst beruhigend zu wirken

- Selbsthilfe anzuregen
- zur Hilfe, wenn nötig, bereit zu sein
- Hilfe anzubieten
- Unsagbares in Worten auszudrücken (einschließlich innerer Zustände)
- reale Bedrohung durch die Außenwelt von innerer Bedrohung unterscheiden lernen zu helfen
- spielerisch zu sein

Interpersonelle Sicherheit ist Bedingung für intrapersonelle Sicherheit. In diesem Sinn ist auch Beziehungsarbeit wichtig. Wir halten es für grundlegend, jede Intervention daraufhin zu überprüfen, ob sie Streß erhöht oder mindert. Dies kann individuell variieren. Einige Interventionen erzeugen per se Streß und werden daher in der traumazentrierten Arbeit nicht angewendet. Dazu gehören insbesondere angstauslösende Interventionen wie längeres Schweigen, relative Emotionslosigkeit sowie Undurchsichtigkeit („poker face"). Solange traumabedingter Streß nicht aufgelöst ist, rufen auch konfliktaufdeckende Interventionen bei Traumatisierten Angst hervor. Auch Situationen der Ohnmacht und Hilflosigkeit wirken fast immer als Trigger, so daß auch diese nicht absichtlich hergestellt werden sollen. Natürlich kann nicht immer vermieden werden, daß ein Vorgehen Angst oder Ohnmacht erzeugt. Ein probates Mittel kann dann sein, als Therapeut eigene Fehler zuzugeben und die Patientin einzuladen „aufzupassen" oder den Therapeuten zu „supervidieren".

3.3.3 Fallbeispiel

Im folgenden wird die Vorgehensweise der traumazentrierten integrativen Therapie anhand eines Fallbeispieles Schritt für Schritt verdeutlicht. Es handelt sich um einen konstruierten Fall, wobei die Details zu verschiedenen Patientinnen gehören.

Erstkontakt

Frau P. hatte unsere erste Veröffentlichung (Reddemann und Sachsse 1996) gelesen und sich wegen der Arbeit mit imaginativen Techniken angesprochen gefühlt. Frau P. ist Theologin, Mitte 50. Seit etwa 20 Jahren hat sie verschiedenste Therapien gemacht, darunter auch eine mehrjährige Psychoanalyse. Die Patientin erinnert sich an extreme sadistische Mißhandlung durch den Vater. Dazu habe sie schon viel gearbeitet. „Irgendwie" werde sie das nicht richtig los. Wenn sie bestimmte Stellen im Alten Testament lese, werde es ihr „kotzübel". Sie gibt an, unter häufigen Kopf- und Magenbeschwerden zu leiden. Auch werde ihr Knie immer wieder dick. Zahlreiche organmedizinische Untersuchungen ergaben „nichts". Außerdem leide sie unter häufigen Blasenentzündungen. Sie habe schon „pfundweise" Antibiotika geschluckt, ohne viel Erfolg – die sehr schmerzhaften Entzündungen kämen immer wieder.

Frau P. ist kurz nach Kriegsende geboren, gezeugt auf einem Heimaturlaub des Vaters, der erst 1948 aus der Gefangenschaft heimkehrte. Sie habe sich vor ihm immer gefürchtet. Wenn er von seinen Kriegserlebnissen berichtet habe, habe er viel von Kameradschaft geredet und dabei leuchtende Augen bekommen. Sie erinnere sich, daß sie sich schon als Kind darüber gewundert habe, was denn so besonders am Krieg, in dem man andere tötet, sei. Die Mutter sei eine sehr schöne und kluge Frau gewesen. Sie habe sie lange bewundert. Die Mutter sei aber auch sehr unnahbar gewesen. Zärtlichkeit habe sie von ihr nicht erfahren. So seien die Momente, in denen der Vater mit ihr und ihren beiden jüngeren Brüdern gespielt und getobt habe und sie auch schon mal in die Luft geworfen habe, in ihrer Erinnerung besonders kostbar. Aus heutiger Sicht erkenne sie, daß ihre Mutter depressiv gewesen sei.

Gute Erinnerungen habe sie an ihren väterlichen Großvater, der auch Theologe gewesen sei. Für ihren Vater, einen Rechtsanwalt, sei es immer schwierig gewesen, nicht in seines Vaters Fußstapfen getreten zu sein, obwohl sie sich nicht an explizite Vorwürfe des Großvaters erinnern könne. Zu den Eltern der Mutter habe wenig Kontakt bestanden. Die Großmutter sei eine extrem strenge, harte Frau gewesen.

Im Erstkontakt wirkt die Patientin offen, direkt und introspektiv. Mir fallen diskrete Zeichen eines „Weggehens" der Patientin auf. Sie bekommt mehrfach einen „Tunnelblick", wobei sie aus dem Fenster starrt. Wenn ich sie dann anspreche, schrickt sie zusammen. Ich ordne dies als dissoziatives Verhalten ein und frage vorsichtig nach. Ja, das werde ihr immer wieder mal gesagt, daß sie oft „nicht ganz da" sei. Sie kriege auch nicht immer alles mit. Aber sie habe sich angewöhnt, das, was ihr fehle, so geschickt durch Nachfragen zu rekonstruieren, daß ihre kleinen „Gedächtnislücken" eigentlich nie auffallen würden.

Es gebe noch einiges, über das sie noch nie mit jemandem geredet hätte, aber das wolle sie hier erst mal auch nicht erzählen. Das sei ihr gutes Recht, sage ich ihr. Jedenfalls müsse sie dringend etwas für sich tun, meint sie. Sie rege sich über jede Fliege an der Wand in völlig unangemessener Weise auf. Das mache ihr erhebliche Probleme in ihrer Arbeit. Sie schlafe seit Jahren nur 2 bis 4 Stunden. Sie wisse gar nicht, wie ein Mensch das aushalten könne. Meist habe sie merkwürdige Alpträume, die sie nicht einordnen könne. Übrigens schlafe sie mit Licht, weil Dunkelheit Panikanfälle auslöse. Sie habe gelernt, diese auszuhalten, wenngleich sie die Hölle seien. Auch tagsüber habe sie gelegentlich Panikattacken. Aber die seien durch die Analyse deutlich gebessert.

Frau P. lebt allein. Früher war sie verheiratet. Ein Sohn ist jetzt 30, eine Tochter 28 Jahre alt. Ihre Kinder hätten einen guten Kontakt zu ihr. An ihre Ehe könne sie sich kaum noch erinnern, sie sei ein fortgesetzter Alptraum gewesen. Unter Alkoholeinfluß habe ihr Mann sie mißhandelt und vergewaltigt. Ihre moralischen Überzeugungen hätten sie allzu lange gehindert, sich zu trennen. Als sie beobachtet habe, daß ihr Mann sich an die damals 12jährige Tochter „heranmachte", da sei Schluß gewesen. Sie habe es geschafft, mit den Kindern zu einer Freundin zu ziehen und sich scheiden zu lassen.

Frau P. erzählt dies „cool" ohne innere Bewegung. Ich sage ihr, daß ich es eindrucksvoll fände, daß sie über diese schrecklichen Dinge mit so viel Abstand und kontrolliert sprechen könne. Ja, sie wolle da bloß keine Gefühle an sich heranlassen, erwidert sie. Es sei ihr klar, daß sie da noch mal „durch" müsse, aber das könne sie sich zur Zeit nicht leisten. Sie habe gerade eine neue Stelle als Krankenhausseelsorgerin angenommen, und da brauche sie all ihre Kraft, um diese schwere Arbeit zu bewältigen. Ob es möglich sei, in ein paar Monaten für ein paar Wochen zu kommen? Sie wolle diese Übungen mit dem sicheren Ort und den inneren Helfern, von denen Sie gelesen hatte, schon mal ausprobieren. Sie könne sich vorstellen, daß ihr das helfe. Daraufhin biete ich ihr eine 4- bis 6wöchige Behandlung zur genaueren Diagnostik des Ausmaßes der Dissoziativität und zur Stabilisierung an. Eventuell könne man dann Schritte zur Traumabearbeitung gehen, wenn sie dies wolle. Dieser Vorschlag erscheint ihr praktikabel und sie entschied sich für eine erste Behandlungsphase zur Stabilisierung.

Im Erstkontakt geht es darum, zu erkunden, wie stabil die Patienten sind, welche Ressourcen sie haben und wie ihr soziales Netz beschaffen ist. Im Fallbeispiel hat die Patientin viel von sich aus erzählt. In anderen Fällen ist es notwendig, die Fähigkeiten sowie die Situationen, in denen Kraft und Freude empfunden werden, genauer zu erfragen. Belastendem Material gehen wir nicht oder zumindest nur mit äußerster Vorsicht nach. Würde eine Patientin signalisieren, daß sie unbedingt etwas sehr Belastendes erzählen will, würden wir ihr vorschlagen, das zu tun, was Frau P. spontan tat, nämlich sich von schmerzhaften Affekten zu distanzieren. Man kann z.B. anregen, die Szene „wie eine Reporterin" zu beschreiben und ihr dabei den Sinn des Sichdistanzierens erläutern. Erst wenn genügend Selbstmanagementfähigkeiten vorhanden sind, kann einem Trauma so begegnet werden, daß diese Begegnung so wenig wie möglich neu traumatisiert. Dies muß in einem mehr oder weniger langen Prozeß der **Stabilisierung** erst einmal eingeübt werden.

Jede *Coping-Strategie* der Patientin wird als sinnvoll und notwendig gewürdigt, sei sie auch noch so bizarr. So kann z.B. ein zwanghaftes Verhalten dazu dienen, sich in Selbstkontrolle zu üben. Dies geschieht nicht in einem triebdynamischen Sinn, sondern weil traumatisierte Menschen ständig davon bedroht sind, von inneren Bildern überflutet zu werden. Das Gefühl, Kontrolle zu haben, wirkt dann auf diese Angst dämpfend. Dissoziative Phänomene werden meist als sehr beschämend erlebt, sind jedoch ein wichtiger Überlebensschutz in der traumatischen Situation. Eßstörungen können ein Versuch sein, mit Ekel umzugehen. Mißtrauisches Verhalten, das oft heftige Gegenübertragungsreaktionen auslöst, ist meist als Vorsicht und sinnvoller Mechanismus, sich vor neuer Verletzung zu schützen, zu erklären.

Die *Gegenübertragung* kann oft schon im Erstkontakt einen Hinweis auf einen Traumahintergrund geben. Projektiv identifiziert, spüren wir bei uns selbst starkes Mißtrauen, bemerken detektivische Tendenzen oder nehmen uns selbst als eindringend und eindringlich wahr. Natürlich sollte das nicht dazu führen, ein Trauma als Gewißheit zu postulieren. Derartige Reaktionen können jedoch eine Anregung sein, neben der Konflikt-, Entwicklungs- oder Beziehungspathologie auch eine Traumapathologie in Betracht zu ziehen.

Es hat sich bewährt, Patienten so zu begegnen, daß sie zunächst stabilisiert werden, um mögliche traumabedingte Übertragungsverzerrungen nicht anwachsen zu lassen. Reagieren die Patienten in der therapeutischen Situation mit Zeichen von Übererregung, indem sie z.B. starke Schreckhaftigkeit auf Geräusche zeigen, auf Gerüche mit heftiger Abneigung oder gar Panik reagieren oder starke Zeichen von Angst zeigen, können dies Hinweise auf eine komplexe posttraumatische Belastungsstörung (PTBS) sein.

Im Erstgespräch geht es also bei bekannter PTBS oder bei entsprechendem Verdacht vor allem darum, neben der Kontaktaufnahme bereits eine Atmosphäre zu schaffen, in der die Patientin eine Erfahrung von **Sicherheit** und möglichst auch **Streßreduktion** macht.

Traumatisierte leiden bekanntlich unter Zeichen von Übererregung und können ihre Erregung schlecht regulieren. Dies ist, wie wir heute wissen, aufgrund von Veränderungen der Streßhormone im Gehirn somatisch bedingt. Ein wesentliches Anliegen der traumazentrierten imaginativen Therapie ist es daher, in der therapeutischen Situation von Anfang an ein Gefühl von Sicherheit zu etablieren. Patienten, die in der Kindheit traumatisiert wurden, leiden unter der Unfähigkeit der Selbstberuhigung. Dies kann aber auch bei Menschen, die im Erwachsenenalter Opfer von traumatischen Erfahrungen wurden, vorkommen

> *Selbstberuhigende Techniken* zu vermitteln ist daher ein wichtiges Anliegen. Im Erstgespräch sollte es nicht darum gehen, möglichst viele Informationen zu erlangen, sondern eher darum, wenigstens andeutungsweise eine neue Erfahrung zu vermitteln, nämlich daß Kontrolle über die quälenden inneren Zustände möglich ist.

Wie auch im weiteren Verlauf der Arbeit vermitteln wir im Erstgespräch, daß es möglich ist, auch als schwer belasteter Mensch erwachsen und einigermaßen funktionsfähig eine Psychotherapiesitzung zu verlassen. Darin unterscheidet sich die traumazentrierte imaginative Therapie von den meisten traditionellen Verfahren, die bewußt eine Regression in Kauf nehmen und davon ausgehen, daß die Patientin in der Lage ist, sich im Anschluß an die Stunde wieder zu fassen. Dies ist bei einer traumatisierten Patientin eher nicht bzw. erst nach einer längeren Zeit der Unruhe, der Dissoziation oder anderer sie beunruhigender Zustände zu erwarten. Auch hier gilt das Wissen, daß die Gegenübertragung der Übertragung vorausgeht und daß sich durch die therapeutischen Angebote die Übertragung auch in eine bestimmte Richtung entwickelt. Es geht also um Vermittlung von Sicherheit und Selbstberuhigung als zentrales Beziehungsmoment.

Stabilisierungsphase

> Frau P., die zwei Monate nach dem Erstgespräch teilstationär aufgenommen wird, berichtet, daß sie sich inzwischen in ihr neues Arbeitsfeld als Krankenhausseelsorgerin recht gut eingelebt habe. Sie habe aber auch neue Schwierigkeiten entdeckt: Es falle ihr sehr schwer, bettlägrigen alten Männern am Krankenbett zu begegnen, ohne daß sie Panikanfälle bekomme. Sie habe das „wirklich nicht" im Griff, und das sei ihr äußerst unangenehm und peinlich. Ich nehme dies zum Anlaß, Frau P. zu fragen, ob sie glaube, sie reagiere da als erwachsene Frau, oder ob sie sich dabei jünger fühle. Spontan sagt sie: „Da bin ich höchstens 7 Jahre alt."
> „Können Sie sich vorstellen, dieser 7jährigen zu begegnen und sie zu fragen, was ihr so unangenehm ist, ohne daß Sie da gleich tief reingehen?" „Ich versuche es." Die Patientin geht, ohne daß ich ihr das vorschlage, nach innen und schließt einen Moment die Augen. „Die sagt, da war etwas mit dem Großvater, und ich weiß auch was, aber das will ich nicht erzählen." „Das brauchen Sie mir auch nicht zu erzählen, wenn Sie nicht wollen. Wichtig ist, daß Sie, die Erwachsene von heute, Ihrem kleinen Mädchen im Innern erklären, daß die alten Männer im Krankenhaus ganz andere Männer sind als der Großvater. Vielleicht erklären Sie ihr auch noch, daß jetzt eine ganz andere Zeit ist." Die Patientin geht wieder nach innen.
> „Ich muß ihr das wahrscheinlich wieder erklären, wenn ich im Krankenhaus bin, aber irgendwie macht das was mit mir. Ich werde ruhiger."
> Danach erkläre ich der Patientin ausführlich die Arbeit mit dem **inneren Kind**. Die analyseerfahrene Patientin fragt, ob es denn nicht um die therapeutische Beziehung gehe. Und ich erkläre ihr, daß wir die therapeutische Beziehung anders verwenden würden. Natürlich gehe es darum, daß sie sich mit mir und dem Team sicher fühle, aber wir würden uns eher als Begleiter sehen, vielleicht auch als Erziehungsberater, die ihr dabei helfen wollten, wie sie geschickter mit dem Kind in ihr umgehen könne. Es sei aber nicht unser Anliegen, alles in der Beziehung sich neu inszenieren zu lassen. Dies verbiete sich schon allein deshalb, weil wir hier kurztherapeutisch arbeiten würden. Außerdem sei sie ja die meiste Zeit mit sich allein, und da hielten wir es für sicherer, wenn sie Möglichkeiten für sich entdecken würde, wie sie sich selbst beistehen könne. Ich bitte die Patientin, diese Überlegungen mitzunehmen und darüber nachzudenken.

Ein zentraler Aspekt der imaginativen Psychotherapie posttraumatischer Störungen ist das Erlernen und Üben einiger *selbsttröstender Übungen*.

Der **innere sichere Ort** ist dabei ein gutes hilfreiches inneres Objekt. Es ist als unpersönliches Objekt für eher philobatisch orientierte Menschen manchmal angenehmer als die bewährten persönlichen inneren Objekte der **inneren Helfer**, die für oknophil orientierte wichtiger sind. Beide Übungen sind in ihrem Ursprung wahrscheinlich schamanisch und werden von vielen imaginativen Schulen in der einen oder anderen Form weitergegeben. Sie finden bei sehr vielen Menschen spontan Anklang, weil sie offenbar ein zentrales Bedürfnis nach innerem Trost und innerer Sicherheit befriedigen. Auf die Frage, wie es möglich ist, solche inneren Objekte zu erschaffen, wenn jemand massiv vernachlässigt und mißbraucht wurde, gibt es keine eindeutige Antwort. Empirisch gesichert ist die Erfahrung, daß diese Übungen hilfreich sind.

Die **Baumübung** nach Krystal (1989) ermöglicht eine imaginative Erfahrung des Genährtwerdens, wobei es wichtig ist, daß die Patientin sich klar darüber wird, was genau sie will. Für manche Patientinnen ist diese Übung der erste Einstieg in imaginative Arbeit. Ohnehin erscheint es uns wichtig, der Patientin die Übungen nicht aufzudrängen, sondern ihr verschiedene Übungen zu Verfügung zu stellen, aus denen sie auswählen kann. Eine Übung, die der Patientin liegt und gerne gemacht wird, wird dann auch leichter immer wieder durchgeführt.

> Die nächste Stunde eröffnet die Patientin damit, daß sie über die Sache mit dem inneren Kind nachgedacht habe und zu dem Ergebnis gelangt sei, daß das für sie eine ganz gute Möglichkeit sei, sich unabhängiger von äußerer Unterstützung zu machen. Sie berichtet mir, daß sie mit den beiden Übungen des „inneren sicheren Ortes" und der „inneren Helfer" ganz gute Erfahrungen gemacht habe. An den sicheren Ort gehe sie oft zum Auftanken, und sie fühle sich danach immer ein bißchen kraftvoller. Die Helfer kenne sie schon aus der Kindheit. Ob sie mir sagen müsse, wer sie seien? Sie würde sie eigentlich lieber für sich behalten. „Nein, Sie müssen mir nichts über Ihre Helfer erzählen, das Sie lieber für sich behalten wollen. Erfahren Sie von ihnen genügend Hilfe?" „Ja, ich glaube schon, ich frage immer wieder mal um Rat. Und ich fühle mich auch nicht so allein, seitdem ich sie wiederentdeckt habe."

Wir bieten diese Übungen an, um der Patientin zu ermöglichen, ihren schlechten Bildern des Traumas gute gegenüberzustellen, nach und nach ein inneres *Gleichgewicht an guten und schlechten Bildern* zu erreichen und zu lernen, dazwischen hin und her zu pendeln. Damit macht sie wieder eine Erfahrung von **Kontrolle**, sie hat eine gewisse Wahl. Darüber hinaus wird die Tendenz dieser Klientel zur Spaltung genutzt, indem angeregt wird, der ganz bösen inneren Welt eine ganz gute entgegenzustellen. Dies geschieht nun aber explizit nicht in der therapeutischen Beziehung, also in externalisierter Form, sondern soweit wie möglich im eigenen Innern.

> Als sehr nützlich hat sich die Arbeit mit *Gegenbildern* zu Alltags- und Sprachbildern erwiesen. Dies ist keine Imaginationsübung im engeren Sinn, sondern das Eingehen auf spontan auftauchende Bilder.

> Frau P. sagt in der Stunde, sie fühle sich „wie ein Stück Dreck". Zunächst lade ich sie ein, doch einmal zu spüren, was dieser Gedanke mit ihrem Körper macht. „Da zieht sich alles zusammen." Dann bitte ich sie zu schauen, was ihr als Gegenbild zum Stück Dreck einfällt. Ohne zu zögern sagt sie „Gold, eine Schale aus Gold." „Wie geht es Ihrem Körper mit diesem Bild?" „Da wird es irgendwie weiter, auch heller." Nun schlage ich ihr vor, sich vorzustellen, daß sie zwischen beiden Bildern hin und her pendelt. Sie macht dies eine ganze Weile für sich. „Wissen Sie, ich merke jetzt, daß ich was machen kann, bisher habe ich mich immer so hilflos mit all dem gefühlt. Das nehme ich gerne mit."

Ein wichtiges Element der Stabilisierungsphase ist das Üben eines achtsamen Umgangs mit sich selbst, besonders mit dem Körper. Traumatisierte haben aus guten Gründen gelernt, ihren Körper nicht mehr wahrzunehmen. Dies ist ein entscheidender Teil des dissoziativen Umgangs mit dem Trauma gewesen. Wenn Depersonalisation und Derealisation auch einmal gute Gründe hatten, so können sie heute zum Trigger werden. Achtsames *Wahrnehmen des Körpers*, das allerdings viel geduldiges Üben erfordert, kann nach und nach helfen, diese Muster zu durchbrechen. Aromatherapeutische Massagen durch die Schwester oder bei Patienten durch den Pfleger, die sich ganz nach dem richten, was die Patientin mag – vielleicht möchte sie nur an Händen oder im Gesicht berührt werden (ein Berühren des ganzen Körpers ist meist erst sehr spät in der Behandlung möglich) –, werden als wohltuend erlebt. Es wird die Erfahrung von Berührung in einem klar strukturierten Rahmen gemacht, in dem die Patientin bestimmt, wieviel sie will.

Körperarbeit während der Stabilisierungsphase dient ebenfalls der **Strukturierung** und der besseren **Selbstwahrnehmung**. Als Methode haben sich die Arbeit nach Feldenkrais und das Chi Gong bewährt. Wesentliches Kriterium für Körperarbeit in der Stabilisierungsphase ist, daß möglichst kein traumatisches Material getriggert werden soll. Dies geht mit übenden und strukturierenden Verfahren oder mit übenden Elementen aus Körpertherapien am ehesten. Heute gibt es in vielen körpertherapeutischen Schulen ein wachsendes Wissen um die Notwendigkeit, die Panzerungen erst einmal zu respektieren und nicht einfach aufzubrechen.

In der Stabilisierungsphase geht es außerdem um das Erlernen eines differenzierten **Umgangs mit Affekten**.

Die Patientinnen sind entweder von viel zu heftigen Gefühlen überflutet, oder sie sind „konstriktiv" (Horowitz 1993), das heißt sie haben keinen Kontakt zu ihren Gefühlen. Beides kann als belastend erlebt werden. Das Wahrnehmen und das Benennen von Körperempfindungen kann der erste Schritt sein, etwas über affektive Reaktionen zu lernen. Wichtig ist für eine Patientin, daß sie ihre Gefühle steuern kann. Das heißt auch, daß das Nichtfühlen(wollen) als Fähigkeit zu würdigen ist.

Frau P. schildert ansatzweise die gewalttätigen Mißhandlungen durch den Vater. Noch ist nicht die Zeit, diese Dinge zu vertiefen. Jetzt geht es zunächst darum, die Kontrolle über diese Flashbacks zu erlernen. Ich schlage Frau P. daher die **Tresorübung** vor. Dabei geht es darum, belastende Bilder, Gefühle und Körperempfindungen in einen imaginären Safe bzw. Tresor zu packen.

Man kann dies als bewußtes Verdrängen bezeichnen. Es versteht sich, daß dieses Bild impliziert, daß das Material, wenn man es zur Verfügung haben möchte, aus dem Tresor herausgenommen werden kann. Das Wesentliche dieser Imagination ist wiederum die Möglichkeit, Kontrolle über innere Vorgänge zu erreichen, auch wenn dies häufiger wiederholt werden muß.

Zum kontrollierten Umgang mit Affekten hat sich auch die Vorstellung eines Reglers bewährt, vergleichbar dem Thermostaten bei einem Heizkörper. Die Patientin übt sich darin, sich vorzustellen, daß sie mittels dieses Reglers ihre Affekte herauf und herunter regulieren kann.

Nach fünf Wochen hat Frau P. sehr viel an Stabilität gewonnen. Sie fühlt sich in der Lage, unangenehme Bilder wegzupacken. Die Übungen des „inneren sicheren Ortes" und der „inneren Helfer" sind für sie weiterhin eine wichtige Unterstützung. Wir haben mehrfach Situationen imaginär durchgespielt, bei denen sie „an die Decke geht", und sie hat alternativ andere Verhaltensmöglichkeiten durchgespielt. Von der Dissoziativität der Patientin haben wir jetzt ein klareres Bild. Die klinische Beobachtung einerseits und Tests andererseits sprechen für ein erhebliches Ausmaß an Derealisation und Depersonalisation mit kurzzeitigen amnestischen Phasen. Dies gilt es in der traumazentrierten Phase, die als nächstes folgen soll, zu beachten. Frau P. hat erfahren, daß ich jedes „nein" von ihr respektiere und daß *sie* bestimmt, wieviel sie mir erzählt. Sie sagt: „Am Anfang habe ich gedacht, ich müßte Ihnen ganz viel von damals erzählen. Dann habe ich gemerkt, daß Sie nicht nachfragen und daß Sie auch nicht beleidigt sind, wenn ich Ihnen etwas nicht erzähle. Manchmal hat es mich auch irritiert, weil ich es so nicht kenne. Manchmal war ich mir auch nicht sicher, ob Sie es vielleicht gar nicht wissen wollen. Jetzt habe ich verstanden, daß es Ihnen darum geht, daß ich erst sicher genug bin, um mit Ihnen an diesem alten Mist zu arbeiten, und ich glaube, daß ich das jetzt kann."

Frau P. wünscht sich zunächst eine Therapiepause von einem halben Jahr, und wir verabreden, daß sie dann zur Traumaarbeit wieder aufgenommen wird.

Die wesentlichen **Elemente der Stabilisierungsphase** mit den Zielen *Selbstmanagement und Selbstberuhigung* seien hier nochmals zusammengefaßt:
- Lernen, sich sicher(er) zu fühlen und wahrzunehmen, welche Maßnahmen dazu erforderlich sind
- Wissen und Information über Trauma und Traumafolgen
- Erlernen von Ich-stärkenden Imaginationen, die ein Gegengewicht zu negativen Imaginationen schaffen
- kognitive Umstrukturierung
- Erlernen von Affektwahrnehmung, -differenzierung und -regulierung
- Würdigen traumabedingter Coping-Strategien
- systematisches Aufsuchen und Verstärken aller Ressourcen
- Nichtannehmen traumatischer Übertragungsverzerrungen, sondern Förderung des Arbeitsbündnisses
- Üben einer differenzierteren Körperwahrnehmung und eines freundlicheren Umgangs mit dem Körper
- Erlernen eines kontrollierten Umgehens mit Flashbacks durch die Tresorübung

Traumakonfrontations- oder Traumabegegnungsphase zur Traumasynthese

In dieser Phase geht es darum, dem Trauma geplant und dosiert zu begegnen. Dies erscheint uns nur sinnvoll, wenn die Patientin über ein ausreichendes Maß an Selbsttröstungstechniken verfügt.

> Frau P. hatte diese Möglichkeiten zur Verfügung. Mit ihrer ambulanten Therapeutin hatte sie weiter daran gearbeitet. Jetzt wollte sie sich sehr entschlossen noch einmal auf einige traumatische Szenen einlassen.

Viele Patienten und nicht wenige Therapeuten glauben, dies gelänge, wenn die Patienten ihre traumatischen Erfahrungen erzählen. Dies trifft zu, solange keine Dissoziationen vorliegen. Liegen diese jedoch vor, gelingt Integration nur durch deren Aufhebung: Nur wenn Kognition, Imagination, Affekt und Körpererleben wieder zusammenkommen, ist eine Integration der traumatischen Erfahrungen möglich. Dissoziative Mechanismen sind eine Coping-Strategie, um das Unerträgliche, insbesondere desintegrierende Affekte, auszuhalten. Die Patientin muß also andere Möglichkeiten als die Dissoziation zur Verfügung haben, bevor die Dissoziation aufgegeben werden kann. Die Schwierigkeit, die viele Kliniker kennen, daß eine Patientin ihre traumatischen Erfahrungen immer wieder erzählt, ohne daß sich etwas Wesentliches ändert, hat mit diesem Mechanismus zu tun. Es bewähren sich daher Vorgehensweisen, die der Patientin so schonend wie möglich ein Wiedererleben des Traumas ermöglichen und sicherstellen, daß sie auf das Dissoziieren „verzichten" kann.

> Frau P. berichtet mir nun, daß sie neben den Mißhandlungen durch den Vater auch sexualisierte Gewalt durch den Großvater mütterlicherseits erfahren habe. Dies sei es, was sie bisher nicht habe sagen können. Das habe begonnen, als sie 7 Jahre alt war,

und sei bis zu ihrem 13. Lebensjahr immer wieder geschehen. In diesem Alter habe sie sich dann so energisch zur Wehr gesetzt, daß der Großvater sie in Ruhe gelassen habe. Sie habe schon viel über dieses Thema gelesen und denke, daß es ihrer Mutter als Kind genauso ergangen sei wie ihr. Vielleicht sei diese deshalb so kühl und distanziert gewesen. Leider könne sie das mit ihrer nun sehr alten Mutter nicht mehr klären. Die Patientin entscheidet sich, die letzte Vergewaltigung durch den Großvater zu verarbeiten.

Zunächst erkläre ich ihr, wie wir damit umgehen könnten. Es gäbe die Möglichkeit, mittels der Bildschirmtechnik vorzugehen. Auch das EMDR (eye movement desensitization and reprocessing; Shapiro 1998) könne ich mir vorstellen. Sie meint, das EMDR könne zu heftig werden, und sie habe dann vielleicht nicht mehr genug Kontrolle. Die Bildschirmtechnik erscheine ihr geeigneter. Wir verabreden eine Doppelstunde, so daß ausreichend Zeit zur Verfügung steht.

Ich schlage der Patientin vor, sich eine Leinwand vorzustellen, auf der dieser alte Film ablaufe. Sie habe eine imaginäre Fernbedienung, mit der sie jederzeit stoppen könne. Auch könne sie die Bilder anhalten, schneller laufen lassen, schwarzweiß machen usw. Sie möge mir berichten, was sie auf dem Bildschirm sehe, so als sähe sie dort eine dritte Person. Nachdem die Patientin mir die Szene einmal auf diese Weise erzählt hat und dies ohne zu dissoziieren tun konnte, schlage ich ihr vor, den Film so nah, wie sie könne, an sich heran zulassen und jetzt auch zu fühlen. Sie will das tun, aber nur mit Hilfe des Reglers, so daß sie 10% der Gefühle zulasse. Mehrmals hält sie inne und geht an ihren inneren sicheren Ort, um sich zu erholen. In einem dritten Durchgang will sie 50% der Gefühle zulassen. Jetzt spricht sie von „ich". Am Ende dieses Prozesses beginnt sie zu zittern und zu weinen. In Wellen flutet der Schmerz immer wieder an. Dies dauert etwa 15 Minuten, dann wird sie ruhiger. Ihre Gesichtszüge entspannen sich: „So eine Gemeinheit, warum hat er das getan?! Ich war doch ein Kind!" Nach einer Weile frage ich sie, ob die Erwachsene von heute eine Antwort oder einen Trost für die 13jährige habe. Sie sagt zu der 13jährigen: „Es war nicht Deine Schuld. Du hat ihn gemocht, und das war Dein Recht. Er hat Dich ausgenutzt." „Was möchte die 13jährige von Ihnen?" „Daß ich mit ihr Canasta spiele und daß ich ihr sage, daß sie sich nach besten Kräften gewehrt hat." „Tun Sie das bitte." Eine Weile scheint die Patientin im inneren Kontakt mit der 13jährigen. Dabei weint sie und schluchzt. Schließlich erscheint sie ruhiger. Bevor sie die Sitzung verläßt, besprechen wir, was sie heute noch Gutes für sich und die 13jährige tun kann.

Später bittet sie um ihre Lieblingsdüfte für die Duftlampe beim Pflegedienst. Abends entschließt sie sich, mit Mitpatientinnen in einen Zirkus zu gehen.

Anderntags haben wir ein kurzes Gespräch, in dem sie mir sagt, sie fühle sich leichter.

Beim nächsten Termin erscheint sie sehr angespannt und erzählt, es seien ihr jetzt noch viele Details eingefallen von anderen Situationen mit dem Großvater. Sie könne „den Kerl umbringen". „Ich hab mir das nie erlaubt, jemanden zu hassen. Das verbietet mir meine Religion. Jetzt könnte ich Amok laufen. Was soll ich bloß tun?" „Was meinen Ihre Helfer dazu?" „Sie sagen, der Haß ist in Ordnung. Ich soll ihn fühlen und dann gehen lassen, ihn ausatmen. Er bindet mich an ihn." Sie setzt sich ganz aufrecht hin und atmet bewußt tief aus. Nach einer Weile meint sie: „Ich habe keine Lust mehr, daß es mir schlecht geht, das könnte ihm so passen." „Was brauchen Sie, damit es Ihnen besser geht?" „Wenn Sie das mit mir machen würden, würde ich jetzt am liebsten einen Spaziergang mit Ihnen machen und mich an dem schönen Frühling freuen, aber das kann ich auch alleine machen. Ich bleibe noch einen Moment hier sitzen und dann gehe ich und mache den Spaziergang."

Nicht alle Patientinnen verfügen über soviel Ich-Stärke wie Frau P., sondern brauchen mehr Ermutigung. Dennoch beobachten wir häufig, daß die Patientinnen, wenn man zum einen beim Material bleibt, zum anderen konsequent auf die Ressourcen der „inneren Bühne" verweist, oft sehr rasch in Kontakt mit ihren eigenen Lösungsmöglichkeiten kommen.

Die imaginative Arbeit an der traumatischen Erfahrung nutzt die Fähigkeit der Patientin zur Dissoziation gezielt. Es erfolgt, wenn man so will, eine Symptomverschreibung dadurch, daß die Patientin zur Dissoziation ermutigt wird. Die Bildschirmtechnik ist eine *Dissoziations-Assoziations-Technik*, bei der die Fähigkeit der Patientin zur Depersonalisation genutzt wird: das den Klinikern bekannte „Neben-sich-Stehen" oder „Außerhalb-des-Körpers-Sein". Letzteres schlagen wir ebenso vor wie das Einschalten eines inneren Beobachters, der über die traumatische Szenen berichtet, während das „erlebende Ich" sich zurückzieht. Die Beobachtertechnik bewährt sich besonders in Verbindung mit EMDR (Reddemann 1999; ausführlich zum EMDR: Shapiro 1998).

> Frau P. arbeitet bei diesem 6wöchigen Aufenthalt (es ist ca. ein Jahr seit dem Erstkontakt vergangen) drei traumatische Situationen durch: die erste, die schlimmste und die letzte Vergewaltigung durch den Großvater. Am Ende dieser Behandlungsphase schläft sie etwas besser, ihre Alpträume sind ihren Angaben zufolge verschwunden. Sie leidet unter erheblichen Schamgefühlen, die sie zur weiteren Bearbeitung in die ambulante Therapie mitnimmt. Diese Schamgefühle sind mehrfach determiniert: Sie hängen mit den durchgearbeiteten Traumen zusammen, aber auch mit der Familiengeschichte über Generationen. Frau P. kann nach der traumazentrierten Arbeit diese Bereiche besser voneinander trennen. Es bleibt zunächst offen, ob es weitere stationäre Arbeit geben wird.

Dieser Patientin kamen ihre vielfältigen psychotherapeutischen Vorerfahrungen zugute, insbesondere, weil diese Erfahrungen für sie positiv waren. Patientinnen mit starker dissoziativer und suizidaler Symptomatik, die überwiegend psychiatrisch vorbehandelt wurden, bringen meist eine weniger gute Erfahrung mit und verhalten sich den Therapeuten gegenüber oft erheblich mißtrauischer.

Die wesentlichen **Elemente der Traumakonfrontationsphase** sind:
- geplantes und gezieltes Aufsuchen der Traumen
- gesteuertes Begegnen mittels bewußt herbeigeführter Dissoziation/Assoziation
- Abreaktion
- innerer Trost

Parallel dazu laufen immer auch Elemente der Stabilisierungsphase und Teilelemente der Integrationsphase.

Es können einige wenige therapeutische Sitzungen genügen, und es muß auch nicht jede traumatische Situation bearbeitet werden. Es kann aber auch vorkommen, daß es langer geduldiger Arbeit mit fünfzig und mehr Traumakonfrontationssitzungen bedarf, z.B. wenn die Traumatisierungen immer wieder anders abliefen.

> Frau P. nahm nach drei Monaten erneut mit mir Kontakt auf und bat darum, auch noch eine Gewalterfahrungen mit dem Vater bearbeiten zu können. Sie könne sich ziemlich genau erinnern, wie der Vater aus dem Krieg zurückgekehrt sei. Damals sei sie 3 Jahre alt gewesen. Kurz danach sei es zu einer entsetzlichen Strafaktion gekommen, bei der der Vater sie ausgepeitscht habe. Als die Patientin mir diese Szene andeutungsweise –

wieder fast emotionslos – erzählt, spüre ich bei mir starken Widerwillen, sie dabei zu begleiten, und nutze diese Empfindung, um sie zu fragen, ob sie sicher sei, daß sie sich das jetzt zutraue. „Ja, unbedingt." Sie wolle es los sein, denn sie sei kürzlich bei einer Musik, die sie an dieses Peitschen erinnert habe, fast durchgedreht. Sie sei in Panik völlig erstarrt und habe befürchtet, den Verstand zu verlieren. Da ich von mir weiß, daß mein Widerwillen ein wichtiger Indikator dafür ist, daß die Arbeit an einem Trauma für die Patientin – und in gewisser Weise auch für mich – zu belastend sein kann, schlage ich ihr vor, sich ihrer inneren Beobachterin bewußt zu werden und diese mir die Szene berichten zu lassen. Wo sie ihr erlebendes Ich am besten aufgehoben wisse, frage ich. „Die 3jährige geht an den sicheren Ort." Dann berichtet mir die Patientin, was die Beobachterin wahrnimmt: „Das Kind muß die Hose ausziehen." Die Patientin erstarrt, kann nicht mehr weiter sprechen. „Sind Sie noch da, Frau P.?" Sie schreckt hoch, weiß nicht, was sie gesagt hat. „Frau P., das ist für Sie offenbar so entsetzlich, daß Sie nicht dableiben können, obwohl Sie die Beobachterin eingeschaltet haben. Wenn Sie nicht dableiben können, nutzt ihnen die Arbeit nichts, wir sollten das noch sorgfältiger vorbereiten. Was denken Sie, was Sie noch brauchten, um sich sicher zu fühlen?" Frau P. ist jetzt sehr ängstlich und sagt mit einer Kinderstimme: „Ich mach's nicht mehr." Das erwachsene Ich hat die Szene verlassen, da ist die 3jährige. „Frau P. Sie verwechseln etwas, wir sind hier in …, heute ist Dienstag, der … 1998. Ich bin …, erkennen Sie mich?" Jetzt faßt sich die Patientin wieder. Wir gehen die Situation durch. Sie weiß, daß sie entsetzliche Angst hatte, bevor sie begann, zu erzählen. Sie habe nicht damit gerechnet, daß ihr das so viel ausmache. „Die entsetzliche Angst gehört vermutlich schon zu der alten Szene, und wir sollten zuerst einmal etwas dafür tun, daß Sie Ihre damaligen Gefühle aushalten können." Jetzt leuchtet ihr das ein.

Diese und weitere drei Sitzungen gelten dem Angstthema. Wie geht und ging sie mit Angst um? Es wird deutlich, daß Frau P. zahlreiche Angstvermeidungsstrategien entwickelt hat und daher wenig geübt war, Angst zu tolerieren. Wir besprechen in weiteren drei Sitzungen, was sie hätte tun können, um angstbesetzte Situationen besser zu ertragen. Auch übt sie, Ängste mit Hilfe des Reglers zuzulassen. Für die Mißhandlungsszene fällt ihr nun ein, zwei Helfer mit in die Szene hineinzunehmen. Außerdem bittet sie mich, ihre Hand zu halten. Diesmal spüre ich bei mir keine Ablehnung. Die Patientin geht so vorbereitet durch die Szene. Die Beobachterin schildert detailliert, was geschieht, aber auch, was das Kind fühlt, und kommentiert gleichzeitig die Szene. Am Ende der Schilderung weint Frau P. still vor sich hin, manchmal wimmert sie, wie ein kleines Kind. Dabei ist sie nicht dissoziiert. Ich ermutige sie, ihren Schmerz auszudrücken, fließen zu lassen.

Diese Episode zeigt, daß man im vorhinein oft nicht sicher sein kann, wieviel eine Patientin letztlich verkraftet. Dann haben stabilisierende Maßnahmen wieder Vorrang, bis die Patientin so stabil ist, daß sie sich auf das Trauma einlassen kann.

Eine wesentliche stabilisierende Maßnahme kann die Arbeit an **Täterintrojekten** sein. Diese muß manchmal schon in der Stabilisierungsphase erfolgen, manchmal taucht das Thema Täterintrojekt auch erst während der traumazentrierten Arbeit auf. Täterintrojektion kann der einzige Selbstschutz sein, der einem Individuum in einer traumatischen Situation bleibt. Ist der Täter oder Teile von ihm im eigenen Inneren, erscheint die Situation als „richtig" und Ohnmacht und Hilflosigkeit sind gebannt.

Frau P. kommt am anderen Tag und erbittet ein Notgespräch. Es gehe ihr sehr schlecht. Eine Stimme im Inneren sage ihr, daß sie das nicht hätte erzählen dürfen. Ihr Vater sei ein guter Mensch, der sie zurecht gezüchtigt habe.

Jetzt erzählt sie erstmals ausführlich die Geschichte ihres Vaters. Er sei ein überzeugter Nazi gewesen und deshalb sei er nicht Pfarrer, wie der Großvater, geworden. Jetzt verstehe sie auch besser, warum er ein schlechtes Gewissen gehabt habe. Im übrigen habe auch der Großvater durchaus „alttestamentarische" Überzeugungen gehegt, so daß es da schon eine Art gemeinsame Linie gegeben habe. Sätze wie „wen Gott liebt, den züchtigt er", hätte sie oft gehört. Was der Vater im Krieg alles erlebt habe, wisse sie nicht genau. Jedenfalls sei er hochgradig reizbar gewesen und wie sie – das merke sie gerade – dauernd an die Decke gegangen. In ihrer Familie habe die Devise gegolten, daß man Kinder sieht, aber nicht hört. Sie habe sich fortwährend schlecht, viel zu laut und zu lebhaft, gefühlt. So lange sie mit der Mutter allein gewesen sei, sei es gerade noch gegangen, weil ihre Mutter zwar oft kalt und streng geblickt habe, was ihr auch durch Mark und Bein gegangen sei, aber mißhandelt habe die Mutter sie nicht. Nun, wenn sie von Mißhandlung spreche, sei da schon wieder diese Stimme im Inneren, die sage, das sei gerecht gewesen und deshalb keine Mißhandlung. Sie sei wie innerlich zerrissen.

Ich erkläre Frau P., was wir unter Täterintrojektion verstehen. Sie hört sehr aufmerksam zu. „Ach so, dann bin ich das eigentlich gar nicht. Das ist mein Vater in mir. Jetzt verstehe ich, warum mir das so fremd vorkommt." Ich weise sie auf Märchen wie „Blaubart" oder die „roten Schuhe" hin, wo es darum geht, sich von etwas Bösem, Vernichtendem zu befreien. Märchen seien an der Stelle oft gewalttätig. Das moderne Märchen von Michael Ende „Jim Knopf und der Lokomotivführer" fände da eine freundlichere Lösung, dort verwandle sich der böse Drache Frau Malzahn in den „goldenen Drachen der Weisheit". Was auch immer geschehe, es gehe darum, das Böse unschädlich zu machen und es zu transformieren. „Wo bleibt der Vater, den ich geliebt habe, wenn ich ihn in einen Drachen verwandele und töte?" „Es gibt innerseelisch eine Repräsentanz des guten Vaters, dem Sie eine symbolische Gestalt geben können, und des bösen Vaters, des Drachens oder was auch immer, den Sie dann ohne Schaden unschädlich machen können." „Das gefällt mir. Für den guten Vater fällt mir gleich ein alter weiser Mann ein. Ganz gütige blaue Augen hat er. Und er ist hell angezogen. Er lebt in einem großen Blumengarten." „Und der böse Vater?" „Das ist ein Riesenmonster mit fünf Köpfen. Mit dem werde ich allein nicht fertig, aber ich hol mir da Hilfe." Die Patientin ist ganz in diese Geschichte eingetaucht, und es scheint ihr gut zu tun, das fünfköpfige Monster zu töten. Ein Heer eilt ihr zur Hilfe, umzingelt das Monster, und die fünf Köpfe werden ihm von fünf tapferen Kriegern abgehauen. Fünf andere töten es vollends. „Was für einen Schatz hat das Monster gehütet?" „Was für einen Schatz?" „Es kam mir als Frage, weil das in Märchen so ist, daß die bösen Monster einen Schatz hüten." Sie lächelt, „ach so ... ich schaue mal nach. Eine Truhe voll mit Edelsteinen und eine Krone und eine goldene Kugel, die ist das wichtigste. Ich glaube, ich nehme nur die mit, die gibt mir Kraft."

Im Nachgespräch gibt die Patientin an, die Bilder ihrer märchenhaften Geschichte wären eine Hilfe, und die Sätze hätten ihre Macht verloren.

Die wesentlichen **Elemente der Täterintrojektarbeit** sind:
- das Täterintrojekt benennen
- ihm eine Gestalt geben

- gute Gestalten finden
- Helfer im Kampf gegen die bösen Gestalten finden
- die böse Gestalt unschädlich machen
- den Schatz der bösen Gestalt finden und sich aneignen
- sich bewußt machen, wie sich der Schatz im Leben auswirkt

Nach dieser Arbeit kann Frau P. sechs Stunden schlafen, auch ohne Licht. Die Knie schmerzen nicht mehr und die Schwellung des Knies ist verschwunden. Sie erlebt sich viel ruhiger. Nach einer Woche beschließt sie, nach Hause zu gehen. „Irgendwie ist es hier alles zu freundlich, wie im Sanatorium. Ich weiß auch, warum das so ist, und das hat mir gut getan. Mir geht es jetzt viel besser. Ich hab schon lange keine Blasenentzündungen mehr. Ich fühle mich kraftvoll, und jetzt brauche ich etwas anderes. Ich brauche mal Auseinandersetzungen. Ich glaube, den Rest kann ich nun auch ambulant machen."

Wenn traumabedingte Intrusionen und Konstriktionen nicht mehr das seelische Geschehen bestimmen, wird *Konflikthaftes deutlicher zugänglich* und kann jetzt ohne dauernde triggerbedingte Einbrüche bearbeitet werden.

Frau P. arbeitet mehrere Kindheitstraumata und die traumatischen Erfahrungen mit ihrem Ehemann mit ihrer ambulanten Therapeutin durch, jetzt kann sie dies gut mit EMDR tun.

Die wesentlichen **Elemente der Traumakonfrontationsphase** seien nochmals zusammengefaßt:
- Aufsuchen der traumatischen Situationen in einem klar strukturierten Setting zur Traumasynthese
- das Recht der Patientin auf Stop
- Einsatz von gezielten Dissoziationstechniken, um das Grauen erträglich zu machen (das Erleiden unerträglicher Affekte über lange Zeit ist weder dienlich noch notwendig)
- inneren Trost anregen
- nach jeder Traumabegegnung Stabilisierung anstreben, gegebenenfalls auch durch Täterintrojektarbeit

Integrationsphase

Dies ist eine Phase des Trauerns und des Neubeginnens. Neben dem Trauern ist es erforderlich, sorgfältig zu untersuchen, wie sich die traumabedingten Coping-Strategien einschränkend auf das Leben ausgewirkt haben, und neue Verhaltensspielräume zu erarbeiten. Die Arbeit an Scham- und Schuldgefühlen nimmt großen Raum ein.

Da in dieser Phase vornehmlich **konflikt-** oder auch **beziehungszentriert** gearbeitet wird, muß sie hier nicht eingehender beschrieben werden. Doch auch in dieser Phase sind Imaginationen nützlich: zum einen, um Zukünftiges in der Phantasie durchzuspielen, zum anderen sind die Helfer und der innere sichere Ort und andere Übungen noch immer dienlich. Schließlich kann ein imaginativer Umgang mit Märchen und Mythen die Arbeit bereichern. Märchen dienen der Auseinandersetzung mit Gestalten der inneren Bühne und unterstützen sowohl den Rückblick wie die Integrationsarbeit:

„Es war einmal eine sehr traurige Königin. Vor langer Zeit hatten böse Menschen ihr viel Leid zugefügt. So hatte sie beschlossen, bis an ihr Lebensende zu weinen.
Sie weinte von früh bis spät. Und wie die Jahre vergingen, wußte keiner mehr so recht, warum sie weinte. Auch sie selbst wußte es nicht mehr genau. So weinte sie, daß die Vögel sangen, und daß sie nicht sangen. Sie weinte, daß die Blumen blühten, und daß sie nicht blühten. Kurzum, sie weinte über alles. Da sie so viel weinte, konnte sie sich ums Regieren nicht

mehr so recht kümmern. Die Leute in ihrem Land waren gutherzig und taten ihr Bestes. Aber sie waren alle ein wenig ratlos und brachten nicht viel zustande. Zum Glück ließen die Nachbarn das Land in Ruhe, da doch nicht viel zu holen war.

Eines Tages verbreitete sich wie ein Lauffeuer die Nachricht, daß sich ein böser Drache der Stadt nähere. Der Drache solle es auf die Königin abgesehen haben. Er war nämlich Drache Tränenschlucker, und nichts behagte ihm mehr, als traurige Menschen zu verschlucken. Die machten ihn dick und fett. Fröhliche Menschen haßte er, weil er an ihnen verhungerte.

Nun war guter Rat teuer. Im ganzen Land gab es keinen einzigen fröhlichen Menschen. Die traurige Königin raffte all ihren Mut zusammen und berief ihre Ratgeber. Die klügsten Köpfe waren da versammelt: Philosophen und Mathematiker, Sterndeuter und Heilkundige, doch keiner von ihnen wußte, wie man aus traurigen fröhliche Menschen macht.

Da sagte die Königin: „Laßt uns die Priester rufen, daß sie uns sagen, wie wir fröhlich werden können!" Doch diese wußten nur davon zu berichten, daß eine große Strafe über das Land gekommen sei. Da weinte die Königin noch mehr, und der Drache kam immer näher. Mehr und mehr erstarrten die Menschen.

Da kam ein Gaukler des Weges. Er wußte nichts vom Drachen und wunderte sich über all die traurigen Menschen. Mit seinen bunten Kleidern und seinem Flötenspiel war er ein seltsamer Vogel unter all den grau gekleideten Menschen.

Weil alle so traurig aussahen, machte er das traurigste Gesicht der Welt. Das sah so seltsam aus, daß erst einer und dann nach und nach alle anfingen zu lächeln und schließlich zu lachen. Da standen sie alle und bestaunten den Gaukler mit dem traurigsten Gesicht der Welt. Sie lachten, daß ihnen die Bäuche wackelten und ihnen vor Lachen die Tränen kamen. Voll Schreck floh der Drache, um nicht zu verhungern. Und die Königin gab dem Gaukler ein Haus in ihrem Land, das er so bunt anmalte, wie Du es Dir nur denken kannst. Immer, wenn sie wieder traurig wurde, bat sie den Gaukler, für sie das traurigste Gesicht der Welt zu machen, damit sie wieder lachen konnte."

Der Vorteil bei der Arbeit mit Märchen und Geschichten ist, daß sie allgemein Menschliches ausdrücken, das dann individuell umgesetzt werden kann. Sie **vergrößern den imaginären Raum zwischen Patientin und Therapeutin** in der traumazentrierten Psychotherapie.

3.4 Gruppenpsychotherapie

Annelise Heigl-Evers und Jürgen Ott

Inhalt

3.4.1 Vorbemerkungen 390
3.4.2 Das Göttinger Modell der Gruppenpsychotherapie 390
3.4.3 Literatur zur Gruppenpsychotherapie traumatisierter Patienten 391
3.4.4 Eigenes Vorgehen 394
       Fallbeispiele 397

3.4.1 Vorbemerkungen

Unter Gruppentherapie wird die Behandlung eines Patienten in Gegenwart anderer und im Zusammenwirken mit ihnen verstanden. Die Therapie findet unter der Bedingung von Pluralität, d.h. von Vielzahl und Vielfalt statt. Die Einführung von Gruppentherapie in die Versorgung psychisch bedingt Kranker erfolgte erst relativ spät, erst nach der Etablierung von Psychotherapie in der Zweierbeziehung, wenn man vom Psychodrama als einer primär für die Gruppe konzipierten Vorgehensweise absieht. Inzwischen werden alle heute anerkannten und in der Versorgung eingesetzten psychotherapeutischen Verfahren auch in Gruppen verwandt (s.d. Heigl-Evers und Schultze-Dierbach 1985).
Die an der Psychoanalyse orientierte Gruppentherapie fand ebenfalls vergleichsweise spät Eingang in das therapeutische Repertoire dieser Arbeitsrichtung, wenngleich schon relativ früh von einzelnen Psychoanalytikern Versuche gemacht wurden, sie in die an der Psychoanalyse orientierte therapeutische Versorgung psychogen Kranker zu integrieren, Bemühungen, die zunächst wenig Resonanz fanden.

Eigene Bemühungen um die Konzeptualisierung der Anwendung von Psychoanalyse in Gruppen wurden erstmalig in den späten 50er Jahren unternommen und fanden schließlich ihren Niederschlag in dem sogenannten Göttinger Modell der an der Psychoanalyse orientierten Gruppenbehandlung (Heigl-Evers 1978; Heigl-Evers und Heigl 1973, 1994).

3.4.2 Das Göttinger Modell der Gruppenpsychotherapie

Das Göttinger Modell basiert auf einer Differentialindikation für triadische Störungsmuster (konfliktbedingte Übertragungsneurosen) einerseits und für gestörte dyadische Beziehungen mit Ich- und Über-Ich-strukturellen Veränderungen andererseits. In Auseinandersetzung mit der letztgenannten Gruppe von strukturell gestörten und damit häufig auch traumatisierten Patienten entstand auf der Linie *adaptiver Indikation* (Zielke 1979) die psychoanalytisch-interaktionelle Methode des Göttinger Modells. Die beiden Störungsmuster unterscheiden sich u.a. darin, daß die erstgenannte Gruppe fähig ist, innere Spannungen wie auch deren interpersonelle Niederschläge über die Bildung von Konflikten zu verarbeiten, die, triadisch konstelliert, in Kompromißbildungen einmünden können. Dagegen werden die inneren Unverträglichkeiten der zweitgenannten Gruppe sowie deren interaktionelle Ausformungen nicht in Konfliktbildungen überführt; Kompromisse sind damit ausgeschlossen; sie werden vielmehr in spezieller Weise interaktionell gestaltet (s.d. Heigl-Evers 1994).

Während die konfliktneurotischen Phänomene in der Regel ödipalen Ursprungs sind, das heißt die Fähigkeit zu triangulären Beziehungen voraussetzen und ein in ausreichender Anpassung an die Realität organisiertes Ich, resultieren die strukturellen Störungen, und somit auch die traumatogenen, aus früheren oder späteren Beeinträchtigungen dyadischer Beziehungen entweder durch Mißlingen der frühen Mutter-Kind-Interaktionen, so durch Vernachlässigung (also traumatogen), durch Makrotraumen singulärer oder wiederholter Art der präödipalen Phase oder durch traumatische Einwirkungen in der ödipalen Phase mit anschließender Regression von schon erreichter Triangularität in frühe pseudodyadische Beziehungsformen.

Die für das Fortbestehen der Gruppe notwendige Bemühung der Gruppenteilnehmer um die Herstellung und Erhaltung einer ausreichenden Kohäsion wird aus der Sicht des Göttinger Modells *drei verschiedenen Ebenen semantischer Sinnfindung* zugeordnet. Es handelt sich um die manifeste Ebene der Normenbildung in Gruppen, der Bildung von gruppeninternen Verhaltensregulierungen, die besondere Aufmerksamkeit bei den strukturellen Störungen verdienen; es handelt sich ferner um die Ebene psychosozialer Kompromißbildungen, zu denen die von den Patienten (Neurosekranken) ausgeformten inneren und interpersonellen Beziehungsmuster gehören und schließlich um die Ebene der Ich-modifizierten unbewußten Phantasien, bei denen es sich um unbewußte infantile Beziehungsorganisationen handelt. Die beiden letztgenannten Ebenen sind bei den deutenden Verfahren der tiefenpsychologisch fundierten und der analytischen Gruppentherapie besonders zu beachten. Die erstgenannte ist Gegenstand der Aufmerksamkeit bei der „antwortenden" psychoanalytisch-interaktionellen Methode; sie bietet ein Spielfeld direkter primitiver Reinszenierungen speziell auch traumatogener Erfahrungen (s.d. Heigl-Evers und Heigl 1994).

3.4.3 Literatur zur Gruppenpsychotherapie traumatisierter Patienten

Die Literatur zur Gruppentherapie von Patienten, die eine schwere Traumatisierung erlitten hatten, läßt zwei Tendenzen erkennen: Einerseits finden sich Berichte über klinische Erfahrungen und die entsprechenden Konzeptualisierungen mit homogenen Lang- oder Kurzzeitgruppen; andererseits wird auch über die Behandlung solcher Patienten in heterogen zusammengesetzten Gruppen berichtet. Die genannten therapeutischen Vorgehensweisen sollen in ihrer Verwendung bei Patienten oder Patientinnen, die in ihrer Kindheit Opfer sexuellen Mißbrauchs geworden waren, skizziert werden. Das entsprechende Schrifttum ist weitgehend amerikanischer Herkunft; in der deutschsprachigen Literatur wird über die Gruppenbehandlung traumatisierter Patienten nur beiläufig berichtet (s.d. Hirsch 1987b; Ohlmeier 1995).

Über die in die Gruppentherapie gesetzten Erwartungen der Patientinnen berichten die Autoren (Goodwin und Talwar 1989) folgendes: Sie möchten die Auswirkungen des Kindheitstraumas auf das gegenwärtige psychosoziale Erleben und Verhalten klären, um es zu verstehen; sie erhoffen sich, auf diese Weise die negativen d.h. die behindernden Auswirkungen auf das Selbstwertgefühl, das sexuelle Erleben und Verhalten, die Gestaltung zwischenmenschlicher Beziehungen und den Umgang mit der Herkunftsfamilie zu reduzieren. Darüber hinaus geht es ihnen aber um den Umgang mit dem „Geheimnis", die Stigmatisierung, die häufig sehr belastenden Scham- und Schuldgefühle sowie die Reviktimisierung.

> Die Entscheidung für die Behandlung in homogenen Gruppen wird dadurch begründet, daß die hier möglichen Erfahrungen von Schicksalsgemeinsamkeit der Phantasie sowie der Überzeugung entgegenwirken, mit der erlittenen schambesetzten Erfahrung allein dazustehen. Außerdem wird an die Homogenität der Gruppenzusammensetzung vom Therapeuten die Hoffnung geknüpft, daß die Patientinnen durch das Bekanntwerden mit unterschiedlichen Bewältigungsformen des Traumas ermutigt werden, bessere Bewältigungsformen zu entwickeln, als sie ihnen bis dahin verfügbar waren.

Einerseits wird vertreten (Goodwin und Talwar 1989; Mennen und Meadow 1992; Gold-Steinberg und Buttenheim 1993), daß die unterschiedlichen affektiven Reaktionen der Teilnehmerinnen wie Ausfall, Hemmung oder Hypertrophie (von Angst, Wut, Ekel, Verachtung, Trauer, Scham, Schuld, Hilflosigkeit, Rache) und die Verhaltensmuster (Symptombildungen, Reviktimisierungen u.a.) eher als Folgen der Traumatisierung erkannt werden. Andererseits, so wird gesagt, können auch Tendenzen zur Übergeneralisierung der Traumafolgen erkannt und bearbeitet werden, damit eine neue differenziertere Perspektive entdeckt werden kann, die es ermöglicht, die fixierte Rolle eines hilflosen und passiven Opfers aufzugeben und von der Einstellung passiver Hilflosigkeit zu aktiver Selbstbewußtheit zu gelangen.

> Im Ergebnis führen diese Behandlungen, so wird berichtet, dazu, daß die Betroffenen sich selbstsicherer fühlen, daß sie besser mit den Affekten von Scham und Schuld umgehen können, daß sie trotz fortbestehender sexueller Schwierigkeiten mehr Intimität zulassen können, daß sich die Einstellungen und Gefühle gegenüber dem Täter differenzieren, so daß ein besserer Umgang mit den Personen der Herkunftsfamilie erreichbar wurde (Tsai und Wagner 1978; Herman und Schatzow 1984; Cole 1985; Mennen und Meadow 1992).

In der zur Gruppentherapie bei traumatisierten Kranken vorliegenden Literatur dominieren Berichte über die Durchführung der Therapie in zeitlich begrenzten, störungshomogen zusammengesetzten, strukturierend gehandhabten Gruppen (Tsai und Wagner 1978; Herman und Schatzow 1984; Cole 1985; Goodwin und Talwar 1989).

Die Autoren begründen die Indikation zu dieser Vorgehensweise damit, daß die Gruppenmitglieder so zu aktiver Mitarbeit angehalten und zu Interaktion und Bindung ermutigt werden; außerdem soll die Regression minimalisiert und sollen die individuellen Stärken gefördert werden. Die beschriebenen Gruppentherapien dieser Art variieren nach der Gesamtzahl der Sitzungen (zwischen 4 und 18, meistens umfassen sie 10 Sitzungen); sie variieren ferner in den Teilnahmekriterien, in der Strukturierung, im theoretischen Konzept, im Leitungsmodell und in den Interventionsstrategien. Insgesamt handelt es sich um **kurzpsychotherapeutische Gruppensettings**. Bei dieser Therapieform, eingesetzt bei inzestgeschädigten Patientinnen, werden die Teilnehmerinnen bereits im Vorgespräch damit bekannt gemacht, daß es um eine gemeinsame aktive Fokussierung auf das Inzestthema und seine Folgen gehen wird.

In den meist von zwei Therapeutinnen geleiteten Gruppen werden Themen, die in Zusammenhang mit dem Inzestereignis stehen, wie Schuld und negatives Selbstwertgefühl oder konkret ausgedrückt: „Raus aus der Opferrolle!" „Nutze deine Stärken!" oder auch Begegnung mit dem Täter oder mit nichtschützenden Familienangehörigen, Störungen im Sexual- und Beziehungsverhalten und die dazugehörigen Erinnerungen, Empfindungen und Gefühle aktiv akzentuiert und durch entsprechende Interventionstechniken zur Bearbeitung gebracht. Bei diesen Techniken handelt es sich um solche aus der Verhaltenstherapie, Techniken zur Angstkontrolle, zur Verbesserung der Selbstsicherheit und zur Beeinflussung der sexuellen Dysfunktionen, ferner um Techniken aus dem Repertoire der kognitiven Therapie der Depression. Es handelt sich dabei einerseits um Techniken, die dazu dienen sollen, die mit den Inzestereignissen verbundenen und bisher unterdrückten oder abgespaltenen Erinnerungen und Gefühle zu stimulieren und zu explorieren und andererseits um Techniken, die zu der Fähigkeit verhelfen sollen, solche Erinnerungen zu unterdrücken (z.B. bei flash-back). Auch die gelegentliche Einbeziehung der Partner in die Therapie gehört zu diesem Vorgehen. Zielstellung, Setting und Arbeitsweise lassen vermuten, daß für diese Behandlungsform Patienten ausgewählt werden oder sich entscheiden, die sich einerseits der erheblichen Belastung durch die beschriebenen Konfrontationen und Übungen gewachsen fühlen und die andererseits nicht daran interessiert sind, interpersonelle Konflikte in der Gruppe auszutragen.

Über die Erfahrungen und Ergebnisse von **Langzeitgruppen** wird in der Literatur weniger berichtet (Ganzarain und Buchele 1986; Laube und Wieland 1990; Mennen und Meadow 1992; Gold-Steinberg und Buttenheim 1993; Hazzard et al. 1993). Bei der Durchführung der Therapie in halboffenen, homogenen Langzeitgruppen über ein bis mehrere Jahre nach einem psychoanalytischen oder interaktionellen oder körperorientierten Modell wird *die Vorschaltung von oder die Kombination mit einer Einzeltherapie empfohlen*. Die Gruppen werden meistens von zwei Therapeuten verschiedenen Geschlechts geleitet. Die längere Behandlungsdauer wird damit begründet, daß die Erinnerung an das Trauma und die damit verbundenen, meist dissoziierten Gefühle neben einer besonderen Arbeitsweise auch mehr Zeit erfordern. Das gilt auch für die Arbeit an Abwehr und Widerstand, die Arbeit an und mit den Reinszenierungen der typischen Verhaltensmuster und interpersonellen Abwehrkonstellationen, es gilt ferner für die Auflösung chronischer Symptome und Beziehungsmuster, für die Entwicklung einer neuen Perspektive und die damit verbundenen zunehmenden interpersonellen Konflikte in der Gruppe und den Transfer der veränderten Einstellungen und Verhaltensweisen in die Realität des Alltags.

So arbeiten Mennen und Meadow (1992) auf der Grundlage eines von Garland, Jones und Koladny (1965, zit. nach Mennen und Meadow 1992) entwickelten Phasenmodells (Annäherung und Entscheidung, Macht und Kontrolle, Intimität, Differenzierung, Trennung). Dieses Modell fördert einen allmählichen Gruppenprozeß, in dessen Ablauf es den Teilnehmerinnen mit Hilfe von Reflexion, Interpretation, emotionaler Stimulierung und Rollenspiel ermöglicht wird, sich für die gemeinsame Arbeit in einer Gruppe zu entscheiden, Sicherheit und Vertrauen der sich bildenden Gruppe zu testen, um die mit dem Mißbrauch verbundenen unterdrückten Erinnerungen und Gefühle erkunden zu können. Dieser Prozeß soll auch die Auseinandersetzung mit den verschiedenen Abwehrmechanismen fördern, die beim Versuch der Öffnung mobilisiert werden (Angst vor Kontrollverlust); er soll ferner die Zulassung der nach Herstellung einer positiven Übertragung auf Leiter und Gruppe auftauchenden Erinnerungen einschließlich der damit verbundenen Gefühle fördern. Schließlich soll er dazu verhelfen, die Auswirkungen früher Beziehungserfahrungen auf das Verhalten in der Gruppe zu verstehen und dazu sich mit den unterschiedlichen Perspektiven zu konfrontieren. Im Zuge der zunehmenden Selbstöffnung und der wechselseitigen Konfrontation und Klärung innerhalb der Gruppe können zunehmend auch ambivalente Einstellungen und Gefühle zugelassen werden. Es erfolgt eine Rekonzeptualisierung der vormaligen traumatischen Erfahrung aus heutiger Sicht, so daß schließlich der damalige Mißbrauch als Teil der Vergangenheit integriert werden kann und das neue Verständnis zunehmend eine differenziertere Wahrnehmung und Bewältigung der Realität ermöglicht.

Zum Abschluß dieses kurzen Literaturüberblicks wollen wir die Aufmerksamkeit auf einige Veröffentlichungen lenken, die sich mit speziellen Aspekten der Behandlung beschäftigen. Ganzarain und Buchele (1986, 1987) setzen sich aufgrund ihrer Erfahrungen mit einer psychoanalytisch orientiert behandelten Langzeitgruppe mit den wichtigen *Problemen des fluktuierenden reziproken Rollenverhaltens der Patientinnen, den dadurch ausgelösten Gegenübertragungen und dem acting out im Gruppensetting* auseinander. Die Patientinnen wiederholen in den Gruppen ihre verschiedenen, in der Kindheit und später erlernten und erfahrenen widersprüchlichen Rollen, eine Mischung von Übertragungsmustern und sozialen Einstellungen (Kind vs. Pseudoerwachsener, Favorit vs. Opfer, Rivalin vs. abhängig hilfloses Kind, pervers vs. normal, sexuelle Expertin vs. schamvolle Ignorantin, sadomasochistische Muster bzw. ausbeuterisch-rächende Machtausübung vs. Unterwerfung) und setzen das Therapeutenpaar und andere Mitbehandelnde über den Vorgang der projektiven Identifizierung unter Druck, die jeweiligen reziproken Einstellungen und Gefühle zu erleben und zu übernehmen. Dieser Vorgang wird als Abwehrmechanismus im Sinne einer Identifizierung mit dem Aggressor verstanden. Die Autoren schildern die durch den therapeutischen Prozeß in ihnen ausgelösten unterschiedlichen Gegenübertragungen und die Schwierigkeiten, damit angemessen umzugehen. In den Vorgesprächen tauchen Ungläubigkeit und Schock auf, in den ersten Monaten der Therapie sexuelle und Rettungsphantasien, einhergehend mit Neugier, Angst und Schuld; danach entsteht Traurigkeit über die Einsamkeit dieser Kinder und Wut auf die Täter; nach sechs Monaten kommt es bei den Patientinnen öfters zu Enttäuschung und zur Differenzierung der auf die Leiter unterschiedlichen Geschlechts übertragenen Rollen. Entsprechend den Inzesttypen und den familiären Ursprüngen kommt es dabei zu heftigen Attacken, zu Mißtrauen, Entwertungen, Verführungen und Spaltungen, die es zu verstehen und entsprechend den therapeutischen Zielstellungen zu handhaben gilt.

3.4.4 Eigenes Vorgehen

Unsere eigenen klinischen Erfahrungen mit der Verwendung von Gruppentherapie oder einer kombinierten Einzel- und Gruppenbehandlung sind anders gelagert als die in dem skizzierten amerikanischen Schrifttum enthaltenen. In unserem Erfahrungsbereich (stationäre, teilstationäre und ambulante Einrichtungen) werden traumatisierte Patienten nicht in störungshomogenen Gruppen behandelt. So erkrankte Patienten gehören zwar zu einem gewissen Prozentsatz zur Klientel dieser Einrichtungen und werden entweder in der diagnostischen Phase oder erst während des therapeutischen Prozesses als solche erkannt. Sie werden in störungsheterogen zusammengesetzten Gruppen behandelt, in der Regel mit vorgeschalteter oder parallel ablaufender Einzeltherapie. Die anderen Patienten sind entweder strukturell gestört, ohne traumatogenen Anteil, oder sie leiden an schweren Psychoneurosen, oder es handelt sich um Kranke mit Mischbildern. Die von uns verwandte Methode war und ist vornehmlich die **psychoanalytisch-interaktionelle Gruppen- und Einzeltherapie** (Heigl et al. 1993; Heigl-Evers und Heigl 1994; Heigl-Evers und Ott 1994).

Geht man davon aus, daß für die Förderung eines auf heilende Veränderung (der einzelnen Patienten) ausgerichteten Gruppenprozesses die *Einflußnahme auf die in der Regel schwergestörten Objektbeziehungen* entscheidend ist, dann muß es darum gehen, das Setting der Gruppe ebenso wie die therapeutischen Vorgehensweisen auf dieses Ziel abzustimmen.

Erreicht werden soll: Herstellung von Objektkonstanz, Integration eines dritten Objekts zur Förderung des Erlebens von Alterität, von Triangulierung sowie der Einübung selbstreflexiver Vollzüge, Umwandlung von Teilobjekt- in Ganzobjektbeziehungen.

Bei der in der Regel dominanten regressiven Objektbeziehung dieser Kranken kommt der Förderung von Triangularität eine besondere Bedeutung zu. Nun ist Triangularität grundsätzlich auch in einer Einzeltherapie anzuregen. Das geschieht bei Anwendung der analytisch-interaktionellen Methode durch ein Alternieren von Interventionsformen: Der Therapeut setzt im Wechsel das *Prinzip des „Antwortens"* ein, das ein Element der Alterität enthält und als väterlich getönt erlebt werden kann; auf der anderen Seite macht er durch *Übernahme einer Hilfs-Ich-Funktion* ein Angebot, das Aushelfen und Helfen bedeutet und somit als mütterlich erlebbar ist. Dem steht jedoch als Widerstand das monadische oder pseudo-dyadische Beziehungsmuster des Patienten entgegen. Dieser Widerstand ist sicherlich auf die genannte oder eine ähnliche Weise unter Einsatz entsprechender Geduld regulierbar, im optimalen Fall auflösbar; seine Bearbeitung kann durch die Begünstigung von Triangulierung im Setting erleichtert werden. Eine therapeutische Gruppe ist grundsätzlich triadisch konstelliert: Ein Patient trifft auf einen Therapeuten, der ihm nahe bringt, daß er für die geplante Therapie eines Dritten bedarf, nämlich einer Gruppe, d.h. der Mitwirkung anderer Patienten.

Während die vorgeschaltete oder parallelisierte Einzeltherapie eine pseudodyadische oder dyadische Beziehung fördert und in diesem Zusammenhang auch die Idealisierung des Therapeuten begünstigt, fördert die Gruppe vornehmlich Triangularisierungen, bei den strukturell Gestörten vornehmlich in der frühen, bei den Neurosekranken in der späteren ödipalen Form.

Für die Wirksamkeit einer Behandlung so gestörter Patienten ist es – insbesondere in der Initialphase – wichtig, daß der Therapeut als ein gutes Objekt erlebbar wird. Das bedeutet für ihn, sich um basale Einstellungen gegenüber dem Patienten zu bemühen, die von uns als *wache Präsenz*, als *Schicksalsrespekt* und als *Akzeptanz* bezeichnet werden. Dadurch soll bewirkt werden, daß der Patient sich in seinem Gewordensein, wie immer es geartet ist, verstanden fühlen kann. Der für die psychoanalytisch-interaktionelle Therapie beschriebene Umgang mit den Affekten des Patienten, vor allem auch mit den von ihm erlebten Affekthemmungen und Affektunterdrückungen, wird durch die Anwendungsform der Gruppe gleichfalls gefördert. Hier geht es für den Therapeuten darum, die *Technik der Affektidentifizierung bzw. der Identifizierung von Affekthemmungen und -unterdrückungen* einzusetzen ebenso wie – nach gelungener Identifizierung – die *Klarifikation des Entstehungskontextes der jeweiligen Affekte*.

Besondere Aufmerksamkeit sollte bei der Behandlung von traumatisierten Patienten den Affekten von Schuld und Scham gelten, die hier entweder übermäßig ausgebildet sind oder aber im Erleben des Betreffenden total ausfallen.

Schuldgefühle treten häufig in Zusammenhang mit einer Täter-Opfer-Identifizierung in Erscheinung. Auch *Schamgefühle* können sich den Grenzen der Unerträglichkeit nähern, besonders dann, wenn sich ein primitives Ich-Ideal entwickelt hat, von dessen Befolgung durch den Patienten Selbst-Wert und Selbst-Unwert abhängen. Auf der anderen Seite kann es bei solchen Kranken zu den Phänomenen von subjektiv erlebter Schuldlosigkeit und Schamlosigkeit kommen, die – auch wiederum aufgrund von frühen Identifizierungen –

ihre sozial fragwürdigen Verhaltensweisen als Ich-synton erleben, zu deren kritischer Reflexion sie nicht in der Lage sind.

Die *Identifizierung mit dem Angreifer* manifestiert sich in den Interaktionen mit anderen, so auch in denen einer Therapiegruppe, als Schuldverschiebung. Wenn es zu Schuldverschiebungen kommt, werden diese in einer Gruppe natürlich anders beantwortet, als es in einer Einzeltherapie möglich ist, in der die Antwort therapeutisch gesteuert sein muß. In Gruppen ist mit Reaktionen verschiedener Art der Adressaten von Schuldverschiebung zu rechnen, Reaktionen, die aus der Spontaneität der Angesprochenen resultieren und dem Therapeuten Möglichkeiten für Interventionen auf die sich dann entwickelnden Interaktionsprozesse geben. Äußerungen wie: „Kehr vor Deiner eigenen Tür" oder „Den Splitter im Auge des anderen sehen, um den Balken im eigenen Auge nicht sehen zu müssen – das habe ich gern", könnten von einem Therapeuten in dieser Form nicht gemacht werden.

Besonders schwierig kann es sein, Patienten zu ermöglichen, unterdrückte Scham zuzulassen oder sich mit dem Phänomen Ich-syntoner Schamlosigkeit auseinanderzusetzen.

> Ein Gruppenteilnehmer, der sich über längere Zeit mit einer Rivalitätsthematik der Beziehung zur Mutter und zu einem von dieser hoch favorisierten Bruder befaßte, berichtete immer wieder über die gemeine Zurücksetzung und Mißachtung seiner eigenen Person durch die Mutter und signalisierte in diesem Zusammenhang Haß. Im Gruppenprozeß entwickelte sich dann eine Reproduktion dieses Konfliktes; in den Interaktionen wurde anderen Gruppenmitgliedern deutlich, daß er sich selbst aktuell ganz ähnlich verhielt wie seine Mutter. Es entwickelte sich beim Patienten allmählich eine entsprechende Einsicht, dadurch erklärbar, daß ein immer eingeschlossen gebliebenes „böses Introjekt" ihm als Teil seines eigenen Inneren erfaßbar wurde. Als er das berichtete, wirkte er äußerst erschüttert und verzweifelt. Auf die Frage der Therapeutin, wie es ihm jetzt gerade ergehe, antwortete er mit fast tonloser Stimme: „Es ist diese unerträgliche Scham" (so zu sein wie die gehaßte Mutter). In Auswirkung dieses Gruppenerlebens veränderte sich bei dem Patienten sehr viel: Seine zuvor immer wieder aufgetauchte suizidale Gestimmtheit verschwand, und damit verschwanden auch die dazugehörige Hoffnungslosigkeit und Verzweiflung, es entstand allmählich eine auf Gegenwart und Zukunft gerichtete Zuversicht; die Beziehungen zu Mutter und Bruder veränderten sich deutlich.

Nachtragende Affekte (Franz Heigl: Bitterkeit, Grimm, Groll und Hader) sind bei Patienten mit strukturellen Störungen generell und besonders bei solchen mit einer Traumagenese regelhaft zu beobachten. In zwischenmenschlichen Beziehungen wird das „nachgetragen", was nicht „ausgetragen" werden konnte. Eine unerläßliche Voraussetzung für das Austragen ist die Fähigkeit, innere und interpersonelle Unverträglichkeiten in Konfliktspannungen zu überführen. In einem Konflikt sind zwei entgegengesetzte Positionen miteinander konfrontiert und können, wenn es zum Austragen kommt, zu einem Kompromiß zwischen beiden ausgeformt werden. Der Konflikt als solcher ist ein triadisches System (s.d. Heigl-Evers 1994), das Erleben eines Konflikts setzt eine ausreichende Fähigkeit zur Triangularisierung voraus, wie sie bei strukturell gestörten und speziell bei traumatisierten Patienten nicht gegeben ist. Infolgedessen besteht bei ihnen eine starke Tendenz, die innere und interpersonelle Unverträglichkeit unverändert bestehen zu lassen und die dazugehörigen Affekte (Bitterkeit, Grimm, Groll und Hader) nachzutragen. Es handelt sich dabei um quasi chronifizierte Affekte speziell von Aggressivität (Wut) und Aversion (Ekel). Sie kommen nicht zur entlastenden Abfuhr, wie es bei aktuell auftretenden, austragbaren Affekten möglich ist. Die nachtragenden Affekte tönen das Lebensgefühl vielmehr auf Dauer und finden häufig eine anhaltende Expression in Mimik, Tonfall und Körperhaltung. Eine mimische Expression einer dauernd bestehenden Verachtung (Ekel) gegenüber bestimmten Menschen, den Mitmenschen überhaupt, der Welt insgesamt, besteht z.B. in einer die Mimik auf Dauer bestimmenden perioralen Innervation im Sinne herabhängender Mundwinkel.

In der Gruppentherapie traumatisierter Patienten geschieht es immer wieder, daß ein in einer halb-offen geführten Gruppe hinzugekommener traumatisierter Patient schon in der ersten Sitzung in *uneingeschränkter Offenheit* über sein Trauma-Schicksal berichtet – ohne die Wirkung des eigenen Tuns, des eigenen Verhaltens auf die anderen und deren Reaktionen zu antizipieren. Die Fähigkeit zu einer solchen Vorwegnahme ist in der Ich-Struktur solcher Patienten nicht ausgeformt. Sie inszenieren durch ein solches initiales Verhalten nach Eintritt in eine Therapiegruppe wahrscheinlich (das zeigt dann der spätere Verlauf) die Reinszenierung der Konfrontation mit dem traumatisierenden, dem Täter-Objekt. Dazu ein Fallbeispiel:

Fallbeispiele

> Die Sitzung einer Gruppe, bestehend aus vier Frauen und vier Männern und einer Therapeutin, hat gerade begonnen. Da eröffnet eine Frau mit lauter, anklagender Stimme das Geschehen: Sie berichtet über ihre vielfältigen Symptome und Beschwerden, ihren starken Gewichtsverlust, die ständige Erschöpfung, die hartnäckige Schlaflosigkeit, Atembeschwerden und ein ständiges Zusammenkrampfen des Kehlkopfes, vor allem in der Nacht. Die Stimme wird immer lauter, zunächst klingt sie metallisch-schneidend, wird dann immer gequetschter, schließlich piepsig. Nach vorn gebeugt klagt sie die Beschwerden in die Gruppenmitte, unterstreicht den Text mit weit ausfahrenden Gesten, so als wolle sie alle beschwörend zwingen, ihr zuzuhören.

> Ohne Pause berichtet sie dann weiter, wie schlimm und schön ihre Kindheit gewesen sei. Sie wurde überbehütet erzogen, war der Augapfel der Mutter. Für alle war sie die „Süße", zum Knuddeln und zum Dran-Herumgrabschen. Dabei wurde mit ihr in der Babysprache geredet. Die Mutter hätte sie ständig entwertet. Unangenehm sei gewesen, daß die Mutter sie oft eingerieben hätte, mit einer fettigen Salbe, zwischen den Beinen, anhaltend und heftig. Es war sehr unangenehm. Sie schüttelt sich und verzieht das Gesicht zu einer verächtlichen Grimasse. Sie fährt fort, weitere Einzelheiten zu berichten; entwertet den schwachen, ständig abwesenden, zwanghaften Vater des langen und breiten. Sie steigert sich in ihre Erzählung hinein, nimmt die Reaktionen der anderen gar nicht wahr.

> Zwei Frauen hängen wie fasziniert an ihren Lippen, nicken gelegentlich leicht zustimmend mit dem Kopf. Ein narzißtisch gestörter Mann ist längst in sich zusammengesunken, scheint aus dem Kreis herausgerutscht. Eine Frau mit einer impulsneurotischen Störung kann kaum noch ruhigbleiben; zeigt in ihrer Mimik deutliche Verachtung und zischt dann vor sich hin: „Das ist ja nicht auszuhalten! Hör auf." Ohne daß sich die andere davon beeindrucken ließe; sie nimmt es offenbar nicht wahr. Aus Haltung und Mimik der anderen läßt sich auf einen zunehmenden Ärger, ausgelöst durch diese aufdringlich-eindringende Geschichte, schließen, die nicht aufhört, nicht zu stoppen ist; quasi in die Gruppe hineinläuft.

> Später wird die impulsneurotische Teilnehmerin dann sehr laut, sie schreit: „Schluß, hör endlich auf, sonst laufe ich 'raus, mein Kopf zerplatzt gleich!"

> Die berichtende Patientin zieht sich gekränkt zurück, blickt vorwurfsvoll in die Runde und fängt dann an, heftig zu schluchzen.

> Keiner sagt etwas.

Dann, nach längerer Pause, berichtet ein anderer Patient über sein schlimmes Wochenende. Die Reinszenierung der traumatisierten Patientin wiederholt sich in den nächsten Sitzungen.
Mit vereinten Kräften versuchen die Gruppenmitglieder der Patientin deutlich zu machen, wie aufdringlich und zum Teil eklig ihnen die ausschweifenden Berichte sind. Andere reagieren eher mitleidig-hilflos; machen Vorschläge, die die Patientin nicht befolgen kann. Sie ist eher erstaunt über das geringe Verständnis bei den anderen und versucht dann, durch neue „Geschichten" auf sich und ihr schlimmes Schicksal aufmerksam zu machen; mit entgegengesetzter Wirkung.

Man gewinnt den Eindruck, daß die Patientin versucht, die Situation mit einem Objekt zu reinszenieren, das sich auf der einen Seite überzugewandt und verwöhnend, auf der anderen Seite übergriffig mißhandelnd und verachtend verhielt. In diesem Sinne erlebt sie die Gruppe als ein Globalobjekt. Eine in sich widersprüchliche Behandlung, die sie von seiten der frühen Bezugspersonen erfahren hat, führte zur Störung der Bildung von Objektrepräsentanzen ebenso wie von Repräsentanzen des Selbst. Sie erlebt in den anderen Teilobjekte, die in einem hohen Maße zugewandt und auf ihre Befriedigung bedacht sind, auf der anderen Seite erlebt sie bösartig-quälende Wesen. Durch ihr Verhalten spricht sie beide Aspekte in den anderen Gruppenmitgliedern an und mobilisiert deren jeweils persönlichkeitsspezifische Reaktionen. Dabei kommt es in der Gruppe zu einer Normenbildung, d.h. zu Vorschlägen, wie das Verhalten in dieser Gruppe in dieser Phase und in Konfrontation mit dieser Patientin reguliert werden sollte. Es entwickelt sich so eine Spannung von Norm und Gegennorm, wobei die Initiantin der Sitzung in die Minderheit gerät, gruppendynamisch betrachtet in eine Omega-Position.
Es stellt sich die Frage, wie die Gruppentherapeutin in dieser Situation intervenieren

könnte. Um den eingeleiteten Prozeß in Gang zu halten und die Auseinandersetzung zwischen den Patienten zu fördern, wäre daran zu denken, im Sinne eines „sowohl" ... „als auch" zu intervenieren, d.h. Verständnis sowohl für die Inhaberin der Omega-Position zu bezeugen wie auch für die Patienten, die eine Gegennorm mit einer dazu entstehenden Mehrheitsbildung vertritt (Impulsneurosekranke). Eine solche Intervention könnte etwa lauten: „Ich höre und sehe, wie hier in der Gruppe bei den meisten eine stark ablehnende Reaktion, mit Zeichen von Unverträglichkeit, gegenüber dem einleitenden Bericht von Frau X entstanden ist. Sicherlich ist es auch nicht leicht, sich eine solche Geschichte anzuhören, vielleicht besonders dann, wenn man ähnliche Erfahrungen irgendwo in sich trägt. Es ist verständlich, sich gegen schwer Erträgliches zu wehren, wie es ganz besonders ja auch bei Ihnen, Frau Y (Impulsneurosekranke), der Fall ist. Aber auch bei Ihnen, Herr Z (narzißtisch gestörter Patient); ich habe den Eindruck, daß Sie sich aus der Gruppe stark zurückgezogen haben. Auf der anderen Seite kann ich (an die Initiantin gewandt) auch Sie gut verstehen: Sie tragen eine sehr belastende Erfahrung seit der Frühzeit Ihres Lebens mit sich herum, von der Sie bislang nicht wissen, auch nicht wissen konnten, wie Sie sich davon befreien könnten. So haben Sie Ihre Erfahrungen ohne große Einschränkung einfach in die Gruppe hineingegeben und sind dabei auf etwas Verständnis (an die beiden freundlich Reagierenden gewandt), aber überwiegend auf Zurückweisung und Ablehnung gestoßen. Möglicherweise haben Sie mit solchen Reaktionen gerechnet, vielleicht auch nicht. Auf jeden Fall haben Sie es sich ermöglicht, in der Gruppe und mit den anderen zu sein, wenngleich mehr im Sinne des Geduldetwerdens als des Angenommenseins. Vielleicht ist das die Beziehung zu den anderen, die Ihnen zur Zeit möglich ist."
Der therapeutische Umgang mit den in der Gruppe gebildeten Normen (gruppeninterne Verhaltensregulierungen) und mit den dazugehörigen Positions-, Funktions- und Rollen-

verteilungen ist eine hilfreiche Technik, insbesondere, wenn es darum geht, *die Gesamtheit der Gruppenmitglieder durch die therapeutischen Interventionen zu erfassen*; und darum sollte es in einer Gruppenbehandlung immer gehen. Die Gruppennormen sind ebenso wie die beiden anderen zuvor genannten Gruppenleistungen, die der psychosozialen Kompromißbildung und die der Ich-modifizierten gemeinsamen Tagträume, Gruppenleistungen, die signalisieren, in welcher Weise und auf welcher Ebene die Gruppenteilnehmer die für den therapeutischen Prozeß notwendige Kohäsion herzustellen und zu erhalten suchen.

Das Ausgeführte soll nachstehend durch zwei Fallbeschreibungen illustriert werden. In der ersten handelt es sich um eine Patientin der bürgerlichen Mittelschicht, die neben ausgeprägten strukturellen Störungen auch neurotische Anteile zeigte, bei der ein traumatisches Geschehen früh vermutet wurde, jedoch lange nicht nachweisbar war, weil es durch ein „Familiengeheimnis" verdeckt wurde. Im zweiten Fall handelt es sich um einen Mann, der sozial nicht den Status eines Patienten hat. Er ist Sohn eines Bauarbeiters und dessen offensichtlich verwahrloster Ehefrau und ist als sogenannter Schwersttäter Insasse einer Strafvollzugsanstalt.

> Eine zu Beginn ihrer Behandlung 34jährige Patientin zeigt in ihrer Vorgeschichte, fortgeführt in der Aktualgeschichte, eine Vielzahl somatischer Krankheitserscheinungen, an deren Entstehung offenkundig psychische Komponenten beteiligt waren; es wurden immer wieder intensive somatische Behandlungen, auch chirurgische Eingriffe notwendig, ohne daß die Tendenzen zu solchen Krankheitsmanifestationen wesentlich nachließen.
> Die Patientin, verheiratete Mutter von zwei Kindern, fiel durch die Neigung auf, sich rückhaltlos und ohne Schonung der eigenen Person für ihre Familie und für all jene Menschen einzusetzen, mit denen sie Umgang hatte, ganz besonders dann, wenn sie ihr bedürftig erschienen; und bedürftig erschienen sie ihr nahezu alle. So hatte sie, ältestes von vier Geschwistern, den jüngeren gegenüber von Anfang an eine betont fürsorgliche Einstellung bezogen. Die Patientin war offenkundig intellektuell gut ausgestattet, hatte sich in Schule und Ausbildung als tüchtig und leistungsfähig bewährt; auffällig war, daß sie auch bei geringfügigem Versagen, sei es im Bereich von geistigen Leistungen, sei es im emotionalen und praktischen Einsatz für andere, häufig von subjektiv unerträglicher Schuld und Scham überflutet wurde. Zur Unterdrückung dieser Affekte reagierte sie mit den beschriebenen, nach außen hin oft übermäßig erscheinenden Bemühungen und entwickelte sich in mancher Hinsicht zu einem frühreifen Kind mit der Tendenz zum Übererwachsensein.
> Bei dieser Patientin erschien zunächst eine analytische Einzeltherapie auf der Couch indiziert, die auch aufgenommen wurde. Ihr Verhalten in dieser Therapie, vor allem in der Anfangsphase, war durch ein nahezu regloses Daliegen gekennzeichnet, verbunden mit einer starren Blickausrichtung. Wie sich später herausstellte, versuchte die Patientin einen bestimmten Punkt auf der Rauhfasertapete des Analysenraumes zu fixieren, einen kleinen Riß im Anstrich der Tapete. Sie tat das, um einer nahezu unerträglichen Angst Herr zu werden, die sich darauf bezog, daß die Therapeutin sie mit Sicherheit kritisch ablehnen würde. Doch darüber wurde zunächst nicht gesprochen. Die motorische Starre lockerte sich etwas auf, als die Patientin die Therapeutin zunehmend als zugewandt erleben konnte und aus diesen Erfahrungen heraus eine idealisierende Übertragung entwickelte; diese Übertragung war gekennzeichnet durch eine zunehmende Tendenz der Patientin, zu ihrer Therapeutin eine pseudodyadische Beziehung herzustellen. Auf dieser Basis gelang es ihr dann, sich mit den Personen ihrer Herkunftsfamilie sowie

ihrer eigenen familiären und sozialen Situation kritisch, auch unter Zulassung aggressiver Affekte, auseinanderzusetzen.

Es war vor allem der Ehemann, den sie wegen ausgeprägt egozentrischer Einstellungen und Verhaltensweisen oft kaum ertrug, so z.B. dann, wenn er hinter ihrem Rücken und ihr die Sorge um die Familie überlassend, eine Reise in eine südeuropäische Sonnenregion allein realisierte und, als diese Unternehmung ihr zufällig nachträglich bekannt wurde, sein Verhalten damit begründete, daß das Familienbudget nur für eine Reise dieser Art gereicht hätte. Sie konnte es außerdem schwer ertragen, daß er nicht nur seiner Mutter, deren einziges Kind er war, sondern auch einer älteren Freundin, der er sich musisch verbunden fühlte, die Zuwendung an Zeit, Einfühlung und Rücksichtnahme einräumte, die er ihr versagte und die sie vermißte.

Gleichfalls problematisch, wenn auch in etwas anderer Weise, war die Beziehung zur Mutter, die mit den Resultaten der Leistungsbemühungen der Tochter nie zufrieden war, dann gern auf erfolgreiche Gelehrte aus irgendeiner Seitenlinie der Familie hinwies, die die Tochter weit überragten. Außerdem drängte die Mutter die Patientin, der es wirtschaftlich vergleichsweise besser ging als ihren Geschwistern, immer wieder, diesen Kleidungsstücke aus eigenen Beständen zu schenken und sie in jeder Hinsicht zu unterstützen. – Auch die Beziehung zu einer von ihr als emotional sehr anspruchsvoll erlebten Schwiegermutter, der sie sich unter dem Druck ihres Ehemannes ständig anzupassen hatte, war Gegenstand heftiger Anklagen in der Behandlung. Diese Auseinandersetzungen waren unter dem Schutz der pseudo-dyadischen Behandlung zur idealisierten Therapeutin möglich.

In der Einzeltherapie war die Patientin zunehmend in der Lage, sich zum Teil heftig aggressiv mit ihrem Ehemann, ihrer Schwiegermutter und vor allem auch ihrer eigenen Mutter und ihren Schwestern, speziell der jüngsten, auseinanderzusetzen.

Die Therapeutin hatte sich immer wieder überlegt, ob in der Pathogenese dieser schweren Störungen nicht ein traumatogener Faktor beteiligt sein könnte. Vorsichtiges Nachforschen führte jedoch zu keinem Ergebnis. Da die idealisierende Übertragung und die dazugehörige Beziehungsfestlegung in der Einzeltherapie schwer zu beeinflussen war, schlug die Therapeutin der Patientin die Kombination mit einer Gruppentherapie vor; sie empfahl ihr den Eintritt in eine halboffene Gruppe, mit der sie bereits seit einiger Zeit arbeitete. Es ging der Therapeutin darum, Konstellationen in die Therapie einzuführen, die zu triangulären Orientierungen anregen konnten. Die Patientin war aus der bestehenden Übertragung heraus schnell bereit, sich auf diese Veränderung der Therapie einzulassen.

Auch der Beginn der Gruppenbehandlung war, ähnlich wie zuvor die Einzeltherapie, durch eine erhebliche Bewegungseinschränkung der Patientin gekennzeichnet. Sie saß, immer in der Nähe der Therapeutin, eher bewegungslos auf ihrem Stuhl mit zusammengezogenen Schultern, bemüht, jede Berührung mit einem Gruppennachbarn zu vermeiden und auch so wenig wie möglich mit den olfaktorischen Reizen von seiten der anderen Gruppenteilnehmer in Berührung zu kommen.

Die idealisierende Übertragung hielt zunächst an; die Patientin wurde jedoch gelegentlich auch aggressiv, insbesondere dann, wenn die Therapeutin von anderen Gruppenmitgliedern kritisch angegriffen wurde. Nachdem sie immer wieder erlebt hatte, daß diese kritischen Äußerungen am grundsätzlichen Wohlwollen der Therapeutin den Betreffenden gegenüber nichts änderten, wagte sie selbst gelegentlich kleine Äußerungen solcher Art, vor allem unternahm sie in dieser Phase jedoch erste vorsichtige Triangulierungsversuche: Sie kleidete sich weitaus attraktiver als zuvor, ließ ihre Reize ein wenig spielen und versuchte, hier und da mit einem der männlichen Gruppenteilnehmer vorsichtig zu flirten. Es ging ihr insgesamt besser, wenngleich es auch immer wieder einmal zu einer somatischen Krise kam und sie weiterhin eine Neigung zu ausgeprägten Schlafrhythmusstörungen hatte. Die Beziehungen zu ihren engen Bezugspersonen hatten sich inzwischen in Auswirkung der Therapie entspannt und gebessert.

Die kombinierte Therapie wurde in Abstimmung mit der Patientin nach längerer Zeit beendet. Die Therapeutin bewegte weiterhin die Hypothese eines frühkindlichen Traumas, weil sie sich die Pathogenese anders nicht zu erklären wußte. Sie vermutete, daß dieses Trauma Inhalt eines Familiengeheimnisses war.

Bei einer Art katamnestischen Gesprächs regte sie die Patientin an, doch – speziell durch Ansprechen der Mutter – nach einem solchen Ereignis zu fahnden. Einige Zeit später konnte das Geheimnis dann auch gelüftet werden. Die Mutter übergab der Patientin nach längerem Zögern einen Brief, den die Großmutter väterlicherseits – während der frühen Kindheit der Patientin – an ihren Sohn gerichtet hatte: Es ging zu jener Zeit darum, daß der Vater der Patientin, Beamter des inzwischen etablierten NS-Staates, selbst schon länger Mitglied der SA, unerwartet Zeuge der November-Pogrome („Kristallnacht") geworden war. Er wurde dadurch vollständig verunsichert, sprach seine Frau nur noch mit „Mutti" an, lief nie ohne seinen Dienstrevolver durch Haus und Wohnung und fuchtelte mit dieser Waffe vor der kleinen Tochter in ihrem Kinderbett herum, offenkundig mit der Absicht, das Kind zu erschießen, um ihm, wie die Mutter nachträglich vermutete, eine Welt zu ersparen, in der eine „Kristallnacht" möglich geworden war. Die Großmutter schrieb damals an ihren Sohn: „Deine kleine Ruth zittert, wenn Du nur ins Zimmer kommst". Das aggressive Agieren des Vaters hatte, wie die Patientin noch erfuhr, aufgehört, als dieser zum Alkohol griff.

Das nunmehr bekanntgewordene Trauma führte dann einige Zeit später zu einer Reinszenierung heftigster Art, die von der Patientin ausreichend positiv verarbeitet werden konnte. Sie war zu einem Vorgesetzten in massive Spannungen geraten, fühlte sich von diesem immer wieder abgewiesen und auf einschneidende Weise entwertet. Die Auswirkungen auf ihre Selbsteinschätzung waren zeitweilig so verheerend, daß sie von sehr starken Suizidtendenzen überfallen wurde und bereits Vorbereitungen getroffen hatte, eine solche Selbstvernichtung zu vollziehen und gleichzeitig die dann zurückbleibende Familie vor den Auswirkungen dieses Handelns zu schützen. In diesen hochgradig affektiven Erregungszuständen setzte sich bei ihr dann im Sinne einer Reinszenierung eine Identifizierung mit dem aggressiv-destruktiven Vater durch: Sie erlebte nunmehr auf den genannten Vorgesetzten eine namenlose, kaum zu steuernde Wut, zückte gleichsam die Schußwaffe gegen ihn, eine Tendenz, die sie in der Weise, sozial angepaßt, realisierte, daß sie von heute auf morgen das bestehende Dienstverhältnis kündigte und beschloß, nie wieder eine Beziehung beruflicher Abhängigkeit einzugehen.

Im Rückblick wird deutlich, daß ohne das Aufsuchen des Traumas und ohne die aktive Auseinandersetzung der Patientin damit, die sicherlich durch die vorangegangene kombinierte Therapie, insbesondere durch die Gruppentherapie gefördert worden war, für die Patientin kein ausreichendes Weiterkommen mit sich selbst und mit der Welt möglich gewesen wäre.

Im folgenden soll über eine **kombinierte Einzel-Gruppen-Therapie** unter Akzentuierung der letzteren bei Menschen gesprochen werden, die in ihrer Kindheit nachweislich schwerste traumatische Schädigungen zumeist kombinierter aggressiv-sexueller Art erfahren haben und sich später zu Schwer- und Schwersttätern entwickelten. Es handelt sich bei ihnen also nicht um Patienten im engeren Sinne, vielmehr um Straftäter, die besonders schwere Gewalt- und auch Sexualdelikte, in der Regel mit gehäufter Rückfälligkeit, begangen haben und deswegen bei anerkannter Schuldfähigkeit einen entsprechend strengen Strafvollzug mit hohen Sicherheitsvorkehrungen in einer Spezialeinrichtung zu verbüßen haben. Diese Täter, die aus unserer Sicht als Kranke zu verstehen sind, haben in einem früher im Polizeidienst tätigen, später als Psychologe ausgebildeten jungen Therapeuten einen Menschen gefunden, den ihr Schicksal stark beschäftigt, der motiviert ist, freiwillig einen Versuch zu unternehmen, ihnen zu helfen, und zwar unter Einsatz eines bestimmten Therapieverfahrens, nämlich der in Einzel- und Gruppen-Behandlung verwendeten psychoanalytisch-interaktionellen Methode. Es soll im folgenden über einen Teilnehmer an einer solchen Gruppe berichtet werden, der sich bei aller Schicksalsanteiligkeit von den anderen Gruppenteilnehmern doch deutlich unterscheidet.

> Es handelt sich um einen jetzt 43jährigen Mann, der aufgrund immer wieder begangener schwerer Gewalt- und Sexualdelikte (häufig einer Verbindung von beiden) bereits 20 Jahre in Strafhaft verbracht hat und der jetzt eine Strafe verbüßt, die 1996 beendet sein wird. Sollte es danach erneut zu einem Rückfall kommen, muß der Patient mit Jahrzehnten der Sicherheitsverwahrung rechnen.
> Der Patient ist einziges Kind seiner Eltern, die ihn nach der Geburt und während der ersten Lebensjahre zunächst einer Großmutter überließen, die in seiner Erinnerung der einzig freundlich zugewandte Mensch seiner Kindheit gewesen ist. Sein einziger Spielgefährte in diesen Jahren war ein Schäferhund. Als er sechs Jahre alt war, nahmen ihn die Eltern bei sich auf. Die Mutter begann bald, sich seiner in höchst übergriffiger Weise zu bemächtigen. Nicht nur ließ sie den kleinen Jungen als Begleiter bei ihren Disco-Besuchen fungieren, ohne an altersangemessenen Medien für den Sohn interessiert zu sein, sie begann auch, zumeist unter der Einwirkung von Alkohol, eine über lange Zeit anhaltende inzestuöse Beziehung zu dem kleinen Sohn. Das Kind interessierte sie nur als Objekt eigener Befriedigungen; der Junge schlief seit der Aufnahme in die elterliche Wohnung in deren Ehebetten und wurde Zeuge ihrer sexuellen Aktivitäten.
> Der Vater, von Beruf Bauarbeiter, schätzte es, wenn der Sohn sich von anderen Kindern nichts gefallen ließ, andere Kinder verprügelte, sich auf jeden Fall gewaltsam durchzusetzen versuchte. Dafür wurde der Junge vom Vater gelobt und anerkannt. Eine materielle wie seelische Abhängigkeit von den Eltern besteht beim Patienten bis heute. Er plant, nach seiner Haftentlassung im Jahre 1996 zu den Eltern zurückzukehren. Er ist nicht fähig, sein Leben nach der Haftentlassung realitätsgerecht zu planen.
> In der Gruppe wurde der Patient wegen seiner ausgeprägten Mitteilsamkeit von den anderen zunächst als belebend empfunden. Die durch Schamlosigkeit gekennzeichneten Mitteilungen, die unkontrollierte Selbstentblößung wurden den Teilnehmern jedoch bald unerträglich. Insbesondere konnten sie es nicht aushalten, wenn er seine aggressiv-sexuellen Straftaten in allen Einzelheiten darstellte, so, wenn er schilderte, daß er die Opfer seiner aggressiven Überfälle schonungslos und stundenlang in die Genitalregion schlug. Es muß noch erwähnt werden, daß er Frauen durchgehend haßte und radikal entwertete. Die dem Patienten nicht erlebbaren Schamaffekte lassen ebenso wie die ihm nicht zugänglichen Schuldgefühle die Ich-Syntonie seiner

Strafhandlungen verstehbar werden. Sie ist deswegen für den Ablauf der Gruppentherapie von großer Bedeutung, weil er dadurch stärkste Aversionen und heftige Ablehnungen bei den anderen auslöst und auf diese Weise immer wieder in Gefahr gerät, an den Rand der Gruppe gedrängt, wenn nicht ausgestoßen zu werden.

Der Therapeut versucht in dieser Gruppe traumatisch schwerstgeschädigter Teilnehmer, den entstehenden interpersonellen Unverträglichkeiten und Unerträglichkeiten dadurch zu begegnen, daß er selbst eine Position bezieht, die bei allem Verstehen für die Teilnehmenden eine deutliche Alternative zum Verhalten des besonders geschädigten Patienten und den Reaktionen der anderen darstellt und die eine Veränderung der Beziehungen ermöglichen soll. Der Therapeut ist im Sinne der von ihm eingesetzten Methode (der psychoanalytisch-interaktionellen) ständig bemüht, das Verhalten des Patienten als Resultat von dessen Lebensgeschichte zu verstehen. Wie hätte er sich ohne frühe wirksame Hilfe anders entwickeln sollen?! Die für ein Kind unerträglichen Übergriffe der Mutter versuchte er sich durch Identifizierung mit der Täterin erträglich zu machen, indem er seither entsprechend mit anderen umgeht. Gleichzeitig konnte er sich mit seinen rigoros aggressiven Verhaltensweisen die Bestätigung des Vaters verschaffen. Die einseitige Anerkennung seiner ungesteuerten Aggressivität durch den Vater wurde durch eine Identifizierung mit diesem unter Entwicklung eines archaischen inneren Strafverfolgers und durch den Mechanismus der Identifizierung mit dem Angreifer erträglich gemacht. Die von ihm entwickelte Objektbeziehung ist im Grunde keine Beziehung; er ist offenbar rein monadisch orientiert und hat vermutlich aus dieser Monadenhaftigkeit heraus Berechtigungen entwickelt, allen anderen gegenüber der Verfolgende und der Strafende zu sein, gleichsam der Herr über Leben und Tod.

Der Therapeut, auf der einen Seite ständig um eine Einstellung des Verstehens bemüht, registriert auf der anderen Seite genau so sorgfältig seine eigenen affektiven Reaktionen auf das Verhalten dieses Patienten wie auch auf das der anderen. Er macht kein Hehl daraus, daß er die Destruktivität der Patienten und gerade auch die dieses Mannes nicht gutheißen kann. Er bringt zum Ausdruck, daß ein solches Verhalten ihn abstößt. Der Patient reagiert darauf entweder indifferent, gelegentlich aber auch konsterniert, während die anderen Gruppenteilnehmer die Tendenz haben, ihn, auch zwecks eigener Entlastung, zum Sündenbock zu machen. Die anderen fühlen sich vom Therapeuten offenbar etwas verstanden. Der Therapeut stützt den Patienten durch Anerkennung, wenn dieser z.B. Medikamente, von denen er ebenso abhängig ist wie zeitweise vom Alkohol, nicht mehr benötigt, wenn er auf sie verzichtet. Er bestätigt auch ausdrücklich, wenn der Patient berichtet, daß die Möglichkeit, sich in der Gruppe mitzuteilen, für ihn etwas Hilfreiches hat. Andererseits versucht er, die Aufmerksamkeit und das Interesse des Patienten auf die zum Teil hart ablehnenden Reaktionen der anderen Gruppenteilnehmer auf seine schamlosen Darstellungen zu lenken. Er geht auch ein auf die Erwartungen nicht nur dieses Patienten, durch die Teilnahme an der Gruppe über den Therapeuten eine vorzeitige Haftentlassung zu erwirken. Diese Motivation ist bei allen Gruppenteilnehmern gegeben. Gelegentlich zeigt der Patient dem Therapeuten gegenüber erste kleine Bekundungen von Sympathie, die freilich zunächst noch flüchtiger Natur sind.

Nach dem Bericht des Therapeuten ist es für ihn selbst wichtig, sich seiner eigenen Wehrhaftigkeit gegenüber diesen Gruppenteilnehmern immer wieder einmal zu vergewissern. So geht er manchmal vor den Sitzungen in die Turnhalle der Maßregelvollzug-Einrichtung, in der er hauptamtlich tätig ist, um, wie er es ausdrückt, „sich warmzumachen", indem er seine Kräfte am Punching-Ball übt.

Wenn ein solcher Therapieversuch gemacht wird, wie es in diesem Fall geschieht, bedarf es natürlich einer äußerst nüchternen Beurteilung der Prognose. Außerdem bedarf es, wenn ein gewisser Erfolg möglich werden soll, unbedingt einer ambulanten Fortführung der Psychotherapie nach der Entlassung aus der Haft. Das wird auch dem Patienten gegenüber immer wieder gesagt.

Aus unserer Sicht liegt die Chance eines solchen Versuchs in der Verbindung von einfühlendem Verstehen und konfrontativer Authentizität von seiten des Therapeuten. Mit dem so eingeführten Element der Alterität wird die Etablierung eines dritten Objekts angeregt, ebenso der Versuch triangulärer Beziehungen. Zum therapeutischen Verhalten gehört auch, daß der Patient Anerkennung und Bestätigung erfährt, wann immer das begründbar ist. Zu den bei solchem Vorgehen unverzichtbaren basalen Fähigkeiten des Therapeuten gehören vor allem aber auch Geduld und Frustrationstoleranz.

3.5 Dialektisch-behaviorale Therapie früh traumatisierter Patientinnen mit Borderline-Störung

Martin Bohus und Amy W. Wagner

Inhalt

3.5.1 Einleitung 405
3.5.2 Beschreibung des Störungsbildes 406
      Das neurobehaviorale Entstehungsmodell 407
      Frühe Traumatisierung 407
      Neurobiologische Prädisposition 407
      Störung der Affektmodulation 408
      Hohe Dissoziationsneigung 409
      Löschungsresistenz 410
      Dysfunktionale Grundannahmen und inkompatible Schemata 410
      Mangelhafte psychosoziale Realitätsorientierung 413
      Etablierung dysfunktionaler Bewältigungsstrategien 414
      Zusammenfassung 415
3.5.3 Dialektisch-behaviorale Psychotherapie (DBT) 415
      Behandlungsstruktur der DBT 417
      Traumaspezifische Behandlungsziele der DBT 418
      Phase I 419
      Phase II 426
3.5.4 Ausblick 432

3.5.1 Einleitung

Bevor sich Verhaltenstherapeuten den psychischen Folgen von frühen traumatischen Erfahrungen zuwenden konnten, mußten zunächst Paradigmenwechsel vollzogen werden: Phänomene wie Dissoziation, Flashbacks oder psychogene Analgesie sind schlecht objektivierbar und sperren sich dem traditionellen Verständnis von „beobachtbarem Verhalten", wie es jahrelang als Kriterium für behaviorale Konzept- und Therapieentwicklung galt. Mit der sogenannten „kognitiven Wende", das heißt der Integration von psychologischem Wissen über Informationsverarbeitung und Gedächtnisstrukturen, rückte zunächst der „subjektive Faktor", also die Bedeutung individueller Bewertungsprozesse in den Fokus therapeutischer Konzepte.

Heute ist diese Sichtweise ein Gemeinplatz. Kein Verhaltenstherapeut wird sich in seiner theoretischen oder klinischen Arbeit ausschließlich auf die Konzepte der Lerntheorie stützen, sondern vielmehr versuchen, den Einfluß von Grundannahmen und Interpretationen seiner Patienten in die Therapie zu integrieren. Auch im Selbstverständnis bezeichnen sich die meisten heute als kognitiv-behaviorale

Therapeuten. Derzeit befinden wir uns jedoch mitten in einer zweiten Umbruchphase. Im Schatten der kognitiven Theorie hat sich in den letzten Jahren ein zunehmend komplexeres Wissen über neurobiologische Prozesse der Emotionsaktivierung und -steuerung entwickelt. Die Ergebnisse von Tierversuchen, experimenteller Pharmakologie und moderner Bildgebung eröffnen einen Blick auf die Zusammenhänge zwischen kortikalen, subkortikalen und kortolimbischen Prozessen, der eine weitgehende Neubewertung wichtiger psychopathologischer Phänomene mit sich bringt. Fragen etwa nach den neurobiologischen Aspekten von Lernprozessen, den Mechanismen der Generalisierung von traumaassoziierten Stimuli, der Löschungsresistenz traumatischer Erinnerungen, der Automatisierung von einschießenden szenischen Erinnerungen, der Generierung von Amnesien unter Hochstreß, all diese Fragen können nur mit Modellen erklärt werden, die das Zusammenwirken neurobiologischer und kognitiver Parameter integrieren.

Auch auf der klinischen Ebene der verhaltenstherapeutischen Traumatherapie bildet sich diese Entwicklung ab: Die Anfänge der von E. Foa entwickelten Reizkonfrontationstherapie zur Behandlung von Patienten mit posttraumatischen Streßerkrankungen (Foa 1986) basierten auf rein lerntheoretischen Prinzipien: Systematische Imagination der traumatischen Ereignisse führt in einer Vielzahl der Fälle zur Habituation, das heißt zu einer reduzierten emotionalen Erregung, und damit zu einer deutlichen Reduktion der Symptomatik. Es erwies sich jedoch als hilfreich, in manchen Fällen als unumgänglich, zusätzlich zur Exposition die kognitiven Aspekte zu berücksichtigen. Dies betrifft zum einen die Bewertung der *Traumafolgen*, etwa als individuelle Schwäche, zum anderen *traumaassoziierte* Kognitionen, die vor allem Aspekte der Scham, Schuld und Demütigung berühren (Marks 1998).

Neuere Forschungsergebnisse allerdings zeigen, daß die Wirksamkeit der Expositionsbehandlung eine starke emotionale Aktivierung zu Beginn der Therapie sowie eine graduale Abnahme dieser emotionalen Aktivierung (Habituation) im Verlauf der Sitzung voraussetzt (Jaycox et al. 1998). Es bleibt also eine Gruppe von Patienten, die von diesem kognitiv-behavioralen Therapieangebot bislang nicht profitiert bzw. deren Symptomatik sich darunter bisweilen erheblich verschlechtert. Zu dieser Gruppe scheinen Patienten mit Borderline-Störung (BPD) oder schweren dissoziativen Störungen zu gehören. Starke, oft unvermittelt einschießende Affekte, die lange anhalten, die Auflösung der Raum-Zeit-Struktur unter Streß, die Einengung kognitiver Prozesse auf das Sichern des Überlebens, all dies verhindert Habituationsprozesse und kognitive Umstrukturierung, wobei erwähnt werden muß, daß die Fähigkeit zur Habituation in erheblichem Ausmaß genetisch bedingt zu sein scheint (Lykken et al. 1988). Es bedarf also weitreichenderer Behandlungsstrategien und -techniken, um dieser Klientel gerecht zu werden. Als das empirisch am besten gesicherte Konzept zur Behandlung dieser Störungsgruppe gilt derzeit die „dialektisch-behaviorale Therapie" (DBT) von M. Linehan (1993a). Sie wurde zunächst spezifisch zur ambulanten Therapie von Patientinnen mit Borderline-Störungen entwickelt und wird derzeit für die Therapie schwerwiegender dissoziativer Störungen erweitert (Wagner 1998). Da ca. 75% aller Patientinnen mit Borderline-Störung schwere traumatische Erfahrungen in der frühen Kindheit erlitten haben, zudem ein Großteil der Betroffenen ausgeprägte dissoziative Phänomene erlebt, kann die Traumatherapie im Rahmen der DBT als Modell für kognitiv-behaviorale Behandlung früher traumatischer Erfahrungen gesehen werden.

3.5.2 Beschreibung des Störungsbildes

Um Redundanzen zu vermeiden, sei bezüglich Diagnostik und Epidemiologie des Störungsbildes auf den Beitrag von U. Gast (Kap. 2.9) in diesem Band verwiesen. Dort werden auch die wesentlichen ätiopathologischen Modelle diskutiert, so daß wir uns in diesem Kapitel auf das neurobehaviorale Entstehungskonzept konzentrieren können. Ein kurzer Überblick über die Standardbehandlung nach den Richtlinien der DBT leitet anschließend den Schwerpunkt, die Skizzierung der Traumatherapie im Rahmen der DBT, ein.

Das neurobehaviorale Entstehungsmodell

Neurobehaviorale Störungskonzepte beruhen auf den drei Paradigmen Lerntheorie, kognitive Theorie und Neurobiologie. Die **Lerntheorie** beschreibt die Prinzipien der klassischen und instrumentellen Konditionierung. Sie erklärt damit etwa Phänomene wie die Etablierung von angstauslösenden Stimuli und die Aufrechterhaltung von Handlungsmustern zur Reduktion von Spannungszuständen. Die **kognitive Theorie** betont die Bedeutung individueller Schemata und Bewertungsprozesse für die Entwicklung traumaassoziierter Symptome und deren Chronifizierung. Zentrale **neurobiologische und -physiologische Dysfunktionen** können auf genetische Faktoren zurückgeführt werden (Jang et al. 1998) oder als somatische „Überformung" traumatischer Erfahrung interpretiert werden. Sie manifestieren sich als Dissoziationsneigung, Flashbacks, Störungen der Affektregulation und Habituation. Im folgenden werden zunächst die einzelnen Paradigmen beschrieben und anschließend ein integratives Modell skizziert, das den theoretischen Hintergrund für kognitiv-behaviorale Therapiekonzepte abbildet. Abb. 3.2 skizziert die wesentlichen Faktoren des neurobehavioralen Entstehungsmodells.

Frühe Traumatisierung

Frühe Erfahrung von Vernachlässigung oder Mißbrauch finden sich bei über 70% aller Patientinnen mit Borderline-Störung. Etwa 60% berichten über sexuellen Mißbrauch, die Hälfte davon gibt primäre Bezugspersonen als Täter an. Zanarini et al. (1997) konnten nachweisen, daß in Mißbrauchsfamilien zusätzlich ein hohes Maß an emotionaler Vernachlässigung und körperlicher Mißhandlung vorherrscht. Mit Hilfe von Regressionsanalysen lassen sich folgende psychosozialen Risikofaktoren für die Entwicklung einer Borderline-Störung benennen: weibliches Geschlecht, sexueller Mißbrauch in der Kindheit durch männliche primäre Bezugsperson oder andere männliche Person, emotionale Vernachlässigung durch die männliche primäre Bezugsperson, fehlende emotionale Bindung zur primären weiblichen Bezugsperson. Es gibt also keine empirisch gesicherten Hinweise darauf, daß sexueller Mißbrauch eine notwendige oder hinreichende Bedingung für die Entwicklung einer Borderline-Störung darstellt. Alle Untersuchungsergebnisse weisen vielmehr auf ein Zusammenwirken verschiedener traumatischer Variablen hin.

Neurobiologische Prädisposition

Bereits in den 80er Jahren wurden Funktionsstörungen des ZNS bei Borderline-Patienten untersucht. Es fanden sich überproportional häufig Schädel-Hirn-Verletzungen, Enzephalitiden und epileptiforme Ereignisse in der Vorgeschichte. Retrospektive Analysen finden bei 25% der Patienten ein hyperkinetisches Syndrom und Aufmerksamkeitsstörungen im Kindes- und Jugendalter. Über 45% geben Alkohol- oder Drogenabusus der Mutter an, über 30% Komplikationen während der Geburt oder Schwangerschaft (Kimble et al. 1997). Die genetisch bedingte Prädisposition zur Entwicklung dissoziativer Phänomene mag eine weitere Rolle spielen. Inwiefern neurobiologische Funktionsstörungen nun Folge von traumatischen Erfahrungen darstellen oder ob Kinder mit diesen Störungen Verhaltensmuster entwickeln, die zur Traumatisierung prädisponieren, bleibt derzeit offen. Diskutiert werden sollte schließlich auch die Möglichkeit, daß

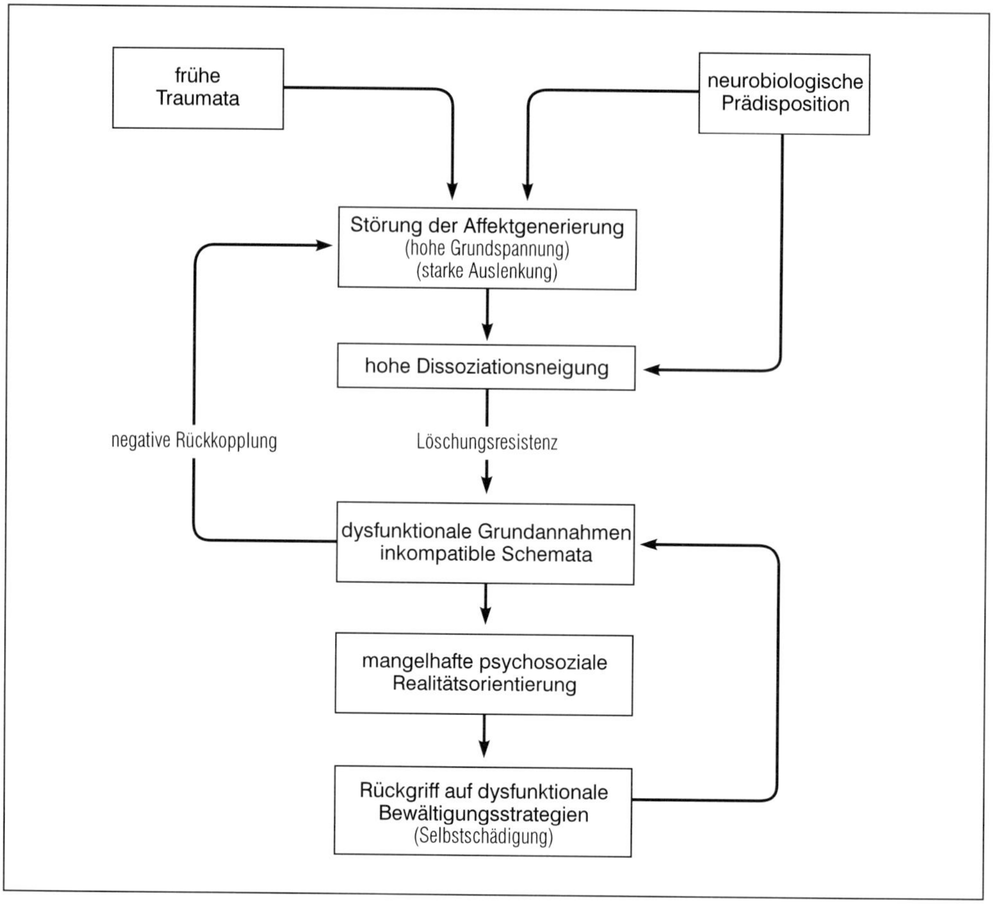

Abb. 3.2 Neurobehaviorales Entstehungsmodell

sich in der erwachsenen Borderline-Störung unterschiedliche, voneinander unabhängige Entwicklungsstränge manifestieren.

Störung der Affektmodulation

Da neurobiologische Untersuchungen bei Borderline-Patientinnen erst in den Anfängen stecken, liegt es nahe, Forschungsergebnisse heranzuziehen, die bei der Untersuchung der posttraumatischen Streßerkrankung (PTSD) gewonnen wurden. So leiden Patienten mit PTSD, wie Borderline-Patientinnen, an einem latenten Gefühl der Bedrohung, an einer Hypersensitivität des autonomen Nervensystems, an Schlafstörungen und Alpträumen sowie an sogenannten „Flashbacks", das heißt an szenischem Wiedererleben traumatischer Erfahrungen mit hohem Realitätsgehalt. Letztere werden nicht nur durch externe Auslöser oder durch Kognitionen hervorgerufen, die unmittelbar mit dem traumatisierenden Ereignis zusammenhängen, sondern auch durch Elemente, die nur entfernt damit assoziiert sind. Es handelt sich also um Phänomene der klassischen Konditionierung sowie der Generalisierung auf Reize, die zunächst keine Elemente der traumatisierenden Situation waren. In Abgrenzung zu klassischen Angststörungen (z.B. Agoraphobie) sind bei der PTSD nach Foa (1986) traumatische Angststrukturen etabliert, die auf einer Verletzung zentraler Sicherheitskonzepte basieren. Dies hat zur Folge, daß Reize, die vormals als sicher erlebt wurden, durch das Trauma als gefährlich umbewertet und damit Teil der Angststruktur werden. Die Repräsentation der Welt und des eigenen Körpers wird als gefährlich erlebt, das Individuum als hilflos und ausgeliefert.

Auf neurobiologischer Ebene konnten bei der PTSD neben einer generellen Hypersensitivität des autonomen Nervensystems auch Störungen der subkortikalen Zentren im limbischen System nachgewiesen werden (Übersicht in Charney et al. 1993). Amygdala, Hippocampus und Septum spielen eine entscheidende Rolle bei der Etablierung des „emotionalen Gedächtnisses". Visuelle, akustische, somatosensorische und kognitive Reize können diese Zentren aktivieren und emotional gekoppelte Bilder induzieren, wenn die durch den Hippocampus vermittelte Steuerung beeinträchtigt ist.

Hohe Dissoziationsneigung

Daß Borderline-Patientinnen rascher, intensiver und längerdauernd aversive Spannungszustände erleben als Gesunde, konnte mittlerweile in einer kontrollierten Feldstudie nachgewiesen werden (Stiglmayr et al., eingereicht). Diese Untersuchung ergab zudem, daß Borderline-Patientinnen unter Anspannung häufig ausgeprägte dissoziative Phänomene entwickeln. Auch wenn der Begriff der **Dissoziation** nur schwer zu fassen und daher derzeit uneinheitlich verwendet wird, so kann er als psychopathologischer Oberbegriff für Phänomene wie Depersonalisation, Derealisation, Pseudohalluzination und Wahrnehmungsverzerrungen gebraucht werden, wie sie für Borderline-Patienten typisch sind (Gast 1997). Hinzu kommen somatische Dimensionen wie Hyp- oder Analgesie, Hypakusis, Reduktion des Geruchsvermögens und Veränderung der optischen Qualitäten. Offensichtlich behindern dissoziative Phänomene auch die Affektwahrnehmung. Erwachsene Opfer von Gewaltverbrechen berichten häufig über die wohltuende Angstreduktion beim Einsetzen von Derealisation („alles wurde plötzlich unwirklich") und Depersonalisation („ich hatte das Gefühl, außerhalb meines Körpers zu sein"). Der menschliche Organismus verfügt also offensichtlich über ein komplexes System der kortikalen Afferenzkontrolle, über welches die Wahrnehmung von sensorischen Reizen (Schmerz, Geräusche, Optik, Kinästhetik usw.) und von affektiven Signalen gedrosselt werden kann. In finalen Bedrohungssituationen scheint sich dieses System automatisch zu aktivieren. Retrospektiv berichten Borderline-Patientinnen oft über eine hohe Dissoziationsneigung in der Kindheit: „Ich hörte die Schritte meines Vaters auf der Treppe, zählte die Bretter meines Regals, und wenn ich bei sieben angelangt war, befand ich mich außerhalb meines Körpers."

Entgegen der naheliegenden klinischen Hypothese, daß es sich bei diesen Phänomenen um *Folgen* schweren Kindesmißbrauchs handelt, zeigen mehrere unabhängige Studien, daß das Ausmaß der Dissoziation zwar mit dem Schweregrad der klinischen Symptomatik, nicht jedoch mit der Erfahrung von sexuellem Mißbrauch in der Kindheit korreliert (Zweig-Frank und Paris 1997). Gesichert scheint jedoch, daß dissoziative Erfahrung während akuter Traumatisierung zur Entwicklung von PTSD prädisponiert, so daß zumindest hypothetisch angenommen werden darf, daß auch frühe Traumatisierung, die auf genetisch bedingte dissoziative Veranlagung trifft, eine hohe Wahrscheinlichkeit für die Entwicklung schwerer Störungsbilder mit sich bringt (Bremner et al. 1992)

Die angstreduzierende Erfahrung der Dissoziation hat die Tendenz, sich zu automatisieren und zu verselbständigen. Der Preis sind oft peinigender Kontrollverlust und Schwierigkeiten in der Unterscheidung zwischen Phantasie und Realität. Man stelle sich eine akut bedrohliche Situation vor, etwa eine drohende körperliche Auseinandersetzung mit einem stärkeren Gegner, in der sich plötzlich die optischen Konturen auflösen, das Gefühl für Beine, Rumpf und Arme verloren geht, die Geräusche nur noch von ferne herandringen und die Muskulatur dem Willen nicht mehr gehorcht. Die Angst wird sich sicherlich zur Panik steigern, was jedoch das Gefühl der Unwirklichkeit nur noch verstärkt. Die meisten Borderline-Patientinnen erfahren täglich mehrmals derartige Situationen.

Löschungsresistenz

Der Verlust von Realitätswahrnehmung hat neben Kontrollverlust und eingeschränkter Handlungsfähigkeit noch eine weitere Konsequenz: Das „Überlernen" alter Erfahrungen ist erheblich behindert. Das heißt, die kognitive und emotionale Überprüfung, ob alte Erfahrungen in der Gegenwart noch gültig sind oder ob Anpassungen der erlernten Schemata an die Realität sinnvoller erscheinen, wirkt reduziert. Im Tierversuch konnte gezeigt werden, daß eine Unterbrechung der neuronalen Verbindungen zwischen Amygdala (als affektinduzierendes Zentrum) und präfrontalem Kortex (als „Pforte zum Bewußtsein") Lernprozesse und Habituation deutlich verschlechterte. Lernen, also die Abspeicherung neuer Erfahrung, kann nur dann seine Wirksamkeit entfalten, wenn diese Erfahrungen mit ehemals sinnvollen Erinnerungsnetzwerken assoziiert werden und deren Kontrolle übernehmen. Ansonsten werden neue Erfahrungen entweder nicht etabliert oder unabhängig neben den alten Erfahrungen installiert, so daß assoziierte Stimuli die gesamte Wucht der alten Erfahrung aktivieren können. Beide Phänomene sind bei Borderline-Patientinnen zu beobachten. So ist auch zu erklären, daß manche dieser Patientinnen oft jahrelang sozial auch auf hohem Niveau funktionieren, lediglich getrübt durch das Gefühl, „nicht ganz vollständig" zu sein. Neue traumatische Erfahrungen oder auch der Beginn einer Psychotherapie können die alten gespeicherten kognitiv-emotionalen Netzwerke aktivieren, ohne daß diese durch später erworbene biographische Erfahrungen relativiert werden können.

Dysfunktionale Grundannahmen und inkompatible Schemata

Die meisten Patientinnen mit schwerem Mißbrauch in frühen Jahren erleben in erheblichem Maße Intrusionen, das heißt tagelang anhaltende, peinigende Flashbacks, leiden unter Alpträumen und dem Gefühl des generalisierten Kontrollverlustes. Sie erfüllen also die Kriterien einer chronifizierten posttraumatischen Streßerkrankung. Nur ein Teil dieser Betroffenen entwickelt zudem die **typischen Verhaltensmuster** der Borderline-Störung: stark oszillierende Beziehungsgestaltung, Identitätsstörungen und schwere Selbstverletzungen bei ausgeprägten, einschießenden Spannungszuständen. Was macht den Unterschied?

> Aus kognitiv-behavioraler Sichtweise zeichnen sich Borderline-Patienten vor allem darin aus, daß sie häufig inkompatible, das heißt widersprüchliche, kognitiv-emotionale Schemata aktivieren.

Unter **Schemata** versteht man organisierte Netzwerke vergangener Reaktionen und Erfahrungen, die eine relativ geschlossene und stabile Matrix bilden, um künftige Erfahrungen und Bewertungsprozesse zu steuern. Im Gegensatz zu rein kognitiven **Grundannahmen**, wie sie insbesondere von Beck beschrieben werden, handelt es sich bei Schemata also um Verknüpfungen von Gedanken, Emotionen, physiologischen Prozessen und Handlungsentwürfen. Früh erworbene Schemata werden von den jeweiligen Individuen als bedingungslose Bestandteile des Selbstsystems gesehen, das heißt, sie sind nicht relativierbar sondern in sich stimmig und „wahr". Sie stellen also die „innersten Überzeugungen eines Mensch über sich selbst dar"

(Beck 1999). Schemata steuern die Auswahl der wahrgenommenen Informationen aus der Umwelt und deren Bewertung durch das Individuum. Das heißt, Schemata haben die Tendenz, sich selbst zu replizieren. Dies betrifft sowohl die Ebene der Interpretation als auch die Handlungsebene. Wahrnehmungen, die den basalen Schemata widersprechen, lösen Angst vor Kontrollverlust aus und fordern rasche Korrekturmaßnahmen. Es ist wichtig, sich zu vergegenwärtigen, daß Schemata nicht immer aktiviert sind und daß sie den Betroffenen zumeist nicht bewußt sind.

Der Begriff der „frühen dysfunktionalen Schemata" (early maladaptive schemas) wurde von J. Young geprägt (Young 1999). Er bezeichnet damit kognitiv-emotionale Matrizen, die in Wechselwirkung zwischen den genetisch vorgegebenen Typisierungen des betroffenen Individuums, dessen primärer sozialer Umgebung und der jeweiligen Reaktion des Individuums geprägt werden. Diese psychosozialen Anpassungsprozesse beinhalten also Bindungsstile, Selbstwerteinschätzungen, Sicherheitseinschätzungen, Kontrollkompetenz usw.

Die meisten Menschen entwickeln größtenteils relativ positive basale Schemata (z.B.: „Ich bin liebenswert.", „Ich bin wertvoll.", „Ich habe die Kontrolle über mein Leben."). Negative Grundannahmen lassen sich zumeist den Kategorien „Unerwünschheit" und „Verlassenheit" oder „Einschränkung der Autonomie und Lebensfähigkeit" zuordnen. Im weiteren Verlauf des Lebens stellen diese früh erworbenen aversiven Grundannahmen Risikofaktoren für die Entwicklung psychischer Störungsbilder wie Depressionen, Angsterkrankungen, Zwangserkrankungen und somatoforme Störungen dar.

Menschen, deren Denken, Fühlen und Handeln vornehmlich durch dysfunktionale frühe Schemata gesteuert sind, sind in der Variabilität ihrer Reaktionsmuster auf Umweltereignisse sehr eingeschränkt. Sie erfüllen damit häufig die Kriterien einer **Persönlichkeitsstörung.**

Ist jemand zum Beispiel davon überzeugt, ohne fremde Hilfe nicht in der Lage zu sein, das Leben zu bewältigen, Entscheidungen zu treffen oder gar neue Aufgaben in Angriff zu nehmen, so wird der Betreffende sein Leben danach ausrichten, einen kompetenten, starken Anderen zu suchen und zu binden. Störungen in der Beziehung lösen sofort tiefgreifende Gefühle von Hilflosigkeit und Angst aus. Operationalisierte Diagnostik wird dieses Verhalten als Merkmal einer „Dependenten Persönlichkeitsstörung" charakterisieren.

Um die Dynamik von Persönlichkeitsstörungen zu verstehen ist es wichtig sich zu vergegenwärtigen, daß die Aktivierung eines einzelnen dysfunktionalen Schemas zwar weitreichende Konsequenzen auf der Handlungsebene des Betroffenen hat, dies aber nicht unbedingt zu emotionalem Leiden führt. Gelingt es in obigem Beispiel, einen verläßlichen, verantwortungsvollen und führungskompetenten Partner zu finden, so kann sich daraus eine stabile Partnerschaft entwickeln, ohne daß das Schema „Hilflosigkeit und Inkompetenz" aktiviert wird.

Problematisch wird es allerdings, wenn zwei oder mehrere sich *widersprechende* frühe dysfunktionale Schemata aktiviert werden, wie es häufig bei traumatisierten Patientinnen mit Borderline-Störungen der Fall ist (Abb. 3.3). *Widersprüchliche Schemata erlauben keine lösungsorientierten Verhaltensweisen.* Vielmehr geraten die Betroffenen in extreme Spannungszustände, deren Ursachen schlecht auszumachen sind.

Berücksichtigt man retrospektiv erhobene Daten zur frühen Erfahrung von Borderline-Patientinnen, so zeigt sich, daß häufig zusätzlich zur sexuellen Traumatisierung auch emotionale Vernachlässigungen und Demütigungen oder ausgesprochen enge Bindungen an den Täter berichtet werden.

Gelingt es Kindern, die Opfer von Gewalt werden, sich von den Tätern abzugrenzen, das heißt, die Gewalt als von außen kommend, also jenseits des sozialen Sicherheitssystems zu erleben, so werden sie diese als überwälti-

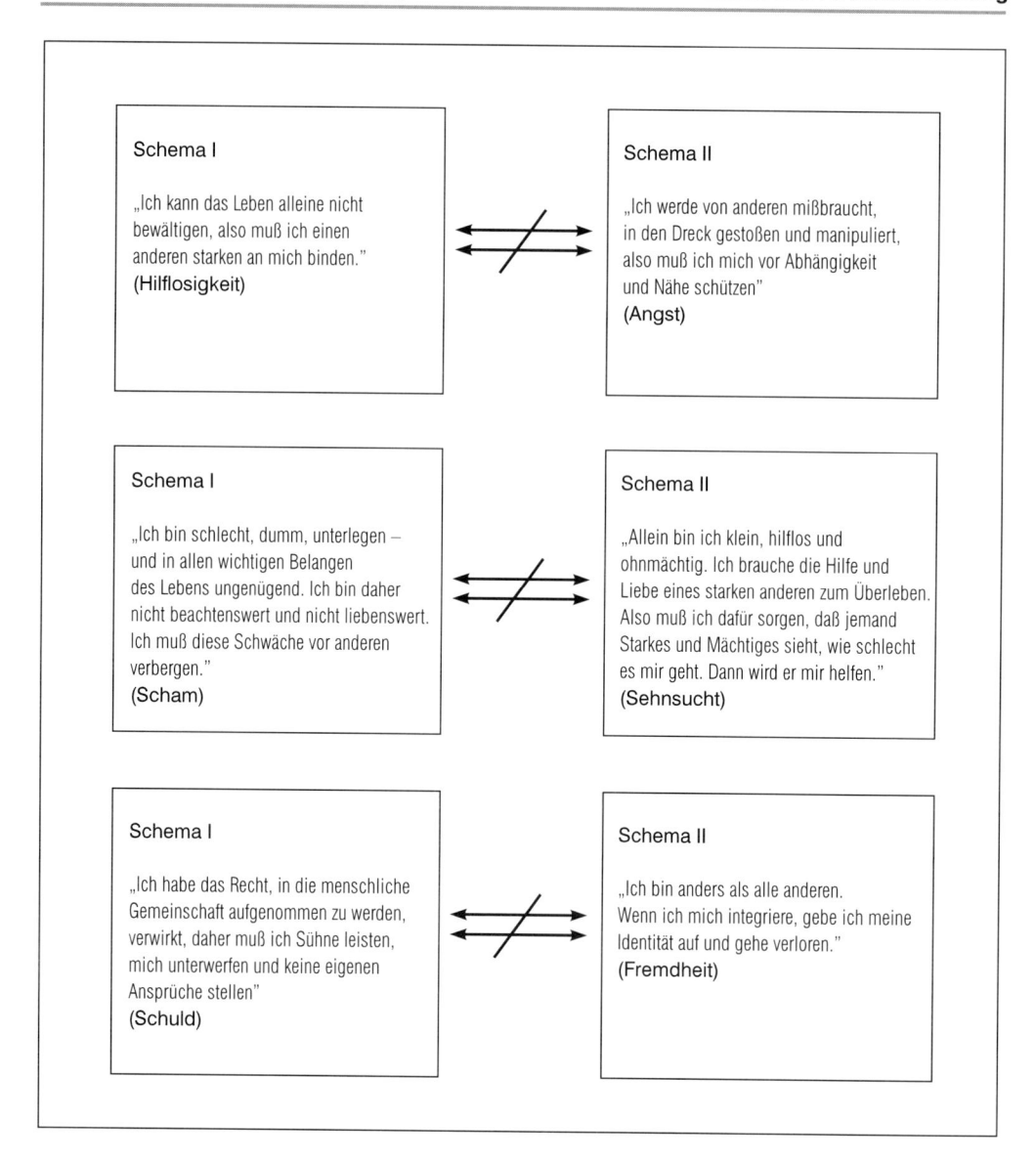

Schema I
„Ich kann das Leben alleine nicht bewältigen, also muß ich einen anderen starken an mich binden."
(Hilflosigkeit)

Schema II
„Ich werde von anderen mißbraucht, in den Dreck gestoßen und manipuliert, also muß ich mich vor Abhängigkeit und Nähe schützen"
(Angst)

Schema I
„Ich bin schlecht, dumm, unterlegen – und in allen wichtigen Belangen des Lebens ungenügend. Ich bin daher nicht beachtenswert und nicht liebenswert. Ich muß diese Schwäche vor anderen verbergen."
(Scham)

Schema II
„Allein bin ich klein, hilflos und ohnmächtig. Ich brauche die Hilfe und Liebe eines starken anderen zum Überleben. Also muß ich dafür sorgen, daß jemand Starkes und Mächtiges sieht, wie schlecht es mir geht. Dann wird er mir helfen."
(Sehnsucht)

Schema I
„Ich habe das Recht, in die menschliche Gemeinschaft aufgenommen zu werden, verwirkt, daher muß ich Sühne leisten, mich unterwerfen und keine eigenen Ansprüche stellen"
(Schuld)

Schema II
„Ich bin anders als alle anderen. Wenn ich mich integriere, gebe ich meine Identität auf und gehe verloren."
(Fremdheit)

Abb. 3.3 Beispiele inkompatibler Schemata

gend, vielleicht lebensbedrohlich erfahren, sicherlich eine ausgeprägte Angststruktur entwickeln und zeitlebens mit Intrusionen rechnen müssen. Verfügen sie aber über ein geschütztes „Binnensystem", also zum Beispiel eine tragfähige Beziehung zur Mutter, so haben sie haben aber dennoch die Chance, kompatible Grundannahmen zu entwickeln:

„Die Welt, insbesondere die Welt außerhalb meiner sicheren Zone ist gefährlich und nicht kontrollierbar." „Ich bin gebrechlich und gefährdet, ich muß Schutz und Nähe suchen." Der Schutz wird also intensiv gesucht und kann angenommen werden.

Hingegen sind Borderline-Patientinnen als Kinder häufig damit konfrontiert, daß Täter und wichtige primäre Bezugspersonen identisch sind. Der Täter wird daher nicht ausschließlich als Angreifer erlebt, sondern zugleich als liebendes, schutzgebendes Objekt. Je traumatischer die Erfahrung, desto dringender wird das Bedürfnis nach Schutz bei und vor dem Täter. In der Regel stürzt der Täter das Kind in einen Strudel unterschiedlichster verwirrender Wahrnehmungen. Das Gefühl der Privilegiertheit („du bist mir näher als die Mutter") wird gekoppelt mit Schuld und Scham; Aussagen wie „das macht Dir doch auch Spaß, meine kleine Hure" wirken intensiv, gerade wenn Teilaspekte der sexuellen Beziehung auch erregen oder Spaß machen. Nicht selten ist der sexuelle Mißbrauch gekoppelt mit tiefen Liebesbeteuerungen, aber auch mit der Drohung, die Schwester „ranzunehmen", die Mutter zu ermorden oder ins Gefängnis zu müssen, wenn das Kind das Geheimnis nicht wahrt. Wird das Kind zum Zeugen körperlicher oder sexueller Gewalt an anderen Kindern, wird es eventuell sogar gezwungen, gegen andere Kinder Gewalt anzuwenden, so wird das Kind zum schuldhaft verstrickten Mittäter. Die intrapsychische Organisation des „Borderline-Kindes" kann also als Manifestation äußerst widersprüchlicher Interaktionsvariablen gesehen werden: So wird die Erfahrung von Zärtlichkeit gekoppelt mit Angst, Stolz mit Scham, Erregung mit Schuld, Wut mit Todesangst usw.

Mangelhafte psychosoziale Realitätsorientierung

Die klinische Manifestation der Borderline-Störung scheint **zweigipflig** zu verlaufen (Jerschke et al. 1998). Ein Teil der Patientinnen entwickelt bereits sehr früh (noch vor Beginn der Adoleszenz) behandlungsbedürftige Verhaltensmuster, ein anderer Teil scheint die Problematik besser zu kompensieren. Als konkrete Auslöser für den späteren Ausbruch der Störung werden häufig Retraumatisierungen, Konfrontation mit Sexualität oder Psychotherapie genannt.

Die Betroffenen der *ersten Gruppe* (junge Erstmanifestation) zeichnen sich oft durch sehr klare, detailbesetzte Erinnerungen an früheste traumatische Ereignisse aus, die meistens mit peinigenden Emotionen verknüpft sind. Die Vermeidung der Aktivierung dieser Angststrukturen ist häufig handlungsbestimmend. Vereinfacht ausgedrückt, ist es diesen Patientinnen nicht vergönnt, „zu vergessen". Die meisten dieser Jugendlichen haben gelernt, unter Spannung rasch zu dissoziieren, um sich so den Affekten und der Realität zu entziehen. Notwendige soziale und intrapsychische Lernprozesse, die üblicherweise in der Adoleszenz zu erringen sind, können nicht vollzogen werden. Häufig erinnern die Verhaltensmuster dieser Patientinnen auch noch im späteren Alter an (Prä-)Adoleszente.

Im Gegensatz dazu sind die Betroffenen der *zweiten Gruppe* oftmals beruflich und sozial erfolgreich, weisen jedoch ausgeprägte Erinnerungslücken oder lediglich fragmentarische Gedächtnisspuren bezüglich Kindheit und Jugend auf. Die Reaktivierung der traumatischen Strukturen manifestiert sich im oft beschriebenen „Dualismus des Traumas" (Herman 1989), wobei sich überwältigende szenische Fragmente mit hoher emotionaler Wucht und Realitätsgehalt mit Phasen der „emotionalen Taubheit" (numbness) abwechseln, die bisweilen noch quälender erscheinen. Hier wurde zwar „vergessen", aber nicht neu gelernt. Das heißt, neue Erfahrungen wurden nicht mit den traumatische Erinnerungsspuren verknüpft.

Man kann sich die Problematik der aktivierten Traumaschemata mit Hilfe eines Attraktorenmodells vergegenwärtigen (Abb. 3.4).

Der Begriff „Attraktor" stammt aus der Chaostheorie und meint Systeme, die mangels Masse oft lange Zeit inaktiv ruhen. „Füttert" man diese Systeme mit zusätzlicher Information, so beginnen sie zu wachsen und organisieren sich ab einer kritischen Masse dahingehend, daß sie selbsttätig dafür sorgen, Information zu assimilieren, umzudeuten und damit zunehmend die Kontrolle über alle relevanten Informationsprozesse zu erlangen. Jede eingehende

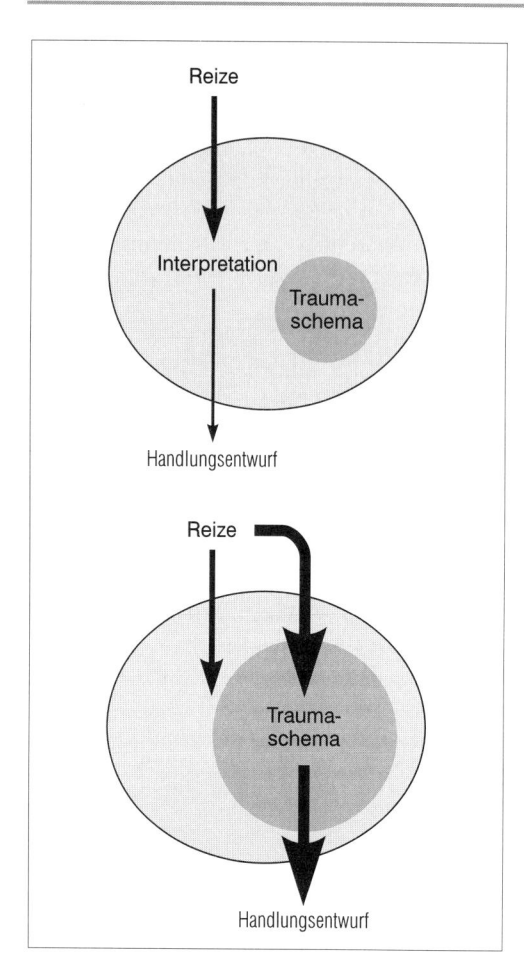

Abb. 3.4 Attraktormodell traumaassoziierter Schemata

Information wird schließlich im Sinne des Attraktorsystems interpretiert. Auch Traumaschemata können jahrelang ruhen. Die Betroffenen wissen oft Jahrzehnte nichts von Ihrer Problematik, sind lediglich von einem diffusen Gefühl des Unbehagens oder leichten Störungen des Selbstbildes beeinträchtigt. Nicht immer geschieht die Aktivierung dieser Schemata durch externe Ereignisse, auch die Wahrnehmung von eigener sexueller Lust, von ausgeprägter Wut oder anderweitiger Kontrollverluste kann ausreichen. Das aktivierte Schema beeinflußt nun zunehmend die intrapsychischen Bewertungsprozesse. Auch situationsadäquate Emotionen wie z.B. Ärger über Kränkungen werden attribuiert als „Ich spüre Wut in mir, und Wut bedeutet aggressiv zu sein, die Kontrolle über sich zu verlieren, jemanden zu verletzen oder gar zu töten, zudem ein triebgesteuertes, perverses Schwein zu sein."

Diese traumaassoziierten Schemata sind mit dem Selbstbild der Patientin in aller Regel nicht vereinbar. Sie wird also erschrecken über diese „Anteile" in sich und alles tun, um die adäquate Emotion Wut zu unterdrücken. Bei anhaltenden Außenreizen führt diese Unfähigkeit, emotional zu reagieren, zu ausgeprägten Spannungszuständen, die schließlich in Dissoziation oder streßreduzierende Handlungsmuster münden. Im Gegensatz zum analytischen Konzept gehen wir also davon aus, daß die „perversen Introjekte" die Konsequenzen von Identifizierungsprozessen mit real vorhandenen Tätern sind, gegen die sich die Betroffene mit Recht als „Ich-fremd" wehrt. Das zentrale Problem ist also **nicht** die „Abspaltung aggressiver Selbstanteile", sondern die Beeinträchtigung der adäquaten emotionalen Reaktion durch diese kognitiven Fehlattributionen. Diese Sichtweise hat für den therapeutischen Ansatz weitreichende Konsequenzen. Wie weiter unten ausgeführt wird, ist das Ziel **nicht** die Integration dieser Täterschemata sondern die Befähigung der Patientin, diese als inadäquat und dysfunktional zu attribuieren und sich der assimilierten Affekte wieder zu bemächtigen.

Etablierung dysfunktionaler Bewältigungsstrategien

Fast alle Borderline-typischen Verhaltensmuster werden zunächst zur Beendigung aversiver Affekte oder Spannungszustände entwickelt. Selbstverletzung kann im Sinne einer Selbstbestrafung zur Schuldreduktion eingesetzt werden, aber auch zur Reorientierung bei schweren dissoziativen Zuständen oder einfach, „um sich wieder zu spüren" (Aufhebung der Analgesie unter starker innerer Anspannung). Hochrisikoverhalten, also die Bewältigung einer bewußt herbeigeführten, kontrollierten Angstexposition, dient häufig dazu, Ohnmachtsgefühle zu stabilisieren. Suizidphantasien können als Rachephantasien auf kognitivem Weg Wut oder Ohnmacht reduzieren. Rasen auf der Autobahn erfordert eine starke Aktivierung des optischen Systems und damit häufig Unterbrechung von perpetuierenden kognitiv-emotionalen Schleifen, um nur einige Beispiele zu nennen.

In aller Regel ist also zunächst die Reduktion der peinigenden Situation als negativer Verstärker zu sehen. Zuwendung durch das besorgte Umfeld und Aufmerksamkeit sind positive Verstärker, die, nicht unbedingt bewußt, die Generalisierung der dysfunktionalen Verhaltensmuster fördern. Schließlich ist noch die kleine Gruppe von Patientinnen zu nennen, die durch Selbstverletzung positive Verstärker im Sinne von „Kicks" erfährt, das heißt, kurze rauschhafte Euphorisierung. Die Betroffenen schneiden sich nicht selten täglich (daily cutters) und entwickeln ähnlich wie Drogenabhängige Craving-Verhalten.

Zusammenfassung

Das neurobehaviorale Entstehungskonzept der Borderline-Störung bei frühen Traumata postuliert zunächst das Zusammenwirken neurobiologischer Faktoren wie Dissoziationsneigung, Störungen der Reizkontrolle und Affektmodulation mit psychosozialen Variablen wie sexueller Mißbrauch und emotionale Vernachlässigung.

In Folge entwickeln sich inkompatible dysfunktionale kognitiv-emotionale Schemata, die sich in Störungen der Identität, der Beziehungregulation, der Affektregulation und der Handlungssteuerung manifestieren.

Das Zusammenwirken dieser Faktoren führt während der weiteren psychosozialen Entwicklung zu Störungen der Assimilations- und Adaptationsprozesse. Die traumatischen Erfahrungen werden durch die Lernprozesse der Gegenwart nicht relativiert, bleiben daher „virulent" und können durch externe oder interne Auslöser (aufkeimende Sexualität, Retraumatisierung, Psychotherapie) aktiviert werden. Borderline-typische Verhaltensmuster, wie z.B. Selbstverletzungen, werden nun zunächst als Bewältigungsstrategien etabliert, erfahren jedoch sehr bald eine negative Verstärkung im Sinne einer instrumentellen Konditionierung und werden zum eigenständigen Problem.

3.5.3 Dialektisch-behaviorale Psychotherapie (DBT)

Grundfragen der Psychotherapie komplexer Störungen:
Welche Verhaltensmuster sollten zu welchem Zeitpunkt (**Behandlungsstruktur**), auf welcher Ebene (**Behandlungsstrategie**), mit welcher Methode (**Behandlungstechnik**) verändert werden – und wie kann die Patientin dazu motiviert werden?

Die DBT gibt zunächst eine relativ klare **Behandlungsstruktur** vor und löst damit das Problem der Wahl des **Behandlungsfokus**. Die Frage nach der **Behandlungsstrategie** resultiert aus hochauflösenden Verhaltensanalysen und bedingt damit letztlich differenzierte **Behandlungstechniken**. Die latenten Schwierigkeiten, die Patientin zu motivieren und Veränderungsprozesse einzugehen, werden in konkreten Hilfestellungen zur **therapeutischen Grundhaltung** und **Beziehungsgestaltung** berücksichtigt. Die Grundlagen zur ambulanten Therapie sind in zwei Handbüchern beschrieben, die mittlerweile deutschsprachig vorliegen (Linehan 1996a, b).

In der Praxis orientiert sich der Therapeut an einer dynamisch organisierten Hierarchie pathologischer Verhaltensmuster (Suizidversuche vor Gefährdung der Therapie vor Problemen der Lebensqualität). Zusammen mit der Patientin erarbeitet er zum jeweils hochrangigsten Problemverhalten detaillierte Verhaltensanalysen und wählt diejenige Ebene (Bedingungsfaktoren, neurobiologische Ebene, kognitive Ebene oder die Ebene der Konsequenzen), die eine Wiederholung des Problemverhaltens am wahrscheinlichsten erscheinen läßt (Abb. 3.5).

Die Wahl der Ebene zieht die entsprechenden Behandlungsstrategie nach sich. Probleme der Ebene I (Anfälligkeitsfaktoren) fordern in der Regel konkrete Problemlösung oder Verbesserung der zwischenmenschlichen Fertigkeiten. Ebene II (neurobiologische Ebene) stellt die Domäne psychopharmakologischer Behandlung und spezifischer Fertigkeiten zur Affektmodulation und Streßtoleranz dar. Ebene III (dysfunktionale Schemata) bedarf der kognitiven Umstrukturierung oder Emotionsexposition und Ebene IV (dysfunktionale Handlungsebene) kann unter anderem als Feld des Kontingenzmanagements betrachtet werden. Das Problem der Compliance-Sicherung und der Motivierung für Veränderungsprozesse bedarf spezifischer therapeutischer Fertigkeiten, die auf einer permanenten Validierung der Patientensichtweise basieren und fortwährend die aktivierten konträren Schemata berücksichtigen. Diese schwierige Balance von manifesten oder verborgen wirksamen Widersprüchen bezeichnet M. Linehan als **„dialektische"** Strategie.

Vor der Matrix einer sensiblen Balance zwischen Akzeptanz bzw. Sinngebung dysfunktionaler Verhaltensmuster einerseits und der

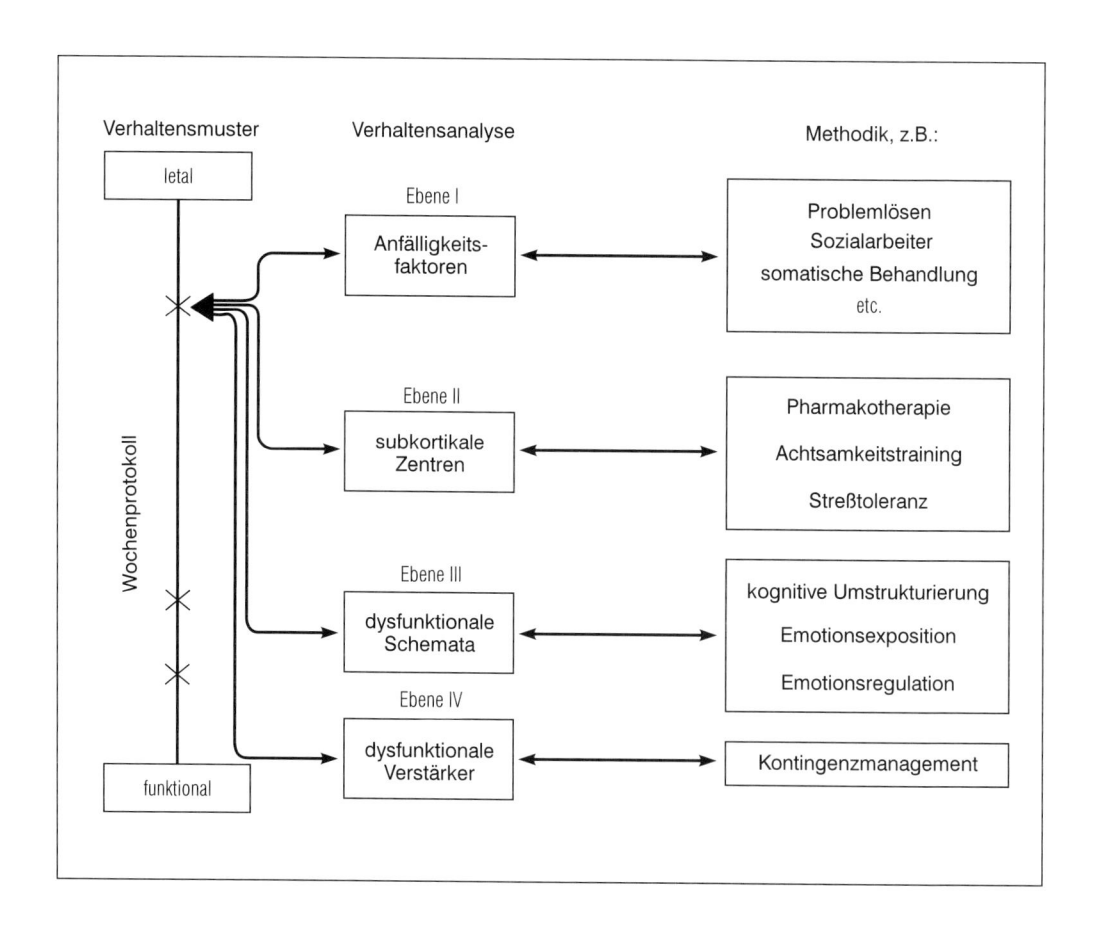

Abb. 3.5 Struktur – Ebene – Methodik

Verdeutlichung der Notwendigkeit von Veränderungen andererseits kombiniert die DBT also Methoden wie Expositionsverfahren, kognitive Umstrukturierung, Problemlösetechniken und Vermittlung von Fertigkeiten. Gerade letzteres beansprucht sehr viel Zeit, etwa für praktische Übungen, und kollidiert daher häufig mit dem therapeutischen Prozeß in der Einzeltherapie. Aus diesem Grund erfolgt das Erlernen von spezifischen Fertigkeiten wie Streßtoleranz, Emotionsregulation, sozialer Kompetenz und innerer Achtsamkeit im Rahmen einer wöchentlich stattfindenden Gruppentherapie, deren Dauer sich auf 6 Monate oder 1 Jahr erstreckt.

Das DBT-Gesamtkonzept besteht aus den vier parallelen Modulen:
- Einzeltherapie (1–2 Jahre)
- Fertigkeitentraining in der Gruppe (6 Monate)
- Telefonberatung
- Supervisionsgruppe

Die ambulante Einzeltherapie erstreckt sich auf einen Zeitraum von 2 Jahren mit 1–2 Wochenstunden. Im Rahmen seiner individuellen Möglichkeiten sollte der Einzeltherapeut zur Lösung akuter, eventuell lebensbedrohlicher Krisen telefonisch erreichbar sein. Die Kommunikation zwischen Einzel- und Gruppentherapeuten erfolgt im Rahmen der Supervisionsgruppe, die ebenfalls wöchentlich stattfinden sollte. Der Einzeltherapeut ist gehalten, die in der Fertigkeitengruppe erlernten Fähigkeiten fortwährend in seine Therapieplanung zu integrieren, um so die Generalisierung des Erlernten zu gewährleisten. Den Strukturen, Regeln und der inhaltlichen Gestaltung der Supervisionsgruppe widmet M. Linehan ein breites Kapitel in ihrem Handbuch, was deren Bedeutung für das Gesamtkonzept der DBT verdeutlicht. Der Einsatz von Video- oder zumindest Tonträgeraufzeichnungen der Therapiestunden gilt für eine adäquate Supervision als unabdingbar.

Behandlungsstruktur der DBT

Der Ablauf der Therapie ist klar strukturiert (vgl. Abb. 3.6). Die **Vorbereitungsphase** dient der Diagnostik und Informationsvermittlung über das Störungsbild, die Grundzüge der DBT sowie der Zielanalyse und Motivationsklärung. Anschließend folgt die **1. Therapiephase**, in der diejenigen Problembereiche bearbeitet werden, die in direktem Zusammenhang mit Verhaltensweisen wie Suizidalität, Selbstschädigung, Gefährdung der Therapie oder Beeinträchtigung der Lebensqualität stehen. Hierzu gehört auch die Beseitigung externer Faktoren, die eine unkontrollierte Aktivierung von traumatischen Erinnerungen begünstigen. In dieser Phase sollte vor allem die emotionale Belastbarkeit erhöht und damit die Voraussetzung für die **2. Therapiephase** geschaffen werden. Erst in dieser geht es um die Bearbeitung früher traumatischer Erfahrungen. Die Reihenfolge der Therapiephasen sollte unbedingt berücksichtigt werden. Innerhalb der Therapiephasen sind die zu bearbeitenden Problembereiche bzw. Therapieziele hierarchisch geordnet: *Wann immer ein höher geordneter Problembereich auftritt, z.B. Suizidalität oder Parasuizidalität, muß dieser bearbeitet werden.* Die durchschnittliche Dauer der Behandlung in der ersten Phase beläuft sich je nach Schweregrad der Störung auf ca. 1 Jahr. Eine umfassende Darstellung der verschiedenen Behandlungsphasen, Strategien und Methoden der DBT würde den Rahmen dieses Kapitels sprengen (Übersicht in Bohus 1996).

Der Großteil der Publikationen und insbesondere der kontrollierten Studien beziehen sich auf die Behandlung in Phase I. Behandlungsziele und Strategien zur spezifischen Traumatherapie nach DBT, also Behandlung in Stufe II, werden derzeit von mehreren Arbeitsgruppen entwickelt, modifiziert und erforscht.

Im folgenden wird ein Behandlungskonzept beschrieben, das auf der klinischen Erfahrung dieser internationalen Arbeitsgruppen beruht. Es wird sicherlich noch einigen Modifikationen zu unterziehen sein, ehe es einer empirischen Überprüfung unterzogen werden kann.

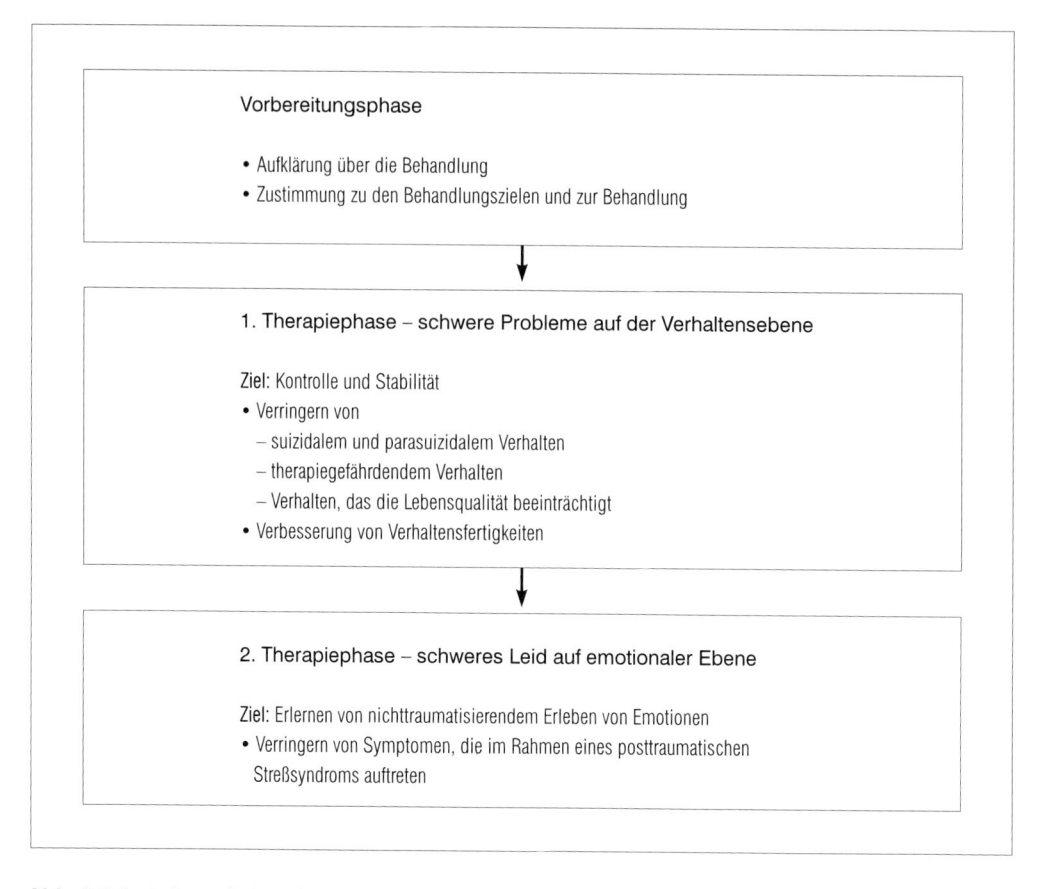

```
┌─────────────────────────────────────────────────┐
│  Vorbereitungsphase                             │
│                                                 │
│  • Aufklärung über die Behandlung               │
│  • Zustimmung zu den Behandlungszielen und zur  │
│    Behandlung                                   │
└─────────────────────────────────────────────────┘
                        ↓
┌─────────────────────────────────────────────────┐
│  1. Therapiephase – schwere Probleme auf der    │
│     Verhaltensebene                             │
│                                                 │
│  Ziel: Kontrolle und Stabilität                 │
│  • Verringern von                               │
│    – suizidalem und parasuizidalem Verhalten    │
│    – therapiegefährdendem Verhalten             │
│    – Verhalten, das die Lebensqualität          │
│      beeinträchtigt                             │
│  • Verbesserung von Verhaltensfertigkeiten      │
└─────────────────────────────────────────────────┘
                        ↓
┌─────────────────────────────────────────────────┐
│  2. Therapiephase – schweres Leid auf           │
│     emotionaler Ebene                           │
│                                                 │
│  Ziel: Erlernen von nichttraumatisierendem      │
│  Erleben von Emotionen                          │
│  • Verringern von Symptomen, die im Rahmen      │
│    eines posttraumatischen Streßsyndroms        │
│    auftreten                                    │
└─────────────────────────────────────────────────┘
```

Abb. 3.6 Ambulante Behandlungsziele

Traumaspezifische Behandlungsziele der DBT

Das übergeordnete Ziel der DBT ist die Reduktion der **Folgen** traumatischer Erfahrung. Diese werden als Verhaltensmuster definiert und können sich auf der neurophysiologischen, emotionalen, kognitiven oder der Handlungsebene zeigen.

> Das Ziel der Traumatherapie heißt also nicht, Vergessenes wieder zu erinnern oder zu „integrieren", sondern die Erfahrung zu machen, daß die traumatischen Ereignisse der Vergangenheit angehören und andere Sichtweisen der eigenen Person und der Welt möglich sind.

Die Patientinnen sollten also zunächst lernen, sich vor Situationen zu schützen, die *unkontrolliert* traumatische Erinnerungen wachrufen. Sie sollten weiterhin lernen, Emotionen oder Spannungsphänomene zu regulieren, die durch Aktivierung von traumatischen Erinnerungen ausgelöst werden. Da in aller Regel negative Selbstkonzepte und dysfunktionale Grundannahmen mit der traumatischen Erfahrung verknüpft sind, sollten diese kognitiven Schemata verändert werden. Und schließlich sollten wichtige Ressourcen wie Ärger oder Wut, die bislang von traumaassoziierten Schemata gebunden waren, zur Verwirklichung eigener Ziele und Pläne genützt werden (Tab. 3.2).

Tab. 3.2 Behandlungsziele der traumaspezifischen Therapie in der DBT

Phase I	Reduktion von Reizen, die traumatische Erfahrungen aktivieren Verbesserung der Regulation traumaassoziierter Emotionen Behandlung automatisierter dissoziativer Phänomene
Phase II	Revision der traumaassoziierten Schemata Nutzung Ich-syntoner Kompetenzen und Ressourcen

Phase I

1. Schritt: Reduktion von Reizen, die traumatische Erfahrungen aktivieren

Das erste Ziel in der Behandlung ist immer, alle auslösenden Reize zu beseitigen, die unkontrolliert alte traumatische Erfahrungen aktivieren. Da es sich um präformierte neuronale Netzwerke handelt, die Sensitivierungsprozessen unterworfen sind, muß davon ausgegangen werden, daß jede Aktivierung die Reizschwelle für die nächste traumatische Reaktion senkt. Während der ersten Phase der DBT-Therapie sollten möglichst überhaupt keine traumatischen Inhalte besprochen, geschweige denn aktiviert werden, sondern zunächst Stabilisierung auf der Verhaltens- und Beziehungsebene angestrebt werden. Die Patientinnen werden angehalten, ein aktuelles, traumatisierendes soziales Umfeld möglichst zu verlassen und alle Situationen zu vermeiden, die als Schlüsselreize für traumatische Erfahrungen wirken können. Dies beinhaltet z.B. gegenwärtige Gewalterfahrung in der Partnerschaft, bei den Eltern, in der Nachbarschaft. Literatur oder Filme, die sich mit diesem Thema befassen, sollten vermieden werden, ebenso wie Betroffenen- oder Selbsthilfegruppen, in denen gutmeinend Inhalte traumatischer Erfahrungen berichtet werden. Weiterhin wird den Patientinnen geholfen, auf einer möglichst konkreten problemlösenden Ebene mit realen, also gegenwärtigen traumatischen Erfahrungen, umzugehen. Schließlich kann in gewissen Situationen ein aktives Eingreifen des Therapeuten in das real traumatisierende Umfeld nötig sein. Immer dann, wenn die Problemlösekapazitäten der Patientin überfordert sind, sie auch durch minutiöses Coaching des Therapeuten nicht in der Lage ist, gefährliche Situationen zu beenden, muß eventuell auch auf Behörden wie Jugendamt oder Polizei zurückgegriffen werden.

Es ist grundsätzlich damit zu rechnen, daß der Beginn einer therapeutischen Arbeit durch die Patientin den ehemaligen Täter unter Druck setzen kann. Zum Teil hat dieser ja tatsächlich mit erheblichen juristischen und sozialen Konsequenzen zu rechnen, wenn das Opfer die bisherige Strategie des Schweigens ändert. Unsere klinische Erfahrung zeigt leider, daß die Drohungen der Täter sehr häufig die alten Emotionen aktivieren und die Patientinnen nicht nur in erhebliche Loyalitätsprobleme, sondern auch in (zum Teil nicht unbegründete) massive Angst stürzen.

Bisweilen werden nach oft jahrelanger Abstinenz wieder Kontakte aufgenommen, finden erneut Vergewaltigungen statt, die dann sehr schambesetzt sind und nicht berichtet werden. Es empfiehlt sich, vor Beginn der Therapie auf dieses Phänomen hinzuweisen, die Reaktionen ehemaliger Täter zusammen mit der Patientin abzuschätzen und im Vorfeld Bewältigungsstrategien zu entwickeln. Im Krisenfall hat es sich als hilfreich erwiesen, direkt nach Täterkontakten zu fragen.

2. Schritt: Verbesserung der Regulation traumaassoziierter Emotionen

Auch wenn die Beseitigung von Schlüsselreizen, die traumatische Erfahrungen aktivieren, das erste Ziel sein sollte, so ist doch für die Mehrzahl der betroffenen Patientinnen die Anzahl der Reize so überwältigend groß und vielfältig, daß es unmöglich ist, all diese Reize zu beseitigen, ohne extreme Einschnitte in das psychosoziale Umfeld vorzunehmen. Daher sollte als zweiter therapeutischer Schritt eine Verbesserung derjenigen Kompetenzen erreicht werden, die zu einer Steuerung traumaassoziierter Emotionen führen. Die DBT bietet hierzu zwei grundlegende Interventionen an. Erstens die Vermittlung von Skills wie „Achtsamkeit" und „Emotionsregulation" und zweitens Exposition gegenüber *gegenwärtig* relevanten Schlüsselreizen.

Die Fertigkeiten zur Verbesserung der **inneren Achtsamkeit** (mindfulness skills) sind der Zen-Meditation entlehnt und mit den westlichen meditativen Techniken kompatibel. Primär geht es darum, die mentale Fertigkeit zu verbessern, aus aktivierten, emotional belastenden Schemata auszusteigen und sich auf einer neutralen, beobachtenden Ebene zu reorganisieren. Zudem wird die Wahrnehmung für innerpsychische Befindlichkeiten geschärft, ohne in Bewertungs- und Interpretationsprozesse abzugleiten. Dies ist die Grundvoraussetzung für alle Fertigkeiten zur Emotionsregulation. Im einzelnen werden die Patientinnen zu Übungen ermutigt, die eine Trennung zwischen „Beobachten, Beschreiben und Teilnehmen" ermöglichen. Beim „Beobachten" geht es um die Wahrnehmung äußerer Ereignisse, eigener Gedanken oder Emotionen, ohne diese in „angenehm" oder „unangenehm" zu selektieren. „Beschreiben" meint die sprachliche Verarbeitung des Wahrgenommenen ohne zu bewerten: „ich spüre Angst", „ich sehe einen Mann mit Glatze", „ich bemerke, wie sich mein Bauch verhärtet". Und schließlich leitet die Fertigkeit „Teilnehmen" dazu an, ausschließlich *eine* Sache zu tun, dies bewußt wahrzunehmen, ohne sich ablenken zu lassen oder fortwährend Alternativhandlungen zu erwägen. Auch wenn diese Ausführungen etwas banal erscheinen, so sind solche Übungen in der Praxis für Borderline-Patientinnen so fundamental wie schwierig. Da jedoch eine Vielzahl von Bewältigungsstrategien, wie etwa die Regulation von Flashbacks oder Panikattacken, darauf aufbauen, sollte der Therapeut Sorge tragen, daß täglich geübt wird.

Fertigkeiten zur **Emotionsregulation** (emotion regulation skills) zielen darauf, die eigenen Gefühle zu verstehen, die Vulnerabilität für einschießende Affekte zu reduzieren und Emotionen zu modulieren. Zunächst lernen die Patientinnen, auftretende Emotionen differenziert zu identifizieren und deren adäquate Handlungstendenzen zu akzeptieren. Neben der Vermittlung von Wissen über die Funktion von Emotionen werden die Patientinnen angehalten, emotionsauslösende Ereignisse zu erkennen, die kognitiven Bewertungen und Interpretationen dieser Ereignisse zu beobachten sowie die körperlichen und psychophysiologischen Anteile der Affekte wahrzunehmen. Den Patientinnen wird konkrete Hilfestellung bei der Reduktion der emotionalen Verwundbarkeit angeboten: Verbesserung der Schlafqualität, pharmakologische Behandlung affektiver Schwankungen, Beachtung des Alkohol- und Drogenkonsums, Therapie der Eßstörung, um nur einige Beispiele zu nennen.

Der Schlüssel zur Emotionsregulation liegt jedoch in der Akzeptanz der jeweiligen Emotion. Zunächst gilt es, das Gefühl als aversiv, das heißt als unangenehm und nicht „schlecht" oder „böse", zu identifizieren. Aversive Emotionen dienen dazu, dem Organismus zu vermitteln, daß zwischen wahrgenommener innerer oder äußerer Realität (Ist-Zustand) und den subjektiven Zielen (Soll-Zustand) eine Differenz besteht. Diese Differenz wird mit verschiedenen Signalsystemen vermittelt und hilft dem Individuum, die Realität oder sein Verhältnis zur Realität zu verändern. Aversive Emotionen sind also dringend notwendige Informationsvermittlung. Diese Haltung ermöglicht einen achtsamen Umgang mit der Emotion, statt diese zu blockieren oder zu bekämpfen, und eröffnet damit die Möglichkeit der kognitiven Steuerung. Emotionen unterliegen rasch wirksamen Feedback-Schleifen durch kognitive Bewertungsprozesse oder entsprechende Handlungskomponenten. Auch Emotionen, wie etwa Angst, die durch Assoziation an frühe Traumata induziert werden, können durch kognitiven Abgleich mit der Realität moduliert werden. „Überflutende Emotionen", wie sie von Borderline-Patientinnen häufig angegeben werden, entstehen, ähnlich wie Panikattacken, durch dysfunktionale Wechselwirkungen zwischen katastrophisierenden Bewertungsprozessen und Emotionen. Bereits in Phase I werden **Expositionsstrategien** eingesetzt, um die Anfälligkeit für traumatische Assoziationen zu verringern und die Toleranz aversiver Emotionen zu verbessern. Die DBT folgt den Grundregeln der Expositionsbehandlung:

- Reizkonfrontation
- Reaktionsvermeidung
- Korrektur der erwarteten Katastrophe
- Verbesserung der Kontrollkompetenz

Die Exposition wirkt nur dann, wenn trotz wiederholter Konfrontation mit dem emotionsauslösenden Reiz die aversive Emotion abnimmt, ohne daß die Patientin dissoziiert, eine andere aversive Emotion aktiviert (emotional bypass) oder dysfunktionales Verhalten einsetzt. Um dies an einem Beispiel zu verdeutlichen:

Ein Kind, das von einem Pudel gebissen wurde, entwickelte eine massive Angst vor allen Hunden, schließlich vor allen größeren Tieren (Generalisierung). Die Eltern beschließen nach gutem Zureden, das Kind erneut mit einem „lieben" Hund zusammen zu bringen (**Reizkonfrontation**). Der erste Reflex des Kindes, laut schreiend zu flüchten (Reaktion), wird sanft unterbunden (**Reaktionsvermeidung**). Eine spontaner Versuch des Kindes, den Hund anzugreifen (emotional bypass: Angst – Wut) wird ebenfalls unterbunden. Vielmehr wird dem Kind ermöglicht, trotz seiner Angst den Hund anzufassen, zu streicheln und zu lernen, daß dieser Hund nicht beißt (**Korrektur der antizipierten Katastrophe**). Schließlich wird dem Kind vermittelt, daß es dies sehr gut gemacht habe, daß es sehr mutig sei und daß es selber lernen wird zu unterscheiden, welche Hunde „böse" und welche „lieb" seien (**Verbesserung der Kontrollkompetenz** bzw. Stärkung des „sense of control").

Während der Phase I werden keine spezifischen stundenfüllenden Expositionssitzungen durchgeführt, sondern immer wieder Expositionsphasen eingestreut. Nehmen wir an, es stellt sich heraus, daß eine Patientin stark dissoziiert, wenn sie heftige Wut verspürt. Die Intervention wird also darauf zielen, der Patientin die Wahrnehmung der eigenen Wut zu ermöglichen und nach Realitätsabgleich entsprechend zu handeln. Grundsätzlich gilt: Es ist niemals die reizadäquate Emotion, die zur dysfunktionalen Handlung führt, sondern immer das synchron aktivierte Bewertungsschema.

Das Kind aus obigem Beispiel wird, solange es nicht desensibilisiert ist, beim Anblick eines Hundes den **Bewertungsprozeß** „Gefahr" aktivieren, die adäquate Emotion „Angst" wahrnehmen und flüchten. Wenn es jedoch durch entsprechende Erziehungsmaßnahmen gelernt hat, daß ein „großer Junge" sich schämen soll, wenn er vor so einem „Pinscher" Angst hat, so kann es sein, daß die Emotion „Angst" zwar aktiviert wird, der Handlungstendenz „Flucht" jedoch nicht Folge geleistet wird, weil statt dessen die Kognition „abhauen ist feige" die Führung übernommen hat, und schließlich die Emotion „Scham" hinzukommt, weil er seinem Selbstbild „großer Junge" nicht entspricht. Es werden also zwei inkompatible Schemata aktiviert. Hin- und hergerissen zwischen Angst und Scham wird er nun handlungsunfähig und wahrnehmen, wie der psychophysiologische Erregungszustand steigt. Nicht der Affekt wird stärker, sondern der unspezifische Erregungszustand. Eine Borderline-Patientin würde in dieser Situation beginnen, zu dissoziieren. Ein gesunder Junge mit der entsprechenden genetischen Veranlagung vielleicht auch.

Expositionstherapie würde in diesem Fall also zweistufig vorgehen. Zunächst wird das zweite dysfunktionale Schema revidiert, das heißt, dem Jungen wird vermittelt, daß es schon in Ordnung sei, wenn er unter Angst den starken Drang verspüre zu flüchten. Auf einer spielerischen Ebene könnte der Therapeut dem Jungen eventuell auch helfen, diesem Drang nachzukommen und sich vor Gefahrensituationen in Sicherheit zu bringen. Die aktivierte Scham mit der Handlungstendenz, im Boden zu versinken oder zumindest sich nicht dem Blick des Therapeuten auszusetzen, kann nun vom Therapeuten hinterfragt und vom Patienten revidiert werden. Erst wenn das Problem der Scham revidiert ist, kann mit der Umstrukturierung des ersten Schemas – Angst vor allen Hunden – durch Streicheln des Hundes und Lernen, daß nichts geschieht, begonnen werden.

Wie bereits betont, sollte in der Phase I der Therapie lediglich Reizkonfrontation durchgeführt werden mit Stimuli, die **gegenwärtig** traumatische Erinnerungen aktivieren, und auf keinen Fall Bezug auf alte traumatische Stimuli genommen werden.

3. Schritt: Behandlung automatisierter dissoziativer Phänomene

Patientinnen, die dazu neigen, unter Streß spontan zu dissoziieren, sollten ein spezifisches Training zum **Selbstmanagement der Dissoziation** erhalten. Es gibt unterschiedliche Modelle zur Funktion der Dissoziation. Weit verbreitet ist die Sichtweise, Dissoziation sei eine „Abwehr" nicht tolerierbarer Emotionen oder innerpsychischer Spannungen. Aus dieser Perspektive mag es widersprüchlich erscheinen, der Patientin diese Gnade der „Flucht in die Dissoziation" zu nehmen. Das neurobehaviorale Konzept sieht die Dissoziation vornehmlich als eine Aktivierung opioid und serotonerg vermittelter zentraler Afferenzkontrollen, die dem Organismus ermöglicht oder ihn zwingt, in Zuständen auswegloser Bedrohung in den Totstellreflex (freezing) zu verfallen, um damit seine Überlebenschancen zu erhöhen. Dieses komplexe, phylogenetisch alte „Programm" beinhaltet neben einer Zentralisierung des Kreislaufs, Reduktion der Atemfrequenz, Reduktion der Schmerzwahrnehmung und Verlust der Kontrolle über die Willkürmotorik auch die Ausgrenzung der Wahrnehmung von aversiven Affekten. Die Aktivierung dieses Systems führt zu einem regungslosen Verharren in der Gefahrensituation und ist, wie alle biologisch determinierten Programme, konditionierbar. Das heißt, Kinder, die häufig extremen, auswegslosen Gefahren ausgesetzt sind, werden dieses „Totstellprogramm" zunächst an bestimmte Reize koppeln, bald auf Umgebungsreize generalisieren und schließlich die Wahrnehmung psychophysiologischer Anspannung als Schlüsselreiz konditionieren. Diese dissoziativen Programme wirken vorübergehend entlastend und sind daher schwierig zu löschen. Die betroffene Patientin fühlt in aller Regel tatsächlich kurzfristig eine Reduktion der inneren Spannung oder der aversiven Emotionen, häufig jedoch ist die Dissoziation, die ja äußerst selten auf einen Schlag einsetzt, gekoppelt mit Angst vor Verlust der Kontrolle über die Realität.

Wie bei vielen psychopathologisch relevanten Phänomenen, unterscheidet sich auch bei der Dissoziation die psychoanalytisch orientierte Sichtweise von der verhaltenstherapeutischen. Während erstere den Abwehrcharakter betont und sich daher folgerichtig davor scheut, die Symptomatik zu therapieren, ohne die zugrundeliegenden Konflikte bereinigt zu haben, sieht die Verhaltenstherapie die Dissoziation als ein Verhaltensmuster, das ursprünglich an real bedrohliche Auslöser gekoppelt war, sich im Verlauf automatisiert hat und jetzt zum eigenständigen pathogenetisch relevanten Problem geworden ist. Die Vermittlung von antidissoziativen Fertigkeiten ist aus dieser Sicht Voraussetzung für erfolgreiche Reizkonfrontationsverfahren und kognitive Umstrukturierungsverfahren.

Die DBT bietet verschiedene antidissoziative Fertigkeiten an. Die meisten zielen auf die Aktivierung sensorischer Systeme. Starke Sinnesreize wie Schmerz, laute Geräusche, stechende Gerüche, Muskelaktivität oder rasche Augenbewegungen vermögen die Dissoziation zu durchbrechen und eine Reorientierung in der Gegenwart zu ermöglichen. Die Patientin wird zunächst angehalten, die graduelle Entwicklung von dissoziativen Zuständen genau zu beobachten, um rechtzeitig Gegenmaßnahmen ergreifen zu können. Dazu gehört ebenfalls die Wahrnehmung der subjektiven Bereitschaft, sich in den dissoziativen Zustand „fallen" zu lassen, sich von der Umgebung zurückzuziehen und von Außenreizen abzuschotten. Die Patientin muß lernen, dieser Handlungstendenz entgegenzuwirken, den Kontakt mit der Realität zu halten und auf die sogenannten wirksamen „Notfall-Skills" zurückzugreifen. Als sehr hilfreich haben sich Kältereize erwiesen, Eisbeutel sollten im Haushalt verfügbar sein. Aber auch Trigeminusreizstoffe wie Ammoniak können wirksam eingesetzt werden.

Auch in der therapeutischen Sitzung können antidissoziative Fertigkeiten trainiert werden. Man vereinbart mit der Patientin antidissoziative Schlüsselreize, etwa ein imaginiertes Bild, einen Ton oder einen Satz, der in Konditionierungsprozessen an den, zunächst vom Therapeuten vermittelten, Ausstieg aus der Dissoziation gekoppelt wird. Nach mehreren Wiederholungen sind viele Betroffene in der Lage, sich selbst im dissoziierten Zustand die Schlüsselreize zu vergegenwärtigen und damit Realitätsorientierung zu erlangen. Grundsätzlich sollte während jeder Sitzung immer darauf geachtet werden, dissoziative Prozesse so rasch als möglich zu unterbrechen.

Die therapeutische Orientierung erfolgt mit **hochauflösenden Verhaltensanalysen**. „Versetzen Sie sich noch einmal in die Situation, bevor Sie sich geschnitten haben. Was haben Sie kurz vorher erlebt?" Zunächst sollten immer Informationen über die Typologie dissoziativen Verhaltens, das heißt die Häufigkeit, Dauer und Intensität (teildissoziiert oder vollständig dissoziiert) erhoben werden. Einflußfaktoren wie Alkohol, Drogen oder Medikamente sowie Temporallappenepilepsie sollten ausgeschlossen werden. Um detaillierte Informationen zu erhalten, das heißt, um auslösende oder aufrechterhaltende Faktoren zu erkennen, ist es in der Regel notwendig, Ereignisse, Gedanken oder Emotionen herauszuarbeiten, die der Dissoziation vorangehen oder nachfolgen.

Der erste Schritt bei einer Verhaltensanalyse ist immer eine präzise und detaillierte Beschreibung des dissoziativen Verhaltens selbst. Die simple Aussage, „ich habe dissoziiert" ist sicherlich unzureichend, besonders in der frühen Phase der Behandlung. Statt dessen sollte die Patientin ermuntert werden, ihre subjektive Erfahrung zu beschreiben: „ich fühlte mich taub", „ich fühlte, als ob alles unwirklich würde", „ich hatte das Gefühl, in einen Tunnel zu schauen", „ich fühlte mich von meinem Körper vollständig getrennt", „es war, als ob ich mir von der Decke aus zugucken würde", „ich wußte überhaupt nichts mehr, habe keine Erinnerung an das, was passiert ist", „ich fühlte mich wie im Weltraum". Auch die Häufigkeit und die Dauer sollten erfaßt werden. Nützliche Fragen könnten in etwa lauten: „Was meinen Sie damit genau?", „Können Sie für mich beschreiben, was Sie wahrgenommen haben?", „Wie lange dauerte dieses Gefühl?", „Wie häufig geschah das letzte Woche?", „Haben Sie während dieser Zeit irgend etwas gedacht?", „Haben Sie irgendwelche Gefühle wahrgenommen?", „Was für welche?", „Wie stark auf einer Skala von 0 bis 100 waren diese Gefühle?" Der Therapeut sollte die Rolle eines naiven Beobachters annehmen, der zunächst keinerlei Vorwissen über die spezifischen Verhaltensmuster mitbringt. Dies ist besonders im frühen Therapiestadium der Fall, im Laufe der Zeit können diese Fragen abgekürzt werden.

In einem nächsten Schritt sollte eine Kettenanalyse erhoben werden, die alle Ereignisse erfaßt, die vor oder nach der dissoziativen Episode aufgetreten sind, um so mögliche Auslöser oder Bedingungen zu erfassen und aufrechterhaltende Verstärker nicht zu übersehen. Diese Informationen beinhalten zunächst Umgebungs- und Bedingungsvariablen, das heißt zum Beispiel Alkohol- oder Drogeneinnahme am Abend vorher, Schlafstörungen oder somatische Beschwerden, und die Ebene der Konsequenz, also sämtliche internen und externen Phänomene, die dem dissoziativen Verhalten folgen (Gedanken, Emotionen, Verhalten und Auswirkungen sowie Rückwirkungen der Umgebung). Die Kettenanalyse kann begonnen werden mit Fragen wie „Wann bemerkten Sie erstmals, daß die Dissoziation begann?", „Wissen Sie einen Auslöser?", „Was passierte genau in dem Moment, als Sie begannen zu dissoziieren?".

Die meisten Klientinnen werden zunächst Schwierigkeiten haben, einen direkten Auslöser zu benennen. Es kann hilfreich sein, ein fiktives Ereignis in zeitlicher Nähe zum Beginn der Dissoziation zu wählen, z.B.: „Beschreiben Sie mir doch genau den Ablauf Ihres Abends von dem Augenblick an, als sie von der Arbeit nach Hause gekommen sind." Im folgenden soll an einem Segment der Ablauf einer Verhaltensanalyse dargestellt werden. Es handelt sich um eine 27 Jahre alte Frau, die gegenwärtig die diagnostischen Kriterien einer Borderline-Störung erfüllt. Sie berichtet biographisch über schweren sexuellen Mißbrauch durch ihren Onkel, der bereits in frühester Kindheit begann und sich bis in die Adoleszenz hinzog, zusätzlich Mißhandlung durch beide Eltern. Bereits in der Kindheit hatte sie begonnen, sich zu schneiden und mehrere beinahe tödliche Suizidversuche durchgeführt. Die Verhaltensanalyse betrifft ein Ereignis, das in der Woche vor der Sitzung stattgefunden hatte und von der Patientin in ihrem Wochenprotokoll festgehalten worden war.

Therapeut: Oh, am Donnerstag hatten sie eine längere amnestische Phase.
Patientin: Stimmt, das war gleich nach der Therapie.
T: Nach der Therapie? Da scheint uns ja etwas Wichtiges entgangen zu sein. Wie lange dauerte denn das?
P: Ich weiß es nicht genau, ich fand mich plötzlich in einem fremden Stadtteil wieder, weil ein starkes Hupen mich weckte.
T: Ein starkes Hupen?
P: Ja, ich fuhr mitten auf der Straße und bemerkte es nicht.
T: Das klingt ja gefährlich.
P: Hm.
T: Ich denke, wir sollten uns noch einmal genau anschauen, wie es zu diesem Phänomen kam. Was war denn das letzte, woran sie sich erinnern?
P: Als letztes erinnere ich mich – ich weiß nicht, ich habe mir eine Zigarette angezündet, die habe ich noch geraucht, das mache ich ja immer, dann bin ich aufs Fahrrad gestiegen, und dann weiß ich nichts mehr.
T: Gut, was ist Ihnen denn durch den Kopf gegangen, als sie die Zigarette geraucht haben?
P: Ich weiß nicht, alles mögliche.
T: Bemühen sie sich, es ist wirklich wichtig, daß wir das herausfinden. Vielleicht versetzen sie sich noch einmal in die Situation und schließen die Augen: Sie stehen unten, regnet es oder scheint die Sonne?
P: Nein, es ist kühl.
T: Gut, es ist kühl. Was haben sie an?
P: Das, was ich immer anhabe, meinen schwarzen Anorak.
T: Gut, es ist kühl, sie haben Ihren schwarzen Anorak an, sie stecken sich die Zigarette an, sie ziehen kräftig. Was ist Ihnen durch den Kopf gegangen?
P: Ich weiß nicht. Ich glaube es ging darum, daß sie mir wieder einmal zu spät erklärt haben, daß sie wieder im Ausland sind.
T: Oh. Ich bin einfach nur kurz drüber gegangen.
P: Ja. Da war Ihnen die Verhaltensanalyse wichtiger.
T: Oje ... Das waren Ihre Gedanken ... Was haben sie denn gefühlt?
P: Ich weiß nicht.
T: Ich in Ihrer Situation hätte mich wahrscheinlich massiv geärgert.
P: Hm, hm.
T: So, sie haben sich also geärgert. Meinen sie, daß sie dissoziiert sind, nachdem sie sich über mich geärgert haben?

P: Nein, nicht wirklich. Es war eigentlich nicht Ärger, sondern mehr Angst.
T: Angst? Angst, daß ich nicht zurückkomme?
P: (Lacht). Nun, das habe ich früher immer geglaubt, daß sie abstürzen oder so, aber das wissen sie ja ... Nein, das war ... mehr der Gedanke, daß sie jetzt wieder nicht da sind, während wir mitten in der Arbeit stecken, und daß ich sie ja brauchen könnte, dringend brauchen könnte, dann wären sie nicht da für mich.
T: Hm, hm, also Angst, daß ich sie allein lasse. Wie stark war diese Angst?
P: Ich weiß nicht, vielleicht so 70.
T: Nun, von Angst allein dissoziiert man selten. Kam nicht noch etwas dazu?
P: Doch, ich fing dann an, auf mich wütend zu werden, weil ich sie immer noch so brauche nach all der Therapie, und ich dachte, das hätte ich doch hinter mir und daß die Therapie ja doch nichts bringt.
T: O.k., da waren also zwei Gefühle: zum einen die Angst, allein gelassen zu werden, zum zweiten die Wut darüber, daß sie Angst hatten. Zwei Gefühle, die sich gründlich widersprechen.
P: Hm, hm, das war es vielleicht. Ich geriet dann unter totale Spannung und überlegte mir schon, ob ich nochmal hochkommen und sie zusammenschreien soll, doch dann setzte ich mich aufs Fahrrad ...
T: Nun, vielleicht hätten sie das tun sollen... Wie geht es Ihnen denn jetzt, während sie das erzählen?
P: Nicht gut.
T: Nun, ich kann mir vorstellen, daß sich an diesen beiden Gefühlen nicht so viel geändert hat. Ich werde ja tatsächlich nochmal ins Ausland fahren. Und Ihre Vorstellung, daß es sich nicht gehört, Angst zu haben, dürfte sich auch nicht geändert haben... um so wichtiger ... was für Skills hätten Sie denn anwenden können?
P: ...
T: Nun?
P: ... Ich weiß nicht?
T: Also, Sie spürten, daß die Spannung steigt – über welche Streßtoleranz-Skills verfügen sie?
P: Verfügen ist gut, manchmal hilft Eis, ja Kälte hilft manchmal.
T: Prima, aber das hatten sie nicht dabei, was hilft noch?
P: Ammoniak.
T: O.k. Was könnte Ihnen helfen, das nächste mal, wenn Sie die Spannung steigen fühlen, Ammoniak zu verwenden, um sich so weit runter zu regeln, daß Sie anfangen können, in Ruhe Ihre Emotionen wahrzunehmen?

Während der Kettenanalyse versucht der Therapeut sowohl die jeweiligen auslösenden Faktoren zu erfassen als auch Möglichkeiten für Alternativen zu erarbeiten. Dissoziative Phänomene können auftreten, wenn überstarke traumaassoziierte Emotionen aktiviert werden. Bisweilen ist das Verhalten jedoch so generalisiert, daß die schlichte Wahrnehmung von hoher psychophysiologischer Anspannung ausreicht, um die Dissoziation auszulösen.

Der nächste Schritt in der Verhaltensanalyse sollte die Formulierung von Hypothesen bezüglich derjenigen Faktoren sein, die dieses Verhalten aufrechterhalten. Subjektiv erlebt die Patientin im dissoziierten oder teildissoziierten Zustand einen Abfall der Spannung sowie eine Reduktion der aversiven Emotionen. Im verhaltenstherapeutischen Terminus kann daher von einer Negativverstärkung gesprochen werden.

Das Ziel von Verhaltensanalysen ist es, der Patientin zu helfen, die funktionalen Zusammenhänge zwischen internen und externen Ereignissen und dissoziativem Verhalten zu erkennen und Veränderungsmöglichkeiten zu entwickeln. In diesem Fall sollte die Patientin zunächst Fertigkeiten zur Emotionsregulation (Skills) lernen, einige Grundannahmen revidieren (kognitive Umstrukturierung) und ihre gebahnte Hypersensitivität gegenüber psychophysiologischen Spannungen reduzieren (Expositionstechniken).

Phase II

Voraussetzungen für Traumatherapie in Phase II: Da Traumaarbeit, das heißt die Revision traumaassoziierter Schemata, grundsätzlich einen belastenden und schwerwiegenden Eingriff in die psychische Struktur eines Menschen bedeutet, sollten nach Abschluß der Phase I einige Voraussetzungen gegeben sein:

- Die Frage der Suizidalität sollte eindeutig geklärt sein.
- Die Patientin sollte in der Lage sein, ihre Emotionen zu modulieren. Das heißt, sie sollte wissen, wie sie mit Wut, Scham, Schuld, Haß und Angst umzugehen hat, ohne daß diese Affekte zu dysfunktionalen Handlungen führen.
- Sie sollte keine selbstschädigenden Verhaltensmuster mehr zur Spannungsreduktion einsetzen.
- Die Beziehung zum Therapeuten sollte klar und eingespielt sein.
- Die zentralen Fragen der (Über-)Lebensqualität sollten gelöst sein (keine real traumatisierende Umgebung, Drogen und Alkohol, tragende soziale Kontakte, stabilisierende Freizeitaktivität usw.).
- Die Patientin sollte im Selbstmanagement dissoziative Phänomene revidieren können.
- Der Therapeut sollte wissen, wie schwere somatische dissoziative Phasen (Freezing-Phänomene) während der Therapie beendet werden können.

4. Schritt: Revision der traumaassoziierten Schemata

Unter traumaassoziierten Schemata versteht man Kognitionen, Emotionen, sensorische Wahrnehmungen, physiologische Reaktionsmuster und Handlungsentwürfe, deren Entstehung und Aufrechterhaltung entweder direkt mit dem Trauma oder der Bewältigung des Traumas verknüpft sind.

Traumaassoziierte Schemata beeinflussen das Erleben in drei Dimensionen: Entweder indem sie aktiviert sind (**schemakonformes Verhalten**), indem eine Aktivierung des Schemas vermieden wird (**Vermeidungsverhalten**) oder indem ein zweites, häufig konträres Schema aktiviert wird (**Schemakompensation**). An einem Beispiel soll dies verdeutlicht werden:

Eine aus einfachen Verhältnissen stammende Patientin wurde von einem sadistischen Vater einerseits sexuell mißbraucht, andererseits verhöhnt, indem er sie zwang, sich vor der grölenden Verwandtschaft zu entblößen, und dabei abfällige Witze über ihre Brüste riß. Beklagte sie sich bei der Mutter, so wies diese die Tochter darauf hin, daß sie „so häßlich sei, daß man jemanden zahlen müsse, damit er sich ihrer erbarme". Die Betroffene entwickelte ein traumaassoziiertes Schema das die Vorstellung der absoluten Wertlosigkeit, Dummheit und Häßlichkeit mit dem tiefgreifenden Gefühl der Scham und Ohnmacht verknüpfte. Dank gut ausgeprägter intellektueller Fähigkeiten, Leistungsbereitschaft und Ausdauer schloß sie ein Hochschulstudium mit Promotion ab und erarbeitete sich eine exponierte Position im öffentlichen Bereich. Im Beruf galt sie als selbstsicher, ehrgeizig, kompetitiv und äußerst gewissenhaft. Trotz des erheblichen Einsatzes war ihre berufliche Entwicklung jedoch permanent gefährdet, da jedwede öffentliche Kritik an ihrer Leistung von ihr sofort als Bloßstellung und Demütigung gewertet wurde, ja tiefste Scham und Selbstwertzweifel aktivierte, die zu schweren Selbstverletzungen und Suizidversuchen führten. Wohnortswechsel und verstärkte Leistung führten jedoch immer wieder zur Stabilisierung. Als Schlüsselreiz für die Aktivierung des traumaassoziierten Schemas benannte sie selbst das Gefühl der Ohnmacht. Eine Phase der unerwiderten Verliebtheit führte schließlich zu einer schweren Krise und in Folge eines Suizidversuches zur Aufnahme in die geschlossene Abteilung einer psychiatrischen Klinik. Dies wiederum empfand sie als zutiefst demütigend, jede Visite führte ihr ihre Wertlosigkeit vor Augen, so daß sie sich unfähig sah, ihre bisher erfolgreichen leistungsorientierten Kompensationsmechanismen zu aktivieren. Der Aufenthalt zog sich über ein Jahr hin, die Patientin wurde nach mehreren Suizidversuchen als mehr oder minder aussichtsloser Fall entlassen, um sich nach vier Wochen an einem neuen Wohnort in einer Spitzenstellung wiederzufinden.

Als **schemakonformes Verhalten** würde man in diesem Fall alle Prozesse verstehen, die während der Aktivierung des traumaassoziierten Schemas auftreten und dieses stabilisieren: Der plötzliche Zusammenbruch des Selbstwertgefühls, ein ausgeprägter Haß auf den eigenen Körper, insbesondere auf weibliche Attribute, ein tiefsitzendes, für sie nicht zu begründendes Gefühl der Scham, die Tendenz, sich zurückzuziehen und öffentliche Sitzungen zu meiden, sowie paranoide Fehlinterpretationen wohlmeinender Kollegen.

Schemavermeidung meint alle Bemühungen, traumaassozierte Prozesse zu vermeiden. Also ihre Scheu vor öffentlichen Besprechungen oder insbesondere Konstellationen, in denen sie sich ungerecht behandelt oder ohnmächtig fühlte. So verzichtete sie trotz hoher Sehnsucht nach Nähe und Geborgenheit schließlich auf Liebesbeziehungen, da jede Abweisung von ihr als Ohnmacht und damit schemaaktivierend erlebt wurde.

Schemavermeidung meint jedoch auch und vor allem die Wahrnehmung von Affekten und Charaktereigenschaften, die dem Täter zugeschrieben werden, wie z.B. Aggressivität, Triebhaftigkeit oder Kontrollverlust. Diese Schemata drohen insbesondere durch real wahrgenommene Affekte aktiviert zu werden. Eine erwachsene Frau, die gekränkt wird, sich daher ärgert und beginnt, wütend zu werden, aktiviert durch diese Wut ein traumaassoziiertes Schema und ordnet diese (adäquate) Wut dem Täter zu. „Jemand, der wütend ist wie ich, der ist auch unkontrollierbar, triebgesteuert und sexuell verletzend." Dieses Täterschema ist in aller Regel *nicht* mit dem Selbstbild der Patientin vereinbar. Infolge dieser Differenz – „Ich bin nicht so, wie es meinem Selbstbild entspräche" – entsteht starke Scham, was nicht unbedingt ein hilfreicher Affekt bei aktuellen zwischenmenschlichen Auseinandersetzungen ist.

Das zentrale Problem der Schemavermeidung ist also die Absorption primär adäquater Affekte, die der Patientin nun nicht mehr zur Steuerung ihrer zwischenmenschlichen Interaktion zur Verfügung stehen, und die Scham, die als wichtigster Indikator für Therapieabbruch zu werten ist.

Eine dritte Möglichkeit Schemata zu prozessieren besteht in der Aktivierung konträrer, also stark **gegensätzlicher und damit stabilisierender Schemata**. In der Psychoanalyse wurde dieser Prozeß als „Reaktionsbildung" beschrieben, auch W. Reich definiert den „Charakterpanzer" als kompensativen Mechanismus zur Stabilisierung von Ich-Schwäche. Im obigen Beispiel wäre dies die Aktivierung ausgeprägter Leistungsbereitschaft, die einerseits soziales Prestige und Stabilisierung des Selbstwertgefühls zur Folge hatte, andererseits dazu führte, daß sie sich zwang, nächtelang zu arbeiten und keine Rücksicht auf eigene Grenzen oder Ressourcen zu nehmen.

Diese kompensatorischen Schemata wirken häufig überzogen, einer sozialen Feinabstimmung schlecht zugänglich und eignen sich nicht dazu, die primären dysfunktionalen Schemata auszubalancieren. Vielmehr handelt es sich meist um „Alles-oder-Nichts"-Aktivierungen. Das heißt, entweder das dysfunktionale Schema ist aktiviert und bestimmt weitgehend die Informationsprozessierung oder das kompensatorische Schema, das stets in Gefahr schwebt zusammenzubrechen.

Zur Bearbeitung traumaassoziierter Schemata stehen mehrere Methoden zur Verfügung, grundsätzlich sollte der Therapeut jedoch darauf achten, daß alle Schritte für die Patientin transparent und nachvollziehbar erscheinen. Aus didaktischen Gründen kann die Phase der Schemamodifikation unterteilt werden in Strategien zur Schemaidentifikation und Veränderungsstrategien (Tab. 3.3).

Schemaidentifikation

Unter dieser Kategorie subsumiert man alle therapeutischen Methoden, die zur Klärung und Abgrenzung von vernetzten dysfunktionalen kognitiv-emotionalen Reaktionsmustern führen, ohne diese zu verändern. Bereits dieser Prozeß ist schwierig, da der Patient ja fest davon überzeugt ist, daß seine Sichtweise der Dinge die einzig wahre ist. Jede Relativierung durch den Therapeuten bedroht die Kontrollkompetenz des Patienten, so daß immer wieder die subjektive Stimmigkeit betont werden muß (Validierungstechniken). Eine detaillierte Beschreibung der diversen Methoden würde den Rahmen dieses Artikels sprengen, Zielsetzung ist jedoch in jedem Fall, den Patienten über seine Grundannahmen und Schemata weitreichend zu informieren. Nach J. Beck (1999) sollte der Patient folgendes wissen:

- „Jede Grundannahme ist eine Annahme, sie muß nicht unbedingt wahr sein.
- Sie kann ganz oder weitgehend falsch sein, obwohl der Patient sehr davon überzeugt ist und ‚sein Gefühl' ihm sagt, daß sie stimmt.
- Da es sich um eine Annahme handelt, kann man sie überprüfen.
- Sie hat ihre Wurzeln in der Kindheit. Als der Patient anfing, daran zu glauben, war sie möglicherweise richtig.
- Sie wird durch Schemata aufrechterhalten, die dafür sorgen, daß der Patient Informationen, die die Grundannahme stützen, sofort akzeptiert, während er widersprüchliche Information ignoriert und abwertet.
- Patient und Therapeut können im Laufe der Zeit gemeinsam diverse Strategien einsetzen, um die Annahme zu verändern, so daß der Patient sie realistischer sehen kann."

Veränderungsstrategien

Voraussetzung für die Veränderung von traumaassoziierten Schemata ist, daß diese aktiviert sind. Klärungsprozesse zu deren Entstehungsgeschichte oder rationale Reflexionen über den Inhalt dieser Schemata bereiten den Boden für Umstrukturierung, verbessern die Motivation sowie Vertrauen in die Kompetenz des Therapeuten.

Gradmesser für die Aktivierung von dysfunktionalen Schemata sind die zugehörigen aversiven Primäraffekte wie Angst, Scham, Schuld oder Haß. Es erscheint daher verständlich, wenn der Patient versucht, die Aktivierung der Schemata zu vermeiden bzw. den Therapeuten für die aversiven Emotionen verantwortlich zu machen, und Konflikte innerhalb der therapeutischen Beziehung auftreten. Entscheidend für das Gelingen von Modifikationsprozessen in dieser Phase ist also die *aktive* Beziehungs-

Tab. 3.3 Schemaidentifikation und Veränderungsstrategien bei der der Schemamodifikation

Schemaidentifikation	Fragebögen, kognitive Techniken, Imaginationsübungen, Verhaltensanalysen, Sondentechnik, Deutung von Übertragungs-/Gegenübertragungsprozessen, Bücher/Filme, Gestalttechniken, Traumarbeit u.v.m.
Veränderungsstrategien	Kognitive Umstrukturierung, Reizexposition, imaginierte Dialoge, karthartische Erfahrungen, interpersonale Erfahrungen, Verhaltensexperimente

gestaltung von Seiten des Therapeuten. Es liegt in seiner Verantwortung, dem Patienten die Scham erträglich zu machen, die entstehende Angst auszuhalten, ihm zu Helfen, Wut und Haß abzureagieren, ohne in die alten, dysfunktionalen Verhaltensmuster auszuweichen.

Kognitive Umstrukturierung

Für viele Borderline-Patientinnen ist die kognitive Umstrukturierung Mittel der Wahl. Der Vorteil liegt in einer einer dosierten Affektaktivierung und damit guten Steuerbarkeit durch den Therapeuten. Dieser beginnt in aller Regel damit, daß die kognitiven Anteile der Schemata, also die Grundannahmen möglichst genau benannt werden: „Ich bin zutiefst schlecht, es geschieht mir recht, was mir widerfahren ist, ich bin selbst Schuld daran." Anschließend sollte der Therapeut die sich daraus ableitenden schemagesteuerten Regeln und automatischen Gedanken identifizieren: „Ich habe kein Recht auf anständige Behandlung durch Mitmenschen.", „Ich darf am Arbeitsplatz keine Forderung stellen; es ist vielmehr eine Gnade, daß man mich arbeiten läßt.", „Ich darf mich meinem Partner nicht sexuell verweigern..." Im nächsten Schritt werden alle Argumente gesammelt, die *für* diese Grundannahmen sprechen: „Ich bin bereits zweimal von meinem Partner verlassen worden.", „Mein jetziger Partner vergewaltigt und schlägt mich, wenn er betrunken ist.", „Auf der Straße sehen mir die Leute an, daß ich wie eine Nutte bin.", „Manchmal habe Lust daran, sexuell erniedrigt zu werden.", „Ich habe seit Jahren keine Gehaltserhöhung bekommen.", „Jetzt habe ich Knoten in der Brust, das wird Brustkrebs sein". Dies sind nur einige Beispiele. Der Therapeut sollte sich viel Zeit damit lassen, ein möglichst vollständiges Inventar von Evidenzen für die Stimmigkeit der Grundannahmen zu erstellen. Es ist durchaus wirkungsvoll auf seine eigenen Emotionen zu achten, die bei der Auflistung dieser oft erschlagenden Argumente entstehen. Sie sollten frei verbalisiert werden. „Wenn ich mir das alles anhöre, zieht es mir den Boden unter den Füßen weg, das müssen sie Tag für Tag aushalten?" Nun beginnt der Therapeut vorsichtig, die Argumente kritisch zu hinterfragen. Er sollte sich hüten, direkt mit Zweifeln zu konfrontieren, statt dessen der Patientin helfen, die apodiktische Sicherheit der Argumente zu hinterfragen (geführte Entdeckung).

T: Sie sind sich also sicher, daß sie es verdient haben, wenn ihr Mann sie schlägt?
P: Ja, sicher.
T: Schlägt er sie denn jeden Tag?
P: Nein, nur wenn er betrunken ist.
T: Also ist es Ihre Schuld, wenn er sich betrinkt?
P: Vielleicht ...
T: Könnte es noch einen anderen Grund geben, daß er sich betrinkt?
P: Ja, immer wenn er mit seinem Kegelverein weg ist.
T: Sind sie schuld, daß er mit seinem Kegelverein weggeht?

T: Sie sind sich also sicher, daß die Leute auf der Straße ihnen ansehen, daß sie eine Nutte sind?
P: Ja, das merke ich. Es gibt Tage, da traue ich mich gar nicht aus dem Hause...
T: Wer sieht Ihnen denn das an? Alle Leute?
P: Manche kucken so komisch.
T: Also, manche „kucken komisch" und andere nicht. Und sie wissen genau, was die sich denken?
P: Ja, die sehen mir das an...
T: Könnte es vielleicht noch andere Gründe haben, daß die „komisch kucken"?
P: Ja, vielleicht ...
T: Was könnten denn das für Gründe sein?
P: Hm ... weiß nicht ...
T: Könnten Sie das nächste mal genau aufpassen, von wievielen Leuten auf der Strasse sie die Gedanken lesen können?

Eine weitere Methode besteht darin, die Entstehungsgeschichte der Schemata in die Kindheit zu verfolgen, um mit der Patientin anschließend zu bearbeiten, welche Gesetzmäßigkeiten aus dieser Zeit auch heute noch zählen. Imaginative Dialoge mit dem „Kind von damals aus der Perspektive der heutigen Erwachsenen" können hier helfen.

Der Therapeut sollte nun versuchen, mit der Patientin reale Argumente zu finden, die gegen die Kognitionen des frühen Schemas sprechen: „An meinem Arbeitsplatz bin ich beliebt, die letzte Kündigungswelle habe ich überstanden, es gibt einen sehr netten Kollegen, der mich manchmal auf einen Wein einlädt ..."

Jetzt eröffnet sich die Möglichkeit einer Art Rollenspiel („Verteidige das Schema"): Der Therapeut bringt reale Gegenargumente, die Patientin darf mit allen Argumenten, die sie findet, das Schema verteidigen. Anschließend werden die Rollen getauscht. Schließlich entwirft die Patientin mit Hilfe des Therapeuten ein realistisches, der Gegenwart entsprechendes „Gegenschema": „Ich bin ein wertvoller Mensch mit guten und schlechten Seiten.", „Ich habe Stärken und Schwächen wie jeder Mensch."

In wöchentlichen Hausaufgaben und Verhaltensexperimenten werden Argumente für die neue und gegen die alte Grundannahmen gesammelt und besprochen. Wann immer sich innerhalb der therapeutischen Beziehung Interaktionsmuster entwickeln, die von alten Schemata gesteuert sind, sollten diese sofort aufgegriffen werden.

Expositionsverfahren

Bei Patientinnen, die durch die rein kognitiven Methoden keine Affekte aktivieren empfiehlt es sich, Expositionsverfahren anzuwenden.

Die wohl wirkungsvollste Technik zur Revision traumaassoziierter Schemata ist daher auch in Phase II die Reizexposition, die nun jedoch gezielt nicht nur auf die Entkoppelung von Reiz-Reaktions-Mustern zielt, sondern die alten traumatischen Erinnerungen einer Korrektur durch Neuerfahrung unterzieht. Die alten Erinnerungen werden dadurch nicht gelöscht, aber mit Kontrollerfahrung gekoppelt und sind damit nicht mehr „virulent".

Dazu sind folgende Schritte nötig:
- Es sollten Reize angeboten werden, die tatsächlich alte traumatische Erfahrungen aktivieren (Imaginationstechniken, Körpertherapie, reale Stimuli).
- Sekundäre Schemata, die dieser traumatischen Erfahrung folgen, müssen vom Therapeuten aktiv revidiert werden (z.B. „Ich darf mich nicht wehren, weil ich den Täter schützen muß", „Ich bin selber Schuld, daß mir das passiert ist", „Ich habe ihn ja verführt...").
- Versuche, durch Dissoziation „auszusteigen", müssen vom Therapeuten blockiert werden.
- Die Patientin sollte möglichst aktiv angehalten werden, die alte Erfahrung der Hilflosigkeit und Ohnmacht zu korrigieren.
- Die Exposition sollte solange durchgeführt werden, bis Habituation, das heißt ein Abfall der primären Emotionen (in aller Regel Angst und Ekel), auftritt.
- Der ganze Prozeß sollte kognitiv verankert werden, damit die Patientin ihn als Eigenleistung und Kontrollgewinn attribuiert.

Reizpräsentation: Ob nun Inhalte von Flashbacks gewählt werden oder andere Stimuli wie spezifische Körperhaltung oder Imaginationen – wenn man die Patientin kennt, sollte es in aller Regel keine Schwierigkeiten bereiten, traumaassoziierte Stimuli zu wählen. Als Referenz, daß die Schemata aktiviert sind, gilt auch hier immer die Emotion. In aller Regel tritt starke Angst auf, die sich auch in der Körpersprache abbildet.

Revision sekundärer Schemata: Verfolgt man Transkripte oder Videoaufnahmen von erfolgreichen Expositionsbehandlungen, so zeigt sich immer wieder, daß es lange dauern kann, bis sich die Patientin „erlaubt", die durch die jeweiligen Erinnerungen geweckten Gefühle tatsächlich zuzulassen. Die drei vorherrschenden Emotionen Angst, Ekel und Wut sind alle mit der Handlungstendenz Flucht oder Angriff gekoppelt. Diese Möglichkeiten aber waren der Patientin damals genommen, so daß ihr ein Verharren in der Notlage aufgezwungen war. Die Erfahrung der Ohnmacht, also der Unfähigkeit zu flüchten oder anzugreifen, wurde in aller Regel kognitiv verarbeitet in Form von sekundären Schemata, die diese Handlungsblockaden legitimierten. „Ich darf dem Täter nicht weh tun, ich muß ihn schützen, er hat ein Recht dazu, mit mir zu machen, was er will...". Oder: „Ich darf nicht flüchten oder ihn verraten, sonst nimmt er meine Schwester, tötet meine Mutter oder tötet mich...". Diese sekundären Schemata werden während der Exposition aktiviert und blockieren die Wahrnehmung von Angst, Ekel oder Wut. Es ist die Aufgabe des Therapeuten, diese Kognitionen aufzugreifen und zu bearbeiten: Überprüfung der Richtigkeit dieser Annahmen, suggestive Interventionen („Jetzt ist es erlaubt, sich zu wehren, Sie haben ein Recht zu flüchten...") oder Korrektur der Körperhaltung, was zumeist die einfachste Möglichkeit darstellt, um Affekte zu induzieren und zu korrigieren (Aufrichten des Körpers, um der Scham entgegenzuwirken; Ballen der Fäuste, um Wut zu bahnen, etc.). Diese Revision der sekundären Schemata während der Exposition stellt den Therapeuten vor die schwierigste Aufgabe und ist der Schlüssel für das Gelingen der Exposition. Auf keinen Fall sollte die Patientin „gepusht" werden, diese internen Verbote zu übergehen, da mit zum Teil schwerwiegenden Folgen nach der Therapie zu rechnen ist, wenn die alten Verbote wieder aktiviert werden.

Blockieren von Dissoziation: Es gibt einige therapeutische Schulen, die betonen, wie nützlich es sei „mit der Dissoziation" zu arbeiten, um so der Patientin Teilerfahrungen zu ermöglichen und nicht konträre Schemata parallel zu aktivieren. Auch die DBT nützt dissoziative Fähigkeiten der Patientin, etwa bei Tranceinduktion oder der selektiven Arbeit mit Schemata. Da der Begriff der Dissoziation noch nicht sehr präzise gefaßt ist, birgt er Mißverständnisse: Die in der Hypnotherapie eingesetzte „selektive Aufmerksamkeit" ist sicherlich ein hilfreiches therapeutisches Instrument. „Freezing-Prozesse", also der automatisierte Verlust der Wahrnehmung für Raum, Zeit, Kinästhetik, Akustik und Optik, wie er bei Borderline-Patientinnen unter hoher affektiver Anspannung aktiviert wird (spacing-out), sind für die Betroffenen in hohem Maße beängstigend, behindern jede Form von Lernprozessen und sollten sofort aktiv unterbrochen werden.

Korrektur der alten Erfahrungen durch Exposition: Es bieten sich grundsätzlich zwei Möglichkeiten der Korrektur: Abgleich mit der Gegenwart und geführte Neuerfahrung.

Abgleich mit der Gegenwart: Er geschieht schlicht durch die Wahrnehmung der Patientin, daß sie einerseits das alte Schema noch einmal erlebt, daß ihr aber im Hier und Jetzt nichts mehr geschieht. Dem Therapeuten kommt die Aufgabe zu, den Kontakt zur Realität herzustellen, während die Patientin die alten Erfahrungen prozessiert. Auf diesem Prinzip basieren die Expositionsverfahren von E. Foa. Hier wird der Kontakt zur Realität durch fortwährendes Skalieren der Befindlichkeit („Wie schätzen Sie das Ausmaß ihrer Angst im Augenblick ein?", „Wie hoch, auf einer Skala von 0 bis 10, ist ihre Spannung jetzt?") hergestellt. So ist die Patientin gezwungen, ständig die Vergangenheit mit der Gegenwart abzugleichen und damit das neue Schema „es ist vorbei, es passiert nichts mehr" mit dem alten Schema zu verknüpfen. Es muß nicht unbedingt auf Skalierungen zurückgegriffen werden. Manueller Kontakt zum Therapeuten und dessen Stimme können ebenfalls helfen, die Patientin im Hier und Jetzt zu verankern.

Geführte Neuerfahrung: In jüngster Zeit wurden einige leicht modifizierte Verfahren zur „Traumasynthese" entwickelt (Sachsse 1998; Reddemann 1998). Das gemeinsame Prinzip läßt sich wie folgt skizzieren: Die Patientin wird durch Methoden der Tiefenentspannung in eine leichte Trance versetzt, hält jedoch jederzeit engen verbalen oder körperlichen Kontakt mit dem Therapeuten (Händedruck). Der Therapeut übernimmt die verbale Führung und damit die Verantwortung für den gesamten Prozeß. Zunächst achtet er auf die individuellen Ressourcen, also erwachsene Anteile, Stärken oder Kompetenzen. Notfalls sollte er imaginative starke Figuren einführen, eventuell die Figur des Therapeuten selbst. Schließlich wird die Patientin gebeten, sich die traumatische Szene vor Augen zu führen. Falls die Konfrontation zu überwältigend ist, kann die Reaktivierung auch auf einer Art „inneren Bühne" oder auf dem „Bildschirm" erfolgen. Der Therapeut hat darauf zu achten, daß die induzierten Affekte das Maß des Erträglichen nicht überschreiten (Atemtechniken, kognitive Distanzübungen, Einstreuung der Realität durch klaren haltgebenden Körperkontakt usw.). Der eigentliche therapeutische Prozeß aber entwickelt sich in einer geführten Neuinszenierung. Im Gegensatz zur alten Erfahrung werden diesmal die ursprünglich blockierten Handlungstendenzen zu Ende geführt. Ist der führende Affekt die Wut, so wird die Patientin angehalten, sich intensiv vorzustellen, daß sie sich wehrt. Körperarbeit ist in diesem Punkte sehr hilfreich. Ist der führende Affekt Angst, so gilt es, der Patientin zu vermitteln, daß sie diesmal flüchten kann und Schutz findet. So kann etwa der „erwachsene Anteil" der Patientin die Bühne betreten und entsprechend trösten. Oder der Therapeut bringt seine eigene Person ins Spiel. Tritt Ekel auf, so hilft auch Erbrechen, also Ausstoßen des Eingedrungenen. Auf einen Punkt gebracht lautet die neue Erfahrung der Patientin: Diesmal kann ich sowohl meinen Gefühlen trauen, als auch entsprechend handeln. Gelingt dies, so erlebt die Patientin eine Reduktion der unangenehmen Affekte und zugleich ein tiefes Gefühl der Erleichterung und „Stimmigkeit" – eine für beide Teile sehr bewegende und tiefgreifende Erfahrung.

Kognitive Verankerung: Es braucht nicht betont zu werden, daß diese Prozesse häufig an die äußerste Grenze der Belastbarkeit von Patientin und Therapeut gehen. Man sollte sich ausreichend Zeit einräumen, da immer mit unvorhergesehenen Wendungen zu rechnen ist.

Die eigenen Erfahrungen des Autors belaufen sich auf ca. vier Stunden pro Sitzung. Die Patientin wird sehr bald das Gefühl haben, sich grundlegend zu ändern. Es folgt eine Phase der Stabilisierung, der Unsicherheit und Neuorientierung, die begleitet werden muß. Dies ist die Zeit für kognitive Verarbeitung des „Geschehenen" und die Entwicklung subjektiver Erklärungsmodelle, auch für therapeutische Prozesse. Der Therapeut sollte in dieser Phase immer wieder darauf hinweisen, daß die Patientin selbst die entscheidenden Schritte unternommen hat, daß er lediglich die Funktion eines „kundigen Führers" eingenommen hat. Und schließlich ist wichtig, darauf hinzuweisen, daß die alten Erfahrungen jetzt zwar durch die neuen kontrolliert werden, jedoch nicht vollständig gelöscht sind, so daß bei einer Retraumatisierung immer mit einer Reaktivierung der alten Schemata zu rechen ist. Es sollte mit der Patientin besprochen werden, wie sie sich schützten kann und welche Schritte im Fall einer erneuten Traumatisierung unternommen werden müssen.

3.5.4 Ausblick

Versucht man die gegenwärtigen therapeutischen Ansätze zur Behandlung der Folgen früher Traumata zu überblicken, so stellt sich ein beruhigendes Gefühl ein. Auch wenn unterschiedliche Sprachmuster und Theorien verwendet werden, so scheint sich die „Essenz" der therapeutischen Methodik doch in vielen wesentlichen Punkten zu überschneiden. Die nächsten Schritte auf dem Weg zu einer empirischen Absicherung der Wirksamkeit dieser Methoden wird sein, Manuale zu erstellen, Adherence- und Kompetenzskalen zu entwickeln und schließlich kontrollierte Studien durchzuführen. Bis dahin müssen wir auf die wachsende klinische Kompetenz von spezialisierten Arbeitsgruppen und auf gut dokumentierte Kasuistiken zurückgreifen.

3.6 Körperbezogene Psychotherapieverfahren

Angela von Arnim und Peter Joraschky

Inhalt

3.6.1 Beschreibung des Therapieverfahrens 433
3.6.2 Bisherige Studienergebnisse und Veröffentlichungen zu körperbezogener
      Psychotherapie bei Mißbrauch und Mißhandlung 436
3.6.3 Einschätzung der Wirksamkeit körperorientierter Verfahren bei Mißbrauch 438
3.6.4 Fallbeispiel 439
3.6.5 Zusammenfassung 445

Freud beschreibt 1893 die Auswirkung eines Traumas auf die Persönlichkeit eines Menschen in der Weise, daß „das psychische Trauma respektive die Erinnerung an dasselbe nach Art eines Fremdkörpers wirkt, welcher noch lange Zeit nach seinem Eindringen als gegenwärtig wirkendes Agens gelten muß …" (Freud 1895d, S. 85).

Anhand eines Fallbeispiels soll aufgezeigt werden, wie bei Traumatisierung in der präverbalen Zeit der Körper selbst oder eine Körperzone zum „Fremdkörper" wird und wie dabei der therapeutische Ansatz einer körperbezogenen Verfahrens, hier der Funktionellen Entspannung, aussieht.

3.6.1 Beschreibung des Therapieverfahrens

Die **Funktionelle Entspannung (FE)** gehört zu den tiefenpsychologisch fundierten körperbezogenen Psychotherapiemethoden, sie wurde in der Nachkriegszeit von der heute in Erlangen lebenden Bewegungstherapeutin Fuchs (Fuchs 1994) zunächst pragmatisch an internistischen Patienten entwickelt, und zwar in Zusammenarbeit mit der Psychosomatischen Universitätsklinik Heidelberg (Fuchs 1985). Eine theoretische Fundierung in jüngerer Zeit wurde in der Veröffentlichung „Subjektive Anatomie" (v. Uexküll et al. 1997) vorgelegt.

Die theoretischen Wurzeln der Methode liegen:

- in der Anthropologischen Medizin v. Weizsäckers
- in der Tiefenpsychologie
- in der „Subjektiven Anatomie"

▶ **Anthropologische Medizin v. Weizsäckers:** Ausgangspunkt ist die „Gestaltkreislehre" v. Weizsäckers, d.h. die Verschränkung von Wahrnehmen und Bewegen, die auch den „Ebenenwechsel" zwischen körperlichen und psychosozialen Vorgängen mit einschließt. Außerdem sei noch das „bipersonale Prinzip" des „Gestaltkreises" erwähnt: Arzt und Patient sind im therapeutischen Prozeß in besonderer Weise „verschränkt": „Nichts in dieser Sache (dem Heilungsprozeß) geschieht im Kranken, wovon nicht die Resonanz im Arzte und umgekehrt" (v. Weizsäcker 1947). Diese Art von „Resonanz" ist gerade bei einem körperbezogenen Therapieprozeß, der in der Funktionellen Entspannung rhythmus- und selbstwahrnehmungsbezogen ist, wesentlich.

▶ **Tiefenpsychologie:** Fuchs bezeichnet die Funktionelle Entspannung als tiefenpsychologisches Verfahren, das auf der Lehre vom Unbewußten fußt. Die Funktionelle Entspannung versteht das Somatische oder das „Leibgeschehen" als die tiefste Schicht des Unbewußten.

Da die Bedeutung körperbezogener, tiefenpsychologisch orientierter Psychotherapiemethoden gerade in der Möglichkeit des Zugangs zu sehr frühen, körpernahen Erlebnisweisen der Patienten liegt, sei innerhalb der psychoanalytischen Theorie auf neuere Entwicklungen der Objektbeziehungstheorie und Selbstpsychologie hingewiesen sowie insbesondere auf die psychoanalytische Säuglingsforschung.

An dieser Stelle ein kurzer Exkurs zum methodischen Vorgehen der Funktionelle Entspannung:

> Die Methode fokussiert die körperliche Eigenwahrnehmung des Patienten durch „verbale Angebote" innerhalb des therapeutischen Dialogs, die sich auf verschiedene körperliche Bezugssysteme erstrekken. Diese Systeme sind:
> - der Bezug zum Boden als „äußerer Halt"
> - das Skelettsystem als „Gerüst" oder „innerer Halt"
> - die Haut als „Grenze"
> - die Körperhöhlen als „innere Räume"

Als weiteres System ist der körpereigene *Rhythmus* zu sehen, der besonders am autonomen Atemrhythmus beim Vorgang des „Loslassens", d.h. eines begrenzten Entspannungsvorgangs, wahrnehmbar ist.

Körperliche Eigenwahrnehmungen haben innerhalb einer gelingenden Beziehung mit geglücktem „match" oder „attunement", wie die empirischen Säuglingsforscher (Stern 1985; Lichtenberg 1991a) den Mutter-Kind-Dialog benennen, eine für die Symbolisierung bedeutsame affektive Tönung.

> Im günstigen Fall steht z.B die Beziehung zum Boden für eine haltgebende Objektbeziehung, die Wahrnehmung des eigenen Skelett- und Gelenksystems für Autonomie im Sinne von Selbständigkeit und Selbstbewegung, die Empfindung der eigenen körperlichen Hautgrenze für Schutz- und Abgrenzungsmöglichkeit, die Erfahrung von inneren Räumen für das Vertrauen in autonome vegetative Vorgänge und die Abwesenheit von „malignen Introjekten", die Wahrnehmung rhythmischer Vorgänge im eigenen Körper, sowohl für Hergeben und Bekommen als auch für sinnliches Vergnügen.

Hier finden sich enge inhaltliche Bezüge zu den Begriffssystemen der psychoanalytischen Säuglingsforschung. So zwischen den angeborenen funktional-motivationalen Systemen nach Lichtenberg (1991b) und den oben genannten körperlichen Bezugssystemen in der Funktionellen Entspannung (Tab. 3.4), z.B. besonders zwischen der Beziehung zum Boden und dem Bedürfnis nach Verbundenheit oder dem Bewegungssystem und dem Bedürfnis nach Selbstbehauptung/Exploration oder zwischen der Hautgrenze und Bedürfnis nach Rückzug, Aversion oder zwischen dem System Rhythmus und dem Bedürfnis nach sinnlichem Vergnügen.

Ebenso scheint ein Schwerpunkt der Wirkungsweise der Funktionellen Entspannung in der Stärkung des von Stern (1985) beschriebenen basalen Selbstempfindens zu sein, das im dritten Lebensmonat als „core-self" des Säuglings entsteht, mit den Selbstgefühlen, Urheber von Eigenaktivität zu sein, Träger von verschiedenen Gefühlsqualitäten, dann dem Gefühl, ganz, d.h. nicht fragmentiert zu sein bzw. dem Gefühl von Kontinuität, Rhythmus und einer eigenen Geschichte.

Tab. 3.4 Körperbezogene Psychotherapie und psychoanalytische Säuglingsforschung

Angeborene Motivationssysteme (Lichtenberg 1983)	Körperliche Bezugssysteme in der Funktionellen Entspannung (Fuchs 1989)	Selbstempfinden des „core self" (Stern 1985)
Verbundenheit	Boden („äußerer Halt")	sense of agency
Selbstbehauptung und Exploration	Gerüst („innerer Halt")	sense of coherence
Aversion	Haut („Grenze")	sense of affectivity
Regulation physiologischer Bedürfnisse	Räume (Körperhöhlen)	sense of self history
Sinnliches Vergnügen	Rhythmus (autonome Atmung)	

▶ **„Subjektive Anatomie":** Der Begriff „Subjektive Anatomie", der nachfolgend in seinem theoretischen Hintergrund erläutert wird, grenzt sich, etwas provozierend, ab gegen die „objektive Anatomie", die die Studenten der ersten Semester an der Leiche erlernen.

„Subjektive Anatomie" meint den lebendigen, erlebten Körper, der durch die körperliche Eigenwahrnehmung (Propriozeption) entsteht.

Theoretischer Hintergrund der „Subjektiven Anatomie":
- Psychoanalytische Säuglingsforschung (z.B. Stern 1985; Lichtenberg 1991a; Köhler 1990; Müller-Braunschweig 1975) und Pränatalforschung (z.B. W.E. Freud 1976, Veldmann 1987, Piontelli 1988)
- Systemtheorie (z.B. Medawar und Medawar 1977, v. Uexküll 1983)
- Biosemiotik (z.B. Sebeok 1979, Roth und LeRoit 1987)

Der Begriff „Propriozeption" (abgeleitet von lat. „proprium": das Eigene, „capere": nehmen) stammt von Sherrington (1911). Er nannte diese Fähigkeit zur Eigenwahrnehmung, zur Inbesitznahme des eigenen Körpers, unseren verborgenen „sechsten Sinn".

Über die Propriozeption entsteht aus einem unbewußten Dialog des Körpers mit sich selbst das „Körper-Selbst" (Joraschky 1983). Es entwickelt sich aus der Summe der zunächst diffusen Empfindungen von der Körperoberfläche und aus dem Körperinneren.

Von Uexküll hat die Funktionelle Entspannung als eine Methode bezeichnet, die dazu dient, den Dialog des Körpers mit sich selbst zu „belauschen". Damit ist zugleich ein wichtiges Therapieziel für die Behandlung „früher Störungen" angesprochen: Da es sich um Beziehungsstörungen aus der präverbalen Zeit handelt, gehen sie mit Störungen der „Symbolisierungsfähigkeit" einher.

„Das Unbemerkte im Körper wieder merken" (v. Uexküll 1994) und symbolisieren zu können, könnte dann erklären helfen, warum körperbezogene Therapieinterventionen wirksam sind.

Zu den körperbezogenen „Angeboten" des Therapeuten gehört auch das *„Therapeutische Anfassen"*: eine dosierte, in den verbalen Dialog eingebettete Berührung, als „taktile Wahrnehmungshilfe" unter „Regie" des Patienten selbst. Primäres Ziel ist nicht ein schnelle Regression und ein kathartisches emotionales Erleben, sondern über den Weg der Verbalisierung einer durch Berührung veränderten Wahrnehmung letztlich „semiotische Progression" im Sinne von Plassmann (1993), d.h. *Sprache finden für bisher nicht bezeichenbare körperliche Empfindungen*. Plassmann ist der Auffassung, daß schwere Traumatisierungen, die wir häufig bei Patienten mit Persönlichkeitsstörungen finden, zu einer Art „Zerstörungszone des Denkens" (eben durch Verlust der „Symbolisierungsfähigkeit") führen, die Plassmann (1993) als „semiotische Regression" bezeichnete. In ähnlicher Weise spricht Wurmser (s. Kap. 3.2) in der zweiten Phase des „masochistischen Zirkels" (als Folge einer narzißtischen Krise) von Desintegration durch Deverbalisierung und Resomatisierung.

3.6.2 Bisherige Studienergebnisse und Veröffentlichungen zu körperbezogener Psychotherapie bei Mißbrauch und Mißhandlung

Es liegen zu diesem Thema *bisher keine kontrollierten Therapiestudien* vor, deshalb seien als deskriptive Ansätze einige Beispiele aus neueren kasuistischen Veröffentlichungen genannt:
Erwähnt seien zum einen Falldarstellungen aus dem Bereich bioenergetisch geprägter körperorientierter Verfahren bei schwer traumatisierten Patienten (Hoffmann-Axthelm 1994). Hoffmann-Axthelm beschreibt dabei in ihrem Beitrag den Begriff des Schocks als eine Art doppelter Barriere, zum einen gegen früh erlittene und nicht integrierte lebensbedrohliche Ereignisse, zum anderen, auf einer sekundären, narzißtischen Ebene, als Schutz gegen Demütigung und Beschämung. Körperorientierte Therapie müsse zur allmählichen Überwindung dieser „Schock-Barriere" führen. Klopstech (1994) spezifiziert in ihrem Beitrag die Schocksymptomatik auf den sexuellen Mißbrauch in der Kindheit. Zu seiner Auflösung sei nicht nur eine lange, geduldige Begleitung, sondern auch ein authentisches, ebenso abgegrenztes wie einfühlsames und „berührendes" Verhalten von seiten des therapeutischen Gegenübers notwendig.
In Hoffmann-Axthelm (1992) finden sich einige Darstellungen von körperbezogenen Therapien nach sexuellem Mißbrauch in der Therapie, z.B. von Hilton (1992), die besonders auf das Problem der sexuellen Übertragung eingeht.
In Hoffmann-Axthelm (1997) beschäftigen sich mehrere Autoren mit Fragen der Übertragung/Gegenübertragung und Abstinenz bei Therapieformen, in denen Berührung eine Rolle spielt.
In ihrem Buch „Treatment of Rape Victims" gehen Calhoun und Atkeson (1994) im Abschnitt über die Behandlung sexueller Dysfunktionen auf körperbezogene Übungen ein, die an einer Reintegration des Körperbildes bei Vergewaltigungsopfern ansetzen sollen.
Ausführliche Fallbeispiele zum Thema Körperorientierte (bioenergetische) Psychotherapie nach sexueller Gewalt finden sich in der Veröffentlichung von Bommert (1993). Bommert betont darin, es habe sich in ihrer Arbeit „als sinnvoll erwiesen, nicht nur über die Erlebnisse zu sprechen, sondern auch mit dem gequälten Körper zu arbeiten." Sie fokussiert in ihrer Arbeit auf die körperlichen Reaktionsweisen nach sexueller Gewalt, auf den Grenzverlust und den Umgang mit Sexualität.
Eine Reihe weiterer Autoren hat in jüngster Zeit ausführliche Fallbeispiele und auch grundsätzliche Stellungnahmen zum nach wie vor kontrovers diskutierten Thema „körperbezogener Ansatz in der Traumabehandlung" veröffentlicht (s. auch Geuter 1998, S. 70–72).
Aus der Richtung der neoreichianischen Körpertherapien seien zwei jüngere Aufsätze erwähnt, die in einem Themenheft „Psychotherapie mit traumatisierten Patienten", der Zeitschrift „Psychotherapieforum" aufgeführt

sind: eine ausführliche Falldarstellung aus einer Life-Supervision einer ambulanten Therapie (Sollmann 1999) sowie ein Artikel von Clauer und Heinrich (1999), die das therapeutische Phasenmodell von Herman (1994) aus der Sicht der Analytisch-Imaginativen Körperpsychotherapie darstellen. Sie fokussieren in ihrem Beitrag auf die Qualität der therapeutischen Beziehung als einer heilenden, „verkörperten Beziehung", in der „Berührung durch Worte und körperliche Berührung von einer Person, die versteht und achtsam" ist, entscheidend sei. Dabei gehen die Autoren zum einen auf spezielle Techniken der analytischen Körperpsychotherapie ein, wie Vertiefung der Atmung und Steigerung des Energieniveaus, andererseits betonen sie die Bedeutung und besondere Intensität und Direktheit von körperlichen Gegenübertragungsprozessen bei traumatisierten Patientinnen und warnen vor der Gefahr der Abspaltung der körperlichen Aspekte in der Behandlung dieser Patientengruppe. Sie zitieren an dieser Stelle Klopstech (1994, S. 103), der soweit gehe zu sagen, „daß die Entscheidung des Therapeuten für eine Form der Behandlung von sexuellem Mißbrauch, die den Körper nicht miteinbezieht, unbewußt ein Gegenübertragungsagieren darstellt."

Besonders zu erwähnen sind zum anderen zwei eindrucksvolle Falldarstellungen von Karcher (1996, 1998), die Patienten des Behandlungszentrums für Folteropfer, Berlin, mit Konzentrativer Bewegungstherapie (KBT) in Einzelarbeit ambulant behandelt. Auch sie vertritt ein Phasenmodell des körperbezogenen Zugangsweges für mißhandelte/mißbrauchte Patienten, wobei die zentralen Therapieelemente (im Vergleich zu den anderen bisher genannten Therapieverfahren) dem methodischen Zugangsweg der Funktionelle Entspannung (FE) inhaltlich am nächsten stehen: Karcher spricht unter anderem von der „basalen Körperarbeit" mit den „haltgebenden äußeren und inneren Strukturen" – vor allem dem Bezug zum Boden und zum inneren Gerüst –, von der „Einbeziehung des Atemrhythmus" und der Körperinnenräume, aber auch davon, den Patienten zu helfen, den eigenen Platz und die Körpergrenzen zu finden.

Auch Schmitz und Keßler (1999) stellen in ihrem Beitrag über KBT in der stationären Traumatherapie die Arbeit an leiblichen Ressourcen in den Vordergrund, mit dem Tenor: „Bisher empfand ich meinen Körper als schlimm und ausschließlich negativ; er wurde mißhandelt und geächtet. Jetzt entdecke ich, was ich an Positivem in meinem Körper habe, wo er mir wichtig ist, was ich kann, wo ich positive Erfahrungen mit ihm machen und etwas bewirken kann." Sie arbeiten unter anderem auch mit symbolischen Gegenständen, die für die Patienten z.B. die Erstarrung nach dem Trauma aber auch die positiven Ressourcen, wie z.B. „den tragenden Grund" oder den „den inneren Kern der Person" darstellen können und zum Teil als Übergangsobjekte im Therapieprozeß dienen.

Ein Wort zur oben (S. 436 unten) genannten Kontroverse: Reddemann und Sachsse (1997, S. 140) warnten vor der „sich eigentlich als Indikation aufdrängenden Körpertherapie" bei traumatisierten Patienten. Sie äußerten die Ansicht, daß KBT, FE und Analytische Körpertherapie bei Patienten „mit unsicheren Ich-Grenzen und Neigung zu Entfremdungserlebnissen" wegen der Gefahr der Triggerung von Intrusionen kontraindiziert seien, die schon durch beispielsweise „die ‚harmlose' Übung, sich flach auf den Rücken zu legen und die Lage zu spüren" ausgelöst werden könnten. Statt dessen empfehlen sie z.B., daß „der Körper konzentriert und achtsam mit den eigenen Händen berührt werden" solle, oder fest strukturierte Qi-Gong-Übungen. Beides kann hilfreich sein, jedoch ist gegenüber den Vorbehalten von Reddemann und Sachsse zu betonen, daß die behutsame strukturgebende Arbeit an den Körpersystemen innerhalb einer therapeutischen Beziehung, die das Wahrnehmen von Halt und Grenzen erleichtern, bei traumatisierten Patienten, gerade ein wichtiges therapeutisches Agens *gegen* das Überfallenwerden von Intrusionen und Entgrenzungen darstellt. Auch Müller-Braunschweig (1998) betont die große Bedeutung von körperbezogenen Interventionen zur „Grenzstabilisierung", z.B. in der KBT, *vor der Phase der Traumaexposition und -synthese.* Allerdings wird wohl gerade bei dieser Patientengruppe keine erfahrene FE- oder KBT-Therapeutin eine mißbrauchte Patientin in einer „harmlose Übung", einfach so „in Rükkenlage flach auf den Boden legen", denn dies käme einer Retraumatisierung gleich!

Auch Clauer und Heinrich (1999) sprechen die Gefahr von Retraumatisierung, besonders bei gegengeschlechtlichem Therapeuten, an (unseres Erachtens müßte ergänzt werden: besonders in den Affekt und Kartharsis betonenden Schulen und Richtungen innerhalb der Körperpsychotherapie). Andererseits nennen sie zusätzlich die Gefahr der sekundären Traumatisierung des Therapeuten durch Vorgänge der körperlichen Resonanz (oder Gegenübertragung) innerhalb des therapeutischen Prozesses.

3.6.3 Einschätzung der Wirksamkeit körperorientierter Verfahren bei Mißbrauch

Bommert (1993) schreibt zur Frage der Wirksamkeit körperorientierter Verfahren bei Mißbrauch, daß Bemühungen um *wissenschaftliche Nachweise „in Arbeit", aber noch nicht ausreichend vorhanden* seien. Da sie aber eine Notwendigkeit von Anregungen zur therapeutischen Arbeit mit derartigen Verfahren sehe, wolle sie nicht warten, bis genügend Nachweise erbracht seien, sondern eher pragmatisch von ihren eigenen Erfahrungen und Überlegungen ausgehen.

Diese Aussage entspricht in ihrer Tendenz allen bisher genannten Veröffentlichungen und weist auf das Dilemma hin, daß Prozeßparameter für die Psychotherapieforschung der verschiedenen körpertherapeutischen Richtungen und Schulen erst noch entwickelt werden müssen.

Wirksamkeitsnachweise anhand physiologischer Parameter finden sich in den Untersuchungen von Loew et al. (1996) für die Änderung von Lungenfunktionsparametern bei der Behandlung von Asthma-Patienten mit Funktioneller Entspannung. Eine an der Universität Erlangen an 47 Patienten durchgeführte prospektive, kontrollierte und randomisierte Studie zur Therapie somatoformer autonomer Funktionsstörungen des unteren Gastrointestinaltraktes (Colon irritabile) erbrachte, daß bei den Patienten, die mit Funktioneller Entspannung in einem kurztherapeutischen Setting in Kleingruppen behandelt worden waren, im Vergleich zur medikamentös behandelten Placebogruppe noch 2 Jahre nach der Therapie eine deutliche Verbesserung der Beschwerden im Schepank-Beeinträchtigungs-Schwere-Score (BSS) zu verzeichnen war. Dieses Ergebnis ist um so wichtiger, als es sich um die erste kontrollierte, störungsspezifische Therapiestudie mit körperbezogener Psychotherapie im deutschsprachigen Raum handelt – mit Patienten und Patientinnen, die sehr häufig sexuelle Traumatisierungen oder Mißhandlungen in der Anamnese aufweisen.

Derzeit wird, ebenfalls in Erlangen, eine differentielle Therapiestudie, in der Funktionelle Entspannung und Verhaltenstherapie verglichen werden, durchgeführt. Behandelt werden diesmal Patientinnen mit einem primären Fibromyalgiesyndrom (FMS), eine Patientengruppe, die im Vergleich zu Patientinnen mit z.B. rheumatoider Arthritis ebenfalls einen sehr hohen Anteil an biographischen Risikofaktoren (im Sinne von sexuellem Mißbrauch, Mißhandlung und Vernachlässigung) aufweist (Leibing et al. 1999). Eine Einzelfallpilotstudie mit 5 FMS-Patientinnen erbrachte in der 1-Jahres-Katamnese bei den Patientinnen mit *primärem* FMS, das heißt bei chronischen Schmerzen im Bewegungsapparat, die *nicht* infolge einer degenerativen oder entzündlichen Gelenkerkrankung entstanden waren, ebenfalls deutliche Verbesserungen im BSS. Ganz ähnliche Ergebnisse erbrachte eine Einzelfalltherapiestudie an 10 FMS-Patientinnen, die in einer körperbezogenen Gruppentherapie von Heinl (1998) mit gestalttherapeutischer Ausrichtung behandelt wurden: Bei allen Patientinnen fanden sich schwere biographische Traumatisierungen in Form von kriegsbedingter Gewalterfahrung, sexueller und familiärer Mißhandlung und bedeutsamen Verlusten. Die Mehrheit der Patientinnen zeigten Verbesserungen ihrer körperlich-seelischen Befindlichkeit und konnten ihr subjektives Krankheitsmodell in Richtung Integration der traumatischen Erlebnisse verändern.

Notwendig ist eine sinnvolle Kombination von quantitativen und qualitativen Evaluationsmethoden zur Begleitforschung von Patientenbehandlungen bei dieser schwierig zu behandelnden Patientengruppe, für die auch zutrifft, was Eckardt-Henn (1999) für die Artefaktpatienten beschreibt: „Bezüglich der psychometrischen Methodik ist zu bedenken, daß diese Patienten aufgrund ihrer Tendenz zu verleugnen und zu dissoziieren herkömmliche Fragebögen nicht adäquat bearbeiten können. Projektive Tests mögen zu besseren Ergebnissen führen, erfordern aber bekanntermaßen lange Erfahrung und einen entsprechenden zeitlichen Aufwand."

Dies trifft auch auf die quantitative wie auch qualitative Auswertung des sogenannten „Körperbildskulpturtests" zu: Ebenso wie in der FE wird in der KBT (Schmitz und Keßler 1999) inzwischen auch mit „Körperbildskulpturen" gearbeitet, das sind von Patienten, wenn möglich, mit geschlossenen Augen (um die unbewußten Anteile des Körperbildes sichtbar werden zu lassen) geformte „menschliche Figuren" aus Ton. Die Körperbildskulptur kann dabei zu einem diagnostisch-therapeutischen Instrument werden. Die Figur selbst kann z.B. auf ihre Proportionsänderungen vor und nach der Therapie ausgemessen und quantitativ eingeschätzt werden; andererseits kann eine qualitative Analyse der Einfälle der Patienten zu ihrer Tonfigur wichtige Erkenntnisse über die Körper-Selbst-Beziehung der Patienten erbringen und gleichzeitig den Resymbolisierungsprozeß der durch das Trauma entsprachlichten Körperzonen fördern (Arnim und Joraschky 1999).

3.6.4 Fallbeispiel

Frau U. „Die Suche nach der passenden Berührung"
Auf den ersten Blick erweckt die 22jährige Patientin den Eindruck einer „gestandenen Frau": selbstbewußt, sportlich, intelligent, eine Studentin, die ihr Studium gut meistert, in einer eigenen Wohnung lebt, einen festen Händedruck hat und sicher zu stehen scheint.

Erst beim genauen Hinschauen ist die sehr geschickt, aber stark geschminkte Gesichtshaut zu bemerken. Und beim Sitzen eine typische Haltungsänderung: Schon nach kurzer Zeit entfernt die Patientin die Füße vom Boden, winkelt die Beine an, die dann vor dem Oberkörper fest von den Armen umschlossen werden, während sie die Füße auf dem Sitz festklemmt. In dieser Kauerstellung wirkt sie, besonders bei für sie belastenden Gesprächsthemen, wie eine verschlossene Festung oder zwischendurch auch wie ein frierendes Kind, das sich selbst zu wärmen versucht.

In Phasen der Ruhe, besonders wenn sie allein ist und sich einsam fühlt, bekommt die Patientin einen unwiderstehlichen Drang, das Gesicht zu „glätten". Wenn sie davon berichtet, krallen sich die Finger der rechten Hand wie Krakenarme zusammen und bewegen sich immer näher auf ihr Gesicht zu. Sie suche zunächst dort nach Unebenheiten, Unreinheiten und kratze diese dann auf, bis sie merke, daß Blut warm und feucht an den Fingerspitzen zu spüren sei. Dann sei sie „beruhigt", so als sei „die Arbeit getan". Aber sie weiß inzwischen: Wenn sie in den Spiegel schaut, sieht sie die tiefen Verletzungen, die sie sich zugefügt hat und die nur langsam und mit auffälligen Schorfauflagerungen abheilen. Sie ist verzweifelt, bekommt Schuldgefühle, fühlt sich entstellt, häßlich, verunstaltet und ist sich gleichzeitig sicher: Obwohl sie es will, sie kann nicht aufhören, bis das Blut fließt. Die **Symptomatik** schwankt, ist aber oft jeden Tag da, besonders stark in Spannungs- und Krisenzeiten und vor der Menstruation. Schon in der Pubertät ging die Patientin deshalb häufig zum Hautarzt, ahnend, daß er ihr nicht helfen kann. Sie klagt dort über „Hautunreinheiten", verschwieg ihre autodestruktiven Aktivitäten, bekam verschiedene Salben und ließ sich später vom Gynäkologen eine „extra starke Pille" verordnen. Das kam ihrem Wunsch nach einen möglichst überhundertprozentigen Schutz vor einer (grundsätzlich!) von ihr ungewollten Schwangerschaft entgegen.

In einem **Familiengespräch mit der Mutter** der Patientin wirkt diese im Vergleich zur Patientin kleiner, fast jünger, zart, zerbrechlich, wenig in sich ruhend, zu tränenreicher Dramatik neigend. Im gemeinsamen Gespräch weinen nach kurzer Zeit beide. Als die Patientin die Schachtel mit Einmaltaschentüchern auf den Schoß nimmt, greift die neben ihr sitzende Mutter mehrmals nach den oben aus der Schachtel herausschauenden Taschentüchern, um sich die Tränen zu trocknen, dies tut sie jedesmal mit einer heftigen, wütend und übergriffig wirkenden Handbewegung in der Richtung ihrer Tochter. Dabei äußert sie, sie fühle sich durch die Geburt der Patientin, ihrer ersten Tochter, überfordert. Vom ersten Augenblick an, sie war damals 22 Jahre alt, sei das Kind ausschließlich eine Belastung für sie gewesen, wenn sie auch heute sagen könne, Belastungen würden einen im Leben weiterbringen ...

Sie habe mit dem Säugling nichts anfangen können, habe ihm gegenüber nicht zärtlich sein können, habe ihn wie eine Holzpuppe getragen. Dies habe sich erst geändert nach einem häuslichen Unfall in der Säuglingszeit, bei dem die Patientin schwere Verbrennungen erlitt und mehrere Wochen ins Krankenhaus mußte. Danach habe sie (die Mutter) starke Schuldgefühle bekommen, besonders, weil ihr Ehemann ihr Vorwürfe machte. Sie habe nach dem Unfall ihr Verhalten gegenüber der kleinen Tochter geändert und sei eher überbesorgt und überfürsorglich gewesen.

Der Hintergrund dieses Verhaltens der Mutter der Patientin ist deren sexueller Mißbrauch in der Kindheit durch den Großvater der Patientin. Dieser Mißbrauch wurde von der Großmutter der Patientin verleugnet. Als die Patientin vor einigen Monaten mit ihr darüber sprechen wollte, lehnte die Großmutter ein Gespräch darüber brüsk ab.

Zum biographischen Hintergrund des Vaters der Patientin: Der Vater der Patientin leidet an Diabetes mit Hautjucken. Er kratzte sich jahrelang am ganzen Körper blutig, jetzt noch beißt er sich autodestruktiv die Lippen auf.

Kurz vor der Geburt der Patientin erfuhr er die Diagnose Diabetes, danach habe er, wie er in einem Familiengespräch äußerte, alle Aktivitäten, die ihm vorher Spaß gemacht hätten, aufgegeben – sein Leben sei durch die chronische Krankheit zerstört worden.

Auch der Großvater väterlicherseits sei ein „Kratzer", kratze sich häufig die Kopfhaut auf. Nach Angaben des Vaters der Patientin sei er despotisch gewesen. Seine Mutter habe sich jedoch nur für ihr Geschäft interessiert und ihn im Alter von wenigen Wochen fortgegeben. So sei es für ihn ein „Kristallisationspunkt" im Leben gewesen, selbst ein Kind zu haben, das besser versorgt wird.

Die Patientin berichtete über die **Geschichte ihrer Beschwerden**, schon als Säugling habe sie Schaukelbewegungen des ganzen Körpers gezeigt, sie selbst nennt es „Baby-Ruckeln". Mit ca. zehn Jahren habe sie sich die Haare ausgerissen. Eine von den Eltern initiierte Kinderpsychotherapie habe sie nur widerwillig mitgemacht. Sie habe erst mit dem Haareausreißen aufgehört, als die Mutter sich sehr beunruhigt gezeigt habe.

Seit der Pubertätszeit dann, kurz nach der ersten Menstruation, habe sie begonnen, sich das Gesicht blutig zu kratzen. In dieser Zeit seien die Eltern für zwei Jahre getrennt gewesen, die Mutter sei zusammen mit der zwei Jahre jüngeren Schwester der Patientin ausgezogen, habe mehre kurze Beziehungen gehabt, die Patientin sei als „Papakind" beim Vater geblieben.

Inzwischen leben die Eltern wieder zusammen, die Ehe sei aber weiterhin konfliktreich. Die Mutter war wegen Depressionen in stationärer psychiatrischer Behandlung, macht jetzt eine ambulante Psychotherapie und versucht häufig, die Patientin zur Übernahme der eigenen therapeutischen Einsichten zu bewegen, z.B. in dem Sinne, sie solle doch endlich einmal all ihre Wut ihr gegenüber herauslassen, sie könne es gut ertragen, von ihrer Tochter angeschrieen zu werden ... Insgesamt aber sei es ihr schon lieb, wenn die Tochter selbständig würde und sie selber in Ruhe lassen würde.

Und nun Ausschnitte aus den ersten Therapiestunden[1] mit Funktioneller Entspannung:

In der ersten Stunde fühlt sich die Patientin bereits im Stich gelassen, da wegen einer Fortbildung der Therapeutin der erste Termin (damals noch im Rahmen der stationären Therapie) erst einige Tage später stattfinden kann. Sie empfinde sich völlig von Tränen überschwemmt und am ganzen Körper angespannt. Wie im Schwall berichtet sie von ihrer Not. Sie sei wie ein überlaufendes Faß, aus dem ständig Tränen fließen und das doch nie leerer wird. Sie hofft, daß ihr eine Therapie, in der direkt der Körper mitbeteiligt ist, vielleicht noch helfen könne ... Mir kommt das Bild eines „Fasses ohne Boden".

In der zweiten Stunde klagt sie, sie spüre die Füße beim Sitzen nicht, sie wolle sie irgendwie hochlagern und gegen etwas stemmen. Ich stelle ihr meine eigenen Knie, später meine eigenen Handflächen als Unterlage und „Widerlager" zur Verfügung, als Angebot, die Füße besser zu spüren und selbst Dosis und Dauer dieses „äußeren Haltes" zu bestimmen. Das genießt die Patientin, die Hände seien so gut an ihre eigenen Füße angepaßt. Sie wolle immer so bleiben und sich am liebsten nie mehr bewegen.

Auf die Frage, ob doch ein Impuls für eine Veränderung kommen wolle, setzt sie sich im Schneidersitz auf den Boden und „wikkelt" ihre Arme um den Körper. So, jetzt seien auch die Hände ruhiger, aber auch gefesselt, könnten nichts mehr tun. Sie spürt Erschöpfung und Traurigkeit, aber auch Ruhe.

In der dritten Stunde will sie ihre „angepaßte Fassade brechen", will „ihre Wut herauslassen" (Es wirkt fast wie ein therapeutischer Auftrag ihrer Mutter ...). Sie empfindet den ganzen Körper, besonders die Füße, als völlig angespannt und will dies durch heftige Bewegungen lösen. Das Trommeln auf einer Wolldecke bringt keine Minderung der Spannung in den Füßen. Sie steht auf. Auf die Frage nach einem Bewegungsimpuls, einem Wunsch, äußert sie, am liebsten wolle sie in den Arm genommen werden, macht dabei unmittelbar eine Bewegung auf mich zu, fällt mir „in die Arme" und weint. Ich bin zunächst wie überrumpelt, habe Mühe, zu stehen, spüre dann meine Füße und Kniegelenke, halte stand. Sie fühlt sich gehalten, wird ruhiger, die Spannung in den Füßen bessert sich. Sie löst sich wieder, äußert dann, sie fühle sich schuldig, mich „beschmutzt" zu haben: Auf meinem weißen Ärztekittel findet sich oben an der Schulter so etwas wie ein „Abklatsch" ihres mit braunem Make-up bedeckten, beschädigten Gesichts ...

---

[1] Auszüge dieser Stundendarstellungen wurden bereits, zusammen mit zwei Bildern der Patientin, in „Subjektive Anatomie", Hrsg. v. Uexküll et al., 1994, in diesem Verlag veröffentlicht. Wir danken dem Schattauer-Verlag für die Genehmigung zum Nachdruck der Abbildungen 3.2, 3.3 und 3.4, S. 348f.

In der siebten Stunde sagt sie, daß sie ihre Füße nicht möge und auch nicht lange darauf stehen oder gehen könne, obwohl sie doch eigentlich sehr sportlich sei. Als ich sie bitte, einmal im Sitzen ihre Füße und deren Berührungspunkte mit dem Fußboden wahrzunehmen, ohne gleich etwas zu verändern, äußert die Patientin, die ihre Unterschenkel unter dem Stuhl verschränkt hat, die Füße hätten keinen Kontakt zum Boden, sondern hingen eingeklemmt in den Lederriemen ihrer Sandalen. Nur ein Fuß habe über den Schuh an einer kleinen Stelle indirekten Bodenkontakt, aber das sei nicht wichtig, denn sie wünsche gar keine Berührung mit dem Boden. Sie ziehe sowieso meist die Füße nach oben auf den Stuhl.

Sie stellt dann erstmalig beide Füße mit der ganzen Fläche relativ breitbeinig nebeneinander auf den Boden und kommentiert das mit der Bemerkung an mich: „Sie sitzen ja meist so, ich könnte das nie!" Auf das Angebot, sich in dieser neuen Lage ein wenig nach unten für einen kurzen Moment hin „loszulassen", kommt als Reaktion, nein, nein, das bringe bei ihr gar nichts, da merke sie höchstens, daß ihr Po auf dem Stuhl breiter werde, sonst nichts. – Und die Füße? – Von denen spüre sie nur die Außenkante. Vielleicht noch etwas von Ferse und kleinen Zehen. Innen sei ja eh das Fußgewölbe, da könne sie ja gar nichts spüren. Aber es sei da so etwas wie eine Brücke in diesem Bereich ...

Auf das Angebot hin, einmal diese „Brücke" für sich zu nutzen und mit Hilfe von Gewichtsverlagerungen des Rumpfes nach vorn und hinten, verbunden mit einem minimalen Loslassen nach unten, die Fußunterfläche diesmal zwischen Ferse und dem großen Zeh wahrzunehmen, also einmal nicht nur über die Außenkante zu gehen, probiert sie lange und strahlt dann: Zum erstenmal sei der Fuß ganz da und fühle sich jetzt stabiler an. Er sei ja jetzt auch ganz auf dem Boden.

Was wird an diesen Ausschnitten aus der Geschichte der Patientin, deren Behandlung noch andauert, deutlich? Schon beim ersten Eindruck wird erkennbar: Die „gestandene Frau", die ihr Studium mit Bravour meistert, zieht beim Sitzen die Beine vom Boden weg und hält sie verkrampft selbst fest. In der Therapie äußert sie, sie brauche keinen Kontakt zum Boden. Das Autarkie-Ideal bestimmt ihr Leben.

Die Therapiestunden der nächsten Monate sind von den Themen Wahrnehmung des Bodens und der Füße, der Suche nach äußerem und inneren Halt bestimmt. **In der 16. Stunde** geht es um die Zustände des Sich-Allein-Fühlens, in denen sie sich verletzten „muß". Sie könne fast nichts darüber sagen, sie sei wie nicht bei sich, wisse nur, daß sie dabei Schuldgefühle habe.

Auf die Frage, wenn jemand schuld sei, wer dann die Schuld habe an der „Kratzerei", das Gesicht oder die Hand, antwortet sie prompt und wie selbstverständlich: „Das Gesicht natürlich! Es ist doch uneben! Da muß doch die Hand etwas tun, sie kann ja gar nicht anders!" Dann ein längeres, betroffenes Schweigen. (Als die Therapeutin die Äußerung in einer späteren Phase der Therapie wieder aufgreift, kann die Patientin sich nicht daran erinnern und ist erstaunt – selbstverständlich sei es die Hand, die das Gesicht verletzte, nicht umgekehrt!)

Hier ist das Modell von Plassmann hilfreich: Beim Gesichtzerkratzen fällt vor allem die Aktiv-Passiv-Spaltung von bestimmten Körperteilen auf. Der passive Teil, hier das Gesicht, wird zum Schuldigen, wie es Plassmann (1993) mit seinem Begriff der „Spaltungszonen" ausführt, darin scheine sich eine ursprüngliche Szene früher Gewalterfahrungen zu wiederholen. Konkret heißt das: Die Patientin identifiziert sich selbst mit ihrem Gesicht, das böse ist, denn „ich bin böse", sonst würde ich nicht so behandelt, wie ich es werde ...., während die verletzende Hand die Mutter darstellt, denn „die Mutter ist gut". Das Gesicht, das ja nar-

Abb. 3.7 Mit dem Bild des halb geöffneten Tors stellt die Patientin ihre unvollkommene, aber zaghaft sich öffnende Körper-Selbst-Warnehmung dar.

zißtisch hoch besetzt ist, wird zur Repräsentanz negativer Selbst-Anteile oder auch zum Träger des Schattens: Ich bin nicht so, wie ich sein sollte. Plassmann bezeichnet das Gesicht bei Artefaktpatienten, die das Gesicht als „Zerstörungszone" aufweisen, auch als „narzißtische Zone im Körperselbst". Das Gesicht soll bei der Patientin glatt, überangepaßt, gefällig sein. Das Symptom ist also gleichzeitig ein Rettungsversuch: „Ich kratze Löcher in die Mauern meiner Fassade." sagt sie in einer Therapiestunde. Durch das Kratzen hält sie jedoch auch in der Identifikation mit dem Vater den Kontakt.

Für den **weiteren Verlauf der Therapie** sind zentral die immer wiederkehrenden „Test-Aktionen" mir gegenüber, ob ich die hilfreichen Gegenleistungen bereitstelle, damit die „Zerstörungszonen des Denkens" langsam vernarben, die Patientin Worte findet für traumatisierte Körperzonen und vielleicht irgendwann auf ihr selbstzerstörerisches Verhalten verzichten kann. Der Weg scheint primär nicht über die intellektuellen Einsichten zu gehen, sondern über die „Überraschungen", die die Patientin über ihre „Körper-Erspürnisse" erlebt.

Dazu gehört eine Behandlungsszene, die sich im Anschluß an die Klagen der Patientin ergab, sie spüre nie ihren Rücken. So war es dann auch in der Stunde. Deshalb bot die Therapeutin ihr ihre Hände, aufgelegt hinten am mittleren Brustkorb, als

Abb. 3.8 Zweites Bild der Patientin: Verstand und Gefühl im Widerstreit

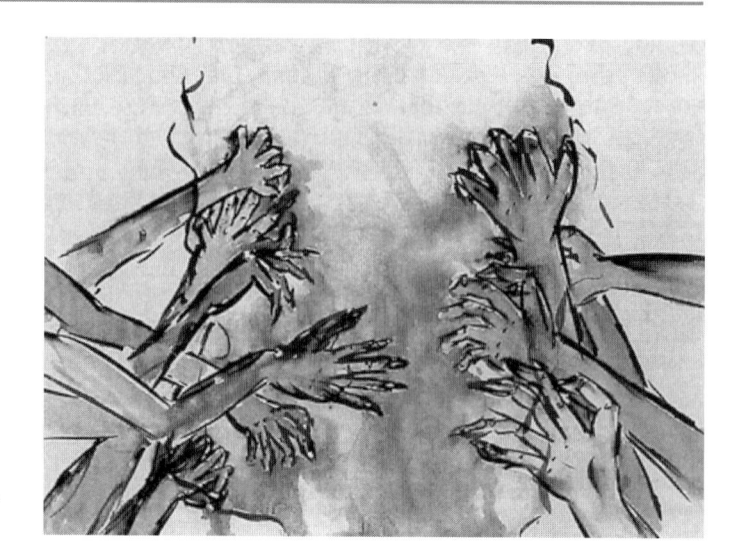

Abb. 3.9 Drittes Bild der Patientin: Ihre Hände zerkratzen ihr eigenes Gesicht.

„Spürhilfe" an. Plötzlich konnte sie sowohl ihren Rücken als auch seinen durch den Atemrhythmus bewirkten leichten Eigenbewegungen wahrnehmen. Dies löste ein Glücksgefühl aus, so als ob „ein Tor aufginge". Sie wolle das zu Hause malen.
Sie bringt das Bild von dem Tor mit (Abb. 3.7). Sie hat Angst, es geht nicht mehr zu. Und was ist dahinter?
Und sie spüre auch schon, es entstünde noch ein Bild in ihr, das könne sie noch nicht klar sehen.
Zur nächsten Stunde bringt sie zwei Bilder mit. Das erste seien die zwei Seiten in ihr, Verstand und Gefühl (Abb. 3.8).
Als die Therapeutin einen Einfall äußert, es erinnere sie auch an die dritte Stunde, als sie ihr „in die Arme fiel", stimmt sie, etwas verschämt zu, lächelt dann. Ein Stück Geschichte.
Zum anderen Bild (Abb. 3.9) äußert sie: „Es ist schrecklich. Eine amorphe Masse. Ich bin es. Es tut weh, jemand reißt an mir. Viele. Es blutet. Es sind aber auch meine Hände."
Erstmals kann danach das Trauma der schweren Verletzung im Alter von acht Monaten angesprochen werden, der schmerzende Rücken. Die Hautberührung, die immer mit Schmerz verknüpft war. Ihr Mangel an „guten", nicht gewaltvollen, schmerzhaften Berührungen wird deutlich. Die Verbalisierung geht über eine bildliche Symbolisierung.
In der nächsten Stunde geht nichts – Liegen, Sitzen, sie fühlt sich haltlos. Auf das Angebot, die Hand der Therapeutin als äußeren Halt zu nutzen, geht sie ein, kann aber diesmal die Gegenleistung nicht nutzen: Die Hand sei eben eine Hand, nicht mehr und nicht weniger. Sie empfinde nichts dabei. Die Therapeutin fühlt sich wie eine inkompetente Mutter, die Hände aus Holz hat ...
Ähnliches spielt sich mit einer Wolldecke im Therapiezimmer ab: In einer Stunde wünscht die Patientin, daß die Therapeutin ihr die Wolldecke um die Schulter legt und fühlt darunter erstmals ihre Haut geschützt, so daß sie „ihre Stacheln nicht mehr ausfahren müsse". In der Stunde darauf ist alles anders anders. Sie will die Decke nicht mehr, sie gibt ihr nichts. Sie kann auch der Therapeutin gegenüber ihre Stacheln zeigen.
In den folgenden Monaten kann Frau U. auf viele destruktive Gewohnheiten (Krat-

zen, aber auch Rauchen, nächtliches Essen anstelle von Schlafen) nahezu verzichten, sie macht Fortschritte in der Wahrnehmung ihrer ganzen Gestalt. Einmal traut sie sich sogar, sich im Liegen ganz dem Boden zu überlassen. Plötzlich bekommt sie Panik. Das Zimmer verschwimmt, alles ist unwirklich, weit weg, sie muß die Augen öffnen. Sie scheint beruhigt, daß die Therapeutin noch da ist und sich nicht hat anstecken lassen von ihrer Panik.

In der nächsten Stunde versucht sie, das „schwarze Loch" ihrer unbekannten Körperräume zu spüren, indem sie sich in Bauchlage auf den großen Gymnastikball legt. Zunächst spürt sie nichts, dann ihren eigenen Rhythmus als Raumausdehnung. Sie kann sich ausdehnen, ohne daß der Ball beschädigt wird, sie spürt nun deutlicher, wo sie aufhört und er anfängt, sagt sie. Einige Stunden danach klagt sie, es habe sich doch im Grunde gar nichts geändert, sie habe alle ihre Fehler und „Laster" behalten, was das denn alles solle! Dabei hüpft sie, erstmals auf dem großen Ball sitzend, schwungvoll, fast übermütig, auf und nieder. Wie eine Dreijährige …

In der Abschiedsphase wurde die Patientin eher zur pubertierenden Tochter: Sie gab sich häufig schnippisch bis abwertend, unter anderem deshalb, weil die unvermeidliche Trennung näher rückte. Es kehren alle „Dämonen" noch einmal zurück: die Schlafstörungen, die Alpträume, die nächtlichen Freßanfälle am Kühlschrank und zuletzt auch das Kratzen.

Trotzdem blieb die Patientin bei ihrem selbstgesteckten Ziel, das nächste Stück des Weges ohne therapeutische Begleitung zu gehen. Sie schloß ihr Studium ab und zog zu ihrem Lebensgefährten in eine weiter entfernt gelegene Stadt, wo sie eine Stelle bekommen hatte. Sie war entschlossen, ihn zu heiraten, trotz der vorherigen mehrjährigen Eifersuchtskonflikte mit vielen Verlustängsten und obwohl sie am Anfang der Therapie mehrmals betont hatte, nie heiraten zu wollen.

Das Weggehen von der Therapeutin und auch das Wiederkommendürfen wurden immer wieder geübt, auch ganz konkret im Raum. In der letzten Stunde schenkte die Patienten der Therapeutin einen Blumenstrauß und einen kleinen blauen Stein, der in vielen Facetten schimmerte, mit einer seitlichen Eindellung, die wie eine Narbe aussah. Nach einem halben Jahr kam die Patientin in einer Krise im Anschluß an das gelungene Abschlußexamen noch einmal, um sich danach um so sicherer trennen zu können."

3.6.5 Zusammenfassung

In diesem Kapitel wurde anhand eines Fallbeispiels exemplarisch der Zugangsweg eines körperorientierten Verfahrens, hier der Funktionellen Entspannung, bei der Behandlung schwer traumatisierter Patienten vorgestellt. Diese Methode basiert eher auf der Anthropologischen Medizin, der Tiefenpsychologie und der psychoanalytischen Säuglingsforschung als auf der Theorie von Reich, die für die bioenergetisch orientierten Verfahren bestimmend ist.

> Die Funktionelle Entspannung ist eine „leise Methode", die von den strukturgebenden körperlichen Ressourcen ausgeht und zunächst diese stärkt, bevor die Aufdeckung von körperlich-seelischen Traumatisierungen angestrebt wird.

Gemeinsam ist beiden Richtungen der Einsatz der therapeutischen Berührung, Unterschiede liegen in der Rhythmusorientierung der Funktionellen Entspannung, (durch den Einsatz von „Spielregeln", die ein „Loslassen" ermöglichen sollen) und dem Betonen der Verbalisierung der propriozeptiven Körperwahrnehmung.

> Ziel ist dabei eine „semiotische Progression", d.h. die Verbesserung der Symbolisierungsfähigkeit durch den Patienten, ausgehend von der Hypothese, daß Körper-Selbst-Störungen auf einer gestörten Körperwahrnehmung und der Unfähigkeit, bestimmte Bereiche zu verbalisieren, beruhen.

Frau U. versucht in ihrer Primärsymptomatik durch selbstverletzende Aktivitäten den primär gestörten Mutter-Kind-Dialog taktil zu wiederholen und zu ersetzen. Der nicht gespürte Rücken ist hier im Rahmen der allgemeinen Herabsetzung der taktilen und propriozeptiven Wahrnehmung zu verstehen, außerdem ist er der Ort der massiven Traumatisierung in der Säuglingszeit durch Verbrennung der Rückenhaut. Der anschließende mehrwöchige Krankenhausaufenthalt (die Eltern fuhren in dieser Zeit in den Urlaub) stellt zusätzlich ein schweres Deprivationstrauma dar. Nach der therapeutischen Berührung des Rückens dieser Patientin wird es ihr sowohl möglich, ihren Rücken wieder wahrzunehmen, als auch, sich erstmals in einer Serie von Bildern (bildliche, vorsprachliche Symbolisierung!) dem frühen Trauma zu stellen. Sie äußert dabei die Befürchtung, die nun geöffneten Tore (Abb. 3.7) könnten nicht mehr zu schließen sein ...

Von ausschlaggebender Bedeutung für die therapeutische Situation ist die Beachtung der psychischen und körperlichen Gegenübertragung, der averbale Kontakt in der Szene, die beim Therapeuten selbst auftauchenden Körper-Empfindungen und Gefühle. Nur so kann eine Körperintervention „stimmig" sein, d.h. eine erneute Retraumatisierung, z.B. durch verbale oder körperliche Grenzverletzung, vermieden werden. Dazu ist eine ausreichend lange Selbsterfahrung, Ausbildung und Supervision des körperorientierten Psychotherapeuten notwendig.

Denkbar ist auch eine enge Kooperation z.B. mit einem psychoanalytisch arbeitenden Psychotherapeuten, so daß die körperbezogene Therapie entweder von einem Therapeuten allein oder in Zusammenarbeit mit einem verbal arbeitenden Kollegen erfolgen kann, was den schwer traumatisierten Patienten gute Möglichkeiten geben kann, sich eine „therapeutische Triade" zu schaffen.

> Die bisherigen Erfahrungen sprechen dafür, daß ein körperbezogener Zugangsweg für Patienten mit schweren Traumatisierungen und Störungen im Bereich des Körper-Selbst im Vergleich zu einem ausschließlich verbalen Vorgehen von deutlichem Vorteil sein kann, um abgespaltene Körperzonen und blockierte Affekte zu reintegrieren.

3.7 Familientherapie

Peter Joraschky

Inhalt

3.7.1 Handlungsleitende Therapiemodelle 447
      Das Täter-Opfer-Modell 447
      Das Familiensystem-Modell 447
3.7.2 Verschiedene Therapie-Settings 448
3.7.3 Multisystemische Behandlungsprogramme 448
      Die Aufklärungsphase 449
      Die Behandlungsphase 451
3.7.4 Sitzungen mit Subsystemen 451
3.7.5 Fallbeispiele 452

Sexueller Mißbrauch stellt durch Geheimhaltung und verleugnende Reaktionen des Täters nach der Aufdeckung ein denkbar schwieriges Feld für ein therapeutisches Bündnis dar und galt lange Zeit therapeutisch als extrem schwierig und für therapeutische Initiativen frustrierend. In den letzten zehn Jahren wurde eine Vielzahl von Behandlungsformen und -settings erprobt, wodurch deutliche Fortschritte erzielt wurden. Einseitige Opfer-Täter-Behandlungsmodelle mit individueller oder Gruppentherapie wurden abgelöst von strukturierten mehrdimensionalen Behandlungsschemata, die phasenweise mehrere Therapieformen parallel einsetzten.

3.7.1 Handlungsleitende Therapiemodelle

Das Täter-Opfer-Modell

Es betont die Linearität der Handlung des Erwachsenen, der Macht über das Kind ausübt. Es geht klar mit der Schuld um, benennt die Verantwortlichkeit, isoliert die Gefahrenquelle. Die Therapie der Inzestopfer hat das Ziel, Schuld- und Schamgefühle zu beseitigen. Das Modell erkennt die Notwendigkeit, die Kinder zu verstehen und nicht ihre Gefühle und Erfahrungen zu verleugnen.

Probleme: Häufig ignoriert das Modell die starken Gefühle, die Familienmitglieder füreinander empfinden, selbst wenn sie zu Opfern geworden sind. Oft betonen Therapeuten in der Familie die eigenen negativen Gefühle über den Vater, die unter Umständen nicht deren Gefühlen entsprechen. Die Trennung der Tochter vom Vater kann die Unfähigkeit fixieren, selbständig eine Veränderung herbeizuführen, das gleiche kann für die Mutter gelten.

Das Familiensystem-Modell

Durch Neustrukturierung der Familie soll verhindert werden, daß in künftigen Generationen eine Wiederholung des Inzests stattfindet. Interaktionen werden mitberücksichtigt. Es führt eher dazu, daß die Familie zusammenbleibt, mit all den dazugehörigen emotionalen und wirtschaftlichen Vorteilen. Die Integration neuer Verhaltensmuster wird gefördert, langfristige Veränderungen werden angestrebt. *Gefahren* liegen darin, daß das psychopathologische Problem des Vaters übersehen werden kann, die Tat zu sehr bagatellisiert wird, die Mütter zu sehr beschuldigt werden.

3.7.2 Verschiedene Therapie-Settings

Eine **Gruppentherapie** für Kinder führte Mrazek (1981) über sechs Monate durch. Die Erfolge waren gering, obwohl sich auch die Eltern in der Gruppendiskussion über drei Monate trafen. Gottlieb und Dean (1981) beschreiben eine siebenmonatige Therapie mit einer Adoleszentengruppe. Zu einem grundlegenden Wandel, vor allem der Gesamtsituation der Familie, war dieser Ansatz jedoch nicht in der Lage.

In den Anfängen familiendynamischer Forschung konnten die familientherapeutischen Ansätze nicht überzeugen (Machotka et al. 1967; Eist und Mandel 1968; Gutheil und Avery 1977). Eine Übersicht über die Möglichkeiten der Familienbehandlung im weiteren Sinne gibt Sgroi (1982). Meistens wurde der Täter als so manipulativ gesehen, daß er entweder die Therapie abbrach oder versuchte, den Therapeuten auf seine Seite zu ziehen (Giarretto 1976). Daher war eine Familientherapie mit allen Familienmitgliedern zunächst als nicht geeignet angesehen worden.

Nach diesen Therapieversuchen entwickelte sich die Therapie weiter, und es traten vor allem **Kombinationstherapien** in den Vordergrund: Einzelgespräche, Gruppengespräche, Gruppen von Vätern, von Mütter, von Eltern und adoleszenten Opfern. Sgroi (1982) betont, daß die Therapie in den verschiedenen Settings die grundlegenden Bedürfnisse der Familie vor Augen haben muß. Es geht um den Schutz des Opfers und um die Änderung der Faktoren, die zum Inzest beigetragen haben, wie das Versagen, Grenzen zu setzen und die Bedingungen für gewalttätige Impulsdurchbrüche zu stoppen (Boatman et al. 1981; Keller et al. 1989). Die Prognose wird als schlecht angesehen, wenn die Eltern sich gegen das Opfer verbünden, wenn sie Gewalt anwenden, damit es die Anzeige zurückzieht, wenn es keinen erwachsenen Verbündeten des Opfers in der Familie gibt. Sarles (1975) und Herman (1981) betonen die Funktion der Mutter, die am ehesten in der Lage ist, die Kontrolle zu erlangen und das Inzestgeschehen zu verhindern.

Optimistischer klingen Berichte von Giarretto (1976), der keinen Rückfall bei 250 Familien feststellen konnte, wenn sie die Therapie formell beendeten, also nicht abbrachen. Hier wurde ein Spektrum von therapeutischen Settings angeboten, erweitert durch Selbsthilfegruppen. Hier hat sich erstmals ein Therapieprogramm auch mit den Institutionen so erfolgreich auseinandergesetzt, daß ein hohes Maß an Zusammenführungen der Familien wieder möglich wurde. Aus Giarrettos Sicht ist eine *ausschließliche Familientherapie ohne zusätzliche Kombinationstherapie nicht erfolgreich*.

3.7.3 Multisystemische Behandlungsprogramme

Es soll hier vor allem auf das Modell eines multisystemischen Vorgehens Bezug genommen werden, welches Trepper und Barrett (1990) in den letzten zehn Jahren weiterentwickelt haben. Ergebnis ihrer bisherigen Behandlungsprogramme ist, daß Inzest als behandelbar aufgefaßt wird. Das heißt, inzestuöse Übergriffe auf Kinder konnten in 90% infolge einer Therapie gestoppt werden, und zwar in vielen Fällen, ohne die Familie auseinanderreißen zu müssen. Trepper und Barrett (1990) stellen mit ihrem Modell multipler Systeme ein Programm vor, welches die

Einseitigkeit der Opfer-Täter-Dichotomie und die „Fiktion der Gleichheit aller Elemente" eines rein systemischen Ansatzes überwindet. Das Problem Inzest wird im Familienkontext verstanden, unter Berücksichtigung biographischer Merkmale und Einbeziehung des Umfeldes der Familie. Dabei werden die weibliche und männliche Sozialisation, die Machtverhältnisse, die Auslöser für die Übergriffe und die Vulnerabilität sowie das Coping-Repertoire im Familien- und Makrosystem beurteilt (vgl. Kap. 1.6).

Die meisten Inzest-Behandlungsprogramme (Giarretto 1976; Justice und Justice 1979; Kempe und Kempe 1984; Sarles 1975) werden von Institutionen durchgeführt (pädagogische Einrichtung, kirchliches Familienberatungszentrum, Jugendamt).

> Dabei hat sich der Team-Ansatz bewährt, da sich der Einzelne angesichts der enormen affektiven Ansprüche leicht verausgaben kann. Die Arbeit erfordert erfahrene Familientherapeuten, die großen Belastungen können nur durch Einzel- und Team-Supervision getragen werden. Experten sollten in schwierigen klinischen und ethischen Fragen hinzugezogen werden.

Sorgfältige Planung und Kooperation sind besonders gefordert, weil in der Regel eine Vielzahl von Institutionen mit einbezogen ist. Um hier Konfusionen, Konflikte und Spaltungen zu vermeiden, ist es notwendig, eine sehr sorgfältige interinstitutionelle Kooperation unter systemischer und psychodynamischer Supervision einzugehen, weil diese Interaktionen häufig unbewußte Familienbeziehungen widerspiegeln. Dabei besteht bei der Aufdeckung und Einbeziehung der Institutionen die Gefahr einer zweiphasigen Traumatisierung durch die Art der Aufdeckung der Tat sowie des Umgangs damit.

Daraus resultiert, daß eine Behandlung in keiner Weise ein uniformes Programm darstellen kann. Programme jedoch geben eine gewisse Struktur und Sicherheit, müssen aber die Heterogenität der Umstände und die Vielfalt der Einflußfaktoren flexibel berücksichtigen. Insofern unterliegen Programme immer auch der Gefahr, zu starr zu sein und zur Routine zu werden. Multisystemische Ansätze gehen von einem therapeutischen Phasenmodell aus, mit einer Vorphase (wo dem Kontakt mit den beteiligten Institutionen besonderes Gewicht beigemessen wird) über die diagnostischen Sitzungen bis hin zu Versöhnungssitzungen. Eindeutig wird der Stabilisierung der Familie zugunsten des Opfers entgegengetreten. *Harte Konfrontationen* und *Versöhnlichkeit* sind die tragenden emotionalen Größen des Arbeitsbündnisses. Dabei ist kein einheitliches Schema therapeutischer Intervention möglich, im Gegenteil, die Vielfalt vernetzter Faktoren, gerade sozialer Faktoren, ist immer wieder neu unter systemischen Aspekten zu reflektieren.

Die Aufklärungsphase

Die Aufdeckung ist für die Familie mit einer emotionalen Zerreißprobe verbunden: ein ganzer Strom von Helfern dringt in das Leben ein, die Familie fühlt sich zersplittert, neben den emotionalen Überforderungen sind auch ökonomische Krisen zu erwarten.

> In der ersten Sitzung sollte ein Kind niemals zusammen mit dem Elternteil in einem Raum sein, der die Fakten des Übergriffs leugnet. Zunächst sollte man daher die Eltern ohne die Kinder sehen. Geschwister sollten die Wahrheit erfahren, weitere Vortäuschungen als falsch verstandener Schutz sollten unterbleiben.

Die Diagnostik in einem Familienprogramm hat das Ziel, festzustellen, welche Faktoren zum Beginn und zum Fortbestehen der inzestuösen Übergriffe beigetragen haben, welche Faktoren die Inzestvulnerabilität der Familie bestimmt haben (vgl. Kap. 1.6). Dies erfordert eine umfangreiche Informationssammlung, wobei auch Fragebögen und psychologische Tests eingesetzt werden können.

Ziele der Diagnostik:
- Es muß jede ernsthafte Psychopathologie eines Familienmitglieds aufgedeckt werden (z.B. Depression des Opfers, um einen Selbstmordversuch abzuwenden).
- Es muß eine Analyse der Bedingungen, die zur Inzestvulnerabilität beitragen, erfolgen sowie der Faktoren, die die inzestuösen Übergriffe weiter aufrechterhalten.
- Geklärt werden müssen Auslöseereignisse und Belastungen, die einer inzestuösen Episode vorausgingen.
- Erfaßt werden sollten jene Bewältigungsmechanismen, die der Familie fehlen, um die Grenzüberschreitungen zu verhindern.

▶ **Institutionelle Koordination:** Für den Therapeuten ist es wichtig, von Anfang an mit den gerichtlichen Anordnungen und Erwartungen vertraut zu sein. Polizei, Staatsanwaltschaft, Strafgericht, Sozialbehörde, Jugendamt, Schulbehörde, Anwälte, Presse wirken auf die Arbeit mit der Familie ein. Die Rolle jeder beteiligten Institution muß festgelegt werden. Hier geht es um klare Abstimmungsprozesse, die durch gemeinsame Besprechungen der beteiligten Institutionen als erstes geklärt werden müssen. Durch die grenzengestörte, unterschwellig destruktive Dynamik der Familien bestehen naheliegende Möglichkeiten, agierend die Dynamik auch im institutionellen Team fortzuführen, so daß einer Konsensus-Konferenz ein hohes Maß an Flexibilität abverlangt wird.

Die Therapie wird in der Regel mit einem Aufnahmeritual eröffnet. Es werden die Bedingungen und Regeln des Arbeitsbündnisses festgelegt, die für das Einhalten der Therapie notwendig sind und deren Bruch die Beendigung der Therapie bedeutet.

▶ **Wohnarrangements der Familie:** Werden intrafamiliäre sexuelle Übergriffe auf ein Kind aufgedeckt, wird das betroffene Kind meistens vom schuldigen Elternteil getrennt. Häufigstes Arrangement ist, daß der Täter ausziehen muß. Spielte sich der Übergriff nur kurzfristig ab und zeigt die Mutter verläßlich Schutzfähigkeiten, wird auch zunehmend der Vater in der Familie belassen, vor allem wenn die Familie ganz hinter der Therapie steht und für den Therapeuten sicher scheint, daß er die Familie ausreichend überwachen kann.

Die Wiederzusammenführung ist für die meisten Familien allerdings auch eine Belohnung und ein Verstärker, wenn Familien tatsächlich grundlegende Veränderungen in ihren Verhaltensmustern, die für Inzest anfällig gemacht haben, aufweisen.

Voraussetzungen für die Zusammenführung der Familie sind:
- Das Opfer bringt in Einzelsitzungen mehrere Male zum Ausdruck, daß es sich zu Hause vor weiteren Übergriffen sicher fühlt.
- Es existieren Sicherheitspläne, in die Mutter, Großeltern und andere Familienmitglieder einbezogen sind.
- Inzest-Vulnerabilitätsfaktoren werden von der Familie verstanden und akzeptiert. Bei den Faktoren, die den Übergriff auslösen, hat sich eine wesentliche Veränderung ergeben (z.B. Alkoholismus des Vaters).
- Kein Familienmitglied streitet die Tatsache des sexuellen Übergriffs ab.
- Verleugnungen sind abgebaut.
- Die Mutter ist in der Lage, die Kinder vor weiteren Übergriffen zu schützen.

▶ **Das Ritual der Entschuldigung:** Zwischen Phase I und Phase II ist die Grenze nicht scharf. Häufig kommt es in der ersten Phase, wo der Kontext für Veränderungen geschaffen werden soll, schon zu ersten Änderungen. Als Trennlinie zwischen beiden Phasen hat sich das Ritual der **Entschuldigungssitzung** (Justice und Justice 1979; Trepper 1986) als eine beeindruckende Intervention bewährt, durch die mehrere Ziele angestrebt werden:

In der Entschuldigungssitzung kommt es zu einer Verfestigung der Phase I. Um diese Phase abschließen zu können, müssen alle Familienmitglieder die Tatsachen bezüglich des Übergriffs akzeptieren. Sie haben eine Vorstellung davon, welche Umstände den Übergriff verursacht haben und welche Faktoren zur Inzestvulnerabilität der Familie beigetragen haben. In der Entschuldigungssitzung hat die Familie die Möglichkeit, dies aktiv zu integrieren.

- Die Entschuldigungssitzung zwingt den schuldigen Vater, formell die Verantwortung für den Inzestübergriff zu übernehmen. Er muß ganz klar zum Ausdruck bringen, daß er allein und niemand anders letztlich dafür verantwortlich ist.
- Im Rahmen der strukturellen Intervention kann der Therapeut die „Manipulation des Raumes" (Minuchin 1974) benützen, indem er die Eltern nebeneinanderstellt und die Kinder ihnen gegenüber. Wenn beide Eltern sich für ihren Anteil am Problem bei den Kindern entschuldigen, nicht aber die Kinder gebeten werden, sich für irgend etwas zu entschuldigen, wird eine feste Grenze zwischen Eltern und Kindern errichtet. Der Vater muß sich außerdem für sein Leugnen des Übergriffs, die dadurch entstandenen Probleme sowie die Auswirkungen des Übergriffs auf seine Tochter und die übrigen Familienmitglieder entschuldigen.

Diese Entschuldigungssitzung ist eine relevante Versöhnungsintervention und bedarf meist monatelanger Vorbereitung. Eine vorschnelle „Pseudoentschuldigung" nimmt diesem wichtigen Schritt die affektive Brisanz und die Bedeutung eines emotionalen Neuanfangs.

Die Behandlungsphase

Das Hauptziel der Intervention im zweiten Stadium liegt darin, die dysfunktionalen Interaktionssequenzen in der Familie zu unterbrechen. Hierzu dienen direkte familientherapeutische Interventionen, wie Rollenspiele oder Hausaufgaben – sowie indirekte Interventionen, wie die Benutzung von Metaphern. Das Verstehen der Bedeutung einer gestörten Verhaltenssequenz wird positiv konnotiert, negative Konsequenzen der Veränderung werden diskutiert.

Direkte Interventionen konfrontieren die Familie mit dysfunktionalen Verhaltenssequenzen:
- Der als Vulnerabilitätsfaktor benannte Stil des Übergriffs in der Familie wird dargestellt und als problematischer Stil konfrontiert (z.B. Rollenspiele).
- Die Trennungsängste, die meist hinter der angespannten Familienkohäsion stehen, werden angesprochen und hypothetisch durchgearbeitet.
- Strukturelle Interventionen richten sich auf die Klarheit der Generationsgrenzen im Sinne der Hierarchieetablierung.
- Die Kommunikationsmuster werden verbessert.

3.7.4 Sitzungen mit Subsystemen

▶ **Einzelsitzungen:** Vier Hauptproblemkreise sind Schwerpunkte in der Einzeltherapie: das Gefühl der Viktimisierung, Macht und Kontrolle, sexuelle Probleme und Verbesserung des Selbstwertgefühls. Im Schutz der sicheren und intimen therapeutischen Beziehung kann Vertrauen und Privatheit gefördert werden. Dies ist wichtig, weil Inzestfamilien häufig so verstrickt sind, daß jegliche Gefühle und Bedürfnisse außerhalb des familiären Rahmens als illoyal betrachtet werden. Die Einzeltherapie sollte jedoch, wenn sie parallel zur Familientherapie durchgeführt wird, auch systemisch ausgerichtet bleiben und in die Familiensitzung integrierbar sein.

▶ **Ehetherapie:** Die direkte therapeutische Intervention in das eheliche Subsystem ist eine der zentralen Komponenten des II. Stadiums der Therapie. Ziel ist, Flexibilität des Paares und wechselseitige Verbundenheit zu fördern. Die Vertiefung der Intimität als Ziel bedeutet, über Bedürfnisaustausch und Sexualität zu sprechen, die Geheimnistuerei und Tabuisierungen aufzulösen.

▶ **Einbeziehung der Herkunftsfamilie:** Wenn es gelingt, über längere Motivationsphasen die Einbeziehung der Herkunftsfamilie zu erreichen, lassen sich Grenzüberschreitungen als ein sich in mehreren Generationen wiederholendes Muster der Täter-Opfer-Situation klären, was zu einer großen Entlastung führen kann. Familiengeheimnisse, die meist unbewußt in der Folgegeneration weiter wirken und eine enorme systemische Kraft entwickeln, können in der Herkunftsfamilie begründet werden, so daß Familientraumata, die starke Projektionen in Gang setzen, aufgelöst werden können. Alte Abhängigkeitsmuster können flexibler gestaltet, die Familiengrenzen klarer gezogen werden.

▶ **Sitzungen mit den Kindern:** Sitzungen mit den Kindern bekräftigen das Kindersubsystem. Da in der Regel alle Kinder Gefühle von Angst, Schuld und Scham aufgrund des sexuellen Übergriffs haben, können durch offene Diskussionen diese Empfindungen abgemildert werden. Der Therapeut klärt für die Kinder wieder die Realität und löst Mystifizierungen auf. Kinder sind zudem offen für Veränderungen, die geschwisterliche Bindung kann gestärkt werden.
Bei jüngeren Kindern kann mit Hilfe von Spielzeug, Rollenspielen und künstlerischer Gestaltung der affektive Prozeß angeregt und zum Austausch gebracht werden.
Auch eine Therapie mit dem erweiterten sozialen Netzwerk, die Einbeziehung von Außenstehenden schafft eine Öffnung der gefährlichen Erstarrung und Konfliktvermeidung.
Eine derartige integrative Arbeit mit Subsystemen in einem umfangreichen Phasenprogramm der Therapie stellt dar, welch großer Aufwand an oft parallel durchgeführten Therapien im Einzel-, Paar- und Gruppensetting notwendig ist, wobei die Familientherapie in der Regel über ca. drei Jahre durchgeführt wird, um den zu Beginn genannten hohen Erfolgswert zu erreichen.

3.7.5 Fallbeispiele

Es handelt sich um eine, während einer stationären Psychotherapie einer 36jährigen Patientin sich verstärkende Verdachtssituation von sexuellem Mißbrauch an den Kindern der Patientin. An diesem Beispiel soll der Übergang von einer idealisierten harmonischen, aggressionsfreien Familienwelt in ein sich zunehmend einengendes, durch Überkontrolle zerstörtes Zwangssystem mit verwischten innerfamiliären Grenzen dargestellt werden, das schließlich zu einem grenzüberschreitenden Schädigungssystem wurde. Es kam also während der stationären Einzeltherapie zur Aufdeckungsphase mit allen kriminalistischen Aspekten und schließlich sich ausweitenden behördlichen Aufspüraktionen.
Die Patientin, Mutter von Julia (7 Jahre) und Petra (5 Jahre), kam zur Aufnahme, nachdem sie nach einem Magen-Darm-Infekt Brechdurchfall hatte und an Gewicht verlor. Innerhalb von drei Monaten nahm sie trotz Sondenernährung und Infusionstherapie schließlich von 77 kg auf 37 kg ab. In verschiedenen internistischen Abteilungen zog sie sich wegen des selbstinduzierten Erbrechens und der Manipulation an den Infusionsschläuchen heftige Aversionen zu. Aufgrund zunehmender Kachexie und Depression kam sie schließlich in die stationäre Psychotherapie.
Biographie: Die Mutter ist zweitjüngstes von vier Kindern. Ihre Mutter war schwer herzkrank. Die Patientin stand der Mutter nahe und kümmerte sich immer wieder um sie. Überraschend kam für sie im 13. Lebensjahr der Tod der Mutter. Der Vater ließ sich daraufhin wegen Angina pectoris berenten. Sie erlebt den Kontakt zu ihm als belastend, er habe ihren Geschwistern nähergestanden, z.B. nie ihren Geburtstag in

Erinnerung behalten. In ihren Vorstellungen ließ er sie fallen, weil sie sich immer auf die Seite der Mutter gestellt hatte. Konflikte konnte sie schlecht austragen, ein Konflikt mit ihrem älteren Bruder führte dazu, daß sie den Kontakt endgültig zu ihm abbrach. Sie lernte Näherin, fühlte nach dem Tod der Mutter zuhause keinerlei emotionale Unterstützung. Nachdem sie mit 16 Jahren ihren Mann kennenlernte, heiratete sie ihn mit 17, er war 19 Jahre alt. Ihren Mann schildert sie als fürsorglich, es gab nie Streit, und er war überaus zuverlässig. Der zwei Jahre ältere Partner hatte sich wie sie nach einem harmonischen Zuhause gesehnt, nachdem er ebenfalls als zweitjüngster von vier Brüdern sehr unter den Gewalttätigkeiten des Vaters, der vor allem in Alkoholzuständen impulsiv um sich schlug, litt. Er verließ ebenfalls mit 16 Jahren das zerrüttete Elternhaus und machte eine Ausbildung bei der Polizei.

Einen Einschnitt bedeutete nach 10jähriger Ehe, die als glücklich und mit guten Aussenkontakten geschildert wird, die Geburt der ersten Tochter, als sich nach einem Jahr herausstellte, daß sie einen insulinpflichtigen Diabetes hatte. Leider erkrankte die zwei Jahre später geborene zweite Tochter ebenfalls an Diabetes. Von dieser Zeit an widmete und opferte sich die Patientin völlig den Erkrankungen der Kinder und steigerte ihre Kontrollneigung bis zur schweren Zwanghaftigkeit. Von diesem Zeitpunkt an verließen die Eltern das Haus nicht mehr, um ja nicht die Kinder unbeaufsichtigt zu lassen. Die aufopferungsvolle Fürsorge brachte die Mutter in schwere Ambivalenz, als ihre zweite Tochter, verschlossen und trotzig, ihr ständig Frühsymptome des Unterzuckers nicht mitteilte und so immer wieder in hypoglykämische Bewußtlosigkeiten verfiel. Die Mutter zog sich daraufhin zurück, erstarrte emotional, verfiel den Kindern gegenüber in affektive Wechselbäder. In ausgeprägten Ohnmachtszuständen verspürte sie aggressive Impulse, die sie jedoch nur gegen sich selbst richten konnte. Parallel hierzu reagierte der Ehemann auf den Rückzug seiner Frau mit zunehmender Kontrolle. Wünsche nach Freizeitaktivitäten tat er als verwerflich und für die Kinder schädlich ab. Sie fühlte sich angekettet, er kontrollierte sie auch finanziell, ermahnte sie zu höchster Sparsamkeit, so daß sie eine Heimarbeit annahm. Er geriet in affektive Spannungszustände, die er jedoch nicht auslebte, da ihn seine Frau damit konfrontierte, daß sie sich, wenn er sie so, wie seine Brüder ihre Frauen schlugen, einmal anfassen würde, sofort von ihm trennen würde. Er schloß sich daraufhin in den Spannungszuständen ein und reagierte sich am Mobiliar ab.

In den letzten beiden Jahren zog sich die Patientin auch sexuell völlig zurück, indem sie Müdigkeit, Erschöpfung und die nächtlichen Kontrollen der Kinder angab. Offensichtlich erlebte der Ehemann den Rückzug als verdeckten Trennungsimpuls und verfolgte sie daraufhin auf Schritt und Tritt.

Zum Therapieverlauf ist zu sagen, daß der Ehemann von Beginn an, vor allem als die Patientin bei der ersten Hausbeurlaubung einen Suizidversuch machte und das Erbrechen noch weiter zunahm, so daß sie auf 33 kg abmagerte, sofort in die Therapie mit einbezogen wurde. Der Ehemann wich den Therapiegesprächen aus, indem er extreme Zeitnot wegen der Blutzuckerkontrollen der Kinder vorgab. Auf der anderen Seite jedoch begannen die Blutzuckerwerte der Kinder immer mehr zu entgleisen, wobei der Vater sie offensichtlich neben der streng kontrollierten Diät auch mit Süßigkeiten fütterte. Auch die Mutter zeigte den Kindern gegenüber ein hochgradig ambitendentes Verhalten. Bei den Besuchen überschüttete sie sie teils mit Liebe, teils registrierte sie sie über Stunden gar nicht mehr. Der Ehemann war in den Gesprächen autoritätsunterwürfig, stellte ein ungetrübtes Bild des gewissenhaften, treuen Vaters und Ehemannes dar, der alles für seine Kinder tut. Im Mittelpunkt der Gespräche standen die Trennungsängste, die verdeckten Kommunikationen, die wechselseitigen Schuldinduktionen und das manipulative Umgehen miteinander in Form von Provokationen, wobei die Patientin offen, der Ehemann verdeckt agierte. Schließlich machte sie ihren Mann durch ein Tête-à-tête mit einem Mitpatienten so eifersüchtig, daß er gewalttätig gegen sie wurde, wobei sie ihm nun die Beziehung aufkündigte.

In der sechsmonatigen stationären Behandlungszeit, die wegen der lebensbedrohlichen Erkrankung notwendig war, eröffnete die Fürsorgerin, die die Kinder mit betreute, daß sich ein Mißbrauchsverdacht anhand der Verhaltensbeobachtungen (die Kinder zogen sich völlig zurück) und den Zeichnungen der Kinder ergeben habe, so daß sie sich in Supervision von Fachleuten begeben habe. Die Zeichnungen stellten Dinosaurier dar, die alle mit gezacktem Penis dargestellt wurden, sie symbolisierten Grausamkeiten, Gewalt, Schmerz. Die Mädchen strichen ihr Zimmer schwarz an, waren bei dem Besuch des Kinderarztes völlig verschüchtert, so daß auch er mit der Fürsorgerin auf eine stationäre Einweisung der Kinder drängte. Die betreuende Kinderpsychiaterin traf die beiden Mädchen verschlossen, aneinanderklammernd an. Die gynäkologische Untersuchung ergab keinen Hinweis auf eine Penetration, die Kinder reagierten jedoch in Worten auffällig, man solle kein Rohr in die Scheide oder in den After schieben. Sie waren voller Berührungsängste und extrem kontaktscheu. Die Körperbilder der Kinder zeigten ausgeprägte Fragmentierungen und in der Zeitabfolge immer mehr Zeichen der Traumatisierung und Verletzung.

In einem daraufhin durchgeführten konfrontativen Aufdeckungsgespräch wurde dem Ehemann verdeutlicht, daß sich Hinweise für die Vernachlässigung der Kinder, wie sie sich in den extremen Diätfehlern äußerten, aber auch für gewalttätige und sexuelle Übergriffe ergeben haben. Es stellte sich heraus, daß in den Tagen vor dieser Konfrontation der Ehemann den Kindern übermittelt habe, die Mutter liege im Koma und würde sterben und sie sei verrückt und müsse, wenn sie überlebe, in der Psychiatrie bleiben.

In der Therapie war die erste Verleugnungsphase mit dem Vater sehr schwierig, da er als Scharfschütze auch die Therapeuten samt ihrer Familie mit Gewalt verbal bedrohte. Die Trennung und die Zusammenführung der Mutter mit ihren Kindern konnte jedoch mit Hilfe einer Fürsorgerin gewährleistet werden, wobei in der Subsystemtherapie der Mutter mit ihren Kindern auffiel, wie schlecht die Mutter mit den verängstigten Kindern umgehen konnte, wie sehr ständige Ablehnungsimpulse auftraten und wie sehr sie die Kinder immer wieder vernachlässigte. Durch Gespräche mit der Herkunftsfamilie war es möglich, daß die Mutter mit den Kindern bei ihrer Schwester einzog, so daß die warmherzige Schwester sich mit um die Kinder kümmern konnte. Der Vater stellte sich im ersten halben Jahr als Opfer dar, er sei jedoch bereit, für das Wohlergehen seiner Töchter alle seine Interessen hintanzustellen und sich mit jeder Regelung zufrieden zu geben. Nach einem Jahr willigte er in die Scheidung ein, fand selbst eine Partnerin, und es konnte erreicht werden, daß er das Agieren über die Kinder zunehmend abbaute und den manipulativen Einfluß auf die Kinder zurücknehmen konnte, wobei auch seine neue Partnerin in die Gespräche einbezogen wurde.

Im in Kapitel 1.6 dargestellten Inzestbeispiel (S. 96f) konnte die Therapie in ähnlicher Form, wie von Trepper und Barrett (1990) vorgeschlagen, durchgeführt werden:

Es kam zur sofortigen räumlichen Distanzierung, indem der Vater in einer Einliegerwohnung in der Nähe der Wohnung ein Zimmer bezog. Die Mutter ging in eine

Selbsthilfegruppe, die Tochter wurde in der Kinder- und Jugendpsychiatrischen Ambulanz in Einzel- und später auch Gruppengesprächen betreut. Im ersten Jahr wurden insgesamt 15 Paargespräche durchgeführt, in denen zunächst die verleugnenden, aufspaltenden Seiten des Vaters konfrontativ aufgegriffen wurden, der versuchte, sich durch Märtyrer- und Unterwerfungsgesten noch weiter in eine Kindrolle zu flüchten. Erst als der Vater wieder eine Berufsstelle außerhalb des Hauses finden konnte, war es möglich, die Partnerkonflikte, die sexuellen Frustrationen und die lange verleugneten Bedürftigkeiten anzusprechen. Anschließend kam es zu der Versöhnungssitzung unter Einschluß der Tochter.

Im zweiten Jahr der Therapie konnte dann auf weitere strukturelle Veränderungen im Sinne des affektiven Austausches, der Grenzenstabilisierung, der Rollen- und Aufgabenverteilung sowie auf ein Reflektieren der affektiven, aus der Herkunftsfamilie rührenden Störungen hingearbeitet werden.

Hierbei war es wichtig, die Herkunftsfamilie von Mutter und Vater mit einzubeziehen und die Gewalt als Machtregulation im Kontext von Enttäuschung, Trennung, Fallenlassen zu verstehen. Erst nachdem der Vater sowohl seine Elternverantwortung wie seine kindlichen Bedürfnisse bei sich wahrnehmen konnte, konnte er sich nach und nach auch empathischer in die Verletzung der Tochter einfühlen. Dies ging Hand in Hand mit der Wahrnehmung seiner eigenen kindlichen Verletztheit.

3.8 Präventionsprogramme und ihre Wirksamkeit zur Verhinderung sexuellen Mißbrauchs

Arnold Lohaus und Hanns M. Trautner

Inhalt

3.8.1 Einführung 456
3.8.2 Prävention bei potentiellen Opfern 457
        Zentrale Bestandteile von Präventionsprogrammen 457
        Evaluationsergebnisse zur Wirksamkeit von Präventionsprogrammen 459
        Kritik an Präventionsprogrammen, die an potentielle Opfer gerichtet sind 461
3.8.3 Prävention bei potentiellen Tätern 464
        Implementierung einer angemessenen Sexualerziehung 464
        Arbeit mit Opfern sexuellen Mißbrauchs 465
        Beratungsangebote für potentielle Täter 466
3.8.4 Weitere Präventionsansatzpunkte 467
        Elternarbeit zum sexuellen Mißbrauch 467
        Öffentlichkeitsarbeit zum sexuellen Mißbrauch 468
3.8.5 Schlußfolgerungen 468

3.8.1 Einführung

Der hohe Verbreitungsgrad sexuellen Mißbrauchs im Kindesalter und insbesondere die vielfach damit verbundenen physischen und psychischen Folgen für die Betroffenen weisen auf die Notwendigkeit verstärkter Präventionsarbeit in diesem Bereich hin. Man kann in diesem Zusammenhang zwischen primärer und sekundärer Prävention unterscheiden, wobei es bei der primären Prävention um die Verhinderung sexuellen Mißbrauchs geht, während die sekundäre Prävention Interventionen umfaßt, die sich auf die Aufdeckung und psychosoziale Unterstützung bei bereits vorhandenem Mißbrauch beziehen. Der vorliegende Beitrag befaßt sich in erster Linie mit primärpräventiven Ansätzen zur Verhinderung sexuellen Mißbrauchs im Kindesalter.

Bevor auf einzelne Präventionsansätze eingegangen wird, sollen zunächst einige epidemiologische Daten vorangestellt werden, da dadurch deutlich wird, welche Zielgruppen und Zielrichtungen bei der Präventionsarbeit Beachtung finden sollten. Betrachtet man zunächst die Opfer sexuellen Mißbrauchs, so ist zu konstatieren, daß sexueller Mißbrauch in allen Altersgruppen, beginnend mit dem Säuglingsalter, vorkommt. Nach Kempe und Kempe (1978) *entfallen 25% der Mißbrauchsfälle bereits auf das Vorschulalter* (Altersbereich 0–5 Jahre), was darauf hinweist, daß eine umfassende Präventionsarbeit auch frühe Altersabschnitte einbeziehen sollte. Aufgrund hoher Dunkelziffern und unterschiedlicher Definitionen sexuellen Mißbrauchs schwanken die Angaben über Prävalenzraten zwar sehr stark (vgl. Kap. 1.2), es besteht jedoch

Einigkeit darüber, daß Mädchen deutlich häufiger betroffen sind als Jungen. Nach Wehnert-Franke et al. (1992) sind Mädchen einem bis zu fünfmal höheren Risiko ausgesetzt, sexuell mißbraucht zu werden. Da jedoch beide Geschlechtsgruppen potentiell Opfer sexuellen Mißbrauchs werden können, werden in der Regel trotz der unterschiedlichen Prävalenzraten für Jungen und Mädchen keine differentiellen Präventionsansätze verfolgt.

Unter den Tätern sexuellen Mißbrauchs finden sich deutlich mehr Männer (etwa 90%) als Frauen[1], wobei in diesem Zusammenhang von wesentlicher Bedeutung ist, daß die Täter vielfach keine fremden Personen sind, sondern in etwa 80–90% der Fälle dem Opfer bekannt und in etwa 25% der Fälle Familienmitglied sind (Saslawsky und Wurtele 1986; Albers 1991; Minard 1993). Weiter ist festzustellen, daß sexueller Mißbrauch in allen gesellschaftlichen Gruppierungen vorkommt.

Betrachtet man die Mittel, die von den Tätern eingesetzt werden, um Kinder zur Teilnahme an sexuellen Handlungen zu bewegen, dann findet man *nur in einem geringen Teil der Fälle eine direkte Gewaltanwendung* (bei 15% der Jungen und 19% der Mädchen nach Finkelhor et al. 1990), während in den meisten Fällen die Weckung von Neugier und Interesse des Kindes sowie Drohungen im Vordergrund stehen. Drohungen und Einschüchterungen sind gleichzeitig die bevorzugten Mittel von Tätern, um Kinder davon abzuhalten, anderen von dem sexuellen Mißbrauch zu berichten

(Caroll et al. 1992). Für die Präventionsarbeit ergibt sich hieraus, einerseits den Kreis potentieller Täter nicht auf fremde Personen zu beschränken und andererseits nach Möglichkeiten zu suchen, die Wirkung der von den Tätern typischerweise eingesetzten Mittel einzuschränken.

3.8.2 Prävention bei potentiellen Opfern

Zentrale Bestandteile von Präventionsprogrammen

Vor dem Hintergrund dieser epidemiologischen Situation entstand in den vergangenen Jahren eine Vielzahl von Präventionsprogrammen zum sexuellen Mißbrauch im Kindesalter. Die zentralen Bestandteile der am weitesten verbreiteten Präventionsprogramme lassen sich dabei wie folgt zusammenfassen (nach Conte et al. 1986):

- *Bestimmungsrecht über den eigenen Körper*: Den Kindern wird vermittelt, daß ihr Körper ihnen gehört und daß sie das Recht haben, über ihn zu bestimmen.
- *Unterscheidung zwischen „guten" und „schlechten" Berührungen*: Die Kinder sollen aggressive und sexuelle Berührungen als solche erkennen können.
- *Umgang mit Geheimnissen*: Da viele Täter den sexuellen Mißbrauch als ein Geheimnis deklarieren, das das Kind unter keinen Umständen weitertragen darf, wird den Kindern vermittelt, daß es Geheimnisse geben kann, die man nicht für sich behalten soll.
- *Vertrauen auf die eigene Intuition*: Die Kinder sollen lernen, sich auf ihre eigenen Gefühle und Intuitionen zu verlassen, wenn ihnen irgendetwas bei Interaktionen mit anderen Personen nicht in Ordnung zu sein scheint.
- *Nein-sagen-Können*: Den Kindern wird vermittelt, daß sie das Recht haben, nein zu sagen, wenn sie in einer Weise berührt werden, die ihnen nicht gefällt.

---

[1] Obwohl die epidemiologischen Daten zeigen, daß auch eine Frau als Täterin in Frage kommt, wird im folgenden durchweg von Tätern gesprochen, da Männer den weit überwiegenden Anteil stellen. Trotz dieser Begriffswahl sollte jedoch grundsätzlich bedacht werden, daß die nachfolgenden Ausführungen prinzipiell gleichzeitig auch für sexuell mißbrauchende Frauen gelten.

- *Informationen über Unterstützungssysteme*: Die Kinder erhalten Informationen über Personen und Institutionen, bei denen sie Unterstützung bekommen können, falls sie Hilfe benötigen.

Der Schwerpunkt der einzelnen Programmelemente liegt im wesentlichen in der *Stärkung der sozialen Kompetenz der Kinder* (Lohaus 1993). Beispiele für Präventionsprogramme mit einer derartigen Ausrichtung finden sich bei Swan et al. (1985), Spungen et al. (1989) sowie Eck und Lohaus (1993). Es gibt eine Vielzahl von Programmvarianten, die sich vor allem danach unterscheiden lassen, wie weit sie auf das Thema sexuellen Mißbrauch und (allgemeiner) auf das Thema Sexualität eingehen. Grundsätzlich ist es möglich, das Selbstvertrauen der Kinder in die eigenen Fähigkeiten zu stärken und Verhaltensweisen in Situationen zu trainieren, die als unangenehm empfunden werden, ohne dabei speziell auf die Thematik des sexuellen Mißbrauchs einzugehen. Man geht davon aus, daß die Kinder durch die Stärkung der sozialen Kompetenzen dazu befähigt werden, sich möglichen Mißbrauchssituationen zu widersetzen. Der Vorteil dieser Ansätze besteht darin, daß Überforderungen und Mißverständnisse der Kinder vermieden werden.

> Vor allem im Vorschulalter ist den Kindern oft schwer zu vermitteln, welche Handlungen als sexueller Mißbrauch zu verstehen sind und welche Grenzen dabei gezogen werden können. Auch die Sexualitätsthematik ist den Kindern vielfach nicht vertraut genug, um den Sinn sexueller Handlungen Erwachsener zu verstehen.

Aus diesen Gründen muß in Präventionsprogrammen dieser Art unterstellt werden, daß Kinder für sie unangenehme Handlungen identifizieren können und daraufhin ihre sozialen Kompetenzen einsetzen, um eine Fortsetzung der Handlungen zu verhindern.

Wenn der sexuelle Mißbrauch dagegen thematisiert wird, ist es sinnvoll, eines oder mehrere der folgenden Elemente in ein Präventionsprogramm zu integrieren:

- *Definition von Handlungen, die als sexueller Mißbrauch verstanden werden*: Die Kinder sollten wissen, welche Handlungen sie zulassen bzw. nicht zulassen sollten (wobei auch auf die Person- und Situationsabhängigkeit von akzeptablen und nicht akzeptablen Handlungen eingegangen werden sollte).
- *Informationen über potentielle Täter*: Da nicht nur fremde Personen als Täter in Frage kommen, sollten die Kinder darüber aufgeklärt werden, daß auch in der Interaktion mit bekannten oder verwandten Personen Handlungen vorkommen können, die als sexueller Mißbrauch zu verstehen sind.
- *Information über sexuelle Begrifflichkeiten*: Um über sexuellen Mißbrauch kommunizieren und sich mitteilen zu können, sollten Kinder Begrifflichkeiten kennen, mit denen sie sexuelle Handlungen beschreiben können (Wurtele 1993).
- *Informationen zur Schuldfrage* bei sexuellem Mißbrauch: Um zu vermeiden, daß Kinder sich bei potentiellem sexuellen Mißbrauch schuldig fühlen, den Mißbrauch herbeigeführt zu haben oder zumindest dazu beigetragen zu haben, sollte den Kindern unmißverständlich klar gemacht werden, daß die alleinige Verantwortung für einen sexuellen Mißbrauch grundsätzlich beim Täter liegt (s. hierzu auch Berrick 1991).

Wenn die Thematik des sexuellen Mißbrauchs explizit angesprochen wird, stellt sich die Frage, ob es sinnvoll ist, isoliert auf Fragen des sexuellen Mißbrauchs einzugehen, oder ob es nicht vorzuziehen wäre, die Prävention sexuellen Mißbrauchs als Bestandteil der allgemeinen Sexualaufklärung zu sehen. Die oben aufgeführten Punkte setzen voraus, daß ein grundsätzliches Vorverständis zu Fragen der Sexualität vorliegt.

> Durch eine Einbettung in die Sexualerziehung ließe sich daher ein Verständnis für

die Möglichkeit eines sexuellen Mißbrauchs leichter vermitteln. Grundsätzlich dürfte sich dies problemloser und umfassender nach dem Vorschulalter realisieren lassen, da hier die kognitiven Voraussetzungen zum Verständnis auch komplexerer Sachverhalte eher gegeben sind.

Eine weitere Ergänzung, die von einzelnen Autoren vorgeschlagen wird, besteht in der Vermittlung von Selbstverteidigungstechniken an Kinder, um ihnen die Möglichkeit zu geben, sich bei potentiellen Angriffen aktiv zur Wehr zu setzen. Obwohl auch diese Maßnahmen eher für ältere Kinder in Frage kommen, ist grundsätzlich zu hinterfragen, ob damit ein sinnvoller Präventionsweg beschritten wird: Da nur ein geringer Anteil der sexuellen Übergriffe mit Gewalteinsatz einhergeht, werden Selbstverteidigungstechniken entsprechend selten wirksam werden können, wobei auch in den verbleibenden Fällen äußerst unsicher ist, ob die gewünschten Folgen eintreten oder ob nicht möglicherweise sogar gegenteilige Effekte erreicht werden (zur Kritik dieses Ansatzes s. auch Wehnert-Franke et al. 1992).

Präventionsprogramme zum sexuellen Mißbrauch bedienen sich typischerweise eines breiten Spektrums möglicher Präsentationsformen. Dazu gehören insbesondere Verhaltenstrainings, Rollenspiele, Videofilme, audiovisuelle Materialien, (anatomisch korrekte) Puppen, Theaterstücke, Arbeitshefte, Bücher und Gruppendiskussionen. Es gibt mittlerweile eine große Vielfalt an Materialien, die zur Vermittlung der oben dargestellten Programmelemente zum Einsatz gelangen kann. Zu beklagen ist in diesem Zusammenhang allenfalls, daß es in der Bundesrepublik (im Gegensatz zu den USA) nur wenige standardisierte und gleichzeitig auch evaluierte Präventionsprogramme gibt. Evaluierte Präventionsprogramme wurden hier in letzter Zeit von Knappe und Selg (1993) sowie von Eck und Lohaus (1993) vorgelegt. Wenn im folgenden auf die Evaluation von Präventionsprogrammen eingegangen wird, dann sind die Ergebnisse vor diesem Hintergrund zu betrachten: Da die Evaluationsergebnisse sich auf Programme mit unterschiedlichen Programmelementen beziehen, muß offen bleiben, inwieweit sie sich auf eine konkrete Anwendungssituation übertragen lassen.

Evaluationsergebnisse zur Wirksamkeit von Präventionsprogrammen

Einigkeit besteht bei dem größten Teil der Evaluationsstudien darüber, daß sich nach dem Einsatz von Präventionsprogrammen zum sexuellen Mißbrauch in der Regel Wissenszuwächse bei den beteiligten Kindern nachweisen lassen (s. hierzu die Metaanalyse von Berrick und Barth 1992). Es gilt auch als unbestritten, daß *ältere Kinder (ab dem Grundschulalter) stärker von den Präventionsprogrammen profitieren als jüngere Kinder* (Finkelhor und Strapko 1987; Wurtele 1987; Reppucci und Haugaard 1989). Dies wird vor allem durch die höheren kognitiven und verbalen Fähigkeiten, die besseren Fähigkeiten zur Verhaltensplanung und das höhere Ausmaß an Erfahrung mit Lernsituationen in Gruppen erklärt (Albers 1991). Es gibt nur vergleichsweise wenige Evaluationsstudien, die sich mit der Langzeitwirkung von Präventionsinterventionen befassen, wobei die Ergebnisse zu dieser Fragestellung uneinheitlich sind. Während sich in einigen Studien bei Zeiträumen von einem Monat bis über ein Jahr hinaus nur geringe Wissensabfälle ergaben (Barth und Derezotes 1990; Berrick und Gilbert 1991; Eck und Lohaus 1993), finden sich in anderen Studien schon nach einem Zeitraum von nur einem Monat deutliche Wissensverluste (s. zusammenfassend Berrick und Barth 1992; Carroll et al. 1992), wobei dies verstärkt für Kinder im Vorschulalter gilt. Die Uneinheitlichkeit der Befunde weist darauf hin, daß es sinnvoll ist, Präventionsinterventionen nicht auf einen einmaligen Zeitraum zu beschränken, sondern das Thema im Laufe der Entwicklung (möglicherweise in unterschiedlichen Kontexten) wiederholt aufzugreifen.

> Anbieten würden sich dazu frühzeitige Präsentationen von Interventionen zur Stärkung sozialer Kompetenzen, die dann in späteren Altersabschnitten durch Interventionen im Rahmen der Sexualerziehung aufgegriffen und ergänzt werden.

Relativ eindeutige Befunde gibt es zu der Frage, welcher Präsentationsmodus sich zur Vermittlung von Wissensinhalten an Kinder besonders eignet. Hierzu läßt sich sagen, daß Interventionsmaßnahmen, die eine *aktive Beteiligung der Kinder* enthalten, in der Regel zu deutlich besseren Resultaten führen als Maßnahmen, bei denen die Kinder eine mehr oder minder rezeptive Haltung einnehmen (z.B. bei Videopräsentationen, Theaterstücken etc.).

> Als besonders vorteilhaft haben sich dabei Verhaltensübungen erwiesen (z.B. durch Rollenspiele und Verhaltenstrainings), da diese Programmelemente sich nicht nur auf die Vermittlung kognitiven Wissens beziehen, sondern auch die Umsetzung von Wissen in Handeln verlangen (Albers 1991).

Kritisiert wird an vielen Evaluationsstudien, daß lediglich Wissenszuwächse überprüft werden, ohne daß dabei abgesichert wäre, daß das hinzugewonnene Wissen in kritischen Situationen in das geforderte Verhalten umgesetzt wird. Es muß also vielfach letztlich offen bleiben, ob mit den eingesetzten Präventionsprogrammen tatsächlich die gewünschten Effekte erreicht werden. Um dieser Kritik auszuweichen, kamen in einigen Studien simulierte Ernstfallsituationen zum Einsatz (s. unter anderem Miltenberger und Thiesse-Duffy 1988), indem beispielsweise Kinder außerhalb des Schulgeländes von einem Fremden angesprochen und gebeten wurden, ihn zu begleiten. Abgesehen davon, daß diese Evaluationsmethode als ethisch bedenklich kritisiert wurde, ist hier zusätzlich zu bemängeln, daß nur das Verhalten bei einer fremden Person erfaßt wird, während der weitaus häufigere Fall eines Mißbrauchs durch bekannte Personen unberücksichtigt bleibt. Hinzu kommt, daß in diesen Situationen in der Regel Hinweise auf eine sexuelle Annäherung fehlen (Wehnert-Franke et al. 1992), so daß unklar ist, ob die Situationen von den Kindern überhaupt in der intendierten Weise aufgefaßt wurden.

Die tatsächliche Wirkung von Präventionsprogrammen ließe sich am ehesten an Veränderungen von Prävalenzraten ablesen, wobei hier jedoch das Problem besteht, daß diese Raten in der Regel nur geschätzt werden können. Hinzu kommt, daß ein weiterer unbestrittener Effekt von Präventionsprogrammen in der Aufdeckung von bereits bestehendem sexuellem Mißbrauch besteht. Dadurch kann es kurzfristig sogar zu einem Anstieg der Fallzahlen kommen, der eine adäquate Einschätzung der Programmwirkung erschwert.

> Zum gegenwärtigen Zeitpunkt muß daher offen bleiben, ob die letztlich gewünschten Effekte auf der Verhaltensebene mit den bisher vorliegenden Präventionsprogrammen erreicht werden können und ob in der Tat sexueller Mißbrauch mit diesen Programmen verhindert werden kann.

Ein weiterer wichtiger Punkt, der im Zusammenhang mit Programmevaluationen wiederholt kritisiert wurde, bezieht sich auf die Vernachlässigung möglicher unerwünschter Nebeneffekte, die bei den Kindern mit einem Programmeinsatz verbunden sein können. Der überwiegende Teil der vorliegenden Evaluationsstudien erfaßt ausschließlich erwünschte Effekte (z.B. Wissenszuwächse, Verbesserungen der sozialen Kompetenz etc.). Weitaus seltener wird überprüft, ob auch negative Effekte durch den Einsatz von Präventionsprogrammen entstehen können. In diesem Zusammenhang wird diskutiert, daß durch Präventionsprogramme (je nach Art der eingesetzten Komponenten) *unangemessene Ängste vor*

Fremden erzeugt werden können, daß *Mißtrauen in zwischenmenschlichen Situationen* entstehen kann und daß *negative Einstellungen zur Sexualität* aufgebaut werden können (Carroll et al. 1992).

In einer Studie von Wurtele und Miller-Perrin (1987) wurde neben einem Kinder-Angst-Fragebogen, der vor und nach einer Programmdurchführung zum Einsatz kam, eine Elternbefragung zu den Programmeffekten durchgeführt. Bei den Ängstlichkeitseinschätzungen durch die Kinder zeigten sich keine Veränderungen. Von 75% der Eltern wurden positive Effekte des Programmes auf ihre Kinder angegeben, während 25% der Eltern keine Programmauswirkungen bei ihren Kindern festgestellt hatten. Es fanden sich jedoch keine Eltern, die negative Effekte bei ihren Kindern identifizieren konnten. Ähnliche Ergebnisse finden sich auch in einer Studie von Pohl und Hazzard (1990), so daß man beim gegenwärtigen Forschungsstand davon ausgehen kann, daß negative Nebeneffekte von Programmeinsätzen bei sorgfältiger Programmplanung und Interventionsdurchführung in der Regel nicht zu erwarten sind.

Wie bereits oben angedeutet, besteht ein weiterer, häufig nachgewiesener Effekt von Interventionsprogrammen zur primären Prävention sexuellen Mißbrauchs in der Aufdeckung bereits vorhandenen Mißbrauchs. Wenn betroffene Kinder erkennen, daß sie sich in einer Mißbrauchssituation befinden und daß sie sich nicht verpflichtet fühlen sollten, den häufig als Geheimnis deklarierten Mißbrauch für sich zu behalten, dann kann dies zur Offenlegung von Mißbrauchssituationen führen.

> Durch die Aufdeckung bereits vorhandenen sexuellen Mißbrauchs kommt den Präventionsprogrammen vielfach gleichzeitig eine Bedeutung im Rahmen der sekundären Prävention zu.

In diesem Zusammenhang ist insbesondere darauf zu verweisen, daß die Programmleiter auf die Aufdeckungsfunktion derartiger Programme vorbereitet sein sollten, um auf betroffene Kinder adäquat eingehen zu können und Möglichkeiten zur sozialen Unterstützung bereitzustellen. Die Fähigkeit, in derartigen Situationen angemessen zu reagieren, sollte Teil der *Vorbereitung von Programmleitern* sein, wobei wünschenswert wäre, daß regelmäßig Supervisionen stattfinden, um einerseits eine adäquate Programmumsetzung sicherzustellen und andererseits auch weiterhin Hilfestellung beim Umgang mit problematischen Situationen zu geben.

Kritik an Präventionsprogrammen, die an potentielle Opfer gerichtet sind

Neben der Kritik, die sich auf den Aufbau der Präventionsprogramme und auf die Ergebnisse von Evaluationsstudien richtet, ist in letzter Zeit verstärkt grundsätzliche Kritik an Präventionsprogrammen geübt worden, deren Zielgruppe die potentiellen Opfer sexuellen Mißbrauchs sind. In diesem Zusammenhang sind vor allem die folgenden Kritikpunkte zu erwähnen:

▶ **Verlagerung der Verantwortung für den sexuellen Mißbrauch auf das Opfer:** Ein grundlegendes Problem von Programmen zur Stärkung der Kompetenzen von Kindern, sexuellen Mißbrauch zu verhindern, wird darin gesehen, daß mit diesem Ansatz den Kindern die Verantwortung für den Mißbrauch zugeschoben wird (Saller 1989; Webster 1991). Die ohnehin gerade bei Kindern häufig anzutreffende Tendenz, negative Ereignisse als Folge eigenen Fehlverhaltens aufzufassen, wird dadurch möglicherweise noch verstärkt.

> Da das Präventionsprogramm suggeriert, daß man selbst eine Mißbrauchssituation verhindern kann, besteht die Gefahr, daß Kinder zu der Schlußfolgerung gelangen, daß sie sich falsch verhalten und selbst

dazu beigetragen haben, daß es zu einem sexuellen Mißbrauch gekommen ist.

Als Folge können Minderwertigkeits- und Schuldgefühle entstehen (Berrick 1991). Dies gilt besonders auch dann, wenn ein Kind bereits sexuellen Mißbrauch erlebt hat oder noch erlebt, da es nun erkennen muß, daß der Mißbrauch vermeidbar gewesen wäre, wenn es über die entsprechenden Kompetenzen verfügt hätte. Auch die Tatsache, daß die anderen Kinder, die an dem Präventionsprogramm teilnehmen, die Übungen zur Verhinderung sexuellen Mißbrauchs mühelos meistern, wird sicherlich nicht zur Steigerung des Selbstwertgefühls eines betroffenen Kindes beitragen. Gerade diese Kritik zeigt, wie wichtig es ist, in jedem Programm zur Prävention sexuellen Mißbrauchs bei Kindern zu betonen, daß die Schuld für den Mißbrauch nie beim Opfer liegt.

▶ **Möglichkeit von Inkongruenzen zwischen den Programmzielen und den Erziehungszielen von Eltern:** Das Ziel vieler Programme zur Prävention sexuellen Mißbrauchs im Kindesalter besteht in der Stärkung der sozialen Kompetenzen von Kindern. Es wird ihnen vermittelt, daß sie das Recht haben, nein zu sagen, wenn sie in einer Weise berührt werden, die ihnen nicht gefällt. Dies steht jedoch im Gegensatz zu dem, was viele Kinder alltäglich im Umgang mit Erwachsenen erleben. Reppucci und Haugaard (1989) berichten von einem Kind, das die Botschaft, es habe das Recht, nein zu sagen, übergeneralisiert und über Wochen hinweg bei jeder Forderung der Eltern von diesem Recht Gebrauch machen will. Die Folge ist, daß das Kind von den Eltern bestraft wird, um zu zeigen, daß es nicht grundsätzlich und bei jeder Gelegenheit durchsetzen kann, was es will. Dieses Beispiel zeigt gleichzeitig die Grenzen derartiger Trainingselemente: Ähnlich wie sich in diesem Fallbeispiel letztlich die erwachsenen Eltern durchsetzen, so ist auch in einer Mißbrauchssituation damit zu rechnen, daß ein Kind sich vielfach nicht durchsetzen können wird, da der Erwachsene stärker ist und sich über den Wunsch des Kindes, die eigenen Rechte durchzusetzen, hinwegsetzen kann.

Obwohl die Strategie, nein zu sagen und sich zu wehren, in einzelnen Fällen erfolgreich sein kann, muß die grundsätzliche Effektivität in der Interaktion mit Erwachsenen demnach bezweifelt werden.

▶ **Mangelnde Berücksichtigung von Entwicklungsvoraussetzungen:** Webster (1991) weist darauf hin, daß Präventionsprogramme zum sexuellen Mißbrauch häufig über ein sehr breites Altersspektrum hinweg eingesetzt werden, ohne dabei die unterschiedlichen Entwicklungsvoraussetzungen zu beachten. Jüngere Kinder (vor allem im Vorschulalter) haben große Schwierigkeiten beim Verständnis von Wissensinhalten mit hohem Abstraktionsgrad. Will man in diesem Alter eine Definition von sexuellem Mißbrauch oder von angemessenen und unangemessenen Berührungen einführen, so dürfte es beispielsweise für die Kinder schwer zu verstehen sein, daß die Berührung der Genitalzonen durch die Eltern oder Ärzte in der Regel unbedenklich ist, während sie bei anderen Personen problematisch sein kann, daß es jedoch gleichzeitig auch bei den Personen, bei denen Berührungen eigentlich unbedenklich sind, Grenzüberschreitungen geben kann, die nicht mehr akzeptabel sind. Derartige Zusammenhänge zu verstehen, erfordert ein recht komplexes Denken und eine hohe Abstraktionsfähigkeit. Kinder im Vorschulalter werden damit in der Regel überfordert sein. Auch wenn dadurch nicht alle potentiellen Mißbrauchsituationen erfaßt werden, wird man daher auf die Vermittlung derart komplexer Sachverhalte verzichten und auf die Intuition von Kindern, unangenehme Situationen und unangenehme Berührungen selbst zu erkennen, bauen müssen. Ähnliche entwicklungsbezogene Probleme zeigen sich auch beim Training der Fähigkeit, nein zu sagen. Aus der Forschung zur moralischen Urteilsbildung ist bekannt, daß Kinder sich in der präoperationalen Entwicklungsstufe (bis etwa zum 6. Lebensjahr)[2] an Autoritäten orientieren und die Position von Autoritäten in der Regel nicht hinterfragen. Wenn man jüngere Kinder trainiert, in bestimmten Situationen nein zu sagen, dann befindet man sich im Widerspruch zu den typischen Denk- und Handlungsstrukturen von Kindern in diesem Alter (Berrick 1991). Vielleicht erklärt gerade die mangelnde Orientierung an den Entwicklungsvoraussetzungen von Kindern, warum die Wissenszuwächse im Vorschulalter im Verhältnis zu den späteren Entwicklungsstufen relativ gering sind.

Wenn Präventionsprogramme zum sexuellen Mißbrauch bereits im Vorschulalter zum Einsatz kommen sollen, dann ist dementsprechend darauf zu achten, daß die Vermittlung konkreten Verhaltens im Mittelpunkt steht und daß komplexe Wissensinhalte, die die simultane Berücksichtigung mehrerer Aspekte enthalten, vermieden werden.

▶ **Fehlende geschlechtsspezifische Differenzierung der Programminhalte und Adressaten:** Von wenigen Ausnahmen abgesehen (z.B. Spanjaard und ten Hove 1993), richten sich Programme zur Prävention sexuellen Mißbrauchs gleichermaßen an Mädchen und Jungen, obwohl die große Mehrheit der Opfer Mädchen sind und Jungen viel seltener zum Opfer werden, jedoch (später als Männer)

---

[2] Piaget unterscheidet in seiner kognitiven Entwicklungstheorie das sensumotorische, das präoperationale, das konkret-operationale und das formal-operationale Entwicklungsstadium. Das präoperationale Entwicklungsstadium ist unter anderem durch eine geringe Abstraktionsfähigkeit, eine geringe Flexibilität und eine starke Kontextgebundenheit des Denkens gekennzeichnet, die in der Orientierung an Autoritäten zum Ausdruck kommt.

in neun von zehn Mißbrauchsfällen als Täter in Erscheinung treten (vgl. 3.8.1).

Bedingt durch die unterschiedlichen Sozialisationserfahrungen von Mädchen und Jungen sind die Voraussetzungen der beiden Geschlechter, zum potentiellen Opfer sexuellen Mißbrauchs zu werden, und damit die Ansatzpunkte präventiver Maßnahmen verschieden. Legt man die traditionellen Geschlechtsrollenstereotype zugrunde, so wird mit der weiblichen Rolle ein eher unterordnendes und gehorsames Verhalten gegenüber Erwachsenen, speziell Männern, und die Internalisierung von Opfererfahrungen verbunden. Mit der männlichen Rolle wird hingegen traditionell Dominanzverhalten - bis hin zu „Machogehabe" - gegenüber weiblichen Personen und die Externalisierung von Mißbrauchsfolgen assoziiert (Abelmann-Vollmer 1989; Basow 1986; Ryan 1989). Mädchen lernen zu wenig, sich gegen männliche Autoritäten zu wehren und ihre eigenen Ansprüche durchzusetzen (Braun 1989).

Mädchen müssen demnach lernen, wo ihre Rechte anfangen, Jungen eher, wo ihre Rechte aufhören (Gutjahr und Schrader 1988). Maßnahmen zur Reduzierung des Machtgefälles nicht nur zwischen Erwachsenen und Kindern, sondern auch zwischen männlichen und weiblichen Personen könnten so zur Verhinderung sexuellen Mißbrauchs beitragen.

Die Stärkung des Selbstbewußtseins und der Unabhängigkeit von Mädchen und der Abbau des „Machoverhaltens" von Jungen läßt sich möglicherweise leichter in reinen Mädchen- und Jungengruppen realisieren. *Getrennte Programme für Mädchen und Jungen* können auch deshalb sinnvoll sein, weil die Prävention bei Mädchen in erster Linie auf die Vermeidung, Opfer eines sexuellen Mißbrauchs zu werden, gerichtet ist, während Jungen sowohl davor zu schützen sind, Opfer als auch – später – Täter zu werden. Sofern Jungen Opfer eines potentiellen Mißbrauchs werden, sind die Täter im Regelfall Männer, was bedeutet, das man sich in Programmen für Jungen auch speziell mit dem Thema „Homosexualität" auseinandersetzen müßte.

Nach Finkelhor (1984) gibt es vier Voraussetzungen, die vorliegen müssen, damit sexueller Mißbrauch überhaupt stattfinden kann (s. hierzu auch Tharinger et al. 1988):
- sexuelle Attraktion des Täters zu einem Kind
- Fehlen innerer Hemmnisse beim Täter
- Fehlen äußerer (situationaler) Hemmnisse
- Möglichkeit des Zuganges zu einem Kind

Unter den genannten Voraussetzungen sexuellen Mißbrauchs ist lediglich die letzte in Grenzen durch das Kind beeinflußbar, während sich die ersten drei auf den Täter und die Situation, in der er handelt, beziehen. Dennoch konzentriert sich der größte Teil der Präventionsbemühungen auf das Kind und vernachlässigt die anderen (und wahrscheinlich wesentlicheren) Voraussetzungen des sexuellen Mißbrauchs. Im folgenden soll daher auf Präventionsansätze eingegangen werden, die sich in besonderem Maße auf den Täter und auf die Situation, in der er handelt, beziehen.

3.8.3 Prävention bei potentiellen Tätern

Implementierung einer angemessenen Sexualerziehung

Nach Kutchinsky (1991) sind Personen, die Kinder sexuell mißbrauchen, häufig in einer sexualfeindlichen und von Mißhandlung geprägten Umgebung aufgewachsen. Umgekehrt geht Saller (1989) davon aus, daß Erwachsene, die ein positives Bild von sich und ihrer Sexualität haben, kein Bedürfnis entwickeln, Kinder sexuell auszubeuten.

> Will man längerfristig die Prävalenzrate sexuellen Mißbrauchs senken, dann käme es demnach darauf an, den heranwachsenden Kindern und Jugendlichen Vorstellungen und Einstellungen zur Sexualität zu vermitteln, die die Wahrscheinlichkeit sexuellen Mißbrauchs reduzieren.

Problematisch ist in diesem Zusammenhang, daß das Thema Sexualität noch immer tabuisiert ist und von vielen Lehrern und Eltern nur am Rande oder gar nicht behandelt wird (Corcoran et al. 1984). Beispielsweise weist Wurtele (1993) darauf hin, daß Masturbation ein verbreiteter Bestandteil kindlicher Sexualität ist, der von vielen Autoren als wichtiger Teil der kindlichen Entwicklung angesehen wird. Dennoch zögern viele Eltern bei der Frage, ob dieses Thema im Unterricht behandelt werden sollte. Eine Nichtbeachtung oder sogar Unterdrückung der kindlichen Sexualität wird jedoch nicht dazu beitragen können, *ein positives Verhältnis zum eigenen Körper und zur Sexualität zu entwickeln*. Die Konsequenz wird vielmehr in der kindlichen Annahme bestehen, daß Sexualität und sexuelle Handlungen als unerwünscht gelten, wobei möglicherweise Schuldgefühle hinzutreten, wenn sexuellen Impulsen entgegen den elterlichen Verboten nachgekommen wird.

Neben dem Aufbau einer positiven Einstellung zur eigenen Sexualität kommt es vor allem auch darauf an, die soziale Dimension von Sexualität in der Sexualerziehung zu betonen (s. hierzu beispielsweise Eichholz et al. 1994). Vielfach besteht Sexualerziehung lediglich in der Vermittlung eines (vorrangig biologischen) Basiswissens über Sexualität. Es wäre jedoch sinnvoll, auch die *soziale Einbettung von Sexualität* zu betonen, indem Themen wie Kontaktaufnahme, Partnerschaft oder Kommunikation über Themen der Sexualität in die Sexualerziehung integriert werden. Auch dadurch könnte dazu beigetragen werden, daß zumindest in einem Teil der Fälle ein Ausweichen auf sexuellen Mißbrauch verhindert wird.

In diesem Zusammenhang ist weiterhin kritisch zu hinterfragen, ob es sinnvoll ist, eine

Prävention zum sexuellen Mißbrauch zu betreiben, wenn dabei das Thema Sexualität gänzlich ausgeklammert bleibt. Es gibt eine Vielzahl von Präventionsprogrammen, die sich explizit der Thematik des sexuellen Mißbrauchs widmen, dabei jedoch eine Sprache benutzen, die sexuelle Themen zu vermeiden versucht. Dies kommt beispielsweise darin zum Ausdruck, daß von den Genitalien als privaten Körperzonen („private parts") gesprochen wird oder sexuelle Berührungen als Berührungen definiert werden, die sich auf normalerweise bekleidete Körperpartien beziehen (Finkelhor 1986).

Obwohl derartige Programme zweifellos vielfach auf größere Akzeptanz bei Lehrern, Erziehern und Eltern stoßen, weil tabuisierte Themen weitgehend ausgeklammert bleiben, tragen sie dazu bei, daß die Sexualitätsthematik bei den Kindern ebenfalls tabuisiert wird und möglicherweise sogar negative Einstellungen zur Sexualität entwickelt werden. Dies wird dadurch noch weiter unterstützt, daß in vielen Präventionsprogrammen typischerweise ausschließlich negative Formen sexuellen Kontaktes besprochen werden, die den Kindern das Gefühl vermitteln, daß Sexualität angsterzeugend und gefährlich sein kann, während die positiven Aspekte von Sexualität unbeachtet bleiben (Trudell und Whatley 1988; Wehnert-Franke et al. 1992). Als Ergebnis können die Programme damit zum Gegenteil dessen beitragen, was ursprünglich intendiert war.

> Explizite Programme zum sexuellen Mißbrauch, die nicht nur auf die Erhöhung sozialer Kompetenzen gerichtet sind, sollten demnach die Sexualitätsthematik nicht ausklammern und nach Möglichkeit in die allgemeine Sexualerziehung integriert sein. Auch bei der Sexualerziehung kann eine Differenzierung nach dem Geschlecht in einzelnen Problembereichen sinnvoll sein.

Arbeit mit Opfern sexuellen Mißbrauchs

Aus Studien zu erwachsenen Tätern, die Kinder sexuell mißbraucht haben, geht hervor, daß 70–80% der Täter selbst zuvor in der eigenen Kindheit Opfer sexuellen Mißbrauchs waren (Ryan 1989). Diese Erkenntnis bezieht sich nicht nur auf sexuellen Mißbrauch, sondern auch auf andere Formen der Kindesmißhandlung (Trad 1993).

Als Erklärung für diesen transgenerationalen Mißbrauch wird aus psychoanalytischer Sicht eine Identifikation mit dem Aggressor diskutiert, während aus lerntheoretischer Sicht eine frühe Kopplung der Sexualität mit Angst, Ärger, Aggression und Hilflosigkeitsgefühlen angenommen wird. Wenn später ähnliche Gefühlszustände herbeigeführt werden, tritt durch die im Laufe der Entwicklung zustandegekommene Kopplung sexuelle Erregung auf (Ryan 1989). Auch Bindungsambivalenzen, die durch das mißbrauchende Verhalten der eigenen Eltern aufgebaut wurden, werden als Erklärungsmodell herangezogen, indem angenommen wird, daß im Laufe der Entwicklung entstandene internalisierte Arbeitsmodelle (als Resultat der früheren Bindungserfahrungen) auf die Interaktion mit den eigenen Kindern übertragen werden.

> Die wichtigste Konsequenz aus diesen Befunden besteht darin, eine Übertragung von Mißbrauchserfahrungen auf die nächste Generation nach Möglichkeit zu unterbinden. In diesem Zusammenhang ist von Bedeutung, welche Charakteristiken Eltern aufweisen, die trotz eigenem Mißbrauchshintergrund nicht zu Tätern werden.

Nach Trad (1993) können in diesem Zusammenhang die folgenden Charakteristika genannt werden:
- ein Bewußtsein für die eigenen Kindheitstraumata und der Wunsch, die eigenen Kinder anders zu erziehen

- Empathie und kompetentes Handeln im Umgang mit den eigenen Kindern
- Teilnahme an einer psychotherapeutischen Behandlung zur Aufarbeitung eigener negativer Erlebnisse
- Zusammenleben mit einem psychisch stabilen Partner, der in Problemsituationen Unterstützung anbietet

Da vielfach mit den Opfern sexuellen Mißbrauchs ohnehin psychotherapeutisch gearbeitet wird, um die kurz- und längerfristigen Folgen sexuellen Mißbrauchs zu verringern, bietet es sich an, diese Arbeit auch zu nutzen, um einen potentiellen späteren sexuellen Mißbrauch bei anderen Kindern zu verhindern. Wenn man die oben aufgeführten Punkte betrachtet, dann kommt hierbei vor allem der Aufarbeitung der eigenen Traumata sowie dem Aufbau von Empathie im sozialen Umgang mit anderen eine besondere Bedeutung zu.

Beratungsangebote für potentielle Täter

Ein weiterer Ansatzpunkt zur Vermeidung sexuellen Mißbrauchs ist die Arbeit mit potentiellen Tätern. Hiermit sind zum einen Jugendliche und Erwachsene gemeint, die erkennen, daß bei ihnen Impulse zum sexuellen Mißbrauch von Kindern vorliegen und deshalb Unterstützungsmöglichkeiten suchen. Zum anderen geht es jedoch ebenso um Täter, bei denen eine potentielle Wiederholung sexuellen Mißbrauchs verhindert werden soll.

Dieser Ansatzpunkt ist deshalb von besonderer Bedeutung, weil (auf intrafamiliären Mißbrauch bezogen) 69% der wegen Inzests an Kindern Verurteilten bereits mindestens einmal zuvor wegen desselben Delikts vor Gericht standen (Gebhard et al. 1965; Marquit 1986). Es ist demnach mit einer recht *hohen Wiederholungsgefahr* zu rechnen. Problematisch ist dabei jedoch, daß potentielle Täter vielfach die Notwendigkeit von Beratung und Unterstützung nicht einsehen (Steinhage 1989). Vor allem nach bereits erfolgtem Mißbrauch wird daher auch die Durchführung einer Therapie im Rahmen gerichtlicher Auflagen diskutiert (Enders 1989), wobei ein Therapieerfolg jedoch weit schwerer erreichbar sein dürfte, wenn keine Behandlungsmotivation seitens des Täters vorliegt.

Nach Enders (1989) kommt es in der Täterarbeit darauf an, dem Täter Möglichkeiten zu vermitteln, im Rahmen von Selbsthilfe und Therapie neue Verhaltensalternativen zu erarbeiten, damit er in Zukunft andere Möglichkeiten einer Konfliktbewältigung zur Verfügung hat als die Ausübung von Macht.

Sexueller Mißbrauch wird dabei nicht als Ausdruck einer aggressiven Form der Sexualität, sondern als eine sexuelle Form von Aggression gesehen, die aus der Sozialisation des Täters heraus zu verstehen ist.

Es wird dabei betont, daß die individuellen Sozialisationserfahrungen in einem gesamtgesellschaftlichen Kontext zu sehen sind, ohne daß dabei der Täter selbst in einer Opferrolle gesehen wird, da dies einer nachträglichen erneuten Schuldzuweisung an das Opfer des sexuellen Mißbrauchs gleichkäme. Für den Täter kommt es darauf an, sich der eigenen Situation und ihrer Verursachung bewußt zu werden und vor diesem Hintergrund Lösungsansätze zu entwickeln, welche die Zuwendung zu Verhaltensalternativen ermöglichen. Die Aufgabe der Beratungs- und Interventionsarbeit besteht darin, den (potentiellen) Täter bei diesem Prozeß zu unterstützen. Hilfreich kann dabei die Teilnahme an einer Selbsthilfegruppe sein, da die Erkenntnis, daß auch andere mit ähnlichen Problemen umgehen, Modellcharakter für das eigene Denken und Handeln haben kann.

3.8.4 Weitere Präventionsansatzpunkte

Elternarbeit zum sexuellen Mißbrauch

Elternarbeit ist aus mehreren Gründen ein wichtiger Bestandteil der Prävention sexuellen Mißbrauchs. Im folgenden wird auf drei wichtige Aspekte der Elternarbeit eingegangen:

▶ **Unterstützung durch die Eltern bei der Durchführung eines Interventionsprogrammes:** Wenn ein Präventionsprogramm bei Kindern durchgeführt wird, ist es in jedem Fall grundsätzlich erforderlich, die Eltern über die Inhalte und Methoden der Intervention zu informieren (s. hierzu beispielsweise Christian et al. 1988). Im Rahmen der Informationsveranstaltung für die Eltern kommt es vor allem auch darauf an, die Eltern dafür zu gewinnen, das Vorhaben zu unterstützen, da dadurch zu einer nachhaltigeren Programmwirkung beigetragen wird. Es ist vor allem wichtig, daß die Eltern nicht gegen das Programm arbeiten und den Kindern beispielsweise gegenteilige Information geben, da dadurch die Programmwirkung geradezu aufgehoben würde. Dies bedeutet, daß die Eltern über den gegenwärtigen Stand der Forschung und Diskussion zum sexuellen Mißbrauch in Kenntnis gesetzt und auch über die Möglichkeiten, sexuellen Mißbrauch zu vermeiden, informiert werden müssen.

Es ist hierbei insbesondere wichtig, auf mögliche Vorbehalte der Eltern vorbereitet zu sein, um angemessen darauf eingehen zu können.

▶ **Präventionsarbeit durch die Eltern selbst:** Einen Schritt weiter geht der Ansatz, die Eltern selbst in die Lage zu versetzen, Präventionsarbeit bei ihren Kindern zu leisten. Dieser Ansatz setzt eine umfangreichere Elternarbeit voraus, da nicht nur Informationen über sexuellen Mißbrauch und seine Prävention zu geben sind, sondern auch konkrete Präventionswege und ihre Umsetzung dargestellt werden müssen. Der Vorteil dieses Ansatzes besteht darin, daß die Eltern die Präventionsarbeit auf die individuellen Bedürfnisse ihres Kindes abstimmen können. Problematisch ist jedoch, daß unklar bleibt, ob und in welchem Umfang tatsächlich Präventionsarbeit geleistet wird, da dies im wesentlichen dem Engagement und den Präventionsinteressen der Eltern überlassen bleibt.

Zu präferieren dürfte daher die Kombination mit anderen Präventionsansätzen sein, um durch die zusätzliche Elternarbeit eine Festigung und Stabilisierung der Präventionsbotschaft (auch über einen längeren Zeitraum hinweg) zu erreichen.

▶ **Information der Eltern über die Anzeichen und Folgen sexuellen Mißbrauchs:** Ein weiterer Präventionsaspekt, der mit der Elternarbeit verbunden sein kann, besteht in der Information über Symptome, die auf ein Vorliegen sexuellen Mißbrauchs hindeuten können.

Die Eltern können durch Beobachtung von Äußerungen und Verhalten ihrer Kinder dazu beitragen, daß ein möglicher sexueller Mißbrauch rechtzeitig erkannt wird.

In diesem Zusammenhang ist es weiterhin wichtig, die Eltern über Beratungs- und Unterstützungsmöglichkeiten aufzuklären. Bei diesem Präventionsaspekt handelt es sich um einen Bestandteil der sekundären Prävention, da der sexuelle Mißbrauch bereits vorliegt. Hier kommt es vor allem darauf an, eine möglichst frühzeitige Aufdeckung zu erreichen.

Bei allen drei Aspekten der Elternarbeit ist zu bedenken, daß eine Prävention intrafamiliären Mißbrauchs (insbesondere eines Mißbrauchs durch die Eltern selbst) auf diese Weise kaum erreicht werden kann. Es wäre lediglich vorstellbar, daß sexuell mißbrauchenden Eltern die Problematik ihres Handelns bewußt wird, so daß sie nach Handlungsalternativen bzw. nach Unterstützung suchen. Eine weitere Gefahr der Elternbeteiligung an der Präventionsarbeit wird darin gesehen, neben den Kindern auch deren Eltern in den Glauben zu versetzen, mit der Durchführung von Interventionsprogrammen könne der sexuelle Mißbrauch von Kindern effektiv verhindert werden (Wehnert-Franke et al. 1992).

Allen Beteiligten muß klar sein, daß mit solchen Programmen nur ein Beitrag geliefert wird, der einen sexuellen Mißbrauch weniger wahrscheinlich macht, daß Mißbrauchssituationen jedoch niemals gänzlich verhindert werden können.

Ähnliche Beiträge zur Präventionsarbeit wie bei den Eltern können auch von anderen Personengruppen erwartet werden, die an der Erziehung und Sozialisation von Kindern beteiligt sind (Reppucci und Haugaard 1989; Minard 1993). Dies gilt insbesondere für Lehrer und Erzieher, die ebenfalls nach entsprechender Information Aspekte der Präventionsarbeit mittragen können.

Öffentlichkeitsarbeit zum sexuellen Mißbrauch

Eine Ausweitung des Ansatzes, Informationen für Eltern und Erziehende bereitzustellen, besteht in der allgemeinen Öffentlichkeitsarbeit, um die Aufmerksamkeit auf die Möglichkeit des sexuellen Mißbrauchs bei Kindern zu lenken. Hier wird sicherlich die sekundäre Prävention im Vordergrund stehen, indem dazu beigetragen wird, daß vorhandene Mißbrauchsfälle frühzeitig aufgedeckt werden. Durch Öffentlichkeitsarbeit kann jedoch auch zur primären Prävention beigetragen werden, indem potentiellen Tätern das Bewußtsein vermittelt wird, daß ein sexueller Mißbrauch kaum noch möglich ist, ohne dem informierten Umfeld aufzufallen und aufgedeckt zu werden.

Sinnvoll sind in diesem Zusammenhang insbesondere Informationen über mögliche Täter, die typischerweise eingesetzten Mechanismen zur Verheimlichung von sexuellem Mißbrauch sowie Präventions- und Unterstützungsmöglichkeiten (Kutchinsky 1991).

Insgesamt kommt es hierbei darauf an, ein realistisches Bild des sexuellen Mißbrauchs von Kindern zu vermitteln und auf Hilfsmöglichkeiten für Kinder, die Opfer von sexuellem Mißbrauch geworden sind, aufmerksam zu machen (Wehnert-Franke et al. 1992). Für diese Form der Präventionsarbeit kommen vor allem Publikationen in den Medien in Frage, die (ohne zu einer öffentlichen Hysterie beizutragen) sachliche Aufklärungsarbeit leisten.

3.8.5 Schlußfolgerungen

Zusammenfassend läßt sich feststellen, daß es gegenwärtig nicht **den** Präventionsweg zur Verhinderung sexuellen Mißbrauchs gibt.

Es wäre begrüßenswert, wenn Präventionsinterventionen sowohl bei den potentiellen Opfern als auch bei den potentiellen Tätern ansetzen würden, um dadurch eine möglichst breite Wirkung zu erzielen. Dies gilt vor allem auch deswegen, weil die (grundsätzlich zu präferierende) Präventionsarbeit mit potentiellen Tätern vermutlich nur sehr langfristig zu breiteren Erfolgen führen wird (z.B. über die Implementierung einer angemessenen Sexualerziehung). Will man jedoch auch kurzfristig und gegenwärtig Erfolge erzielen, wird man an der Präventionsarbeit mit Kindern nicht vorbeigehen können. Hier ist es besonders wichtig, entwicklungsorientiert vorzugehen und eine ursprünglich stärker auf den Aufbau sozialer Kompetenzen abzielende Präventionsarbeit später durch Interventionen zu ergänzen, die in eine umfassende Sexualerziehung integriert sind und dabei explizit die

Thematik des sexuellen Mißbrauchs aufgreifen. Es wäre wünschenswert, wenn vor diesem Hintergrund verstärkt anwendungsbezogene Interventionsprogramme entwickelt würden, die diesen Anforderungen genügen und die dann möglichst koordiniert und auf die gesamten Zielgruppen bezogen zum Einsatz gelangen.

3.9 Folgetherapie nach sexuellem Mißbrauch in Psychotherapie und Psychiatrie

Gottfried Fischer und Monika Becker-Fischer

Inhalt

3.9.1 Häufigkeit des Vorkommens 470
3.9.2 Rechtliche Aspekte 470
3.9.3 Therapeutenpersönlichkeit 471
3.9.4 Psychodynamische Aspekte 471
3.9.5 Die Folgen sexueller Übergriffe in der Psychotherapie 473
3.9.6 Phänomenologie und Verlauf des „Professionalen Mißbrauchstraumas" (PMT) 474
3.9.7 Folgetherapien beim Professionalen Mißbrauchstrauma 475

3.9.1 Häufigkeit des Vorkommens

In den USA sind in den letzten 20 Jahren zahlreiche empirische Untersuchungen zu verschiedenen Aspekten des sexuellen Mißbrauchs in Psychotherapie und Psychiatrie durchgeführt worden. Im deutschen Sprachgebiet liegen erst wenige Untersuchungen vor. Seit einigen Jahren erforscht das Institut für Psychotraumatologie in Freiburg/Köln in einem bundesweiten Forschungsprojekt, zwischenzeitlich gefördert vom Bundesministerium für Familie, Senioren, Frauen und Jugend, epidemiologische und forensisch-psychologische Aspekte sexueller Übergriffe in Psychotherapie und Psychiatrie. Durch eine Kombination von Datenparametern der internationalen Forschung mit Ergebnissen der deutschen Studie an mittlerweile über 100 ganz überwiegend weiblichen Betroffenen wird die Inzidenzrate auf mindestens 300 Fälle pro Jahr im Rahmen der kassenfinanzierten psychotherapeutischen Versorgung geschätzt (Becker-Fischer und Fischer 1995). Bezieht man die gegenwärtig nicht von den Krankenkassen getragenen Therapieformen ein, so muß diese Minimalschätzung auf *600 Fälle pro Jahr* verdoppelt werden. Durch sexuellen Mißbrauch in der Psychotherapie entsteht nach den Forschungsdaten des Instituts für Psychotraumatologie ein *finanzieller Schaden von minimal 20 Mio. DM im Jahr* einschließlich der Kosten von Zweittherapien und stationär-psychotherapeutisch-psychiatrischen Behandlungen. Die schwer abschätzbaren Aufwendungen für Langzeitfolgen, die organmedizinische Behandlungen erforderlich machen oder zu Arbeitsunfähigkeit und Berentung führen, sind in diesem Betrag nicht enthalten.

3.9.2 Rechtliche Aspekte

Die Chancen, rechtliche oder berufsrechtliche Schritte gegen sexuell mißbrauchende Therapeuten zu unternehmen sind in der Bundesrepublik Deutschland gegenwärtig äußerst ungünstig. Eine geeignete strafrechtliche Norm existiert noch nicht, allerdings bereitet das

Bundesjustizministerium derzeit eine solche vor. Zivilrechtliche Ersatzansprüche scheitern oft an der schwierigen Beweislage oder dem Nachweis des ursächlichen Zusammenhangs zwischen Folgeschäden und sexuellem Übergriff. Einige Psychotherapieverbände verfügen noch nicht einmal über Verfahrensrichtlinien für die Durchführung ehrengerichtlicher Verfahren, andere sind dabei, Ethikrichtlinien aufzustellen und Ehrengerichtsverfahren einzurichten. Allerdings können sich die Therapeuten diesen Verfahren i.a. durch Austritt aus dem Verband entziehen, ohne daß ihnen berufliche Nachteile entstünden. Vorbildhaft hat der BDP inzwischen ein funktionsfähiges Procedere für Ehrengerichtsverfahren entwickelt. Die Ärztekammern sind ihren eigenen Aussagen nach bislang nur sehr selten in diesem Bereich aktiv geworden.

3.9.3 Therapeutenpersönlichkeit

> Die Täter sind zu 90% männlich, die Betroffenen ebenfalls zu 90% weiblich. Manche Therapeuten betreiben den sexuellen Mißbrauch aus situativen Gründen, z.B. aus einer Lebenskrise heraus, bei anderen, nach den bekannten Untersuchungsdaten mindestens 50%, handelt es sich um Wiederholungstäter.

Wegen fehlender Sanktionen und des immanenten Verstärkungswerts des sexuellen Mißbrauchs gibt es zwischen situativen und Wiederholungstätern fließende Übergänge. Aufgrund ihrer etwa 20jährigen Erfahrung mit betroffenen Patientinnen und Rehabilitationsmaßnahmen bei Tätern kommen Schoener und Gonsiorek (1989) vom Walk-In-Counseling-Center in Minnesota unter Gesichtspunkten der Rehabilitierbarkeit zu folgender **Klassifikation der Therapeuten:**
- **Uninformierte Naive:** Paraprofessionelle oder Therapeuten, die aufgrund unzureichender Ausbildung oder mangelnder persönlicher Reife sexuelle Übergriffe vornehmen und i.a. für den Beruf wenig geeignet sind.
- **Gesunde oder durchschnittlich Neurotische:** Bei ihnen ist der sexuelle Übergriff meist ein einzelner Vorfall ohne Wiederholung. Sie übernehmen i.a. die Verantwortung für das Geschehen und sind bereit, in einer persönlichen Psychotherapie ihre Problematik aufzuarbeiten. Sie haben eine günstige Prognose im Hinblick auf Rehabilitation.
- **Schwer Neurotische und/oder sozial Isolierte:** Sie haben meist deutliche, länger bestehende emotionale Probleme wie Depressionen, Selbstwertprobleme und Einsamkeit. Die therapeutische Arbeit ist ihr Lebensinhalt. Sie sind kaum in der Lage, ihr Verhalten zu ändern. Ihre Rehabilitationsmöglichkeiten sind begrenzt.
- **Impulsive Charakterstörungen:** Sie haben Schwierigkeiten in der Triebkontrolle und normalerweise sehr viele Kontakte mit zahlreichen Patientinnen, gleichzeitig oder nacheinander. Schuldgefühle zeigen sie nur, wenn Konsequenzen drohen. Sie sind i.a. nicht rehabilitierbar.
- **Soziopathische oder narzißtische Charakterstörungen:** Sie ähneln in vieler Hinsicht den impulsiven Charakteren, sind aber im Unterschied zu diesen „cool", berechnend und „Experten" im Vertuschen. Die Aussicht auf Rehabilitation ist bei ihnen wie bei den psychotischen oder Borderline-Persönlichkeiten negativ.

3.9.4 Psychodynamische Aspekte

Zur Psychodynamik sexuell mißbrauchender Therapeuten machte der nordamerikanische Psychoanalytiker Smith 1984 in der Langzeitbehandlung eines grenzlabilen Therapeuten einige Beobachtungen, die für einen großen Teil der strukturgestörten Therapeutenpersönlichkeiten kennzeichnend sind. In den ersten

Stunden der Therapie identifiziere sich der Analytiker mit bestimmten Aspekten des Leidens der Patientin. Dies führe dazu, daß er ihren Schmerz lindern wolle, z.B. durch konkrete Hilfen.

Aufgrund der Identifikation könne er diese Aspekte der Problematik seiner Patientin nicht als ihr Problem therapeutisch bearbeiten. Er könne ihr nicht dazu verhelfen zu erkennen, daß sie es aus eigener Kraft meistern kann. Stattdessen gäbe er ihr das Gefühl, daß sie seine Hilfe dazu immer brauche.

Oft entwickele sich eine *gemeinsame Rettungsphantasie*, die Smith „Golden Phantasy" nennt. Damit meint er die Vorstellung, daß es irgendwo auf der Welt einen Menschen gäbe, der sämtliche Wünsche und Bedürfnisse erfüllen, einen Zustand von absoluter Versorgung und Glückseligkeit herstellen kann. Der Therapeut scheine selbst dieser Wunschvorstellung anzuhängen. Er versuche ihr nachzukommen und *sehe die Patientin wegen seiner großzügigen Hilfe in seiner Schuld*. Sie solle etwas für ihn tun. Zunehmend wachse der Haß auf die Patientin. Die Erfüllung seiner Wünsche und seines Hasses würden schließlich symptomhaft im sexuellen Übergriff befriedigt.

Zu ähnlichen Schlüssen gelangt Hirsch bei seiner Analyse der narzißtischen Dynamik sexueller Beziehungen in der Therapie. Er hat den Eindruck, daß für manche Therapeuten „die Abstinenzforderung für sich genommen unter Umständen bereits eine narzißtische Kränkung ist, da sie einer Zurückstellung der eigenen Bedeutung in den Augen der Patientin, … des Wunsches, auch von ihr etwas zu bekommen, bedeutet" (Hirsch 1993d, S. 305). Ähnlich wie beim Vater-Tochter-Inzest gehe es dem **narzißtischen Therapeuten** darum, daß die Patientin als „idealisierte jugendliche Mutterfigur" „sein Defizit heilen soll, indem sie als strahlende Kindfrau seinen Penis bewundert" (ebd. S. 307). Damit sei zugleich der Wunsch verbunden, die Kränkung, älter zu werden, nicht erleben zu müssen. Aufgrund extremer Ambivalenz gegenüber einem archaischen Mutterobjekt müßten diese Therapeuten die Asymmetrie in der analytischen Beziehung gewaltsam aufrechterhalten, da diese die Möglichkeit der Kontrolle und Machtausübung gewährleiste.

Auch unserer Erfahrung nach geht dem direkten sexuellen Kontakt fast immer eine mehr oder weniger lange Phase narzißtischen Mißbrauchs voraus (vgl. dazu Reimer 1990; Hirsch 1993d; Becker-Fischer 1995). Charakteristisch hierfür ist der „Rollentausch" im Vorfeld des sexuellen Übergriffs, von dem fast alle Patientinnen berichten: Der Therapeut erzählt zunehmend von seinen Sorgen und Problemen, und die Patientin tröstet ihn.

Dieser **Rollentausch** wird in der Regel eingeleitet und vorbereitet durch eine ganze Reihe subtiler Grenzüberschreitungen, narzißtischer Verführungen, mit deren Hilfe der Therapeut der Patientin das Gefühl vermittelt, für ihn „etwas Besonderes" zu sein. Die Patientin soll zur letzten Stunde abends kommen, die dann überzogen werden kann, sie bekommt kleine Geschenke, es fallen Bemerkungen wie: „Sie sind meine liebste Patientin". Gleichzeitig wird die der therapeutischen Beziehung immanente Abhängigkeit zusätzlich noch forciert und festgeschrieben. Mit Versprechungen wie: „Ich bin immer für Sie da und werde immer für Sie da sein" wird den Patientinnen implizit mitgeteilt, sie könnten von ihren Therapeuten nie unabhängig, selbständig werden.

Auf dem Hintergrund dieser symbiotisch anmutenden Pseudoharmonie von gegenseitigem Trost und Verständnis wird dann die sexuelle Beziehung vorbereitet und angebahnt.

Daß es den Therapeuten weniger um Liebe als viel mehr um die Befriedigung mehr oder weniger bewußter destruktiver Bedürfnisse geht, wird spätestens deutlich, wenn man ihre typischen Umgangsweisen mit den Betroffenen nach Beendigung der „Beziehung" betrachtet. Nur die allerwenigsten Untersuchungsteilnehmerinnen unserer Studie bemerkten bei ihren Therapeuten Reaktionen des Bedauerns über den Vorfall oder gar Schuldgefühle deswegen. Im Gegenteil wiesen ca. jeweils ein Viertel der Therapeuten, von denen die Probandinnen unserer Untersuchung berichteten, die Verantwortung entweder der Patientin zu, rechtfertigten den sexuellen Kontakt aus „therapeutischen Gründen" oder betrachteten das Geschehen als „etwas Schicksalhaftes". Über die Hälfte drohten ihren ehemaligen Patientinnen – z.T. schon prophylaktisch – für den Fall, daß sie ihr „gemeinsames Geheimnis" verraten sollten. Selbstmord- und Prozeßandrohungen seitens der Therapeuten waren nicht selten. Im Vordergrund standen allerdings Versuche, den Frauen Schuldgefühle zu machen: Sie würden die Therapeuten beruflich und familiär ruinieren, ihre Krankheit oder ein psychisches Leiden der Therapeuten würden sich verschlimmern etc.

> Übereinstimmend mit Smith (1984) gelangten wir zu dem Eindruck, daß es sich bei den schwer gestörten Therapeuten um sogenannte „gespaltene" Persönlichkeiten handelt (vgl. Becker-Fischer und Fischer 1994). Unter psychodynamischen Gesichtspunkten kann man bei ihnen einen Typus, der eher von unbewußten Rettungsillusionen getrieben wird, unterscheiden von einem anderen, bei dem, ebenfalls meist unbewußt, Rachemotive den Antrieb bilden.

Während der **„Wunscherfüllungstyp"** nach dem oben beschriebenen Muster vorzugehen scheint, neigt der **„Rachetypus"** in seinem manifesten Verhalten eher zu manipulativen oder Überrumpelungstaktiken und schreckt auch nicht davor zurück, körperliche Gewalt anzuwenden. So berichtete fast ein Viertel der von uns befragten Probandinnen auch von Gewalttätigkeiten.

3.9.5 Die Folgen sexueller Übergriffe in der Psychotherapie

Die weitaus überwiegende Zahl der empirischen Untersuchungen wie der Einzelfallstudien weisen eindeutig schädliche Folgen von sexuellen Übergriffen in Psychotherapie und Psychiatrie nach. Unsere Ergebnisse bestätigen dies: „gebessert" fühlen sich 6,7%, „gleich geblieben" 11,7% und „verschlechtert" im Vergleich zum Therapiebeginn 68,3%. Die wenigen, die „gebessert" angeben, beziehen sich dabei auf den Zeitraum unmittelbar nach dem Übergriff. Später hat sich auch ihr Befinden verschlechtert.

Im Vordergrund stehen die folgenden **Symptome,** die sich entweder im Vergleich zum Befinden zu Therapiebeginn „verschlechtert" haben oder „neu hinzugekommen" sind: Depression, Furcht und Angst, Schuld und Scham, Kummer, Ärger, Wut, Verlust der Selbstachtung, Verwirrung, massives Mißtrauen, Isolation, suizidales Verhalten, sexuelle Funktionsstörungen, Symptome aus dem Posttraumatischen Streßsyndrom (PTSD) wie Konzentrationsstörungen, Alpträume und „flash-backs" (Rückblenden).

> Insgesamt klagen die Betroffenen durchschnittlich über die Verstärkung von zwei bis drei Symptomen, unter denen sie bereits vor Therapiebeginn gelitten haben, und es sind durchschnittlich weitere zwei bis drei Symptome hinzugekommen, die sie vor dem sexuellen Mißbrauch nicht gekannt haben.

Vergleicht man die psychotraumatische Belastungswirkung von sexuellen Übergriffen in Psychotherapie und Psychiatrie, gemessen mit der Impact-of-Event-Skala (Horowitz et al. 1979), mit Werten von Medizinstudenten nach der ersten Leichensektion einerseits und Folteropfern andererseits, so haben die Probandinnen unserer Untersuchung in fast allen

Variablen Werte, die denen der Folteropfer relativ nahe kommen und weit über der Belastung der Studenten liegen.

Wurde die Therapie parallel zu den sexuellen Kontakten weitergeführt, so verschärfte sich später die Folgesymptomatik über die durchschnittlichen Werte hinaus. Ob es sich um genitale Kontakte oder versteckte Sexualisierungen im Sinne sexualisierter Berührungen oder einer erotisierten Atmosphäre gehandelt hat, hatte ebenfalls keine wesentlichen Auswirkungen auf die Stärke der Folgeschäden.

Aufgrund dieser Ergebnisse und der internationalen Traumaforschung schlagen wir für die gesamten Folgeschäden die Bezeichnung **„Professionales Mißbrauchstrauma (PMT)"** vor. Diese Art der Traumatisierungen ist ihrem Wesen nach professional, d.h. durch den Bruch des professionellen, auf Vertrauen gründenden Dienstleistungsverhältnisses zwischen Therapeut und Patient bedingt.

Leitsymptom des PMT ist die Störung der Liebes- und Beziehungsfähigkeit. Das Selbstbild der Opfer ist gewöhnlich durch schwere Selbstzweifel geprägt, ein Schwanken zwischen Selbst- und Fremdanklage.

> Dabei kann man drei Komponenten eines Traumatisierungsvorganges unterscheiden: die traumatische Situation, die traumatogene Reaktion und den traumatischen Prozeß.

3.9.6 Phänomenologie und Verlauf des „Professionalen Mißbrauchstraumas" (PMT)

Die traumatische Situation ist durch existentielle Bedürftigkeit, Hilflosigkeit und damit Verletzlichkeit der Patientinnen gekennzeichnet, die sich aus der Machtposition des Therapeuten ergibt. Wird dieses Abhängigkeitsverhältnis zu egoistischen Zwecken ausgenützt, entsteht bei den Patientinnen eine tiefgreifende emotionale und kognitive Verwirrung. Sie sind erschüttert in ihrem Verständnis von sich und der Welt. Das sexuelle Moment der Beziehung ist in diesem Zusammenhang nicht per se traumatisch, sondern seine Einbettung in das therapeutische Vertrauens- und Abhängigkeitsverhältnis.

> Unter dem Gesichtspunkt der Übertragung von Gefühlsregungen, Triebwünschen und Abwehrtendenzen auf den Therapeuten geraten sexuelle Übergriffe in Psychotherapie und Psychiatrie psychodynamisch in die Nähe von inzestuösem Kindesmißbrauch.

So sieht Hirsch das eigentlich Destruktive sexueller Beziehungen zwischen Patientin und Therapeut im „Angriff auf die Grenzen der Patientinnen, ... auf die Bedeutung des kindlichen Kontaktangebots" (Hirsch 1993d, S. 314; vgl. auch Hirsch 1987a). Daher sind auch die Folgen sehr ähnlich.

Die **traumatogene Reaktion** verläuft unterschiedlich. Bei einem Therapeuten vom „Rachetypus" beschreiben die Patientinnen ihre erste Reaktion oft wie erstarrt, mit einer Art von Lähmung. Hinzu kommen Gefühlsabspaltung, Gefühlsverdrängung, manchmal sogar Depersonalisierung. Die Rachemotivation findet sich eher bei den strukturell persönlichkeitsgestörten Therapeuten, den psychotischen Persönlichkeiten, Borderline-Strukturen sowie den Multiplen Persönlichkeiten.

Dagegen verwickelt der „Wunscherfüllungstypus" die Betroffenen in das Hochgefühl einer gegenseitigen Idealisierung, wie in der „Golden Phantasy" beschrieben. Die „dunkle Seite" der Mißbrauchssituation wird aus der Wahrnehmung ausgeklammert. Diese negativen Tendenzen werden dann zum inneren Motor der dritten Phase, des **traumatischen Prozesses**.

> Hier manifestiert sich als Leitsymptomatik die Störung der Liebes- und Beziehungsfähigkeit mit den Einzelsymptomen von Isolation und Einsamkeit, Vertrauensver-

lust, sexuellen Funktionsstörungen. Die Selbstbeziehung ist gekennzeichnet durch Scham- und Schuldgefühle, Selbstzweifel und Selbstanklagen, sowie Verlust der Selbstachtung. Überwiegen in der zweiten Phase vor allem die Abwehrmechanismen der Verdrängung und Verleugnung, um an der Idealisierung des Therapeuten festzuhalten, so sind in der dritten Phase tendenziell verstärkte depressive Reaktionen zu erwarten. Ferner tritt hier eine massiv erhöhte Somatisierungsneigung auf.

Die Betroffenen des PMT sind gewöhnlich nicht in der Lage, ihr vielfältiges psychisches und psychosomatisches Leiden mit der traumatischen Situation in Verbindung zu bringen. Es vergehen oft viele Jahre, bevor ihnen der Zusammenhang erstmals bewußt wird.

3.9.7 Folgetherapien beim Professionalen Mißbrauchstrauma

Grundsätzlich konfrontieren Folgebehandlungen nach sexuellem Mißbrauch in einer früheren Therapie den Behandler mit einigen besonderen Problemen. Durch den Umstand, daß der Mißbrauchende ein Berufs-"Kollege" ist, ist der Folgetherapeut in seiner Identifikation als „Psychotherapeut" immer auch persönlich involviert. Dies kann zu unterschiedlichen Reaktionen führen, die Folgetherapeuten bei sich möglichst genau beobachten sollten, um zu verhindern, daß sie unerkannt den Therapieverlauf beeinträchtigen. Typische Reaktionen sind z.B. heftiger Ärger gegen den Ersttherapeuten, der die Integrität des eigenen Berufsstandes so grundlegend in Frage stellt und Patientinnen so schädigt oder, auf der anderen Seite, Mitgefühl gegenüber dem bedauernswerten Kollegen, der, vielleicht aus einer Krise heraus, sich in diese schlimme Lage gebracht hat; Ärger über die „schwierige" Patientin, die ihn derart provoziert haben muß usf. (hierzu auch Sonne und Pope 1991; Ulanov 1979; Scholich 1992).

Wie wichtig eine persönlich geklärte und damit auch nach außen hin klare Position als Voraussetzung für eine gelingende Folgetherapie ist, zeigen die Aussagen der Teilnehmerinnen unserer Untersuchung. Wir haben sie gefragt, was ihnen in Haltung, Einstellung und Verhalten des Folgetherpeuten hilfreich und was ihnen hinderlich für die Bewältigung des Mißbrauchs erschienen sei.

Als *hilfreich* wurden genannt (in der Reihenfolge der Häufigkeiten): „Verständnisvolle Haltung des Therapeuten; eine klare Haltung zum Vorfall als Mißbrauch; mir wurde geglaubt; klare, vom Therapeuten respektierte Grenzen; Mißverständnisse waren klärbar; die Sicherheit, daß kein sexueller Kontakt vorkommt; Verständnis des Therapeuten auch für positive Gefühle gegenüber dem Ersttherapeuten".

Was hier als hilfreich geschildert wird, läßt sich als eine *nichtneutrale Abstinenzhaltung des Folgetherapeuten* bezeichnen. Abstinenz ja, Neutralität im Sinne völliger Unparteilichkeit nein. Diese Haltung engagierter Abstinenz ist generell für Traumatherapien außerordentlich bedeutsam. Straker (1990) betont die Glaubwürdigkeit des Therapeuten als notwendige Voraussetzung dafür, daß mit den gewalttraumatisierten Jugendlichen, die sie in Südafrika behandelt, eine tragfähige therapeutische Arbeitsbeziehung aufgebaut werden kann.

Klare Stellungnahmen zum Geschehen, zu Fragen von Schuld und Verantwortlichkeit sind wesentliche Bedingungen dafür, daß die Betroffenen das Mißtrauen abbauen können, das sie in Folge des erlebten Vertrauensbruchs nun auch dem Folgetherapeuten entgegenbringen (vgl. Becker-Fischer 1995). Die Abstinenz (im Gegensatz zur Neutralität) behält selbstverständlich ihren vollen therapeutischen Wert.

Der Therapeut muß sich enthalten („abstinere"), eigene Bedürfnisse, Wünsche, Interessen in den Prozeß einzubringen (Abstinenz von Gegen- und Eigenübertragungsreaktionen; vgl. auch Cremerius 1984).

Abweichungen von dieser Haltung engagierter, nicht neutraler Abstinenz werden umgekehrt als die wichtigsten hinderlichen Punkte in Haltung, Einstellung und Verhalten des Zweittherapeuten angegeben (in absteigender Häufigkeit): „geringes Einfühlungsvermögen; ablehnende Reaktionen; Parteilichkeit für den Ersttherapeuten; Therapeut hat sich mit dem Thema nicht beschäftigt; übersteigerte Zurückhaltung; Zweifel an der Realität des Vorfalls; Ignorieren von Wut und Empörung; Verstärkung von Selbstvorwürfen".

Typische **Gegenübertragungsgefühle**, die zu Abweichungen von der Haltung engagierter Abstinenz verleiten können, sind *Rettungsphantasien des Zweittherapeuten*, der unter allen Umständen das Versagen des Vorgängers ausgleichen möchte – womit z.B. unbewußte Rettungsphantasien des Ersttherapeuten wiederholt werden können. Die *Wut und Empörung* des Folgetherapeuten über den Ersttherapeuten, die sowohl persönliche Quellen haben als auch, wenn die Patientin sie selbst noch abspalten muß, zusätzlich von ihr induziert sein können, ist für Folgetherapeuten oft schwer auszuhalten. Die Gefahr ist groß, die Patientin aus Empörung etwa zu rechtlichen Schritten zu drängen, bevor sie ihre eigenen negativen Gefühle gegen den Ersttherapeuten entdecken und sich selbst dazu entschließen kann (vgl. auch Schoener 1990; Schuppli-Delpy und Nicola 1994).

Etwa 50% der Untersuchungsteilnehmerinnen erklärten sich mit ihrer Zweittherapie unzufrieden und gaben an, sie hätte ihnen wenig geholfen. Diese hatte ganz überwiegend bei männlichen Therapeuten stattgefunden (ein statistisch hochsignifikanter Zusammenhang). Dafür sind vermutlich besondere Gegenübertragungsprobleme männlicher Folgetherapeuten und der in Deutschland noch erhebliche Weiterbildungsbedarf in Behandlungsfragen bei Folgetherapien verantwortlich. Kluft (1989), ein Pionier der Traumatherapie in den USA, berichtet aus seiner eigenen Praxis von 30 erfolgreichen Folgetherapien, die er als männlicher Therapeut mit Patientinnen durchführte. Falls die Patientinnen angaben, nur mit einer Frau ihre Erfahrungen aufarbeiten zu können, wurden sie selbstverständlich weitergeleitet. Ebenso berichten Nicola (1991) und Schoener und Milgrom (1987) als männliche Therapeuten über positive Therapieverläufe.

Eine besondere Schwierigkeit besteht darin, in Zweittherapien eine hinreichende *Differenzierung zwischen Arbeitsbündnis und Übertragung* zu erreichen, die in Abbildung 3.10 veranschaulicht wird.

Die Patientinnen übertragen die negativen Beziehungserfahrungen mit dem Ersttherapeuten auf die neue Therapiesituation und den Folgetherapeuten. Kaum bei einer anderen Patientengruppe ist die Gefahr so groß, daß die neue therapeutische Erfahrung in den Sog der alten gerät. Schon die minimale Differenz im Diagramm (im Punkt A1), Voraussetzung für eine tragfähige Arbeitsbeziehung, ist hier nicht unbedingt gegeben. In der Literatur werden z.T. drastische Maßnahmen vorgeschlagen, um der Patientin die Unterscheidung zwischen alter und neuer Erfahrung zu erleichtern. Pope und Bouhoutsos (1986) empfehlen bereits in den Erstgesprächen eine deklarative Feststellung, daß es in dieser Therapie zu keinem sexuellen Kontakt mit dem Therapeuten kommen wird. Sie empfehlen zudem, eine dritte Instanz, z.B. einen Kollegen oder Kollegin einzuschalten, die die Patientin in regelmäßigen Abständen aufsucht, um die vorherige ausschließliche Beziehung zu vermeiden.

Solche psychoedukativen Maßnahmen lassen sich natürlich in die unterschiedlichen Therapiestile wie Verhaltenstherapie, Psychoanalyse oder Gesprächstherapie leichter oder schwieriger einfügen. Bedeutsamer als einzelne Maßnahmen und Techniken ist nach unserer Erfahrung, daß der Folgetherapeut in seinen Deklarationen und Interventionen von Anfang an die optimale Differenzierung (Phase 3 in

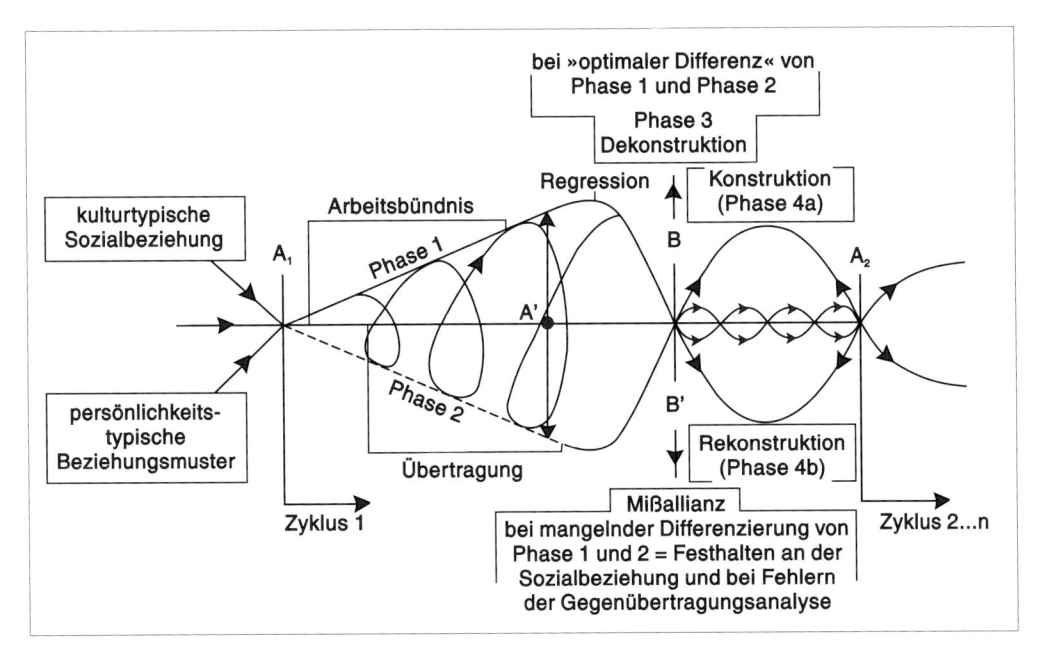

Abb. 3.10 Beeinflussung des therapeutischen Prozesses durch negative Beziehungserfahrungen aus einer vorausgegangenen Behandlung (nach Fischer 1989). Es ist ein Veränderungsschritt in der Psychotherapie in vier Momenten oder Phasen dargestellt. Eine „optimale Differenz" (*Phase 3*) zwischen Arbeitsbündnis (*Phase 1*) und Übertragungsbeziehung (*Phase 2*), die zu einem Neuentwurf, einer Neukonstruktion des bisherigen pathogenen Beziehungsschemas führt (*Phase 4a*) sowie zur Rekonstruktion der traumatischen Beziehungserfahrungen (*Phase 4b*), die dem pathogenen Schema zugrundeliegen. Die negativen Beziehungserfahrungen aus der Ersttherapie werden auf den Folgetherapeuten „übertragen" (*Phase 2*) und müssen „korrigiert" oder „dekonstruiert" werden.

Abb. 3.10) zwischen Arbeitsbündnis und Übertragungsschemata fördert und sogar eine minimale Differenzierungsfähigkeit der Patientinnen nicht ohne weiteres als gegeben ansieht. Im psychodynamischen Therapiestil sind hierzu deskriptive Deutungen geeignet, die die Patientin immer wieder auf mögliche Parallelen zwischen Erst- und Zweittherapie hinweisen, um ihr die Wahrnehmung und Äußerung entsprechender Befürchtungen zu erleichtern.

> Insbesondere in Anbetracht des heftigen Mißtrauens, das diese Patientinnen gerade gegenüber männlichen Psychotherapeuten haben, sind Offenheit und Ermutigung, Kritik, Gefühle wie Skepsis oder Mißbehagen zu äußern von entscheidender Bedeutung, um eine tragfähige Beziehung aufzubauen.

Das *Mißtrauen* kann sich in direkter Form äußern oder nur andeuten. Andere Patientinnen neigen eher dazu, es kontraphobisch mit einer Haltung absoluten Vertrauens abzuwehren. Dieser Abwehrhaltung sollte in den Anfangsphasen vom Folgetherapeuten besondere Aufmerksamkeit geschenkt werden. Sie wird leicht übersehen, da sie dem Selbstverständnis des Folgetherapeuten entgegenkommt, der gerade im Gegensatz zur traumatischen Vorerfahrung der Patientin vermitteln möchte, daß sie ihm vertrauen darf. Kluft (1989) empfiehlt, nach Möglichkeit Techniken zu vermeiden, die in der Ersttherapie eingesetzt wurden, da diese das Trauma in einer Weise wiederbeleben könnten, die therapeutisch nicht mehr zu steuern sei.

Einen Ausweg aus den Gefahren der zu großen Ähnlichkeit zwischen Erst- und Folgetherapie bietet die **Gruppentherapie.** Sonne et al. (1985) schildern positive, wenn auch begrenzte Auswirkungen dieses Settings: Die intrusiven Symptome der psychotraumatischen Belastungsstörung gingen zurück. Die Teilnehmerinnen fühlten sich unterstützt und sozial weniger isoliert. Sie hatten jedoch große Schwierigkeiten, ihr Mißtrauen und ihre Phantasie von „Besonderheit" zu überwinden, die der Ersttherapeut induziert hatte. Diejenigen, die nicht parallel in einer Einzeltherapie waren, beklagten sich, daß sie in der Gruppe nicht genügend Zeit hätten, die komplexen Erfahrungen durchzuarbeiten.

Ergänzend zur Einzeltherapie wird die Gruppensituation vor allem dann, wenn sie vorwiegend unterstützenden Charakter hat, als wertvoll angesehen. Sie wirkt zudem der Neigung zur sozialen Isolation entgegen, die eine der typischen Folgen des PMT ist.

Um weitere soziale Isolierung der Betroffenen zu verhindern, ist außerdem die *Arbeit mit den Angehörigen* wichtig. Auch hierfür bietet sich das Gruppensetting an. Pionierhaft arbeitet das Walk-In Counseling Center in Minneapolis in dieser Form (Schoener et al. 1989; Luepker 1995 und Luepker und O'Brien 1989). In der Regel sind die Angehörigen durch den sexuellen Mißbrauch und seine Folgen ebenfalls traumatisiert. Zwischen Ehepartnern führen die schwerwiegenden Folgeschäden der Opfer nicht selten zu Entfremdung bis hin zur Trennung. Zum anderen erleiden auch die Partner ein Schocktrauma, wenn sie von der erotischen Beziehung mit dem Therapeuten erfahren. Depressive Enttäuschungsreaktionen, Wut und Ärger gegenüber der Partnerin oder dem Therapeuten sind häufig. In der Schweiz wurde ein Psychoanalytiker vom Ehemann einer Patientin erschossen, als dieser von der sexuellen Beziehung erfuhr.

Neben ggf. unterstützenden Gruppensettings bleibt nach sexuellen Übergriffen in der Psychotherapie die Einzeltherapie ein Verfahren der Wahl.

Ist die notwendige Unterscheidung zwischen Arbeitsrahmen und negativen Vorerwartungen erreicht, so wird eine produktive therapeutische Arbeit möglich. Diese verfolgt im Prinzip zwei Ziele: Aufarbeitung der traumatischen Aktualerfahrung und, falls möglich, darüber hinaus die Aufarbeitung der Primärstörung, die zur Ersttherapie führte, dort aber verstärkt und überlagert anstatt aufgearbeitet wurde.

Die **erste Phase der Therapie** ist auf die traumatischen, verzerrten therapeutischen Erfahrungen in der Ersttherapie fokussiert und sollte den Rekurs auf die Ausgangsstörung bzw. evtl. pathogene Vorgeschichte der Patientin – selbst wenn das Thema von ihr angeboten wird – strikt vermeiden. Dies wird von den Patientinnen fast immer als negative Attribuierung verstanden und verstärkt die Schuldgefühle: „Durch meine Störung bzw. pathologische Lebensgeschichte habe ich wichtige Warnzeichen übersehen, den Therapeuten sexuell gereizt", usf.

Die meisten Patientinnen beschuldigen sich entweder selbst für die Traumatisierung, die sie erfahren haben oder geben sich zumindest die „Mitschuld" am Mißbrauch. Diese Haltung ist eines der wesentlichsten Hindernisse bei der Auflösung der pathologischen Bindung an den Ersttherapeuten. In der Literatur wird hier verschiedentlich empfohlen, der Patientin in einer psychoedukativen Erklärung oder einem „sokratischen Dialog" zu verdeutlichen, *daß der Therapeut die alleinige Verantwortung für das Scheitern der Therapie und den Mißbrauch der Patientin trägt,* auch dann, wenn diese sich in der Phase positiver Übertragung eine erotische Beziehung gewünscht oder Anstrengungen unternommen haben sollte, den Therapeuten sexuell zu verführen. Patientinnen, die ja über die zu erwartenden Übertragungsphänome gewöhnlich nicht aufgeklärt werden, haben in der Tat kein kognitives Konzept zur Verfügung, um das Dilemma, in das sie der Ersttherapeut gebracht hat, auflösen zu können. Daher kann die ausdrückliche Information über Rechte und Pflichten jeweils von Therapeut und Patient durchaus hilfreich sein.

Nach unserer Erfahrung sollte vor allem beim psychodynamischen oder klientzentrierten Therapiestil der deklarative Teil der Instruktionen eher gering gehalten werden. In der sich ausbildenden Übertragungskonstellaton zum Folgetherapeuten könnten entsprechende Verlautbarungen von der Patientin leicht als Überheblichkeit gegenüber dem Ersttherapeuten und als narzißtischer Wunsch, der bessere Therapeut zu sein, mißverstanden werden.

> Der günstigere Weg besteht darin, eine möglichst hohe Transparenz der gegenwärtigen Therapie herzustellen und die Patientin zu ermutigen, kritische Gedanken und Beobachtungen gegenüber dem Zweittherapeuten jederzeit in die Beziehung einzubringen.

Die Einhaltung der Grenzen zeigt der Folgetherapeut nicht per Deklaration, sondern in Praxi und indem er der Patientin den Sinn aller therapeutischen Regeln erklärt. Gelingt es dem Zweittherapeuten, diese Verbindung von Theorie und Praxis zu verwirklichen, so verstärkt er dadurch automatisch die Differenz zwischen dem gegenwärtigen Arbeitsbündnis und der negativen Vorerfahrung, welche die Patientin auf die neue Therapie überträgt. So kann die Patientin erstmals erleben, wie eine Therapie lege artis verlaufen und wirken kann. Diese „optimale Differenz" zur negativen Vorerfahrung erleichtert es, die Schuldzuschreibungen an die eigene Person zu hinterfragen und den Anteil des Ersttherapeuten zunehmend realistisch einzuschätzen.

> Entscheidend ist eine therapeutische Haltung, die die Patientin empathisch und „nicht neutral" begleitet, ihr jedoch bei aller Stützung und Unterstützung stets die Initiative überläßt. Nur so kann die traumatisch bedingte „erlernte Hilflosigkeit" (Seligman 1975) allmählich in Frage gestellt und überwunden werden.

Ist ein optimal zur Vorerfahrung kontrastierendes Arbeitsbündnis aufgebaut, so beginnt die Patientin, sich mit der traumatischen Situation und der schmerzlichen und oft überwältigenden Erfahrung der sexuellen Ausbeutung durch den Ersttherapeuten zu konfrontieren. Neben Unterstützung und Hilfe beim Durcharbeiten der Situation(en) kann der Folgetherapeut der Patientin hier die Entwicklung bzw. Verstärkung der Symptomatik, wie sie sich in der Verlaufssequenz von traumatischer Situation, Reaktion und Prozeß ausgebildet hat, verdeutlichen.

Um Rückfälle der Patientin in die Phase der Selbstbeschuldigung zu verhindern, ist das traumatherapeutische Prinzip der „Normalität" (Ochberg 1993) zu beachten.

> Die Symptome des PMT sind normale und verständliche Reaktionen auf eine anomische, traumatische Situation. Dies sollte der Therapeut wiederholt betonen.

Deutungen zielen dementsprechend darauf ab, den Zusammenhang zwischen Symptomen und traumatischer Situation herzustellen und die Verarbeitungsversuche der Patientin in der traumatischen Reaktionsphase und im traumatischen Prozeß als einen Selbstschutz- und Selbstheilungsversuch zu verstehen. So entspricht beispielsweise die depressive Reaktion der Patientinnen von Ersttherapeuten des „Wunscherfüllungstypus" ihrem Versuch, diesen zu schonen und an der Illusion festzuhalten, seine Therapie sei hilfreich gewesen.

Einsamkeit und die Neigung, soziale Kontakte abzubrechen, gehen auf die Tendenzen der mißbrauchenden Therapeuten zurück, die Patientinnen in die Illusion ausschließlicher Zweisamkeit entsprechend der „Golden Phantasy" zu verwickeln. Das generalisierte Mißtrauen, das sich bei den Opfern des „Rachetypus" vor allem gegen Männer richtet und z.B. die Intimität mit dem Partner zerstören kann, ist eine gesunde und normale Reaktion auf die Mißbrauchserfahrung. Solange der Ursprung des Mißtrauens in der pseudotherapeutischen Erfahrung noch nicht erkannt werden kann, wird das Mißtrauen in der Regel auf Ersatzobjekte verschoben. Charakterveränderungen, die sich im traumatischen Prozeß herausgebildet haben, wie stereotype Vermeidungshaltungen gegenüber diesem Erfahrungskomplex, können als Versuche verstanden werden, die Erinnerungen zu kontrollieren und intrusive Erlebniszustände zu vermeiden, welche die traumatische Reizüberflutung wiederholen und eventuell zu einer Retraumatisierung führen könnten.

Beim *Durcharbeiten des professionalen Mißbrauchstraumas* treten typische Übertragungskonstellationen auf. Nicht selten provozieren die Patientinnen zu Grenzüberschreitungen, indem der Ersttherapeut z.B. als besonders fürsorglich und hilfreich dargestellt wird, da er jederzeit Sondertermine zur Verfügung stellte, die Stunden überzog etc. Gleichzeitig wird der Folgetherapeut wegen seines „rigiden" Festhaltens an Regeln angegriffen und als „herzlos", „formalistisch" oder „dogmatisch" entwertet. In diesen Provokationen ist einerseits der Wunsch enthalten, auch für den Folgetherapeuten eine „besondere" Bedeutung zu gewinnen, mit ihm die innige Beziehung zum Ersttherapeuten zu wiederholen (womit zugleich der Ersttherapeut entlastet wäre). Vor allem dienen die Provokationen der Patientin jedoch als Test, ob sie sich auf den Schutz durch den Folgetherapeuten, darauf, daß er zuverlässig in der Lage ist, die notwendigen Grenzen einzuhalten, verlassen kann.

Insbesondere männliche Therapeuten werden entweder mit dem mißbrauchenden Therapeuten identifiziert oder als „Spießer" und konventionelle Anpaßler ihm gegenüber entwertet. Mit Frauen wird eher eine entwertende „Koalition der Schwachen" hergestellt, die dem idealisierten Ersttherapeuten gegenüber gleichermaßen hilflos sind. Spezifische Schwierigkeiten für den Umgang mit der Gegenübertragung ergeben sich, wenn Folgetherapeuten die Ersttherapeuten persönlich kennen. Außer bei engerer persönlicher Bekanntschaft stellt das nach unserer Erfahrung nicht unbedingt einen Ablehnungsgrund für die Übernahme der Behandlung dar, sofern sich der Zweittherapeut zutraut, sowohl die sozialen Implikationen zu bewältigen als auch die Implikationen für die Gegenübertragung angemessen zu berücksichtigen.

Die Intensität der positiven Gefühlsbindung an den Ersttherapeuten wird nicht selten unterschätzt. Hier besteht die Gefahr, daß der Therapeut die abgespaltene Wut der Patientin übernimmt und diese ausagiert. In diesem Fall kommt es in der Folgetherapie zu einer schwer auflösbaren therapeutischen Mißallianz. Je wirksamer der abgespaltene Affekt beim Zweittherapeuten untergebracht ist, desto stärker kann sich die Patientin ihren positiven Gefühlen überlassen und die Bindung an den Ersttherapeuten und damit auch die Symptomatik aufrechterhalten.

Die Spaltungen beziehen sich nicht nur auf die Gefühle gegenüber dem Ersttherapeuten. Dissoziative Phänomene liegen darüber hinaus vielen affektiven und kognitiven Symptomen zugrunde. Arbeitsstörungen entstehen in den intrusiven psychotraumatischen Erlebniszuständen durch dissoziative Unterbrechungen des Gedankenablaufs. Amnestische Phänomene werden zunächst als Schutz gegen die überflutenden Erinnerungen eingesetzt und können sich in der Folge ausweiten auf alltägliche Belange, die mit der traumatischen Situationskonstellation assoziativ verbunden sind. Für die Wiederherstellung der Arbeitsfähigkeit sind zuweilen kognitive Trainings wie Mnemo- und Problemlösungstechniken empfehlenswert (siehe auch Kluft 1989).

Die **Dissoziation** zwischen Gefühlen, Verhalten, Empfindungen und Gedanken hat neben der emotionalen Überflutung durch die traumatische Erfahrung eine weitere Quelle in der Persönlichkeitsorganisation und dem mißbräuchlichen Verhalten der Ersttherapeuten selbst. So zeigen sowohl „Rache-" wie „Wunscherfüllungstypus" extrem doppelbödige Verhaltensmuster, welche die Patientinnen verwirren und die emotionale und kognitive Klärung von Grenzen nachhaltig behindern können.

Weil sich beim PMT Vertrauensbruch und Verrat mit sexueller Intimität verbinden, ist die Tendenz zur „Selbstspaltung" bei den Patientinnen verstärkt, ähnlich wie bei Opfern von sexuellem Mißbrauch in der Kindheit.

Der gute, sympathische und beziehungsfähige Teil des Selbst lebt in dem Beziehungsschema der positiven Intimität und Wechselbeziehung mit dem hilfreichen Therapeuten fort. Abgewertet und für die Mißbrauchserfahrung verantwortlich gemacht wird hingegen ein negativer Teil des Selbst, zumeist das „böse innere Kind", das durch seine Gier nach Liebe und Anerkennung die Verwicklungen herbeigeführt haben soll oder zumindest zu schwach gewesen sei, um sich dem Therapeuten zu widersetzen. Die Neigung zur Selbstspaltung entspricht der dissoziativen Persönlichkeitsorganisation des Therapeuten und wird durch dessen Verhalten nach dem Mißbrauch, seine besonderen „Begründungen", noch weiter untermauert (s. Becker-Fischer und Fischer 1995). Ist die Dissoziation des Selbstsystems bei der Patientin einmal eingetreten, so verstärkt sich zirkulär ihre Unfähigkeit, den Therapeuten objektiv sehen und insbesondere dessen eigene Spaltungstendenzen erkennen zu können. Das Bild vom Therapeuten bleibt subjektiv (in der Sphäre des „subjektiven Objekts" nach Winnicott 1973), in sich einheitlich und gut, während das Selbst die dissoziativen Tendenzen des Therapeuten verwirklicht. Wird dieser zentrale dissoziative Komplex therapeutisch aufgelöst, so zeigt sich in der Psychotherapie sexuell traumatisierter Patienten regelmäßig ein *Veränderungsschritt,* den Fischer (1990) als Erwerb der Fähigkeit zur „Objektanalyse" beschrieben hat.

Die Patientin gewinnt Distanz zum mißbrauchenden Therapeuten und kann dessen innere Gespaltenheit, insbesondere seine bewußten oder unbewußten destruktiven Absichten erkennen. Soweit ihr dies gelingt, braucht sie zugleich das Gegenstück, die Selbstspaltung, nicht länger aufrechtzuerhalten und kann sich wieder als ein einheitliches, mit sich identisches Selbst empfinden. In diesem Schritt erwachen die dissoziierten und erstarrten Emotionen wieder zum Leben, und die Patientinnen fühlen sich wie aus einem Gefängnis befreit.

Holderegger (1993) schildert ganz ähnliche Merkmale der emotionalen Befreiung und des „Auftauens" eingefrorener Emotionen, wenn es dem Patienten in einer Analyse gelingt, die eiserne Fessel zu sprengen, die das Trauma um die lebendigen Gefühle gelegt hat.

Typischerweise vollzieht sich der therapeutische Veränderungsschritt der Fähigkeit zur Objektanalyse oder Objektspaltung in drei unterscheidbaren Phasen:
- Aufbau eines vertrauensvollen Arbeitsbündnisses in der therapeutischen Beziehung.
- Eine nicht nur subjektive, sondern objektive Wendung gegen das traumatisierende Objekt, verbunden mit der Einsicht in dessen reale Gespaltenheit und Widersprüchlichkeit. Sie führt dazu, daß das traumatogene Objekt als objektiv „bösartig" und hassenswert erkannt werden kann.

> - Die „Fähigkeit zur Objektspaltung" als therapeutischer Erwerb wird in der Therapie auch in der Beziehung zum Therapeuten erprobt bzw. gefestigt.

Diese drei Phasen, die zusammengenommen die Fähigkeit zur Objektspaltung ausmachen, bilden einen notwendigen, wenn auch nicht hinreichenden Veränderungsschritt in gelingenden Therapieverläufen. In mißlingenden Behandlungsverläufen fehlt dieses therapeutische Zwischenstadium in der Regel.

In der Phase der Objektspaltung und einige Zeit danach sind Patientinnen mit PMT sehr vulnerabel. Sie erleiden einen ähnlichen „Objektverlust" wie Kinder oder Adoleszenten in den verschiedenen Phasen der Ablösung von Eltern und Familie, hier noch verschärft durch die Auseinandersetzung mit einer pervertierten „Elternfigur". Trotz aller Probleme war ja der Ersttherapeut zu einer Stütze des Selbst und im „positiven Beziehungsschema" Garant des Selbstwerts geworden. Die Revision dieses partiellen, dissoziierten Beziehungsschemas schwächt das Selbst.

> Die Einsicht, sich in dem Therapeuten getäuscht zu haben, mißbraucht und betrogen worden zu sein, kann eine aggressive Dynamik freisetzen, die sich in suizidalen Tendenzen gegen das Selbst kehren kann. Hier ist entscheidend, daß der Folgetherapeut stützend und emotional haltend zur Verfügung steht.

Viele Patientinnen planen jetzt ernsthafter als zuvor rechtliche Schritte gegen den Ersttherapeuten. Ist die emotionale Krise, die durch die innere Lösung von ihm entstand, überwunden, so sind die meisten Patientinnen in der Lage, auch in rechtlichen Fragen eigenverantwortliche und gut überlegte Entscheidungen zu treffen.

Nach außen mit der Realität aktiv zu werden und verantwortliche Schritte gegen den Ersttherapeuten zu unternehmen haben fast alle Teilnehmerinnen unserer Untersuchung als ausgesprochen hilfreich erlebt, selbst wenn die Schritte aufgrund der z.Zt. unbefriedigenden Rechtslage nicht sehr erfolgreich waren. Diese realen Außenaktivitäten tragen dazu bei, die induzierte, „erlernte" Hilflosigkeit zu überwinden.

Aufarbeitung der prätraumatischen Störung: Hat die Patientin jene realistische Sichtweise vom Ersttherapeuten und der Ersttherapie gewonnen, die das Stadium der Objektanalyse oder Objektspaltung anzeigt, so sind die Voraussetzungen dafür geschaffen, die prätraumatische Störung aufzuarbeiten. Jetzt greifen die Patientinnen von sich aus das Thema auf, welche schon zuvor bestehenden Probleme sie in die Ersttherapie eingebracht haben, was sie gehindert hat, sich zur Wehr zu setzen, diesmal, ohne in Selbstanklagen und Selbstbeschuldigung zurückzufallen.

> Der Folgetherapeut sollte sich gegenüber diesem weiteren lebensgeschichtlichen Hintergrund der Symptomatik mit Interventionen zurückhalten und insbesondere Deutungen vermeiden, die auf Trieb- oder Wunschmotivationen der Patientinnen zielen (Kluft 1989).

Triebdeutungen werden fast immer als Bestätigung der ursprünglichen Selbstvorwürfe mißverstanden und bewirken einen therapeutischen Rückschritt. In dieser Phase sind Ich-stärkende Interventionen hilfreich, die im Kontrast zur grenzüberschreitenden und -konfundierenden Vortherapie die Ich-Grenzen betonen und stärken. Der Therapeut kann hervorheben, daß es die Gefühle der Patientin sind, die sie in die Therapie eingebracht hat, daß sie sich geöffnet hat und daß diese Offenheit ausgenützt und mißbraucht wurde.

> Die Unterscheidung zwischen Beteiligung an einer Handlung einerseits und Verantwortung oder gar Schuld andererseits kann entlastend wirken.

Die Konfusion dieser Ebenen, die vor allem in den Mißbrauchsbegründungen einiger Analytiker deutlich wird (vgl. Becker-Fischer und Fischer 1995), muß dazu führen, daß die Patientin – zumeist eher bewußtseinsfern – die eigene Sexualität als schuldhaft und als operante Komponente der traumatischen Situation versteht. Dieses kognitiv-emotionale Schema wird bestärkt, wenn der Ersttherapeut die „Schuldanteile" zwischen sich und der Patientin „gerecht" verteilt nach dem Motto: „zu so etwas gehören immer zwei."

Hier ist ein Differenzierungslernen erforderlich, das der Patientin gestattet, ihre sexuellen Wünsche von der Mißbrauchserfahrung zu trennen.

Ähnlich wie die „Fähigkeit zur Objektspaltung" hat dieser Schritt eine kognitive und eine emotionale Komponente. Um sich die eigene Sexualität und Liebesfähigkeit wieder anzueignen, kann die Einsicht hilfreich sein, daß im Mißbrauch und in der sexuellen Ausbeutung letztlich der Täter nur sich selbst mißbrauchen und ausbeuten kann. Dazu ist die metakognitive Differenzierung zwischen „Beteiligung" und „Verantwortlichkeit" notwendig. „Beteiligt" ist z.B. jedes Opfer einer Gewalttat, insofern es zum Tatzeitpunkt zumindest physisch anwesend ist. Darum ist es aber noch nicht „mitschuldig". Diese Differenzierung auf einer verhaltensnahen Erfahrungsebene wie der Sexualität überwindet erlernte Hilflosigkeit und fördert das Vertrauen in die eigene Selbstwirksamkeit, wenn sie zu dem Resultat führt: Ich kann Wünsche äußern und aktiv handeln, bin aber nicht für alle Konsequenzen verantwortlich, die sich infolge meiner Handlungen ergeben können. Im Gegensatz zu dieser Differenzierungsleistung kann die in der Psychoanalyse verbreitete „Deutung" unbewußter Wünsche und Handlungsimpulse die magische Kopplung von Wunsch und Konsequenz, von Verhalten und Verhaltensfolgen (dem sexuellen Mißbrauch), unter der die Patientinnen leiden, (unbeabsichtigt) sogar noch verstärken. Hier bringt die übliche psychoanalytische Technik „Nebenwirkungen" hervor, die vom Therapieziel her dringend reflektiert werden müssen.

Das emotionale Differenzierungslernen ergibt sich aus einer „optimalen Differenz" von Arbeitsbündnis und Übertragungsbeziehung, wenn es der Patientin möglich wird, über sexuelle Wünsche und Phantasien zu sprechen oder solche Wünsche in bezug auf den Folgetherapeuten zu äußern, diesesmal im Rahmen einer sicheren Arbeitsbeziehung und ohne daß es zu einer Erotisierung der Beziehungssituation kommt und/oder der Therapeut voyeuristisch auf Mitteilung von „Einzelheiten" dringt. Im Zweifelsfall hat in den Therapien von sexuell traumatisierten Patienten die Stärkung von Selbsterleben und Selbstwirksamkeit Vorrang vor sog. kathartischen Erinnerungen, vor „reexperiencing" oder dem detaillierten Durcharbeiten der traumatischen Situationskonstellation.

Ist die Reorganisation des Ich-Selbst-Systems genügend vorangeschritten, traut die Patientin sich „von selbst" eine Konfrontation mit den bis dahin unannehmbaren (subjektiven und objektiven) Situationsfaktoren zu.

Nach dem Veränderungsschritt der Objektspaltung kann die Therapie beim PMT überwiegend in therapeutisch gewohnten Bahnen verlaufen. Falls die Patientinnen das Vertrauen in Psychotherapie wiedergewonnen haben, bestehen gute Chancen – so sind auch die Erfahrungen von Kluft (1989) –, die Ausgangsproblematik aufzuarbeiten und das klassische Ziel der Psychotherapie zu erreichen: die Fähigkeit, zu lieben und zu arbeiten.

4 Begutachtung nach sexuellem Mißbrauch

4.1 Begutachtung von Kindern und Jugendlichen

Martin H. Schmidt

Inhalt

4.1.1 Glaubhaftigkeit von Angaben kindlicher Zeugen	488
Die Position von Zeugenaussagen gegenüber anderen Beweismitteln	488
Kognitive Voraussetzungen und Persönlichkeitsmerkmale	489
Motivlage und Entwicklung der Aussagen	490
Kriterienorientierte Aussagenanalyse	491
Bewertung und ethische Gesichtspunkte	494
4.1.2 Folgen sexuellen Mißbrauchs	495
Vorfragen	495
Folgen für die längerfristige psychische Entwicklung	497
Langzeitfolgen im Sinne psychischer Störungen	497
Die Rolle ehemaliger Mißbrauchsopfer bei sexuellem Mißbrauch von Kindern	498
Bewertung im Rahmen von Begutachtungen	498

Begutachtungsfragen nach sexuellem Mißbrauch von Kindern und Jugendlichen betreffen in der Regel zwei Komplexe:
- die Glaubhaftigkeit der Angaben kindlicher Opfer oder anderer kindlicher Zeugen
- die möglichen Folgen sexuellen Mißbrauchs

Zu beiden Fragenkomplexen existiert umfängliche Literatur. Die Forschungstradition zum ersten Fragenkomplex ist älter, die zum zweiten jünger. Untersuchungen zum Realitätsbezug der Angaben kindlicher Opfer müssen nur auf die Gesamtheit aller gemachten Angaben zurückgreifen, Untersuchungen zu möglichen Folgen sexuellen Mißbrauchs dürfen sich idealiter nicht nur auf Lebensläufe von Personen mit früher oder später bekanntgewordenem Mißbrauch stützen, sondern müssen sich epidemiologisch orientieren. Bei beiden Vorgehensweisen hängen die Ergebnisse aber von der zugrunde gelegten Definition des primären Ereignisses ab. Die nachstehende Übersicht stützt sich im wesentlichen auf Erfahrungen und Arbeiten mit den von Schechter und Roberge (1976, zit. nach Watkins und Bentovim 1992) gegebenen Definitionen. Diese Autoren verstehen unter sexuellem Mißbrauch sexuelles Verhalten oder sexuelle Aktivitäten gegenüber bzw. mit Abhängigen und/oder unreifen Personen, die entweder erzwungen oder von den mißbrauchten Personen nicht verstanden werden (so daß diese nicht wirksam zustimmen können), oder die soziale Tabus in Familien oder Gruppen verletzen. Wenn im folgenden von leichten, mittelschweren oder schweren Mißbrauchshandlungen gesprochen wird, dann bezieht sich diese Einteilung auf

Mißbrauchshandlungen ohne Körperkontakt, mit Körperkontakt und mit penetrativem Körperkontakt (nach Elliger und Schötensack (1991) die Hälfte der von jungen weiblichen Erwachsenen angegebenen Vorkommnisse).

4.1.1 Glaubhaftigkeit von Angaben kindlicher Zeugen

Der *Realitätsbezug von Zeugenaussagen* ist ein Beweismittel, auf das die Rechtsprechung über sexuellen Mißbrauch zentral angewiesen ist. Nur wenige Mißbrauchshandlungen ereignen sich in Gegenwart dritter Zeugen. Die objektiven Beweismittel wie Veränderungen der Umgebung, äußere Verletzungen oder Infektionen des Opfers und dessen Verhalten nach dem Mißbrauch, das häufig in Gestalt sexualisierten Verhaltens oder anderer psychischer Auffälligkeiten beschrieben wird, gewinnen ihren Wert erst durch die Beziehung zu Aussagen des Opfers bzw. selten zu Aussagen anwesender dritter Kinder als Zeugen. Diese Aussagen müssen mit den objektiven Beweisen, vor allem aber mit den kognitiven, emotionalen und motivationalen Voraussetzungen beim betroffenen Kind oder Jugendlichen abgeglichen werden. Zum einen geht es dabei um die *Aussagetüchtigkeit* eines Kindes, die aufgrund entwicklungspsychologischer Verflechtungen zusätzlich zu den Merkmalen der Aussagetüchtigkeit erwachsener Zeugen Besonderheiten unterliegt. Die Aussagetüchtigkeit schließt auch den Stand der psychosexuellen Entwicklung eines Kindes und Besonderheiten seines affektiven Erlebens ein. Zentrum der affektiven Aussagevoraussetzungen sind aber die Beziehungen des Kindes sowohl zum Opfer wie zu anderen Personen, die am Zustandekommen der Aussage beteiligt waren. Diese Beziehungen können für *Aussagemotive* mitentscheidend sein, prägen also die Geschichte der Aussage. Die Arbeit des Gutachters besteht nicht nur in der kriterienorientierten Aussagenanalyse (Undeutsch 1967), sondern auch darin, die danach für mehr oder minder erlebnisbezogen gehaltenen Aussagen in Beziehung zu setzen zu den objektiven Beweisen, den Angaben anderer Zeugen, den Einlassungen der beschuldigten Person, objektiven Persönlichkeitsvoraussetzungen und der Beziehungssituation, die sich in der Entwicklung der Aussage spiegelt. Nachstehend werden deswegen die Stellung anderer Beweismittel, die kognitiven und Persönlichkeitsvoraussetzungen beim Kind, die Entwicklung der Aussage und ihre Beziehungsaspekte, die kriterienorientierte Aussagenanalyse und schließlich die Bewertung der erhobenen Fakten erörtert.

Die Position von Zeugenaussagen gegenüber anderen Beweismitteln

Äußere Verletzungen (Rötungen, Abschürfungen, oberflächliche Verletzungen, geschwollene, blutunterlaufene und schmerzempfindliche Partien im Genital- und Analbereich) sind unspezifische Hinweise auf sexuellen Mißbrauch. Ähnliches gilt für Varianten der Hymenal- oder Analöffnung (McCann et al. 1990, 1989). Wesentlich spezifischer sind seltene Infektionen des Urogenitaltraktes mit Erregern, die praktisch ausschließlich durch sexuelle Kontakte übertragen werden, z.B. Neisseria gonorrhoea, Chlamydien, Herpessimplex-Viren.

Aus empirischen Studien sind Befürchtungen und Ängste, Depressivität, Ärger und Feindseligkeit sowie unangemessenes Sozialverhalten als initiale Auffälligkeiten nach sexuellem Mißbrauch empirisch belegt (z.B. aus der TUFTs Studie 1984). Unklar ist, wie repräsentativ diese Untersuchungen sind, entsprechende epidemiologisch fundierte Untersuchungen fehlen.

Problematisch ist, daß sämtliche der häufigen Auffälligkeiten, selbst das sexualisierte Verhalten, unspezifisch sind; sie können den Verdacht auf einen sexuellen Mißbrauch begründen, in der Begutachtungspraxis sind sie nicht hilfreich.

Das gleiche gilt für die Interpretation von Zeichnungen oder Spielhandlungen (zu Resultaten des Umgangs mit sogenannten anatomischen Puppen, vgl. McIver et al. 1989 sowie 1.3) oder mitgeteilten Träumen (vgl. auch Kap. 1.4).

Kognitive Voraussetzungen und Persönlichkeitsmerkmale

Undeutsch hat bereits 1953, das heißt lange vor seinem Handbuchartikel von 1967 mit der *Betonung der Aussagenanalyse,* den Grund dafür gelegt, daß die allgemeine Glaubwürdigkeit zunehmend aus der Begutachtung von Zeugen verdrängt wurde (Undeutsch 1954). In der Ära vor seinen Arbeiten wurde bei der Beurteilung der Glaubwürdigkeit auf Persönlichkeitseigenschaften des Zeugen mehr abgestellt als auf die Aussageinhalte selbst, und erhebliche Zweifel an der sogenannten allgemeinen Glaubwürdigkeit schienen danach geeignet, auch die spezielle Glaubwürdigkeit in Frage zu stellen. Dennoch ist auch in der heutigen Begutachtungspraxis die Persönlichkeitsbeurteilung im Sinne der Aussagetüchtigkeit von Bedeutung.

Bei der Prüfung der Persönlichkeitsvoraussetzungen geht es um Wahrnehmungsgenauigkeit, Erinnerungsvermögen, Schilderungsfähigkeit sowie Phantasieleistungen und Suggestibilität.

Die drei erstgenannten Merkmale sind entwicklungsabhängig. Im Zusammenhang mit der Frage der *Beobachtungsgenauigkeit* muß die Sinnestüchtigkeit geklärt werden (wurden ggf. in der aktuellen Situation Seh- oder Hörhilfen getragen?). Wichtig ist, ob sich die Beobachtungsfähigkeit eines Kindes auch auf komplexe Inhalte erstreckt. Das visuelle Wiedererkennungsgedächtnis ist dem akustischen überlegen bzw. entwickelt sich vor diesem. Schon vierjährige Kinder vermögen zwischen Vorstellung und Realität zu unterscheiden (Flavell et al. 1987). Junge Kinder denken konkretistisch, handlungsgebunden, anthropomorph, egozentrisch, finalistisch und können nicht abstrakt kategorisieren (Kraheck-Brägelmann 1993). Diese Besonderheiten des Denkens führen zu phänomengebundenen Wahrnehmungen und Schilderungen. Umgekehrt verändern sexuelles Wissen und sexuelle Erfahrungen die Wahrnehmung und Schilderung von Mißbrauchshandlungen und müssen als Wahrnehmungsvoraussetzungen deswegen bekannt sein.

Bei der *Erinnerungsfähigkeit* wird nach Möglichkeit die Erinnerung für Erlebtes, für verbal Mitgeteiltes und für Phantasieerzeugnisse unterschieden. Freie Erinnerungen sind bei jungen Kindern schlechter entwickelt als das Wiedererinnerungsgedächtnis. Die Erinnerungsdauer ist altersabhängig (Dreijährige im Mittel 7,7 Monate, Vierjährige 14,5 Monate; Todd und Perlmutter 1980). Das Gedächtnis ist von den kognitiven Fähigkeiten abhängig, dementsprechend ist das Wiedererkennungsgedächtnis bei intelligenzgeminderten Kindern besser als das freie Erinnern. Intelligenzgeminderte Personen erinnern sich aber langsamer. Datierungen im Sinne eines Episodengedächtnisses – und daraus abgeleitet die Aufeinanderfolge von Ereignissen und ihre Dauer – werden in der Regel erst mit sechs oder sieben Jahren vorgenommen, beim jüngeren Kind nur mit Hilfe affektiv bedeutsamer Zeitgeber (Friedmann 1978).

Die *Wiedergabe beobachteter Ereignisse* ist je nach Entwicklungsstand sprunghaft oder diskursiv, konkretistisch oder von abstrakteren Ordnungsgesichtspunkten bestimmt. Traumatische Erlebnisse können unabhängig von der Schilderungsfähigkeit oft erst nach Monaten wiedergegeben werden (Summit 1983). Sowohl bei der Erinnerung wie bei der Schilderung hilft jungen bzw. weniger gut entwickelten Kindern die Möglichkeit probierenden oder demonstrierenden Handelns (während das alternative Vorgeben von Handlungsmustern suggestiv wirkt!). Begrenzte sprachliche Fähigkeiten im Sinne einer Entwicklungsdysphasie müssen gegen die Unfähigkeit, etwas zu schildern, was nicht erlebt wurde, abgegrenzt werden. Wie beim Erinnern ist auch für das Schildern-Können nicht das Verstehen einer Handlung entscheidend, sondern die Möglichkeit zu deren exakter Beobachtung oder Wiedergabe. „Nur" als Zeuge und nicht als Opfer erlebte Vorgänge können wegen der häufig etwas geringeren affektiven Belastung besser wiedergegeben werden.

Auf die Beurteilung der *Phantasietätigkeit* für die Frage der Erfindbarkeit einer Aussage hat Michaelis-Arntzen (1983) hingewiesen. Sie beschreibt Phantasieleistungen als stabiles Persönlichkeitsmerkmal, sofern solche Leistungen in einem dem Kind vertrauten Bereich erbracht werden. Phantasieleistungen erscheinen weniger eng mit dem kognitiven Niveau korreliert als Wahrnehmungsgedächtnis und Wiedergabegenauigkeit.

Schließlich ist der Grad der *Suggestibilität* eines Kindes von Bedeutung. Er ist für den Explorationsstil zu beachten. Wichtiger ist er aber bezüglich der Beeinflussung durch Dritte von vornherein. Suggestionsproben erstrecken sich bei der Befragung in der Regel auf Nebenhandlungen und im Umfeld der berichteten Handlungen Gesagtes; das heißt, die Suggestibilität wird am konkreten Aussagematerial geprüft, nicht mittels spezifischer Verfahren. Bei generell hoch suggestiblen Kindern muß aber die Bedeutung der Motive Dritter (vgl. 1.3) sorgfältig überprüft werden.

Spezifische Vorgehensweisen sind lediglich für die Beurteilung von Erlebnisgedächtnis, Gedächtnis für verbal Vermitteltes und für die Produktion und Erinnerung von Phantasieerzeugnissen geeignet. Das Vorgehen muß dem Alter und dem möglichen Erlebnisbereich des Kindes entsprechen. Das Ereignis, auf das bei der Erlebnisschilderung Bezug genommen wird, soll möglichst aus einem Zeitraum stammen, der nahe bei dem in Frage stehenden Mißbrauchsereignis liegt.

Motivlage und Entwicklung der Aussagen

Wenn man hohe Konstanz der zu verschiedenen Zeitpunkten gemachten Aussagen als wichtiges Glaubhaftigkeitsindiz bewertet, übersieht man leicht, daß Befragungen auch selbst Lerngeschichte erzeugen (Wakefield und Underwager 1988). Dieses Vorgehen übersieht weiterhin die Rolle der Erstbefragung für die Umformulierung lebendiger Erinnerungen in einen eher starren Text, übersieht auch, daß die Tendenz des Erstbefragenden die Aussagerichtung des Zeugen mitbestimmt (Dent 1982).

> Insbesondere im frühen Stadium der Aussage unterliegen Kinder nicht nur eigenen Motiven (die für Falschbeschuldigungen am ehesten bei Jugendlichen eine Rolle spielen), sondern vor allem den Motiven ihrer Umwelt.

Wer der erste Adressat des kindlichen Berichtes war, ob das Kind diesen Bericht von sich aus oder auf Befragen gegeben hat, ob der Verdacht eines sexuellen Mißbrauchs zum Zeitpunkt dieses ersten Berichtes bereits existierte, ob Fragen und Nachfragen, Hilfen, Demonstrationen usw. nötig waren, um den Bericht zu erbringen, ist deshalb von Interesse, auch, was Erwachsene in Gegenwart des Kindes über dessen Bericht gesprochen haben. Veränderungen der Aussagesituation werden außerdem durch ärztliche Konsultationen, die Inanspruchnahme von Beratungsstellen oder begonnene Psychotherapien erzeugt. Wenn zum Zeitpunkt der Offenbarung Streit in der Familie herrscht, ist das eher selten ein Hinweis auf eine Falschbeschuldigung, denn die hohe Dunkelziffer bei sexuellen Übergriffen auf Kinder kommt gerade dadurch zustande, daß Kinder schweigen, weil sie sich mitschuldig wähnen und sich deswegen schämen bzw. Vorwürfe fürchten.

> Eine besondere Situation ist das Aufkommen des Mißbrauchsverdachts im Rahmen

familienrechtlicher Auseinandersetzungen über Sorge- oder Umgangsrecht.

Häufig sind in solchen Situationen nach Blush und Ross (1987) schon vorher disharmonische Familien, emotional eher labile Mütter (nach Wakefield und Underwager [1990] auch mit histrionischen Persönlichkeitsstörungen), weiche und nachgiebige männliche Partner, achtjährige oder jüngere Mädchen als fragliche Opfer, Konsultationen bei Experten vor Einführung des Verdachts auf der Behörden- oder Gerichtsebene. Suggestionsgefährdet sind in solchen Situationen Kinder, die sich in affektiv dissonanten Zuständen befinden, die auch Ängste erzeugen, zumal wenn die einflußnehmende Person ein hohes Ansehen und Unterstützung im Umfeld hat, so daß Widerstand gegen die Suggestion Schuldgefühle hervorruft. Dabei werden Kontakte zu Personen, die dem kindlichen Zeugen früher Sicherheit verliehen, oft unterbunden, überhaupt die Informationen streng kontrolliert (Zimbardo et al. 1977). Campbell (1992) hat darauf hingewiesen, daß während Spieltherapien diese Beziehungsvoraussetzungen ebenfalls erfüllt sind.

Weniger schwierig erscheint die Beurteilung von Tendenzen, die den Aussagen innewohnen. Als die Glaubhaftigkeit verstärkend gelten Aussagen, in denen Entlastendes gegen die beschuldigte Person vorgebracht bzw. eine gute affektive Beziehung zu ihr geschildert wird, weiter, wenn das Opfer/der Zeuge sich durch Einräumen eigenen, von der Umwelt mißbilligten Verhaltens (mit oder ohne Zusammenhang zum angegebenen Mißbrauch) selbst belastet (Undeutsch 1967). Im engeren Sinne gilt das auch für das Einräumen sexueller Interessen bei Jugendlichen, die ja keineswegs gegen die Glaubhaftigkeit von Aussagen sprechen müssen. Sexuelles Wissen, Interesse an Sexualität, aber auch affektive Einstellungen sind nicht zeitstabil, das heißt, sie können sich im Zuge der Entwicklung zwischen Geschehen, Erstaussage, Begutachtung und Hauptverhandlung verändern. Ihr Ausmaß, mehr aber noch ihre Entwicklungsgeschichte müssen daher exploriert werden, um für Falschaussagen sensibel zu bleiben, die durch die Übertragung von mit einer bestimmten Person erlebten Handlungen auf eine andere bedingt sind.

Kriterienorientierte Aussagenanalyse

Die von Undeutsch (1967) eingeführte kriterienorientierte Aussagenanalyse hebt auf die Verankerung des geschilderten Geschehens in konkreten Lebenssituationen, die Konkretheit des geschilderten Geschehens, seinen Detailreichtum, seine Originalität, die innere Stimmigkeit oder Folgerichtigkeit des geschilderten Geschehens und wiedergegebene delikttypische Inhalte ab. Spezifischer Wert wird dabei auf die Erwähnung von Einzelheiten gelegt, die die Denkmöglichkeiten des Aussagenden übersteigen, auf die Wiedergabe von eigenem Erleben oder Komplikationen in den geschilderten Vorgängen und spontane Verbesserungen, Präzisierungen oder Ergänzungen der Aussage. Im Gefolge dieser Arbeiten sind verschiedene Listen von Realkennzeichen aufgestellt worden, so von Trankell (1971), Szewczyk (1973), Arntzen (1983), Steller und Köhnken (1989). Die letztgenannte Liste wird hier eingeführt, weil sie einer empirischen Überprüfung unterzogen wurde (Steller et al. 1992). Sie enthält:

drei *allgemeine Merkmale:*
- logische Konsistenz
- strukturierte Darstellung
- quantitativer Detailreichtum

vier *Merkmale zu speziellen Inhalten*:
- raum-zeitliche Verknüpfungen
- Interaktionsschilderungen
- Wiedergabe von Gesprächen
- Schilderung von Komplikationen im Handlungsverlauf

sechs *Merkmale zu inhaltlichen Besonderheiten*:
- Schilderung ausgefallener Einzelheiten
- Schilderung nebensächlicher Einzelheiten

- phänomengemäße Schilderung unverstandener Handlungselemente
- indirekt handlungsbezogene Schilderungen
- Schilderung eigener psychischer Vorgänge
- Schilderung psychischer Vorgänge des Täters

fünf *Merkmale zu motivationsbezogenen Inhalten*:
- spontane Verbesserung der eigenen Aussage
- Eingeständnis von Erinnerungslücken
- Einwände gegen die Richtigkeit der eigenen Aussage
- Selbstbelastungen
- Entlastungen des Angeschuldigten

und Hinweise auf *deliktspezifische Inhalte*:
- deliktspezifische Aussageelemente

Auch die empirische Überprüfung von Realkennzeichen hat Vorläufer in den Arbeiten von Rüth-Bemelmanns (1984, die erfundene vs. erlebte Berichte von Kindern anhand der Kriterien zu 98% richtig einordnen konnte), von Yuille (1988, mit Trefferquoten zwischen 85% und 90% für erfundene und für die Schilderung eines miterlebten oder ausgedachten Unfallgeschehens) und von Esplin et al. (1988); letztere konnten die Aussagen von 38 drei- bis fünfzehnjährigen Kindern über erlebten sexuellen Mißbrauch (davon 20 durch Geständnisse oder beweisende Befunde bestätigt) so als eindeutig oder zweifelhaft einordnen, daß die Beurteilungspunktsummen Verteilungen ohne Überschneidung bildeten. Zweifel bleiben lediglich bezüglich der Generalisierbarkeit der erzielten Ergebnisse wegen eines möglichen Bias' bei der Auswahl der analysierten Aussagen. Steller et al. überprüften 1992 Undeutschs Hypothese in einer Simulationsstudie (Einzelinterviews zu erlebten oder erfundenen Ereignissen mit Eigenbeteiligung, vorwiegend negativer Tönung und weitgehendem Kontrollverlust über die Situation bei unausgelesenen Grundschülern; die Kinder hatten sich auf die Erzählung eine Woche vorbereiten können und hatten die Anweisung, durch ihre Erzählungen dem Zuhörer den Eindruck eigenen Erlebens zu vermitteln). Von den 19 Kriterien konnten 16 bei den statistischen Analysen berücksichtigt werden. Optimale Ergebnisse (p<0,01–0,04) ergaben sich für die Merkmale:
- logische Konsistenz
- quantitativer Detailreichtum
- raum-zeitliche Verknüpfungen
- Schilderung von Komplikationen im Handlungsverlauf
- Schilderung ausgefallener Einzelheiten
- Schilderung nebensächlicher Einzelheiten
- phänomengemäße Schilderung unverstandener Handlungselemente
- indirekt handlungsbezogene Schilderungen
- Selbstbelastungen

Ermutigend (p zwischen 0,10 und 0,16) waren die Ergebnisse für Interaktionschilderungen, Wiedergabe von Gesprächen und die Schilderung eigener psychischer Vorgänge. Ungünstige Beurteilungen ergaben sich für die Schilderung psychischer Vorgänge des Angeschuldigten (p=0,50), für spontane Verbesserung der eigenen Aussage (p=0,43), für das Eingeständnis von Erinnerungslücken (p=0,92) und für die Entlastung des Angeschuldigten (p=0,81).

Auch wenn das letztgenannte Merkmal nur teilweise Vergleichbarkeit gewährleistet, zeigt sich, daß sich die ungünstigsten Ergebnisse für die Gruppe der motivationsbezogenen Inhalte mit Ausnahme des Merkmals der Selbstbelastungen finden lassen. Auch die Autoren wollen aber aufgrund der abweichenden Situation kindlicher Zeugen für diese Merkmalsgruppe Undeutschs Hypothesen nicht verwerfen, zumal sie von Esplin et al. (1988) auch für diese Gruppe gestützt werden. Motivationsbezogene Aussageninhalte haben allerdings den Nachteil, daß sie bei Abgleichung mit anderen relevanten Beweismitteln am ehesten subjektiver Würdigung unterliegen (vgl. Kap. 1.3).

> Die unzureichende Befragungstechnik und Aufzeichnung von Zeugenvernehmungen Minderjähriger nach sexuellem Mißbrauch erschweren in aller Regel die Beurteilung

der Erstaussagen Betroffener, die blind, d.h. ohne persönlichen Eindruck von dem Kind möglich wäre.

In der Praxis wird die Beurteilung des Zutreffens der Realkennzeichen mit dem Wissen über Gestik und Mimik des betroffenen Kindes während der Exploration, seine Intelligenz und sonstige Persönlichkeitsmerkmale sowie dem Kontext der Aussage kontaminiert. Das kann bei der Interpretation hilfreich sein, aber auch zu Verzerrungen führen. Auch das Gewicht der einzelnen abgesicherten Merkmale der kriterienorientierten Aussagenanalyse im Rahmen der Glaubwürdigkeitsbeurteilung ist bislang unklar. Steller et al. (1992) haben außerdem darauf hingewiesen, daß die theoretischen Annahmen für den bestätigten Unterscheidungswert der Realkennzeichen ungeklärt sind.

Um bei der Exploration Aussagen zu erhalten, anhand derer die Realkennzeichen ohne Schwierigkeiten geprüft werden können, muß das explorierte Kind mit dem Gegenstand der Befragung vertraut sein. Gelegentlich kann es hilfreich sein, diese Informationen noch im Beisein der Bezugspersonen zu geben, damit das Kind deren Einverständnis registriert, falls es im Zweifel darüber ist, ob es über bestimmte Vorfälle oder Vorwürfe sprechen darf.

Fragen, die nur mit Ja und Nein beantwortet werden können, verbieten sich ebenso wie gerichtete Fragen, die eine Erwartungstendenz des Beurteilers erkennen lassen. Solche Erwartungstendenzen wirken übrigens generell suggestiv. Suggestiv wirkt auch die wiederholte Frage nach dem gleichen Sachverhalt.

Fragewiederholungen zum gleichen Gegenstand sollten daher nicht rasch aufeinanderfolgen. Selbstunsichere und im ungünstigen Verlauf durch die Befragungssituation verunsicherte Kinder und solche mit Erinnerungslücken sind besonders anfällig für Suggestivfragen. Sie erleben die Befragungssituation leicht als Aufgabe, in der etwas produziert werden muß und schließen aus der Befragung durch einen „Experten", daß sie auch in der Lage sein müßten, etwas zu produzieren. Möglichst anhand der Angaben des Kindes sollen die Fragen zunehmend spezifischer werden. Vorhalte sind weniger geeignet, Differenzen aufzuklären, als die Angabe, der Explorierende habe etwas noch nicht verstanden. Falls im Hinblick auf innere Widersprüche oder früher abweichende Aussagen wirklich Vorhalte gemacht werden müssen, sollte dies nach der freien Exploration geschehen. Die Frage, ob ein Kind etwas vormachen könne, was es beschreibt, kann bei jüngeren Kindern hilfreich sein (ältere machen häufig von sich aus begleitende Gesten), die Vorgabe alternativer Handlungsmuster mit der Bitte um Entscheidung, ob es so oder so gewesen sei, verbietet sich wegen der Suggestivwirkung (auf die suggestive Bedeutung anatomischer Puppen wurde bereits hingewiesen). Reagiert das explorierte Kind mit Nicht-Wissen oder Nicht-Mehr-Wissen, weil ihm die Situation peinlich ist, kann allenfalls daran erinnert werden, daß es schon einmal über die Vorgänge gesprochen hat, weitere Anknüpfungsfragen zu früheren Aussagen sind aber unzulässig. Besser ist es, an Sachverhalte aus der damaligen Lebenssituation des Kindes anzuknüpfen. Davon zu unterscheiden ist der klare Wille eines Kindes, sich nicht zu äußern, indem es von seinem Zeugnisverweigerungsrecht Gebrauch macht. Die Zustimmung des Kindes zur Befragung setzt zwar die der Sorgeberechtigten voraus, kann aber durch diese nicht ersetzt werden. Ein Sachverständiger ist zwar nicht verpflichtet, auf das Zeugnisverweigerungsrecht im Rahmen einer solchen Begutachtung hinzuweisen, sollte aber entsprechende Äußerungen des Kindes respektieren.

Bereits bei den Persönlichkeitsvoraussetzungen der Aussagen wurde auf Besonderheiten des Denkens, speziell im frühen Kindesalter, hingewiesen, die der Explorierende kennen muß, um nicht scheinbar logische Fehler des Kindes zum Anlaß für Nachfragen zu nehmen; nicht verstehbare Nachfragen haben ebenfalls suggestive Wirkung.

Bewertung und ethische Gesichtspunkte

Der Gutachter setzt die Ergebnisse der Aussagenanalyse in Beziehung zur kognitiven emotionalen und motivationalen Situation des Kindes, den Umständen bei Entstehung der Aussage und anderen Fakten oder Zeugenaussagen, u.a. über das Verhalten des Kindes oder Jugendlichen nach dem geschilderten Mißbrauchserlebnis. Volbert (1995) weist darauf hin, daß dabei neben dem Merkmal der *Detaillierung,* auf das sich die Aussageanalyse in 87% von Begutachtungen stützt, und den Merkmalen *Homogenität* und *delikttypische Schilderungen* (jeweils 51%) dem Merkmal der *Konstanz* bei 68% aller Begutachtungen Bedeutung zukommt. Bei der *Konstanzprüfung* sind gedächtnispsychologische Erkenntnisse zu berücksichtigen. Präzisierungen oder Ergänzungen sprechen, wenn sie gedächtnispsychologischen Erwartungen entsprechen, nicht gegen eine Konstanz der Aussage. Eher Vergessensvorgängen unterliegen insbesondere Aussagen über die Zuordnung von Nebenhandlungen zu Haupthandlungen, über die zeitliche Reihenfolge von Phasen eines Vorganges oder über die Reihenfolge verschiedener in sich abgeschlossener Handlungen, Aussagen über Datierungen von Vorgängen und auf Schätzungen beruhende Aussagen, solche über die Häufigkeit einander ähnlicher Vorgänge, über Seitenverhältnisse und über die Position einzelner Körperteile bei bestimmten Handlungen, über nicht unmittelbar beteiligte Begleitpersonen, über Kleidung und über eigene frühere Aussagen sowie über Wortlaut und Sinngehalt von Gesprächen, über Motive früherer Handlungen bzw. Unterlassungen, über Schmerzempfindungen, Wetterverhältnisse und über Zahlenangaben. Demgegenüber werden Aussagen zum Kerngeschehen, zu unmittelbar beteiligten Handlungspartnern, zu groben Örtlichkeiten, zu Ortswechseln, zu unmittelbar zur Handlung in Bezug stehenden Gegenständen, über Helligkeit und Gesamtkörperpositionen in der Regel gut erinnert (Arntzen 1983).

Die Beurteilung kann zu fünf Schlüssen führen, nämlich, daß die Aussage als glaubwürdig anzusehen ist, weil sie wahrscheinlich auf eigenem Erleben basiert, daß Teile der Aussage glaubwürdig sind oder Teile nicht glaubwürdig, oder daß die Aussage unglaubwürdig ist. Eine Taxonomie nicht erlebnisbegründeter Aussagen haben Steller et al. (1992) gegeben. Sie unterscheiden *absichtliche Falschaussagen* (erfunden oder durch Transfer eigener Erlebnisse oder sonstiger Wahrnehmungen auf den Beschuldigten entstanden) von *fremdbeeinflußten Falschaussagen* (absichtlich bzw. irrtümlich induziert und dann vom Zeugen subjektiv als wahr oder unwahr erkannt, aber übernommen) und *Autosuggestionen* (bei denen eigene Erlebnisse oder sonstige Wahrnehmungen irrtümlich auf den Beschuldigten transferiert werden oder Phantasieprodukte von der Realität nicht unterschieden werden können). Arntzen (1983) weist darauf hin, daß Geltungsbedürfnis als Falschaussagemotiv selten ist und daß das Abstreiten tatsächlicher Vorfälle durch Zeugen aus Not oder Verlegenheit nicht übersehen werden darf.

> Nicht haltbare Aussagen von Erwachsenen (vor allem im Zuge von Scheidungsfolgeauseinandersetzungen) sind häufiger als Falschaussagen von Kindern oder Jugendlichen, nicht haltbare Aussagen von Jugendlichen häufiger als solche von Kindern.

Weil sexuelles Wunschdenken im Sinne von Autosuggestion häufig als Falschaussagemotiv unterstellt wird, muß dargelegt werden, inwieweit Angaben über sexuelle Vorstellungen der psychosexuellen Entwicklung der Zeugen überhaupt entsprechen. Sexuelles Interesse und sexuelle Erfahrung sprechen nicht primär gegen die Glaubhaftigkeit von Aussagen, sollten aber zur Prüfung anregen, ob sexuell mißbilligtes Verhalten Falschaussagemotiv sein könnte.

Die Wertung kann auch zwei andere Ausgänge nehmen: Zum einen kann es sein, daß das vorliegende Aussagenmaterial als zu knapp beurteilt werden muß, als daß es eine Aussagenanalyse zuläßt. Eine Aussagenanalyse kann auch bei den Angaben gehemmter oder nicht aussagetüchtiger Zeugen unzulässig sein, obwohl Mißbrauchsereignisse wahrscheinlich sind.

Wegen der notwendigen Sorgfalt bei Glaubhaftigkeitsbeurteilungen ist es praktisch nicht möglich, entsprechende Beurteilungen nur aus dem Verlauf einer Hauptverhandlung ohne vorherige Vorbereitung abzugeben. Die Sorgfaltspflicht gebietet auch, Wiederholungen von Untersuchungen möglichst zu vermeiden, weil die Begutachtungsergebnisse damit an Zuverlässigkeit verlieren. Wie hoch die Anforderungen an die Anzahl der vorliegenden Realkennzeichen oder anderer Glaubhaftigkeitsmerkmale geschraubt werden, hängt von der Rate der falsch positiven oder falsch negativen Beurteilungen ab, die in Kauf genommen werden dürfen. Daraus resultieren hohe Anforderungen an als glaubhaft beurteilte Aussagen. Arntzen betont, daß *Realkennzeichen als solche noch keine Glaubwürdigkeitsmerkmale* sind, weil sie sich auch in unglaubwürdigen Aussagen finden können. Er fordert daher die besondere Qualifikation berücksichtigter Realkennzeichen (z.B. umfangreiche, rasch vorgebrachte oder trotz erschwerender Persönlichkeitsmerkmale erhaltene Aussagen), die Berücksichtigung von Minderungsfaktoren (stereotypes Verhalten, hohe Phantasiebegabung) und das miteinander verbundene Vorkommen von wenigstens drei qualifizierten Realkennzeichen in einem Aussagekomplex, weil solche Kombinationen in Falschaussagen nicht beobachtet werden. Dem ist zu folgen, wenn man zwischen wissenschaftlicher Beweisbarkeit der Glaubwürdigkeit und Wahrscheinlichkeit des Zutreffens einer Aussage unterscheidet, wie sie sich aufgrund anderer Beweismittel im Kontext der Aussage ergeben kann, auch wenn diese den geforderten Merkmalskomplex nicht erfüllen.

Das Anlegen hoher Maßstäbe kann den Rollenkonflikt des Gutachters häufig nicht vermeiden helfen, denn je höher er seine Verantwortung gegenüber dem Beschuldigten und dem Schutzbedürfnis von dessen Familie stellt, umso mehr relativiert er den Wert des Kindeswohls, trägt womöglich zur Fortsetzung eines Mißbrauchgeschehens bei, und umgekehrt. Diese Umkehrung verbietet aber auch jegliche Parteinahme für das Opfer und erfordert eine *sorgfältige Unterscheidung zwischen Gutachter- und Therapeutenrolle*. Die Vereinigung dieser Rollen in einer Person verbietet sich schon, weil Explorationsergebnisse, die ein Behandler von dem von ihm behandelten Kind erhält, von der Interaktion und von gemeinsamen Sichtweisen beeinflußt sein können.

4.1.2 Folgen sexuellen Mißbrauchs

Vorfragen

Begutachtungsfragen zu den Folgen sexuellen Mißbrauchs von Kindern und Jugendlichen konzentrieren sich in der Regel auf drei mögliche Konsequenzen, nämlich:
- die Beeinträchtigung von deren Entwicklung, insbesondere ihrer psychosexuellen Entwicklung
- die Genese psychischer Störungen mit negativen Konsequenzen für Schule und Berufslaufbahn oder spätere Delinquenz
- die im Gutachten seltener erörterte Wahrscheinlichkeit späteren Mißbrauchsverhaltens des minderjährigen Opfers

In der Regel geht es dabei um Langzeitfolgen, weil zum Zeitpunkt der gutachtlichen Erörterung Konsequenzen aus der unmittelbaren

Folgezeit bekannt sind. Retrospektive Begutachtungen der möglichen Kausalität früherer Mißbrauchsereignisse für rezente psychische Auffälligkeiten sind aus juristischen Gründen (Verjährung der zivilrechtlichen Ansprüche) selten. Überwiegend ist der Gutachter mit der prospektiven Frage nach möglichen Folgen bei einem bekanntgewordenen und für real gehaltenen Mißbrauch konfrontiert, weil unter anderen Vorbedingungen straf- oder zivilrechtliche Konsequenzen von Mißbrauchshandlungen nicht erörtert werden. (In einer anderen Lage kann der Fachmann sein, der unter dem Aspekt möglicher Spätfolgen um Rat bezüglich der Aufklärung, Offenbarung oder Strafverfolgung einer Mißbrauchshandlung gefragt wird.)

An die methodischen Voraussetzungen der Forschung über Mißbrauchsfolgen kann hier nur erinnert werden. Sie betreffen die mangelnde Generalisierbarkeit von Forschungsergebnissen aufgrund:

- unterschiedlicher Definitionen
- unterschiedlicher Stichprobenauswahl (klinische bzw. repräsentative Stichproben; Entwicklung der schweigenden, nicht behandelten Mehrheit; früh bzw. erst angesichts von Spätfolgen offenbarte Mißbrauchshandlungen; Beschränkungen auf bestimmte Altersgruppen, ein Geschlecht oder spezifische Bevölkerungsanteile)
- retrospektiver Forschungsdesigns und den sich daraus ergebenden Problemen von Erinnerungsverfälschung und -zuschreibung aufgrund der Verwendung oder Nichtverwendung von Kontrollgruppen bzw. mangelnder Vergleichbarkeit der Kontrollgruppen (Nichtausschließbarkeit nicht erinnerter Mißbrauchshandlungen; Probleme paarweiser Zuordnung, bezüglich des ökologischen Kontextes oder anderer als sexueller Mißbrauchserfahrungen)
- unzureichender Diagnostik (unreliable Instrumente, mangelhafte Erfassung von Kontextvariablen; Meßwiederholungen)
- unterschiedlicher Verläufe infolge stattgehabter Behandlung oder Nichtbehandlung

Modelle, die Wahrscheinlichkeitsschätzungen erlauben, sind wegen der häufig komplexen Beziehung noch nicht formulierbar. Rutter (1989) hat auf die kumulative Verkettung ungünstiger Umstände im biographischen Umfeld sexuellen Mißbrauchs von Kindern und Jugendlichen hingewiesen (s. Kap. 1.3). Nicht nur Vorläufer sexueller Mißbrauchshandlungen sind bei der Folgenabschätzung zu berücksichtigen, sondern auch weitere Biographien ehemals mißbrauchter Personen verdienen Aufmerksamkeit. Beispielsweise unterliegen Personen mit einem bestimmten genetischen Risiko einer erhöhten Wahrscheinlichkeit dafür, in Familien zu leben, in denen einschlägige Risiken bereits im Verhalten manifest sind.

> Kinder und Jugendliche in Risikofamilien laufen Gefahr, zusätzlichen Risiken ausgesetzt zu sein. Vernachlässigung, Mißhandlung oder Mißbrauch können in diesem Sinne häufig als zusätzliche widrige Lebensbedingungen in einer Risikoreihe gesehen werden; darauf verweist schon die häufige Überschneidung von Mißhandlung mit Vernachlässigung und von sexuellem Mißbrauch mit Mißhandlung (und folglich Vernachlässigung). Chronische Mißhandlungs- bzw. Mißbrauchserfahrungen wirken persönlichkeitsprägend.

Sie ziehen, falls sie nicht beendet werden, weitere widrige Erfahrungen nach sich (in der Vorgeschichte auch überproportional häufig vernachlässigter Kinder finden sich gehäuft Bezugspersonenwechsel), die die Beziehungsfähigkeit beeinträchtigen können. Frühe sexuelle Beziehungen – zum Teil mit ungünstigen Partnern – und frühe Elternschaft sind weitere Folgen im Verlauf von Lebensläufen, in denen sich später mangelhaftes Elternverhalten findet, das sich in Vernachlässigung, Mißhandlung oder Mißbrauch ausdrücken kann, oder in deren Verlauf psychiatrische Störungen auftreten.

Folgen für die längerfristige psychische Entwicklung

Bei Sichtung der Literatur kommen Starr et al. (1991) zu der Überzeugung, daß die Fokussierung der Outcome-Forschung auf psychiatrische Besonderheiten einen wesentlichen Anteil der Folgen u.a. sexuellen Mißbrauchs übersieht. Finkelhor (1983) exemplifiziert das an der Bereitschaft von Mißbrauchsopfern, sich selbst für den Mißbrauch verantwortlich zu machen und ein *defektes Selbstkonzept* zu entwickeln. Unterschiedliche Studien betonen erhöhtes Empfinden für Streß und *niedrige Selbsteinschätzung*. Beispielhaft seien Bagley und Ramsey (1985a) zitiert, die eine Rate von 19% unter mißbrauchten Frauen gegenüber 5% unter nicht mißbrauchten Frauen einer Population nennen. Daß sich die niedrige Selbsteinschätzung vor allem auf sexuelle Beziehungen erstreckt, betont Finkelhor (1984), der auch über erhöhte Raten von homosexuellem Verhalten unter Mißbrauchsopfern berichtet. *Sexuelle Probleme* (Blockierungen im sexuellen Erleben, Promiskuität bis hin zur Prostitution) einschließlich des Risikos, im Erwachsenenalter neuerdings Opfer sexueller Übergriffe zu werden, betonen Fromuth (1986) und Teegen et al. (1992). Studien, die sexuelle Zufriedenheit, Partnerwahl, Scheidungsrate oder Fähigkeit zur Geschlechtserziehung eigener Kinder als Hauptzielvariable haben, scheinen bislang nicht publiziert. Nach Sedney und Brooks (1984) finden sich emotionale Probleme unter als Kind mißbrauchten Frauen etwa doppelt so häufig wie unter nicht mißbrauchten, ohne daß diese die Schwelle zu klinisch relevanten Störungen überschreiten (43% versus 22%).

Langzeitfolgen im Sinne psychischer Störungen

Konzentriert sich die Forschung auf Störungen von klinischer Relevanz, werden trotzdem unterschiedliche Schwellen für die Prävalenzangaben genutzt. Übereinstimmung besteht bezüglich der erhöhten *Depressionsrate*, die in sechs nichtklinischen Samples gefunden wurde (zuletzt Stein et al. 1988) und die nach Sedney und Brooks (1984) mit 65% gegenüber 43% um die Hälfte erhöht ist, nach Bagley und Ramsay (1985a) mit 17% zu 9% verdoppelt. In vier Studien an nichtklinischen Stichproben wurde über das Vorkommen von *Angststörungen* als Folge sexuellen Mißbrauchs in der Kindheit berichtet (zuletzt Fromuth 1986). *Schlafstörungen* identifizierten Briere et al. (1988, bezogen auf männliche Opfer) und Sedney und Brooks (1984, bei weiblichen Opfern) mit 51% bzw. 29%. *Dissoziative Störungen* als Mißbrauchsfolge beschrieben Briere et al. (1988) und Briere und Runtz (1988b), *Somatisierungsstörungen* Briere und Runtz (1988b). Enge Definitionen der psychiatrischen Störungen scheinen dabei die Gruppendifferenzen zu erhöhen, unschärfere zu verkleinern. *Alkohol-* oder *Drogenmißbrauch* wurden von Peters (1988) und von Stein et al. (1988) berichtet. Über gehäuftes Vorkommen von Alkohol- und Drogenmißbrauch nach Mißhandlung und/oder sexuellem Mißbrauch berichteten Brown und Anderson (1991). Finkelhor (1984) hat darauf hingewiesen, daß das Auftreten von Drogenmißbrauch bei einem Teil der betroffenen ehemals Mißbrauchten mit Prostitution vergesellschaftet ist. Eine erhöhte Rate von *Suizidgedanken* oder *-handlungen* geben Briere et al. (1988) für Männer an, Sedney und Brooks (1984) für Frauen; die letztgenannten Autoren haben außerdem auf eine mit 39% gegenüber 16% erhöhte Rate von Selbstverletzungen bei als Kinder mißbrauchten Frauen hingewiesen (s. hierzu die speziellen Beiträge in Teil 2, Krankheitsbilder).

Berichte über andere Symptome sind seltener und weniger gut abgesichert bzw. nur an klinischen Stichproben erhoben. Daß keine linearen Zusammenhänge zwischen Mißbrauchserfahrungen und bestimmten psychischen Störungen bestehen, belegen andere Ergebnisse, etwa die von Russell (1986), die auf die erhöhte Rate negativer Lebenserfahrungen bei

Inzestopfern hinweist, oder der klinisch häufige Befund dysfunktionaler Beziehungen, der sich einem bestimmten Störungsbild nicht zuordnen läßt. Hier wie bei den in Kap. 2.4 zu erörternden Mißbrauchsfolgen zeigt sich, daß die Wahrscheinlichkeit solcher Folgen offensichtlich über die Herausbildung bestimmter Persönlichkeitszüge – und u.a. deswegen mit langer Verzögerung – manifest wird.

Die Rolle ehemaliger Mißbrauchsopfer bei sexuellem Mißbrauch von Kindern

Unter den durch späteres Mißbrauchsverhalten auffallenden Personen sind doppelt so viele ohne wie mit Mißbrauchserfahrungen in der Kindheit (wenn auch mehr als in der Kontrollgruppe). Starr et al. (1991) schätzen den *Transgenerationeneffekt für Mißhandlung und Vernachlässigung* auf nicht höher als 25%, d.h., er ist für die Gruppe der von sexuellem Mißbrauch Betroffenen, die ja nur eine Teilpopulation der vernachlässigten und mißbrauchten Kinder und Jugendlichen darstellt, eher etwas niedriger einzuschätzen. Goodwin et al. (1981) berichten in einer nicht replizierten Studie über 24% Inzesterfahrungen bei Müttern von sexuell mißbrauchten Kindern gegenüber 3% in einer Vergleichsgruppe. Der Befund ist bemerkenswert, weil auch Straus (1979) und Herrenkohl (1983) für Mißhandlungen auf die Bedeutung der Mütter für den Transgenerationeneffekt hingewiesen haben (s. hierzu Kap. 1.5, Kap. 1.6).

Studien zu späteren strafrechtlich verfolgten Mißbrauchshandlungen erstrecken sich nur auf ehemalige männliche Mißbrauchsopfer. Groth (1979) fand unter *sexuell Delinquenten* 31%, die in ihrer Vorgeschichte sexuelle Traumatisierungen angaben. Unter solchen, die sich an Kindern und Jugendlichen vergangen hatten, fanden sich gegenüber Vergewaltigern häufiger Erlebnisse sexueller Gewalt, und zwar überwiegend durch Bekannte (nicht durch Familienmitglieder), in 68% durch Männer, in 32% durch Frauen (während unter den Vergewaltigern Mißbrauch durch Frauen deutlich überwog). Im Prinzip bestätigten Seghorn et al. (1987) diese Ergebnisse: Unter Tätern gegen Kinder und Jugendliche waren 57% mit eigener Mißbrauchserfahrung, unter Vergewaltigern nur 23%.

Der Mißbrauch geschah häufiger durch Nichtfamilienmitglieder als bei den Vergewaltigern. In den Familien mit mißbrauchten Kindern und Jugendlichen fanden sich häufiger andere Formen von sexueller Devianz (ohne Einbeziehung der späteren Mißbrauchten) als in denen der Vergewaltiger und häufiger sexuell mißbrauchte Geschwister. Die Angaben von Becker (1988) beziffern die Rate von als Kinder mißbrauchten Adoleszenten mit Sexualdelinquenz auf nur 19%. Auch hier fanden sich häufiger Nichtfamilienmitglieder als Mißbraucher, fast die Hälfte von ihnen waren Frauen.

Bewertung im Rahmen von Begutachtungen

Der Gutachter kann sich also auf wenige Fakten stützen, die Wahrscheinlichkeitsangaben nicht erlauben, nämlich auf:
- *die auf ein Mehrfaches erhöhte Rate psychischer Auffälligkeiten* unterhalb der Schwelle klinischer Störungen, die bevorzugt aus dem Bereich sexueller Beziehungen bekannt sind (ohne daß man andere Arten von Schwierigkeiten ausschließen kann, weil sie nicht hinreichend untersucht wurden)
- *erhöhte Raten für Depression und Angst* oberhalb der Schwelle klinischer Störungen, außerdem auf das weniger gut (und überwiegend für Frauen) abgesicherte, gehäufte Vorkommen von Schlafstörungen, dissoziativen Störungen und Somatisierungsstörungen und eine erhöhte Rate von Alkohol- und Drogenmißbrauch sowie von Suizidalität und selbstverletzenden Handlungen

- außerdem eine *erhöhte Rate sexueller Delinquenz* bei mißbrauchten Jungen (während über späteres Mißbrauchsverhalten von Frauen keine Studien vorliegen, ihre Rolle bei der Transmission von Mißbrauch im System der Familie aber bedeutsam zu sein scheint)

Angesichts dieser Befundlage muß sich der Gutachter nach *Mediatoren* fragen, unter denen das Eintreten solcher Folgen wahrscheinlicher oder weniger wahrscheinlich wird. Solche Mediatoren lassen sich aus Literatur und klinischer Erfahrung als wahrscheinlichkeitserhöhende Umstände ableiten:

- hohe Intensität des Mißbrauchs, d.h. penetrative Kontakte
- Gewaltanwendung im Rahmen des Mißbrauchs
- Mißbrauchserfahrungen durch Vater oder Stiefvater – wie die beiden o.g. Merkmale gut belegt nach der Übersicht von Browne und Finkelhor (1986)
- Mißbrauchserfahrungen durch männliche und erwachsene Personen (weniger gut belegt nach der Übersicht von Browne und Finkelhor 1986)
- Fehlen supportiver Familienmitglieder und (folglich) Herausnahmen des Kindes aus der Familie (weniger gut abgesichert nach Browne und Finkelhor 1986)
- schlechte kognitive Bewältigungsmöglichkeiten und niedriges Funktionsniveau zum Mißbrauchszeitpunkt, auch Fehlen anderer Quellen von Selbstbestätigung
- andere begleitende ungünstige Lebensumstände, u.a. in Form von psychischer oder körperlicher Vernachlässigung bzw. körperlicher oder psychischer Mißhandlung
- psychische Störungen im Vorfeld der Mißbrauchserfahrungen
- Mißbrauchserfahrungen, die nach Aufdeckung fortgesetzt wurden, bzw. Nichtbehandlung nach beendetem chronischen Mißbrauch (kontaminiert mit dem Fehlen supportiver Bezugspersonen, s.o.)
- Über die Rolle chronischen (in der Regel also häufigen) und dementsprechend spät aufgedeckten Mißbrauchs existieren ausgesprochen widersprüchliche Forschungsergebnisse (Browne und Finkelhor 1986), offensichtlich weil die konfundierenden Merkmale nicht ausreichend auspartialisiert werden können.
- Über unterschiedliche Spätfolgen bei offenbarten oder geheimgehaltenen Mißbrauchserfahrungen besteht wegen der komplexen Beziehungen keine Klarheit (Browne und Finkelhor 1986); die Beziehungen sind ähnlich uneindeutig wie die zwischen Spätfolgen und Alter bei Beginn des Mißbrauchs.

Demgegenüber sind das Erfahrungswissen bzw. die Literatur zu *Schutzfaktoren*, die nach Mißbrauchserfahrungen kompensatorisch, d.h. protektiv gegenüber späteren Entwicklungsstörungen, psychiatrischen Auffälligkeiten oder Delinquenz wirken, geringer. Zu nennen sind:

- supportive Bezugspersonen möglichst innerhalb der Familie (umgekehrt ist eine schlechte Beziehung zum nicht mißbrauchenden Elternteil oder zu beiden Elternteilen bei extrafamiliärem Mißbrauch prognostisch ungünstig)
- gute Fähigkeiten, soziale Hilfsangebote zu nutzen
- eine optimistische Einstellung mit internem Kontrollbewußtsein (und entsprechend hoher Selbsteinschätzung)
- Fehlen autoaggressiver Symptome
- kognitive Fähigkeiten einschließlich hoffnungsvoller Phantasien
- Verantwortlichkeit für andere
- Auseinandersetzungsfähigkeit

Die wesentlichen dieser von Mrazek und Mrazek (1987) bzw. Zimrin (1986) zusammengestellten Merkmale entsprechen den Ergebnissen der Forschung über protektive Faktoren und dem Streßbewältigungsmodell von Lazarus (Benner et al. 1980).

4.2 Begutachtung des Täters

Johann Glatzel

Inhalt

4.2.1 Zum Begriff 500
4.2.2 Allgemeine Daten 504
    Häufigkeit 504
    Täter-Opfer-Beziehung 505
    Der Täter 505
    Erklärungsansätze 505
4.2.3 Das Gutachten 505

4.2.1 Zum Begriff

Bei der Beurteilung von Straftaten gegen die sexuelle Selbstbestimmung verzichtet das erkennende Gericht nur selten auf eine sachverständige Beratung. Dabei geht es in der Regel zum einen um die Glaubwürdigkeit kindlicher Zeugenaussagen, zum anderen um die Schuldfähigkeit des Täters. Nicht selten ist auch das zu erwartende Ausmaß der Schädigung des Rechtsgutes „ungestörte sexuelle Entwicklung" abzuschätzen sowie eine Feststellung zu treffen zur Sozial- und Legalprognose des Angeklagten. Unabhängig von der Beweisfrage sind dabei Schlüssigkeit und wissenschaftliche Begründung der psychologisch-psychiatrischen Ausführungen an eine inhaltliche Bestimmung der verwendeten Begriffe gebunden. Seiner Rolle als Gehilfe des Gerichtes wird der Sachverständige nur dann gerecht, wenn gewährleistet ist, daß beide Seiten mit denselben Begriffen auch denselben Sachverhalt bezeichnen. Anders als im juristischen zielt im psychiatrischen und psychologischen Schrifttum die Rede von einem sexuellen Mißbrauch auf einen allenfalls unscharf definierten Tatbestand. In der Absicht, der Abhängigkeit des Mißbrauchsbegriffs vom Geist der Epoche Rechnung zu tragen, bezeichneten Schechter und Roberge (1976) als Mißbrauch von Kindern und Jugendlichen deren Beteiligung an sexuellen Aktivitäten mit dem Ziel der sexuellen Befriedigung eines nicht Gleichaltrigen oder Erwachsenen unter der Voraussetzung, daß die Betroffenen aufgrund ihres Entwicklungsstandes diese Aktivitäten nicht verstehen, sich deswegen mit ihnen nicht einverstanden erklären können und daß im übrigen die sexuellen Tabus der Familie sowie der Gesellschaft verletzt werden. Russell (1984) befragte im Rahmen einer Untersuchung der Verbreitung sexuellen Mißbrauchs 930 nach Zufallsgesichtspunkten ausgewählte erwachsene Frauen. Als sexuellen Mißbrauch wertete sie dabei sexuelle Berührungen, sexuelle Handlungen, Nötigung und Vergewaltigung. In einer späteren Publikation (Russell 1986) nannte sie sexuellen Mißbrauch alle unerwünschten sexuellen Erfahrungen diesseits des 14. Lebensjahres, versuchte oder vollendete Notzucht bis zum 17. Lebensjahr sowie alle versuchten oder vollendeten sexuellen Kontakte zwischen Verwandten, sofern das Opfer das 18. Lebensjahr nicht nicht erreicht hat. Andere Autoren schlugen andere Altersbegrenzungen vor (z.B. Briere und Runtz 1988b; Peters 1988). Balloff definierte als sexuellen Mißbrauch von Kindern die „erotische oder sexuelle Inanspruchnahme von abhängigen, entwicklungsmäßig unreifen Kindern für sexuelle Handlungen" (Ballof 1992, S. 186) unter Einsatz von Gewalt oder Ausnützung familiärer Abhängigkeitsverhältnisse. Einige Autoren – z.B. Remschmidt (1994/95) – halten es für ratsam, zwischen sexuellem Mißbrauch – der Einbeziehung von Kindern und Jugendlichen in sexuelle Aktivitäten, deren Funktion und Tragweite sie nicht überschauen können – und sexueller Mißhandlung – gewaltsames Erzwingen der sexuellen Aktivitäten gegen den Willen des Betroffenen – zu unterscheiden. Sie empfehlen damit einen Sprachgebrauch, den das Strafgesetzbuch nicht kennt.

Angesichts der Tatsache, daß die Abgrenzung mißbräuchlicher von nicht mißbräuchlichen Kontakten nicht immer eindeutig gelingt, wurde als differenzierendes Kriterium die „sexualisierte Aufmerksamkeit" vorgeschlagen. Damit soll der Umstand bezeichnet werden, daß Opfer oder Täter die Situation als eine sexuelle erleben (Haynes-Seman und Krugman 1989). Eine umfangreiche deutsche Erhebung charakterisiert als sexuellen Mißbrauch den vollendeten oder versuchten Geschlechtsverkehr sowie weitere pädosexuelle Körperkontakte vor dem 14. Lebensjahr durch einen um mindestens fünf Jahre älteren Täter (Elliger und Schötensack 1991). Obwohl der Begriff des sexuellen Mißbrauchs in der Regel an den Körperkontakt der Handlung und die sexuelle Motivation des Handelnden gebunden wird, wird gelegentlich der Tatbestand auch ohne diese Bedingungen als verwirklicht angesehen (Engfer 1992; Salter 1992).

Lediglich bezüglich des Lebensalters der Beteiligten sowie der Intention des Täters finden sich danach im psychiatrisch-psychologischen Schrifttum Feststellungen, deren sich auch der Sachverständige in foro bedienen kann. Weitgehend unbestimmt bleiben jedoch die Beschreibungen der als „sexuell" gewerteten Aktivitäten („sexuelle Aktivitäten", „sexuelle Handlungen", „sexuelle Berührungen"). Aus forensischer Sicht bedeutsam ist dabei die hohe Gewichtung des subjektiven Moments, sei es auf seiten des Täters („erotische und sexuelle Inanspruchnahme", Balloff), sei es auf seiten des Opfers (Vermittlung „unerwünschter sexueller Erfahrungen", Russell).

Der Sachverständige, von dem das erkennende Gericht eine Hilfe erwartet bei der strafrechtlichen Bewertung konkreter Fallkonstellationen, wird mit diesen seelenkundlichen Begriffsbestimmungen bei seinem Gegenüber bald auf Verständnisschwierigkeiten stoßen.

Die Gründe dafür liegen auf der Hand: Sowohl bei der Erlebnisqualität als auch bei der motivationalen Gestimmtheit handelt es sich um „innere Befundtatsachen", die nur der mittelbaren Wahrnehmung zugänglich sind. Sieht man von den Möglichkeiten des Irrtums und der Fehlinterpretation sprachlicher ebenso wie mimischer und gestischer Signale ab, so ist gerade bezüglich des sexuellen Kindesmißbrauchs zu bedenken, daß zum einen der einfühlend verstehende ebenso wie der testpsychologische Zugang zum kindlichen Erleben als zuverlässiges Erkenntnismittel durchaus umstritten sind und daß zum anderen dem Beschuldigten daran gelegen sein muß, die tatsächlichen Beweggründe seines Verhaltens vor einem Dritten zu verbergen. Aber selbst dann, wenn man diese Schwierigkeiten für grundsätzlich überwindbar hält, ist in foro mit folgenreichen Mißverständnissen zu rechnen, folgenreich deswegen, weil sie von den Beteiligten in der Regel nicht wahrgenommen und daher auch nicht reflektiert werden, für den Täter aber erhebliche Konsequenzen haben können. Versteht man unter einer sexuellen

Handlung alle Verhaltensweisen, die eine Weckung oder Befriedigung sexueller Bedürfnisse intendieren, so erfaßt man damit auch solche, die strafrechtlich irrelevant sind. Das gilt bezüglich der Kinder ebenso wie bezüglich jeder anderen Personengruppe.

> Nicht alle Handlungen, denen begründet oder lediglich vermutet ein sexueller Beweggrund zuzuschreiben ist, sind auch sexuelle Handlungen im Sinne des StGB, und nicht alle Straftaten, die in ursächlichem Zusammenhang mit einer sexuellen Bedürfnisbefriedigung stehen, gelten als Sexualstraftaten.

Man denke an fetischistische Eigentumsdelikte oder an sadistische Körperverletzungen. Im übrigen haben die Obergerichte bezüglich einiger zweifelsfrei sexueller Handlungen entschieden, daß sie als lediglich unanständig, anstößig oder geschmacklos nicht in den Bereich des Strafbaren fallen, so etwa die Urolagnie.

Von dem Psychiater bzw. Psychologen, der in foro als Sachverständiger tätig wird, ist daher die Kenntnis des Rechtsbegriffs „sexueller Mißbrauch" zu fordern.

> Sexueller Mißbrauch im Sinne des StGB bezeichnet zum einen ein bestimmtes Tun – die sexuelle Handlung – zum anderen eine Personengruppe, an der diese vollzogen wird – Mißbrauch – und zum Dritten eine prognostische Vermutung. In dieser allgemeinen Form stimmen juristischer und psychiatrisch-psychologischer Sprachgebrauch überein.

Dieses Einvernehmen muß auch dann nicht hinterfragt werden, wenn morphologisch eindeutige bzw. angesichts der Einlassung des Beschuldigten und/oder des Opfers eindeutig zu qualifizierende Befunde den Mißbrauchstatbestand belegen. Sind diese Voraussetzungen jedoch nicht gegeben, sei es, weil die seit der vermuteten Tat verstrichene Zeit morphologische Befunde nicht mehr erwarten läßt, sei es, weil es die Gefahr künftiger Mißbrauchshandlungen zu beurteilen gilt, ergibt sich die Notwendigkeit einer präziseren Beschreibung. Dabei bereitet der „Mißbrauch" in der Regel keine Schwierigkeiten insofern, als er durch objektive Tatbestände gegeben ist. Denn:

> Als Mißbrauch ist jede sexuelle Handlung zu werten, die die sexuelle Selbstbestimmung solcher Personen verletzt, die entweder ein bestimmtes Lebensalter noch nicht erreicht haben oder in einer besonderen Beziehung zu dem Täter stehen oder widerstandsunfähig sind aufgrund ihrer seelisch-körperlichen Verfassung.

Aber was ist eine *sexuelle Handlung im Sinne des Strafgesetzbuches?*

Der §184c StGB stellt zum Begriff der **sexuellen Handlung** lediglich fest, er sei im Sinne des Gesetzes nur dann erfüllt, wenn die Handlung im Hinblick auf das geschützte Rechtsgut von einiger Erheblichkeit sei. Das Gesetz trifft also keine inhaltlichen Feststellungen zum Sachverhalt „sexuelle Handlung", es verlangt nur, daß diese von einiger Erheblichkeit ist im Blick auf das Opfer. Das bedeutet nicht nur eine Einengung des Relevanzkreises sexuelle Handlungen unter zwei Aspekten, einem relativen und einem quantitativen, tatsächlich enthält diese Vorschrift implizit auch die Forderung, den Begriff der sexuellen Handlung in jedem Falle inhaltlich zu bestimmen.

Zunächst gilt es, die Rechtsgüter zu bezeichnen, die unter den Schutz der Strafvorschrift gestellt werden. Ein solches Rechtsgut ist etwa die ungestörte sexuelle Entwicklung des Jugendlichen, aber auch die Freiheit der sexuellen Selbstbestimmung.

Die Qualifizierung einer sexuellen Handlung als erheblich mit der Begründung, sie sei geeignet, die sexuelle Entwicklung eines Kindes oder Jugendlichen zu stören, hat zur notwendigen Voraussetzung wissenschaftlich fundierte Kriterien einer ungestörten Sexualentwicklung. Schon darüber wird nur schwer Einigkeit unter den Vertretern einschlägiger Fachdisziplinen zu erzielen sein, noch weiter auseinander gehen die Meinungen, wenn es um die Wertung externer Einflüsse unter prognostischem Aspekt geht. Im übrigen entscheidet über das Gewicht einer traumatischen Erfahrung und deren prospektive potentielle Schädigung nicht allein deren konkreter Inhalt, sondern gleichermaßen die Person des Betroffenen, dessen Vorerfahrungen und aktuelle Lebenssituation sowie künftige, d.h. zum Zeitpunkt der Tat noch unbekannte Determinanten der Entwicklung. Und welche sexuelle Handlung soll deswegen als erheblich gelten, weil sie das Rechtsgut der sexuellen Selbstbestimmung verletzt? Will man in der kurzen Berührung der weiblichen Brust oder in anderen handgreiflichen Zudringlichkeiten eine Verletzung dieses Rechtsgutes nicht erkennen, der Tat damit die Qualität erheblich absprechen, so wäre sie als sexuelle Handlung nicht zu ahnden. Die Feststellung einer Straftat gegen die sexuelle Selbstbestimmung wäre in derartigen Fällen dann stets an den Einsatz von Gewalt gebunden.

Angesichts dieser Schwierigkeiten bedient sich deswegen die Rechtsprechung der „negativen Erheblichkeitsformel" in der Regel auch nicht mit der Absicht, den Tatbestand „sexuelle Handlung" an die Verletzung des von den Vorschriften geschützten Rechtsgutes zu binden, sondern zu deren Qualifizierung. So haben die Obergerichte bezüglich einer Vielzahl von Handlungsweisen entschieden, ob sie bezogen auf in Frage kommende Vorschriften den sexuellen Handlungen im Sinne des Gesetzes zu subsumieren und damit erheblich sind oder als lediglich anstößig, unanständig, geschmacklos usw. nicht in den Bereich des Strafbaren fallen.

Der Rechtsbegriff der sexuellen Handlung ist an die folgenden Voraussetzungen gebunden:

> Die Handlung muß zweifelsfrei einen Sexualbezug erkennen lassen, wobei auf den Gesamtvorgang abzustellen ist.

Die Urolagnie etwa wird dann zu einer sexuellen Handlung, wenn sie mit gleichzeitigem Onanieren vor dem Kind verbunden ist. Das subjektive Element, d.h. eine sexuelle Motivation ist nur bei Handlungen gefordert, die in ihrem äußeren Erscheinungsbild ambivalent sind. In diesen Fällen muß die sexuelle Motivation erkennbar sein, d.h. als Handlungsziel die Erregung bzw. Befriedigung der eigenen oder der fremden Geschlechtslust. Bezüglich der sexuellen Handlung eines Kindes genügt es, daß das Kind seinem Alter entsprechende Vorstellungen hat oder – bei ambivalenten Handlungen – Empfindungen erlebt oder jedenfalls kindhaft erkennt, daß es sich oder sein Handeln in den Dienst fremder Sexualität stellt.

> Die sexuelle Handlung muß von einiger Erheblichkeit sein, womit eine normative, keine quantitative Feststellung gemeint ist.

Nicht erheblich sind danach gemäß höchstrichterlicher Feststellung z.B. das Berühren des nackten Oberschenkels, das Streicheln des Knies eines Kindes oder der flüchtige Griff an die sekundären Geschlechtsmerkmale über den Kleidern. Dabei ist zu beachten, daß dieselbe Handlung in Abhängigkeit von der Schutzrichtung des betreffenden Tatbestandes unterschiedlich zu bewerten ist. So sind etwa Zungenküsse von einiger Erheblichkeit, wenn es um die Tatbestände „sexueller Mißbrauch von Schutzbefohlenen" (§174 StGB) oder „sexueller Mißbrauch von Kindern" (§176 StGB) geht, nicht jedoch in jedem Fall einer „sexuellen Nötigung" (§178 StGB).

Der Rechtsbegriff „sexueller Mißbrauch" deckt sich mit dem von Psychologen, Psychiatern usw. verwendeten nur insoweit, als beide Seiten ihn dann verwirklicht sehen, wenn morphologische Befunde als Folge einer auf geschlechtliche Befriedigung zielenden Handlungsweise nachgewiesen und identifiziert werden können.

Hinsichtlich solcher Handlungen, die nicht aufgrund objektiver Befunde oder verbaler Bekundungen des Täters und/oder des Opfers als sexuell ausgewiesen sind, bedienen sich Strafjuristen und Seelenkundige eines unterschiedlichen Sprachgebrauchs.

Das zu wissen ist für den Sachverständigen als Gehilfen des Gerichts unerläßlich. In der Erfüllung des ihm erteilten Auftrages wird er sich des einen ebenso wie des anderen Begriffs zu bedienen haben. Er muß sich aber nicht nur darüber im klaren sein, wann er diesen und wann jenen benutzt, er ist auch gehalten, dem Gericht einen Wechsel der Definitionsebenen zu signalisieren.

4.2.2 Allgemeine Daten

Häufigkeit

Verläßliche Zahlen über die Häufigkeit des sexuellen Kindesmißbrauchs sind schwer zu gewinnen – zum einen deswegen, weil der so bezeichnete Sachverhalt in den Untersuchungen nicht einheitlich definiert wird. Zum anderen wird nicht immer differenziert zwischen registrierten Fällen, solchen, die zur Verhandlung gelangten und jenen, deren Verfolgung im Verlaufe des Verfahrens eingestellt wurde. Schließlich werden die Ergebnisse von methodischen Faktoren beeinflußt, speziell von der Vorgehensweise bei der Datenerhebung. Je größer die Zahl der Fragen ist, je konkreter und je persönlicher, desto größer ist die Wahrscheinlichkeit einer hohen Prävalenzrate (Baker und Duncan 1985). Hinzu kommen die Schwierigkeiten, die sich vielfach einem schlüssigen Tatnachweis entgegenstellen. Das tatsächliche Ausmaß des Problems wird daher wohl immer verborgen bleiben (Russell 1984).

> Kavemann und Lohstöter (1985) gehen ebenso wie Remschmidt (1994/95) davon aus, daß jährlich in Deutschland 300 000 Kinder sexuell mißbraucht werden, davon 250 000 Mädchen. Die Schätzungen der Dunkelfeldrelation schwanken in weiten Grenzen, die Angaben liegen zwischen 1:6 und 1:20 (Eisenberg 1990; Bange 1992).

Elliger und Schötensack (1991) haben eine Anzahl amerikanischer Prävalenzstudien der Jahre 1979 bis 1987 zusammengestellt. Die dort genannten Prävalenzziffern lagen bezüglich der Mädchen zwischen 6% und 62%, bezüglich der Jungen zwischen 3% und 30%. Ähnliche Zahlen nennt Moggi (1991), während Kruse (1991) eine höhere Prävalenzrate annimmt. In ihrer eigenen Würzburger Prävalenzstudie fanden Elliger und Schötensack (1991) „je nach der Weite der Definition sexueller Mißbrauch" (151) eine Prävalenzrate von 6,9–33,5%. Der Zahl von vermutlich 300 000 sexuell mißbrauchten Kindern in Deutschland stehen 37592 registrierte Sexualdelikte gegenüber, bei denen es sich in 33,9% der Fälle um einen sexuellen Mißbrauch von Kindern handelt (Kaiser 1993). Von ca. 10 000 jährlichen Anzeigen wegen eines Tatverdachts gem. §176 StGB gelangen 1300 bis 1800 zur Verurteilung, das heißt, in 80% der Fälle wird der Täter entweder nicht ermittelt oder das gegen ihn eingeleitete Verfahren eingestellt, nicht selten trotz Vorliegens eines positiven psychologischen Glaubwürdigkeitsgutachtens (Volbert 1992). In 90% der Fälle werden Männer als Täter ermittelt (Kaiser 1993). Kinsey (1966) und Jahrzehnte nach ihm Finkelhor (1990) befragten Erwachsene nach erlittenem sexuellem Mißbrauch in der Kindheit und fanden ähnliche Viktimisierungsraten. 24% (Kinsey) bzw. 27% (Finkelhor) der Frauen und 16% (Finkelhor) der Männer berichteten entsprechende Erlebnisse, wobei in beiden Studien die einmaligen Vorfälle überwogen. In anderen Untersuchungen bezeichneten sich 11–62% der Frauen und 3–16% der Männer als Opfer eines in der Kindheit erlittenen sexuellen Mißbrauchs (Engfer 1992; Salter 1992). Nach Wyatt (1985) und Baker und Duncan (1985) kommt es in 25% der Fälle zu wiederholten Mißbrauchshandlungen (vgl. auch Kap. 1.2).

Täter-Opfer-Beziehung

Als gesichert kann gelten, daß die Täter meist aus dem näheren Umfeld der Opfer kommen (Baurmann 1978, 1993; Kempe und Kempe 1980; Green 1993; Marquardt 1993; Wurtele und Miller-Perrin 1992), der Anteil fremder Täter wird von Russell (1983) mit 11%, von Baker und Duncan (1985) mit 51% angegeben. Während es sich in 49–89% der Fälle um Nachbarn, Lehrer oder Freunde der Eltern handelt, kommt der Täter in 14–32% der Fälle aus der eigenen Familie (Lechmann 19). Die Häufigkeit des sexuellen Mißbrauchs in der Familie ist offenbar unabhängig von der Schichtzugehörigkeit, auch zwischen Land- und Stadtbevölkerung zeigen sich keine wesentlichen Unterschiede (Russell 1986; Finkelhor 1986; Baker und Duncan 1985). Die Abwesenheit eines Elternteils erhöht das Mißbrauchsrisiko um ein Vielfaches (Finkelhor 1984; Fromuth 1986; Parker und Parker 1986).

Der Täter

Abgesehen von der Tatsache, daß in allen empirischen Untersuchungen die Männer deutlich prävalieren, wobei die Zahlen zwischen 90% (Kaiser 1993), 96% (Russell 1983) und 99% (Wyatt 1985) schwanken – einige Autoren bezweifeln allerdings ihre Zuverlässigkeit (z.B. Groth 1979; Justice und Justice 1979) –, gibt es nur wenige Daten, die die Täter miteinander verbinden (Watkins und Bentovim 1992). Wenn die Mehrzahl von ihnen zwischen 25 und 55 Jahren alt ist, lediglich 12% älter als 55 Jahre (Wyatt 1985), so ist damit allenfalls etwas zur Altersabhängigkeit sexueller Bedürfnisspannung ausgesagt. Ebenso korrespondiert die Beobachtung, daß *der Mißbrauch von Alkohol und anderen Suchtmitteln bei den Tätern eine relativ große Rolle spielt* (Bess und Janssen 1982; Lawson et al. 1983; Black et al. 1986; Aarens 1978), mit der Erfahrung, daß dieser Faktor generell die Bereitschaft zu einer Vielzahl von Delikten fördert.

Hinsichtlich Persönlichkeitsstruktur und Motivation unterscheiden sich die Täter jedoch so erheblich, daß von einem typischen Täterprofil nicht gesprochen werden kann (Murphy und Peters 1992).

Umstritten ist die Frage, wie groß die Zahl derjenigen Täter ist, die in ihrer Kindheit selbst mißbraucht wurden. Während Miller (1987) annimmt, jeder Täter sei einmal als Kind Opfer gewesen, Tingle et al. (1986) in mehr als 50% ein derartiges Ereignis in der Vorgeschichte vermuten, äußern sich andere Autoren weit zurückhaltender (Gebhard et al. 1965; Groth und Burgess 1979; Langevin et al. 1985).

Erklärungsansätze

Beim gegenwärtigen Kenntnisstand ist davon auszugehen, daß allein eine multikonditionale Betrachtungsweise, die individuelle, familiäre und soziale Aspekte gleichermaßen berücksichtigt, die Bedingungskonstellation im konkreten Einzelfall aufzudecken vermag. Soweit es um die Betrachtung des sexuellen Mißbrauchs aus der Sicht des Psychologen, Psychiaters, Pädiaters usw. geht, d.h. um die Bewertung dieses Sachverhaltes aus der Sicht des Diagnostikers und Therapeuten, wird darauf an anderer Stelle dieses Buches eingegangen (s. Kap. 1.2, Kap. 1.3, Kap. 1.4, Kap. 1.6).

4.2.3 Das Gutachten

Das erkennende Gericht bedient sich der Hilfe eines psychiatrischen und psychologischen Sachverständigen v.a. im Zusammenhang mit der Erörterung von drei Fragen. Die eine zielt auf die Schuldfähigkeit des Täters, die zweite auf dessen Sozial- und Legalprognose, die dritte auf die Glaubwürdigkeit der kindlichen Zeugenaussagen.

Die Schuldfähigkeitsbestimmungen der §§20, 21 StGB zeigen einen zweistöckigen Aufbau. Das erste Stockwerk enthält die sog. biologischen oder Eingangsmerkmale, das zweite die konstitutiven, normativen Elemente der **Schuldfähigkeit**. Zu prüfen ist deswegen zum einen, ob eines der Eingangsmerkmale gegeben ist, zum anderen, ob sich bei gerade diesem Täter und bezogen auf eben dieses Delikt ein Zweifel an dessen Fähigkeit zur normativen Verhaltensbestimmung ergibt bzw. ob diese Fähigkeit aufgehoben ist. Die Eingangsmerkmale sind als Rechtsbegriffe zu verstehen, nicht als psychiatrische Diagnosen, d.h. mit der Feststellung einer psychischen Störung gleich welcher Art ist nicht bereits eine Aussage zur Schuldfähigkeit verbunden. Zwar ist es dem Sachverständigen nicht aufgegeben, sich zur Tatbestandsmäßigkeit eines inkriminierten Verhaltens zu äußern. Im Zusammenhang mit der Erörterung der Themen Schuldfähigkeit sowie Legal- und Sozialprognose des Täters werden von ihm jedoch ausdrücklich Ausführungen erwartet zu den individuellen Determinanten des den Schuldvorwurf begründenden Tuns. Gegenstand seiner Überlegungen und Schlußfolgerungen können dabei nicht allein die rechtserheblichen Aspekte der Tathandlung sein, seine Untersuchung zielt vielmehr auf eine analysierende Ausfaltung der Gesamtheit der eben diesen Menschen kennzeichnenden Einstellungen und Handlungsbereitschaften. Insbesondere wird sich ihm ein Bild von der Sexualität des Täters nicht allein aus einer Betrachtung dessen deliktischen Verhaltens ergeben können. So mag die sachverständige Würdigung des inkriminierten Verhaltens zwar den Verdacht auf ein deviantes Sexualverhalten nahelegen, die Verifikation dieses Verdachtes aber erst gelingen auf dem Hintergrund anderer, rechtlich irrelevanter Ausdrucksformen gelebter Sexualität. Denn das Gericht fordert von seinem Gehilfen einen Beitrag zur Beantwortung der Frage, ob das dem Schuldvorwurf zugrunde liegende Tun des Angeklagten Indiz ist und Folge einer seelischen Störung, und wie diese zu gewichten ist im Blick auf die Fähigkeit zur normativen Handlungsbestimmung. Eine sexuelle Mißbrauchshandlung ist etwa dann zu ex- bzw. dekulpieren, wenn sie ursächlich auf eine solche sexuelle Triebvariante zurückgeführt werden kann, die sich – in der Sprache des Gesetzes – als eine „schwere andere seelische Abartigkeit" darstellt. Der BGH hat mehrfach festgestellt (z.B. Urteil vom 19.1.89 – 4 StR 540/88; Beschluß vom 29.3.89 – 4 StR 109/89; Beschluß vom 12.11.91 – 1 StR 672/91), daß die Abartigkeit eines sexuellen Verhaltens allein noch nicht die Annahme einer psychischen Störung rechtfertigt, die geeignet ist, die Schuldfähigkeit zu tangieren. Es sei vielmehr zu prüfen, ob entweder eine ungewöhnlich stark ausgeprägte („normal" ausgerichtete) Triebhaftigkeit vorliege oder ob diese „infolge ihrer Abartigkeit den Träger in seiner gesamten inneren Grundlage und damit im Wesen seiner Persönlichkeit so verändert, daß er zur Bekämpfung seiner Triebe nicht die erforderlichen Hemmungen aufbringt, selbst wenn der abnorme Trieb nur von durchschnittlicher Stärke ist" (Urteil vom 19.1.89 – 4 StR 540/88). Diese geforderte Veränderung der Persönlichkeit begegnet in der Rechtsprechung als *„Persönlichkeitsentartung"*. Um deren Vorliegen zu bestätigen oder zu verwerfen, wird der Sachverständige sein Augenmerk auch auf solche möglichen Abwandlungen sexuellen Erlebens und Verhaltens richten, die nicht mit dem zur Aburteilung anstehenden Straftatbestand bezeichnet sind. Damit aber wechselt er hinüber in den Geltungsbereich einer anderen Terminologie. Sexuelle Handlung meint jetzt nicht ein bestimmtes, von subjektiven Elementen freies, an objektive Kriterien gebundenes Tun, sondern einen intentional charakterisierten Handlungsvollzug, d.h., die Rede ist nun nicht von sexueller Handlung als einem Rechtsbegriff, sondern von sexuell motivierter Handlung.

Beide Begriffe unterscheiden sich voneinander zunächst einmal durch ihren Umfang – das ergibt sich aus der erwähnten Erheblichkeitsklausel des §184c StGB. So stellt das gewollte flüchtige Berühren der weiblichen Brust über der Kleidung zweifellos eine sexuell motivierte Handlung dar, rechtlich ist es jedoch lediglich eine geschmacklose Zudringlichkeit diesseits des Strafbaren. Dieses Beispiel legt allerdings die unzutreffende Annahme nahe, mit der Rede von einer sexuellen Handlung im Sinne des StGB werde aus der Fülle von Handlungen einer spezifischen Motivation eine begrenzte Anzahl herausgegriffen und unter Strafe gestellt, mit anderen Worten: jede sexuelle Handlung im Rechtssinne sei auch eine sexuell motivierte, ohne daß auch die Umkehrung gelte. In der Regel trifft es auch zu, dennoch bedarf es im Einzelfall stets der Prüfung.

Tatsächlich erweisen sich manche Erscheinungsformen des sexuellen Kindesmißbrauchs, insbesondere des Mißbrauchs von Kleinkindern, bei einer Analyse der inneren Tatseite eher als eine Körperverletzung denn als ein Akt mit dem Ziel der Befriedigung der Geschlechtslust – will man sich durch einen inflationären Gebrauch des Beiwortes sexuell nicht die Möglichkeit nehmen, damit einen von vielen anderen möglichen Beweggründen zu bezeichnen.

Häufiger aber wird der Sachverständige bei der Erörterung des sexuellen Erlebens und Verhaltens eines Täters auch auf solche Verhaltensweisen einzugehen haben, die dem Gericht entweder als unerheblich erscheinen oder deren sexuelle Einfärbung nur unter sachverständiger Anleitung evident wird.
Mit diesen Ausführungen sollen Bedeutung und Stellenwert des Themas Sexualität im Erlebensgesamten des Täters dargetan werden, und zwar unter quantitativem Aspekt ebenso wie unter qualitativem. Gemeint ist damit auf der einen Seite das schwierige, hinsichtlich seiner Relevanz von Juristen ebenso wie von Laien gemeinhin überschätzte Problem der Triebstärke, zum anderen geht es dabei um die individuellen Determinanten geschlechtlicher Befriedigung. Zwar vermag niemand eine verbindliche und allen denkbaren Perspektiven gerecht werdende Beschreibung dessen zu geben, was eine „normale" Sexualität sei; wohl aber besteht ein weit verbreitetes Einverständnis bezüglich solcher Normvarianten, in denen sich eine Störung der Persönlichkeitsentwicklung abbildet. Der Sexualität kommt in diesen Fällen eine Funktion zu, die sie zwar grundsätzlich im Leben eines jeden Menschen hat, hier aber mit dem Unterschied, daß der Vollzug „normaler" sexueller Kontakte diese Funktion nicht erfüllt – sei es, daß die reife genitale Sexualität angstbesetzt ist, sei es bzw. und zudem, weil die Sexualität auf Entlastung von einem Leidensdruck zielt, der in unbewältigten Ängsten, unbefriedigten Wünschen und Sehnsüchten seine Wurzel hat.
Indem eine solche, durch Störungselemente einer devianten Persönlichkeitsentwicklung determinierte Sexualität, deren Determinanten von Fall zu Fall hinsichtlich ihrer motivationalen Priorität wechseln, den indiziellen Charakter eines Symptoms gewinnt, wird die basale Persönlichkeitsstörung auch bei der Ausfaltung solcher Einstellungen und Verhaltensweisen eine mitbestimmende Rolle spielen, die erscheinungsbildlich einen Sexualbezug nicht erkennen lassen. Sexuelle Verhaltensmuster, die durch einen unangepaßten Handlungsmodus (z.B. Vergewaltigung, Nötigung), eine Abweichung vom Triebziel (Exhibitionismus, Sadomasochismus), eine Abweichung vom Triebobjekt (Pädophilie) und/oder Verletzung gesellschaftlicher Tabus (Inzest) gekennzeichnet sind, können dann als „schwere andere seelische Abartigkeit" unter die *De- bzw. Exkulpierungsvorschriften* fallen, wenn der Sexualität des Betroffenen die Bedeutung eines Symptoms im dargestellten Sinne zukommt. Dieses Symptom verweist ggf. auf eine sich auch in anderen Lebensbereichen manifestierende Alteration des Persönlichkeitsgefüges von jenem Gewicht, das der BGH für die Anerkennung einer die Schuldfähigkeit mindernden oder diese gar ausschließenden „Persönlichkeitsentartung" fordert.

Angesichts der Vielfalt möglicher Determinanten eines sexuellen Mißbrauchs von Kindern und unter Berücksichtigung der daraus resultierenden Tatsache, daß nur eine multikonditionale Betrachtungsweise zum Verständnis des Einzelfalles führen kann, wird sich eine Ordnung der Gesamtheit der den Tatbestand des §176 StGB erfüllenden Fälle weder allein an der Persönlichkeit des Täters noch allein an motivationalen Zusammenhängen orientieren dürfen. Beschreibend hervorzuheben sind jedoch unterschiedliche Tatsituationen im Sinne des Sprachgebrauches von Lewin (1969). Nach Lewin bezeichnet der Begriff Situation einen inhaltlich definierten Teil des Person und Umfeld umfassenden Lebensraumes. Versteht man psychisches Geschehen als Funktion von Umwelt und Person, so gelangt man mit Lewin zu einer „Auffassung der Situation als eines Inbegriffs von 'Möglichkeiten'…" (1969, S. 37).

> Die Tatsituationen als Bedingungen der Tatbereitschaft können auf einer horizontalen Skala angeordnet werden, an deren einem Ende die Person als wesentliche Handlungsdeterminante gegenüber der Umwelt prävaliert, an deren anderem Ende die Umwelt als die entscheidende Determinante des Geschehens die Bedeutung der Person überwiegt.

Damit sind zum einen diejenigen Fälle sexuellen Kindesmißbrauchs bezeichnet, in denen sich ausschließlich oder nahezu ausschließlich eine besondere deliktbegünstigende Komponente der Täterpersönlichkeit abbildet, zum anderen jene, in denen eine solche deliktbegünstigende Persönlichkeitskomponente fehlt, während andere Faktoren die Tatbereitschaft konstellieren. Man erhält so eine Reihe gleitend ineinander übergehender Prägnanztypen sexueller Mißbrauchshandlungen an Kindern. Sie beginnt mit den Fällen, in denen die Tat einer vorgegebenen oder erworbenen sexuellen Faszination durch den kindlichen Körper erwächst. Hier ist zu unterscheiden zwischen der Pädophilie im strengen Wortsinn als einem auf ein bestimmtes Triebobjekt festgelegten sexuellen Verhaltensmuster und der in wahnhaftem Erleben gründenden sexuellen Bindung an den Körper eines bestimmten Kindes. Es folgen solche Fälle eines Inzests, in denen die Blutsverwandtschaft zwischen Opfer und Täter zwar nicht hinreichende, wohl aber notwendige Voraussetzung der Tatbegehung ist, während andere Tatbedingungen wie etwa Rollenkonfusion, unbefriedigende sexuelle Beziehungen der Ehepartner zueinander und deutliche Dominanz des Vaters von geringerer Bedeutung sind. Die Erfahrung zwingt zu der Annahme gelegentlicher echter Liebesbeziehungen etwa zwischen Vater und Tochter, die, gleichgewichtig und symmetrisch in der Anlage, in ihrem Bestand nicht gebunden sind an den Einsatz materieller oder struktureller Gewalt. Diesem Prägnanztyp benachbart ist ein anderer, der dadurch charakterisiert ist, daß die latente, unbewußte oder abgewehrte spezifische sexuelle Orientierung des Täters der exogenen, meist alkoholtoxischen Enthemmung bedarf, um manifest zu werden. Die Exploration belegt eine meist biographisch determinierte pädophile Komponente des sexuellen Erlebens, deren Verwirklichung im nüchternen Zustand normative Gegenvorstellungen verhindern. Eine Mittelstellung nimmt der erheblich Minderbegabte ein. Seine geringen intellektuellen Fähigkeiten als ein persongebundenes Merkmal bedingen in aller Regel auch eine Einschränkung seiner sozialen Kompetenz. Wenn er sexuelle Entspannung im Umgang mit Kindern sucht, so einmal deswegen, weil ihn die vorgegebenen Defizite in manchem dieser Altersgruppe näher sein lassen als dem Erwachsenenalter, zum anderen deswegen, weil ihm die soziale Benachteiligung die Aufnahme gebilligter Sexualkontakte gemeinhin erschwert.

Situationsabhängige Handlungsdeterminanten gewinnen gegenüber persönlichkeitsgebundenen bei dem vollsinnigen sozialen Outcast das größere Gewicht. Dessen Neigung, den –

auch sexuellen – Umgang mit Kindern zu suchen, erwächst der erfahrungsbegründeten Einsicht, anders ein ubiquitäres Bedürfnis nach Akzeptanz und zwischenmenschlicher Beziehung nicht befriedigen zu können. Im Unterschied zum Minderbegabten fehlt hier jedoch die partielle Identifikation mit den psychosozialen Dimensionen des Kindlichen. Dem sozialen Außenseiter nahe steht der Greis, wenngleich bei dem sexuellen Kindesmißbrauch der alten Männer ein hirnorganisch determiniertes Verblassen vorbestehender Werthaltungen als eine persönlichkeitsgebundene Handlungsdeterminante zusätzlich vielfach in Rechnung zu stellen ist. Nur noch sehr vage und allenfalls wegen seiner Beziehung zu einem Dritten gerät das Kind bei Mißbrauchshandlungen in den Blick, mittels derer der verlassene oder abgewiesene Partner die Geliebte, die Mutter des Opfers, treffen will. Gleichsam in die Rolle des Stellvertreters genötigt, wird an dem Kind vollzogen, was auf die Verletzung eines anderen zielt. Strafrechtlich als Mißbrauch gewertet, handelt es sich bei diesen Delikten aus Sicht der Intention des Täters weit eher um Körperverletzungen. Den Endpunkt dieser Skala bilden Tatsituationen, bei deren Begehung der Täter das kindliche Alter des Opfers mangels einer Alternative lediglich in Kauf nimmt, um zu einer sexuellen Entspannung zu gelangen. In dem bewußten Verzicht auf eine personale Begegnung, in der Funktionalisierung des Kindes mit dem Ziel der Weckung und Befriedigung eigener Geschlechtslust erweist sich die Tat im Grunde als eine Weise autoerotischen Sexualverhaltens.

Die einzelnen Positionen auf dieser Skala bezeichnen Prägnanztypen von Tatsituationen, die nicht immer scharf voneinander abzugrenzen sind. In der forensischen Praxis erweisen sie sich jedoch als hilfreich, indem die überwiegende Zahl der Fälle von sexuellem Mißbrauch einem von ihnen zugeordnet werden kann.

Eine Sonderstellung nehmen die Inzesttäter ein, unter denen vor allem zwei charakteristische Prägnanztypen begegnen. Während der eine von ihnen als die Karikatur eines Biedermannes imponiert, ist der andere in Befund und Verhalten durch eine sentimentale Lebensuntüchtigkeit bestimmt.

Beim ersten Typ handelt es sich um Männer, die im Gespräch mit dem Untersucher auf korrekte Umgangsformen bedacht und bemüht sind, im verbalen und nicht verbalen Verhalten den Eindruck disziplinierter Selbstbeherrschung zu vermitteln. Der Schuldvorwurf wird mit einer knappen Bemerkung eingeräumt, in der Verachtung gegenüber dem Opfer, der Ehefrau und der Familie insgesamt mitschwingt. Die Erörterung des Untersuchers ablehnend, drängt es den Täter, jenes System von Werten und Normen darzulegen, denen er sich in seiner bisherigen Lebensführung in selbstloser Konsequenz verpflichtet meinte. Stets war er bestrebt, diese Werte auch seinen Kindern zu vermitteln, wobei er sich zu Kompromissen nicht bereit fand. Sanktionen körperlicher und nicht körperlicher Art schienen ihm insbesondere dann unvermeidlich, wenn es die Familie an Ordnung, Fleiß, Pflichtbewußtsein und Gehorsam fehlen ließ. Den Erfolg dessen, was er stolz als strenge Erziehung zu Anstand und Wohlverhalten nach innen ebenso wie nach außen bezeichnet, bemißt er an der Reputation, die er selbst als Haupt der Familie bei Nachbarn und Arbeitskollegen genießt. Die Familie, deren wirtschaftliches Wohlergehen er garantiert, weiß er sich als einen Besitz zugewachsen, dem es obliegt, zur Befriedigung eines jeden seiner Bedürfnisse stets willig und bereit zu sein.

Der zweite Typ, der den Schuldvorwurf in aller Regel bald wortreich einräumt und zerknirscht künftiges Wohlverhalten versichert, hat sich von Beginn an der Familie mit dem Ziel bedient, sich den Mühen einer eigenständigen und -verantwortlichen Lebensgestaltung zu entziehen. Es drängt ihn in die Rolle des Hausmannes, die er allerdings in einer ungewöhnlichen Weise definiert. Es geht ihm nicht darum, Sorge für Haushalt und Kindererziehung zu tragen, er identifiziert sich vielmehr mit den Erwartungen, Rechten und Ansprüchen der Kinder. In eingeübtem Ungeschick und offenbarter Hilflosigkeit in allen Dingen des Erwachsenenlebens sieht er die Legitimation, die Verantwortung für die eigene Gegenwart und Zukunft der Ehefrau bzw. Mutter zu übertragen. Die von ihm intendierte Rekapitulation einer lange zurückliegenden Phase der eigenen Entwicklung begünstigt die Konstellation einer Situation, in der aus spielerischem Mittun ein sexuell motiviertes Handeln wird.

> Im Zusammenhang mit der Erörterung der Schuldfähigkeit wird der Sachverständige dem Gericht ein Bild von der Person des Täters zeichnen, die Bedeutung von Täterpersönlichkeit und die relevanten Umweltdeterminanten für die Entwicklung der Tatbereitschaft erläutern, diese und deren Zusammenwirken im Blick auf die Eingangsmerkmale der §§20, 21 StGB werten, um abschließend Stellung zu nehmen zur Frage der Fähigkeit normativer Verhaltensbestimmung zum Zeitpunkt der Tat.

5 Perspektiven

5.1 Bedeutung von Traumatisierungen in Kindheit und Jugend für die Entstehung psychischer und psychosomatischer Erkrankungen – Versuch einer Bilanz

Sven Olaf Hoffmann, Ulrich Tiber Egle und Peter Joraschky

Traumatisierungen in Kindheit und Jugend haben Folgen für das ganze spätere Leben. Dieser Satz gilt ohne Einschränkung. Im Rahmen der Medizin und der Psychopathologie interessieren diese Folgen eigentlich nur, wenn Krankheit im weiteren Sinne darunter ist. Deshalb sei hier vorangestellt, daß eine Folge von infantiler Traumatisierung auch sein kann – und das dürfte bei vielen, hinsichtlich späterer Psychopathologie unauffällig verlaufenden Fällen sich so verhalten –, daß die Entwicklungsbelastung ausreichend verarbeitet werden kann. Dann gäbe es wohl Folgen, sehr persönliche, sehr individuelle, sie könnten auch die Fähigkeit des Menschen zu Glück und Zufriedenheit deutlich einschränken, aber sie führten nicht zu Krankheit.

> Diese erfolgreiche Verarbeitung von Belastungen sagt etwas aus über die Fähigkeit des Menschen, mit schwierigen Entwicklungsbedingungen fertigzuwerden, denn eines der bestbelegten Fakten aus den großen Langzeitverlaufsstudien, die sich oft über Jahrzehnte erstrecken, ist gerade das, daß es eine Direktbeziehung zwischen Entwicklungsbelastung und späterem beobachtbarem Schaden nicht gibt.

Dieser gute Ausgang eines schlechten Anfangs ist als Forschungsthema mindestens genauso spannend, wenn nicht sogar noch relevanter als die Forschung über den schlechten Ausgang. Zu warnen ist allerdings auch vor einer unkritischen Überschätzung der Möglichkeit, „mit schlechten Karten gut zu spielen", wie dies zwischenzeitlich durch einige populäre Berichte in der Presse, denen wiederum die Extrempositionen einzelner Forscher zugrunde lagen, suggeriert wurde. Es ist die Rede von der „elastic mind"-Welle, die, aus den USA kommend, auch Europa erreichte, die Überschätzung der sogenannten „Resilienz", also die Unterstellung, daß man mit Kindern so ziemlich alles anstellen könne, ohne daß sie dabei Schaden litten. Das Gegenteil ist der Fall. Die Mehrheit spielt mit dem in Kindheit und Jugend ausgegebenen schlechten Blatt auch im späteren Leben ziemlich schlecht Karten. Die Ansätze zur Beeinflussung der späteren schlechten Bedingungen könnten aber gerade dabei Perspektiven gewinnen, indem man die Fälle besonders aufmerksam studiert, bei denen es „trotzdem" gut geht. Auf diesen Punkt kommen wir noch einmal zurück.

In unserem Band sind sehr viele Studien zitiert. Auch wir waren von der Ausführlichkeit und Sorgfalt, mit der unsere Fragestellung bereits erforscht wurde, insgesamt überrascht. Vieles muß also einfach nur zur Kenntnis genommen werden. Dennoch bleibt auch viel Kritik an der bisherigen Forschungsmethode.

> Es sind vor allem zwei Fehler, die in der Vergangenheit zu „sensationellen" Aussagen über die „wahre" Prävalenz, etwa von realem Inzest oder von sexuellen Mißbrauchsvorkommnissen, in der Allgemein-

bevölkerung führten. Die entscheidenden Probleme dabei sind:
- die Weite der verwandten Mißbrauchsdefinition
- die Einengung auf einen kausalen Faktor

Untersucht man etwa ausschließlich den Faktor „sexueller Mißbrauch von Mädchen in der Entwicklung" und läßt z.B. den sexuellen Mißbrauch von Jungen und eine große Anzahl weiterer möglicher Schädigungsfaktoren weg, so führt dies sicher zu Fehlbeurteilungen der Kausalitätsverhältnisse. Ein Zeitungsinserat etwa mit dem Aufruf, daß alle, die einen Inzest in der Familie erlebt hätten, sich melden mögen, wird faktisch dazu führen, daß vielleicht 25 Prozent der „Opfer" sich auch melden. Die andere Gruppe, die für die Ursachenforschung mindestens genauso wichtige, wenn nicht wichtigere Gruppe, die es nicht wagt, an die Öffentlichkeit zu treten, die das Ereignis mit großer Scham verarbeitet oder sogar verdrängt hat, fehlt. Die 25 Prozent stellen auch eine hohe Selektion dar, z.B. hinsichtlich der Mitteilungsbereitschaft und – einmal unterstellt – hinsichtlich ihrer Bedürfnisse nach Mitteilung und Beachtung. Nichts ist methodisch problematischer, als von einer Stichprobe mit unbekannten Selektionskriterien auf die Grundpopulation zurückzuschließen und über diese generalisierende Aussagen zu machen.

Eine weite Definition von Mißbrauch (z.B. „Instrumentalisierung von Mädchen und Frauen für die sexuellen Bedürfnisse von Männern"; s. dazu den Beitrag von Engfer, Kap. 1.2) macht nicht das objektive Verhalten, sondern das subjektive Erleben zum Definitionskriterium. Infantile Mißbrauchsprävalenzen von 30–70% (!) sind so fast mühelos zu belegen, eignen sich auch zu einer Politisierung des Themas, entwerten aber gleichzeitig jeden methodisch verläßlichen Ansatz.

Auch die Einengung auf einen Kausalfaktor schafft Probleme. Sexueller Mißbrauch kommt ausgesprochen selten allein vor. Fast regelmäßig spielen emotionale Vernachlässigung, Mißhandlung und andere Formen des Mißbrauchs mit.

Weibliches Geschlecht, soziale Armut, Herkunft aus einer zerbrochenen Familie und Behinderung erhöhen das Risiko, Opfer von Mißhandlung und Mißbrauch zu werden.

Weitere Faktoren kommen hinzu (s. dazu den Beitrag von Bender und Lösel, Kap. 1.3). Natürlich kommen auch im Zusammenhang von Vernachlässigung, Mißbrauch und Mißhandlung monokausale Ursachen vor, sie sind aber ausgesprochen selten. Das Kind aus behüteter Familie, das zufälliges Opfer des „bösen Onkels" wird, gibt es, aber es ist nicht repräsentativ und zeigt deshalb später wohl kaum psychische Störungen.

Auch die Gewichtung der Risikofaktoren für die Spätfolgen ist noch wenig ausgearbeitet. Emotionale Deprivation dürfte das häufigste Ereignis der drei von uns ausgewählten Felder sein, mit Sicherheit ist es auch das am schlechtesten untersuchte. Eher besser ist hingegen belegt, daß eine intakte emotionale Bindung bei gleichzeitiger Anwesenheit anderer Risikofaktoren vor schweren späteren Folgen schützt. Diese Forschungsergebnisse sind wie kaum andere mit dem Namen und dem Verdienst eines einzigen Mannes verbunden, John Bowlbys, der – von seinem WHO-Bericht 1951 an gerechnet – 40 Jahre lang diese Fragestellung bestimmte und vorantrieb. Darauf gehen die Beiträge von Dornes (Kap. 1.5) sowie von Bender und Lösel (Kap. 1.3) ein. Der Zusammenhang von gestörtem Beziehungserleben in der Kindheit und aggressivem Verhalten bzw. Gewaltkriminalität im Erwachsenenalter ist erst in jüngster Zeit durch aufsehenerregende Studien gut belegt worden (Raine 1994; Constantino 1995).

Alles spricht also dafür, daß die Risikofaktoren in der Entwicklung unterschiedlich zu gewichten sind, dies sowohl hinsichtlich ihrer statistischen Mittelwertberechnung als auch vor allem des individuellen Schicksals, und daß Wechselwirkungen zwischen diesen Faktoren eine einschneidende und bisher kaum erfaßte Rolle spielen (zur komplexen Wechselwirkung solcher Faktoren s. Kap. 1.7).

Die im Eingangskapitel aufgelisteten Risikofaktoren bilden offensichtlich eine Matrix, auf der und innerhalb derer die drei von uns ausgewählten, die Vernachlässigung, die Mißhandlung und der Mißbrauch, wirksam werden und untersucht werden müssen. Würdigt man diesen Zusammenhang, dann wird die Unhaltbarkeit linearer Kausalzusammenhänge („sexueller Mißbrauch führt zur Bulimie") deutlich, was nicht der Tatsache widerspricht, daß für die erwähnte Bulimie, wahrscheinlich für eine umschriebene Untergruppe, sexueller Mißbrauch einen Faktor im Bedingungsgefüge darstellt (s. dazu den Beitrag von Willenberg, Kap. 2.11).

Für die später im Erwachsenenalter einsetzenden Krankheitsbilder spielen, wie zu erwarten, infantile Traumatisierungen hinsichtlich der Kausalität eine sehr unterschiedliche Rolle.

Dies war vorauszusagen, dennoch zeichnen sich erste Gesetzmäßigkeiten ab. In der Pathogenese der dissoziativen Störungen, vor allem der Bewußtseinsstörungen und der Krampfanfälle, bei den chronischen Unterleibsschmerzen und schließlich bei den Selbstbeschädigungen (Artefakterkrankungen) spielen nach unserer heutigen Erkenntnis Mißhandlung und sexueller Mißbrauch eine spezifische, wahrscheinlich pathoplastische Rolle, während bei vielen anderen Erkrankungen ihre Bedeutung mehr in den Bereich des „Faktors unter anderen" zurücktritt. Bei den Borderline-Störungen und, wie schon erwähnt, den Eßstörungen ist die Fragestellung noch offener: Eine Reihe von Ergebnissen ernsthafter Arbeitsgruppen spricht für eine Einwirkung spezifischer Ereignisse in der Biographie (s. dazu Kap. 2.9 und 3.3). Ergebnisse anderer, ebenfalls ernstzunehmender Forscher sprechen dagegen. Immer, wenn man mit solchen Befunden konfrontiert wird, ist die Wahrscheinlichkeit nosologischer Subgruppen naheliegend. Damit ist gemeint, daß für eine definierte Untergruppe die genannten Faktoren als „erschwerende Bedingungen" den Verlauf prägen, während bei einer anderen Gruppe mit formal gleicher Symptomatik die Bedeutung dieser Bedingungen zurücktritt. Weitere Untergruppen existieren mit Wahrscheinlichkeit.

Das ist ohnehin der Verständnisgewinn der Psychosomatischen Medizin in den letzten Jahren: Gleiche Krankheitsbilder entstehen durch sehr unterschiedliche Bedingungen – eine Erkenntnis, die das Wissen der frühen Psychoanalyse wieder aktualisiert. Pathogenetisch verwandt muß nicht das sein, was zu gleichen Phänomenen führt.

Was wären die Aufgaben einer künftigen klinischen Ursachenforschung hinsichtlich der Rolle kindlicher Traumatisierungen? Aus unserer Sicht, und dies wurde uns beim Studium der Beiträge dieses Bandes sehr deutlich, fehlt der klinischen Forschung vor allem der entwicklungspsychologische Ansatz, der sorgfältige Risikogruppen longitudinal verfolgt. Dem entwicklungspsychologischen Ansatz hingegen fehlt, vereinfacht ausgedrückt, der Bezug auf die klinischen Störungsbilder. Es gibt zahlreiche Longitudinalstudien über Jahrzehnte, bei denen man klinisch valide Erhebungen oder allein stimmige diagnostische Zuordnungen schmerzlich vermißt. Eine künftige Forschungsstrategie sollte, wenn sie prospektiv angelegt ist, beide Perspektiven vereinen. Nun sind solche Studien sehr aufwendig und zu Recht meist mit dem Namen ihrer Promotoren eng verbunden. Man kann auch seriöse Forschung unterhalb der Schwelle „lebensbegleitender Studien" betreiben, für die als die interessantesten Beispiele die Grant-Studie oder die Kauai-Studie stehen sollen.

Über einige Jahre hinweg geplante Verlaufsbeobachtungen an definierten Gruppen brächten ebenfalls schon einen Fortschritt. Vielleicht begreift dann auch die DFG, daß hier ähnlich wie in der Molekularbiologie unverzichtbare Grundlagenforschung betrieben wird, die einer sehr viel nachhaltigeren Forschungsförderung als bisher bedürfte. Daß sich auch praktische Konsequenzen von größter Bedeutung ergäben, sei für die Relevanz dieser Forschung noch einmal angemerkt.

Aber auch auf der Ebene retrospektiver Studien („vom Symptom zurückgefragt") ließe sich bei aller Begrenztheit des Ansatzes noch Erhebliches an methodischer Verbesserung erreichen. Wegen ihres geringen Aufwands in Erhebung und Auswertung werden *Fragebögen*, zumal mit der Post ins Haus gesandt, u.E. in ihrer Bedeutung völlig überschätzt. Weil sie so verbreitet sind, gestattet sich offenbar niemand mehr, die hohe methodische Unzuverlässigkeit dieser Art der Datenerhebung in Frage zu stellen. Dabei fallen die Nachteile jedem, der sich eine kritische Potenz erhalten hat, ins Auge. Es kann hier nicht unsere Aufgabe sein, mit der zeitgenössischen Methodik zu hadern. Vielleicht aber können wir doch ein Plädoyer für die Durchführung strukturierter Interviews mit gut trainierten Interviewern halten, was für die wissenschaftliche Ausbeute mit Sicherheit größere Validität und, bei sorgfältiger Klartextdokumentation, auch zahlreiche Hinweise auf neue Hypothesen und gezieltere Recherchen bietet. Das ist der Weg, den wir mit strukturierten Interviews, z.T. auch spezifisch für verschiedene Krankheitsbilder, seit Jahren in Mainz beschreiten.

Noch immer in den Anfängen steht nicht nur die Forschung, sondern auch das Konzept zu einer wissenschaftlichen Traumatologie. Die Beiträge dieses Bandes stützen unser Plädoyer, daß die künftige Forschungsperspektive sich eher mit den schützenden, den protektiven Faktoren als mit den Risikofaktoren befassen müßte.

> Daß Traumen krank machen, ist für die Medizin eine banale Erkenntnis. Spannender und zugleich therapieorientierter ist die Frage, warum man trotz Trauma gesund bleibt.

Das ist das bereits eingangs angeschnittene Thema. Von hier aus ergeben sich nicht nur erste Antworten, sondern zahlreiche Hinweise auf eine künftige Traumaprävention. Die bisherigen Ansätze zu einer Primärprävention (Ursachenreduzierung) sind noch mehr als vage und zum Teil kontraproduktiv. Vielleicht ist es sinnvoller, einen verstärkten Akzent auf die Sekundärprävention (Schutz bereits Geschädigter vor erneuter Schädigung und Traumaweitergabe und gleichzeitig Schaffen eines von protektiven Faktoren geprägten [Familien-]Klimas) zu legen: Die Ziele sind konkreter, leichter zu konzeptualisieren und auch leichter zu finanzieren. Voraussetzung wäre auch hier eine bessere Definition und Erkennung von Risikopopulationen.

Wir sind in diesem Punkt relativ entschieden: Die derzeit beste verfügbare Sekundärprävention ist eine adäquate Therapie des primären Psychotraumas. Wege in diese Richtung zeigen die Behandlungsbeiträge unseres Bandes auf. Sie alle machen dabei einige Punkte deutlich:

- Es fehlt noch vieles an einer verbreiteten Therapiepraxis mit dem Schwerpunkt auf Mißbrauchs- und Mißhandlungserleben. Sowohl für die Behandlung der kurzfristigen Folgen bei Kindern und Jugendlichen als auch für die der Langzeitfolgen mangelt es an ausgearbeiteten Therapiekonzepten; Evaluationsstudien fehlen praktisch vollständig.
- Die Folgen „banaler Vernachlässigung" werden so gut wie überhaupt nicht als solche behandelt.
- Auch die wirklich gute psychotherapeutische Versorgungsbreite der Bundesre-

publik Deutschland kann nicht über diesen Mißstand hinwegtäuschen.
- Diese bestehenden Therapiedefizite führten zu einer Konjunktur unseriöser und sich selbst qualifizierender parawissenschaftlicher Therapieverfahren mit dem Schwerpunkt auf Traumabehandlung. Und nicht jede der – prinzipiell notwendigen – Modifikationen traditioneller Psychotherapieverfahren ist in diesem Sinne ein Modell, auch wenn mit dem Terminus der „Modelleinrichtung" freizügig umgegangen wird.
- Therapieevaluation, Effizienzkontrolle und Qualitätssicherung müßten von Anfang an gerade für jene innovativen, die Folgen von Psychotraumen zu therapieren beanspruchenden neuen Ansätze selbstverständlich sein. Sonst reinszeniert die Therapie den Mißbrauch der Biographie, im günstigen Fall geschieht dies „nur" durch finanzielle Ausbeutung oder psychischen Mißbrauch.
- Daß nicht selten eine Wiederholung des biographischen sexuellen Mißbrauchs in den Psychotherapien stattfindet, muß als wahrscheinlich angenommen werden. Trotz beredter Versuche von „Sextherapeuten" und anderen Mißbrauchswiederholern ist solches Verhalten auf Therapeutenseite in jedem Falle und hinsichtlich jeder Bedingung patientenschädigend und ausnahmslos unethisch. Darüber kann angesichts der offenen und auf hohem Niveau geführten Diskussion in der Fachliteratur kein Zweifel bestehen. Dennoch fehlt es in erstaunlichem Maße für sich unethisch verhaltende Psychotherapeuten an berufsrechtlichen wie an strafrechtlichen Konsequenzen. Wie der Beitrag von Fischer und Becker-Fischer (Kap. 3.9) zeigt, ist der gegenwärtige Zustand diesbezüglich mehr als unbefriedigend.

Die zuletzt angesprochenen Zusammenhänge sind in der Presse oft hochgespielt worden. Wenn der Täter – übertragen oder real – einen weißen Kittel trägt, ist das Geschehen für das Publikum allemal interessanter. Das lebhafte Interesse der Öffentlichkeit und der Presse an dem gesamten, von unserem Band angeschnittenen Fragenkomplex muß aber in erster Linie positiv gesehen werden. Diese Resonanz in der Presse ist ihrerseits eine Reflexion des wissenschaftlichen Erkenntnisgewinns, daß Vernachlässigung, vielmehr aber noch grobe Mißhandlung und manifester sexueller Mißbrauch nicht nur unermeßliches Leid über die Betroffenen bringen, sondern auch ihre schweren Erkrankungen im Erwachsenenalter wesentlich miterklären.

> Die Aufdeckung des Verborgenen, die rehabilitative Öffnung des Geheimnisses gestattet es möglicherweise erstmals in der Wissenschaftsgeschichte dem Opfer, glaubwürdig über sein Trauma zu berichten.

Bisher waren solche Berichte bevorzugt als Auswirkungen pathogener Phantasien, Wichtigtuerei, „Pseudologie", böse Nachrede oder „Nestbeschmutzung" desavouiert worden. Die Rolle der Psychoanalyse reichte, wie bei Krutzenbichler (Kap. 1.8) nachzulesen, in ihrer Breite von der Aufdeckung (Freud) über die erneute Verschüttung (Freud) bis zur erneuten Aufdeckung (Ferenczi und die Folgen) des infantilen sexuellen Traumas.

Wo es Fortschritt und Erkenntnisgewinn gibt, ist der Mißbrauch nicht weit. Die Rolle düsterer Geschäftemacher im Umkreis der Aufdeckung von Mißbrauch war schon angesprochen worden. Obwohl die USA diese Entwicklung wieder vorweg vollzogen haben, hat sie mittlerweile auch Europa erreicht. Falsche Beschuldigungen in Scheidungsprozessen, Behauptung unethischen Verhaltens bei Erziehungsberufen oder unwahre Anschuldigung der eigenen Eltern sind einige Schattenseiten der Aufdeckung infantiler Traumen.

Man kann auch schon von einem „Mißbrauch des Mißbrauchs" sprechen. Die Presse muß natürlich das Sensationelle suchen und den Fortschritt der langweiligen Wissenschaft geringschätzen. So wird noch einiges Weitere in dieser Richtung zu befürchten sein.

Die eigentliche Befürchtung der Herausgeber ist damit eng verbunden. Nachdem es gelungen ist, ein Thema für die Wissenschaft zu erschließen, das jahrhundertelang durch das Dogma von den Eltern, die ihren Kindern nur Gutes tun, tabuisiert worden war, droht es zu einem erneuten Rückfall zu kommen, bevor der Weg der Forschung überhaupt richtig beschritten ist. Kaum ein Vortrag zu diesem Thema beginnt, ohne daß eine Distanzierung von der „Mißbrauchsmasche" und der sensationslüsternen Presse vorausgeschickt wird. Der „Spiegel" hat sich in seiner Berichterstattung von Mißbrauchsprozessen klar entschieden, die Position der Angeklagten und nicht der Opfer für glaubwürdig zu halten. Was in diesem Falle „nur" zur Stützung der zynischen Argumente der Verteidigung und zur erhöhten Belastung der kindlichen Zeugen führt, *könnte die Seriosität einer Forschung gefährden*, deren Aufgabe es ist, nach Wahrheit, Klarheit und Widerspruchsfreiheit zu suchen, wie Karl Popper dies einmal ausgedrückt hat. Hier sehen wir für die Wissenschaft die eigentliche Gefahr, und damit auch für ihre Chance, die Folgen von Vernachlässigung, Mißhandlung und Mißbrauch zu erkennen und Wege zu ihrer Bewältigung aufzuweisen.

Anhang

Literaturverzeichnis

A

Aarens M et al. Alcohol, causalities and crime. Social research group. Berkley/CA. 1978.

Abelmann-Vollmer K. Herrschaft und Tabu – Gesellschaftliche Bedingungen sexueller Ausbeutung von Kindern in Familien. Kinderschutzbund aktuell 1989; 2: 4–7.

Aber JL, Cicchetti D. Socioemotional development in maltreated children: An empirical and theoretical analysis. In: Theory and research in behavioural pediatrics. Fitzgerald H, Lester B, Yogman M (eds). Vol. 2. New York: Plenum 1984; 147–205.

Abraham K. Das Erleiden sexueller Traumen als Form infantiler Sexualbetätigung. 1907 165–179.

Abraham K. Die psychologischen Beziehungen zwischen Sexualität und Alkoholismus. Z Sexualwiss 1908; 8: 449–58.

Abraham K. Beitrag zur „Tic-diskussion". 1921. Gesammelte Schriften, Bd. I. Frankfurt: Fischer 1982; 344–8.

Abraham K. Manic-depressive states and the pregenital levels of libido. 1924. In: Selected Papers on Psychoanalysis. London: Hogarth 1979.

Abraham N. Aufzeichnungen über das Phantom. Ergänzung zu Freuds Metapsychologie. 1978 Psyche 1991; 45: 691–8.

Achterberg B. Formen der Gewalt. In: Gewalt an und unter Kindern. 1. Kinderkonsultation in Kurhessen-Waldeck. Käßmann M (Hrsg). Hofgeismar: Evangelische Akademie 1992; 8–12.

Adam H, Riedesser P, Riquelme H, Verderber A, Walter J (eds). Children – war and persecution. Proceedings of the congress, Hamburg. Stiftung für Kinder. Unicef 1993.

Adams-Tucker C. Proximate effects of sexual abuse in childhood: A report on 28 children. Am J Psychiat 1982; 139: 1252–6.

Adler RH, Zlot S, Hürny C, Minder C. Engel's „psychogener Schmerz und der zu Schmerz neigende Patient": Eine retrospektive, kontrollierte klinische Studie. Psychother med Psychol 1989; 39: 209–18.

Ahlheim R. „Bis ins dritte und vierte Glied". Das Verfolgungstrauma in der Enkelgeneration. Psyche 1985; 39: 330–54.

Ahrens S, Lamparter U. Objektale Funktion des Schmerzes und Depressivität. Psychother med Psychol 1989; 39: 219–22.

Ainsworth M. Infancy in Uganda. Infant care and the growth of love. Baltimore: Johns Hopkins University Press 1967.

Ainsworth M, Blehar MC, Waters E, Wall S. Patterns of attachment. A psychological study of the strange situation. Hillsdale/NJ: Erlbaum 1978.

Akhtar S, Wig NN, Varma VK, Pershad D, Verma SK. A phenomenological analysis of symptoms in obsessive-compulsive neurosis. Brit J Psychiat 1975; 127: 342–8.

Akiskal HS, Chen SE, Davis GC, Puzantian VR, Kashgarian M, Bolinger JM. Borderline: An adjektiv in search of noun. J Clin Psychiat 1985; 46: 41–8.

Albach F, Everaerd W. Posttraumatic stress symptoms in victims of childhood incest. Psychother Psychosom 1992; 57: 143–51.

Albers E. Child sexual abuse programs: Recommendation for refinement and study. Child Adolesc Social Work 1991; 8: 117–25.

Alexander F. Über den Einfluß psychischer Faktoren auf gastrointestinale Störungen. Int Z Psychoanal 1935; 21: 189–219.

Alexander F. Psychosomatische Medizin. 1949. 4. Aufl. Berlin: de Gruyter 1985.

Alexander PC. A system theory conceptualization of incest. Fam Proc 1985; 24: 79–88.

Alexander P. Prostitution: Ein schwieriges Kapitel für Femistinnen. In: SexArbeit. Frauen in der Sexindustrie. Delacoste F, Alexander P (Hrsg). München: Beck 1989; 154–81.

Alfermann D. Geschlechtstypische Erziehung in der Familie oder die Emanzipation findet nicht statt. In: Emanzipation im Teufelskreis. Berty K, Fried L, Gieseke H, Herzfeld H (Hrsg). Weinheim: Deutscher Studienverlag 1990.

Allen JG, Smith WH. Diagnosing dissociative disorders. Bull Menninger Clin 1993; 57: 328–43.

Allen R, Wasserman GA. Origins of language delay in abused infants. Child Abuse Negl 1985; 9: 335–40.

Alpert JL. Retrospective treatment of incest victims: Suggested analytic attitudes. Psychoanal Rev 1991; 78: 425–34.

Amati S. Reflexionen über die Folter. Psyche 1977; 31: 228–45.

American Psychiatric Association. Diagnostisches und Statistisches Manual Psychischer Störungen (DSM-III). 1980. Deutsche Bearbeitung von Koehler K, Saß H. Weinheim, Basel: Beltz 1984.

American Psychiatric Association. Diagnostisches und Statistisches Manual Psychischer Störungen (DSM-III-R). 1987. Deutsche Bearbeitung und Einführung von Wittchen HU, Saß H, Zaudig M, Köhler K. Weinheim, Basel: Beltz 1989.

Ammerman RT, Hersen M, Van Hasselt VB, McGonigle JJ, Lubetsky MJ. Abuse and neglect in psychiatrically hospitalized multihandicapped children. Child Abuse Negl 1989; 13: 335–43.

Anderson C. Aspects of pathological grief and mourning. Int J Psychoanal 1949; 30: 48–55.

Anderson DJ, Hines RH. Attachment and pain. In: Psychological vulnerability to chronic pain. Grzesiak RC, Ciccone DS (eds). New York: Springer 1994; 137–78.

Anderson G, Yasenik L, Ross CA. Dissociative experiences and disorders among women who identify themselves as sexual abuse survivors. Child Abuse Negl 1993; 17: 677–86.

Andrews B, Valentine ER, Valentine JD. Depression and eating disorders following abuse in childhood in two generations of women. Br J Clin Psychol 1995; 34: 37–52.

Anonyma. Verführung auf der Couch. Eine Niederschrift. Freiburg: Kore 1988.

Anthony EJ. Children at high risk for psychosis growing up successfully. In: The invulnerable child. Anthony EJ, Cohler BJ (eds). New York: Guilford Press 1987; 147–84.

Antonovsky A. Unraveling the mystery of health. San Francisco/CA: Jossey Bass 1987.

Antonovksy H. Vertrauen, das gesund erhält – wann manche Menschen dem Streß trotzen. Psychologie Heute 1998; 2: 51–6.

Antons K, Schulz W. Normales Trinken und Suchtentwicklung. Bd 1/2. 3. Aufl. Göttingen: Hogrefe 1990.

APA Official actions. Position statement on child abuse and neglect. Am J Psychiat 1991; 148: 1626.

Arentewicz G, Schmidt G. Sexuell gestörte Beziehungen; Konzept und Technik der Paartherapie. Stuttgart: Ferdinand Enke Verlag 1993.

Ariès P. Geschichte der Kindheit. München: Hanser 1975.

Arntzen F. Psychologie der Zeugenaussage – System der Glaubwürdigkeitsmerkmale. München: Beck 1983.

Arnim A von. Funktionelle Entspannung, eine tiefenpsychologisch fundierte, körperbezogene Psychotherapiemethode, am Beispiel von PatientInnen mit somatoformen Schmerzsyndromen. Unveröffentlicher Vortrag anläßlich des Weltkongresses Psychotherapie. Wien, 4.–7. Juli 1999.

Arnim A von, Joraschky P. Der Körperbildskulptur-Test. Unveröffentlicher Vortrag anläßlich der 1. Körpertbildtagung „Körpererleben – Forschungsmethoden in Diagnostik und Therapie". Dresden 19./20. März 1999.

Aro H. Risk and protective factors in depression: A developmental perspective. Acta Psychiat Scand Suppl. 1994; 377: 59–64.

Asch SS. Varieties of negative therapeutic reaction and problems of technique. JAPA 1976; 24: 383–407.

Asper K. Verlassenheit und Selbstentfremdung. Neue Zugänge zum therapeutischen Verständnis. 1987. Olten: Walter 1989.

Augerolles J. Mon analyste et moi. Paris: J Lieu Commun 1989.

B

Bacciagaluppi M. The relevance of attachment research to psychoanalysis and analytic social psychology. J Am Acad Psychoanal 1994; 22: 465–79.

Bachmann GA, Moeller TP, Benett J. Childhood sexual abuse and the consequences in adult women. Obstet Gynecol 1988; 71: 631–42.

Backe L, Leick N, Merrick J, Michelsen N (Hrsg). Sexueller Mißbrauch von Kindern in Familien. Köln: Deutscher Ärzte-Verlag 1986.

Badgley R, Allard H, Mc Cormick N, Proudfoot P, Fortin D, Ogilvie D, Rae-Grant Q, Gelinas P, Pepkin L, Sutherland S. Sexual offence against children. Ottawa: Canadian Government Publishing Centre 1984.

Bagley C. The long-term psychological effects of child sexual abuse: A review of some British and Canadian studies of victims and their families. Annals Sex Res 1991; 4: 23–48.

Bagley C, McDonald M. Adult metal health sequels of child sexual abuse, physical abuse and neglect in maternally separated children. Can J Community Ment Health 1984; 3: 15–26.

Bagley C, Ramsey R. Disrupted childhood and vulnerability to sexual assault: Long-term sequels with implications for counselling. Paper presented at the Conference on Counselling the Sexual Abuse Survivor. Winnipeg, Canada 1985a.

Bagley C, Ramsey R. Sexual abuses in childhood: Psycholocial outcomes and implications for social work practice. Social Work Practice in Sexual Problems 1985b; 4: 33–47.

Bagley C, Young L. Juvenile prostitution and child sexual abuse: A controlled study. Can J Community Psychol 1987; 6: 5–26.

Baker AW, Duncan SP. Child sexual abuse: A study of prevalence in great britain. Child Abuse Negl 1985; 9: 457–567.

Baker L, Silk KR, Westen D, Nigg JT, Lohr NE. Malevolence, splitting, and parental ratings by borderlines. J Nerv Ment Dis 1992; 180: 258–64.

Baldwin AL, Baldwin C, Cole RE. Stress-resistant families and stress-resistant children. In: Risk and protective factors in the development of psychopathology. Rolf J, Masten A, Cicchetti D, Nuechterlein K, Weintraub S (eds). Cambridge, New York: Cambridge University Press 1990; 257–80.

Balint M. Trauma und Objektbeziehung. 1969. Psyche 1970; 24: 346–58.

Balloff F. Kinder vor Gericht. München: Beck 1992.

Bancroft J. Grundlagen und Probleme menschlicher Sexualität. Stuttgart: Ferdinand Enke Verlag 1985.

Bandura A. Sozial-kognitive Lerntheorie. Stuttgart: Klett 1979.

Bange D. Die dunkle Seite der Kindheit. Sexueller Mißbrauch an Mädchen und Jungen. Ausmaß – Hintergründe – Folgen. Köln: Volksblatt Verlag 1992.

Bange D. Sexueller Mißbrauch an Mädchen und Jungen – Hintergründe und Motive der Täter. Psychosozial 1993; 16: 49–65.

Bange D, Deegener G. Sexueller Mißbrauch an Kindern. Weinheim: Psychologie Verlags Union 1996.

Barnett D, Manley JT, Cicchetti D. Defining child maltreatment: The interface between policy and research. In: Child abuse, child development, and social policy. Cicchetti D, Toth SL (eds). Norwood/NJ: Ablex 1993; 7–74.

Baron P, MacGillivray RG. Depressive symptoms as a function of percieved parental behavior. J Adolesc Res 1989; 4: 50–62.

Barrett MJ, Sykes C, Byrnes W. A systemic model for the treatment of intrafamily child sexual abuse. In: Treating incest: A multiple system perspective. Trepper TS, Barrett MJ (eds). New York: Haworth 1986.

Barth RP, Derezotes D. Preventing adolescent abuse. Lexington/MA: Lexington Books 1990.

Basow SA. Gender stereotypes. Traditions and alternatives. Monterey/CA: Brooks/Cole 1986.

Bassler M. Prognosefaktoren für den Erfolg von psychoanalytisch fundierter stationärer Psychotherapie. Z Psychosom Med 1995; 41: 77–97.

Bassler M, Hoffmann SO. Psychoanalytisch fundierte stationäre Psychotherapie bei Angstpatienten – ein Vergleich der therapeutischen Wirksamkeit bei generalisierter Angststörung, Agoraphobie und Panikstörung. Psychother Psychosom Med Psychol 1994; 44: 217–25.

Bates J, Maslin C, Frankel K. Attachment security, mother-child interaction, and temperament as predictors of behavioral problem ratings at age three years. In: Growing points of attachment theory and research. Bretherton I, Waters E (eds). Chicago: Chicago University Press 1985; 167–93.

Batten DA. Incest: A review of the literature. Medical and Scientific Law 1983; 23: 245–53.

Bauers B, Reich G, Adam D. Scheidungsfamilien. Die Situation der Kinder und die familientherapeutische Behandlung. Prax Kinderpsychol Kinderpsychiatr 1986; 35: 90–6.

Bauriedl T. Wege aus der Gewalt. Freiburg u.a.O.: Herder 1992.

Baurmann M. Kriminalpolizeiliche Beratung für potentielle Opfer von Straftaten gegen die sexuelle Selbstbestimmung. Wiesbaden 1978.

Baurmann M. Sexualität, Gewalt und psychische Folgen. Eine Längsschnittuntersuchung bei Opfern sexueller Gewalt und sexueller Normverletzungen anhand von angezeigten Sexualkontakten. Wiesbaden 1983.

Baurmann MC, Dörmann U. Gewaltkriminalität und alltägliche Gewalt in Veröffentlichungen der Kriminalistisch-Kriminologischen Forschungsgruppe des BKA und im Spiegel der polizeilichen Kriminalstatistik (PKS). In: Aktuelle Phänomene der Gewalt. Bundeskriminalamt (Hrsg). Wiesbaden: BKA 1993; 11–101.

Baydar N, Brooks-Gunn J. Effects of maternal employment and child-care arrangements on preschoolers' cognitive and behavioral outcomes: Evidence from the children of the National Longitudinal Survey of Youth. Develop Psychol 1991; 27: 932–45.

Bays J, Chadwick D. Medical diagnosis of the sexually abused child. Child Abuse Negl 1993; 17: 91–110.

Beard R, Reginald PH, Pearce SH. Psychological and somatic factors in women with pain due to pelvic congestion. Adv Exp Med Biol 1988; 245: 413–21.

Beck JS. Praxis der kognitiven Therapie. Weinheim: Psychologie Verlags Union 1999. (Original: Cognitive therapy: Basics and beyond. Hove: Guilford Press 1995).

Becker JV. The effects of child sexual abuse on adolescent sexual offenders. In: Lasting effects of child sexual abuse. Wyatt GE, Powell GJ (eds). Newbury Park/CA, London: Sage 1988; 193–207.

Becker J, Skinner L, Abel G, Cichon J. Level of postassault sexual functioning in rape and incest victims. Arch Sex Behav 1986; 15: 37–49.

Becker-Fischer M. Psychodynamische Aspekte bei sexuellem Mißbrauch in der Psychotherapie. In: Macht und Machtmißbrauch in der Psychotherapie. Schmidt-Lellek CJ, Heimannsberg B (Hrsg). Köln: Edition Humanistische Psychologie 1995.

Becker-Fischer M. Was hilft das Trauma zu verarbeiten? Besonderheiten der Folgetherapien. In: Übergriffe und Machtmißbrauch in psychosozialen Arbeitsfeldern. Arbeitsgruppe ,Frauen gegen sexuelle Übergriffe und Machtmißbrauch in Therapie und Beratung', Oldenburg (Hrsg). Tübingen: DGVT 1995.

Becker-Fischer M, Fischer G. Gibt es Täterprofile? In: Sexueller Mißbrauch in Psychotherapie und Psychiatrie. Bachmann KM, Böker W (Hrsg). Bern: Huber 1994.

Becker-Fischer M, Fischer G. Sexuelle Übergriffe in Psychotherapie und Psychiatrie. Forschungsbericht für das Bundesministerium für Familie, Senioren, Frauen und Jugend Bonn. Stuttgart: Kohlhammer 1995.

Beitchman JH, Zucker KJ, Hood JE, da Costa GA, Akman D. A review of the short-term effects of child sexual abuse. Child Abuse Negl 1991; 15: 537–56.

Beitchman JH, Zucker KJ, Hood JE, DaCosta GA, Akman D, Cassavia E. A review of the long-term effects of child sexual abuse. Child Abuse Negl 1992; 16: 101–18.

Belsky J. Child maltreatment: An ecological integration. Am Psychologist 1980; 35: 320–35.

Belsky J. Etiology of child maltreatment: A developmental-ecological analysis. Psychol Bull 1993; 114: 413–34.

Belsky J, Vondra J. Lessons from child abuse: The determinants of parenting. In: Cicchetti D, Carlson V (eds). Child maltreatment. Theory and research on the causes and consequences of child abuse and neglect. Cambridge, New York: Cambridge University Press 1989; 153–202.

Belsky J, Youngblade L, Pensky L. Childrearing history, marital quality and maternal affect: Intergenerational transmission in a low-risk sample. Develop Psychopathol 1990; 1: 294–304.

Belsky J, Steinberg L, Draper P. Childhood experience, interpersonal development and reproductive strategy: An evolutionary theory of socialization. Child Develop 1991; 62: 647–70.

Bemporad JR, Romano S. Childhood experience and adult depression: A review of studies. Am J Psychoanal 1993; 53: 301–15.

Bender D. Psychische Widerstandskraft im Jugendalter: Eine Längsschnittstudie im Multiproblem-Milieu. Universität Erlangen-Nürnberg: Dissertation 1995.

Bender L, Blau A. The reactions of children to sexual relations with adults. Am J Orthopsychiatry 1937; 7: 500-18.

Bender D, Lösel F. Protective and risk effects of peer relations and social support on antisocial behaviour in adolescents from multi-problem milieus. J Adolesc 1997a; 20: 661–78.

Bender D, Lösel F. Risiko- und Schutzfaktoren in der Genese und der Bewältigung von Mißhandlung und Vernachlässigung. In: Sexueller Mißbrauch, Mißhandlung, Vernachlässigung. Egle UT, Hoffmann SO, Joraschky P (Hrsg). Stuttgart, New York: Schattauer 1997b; 35–53.

Bender D, Lösel F. Protektive Faktoren der psychisch gesunden Entwicklung junger Menschen: Ein Beitrag zur Kontroverse um saluto- versus pathogenetische Ansätze. In: Gesundheits- oder Krankheitstheorie? Margraf J, Siegrist J., Neumer S (Hrsg). Berlin: Springer 1998; 117–45.

Bender D, Bliesener T, Lösel F. Deviance or Resilience? A longitudinal study of adolescence in residential care. In: Psychology, law, and criminal justice. Davies G, Lloyd-Bostock S, McMurran M, Wilson C (eds). Berlin: de Gruyter 1996; 409–23.

Benedetti G. Psychotherapie als existentielle Herausforderung. Göttingen: Vandenhoeck & Ruprecht 1992.

Benedict MI, White RB, Cornely DA. Maternal perinatal risk factors and child abuse. Child Abuse Negl 1985; 9: 217–24.

Benner P, Roskies E, Lazarus RS. Stress and coping under extreme conditions. In: Survivors, victims, and perpetrators. Dimsdale JF (ed). New York: Hemisphere 1980; 219–58.

Benson RC, Hanson KH, Matarazzo JD. Atypical pelvic pain in women: Gynecologic-psychiatric considerations. Am J Obstet Gynecol 1959; 77: 806–25.

Bergmann MS, Jukovy ME (eds). Generations of the holocaust. New York, London: Basic Books 1982. Deutsch: Kinder der Opfer – Kinder der Täter. Psychoanalyse und Holocaust. Frankfurt: Fischer 1995.

Berliner B. Libido and reality in masochism. Psychoanal Quart 1940; 9: 322–33.

Berliner B. On some psychodynamics of masochism. Psychoanal Quart 1947; 16: 459–71.

Berliner L. Therapy with victimized children and their families. New Directions for Mental Health Services 1991; 51: 29–45.

Berrick JD. Sexual abuse prevention training for preschoolers: Implications for moral development. Children and Youth Services Review 1991; 13: 61–75.

Berrick JD, Barth RP. Child sexual abuse prevention: Research review and recommendations. Social Work Research and Abstracts 1992; 28: 6–15.

Berrick JD, Gilbert N. With the best of intentions: The child sexual abuse prevention movement. New York: Guilford Press 1991.

Besharov DJ. Overreporting and underreporting are twin problems. In: Current controversies on family violence. Gelles RJ, Loseke DR (eds). London: Sage 1993; 257–72.

Bess B, Janssen Y. Incest. A pilot study. Hillside J Clin Psychiat 1982; 4: 39–52.

Bettelheim B. The informed heart. 1960. Deutsch: Aufstand gegen die Masse. Die Chance des Individuum in der modernen Gesellschaft. München: Szczesny 1964.

Bettelheim B. Surviving and other essays. Knopf, New York 1979. Deutsch: Erziehung zum Überleben. Stuttgart: DVA 1980.

Bettes B. Maternal depression and motherese: Temporal and intonational features. Child Develop 1988; 59: 1089–96.

Bifulco A, Brown GW, Adler Z. Early sexual abuse and clinical depression in adult life. Br J Psychiatry 1991; 159: 115–22.

Birnbaum MH, Thomann K. Visual function in multiple personality disorder. J Am Optom Assoc 1996; 67: 327–34.

Birner K. Giftsuchten. Handwörterbuch der Medizinischen Psychologie. Leipzig 1930.

Black DW, Noyes R. Comorbidity and obsessive-compulsive disorder. In: Comorbidity of mood and anxiety disorders. Maser JD, Cloninger CR (eds). Washington/DC, London: American Psychiatry Press 1990.

Black C, Bucky SF, Wilder-Padilla S. The interpersonal and emotional consequences of being an adult child of an alcoholic. Int J Addictions 1986; 21: 213–31.

Blass RB. Hatte Dora einen Ödipus-Komplex? Jahrb Psychoanal 1994; 32: 74–111.

Bleuler M. Different forms of childhood stress and patterns of adult psychiatric outcome. In: Children at risk of schizophrenia: A longitudinal perspective. Watt NF, Anthony EJ, Wynne LC, Rolf J (eds). Cambridge: Cambridge University Press 1984; 537–42.

Bliesener T, Köferl P, Lösel F. Protektive Faktoren bei Jugendlichen aus „Multi-Problem-Milieus" mit hohem Risiko der Delinquenzentwicklung. In: Psychologie für Menschenwürde und Lebensqualität. Höfling S, Butollo W (Hrsg). Bd. 3. Bonn: Deutscher Psychologen Verlag 1990.

Blum H. The borderline childhood of the wolfman. In: Freud and his Patients. Kanzer M, Glenn J (eds). New York, London: 1980.

Blum H. The concept of the reconstruction of trauma. In: The reconstruction of trauma. American Psychoanalytic Association. 2. Rothstein A (ed). New York: Madison 1986.

Blum HP. Reconstruction in psychoanalysis. Childhood revisited and recreated. Madison/CT: Int University Press 1994.

Blumer D, Heilbronn M. Chronic pain as a variant of depressive disease. The pain-prone disorder. J Nerv Ment Dis 1982; 170: 381–406.

Blush GJ, Ross KL. Sexual allegations in divorce: The Said-Syndrome. Conciliation Courts Review 1987; 25: 1–11.

Boatman B, Borkan EL, Schetky D. Treatment of child victims of incest. Am J Fam Ther 1981; 9: 43–51.

Bohus M. Die Anwendung der „dialektisch-behavioralen Therapie" für Borderline-Störungen im stationären Bereich. Psychother Psychiat Psychother Med Klin Psychol 1996; 1: 32–43.

Bohus M, Berger M. Die dialektisch-behaviorale Psychotherapie nach M. Linehan. Ein neues Konzept zur Behandlung von Borderline-Persönlichkeitsstörungen. Nervenarzt 1996; 67: 911–23.

Boisset-Pioro MH, Esdaile JM, Fitzcharles MA. Sexual and physical abuse in women with fibromyalgia syndrome. Arthritis Rheum 1995; 38: 235–41.

Bommert C. Körperorientierte Psychotherapie nach sexueller Gewalt. Weinheim: Beltz Psychologie Verlagsunion 1993.

Bools C, Neale B, Meadow R. Munchausen syndrome by proxy: A study of psychopathology. Child Abuse Negl 1994; 18: 773–88.

Boon S, Draijer N. Multiple personality disorder in the Netherlands: A clinical investigation of 71 patients. Am J Psychiat 1993; 150: 489–94.

Boon PA, Williamson PD. The diagnosis of pseudoseizures. Clin Neurol Neurosurg 1993; 95: 1–8.

Boszormenyi-Nagy I. Unsichtbare Bindungen. Die Dynamik familiärer Systeme. Stuttgart: Klett-Cotta 1981.

Bousha D, Twentyman C. Mother-child interactional style in abuse, neglect, and control groups. J Abnormal Psychol 1984; 93: 106–14.

Bowers KS, Hilgard ER. Some complexities in understanding memory. In: Hypnosis and memory. Pettinati HM (ed). New York: Guilford Press 1988.

Bowlby J. Mental care and mental health. Geneva: WHO 1951.

Bowlby J. Grief and mourning in infancy and early childhood. Psychoanal Study Child 1960; 15: 9–52.

Bowlby J. Die Trennungsangst. Psyche 1961; 7: 411–64.

Bowlby J. Attachment and loss. Vol. 1. Attachment. London: Hogarth Press 1969.

Bowlby J. Bindung. München: Kindler 1975.

Bowlby J. Trennung. Psychische Schäden als Folge der Trennung von Mutter und Kind. München: Kindler 1976.

Bowlby J. Attachment and loss. Vol. 3. Loss, sadness and depression. New York: Basic Books 1980. Deutsch: Verlust, Trauer und Depression. Frankfurt: Fischer 1983.

Bowlby J. Violence in the family as a disorder of the attachment and caregiving systems. Am J Psychoanal 1984; 44: 9–27.

Bowlby J. Defensive processes in response to stressful separation in early life. In: The child in his family. Anthony EJ, Chiland C (eds). Vol 8. New York: Wiley 1988a; 23–30.

Bowlby J. The secure base. Clinical applications of attachment theory. London: Tavistock/Routledge 1988b.

Bowlby J. Developemental psychiatry comes of age. Am J Psychiatry 1988c; 145: 1–10.

Bowlby J. Elternbindung und Persönlichkeitsentwicklung: Therapeutische Aspekte der Bindungstheorie. Heidelberg: Dexter 1995.

Bowman ES, Markand ON. Psychodynamics and psychiatric diagnoses of pseudoseizure subjects. Am J Psychiatr 1996; 153: 57–63.

Boyer LB. On maternal overstimulation and ego defects. Psychoanal Study Child 1956; 11: 236–56.

Bradley SJ. The relationsship of early maternal separation to borderline personality in children and adolescents: A pilot study. Am J Psychiat 1979; 136: 424–426.

Braun G. Ich sag' nein – Arbeitsmaterialien gegen sexuellen Mißbrauch an Mädchen und Jungen. Mülheim: Verlag an der Ruhr 1989.

Braun-Scharm H, Frank R. Die inzestoide Familie. Acta Paediopsychiat 1989; 52: 134–42.

Braun-Scharm H, Frank R. Psychogene Sehstörung und sexueller Mißbrauch. In: Psychosomatische Medizin und Psychotherapie. Feiereis H, Saller R (Hrsg). München: Marseille 1995; 131–4.

Breier A, Charney DS, Heninger GR. Agoraphobia with panic attacks-development, diagnostic stability and course of illness. Arch Gen Psychiatry 1986; 43: 1029–36.

Breier A, Kelsoe JR, Kirwin PD, Beller SA, Wolkowitz OM, Pckar D. Early parental loss and development of adult psychopathology. Arch Gen Psychiat 1988; 45: 987–93.

Breiner SJ. Slaughter of the innocents. Child abuse through the ages and today. New York: Plenum Press 1990.

Breitenbach E. Mütter mißbrauchter Mädchen. Eine Studie über sexuelle Verletzung und weibliche Identität. Pfaffenweiler: Centaurus-Verlagsbuchhandlung 1994.

Bremner JD, Southwick S, Brett E, Fontana A, Rosenheck R, Charney DS. Dissociation and posttraumatic stress disorder in Vietnam combat veterans. Am J Psychiatry, 1992, 149, 328–32.

Brenneis CB. The recovery of memories of childhood sexual abuse. JAPA 1994; 42: 1027–53.

Bretherton I. Attachment theory: Retrospect and prospect. In: Growing points of attachment theory and research. Bretherton I, Waters E (eds). Chicago/IL: Chicago University Press 1985; 3–35.

Briere J. The effect of childhood sexual abuse on later psychological functioning: Defining a post-sexual abuse syndrome. Paper presented at the Third National Conference on Sexual Victimization of children. Washington/DC 1984.

Briere J, Runtz M. Symptomatology associated with prior sexual abuse in a non-clinical sample. Paper presented at the annual meeting of the American Psychological Association, Los Angeles/CA 1985.

Briere J, Runtz M. Suicidal thoughts and behaviours in former sexual abuse victims. Can J Behav Sci 1986; 18: 413–23.

Briere J, Runtz M. Post sexual abuse trauma. In: Lasting effects of child sexual abuse. Wyatt GE, Powell GJ (eds). Newbury Park/CA, London: Sage 1988a; 85–100.

Briere J, Runtz M. Symptomatology associated with childhood sexual victimization in a nonclinical adult sample. Child Abuse Negl 1988b; 12: 51–9.

Briere J, Runtz M. Multivariate correlates of childhood psychological and physical maltreatment among university women. Child Abuse Negl 1988c; 12: 331–41.

Briere J, Zaidi LY. Sexual abuse histories and sequelae in female psychiatric emergency room patients. Am J Psychiat 1989; 146: 1602–6.

Briere J, Evans D, Runtz M, Wall T. Symptomatology in men who were molested as children: A comparison study. Am J Orthopsychiat 1988; 58: 457–61.

Brockhaus U, Kolshorn M. Sexuelle Gewalt gegen Mädchen und Jungen. Frankfurt: Campus 1993.

Bronfenbrenner U. Die Ökologie der menschlichen Entwicklung. Stuttgart: Klett 1981.

Broucek FJ. Shame and its relationship to early narcissistic developments. Int J Psychoanal 1982; 63: 369–78.

Brown GW. Early loss of parent and depression in adult life. In: Handbook of life stress, cognition and health. Fisher S, Reason J (eds). Chichester: Wiley 1988; 441–65.

Brown GR, Anderson B. Psychiatric morbidity in adult inpatients with childhood histories of sexual and physical abuse. Am J Psychiat 1991; 148: 55–61.

Brown GW, Moran P. Clinical and psychosocial origins of chronic depressive episodes I: A community study. Br J Psychiatry 1994; 165: 447–56.

Brown G, Harris T, Copeland JR. Depression and loss. Brit J Psychiat 1977; 116: 281–8.

Brown G, Harris T, Bifulco A. Long-term effects of early loss of parent. In: Depression in young people. Developmental and clinical perspectives. Rutter M, Izard C, Read P (eds). NewYork: Guilford Press 1986; 251–91.

Brown GW, Harris TO, Eales MJ. Aetiology of anxiety und depressive disorders in an inner-city population. 2: Comorbidity and adversity. Psychol Med 1993; 23: 155–65.

Browne A, Finkelhor D. Impact of child sexual abuse: A review of the research. Psychol Bull 1986a; 99: 66–77.

Browne A, Finkelhor D. Initial and long-term effects. A conceptual framework. In: A sourcebook on child sexual abuse. Finkelhor D (ed). London: Sage 1986b; 143–79.

Browne A, Finkelhor D. Initial and long-term effects: A review of research. In: A sourcebook on child sexual abuse. Finkelhor D, and associates (eds). Beverly Hills: Sage 1986c; 180–98.

Bründel H, Hurrelmann K. Gewalt macht Schule. Wie gehen wir mit aggressiven Kindern um? München: Droemer Knaur 1994.

Brunner R. Die spezifische Bedeutung von Inzesterfahrungen von Patienten im psychoanalytischen Therapieprozeß. Dissertationsschrift. Heidelberg 1996.

Brunner R. Sexuelle Mißbrauchserfahrungen in der Vorgeschichte von Patienten in hochfrequenten psychoanalytischen Langzeitbehandlungen. Z Psychother Psychosom Med Psychol 1999; 6: 178–86.

Brunner R, Meyer AE. Sexueller Mißbrauch in psychoanalytischen Therapieberichten. Eine empirische Untersuchung von 276 Fallgeschichten. In: Verführung, Trauma Mißbrauch (1986–1996). Appelt HR (Hrsg). Gießen: Psychosozial-Verlag 1997; 107–24.

Bryer JB, Nelson BA, Miller JB, Krol PA. Childhood sexual and physical abuse as factors in adult psychiatric illness. Am J Psychiat 1987; 144: 1426–30.

Bulik C, Sullivan P, Rorty M. Childhood sexual abuse in women with bulimia. J Clin Psychiat 1989; 50: 460–4.

Bulik CM, Beidel DC, Duchmann E, Kaye WH. Comparative psychopathology of women with bulimia nervosa and obsessive compulsive disorder. Compr Psychiat 1992; 33: 262–8.

Bundeskriminalamt (Hrsg). Polizeiliche Kriminalstatistik. Wiesbaden: BKA 1994.

Burgess RL, Draper P. The explanation of family violence: The role of biological, behavioral, and cultural selection. In: Family violence. Ohlin L, Tonry M (eds). Chicago/IL: University of Chicago Press 1989; 59–116.

Burgess RL, Garbarino J, Gilstrap B. Violence to the family. In: Callahan EJ, McCluskey K (eds). Life span developmental psychology: non-normative life events. San Diego/CA: Academic Press 1983.

Bürgin D. Psychic trauma. In: 1993; Children – war and persecution. Proceedings of the congress. Adam H, Riedesser P, Riquelme H, Verderber A, Walter J (eds). Hamburg: Stiftung für Kinder. Unicef 1993.

Burnam MA, Stein MA, Golding JM, Siegel JM, Sorenson SB, Forsythe AB, Telles CA. Sexual assault and mental disorders in a community population. J Consult Clin Psychol 1988; 56: 843–50.

Burris AM. Somatization as a response to trauma. In: Victims of abuse – The emotional impact of child and adult trauma. Sugarman A (ed). Madison/CT: Int. University Press 1994.

Bushnell JA, Wells JE, Oakley-Browne MA. Long-term effects of intrafamilial sexual abuse in childhood. Acta Psychiat Scand 1992; 85: 136–42.

C

Calam RM, Slade PM. Sexual experiences and eating problems in female undergraduates. Int J Eating Disorders 1989; 8: 391–7.

Caldirola D, Gemperle MB, Guzinski G, Gross R, Doerr H. Incest and pelvic pain: The social worker as part of a research team. Health and Social Work 1983; 309–19.

Calhoun KS, Atkeson BM. Therapie mit Opfern von Vergewaltigung. Bern u.a.O: Huber 1994.

Campbell TW. 1992; False allegations of sexual abuse and the persuasiveness of play therapy. Issues in Child Abuse Accusations 1994; 4: 118–24.

Capaldi D, Patterson GR. Relation of parental transitions to boys' adjustment problems. In: A linear hypothesis. II. Mothers at risk for transitions and unskilled parenting. Dev Psychol 1991; 27: 489–504.

Carlson V, Cicchetti D, Barnett D, Braunwald K. Disorganized/disoriented attachment relationships in maltreated infants. Develop Psychol 1989a; 25: 525–31.

Carlson V, Cicchetti D, Barnett D, Braunwald K. Finding order in disorganization: Lessons from research on maltreated infants' attachments to their caregivers. In: Child maltreatment. Theory and research on the causes and consequences of child abuse and neglect. Cicchetti D, Carlson V (eds). Cambridge: Cambridge University Press 1989b; 494–528.

Carmen EH, Rieker PP, Mills T. Victims of violence and psychiatric illness. Am J Psychiat 1984; 141: 378–88.

Carotenuto A. Tagebuch einer heimlichen Symmetrie. Sabina Spielrein zwischen Jung und Freud. Freiburg: Kore 1986.

Carroll LA, Miltenberger RG, O'Neill HK. A review and critique of research evaluating child sexual abuse prevention programs. Education and Treatment of Children 1992; 15: 335–54.

Carson D. Intrafamilial sexual abuse: Family of origin and family of procreation characteristics. J Psychol 1990; 125: 579–97.

Carson DK, Gertz LM, Donaldson MA, Wonderlich SA. Intrafamilial sexual abuse: Family-of-origin and family-of-procreation characteristics. J Psychol 1990; 125: 579–97.

Castelnuovo-Tedesco P, Krout BM. Psychosomatic aspects of chronic pelvic pain. Psychosom Med 1970; 1: 109–26.

Cavaiola AA, Schiff M. Behavioural sequelae of physical and/or sexual abuse in adolescents. Child Abuse Negl 1988; 12: 181–8.

Cavallin H. Incestuous fathers: A clinical report. Am J Psychiat 1966; 122: 1132–8.

Ceci SJ, Bruck M. Suggestibility of the child witness: A historical review and synthesis. Psychol Bull 1993; 113: 403–39.

Cederblad M, Dahlin L, Hagnell O. Do child psychiatric risk factors affect the psychical health of the adult? Läkartidningen 1988; 85: 4317–21.

Cederblad M, Dahlin L, Hagnell O, Hansson K. Salutogenic childhood factors reported by middle-aged individuals. Follow-up of the children from the Lundby study grown up in families experiencing three or more childhood psychiatric risk factors. Eur Arch Psychiat Clin Neurosci 1994; 244: 1–11.

Celano M. Activities and games for group psychotherapy with sexually abused children. Int J Group Psychother 1990; 40: 419–29.

Celano M, Hazzard A, Webb C, McCall C. Treatment of traumagenetic beliefs among sexually abused girls and their mothers: An evaluation study. J Abnorm Child Psychol 1996; 24: 1–17.

Charney DS, Deutch AY, Krystal JH, Southwick SM, Davies M. Psychobiological mechanism of posttraumatic disorder. Arch Gen Psychiatry 1993; 50: 294–305.

Chasseguet-Smirgel J. Anatomie der menschlichen Perversion. Stuttgart: Deutsche Verlagsanstalt 1992.

Chassin L, Curran P, Hussong AM, Colder CR. The relation of parent alcoholism to adolescent substance use: A longitudinal follow-up study. J Abnorm Psychol 1996; 105: 70–80.

Cheasty M, Clare AW, Collins C. Relation between sexual abuse in childhood and adult depression: Case control study. Br Med J 1998; 316: 198-201.

Chodoff P, Lyons H. Hysteria, the hysterical personality and „hysterical" conversion. Am J Psychiat 1958; 114: 734–40.

Christ H. Zwischen Verwahren und Verwahrlosen. Beiträge von Familientherapie, Psychoanalyse und experimenteller Kleinkindforschung zum Verständnis von Bindungsstörungen. In: Die vergessenen Kinder. Vernachlässigung und Armut in Deutschland. Kürner P, Nafroth R (Hrsg). Köln: PapyRossa 1994; 52–71.

Christian R, Dwyer S, Schumm WR, Coulson LA. Prevention of sexual abuse for preschoolers: Evaluation of a pilot program. Psychol Reports 1988; 62: 387–96.

Chu JA, Dill DL. Dissociative symptoms in relation to childhood physical and sexual abuse. Am J Psychiat 1990; 147: 887–92.

Cicchetti D. How research on child maltreatment has informed the study of child development: Perspectives from developmental psychopathology. In: Child maltreatment. Cicchetti D, Carlson V (eds). Cambridge, New York: Cambridge University Press 1989; 377–431.

Cicchetti D. The organization and coherence of socioemotional, cognitive, and representational development: Illustrations through a developmental psychopathology perspective on Down syndrome and child maltreatment. In: Nebraska symposium on motivation, Vol. 36: Socioemotional development. Thompson R (ed). Lincoln/NB: University of Nebraska Press 1990; 259–366.

Cicchetti D (ed). Defining psychological maltreatment. Dev Psychopathol (Special issue) 1991; 3: 1–124.

Cicchetti D. Editorial: Advances and challenges in the study of the sequelae of child maltreatment. Dev Psychopathol 1994; 6: 1–3.

Cicchetti D, Garmezy N. Editorial: Prospects and promises in the study of resilience. Develop Psychopathol 1993; 5: 497–502.

Cicchetti D, Howes P. Developmental psychopathology in the context of the family: illustrations from the study of child maltreatment. Can J Behav Sci 1991; 23: 257–81.

Cicchetti D, Lynch M. Towards an ecological/transactional model of community violence and child maltreatment: Consequences for children's development. Psychiatry 1993; 56: 96–118.

Cicchetti D, Olsen K. The developmental psychopathology of child maltreatment. In: Handbook of developmental psychopathology. Lewis M, Miller S (eds). New York, London: Plenum Press 1990; 261–79.

Cicchetti D, Rizley R. Developmental perspectives on the etiology, intergenerational transmission, and sequelae of child maltreatment. In: Developmental perspectives in child maltreatment: New directions for child development. Rizley R, Cicchetti D (eds). Vol. 11. San Francisco: Jossey-Bass 1981; 31–55.

Cicchetti D, Rogosch FA. The role of self-organization in the promotion of resilience in maltreated children. Dev Psychopathol 1997; 9: 797–815.

Cicchetti D, Schneider-Rosen K. An organizational approach to childhood depression. In: Depression in young people: Clinical and developmental perspectives. Rutter M, Izard C, Read P (eds). New York: Guilford Press 1986; 71–134.

Cicchetti D, Toth SL. A developmental psychopathology perspective on child abuse and neglect. J Am Acad Child Adolesc Psychiatry 1995; 34: 541–65.

Cicchetti D, Lynch M, Shonk S, Manly JT. An organizational perspective on peer relations in maltreated children. In: Family-peer relationships: Modes of linkage. Ladd GW, Parke RD (eds). Hillsdale/NJ: Erlbaum 1992; 345–83.

Cierpka M (Hrsg). Kinder mit aggressivem Verhalten. Göttingen: Hogrefe 1999.

Cierpka M, Cierpka A. Die Identifikationen eines mißbrauchten Kindes. Psychotherapeut 1997; 42: 98–105.

Cirillo S, Di Blasio P. Familiengewalt: Ein systemischer Ansatz. Stuttgart: Klett-Cotta 1992.

Clarkin JF, Koenigsberg H, Yeomans F, Selzer M, Kernberg P, Kernberg O. Psychodynamic psychotherapy of the borderline patient. In: Borderline personality disorder. Clinical and empirical perspectives. Clarkin JF, Marziali E, Munroe-Blum H (eds). New York, London: Guilford Press 1992.

Clauer J, Heinrich V. Körperpsychotherapeutische Ansätze in der Behandlung traumatisierter Patienten: Körper, Trauma, Seelenlandschaften. Zwischen Berührung und Abstinenz. Psychother Forum 1999; 7: 75–93.

Claussen AH, Crittenden PM. Physical and psychological maltreatment: Relations among types of maltreatment. Child Abuse Negl 1991; 15: 5–18.

Cloer E. Veränderte Kindheitsbedingungen – Wandel der Kinderkultur. Die Deutsche Schule 1992; 84: 10–27.

Cloninger CR. Neurogenetic adaptive mechanisms in alcoholism. Science 1987; 236: 410–6.

Cloninger CR, Dragan M, Svrakic DM, Przybeck TR. A psychobiological model of temperament and character. Arch Gen Psychiatry 1993; 50: 975–90.

Cohen FS, Densen-Gerber J. A study of the relationship between child abuse and drug addiction in 178 patients: Preliminary results. Child Abuse Negl 1982; 6: 383–7.

Cohen JA, Mannarino AP. A treatment outcome study for sexually abused preschool children: Initial findings. J Am Acad Child Adolesc Psychiatry 1996; 35: 42–50.

Cohen JA, Mannarino AP. Factors that mediate treatment outcome of sexually abused preschool children: Six- and 12-month follow-up. J Am Acad Child Adolesc Psychiatry 1998; 37: 44–51.

Cole CL. A group design for adult female survivors of childhood incest. Women and Therapy 1985; 4: 71–82.

Cole PM, Putnam FW. Effect of incest on self and social functioning: A developmental psychopathology perspective. Special section: Adult survivors of childhood sexual abuse. J Consult Clin Psychol 1992; 60: 174–84.

Connors ME, Morse W. Sexual abuse and eating disorders: A review. Int J Eating Disorders 1993; 13: 1–11.

Constantino JN. Early relationships and the development of aggression in children. Harvard Rev Psychiat 1995; 259–73.

Conte JR. Sexual abuse and the family: A critical analysis. In: Treating incest: A multiple systems perspective. Trepper TS, Barrett MJ (eds). New York: Haworth 1986.

Conte J. The effects of sexual abuse on children: A critique and suggestions for future research. Victimology 1988; 10: 110–30.

Conte JR. The therapist in child sexual abuse: the context of helping. New Directions for Mental Health Services 1991; 51: 87–98.

Conte JR, Rosen C, Saperstein L. An analysis of programs to prevent the sexual victimization of children. J Primary Prevention 1986; 6: 141–55.

Conte JR, Wolf S, Smith T. What sexual offenders tell us about prevention strategies. Child Abuse Negl 1989; 15: 293–301.

Coons P. Child abuse and multiple personality disorders: Review of the literature and suggestions for treatment. Child Abuse Negl 1986; 10: 455–62.

Coons PM, Milstein V. Psychosexual disturbances in multiple personality: Characteristics, etiology and treatment. J Clin Psychiat 1986; 47: 106–10.

Cooper AM. The narcissistic-masochistic character. In: Masochism. Current psychoanalytic perspectives. Glick RA, Meyers DI (eds). Analytic Press 1988; 117–39.

Cooper AM. The unconscious core of perversion. In: Perversions and near-perversions in clinical practice. New psychoanalytic perspectives. Fogel GI, Myers WA (eds). Yale: University Press 1991; 17–35.

Corcoran KJ, Plante CJ, Robbins SP. Another look at sex education in schools: An empirical analysis. School Social Work J 1984; 8: 98–107.

Corey EJB, Miller CL, Widlak FW. Factors contributing to child abuse. Nurs Res 1975; 24: 293–5.

Coryell W, Norten SG. Briquet's syndrome (somatization disorder) and primary depression: Comparison of background and outcome. Compr Psychiat 1981; 29: 433–40.

Costanzo PR. Conformity development as a function of self-blame. J Pers Soc Psychol 1970; 14: 366–74.

Cournut J. Ein Rest, der verbindet. Das unbewußte Schuldgefühl, das Entlehnte betreffend. Jahrb Psychoanal 1988; 22: 67–98.

Courtois C. The incest experience and its aftermath. Victimology 1979; 4: 337–47.

Coyne J, Gotlib IM. The role of cognition in depression: A critical appraisal. Psychol Bull 1983; 94: 472–505.

Creighton S. Epidemiological study of abused children and their families in the United Kingdom between 1977 and 1982. Child Abuse Negl 1985; 9: 441–8.

Cremerius J. „Die Sprache der Zärtlichkeit und der Leidenschaft". Reflexionen zu Sándor Ferenczis Wiesbadener Vortrag von 1932. Psyche 1983; 37: 988–1015.

Cremerius J. Psychoanalytische Abstinenzregel. Vom regelhaften zum operativen Gebrauch. Psyche 1984; 38: 769–800.

Cremerius J. Vorwort. In: Carotenuto A: Tagebuch einer heimlichen Symmetrie. Sabina Spielrein zwischen Jung und Freud. Freiburg: Kore 1986.

Cremerius J. Sabina Spielrein – ein frühes Opfer der psychoanalytischen Berufspolitik. Forum Psychoanal 1987; 3: 127–42.

Cremerius J. Abstinenz und Realität. In: Anonyma (Hrsg). Verführung auf der Couch. Eine Niederschrift. Freiburg: Kore 1988.

Crews F. The revenge of the repressed. The New York Review of Books 1994; 41: 19. Nov. 17, 54–60, & Dec. 1, 49–58.

Crittenden PM. Abusing, neglecting, problematic, and adequate dyads: Differentiating by patterns of interaction. Merrill-Palmer Quart 1981; 27: 201–18.

Crittenden PM. Maltreated infants: Vulnerability and resilience. J Child Psychol Psychiat 1985a; 26: 85–96.

Crittenden PM. Social networks, quality of child rearing, and child development. Child Develop 1985b; 56: 1299–313.

Crittenden PM. Relationships at risk. In: Belsky J, Nezworski T (eds). Clinical implications of attachment. Hillsdale/NJ: Erlbaum 1988; 136–74.

Crittenden PM, Ainsworth MDS. Child maltreatment and attachment theory. In: Child maltreatment. Theory and research on the causes and consequences of child abuse and neglect. Cicchetti D, Carlson V (eds). Cambridge: Cambridge University Press 1989; 432–63.

Crittenden PM, Patridge M, Claussen AH. Family patterns of relationship in normative and dysfunctional families. Develop Psychopathol 1991; 3: 491–512.

Crittenden PM, Claussen AH, Sugarman DB. Physical and psychological maltreatment in middle childhood and adolescence. Dev Psychopathol 1994; 6: 145–64.

Crockenberg S. Predictors and correlates of anger toward and punitive control of toddlers. Child Develop 1987; 58: 964–75.

Crook T, Eliot J. Parental death during childhood and adult depression: A critical review of the literature. Psychol Bull 1980; 87: 252–9.

Csef H. Zur Psychosomatik des Zwangskranken. Berlin u.a.O: Springer 1988.

Csef H. Komorbidität von Zwangsstörungen und psychosomatischen Erkrankungen. Nervenheilkunde 1994; 13: 285–91.

Csef H. Psychoanalytische Therapie bei Angst- und Zwangsstörungen. In: 150 Jahre Psychiatrie. Eine vielgestaltige Psychiatrie für die Welt von Morgen. Peters UH, Schifferdecker M (Hrsg). Jubiläumskongreß der DGPN 1995.

Csef H. Psychosomatische Krankheiten bei Zwangsstörungen – Komorbidität oder Entität? In: Zwangserkrankungen. Prävention, Therapie und Prognose. Nissen G (Hrsg). Bern u.a.O: Huber 1996.

Cummings M, Cicchetti D. Toward a transactional model of relations between attachment and depression. In: Greenberg M, Cicchetti D, Cummings M (eds). Attachment in the preschool years. Theory, research, and intervention. Chicago, London: University of Chicago Press 1990; 339–72.

Cunanan R, Courey N, Lippes J. Laparoscopic findings in patient with pelvic pain. Am J Obstet Gynecol 1983; 146: 589–91.

Cutler SE, Nolen-Hoeksema S. Accounting for sex differences in depression through female victimization: Childhood sexual abuse. Sex Roles 1991; 24: 425–38.

D

Dabholkar PD. Use of ECT in hysterical catatonia. A case report and discussion. Brit J Psychiat 1988; 153: 246–7.

Dahlin L, Cederblad M, Antonovsky A, Hagnell O. Childhood vulnerability and adult invincibility. Acta Psychiat Scand 1990; 82: 228–32.

Damlouji NF, Ferguson JM. Three cases of posttraumatic anorexia nervosa. Am J Psychiat 1985; 142: 362–3.

Damm S. Der mißbrauchte Mann. In: Hoffmann-Axthelm D (Hrsg). Schock und Berührung. Körper und Seele Band 3. Oldenburg: Trans Form 1992; 109–36.

David D, Giron A, Mellmann TA. Panic-phobic patients and developmental trauma. J Clin Psychiatry 1995; 56: 113–7.

Davies JM, Frawley MG. Treating the adult survivor of childhood sexual abuse. A psychoanalytic perspective. New York: Basic Books 1994.

de Chesnay M. Father-daughter incest: An overview. Behavioral Sciences and the Law 1985; 3: 391–402.

de Wind E. Begegnung mit dem Tod. Psyche 1968; 22: 423–41.

de Young M. Self-injurious behaviour in incest victims: A research note. Child Welfare 1982a; 61: 577–85.

de Young M. Sexual victimization of children. Jefferson: McFarland 1982b.

Deblinger E, McLeer SV, Henry D. Cognitive behavioral treatment for sexually abused children suffering posttraumatic stress: Preliminary findings. J Am Acad Child Adolesc Psychiat 1990; 29: 747–52.

Deep AL, Lilenfeld LR, Plotnicov KH, Pollice C, Kaye WH. Sexual abuse in eating disorder subtypes and control women: The role of comorbid substance dependence in bulimia nervosa. Int J Eat Disord 1999; 25: 1–10.

Delargy MA, Peatfield RC, Burt AA. Successful rehabilitation in conversion paralysis. Brit Med J 1986; 292: 1730–1.

DeLozier P. Attachment theory and child abuse. In: Parkes CM, Stevenson-Hinde J (eds). The place of attachment in human behavior. London: Tavistock Publications 1982; 95–117.

Deneke FW. Psychische Struktur und Gehirn. Die Gestaltung subjektiver Wirklichkeiten. Stuttgart, New York: Schattauer 1999.

Deneke FW, Hilgenstock B. Das Narzißmusinventar. Bern u.a.O: Huber 1989.

Dent HR. The effect of interviewing strategies on the result of interviews with child witnesses. In: Reconstructing the past. Trankell A (ed). Deventer: Kluwer 1982; 279–97.

Desai BT, Porter RJ, Penry JK. A study of 42 attacks in six patients, with intensive monitoring. Arch Neurol 1982; 39: 202–9.

Devereux G. Why Oedipus killed Laius. Int J Psychoanal 1953; 34: 132–41.

Diagnostic and Statistical Manual of Mental Disorders, Fourth Edition DSM-IV. Washington: American Psychiatric Association 1994.

Dickes RA. Brief therapy of conversion reactions: An in-hospital technique. Am J Psychiat 1974; 131: 584–6.

Diepold B. Zur Entwicklung der Geschlechtsidentität bei Jungen. In: Konflikte in der Triade. Lindauer Texte 1995. Buchheim P, Cierpka M, Seifert T (Hrsg). Heidelberg: Springer 1995; 103–14.

Diepold B, Cierpka M. Der Gewaltzirkel: Wie das Opfer zum Täter wird. Vortrag. Lindauer Psychotherapiewochen 1997.

Dietz CA, Craft JL. Family dynamics of incest: A new perspective. Social Casework 1980; 61: 602–9.

Dilling H, Mombour W, Schmidt MH (Hrsg). Internationale Klassifikation psychischer Störungen, ICD–10, Kapitel V (F). Klinisch-diagnostische Leitlinien. Bern: Huber 1991.

Dilling H, Mombour W, Schmidt MH (Hrsg). Internationale Klassifikation psychischer Störungen, ICD–10, Kapitel V (F). Klinisch-diagnostische Leitlinien. 2. Aufl. Bern: Huber 1993.

Dilling H, Mombour W, Schmidt MH, Schulte-Markwort E (Hrsg). Internationale Klassifikation psychischer Störungen, ICD–10, Kapitel V (F). Forschungskriterien. 2. Aufl. Bern: Huber 1994.

Dittrich KA. Der analytische Inzest am Beispiel von Otto Groß und C.G. Jung. Überlegungen zum Stellenwert des Inzestverbots und der analytischen Abstinenz. Luzifer Amor 1993; 11: 40–60.

Dodge KA, Crick NR. Social information-processing biases of aggressive behavior in children. Personal Soc Psychol Bull 1990; 16: 8–22.

Dornes M. Der kompetente Säugling. Die präverbale Entwicklung des Menschen. Frankfurt: Fischer 1993.

Draijer N. Die Rolle von sexuellem Mißbrauch und körperlicher Mißhandlung in der Ätiologie psychischer Störungen bei Frauen. System Familie 1990; 3: 59–73.

Dreckmann I. Kognitiv-behaviourale Rückfallprävention. In: Eingrenzung und Ausgrenzung. Zur Indikation und Kontraindikation für Suchttherapien. Heigl-Evers A, Helas I, Vollmer HC (Hrsg). Göttingen: Vandenhoeck & Ruprecht 1993; 127–37.

Drews B. Die psychoanalytische Behandlung weiblicher Inzestopfer aus geschlechtsspezifischer Sicht. Z Psychoanal Theorie Praxis 1997; 1: 74–95.

Drews B. „Spiel nicht mit den Schmuddelkindern". Ursachen und Folgen von Empathiestörungen bei Schwertraumatisierten anhand einer Fallgeschichte. Vortrag. DPG-Kongreß Erfurt 1998.

Dreyfuss DK. Zur Theorie der traumatischen Neurose. Int Z Psychoanal Imago 1941; 26: 122–41.

Drossman DA. Sexual and physical abuse and gastrointestinal illness. Scand J gastroenterol 1995; 30, Suppl. 208: 90–6.

Drossman DA, Leserman J, Nachman G, Zhiming L, Gluck H, Toomey T, Mitchell M. Sexual and physical abuse in women with functional or organic gastrointestinal disorders. Ann Int Med 1990; 113: 828–33.

DSM-III-R. Diagnostisches und statistisches Manual psychischer Störungen. 3. Aufl. (Übersetzt nach der Revision der dritten Auflage des Diagnostic and Statistical Manual of Mental Disorders der American Psychiatric Association 1987). Weinheim: Beltz 1989.

DSM-IV. Diagnostisches und statistisches Manual psychischer Störungen. 4. Aufl. (Übersetzt nach der vierten Auflage des Diagnostic and Statistical Manual of Mental Disorders der American Psychiatric Association). Bern: Huber 1996.

Dubowitz H, Hampton RL, Bithoney WG, Newberger EH. Inflicted and noninflicted injuries: Differences in child and familial characteristics. Am J Orthopsychiat 1987; 57: 525–35.

Dührssen A. Zum Problem der sozialen Vererbung. In: Vorträge des Kongresses der Allgemeinen Ärztlichen Gesellschaft für Psychotherapie in Freudenstadt im April 1956. Kretschmer E (Hrsg). Stuttgart: Thieme 1956.

Dührssen A. Risikofaktoren für die neurotische Kindheitsentwicklung. Ein Beitrag zur psychoanalytischen Geneseforschung. Z Psycho-Som Med 1984; 30: 18–42.

Dührssen A, Bodenstein D, Holitzner WV, Horstkotte G, Kettler AR, Lieberz K, Rudolf G, Sandweg R, Stille D, Wagerer M. Das Berliner Dokumentationssystem für Psychotherapie. Z Psycho-Som Med 1980; 26: 119–57.

Dulz B. Über die Aktualität der Verführungstheorie. In: Handbuch der Borderline-Störungen. Kernberg OF, Dulz B, Sachsse U (Hrsg). Stuttgart, New York: Schattauer 2000.

Dulz B, Lanzoni N. Die multiple Persönlichkeit als dissoziative Reaktion bei Borderlinestörungen. Psychotherapeut 1996; 41: 17–24.

Dulz B, Schneider A. Borderline-Störungen. Theorie und Therapie. 2. Aufl. Stuttgart, New York: Schattauer 1996.

Duncan CH, Taylor HC. Psychosomatic study of pelvic congestion. Am J Obstet Gynecol 1952; 64: 1–12.

E

Eck M, Lohaus A. Entwicklung und Evaluation eines Präventionsprogramms zum sexuellen Mißbrauch im Vorschulalter. Praxis der Kinderpsychologie und Kinderpsychiatrie 1993; 42: 285–92.

Eckhardt A. Die Dynamik der Arzt-Patient-Beziehung bei der chronischen vorgetäuschten Störung. Psychother Med Psychol 1988; 38: 352–8.

Eckhardt A. Das Münchhausen-Syndrom – Formen der Selbstmanipulierten Krankheit. München u.a.O: Urban & Schwarzenberg 1989.

Eckhardt A. Im Krieg mit dem Körper – Autoaggression als Krankheit. Reinbek: Rowohlt 1994.

Eckhardt A, Hoffmann SO. Depersonalisation und Selbstbeschädigung. Z Psychosom Med Psychoanal 1993; 39: 284–306.

Eckhardt-Henn A. Artifizielle Störungen und Münchhausen-Syndrom. Gegenwärtiger Stand der Forschung. Psychother Psychosom Med Psychol 1999; 3: 75–87.

Egeland B. Breaking the cycle of abuse: Implications for prediction and intervention. In: Early prediction and prevention of child abuse. Browne KD, Davis C, Stratton P (eds). New York: Wiley 1988; 87–99.

Egeland B, Erickson MF. Rising above the past: Strategies for helping new mothers break the cycle of abuse and neglect. Zero to Three 1990; 11: 29–35.

Egeland B, Sroufe LA. Attachment and early maltreatment. Child Develop 1981; 52: 44–52.

Egeland B, Vaughn B. Failure of „bond formation" as a cause of abuse, neglect, and maltreatment. Am J Orthopsychiat 1981; 51: 78–84.

Egeland B, Breitenbucher M, Rosenberg D. Prospective study of the significance of life stress in the etiology of child abuse. J Consult Clin Psychol 1980; 48: 195–205.

Egeland B, Jacobvitz D, Papatola K. Intergenerational continuity of abuse. In: Child abuse and neglect: Biosocial dimensions. Gelles R, Lancaster J (eds). Chicago: Aldine 1987; 255–76.

Egeland B, Jacobvitz D, Sroufe LA. Breaking the cycle of abuse. Child Develop 1988; 59: 1080–8.

Eggebrecht D-B. Krebsschmerz. In: Psychologische Schmerztherapie. Franz C, Basler H-D, Kröner-Herwig B, Rehfisch HP, Seemann H (Hrsg). Berlin, Heidelberg: Springer 1990; 367–75.

Egle UT. Mißbrauch und emotionale Deprivation bei psychogenen Schmerzpatienten. Fundamenta Psychiatrica 1993; 7: 92–9.

Egle UT, Derra C. Integrierte Schmerztherapie. Stuttgart: Schattauer 1997.

Egle UT, Nickel R. Kindheitsbelastungsfaktoren bei somatoformen Störungen. Z Psychosom Med 1998; 44: 21–36.

Egle UT, Kissinger D, Schwab R. Eltern-Kind-Beziehung als Prädisposition für ein psychogenes Schmerzsyndrom im Erwachsenenalter. Eine kontrollierte, retrospektive Studie zu G.L. Engels „pain-proneness". Psychother Psychosom med Psychol 1991; 41: 247–56.

Egle UT, Heucher K, Hoffmann SO, Porsch U. Psychoanalytisch orientierte Gruppentherapie mit psychogenen Schmerzpatienten. Ein Beitrag zur Behandlungsmethodik. Psychother Psychosom med Psychol 1992; 42: 79–90.

Egle UT, Schwab R, Holle R, Hoffmann SO. Differentialdiagnostische Parameter zur Früherkennung somatoformer Schmerzpatienten. Der Schmerz 1993; 7, Suppl. 1: 4.

Egle UT, Hoffmann SO, Joraschky P (Hrsg). Sexueller Mißbrauch, Mißhandlung, Vernachlässigung. Stuttgart, New York: Schattauer 1997.

Egle UT, Derra C, Nix WA, Schwab R. Spezielle Schmerztherapie. Leitfaden für Weiterbildung und Praxis. Stuttgart, New York: Schattauer 1999.

Egley LC. What changes the societal prevalence of domestic violence. J Marriage Fam 1991; 53: 885–97.

Ehlert M. Sexueller Mißbrauch in Psychotherapien. Report Psychologie 1990; 15: 10–6.

Ehlert M. Verführungstheorie, infantile Sexualität und „Inzest". Jahrb Psychoanal 1991; 27: 42–70.

Ehlert M, Lorke B. Zur Psychodynamik der traumatischen Reaktion. Psyche 1988; 42: 502–32.

Eichholz C, Niehammer U, Wendt B, Lohaus A. Medienpaket zur Sexualerziehung im Jugendalter. Göttingen: Hogrefe 1994.

Eisenberg, U. Kriminologie. 3. Aufl. Köln u.a.O: Heymanns 1920.

Eisendrath SJ, Way LW, Ostroff JW, Johanson CA. Identification of psychogenic abdominal pain. Psychosomatics 1986; 27: 705–11.

Eissler KR. Die Ermordung von wievielen seiner Kinder muß ein Mensch symptomfrei ertragen können, um eine normale Konstitution zu haben. Psyche 1963; 17: 241–91.

Eissler KR. Weitere Bemerkungen zum Problem der KZ-Psychologie. Psyche 1968; 22: 452–63.

Eist HI, Mandel AV. Family treatment of ongoing incest behavior. Fam Proc 1968; 7: 216–32.

Eitinger L. KZ-Haft und psychische Traumatisierung. Psyche 1990; 44: 118–32.

Elder GH. Children of the great depression. Chicago: University of Chicago Press 1974.

Elder GH, van Nguyen T, Caspi A. Linking family hardshipto children's lives. Child Develop 1985; 56: 361–75.

Elder GH, Caspi A, van Nguyen T. Resourceful and vulnerable children: Family influences in hard times. In: Develoment as action in context. Silbereisen RK, Eyferth K, Rudinger G (eds). Berlin, New York: Springer 1986; 167–86.

Ellickson PL, Bell RM. Drug prevention in junior high: A multi-site longitudinal test. Science 1990; 247: 1299–305.

Elliger TJ, Schötensack K. Sexueller Mißbrauch von Kindern – eine kritische Bestandsaufnahme. In: Psychogene Psychosyndrome und ihre Therapie im Kindes- und Jugendalter. Nissen G (Hrsg). Bern: Huber 1991; 143–54.

Enders U. Sexueller Kindesmißbrauch und Jugendhilfe. Düsseldorf: Der Minister für Arbeit, Gesundheit und Soziales des Landes Nordrhein-Westfalen 1989.

Engel GL. Primary atypical facial neuralgia. An hysterical conversion symptom. Psychosom Med 1951; 13: 375–96.

Engel GL. „Psychogenic" pain and the pain-prone patient. Am J Med 1959; 26: 899–918.

Engel GL. Psychisches Verhalten in Gesundheit und Krankheit. 2. Aufl. Bern u.a.O: Huber 1976.

Engel GL, Schmale AH. Eine psychoanalytische Theorie der somatischen Störung. Psyche 1969; 23: 241–63.

Engfer A. Kindesmißhandlung. Ursachen, Auswirkungen, Hilfen. Stuttgart: Enke 1986.

Engfer A. Entwicklung von Gewalt in sogenannten Normalfamilien. In: Vernachlässigung, Mißbrauch und Mißhandlung von Kindern. Martinius J, Frank R (Hrsg). Bern: Huber 1990; 59–68.

Engfer A. Prospective identification of violent mother-child relationships. Child outcome at 6.3 years. In: Victims and criminal justice. Vol. III. Special victimological issues. Particular groups of victims. Kaiser G, Kury H, Albrecht HJ (eds). Freiburg: Max-Planck-Institut für Ausländisches und Internationales Strafrecht 1991a; 415–58.

Engfer A. Temperament und Kindesmißhandlung. Psychosozial 1991b; 14: 106–16.

Engfer A. Entwicklung von Gewalt in sogenannten Normalfamilien. System Familie 1991c; 4: 107–16.

Engfer A. Kindesmißhandlung und sexueller Mißbrauch. Z Pädagog Psychol 1992; 6: 165–74.

Engfer A. Kindesmißhandlung und sexueller Mißbrauch. In: Handbuch der Kindheitsforschung. Markefka M, Nauck B (Hrsg). Neuwied: Luchterhand 1993; 617–29.

Engfer A. Kindesmißhandlung und Vernachlässigung. In: Entwicklungspsychologie. Oerter R, Montada L (Hrsg). 3. Aufl. Weinheim: Psychologie Verlagsunion 1995a; 960–6.

Engfer A. Sexueller Mißbrauch. In: Entwicklungspsychologie. Oerter R, Montada L (Hrsg). 3. Aufl. Weinheim: Psychologie Verlags Union 1995b; 1006–15.

Engfer A. Entwicklung punitiver Mutter-Kind-Interaktionen im sozioökologischen Kontext. Abschlußbericht für die Deutsche Forschungsgemeinschaft. Paderborn: Unveröffentlichte Broschüre 1997.

Engfer A, Gavranidou M. Antecedents and consequences of maternal sensitivity. A longitudinal study. In: Psychobiology and early development. Rauh H, Steinhausen H-C (eds). North-Holland: Elsevier 1987; 71–99.

Erickson MF, Sroufe LA, Egeland B. The relationship between quality of attachment and behavior problems in preschool in a high risk sample. In: Growing points of attachment theory and research. Bretherton I, Waters E (eds). Chicago: University of Chicago Press 1985; 147–66.

Erickson MF, Egeland B, Pianta R. The effects of maltreatment on the development of young children. In: Child maltreatment. Theory and research on the causes and consequences of child abuse and neglect. Cicchetti D, Carlson V (eds). Cambridge: Cambridge University Press 1989; 647–84.

Erikson E. Identity and the life cycle. 1959. Deutsch: Identität und Lebenszyklus. Frankfurt: Suhrkamp 1973.

Ermann M. Die Entwicklung der psychoanalytischen Angstkonzepte und ihre therapeutischen Folgerungen. In: Neurotische und normale Angst. Rüger U (Hrsg). Göttingen: Vandenhoek & Rupprecht 1983.

Ermann M. Die Persönlichkeit bei psychovegetativen Störungen. Klinische und empirische Ergebnisse. Berlin u.a.O: Springer 1987.

Ermann M. Grenzen und Grenzüberschreitung. Über Phantasien und Handeln in der psychoanalytischen Begegnung. In: Grenzüberschreitungen in der Psychoanalyse. Göttingen: Kongreßband der DPG 1993; 12–34.

Ermann M. Psychotherapeutische und psychosomatische Medizin. Stuttgart u.a.O: Kohlhammer 1995.

Esman AD. Psychoanalysis and general psychiatry: Obsessive-compulsive disorder as paradigm. JAPA 1989; 37: 319–36.

Esplin PW, Boychuk TD, Raskin DC. A field validity study of criteria-based content analysis of children's statements in sexual abuse cases. Paper presented at the NATO-Advanced Study Institute on Credibility Assessment in Maratea, Italy, 1988.

Esser G. Ablehnung und Vernachlässigung im Säuglingsalter. In: Die vergessenen Kinder. Vernachlässigung und Armut in Deutschland. Kürner P, Nafroth R (Hrsg). Köln: PapyRossa 1994; 72–80.

Esser G, Weinel H. Vernachlässigende und ablehnende Mütter in Interaktion mit ihren Kindern. In: Vernachlässigung, Mißbrauch und Mißhandlung von Kindern. Martinius J, Frank R (Hrsg). Bern: Huber 1990; 22–30.

Esser G, Scheven A, Petrova A, Laucht M, Schmidt M. Mannheimer Beurteilungsskalen zur Erfassung der Mutter-Kind-Interaktion im Säuglingsalter (MBS-MKIS). Z Kinder- und Jugendpsychiatrie 1989; 17: 185–93.

Esser G, Dinter R, Jörg M, Rose F, Villalba P, Laucht M, Schmidt M. Bedeutung und Determinanten der frühen Mutter-Kind-Beziehung. Z psychosom Med Psychoanal 1993; 39: 246–64.

Estes PC. Die Wolfsfrau. Die Kraft der weiblichen Urinstinkte. München: Heyne 1993.

Everson MD, Boat B. Putting the anatomical doll controversy in perspective. An examination of the major uses and criticisms of the dolls in child sexual abuse evaluations. Child Abuse Negl 1994; 18: 113–29.

Eysenck H, Eysenck M. Personality and individual differences. New York: Plenum Press 1985.

F

Fagot B, Kavanagh K. The prediction of antisocial behavior from avoidant attachment classifications. Child Develop 1990; 61: 864–73.

Fahy TA. Obsessive-compulsive symptoms in eating disorders. Behav Res Ther 1991; 29: 113–6.

Faimberg H. Die Ineinanderrückung (Telescoping) der Generationen. Jahrb Psychoanal 1987; 20: 114–42.

Fairburn DM, Welch SL, Davies BA, O,Connor ME. Risk factors for bulimia nervosa. A community-based case-control study. Arch Gen Psychiatry 1997; 54: 509–17.

Farber EA, Egeland B. Invulnerability among abused and neglected children. In: The invulnerable child. Anthony EJ, Cohler BJ (eds). New York, London: Guilford Press 1987; 253–88.

Farley M, Keaney JC. Physical symptoms, somatization, and dissociation in women survivors of childhood sexual assault. Women Health 1997; 25: 33–45.

Farrington DP. Psychological contributions to the explanation, prevention, and treatment of offending. In: Psychology and law: International perspectives. Lösel F, Bender D, Bliesener T (eds). Berlin, New York: De Gruyter 1992; 35–51.

Farrington DP. Stabilität und Prädiktion von aggressivem Verhalten. Gruppendynamik 1995; 26: 23–40.

Favaro A, Santomaso P. Suicidality in eating disorders: Clinical and psychological correlates. Acta Psychiatr Scand 1997; 95: 508–14.

Favazza AR, Conterio K. Female habitual self-mutilators. Acta Psychiat Scand 1989; 79: 283–9.

Favazza AR, DeRosear L, Conterio K. Self-mutilation and eating-disorders. Suicide & Life-Threatening Behav 1989; 19: 352–61.

Fegert JM. Beweisnot. Ärztliche Diagnosemöglichkeiten und die Gefahr einer Verschiebung der Problematik. In: Sexueller Mißbrauch von Kindern und Jugendlichen. Diagnostik, Krisenintervention und Therapie. Gegenfurtner M, Keukens W (Hrsg). Magdeburg: Westarp Wissenschaften, Verlag der Universitätsbuchhandlung 1992.

Fegert JM. Sexuell mißbrauchte Kinder und das Recht. Band 2. Ein Handbuch zu Fragen der kinder- und jugendpsychiatrischen und psychologischen Untersuchung und Begutachtung. Köln: Volksblatt Verlag 1993.

Feinauer LL. Comparison of long-term effects of child abuse by type of abuse and by relationship of the offender to the victim. Am J Fam Ther 1989; 17: 48–56.

Feldman MD, Eisendraht SJ (eds). The spectrum of factitious disorders. Washington/DC: American Psychiatric Press 1996.

Felitti VJ. Long-term medical consequences of incest, rape, and molestation. South Med J 1991; 84: 328–31.

Felitti VJ, Anda RF, Nordenberg D, Williamson DF, Spitz AM, Edwards V, Koss MP, Mark S. Relationship of childhood abuse and houshold dysfunction to many of the leading causes of death in adults. The Adverse Childhood Expierences (ACE) Study. Am J Prev Med 1998; 14: 245–58.

Fenichel O. Psychoanalytische Neurosenlehre. 1945. 3 Bde. Berlin: Ullstein 1983.

Ferenczi S. Die Psychoanalyse der Kriegsneurosen. Leipzig, Wien: Int Psychoanal, Bibliothek Nr. 1, Int. Psychoanal. Verlag 1919a.

Ferenczi S. Introjektion und Übertragung. Bausteine zur Psychoanalyse. 1919b. Bd I. Bern u.a.O: Huber 1984; 9–57.

Ferenczi S. Kinderanalysen mit Erwachsenen. 1931. In: Bausteine zur Psychoanalyse. 1938. Ferenczi S. Bd III. 3. Aufl. Bern: Huber 1984.

Ferenczi S. Ohne Sympathie keine Heilung. Das klinische Tagebuch. 1932. In: Dupont J (Hrsg). Frankfurt: Fischer 1985.

Ferenczi S. Sprachverwirrung zwischen den Erwachsenen und dem Kind. Die Sprache der Zärtlichkeit und der Leidenschaft. In: Bausteine zur Psychoanalyse, Band II. Frankfurt: Fischer 1933.

Ferenczi S. Bausteine zur Psychoanalyse. Bd IV. 3. Aufl. Bern, u.a.O: Huber 1938.

Ferenczi S. Ohne Sympathie keine Heilung. Das klinische Tagebuch von 1932. 1985. Deutsch: Frankfurt: Fischer 1988.

Festinger T. No one ever asked us. A postscript to foster care. New York: Columbia University Press 1983.

Fichter MM. Magersucht und Zwangsneurose. Eine empirische Untersuchung. In: Magersucht und Bulimia. Empirische Untersuchungen zur Epidemiologie, Symptomatologie, Nosologie und zum Verlauf. Fichter MM (Hrsg). Berlin u.a.O: Springer 1985.

Fierman EJ, Hunt MF, Pratt LA, Warshaw MG, Yonkers KA, Peterson LG, Epstein-Kaye TM, Norton HS. Trauma and posttraumatic stress disorder in subjects with anxiety disorders. Am J Psychiatry 1993; 150: 1872–4.

Figley C. Trauma and its wake. New York: Brunner/Mazel 1984.

Fine GC. The cognitive sequelae of incest. In: Incest related syndromes of adult psychopathology. Kluft RP (ed). Washington/DC: American Psychiatric Press 1990; 161–82.

Finkelhor D. Psychological, cultural, and structural factors in incest and family sexual abuse. J Marr Fam Counsel 1978; 4: 45–50.

Finkelhor D. Sexually victimized children. New York: Free Press 1979.

Finkelhor D. Risk factors in the sexual victimization of children. Child Abuse Negl 1980; 4: 265–73.

Finkelhor D. Common features of family abuse. In: The dark side of families: Current family violence research. Finkelhor D, Gelles RJ, Hotaling GT, Straus MA (eds). Beverly Hills/CA: Sage 1983; 17–28.

Finkelhor D. Child sexual abuse. New theory and research. New York: Free press 1984.

Finkelhor D. A sourcebook on child sexual abuse. Beverly Hills, London: Sage 1986.

Finkelhor D. Sexual abuse in a national survey of adult men and women: Prevalence, characteristics, and risk factors. Child Abuse Negl 1990; 14: 19–28.

Finkelhor D, Baron L. High risk children. In: A sourcebook on child sexual abuse. Finkelhor D (ed). Beverly Hills: Sage 1986.

Finkelhor D, Berliner L. Research on the treatment of sexually abused children: A review and recommendations. J Am Acad Child Adolesc Psychiatry 1995; 34: 1408–23.

Finkelhor D, Browne A. The traumatic impact of child sexual abuse: A conceptualization. Am J Orthopsychiatry 1985; 55: 530–41.

Finkelhor D, Dziuba-Leatherman J. Victimization of children. Am Psychologist 1994; 49: 173–83.

Finkelhor D, Hotaling GT. Sexual abuse in the national incidence study of child abuse and neglect: An appraisal. Child Abuse Negl 1984; 8: 23–33.

Finkelhor D, Strapko N. Sexual abuse prevention education: A review of evaluation studies. In: Child abuse prevention. Willis DJ, Holden EW, Rosenberg M (eds). New York: Wiley 1987; 150–67.

Finkelhor D, Williams L, Burns N. Nursery crimes: Sexual abuse in daycare. London: Sage 1988.

Finkelhor D, Hotaling G, Lewis IA, Smith C. Sexual abuse in a national survey of adult men and women: Prevalence, characteristics, and risk factors. Child Abuse Negl 1990; 14: 19–28.

Fischer G. Die Fähigkeit zur Objektspaltung. Ein therapeutischer Veränderungsschritt bei Patienten mit Realtraumatisierung. Forum Psychoanal 1990; 6: 199–212.

Fischer G, Riedesser P. Zur Entwicklungspsychologie und -pathologie des Traumas. In: Adoleszenz und Trauma. Streeck-Fischer A (Hrsg). Göttingen: Vandenhoeck und Ruprecht 1998; 79–90.

Fischer KW, Shaver PR, Carnochan P. How emotions develop and how they organize development. Cognition & Emotion 1990; 4: 81–127.

Fishbain DA, Goldberg M, Khalil TM, Asfour SS, Abdel-Moty E, Meagher BR, Santana R, Rosomoff RS, Rosomoff HL. The utility of electromyographic biofeedback in the treatment of conversion paralysis. Am J Psychiat 1988; 145: 1572–5.

Flavell JH, Flavell EH, Green FL. Young children's knowledge about the apparent-real and pretend-real distinctions. Develop Psychol 1987; 23: 816–22.

Foa EB, Kozak MJ. Emotional processing of fear: Exposure to corrective information. Psychol Bull 1986; 99: 20–35.

Fonagy P. Frühe Bindung und die Bereitschaft zu Gewaltverbrechen. In: Adoleszenz und Trauma. Streeck-Fischer A (Hrsg). Göttingen: Vandenhoeck und Ruprecht 1998; 91–127.

Fonagy P, Steele H, Steele M. Maternal representations of attachment during pregnancy predict the organization of infant-mother-attachment at one year of age. Child Develop 1991; 62: 891–905.

Ford CV, Folks DG. Conversion disorder: an overview. Psychosomatics 1985; 26: 371–83.

Fortune CH. Der Fall „R. N." Sándor Ferenczis radikales psychoanalytisches Experiment. Psyche 1994; 48: 683–705.

Forward SK, Buck C. Betrayal of innocence; incest and its devastation. Los Angeles: Tarcher 1978.

Frank E, Anderson G, Rubinstein D. Frequency of sexual dysfunction in „normal" couples. N Engl J Med 1978; 289: 111–15.

Frank R. Kinderärztlich/kinderpsychiatrische Untersuchungen an mißhandelten und vernachlässigten Kindern und deren Familien. Eine prospektive Untersuchung an einer Kinderklinik. Universität München: Habilitationsschrift 1993.

Freedman MR, Rosenberg SJ, Schmaling KB. Childhood sexual abuse in patients with paradoxical vocal cord dysfunction. J Nerv Ment Dis 1991; 179: 295–8.

Fremmer-Bombik E, Grossmann KE. Über die lebenslange Bedeutung früher Bindungserfahrungen. In: Frühe Schädigungen – späte Folgen? Psychotherapie und Babyforschung. Petzold H (Hrsg). Bd 1. Paderborn: Junfermannsche Verlagsbuchhandlung 1993; 83–110.

Freud A, Burlingham D. Kriegkinder. 1949. In: Heimatlose Kinder. Zur Anwendung psychoanalytischen Wissens auf die Kindererziehung. Frankfurt: Fischer 1971.

Freud S. Die Abwehrneuropsychosen. 1894a. GW I. 5. Aufl. Frankfurt: Fischer 1977; 57–74.

Freud S. Studien über Hysterie. 1895d. GW I. 5. Aufl. Frankfurt: Fischer 1977; 75–312.

Freud S. L'Hérédité et l'étiologie des névroses. 1896a. GW I. 5. Aufl. Frankfurt: Fischer 1977; 405–22.

Freud S. Weitere Bemerkungen über die Abwehr-Neuropsychosen. 1896b. GW I. 5. Aufl. Frankfurt: Fischer 1977; 377–403.

Freud S. Zur Ätiologie der Hysterie. 1896c. GW I. 5. Aufl. Frankfurt: Fischer 1977; 423–59.

Freud S. Die Traumdeutung. 1900a. GW II/III. 6. Aufl. Frankfurt: Fischer 1981.

Freud S. Bruchstück einer Hysterie-Analyse. 1905e. GW V. 6. Aufl. Frankfurt: Fischer 1981.

Freud S. Zur Einführung des Narzißmus. 1914c. GW X. 7. Aufl. Frankfurt: Fischer 1981; 137–70.

Freud S. Zur Geschichte der psychoanalytischen Bewegung. 1914d. GW X. 7. Aufl. Frankfurt: Fischer 1981; 43–113.

Freud S. Bemerkungen über die Übertragungsliebe. 1915a. GW X. 7. Aufl. Frankfurt: Fischer 1981; 305–21.

Freud S. Vorlesungen zur Einführung in die Psychoanalyse. 1916/17. GW XI. 7. Aufl. Frankfurt: Fischer 1978.

Freud S. Trauer und Melancholie. 1917e. GW X. 7. Aufl. Frankfurt: Fischer 1981; 427–46.

Freud S. Aus der Geschichte einer infantilen Neurose. 1918b. GW XII. 6. Aufl. Frankfurt: Fischer 1976; 27–157.

Freud S. Einleitung zu Zur Psychoanalyse der Kriegsneurosen. 1919d. GW XII. 5. Aufl. Frankfurt: Fischer 1978; 321–4.

Freud S. Ein Kind wird geschlagen. 1919e. GW XII. 5. Aufl. Frankfurt: Fischer 1978; 195–226.

Freud S. Jenseits des Lustprinzips. 1920g. GW XIII. 8. Aufl. Frankfurt: Fischer 1976; 1–69.

Freud S. Massenpsychologie und Ich-Analyse. 1921c. GW XIII. 8. Aufl. Frankfurt: Fischer 1976; 71–161.

Freud S. Das Ich und das Es. 1923b. GW XIII. 8. Aufl. Frankfurt: Fischer 1976; 235–89.

Freud S. Hemmung, Symptom und Angst. 1926d. GW XIV. 5. Aufl. Frankfurt: Fischer 1975; 111–205.

Freud S. Das Unbehagen in der Kultur. 1930a. GW XIV. 5. Aufl. Frankfurt: Fischer 1975; 419–506.

Freud S. Neue Folge der Vorlesungen zur Einführung in die Psychoanalyse. 1933a. GW XV. 7. Aufl. Frankfurt: Fischer 1979.

Freud A. Das Ich und die Abwehrmechanismen. 1936. In: Die Schriften der Anna Freud. Bd I. München: Kindler 1980.

Freud S. Der Mann Moses und die monotheistische Religion. 1939a. GW XVI. 6. Aufl. Frankfurt: Fischer 1981; 101–246.

Freud S. Aus den Anfängen der Psychoanalyse (Briefe an Wilhelm Fließ. Abhandlungen und Notizen aus den Jahren 1887–1902. 1950. In: Bonaparte M, Freud A, Kris E (Hrsg). Frankfurt: Fischer 1967.

Freud A. The psychoanalytic study of the child. Vol 6. New York: Universities Press 1951.

Freud WE. Die Beobachtung der frühkindlichen Entwicklung im Rahmen der psychoanalytischen Ausbildung. Psyche 1976; 30: 723–43.

Freud A. A psychoanalysts view of sexual abuse by parents. In: Sexually abused children and their families. Mrazek PB, Kempe CH (eds). Oxford, New York: Pergamon 1981.

Freud S. Sigmund Freud, Briefe an Wilhelm Fliess 1887–1904. 1985.,Frankfurt: Fischer 1986.

Freud S. Briefe an Wilhelm Fließ 1887–1904. Frankfurt: Fischer 1986.

Freud Sophie. Über drei Bücher von Jeffrey M. Masson. In: Werkblatt „Zeitschrift für Psychoanalyse und Gesellschaftskritik" 1992; 28: 23–41.

Freud S, Abraham K. Briefe 1907–1926. Frankfurt: Fischer 1965.

Freud S, Jung C-G. Briefwechsel. In: Mc Guire W, Sauerländer W (Hrsg). Frankfurt: Fischer 1974.

Frey P. Die Liebe meines Vaters. Annäherungen an einen sexuellen Mißbrauch. Frankfurt: Fischer 1993.

Freyberger HJ, Jantschek G, Schneider W. Die Klassifikation artifizieller Störungen in der ICD–10. In: Diagnostik und Klassifikation nach ICD–10, Kapitel V. Eine kritische Auseinandersetzung. Ergebnisse der ICD–10 Forschungskriterienstudie aus dem Bereich Psychosomatik/Psychotherapie. Schneider W, Freyberger HJ, Muhs A, Schüßler G (Hrsg). Göttingen: Vandenhoeck & Ruprecht 1993; 210–25.

Freyberger H, Nordmeyer JP, Freyberger HJ, Nordmeyer J. Patients suffering from factitious disorders in the clinico-psychosomatic consultation liaison service: Psychodynamic processes, psychotherapeutic initial care and clinico interdisciplinary cooperation. Psychother Psychosom 1994; 61: 108–22.

Freyberger HJ, Drescher S, Dierse B, Spitzer C. Psychotherapeutic outcome among inpatients with neurotic and personality disorders with and without benzodiazepine dependence syndrome. Eur Addict Res 1996; 2: 53–61.

Freyberger HJ, Spitzer C, Stieglitz RD. Fragebogen zu dissoziativen Symptomen (FDS). Manual. Bern: Huber 1999.

Friedman WJ. Development of time concepts in children. In: Advances in child development and behaviour. Reese WH, Lipsett LP (eds). Vol. 12. New York: Academic Press 1978.

Friedman R, Hurt S, Clarkin J, Corn R. Aronoff M. Sexual histories and premenstrual affective syndrome in psychiatric inpatients. Am J Psychiat 1982; 139: 1484–6.

Friedrich WN. Sexual victimization and sexual behavior in children: A review of recent literature. Child Abuse Negl 1993; 17: 59–66.

Friedrich WN, Wheeler KK. The abusing parent revisited: A decade of psychological research. J Nerv Ment Dis 1982; 10: 577–87.

Friedrich WN, Urquiza AJ, Beilke RL. Behavior problems in sexually abused young children. J Pediatr Psychol 1986; 11: 47–57.

Frischholz EJ, Lipman LS, Braun BG, Sachs RG. Psychopathology, hypnotizability, and dissociation. Am J Psychiat 1992; 149: 1521–5.

Frodi AM, Lamb ME. Child abusers' responses to infant smiles and cries. Child Develop 1980; 51: 238–41.

Fromuth ME. The relationship of childhood sexual abuse with later psychological and sexual adjustment in a sample of college women. Child Abuse Negl 1986; 10: 5–15.

Fromuth ME, Burkhart BR. Long-term psychological correlates of childhood sexual abuse in two samples of college men. Child Abuse Negl 1989; 13: 533–42.

Fry R. Adult physical illness and childhood sexual abuse. J Psychosom Res 1993; 37: 89–103.

Fuchs M. Funktionelle Entspannung in der Kindertherapie. München, Basel: Reinhardt 1985.

Fuchs M. Funktionelle Entspannung. 5. Aufl. Stuttgart: Hippokrates 1994.

Funk W. Familien- und Haushaltskontext als Determinanten der Gewalt an Schulen. Ergebnisse der Nürnberger Schüler Studie 1994. Z Familienforsch 1996; 1: 5–45.

Fürniss T. Conflict-avoiding and conflict-regulating patterns in incest and child sexual abuse. Acta Paedopsychiat 1984; 50: 299–313.

Fürniss T. Sexuelle Kindesmißhandlung in der Familie: Präsentation und Folgen in der Adoleszenz. In: Psychiatrie des Pubertätsalters. Nissen G (Hrsg). Bern u.a.O: Huber 1985; 126–38.

Fürniss T. Krisenintervention und Therapie bei sexueller Kindesmißhandlung in der Familie – Erfahrungen aus Großbritannien. In: Kindesmisshandlung. Olbing H, Bachmann KD, Gross R (Hrsg). Köln: Deutscher Ärzte-Verlag 1989; 77–89.

Fürniss T. Arbeit mit Familien. In: Inzest und sexueller Mißbrauch. Beratung und Therapie. Ein Handbuch. Ramin G (Hrsg). Paderborn: Junfermann 1993a.

Fürniss T. Kinder und Familien im traumaorganisierten System von Sexringen. Familiendynamik 1993b; 3: 264–86.

Fürniss T, Phil M. Diagnostik und Folgen sexueller Kindesmißhandlung. Monatsschr Kinderheilkd 1986; 134: 335–40.

Fürniss T, Bingley-Miller L, Van Elburg A. Goal-oriented group treatment for sexually abused adolescent girls. Brit J Psychiat 1988; 152: 97–106.

Furst SS. Psychic trauma. New York, London: Basic Books 1967.

Fürstenau P. Entwicklungsförderung durch Therapie. Grundlagen psychoanalytisch-systemischer Psychotherapie. München: Pfeiffer 1992.

Furstenberg F, Teitler JO. Reconsidering the effects of marital disruption. What happens to children of divorce in early adulthood? J Fam Issues 1994; 15: 173–90.

G

Gaensbauer T, Harmon R. Attachment and affiliative systems under conditions of extreme environmental stress. In: The development of attachment and affiliative systems. Emde R, Harmon R (eds). New York: Plenum Press 1982; 263–80.

Gale J, Thompson RJ, Moran T, Sack WH. Sexual abuse in young children: Its clinical presentation and characteristic patterns. Child Abuse Negl 1988; 12: 163–70.

Gamsa A. Is emotional disturbance a precipitator or a consequence of chronic pain? Pain 1990; 42: 183–95.

Ganzarain R, Buchele B. Countertransference when incest is the problem. Int J Group Psychother 1986; 36: 549–66.

Ganzarain R, Buchele B. Acting out during group psychotherapy for incest. Int J Group Psychother 1987; 37: 185–200.

Garbarino J, Kostelny K. Child maltreatment as a community problem. Child Abuse Negl 1992; 16: 455–64.

Garbarino J, Sherman D. High-risk neighborhoods and high-risk families: The human ecology of child maltreatment. Child Develop 1980; 51: 188–98.

Garbarino J, Guttman E, Seeley JW. The psychologically battered child. San Francisco/CA: Jossey-Bass 1986.

Gardiner M (Hrsg). Der Wolfsmann vom Wolfsmann. Sigmund Freuds berühmtester Fall. Erinnerungen, Berichte, Diagnosen. Frankfurt: Fischer 1972.

Gardiner-Sirtl A. Als Kind mißbraucht. Frauen brechen das Schweigen. München: Mosaik 1983.

Garland J, Jones H, Kolodny R. A model for stages of development in social work groups. In: Explorations in group. Bernstein S (ed). Boston 1965.

Garmezy N. Stress-resistant children: The search for protective factors. In: Stevenson JF (ed). Recent research in developmental psychopathology. Oxford: Pergamon Press 1985; 213–33.

Gartner AF, Gartner J. Borderline pathology in post-incest female adolescents: Diagnostic and theoretical considerations. Bull Menninger Clin 1988; 52: 101–33.

Gast U. Einfluß der Psychoanalyse auf die Erforschung und Behandlung schwerer sexueller Traumata. In: Gesellschaftliche Umbrüche – individuelle Antworten. Aufgaben für die psychosomatische Medizin. Senf W, Heuft G (Hrsg). Frankfurt: VAS 1995.

Gast U. Borderline-Persönlichkeitsstörungen. In: Sexueller Mißbrauch, Mißhandlung, Vernachlässigung. Egle UT, Hoffmann SO, Joraschky P (Hrsg). Stuttgart, New York: Schattauer 1997; 237–58.

Gay P. Freud. Eine Biographie für unsere Zeit. Frankfurt: Fischer 1989.

Gebhard PH, Gagnon JH, Pomeroy WB, Christenson CV. Sex offenders: An analysis of types. New York: Harper & Row 1965.

Gelfand D, Teti D. The effects of maternal depression on children. Clin Psychol Rev 1990; 10: 329–53.

Gelinas DJ. The persisting negative effects of incest. Psychiat 1983; 46: 312–26.

Gelles RJ, Harrop JW. The risk of abusive violence among children with nongenetic caretakers. Family Relations 1991; 40: 78–83.

Gentry WD, Shows ND, Thomas M. Chronic low-back pain: A psychological profile. Psychosomatics 1974; 15: 174–7.

George C, Main M. Social interactions of young abused children: Approach, avoidance, and aggression. Child Develop 1979; 50: 306–18.

Geuter U. Bibliographie. Deutschsprachige Literatur zur Körperpsychotherapie. Berlin: Simon & Leutner 1998.

Giarretto H. Humanistic treatment of father-daughter-incest. In: Child abuse and neglect: The family and the community. Helfer R, Kempe CH (eds). Cambridge/MA: Ballinger 1976.

Gidro-Frank L, Gordon TH, Taylor H. Pelvic pain and female identity: A survey of emotional factors in fourty patients. Am J Obstet Gynecol 1960; 79: 1184–202.

Gildenberg PL, DeVaul RA. The chronic pain patient. Basel: Karger 1985.

Giovannoni J. Definitional issues in child maltreatment. In: Child maltreatment. Cicchetti D, Carlson V (eds). Cambridge, New York: Cambridge University Press 1989; 3–37.

Glaser D. Treatment issues in child sexual abuse. Brit J Psychiat 1991; 159: 769–82.

Glenn J. Psychic trauma and masochism. JAPA 1984; 32: 357–86.

Goffman E. Stigma. Notes on the management of spoiled identity. Englewood Cliffs/NJ: Prentice-Hall 1963. Deutsch: Stigma. Über Techniken der Bewältigung beschädigter Identität. Frankfurt: Suhrkamp 1988.

Gold ER. Long-term effects of sexual victimization in childhood: An attributional approach. J Consult Clin Psychol 1986; 54: 471–5.

Goldberg S, Corter C, Lojkasek M, Minde K. Prediction of behavior problems in 4-year-olds born prematurely. Develop Psychopathol 1990; 2: 15–30.

Goldblatt M, Munitz H. Behavioral treatment of hysterical leg paralysis. J Beh Ther Exp Psychiat 1976; 7: 259–63.

Goldfarb LA. Sexual abuse antecedent to anorexia nervosa, bulimia, and compulsive overeating: Three case reports. Int J Eating Disorders 1987; 6: 675–80.

Goldman SJ, D'Angelo EJ, DeMaso DR, Mezzacappa E. Physical and sexual abuse histories among children with borderline personality disorder. Am J Psychiat 1992; 149: 1723–6.

Gold-Steinberg S, Buttenheim MC. „Telling one's story" in an incest survivor group. Int J Group Psychother 1993; 43: 173–89.

Goodwin J. Post-traumatic symptoms in incest victims. In: Post traumatic stress disorder in children. Eth S, Pynoos R (eds). Washington/DC: American psychiatric press 1985; 155–68.

Goodwin J. Sexual abuse. Incest victims and their families. Chicago, London: Year Book Med Publishers 1989.

Goodwin JM, Talwar N. Group psychotherapy for victims of incest. Psychiat Clin North Am 1989; 12: 279–92.

Goodwin J, Simms M, Bergmann R. Hysterical seizures: A sequel to incest. Am J Orthopsychiat 1979; 49: 698–703.

Goodwin J, McCarthy T, DiVasto P. Prior incest in mothers of abused children. Child Abuse Negl 1981; 5: 87–95.

Gorcey M, Santiago JM, McCall-Perez F. Psychological consequences for women sexually abused in childhood. Social Psychiat 1986; 21: 129–33.

Gordon M. The family environment of sexual abuse: A comparison of natal and stepfather abuse. Child Abuse Negl 1989; 13: 121–30.

Götter W. Psychogene Anfälle und Schulschwierigkeiten bei einem türkischen Mädchen. In: Psychosomatische Medizin und Psychotherapie. Feiereis H, Saller R (Hrsg). München: Marseille 1995; 411–8.

Gottlieb B, Dean J. The co-therapy relationship in group-treatment of sexually abused adolescent girls. In: Sexually abused children and their families. Mrazek PB, Kempe CH (eds). Oxford, New York: Pergamon 1981.

Grawe K, Grawe-Gerber M. Ressourcenaktivierung. Ein primäres Wirkprinzip der Psychotherapie. Psychotherapeut 1999; 2: 63–73.

Gray P. The Ego and analysis of defense. Northvale/NJ, London: Aronson 1994.

Green A. Self-destructive behaviour in battered children. Am J Psychiat 1978; 135: 579–83.

Green A. Die tote Mutter. 1983. Psyche 1993; 47: 205–40.

Green AH. Child sexual abuse: Immediate and long-term effects and intervention. J Am Acad Child Adolesc Psychiat 1993; 32: 890–902.

Greenwald E, Leitenberg H, Cado S, Tarran M. Childhood sexual abuse: Long term effects on psychological and sexual functioning in a nonclinical and nonstudent sample with adult women. Child Abuse Negl 1990; 14: 503–13.

Gribble PA, Cowen EL, Wyman PA, Work WC, Wannon M, Raoof A. Parent and child views of parent-child relationship qualities and resilient outcomes among urban children. J Child Psychol Psychiat 1993; 34: 507–19.

Gröbel J, Gleich U. Gewaltprofil des deutschen Fernsehprogramms. Opladen: Leske und Budrich 1993.

Groen JJ. Das Syndrom des sogenannten „unbehandelbaren Schmerzes". Psychother med Psychol 1984; 34: 27–32.

Gross M. Incestuous rape: A cause for hysterical seizures in four adolescent girls. Am J Orthopsychiat 1979; 49: 704–8.

Gross RJ, Doerr H, Caldirola D, Guzinski GM, Ripley HS. Borderline syndrome and incest in chronic pelvic pain patients. Int J Psychiatry Med 1980/1981; 10: 79–96.

Grossmann KE, Grossmann K. Attachment quality as an organizer of emotional and behavioral responses in a longitudinal perspective. In: Attachment across the life cycle. Parkes CM, Stevenson-Hinde J, Marris P (eds). London, New York: Tavistock/Routledge 1991; 93–114.

Grossmann KE, August P, Fremmer-Bombik E, Friedl A, Grossmann K, Scheuerer-Englisch H, Spangler G, Stephan C, Suess G. Die Bindungstheorie: Modell und entwicklungspsychologische Forschung. In: Handbuch der Kleinkindforschung. Keller H (Hrsg). Berlin: Springer 1989; 31–55.

Groth NA. Men who rape: The psychology of the offender. New York: Plenum 1979.

Groth NA, Burgess AW. Sexual trauma in the life histories of rapists and child molesters. Victimology 1979; 4: 10–6.

Grotjahn M. Freuds klassische Fälle. Berichte über ihr weiteres Ergehen. In: Kindlers „Psychologie des 20. Jahrhunderts". Tiefenpsychologie. Weinheim, Basel: Beltz 1983.

Gruber KJ, Jones RJ. Identifying determinants of risk of sexual victimization of youth: A multivariate approach. Child Abuse Negl 1983; 7: 17–24.

Grubrich-Simitis I. Extrem-Traumatisierung als kumulatives Trauma. Psyche 1979; 33: 991–1023.

Grubrich-Simitis I. Vom Konkretismus zur Metaphorik. Gedanken zur psychoanalytischen Arbeit mit Nachkommen der Holocaust-Generation. Psyche 1984; 38: 1–28.

Grubrich-Simitis U. Es war nicht der „Sturz aller Werte". Gewichtungen in Freuds ätiologischer Theorie. In: Trauma und Konflikt. Schlösser AM, Höhfeld K (Hrsg). Gießen: Psychosozial-Verlag 1998; 97–112.

Grunert J. Intimität und Abstinenz in der psychoanalytischen Allianz. Jahrb Psychoanal 1989; 25: 203–35.

Gunderson JG, Sabo AN. The phenomenological and conceptual interface between borderline personality disorder and PTSD. Am J Psychiat 1993; 150: 19–27.

Gunderson JG, Kerr J, Englund E. The families of borderlines: A comparative study. Arch Gen Psychiat 1980; 37: 27–33.

Gunderson JG, Kolb JE, Austin V. The diagnostic interview for borderline patients. Am J Psychiat 1981; 183: 896–903.

Gutheil TG, Avery NC. Multiple overt incest as family defense against loss. Fam Proc 1977; 16: 105–16.

Guthrie E, Creed F, Dawson D, Tomenson B. A randomised controlled trial of psychotherapy in patients with refractory irritable bowel syndrome. Br J Psychiatry 1993; 163: 315–21.

Gutjahr K, Schrader A. Safe, strong, free. Pädagogik extra & demokratische Erziehung 1988; November: 9–10.

H

Habermehl A. Gewalt in der Familie. Dissertationsschrift. Bielefeld 1989.

Hafeiz HB. Hysterical conversion: A prognostic study. Brit J Psychiat 1980; 136: 548–51.

Haley J. Leaving home. New York: McGraw-Hill 1980. Deutsch: Ablösungsprobleme Jugendlicher. München: Pfeiffer 1988.

Halpern R. Poverty and infant development. In: Handbook of infant mental health. Zeanah C (ed). New York: Guilford Press 1993; 73–86.

Hamburger A. Übertragung und Gegenübertragung. In: Psychoanalyse. Ein Handbuch in Schlüsselbegriffen. Mertens W (Hrsg). München, Wien: Urban & Schwarzenberg 1983; 159–66.

Hardtmann G. Konfliktfähigkeit und Gewaltfreiheit. Unveröffentlichtes Manuskript 1993.

Harris TO, Brown GW, Bifulco A. Loss of parent in childhood and adult psychiatric disorder: A tentative overall model. Dev Psychopathol 1990; 2: 311–28.

Harter S, Alexander PC, Neimeyer RA. Long-term effects of incestuous child abuse in child abuse in college women: Social adjustment, social cognition and family characteristics. J Consult Clin Psychol 1988; 56: 5–8.

Hartman C, Burgess A. Sexual abuse of children: Causes and consequences. In: Child maltreatment. Theory and research on the causes and consequences of child abuse and neglect. Cicchetti D, Carlson V (eds). Cambridge University Press 1989; Cambridge: 95–128.

Hartwig L. Sexuelle Gewalterfahrungen von Mädchen. Weinheim: Beltz 1990.

Hawkins WE, Duncan DF. Children's illnesses as risk factors for child abuse. Psychological Reports 1985; 56: 638.

Haynal A. The concept of trauma and ist present meaning. Int Rev Psychoanal 1989; 16: 315–322. Deutsch: Die Geschichte des Trauma-Begriffs und seine gegenwärtige Bedeutung. Z Psychoanal Theor Prax 1989; 4: 322–33.

Haynes-Seman C, Krugman RD. Sexualized attention: Normal interaction or precursor to sexual abuse? Am J Orthopsychiat 1989; 59: 238–45.

Hazzard A, Rogers JH, Angert L. Factors affecting group therapy outcome for adult sexual abuse survivors. Int J Group Psychother 1993; 43: 453–68.

Hédervári, É. Bindungsbeziehung und kindliche Verhaltensstrategien bei kurzen Trennungen von der Mutter im Entwicklungszeitraum vom 12. bis 36. Lebensmonat – eine empirische Studie. Weinheim: Deutscher Studienverlag 1995.

Hehl FJ, Werkle R. Eine retrospektive Untersuchung von familiären Beziehungsstrukturen bei sexuellem Mißbrauch. Z Familienforsch 1993; 5: 215–48.

Heigl F, Heigl-Evers A, Ott J. Lehrbuch der Psychotherapie. Stuttgart: Fischer 1993.

Heigl-Evers A. Konzepte der analytischen Gruppentherapie. 2. Aufl. Göttingen: Vandenhoeck & Ruprecht 1978.

Heigl-Evers A. Die psychoanalytisch-interaktionelle Methode zur Behandlung strukturell frühgestörter Patienten, expliziert am Vergleich der psychoanalytisch-deutenden und der psychoanalytisch-antwortenden Vorgehensweise. In: Blick und Widerblick. Heigl-Evers A, Günther P (Hrsg). Göttingen: Vandenhoeck & Ruprecht 1994; 51–8.

Heigl-Evers A, Heigl F. Gruppentherapie: Interaktionell – tiefenpsychologisch fundiert (analytisch orientiert) – psychoanalytisch. Gruppenpsychotherapie und Gruppendynamik 1973; 7: 132–57.

Heigl-Evers A, Heigl F. Das Göttinger Modell der Anwendung der Psychoanalyse in Gruppen unter besonderer Berücksichtigung der psychoanalytisch-interaktionellen Methode. Gruppenpsychotherapie und Gruppendynamik 1994; 30: 1–29.

Heigl-Evers A, Ott J. Die psychoanalytisch-interaktionelle Methode. Theorie und Praxis. Göttingen: Vandenhoeck & Ruprecht 1994.

Heigl-Evers A, Schultze-Dierbach E. Überlegungen zur Indikation von Einzel- und Gruppentherapie bei Suchtkranken, insbesondere bei Alkoholkranken. Sozialtherapie in der Praxis II. Kassel: 1983.

Heigl-Evers A, Schultze-Dierbach E. Gruppenpsychotherapie. In: Psychotherapie. Ein Handbuch. Toman W, Egg R (Hrsg). Bd. 2. Stuttgart: Kohlhammer 1985; 154–89.

Heimann H. Ärztliche Gesprächsführung und Psychotherapie mit depressiven Patienten. Therapiewoche 1991; 41: 99–103.

Heimann H. Depression, ein psychopathologisches Chamäleon? In: Depression. Lungershausen E, Joraschky P (Hrsg). Berlin u.a.O: Springer 1993; 17–32.

Heims L, Kaufman J. Variations on a theme of incest. Am J Orthopsychiat 1963; 33: 311–2.

Heinl H. Die gruppentherapeutische Behandlung des Fibromyalgiesyndroms. In: Psychosomatik der Bewegungsorgane. Merholz JM, van der Mei SH (Hrsg). Frankfurt, Berlin, Bern, New york, Paris, Wien: Lang 1998; 93–123.

Heitmeyer W. Desintegration und Gewalt. Z Jugendarbeit 1992; 3: 109–22.

Heitmeyer W. Gesellschaftliche Desintegrationsprozesse als Ursachen von fremdenfeindlicher Gewalt und politischer Paralysierung. Aus Politik und Zeitgeschichte. Beilage zur Wochenzeitung „Das Parlament" 1993; B2-3: 3–13.

Hensch T, Teckentrup G. Schreie lautlos. Mißbraucht in Therapien. Freiburg: Kore 1993.

Herman JL. Father-daughter-incest. Cambridge/MA: Harvard Univ. Press 1981.

Herman JL. Complex PTSD: A syndrom of survivors of prolonged and repeated trauma. J Traumatic Stress 1992; 5: 377–91.

Herman JL. Die Narben der Gewalt. Traumatische Erfahrungen verstehen und überwinden. München: Kindler 1994. Original: Trauma and Recovery. New York: Basic Books 1992.

Herman JL, Hirschman L. Families at risk for father-daughter incest. Am J Psychiat 1981; 138: 967–70.

Herman JL, Schatzow E. Time-limited group therapy for women with a history of incest. Int J Group Psychother 1984; 34: 605–16.

Herman JL, Schatzow E. Recovery and verification of memories of childhood sexual trauma. Psychoanal Psychol 1987; 4: 1–14.

Herman JL, Russel D, Trocki K. Long-term effects of incestuous abuse in childhood. Am J Psychiat 1986; 143: 1293–6.

Herman JL, Perry JC, van der Kolk BA. Childhood trauma in borderline personality disorder. Am J Psychiat 1989; 146: 490–5.

Herpertz S, Saß H. Offene Selbstbeschädigung. Nervenarzt 1994; 65: 296–306.

Herpertz S, Gretzer A, Mühlbauer V, Steinmeyer EM, Saß H. Experimenteller Nachweis mangelnder Affektregulation bei Patientinnen mit selbstbeschädigendem Verhalten. Nervenarzt 1998; 69: 410–18.

Herrenkohl E, Herrenkohl R. A comparison of abused children and their nonabused siblings. J Am Acad Child Psychiat 1979; 18: 260–9.

Herrenkohl EC, Herrenkohl RC, Toedter LJ. Perspectives on the intergenerational transmission of abuse. In: The dark side of families: Current family violence research. Finkelhor D, Gelles RJ, Hotaling GT, Straus MA (eds). Beverly Hills/CA: Sage 1983; 303–16.

Herrenkohl EC, Herrenkohl R, Egolf M. Resilient early school-age children from maltreating homes: Outcomes in late adolescence. Am J Orthopsychiatry 1994; 64: 301–9.

Hess RD, Camera KA. Post-divorce family relationships as mediating factors in the consequences of divorce for children. J Social Issues 1979; 35: 79–96.

Hetherington EM, Cox M, Cox R. Effects of divorce on parents and children. In: Non-traditional families. Lamb ME (ed). Hillsdale/NJ: Erlbaum 1982.

Hildebrand E. Therapie erwachsener Frauen, die in ihrer Kindheit inzestuösen Vergehen ausgesetzt waren. In: Sexueller Mißbrauch von Kindern in Familien. Backe L, Leick N, Merrick J, Michelsen N (Hrsg). Köln: Deutscher Ärzte-Verlag 1986; 52–68.

Hilton VW. Die Arbeit mit der sexuellen Übertragung. In: Schock und Berührung. Körper und Seele. Bd 3. Hoffmann-Axthelm D (Hrsg). Oldenburg: Trans Form 1992; 79–89.

Hirsch M. Onanieverbot und realer Inzest als klassische double-bind-Situation. Vortrag, gemeinsamer Konkreß DGPPT/ÄÄGP, Düsseldorf, 27.–29.9.1985.

Hirsch M. Inzest und Narzißmus. Forum Psychoanal 1987a; 4.

Hirsch M. Realer Inzest. Psychodynamik sexuellen Mißbrauchs in der Familie. 1987b. 3. Aufl. Berlin: Springer 1994.

Hirsch M. Inzest zwischen Phantasie und Realität. Z Sexualforsch 1988; 1: 206–21.

Hirsch M. Der eigene Körper als Objekt. In: Der eigene Körper als Objekt. Zur Psychodynamik selbstdestruktiven Körperagierens. Hirsch M (Hrsg). Berlin u.a.O: Springer 1989a.

Hirsch M. Psychogener Schmerz als Repräsentant des Mutter-Objekts. Psychother Med Psychol 1989b; 39: 202–8.

Hirsch M. Psychogener Schmerz. In: Der eigene Körper als Objekt. Zur Psychodynamik selbstdestruktiven Körperagierens. Hirsch M (Hrsg). Berlin u.a.O: Springer 1989c; 278–306.

Hirsch M. Inzest und Psychoanalyse. In: Inzest und sexueller Mißbrauch. Beratung und Therapie. Ein Handbuch. Ramin G (Hrsg). Paderborn: Junfermann 1993a; 105–27.

Hirsch M. Latenter Inzest. Psychosozial 1993b; 54: 25–40.

Hirsch M. Psychoanalytische Therapie mit Opfern inzestuöser Gewalt. Jahrb Psychoanal 1993c; 31: 132–47.

Hirsch M. Zur narzißtischen Dynamik sexueller Beziehungen in der Therapie. Forum Psychoanal 1993d; 9: 303–17.

Hirsch M. Realer Inzest. Psychodynamik sexuellen Mißbrauchs in der Familie. 3. Aufl. Berlin: Springer 1994.

Hirsch M. Aggression und Autoaggression in der transgenerationalen Inzest-Dynamik. In: Aggression am Ende des Jahrhunderts. Psychoanal. Blätter. Bd 1. Wiesse J (Hrsg). Göttingen, Zürich: Vandenhoeck & Ruprecht 1994.

Hirsch M. Fremdkörper im Selbst – Introjektion von Verlust und traumatischer Gewalt. Jahrb Psychoanal 1995.

Hobbs CJ, Wynne JM. Sexual abuse of english boys and girls: The importance of anal examination. Child Abuse Negl 1989; 13: 195–210.

Hobbs CJ, Wynne JM, Hanks HGI. Sexual abuse. Serials: Child Protection. Current Paediatrics 1991; I: 157–65.

Hobson R. The forms of feeling: The heart of psychotherapy. London: Routledge 1990.

Hodges J, Tizard B. IQ and behavioral adjustment of ex-institutional adolescents. J Child Psychol Psychiat 1989a; 30: 53–75.

Hodges J, Tizard B. Social and family relationships of ex-institutional adolescents. J Child Psychol Psychiat 1989b; 30: 77–97.

Hoffer W. The mutual influences in the development of ego and id: Earliest stages. Psychoanal Study Child 1952; 7: 31–41.

Hoffmann SO. Die Zwangsneurose. In: Psychiatrie. Bd 2 (Kindlers Psychologie des 20. Jahrhunderts). Peters UH (Hrsg). Weinheim, Basel: Beltz 1983; 221–39.

Hoffmann SO. Die sogenannte frühe Störung. Prax Psychother Psychosom 1986; 31: 179–90.

Hoffmann SO. Angststörungen. Psychotherapeut 1994; 39: 2–32.

Hoffmann SO. Die Dissoziation. Neue Aktualität für ein altes klinisches Konzept. In: Sichtweisen der Psychiatrie. Kockott G, Möller H-J (Hrsg). München u.a.O: Zuckschwerdt Verlag 1994; 16–24.

Hoffmann SO. Somatisierung und Somatisierungsstörung. Deutsches Ärzteblatt 1994; 91: 113–7.

Hoffmann SO, Bassler M. Psychodynamik und Psychotherapie von Angsterkrankungen. Nervenheilkunde 1992; 11: 8–11.

Hoffmann SO, Egle UT. Der psychogen und psychosomatisch Schmerzkranke. Entwurf zu einer psychoanalytisch orientierten Nosologie. Psychother Med Psychol 1989; 39: 193–201.

Hoffmann SO, Hochapfel G. Neurosenlehre, psychotherapeutische und psychosomatische Medizin. Stuttgart, New York: Schattauer 1995.

Hoffmann-Axthelm D. Der Stein auf der Brust. In: Schock und Berührung. Körper und Seele Bd 3. Hoffmann-Axthelm D (Hrsg). Oldenburg: Trans Form 1992; 137–56.

Hoffmann-Axthelm D. Schock auf doppeltem Boden. Zur Verletzung von Selbst und Selbstwert. In: Schock und Berührung. Körper und Seele. Bd 4. Hoffmann-Axthelm D (Hrsg). Oldenburg: Trans Form 1994; 135–59.

Hoffmann-Axthelm D. Die Wiederkehr des Monsters. In: Verführung, Trauma und Mißbrauch (1896–1996). Richter-Appelt H (Hrsg). Gießen: psychosozial 1997; 69–90.

Holden NL. Is anorexia nervosa an obsessive-compulsive disorder? Br J Psychiat 1990; 157: 1–5.

Holderegger H. Der Umgang mit dem Trauma. Stuttgart: Klett-Cotta 1993.

Honig MS. Verhäuslichte Gewalt. Frankfurt: Suhrkamp 1986.

Honig MS. Verhäuslichte Gewalt. Mit einem Nachwort zur Taschenbuchausgabe 1992: Sexuelle Ausbeutung von Kindern. Frankfurt: Suhrkamp 1992; 368–431.

Hontschik B. Die Appendektomie als mechanische Psychotherapie. In: Sozio-psycho-somatik. Gesellschaftliche Entwicklung und psychosomatische Medizin. Söllner W, Wesiack W, Wurm B (Hrsg). Berlin u.a.O: Springer 1989; 237–245.

Horesh N, Apter A, Lepkifker E, Rotzoni G, Weizmann R, Tyano S. Life events and severe anorexia nervosa in adolescence. Acta Psychiat Scand 1995; 91: 5–9.

Horevitz RP, Braun BG. Are multiple personalities borderline? Psychiat Clin North Am 1984; 7: 69–87.

Hornstein NL, Putnam FW. Clinical phenomenology of child and adolescent dissociative disorders. J Am Acad Child Adolesc Psychiat 1992; 31: 1077–85.

Horowitz MJ. Stress response syndromes. New York: Aronson 1976.

Horowitz MJ. The effects of psychic trauma on mind: Structure and processing of meaning. In: Interface of psychoanalysis and psychology. Barron JW, Eagle MN, Wolitzky DL (eds). Washington/DC: American Psychological Association 1992; 489–515.

Horowitz MJ. Stress-response syndromes: A review of posttraumatic stress und adjustment disorder. In: International handbook of traumatic stress syndromes. Wilson JP, Raphael B (Hrsg). New York, London: Plenum 1993; 49–60.

Horowitz MJ, Wilner N, Alvarez W. Impact-of-Event-Scale: A study of subjective stress. Psychosom Med 1979; 41: 209–18.

Huber M. Multiple Persönlichkeiten. Überlebende extremer Gewalt. Ein Handbuch. Frankfurt: Fischer 1995.

Huesmann LR (ed). Aggressive behavior: Current perspectives. New York: Plenum Press 1994.

Hultberg P. Scham – eine überschattete Emotion. Analytische Psychologie 1987; 18: 84–104.

Hunter R, Kilstrom N. Breaking the cycle in abusive families. Am J Psychiat 1979; 136: 1320–2.

Hunter RS, Kilstrom N, Kraybill EN, Loda F. Antecedents of child abuse and neglect in premature infants: A prospective study in a newborn intensive care unit. Pediatrics 1978; 61: 629–35.

Hurrelmann K. Gewalt ist immer eine „soziale Krankheit" der ganzen Gesellschaft. Reale und medial vermittelte Erfahrungen von Gewalt im Jugendalter. Z Ges Medienpäd Kommunikationsentw 1993; 35: 2–16.

I

Imbierovicz K, Egle UT. Childhood adversities in fibromyalgia patients. A controlled retrospective study. Eur J Pain (in preparation)

Ireland T, Widom CS. Childhood victimization and risk for alcohol and drug arrests. Int J Addiction 1994; 29: 235–74.

Irwin HJ. Proneness to dissociation and traumatic childhood events. J Nerv Ment Dis 1994; 182: 456–60.

Israel L. Die unerhörte Botschaft der Hysterie. 1976. München: Reinhardt 1986.

J

Jackson JL, Calhoun KS, Amick AE, Maddever HM, Habif VL. Young adult women who report childhood intrafamiliar sexual abuse: Subsequent adjustement. Arch Sex Behav 1990; 19: 211–21.

Jacobson A. Assault experiences of 100 psychiatric inpatients; evidence of the need for routine enquiry. Am J Psychiat 1987; 144: 908–13.

Jang KL, Paris J, Zweig-Frank H, Livesley WJ. Twin study of dissociative experience. J Nerv Ment Dis 1998; 186: 345–51.

Janus MD, Mc Cormack A, Burgess AW. Youth prostitution. In: Child pornography and sex rings. Burgess AW (Hrsg). Kentucky: Lexington 1984; 127–46.

Jarczyk B, Rosenthal G. „Gewalt" und Erziehungsberatung. Prax Kinderpsychol Kinderpsychiatr 1994; 43: 163–9.

Jaycox LH, Foa EB, Morrall AR. Influence of emotional engagement and habituation on exposure therapy for PTSD. J Consult Clin Psychol 1998; 66: 185–92.

Jehu D. Sexual dysfunctions among women who were sexually abused in childhood. Behav Psychoth 1989; 17: 53–70.

Jerschke S, Meixner K, Richter H, Bohus M. Zur Behandlungsgeschichte und Versorgungssituation von Patientinnen mit Borderline-Persönlichkeitsstörung in der Bundesrepublik Deutschland. Fortschr Neurol Psychiatr 1998; 66: 545–52.

Johnson TC. Child perpetrators – children who molest other children: Preliminary findings. Child Abuse Negl 1988; 12: 219–29.

Johnston-Krentz M. The sexually mistreated children: Diagnostic evaluation. Child Abuse Negl 1979; 3: 943–51.

Jones E. Das Leben und Werk von Sigmund Freud. 1960. Bd I-III. Bern u.a.O: Huber 1982.

Jones E. Sigmund Freud. Leben und Werk. Bd 2. München: Deutscher Taschenbuch Verlag 1984.

Joraschky P. Das Körperschema und das Körper-Selbst als Regulationsprinzipien der Organismus-Umwelt-Interaktion. München: Minerva 1983.

Joraschky P. Die Bedeutung der Partnerschaft für Entstehung und Verlauf der Depression in der Involution. In: Affektive Psychosen. Lungershausen E (Hrsg). Stuttgart, New York: Schattauer 1990; 238–42.

Joraschky P. Analytische Psychotherapie der Depression. In: Depression. Lungershausen E, Joraschky P (Hrsg). Berlin u.a.O: Springer 1993; 127–41.

Joraschky P. Körperbild und Sprache. In: Beschreibungen in der Naturwissenschaft. Kötter K, Schneider H (Hrsg). Regensburg: Roderer 1995.

Joraschky, P. Zur Rehabilitation von Angstkrankheiten. Nervenheilkunde 1996; 15: 294–9.

Joraschky P, Cierpka M. Zur Diagnostik der Grenzenstörungen. In: Handbuch der Familiendiagnostik. Cierpka M (Hrsg). Heidelberg u.a.O: Springer 1987.

Jores A. Der Kranke mit psychovegetativen Störungen. Göttingen: Vandenhoeck & Ruprecht 1973.

Jung C-G. Die Freud'sche Hysterie. GW IV. Olten: Walter 1907; Abs. 53–8.

Jungjohann EE. Kindesmißhandlungen. Die Ärztliche Kinderschutzambulanz Düsseldorf – Konzept, Arbeitsweise, Ergebnisse und Defizite des Kinderschutzes. Rheinisches Ärzteblatt 1992; 4: 137–49.

Jungjohann EE. Thiemann Praxis-Leitfaden: Hilfen für mißhandelte Kinder. Ratingen: edition medical communication 1993.

Jürgens A. Die Behandlung multipler Persönlichkeiten in der Klinik. Erfahrungen aus Deutschland. In: Multiple Persönlichkeiten. Überlebende extremer Gewalt. Ein Handbuch. Huber M (Hrsg). Frankfurt: Fischer 1995; 354–71.

Justice B, Justice R. The broken taboo: Sex in the family. New York: Human Sciences Press 1979.

K

Kaiser G. Kriminologie. 9. Aufl. Heidelberg, Karlsruhe: Müller 1993.

Kantner J, Söllner W, Rumplmair W, Wurm B, Bergant A, Huter O. Schmerzen im Unterleib. Sexualmedizin 1992; 21: 256–65.

Kapfhammer HP, Rothenhäuser HB, Dietrich E, Dobmeier P, Mayer C. Artifizielle Störungen – Zwischen Täuschung und Selbstschädigung. Nervenarzt 1998; 69: 401–9.

Karcher S. „Auf der Suche ... Ein Mensch ist verlorengegangen, und er findet sich nicht mehr,". KBT mit Menschen, die Folter überlebt haben. Zeitschrift des Deutschen Arbeitskreises für Konzentrative Bewegungstherapie (DAKBT) 1998; 29: 28–58.

Karcher S. „In meinen Fingerspitzen habe ich keine Seele mehr". Körperpsychotherapie mit Folterüberlebenden. In: Folter. Graessner S, Gurris N, Pross C (Hrsg). München: Beck 1996; 99–128.

Katan A. Children who were raped. Psychoanal Study Child 1973; 28: 208–24.

Kauffman C, Grunebaum H, Cohler B, Gamer E. Superkids: Competent children of psychotic mothers. Am J Psychiat 1979; 136: 1398–1402.

Kaufman J, Zigler E. Do abused children become abusive parents? Am J Orthopsychiat 57: 1987; 186–92.

Kaufman J, Zigler E. The intergenerational transmission of child abuse. In: Child maltreatment. Cicchetti D, Carlson V (eds). Cambridge, New York: Cambridge University Press 1989; 129–50.

Kaufman J, Zigler E. The intergenerational transmission of abuse is overstated. In: Current controversies on family violence. Gelles RJ, Loseke DR (eds). London: Sage 1993; 209–21.

Kaufman J, Peck AL, Tagiuri CK. The family constellation and overt incestuous relations between father and daughter. Am J Orthopsychiat 1954; 24: 266–79.

Kaufman J, Cook A, Arny L, Jones B, Pittinsky T. Problems defining resiliency: llustrations from the study of maltreated children. Develop Psychopathol 1994; 6: 215–29.

Kavemann B, Lohstöter I. Väter als Täter. Sexuelle Gewalt gegen Mädchen. Reinbek: Rowohlt 1984.

Kavemann B, Lohstöter I. Plädoyer für das Recht von Mädchen auf sexuelle Selbstbestimmung. Opladen: 1985.

Keilson H. Sequentielle Traumatisierung bei Kindern. Stuttgart: Enke 1979.

Keller RA, Cicchinelli LF, Gardner DM. Characteristics of child sexual abuse treatment programs. Child Abuse Negl 1989; 13: 361–7.

Kelly L. The connections between disability and child abuse: A review of the research evidence. Child Abuse Rev 1992; 1: 157–67.

Kempe CH, Silverman FN, Steele BB, Droegemueller W, Silver HK. The battered child syndrome. JAMA 1962; 181: 17–24.

Kempe RS, Kempe CH. Kindesmißhandlung. 1978. Stuttgart: Klett-Cotta 1980.

Kempe RS, Kempe CH. The common secret: Sexual abuse of children and adolescents. New York: Freeman 1984.

Kendall-Tackett KA, Meyer-Williams L, Finkelhor D. Die Folgen von sexuellem Mißbrauch bei Kindern: Review und Synthese neuerer empirischer Studien. In: Sexueller Mißbrauch: Überblick, Forschung, Beratung und Therapie. Amann G, Wipplinger R (Hrsg.). Tübingen: DGVT Verlag 1997; 151–86.

Kendall-Tackett KA, Williams LM, Finkelhor D. Impact of sexual abuse on children: A review and synthesis of recent empirical studies. Psychol Bull 1993; 113: 164–80.

Kendler KS. Parenting: A genetic-epidemiologic perspective. Am J Psychiatry 1996; 153: 11–20.

Kendler KS, Silbert J, Neale MC, Kessler RC. The family history method: Whose psychiatric history is measured? Am J Psychiatry 1991; 148: 1501–4.

Kent A, Waller G, Dagnan D. A greater role of emotional than physical or sexual abuse in predicting disordered eating attitudes: The role of mediating variables. Int J Eat Disord 1999: 25: 159–67.

Kernberg OF. Borderline-Störung und Pathologischer Narzißmus. Frankfurt: Suhrkamp 1978. Original: Borderline conditions and pathological narcissism. New York: Aronson 1975.

Kernberg OF. Zur Theorie der psychoanalytischen Psychotherapie. Psyche 1981; 35: 675–704.

Kernberg OF. Schwere Persönlichkeitsstörungen: Theorie, Diagnose, Behandlungsstrategien. Klett-Cotta Stuttgart: 1989. Original: Severe personality disorder. New Haven, London: Yale University Press 1984.

Kernberg OF (Hrsg). Narzißtische Persönlichkeitsstörungen. Stuttgart, New York: Schattauer 1996.

Kernberg OF, Selzer MA, Koenigsberg HW, Carr AC, Appelbaum AH. Psychodynamische Therapie bei Borderline-Patienten. Bern: Huber 1993. Original: Psychodynamik psychotherapie of borderline patients. New York: Basic Book 1989.

Kerz-Rühling I. Nachträglichkeit. Psyche 1993; 47: 911–33.

Kessler RC. Epidemiology of psychiatric comorbidity. In: Textbook in psychiatric epidemiology. Tsuang MT, Tohan M, Zahner GEP (eds). New York: Wiley-Liss 1995.

Kessler RC, Davis CG, Kendler KS. Childhood adversity and adult psychiatric disorder in the US National Comorbidity Survey. Psychol Med 1997; 27: 1101–19.

Kestenberg JS. From organ-object imagery to self and object representation. In: Seperation – Individuation: Essays in honor of Margarete S. Mahler. McDevitt, Settlage (eds). New York: Univ. Press 1971.

Kestenberg JS. Kinder von Überlebenden der Nazi-Verfolgung. Psyche 1974; 28: 249–65.

Kestenberg JS. Neue Gedanken zur Transposition. Klinische, therapeutische und entwicklungsbedingte Betrachtungen. Jahrb Psychoanal 1989; 24: 163–89.

Kestenberg JS. Spätfolgen bei verfolgten Kindern. Psyche 1993; 47: 730–42.

Khan M, Sexton M. Sexual abuse of young children. Clin Pediatr (Phila) 1983; 22 (5): 369–72.

Khan MMR. The concept of cumulative trauma. Psychoanal Study Child 1963; 18: 286–306.

Khan MMR. Der Groll des Hysterikers. 1975. Forum Psychoanal 1988; 4: 169–76.

Kilpatrick AC. Childhood sexual experiences: Problems and issues in studying long-range effects. J Sex Res 1987; 23: 173–96.

Kimble CR, Oepen G, Weinberg E, Williams AA, Zanarini MC. Neurological vulnerability and trauma in borderline personality disorder. In: Role of sexual abuse in the etiology of borderline personalty disorder. Zanarini MC (ed). Washington DC: American Psychiatric Press 1997; 165–80.

King DW, Gallagher BB, Murvin AJ, Smith DB, Marcus DJ, Hartlage LC, Ward LC. Pseudoseizures: Diagnostic evaluation. Neurol 1982; 32: 18–23.

Kinsey D. Das sexuelle Verhalten der Frau. Opladen 1966.

Kinzl H. Die Bedeutung der Familienstruktur für die Langzeitfolgen von sexuellem Mißbrauch. In: Sexueller Mißbrauch: Überblick, Forschung, Beratung und Therapie. Amann G, Wipplinger R (Hrsg). Tübingen: DGVT Verlag 1997; 140–50.

Kinzl JF, Biebl W, Hinterhuber H. Die Bedeutung von Inzesterlebnissen für die Entstehung psychiatrischer und psychosomatischer Erkrankungen. Nervenarzt 1991; 62: 565–9.

Kinzl JF, Traweger C, Guenther V, Biebl W. Family background and sexual abuse associated with eating disorders. Am J Psychiat 1994; 151: 1127–31.

Kinzl J, Mangweth B, Traweger C, Biebl W. Sexuelle Funktionsstörungen bei Männern und Frauen: Bedeutung eines dysfunktionalen Familienklimas und sexuellen Mißbrauchs. Psychother Psychosom Med Psychol 1997; 47: 41–5.

Kirby JS, Chu JA, Dill DL. Correlates of dissociative symptomatology in patients with physical and sexual abuse histories. Compr Psychiat 1993; 34: 258–63.

Kistner RW. Gynecology principles and practice. Chicago/IL: Yearbook Medical Publishers 1979; 447–8.

Kitchur M, Bell R. Group psychotherapy with preadolescent sexual abuse victims: Literature review and description of an inner-city group. Int J Group Psychother 1989; 39: 285–310.

Klein M. Das Seelenleben des Kleinkindes und andere Beiträge zur Psychoanalyse. Reinbek: Rowohlt 1972.

Klein MI. Freud's seduction theory: It's implications for fantasy and memory in psychoanalytic theory. Bull Menninger Clin 1981; 45: 185–208.

Klitzing K von, Bürgin D. Psychoanalytische Behandlung eines 8jährigen, in der frühen Kindheit deprivierten Jungen. Z Kinder-Jugendpsychiat 1994; 22: 206–13.

Klopstech A. Das Trauma des sexuellen Mißbrauchs: Wo Berührung mißhandelt hat und wie Berührung helfen kann. In: Schock und Berührung. Körper und Seele. Bd 4. Hoffmann-Axthelm D (Hrsg). Oldenburg: TransForm 1994; 97–111.

Kluft RP. Treating the patient who has been sexually exploited by a previous therapist. Psychiat Clin North Am 1989; 12.

Kluft RP. Clinical presentations of multiple personality disorder. Psychiat Clin North Am 1991a; 14: 605–29.

Kluft RP. Hospital treatment of multiple personality disorder: An overview. Psychiat Clin North Am 1991b; 14: 695–719.

Kluge F, Götze A. Etymologisches Wörterbuch der deutschen Sprache. Berlin: Walter de Gruyter 1943.

Knappe A, Selg H. Prävention von sexuellem Mißbrauch an Mädchen und Jungen (Forschungsbericht). München: Bayerisches Staatsministerium für Arbeit und Sozialordnung, Familie, Frauen und Gesundheit 1993.

Knölker U. Zwangssyndrome im Kindes- und Jugendalter. Göttingen: Vandenhoek & Rupprecht 1986.

Knörzer W. Einige Anmerkungen zu Freuds Aufgabe der Verführungstheorie. Psyche 1988; 42: 97–131.

Kog E, Vertommen H, Vandereycken W. Minuchin's psychosomatic family model revised: A concept validation study using a multitrait-multimethod approach. Fam Proc 1987; 26: 235–53.

Kogan I. A journey to pain. Int J Psychoanal 1990; 71: 629–40. Deutsch: Z Psychoanal Theor Prax 1991; 6: 62–78.

Köhler L. Neuere Ergebnisse der Kleinkindforschung. Ihre Bedeutung für die Psychoanalyse. Forum Psychoanal 1990; 6: 32–51.

Köhler L. Formen und Folgen früher Bindungserfahrung. Forum Psychoanal 1992; 8: 263–80.

Köhler L. Anwendung der Bindungstheorie in der psychoanalytischen Praxis: Einschränkende Vorbehalte, Nutzen, Fallbeispiele. Psyche 1998; 53: 369–97.

Kohut H. The analysis of the self. New York: Int Univ Press 1971.

Kohut H. Narzißmus. Frankfurt: Suhrkamp 1976.

Kolip P, Lösel F. Psychisch „unverwundbar"? Das Bielefelder Forschungsprojekt zur Bewältigung schwieriger Lebensbedingungen in Kindheit und Jugend. Blätter zu Wohlfahrtspflege 1991; 138: 80–2.

Kolko DJ, Moser JT, Weldy SR. Behavioral/emotional indicators of sexual abuse in child psychiatric inpatients: A controlled comparison with physical abuse. Child Abuse Negl 1988; 12: 529–41.

König K. Angst und Persönlichkeit. Das Konzept vom steuernden Objekt und seine Anwendungen. Göttingen: Vandenhoek & Rupprecht 1981.

Körner J. Das Gewahrwerden der Übertragung. In: Unbewußte Phantasien. Neue Aspekte in der psychoanalytischen Theorie und Praxis. Werthmann (Hrsg). München: Pfeiffer 1989; 123–37.

Körner J. Einfühlung: Über Empathie. Forum Psychoanal 1998; 14: 1–17.

Kraheck-Brägelmann S. Entwicklungspsychologische Grundlagen für die Anhörung von Kindern. In: Die Anhörung von Kindern als Opfer sexuellen Mißbrauchs. Kraheck-Brägelmann S (Hrsg). Rostock, Bornheim-Roisdorf: Hanseatischer Fachverlag für Wirtschaft 1993; 33–68.

Kramer S. Object-coercive doubting: A pathological defensive response to maternal incest. JAPA 1983; Suppl. 31: 325–52.

Kramer S. Residues of incest. In: Adult analysis and childhood sexual abuse. Levine HB (ed). Hillsdale/NJ, London: The Analytic Press 1990.

Kramer S, Akhtar S. The trauma of transgression. Psychotherapy of incest victims. Northvale/NJ, London: Aronson 1991.

Krausz M, Degkwitz P. Psychose und Sucht – Randproblem oder Problemfall des psychiatrischen Alltags? In: Mensch, Umwelt, Psychiatrie. Andresen B, Stark FM, Gross J (Hrsg). Bonn: Psychiatrieverlag 1992.

Krausz M, Dittmann V. Störungen durch psychotrope Substanzen. In: Kompendium der Psychiatrie und Psychotherapie. Freyberger HJ, Stieglitz RD (Hrsg). Basel: Karger 1995.

Krausz M, Müller-Thomsen T (Hrsg). Komorbidität. Therapie von psychischen Störungen und Sucht – Konzepte für Diagnostik, Behandlung und Rehabilitation. Heidelberg: Lambertus 1994.

Kreisler L. La pathologie psychosomatique. 1985; 423–43.

Kreppner K, Lerner R. Family system and life-span development. Hillsdale: Erlbaum 1989.

Kresch AJ, Seifer DB, Sachs LB, Barese I. Laparascopy in 100 women with chronic pelvic pain. Obstet Gynecol 1984; 64: 672–4.

Kris E. The recovery of childhood memories in psychoanalysis. Psychoanal Study Child 1956; 11: 54–88.

Kroll PD, Stock DF, James ME. The behaviour of adult alcoholic men abused as children. J Nerv Ment Dis 1985; 173: 689–93.

Kröner-Herwig. Chronischer Schmerz – Eine Gegenstandsbestimmung. In: Psychologische Schmerztherapie. Franz C, Basler H-D, Kröner-Herwig B, Rehfisch HP, Seemann H (Hrsg). Berlin, Heidelberg: Springer 1990; 1–16.

Krüll M. Freud und sein Vater. München: Beck 1979.

Kruse O. Emotionsentwicklung und Neurosenentstehung. Perspektiven einer klinischen Entwicklungspsychologie. Stuttgart: Enke 1991.

Krutzenbichler S. Die Übertragungsliebe. Recherchen und Bemerkungen zu einem „obszönen" Thema der Psychoanalyse. Forum Psychoanal 1991; 7: 291–303.

Krutzenbichler S. Begehrliche Berührungen und Abstinenz. Zur Notwendigkeit von Grenzüberschreitungen, um schützende Grenzen wahren zu können. In: Grenzüberschreitungen in der Psychoanalyse. Göttingen: Kongreßband der DPG 1993; 97–107.

Krutzenbichler S. Das „Trauma redivivum" oder der Glaubenskrieg um die psychoanalytische Urknalltheorie. In: Trauma und Konflikt. Schlösser AM, Höhfeld K (Hrsg). Gießen: Psychosozial-Verlag 1998; 131–47.

Krutzenbichler S, Essers H. Muß denn Liebe Sünde sein? Über das Begehren des Analytikers. Freiburg: Kore 1991.

Krystal H (ed). Massive psychic trauma. New York: Int. University Press 1968.

Krystal H. The genetic development of affects and affect regression. Annu Psychoanal 1974; 2: 98–126.

Krystal H. The genetic development of affects and affect regression. Annu Psychoanal 1975; 3: 179–219.

Krystal H. Self- and object-representation in alcoholism and other drug dependence: Implications for therapy. In: Psychodynamics of Drug Dependence. NIDA Research Monograph 1977; 12: 88–100.

Krystal H. Trauma and affects. Psychoanal Study Child 1978; 33: 81–116.

Krystal H. Alexithymia and the effectiveness of psychoanalytic treatment. Int J Psychoanal Psychother 1982/83; 9: 353–78.

Krystal P. Die inneren Fesseln sprengen. Olten: Walter 1989.

Küchenhoff J. Die Repräsentation früher Traumata in der Übertragung. Forum Psychoanal 1990; 6: 15–31.

Kury H. Zum Einfluß der Art der Datenerhebung auf die Ergebnisse von Umfragen. Monatsschrift für Kriminologie und Strafrechtsreform 1994; 77: 22–33.

Kutchinsky B. Sexueller Mißbrauch von Kindern: Verbreitung, Phänomenologie und Prävention. Z Sexualforsch 1991; 4: 33–44.

L

Lacan J. Das Spiegelstadium als Bildner der Ichfunktion, wie sie uns in der analytischen Situation erscheint. 1949. In: Schriften I, Frankfurt: Suhrkamp 1973; 61–70.

Laewen H-J. Zur Beziehung zwischen kindlichen Bindungsmustern und Krippenbewältigung. Gruppentherapie und Gruppendynamik 1992; 28: 245–57.

Laewen H-J. Zum Verhalten und Wohlbefinden von Krippenkindern. Psychologie in Erziehung und Unterricht 1994; 41: 1–13.

Lahey B, Hartdagen SE, Frick PJ, McBurnett K, Connor R, Hynd GW. Conduct disorder: Parsing the confounded relation to parental divorce and antisocial personality. J Abnorm Psychol 1988; 97: 33–7.

Lamb M, Gaensbauer T, Malkin C, Schultz L. The effects of child maltreatment on security of infant-adult-attachment. Infant Behav Develop 1985; 8: 35–45.

Lamers-Winkelman F. Psychomotorische Merkmale sexuell mißbrauchter Kinder und Möglichkeiten der Kindertherapie. In: Sexueller Mißbrauch von Kindern und Jugendlichen. Diagnostik, Krisenintervention, Therapie. Gegenfurtner M, Keukens W (Hrsg). Magdeburg: Westarp Wissenschaften. Verlag der Universitätsbuchhandlung 1992.

Lamers-Winkelman F. Seksueel misbruik van jonge kinderen. Amsterdam: Dissertationsschrift, Vrije Universiteit van Amsterdam, VU Uitgeverij 1995.

Landecker H. The role of childhood sexual trauma in the etiology of borderline personality disorder: Considerations for diagnosis and treatment. Psychother 1992; 29: 234–42.

Lang H. Zwang in Neurose, Psychose und psychosomatischer Erkrankung. Z Klin Psych Psychopath Psychother 1985; 33: 65–76.

Lang H. Zur Struktur und Therapie der Zwangsneurose. Psyche 1986; 40: 952–70.

Langevin R et al. Erotic preference, tender identity, and aggression in men. Hillsdale: New research studies 1985.

Langmeier J, Matujcek Z. Psychische Deprivation im Kindesalter. München: Urban & Schwarzenberg 1977.

Lanktree CB. Treating child victims of sexual abuse. New Dir Ment Health Serv 1994; 64: 55–66.

Laplanche G. Die allgemeine Verführungstheorie und andere Aufsätze. Tübingen: Edition Diskord 1988.

Larson NR, Maddock JW. Structural and functional variables in incest family systems: Implications for assessment and treatment. In: Treating incest: A multiple systems perspective. Trepper TS, Barrett MJ (eds). New York: Haworth 1986.

Laub D, Auerhan N. Knowing and not knowing massive psychic trauma: Forms of traumatic memory. Int J Psychoanal 1993; 74: 287–302.

Laube J, Wieland V. Developing prescriptions to accelerate group process in incest and bulimia treatment. J Independent Social Group 1990; 4: 95–112.

Laucht M. Individuelle Merkmale mißhandelter Kinder. In: Vernachlässigung, Mißbrauch und Mißhandlung von Kindern. Martinius J, Frank R (Hrsg). Bern: 1990; Huber 39–48.

Lauer J. Multiple personality disorder and borderline personality disorder: Distinct entities or variations on a common theme. Ann Clin Psychiat 1993; 5: 129–34.

Lautmann R. Die Lust am Kind. Portrait des Pädophilen. Hamburg: Klein Verlag 1994.

Lawson G, Peterson J, Lawson A. Alcoholism and the family. A guide to treatment and prevention. Aspen 1983.

Lawton-Hawley T, Disney ER. Crack's children. The consequences of maternal cocaine use. Social Policy Report. Society of Research in Child Development VI (4) 1992.

Leibing E, Rüger U, Schüßler G. Biographische Risiko – Faktoren und psychische Störungen bei Patienten mit Fibromyalgie-Syndrom. Z Psychosom Med 1999; 45: 142–56.

Lempp R. Bemerkungen zu Aggressivität und Sexualität am Beispiel des sexuellen Mißbrauchs von Kindern. Z Sexualforsch 1990; 3: 242–5.

Lesser RP. Psychogenic seizures. Psychosomatics 1986; 27: 823–9.

Leuner H. Lehrbuch der katathym-imaginativen Psychotherapie. Bern, Göttingen, Toronto: Huber 1994.

Levin S. Some metapsychological considerations on the differentiation between shame and guilt. Int J Psychoanal 1967; 48: 267–76.

Levine HB (ed). Adult analysis of childhood sexual abuse. Hillsdale/NJ: The Analytic Press 1990.

Levine P. Traumaheilung. Essen: Synthesis 1998.

Levitan Z, Eibschitz I, De Vries. 1985; The value of laparoscopy in women with chronic psychic pain and an „normal pelvis". Int J Gyn Obstet 1990; 23: 71–4.

Levold T, Wedekind E, Georgi H. Gewalt in Familien. Systemdynamik und therapeutische Perspektiven. Familiendynamik 1993; 18: 278–311.

Lewin K. Grundzüge der topologischen Psychologie. Stuttgart: Klett-Cotta 1969.

Lewinsohn PM, Busch-Rosenbaum M. Recall of parental behavior by acute depressives and non-depressives. J Pers Social Psychol 1987; 52: 611–9.

Lewinson PM, Michel W, Chaplin W, Barton R. Social competence and depression: The role of illusionary self-perception. J Abnor Psychol 1980; 89: 203–12.

Lichtenberg JD. Psychoanalyse und Säuglingsforschung. Berlin u.a.O: Springer 1991a.

Lichtenberg JD. Motivational-funktionale Systeme als psychische Strukturen. Eine Theorie. Forum Psychoanal 1991b; 7: 85–97.

Lidz T. Familie und psychoziale Entwicklung. Frankfurt: Fischer 1982.

Lidz T, Fleck S, Cornelison AR. Schizophrenia and the family. New York: International Universities Press 1965.

Lieberz K. Was schützt vor Neurose? Ergebnisse einer Vergleichsuntersuchung an hochrisikobelasteten Neurotikern und Gesunden. Z Psychosom Med Psychoanal 1988; 34: 338–50.

Lieberz K, Schwarz E. Kindheit und Neurose – Ergebnisse einer Kontrollgruppenuntersuchung. Z Psycho-Som Med 1987; 33: 111–8.

Lindberg F, Distad L. Post-traumatic stress disorders in women who experienced childhood incest. Child Abuse Negl 1985; 9: 329–34.

Linehan MM. Dialektisch-behaviorale Therapie der Borderline-Persönlichkeitsstörung. München: CIP Medien 1996a. (Original: Cognitive behavioral treatment of borderline personality disorder. New York: Guilford Press 1993a.)

Linehan MM. Trainingsmanual zur dialektisch-behavioralen Therapie der Borderline-Persönlichkeitsstörung. München: CIP Medien 1996b. (Original: Skills training manual for treating borderline personality disorder. New York: Guilford Press 1993b.)

Linehan MM, Heard HL. Dialectcal behavior therapie for borderline personality disorder. In: Borderline personality disorder. Clinical and empirical perspectives. Clarkin JF, Marziali E, Munroe-Blum H (eds). New York, London: Guilford Press 1992.

Linehan MM, Heard HL, Armstrong HE. Naturalistic follow-up of a behavioral treatment for chronically parasuicidal borderline patients. Arch Gen Psychiatry 1993; 50: 971–4.

Links PS, Steiner M, Offord DR, Eppel A. Charakteristics of borderline personality disorder: A canadian study. Can J Psychiat 1988; 33: 336–40.

Liotti G. Insecure attachment and agoraphobia. 1990.

Lipschitz DS, Kaplan ML, Sorkenn J, Chorney P, Asnis GM. Childhood abuse, adult assault, and dissociation. Compr Psychiatry 1996; 37: 261–6.

Lloyd C. Life events and depressive disorder reviewed: I. Events as predisposing factors. Arch Gen Psychiatry 1980; 37: 529–35.

Locke SE, Kraus L, Leserman J. Life change stress, psychiatric symptoms and natural killer cell activity. Psychosom Med 1984; 46: 441–53.

Loeber R. Developmental and risk factors of juvenile antisocial behavior and delinquency. Clin Psychol Rev 1990a; 10: 1–41.

Loeber R. Disruptive and antisocial behavior in childhood and adolescence: Development and risk factors. In: Health hazards in adolescence. Hurrelmann K, Lösel F (eds). Berlin, New York: De Gruyter 1990b; 233–57.

Loeber R, Felton DK, Reid JB. A social learning approach to the reduction of coercive processes in child abusive families: A molecular analysis. Advances Behav Res Ther 1984; 6: 29–45.

Loew TH, Martus P, Rosner F, Zimmermann T. Die Wirkung von „Funktioneller Entspannung" im Vergleich mit Salbutamol und einem Placebo-Entspannungsverfahren bei akutem Asthma bronchiale. Eine prospektive randomisierte Studie mit Kindern und Jugendlichen. Kinderheilkunde 1996 (in Druck).

Loewenstein RJ, Ross DR. Multiple personality and psychoanalysis: An introduction. Psychoanal Inqu 1992; 12: 3–48.

Lohaus A. Gesundheitsförderung und Krankheitsprävention im Kindes- und Jugendalter. Göttingen: Hogrefe 1993.

Lohmer M, Klug G, Herrmann B, Pouget D, Rauch M. Zur Diagnostik der Frühstörung. Prax Psychother Psychosom 1992; 37: 243–55.

Lorenzer A. Zur Begründung einer materialistischen Sozialisationstheorie. Frankfurt: Suhrkamp 1972.

Lösel F. Protective effects of social resources in adolescents at high risk for antisocial behavior. In: Cross-national longitudinal research on human development and criminal behavior. Kerner HJ, Weitekamp EGM (eds). Dordrecht: Kluwer 1994; 281–301.

Lösel F. Entwicklung und Ursachen der Gewalt in unserer Gesellschaft. Gruppendynamik 1995; 26: 5–22.

Lösel F, Bender D. Lebenstüchtig trotz schwieriger Kindheit. Bulletin der Föderation der Schweizer Psychologen 1994; 15: 14–8.

Lösel F, Bender D. Protective factors and resilience. In: Prevention of adult criminality. Coid J, Farrington DP (eds). Cambridge: Cambridge University Press 1999a (in press).

Lösel F, Bender D. Von generellen Schutzfaktoren zu differentiellen protektiven Prozessen: Ergebnisse und Probleme der Resilienzforschung. In: Was Kinder stärkt. Opp G (Hrsg). München: Reinhardt 1999b; 37–58.

Lösel F, Bliesener T. Resilience in adolescence: A study on the generalizability of protective factors. In: Health hazards in adolescence. Hurrelmann K, Lösel F (eds). Berlin, New York: De Gruyter 1990; 299–320.

Lösel F, Bliesener T. Health development in spite of riskful childhood. Contribution to the 22nd International Congress of Applied Psychology, July 1990, Kyoto, Japan. Brief report. In: Proceedings of the 22nd International Congress of Applied Psychology. Wilpert B et al. (eds). London: Erlbaum 1991a.

Lösel F, Bliesener T. Why do high-risk adolescents not develop conduct disorders? A study on protective factors. Paper presented at the 11th Biennial Meetings of the International Society for the Study of Behavioral Development, Minneapolis/MN 1991b.

Lösel F, Bliesener T. Some high-risk adolescents do not develop conduct problems: A study of protective factors. Int J Behav Develop 1994; 17: 753–77.

Lösel F, Bliesener T, Köferl P. On the concept of „invulnerability": evaluation and first results of the Bielefeld Project. In: Children at risk: Assessment, longitudinal research, and intervention. Brambring M, Lösel F, Skowronek H (eds). Berlin, New York: De Gruyter 1989.

Lösel F, Bliesener T, Köferl P. Psychische Gesundheit trotz Risikobelastung in der Kindheit: Untersuchungen zur „Invulnerabilität". In: Jahrbuch der Medizinischen Psychologie. Bd 4. Krankheitsverarbeitung von Kindern und Jugendlichen. Seiffge-Krenke I (Hrsg). Berlin: Springer 1990a; 103–23.

Lösel F, Selg H, Schneider unter Mitarbeit von Müller-Luckmann E. Ursachen, Prävention und Kontrolle von Gewalt aus psychologischer Sicht. In: Ursachen, Prävention und Kontrolle von Gewalt. Analysen und Vorschläge der Unabhängigen Regierungskommission zur Verhinderung und Bekämpfung von Gewalt. Bd II. Schwind H-D, Baumann J, Lösel F, Remschmidt H, Eckert R, Kerner HJ, Stümper A, Wassermann R, Otto H, Rudolf W (Hrsg). Berlin: Duncker & Humblot 1990b; 1–156.

Lösel F, Kolip P, Bender D. Stress-Resistenz im Multiproblem-Milieu: Sind seelisch widerstandsfähige Jugendliche „Superkids"? Z Klin Psychol 1992; 21: 48–63.

Luepker ET. Helping direct and associate victims to restore connections after practitioners sexual misconduct. In: Gonsiorek J (ed). The breach of trust. Newbury Park/CA, London: Sage 1995.

Luepker ET, O'Brien M. Support groups for spouses. In: Psychotherapists' sexual involvement with clients: Intervention and prevention. Schoener GR et al. (eds). Minneapolis: Walk-In Counseling Center 1989; 241–4.

Lürßen E. Psychoanalytische Theorien über die Suchtstrukturen. Suchtgefahren 1974; 20: 145–51.

Lustig N, Dressler JW, Spellman SW, Murray TB. Incest. A family group survival pattern. Arch Gen Psychiat 1966; 14: 31–40.

Luthar SS. Vulnerability and resilience: A study of high-risk adolescents. Child Develop 1991; 62: 600–16.

Luthar SS. Annotation: Methodological and conceptual issues in research on childhood resilience. J Child Psychol Psychiat 1993; 34: 441–53.

Luthar S, Zigler E, Goldstein D. Methodological and conceptual issues in research on childhood resilience. J Child Psychol Psychiat 1992; 33: 361–73.

Lykken DT, Iacono WG, Haroian K, McGue M, Bouchard TJ. Habituation of the skin conductance response to strong stimuli: A twin study. Psychophysiology 1988; 25: 4–15.

Lynch MA. Symptomatik bei körperlicher und emotioneller Mißhandlung und Vernachlässigung. In: Kindesmißhandlung. Olbing H, Bachmann KD, Gross R (Hrsg). Köln: Deutscher Ärzte-Verlag 1989; 59–64.

Lynch M, Cicchetti D. An ecological-transactional analysis of children and contexts: The longitudinal interplay among child maltreatment, community violence, and children's symptomatology. Dev Psychopathol 1998; 10: 235–57.

Lyons-Ruth K, Connell D, Grunebaum H, Botein M, Zoll D. Maternal family history, maternal caretaking and infant attachment in mulitproblem families. J Preventive Psychiatry 1984; 2: 403–25.

Lyons-Ruth K, Connell D, Zoll D, Stahl J. Infants at social risk: Relations among infant maltreatment, maternal behavior, and infant attachment behavior. Develop Psychol 1987; 23: 223–32.

Lyons-Ruth K, Connell D, Zoll D. Patterns of maternal behavior among infants at risk for abuse: Relations with infant attachment behavior and infant development at 12 months of age. In: Child maltreatment. Theory and research on the causes and consequences of child abuse and neglect. Cicchetti D, Carlson V (eds). Cambridge: Cambridge University Press 1989; 464–93.

Lyons-Ruth K, Connell D, Grunebaum H. Infants at social risk: Maternal depression and family support services as mediators of infant development and security of attachment. Child Develop 1990; 61: 85–98.

Lyons-Ruth K, Alpern L, Repacholi B. Disorganized infant attachment classification and maternal psychosocial problems as predictors of hostile-aggressive behavior in the preschool classroom. Child Develop 1993; 64: 572–85.

M

Mac Carthy B. Übertragungsprobleme in Behandlungen sexuell mißbrauchter Patienten: Das Problem der Grenzverletzung. In: Grenzüberschreitung in der Psychoanalyse. Göttingen: Kongreßband der DPG 1993; 108–30.

Maccoby E, Martin J. Socialization in the context of the family: Parent-child interaction. In: Handbook of child psychology. Vol. 4. Socialization, personality and social development. Hetherington EM (ed). New York: Wiley 1983.

Machotka P, Pittman FS, Flomenhaft K. Incest as a family affair. Fam Proc 6: 1967; 98–116.

MacKinnon-Lewis C, Lamb M, Arbuckle B, Baradoran L, Volling B. The relationship between biased maternal and filial attributions and the aggressiveness of their interactions. Develop Psychopathol 1992; 4: 403–15.

MacVicar K. Psychotherapeutic issues in the treatment of sexually abused girls. J Am Acad Child Psychiat 1979; 18: 342–53.

Madonna PG, van Scoyk S, Jones DPH. Family interactions within incest and nonincest families. Am J Psychiat 1991; 148: 46–9.

Mahler M, Pine F, Bergman A. Die psychische Geburt des Kindes. 1975 Frankfurt: Fischer 1978.

Maier W. Mechanismen der familiären Übertragung von Alkoholabhängigkeit und Alkoholabusus. Z Klin Psychol 1995; 24: 147–58.

Main M, Hesse E. Parents' unresolved traumatic experiences are related to infant disorganized attachment status: Is frightened and/or frightening parental behavior the linking mechanism? In: Attachment in the preschool years. Theory, research, and intervention. Greenberg M, Cicchetti D, Cummings M (eds). Chicago, London: University of Chicago Press 1990; 161–82.

Main M, Solomon J. Discovery of an insecure-disorganized/disoriented attachment pattern. In: Affective development in infancy. Brazelton B, Yogman M (eds).Ablex, Norwood/NJ 1986; 95–124.

Main M, Solomon J. Procedures for identifying infants as disorganized/disoriented during the Ainsworth strange situation. In: Attachment in the preschool years. Theory, research, and intervention. Greenberg M, Cicchetti D, Cummings M (eds). Chicago, London: University of Chicago Press 1990; 121–60.

Main M, Weston D. The quality of the toddler's relationship to mother and to father: Related to conflict behavior and to readiness to establish new relationships. Child Develop 1981; 52: 932–40.

Main M, Kaplan N, Cassidy J. Security in infancy, childhood, and adulthood: A move to the level of representation. In: Growing points in attachment theory and research. Monographs of the Society for Research in Child Development. Bretherton I, Waters E (eds). Chicago: University of Chicago Press 1985; 66–104.

Maisch H. Inzest. Reinbek: Rowohlt Verlag 1968.

Maisch H. Incest. New York: Stein & Day 1972.

Malinosky-Rummell R, Hansen DJ. Long-term consequences of childhood physical abuse. Psychol Bull 1993; 114: 68–79.

Mancini C, van Ameringen M, Macmillan H. Relationship of childhood sexual and physical abuse to anxiety disorders. J Nerv Ment Dis 1995; 183: 309–14.

Manly JT, Cicchetti D, Barnett D. The impact of subtype, frequency, chronicity, and severity of child maltreatment on social competence and behavior problems. Dev Psychopathol 1994; 6: 121–43.

Marbach JJ. Phantom bite. J Am Orthodont 1976; 70: 190–9.

Marks B, Lovell K, Noshirvani H, Livanou M, Trusher S. Treatment of posttraumatic stress disorder by exposure and/or cognitive restructuring. Arch Gen Psychiatry 1998; 55: 317–25.

Marquardt C. Sexuell mißbrauchte Kinder und das Recht. Bd. 1. Juristische Möglichkeiten zum Schutz sexuell mißbrauchter Mädchen und Jungen. Köln: 1993.

Marquit C. Der Täter, Persönlichkeitsstruktur und Behandlung. In: Sexueller Mißbrauch von Kindern in Familien. Backe L, Leick N, Merrick J, Michelsen N (Hrsg). Köln: Deutscher Ärzte-Verlag 1986; 118–36.

Martin H, Mrazek PB. Therapy for abusive parents: Its effect on the child. In: The abused child. A multidisciplinary approach to developmental issues and treatment. Martin H (ed). Cambridge: Ballinger 1976; 251–63.

Martin HP, Mrazek PB, Conway EF, Kempe CH. The development of abused children. Advances in Pediatrics 1974; 21: 25–73.

Martinius J, Frank R (Hrsg). Vernachlässigung, Mißbrauch und Mißhandlung von Kindern. Bern: Huber 1990.

Marwitz G, Hoernle R. Prostitution als Bewältigungsform in der Kindheit erlittenen sexuellen Mißbrauchs mit seinen Folgen. Öffentliches Gesundheitswesen 1990; 52: 658–60.

Mash EJ, Johnston C, Kovitz K. A comparison of the mother-child interactions of physically abused and nonabused children during play and task situations. J Clin Child Psychol 1983; 12: 337–46.

Massing A, Wegehaupt H. Der verführerische und verführte Analytiker – Bemerkungen zur sexuellen Gegenübertragung. In: Lust und Leid, Sexualität im Alltag und alltägliche Sexualität. Massing A, Weber I (Hrsg). Berlin u.a.O., Springer 1987; 55–78.

Masson JM. Was hat man dir, du armes Kind getan? 1984 Sigmund Freuds Unterdrückung der Verführungstheorie. Reinbek: Rowohlt, 1984.

Masten AS, Best KM, Garmezy N. Resilience and development: Contributions from the study of children who overcome adversity. Develop Psychopathol 1990; 2: 425–44.

Maughan B. School experiences as risk/protective factors. In: Studies of psychosocial risk. The power of longitudinal data. Rutter M (Hrsg). Cambridge: Cambridge University Press 1988.

McArnanay E. The older abused child. Pediatrics 1975; 55: 298–9.

McCann J, Voris J, Simon M, Wells R. Perianal findings in prepubertal children selected for nonabuse: A descriptive study. Child Abuse Negl 1989; 13: 179–93.

McCann J, Wells J, Simon M, Voris J. Genital findings in prepubertal girls selected for nonabuse: A descriptive study. Pediatrics 1990; 86: 428–38.

McCarthy BW. A cognitive-behavioral approach to understanding and treating sexual trauma. J Sex Mar Ther 1986; 12: 322–9.

McCauley J, Kern DE, Kolodner K, Dill L, Schroeder AF, DeChant HK, Ryden J, Derogatis LR, Bass EB. Clinical characteristics of women with a history of childhood abuse. JAMA 1997; 277: 1362–8.

McCord J. A forty year perspective on effects of child abuse and neglect. Child Abuse Negl 1983; 7: 265–70.

McDougall J. Plädoyer für eine gewisse Anomalität. Frankfurt: Suhrkamp 1985.

McFarlane AC. Resilience, vulnerability, and the course of posttraumatic reactions. In: Traumatic stress. Van der Kolk BA, McFarlane AC, Weisaeth L (Eds). New York, London: Guilford Press 1996; 155–81.

McGee RA, Wolfe DA. Psychological maltreatment: Towards an operational definition. Dev Psychopathol 1991; 3: 3–18.

McGee RA, Wolfe DA, Wilson SK. Multiple maltreatment experiences and adolescent behavior problems: Adolescents' perspectives. Dev Psychopathol 1997; 9: 131–49.

McIver I, Wakefield H, Underwager R. Behavior of abused and non-abused children in interviews with anatomically-correct dolls. Issues in Child Abuse Accusations 1989; 1: 39–48.

Meares R. Episodic memory, trauma, and the narrative of self. Contemp Psychoanal 1995; 31: 541–56.

Meares R. Stimulus entrapment: On a common basis of somatization. Psychoanal Inq 1997; 17: 223–34.

Medawar PB, Medawar JS. The Life Science, current Ideas of Biology. New York, Hagerstown, San Francisco, London: Harper and Row 1977.

Meierhofer M, Keller W. Frustration im frühen Kindesalter. Bern: Huber 1966.

Meiselman KC. Incest: A psychological study of causes and effects with treatment recommendations. San Francisco/CA: Jossey-Bass 1978.

Meiselman KC. Incest: A psychological study of causes and effects. San Francisco/CA: Jossey-Bass 1979.

Melzak S. The Emotional Impact of Violence on Children. In: Violence in Children and Adolescents. Varma V (Hrsg). Bristol, London: Jessica Kingsley Publishers 1997.

Mennen FE, Meadow D. Process to recovery: In support of long-term groups for sexual abuse survivors. Int J Group Psychother 1992; 42: 29–44.

Menninger K. Man against himself. New York: 1938.

Mentzos S. Neurotische Konfliktverarbeitung. Frankfurt: Fischer 1984.

Mentzos S. Angstneurose. Frankfurt: Fischer 1989.

Merleau-Ponty M. Phänomenologie der Wahrnehmung. de Gruyter, Berlin: 1966.

Merskey H. Psychiatric patients with persistent pain. J Psychosom Res 1965a; 9: 299–309

Merskey H. The characteristics of persistent pain in psychological illness. J Psychosom Res 1965b; 9: 291–8.

Merskey H, Boyd D. Emotional adjustment and chronic pain. Pain 1978; 5: 173–8.

Mertens W. Emotionale Sozialisation. In: Handbuch der Sozialisationsforschung. Hurrelmann K (Hrsg). Heidelberg u.a.O: Springer 1979.

Mertens W. Einführung in die psychoanalytische Therapie. Bd. 1. Stuttgart: Kohlhammer 1990a.

Mertens W. Einführung in die psychoanalytische Therapie. Bd. 3. Stuttgart: Kohlhammer 1990b.

Meyer-Probst B, Teichmann H. Rostocker Längsschnittuntersuchung – Risiken für die Persönlichkeitsentwicklung im Kindesalter. Leipzig: Thieme 1984.

Michaelis-Arntzen E. Gefühlsbeteiligung des Zeugen bei seiner Aussage. In: Psychologie der Zeugenaussage – System der Glaubwürdigkeitsmerkmale. Arntzen F (Hrsg). München: Beck 1983; 73–80.

Miller A. Das Drama des begabten Kindes und die Suche nach dem wahren Selbst. Frankfurt: Suhrkamp 1979.

Miller A. Du sollst nicht merken. Variante über das Paradies-Thema. Frankfurt: Suhrkamp 1981.

Miller A. Wie Psychotherapien das Kind verraten. Ein Gespräch mit Alice Miller. Psychologie heute 1987; 4: 20–31.

Miller A. Das verbannte Wissen. Frankfurt: Suhrkamp 1988.

Miltenberger RG, Thiesse-Duffy E. Evaluation of home-based programs for teaching personal safety skills to children. J Applied Behav Analysis 1988; 21: 81–7.

Minard SM. The school counselor's role in confronting child sexual abuse. The School Counselor 1993; 41: 9–15.

Minuchin S. Families and family therapy. Cambridge/MA: Harvard University Press 1974. (Deutsch: Familie und Familientherapie. Freiburg: Lambertus 1987.)

Minuchin S, Montalvo B, Guerney B, Rosman B, Schumer F. Families of the Slums. New York: Basic Books 1967.

Minuchin S, Baker L, Rosman BL, Liebman R, Milman L, Todd TC. A conceptual model of psychosomatic illness in children: Family organisation and family therapy. Arch Gen Psychiat 1975; 32: 1031–8.

Minuchin S, Rosman BL, Baker L. Psychosomatic families: Anorexia nervosa in context. Cambridge: Harvard University Press 1978.

Moffitt TE. Adolescence-limited and life-course-persistent antisocial behavior: A developmental taxonomy. Psychol Rev 1993; 4: 674–701.

Moggi F. Sexuelle Kindesmißhandlung: Definition, Prävalenz und Folgen: Ein Überblick. Z Klin Psychol Psychopathol Psychother 1991; 39: 323–35.

Moggi F. Emotion, kognitive Bewertung und Inzest. Bern: Huber 1994.

Moggi F. Merkmalsmuster sexueller Kindesmißhandlung und Beeinträchtigungen der seelischen Gesundheit im Erwachsenenalter. Z Klin Psychol 1996; 25: 296–303.

Moggi F. Sexuelle Mißhandlung: Traumatisierungsmerkmale, typische Folgen und Ätiologie. In: Sexueller Mißbrauch: Überblick, Forschung, Beratung und Therapie. Amann G, Wipplinger R (Hrsg.). Tübingen: DGVT Verlag 1997; 187–200.

Moggi F, Clemencon R. Beziehungsnähe und sexuelle Gewalt. Psychosozial 1993; 54: 7–23.

Moran PB, Eckenrode J. Protective personality characteristics among adolescent victims of maltreatment. Child Abuse Negl 1992; 16: 743–54.

Morrison J. Childhood sexual histories of women with somatization disorder. Am J Psychiat 1989; 146: 239–41.

Moser T. „Es ist vielleicht ungerecht, ihn als Schweinehund zu bezeichnen". Ein Lehrbuch der schmierigen Zweideutigkeit. In: Schock und Berührung. Körper und Seele. Bd 3. Hoffmann-Axthelm D (Hrsg). Oldenburg: Trans Form 1992; 25–35.

Mosher PW (ed). Title Key Word an Author Index to Psychoanalytic Journals. Am Psychoanal Assoc 1991.

Mösler T, Rose A. Diagnostische Klassifikation sexueller Störungen nach ICD-10 und DSM-IV. In: Psychotherapie der Sexualstörungen. Krankheitsmodelle und Therapiepraxis – störungsspezifisch und schulenübergreifend. Strauß B (Hrsg). Stuttgart: Thieme 1998; 16–23.

Mrazek PB. Sexual abuse of children. J Child Psychol Psychiat 1980; 21: 91–5.

Mrazek PB. Group psychotherapy with sexually abused children. In: Sexually abused children and their families. Mrazek PB, Kempe CH (eds). Oxford, New York: Pergamon 1981.

Mrazek PB, Bentovim A. Incest and the dysfunctional family system. In: Sexually abused children and their families. Mrazek PB, Kempe CH (eds). Oxford, New York: Pergamon Press 1981; 167–77.

Mrazek PB, Kempe CH (eds). Sexually abused children and their families. Oxford, New York: Pergamon Press 1981.

Mrazek PB, Mrazek DA. Resilience in child maltreatment victims: A conceptual exploration. Child Abuse Negl 1987; 11: 357–66.

Mulder RT, Beautrais AL, Joyce PR, Fergusson DM. Relationship between dissociation, childhood physical abuse, and mental illness in a general population sample. Am J Psychiatry 1998; 155: 806–11.

Mullen PE, Romans-Clarkson SE, Walton VA, Herbison GP. Impact of sexual and physical abuse on women's mental health. Lancet 1988; 16: 841–5.

Mullen PE, Martin JL, Anderson JC, Romans SE, Herbison GP. Childhood sexual abuse and mental health in adult life. Br J Psychiat 1993; 163: 721–32.

Mullen PE, Martin JL, Anderson JC, Romans SE, Herbison GP. The effect of child sexual abuse on social, interpersonal ans sexual function in adult life. Br J Psychiatry 1994; 165: 35–47.

Mullen PE, Martin JL, Anderson JC, Romans SE, Herbison GP. The long-term impact of the physical, emotional, and sexual abuse of children: A community study. Child Abuse Negl 1996; 20: 7–21.

Muller E. Über therapeutischen Mißbrauch. In: Hoffmann-Axthelm D (Hrsg). Schock und Berührung. Körper und Seele Band 3. Oldenburg: Trans Form 1992; 36–44.

Müller-Braunschweig H. Die Wirkung der frühen Erfahrung. Stuttgart: Klett 1975.

Müller-Braunschweig H. Zur Funktion extraverbaler Psychotherapieformen in der Behandlung frühtraumatisierter Patienten. In: Was tut sich in der stationären Psychotherapie? Vandieken R, Häckl E, Mattke D. (Hrsg). Gießen: Psychosozial-Verlag 1998; 201–20.

Müller-Küppers M. Staatlich angeordnete und sanktionierte Kindesmißhandlung und Kindestötung zwischen 1933 und 1945. In: Vernachlässigung, Mißbrauch und Mißhandlung von Kindern. Martinius J, Frank R (Hrsg). Bern: Huber 1990; 103–19.

Müller-Pozzi H. Trauma und Neurose. In: Trauma, Konflikt, Deckerinnerung. Berna-Glantz R, Dreyfus P (Hrsg). Stuttgart Bad-Cannstatt: Frommann-Holzboog 1984.

Murphy C, Peters FSD. Profiling child sexual abusers: Psychological considerations. Criminal justice and behavior 1992; 19: 194–216.

Murphy SM, Kilpatrick DG, Amik-McMullan A, Veronen LJ, Paduhovich J, Best CL, Villeponteauz LA, Saunders BE. Current psychological functioning of child sexual assault survivors. J Interpersonal Violence 1988; 3: 55–79.

Murphy WD, Haynes MR, Page IJ. Adolescent sex offenders. In: O'Donohue W, Geer JH (eds). The sexual abuse of children: Clinical issues. Vol. 2. Hillsdale/NJ: Erlbaum 1992; 394–429.

Murray L. Intersubjectivity, object relations theory, and empirical evidence from mother-infant interaction. Infant Mental Health J 1991; 12: 219–32.

Murray L. The impact of postnatal depression on infant development. (unveröffentlichtes Manuskript); 1993.

Murray L, Kempton C, Woolgar M, Hooper R. Depressed mother's speech to their infants and their relation to infant gender and cognitive development. J Child Psychol Psychiat 1993; 34: 1083–101.

N

Näslund B, Persson-Biennow I, McNeil T, Kaij L, Malmquist-Larsson A. Offspring of women with nonorganic psychosis: Infant attachment to the mother at one year. Acta Psychiat Scand 1984; 69: 231–41.

Nelson B. Making an issue of child abuse: Political agenda setting for social problems. Chicago/IL: University of Chicago Press 1984.

Newman CJ. Children of disaster: Clinical observations at Buffalo creak. Am J Psychiat 1976; 133: 306–12.

Neyraut M. Die Übertragung. Frankfurt: Suhrkamp 1976.

Nickel R, Egle UT. Behandlung somatoformer Störungen. Manual zur psychodynamisch-interaktionellen Gruppentherapie. Stuttgart, New York: Schattauer 1999.

Nicola M. Möglichkeiten der Verarbeitung des Mißbrauchs. In: Tatort Couch. Heyne C (Hrsg). Zürich: Kreuz 1991; 165–8.

Niederland WG. The problem of the survivor. J Hillside Hosp 10:233–47. Auch in: Krystal H (ed). Massive psychic trauma. New York: Int University Press 1961.

Niederland WG. Psychische Spätschäden nach politischer Verfolgung. Psyche 1965; 18: 888–95.

Niederland WG. The survivor syndrome: Further observations and dimensions. JAPA 1981; 29: 413–25.

Nietzsche F Unzeitgemäße Betrachtungen. 1874 Stuttgart: Kröner 1976.

Nigg JT, Silk KR, Westen D, Lohr NE, Gold LJ, Goodrich S, Ogata S. Objektrepresentations in early memories of sexually abused borderline patients. Am J Psychiat 1991; 148: 864–9.

O

Oates RK, O'Toole BI, Lynch DL, Stern A, Cooney G. Stability and change in outcomes for sexually abused children. J Am Acad Child Adolesc Psychiatry 1994; 33: 945–53.

O'Donohue WT, Elliott A. Treatment of the sexually abused child: A review. J Clin Child Psychol 1992; 21: 218–28.

Obholzer K. Gespräche mit dem Wolfsmann. Eine Psychoanalyse und die Folgen. Reinbek: Rowohlt 1980.

Ochberg FM. Posttraumatic therapy. In: International handbook of traumatic stress syndroms. Wilson JP, Raphael B (eds). New York: Plenum 1993; 773–85.

Ogata S, Silk KR, Goodrich S, Lohr NE, Westen D, Hill EM. Childhood sexual and physical abuse in adult patients with borderline personality disorder. Am J Psychiat 1990; 147: 1008–13.

Ohlmeier D. Psychoanalytische Gruppentherapie mit aidskranken homosexuellen Männern. Gruppenpsychother. und Gruppendyn. 1995; 31: 61–71.

Olson DH, Russell CS, Sprenkle DH. Circumplex model of marital and family systems. VI. Theoretical update. Fam Proc 1983; 22: 69–83.

Opalic P, Röder F. Existenzialanalytische Psychotherapie konversionsneurotisch erkrankter Arbeitsmigranten. Psychother Psychosom Med Psychol 1993; 43: 402–7.

Oppenheimer R, Howells R, Palmer RL, Chalonner DA. Adverse sexual experience in childhood and clinical eating disorders: A preliminary description. J Psychiat Res 1985; 19: 357–61.

P

Paradise JE. The medical evaluation of the sexually abused child. Pediatric Clin North Am 1990; 37: 839–62.

Paris J, Frank H. Perceptions of parental bonding in borderline patients. Am J Psychiat 1989; 146: 1498–9.

Paris J, Zweig-Frank H. A critical review of the role of childhood sexual abuse in the etiology of borderline personality disorder. Can J Psychiat 1992; 37: 125–8.

Paris J, Zweig-Frank H, Guzder H. The role of psychological risk factors in recovery from borderline personality disorder. Compr Psychiat 1993; 34: 410–3.

Paris J, Zweig-Frank H, Guzder H. Psychosocial risk factors for borderline personality disorders in female patient. Compr Psychiat 1994a; 35: 301–5.

Paris J, Zweig-Frank H, Guzder H. Risk factors for borderline personality in male outpatients. J Nerv Ment Dis 1994b; 182: 375–80.

Parker G. Parental reports of depressives: An investigation of several explanations. J Affect Dis 1981; 3: 131–40.

Parker H, Parker S. Father-daughter sexual abuse: An emerging perspective. Am J Orthopsychiat 1986; 56: 531–49.

Patten SB. The loss of a parent during childhood as a risk factor for depression. Canad J Psychiat 1991; 36: 706–11.

Patterson G. A social learning approach: III. Coercive family process. Eugene/OR: Castalia 1982.

Patterson G. Some Characteristics of a Developmental Theory for Early-Onset Delinquency. In: Frontiers of Developmental Psychopathology. Lenzenweger M, Haugaard JJ (Hrsg). New York, Oxford: Oxford University Press 1996; 81–124.

Patterson G, Bank CL. Some amplifying mechanisms for pathologic process in families. In: Systems and development: The Minnesota symposium on child psychology. Runnar M, Thelen E (ed). Hillsdale/NJ: Erlbaum 1989; 159–67.

Patterson G, Crosby L, Vuchinich S. Predicting risk for early police arrest. J Quant Criminology 1992; 8: 329–35.

Person ES, Klar H. Establishing trauma: The difficulty distinguishing between memories and fantasies. JAPA 1994; 42: 1055–81.

Person ES, Klar H. Diagnose Trauma: Die Schwierigkeit der Unterscheidung zwischen Erinnerung und Fantasie. Z Psychother Psychosom Med Psychol 1997; 47: 97–107.

Peterfreund E. Some critical comments on psychoanalytic conceptualisations of infancy. Int J Psycho-Anal 1978; 59: 427–41.

Petermann F, Petermann U. Training mit aggressiven Kindern. Einzeltraining, Kindergruppen, Elternberatung. Weinheim: Psychologie Verlags Union 1994.

Peters JJ. Children who are victims of sexual assault and the psychology of offenders. Am J Psychother 1976; 30: 398–421.

Peters SD. The relationship between childhood sexual victimization and adult depression among afro-american and white women. Dissertation. Los Angeles/CA: University of California 1984.

Peters SD. Child sexual abuse and later psychological problems. In: Wyatt GE, Powell GJ (eds). Lasting effects of child sexual abuse. Newbury Park/CA, London: Sage 1988; 101–17.

Peters AAW, van Dorst E, Jellis E, Zuuren E, Hermans J, Trimbos JB. A randomized clinical trial to compare two different approaches in women with chronic pelvic pain. Am J Obstet Gynecol 1991; 77: 740–4.

Philipp M, Maier W, Delmo CD, Baller R, Winter P, Schwarze H. Das depressive Kernsyndrom am Vergleich der operationalisierten Klassifikationssysteme. In: Mundt Fiedler PA, Lang H et al. (Hrsg). Depressionskonzepte heute. Berlin u.a.O: Springer 1991.

Pianta R, Egeland B, Erickson MF. The antecedents of maltreatment: Results of the mother-child interaction research project. In: Child maltreatment. Theory and research on the causes and consequences of child abuse and neglect. Cicchetti D, Carlson V (eds). Cambridge, New York: Cambridge University Press 1989; 203–53.

Piers G. Shame and guilt. A psychoanalytic study. In: Shame and guilt. A psychoanalytic and a cultural study. Piers G, Singer MB (eds). New York: Norton 1953.

Pigott TA, Altemus M, Rubenstein CS, Hill JL, Bihari K, L'Heureux F, Bernstein S, Murphy DL. Symptoms of eating disorders in patients with obsessive-compulsive disorder. Am J Psychiat 1991; 148: 1552–7.

Piontelli A. Infant observation before birth. Int J Psychoanal 1988; 68: 453–64.

Plassmann R. Der Arzt, der Artefakt-Patient und der Körper. Psyche 1987; 41: 883–99.

Plassmann R. Artifizielle Krankheiten und Münchhausen-Syndrome. In: Der eigene Körper als Objekt. Zur Psychodynamik selbstdestruktiven Körperagierens. Hirsch M (Hrsg). Berlin u.a.O.: Springer 1989; 118–54.

Plassmann R. Grundriß einer analytischen Körperpsychologie. Psyche 1993; 47: 261–82.

Plomin R. Development, genetics, and psychology. Hillsdale/NJ: Erlbaum 1986.

Plomin R. Genetics and experience: The interplay between nature and nurture. Thousand Oaks, London: Sage 1994.

Pohl J, Hazzard A. Reactions of children, parents and teachers to child sexual abuse prevention programs. Education 1990; 110: 337–44.

Polansky NA, Chalmers MA, Buttenwieser E, Williams DP. Damaged parents. Chicago/IL: University of Chicago Press 1981.

Polansky NA, Gaudin JM, Ammons PW, Davis KB. The psychological ecology of the neglectful mother. Child Abuse Negl 1985; 9: 265–75.

Pope HG, Hudson J. Is childhood sexual abuse a risk factor for bulimia nervosa? Am J Psychiat 1992; 149: 455–63.

Pope KS, Bouhoutsos JC. Sexual intimacy between therapists and patients. New York: Praeger 1986. (Deutsch: Als hätte ich mit einem Gott geschlafen. Hamburg: Hoffmann und Campe 1992.)

Portegijs PJM, Jeuken FMH, van der Horst, FG, Kraan HF, Knottnerus. A Troubled youth: Relations with somatization, depression and anxiety in adulthood. Fam Pract 1996; 13: 1–11.

Powers JL, Eckenrode J. The maltreatment of adolescents. Child Abuse Negl 1988; 12: 189–99.

Presse- und Informationsdienst der Bundesregierung. Die Kriminalität in der Bundesrepublik Deutschland. Bulletin 1994; 40: 349–88.

Presse- und Informationsdienst der Bundesregierung. Die Kriminalität in der Bundesrepublik Deutschland. Bulletin 1999; 29: 273–320.

Pribor EF, Dinwiddie SH. Psychiatric correlates in incest in childhood. Am J Psychiatry 1992; 149: 52–6.

Pruett KD. A chronology of defensive adaptations to severe psychological trauma. Psychoanal Study Child 1984; 39: 591–612.

Putnam FW. Diagnosis and treatment of multiple personality disorder. New York, London: Guilford Press 1989.

Putnam FW. Recent research on multiple personality disorder. Psychiat Clin North Am 1991; 14: 489–502.

Putnam FW. Child development and dissociation. Child Adolesc Psychiatr Clin N Am 1996; 5: 285–301.

Putnam FW, Loewenstein RJ. Treatment of multiple personality disorder: A survey of current practices. Am J Psychiat 1993; 150: 1048–52.

Putnam FW, Trickett PK. Child sexual abuse: A model of chronic trauma. Psychiat 1993; 56: 82–95.

Pütterich H. Diagnostisches Interview für das Borderline-Syndrom. Manual. Weinheim: Beltz. (Original: Gunderson JG, Kolb JE, Austin V. 1981; The diagnostic interview for borderline patients. Am J Psychiat 1985; 183: 896–903.)

Pynoos RS, Eth S. Witness to violence: The child interview. J Amer Acad Child Psychiat 1986; 25: 306–19.

Pynoos RS, Nader K. Children who witness the sexual assault of their mothers. J Amer Acad Child Psychiat 1988; 27: 567–72.

Q

Quint H. Psychotherapie bei Zwangskranken. In: Psychotherapie in der Psychiatrie. Helmchen H, Linden M, Rüger U (Hrsg). Berlin u.a.O.: Springer 1982; 225–60.

Quint H. Der Zwang im Dienste der Selbsterhaltung. Psyche 1984; 38: 717–37.

Quint H. Die Zwangsneurose aus psychoanalytischer Sicht. Berlin u.a.O: Springer 1988.

Quint H. Psychoanalytische Therapie von zwangsneurotischen Patienten. In: Therapie psychiatrischer Erkrankungen. Möller H-J (Hrsg). Stuttgart: Enke 1993.

R

Radke-Yarrow M. Attachment patterns in children of depressed mothers. In: Attachment across the life cycle. Parkes CM, Stevenson-Hinde J, Marris P (eds). London, New York: Tavistock/Routledge 1991; 115–26.

Radke-Yarrow M, Brown E. Resilience and vulnerability in children of multiple-risk families. Develop Psychopathol 1993; 5: 581–92.

Radke-Yarrow M, Sherman T. Hard growing: Children who survive. In: Risk and protective factors in the development of psychopathology. Rolf J, Masten A, Cicchetti D, Nuechterlein K, Weintraub S (eds). Cambridge, New York: Cambridge University Press, 1990; 97–119.

Radke-Yarrow M, Cummings M, Kuczynski L, Chapman M. Patterns of attachment in two- and three-year-olds in normal families and families with parental depression. Child Develop 1985; 56: 884–93.

Rado S. Die psychischen Wirkungen der Rauschgifte. 1926 Psyche 1975; 29: 360–6.

Rado S. Psychoanalyse oder Pharmakotherapie? Int Z Psychoanal 1934; 20: 16–32.

Raine A. Birth complications combined with early maternal rejection at age 1 year predispose to violent crime at age 18. Arch Gen Psychiat 1994; 51: 984–8.

Ramani SV, Quesney LF, Olson D. Diagnosis of hysterical seizures in epileptic patients. Am J Psychiat 1980; 137: 705–9.

Ramin G. Inzest und sexueller Mißbrauch. Beratung und Therapie. Ein Handbuch. Paderborn: Jungfermannsche Verlagsbuchhandlung 1993.

Rangell L. The nature of conversion. JAPA 7: 633–62. (Deutsch: Die Konversion. Psyche 1959; 23: 121–47.)

Rangell L. The metapsychology of psychic trauma. In: Psychic trauma. Furst SS (ed). New York, London: Basic Books 1967.

Rapkin A. Adhesions and pelvic pain: A retrospective study. Obstet Gynecol 1986; 68: 13–5.

Rapkin AJ, Kames L, Darke L, Stampler F, Naliboff B. History of physical and sexual abuse in women with chronic pelvic pain. Obstet Gynecol 1990; 76: 92–6.

Rasmussen SA, Eisen JL. The epidemiology and diagnosis of obsessive-compulsive disorder. In: Obsessive-compulsive disorders. Hand I, Goodman WK, Evers U (Hrsg). Berlin, Heidelberg: Springer 1992.

Ratzke K, Cierpka M. Der familiäre Kontext von Kindern, die aggressive Verhaltensweisen zeigen. In: Kinder mit aggressivem Verhalten. Cierpka M (Hrsg). Göttingen: Hogrefe 1999.

Rauchfleisch U. Zur Situation von Folter- und Verfolgungsopfern. Schweizerische Ärztezeitung 1995; 76: 17.

Reddemann L. The treatment of patients with severly dissociative phenomena with a combination of EMDR and the „observer technique". In Vorbereitung.

Reddemann L, Sachsse U. Imaginative Psychotherapieverfahren zur Behandlung in der Kindheit traumatisierter Patientinnen und Patienten. Psychotherapeut 1996; 41: 169–74.

Reddemann L, Sachsse U. Stabilisierung. In: Persönlichkeitsstörungen – Theorie und Therapie. Bd. 3/97: Traumazentrierte Psychotherapie, Teil 1. Kernberg OF, Buchheim P, Dulz B, Eckert J, Hoffmann SO, Sachsse U, Saß H, Zaudig M (Hrsg). Stuttgart, New York: Schattauer 1997.

Reddemann L, Sachsse U. Kritisches zur traumazentrierten Psychotherapie: „Zu Risiken und Nebenwirkungen ..." In: Persönlichkeitsstörungen – Theorie und Therapie. Bd. 2/98: Traumazentrierte Psychotherapie, Teil 2. Kernberg OF, Buchheim P, Dulz B, Eckert J, Hoffmann SO, Sachsse U, Saß H, Zaudig M (Hrsg). Stuttgart, New York: Schattauer 1998.

Reher BS. Schamgefühle von sexuell mißbrauchten Mädchen und Frauen. Frankfurt u.a.O: Peter Lang Europäische Hochschulschriften 1995.

Rehfisch HP. Psychologische Schmerztherapie bei chronischer Polyarthritis. Eine kontrollierte Studie. Akt Rheumatol 1988; 13: 34–5.

Reich G. Kinder in Scheidungskonflikten. In: Scheidung ohne Richter. Neue Lösungen für Trennungskonflikte. Krabbe H (Hrsg). Reinbek: Rowohlt 1991; 59–85.

Reich G. Eine Kritik des „Konzeptes der primitiven Abwehr" am Begriff der Spaltung. Forum Psychoanal 1995; 11: 99–118.

Reich HH, Green AI. Effect of personality disorders on outcome of treatment. J Nerv Ment Dis 2: 1991; 74–82.

Reimer C. Abhängigkeit in der Psychotherapie. Prax Psychother Psychosom 1990; 35: 294–305.

Reinecker HS. Zwänge, Diagnose, Theorien und Behandlung. Bern u.a.O: Huber 1991.

Reisel B. Darstellung der Ergebnisse der Fragebogenerhebung. In: Gewalt in der Familie. Teil 2: Gewalt gegen Kinder. Bundesministerium für Umwelt, Jugend und Familie (Hrsg). Wien: Broschüre 1991; 288–380.

Reister G. Schutz vor psychogener Erkrankung. Göttingen, Zürich: Vandenhoeck & Ruprecht 1995.

Reiter RC, Gambone JC. Demographic and historic variables in women with idiopathic chronic pelvic pain. Obstet Gynecol 1990; 75: 428–32.

Reiter RC, Shakerin L, Gambone J, Milburn A. Correlation between sexual abuse and somatization in women with somatic and nonsomatic chronic pelvic pain. Am J Obstet Gynecol 1991; 165: 104–9.

Remschmidt H. Sexuelle Mißhandlung. Fortschr Fortbildung Medizin 1994/95; 18: 151–65.

Remschmidt H, Hacker F, Müller-Luckmann E, Schmidt MH, Strunk P. Ursachen, Prävention und Kontrolle von Gewalt aus psychiatrischer Sicht. In: Ursachen, Prävention und Kontrolle von Gewalt. Analysen und Vorschläge der Unabhängigen Regierungskommission zur Verhinderung und Bekämpfung von Gewalt. Bd. II. Schwind H-D, Baumann J, Lösel F, Remschmidt H, Eckert R, Kerner HJ, Stümper A, Wassermann R, Otto H, Rudolf W (Hrsg). Berlin: Duncker & Humblot 1990; 157–292.

Renaer M. Chronic pelvic pain without obvious pathology in women. Eur J Obstet Gyn R B 1980; 10: 415.

Renshaw D. Incest: Understanding and treatment. Boston: Little Brown 1982.

Reposa RE, Zuelzer MB. Family therapy with incest. Int J Fam Ther 1983; 5: 111–26.

Reppucci ND, Haugaard JJ. Prevention of child sexual abuse. Am Psychol 1989; 44: 38–43.

Retzer A. Die Gewalt der Eindeutigkeit – die Mehrdeutigkeit der Gewalt. Familiendynamik 1993; 18: 223–54.

Rew L. Childhood sexual exploitation: Long-term effects among a group of nursing students. Issues Ment Health Nurs 1989; 10: 181–91.

Rheinberg F, Minsel B. Psychologie des Erziehers. In: Pädagogische Psychologie. Weidenmann B, Krapp A (Hrsg). München: Urban und Schwarzenberg 1986; 277–360.

Rhinehart JW. Genesis of overt incest. Compr Psychiat 1961; 2: 338–49.

Rhode-Dachser CH. Warum sind Borderline-Patienten meistens weiblich? – Über die Rolle des Traumas in der Borderline-Entwicklung. In: Im Schatten des Kirschbaumes. Psychoanalytische Dialoge. Rhode-Dachser CH (Hrsg). Göttingen, Toronto, Seattle: Huber 1995.

Richter HE. Eltern, Kind und Neurose. Stuttgart: Klett 1963.

Richter HE. Der schwierige Weg einer kritischen Psychosomatik. Psychother Psychosom med Psychol 1990; 40: 318–23.

Richter-Appelt H. Sexuelle Traumatisierungen und körperliche Mißhandlungen. Eine Befragung von Studentinnen und Studenten. In: Handbuch Sexueller Mißbrauch. Rutschky K, Wolff R (Hrsg). Hamburg: Klein 1994.

Richter-Appelt H. Körperliche Mißhandlungen und sexuelle Traumatisierungen aus der Sicht junger Erwachsener. Forschungsbericht für die Deutsche Forschungsgemeinschaft. Hamburg 1995.

Richter-Appelt H. Differentielle Folgen von sexuellem Mißbrauch und körperlicher Mißhandlung. In: Sexueller Mißbrauch: Überblick, Forschung, Beratung und Therapie. Amann G, Wipplinger R (Hrsg.). Tübingen: DGVT Verlag 1997a; 201–16.

Richter-Appelt H. Verführung, Trauma, Mißbrauch (1896–1996). Gießen: Psychosozial Verlag 1997b.

Richter-Appelt H, Tiefensee J. Soziale und familiäre Gegebenheiten bei körperlichen Mißhandlungen und sexuellen Mißbrauchserfahrungen in der Kindheit aus der Sicht junger Erwachsener. Psychother Psychosom Med Psychol 1996a; 46: 367–78.

Richter-Appelt H, Tiefensee J. Die Partnerbeziehung der Eltern und die Eltern-Kind-Beziehung bei körperlichen Mißhandlungen und sexuellen Mißbrauchserfahrungen in der Kindheit aus der Sicht junger Erwachsener. Psychother Psychosom Med Psychol 1996b; 46: 405–18.

Richters JE. Community violence and children's development: Toward a research agenda for the 1990s. Psychiat 1993; 56: 3–6.

Richters JE, Martinez PE. Violent communities, family choices, and children's chances: An algorithm for improving the odds. Develop Psychopathol 1993; 5: 609–27.

Ricks M. The social transmission of parental behavior: attachment across generations. In: Growing points of attachment theory and research. Bretherton I, Waters E (eds). Chicago/IL: University of Chicago Press 1985; 211–27.

Rieker PP, Carmen E. The victim to patient process: The disconfirmation and transformation of abuse. Am J Orthopsychiat 1986; 56: 360–70.

Rijnaarts J. Lots Töchter. Über den Vater-Tochter-Inzest. Düsseldorf: Claassen 1988.

Roazen P. Sigmund Freud und sein Werk. 1971 Herrsching: Pawlak 1976.

Rochlin G. The dread of abandonment: A contribution to the etiology of the loss complex and to depression. Psychoanal Study Child 1961; 16: 451–70.

Rodgers B. Influences of early-life and recent factors on affective disorder in women: An exploration of vulnerability models. In: Straight and devious pathways from childhood to adulthood. Robins LN, Rutter M (eds). Cambridge: Cambridge University Press 1990; 314–27.

Roesler TA, McKenzie N. Effects of childhood trauma on psychological functioning in adults sexually abused as children. J Nerv Ment Dis 1994; 182: 145–50.

Roesler TA, Savin D, Grosz C. Family therapy of extrafamilial sexual abuse. J Am Acad Child Adolesc Psychiat 1993; 32: 967–70.

Roggman L, Langlois J, Hubbs-Tait L, Rieser-Danner L. Infant day care, attachment, and the „file drawer problem". Child Develop 1994; 65: 1429–43.

Rohde-Dachser C. Das Borderline-Syndrom. 1983. 4. Aufl., Bern: Huber 1989.

Rohde-Dachser C. Im Schatten des Kirschbaums. Psychoanalytische Dialoge. Bern: Huber 1995.

Romans SE, Walton VA, McNoe B, Herbison GP, Mullen PE. Otago women´s health survey 30-month follow-up: 1. Onset patterns of non-psychotic psychiatric disorder. Br J Psychiatry 1993; 163: 733–8.

Romans SE, Martin JL, Anderson JC, O'Shea ML, Mullen PE. Factors that mediate between child sexual abuse and adult psychological outcome. Psychol Med 1995; 25: 127–42.

Root M, Fallon P, Friedrich W. Bulimia: System approach to treatment. New York: Norton 1986.

Rose SM, Peabody CG, Stratigeas B. Responding to hidden abuse: A role for social work in reforming mental health systems. Social Work 1991; 36: 408–13.

Rosenfeld AA. Endogamic incest and the victim-perpetrator model. Am J Dis Child 1979; 133: 406–10.

Rosenthal RJ, Rinzler C, Wallsh R, Klausner E. Wrist-cutting syndrome: The meaning of a gesture. Am J Psychiat 1972; 128.

Ross CA, Norton R, Wozney K. Multiple personality disorder: An analysis of 236 cases. Can J Psychiat 1989; 34: 413–8.

Ross CA, Miller SD, Reagor P, Bjornson L, Fraser GA, Anderson G. Structured interview data on 102 cases of multiple personality disorder from four centers. Am J Psychiat 1990; 147: 596–601.

Rost WD. Alkoholismus und Psychoanalyse. Stuttgart: Klett-Cotta 1987.

Roth J, LeRoit D. Chemical cross talk. Why human cells understand the molecular messages of plants. Sciences 1987; 27: 2.

Roth M. The phobic anxiety-depersonalization syndrome and some general etiological problems in psychiatry. J Neuropsychiat 1960; 1: 292–306.

Rothbaum F, Scheider-Rosen K, Pott M, Beatty M. Early parent-child relationships and later problem behavior. A longitudinal study. Merrill-Palmer Quart 1995; 41: 133–51.

Rothenberg A. Adolescence and eating disorder: The obsessive compulsive syndrome. Psychiat Clin North Am 1990; 13: 469–88.

Rothstein A. The reconstruction of trauma. Its significance in clinical work. Madison/CT: Int University Press 1986.

Roy A. Hysterical seizures. Arch Neurol 1979; 36: 447.

Roy R. Engels pain-prone disorder patient: 25 years after. Psychother Psychosom 1985; 43: 126–35.

Roy A. Five risk factors for depression. Brit J Psychiat 1987; 150: 536–41.

Ruchkin VV, Eisemann M, Hagglof B. Juvenile male rape victims: Is the level of post-traumatic stress related to personality and parenting? Child Abuse Negl 1998; 22: 889–99.

Rudolf G, Stille D. Die Einschätzung von Neurosenbefunden und Behandlungsaussichten bei 615 ambulanten Psychotherapiepatienten. Z Psychosom Med 1982; 28: 139–49.

Russell GFM. Bulimia nervosa: An ominous variant of anorexia nervosa. Psychol Med 1979; 9: 429–48.

Russell DEH. The incidence and prevalence of intrafamilial and extrafamilial sexual abuse of female children. Child Abuse Negl 1983; 7: 133–46.

Russell DEH. The prevalence and seriousness of incestuous abuse: Stepfathers vs. biological fathers. Child Abuse Negl 1984; 8: 15–22.

Russell DEH. The secret trauma: Incest in the lives of girls and women. New York: Basic Books 1986.

Rust G. Sexueller Mißbrauch – ein Dunkelfeld in der Bundesrepublik Deutschland. In: Sexueller Mißbrauch von Kindern in Familien. Backe L, Leick N, Merrick J, Michelsen N (Hrsg). Köln: Deutscher Ärzte-Verlag 1986; 7–20.

Rüth-Bemelmanns E. Experimentelle Erprobung der Kriterien zur Aussagenanalyse. Universität Köln: Unveröffentlichte Diplomarbeit im Fach Psychologie 1984.

Rutschky K, Wolff R. Handbuch Sexueller Mißbrauch. Hamburg: Klein 1994.

Rutter M. Maternal deprivation reassessed. London: Penguin books 1976.

Rutter M. Protective factors in children's responses to stress and disadvantage. In: Primary prevention in psychopathology. Vol. 3. Kent MW, Rolf JE (eds). Hanover/NH: University Press of New England 1979; 49–74.

Rutter M. Resilience in the face of adversity. Protective factors and resistance to psychiatric disorder. Brit J Psychiat 1985; 147: 598–611.

Rutter M. The developmental psychopathology of depression: Issues and pespectives. In: Depression in young people. Developmental and clinical perspectives. Rutter M, Izard C, Read P (eds). New York: Guilford Press 1986; 3–30.

Rutter M. Psychosocial resilience and protective mechanisms. Am J Orthopsychiat 1987; 57: 316–31.

Rutter M. Intergenerational continuities and discontinuities in serious parenting difficulties. In: Child maltreatment. Theory and research on the causes and consequences of child abuse and neglect. Cicchetti D, Carlson V (eds). New York: Cambridge University Press 1989; 317–48.

Rutter M. Psychosocial resilience and protective mechanisms. In: Risk and protective factors in the development of psychopathology. Rolf J, Masten A, Cicchetti D, Nuechterlein K, Weintraub S (eds). Cambridge, New York: Cambridge University Press 1990; 181–214.

Rutter M, Giller H. Juvenile delinquency: Trends and perspectives. Middlesex: Penguin 1983.

Rutter M, Quinton D. Long term follow-up of women institutionalized in childhood: Factors promoting good functioning in adult life. Brit J Develop Psychol 1984; 18: 225–34.

Rutter M, Graham P, Chadwick OFD, Yule W. Adolescent turmoil: Fact or fiction? J Child Psychol Psychiat 1976; 17: 35–56.

Ryan G. Victim to victimizer. J Interpersonal Violence 1989; 4: 325–41.

S

Sabourin P. Nachwort. 1985 In: Ferenczi S. Ohne Sympathie keine Heilung. Das klinische Tagebuch von 1932. Frankfurt: Fischer 1988.

Sachsse U. Selbstbeschädigung als Selbstfürsorge. Forum Psychoanal 1987; 3: 51–70.

Sachsse U. „Blut tut gut". Genese, Psychodynamik und Psychotherapie offener Selbstbeschädigung der Haut. In: Der eigene Körper als Objekt. Zur Psychodynamik selbstdestruktiven Körperagierens. Hirsch M (Hrsg). Berlin u.a.O: Springer 1989.

Sachsse U. Nie daran denken – nie vergessene Fixierungen auf dem Borderline-Niveau als Folge von Realtraumata. In: Grenzüberschreitungen in der Psychoanalyse. Göttingen: Kongreßband der DPG 1993; 182–206.

Sachsse U. Selbstverletzendes Verhalten. Psychodynamik – Psychotherapie. Göttingen, Zürich: Vandenhoek & Ruprecht 1994.

Sachsse U. Die Psychodynamik der Borderlinestörung als Traumafolge. Ein Entwurf. Forum Psychoanal 1995; 11: 50–61.

Sachsse U, Reddemann L. Traumazentrierte Psychotherapie mit Imaginationen. Fundamenta Psychiatrica 1997; 11: 169–78.

Sachsse U, Eßlinger K, Schilling L, Tameling A. The borderline personality disorder as a sequel to trauma. Vortrag. 4th IPA Conference on psychoanalytic research. London 1994.

Sachsse U, Eßlinger K, Schilling L. Vom Kindheitstrauma zur schweren Persönlichkeitsstörung. Fundamenta Psychiatrica 1997a; 11: 12–20.

Sachsse U, Ventzlaff U, Dulz B. 100 Jahre Traumaätiologie. Persönlichkeitsstörungen Theorie und Therapie. 1997b; 1: 4–14.

Sadow L, Gedo JE, Miller J et al. The process of hypothesis gange in three early psychoanalytic concepts. JAPA 1968; 16: 245–73.

Saller H. Prävention von sexueller Ausbeutung von Kindern – Möglichkeiten und Grenzen. In: Sexuelle Mißhandlung von Kindern. Dokumentation der Fachtagung 1989. Die Frauenministerin des Landes Schleswig-Holstein (Hrsg). Kiel: Kinderschutz-Zentrum 1989; 24–31.

Salter F. Epidemiology of child sexual abuse. In: The sexual abuse of children: Theory and research. Vol. 1. O'Donohue W, Geer JH (eds). Hillsdale/NJ: Erlbaum 1992; 103–38.

Saltman V, Salomon RS. Incest and the multiple personality. Psychol Rep 1980; 50: 1127–41.

Sameroff AJ, Chandler MJ. Reproductive risk and the continuum of caretaking causalty. In: Review of child development research. Vol. 4. Horowitz FD, Hetherington M, Scarr-Salapatek S, Siegel G (eds). Chicago, New York: University of Chicago Press 1975; 187–243.

Sandberg DA, Lynn SJ. Dissociative experiences, psychopathology and adjustment, and child and adolescent maltreatment in female college students. J Abnorm Psychol 1992; 101: 717–23.

Sanders B, Giolas MH. Dissociation and childhood trauma in psychologically disturbed adolescents. Am J Psychiat 1991; 148: 50–4.

Sandler J. Trauma, strain and development. In: Psychic trauma. Furst SS (ed). New York, London: Basic Books 1967.

Sandler J (ed). Projection, identification, projective identification. London: Karnac 1988.

Sarles RM. Incest. Ped Clin North Am 1975; 22: 633–42.

Saslawsky D, Wurtele S. Educating children about sexual abuse: Implications for pediatric intervention and possible prevention. J Pediatric Psychol 1986; 11: 235–43.

Saunders EA, Arnold F. A critique of conceptual and treatment approaches to borderline psychopathology. Psychiat 1993; 56: 188–203.

Saunders BE, Villoponteaux LA, Lipovsky JA, Kilpatrick DG, Veronen LJ. Child sexual assault as a risk factor for mental disorders among women: A community survey. J Interpersonal Violence 1992; 7: 189–204.

Scarinci IC, McDonald-Haile J, Bradley LA, Richter JE. Altered pain perception and psychosocial features among women with gastrointestinal disorders and history of abuse: A preliminary model. Am J Med 1994; 97: 108–18.

Scarr S, McCartney K. How people make their own environments: A theory of genotype-environment effects. Child Develop 1983; 54: 424–35.

Schacht AJ, Kerlinsky D, Carlson C. Group therapy with sexually abused boys: Leadership, projective identification, and countertransference issues. Int J Group Psychother 1990; 40: 401–17.

Schaeffer MR, Sobieraj K, Hollyfield RL. Prevalence of childhood physical abuse in adult male veteran alcoholics. Child abuse Negl 1988; 12: 141–9.

Schechter MD, Roberge L. Sexual exploitation. In: Child abuse and neglect: The family and the community. Helfer RE, Kempe CH (eds). Cambridge: Ballinger 1976.

Scheidt CE. Konversionssymptome im Rahmen pathologischer Trauer. Forum Psychoanal 1992; 8: 187–201.

Schepank H. Psychogene Erkrankungen in der Stadtbevölkerung. Eine epidemiologisch-tiefenpsychologische Untersuchung in Mannheim. Berlin: Springer 1987.

Schetky DH. A review of the literature on the long-term-effects of childhood sexual abuse. In: Incest related syndromes of adult psychopathology. Kluft RP (ed). Washington/DC: American Psychiatric Press 1990; 35–55.

Schilder P. Notes on the psychopathology of pain in neuroses and psychoses. Psychoanal Rev 1931; 18: 1–22.

Schmauch U. Kindheit und Geschlecht. Basel: Stroemfeld/Nexus 1993.

Schmidt M. Sexueller Mißbrauch bei (behinderten) Kindern und Jugendlichen. Vortragsmanuskript 1993.

Schmidt MH. Die Untersuchung abgelehnter und/oder vernachlässigter Säuglinge aus der Kohorte von 362 Kindern der Mannheimer Studie. In: Vernachlässigung, Mißbrauch und Mißhandlung von Kindern. Martinius J, Frank R (Hrsg). Bern: Huber 1990; 15–21.

Schmitz U, Keßler W. Erfahrungen in der Therapie von Traumapatienten mit den Methoden der KBT und der Gestaltungstherapie. Unveröffentlicher Vortrag am 14.7.1999. Nürnberg 1999.

Schneider HJ. Gewalt in der Familie. Gutachten für die Unterkommission Psychologie (UK 1; der Unabhängigen Regierungskommission zur Verhinderung und Bekämpfung von Gewalt. Unveröffentl. Manuskript 1988.

Schneider M. Der weibliche Blick und die theoretische Schrift. Psyche 1989; 43: 331–8.

Schneider-Rosen K, Cicchetti D. The relationship between affect and cognition in maltreated infants: Quality of attachment and the development of visual self-recognition. Child Develop 1984; 55: 648–58.

Schneider-Rosen K, Braunwald K, Carlson V, Cicchetti D. Current perspectives in attachment theory: Illustrations from the study of maltreated infants. In: Growing points of attachment theory and research. Bretherton I, Waters E (eds). Chicago: University of Chicago Press 1985; 194–210.

Schoener GR. Frequent mistakes made when working with victims of sexual misconduct by professionals. Minnesota Psychologist 1990; 5–6.

Schoener GR, Gonsiorek JC. Assessment and development of rehabilitation plans for the therapist. In: Psychotherapists' sexual involvement with clients: Intervention and prevention. Schoener GR et al. (eds). Minneapolis: Walk-In Counseling Center 1989; 401–20.

Schoener GR, Milgrom JH. Helping clients who have been sexually abused by therapists. In: Innovations in clinical practice: A source book. (6). Keller PA, Heyman SR (eds). 1987; 407–17.

Schoener GR, Milgrom JH, Gonsiorek J. Therapeutic responses to clients who have been sexually abused by psychotherapists. In: Psychotherapists' sexual involvement with clients: Intervention and prevention. Schoener GR et al. (eds). Minneapolis: Walk-In Counseling Center 1989; 95–112.

Schoenfeld H, Amir V, Lichtenberg P, Gaulayev B. Secondary amenorrhea: Two kinds of psychogenic disorder – a case report. Int J Psychiat Med 1990; 20: 393–404.

Schofferman J, Anderson D, Hines R, Smith G, Keane G. Childhood psychological trauma and chronic refractory low-back-pain. Clin J Pain 1993; 9: 260–5.

Scholich B. Frühkindlicher sexueller Mißbrauch und Psychotherapie. Z Individualpsychol 1992; 17: 102–10.

Schoon I, Montgomery SM. Zum Zusammenhang von fühkindlicher Lebenserfahrung und Depression im Erwachsenenalter. Z Psychosom Med 1997; 43: 319–33.

Schors R. Psychoanalytische Therapie bei chronischen Schmerzsyndromen. Nervenheilkunde 1987; 6: 255–9.

Schors R. Psychoanalytische Einzeltherapie bei Schmerz. In: Der Schmerzkranke. Grundlagen, Pathogenese, Klinik und Therapie chronischer Schmerzsyndrome aus bio-psycho-sozialer Sicht. Egle UT, Hoffmann SO (Hrsg). Stuttgart, New York: Schattauer 1993; 369–79.

Schorsch E, Galedary G, Haag A, Hauch M, Lohse H. Perversion als Straftat. Heidelberg, Berlin: Springer 1985.

Schultz-Venrath U. Ernst Simmel – ein Pionier der psychotherapeutischen Medizin? Berlin: Vortrag 2. Kongreß Deutsche Gesellschaft für Psychotherapeutische Medizin 1994.

Schuppli-Delpy M, Nicola M. Folgetherapien mit in Psychotherapie mißbrauchten Patientinnen. In: Sexueller Mißbrauch in Psychotherapie und Psychiatrie. Bachmann KM, Böker W (Hrsg). Bern: Huber 1994.

Schur M. Comments on the metapsychology of somatization. Psychoanal Study Child 1955; 10: 119–64.

Schwartz HJ. Bulimia: Psychoanalytic treatment and theory. 1988 USA: Library of Congress 1990.

Schwartz F, Schiller PH. A psychoanalytic model of attention and learning. Psychol. Iss., Mon. 23. New York: Int Universities Press 1970.

Schwarzer A. Durch Dick und Dünn. Reinbek: Rowohlt 1987.

Schwarzer R, Leppin A. Sozialer Rückhalt und Gesundheit: Eine Meta-Analyse. Göttingen: Hogrefe 1989.

Schweitzer J. Therapie dissozialer Jugendlicher. Weinheim: Juventa 1987.

Schweitzer J. Systemische Beratung bei Dissozialität, Delinquenz und Gewalt. Prax Kinderpsychol Kinderpsychiatr 1997; 46: 215–27.

Schwidder W. Symptombild, Grundstruktur und Therapie der Zwangsneurose. Psyche 1954; 8: 126–42.

Schwind H-D, Baumann J, Lösel F, Remschmidt H, Eckert R, Kerner HJ, Stümper A, Wassermann R, Otto H, Rudolf W (Hrsg). Ursachen, Prävention und Kontrolle von Gewalt. Analysen und Vorschläge der Unabhängigen Regierungskommission zur Verhinderung und Bekämpfung von Gewalt (Gewaltkommission). Berlin: Duncker & Humblot 1990.

Scott RB, Burt JM. Vascular congestion and endometriosis. Sth Med J 1962; 55: 119.

Sebastian S. Veränderungen des Körperbildes im Verlauf einer Körpertherapie. Erlangen 1995; unveröffentlichte Dissertation.

Sebeok TA. Theorie und Geschichte der Semiotik. Reinbek: Rowohlt 1979.

Sedney MA, Brooks B. Factors associated with a history of childhood sexual experience in a nonclinical female population. J Am Acad Child Psychiat 1984; 23: 215–8.

Seghorn T, Prentky R, Boucher R. Childhood sexual abuse in the lifes of sexually aggressive offenders. J Am Acad Child Adolesc Psychiat 1987; 26: 262–7.

Seifer R, Sameroff AJ, Baldwin CP, Baldwin A. Child and family factors that ameliorate risk between 4 and 13 years of age. J Am Acad Child Adolesc Psychiat 1992; 31: 893–903.

Seiffge-Krenke I. Depressive Verstimmungen im Jugendalter: Der relative Beitrag von familiären und Freundschaftsbeziehungen. Z Klin Psychol 1993; 22: 117–36.

Seligman MEP. Helplessness. On depression, development and death. San Francisco/CA: Freeman 1975. (Deutsch: Erlernte Hilflosigkeit. Weinheim: Psychologie Verlags Union 1992.)

Sgroi S. A handbook of clinical intervention in child sexual abuse. Lexington/MA: Lexington Books 1982.

Shapiro S. Self-mutilation and self-blame in incest victims. Am J Psychother 1987; 1: 46–54.

Shapiro F. Eye Movement desensitization and reprocessing. New York: Guilford 1995.

Shapiro F. EMDR, Grundlagen und Praxis. Handbuch zur Behandlung traumatisierter Menschen. Paderborn: Junfermann 1998 (Original: Shapiro F. Eye Movement Desensitization and Reprocessing: Basic principles, protocols and procedures. New York: Guilford 1995)

Shapiro S, Dominiak G. Common psychological defenses seen in the treatment of sexually abused adolescents. Am J Psychother 1990; XLIV.

Shearer SL. Dissociative phenomena in women with borderline personality disorder. Am J Psychiat 1994; 151: 1324–8.

Sheldon H. Child sexual abuse in adult female psychotherapy patients. Brit J Psychiat 1988; 152: 107–11.

Shengold L. Child abuse and deprivation: Soul murder. JAPA 1979; 27: 533–59.

Shengold L. Some reflections on a case of mother/adolescent son incest. Int J Psychoanal 1980; 61: 461–76.

Shengold L. Soul Murder. The effects of childhood abuse and deprivation. New Haven, London: Yale University Press 1989. (Deutsch: Soul murder. Seelenmord – die Auswirkungen von Mißbrauch und Vernachlässigung in der Kindheit. Frankfurt: Brandes und Apsel 1995.)

Sherrod KB, O'Connor S, Vietze PM, Altemeier WA. Child health and maltreatment. Child Develop 1984; 55: 1174–83.

Sigusch V (Hrsg). Sexuelle Störungen und ihre Behandlung. Stuttgart: Thieme 1996.

Silbert MH, Pines AM. Sexual child abuse as an antecedent to prostitution. Child Abuse Negl 1981; 5: 407–11.

Silver RL, Boon C, Stones MH. Searching for meaning in misfortune: Making sense of incest. J Social Issues 1983; 39: 81–102.

Silverstein JL. Origins of psychogenic vaginism. Psychother Psychosom 1989; 52: 197–204.

Simmel E. Die Psychoanalyse der Kriegsneurosen. Int. Psychoanal., Bibliothek Nr. 1, Leipzig, Wien: Int. Psychoanal. Verlag 1919.

Simon B. „Incest – see under Oedipus complex": The history of an error in psychoanalysis. J Am Psychoanal Assoc 1992; 40: 955–88.

Simons RL, Whitbeck LB, Conger RD, Chyi-In W. Intergenerational transmission of harsh parenting. Develop Psychol 1991; 27: 159–71.

Simpson CA, Porter GL. Self-mutilation in children and adolescents. Bull Menninger Clin 1981; 45: 428–38.

Sinanson V. Mental handicap and the human condition. New Approaches from the Tavistock. London: Free Associate Books 1992.

Sirles E, Franke. Factors influencing mothers reaction to intrafamilial sexual abuse. Child Abuse Negl 1989; 13: 131–9.

Skuse DH. Extreme deprivation in early childhood. I. Diverse outcomes for three siblings from an extraordinary family. J Child Psychol Psychiat 1984a); 25: 523–41.

Skuse DH. Extreme deprivation in early childhood. II. Theoretical issues and a comparative review. J Child Psychol Psychiat 1984b); 25: 543–72.

Slaby RG, Guerra N. Cognitive mediators of aggression in adolescent offenders: I. Assessment. Develop Psychol 1989; 24: 580–8.

Slawsby EA. Psychosocial factors of pain in chronic atypical facial pain. Dissertation. Boston: University of Massachusetts 1995.

Sloan G, Leichner P. Is there a relationship between sexual abuse or incest and eating disorders? Canad J Psychiat 1986; 31: 656–60.

Smith S. The sexually abused patient and the abusing therapist: A study in sadomasochistic relationships. Psychoanal Psychol 1984; 89–98.

Sollmann U. Der skrupellose Therapeut – wenn Therapeuten ihre Tage kriegen. In: Schock und Berührung. Körper und Seele. Bd 3. Hoffmann-Axthelm D (Hrsg). Oldenburg: Trans Form 1992; 45–63.

Sollmann U. Die Pianistin mit dem Messer. Life-Supervision in der Körpertherapie einer traumatisierten Patientin. Psychother Forum 1999; 7: 67–74.

Soloff PH, Millward JW. Psychiatric disorders in the families of borderline patients. Arch Gen Psychiat 1983; 36: 17–24.

Sonne JL et al. Clients reactions to sexual intimacy in therapy. Am J Orthopsychiat 1985; 55: 183–9.

Sonne JL, Pope KS. Treating victims of therapist-patient sexual involvement. Psychother 1991; 28: 174–87.

Spangler G, Grossmann KE. Biobehavioral organization in securely and insecurely attached infants. Child Develop 1993; 64: 1439–50.

Spangler G, Grossmann K. Zwanzig Jahre Bindungsforschung in Bielefeld und Regensburg. In: Die Bindungstheorie. Grundlagen, Forschung und Anwendung. Spangler G, Zimmermann P (Hrsg). Stuttgart: Klett-Cotta 1995; 50–63.

Spangler G, Zimmermann P. Die Bindungstheorie. Grundlagen, Forschung und Anwendung. Stuttgart: Klett-Cotta 1995.

Spanjaard H, ten Hove O. Prävention sexueller Gewalt gegen Jungen und Mädchen. Münster: Landesjugendamt 1993.

Sperber M. La misère de la Psychologie. In: Preuves 86, IV, 1954; 9–25.

Spiegel D. Dissociation, double binds, and posttraumatic stress in multiple personality disorder. In: Treatment of multiple personality disorder. Braun BG (ed). Washington/DC: American Press 1986; 61–78.

Spieker S, Booth C. Maternal antecedents of attachment quality. In: Clinical implications of attachment. Belsky J, Nezworski T (eds). Hillsdale/NJ: Erlbaum 1988; 95–135.

Spitz R. Vom Säugling zum Kleinkind. Stuttgart: Klett 1967.

Spitz RA. Vom Säugling zum Kleinkind. Stuttgart: Klett 1969.

Spitzer RL, Endicott J, Gibbon N. Crossing the border into borderline personality and borderline schizophrenia: The development of criteria. Arch Gen Psychiat 1979; 36: 17.

Spitzer C, Freyberger HJ, Kessler C. Hysterie, Dissoziation, Konversion – eine Übersicht zu Konzeption, Klassifikation und diagnostischen Erhebungsinstrumenten. Psychiatr Prax 1996; 23: 63–8.

Spitzer C, Spelsberg B, Grabe HJ, Mundt B, Freyberger HJ. Dissociative experiences and psychopathology in conversion disorders. J Psychosom Res 1999; 46: 291–4.

Spungen CA, Jensen SE, Finkelstein NW, Satinsky FA. Child personal safety: Model program for prevention of child sexual abuse. Social Work 1989; 34: 127–31.

Sroufe LA. Infant-caregiver attachment and patterns of adaption in preschool: The roots of maladaption and competence. In: The Minnesota symposia on child psychology. Vol 16. Perlmutter M (ed). 1983; 41–84.

Sroufe LA. The role of infant-caregiver attachment in development. In: Clinical implications of attachment. Belsky J, Nezworski T (eds). Hillsdale/NJ: Erlbaum 1988; 18–38.

Sroufe LA, Fleeson J. Attachment and the construction of relationships. In: Relationships and development. Hartup W, Rubin Z (eds). Hillsdale/NJ: Erlbaum 1986; 51–71.

Sroufe LA, Rutter M. The domain of developmental psychopathology. Child Develop 1984; 55: 17–29.

Standage K. The etiology of hysterical seizures. J Can Psychiat Assoc 1975; 20: 67–73.

Starr RH. A research-based approach to the prediction of child abuse. In: Child abuse prediction: policy implications. Starr RH (ed). Cambridge/MA: Ballinger 1982; 105–34.

Starr RH. Physical abuse of children. In: Handbook of family violence. Van Hasselt V, Morrison R, Bellack A, Hersen M (eds). New York: Plenum Press 1988; 119–55.

Starr RH, MacLean DJ, Keating DP. Life-span developmental outcomes of child maltreatment. In: The effects of child abuse and neglect. Issues and research. Starr RH, Wolfe DA (eds). London, New York: Guilford Press 1991; 1–32.

Staub E. Cultural-societal roots of violence: The examples of genocidal violence and of contemporary youth violence in the United States. Am Psychol 1996; 51: 117–32.

Steele BF. Psychoanalysis and the maltreatment of Children. J Am Psychoanal Assoc 1994; 42: 1001–25.

Steele BF, Pollock CB. Eine psychiatrische Untersuchung von Eltern, die Säuglinge und Kleinkinder mißhandelt haben. 1968 In: Das geschlagene Kind. Helfer RE, Kempe CH (Hrsg). Frankfurt: Suhrkamp 1978; 161–243.

Steiger H, Zanko M. Sexual traumata among eating-disordered, psychiatric, and normal female groups. Comparison of prevalences and defense styles. J Interpersonal Violence 1990; 5: 74–86.

Stein JA, Golding JM, Siegel JM, Burman MA, Sorenson SB. Long-term psychological sequelae of child sexual abuse: The Los Angeles epidemiologic catchment area study. In: Lasting effects of child sexual abuse. Wyatt GE, Powell GJ (eds). Newbury Park/CA, London: Sage 1988; 135–54.

Stein MB, Walker JR, Anderson G, Hazen AL, Ross CA, Eldrige G, Forde DR. Childhood physical and sexual abuse in patients with anxiety disorders and in a community sample. Am J Psychiatry 1996; 153: 275–7.

Steinhage R. Sexueller Mißbrauch an Mädchen. Ein Handbuch für Beratung und Therapie. Reinbek: Rowohlt 1989.

Stekel W. Zwang und Zweifel. Wien: Urban & Schwarzenberg 1927.

Steller M, Köhnken G. Criteria-based statement analysis. Credibility assessment of children's statements in sexual abuse cases. In: Psychological methods for investigation and evidence. Raskin DC (ed). New York: Springer 1989; 217–45.

Steller M, Wellershaus P, Wolf T. Realkennzeichen in Kinderaussagen. Empirische Grundlagen der Kriterien-orientierten Aussageanalyse. Z Exper Angew Psychol 1992; 39: 151–70.

Sterba R. Das Schicksal des Ich im therapeutischen Verfahren. Int Z Psychoanal 1934; 20: 60–73.

Sterba R. 1936; Das psychische Trauma und die Handhabung der Übertragung. (Die letzten Arbeiten von S. Ferenczi zur psychoanalytischen Technik.) Int Z Psychoanal 22: 40–6.

Sterba R. Erinnerungen eines Wiener Psychoanalytikers. Frankfurt: Fischer 1985.

Stern DN. The interpersonal world of the infant. New York: Basis Books 1985.

Stern DN. Die Lebenserfahrung des Säuglings. Stuttgart: Klett-Cotta 1992.

Steward MS, Farquhar LC, Dicharry DC, Glick DR, Martin PW. Group therapy: A treatment of choice for young victims of child abuse. Int J Group Psychother 1986; 36: 261–77.

Stierlin H. Eltern und Kinder. Das Drama von Trennung und Versöhnung im Jugendalter. Frankfurt a. M.: Suhrkamp 1977.

Stiglmayr C, Bohus M. The subjective perception of averse tension, analgesia, tonic immobility and dissociation from female patients with borderline personality disorder. Submitted.

Stoller R. Perversion – Die erotische Form von Hass. Reinbek: Rowohlt 1979.

Stourzh H. Die Anorgasmie der Frau. Beiträge zur Sexualforschung. Stuttgart: Enke Verlag 1961; 23.

Stouthamer-Loeber M, Loeber R, Farrington DP, Zhang Q, van Kammen W, Maguin E. The double edge of protective and risk factors for delinquency: Interrelations and developmental patterns. Develop Psychopathol 1993; 5: 683–701.

Straker G. Seelische Dauerbelastung als traumatisches Syndrom – Möglichkeiten des einmaligen therapeutischen Gesprächs. Psyche 1990; 44: 144–63.

Straus MA. Family patterns and child abuse in a nationally representative American sample. Child Abuse Negl 1979; 3: 213–25.

Straus M, Gelles R, Steinmetz SK. Behind closed doors: Violence in the American family. Garden City, New York: Anchor Press 1980.

Strauß B. Klinik sexueller Funktionsstörungen und sexueller Deviationen. In: Psychotherapie der Sexualstörungen; Krankheitsmodelle und Therapiepraxis – störungsspezifisch und schulenübergreifend. Strauß B. (Hrsg). Stuttgart: Thieme Verlag 1998a; 24–30.

Strauß B. Ansätze zur Psychotherapie sexueller Störungen. In: Psychotherapie der Sexualstörungen; Krankheitsmodelle und Therapiepraxis – störungsspezifisch und schulenübergreifend. Strauß B. (Hrsg). Stuttgart: Thieme Verlag 1998b; 50–5.

Streeck U. Abweichungen vom „fiktiven Normal-Ich": zum Dilemma der Diagnostik struktureller Ich-Störungen. Z Psychosom Med 1983; 29: 334–49.

Stroeken H. Freud und seine Patienten. Frankfurt: Fischer 1992.

Stübner S, Völkl G, Soyka M. Zur differentialdiagnose der dissoziativen Identitätsstörung (multiple Persönlichkeitsstörung). Nervenarzt 1998; 69: 440–5.

Sugarman A. Trauma and abuse: An overview. In: Victims of abuse – the emotional impact of child and adult trauma. Sugarman A (ed). Madison/CT: Int. University Press 1994.

Sullivan PF, Bulik CM, Carter FA, Joyce PR. The significance of a history of childhood sexual abuse in bulimia nervosa. Br J Psychiatry 1995; 167: 679–82.

Summit R. The child sexual abuse accommodation syndrome. Child Abuse Negl 1983; 7: 177–93.

Summit RC, Kryso J. Sexual abuse of children: A clinical spectrum. Am J Orthopsychiat 1978; 48: 237–51.

Surrey J, Swett C, Michaels A, Levin S. Reported history of physical and sexual abuse and severity of symptomatology in women psychiatric outpatients. Am J Orthopsychiat 1990; 60: 412–7.

Swan HL, Press AN, Briggs SL. Child sexual abuse prevention: Does it work? Child Welfare 1985; 64: 395–405.

Swanson DW, Swanson WM, Maruta T, Floreen AC. The dissatisfied patient with chronic pain. Pain 1978; 4: 367–78.

Swett C, Halpert M. Reported history of physical and sexual abuse in relation to dissociation and other symptomatology in women psychiatric inpatients. J Interpersonal Violence 1993; 8: 545–55.

Swett C, Surrey J, Cohen C. Sexual and physical abuse histories and psychiatric symptoms among male psychiatric outpatients. Am J Psychiat 1990; 147: 632–6.

Sydow K von. Psychosexuelle Entwicklung im Lebenslauf. Eine biographische Studie bei Frauen der Geburtsjahrgänge 1895 bis 1936. Regensburg: S. Roderer 1991;

Szewczyk H. Kriterien der Beurteilung kindlicher Zeugenaussagen. Probleme und Ergebnisse der Psychologie 1973; 46: 47–66.

T

Taddio A, Katz J, Ilersich AL, Koren G. Effect of neonatal circumcision on pain response during subsequent routine vaccination. Lancet 1997; 349: 599–603.

Takeuchi T, Koizumi J, Kotsuki H, Shimazaki M, Miyamoto M, Sumazaki K. A clinical study of 30 wrist-cutters. Jap J Psychiat 1986; 40: 571–81.

Tantam D, Whittaker J. Personality disorder and self-wounding. Br J Psychiat 1992; 161: 451–64.

Tarnopolsky A, Berelowitz M. Borderline personality. A review of recent research. Brit J Psychiat 1987; 151: 724–34.

Teasell RW, Shapiro AP. Strategic-behavioral intervention in the treatment of chronic nonorganic motor disorders. Am J Phys Med Rehabil 1994; 73: 44–50.

Teegen F, Beer M, Parbst B, Timm S. Sexueller Mißbrauch von Jungen und Mädchen: Psychodynamik und Bewältigungsstrategien. In: Sexueller Mißbrauch von Kindern und Jugendlichen. Diagnostik, Krisenintervention, Therapie. Gegenfurtner M, Keukens W (Hrsg). Magdeburg: Westarp Wissenschaften 1992; 11–25.

Tennant C. Parental loss in childhood. Its effect in adult life. Arch Gen Psychiatry 1988; 45: 1045–50.

Tennant C, Bebbington P, Hurry J. Parental death in childhood and risk of adult depressive disorders: A review. Psychol Med 1980; 10: 289–99.

Terr L. Children of Chowchilla. Psychoanal Study Child 1979; 34: 547–623.

Terr L. Psychic trauma in children: Observations following the Chowchilla school-bus kidnapping. Am J Psychiat 1981; 138: 14–9.

Terr L. Time sense following psychic trauma: A clinical study of ten adults and twenty children. Am J Orthopsychiat 1983; 53: 244–61.

Terr LC. Childhood traumas: An outline and overview. Am J Psychiat 1991; 148: 10–20.

Tetzlaff M, Schneider W, Woidera R, Janssen PL. Die Klassifikation der Zwangsneurose und Hysterie in der ICD–10. Ergebnisse der Forschungskriterienstudie. In: Diagnostik und Klassifikation nach ICD–10, Kapitel V. Eine kritische Auseinandersetzung. Ergebnisse der ICD–10 Forschungskriterienstudie aus dem Bereich Psychosomatik/Psychotherapie. Schneider W, Freyberger HJ, Muhs A, Schüßler G (Hrsg). Göttingen: Vandenhoeck & Ruprecht 1993.

Tharinger DJ, Krivacska JJ, Laye-McDonough M, Jamison L, Vincent GG, Hedlund AD. Prevention of child sexual abuse: An analysis of issues, educational programs, and research findings. School Psychol Rev 1988; 17: 614–34.

Thiel A, Schüssler G. Zwangssymptome bei strukturellen Selbst-Defekten – eine Untersuchung am Beispiel der Anorexia und Bulimia nervosa. Z Psychosom Med Psychoanal 1995; 41.

Thiel A, Ohlmeier M, Jacoby GE, Schüßler G. Zwangssymptome bei Anorexia und Bulimia nervosa. Psychother Psychosom med Psychol 1995; 45: 8–15.

Thiel H. Grenzdiffusion zwischen Phantasie und Handlung bei einer psychoanalytischen Behandlung mit einer Inzest-Patientin. In: Grenzüberschreitungen in der Psychoanalyse. Göttingen: Kongreßband der DPG 1993; 378–94.

Thomä H, Kächele H. Lehrbuch der psychoanalytischen Therapie. Bd. 1. Grundlagen. Berlin u.a.O: Springer 1985.

Thomä H, Kächele H. Lehrbuch der psychoanalytischen Therapie. Bd. 2. Praxis. Berlin u.a.O: Springer 1988.

Thomas A, Chess S. Temperament and development. New York: Bruner & Mazel 1977.

Thomas A, Chess S. Temperament and personality. In: Temperament in childhood. Kohnstamm GA, Bates JE, Rothbart MK (eds). Chichester: Wiley 1989; 249–61.

Tierney KJ, Corwin DL. Exploring intrafamily child sexual abuse: A systems approach. In: The dark side of families: Current family violence research. Finkelhor D, Gelles RJ, Hotaling GT, Straus MA (eds). Beverly Hills/CA: Sage 1983.

Tingle D et al. Childhood and adolescent char of pedophiles and rapists. Int J Law Psychiat 1986; 9: 103–16.

Tingling DC, Klein RF. Psychogenic pain and aggression. The syndrome of the solitary hunter. Psychosom Med 1966; 28: 738–48.

Todd C, Perlmutter M. Reality recalled by preschool children. In: New directions for child development No. 10. Perlmutter M (ed). San Francisco/CA: Jossey-Bass 1980.

Tomasson K, Kent D, Coryell W. Somatization and conversion disorders – commorbidity and demographics at presentation. Acta Psychiat Scand 1991; 84: 288–93.

Tomkins SS. Shame. In: The many faces of shame. Nathanson DL (ed). New York: Guilford 1987; 133–61.

Toomey T, Hernandez J, Gittelman D, Hulka J. Relationship of sexual and physical abuse to pain and psychological assessment variables in chronic pelvic pain patients. Pain 1993; 53: 105–9.

Torok M. Trauerkrankheit und das Phantasma des „Cadavre exquis". 1968 Psyche 1983; 37: 497–519.

Toth SL, Cicchetti D, Macfie J, Emde RN. Representations of self and other in the narratives of neglected, physically abused, and sexually abused preschoolers. Dev Psychopathol 1997; 9: 781–96.

Tower L. „Countertransference". JAPA 1956; 4: 224–55.

Trad PV. Applying a prospective approach to the treatment of abuse by adolescent parents. Psychotherapy 1993; 30: 103–14.

Trankell A. Der Realitätsgehalt von Zeugenaussagen. Göttingen: Hogrefe 1971.

Trepper TS. „The apology session". J Psychother Fam 1986; 2: 93–101.
Trepper TS, Barrett MJ. Vulnerability to incest: A framework for assessment. In: Treating incest: A multiple systems perspective. Trepper TS, Barrett MJ (eds). New York: Haworth 1986.
Trepper TS, Barrett MJ. Inzest und Therapie. Dortmund: modernes lernen 1991.
Trepper TS, Barrett MJ. Inzest und Therapie. Ein (system)therapeutisches Handbuch. Dortmund: modernes lernen 1992.
Trepper TS, Sprenkle DH. The clinical use of the circumplex model in the clinical assessment of intrafamily child sexual abuse. J Psychother Fam 1988; 4: 93–111.
Trepper TS, Traicoff ME. Treatment of incest: Conceptual rationale and model for family therapy. J Sex Education Ther 1985; 11: 18–23.
Tress W. Das Rätsel der seelischen Gesundheit. Traumatische Kindheit und früher Schutz gegen psychogene Störungen. Göttingen: Vandenhoeck & Ruprecht 1986a.
Tress W. Die positive frühkindliche Bezugsperson. Der Schutz vor psychogenen Erkrankungen. Psychother Psychosom med Psychol 1986b; 36: 51–7.
Trickett PK, Susman EJ. Parental perceptions of childrearing practices in physically abusive and nonabusive families. Develop Psychol 1988; 24: 270–6.
Trudell B, Whatley MH. School sexual abuse prevention: Unintended consequences and dilemmas. Child Abuse Negl 1988; 12: 103–13.
Tsai M. Childhood molestation: Variables related to differential impacts on psychosexual functioning in adult women. J Abnorm Psychol 1979; 88: 407–17.
Tsai M, Wagner NN. Therapy groups for women sexually molested as children. Arch Sexual Behav 1978; 7: 417–27.
TUFTs New England Medical Center, Division of Child Psychiatry. Sexually exploited children: Service and research project. Final report for the Office of Juvenile Justice and Delinquency Prevention. Washington/DC: Department of Justice 1984.
Tyson P, Tyson R. Psychoanalytic theories of development: An integration. New Haven: Yale University Press 1990.

U

Udwin O. Annotation: Childrens's reactions to traumatic events. J Child Psychol Psychiat 1993; 34: 115–27.
Uexküll J von. Theoretische Biologie. Frankfurt: Suhrkamp 1983.
Uexküll T von, Fuchs M, Müller-Braunschweig H, Johnen R (Hrsg). Subjektive Anatomie. Theorie und Praxis körperorientierter Psychotherapie. Stuttgart: Schattauer 1994 (2. Aufl: 1997).
Ulanov AB. Follow-up treatment in cases of patient/therapist sex. J Am Psychoanal 1979; 7: 101–10.
Ulich M. Risiko- und Schutzfaktoren in der Entwicklung von Kindern und Jugendlichen. Z Entwicklungspsychol Pädagog Psychol 1988; 20: 146–66.
Undeutsch U. Die Entwicklung der gerichtspsychologischen Gutachtertätigkeit. In: Bericht über den XIX. Kongreß der Deutschen Gesellschaft für Psychologie. Wellek A (Hrsg). Göttingen: Verlag für Psychologie 1954; 132–54.
Undeutsch U. Beurteilung zur Glaubhaftigkeit von Aussagen. In: Handbuch der Psychologie. Bd. 11. Undeutsch U (Hrsg). Göttingen: Hogrefe 1967.
Undeutsch U. Die aussagepsychologische Realitätsprüfung bei Behauptung sexuellen Mißbrauchs. In: Die Anhörung von Kindern als Opfer sexuellen Mißbrauchs. Kraheck-Brägelmann S (Hrsg). Rostock, Bornheim-Roisdorf: Hanseatischer Fachverlag für Wirtschaft GmbH 1993.

V

Valenstein AF. On attachment to painful feelings and the negative therapeutic reaction. Psychoanal Study Child 1973; 28: 365–92.
van der Kolk BA. Psychological trauma. Washington: Am Psych Press 1987.
van der Kolk BA. The Complexity of Adaptation to Trauma: Self-Regulation, Stimulus Discrimination, and Characterological Development. In: Traumatic Stress. van der Kolk BA, McFarlane C, Weisaeth L (Eds). New York, London: The Guilford Press 1996; 182–213.
van der Kolk BA. Zur Psychologie und Psychobiologie von Kindheitstraumata. Praxis der Kinderpsychologie und Kinderpsychiatrie 1998; 1: 19–35.
van der Kolk BA. Das Trauma in der Borderline-Persönlichkeitsstörung. In: Persönlichkeitsstörungen – Theorie und Therapie. Bd. 1/99: Trauma kontrovers. Kernberg OF, Buchheim P, Dulz B, Eckert J, Hoffmann SO, Sachsse U, Saß H, Zaudig M (Hrsg). Stuttgart, New York: Schattauer 1999.
van der Kolk BA, Fisler RE. The biological basis of posttraumatic stress. Prim Care 1993; 20: 417–32.
van der Kolk BA, Fisler RE. Childhood abuse and neglect and loss of self-regulation. Bull Menninger Clin 1994; 58: 145–68.
van der Kolk BA, Greenberg MS, Orr SP, Pitman RK. Endogenous opioids, stress induced analgesia, and Posttraumatic Stress Disorder. Psychopharmacol Bull 1989; 25: 417–21.
van der Kolk BA, Perry JC, Herman JL. Childhood origins of self-destructive behaviour. Am J Psychiat 1991; 148: 1665–71.
van der Kolk BA, Roth S, Pelcovitz D. Field trials for DSM-IV, Posttraumatic Stress Disorder 11: Disorders of Extreme Stress. Am J Psychiat 1995.

van der Stelt O. The P3 component of the human event-related potential as a vulnerability marker of alcoholism. Alcohol Res 1998; 3: 6–9.

van Houdenhove B, Stans L, Verstraeten D. Is there a link between „pain-proneness" and „action-proneness"? Pain 1987; 29: 113–17.

van Ijzendoorn M, Kroonenberg P. Cross-cultural patterns of attachment: A metaanalysis of the strange situation. Child Develop 1988; 59: 147–56.

van Ijzendoorn M, Sagi A, Takahashi K, Grossmann KE, Main M, Hinde R, LeVine R. Special topic: Cross-cultural validity of attachment theory. Human Develop 1990; 33: 2–80.

Vanderlinden J, Vandereycken W, van Dyck R, Vertommen H. Dissociative experiences and trauma in eating disorders. Int J Eating Disorders 1993; 13: 187–93.

Vanderzant CW, Giordani B, Berent S, Dreifuss FE, Sackellares JC. Personality of patients with pseudoseizures. Neurol 1986; 36: 664–8.

Vasta R. Physical child abuse: A dual-component analysis. Develop Rev 1982; 2: 125–49.

Veldman F. Life welcomed and affirmed, the Sr. Cloud Visitor, Newspaper of the Catholic Diocese of St. Cloud, Minnesota, Vol. LXXI, No. 24 of 11.11.82. In: Pränatale und perinatale Psychologie und Medizin. Fedor-Freybergh PG (Hrsg). Schweden: Alvsjö 1987; Saphir 1987.

Vercellini P, Fedele P, Molteni P, Arciani L, Bianchi S, Candiani GB. Laparoscopy in the diagnosis of gynecologic pelvic pain. Int J Gyn Obstet 1990; 32: 261–5.

Vetter I. Die Kontroverse um Sigmund Freuds sogenannte Verführungstheorie. Eigenveröffentlichung 1988.

Violon A. The onset of facial pain. A psychological study. Psychother Psychosom 1980; 34: 11–6.

Violon A. The process involved in becoming a chronic pain patient. In: Chronic pain: psychosocial factors in rehabilitation. Roy R, Tunks E (eds). Baltimore: Williams & Wilkins 1982; 20–35.

Violon A. Family etiology of chronic pain. Int J Fam Ther 1985; 7: 235–46.

Violon A, Giurgea D. Familial models for chronic pain. Pain 1984; 18: 199–203.

Virkkunen M. Incest offenses and alcoholism. Medical and Scientific Law 1974; 14: 124.

Vize CM, Cooper PJ. Sexual abuse in patients with eating disorder, patients with depression, and normal controls – a comparative study. Brit J Psychiatry 1995; 167: 80–5.

Vogt I, Scherrer S. Drogengebrauch. In: Drogen und Drogenpolitik. Scherrer S, Vogt I (Hrsg). Frankfurt: Campus 1989.

Volbert M. Child witnesses in sexual abuse cases: The juridical situation in Germany. In: Psychology and law: international perspectives. Lösel F, Bender D, Bliesener T (eds). Berlin, New York: De Gruyter 1992; 374–94.

Volbert R. Glaubwürdigkeitsbegutachtung bei Verdacht auf sexuellen Mißbrauch von Kindern. Z Kinder- und Jugendpsychiatrie 1995; (in Druck).

Volbert R, Knüppel A. Was wissen zwei- bis sechsjährige Kinder über Sexualität? Osnabrück: Beitrag zur 11. Tagung Entwicklungspsycholgie 1993; 28.–30.9.1993.

W

Wagner A, Linehan MM. Dissociation. In: A cognitive-behavioral approach. Follette V, Ruzek J, Abney F (eds). New York: Guilford Press 1998.

Wahl K. Studien über Gewalt in Familien. Weinheim, München: DJI Verlag 1990.

Wakefield H, Underwager R. Accusations of child sexual abuse. Springfield/IL: Thomas 1988.

Wakefield H, Underwager R. Personality characteristics of parents making false accusations of sexual abuse in custody disputes. Issues in Child Abuse Accusations 1990; 2: 121–36.

Waldhorn HF, Fine BD. Trauma. Symbolism. The Kris Study Group Monograph V. New York: Int. University Press 1974.

Walker EA, Katon W, Harrop-Griffiths J, Holm L, Russo J, Hickok L. Relationship of chronic pelvic pain to psychiatric diagnosis and childhood sexual abuse. Am J Psychiat 1988; 145: 75–80.

Walker EA, Katon W, Neraas K, Jemelka R, Massoth D. Medical and psychiatric symptoms in women with childhood sexual abuse. Psychosom Med 1992a; 54: 658–64.

Walker EA, Katon WJ, Neraas K, Jemella RP, Massoth D. Dissociation in women with chronic pelvic pain. Am J Psychiatry 1992b; 149: 534–7.

Waller G. Sexual abuse as factor in eating disorders. Brit J Psychiat 1991; 159: 664–71.

Waller G. Sexual abuse and the severity of bulimic symptoms. Brit J Psychiat 1992; 161: 90–3.

Waller G. Perceived control in eating disorders: Relationship with reported sexual abuse. Int J Eat Disord 1998; 23: 213–6.

Waller G, Halek C, Crisp AH. Sexual abuse as a factor in anorexia nervosa: Evidence from two separate case series. J Psychosom Res 1993; 37: 873–9.

Walling MK, Reiter R, O'Hara M, Milburn A, Lilly G, Vincent S. Abuse history and chronic pain in women: 1. Prevalences of sexual abuse and physical abuse. Obstet Gynecol 1994; 84: 193–9.

Walper S, Silbereisen RK. Individuelle und familiäre Auswirkungen ökonomischer Einbußen. In: Bericht über den 35. Kongreß der Deutschen Gesellschaft für Psychologie in Heidelberg. Bd. 1. Göttingen: Hofgrefe 1986; 298.

Walper S, Silbereisen RK. Familiäre Konsequenzen ökonomischer Einbußen und ihre Auswirkungen auf die Bereitschaft zu normverletzendem Verhalten bei Jugendlichen. Z Entwicklungspsychol Pädagog Psychol 1987; 19: 228–48.

Warner JE, Hansen DJ. The identification of physical abuse by physicians: A review and implications for research. Child Abuse Negl 1994; 18: 11–25.

Watkins B, Bentovim A. The sexual abuse of male children and adolescents: A review of current research. J Child Psychol Psychiat 1992; 33: 197–248.

Webster R. Issues in school-based child sexual abuse prevention. Children & Society 1991; 5: 146–64.

Webster-Stratton C. Comparison of abusive and nonabusive families with conduct-disordered children. Am J Orthopsychiat 1985; 55: 59–69.

Wehnert-Franke N, Richter-Appelt H, Gaenslen-Jordan C. Wie präventiv sind Präventionsprogramme zum sexuellen Mißbrauch von Kindern? Kritische Überlegungen zu schulischen Präventionsmodellen in den USA. Z Sexualforsch 1992; 5: 41–55.

Weil JL. Instinctual stimulation of children: From common practice to child abuse. Vol. 1: Clinical Findings. Madison: Int Univ Press 1989.

Weinberg S. Incest behavior. New York: Citadel Press 1955.

Weiner I. Father-daughter incest: A clinical report. Psychiat Q 1962; 36: 607–32.

Weisberg K. Children of the night. Kentucky: Lexington 1985.

Weiss J. How psychotherapie works. Process and technique. New York: Guilford Press 1993.

Weissman MM, Wickramaratne P, Merikangas KR, Leckman JF, Prusoff BA, Karlso KA, Kidd KK, Gammon GD. Onset of major depression in early adulthood: Increased familial loading and specificity. Arch Gen Psychiat 1984; 41: 1136–43.

Weizsäcker V von. Der Gestaltkreis. 3. Aufl., 1947. Stuttgart: Thieme 1940.

Welch SL, Fairburn CG. Sexual abuse and bulimia nervosa: Three integrated case control comparisons. Am J Psychiat 1994; 151: 402–6.

Wellendorf F. „Der Fall Dora: Eine Mésalliance". In: Zur Idee einer psychoanalytischen Sozialforschung. Belgrad J (Hrsg). Frankfurt: Fischer 1987; 80–4.

Wells. Family pathology and father-daughter incest: Restricted psychopathy. J Clin Psychiat 1981; 42: 197–202.

Welner A, Reich T, Robins E, Fishman R, Van Doren T. Obsessive-compulsive neurosis: Record, follow-up, and family studies. I. Inpatient record study. Compr Psychiat 1976; 17: 527–39.

Werner H. Comparative psychology of mental development. New York: International Universities Press 1948;

Werner EE. Stress and protective factors in children's lives. In: Longitudinal studies in child psychology and psychiatry. Nicol AR (ed). New York: Wiley 1985; 335–55.

Werner EE. High-risk children in young adulthood: A longitudinal study from birth to 32 years. Am J Orthopsychiat 1989; 59: 72–81.

Werner EE, Smith RS. Vulnerable but invincible. A longitudinal study of resilient children and youth. New York: McGraw-Hill 1982.

Werner EE, Smith RS. Overcoming the odds. High risk children from birth to adulthood. Ithaka, London: Cornell University Press 1992.

Wertlieb D, Weigel C, Feldstein M. Stressful experiences, temperament, and social support: Impact on children's behavior symptoms. J Applied Develop Psychol 1989; 10: 487–503.

Westen D, Ludolph P, Misle B, Ruffins S, Block J. Physical and sexual abuse in adolescent girls with borderline personality disorder. Am J Orthopsychiat 1990; 60: 55–66.

Wetzels P. Gewalterfahrungen in der Kindheit: Sexueller Mißbrauch, körperliche Mißhandlung und deren langfristige Konsequenzen. Baden-Baden: Nomos 1997.

Wetzels P, Bilsky W. Victimization in close relationships: On the „darkness of dark figures". Hannover: Forschungsbericht Nr. 24. KFN 1994.

Whipple EE, Webster-Stratton C. The role of parental stress in physically abusive families. Child Abuse Negl 1991; 15: 279–91.

White J, Moffitt TE, Silva PA. A prospective replication of the protective effects of IQ in subjects at high risk for delinquency. J Consult Clin Psychol 1989; 37: 719–24.

Widom CS. Does violence beget violence? A critical examination of the literature. Psychol Bull 1989; 106: 3–28.

Widom CS, Ireland T, Glynn PJ. Alcohol abuse in abused and neglected children. Follow-up: Are they at increased risk? J Stud Alcohol 1995; 56: 207–17.

Wilkins J, Coid J. Self-mutilation in female prisoners: I. An indicator of severe psychopathology. Crim Behav Ment Health 1991; 1: 247–67.

Willenberg H. Die Bedeutung des Vaters für die Psychogenese der Magersucht – Eine kasuistische Untersuchung. Materialien Psychoanalyse 1986; 12: 237–77.

Willenberg H. Autodestruktive Erkrankungen – klinisches Spiegelbild einer autodestruktiven Kultur? In: Sozio-psycho-somatik. Söllner W, Wesiak W, Wurm B (Hrsg). Berlin, Heidelberg: Springer 1989a.

Willenberg H. „Mit Leib und Seel' und Mund und Händen". Der Umgang mit der Nahrung, dem Körper und seinen Funktionen bei Patientinnen mit Anorexia nervosa und Bulimia nervosa. In: Der eigene Körper als Objekt. Hirsch M (Hrsg). Berlin, Heidelberg: Springer 1989b; 170–220.

Willenberg H. Probleme der Klassifikation heimlicher Selbstschädigung und Entwicklung eines Alternativvorschlages. Psychother Psychosom Med Psychol 1994; 44: 331–6.

Willenberg H, Bassler M, Krauthauser H. Familiendynamische Konstellationen als ätiologischer Faktor bei Anorexia nervosa und Bulimia nervosa. System Familie 1998; 11: 3–9.

Willi J. Koevolution. Die Kunst gemeinsamen Wachsens. Hamburg: Rowohlt 1990.

Williams LM, Finkelhor D. The characteristics of incestuous fathers. In: Handbook of sexual assault: Issues, theories and treatment of the offender. Marshall WL et al. (eds.). New York, London: Plenum 1990; 231–55.

Wilson CP. Fear of being fat – the treatment of anorexia nervosa and bulimia. New York, London: Aronson 1983.

Wilson JP, Raphael B (eds). International Handbook of traumatic stress syndromes. New York: Plenum Press 1993; (Kap. 46–55).

Winkelmann G, Rasche H, Hohagen F. Zwangsstörungen. Komorbidität und Implikationen für die Behandlung. Prax klin Verhaltensmed Rehabil 1994; 7: 32–40.

Winnicott DW. Haß in der Gegenübertragung. In: Von der Kinderheilkunde zur Psychoanalyse. München: Kindler 1947; 1976.

Winnicott DW. Primary maternal preoccupation. In: Through paediatrics to psycho-analysis. London: Tavistock 1956.

Winnicott DW. Objektverwendung und Identifizierung. In: Vom Spiel zur Kreativität. Winnicott DW (Hrsg). Stuttgart: Klett-Cotta 1973; 101–10.

Winnicott D. Reifungsprozesse und fördernde Umwelt. München: Kindler 1974.

Wirsching M, Stierlin H. Krankheit und Familie. Stuttgart: Klett-Cotta 1982.

Wirtz U. Seelenmord. Inzest und Therapie. Zürich: Krenz 1994.

Wolfe DA. Child-abusive parents: An empirical review and analysis. Psychol Bull 1985; 97: 462–82.

Wolfe DA. Child abuse: Implications for child development and psychopathology. Newbury Park/CA: Sage 1987.

Wolfe DA, Bourdeau PA. Current issues in the assessment of abusive and neglectful parent-child relationships. Behav Ass 1987; 9: 271–90.

Wolfe DA, McGee R. Dimensions of child maltreatment and their relationship to adolescent adjustment. Dev Psychopathol 1994; 6: 165–81.

Wolff L. Ansichten vom Weltuntergang. Kindesmißhandlung in Freuds Wien. Salzburg, Wien: Residenz 1992.

Wolff R. Warum Kinder vernachlässigt werden. Zu Situation, Struktur und Dynamik von Vernachlässigungsfamilien. In: Die vergessenen Kinder. Vernachlässigung und Armut in Deutschland. Kürner P, Nafroth R (Hrsg). Köln: PapyRossa 1994; 81–93.

Wolke D. Eating and sleeping across the life span. In: Development through life. A handbook for clinicians. Rutter ML, Hay DF (eds). Oxford: Blackwell Scientific Publications 1994; 517–57.

World Health Organization. Geneva: Expert Committee on Dependence-producing Drugs. WHO 1963–1965.

World Health Organization. Memorandum Bulletin of the World Health Organization. Geneva: WHO 1981; 59: 225–42.

Worm G. Über die Schwierigkeit therapeutischer Beziehung. In: Schock und Berührung. Körper und Seele. Bd 3. Hoffmann-Axthelm D (Hrsg). Oldenburg: Trans Form 1992; 64–78.

Wronn BC, Arnim A von. Funktionelle Entspannung nach M. Fuchs in der Behandlung des Fibromyalgiesyndroms. In Vorbereitung.

Wurm B, Heel G, Karpellus E, Huter O, Busch G, Söllner W. Der chronische Beckenschmerz bei Frauen – eine soziopsychosomatische Verlaufsuntersuchung. In: Sozio-psycho-somatik. Gesellschaftliche Entwicklung und psychosomatische Medizin. Söllner W, Wesiack W, Wurm B (Hrsg). Berlin u.a.O: Springer 1989; 229–37.

Wurmser L. Das Problem der Scham. Jahrb Psychoanal 1981; 13: 11–35.

Wurmser L. Die innere Grenze. Das Schamgefühl – ein Beitrag zur Überich-Analyse. Jahrb Psychoanal 1986; 18: 16–41.

Wurmser L. Flucht vor dem Gewissen. Die Analyse von Über-Ich und Abwehr bei schweren Neurosen. Berlin u.a.O: Springer 1987.

Wurmser L. Die Maske der Scham. Die Psychoanalyse von Schamaffekten und Schamkonflikten. Berlin u.a.O: Springer 1990.

Wurmser L. Die Rolle von Scham, Schuld und Gewissenskonflikten in der Depression. In: Depression. Lungershausen E, Joraschky P (Hrsg). Berlin u.a.O.: Springer 1993a; 185–94.

Wurmser L. Das Rätsel des Masochismus. Schmerzenssucht und Gewissenszwang als Themen von Psychopathologie und Kultur. Berlin u.a.O: Springer 1993b.

Wurtele SK. School-based sexual abuse prevention programs: A review. Child Abuse Negl 1987; 11: 483–95.

Wurtele SK. Enhancing children's sexual development through child sexual abuse prevention programs. J Sex Education Ther 1993; 19: 37–46.

Wurtele SK, Kaplan G, Keairnes M. Childhood sexual abuse among chronic pain patients. Clin J Pain 1990; 6: 110–3.

Wurtele SK, Miller-Perrin CL. An evaluation of side effects associated with participation in a child sexual abuse prevention program. J School Health 1987; 57: 228–31.

Wurtele SK, Miller-Perrin CL. Preventing child sexual abuse 1992.

Wyatt GE. The sexual abuse of afro-american and white american women in childhood. Child Abuse Negl 1985; 9: 507–19.

Wyatt GE. Child sexual abuse and its effects on sexual functioning. Ann Rev Sex Res 1991; 2: 249–66.

Wyatt GE, Peters SD. Methodological considerations in research on the prevalence of child sexual abuse. Child Abuse Negl 1986; 10: 241–51.

Wyatt GE, Powell GJ. Lasting effects of child sexual abuse. London: Sage 1988.

Wyatt GE, Newcomb MD, Riederle MH. Sexual abuse and consensual sex. Women's developmental patterns and outcomes. Newbury Park/CA: Sage 1993.

Wyman PA, Cowen EL, Work WC, Parker GR. Developmental and family milieu correlates of resilience in urban children who have experienced major life stress. Am J Community Psychol 1991; 19: 405–26.

Wyman PA, Cowen EL, Work WC, Raoof A, Gribble PA, Parker GR, Wannon M. Interviews with children who experienced major life stress: Family and child attributes that predict resilient outcomes. J Am Acad Child Adolesc Psychiat 1992; 31: 904–10.

Y

Yama et al. Childhood sexual abuse and parental alcoholism: Interactive effects in adult women. Am Orthopsychiat Assoc 1993; 63: 300–5.

Yaryura-Tobias JA, Nezoroglu FA. Obsessive-compulsive disorders. Pathogenesis – diagnosis – treatment. New York: Marcel Dekker 1993.

Yates WB. Children eroticized by incest. Am J Psychiatry 1982; 139: 482–5.

Yates JL, Nasby W. Dissociation, affect, and network models of memory: An integrative proposal. J Traumatic Stress 1993; 6: 305–25.

Young JE. Cognitive therapy for personality disorders: A schema-fokused approach. Sarasota/FL: Professional Resource Press 1999

Yuille J. A simulation study of criterion based content analysis. Paper presented at the NATO-Advanced Study Institute on Credibility Assessment in Maratea (Italy) 1988.

Z

Zanarini MC, Gunderson JG, Marino FM, Schwartz EO, Frankenburg FR. Childhood experience of borderline patients. Compr Psychiat 1989; 30: 18–25.

Zanarini MC, Schlenger WE, Caddell JM, Fairbank JA. Childhood factors associated with the development of borderline personality disorder. In: Role of sexual abuse in the etiology of borderline personality disorder. Zanarini MC (ed). Washington, London: American Psychiatric Press 1997; 29–45.

Zepf S, Weidenhammer B, Baur-Morlok J. Realität und Phantasie. Anmerkungen zum Traumabegriff Sigmund Freuds. Psyche 1986; 40: 124–44.

Zetzel R. Kriegsneurose: Ein klinischer Beitrag. 1943 In: Die Fähigkeit zu emotionalem Wachstum. Zetzel R (Hrsg). Stuttgart: Klett 1974; 16–36.

Ziegler FJ. Hysterical conversion reactions. Postgrad Med 1970; 47: 174–8.

Zielke M. Indikation zur Gesprächspsychotherapie. Stuttgart: Kohlhammer 1979.

Zigler E. Controlling child abuse: Do we have the knowledge and/or the will? In: Child abuse: an agenda for action. Gerbner G, Ross C, Zigler E (eds). New York: Oxford University Press 1980; 3–34.

Zigler E, Hall NW. Physical child abuse in America: past, present, and future. In: Child maltreatment. Theory and research on the causes and consequences of child abuse and neglect. Cicchetti D, Carlson V (eds). Cambridge, New York: Cambridge University Press 1989; 38–75.

Zimbardo PG, Ebbesen EB, Maslach C. Influencing and changing behavior. Reading/MA: Addison-Wesley 1977; 2nd ed.

Zimrin H. A profile of survival. Child Abuse Negl 1986; 10: 339–49.

Zuelzer MB, Reposa RE. Mothers in incestuous families. Int J Fam Ther 1983; 5: 98–109.

Zuravin SJ. Fertility patterns: Their relationship to child physical abuse and child neglect. J Marriage Fam 1988; 50: 983–93.

Zuravin SJ. The ecology of child abuse and neglect: Review of the literature and presentation of data. Violence and Victims 1989; 4: 101–20.

Zuravin SJ. Unplanned childbearing and family size: Their relationship to child neglect and abuse. Family Planning Perspectives 1991; 23: 155–161.

Zuravin SJ, Greif GL. Normative and child-maltreating AFDC mothers. J Contemp Soc Work 1989; 74: 76–84.

Zweig-Frank H, Paris J. Relationship of childhood sexual abuse to dissociation and self-mutilation in female patients. In: Role of sexual abuse in the etiology of borderline personalty disorder. Zanarini MC (ed). Washington (DC), London American Psychiatric Press 1997; 93–105.

Zweig-Frank H, Paris J, Guzder J. Dissociation in female patients with borderline and non-borderline personality disorders. J Personality disorder 1994a; 8: 203–9.

Zweig-Frank H, Paris J, Guzder J. Dissociation in male patients with borderline and non-borderline personality disorders. J Personality disorder 1994b; 8: 210–8.

Sachverzeichnis

A

Abdominalbeschwerden, funktionelle 232, 237
Abhängigkeitsbedürfnisse 142
Abhängigkeitserkrankungen 315
Abhängigkeitsscham 146
Abhängigkeitszyklus, destruktiver 146
Abstumpfung, emotionale 140 f.
Abwehr 135
Abwehrarten, archaische, Verwendung 171
Abwehrmechanismus 127, 131 ff., 135, 208, 280, 295, 394
    intrapsychischer 256 f.
Achtsamkeit, innere 420
Adipositas 210, 305
Affektblockierung 373
Affekte, Abschalten 129, 131
Affektidentifizierung 395
Affektisolation 172
Affektive Instabilität 294
Affektive Labilität 66
Affektmodulation 408 f.
Affektpolarisierung 278
Affektregression 367, 373
Affektregulation, pathologische 281
Aggression 37, 45, 102
    narzißtische 372
Aggressive Symptomatik 102
Aggressivität 83
    eruptive 66
Agieren 133
    aggressives 145
    selbstdestruktives 134
Agoraphobie 180
Aktiv-Passiv-Spaltung 152
Aktualneurose 135
Alkohol 323
Alkoholabhängigkeit 11
Alkoholismus, Typ II 327

Alkoholmißbrauch 13, 15, 37, 89, 497 f.
Allmachtsphantasie 368, 373
    narzißtische 369
Alpträume 37, 268
Als-ob-Haltung 159 f.
Ambivalenz 69, 276, 453
Amenorrhoe 192
    sekundäre 222
Amnesie 216
    dissoziative 258
Analgesie 295
Anankastische Depression 203
Anankastische Phobien 203
Anatomie, subjektive 433, 435 f.
Anfälle
    epileptische 221
    psychogene 220 f.
    tonische 221
Angst 11, 37, 66, 127, 186, 268, 498
    automatische (traumatische) 136
    pathologische 183
    psychogene 183
    somatogene 183
Angst-Abwehrsymptom, Psychoanalytiker 122
Angstentwicklung 183 ff.
Angsterkrankungen 16 f., 179 ff., 497
Angstkrankheiten, Therapie 188
Angstneurose 135, 183
Anhedonie 295
Anorexia nervosa 209 f., 305 f., 311, 315
Anorgasmie 253
Anpassung
    kognitive 278
    Bereitschaft 61
    Dimension 43
    Störungen 16, 18
Ansatz, bindungstheoretischer 20
Antidepressiva 270, 374

Anti-Gewalt-Kommission, Kindes-
    mißhandlung 53 f.
Antisoziale Persönlichkeitsstörung (ASP) 327
Apathie 175
Aphonie 215
Arbeitsbeziehung 376
Artefakterkrankungen 515
Artifizielle Störungen 294
Arzt-Patient-Interaktion 295
Asthma 66
Atemnot 179
Atemstörungen 66
Atonie, depressive 169
Atopie, allergische 167
Attraktormodell 413 f.
Attributionsstil, mißhandelnde Eltern 47
Ausagieren, aggressives 145
Aussagenanalyse 489, 491 ff., 495
Ausstoßung, Zyklen 106
Autoaggressive Aktivitäten 175
Autodestruktion 300
Autoerotische Aktivitäten 175
Autonomieentwicklung 159
Autonomiekonflikt 142
Autosuggestion 494
Avitaminose 62

B
Battered child syndrome 35
Bauchschmerz s. Abdominalbeschwerden
Beaufsichtigung 104
Beckenschmerzen s. Pelipathie
Begleitung, Eltern 104
Begutachtung
    Opfer 487 ff.
    Täter 500 ff.
Behandlung
    Familientherapie 448 ff.
    integrative 375
    psychoanalytische 361 ff.
    ressourcenorientierte 375
Behinderte, Therapie 355 f.
Behinderung
    geistige 40
    körperliche 49
Belastungen, biologische 7
Belastungsfaktoren 3 ff.
    biographische 221
Belastungsstörungen

    posttraumatische 164, 273
        Symptommuster 285
Benachteiligung, soziale 109
Berkeley Guidance Study 7
Berührung, therapeutische, Einsatz 445
Beschützer-Persönlichkeit 267
Besessenheitszustände 259
Bestrafung, körperliche 48
Bewältigungsmechanismus 4, 131 ff.
Bewältigungsstrategien 414 f.
Bewegungstherapie, konzentrative (KBT) 437
Bewußtseinsstörungen 515
Bewußtseinszustände, veränderte 279
Beziehungen
    außerfamiliäre 50 f.
    instabile zwischenmenschliche 271, 280
Beziehungsängste 337
Beziehungserfahrungen, supportive 81
Beziehungsersatzsuche 160
Beziehungsfähigkeit 164, 287
Beziehungsrepräsentanz 79
    Struktur 169
Beziehungsstörungen 168
    sexuelle 334
Beziehungsverweigerung 66, 139
Bezugssysteme, körperliche 434
Bindung 77 f., 186
    Zyklen 106
Bindungsbedürfnisse 71
Bindungsbeziehungen 55
Bindungsqualität, Messung 72 ff.
Bindungssicherheit, primäre,
    Gefährdung 184
Bindungssicherung 95
Bindungsstile
    desorganisierte 106
    unsichere 106
Bindungsstörungen 159
Bindungstheoretischer Ansatz 20
Bindungstheorie 21, 71 f., 241
Bindungstypologie 242
Bipolare Störungen 264
Blutgerinnungsstörungen 62
Blutungen
    intrakranielle 62
    subperiostale 62
    vaginale 67
Borderline-Niveau 273
Borderline-Pathologie 275, 277

Borderline-Persönlichkeitsorganisation (BPO) 272 f.
Borderline-Persönlichkeitsstörungen (BPD) 16, 123, 132, 264, 271 ff., 283, 286, 515
   DSM-Kriterien 271 f.
   Leitsymptome 278
   Risikofaktoren 283 ff.
Borderline-Symptomatik 143
Borderline-Syndrom 207, 209 f., 273
BPD s. Borderline-Persönlichkeitsstörungen
BPO s. Borderline-Persönlichkeitsorganisation
Briquet-Hysterie 215
Broken-home-Situation 111
Bulimia nervosa 209 f., 305 f., 312 f., 315 f.

C

Charakterabwehr, narzißtische 142
Charakterstörungen, Therapeuten 471
Chronisch-obstruktive Lungenerkrankung 19
Circulus vitiosus 373
   masochistischer 371
Closing-off 132
Coenästhetische Psychose 227
Colon irritabile 438
Compulsive Oretic Mutilative Syndrome 210
Computertomographie (CT) 226
Containment 376
Coping-Mechanismus 89 f., 351
Coping-Stil 15
Coping-Strategie 379, 383

D

Defizite, organische 58
Dehumanisierung 368
Dekompensation, psychotische 211
Delinquenz 52, 83, 159
   sexuelle 499
Denkstörungen 132
Dependente Persönlichkeit 193
Depersonalisation 132, 169, 172, 219, 263, 279, 301
   Symptome 140 f.
Depersonalisationsstörungen 258 f.
Depression 15, 37, 141, 191 ff., 273, 452, 498
   anaklitische 138, 160
   anankastische 203
   Psychodynamik 194 f.

Depressive Erkrankungen 16
Depressive Störungen 18, 159
Depressivität 11
Deprivation 55, 88, 133, 137 f., 230, 514
   familiäre 57
   seelische 157 ff.
   traumabedingte 162
Deprivationsentwicklung, Reduktion 161
Deprivationssyndrom, seelisches 176 f.
Derealisation 219, 279, 285
Desintegration 130, 132, 325
Desintegrationsangst 90
Desintegrationspotential, gesellschaftliches 111
Destruktion 300
Diabetes 19
Diagnostic and Statistical Manual of Mental Disorders (DSM) 209
Diagnostisches Interview für Borderline-Patienten (DIB) 272
Dialektisch-behaviorale Psychotherapie (DBT) 415 ff.
Dilatationsreflex, analer 68
Disharmonie, chronische familiäre 5
Dissociative Experience Scale (DES) 264 ff.
Dissozialität 159
Dissoziation 129, 131 f., 176, 258, 263, 268, 272 f., 278 ff., 282, 326, 330, 363, 368, 383, 385, 481
   Psychodynamik 220
Dissoziations-Assoziations-Technik 385
Dissoziationsneigung 409 f.
Dissoziative Phänomene 325, 379
Dissoziative Störungen 215 f., 258 ff., 326, 497 f.
Dissoziativer Stupor 259
Dissoziativität 382
Distanzlosigkeit 159
Disziplin 103
Drogenabhängigkeit 11, 83, 320
Drogenmißbrauch 15, 37, 89, 497 f.
DSM (Diagnostic and Stastistical Manual of Mental Disorders) 180, 209
DSM-III-R 209, 214 ff.
DSM-IV 180, 214 f.
Dysmenorrhoe 246
Dysmorphophobie 203, 215
Dyspareunie 246, 253, 339
Dysphorie, chronische 285

E

Ehetherapie 451 f.
Eifersucht, krankhafte 203
Eigenwahrnehmung, körperliche 434 f.
Einzel-Gruppen-Therapie, kombinierte 402
Einzelsettings 357
Einzeltherapie 350 ff., 357, 451
   psychoanalytisch interaktionelle 394
Ekelaffekt 145
Elektrokrampftherapie 223
Eltern, mißhandelnde 78 ff.
Elternarbeit 467 f.
Elternbeziehungen, gestörte 97
Eltern-Kind-Beziehung 15, 28, 207
Eltern-Kind-Interaktion 47, 82, 207
Eltern-Kind-Koalition 94
Elternpathologie 13
Elternverhalten, schädigendes 48
Emotionales Rückkoppelungssystem 161
Emotionen, traumaassoziierte, Regulation 419 ff.
Emotionsregulation 45, 420
Empathie 45, 65, 112, 227, 466
   interpersonelle 94
   Defekt, Vater 96
   Fähigkeit 46
   Störungen 165, 168
Empfindungsfähigkeit, Verlust 140 f.
Endorphinstoffwechsel 296
Engagement, elterliches 104
Enkopresis 159
Entidealisierung 190
Entmystifizierungsprozeß 163
Entspannung, funktionelle (FE) 433 ff., 437, 445
Entwertung 394
Entwicklung
   kognitive 25 f.
   prätraumatische 138
   sozial-emotionale 26
Entwicklungsdysphasie 490
Entwicklungsfaktoren
   gesellschaftliche 51 ff.
   kulturelle 51 ff.
   pathogene 3 ff.
   protektive 3 ff., 10, 42 f., 256
   traumatisierende 256
Entwicklungspsychopathologie 41 ff., 54
Entwicklungstrauma 138

Entwicklungsverzögerung 160
Entzugstherapie, Suchterkrankungen 322
Enuresis 159
Epilepsie, hysterische 220
Erblichkeitskomponente 47
Erbrechen, psychogenes 168
Erheblichkeitsformel, negative, Rechtsbegriff 503
Erkrankungen, psychiatrische 315
Erotik-Mißbrauch, Inzestfamilie 90
Erwachsenenbindungsinterview 79 f.
Erwartungsangst 185 f.
Erziehungsdefizite 13
Erziehungsklima 56, 104
Erziehungsverhalten
   autoritäres 104
   elterliches 47, 50
   ungünstiges 102
Erziehungsversagen 283
Eßstörungen 16 ff., 66, 168, 203, 209 f., 281, 305 ff., 311, 314, 317, 515
Evolutionstheorie, Kindesmißhandlung 53 f.
Exhibitionismus 248 f., 507
Expositionsstrategien 421
Expositionsverfahren 430
Externalisierung 372 f.

F

Factitious disorders (FD) s. Artifizielle Störung
Familiäres Klima 17
Familie
   deprivierte 110
   endogame 90
   inzestoide 94 f.
Familienrisikomodell 108
Familien-Skulptur-Test 92
Familienstruktur, inzestvulnerable Systeme 90 ff.
Familiensystem-Modell, Familientherapie 447 f.
Familientherapie 350, 354 f., 358, 447 ff.
   Programme 85
Familienverhältnisse, gestörte 5, 286
Fibromyalgiesyndrom, primäres (FMS) 438
Flashbacks 383
Folgen, sexuelle, Mißbrauchserfahrungen 333
Folgetherapie 470 ff.
   Mißbrauchstrauma, professionelles 475 ff.

Folter 132
Folteropfer, Behandlungszentrum 437
Fragmentierungstendenz, Familie 69
„Fremde Situation", Messung der Bindungsqualität 72 f., 80
Frigidität 222
Früher Verlust 198
Frühgeburt 49, 167
Frustration 367
    Intoleranz 323
    Toleranz 404
Fugue
    dissoziative 258
    psychogene 216
Funktionelle Entspannung (FE) 433 ff., 437, 445
Funktionsstörungen, sexuelle 333

G

Gebrauch, schädlicher, Substanzen 326
Geburtskomplikationen 49
Gedächtnis, autobiographisches 243
Gedächtnissystem 261
Gedeihstörungen 159
    nicht organisch begründete 25
Gefühle, konstriktive 382
Gefühlstaubheit 141
Gegenbilder 381
Gegenübertragung 120, 227, 300, 379, 394, 476, 480
    körperliche 446
Generationsgrenzstörungen 94 f.
Geschlechtserziehung 497
Geschlechtsgrenzenstörungen 95 ff.
Geschlechtsidentität 254
    Störungen 334
Gesichtsschmerz, atypischer 237
Gesprächstherapie 476
Gesundheitsfürsorge, kommunale 60
Gewalt 13, 23 ff.
    familiäre 52, 139
    Gewalttransfer 45, 57
    Inzestfamilie 91
    körperliche 23, 35
    Partnerschaft 105
    psychische 23, 35
    sexuelle 130
    traumatische, Sexualisierung 134
Gewalterfahrungen 16 f., 38, 44 f., 152

Gewissensängste 337
Giles-de-la-Tourette-Syndrom 203
Gleichgewicht
    psychisches 301
    Regulation 232
Göttinger Modell, Gruppenpsychotherapie 390 f.
Grandioses Selbst 146 f.
Grant-Studie 516
Grenzendurchlässigkeit, innerfamiliäre 95
Grenzstabilisierung 438
Grenzüberschreitung
    Objektbeziehungen 138
    sexuelle 141
Grenzverlust, körperliche Reaktionsweisen 436
Grundannahmen, dysfunktionale 410 ff.
Gruppentherapie 350, 352 ff., 357, 390 ff., 448, 478
    kurzpsychotherapeutische 392
    psychoanalytisch interaktionelle 394

H

Hämatome 62
Hämaturie 67
Halluzinationen, dissoziative 279
Harm avoidance 328
Helfer, innere 380
Heredität 116
Herkunftsfamilie 88 f., 452
    Fragebogen 92
    instabile 109
Herzerkrankung, koronare 19
Hilflosigkeit, psychische 185
Hilfs-Ich 171, 395
Hirnreifungsstörungen 167
Homosexualität 38, 222, 342
Hospitalismus, psychischer 138
Hyperaktivität 159, 175
Hyperkinetisches Syndrom 322
Hypermoralität 207
Hyperphagie, habituelle 305
Hypervigilanz 275
Hypochondrie 203, 215, 227
Hypochondrischer Wahn 227
Hypotonie 192
Hysterie 115 f., 134 f., 137
    psychotische 119
    traumatische 213

I

Iatrogene Schädigungen 222, 226, 239
ICD (International Classification of Diseases) 180, 215 f.
ICD-10 180, 215 f.
Ich-Defekte 131, 323
Ich-Funktionen 63, 129, 133, 136, 138, 167
Ich-Grenzen 63
Ich-Ideal 369
Ich-Integration 167
Ich-Konflikt 136
Ich-Psychologie 137 f.
Ich-Schwäche 136
Ich-Spaltung, therapeutische 121
Ich-Stärke 136
Ich-Störungen 323
    strukturelle 208
Ich-Syntonie 403
Ideal-Selbst-Dynamik 194
Identifikation 127 ff., 324, 403
    Aggressor 127, 130, 165, 178, 268, 394
    globale 130
    Introjekt 128
    Mutter, tote 138
    Narzißmus des Aggressors, pathologischer 170
    Objekt, zerstörerisches 134
    projektive 143, 211, 277, 280, 290 f.
Identifikationsmodell, positives 6
Identifizierungsprozeß 173
Identität
    sexuelle 214
    weibliche, Entwicklung 254
Identitätsbewußtsein 261
Identitätsdiffusion 143, 277, 280 f.
Identitätsgefühl, zentrales, Zerstörung 122
Identitätsstörungen 272, 280
    dissoziative 258, 261, 266, 268
Ideologischer sexueller Kontakt, Inzestfamilie 90
Imaginärer Raum 376, 389
Imaginäres Alleinsein 272, 281
Imagination 376, 382
Imaginationsübung 381
Imaginative Arbeit 385
    Einstieg 381
Impact-of-Event-Skala 473
Implantation 129
Impulskontrolle 46, 112

Störungen 203
Inappetenz 192
Individuationsprozeß 276 f.
Innere Achtsamkeit 420
Innere Bühne 375 f., 385
Innere Helfer 380
Innerer sicherer Ort 380
Inneres Kind 380
Integrationsphase 385, 388
Interaktionen, gewalttätige, Tradierung 106
Interaktionsstudien 74 ff.
Interesse, elterliches 104
International Classification of Diseases (ICD) 215 f.
Interventionsprogramme 80
    multifokal angelegte 83
Introjekt 128, 133 ff.
Introjektion 127 ff., 134, 324, 369
    Gewalt 127 f.
    Schuldgefühl 127
    Täter 146
    traumatische 303
Inzest 64 f., 93, 220, 277, 507
    beherrschender 90
    frauenfeindlicher 90
    geographische Isolation 90
    latenter 312
    pädophiler 90
    perverser 90
    pornographischer 90
Inzesterfahrungen 124
Inzestfamilie 90 f.
Inzestopfer 123 f.
Inzestuöser Übergriff 85
Inzestvulnerabilität 67, 85, 449 ff.
Inzestvulnerable Systeme 85, 90 ff.
Isolation 146, 281
    geographische, Inzest 90
    soziale 89

J

Jaktationen 175
Jugendamt 66
Jugendhilfe 60

K

Kachexie 452
Katastrophe, antizipierte, Korrektur 421

Katharsis 373
Kauai-Studie 4 ff., 516
Kinderschutz 66
Kindesmißbrauch 41 f.
  Auswirkungen 35
  sexueller 507
    Häufigkeit 504 f.
Kindesmißhandlung, Erklärungsmodell 23, 28 f., 163 ff.
  psychopathologisches 28 f.
  sozial-situatives 29 f.
  soziologisches 29
Kindliche Unreife, Frühgeburt 49
Kind-Persönlichkeit 267
Kind-Selbst, dissoziiertes 263, 269
Knochenkrankheiten 62
Kognitive Theorie 407
Kohärenzgefühl 243
Kommunikation, inkohärente 243
Komorbidität, psychiatrische 325
Konfliktlösestrategien 102
Konfliktpathologie 112
Kontrolle 381 f.
Kontrollkompetenz, Verbesserung 421
Kontrollüberzeugung 312
Konzentrative Bewegungstherapie (KBT) 437
Koronare Herzerkrankung 19
Körper 132, 134
  entgrenzter 150 f.
  entwerteter 152 f.
  fragmentierter 150
  gespaltener 151 f.
Körperbild 147
  Störungen 148 ff.
Körperbildskulptur 439
Körpergefühlsstörungen 143
Körpergrenzen, Auflösungsgefühl 279
Körperleben, Theorie 147
Körperliche Bezugssysteme 434
Körperpsychotherapie, analytische 437
Körperrepräsentanz, Zerfall 169
Körper-Selbst 131, 435
  Explosion 149 f.
Körper-Selbst-Störungen 147, 153
  Klassifikation 148 ff.
Körper-Selbst-Wahrnehmung 443
Körperstörungen
  dissoziative 216
Körpersymptome, kriegsneurotische 136

Körpersysteme 437
Kombinationstherapie 448
Kommunikationsspiel, Gruppentherapie 353
Komorbidität 215
  psychische 228
Kompensation, narzißtische 231
Kompensationsmechanismus 208
Kompetenzdefizite, kindliche 56
Konfliktbewältigung
  pharmakogene 330
  Fähigkeit 89
Konfliktvermeidung 93
Konfusion 130 f., 139
Kontakthemmung 159
Kontramasochismus 370
Kontrollüberzeugung, internale 8
Konversion 132, 176, 213, 230
Konversionsneurose 214
Konversionsstörungen 18, 213 ff., 220 ff.
Konzentrationsstörungen 141, 192, 268, 294
Koordinationsstörungen 215
Kopfschmerz, primärer 227
Krampfanfälle 515
  hysterische 220
Kriegseinwirkungen 138 f.
Kriegsneurose 135 f.
Kriegstrauma 134, 139
Kriminalstatistik, polizeiliche 32
KZ-Haft 139

L

Labilität, affektive 66
Lähmung, psychogene 164
Laissez-faire-Haltung 103
Längsschnittstudien 4 ff.
Latenter Inzest 312
Lebensentwürfe, Pluralisierung 108
Lebenswelten, Individualisierung 107
Lebererkrankungen 19
Leistungsmotivation 14
Leistungsstörungen 66
Lernstörungen 5
Lerntheorie 407
Leugnen 130
Löschungsresistenz 410
Lumbalgie 227
Lundby-Studie 8
Lungenerkrankung, chronisch-obstruktive 19
Lustprinzip 136

M

Macht-Mißbrauch, Inzestfamilie 90
Maltherapie 357
Mangelernährung 58
Manko, emotionales 168
Mannheimer Kohortenstudie 13
Masochismus 341, 371
   psychischer 230
Masochistischer Teufelskreis 366 ff.
Maßnahmen, stabilisierende 386
Masturbation, exzessive 340
Mechanismen, dissoziative 383
Migräne 232
Milieu, soziales 67
Minderwertigkeitsgefühl 38
Mißallianz, therapeutische 480
Mißbrauch 186, 347, 496, 502, 514, 518
   emotionaler 315
   körperlicher 262, 264
   narzißtischer 139
   sexueller 15 f., 17 f., 23, 30 ff., 63 ff., 70, 123, 134, 138 f., 163, 237, 262, 264, 299, 311, 348, 501
      Dauer 37
      Erscheinungsformen 31
      Folgen 495 ff.
         längerfristige 36 f., 497 f.
         unmittelbare 36 f.
      innerfamiliärer 38
      Intensität 37
      Intervention 38
      kindlicher 15 f.
   Risiko 58
Mißbrauchsbegriff 500
Mißbrauchserfahrungen 38, 57, 193, 483, 496, 499
   sexuelle Folgen 333
Mißbrauchsfamilie 51, 56, 92
Mißbrauchsphänomen 41, 47
Mißbrauchstrauma, professionelles (PMT) 474 f., 480 ff.
Mißhandlung 24, 45, 54, 60 ff., 347, 496, 514, 518
   emotionale 70
   körperliche 15, 17, 23, 27 ff., 41, 48, 60 ff., 139, 177, 230, 299, 311, 348
   physische 70
   psychische 26, 63
   sexuelle 501
   Symptome 62
   Transmission, intergenerationelle 80
Mißhandlungsbegriffe 24
Mißhandlungserfahrungen 496
Mißhandlungssyndrom 166
Mißhandlungszyklus, Durchbrechung 80 ff.
Monotropie 185
Münchhausen-by-proxy-Syndrom 63, 294
Münchhausen-Syndrom 294
Multiple Persönlichkeit 132, 216, 268, 273
Multiproblem-Milieu 13
Muselmann-Syndrom 129, 132
Mutter 87 f.
   emotional nicht verfügbare 26
Mutter-Exekutive, Familienstruktur 91
Mutter-Kind-Beziehungen 7, 75, 95, 277 f., 355, 391
Mythen, sexuelle 337

N

Nachträglichkeit, psychoanalytische Traumatologie 135
Nähe-Distanz-Regulation 95
Narzißmus 369
   kompensatorischer 231
   pathologischer, Aggressor 170
Narzißtische Krise 366 f., 373
Narzißtische Persönlichkeit 193
Narzißtischer Mechanismus 231
Narzißtischer Triumph 373
Narzißtischer Zirkel 365 f.
Narzißtisches Stigma 369 f.
Nazi-Terror 139
Neurobiologie 407
Neuroleptika 270
Neurose 115 f., 362 f.
   hysterische 220
   traumatische 133, 135, 219
Neurotizismus 46 f.
Novelty seeking 328
Numbing 132

O

Oakland Growth Study 7
Objektanalyse, Psychotherapie 481 f.
Objektangewiesenheit 143
Objektbeziehungen 128 f., 133, 136, 138, 278, 394 f.
Objektbeziehungstheorie 138, 141, 275

Objektidealisierung 142
Objektkonstanz 138, 142, 395
    emotionale, Entwicklung 184
Objektrepräsentanz 81, 128, 168, 263, 276, 278, 398
    Struktur 169
Objektverlustangst 184
Obsessive-Compulsive Disorder (OCD) 203
OCD-Spektrum 203
Ödipale Konstellation 310
Ödipuskomplex 117 f., 123
Öffentliche Meinung, sexueller Mißbrauch 31
Öffentlichkeitsarbeit, sexueller Mißbrauch 468
Onychophagie 203
Opfer, sexueller Mißbrauch 33
Opferrolle
    Vermeidung 255
    Wiederholung 255
Orgasmusstörungen 220
Orofaziales Schmerzdysfunktionssyndrom 232

P
Paardynamik 337
Paarkonflikte, Eltern 102
Paar-Sexualtherapie 342
Pädophiler Inzest 90
Pädophilie 507 f.
Pain-proneness 232
Panikstörung 180
    kognitive Symptome 180
    körperliche Symptome 180
Paralyse 215
Parental monitoring 327
Parentifizierung 94, 173
Parenting skills 110
Partnerschaft, Gewalt 105
Patient-Therapeut-Interaktion 208
Peer groups 327
Pelipathie 246 ff.
Persönlichkeit
    andere Altersstufe 267
    dependente 193
    multiple 132, 216, 268, 273
    narzißtische 193
Persönlichkeitsentartung 506 f.
Persönlichkeitsentwicklung 3, 223
    Störungen 507

Persönlichkeitsspaltung 282
Persönlichkeitsstörung, antisoziale (ASP) 327
Persönlichkeitsstörungen 11, 18, 83, 264, 349, 507
    multiple 16, 258, 266
    narzißtische 142 f., 207, 231
Persönlichkeitszustände, multiple 261 f.
Perversion 218
Pessimismus 192
Pflegeinteraktion, Vernachlässigung 76
Phänomene, dissoziative 325, 379
Phantasiewelt 118
Phobic anxiety-depersonalization syndrome 262
Phobie 18, 66
    anankastische 203
    monosymptomatische 183
    polysymptomatische 183
PMT (professionelles Mißbrauchstrauma) 474 f., 480 ff.
Polizei 60
Posttraumatische Reaktion 219
Posttraumatische Störungen 16, 275, 285
Post-Zoster-Neuralgie 227 f.
Prädisposition, neurobiologische 407 f.
Prämenstruelles Syndrom 16
Prätraumatische Störungen 482
Prävention 457 ff., 462 ff., 467
    primäre 456, 461, 468
    sekundäre 456, 461, 467 f.
Präventionsprogramme 80, 456 ff., 461 ff., 467
    Effekte
        erwünschte 460
        negative 460 f.
        positive 461
    Kritikpunkte 461 ff.
    Stärkung der sozialen Kompetenz 458, 460, 462
Primärprävention 516
Problemlösung, Art und Weise 104
Problemlösungsfähigkeit 89
Professionelles Mißbrauchstrauma (PMT) 474 f., 480 ff.
Progression, semiotische 446
Projektion 324, 372
Promiskuität 37, 222, 497
Propriozeption 435, 497
Prostitution 340

Sachverzeichnis

Pseudounabhängigkeit 142
Psychische Schutzsysteme 58
Psychische Widerstandskraft 4, 42
Psychoanalyse 115 ff., 361 ff., 476, 517
Psychogener Schmerz 132, 226 f.
Psychologie, forensische 69
Psychopathologie 163
Psychose, coenästhetische 227
Psychotherapie 223, 347 ff.
   dialektisch-behaviorale (DBT) 415 ff.
   imaginative 380
   körperbezogene 435 f.
Psychotherapieforschung 438
Psychotischer Übergriff, Inzestfamilie 90
Psychotrauma 516 f.
Psychotrope Substanzen
   Gebrauch 319 f.
   Störungen 325
Pubertätsmagersucht s. Anorexia nervosa

Q
Querschnittstudien 9 ff.

R
Raum, imaginärer 376, 389
Reaktionsnorm, genetische 47
Reaktionsvermeidung 421
Reaktivität, negative, mißhandelnde Eltern 47 f.
Realitätsprüfung, geschwächte 130
Realtrauma 213, 218, 220
Rechtsbegriff, sexueller Mißbrauch 502 f.
Regenerationspotential, menschliches 55
Regression 131, 170
   semiotische 436
   traumabedingte 171
Regulationsmechanismus 167
Reizkonfrontation 421
Reizschutz 135 ff.
Reizschwelle 167
Reizüberflutung 136 f.
Reizzufuhr, übermäßige 168, 186
Resilienz 4, 8, 14, 42, 513
Resomatisierung 133
Resonanz, körperliche 438
Ressourcen 383, 385, 437
   leibliche 437
Ressourcenarmut 106
Resymbolisierungsprozeß 439

Retraumatisierung 222, 268, 301, 438
Reviktimisierung 37 f., 268, 273, 282 f., 392
Reward dependence 329
Rhythmus, körpereigener 434
Rhythmusorientierung 445
Risikofaktoren 3 ff., 35 ff., 514 f.
   biographische 20
   biologische 5
   Borderline-Störungen 283 ff.
   distale 57
   perinatale 49
   postnatale 49
   pränatale 49
   proximale 57
   psychosoziale 5, 407
   Studien 4 ff.
Risikofamilie 109
Risikoindex 12
Risikokonstellation, Substanzmißbrauch 331
Risikoübertragungswege 327
Rollenspiel, Gruppentherapie 353
Rollentausch, Therapeut-Patient-Beziehungen 472
Rollenumkehr, Trauma in der zweiten Generation 131
Rückenschmerz 237
Rückkoppelungssystem, emotionales 161
Rückmeldungen, positive 104
Rumination 168

S
Sadomasochismus 507
Salutogenese 4
Säuglingsforschung 273
   psychoanalytische 434 f., 445
Schädigungen, iatrogene 222, 226, 239
Scham 144 f.
   Abhängigkeits- 146
Schamaffekte 144
Schamdilemma 145
Schamgefühl 95, 144, 304, 395
Scham-Phänomen 145
Scham-Schuld-Dilemma 369
Schemaidentifikation 428
Schemakompensation 426
Schemata, inkompatible 410 ff.
Schlafstörungen 11, 66, 192, 268, 294, 497 f.
Schlaganfall 19
Schluckstörungen 66

Schmerz
   akuter   225
   chronischer   226
   psychogener   132, 226 f.
Schmerzdysfunktionssyndrom,
   orofaziales   232
Schmerzstörungen
   somatoforme   18, 225 ff.
      Modell   238 ff.
Schmerzsyndrom, psychogenes   30, 234
Schock   436
Schocksyndrom   60
Schocktrauma   137, 478
Schrecken   185
Schuldfähigkeit, Täter   500, 505 f., 510
Schuldgefühl   69, 95, 127 f., 131 f., 142, 144 f., 192, 304, 395, 491
   introjiziertes   131
   phantasiertes   171
Schutzfaktoren   4 ff., 35 ff.
   biographische   21
   distale   57
   individuelle   15
   proximale   57
   soziale   15
   Studien   4 ff.
Schutzsysteme   58
Seelenblindheit   366, 373
Seelenmord   130, 366, 373
Seelische Unterernährung   159
Sehstörungen   222
Sekundärprävention   516
Selbst
   doppeltes   368 f.
   grandioses   146 f.
Selbständigkeitsbedürfnisse   142
Selbstbehauptung   108
Selbstberuhigende Techniken   379
Selbstberuhigung   383
Selbstbeschädigende Erkrankungen   293 ff.
Selbstbeschädigung   132, 134, 281 f., 297 ff., 302, 515
   heimliche   294 f., 300
   offene   293, 300
   Rücksichtslosigkeit gegenüber eigenen Gefährdungen   281
Selbstbild, instabiles   271
Selbstdesintegration   323
Selbstdestruktion   134

Selbstdurchsetzung   108
Selbsteinschätzung, positive   8
Selbstempfinden, basales   434
Selbstfremdheit   143
Selbstgefühlsstörungen   140 f., 143, 147, 153
Selbsthaß   142
Selbstidentität   287
Selbstkonzept
   negatives   7, 16
   positives   5, 8
Selbstmanagement   383, 422
Selbstmanagementfähigkeiten   379
Selbst-Objekt-Differenzierung   142
Selbst-Pathologie   210 f.
Selbst-Psychologie   324
Selbstrepräsentanz   81, 128, 168, 263, 275 f.
   Struktur   169
Selbstspaltung   143
Selbstverletzung   269, 273, 281 f., 341
Selbstverlustangst   144, 149, 184
Selbstverstärkungsmechanismen   337
Selbstvertrauen   46
Selbstwertgefühl   14, 132, 391
   geringes   46
   höheres   76
   labiles   227
   negatives   140
Selbstwertminderung   192
Selbstwertregulation   194
Selbstwirksamkeitsgefühl   46
Sense of coherence   4
Separation-Individuation   133
Separationsprozeß   276 f.
Sexualängste   337
Sexualentwicklung, ichdystone   334
Sexualerziehung   458, 460, 464 f., 468
Sexualisierung   134 f., 138, 367 f., 373
   Äußerungen, kindliche   66
   Beziehungen   95
   Gewalt   370
      traumatische   134
Sexualität   115, 464
   aktive kindliche   118
   perverse   370
   Umgang   436
Sexualpräferenz   222
   Störungen   334
      Psychodynamik   337
Sexualtrauma   121, 127

Sexualverhalten, Auffälligkeiten   339 f.
Sexuelle Delinquenz   499
Sexuelle Funktionsstörungen   333, 338 f.
   Ätiologie   337
Sexuelle Störungen   16, 38, 222, 333
Sicherer Ort, innerer   380
Sicherheit   379
   interpersonelle   377
   intrapersonelle   377
Signalangst   136
Silent trauma   137
Somatisierung   37, 132 f.
   konversionsneurotische   132
   psychosomatische   132
   Störungen   215, 222 f., 227, 273, 497 f.
Somatoforme Störungen   16, 18
Soziale Benachteiligung   109
Soziale Kompetenz, Stärkung   458, 460, 462
Soziale Schutzsysteme   58
Sozialer Rückzug   66
Spaltung   59, 272, 276, 278 f.
   horizontale   262
   vertikale   262
Spaltungsmechanismus   211, 276, 278
Spaltungstendenz, Familie   69
Spaltungszone   442
Spannungskopfschmerz   232
Spielinteraktion   76
Spieltherapie   357, 491
Sprachentwicklungsverzögerung   62
Sprachstörungen   66
Sprachvermögen   56
Sprechvermögen   56
Spürhilfe, psychoanalytische Behandlung   444
Staatsanwaltschaft   60
Stabilisierung   379
Stabilisierungsphase   380 ff., 385
   Elemente   383
Stieffamilie, Familienstruktur   91, 392
Stimmbanddysfunktion   222
Stimmung, instabile   271
Störungen
   dissoziative   326
   Geschlechtsidentität   334
   Sexualpräferenz   334
      Psychodynamik   337
   sexuelle   333
Störungsentwicklung   42
Störungskonzepte, neurobehaviorale   407

Strafrechtstatbestand, sexueller Mißbrauch   31
Straftäter   341
Strain-Trauma   137, 168
Strategie, dialektische   416
Streß, traumatischer   376
Streßantwortsyndrom   219
Streßempfindlichkeit   4
Streßreduktion   379
Streß-Syndrom, posttraumatisches   349, 351
Studien
   kontrollierte, Borderline-Störungen   284
   Risikofaktoren   4 ff.
   Schutzfaktoren   4 ff.
Stupor, dissoziativer   259
Subjektive Anatomie   433, 435 f.
Substanzabhängigkeit   326
Substanzen, psychotrope, Störungen   325
Substanzkonsum   328
   pathologischer   325
Substanzmißbrauch   273, 281
Suchterkrankungen   319 ff., 327
Suggestion   374, 491
Suizidneigung   30, 37
Suizidversuch   164, 315
Super-Ego-Intropression   129
Switching   261
Symbolisierung   231, 444
   Fähigkeit   435 f., 446
Symptomatik, aggressive   102

T

Tabuisierung   84, 452
Täter   34 f., 505
   emotional abhängiger   87
   passiver   87
   sozial abhängiger   87
Täterarbeit   466
Täterintrojekte   386 f.
Täter-Opfer-Beziehungen   30, 32, 505
Täter-Opfer-Identifizierung   395
Täter-Opfer-Modell, Familientherapie   447
Täter-Persönlichkeit   267
Täter-Profil, Vater   86 f.
Täterstrategie   35
Theorie, kognitive   407
Therapeutenpaar   358
Therapeutenpersönlichkeit   471
   Rachetyp   480 f., 482 f.
   Wunscherfüllungstyp   473 f., 479, 481

Therapeutische Berührung, Einsatz 445
Therapeutische Triade 446
Tiefenpsychologie 434, 445
Todestrieb 135
Tötungsimpulse 207, 211
Tote Zone, Körper-Selbst 148 f.
Totstellreflex 260
Tradierung, gewalttätige Interaktionen 106
Trance 259
   traumatische 127, 131, 146
Transgenerationeneffekt 498
Transmission, intergenerationelle 80
Trauma 126 f., 133, 362
   äußeres 138
   Eltern 131
   frühkindliches 137 f.
   katastrophisches 129
   kumulatives 138, 168
   psychisches 218 f.
   retrospektives 137
   seelisch-körperliches 135
   sexuelles 119, 135
   zweite Generation 130 f.
Traumabegegnungsphase 383 ff.
Traumaforschung 273
Traumakonfrontationsphase 383 ff.
   Elemente 385, 388
Traumaprävention 516
Traumatheorie, moderne 141
Traumatische Situation 474
Traumatische Trance 127, 131, 146
Traumatischer Prozeß 137, 474
Traumatisierung 15 ff., 222, 282, 287 f., 362, 513
   frühkindliche 11
   infantile 513, 515
   Integration 287, 289 ff.
   körperlich-seelische 445
   psychische 223
   Reinszenierung 290 f., 300
   Rekonstruktion 287, 289 ff.
   sekundäre 438
Traumatisierungserfahrungen, Gewalt 141
Traumatisierungsmodell 335
Traumatogene Reaktion 474
Traumatologie 516
   psychoanalytische 126 ff.
Traumazentrierte imaginative Therapie 375 ff.
   Erstkontakt 378 ff.

Stabilisierungsphase 380 ff.
   Elemente 383
Traumabegegnungsphase 383 ff.
Traumakonfrontationsphase 383 ff.
   Elemente 385, 388
Trennungsangst 11, 157, 184 f., 451
Trennungserfahrungen 194
Trennungserlebnisse 264
Tresorübung 382
Triangularität 395
Triangulierung 67, 94
Trichotillomanie 203
Triebängste 337
Trigeminusneuralgie 227
Trigger 377, 381
Trotz 145 f.
Turn-on-turn-off-Mechanismus 261
Typ-II-Alkoholismus 327 f.

U

Überanpassung 145 f.
Übergangsobjekte 437
Übergriff
   inzestuöser 85
   psychotischer, Inzestfamilie 90
Über-Ich 136, 172, 207
   sadistisches 282
Über-Ich-Aggression 370
Über-Ich-Bildung 128
Über-Ich-Dynamik 194
Über-Ich-Entwicklung, gestörte 282
Über-Ich-Konflikt 369
Überstimulierung 133 f., 137
   traumatogene 169
Übertragung 116, 126, 139
   dissoziierte 268 f.
Übertragungs-Gegenübertragungs-Reaktion 268
Übertragungsneurose 124, 219
Übungen, selbsttröstende 380
Umfeld, soziales 50
Umgang, dissoziativer 381
Umgebung, posttraumatische 56
Umstrukturierung, kognitive 429
Unfallneurose 135
Unreife, kindliche, Frühgeburt 49
Unterernährung, seelische 159
Unterleibsschmerz, chronischer 247 ff., 253 f., 515

Unterstimulierung, traumatogene 169
Untersuchungen
   kindergynäkologische 67
   kinderpsychiatrische 68 f.
   körperliche 67
   psychologische 68 f.
   sozialwissenschaftliche, sexueller
      Mißbrauch 31 f.
Urolagnie 502 f.
Ursprungsfamilie, Inzestvulnerabilität 67

V

Vaginismus 222, 253, 339
Vater, entfremdeter 91
Vater-Exekutive, Familienstruktur 91
Vater-Sohn-Beziehungen 207
Vater-Tochter-Inzest 84, 281
Veränderung, Voraussetzungen 428
Veränderungsstrategien 428
Verbalisierung 444 f.
Verdrängung 262, 363
Verführungstheorie 115, 127, 133
Vergewaltigung 90, 139
Verhalten
   emotionales 55
   externalisierendes 37
   internalisierendes 37
   kindliches 49 f.
   kognitives 55
   motivationales 55
   promiskuitives 340
   regressives 231
   selbstbeschädigendes 281 f., 298
   selbstzerstörerisches 443
   sexualisiertes 36 f., 488
   sexuell aggressives 341
   sexuell verwahrlostes 340
   soziales 55
Verhaltensanalysen 423
Verhaltensprobleme, kindliche 29
Verhaltensstörungen 5, 159, 331
Verhaltenstherapeuten 405
Verhaltenstherapie 223, 476
   kognitive 351 f., 356
Verhaltensweisen, prosoziale 104
Verlassenheitsangst 90, 143, 146

Verlassenheitsgefühl 143
Verletzungen, organische Defizite 58
Verleugnung 59, 130 f., 368, 372 f.
Verlust 139
   Empfindungsfähigkeit 140 f.
   früher 198
   Liebesobjekt 136
Verlustangst 143
Vermeidungsverhalten 426
Vernachlässigung 25 f., 41, 45, 48, 54, 70,
   139, 262, 264, 311, 348, 496, 514, 518
   emotionale 23, 63, 88, 163, 234
   körperliche 163
   physische 23
Verstimmung, depressive 174, 192
Viktimisierung 44 f.
Vitiöser Zirkel 371
Vulnerabilität 6, 8, 167
   depressive 194
   narzißtische 141 f.

W

Wachstumsstörungen 159
Wahn, hypochondrischer 227
Wahrnehmungsverzerrung 279
Widerstandskraft, psychische 4, 42
Wiedererkennungsgedächtnis 489
Wiederholungszwang 131, 133 ff., 147, 222
   Symptombildung 133
Willkürmotorik, Störungen 221
Wut, Umgang 112

Z

Zerstörungszone 443
Zirkel
   narzißtischer 365 f.
   vitiöser 371
Zone
   narzißtische, Körper-Selbst 443
   tote, Körper-Selbst 148 f.
Züchtigung, körperliche 52 f.
Zuneigungs-Mißbrauch, Inzestfamilie 90 f.
Zwangserkrankungen 202 ff.
Zwangsneurose 206 f., 210
Zyklen, Bindung und Ausstoßung 106
Zyklothymie 191

FAMILIENMEDIZIN

Hegemann/Asen/Tomson
Familienmedizin
für die Praxis

Geleitwort von Waltraud Kruse

2000. 168 Seiten,
107 Abbildungen,
28 Grafiken, kart.
DEM 49,–
ATS 358,–/CHF 46,–
ISBN 3-7945-1978-7

Das Buch vermittelt einfach zu handhabende Strategien, um mit Problempatienten, mit Problemfamilien und in Problemsituationen schrittweise zu konstruktiveren Lösungen zu gelangen. Der Leser lernt:
- Symptome zu hinterfragen und im Spannungsfeld der Familie zu sehen
- Gesprächsführung mit Paaren und ganzen Familien
- Familieninterventionen

Der Akzent liegt dabei auf der praktischen Anwendbarkeit für alle Mitarbeiter der gesundheitlichen Grundversorgung. Die didaktische Textgliederung nach Beschreibung, Empfehlung, hilfreichen Fragen, Übungen und Selbstreflexion kombiniert mit den Cartoonillustrationen lassen das Lesen und Lernen dabei zu einem besonderen und anschaulichen Vergnügen werden. Das Konzept entstand in England und wurde in dieser

Praktische Anleitung für die familienorientierte Arbeit

Neubearbeitung auf die Gegebenheiten des deutschen Gesundheitswesens zugeschnitten. Mit diesem Buch werden dem Leser neuartige Einsichten der familienbedingten Krankheitszusammenhänge vermittelt.

Das Buch behandelt:

- Was Familien Kopfschmerzen macht
- Gemeinsam die Welt durch Fragen entdecken
- Die Familie in uns – oder: Die Nutzung von Genogrammen
- Der familiäre Lebenszyklus
- Familienkreise, und wie man aus ihnen herausfindet
- Über Hypothesen Zusammenhänge herstellen
- Paarberatung
- Familienberatung – oder: Mit Familien „tanzen"
- Familienbezogen denken und handeln
- Familien in Krisen
- Über die Familie hinaus

http://www.schattauer.de

Irrtum und Preisänderungen vorbehalten

PSYCHOTHERAPEUTISCHE MEDIZIN

Hoffmann/Hochapfel
Neurosenlehre, Psychotherapeutische und Psychosomatische Medizin
CompactLehrbuch

6., neubearbeitete und erweiterte Auflage 1999.
480 Seiten, 28 Abbildungen, 5 Tabellen, kart.
DEM 39,–
ATS 285,–/CHF 36,–
ISBN 3-7945-1960-4

Psychotherapeutische, psychologische und psychosoziale Aspekte der Medizin haben in den vergangenen Jahren ständig an Bedeutung gewonnen. Das unterstreicht auch die wachsende Nachfrage nach diesem erfolgreichsten Taschenbuch zum Thema. Es orientiert sich am psychoanalytischen Modell, erweitert es in biopsychosozialer Richtung, ist dabei wissenschaftlich offen und bezieht durchgängig lerntheoretische und andere ausgewiesene theoretische Konzepte ein.

Die wichtigsten Begriffe werden in einer allgemeinen Neurosenlehre entwickelt und dann auf die neurotischen Störungsbilder, die Persönlichkeitsstörungen und die psychosomatischen Krankheitsbilder angewandt. Eine Darstellung der Diagnostik in der Psychotherapie und Psychosomatik sowie

Das Standardwerk für Aus- und Weiterbildung

eine Einführung in die wichtigsten Therapieverfahren bilden den Abschluß. Die Nomenklatur der ICD-10 ist durchgehend aufgenommen und teilweise durch die des DSM-IV ergänzt.

Die jetzt vorliegende, 6. Auflage wurde gründlich und umfassend überarbeitet, erweitert und aktualisiert. Didaktische Hilfen wie Merksätze, Zusammenfassungen und Kasuistiken erleichtern Verständnis und Einprägen des Textes. Die Neuauflage wird damit noch ergiebiger für Weiterbildung, Studium, Examensvorbereitung und Facharztprüfung.

„Das handliche Taschenbuch hat sich längst einen festen Platz innerhalb der deutschsprachigen Lehrbücher für psychosomatische Medizin und Psychotherapie erworben."
Internistische Praxis, München

http://www.schattauer.de

Irrtum und Preisänderungen vorbehalten